KB119870

프롤
로그

삶은 죽음을 배경으로 할 때 가장 잘 보인다

"태양과 죽음은 똑바로 바라볼 수 없다."는 라 로슈푸코(17세기의 프랑스 작가로서 우여곡절과 파란만장의 삶을 겪으며 인간과 인생에 대한 성찰과 풍자를 담은 많은 잠언을 남겼다.)의 말이 있듯이, 죽음에 대해 생각하는 것은 태양을 바라보는 것만큼이나 고통스러운 일이다. 죽음을 생각하면 삶이 허무하게 여겨지면서 마음이 무겁고 어두워진다. 죽음에 대해 고민한다고 해서 뾰족한 해결책이 있는 것도 아니다. 더구나 지금 당면한 과제도 해결하기 바쁜 삶인데, 어찌 먼 미래의 죽음에 대해서 고민할 것인가? 죽음은 생각하고 싶지 않은, 가능하면 피하고 싶은 주제이다.

그러나 죽음은 태양과 마찬가지로 우리의 삶 전반에 강력한 영향을 미치고 있다. 죽음에 대해서 어떤 태도를 취하든, 죽음은 이미 우리 삶의 곳곳에 영향을 미치고 있다. 우리의 삶은 죽음을 회피하거나 지연하기 위한 노력이기 때문이다. 의식적인 것이든 무의식적인 것이든, 죽음에 대한 불안은 우리의 삶에 스며들어 은밀하게 강력한 영향을 미치고 있다. 사실, 인간의 삶은 죽음을 회피하기 위한, 적어도 죽음불안을 회피하기 위한 몸부림이자 발버둥이다. 우리가 두려워하는 모든 것은 궁극적으로 죽음과 연결되어 있기 때문이다.

우리는 모두 죽어야 할 운명을 지니고 있지만 죽음에 대응하는 방식은 사람마다 각기 다르다. 죽음을 이해하는 관점과 죽음에 대처하는 방식은 개인마다 다를 뿐만 아니라 문화권에 따라 현저한 차이가 있다. 죽음을 어떻게 이해하고 죽음에 대해 어떻게 대처하느냐에 따라 개인의 삶과 사회의 문화가 달라진다. 한국사회는 죽음을 외면하고 회피하는 경향이 매우 강한 사회이다. 그러나 우리 사회가 고령사회로 진입하면서 죽음은 개인적으로나 사회적으로 회피할 수 없는 심각한 문제로 부상하고 있다.

필자는 대한민국 베이비붐 세대의 중심에 해당하는 58년 개띠이다. 어느새 태어난 해의 간지(干支)가 한 바퀴를 돌아 환갑을 넘기게 되었다. 할아버지의 갑작스러운 죽음을 목격하고 심한 폐결핵으로 토혈하며 죽음의 그림자를 만났던 청소년기 이후로 죽음은 필자의 주된 관심사였다. 그러나 시급한 삶의 과제에 우선순위가 밀리고 또한 죽음이라는 무거운 주제를 정면으로 바라볼 용기를 내지 못한 채 그 주변을 맴돌기만 하면서 오랜 세월을 흘려보냈다. 최근에 고령의 부모님이 인생의 끝자락에서 겪는 우여곡절을 가슴 아프게 바라보면서 그동안 미루어 두었던 죽음에 대한 탐구를 본격적으로 시작하게 되었다.

죽음은 인간의 마음과 행동을 연구하는 심리학자의 주요한 관심사이기도 하다. 죽음에 대한 관점과 대처방식은 개인의 삶을 이해하는 매우 중요한 심리적 요인이기 때문이다. 특히 최근에 죽음의 다양한 주제에 대한 심리학자들의 학문적 관심이 급증하여 많은 연구들이 이루어지고 있다. 이 책은 필자가 지난 몇 년간 죽음의 주제에 관한 연구자료를 천착하고 탐구하면서 독자들과 함께 나누고 싶었던 내용을 정리한 것이다. 죽음에 대한 다양한 주제를 좀 더 상세하고 깊이 있게 소개하려고 노력하다 보니 총 7부 24장으로 구성된 방대한 분량의 책이 되었다. 죽음에 대해 진지한 관심을 지닌 독자들의 목마름을 조금이라도 해갈할 수 있는 책이 되기를 바란다.

"삶은 죽음을 배경으로 할 때 가장 잘 보인다."는 말이 있듯이, 죽음을 정직하게 바라볼 수 있어야 삶의 진정한 의미와 가치를 인식할 수 있다. 또한 우리의 소중한 삶을 의미 있게 잘 살아야 좋은 죽음을 맞이할 수 있다. 죽음의 운명은 바꿀 수 없어도, 죽음을 맞이하는 우리의 마음은 바꿀 수 있다. 죽음은 우리의 몸을 침범할 수 있어도, 우리가 스스로 허락하지 않는 한 우리의 마음을 침범할 수 없다. 죽음을 바라보는 우리의 마음을 잘 이해하고 다스릴 수 있어야 좋은 삶과 좋은 죽음으로 나아갈 수 있다.

이 책은 필자 자신의 삶과 죽음을 준비하기 위한 것일 뿐만 아니라 노년기로 향하고 있는 대한민국 베이비붐 세대를 염두에 두고 동병상련(同病相憐)의 마음으로 저술되었다. 한국전쟁의 폐허와 가난 속에서 태어나 대한민국이 발전하는 과정의 고난과 영광을 함께 겪으며 같은 시대를 살아왔고 이제 중년기를 넘어 노년기에 접어들고 있는 베이비붐 세대에게 가슴 깊은 곳에서 우러나는 동료애를 느낀다. 인생의 봄과 여름을 뒤로하고 가을과 겨울을 성숙한 마음으로 맞이하며 품위 있는 마무리를 준비하는 데 이 책이 작은 길잡이가 되기를 소망한다.

2019년 7월 23일
관악산 기슭의 연구실에서
권석만

간략
차례

제6부

죽음 후에도
삶이 존재하는가?

제7부

어떻게
잘 죽을 것인가?

차례

| 제 2 부 |

인간은 어떻게 죽어 가는가?

| 제 3 부 |

인간은 왜 죽음을 두려워하는가?

제11장 / 죽음불안의 극복과 치료 _ 329

| 제 4 부 |

인간은 죽음에 어떻게 대처하는가?

| 제 5 부 |
죽음은 살아 있는 사람들에게 어떤 영향을 미치는가?

제17장 / 애도과정: 사별의 상처를 이겨 내는 과정 _ 589

제18장 / 사별상담과 사별치료 _ 625

| 제 6 부 |

죽음 후에도 삶이 존재하는가?

| 제 7 부 |

어떻게 잘 죽을 것인가?

제23장 / 죽어 가는 사람의 돌봄: 호스피스와 안락사 _ 805

제24장 / 죽음교육: 좋은 죽음을 위한 준비 _ 845

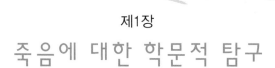

제1장

죽음에 대한 학문적 탐구

죽음은 인간의 가장 중요한 실존적 조건이다. 생자필멸(生者必滅), 즉 태어난 자는 반드시 죽는다. 인간은 자신의 삶이 유한하다는 것을 인식하는 지구 생명체의 유일한 종이다. 우리의 삶은 죽음으로 향하는 과정이다. "모르스 세르타, 호라 인 세르타(Mors Certa, Hora Incerta.)"라는 유명한 라틴어 명구처럼, 우리의 죽음은 확실하지만 그 시간이 불확실할 뿐이다. 언젠가 반드시 죽는다는 확실성과 언제 어떻게 죽을지 모른다는 불확실성이 우리가 처한 실존적 상황의 가장 중요한 두 가지 조건이다.

1. 죽음에 대한 관심

동서고금을 막론하고, 죽음은 인간이 대처해야 하는 가장 커다란 도전이었다. 사랑하는 사람의 죽음을 경험하면서 사별의 슬픔을 감당해야 했으며 시시각각으로 다가오는 자신의 죽음에 대한 불안과 공포를 견뎌야 했다. 이러한 죽음에 대한 경험은 인간에게 많은 물음을 던져 주었다. 과연 죽음이란 무엇인가? 죽음은 어떤 변화를 의미하는가? 죽음 이후에는 어떻게 되는가? 죽음에 대한 불안과 공포를 어떻게 극복할 것인가? 사별의 슬픔을 어떻게 위로할 것인가? 과연 죽음을 피할 수 있는 방법은 없는가? 죽음을 피할 수 없다면, 우리는 무엇을 위해 어떻게 살아야 하는가? 죽음을 어떤 자세로 받아들여야 하는가? 어떻게 죽는 것이 잘 죽는 것인가?

전통적으로 죽음은 종교와 철학의 영역에 속하는 주제였다. 대부분의 종교는 나름대로의 세계관 속에서 죽음의 의미와 사후생의 존재를 제시하면서 죽음불안을 완화하고 사별의 슬픔을 위로하는 사회적 기능을 담당해 왔다. 고대의 철학자들 역시 나름대로 죽음에 대한 다양한 견해를 제시해 왔다.

그러나 20세기에 과학과 의료기술이 급격히 발전하면서 죽음의 문제에 대처하는 현대인의 태도가 현저하게 달라졌다. 자연과학, 특히 생물학과 신경과학의 발달로 인해 신의 존재뿐만 아니라 영혼과 사후생의 존재에 대한 회의가 증가했다. 또한 의료기술과 병원시설의 발전으로 인해 현대인은 자신의 생명을 의사의 손에 맡기게 되었고 병원에서 죽어 가게 되었다.

전반적인 생활환경이 개선되고 의료기술이 발전하면서 20세기 들어 인간의 수명이 급격하게 늘어났다. 그 결과, 대부분의 사회에서는 노인 인구의 급증으로 노년기의 삶의 질이 중요한 사회적 문제로 부각되었다. 생명연장기술의 발전으로 현대인의 수명은 연장되었지만 존엄한 죽음이라는 생명윤리적 문제가 논란거리로 등장했다. 과거에는 너무 때 이른 갑작스러운 죽음에 대처하는 것이 중요한 문제였던 반면, 21세기에는 오랜 시간에 걸쳐 서서히 죽어 가는 노년기의 연장된 죽음이 개인과 사회 모두의 중요한 문제가 되고 있다.

이러한 사회적 변화로 인해 노년기의 삶의 질과 더불어 길게 연장된 죽어감(dying)의 과정에 대한 관심이 증폭되었다. 죽어감의 과정에서 발생하는 다양한 개인적·사회적 문제들은 종교와 철학으로 해결할 수 없는 다학문적인 연구과제가 되었다. 이러한 사회적 배경 속에서 죽음은 심리학을 비롯하여 의학, 간호학,

사회학, 사회복지학과 같은 여러 학문분야의 연구대상이 되었고 급기야 죽음학이
라는 새로운 학문을 탄생시키게 되었다.

1) 고령사회에서의 죽음과 죽어감

우리나라는 이미 고령사회에 진입했으며 초고령사회를 향해 가고 있다. 우리나
라는 2017년 8월 말에 65세 이상의 주민등록인구가 725만 7,288명으로 전체 인구
(5,175만 3,820명)의 14%를 넘어섰다. 유엔은 65세 인구가 전체 인구에서 차지하는
비율이 7% 이상인 경우를 고령화사회, 14% 이상이면 고령사회 그리고 20% 이상
이 되면 초고령사회로 분류하고 있다. 1953~1963년에 출생한 베이비붐 세대 약
700만 명이 65세에 진입하기 시작하여 우리나라는 2026년에 초고령사회가 될 것으
로 예상되고 있다.

인간 수명 100세 시대가 도래하면서 노년기가 장기화되고 죽어감의 과정도 연
장되고 있다. 고령사회를 넘어 초고령사회로 진입하면 노인의 삶의 질 문제와 더
불어 죽어감과 죽음의 문제가 더욱 중요한 사회적 문제로 부각될 것이다. 이미 우

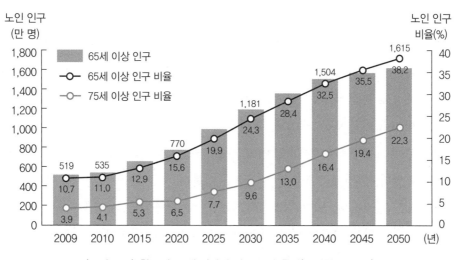

〈그림 1-1〉 한국인 65세 이상의 인구 증가 추세(통계청, 2018a)

리 사회에는 노년기에 겪게 되는 문제들(예: 질병, 고독, 가난, 무위)이 심각한 사회적 문제로 부각되고 있다. 또한 치매를 비롯한 만성 질환을 지닌 노인들이 증가하면서 이들의 삶의 질 유지와 부양 및 간병 문제가 가족뿐만 아니라 사회의 심각한 문제로 떠오르고 있다. 이미 우리 사회에는 요양원과 요양병원이 급증하고 있으며 그곳에서 인생의 마지막 과정을 보내고 있는 노인들이 증가하고 있다.

오래 사는 것, 즉 장수(長壽)는 행복한 삶의 중요한 조건이자 누구나 추구하는 소망이다. 그러나 오래 사는 것이 반드시 축복인 것만은 아니다. 오히려 재앙이 될 수도 있다. 가난, 질병, 고독의 불행 속에서 무의미한 삶을 영위할 뿐만 아니라 가족과 사회에 부담만 주는 골칫거리로 전락한 채 생명을 무한정 연장하는 삶은 재앙이라고 할 수 있다.

중요한 것은 오래 사는 것이 아니라 어떻게 품위 있는 노년기와 죽음을 맞이하느냐이다. 이제 한국인은 자신의 삶을 어떻게 마무리할 것인지에 대해서 진지하게 고민해야 하는 시대가 되었다. 과연 어떻게 품위 있는 노년기를 보낼 것인가? 잘 죽는 것, 즉 웰다잉(well-dying)과 좋은 죽음(good death)은 어떤 것인가? 아름다운 마무리를 하기 위해서는 어떤 준비가 필요한가? 우리 사회는 노인들의 품위 있는 삶과 죽음을 위해서 어떤 돌봄을 제공할 것인가? 이러한 물음에 대한 진지한 고민이 필요하다.

죽음은 피할 수 없지만, 죽음에 대응하는 방법은 우리가 선택할 수 있다. 이제 한국인과 한국사회는 죽음을 외면하지 말고 정면으로 직시하며 죽음에 관한 문제를 공개적으로 논의할 때가 되었다. 우리나라에서도 존엄사에 대한 사회적 논의가 이루어지고 최근에 「호스피스·완화의료 및 임종과정에 있는 환자의 연명의료 결정에 관한 법률」(이하에서 「웰다잉법」으로 약칭함)이 제정되어 2018년 2월부터 시행되고 있다. 연명치료에 대한 선택권과 더불어 '죽을 권리'와 안락사에 대한 사회적 논의도 필요하다. 또한 호스피스, 완화의료, 임종상담, 사별상담의 활성화를 통해서 죽음을 앞둔 사람들이 좀 더 편안하고 품위 있게 임종할 수 있도록 도울 뿐만 아니라 가족과 동료들이 사별의 아픔과 상처를 극복하도록 돕는 사회적 노력이 필요하다. 품위 있는 죽음을 맞이하는 것은 개인이 스스로 준비하고 노력해야 할 문제인 동시에 사회적 · 국가적 지원이 필요한 문제이기도 하다.

2) 개인과 사회의 성숙을 위한 죽음 성찰

우리 사회는 죽음을 회피하고 부정하는 경향이 매우 강한 사회이다. 그래서 죽음은 대화에서 반드시 피해야 할 금기의 주제가 되었다. 죽음에 대해 이야기하는 것은 사람들의 기분을 불편하게 만들기 때문이다. 현재 대부분의 사람은 병원에 격리된 채로 죽음을 맞이한다. 죽은 사람의 시신은 가족을 제외하면 결코 다른 사람들에게 노출시켜서는 안 되는 혐오의 대상이 되었다. 장례식장이나 납골당이 집 근처에 건설되는 것을 필사적으로 반대한다. 묘지는 생활공간에서 멀리 떨어진 곳으로 추방시켜야 할 장소가 되었다. 우리 사회는 구성원들이 죽음을 목격하거나 죽음에 대해 생각하지 못하도록 철저하게 차단하고 있다. 이러한 사회적 분위기 속에서 우리는 죽음을 외면한 채 살아가고 있다.

그러나 죽음은 우리가 외면하더라도 진군을 멈추지 않는다. 죽음은 어둠 속에서 서서히 진군하며 다가올 뿐만 아니라 때로는 갑자기 습격하여 우리의 삶을 공포와 비탄에 빠뜨린다. 준비되지 않은 죽음은 더욱 고통스럽고 비참하다. 죽음을 회피하며 외면하는 삶은 결코 건강할 수 없다. 죽음을 외면한 채 삶의 쾌락과 물질적 성공에 몰두하는 많은 현대인들이 소비중독, 일중독, 마약중독, 섹스중독과 같은 부적응적인 삶에 빠져들고 있다. 또는 자신의 실존적 문제를 스스로 직면하여 해결하기보다 사이비 종교지도자나 무책임한 종교인에게 의존하거나 현혹되어 비현실적인 환상 속에서 주체적인 삶을 살지 못한 채 맹목적적이고 광신적인 행동으로 자신과 사회에 불행을 초래하는 사람들도 있다.

실존주의 철학자인 하이데거(Heidegger, 1927)는 인간의 본질을 '죽음으로 나아가는 존재'라고 규정하면서 '죽음을 미리 느껴 보는 죽음의 선취'를 통해 진실한 삶을 살 수 있다고 주장했다. 죽음은 실존적 불안의 원천이지만 죽음을 직면함으로써 삶을 소중한 것으로 수용할 수 있게 된다. 우리 자신의 실존적 상황을 충분히 자각하고 그러한 실존적 조건을 용기 있게 직면함으로써 자신의 삶을 주체적으로 선택하고 영위할 수 있다. 삶은 죽음을 배경으로 할 때 가장 투명하게 보인다. 죽음을 직시할 수 있어야 진정으로 성숙한 삶과 품위 있는 죽음이 가능하다.

죽음을 회피하는 사람이 결코 건강할 수 없듯이, 죽음을 외면하는 사회는 결코 성숙할 수 없다. 서구사회에서는 이미 20세기 중반부터 죽음자각운동 또는 죽음준비운동이 일어나기 시작했다. 이러한 움직임은 죽음을 회피하고 외면할 것이 아니라 죽음을 자각하고 준비하는 노력이 필요하다는 인식을 사회적으로 널리 확산시키는 데 기여했다. 죽음학은 이러한 사회적 분위기 속에서 죽음에 대한 과학적 이해와 교육을 위한 새로운 학문으로 태동하게 되었다.

3) 죽음은 인간 이해를 위한 핵심적 주제

죽음은 인간 이해를 위한 심리학의 중요한 연구주제이기도 하다. 프로이트는 20세기 초에 성적 욕망이 인간의 행동에 강력한 영향을 미치는 무의식적인 동력이라고 주장하며 정신분석학을 제시한 바 있다. 최근에 심리학계에서는 죽음불안과 그에 대한 방어적 노력이 인간의 행동에 영향을 미치는 더 근원적인 동력이라는 주장이 제기되었으며 이러한 주장을 실증적으로 검증하는 많은 연구들이 진행되고 있다.

캐나다의 문화심리학자인 어니스트 베커(Ernest Becker, 1973)는 저서인 『죽음의 부정(The Denial of Death)』을 통해서 인간과 사회를 움직이는 무의식적 원동력은 죽음의 부정, 즉 불멸의 추구라고 주장했다. 이러한 주장을 실증적으로 검증할 수 있는 정교한 이론으로 발전시킨 것이 공포관리 이론(Terror Management Theory: TMT)이다. 공포관리 이론은 개인의 행동과 정신병리뿐만 아니라 다양한 사회적 현상을 설명하는 현대의 중요한 심리학 이론으로 발전하였으며 이 책의 제4부 제13장에서 상세하게 설명될 것이다.

심리학자들은 개인이 죽음에 대해서 어떤 생각을 하고 어떤 대처행동을 하느냐에 관심을 지닌다. 죽음에 대한 견해와 대처방식이 개인의 삶과 행동을 이해하는 중요한 심리적 요인이기 때문이다. 예컨대, 개인이 죽음을 자기존재의 영원한 소멸로 여기는지 아니면 부활이든 환생이든 다른 세계로 옮겨 가는 것으로 여기는지에 따라 그의 삶과 행동이 달라질 수 있다. 또한 죽음에 대해서 회피적 대처를 하는지 아니면 직면적 대처를 하는지에 따라 개인의 사회적 행동과 정신건강이 달라질 수 있다. 죽음에 대한 종교적·문화적 믿음과 태도는 구성원의 인생관과 가치관에 영향을 미칠 뿐만 아니라 사회의 문화체계 전반(장례절차, 종교의식, 정치경제적 이념, 사회문화적 행위 등)에 영향을 미치게 된다.

또한 죽음과 관련된 다양한 문제를 이해하고 해결하는 데에 있어서 심리학의 이론과 방법은 매우 유용하게 활용될 수 있다. 심리학자들은 죽음과 관련된 다양한 심리적 경험(예: 죽음불안, 임사체험, 전생기억, 유체이탈, 말기환자의 심리적 체험 등)을 과학적으로 연구할 뿐만 아니라 말기환자와 같이 죽음을 앞둔 사람이나 사별의 아픔을 겪는 사람을 돕기 위해서 심리치료적 개입을 할 수 있다. 심리학은 다학문적인 죽음학의 중추적 분야로서 죽음과 죽어감 그리고 사별에 관한 다양한 심리적 현상과 체험을 연구한다. 죽음의 심리학에서 다루고 있는 주요한 연구주제로는 죽음개념, 죽음불안, 죽음태도, 임종 및 임사체험, 임종상담, 사별반응, 사별상담, 죽음교육 등이 있으며 이 책을 통해서 그 주된 내용들이 소개될 것이다.

2. 죽음학 탄생의 배경

죽음학의 역사는 짧지만 과거는 길다. 죽음에 대한 인간의 지적인 관심은 동서고금을 막론하고 항상 존재해 왔다. 죽음은 인간사회에 만연한 현상이었기 때문이다. 근대 이전의 사회에서는 기아, 질병, 전쟁 등으로 인해 노소를 불문하고 많은 사람이 죽었다. 따라서 죽음에 대한 이해와 대처는 인간사회의 중요한 과제였다. 대부분의 종교와 사상체계는 궁극적으로 죽음을 이해하고 죽음의 공포를 극복하는 것이었다.

1) 죽음에 대한 인간의 관심

고대 서양철학자들의 주된 관심사는 죽음이었다. 소크라테스, 플라톤, 에피쿠로스, 세네카 등을 비롯한 많은 철학자들이 남긴 저술에는 죽음의 주제가 중심을 이루고 있다. 로마시대의 철학자인 세네카는 철학의 궁극적인 목적을 '죽음의 이해'라고 주장한 바 있다. 유일신을 신봉하는 아브라함 계열의 종교(유대교, 기독교, 이슬람교 등)는 죽음으로부터의 부활과 영생이라는 교리를 통해 죽음의 극복을 추구하고 있다. 서양사회에서 기독교는 근대 이전까지 죽음을 이해하고 대처하는 중심적 신념체계였다.

동양문화의 사상적 골격을 이루는 불교와 도교는 궁극적으로 죽음의 극복을 추구하고 있다. 불교는 생로병사(生老病死)의 고통을 극복하는 것이 궁극적 목적이며 고통의 근원인 자아의 공성(空性)을 깨닫는 열반의 경지를 지향한다. 도교는 세속적인 삶에 얽매이기보다 무위자연과 불로장생을 지향하는 신선사상을 제시하고 있다. 유교의 경우, 공자는 "아직 삶도 제대로 모르는데 어찌 죽음을 알겠는가?"라는 말로 사후생에 대한 과도한 관심을 경계하며 조화로운 삶의 중요성을 강조했다. 그러나 후대의 유학자들은 조상의 장례와 제사를 매우 중요하게 여기는 조상숭배 사상과 내세관을 발전시켰다.

20세기 이전까지 죽음의 문제는 종교의 독점적 영역이었다. 종교는 나름대로의 독특한 세계관 속에서 삶과 죽음의 의미를 제시했다. 프랑스의 역사학자인 아리에스(Aries, 1975)에 따르면, 인류역사를 거치면서 죽음에 대한 태도는 중세부터 현대에 이르며 현격하게 변화했다. 서양사회의 경우, 중세에는 죽음에 대한 친숙함이 있었으나 현대에는 죽음이 공포와 혐오의 대상으로 여겨지게 되었다. 중세에는 죽음이 매우 흔한 일상적인 사건이었다. 대부분의 죽음은 가정에서 이루어졌으며 가족과 지역공동체 전체가 참여하는 친숙한 사건이었다. 죽음은 외로운 경험이 아니었으며 종교가 죽음의 의미를 제공했을 뿐만 아니라 죽음의 의식을 통해서 죽음의 공포와 사별의 슬픔을 위로했다.

그러나 근대에 종교의 영향력이 쇠퇴하는 급격한 사회적 변화가 일어나면서 죽음은 금기의 주제가 되었으며 죽음을 부정하는 분위기가 확산되었다. 19세기에 개인주의가 발전하면서 현대인들은 신-중심적 세계관에서 인간-중심적 세계관으로 옮겨 가게 되었으며 우주의 중심이라고 여기는 자신의 죽음을 수용하기 어렵게 되었다(Morin, 1951). 또한 다윈의 진화론은 인간의 기원을 신학적 관점에서 자연과학적 관점으로 변화시켰다. 과학과 기술의 진보를 통해서 신에 의지하지 않고도 세상을 이해하고 통제할 수 있게 되었다. 급기야 니체는 1882년에 출간한 『즐거운 지식』에서 "신은 죽었다."고 선언하게 되었다.

또한 19세기 후반에 죽음은 가정에서 병원으로 옮겨 가게 되었다. 가족의 문제로 여겨지던 죽음과 죽어감의 과정이 병원에서 의사의 통제하에 진행되었다. 과거에 치유의 기관으로 기능했던 병원은 죽어 가는 사람을 수용하는 기능까지 담당하게 되었다. 병원에서의 죽음은 죽음을 종교적 의식으로부터 분리시켰을 뿐만 아니라 지역공동체로부터 격리시키게 되었다. 또한 공중위생의 중요성이 강조되면서, 묘지는 도시의 생활공간에서 멀리 떨어진 외곽지역으로 이전되었다. 과학, 기술 및 의학의 진보는 인간의 수명을 현저하게 연장함으로써 죽음을 먼 미래의 일로 지연시켰을 뿐만 아니라 죽음이라는 생각 자체를 하지 않도록 만들었다. 노화의 지연과 수명의 연장은 현대인으로 하여금 자신이 마치 영원히 살 수 있게 된 것과 같은 착각 속에서 살아가게 만들었다.

이처럼 현대사회에서 죽음은 외면되고 무시되었다. 죽음은 일상적 대화나 학문적 논의에서 다루지 말아야 할 금기의 대상이 되었다. 과거에 금기시 되었던 성(sex)에 대한 논의가 자유롭게 허용되면서, 죽음이 그 위치를 물려받아 금기의 주제가 되었다(Gorer, 1955).

2) 죽음에 대한 관심의 부활

20세기 중반에 이르기까지 죽음에 대한 사회적 관심은 미미했지만, 다양한 분야에서 죽음에 대한 관심을 일깨우려는 노력이 이루어졌다. 톨스토이는 1884년에 『이반일리치의 죽음』을 발표하여 많은 사람으로 하여금 임종을 앞둔 사람의 심리적 상태를 이해하는 계기를 제시했다. 1917년에 프로이트는 사별을 겪은 사람들이 경험하는 우울의 문제를 심층심리학적으로 분석하여 「애도와 우울에 관한 논문」을 발표했다. 그는 이 논문에서 애도(mourning)는 사별한 사람이 죽은 사람과의 정서적 애착을 해체시키는 심리적 과정이라고 주장했다. 1927년에 하이데거는 『존재와 시간』을 출간하면서 인간을 죽음으로 나아가는 존재로 규정하고 죽음의 선취를 강조했다.

미국의 소설가인 윌리엄 포크너(William Faulker)는 1930년에 『내가 죽어 누워 있을 때(As I Lay Dying)』를 발표하여 많은 사람이 죽음에 대한 관심을 갖게 했다. 이 소설은 한 여인이 사망했을 때 그 남편과 자녀들이 보이는 갈등과 언행을 의식의 흐름 기법으로 세밀하게 묘사하였는데, 죽은 자에 대한 배려 없이 산 자들이 나타내는 자기중심적인 기기묘묘한 생각과 행동을 적나라하게 보여 주었다.

1937년에 독일 실존주의 철학자인 란츠베르크(Landsberg)는 저서인 『죽음의 경험』과 『자살의 도덕적 문제』를 통해 자살의 한 방법으로 안락사를 지지하는 철학적 주장을 펼쳤다. 그는 유태인의 가족배경 때문에 나치의 게슈타포에게 쫓겨 다녔으며 전쟁 말기에 체포되어 집단수용소에서 사망했다. 그에 따르면, "자살은 결코 인간 본성을 거스르지 않는다. 생존을 위한 인간의 의지는 제한적이며 조건적이다. 인간이 언제나 무조건적으로 생명을 사랑하는 것은 아니다. 왜냐하면, 인간의 고통 때문이다."

이처럼 죽음의 자각을 촉구하는 노력이 산발적으로 이루어졌지만 1950년대에 이르러서야 비로소 죽음에 대한 학문적 연구가 본격적으로 이루어지게 되었다. 제2차 세계대전을 통해 수많은 사람의 죽음을 목격하면서 그 반성 속에서 실존주의 철학자들은 삶과 죽음의 문제를 심도 있게 논의하기 시작했다. 20세기 초부터 죽음에 대한 학문적 접근의 필요성이 제기되었으나 20세기 중반에야 비로소 죽음학이라는 학문분야로 탄생하게 되었다.

3. 죽음학: 죽음에 대한 학문적 탐구

죽음은 인간의 최대 관심사이지만 그동안 종교의 새장 안에 갇혀 있었다. 장구한 인류의 역사에서 죽음이 학문적 탐구의 대상이 된 것은 20세기 중반부터이다. 현재 죽음학은 '죽음, 죽어감 및 사별'에 대한 연구와 실무를 담당하는 하나의 학문분야로 발전하고 있다. 죽음학은 다학문적 속성을 지닌 전문분야로서 심리학, 의학, 간호학, 사회복지학, 사회학, 인류학, 법학, 철학, 종교학을 비롯한 다양한 학문분야의 전문가들이 참여하고 있다.

1) 죽음학의 탄생

죽음학, 즉 타나톨로지(thanatology)라는 용어를 최초로 사용한 인물은 러시아 생물학자인 엘리 메치니코프(Elie Metchnikoff: 1845~1916)이다. 그는 1903년에 출간한 『인간의 본성(*The Nature of Man*)』에서 죽음을 과학적으로 탐구하는 학문의 필요성을 주장하면서 'thanatology'라는 용어를 처음 사용하였다. 그는 이 책에서 죽음에 대한 체계적 이해 없이 생명과학은 온전히 발전할 수 없다고 주장하면서 죽음학의 필요성을 역설했다. 죽음에 대한 학문적 연구를 통해서 죽음에 직면한 사람들의 죽음과 죽어감의 경험을 더 잘 이

◈ '죽음학'이라는 용어를 처음 사용한 엘리 메치니코프

해하고 죽음의 공포를 덜 느끼도록 도울 수 있다고 주장했다. 그러나 그 당시에는 메치니코프의 주장에 귀를 기울이는 사람이 거의 없었다.

타나톨로지(thanatology)는 그리스어로 '죽음'을 뜻하는 타나토스(thanatos)와 '학문 또는 이성'을 뜻하는 로고스(logos)를 합성한 용어이다. 그리스 신화에 따르면, 타나토스는 '죽음'의 신으로서 '밤'의 신인 닉스(nyx)와 '시간'의 신인 크로노스(chronos) 사이에서 태어난 아들이다. 타나토스에게는 쌍둥이 형제가 있는데 '수면'의 신인 하이프노스(hypnos)이다. 타나토스(죽음)는 밤, 시간, 수면과 상징적인 친인척 관계를 지니고 있으며 로고스(합리적 이성)와 혼인함으로써 20세기에 비로소 타나톨로지라는 학문의 자녀를 탄생시킨 것이다.

메치니코프는 프랑스에 귀화하여 파스퇴르 연구소의 소장을 역임했으며 면역학 분야의 업적으로 1908년에 노벨 생리·의학상을 받았다. 그는 노화의 원인이 장내에 존재하는 세균의 독소라고 주장했으며 미래에는 노화와 죽음을 연구하는 학문분야가 필요하다고 역설하면서 노인학(gerontology)과 죽음학(thanatology)이라는 용어를 만들었다. 그 후에 노인학은 학자들의 관심을 끌어 발전했지만, 죽음학은 1950년대까지 특별한 관심을 받지 못했다.

죽음에 대한 본격적인 연구가 시작된 것은 1959년에 미국의 심리학자인 허만 파이펠(Herman Feifel)이 『죽음의 의미(The Meaning of Death)』라는 책을 출간하면서부터이다. 그는 융(Jung), 틸리히(Tillich), 마르쿠제(Marcuse) 등을 비롯한 다양한 학문분야의 학자들과 함께 죽음의 주제를 다각적 관점에서 논의한 『죽음의 의미』를 편집하여 발간함으로써 죽음학의 기초를 마련한 것으로 평가받고 있다. 파이펠은 이 책에서 죽음에 대한 잘못된 믿음을 비판하고 인간 행동에 미치는 죽음의 중요성을 역설했을 뿐만 아니라 사회적 금기를 깨부수고 죽음과 죽어감에 대한 공개적인 학문적 논의가 필요함을 주장했다. 이러한 공헌으로 파이펠은 죽음학과 죽음자각운동의 선구자로 여겨지고 있다. 많은 사람의 주목을 받은 『죽음의 의미』는 죽음에 관한 학문적 연구를 자극한 죽음학의 고전으로 여겨지고 있다.

🍀 죽음학의 선구자: 허만 파이펠

죽음학의 선구자로 알려진 허만 파이펠(Herman Feifel: 1915~2003)는 미국의 임상심리학자이다. 그는 1948년에 컬럼비아 대학교에서 박사학위를 받았으며 캔자스주의 토페카에 있는 윈터 보훈병원에서 근무하다가 1954년에 로스앤젤레스 퇴역군인 정신건강클리닉으로 옮겨 임상심리학자로 일하면서 1958년부터 서던캘리포니아 의과대학의 정신의학 및 행동과학 임상교수를 겸임하다가 1992년에 퇴임했다.

파이펠이 죽음에 대해서 관심을 갖게 된 계기는 1945년에 일어난 히로시마 핵폭탄 투하와 1952년에 어머니가 사망한 일이다. 그는 제2차 세계대전에 참전하여 참혹한 죽음을 목격했을 뿐만 아니라 1945년에 히로시마에 투하할 핵폭탄을 장착한 폭격기가 이륙하는 장면을 직접 목격하면서 수많은 사람의 비참한 죽음을 예견하며 커다란 충격을 받았다. 이러한 경험들은 그로 하여금 죽음과 실존적 문제에 대한 깊은 관심을 갖도록 만드는 계기가 되었다.

그러나 당시의 심리학계는 엄격한 실증적 연구를 강조하는 행동주의가 지배하고 있었으며 죽음을 비롯한 실존적 주제에 대해서 무관심했다. 파이펠은 이러한 심리학계의 무관심에 실망했으며 1950년대부터 스스로 죽음에 관한 연구를 시작했다. 그는 일반인, 환자, 의료진이 죽음과 죽어감에 대해서 지니는 생각과 대처행동뿐만 아니라 사별한 사람들의 심리적 경험과 치료에 대한 많은 실증적 연구를 실시하여 죽음학 연구의 기반을 쌓았다. 1959년에는 주편집자로서 저명한 신학자, 철학자, 생물학자와 함께 죽음의 문제를 다룬 『죽음의 의미』를 발간함으로써 다양한 분야의 학자들이 죽음학에 관심을 갖게 되는 중요한 계기를 만들었다.

◈ 허만 파이펠과 『죽음의 의미』 표지

파이펠은 죽음학뿐만 아니라 노인학, 심리치료, 종교경험에 관한 125편 이상의 연구논문과 두 권의 저서를 남겼다. 그는 죽음불안, 죽음태도, 치명적 질병에 대한 대처행동에 관한 실증적 연구를 통해서 죽음학 연구에 커다란 공헌을 했다. 그는 의식 수준과 무의식 수준에서 경험되는 죽음불안의 특성을 연구하고 생명 위협적 상황과 그렇지 않은 상황에서 나타나는 대처방법의 차이점에 대해서 조사했다. 또한 죽음불안과 죽음태도를 측정하는 다차원적 척도의 필요성을 제기했으며 죽음태도가 다양한 행동을 결정하는 중요한 심리적 요인임을 강조했다. 특히 말기질환과 같이 생명을 위협받는 상황에 직면한 사람들이 겪게 되는 심리적 경험에 대한 연구와 심리치료적 돌봄의 필요성을 주장했다. 파이펠은 죽음학에 관한 연구업적 뿐만 아니라 죽음에 대한 사회적 관심을 촉발하는 데 기여한 공로로 1988년에 미국심리학회로부터 '응용분야의 탁월한 전문적 업적상'을 받았다.

영국의 간호사이자 사회복지사이며 의사인 시슬리 손더스(Cicely Saunders)는 1967년에 런던의 성 크리스토퍼 병원에서 최초로 현대식 호스피스를 개설함으로써 죽어 가는 사람들에 대한 돌봄의 필요성을 강조하는 호스피스 운동의 계기를 만들었다. 호스피스 운동은 서양사회에서 죽어 가는 사람들을 비인격적이고 기계적인 방식으로 다루는 것에 대한 반작용으로 시작되었다. 호스피스 운동은 죽어 가는 사람들에게 양질의 돌봄 서비스를 제공하는 돌봄의 철학에 근거하고 있다. 또한 양질의 호스피스 돌봄을 제공하기 위해서는 인도주의 정신과 더불어 과학적 근거와 완화의료의 전문성이 필요함을 강조하였다. 이러한 호스피스 운동은 죽어감에 관한 과학적 연구의 필요성을 자극했을 뿐만 아니라 인생의 품위 있는 마무리를 위한 죽음준비의 중요성을 사회에 확산시키는 죽음교육운동과 함께 죽음학을 발전시키는 계기가 되었다.

1969년에 스위스 출신의 정신과의사인 엘리자베스 퀴블러로스(Elisabeth Kübler-Ross)는 말기질환으로 죽어 가는 사람들이 겪는 심리적 변화과정을 제시하는 『죽음과 죽어감에 대하여(On Death and Dying)』를 출간했다. 그녀는 200여 명의 죽어 가는 환자들을 면담한 연구 자료에 근거하여 말기환자들이 경험하는 심리적 변화과정을 부정, 분노, 흥정, 우울, 수용의 5단계로 제시했다. 이 책은 많은 사람의 관심과 주목을 받았으며 죽음에 대한 사회적 관심을 촉발하는 데 커다란 공헌을 하였다. 또한 죽어 가는 사람의 심리적 세계에 대한 이해를 증진하고 말기환자에 대한 인도주의적이고 체계적인 돌봄의 필요성을 확산시키는 중요한 계기가 되었다.

2) 죽음학의 발전과 현황

20세기 후반에 접어들면서 죽음과 관련된 학술단체가 결성되고 연구논문을 발표하는 학술지가 창간되면서 죽음학이 본격적으로 발전하기 시작했다. 미국의 의사인 오스틴 쿠처(Austin Kutscher)는 사별의 아픔을 직접 겪으면서 죽음과 죽어감에 관한 과학적 지식과 정보가 필요함을 절감하고 1967년에 죽음학 재단(Foundation of Thanatology)을 설립하여 학술행사를 개최했으며 1971년에는 이 분야의 최초 학술지인 『*Journal of Thanatology*』를 발행했다. 이 학술지는 지속적으로 발행되지는 못했지만 죽음과 죽어감을 주제로 하는 전문적 학술지의 필요성을 보여 주었다.

미국에서는 1960년대에 죽음학 강좌가 대학에 개설되기 시작했다. 1963년에 로버트 폴턴(Robert Fulton)이 미네소타 대학교에 최초의 죽음학 강좌를 개설하면서 여러 대학에서도 죽음에 관한 강좌를 정규 교육과정으로 편성하게 되었다. 환자의 죽음과 죽어감을 다루는 전문가의 교육을 위해서 의과대학이나 간호대학에서도 죽음에 관한 강좌들이 늘어났다.

죽음학과 관련된 지식과 연구 성과를 널리 유포하기 위한 노력으로 여러 학술지가 창간되었다. 1970년에 리처드 칼리시(Richard Kalish)와 로버트 카스텐바움(Robert Kastenbaum)이 공동편집자로 학술지인 『*Omega: Journal of Death and Dying*』을 창간하였으며, 이는 오늘날까지 지속적으로 발행되고 있다. 1977년에 하넬로어 와스(Hannelore Wass)는 죽음교육에 관한 학술지 『*Death Education*』을 발행했으나 이후에 초점과 영역이 확장되면서 『Death Studies』로 명칭이 바뀌어 지금까지 꾸준히 발간되고 있다. 최근에는 영국에서 『Mortality』라는 학술지가 발행되었으며 미국에서는 『Loss, Grief and Care』가 발행되고 있다.

1976년에는 죽음, 죽어감 및 사별로 고통받는 사람들에게 교육과 상담을 제공하는 실무자들이 '죽음교육 및 상담 포럼(Forum for Death Education and Counseling)'을 결성했다. 이 포럼의 참가자들이 중심이 되어 현재 죽음학 분야의 가장 대표적인 학술단체인 '죽음교육 및 상담협회(Association for Death Education and Counseling: 이하에서 ADEC로 칭함)'로 발전했다.

ADEC는 죽어감, 죽음 및 사별(dying, death and bereavement)에 관한 연구를 촉진하고 죽음교육과 사별상담의 실무를 담당할 수 있는 전문가의 양성을 목표로 하고 있으며 공식적인 학술지로서 『Omega: Journal of Death and Dying』과 『Death Studies』를 발간하고 있다. 2007년에는 ADEC의 중심인물들이 죽음교육전문가 양성을 위한 교재로서 『죽음학 핸드북(Handbook of Thanatology)』을 출간했으며 2013년에는 개정판을 발간했다.

ADEC는 죽음학 분야의 가장 오래된 다학문적 학술단체로서 죽음과 관련된 분야에서 활동하거나 연구하는 다양한 분야의 실무자와 학자들(교육자, 상담가, 간호사, 의사, 호스피스 담당자, 정신건강 전문가, 성직자, 장례지도사, 사회사업가, 철학자, 심리학자, 사회학자, 물리치료사 및 레크리에이션 치료사 등)로 구성되어 있다. ADEC는 죽음교육과 사별상담의 실무를 담당하는 사람들의 역량을 향상시키는 것에 깊은 관심을 지니고 있으며 소정의 교육과 실무경험 그리고 시험을 통해서 죽음학 자격증(certification in thanatology)을 수여하고 있다.

현재 죽음학은 죽어감, 죽음 및 사별에 대한 과학적 연구와 실무를 담당하는 하나의 학문분야로 인정받고 있다. 죽음학은 다학문적 학문으로서 심리학, 의학, 간호학, 사회복지학, 사회학, 인류학, 법학, 철학, 종교학 등을 비롯한 다양한 분야의 학자들이 죽음의 다양한 측면을 연구하고 있다.

의학은 죽음의 신체적 측면을 다루는 죽음학의 중요한 영역이다. 특히 암과 같은 말기질환 환자를 치료하고 돌보는 의학분야는 죽음학과 매우 밀접한 관계를 맺고 있다. 법의학은 법적인 문제와 관련하여 죽음 이후의 신체적 변화를 전문적으로 연구하는 분야이며, 의료윤리학은 안락사나 죽을 권리와 같이 죽음과 관련된 윤리적 주제를 다루고 있다. 간호학은 죽음학과 매우 밀접한 분야로서 말기환자와 임종자를 간호하고 통증완화와 호스피스 활동의 중심적 역할을 하고 있다. 최근에는 질병을 치료하여 건강상태로 회복시키는 치료의학(therapeutic medicine)과 구분하여, 치료가 불가능하거나 치료를 원하지 않는 환자가 편안한 죽음을 맞이할 수 있도록 통증과 증상을 완화하는 완화의학(palliative medicine)이 전문분야로 주목받고 있다.

사회과학도 죽음학 분야에서 중추적인 역할을 담당한다. 심리학은 죽음과 관련된 다양한 주제에 대한 개인의 심리적 태도를 탐구한다. 일반인의 죽음개념, 죽음불안, 죽음태도 등을 연구할 뿐만 아니라 죽어 가는 사람이나 사별한 사람의 심리적 변화와 그들에게 도움을 주기 위한 개입방법을 탐구한다. 사회복지학은 임종자나 사별가족을 돕기 위한 사회적 지원과 도움에 관심을 갖는다. 사회학은 재난의 사회학과 같이 사회가 죽음을 다루는 방식에 초점을 맞추며, 인류학과 고고학은 여러 문화가 죽음을 어떻게 다루었는지를 연구한다.

철학을 비롯한 인문학은 죽음을 탐구한 가장 오랜 분야로서 죽음과 관련된 다양한 주제에 대한 철학적 논의와 통찰을 제공한다. 특히 종교학은 죽음에 대한 다양한 종교의 관점을 제시할 수 있으며, 문학은 죽음의 다양한 측면을 묘사하거나 미학적으로 승화시키는 작업에 기여해 왔다.

심지어 음악과 같은 예술분야도 죽음학에 기여할 수 있다. 최근에는 임종을 앞둔 사람이나 가족에게 음악을 통해 심리적 평안을 제공하는 음악죽음학(music-thanatology)이라는 분야가 생겨났다. 음악죽음학자들은 개인 또는 집단으로 죽어 가는 사람을 방문하여 임종자의 상태와 가족관계를 고려하여 적절한 음악을 들려주거나 연주를 한다. 음악은 명상적 기능을 지니고 있어서 임종자의 마음을 편안하게 해 주고 고통을 완화할 수 있다. 병원이나 호스피스에서 전문적인 음악죽음학자를 고용하는 경우도 있다.

죽음학은 삶과 죽음의 통합을 지향하는 학문이라고 할 수 있다. 대표적인 죽음심리학자인 카스텐바움(Kastenbaum, 1993)은 죽음학을 '죽음을 품고 있는 삶에 대한 연구(the study of life with death left in)'라고 정의한 바 있다. 일본과 대만에서는 죽음학을 생사학(生死學) 또는 사생학(死生學)이라고 지칭하기도 한다. 죽음학은 죽음이라는 실존적 운명을 짊어지고 살아가는 인간의 삶을 탐구하는 동시에 죽음을 맞이하는 마지막 단계의 삶을 연구한다. 이런 점에서 죽음학은 삶을 위해 죽음을 연구하는 학문이라고 할 수 있다.

3) 한국 죽음학의 발전과 현황

한국의 죽음학은 1990년대에 죽음교육에 대한 관심이 생겨나면서 시작되었다. 1991년 4월에 사회복지법인인 각당복지재단이 김옥라 이사장을 중심으로 '삶과죽음을생각하는회'를 창립하였고 그해 10월에 일본에서 죽음교육을 펼치고 있는 알폰스 디켄(Alfons Deeken)을 초청하여 죽음학 강연회를 개최한 것이 그 효시라고 할 수 있다.

그러나 죽어 가는 사람에 대한 호스피스 활동은 이미 1960년대부터 가톨릭 성직자들에 의해서 시작되었다. 1965년에 '마리아의작은자매회(Little Company of Mary)'는 강릉에 갈바리의원을 설립하고 우리나라 최초로 호스피스 활동을 시작했다. 1981년에는 가톨릭대학교의 의과대학과 간호대학 학생들이 중심이 되어 호스피스 활동을 시작했으며 1987년에는 여의도와 강남에 있는 성모병원에 호스피스과가 창설되었고 1991년에는 한국호스피스협회가 창설되었다. 1998년에는 의사, 간호사, 사회복지사, 성직자 등이 중심이 되어 한국호스피스·완화의료학회를 창립하여 학술활동과 더불어 호스피스 돌봄의 확산을 위해 노력하고 있다.

우리나라의 대학교에서 죽음학과 관련된 강좌가 최초로 개설된 것은 1997년에 한림대학교 철학과 교수인 오진탁이 '죽음준비교육' 과목을 개설하면서부터이다. 2004년에 국내 최초로 한림대학교에 생사학연구소가 설립되었으며 초대 소장을 오진탁이 맡았다. 2006년에는 '웰다잉체험교실'을 개설하고 '자살충동, 어떻게 예방할 수 있을까'의 주제로 국내학술대회를 열었으며, 2013년에는 '죽음 정의, 어떻게 할 것인가?—보다 온전한 죽음 정의를 추구하며'라는 주제로 죽음학과 관련하여 국내 최초의 국제학술대회를 개최하기도 했다. 2012년에는 '한국적 생사학 정립과 자살예방 지역 네트워크 구축'을 위한 정부지원을 계기로 생명교육융합 대학원과정을 신설하고 생명과 죽음에 대한 교육을 본격화하였다. 이 밖에도 한림대학교의 생사학연구소는 『타나토스 총서』와 『생사학 총서』를 비롯하여 죽음학과 관련된 많은 연구도서와 출판물을 출간함으로써 한국의 죽음학 발전에 커다란 공헌을 하였다.

2005년에 비로소 한국죽음학회가 창립되어 다양한 학문분야의 전문가들이 죽음에 대한 논의를 시작했다. 초대회장은 최준식(이화여자대학교 한국학과 교수)이며 정진홍(한림대학교 과학원 특임교수)이 고문을 맡았다. 창립학술대회의 제목은 '죽음, 그 의미와 현실—한국적 맥락에서'였으며 이 대회에서 발표된 논문의 제목과 발표자를 소개하면 다음과 같다.

• 죽음에 관한 학문적 접근, 왜? 어떻게? (정진홍: 한림대학교, 한림과학원 특임교수)
• 의학적 입장에서 바라본 품위 있는 죽음에 대한 고찰 (윤영호: 국립암센터 삶의질 향상 연구과장)
• 이른바 근사 체험(Near-Death Experience)이란 무엇인가?—한국인의 새로운 죽음관 정립을 위한 시론 (최준식: 이화여자대학교, 한국학과 교수)
• 삶과 죽음의 사회극: 무속적 죽음의례에 대한 인류학적 접근 (김성례: 서강대학교, 종교학과 교수)
• 노인복지 측면에서의 죽음과 죽어감 (고양곤: 강남대학교, 사회복지 전문대학원 석좌교수)

한국죽음학회는 2005년에 학술지인『죽음연구』를 창간했으며 2006년에 제2호를 발간했다. 또한 한국죽음학회는 2010년에『한국인의 웰다잉 가이드라인』을 출간하였으며 2013년에는『죽음맞이: 인간의 죽음, 그리고 죽어감』을 출간하였다.

2000년대에 들어서 죽음학과 관련된 서적이 활발하게 저술되고 번역되기 시작했다. 2006년에 조계화, 이윤주 및 이현지가『죽음학 서설』을 공동으로 출간했는데, 이 책은 국내에서 죽음학이라는 제목으로 출간된 최초의 저서로 여겨진다. 인간사랑 출판사는 죽음학 연구 시리즈로 2006년에『죽음학의 이해』(케네스 도카·존 모건 공편, 김재영 역)을 출간하였으며, 2008년에는 어니스트 베커의『죽음의 부정』(김재영 역)과 알폰스 디켄의『인문학으로서의 죽음교육』(전성곤 역)을 발간하였다. 2009년에 서혜경은『노인죽음학 개론』을 출간했으며, 2011년에 이이정은『죽음학 총론』을 발간했다. 이 밖에도 최근에는 죽음의 다양한 측면을 다룬 저서와 역서의 출판이 급증하고 있다. 2012년에는 예일 대학교 교수인 셸리 케이건(Shelly Kagan)이 저술한『죽음이란 무엇인가』가 번역되어 베스트셀러의 반열에 오르기도 했다.

죽음학과 관련된 연구논문은 철학과 종교학뿐만 아니라 노인학, 의학, 간호학, 사회복지학 등을 비롯한 다양한 학문분야의 학술지에서 발표되고 있다. 심리학 분야에서는 2005년에 이홍표, 이홍석, 고효진 및 김교헌이「다차원적 죽음불안의 타당화 및 비교문화적 검증」이라는 제목의 논문을『한국심리학회지: 건강』에 발표한 이후로 죽음불안과 죽음대처에 대한 연구논문들이 간간이 발표되었다. 2008년에 김지현은「죽음에 대한 공포와 수용 및 죽음 대처 유능감에 영향을 주는 변인」이라는 제목의 논문을 제출하여 서울대학교에서 박사학위를 받았다. 이 논문은 국내에서 죽음을 주제로 연구한 최초의 심리학 박사학위논문이라고 할 수 있다. 현재 심리학 분야에서 죽음에 관한 연구가 활발하다고 할 수는 없으나 죽음에 관한 연구논문이 꾸준히 증가하고 있다.

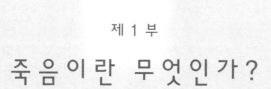

제 1 부

죽음이란 무엇인가?

제2장

죽음의 다양한 정의

죽음은 생명의 종말, 즉 생명활동이 영원히 정지되는 것을 의미한다. 임사체험의 경우처럼, 심장박동이나 호흡이 일시적으로 정지되어 가사상태(假死狀態)에 들어갔다가 다시 회생하는 경우도 있다. 그러나 죽음은 이러한 경우와 달리 결코 다시 원상태로 돌아오지 않는 생명활동의 영속적인 정지 상태를 뜻한다.

그렇다면 생명이란 무엇인가? 생명이 무엇인지를 규명하지 않고는 죽음을 정의하기 어렵다. 우리의 일상적 경험에서는 생명이나 죽음이 매우 분명한 것처럼 여겨지지만, 학문적으로 생명과 죽음을 규정하는 것은 매우 어려운 일이다.

1. 생명이란 무엇인가?

생명이란 인간을 비롯한 생물이 자율적으로 기능하고 활동할 수 있도록 만드는 동력을 뜻한다. 모든 생명체는 부모로부터 분화되어 탄생한다. 부모의 부모, 즉 조상을 거슬러 올라가게 되면 생명의 기원에 관한 물음으로 귀착된다. 지구에는 언제 어떻게 생명이 생겨났을까? 지구에 생명이 탄생하게 된 기원을 추적하면 결국 우주의 탄생에까지 이르게 된다.

1) 생명의 탄생

현대의 천체물리학자들은 우주가 약 138억 년 전에 무한한 질량을 지닌 극소물질이 대폭발(Big Bang)을 일으켜 탄생한 것으로 추정하고 있다. 우리가 살고 있는 지구는 그렇게 탄생한 우주가 팽창하는 과정에서 미세한 물질들이 응결되어 약 45억 년 전에 형성되었다. 지구는 처음에 고온으로 들끓는 마그마로 뒤덮여 있었으나 시간이 흐르면서 냉각되어 지각이 만들어지고 하늘과 바다가 형성되었다. 지구는 본래 생명체가 존재하지 않는 물질의 세계였다.

1936년에 러시아의 생화학자 오파린(Alexander Oparin)은 생명이 무기물질의 합성에 의해 탄생했다는 화학진화설을 제안했다. 그에 따르면, 원시지구에 존재했던 무기물들이 매우 다양한 방식으로 뒤섞이는 결합과정에서 간단한 유기화합물이 만들어지고, 이러한 유기화합물들이 합성되어 좀 더 복잡한 유기물 복합체가 형성되었다. 이러한 과정에서 막 구조를 지닌 유기물 복합체가 형성되면서 막의 경계를 통해 주변 세계와 분리된 독립적 개체가 생겨났다. 이러한 유기물 복합체는 막을 통해 외부의 물질을 흡수하거나 복합체가 두 개로 분할되는 현상이 발생했다. 이러한 유기물 복합체는 독자적인 생화학적 기능을 했기 때문에 최초의 생명체라고 인정할 수 있다. 오파린의 화학진화설은 생명의 기원에 대한 가장 강력한 설명으로 여겨지고 있다.

생명은 물질의 특별한 결합에 의해 창발된 현상(emerging phenomena)이라고 할 수 있다. 생명체는 그 구성요소인 물질에 존재하지 않는 새롭게 생겨난 속성, 즉 신진대사와 자기증식의 기능을 지닌다. 생명체는 보호막, 즉 자기경계를 형성하여 외부세계와 물질을 주고받는 신진대사를 통해 자기존재를 유지하고 성장시킨다. 또한 생명체는 자기분할을 통해 자신과 동일한 구조와 기능을 지닌 생명체를 만들어 내는 자기증식 기능을 지닌다.

　단세포 생물로 시작된 생명체는 다세포 생물로 발전하고 진화를 거듭하면서 현재 지구상에 존재하는 다양한 생명체가 탄생했다. 물속에서 생활하던 수생동물인 어류가 파충류를 거쳐 육지동물인 포유류로 진화했고, 아프리카 초지의 나무에서 생활하던 유인원의 일부가 인류로 진화했다.

　인류의 조상으로 여겨지고 있는 오스트랄로피테쿠스가 지구상에 출현한 것은 약 200만 년 전으로 추정되고 있다. 그 시기는 신생대 4기에 해당하는 홍적세 (Pleistocene)로서 지금으로부터 250만 년~12,000년 전에 해당하며 빙하기와 간빙기가 교차하고 화산폭발과 지각운동이 활발했던 매우 불안정한 자연환경의 시기였다. 그만큼 수많은 생명체의 자연선택과 도태 과정이 활발하게 일어났던 시기라고 할 수 있다. 현재는 12,000년 전에 끝난 홍적세의 마지막 빙하기가 지나간 간빙기에 해당한다.

　현생인류의 조상인 호모 사피엔스는 약 20만 년 전에 출현한 것으로 여겨지고 있다. 인간은 집단으로 모여 생활하는 군거성 동물로서 언어와 도구를 사용하며 다른 동물들과 생존경쟁을 벌이는 지적인 존재로 진화했다. 수렵활동으로 영양공급을 해 오던 인간은 씨를 뿌려 농작물을 재배하는 농사를 짓기 시작하면서 정착생활을 하게 되었고 촌락과 도시국가를 형성하여 약 5천 년 전부터 4대문명 발생지를 중심으로 인류문명을 발전시켰다. 우리 인간은 이처럼 오랜 진화의 역사와

◈ 인간은 오랜 진화과정을 통해 현재의 몸과 마음을 갖게 되었다.

더불어 농업혁명, 산업혁명 그리고 정보화혁명을 거치며 21세기의 현재에 이르게
되었다.

2) 의식의 출현

인간은 지구상에 존재하는 생명체의 피라미드 구조에서 최상부를 차지하는 만
물의 영장이 되었다. 인간이 다른 생명체와 구별되는 특별한 점은 마음, 즉 의식을
지닌 존재라는 점이다. 의식(consciousness)은 주변 세계를 보고 느끼고 생각할 뿐
만 아니라 과거를 기억하고 미래를 예측하는 능력을 의미한다. 이러한 의식의 능
력 역시 생명체가 진화하는 과정에서 창발된 독특한 현상이라고 할 수 있다.

의식은 고등동물의 중요한 심리적 기능이자 능력이다. 하등동물은 외부에서 자
극이 주어지면 자동적으로 특정한 반응을 나타내는 반사행동(reflexive behavior)을
통해 살아간다. 이러한 반사행동은 진화를 통해 형성된 것으로서 적응적 기능을
지니지만, 새로운 복잡한 상황에 적응하기에는 융통성이 부족한 것이어서 치명적
인 한계를 지닌다. 고등동물은 자극의 특성에 따라 유연하게 적절한 반응으로 대
응할 수 있는 중추신경계를 발달시켰다. **중추신경계**(central nervous system)는 외부
자극을 인식하는 감각기능과 그러한 자극에 반응하는 운동기능을 연결하는 중앙
통제구조를 의미한다.

인간은 복잡한 기능을 담당하는 고도의 중추신경계인 커다란 '뇌(brain)'를 발달
시켰다. 의식은 뇌의 발달과정에서 창발된 독특한 기능으로서 인간이 육체적 존재
를 넘어 심리적 존재로 발전하는 바탕이 되었다. 저명한 신경과학자인 다마시오
(Damasio, 1999)에 따르면, 의식은 대상의 이미지를 생성할 수 있는 표상능력에서
기원한다. 외부의 대상을 마음속의 심상으로 내면화하는 것은 적응에 도움이 된
다. 세상을 마음속에 옮겨와서 다양한 방식으로 시뮬레이션을 해 볼 수 있기 때문
이다. 인간은 이러한 표상기능을 통해서 여러 가지의 가능한 상황을 예상하고 대
비할 수 있게 되었다. 의식의 핵심적 기능은 외부세계를 관찰하여 인식하는 것과

그에 적절한 반응을 선택하여 집행하는 것이다. 이처럼 마음속에서 외부 대상과의 상호작용을 시뮬레이션하기 위해서는 자신을 대표하는 자기표상이 필요하다. 자기표상과 대상표상을 통해서 자신과 환경의 관련성을 다양하게 고려할 수 있기 때문이다. '나'라는 자기의식은 의식의 진화과정에서 발생한 것으로서 개인의 생존에 도움이 되는 심리적 기능이라고 할 수 있다.

3) 자기의식의 출현

인간은 '나'라는 자기의식을 지니고 살아간다. '나'는 육체를 지닌 존재로서 자율적으로 움직이면서 마음속으로 다양한 생각을 할 뿐만 아니라 행동을 통해 외부환경에 영향을 미치는 주체로 인식된다. 자기의식(self-consciousness)은 자기존재를 세계와 분리된 독립적인 자율적 존재로 인식하는 것으로서 자기정체감(self-identity)의 바탕을 이룬다.

자기의식은 마음속으로 외부대상과의 상호작용을 상상하는 과정에서 자신을 대표하는 표상으로 발생된 것이라고 할 수 있다. 달리 말하면, 자기의식은 반성적 의식의 소산이다. 고도의 의식기능을 지닌 인간은 '의식에 대한 의식'을 가능하게 만드는 반성적 의식(reflective consciousness)을 할 수 있으며 그 결과로 싹트게 되는 것이 자기의식이다(Baumeister, 1998). 즉, '이렇게 생각하고 행동하는 이것은 무엇인가?' 또는 '무엇이 이렇게 생각하고 행동하게 만드는가?'라는 반성적 의식의 결과로 생성된 것이 바로 '나'라는 자기의식이다. 달리 표현하면, 의식에 떠오르는 감각과 감정을 인식하고 사고와 행동을 통제하는 주체(agent)에 대한 의식이 자기의식이라고 할 수 있다. 의식은 기본적으로 대상에 대한 의식을 의미하는데, 반성적 의식을 통해 자신을 하나의 대상으로 인식하게 되면서 자기의식이 발전하게 된 것이다.

자기의식은 개인이 경험하는 판단과 행동의 자율성, 독립성, 통일성, 일관성을 인식하는 기반이 된다. 우리는 시간의 흐름에도 불구하고 자신이 항상 동일한 존재라는 인식, 즉 자기정체감을 지닌다. 사실, 현재의 우리는 어린 시절과 비교하면 육체적으로나 심리적으로 현저하게 다른 존재이다. 우리의 몸을 구성하는 세포들은 시시각각으로 세대교체가 이루어져 수개월 사이에 완전히 새로운 세포로 대체된다. 세월의 흐름과 함께 몸의 크기나 외모가 현저하게 변할 뿐만 아니라 수많은 인생경험을 통해서 개인의 지식, 신념, 가치관, 행동방식도 변화하기 마련이다. 이처럼 현저한 육체적·심리적 변화에도 불구하고 우리는 과거의 '나'와 현재의 '나'가 동일한 존재라고 여긴다.

인간은 자기개념(self-concept)을 중심으로 자신의 수많은 다양한 경험을 통합하여 기억 속에 저장하면서 자신을 시간적으로 일관성 있는 동일한 존재라고 느낀다. 자기정체감은 시간의 흐름과 경험의 누적으로 인한 엄청난 신체적·심리적 변화에도 불구하고 자신을 과거-현재-미래로 일관성 있게 연결되는 동일한 개체라는 느낌(sense of personal identity)을 의미한다. 인간은 미래에도 동일한 존재로 자기정체감을 유지하려는 강력한 욕구를 지닌다. 인간이 죽음을 두려워하는 가장 중요한 이유는 죽음으로 인해 자기의식과 자기정체감이 소멸한다고 생각하기 때문이다. 즉, 자기의식과 자기정체감은 죽음불안의 근원이라고 할 수 있다.

4) 자존감의 추구: 소중한 존재로서의 존엄한 삶

자기정체감이 형성되면서 자존감의 욕구도 생겨난다. 우리는 누구나 자신이 가치 있는 소중한 존재이기를 원한다. 우리는 자신이 긍정적인 존재라고 생각할 뿐만 아니라 다른 사람들로부터 소중한 존재로 인정받기를 원한다. 자존감(self-esteem)은 자신이 가치 있는 긍정적인 존재라는 인식에 근거한 자기감정을 의미한다. 인간은 자존감을 유지하고 강화하려는 뿌리 깊은 욕구를 지닌다.

자존감은 자기평가의 산물이다. 자기평가(self-evaluation)는 자신의 다양한 측면을 어떤 기준과 비교하여 우월하거나 열등한 정도를 평가하는 것이다. 인간은 수시로 자신을 평가하며 그 결과에 따라 자존감이 변화하게 된다. 자기평가는 자기의 어떤 측면을 어떤 기준과 비교하느냐에 따라 달라질 수 있다. 우선, 개인이 중시하는 자기 구성요소(예: 신체적 능력, 물질적 소유, 인지적 능력, 가족관계, 사회적 신분)에 대한 평가가 부정적일수록 자존감은 떨어진다. 또한 자기의 현재 상태를 나타내는 현실적 자기(real self)에 대한 평가뿐만 아니라 자신이 이상적 목표로 추구하는 이상적 자기(ideal self), 주변 사람들의 기대를 반영하는 의무적 자기(ought self), 노력하면 이룰 수 있다고 믿는 가능한 자기(possible self)와의 비교를 통해 다양한 방식으로 자기평가가 이루어진다(Higgins, 1987; Markus, 1990; Rogers, 1951). 예컨대, 이상적 자기나 의무적 자기에 대한 기대수준이 높은 사람은 현실적 자기에 만족하기 어렵기 때문에 자존감이 저하될 수 있다. 반면에 미래에 가능한 자기에 대한 기대수준이 높은 사람은 현실적 자기가 만족스럽지 않더라도 희망과 자신감을 지니게 될 것이다.

노화와 죽어감의 과정이 두려운 이유 중 하나는 자기를 구성하는 신체적 외모와 기능이 쇠퇴할 뿐만 아니라 심리적 기능과 사회적 지위가 저하되면서 자존감이 손상되기 때문이다. 인간은 육체적 생명보다 심리적 자존감을 더 중요하게 여기는 존재이기도 하다. 자존감은 인생이 허물어져 가는 마지막 순간까지 지키고자 하는 핵심적인 심리적 가치로서 존엄한 삶의 가장 중요한 바탕이다. 달리 말하면, 자존감은 신체적 생명보다 더 소중한 심리적 생명이라고 할 수 있다.

2. 죽음의 정의: 죽음의 다양한 의미

죽음이란 무엇인가? 죽음은 개인의 어떤 변화를 의미하는가? 죽음을 정의하는 것은 생각처럼 쉬운 일이 아니다. 죽음에 대한 정의는 종교적·철학적·문화적 관점에 따라 다를 뿐만 아니라 개인적 신념에 따라서도 다를 수 있기 때문에 모든 사람이 동의할 수 있는 정의를 도출하기가 어렵다. 더구나 최근에 생명연장기술과 장기이식기술이 발달하면서 죽음을 정의하는 것이 더욱 어려워졌다.

죽음에 대한 가장 일반적인 정의는 생명을 유지하는 모든 신체적 기능이 영구적으로 중지되는 것을 의미한다. 엄밀히 말하면, 죽음(death)은 생명이 중지되는 순간, 즉 살아 있는 상태에서 죽어 있는 상태로 넘어가는 순간을 뜻한다. 죽어감(dying)은 살아 있는 상태에서 죽음으로 가까이 접근하는 과정을 말한다. 근본적으로, 죽음의 정의는 '삶과 죽음이 어떻게 다른가?'라는 물음과 관련되어 있다.

1) 육체적 죽음: 생물의학적 정의

현대사회에서 개인의 죽음은 의사에 의해서 판정된다. 의사의 사망진단서는 개인의 죽음을 법적으로 증명하는 근거가 된다. 달리 말하면, 현재 우리 사회는 죽음에 대한 생물의학적 정의(biomedical definition)를 받아들이고 있는 셈이다. 죽음의 생물의학적 정의는 유물론적 관점에서 생명을 유지하는 육체적 기능의 정지에 초점을 맞추고 있다.

전통적으로, 의료계에서는 죽음을 심장박동과 호흡의 영구적 정지로 정의해 왔다. 그러나 정지된 심장박동과 호흡을 다시 정상적으로 되돌리는 생명연장기술(예: 심폐소생술, 인공호흡기, 신장투석기 등)의 발전으로 인해 '영구적'이라는 의미가 모호해지게 되었다. 이처럼 일시적으로 생명기능이 정지된 가사상태(假死狀態)에 있는 사람을 회생시키는 기술이 발달하면서 죽음의 정의에 대한 논란이 제기되고 있다. 죽음의 의학적 정의는 '어떤 신체적 상태를 최종적인 죽음으로 인정할 것인가?' 하는 물음과 관련되어 있다. 의료계에서는 실무적으로 환자의 사망 시점을 어떻게 결정하느냐 하는 것이 중요하기 때문이다. 현재 죽음에 대한 단일한 통일된 정의는 존재하지 않으며 다양한 학설이 제기되고 있다. 의학계에서 제기되고 있는 죽음의 주요한 정의를 살펴보면 다음과 같다.

(1) 심폐사: 3징후설

현재 가장 일반적인 죽음의 정의는 생명 유지에 필수적인 세 가지 장기(심장, 폐,

뇌)의 영구적 기능정지이다. 이러한 신체적 상태를 심폐사(cardiopulmonary death) 또는 심폐기능사라고 한다. 달리 말하면, 죽음은 세 가지의 징후, 즉 심장박동의 불가역적 중지, 호흡기능의 불가역적 정지, 뇌반사 기능의 소실(예: 동공 확산 등)이 나타날 때를 의미한다. 따라서 이러한 죽음의 정의를 '3징후설'이라고 한다. 호흡운동과 심장박동이 정지되고 뇌반사가 소실된 것이 불가역적일 때 죽음으로 판단한다. 뇌반사는 어떤 자극에 대해서 뇌를 통해 무의식적으로 일어나는 반사를 의미한다. 뇌반사의 대표적 예는 눈에 빛을 비추면 동공의 크기가 변화하는 대광반사이다.

현재 법의학과 「민법」에서는 원칙적으로 심폐사를 개인의 사망시점으로 여기고 있다. 심장, 폐, 뇌의 세 장기는 모두 생명 유지에 매우 중요하기 때문에 어느 하나라도 기능이 정지되면 다른 기능도 곧 정지하게 된다. 이처럼 세 장기 중 어느 하나라도 정지되면 죽음으로 이어지기 때문에 '장기사'라고 지칭하기도 한다.

고대로부터 죽음은 숨을 쉬지 않고 심장이 뛰지 않는 상태로 여겨졌다. 19세기까지 호흡 정지를 죽음의 가장 중요한 기준으로 여겼으며 심장박동은 그 몇 분 뒤에 자동적으로 정지되는 것으로 간주되었다. 그러나 호흡 정지로 죽었다고 판정된 사람들 중에서 호흡과 심장박동 기능이 회복되어 회생하는 사례들이 자주 보고되었다. 따라서 호흡이나 심장박동 정지로 죽음이 선고되더라도 즉시 시신을 처리하지 않고 2~3일 이상 충분한 시간을 두고 회생 여부를 기다리는 관습이 생겨나게 되었다. 또한 최근에는 인공호흡기가 개발되어 호흡을 유지할 수 있게 되었고 심폐소생술로 심장을 다시 뛰게 하는 의료기술과 장비가 발달하면서 죽음에 대한 전통적인 기준에 대한 도전이 제기되고 있다. 현재 국제적으로 가장 일반적인 죽음의 기준은 불가역적인 심장정지라고 할 수 있다. 심폐소생술을 시행했음에도 불구하고 심장박동이 다시 돌아오지 않을 경우에 최종적인 죽음으로 판단된다.

(2) 뇌사

현재 주목받고 있는 죽음의 다른 의학적 정의는 뇌사(brain death)이다. 뇌사는 뇌기능 전체의 불가역적인 영구적 정지를 의미한다. 뇌의 조직이 파괴되어 뇌가 죽으면, 그 기능이 상실될 뿐만 아니라 이어서 호흡과 심장박동도 정지되기 때문에 결국 심폐사에 이르게 된다. 심장과 폐 그리고 뇌는 3대 생명유지 장기로서 그 중 하나라도 죽게 되면 다른 두 장기의 기능도 정지하게 된다. 그러나 의학기술의 발달로 인해 뇌가 죽은 경우에도 인공호흡기와 같은 생명연장 장치를 이용하여 호흡과 심장박동을 유지할 수 있다. 따라서 뇌는 죽더라도 심장과 폐는 기능을 유지함으로써 뇌사와 심폐사 사이의 시간 간격이 생길 수 있다.

뇌사는 자발적인 호흡과 뇌반사가 없으며 뇌파검사에서 평탄파가 30분 이상 지속될 때 판정된다. 뇌사는 코마, 즉 혼수상태에 빠진 식물인간 상태와는 구별되어야 하는 개념이다. 혼수상태는 뇌의 대뇌피질 활동이 정지된 것일 뿐 자발적 호흡, 순환 및 혈압의 자율적 기능은 유지되고 있는 상태를 의미한다. 뇌사의 경우와 달리, 혼수상태의 식물인간은 뇌의 일부가 살아 있기 때문에 영양공급만 이루어지면 자력으로 심폐기능을 유지할 수 있으며 뇌기능이 회복될 가능성이 있다. 그러나 뇌사는 뇌세포가 영구적으로 죽은 상태이므로 회생할 가능성이 전혀 없다. 현대의학에서 뇌사에 주목하는 것은 장기이식의 가능성 때문이다. 뇌가 죽어 회생 가능성이 전혀 없지만 심장과 폐를 비롯한 다른 장기는 살아 있기 때문에, 뇌사 상태에 있는 사람의 장기를 다른 환자에게 이식함으로써 생명을 구할 수 있기 때문이다.

(3) 세포사

심장과 폐 그리고 뇌의 기능이 완전히 정지하여 사망 선고가 내려지더라도 그와 함께 신체를 구성하는 모든 세포들이 죽는 것은 아니다. 심폐사 이후에도 신체 각 부위의 세포들은 어느 정도 살아서 기능을 유지하다가 죽게 된다. 예컨대, 호흡이 멎고 심장이 멈추고 동공이 풀려도 머리카락은 자란다. 심폐사와 뇌사 상태에서도 몸을 이루는 세포들은 살아 있는 것이다. 그러나 심폐기능의 정지상태가 계속되면 신체를 구성하는 모든 세포 역시 기능을 정지하게 되는데, 이를 세포사(cellular death)라고 한다.

심폐사와 세포사 사이의 시간을 '생사 중간기'라고 부른다. 심폐사로 개인이 사망하게 되면 시간이 흐름에 따라 암적색의 시반(屍斑), 즉 시신의 피부에 자줏빛의 반점이 나타나게 된다. 이러한 현상은 생사 중간기에 살아남은 세포들이 정맥 속의 산소를 모두 써 버리기 때문이다. 시반은 사후 1~2시간에 옅은 자줏빛 반점으로 시작되어 나중에는 더 넓고 짙은 자줏빛 반점으로 확산되는데, 사후 15~24시간이 경과할 무렵에 가장 심하게 나타난다. 생물학적 관점에서는 세포사가 개인의 완전한 죽음이지만, 의료계의 실무적 관점에서는 심폐사 또는 뇌사를 개인의 죽음으로 받아들이고 있다.

🍀 죽음 정의에 관한 최근의 견해

21세기에도 죽음의 정의와 기준이 정립되지 않아 논쟁이 이어지고 있다. 삶과 죽음의 경계가 여전히 모호한 상태로 지속되고 있다. 생명연장과 장기이식 기술이 발전하면서 삶과 죽음의 개념이 흔들리고 있다. 이러한 상황에서 최근에 세계보건기구(WHO, 2012)는 죽음의 판정을 위한 국제적 가이드라인을 만들기 위한 연구위원회를 구성했다. 이 연구위원회는 죽음에 대한 다양한 정의와 의학적 연구결과를 검토한 결과로서 인간의 죽음에 대한 조작적 정의를 다음과 같이 제안했다. 조작적 정의(operational definition)란 추상적인 것이 아니라 구체적으로 측정할 수 있는 관찰 가능한 생물의학적 기준에 근거하여 인간의 죽음을 판단할 수 있는 실무적인 정의를 의미한다.

죽음은 의식의 능력과 모든 뇌간 기능의 영구적 상실이 발생했을 때 일어난다. 죽음은 순환 활동의 영구적 정지 또는 충격적 뇌손상에 의해서 유발될 수 있다. 여기서 '영구적'이라 함은 정지된 기능이 자발적으로 재개될 수 없으며 개입에 의해서도 회복되지 않음을 의미한다.

이러한 정의는 심폐사와 뇌사의 개념을 통합한 것으로서 죽음의 판정에 있어서 뇌기능의 중요성을 강조한 것이다. 죽음은 뇌기능의 정지(의식 능력과 뇌간 기능의 상실)에 의한 단일한 현상이며 두 가지의 기제, 즉 (1) 심장박동과 호흡을 포함한 순환기능의 영구적 정지 또는

(2) 충격적인 뇌손상에 의해서 유발될 수 있다. 즉, 들어가는 문은 두 개이지만 나오는 문은 하나라는 것이다.

이 연구위원회의 보고서(WHO, 2012)에 따르면, 뇌사나 심폐사와 같이 특정한 신체기관의 활동 정지를 인간의 죽음으로 정의하는 것은 바람직하지 않다. 인간의 죽음은 활동(activity)보다 기능(function)의 정지에 의해서 정의되어야 한다. 죽음의 판정에 있어서 뇌기능이 중요하다. 죽음은 뇌기능의 정지(의식 능력과 뇌간 기능의 상실)에 근거한 단일한 현상으로 정의되어야 한다.

뇌기능의 정지는 깨어서 외부 환경과 상호작용하는 의식 능력의 상실과 더불어 생명 유지에 중요한 뇌간 기능(brainstem function: 심장박동, 호흡, 동공 반사, 통증에 대한 반응 등)의 상실을 의미한다. 뇌간은 대뇌반구와 소뇌를 제외한 뇌의 나머지 부분을 의미하며 생명 유지를 위한 중요한 기능을 담당하는 간뇌, 중뇌, 연수로 구성되어 있다.

2) 심리적 죽음

죽음이라는 개념은 인간의 이분법적 사고에 근거하고 있다. 죽음은 삶의 반대말이며 삶이 아닌 것, 즉 삶의 종말을 의미한다. 그러나 "살아도 사는 것이 아니다."라거나 "죽은 것이나 다름없다." 심지어 "산송장"이라는 말이 있듯이, 죽음의 의미는 육체적 측면을 넘어 다양한 측면의 연장선상에서 논의될 수 있다.

과연 '삶'이란 무엇을 의미하는 것일까? '인간다운 삶', '삶다운 삶' 또는 '살 만한 가치가 있는 삶'이란 어떤 것일까? 연명치료를 거부하는 사람들은 왜 자신의 생명을 연장하려 하지 않는 것일까? 안락사를 원하는 사람들은 왜 자신의 삶을 포기하려 하는 것일까? 인간의 삶은 신체적 기능뿐만 아니라 심리적·사회적·법적·영적 활동을 포함하고 있다. '인간다운 삶'이란 그저 호흡과 심장박동을 유지하는 것만이 아니라 또렷한 의식을 지닌 상태에서 자신의 역할을 수행하고 다른 사람들과 의미 있는 관계를 유지하며 자신이 가치 있는 존재라는 인식 속에서 살아가는 것이라고 할 수 있다.

(1) 의식과 자기정체감의 상실

혼수상태에서 깨어나지 못하는 식물인간의 경우는 육체적으로는 살아 있지만 의식은 물론 자기정체감을 지니고 있지 못할 뿐만 아니라 다양한 심리적 기능을 상실한 상태이다. 중증 치매환자의 경우는 기본적인 인지기능과 자기조절 능력이 손상되어 기억력, 판단력, 행동통제력을 상실할 뿐만 아니라 심지어 가족을 알아보지 못하거나 거울에 비친 자신의 모습조차 인식하지 못한다.

이처럼 인간다운 삶의 가장 기본적 조건인 의식과 자기정체감을 상실한 상태는 심리적으로 죽은 것이라고 할 수 있다. 특히 의식과 자기정체감의 상실이 영구적이어서 회복할 수 없는 불가역적 상태인 경우에는 심리적 죽음이라고 할 수 있다. 사실, 우리는 매일 밤 잠에 들면서 심리적 죽음을 맞이한다. 몸은 살아 있으나 마음은 아무것도 의식하지 못하기 때문이다. 수면은 의식을 상실한 일종의 혼수상태이며 꿈속에서는 마치 치매환자처럼 현실감을 상실한 채로 비현실적인 혼란을 경험하기 때문이다. 우리는 매일 밤 심리적 죽음을 경험하고 매일 아침 심리적 부활을 경험하는 셈이다. 잠에서 영원히 깨어나지 못하는 상태, 즉 인간다운 삶에 필수적인 심리적 기능을 영구적으로 상실한 상태를 심리적 죽음이라고 할 수 있다.

(2) 자존감과 존엄성의 상실

인간다운 삶을 위한 가장 기본적인 심리적 조건은 자존감이다. 자존감은 개인이 자신을 가치 있는 존재로 생각하고 주변 사람들이 자신을 소중한 존재로 여긴다고 느끼는 자기존재의 존엄성(dignity)에 대한 인식이다. 죽어감의 과정에서 직면하는 가장 고통스러운 경험 중 하나는 자존감의 상실이다.

신체적 노화와 질병이 악화되면, 개인의 자존감을 유지해 왔던 것들이 하나씩 무너지기 시작한다. 인간은 자존감을 유지하려는 강렬한 욕망을 지니며 자존감을 지키기 위해 최후의 순간까지 노력한다. 자존감의 근거가 되었던 것들이 하나씩 무너져 내릴 때 인간은 불안과 좌절감을 느끼며 자존감을 방어하기 위한 다양한 노력을 시도한다. 그럼에도 불구하고 방어의 노력이 실패하여 자존감의 손상을 더 이상 막을 수 없을 때, 우울과 절망에 빠져들게 된다.

또렷한 의식을 지니고 있다 하더라도, 자신이 무능하고 무가치한 존재라고 판단될 때 자존감이 저하된다. 몸을 자유롭게 움직이지 못하고 가장 기본적인 일상생활(식사, 배변, 목욕 등)마저 다른 사람에게 의존해야 할 때, 치매와 같은 인지장애로 인해 자신의 지적 능력이 무너져 갈 때, 또는 자신이 가족과 주변 사람들에게 부담과 고통만을 안겨 주는 짐 덩어리라고 느껴질 때, 개인의 자존감은 처참하게 무너져 내린다. 더구나 가족을 비롯한 주변 사람들로부터 무관심과 무시를 받을 뿐만 아니라 심지어 비난과 굴욕을 당하게 될 때, 개인의 자존감은 바닥까지 추락한다. 또는 중환자실에서 인공호흡기와 영양공급기를 입에 삽입하고 온몸에 주사바늘을 꽂은 채 한마디 말도 하지 못하는 고통스러운 상태에서 회복될 희망도 없이 생명을 연장하는 것은 개인의 자존감과 존엄성이 훼손된 상태라고 할 수 있다.

이러한 경우처럼 자존감이 심각하게 훼손되어 더 이상 자신을 가치 있는 존재라고 여길 수 없을 때, 일부의 사람들은 더 이상의 자존감 추락을 방지하고 자신의 존엄성을 지키기 위해 육체적 생명을 포기하기도 한다. 불치병을 앓고 있는 사람들이 안락사를 원하는 것은 신체적 고통으로부터 해방되기 위한 것일 뿐만 아니라 점점 더 심화되는 자존감의 손상을 막고 자신의 존엄성을 지키기 위한 것이기도 하다. 회복할 수 없는 자존감의 심각한 손상은 육체적 죽음보다 더한 고통, 즉 심리적 죽음을 의미할 수 있다.

(3) 육체적 죽음과 심리적 죽음의 충돌

한 인간의 죽음을 누가 판단하느냐는 것은 매우 중요한 철학적·윤리적 문제인 동시에 사회적·법적 논쟁거리이기도 하다. 현대사회에서는 개인의 죽음을 의사가 판정한다. 의사가 심폐사 또는 뇌사의 기준에 의해서 사망선고를 내리면서 장례 절차가 시작된다. 또한 대부분의 의사들은 생사의 갈림길에 있는 환자를 삶의 방향으로 이끄는 것이 자신의 의무라고 생각한다. 그러나 환자 자신이나 가족이 자존감과 존엄성 유지를 위해서 죽음의 방향을 선택하는 경우도 있다. 이러한 경우에 육체적 죽음과 심리적 죽음의 가치가 충돌할 수 있다.

우리의 삶은 끝없는 선택의 연속이다. 특히 죽어감의 과정에서는 삶과 죽음의 갈림길에서 선택과 결정을 해야 하는 여러 가지 상황에 직면하게 된다. 이처럼 죽어 가는 과정에서 직면하는 선택의 문제들은 죽음학의 중요한 탐구주제 중 하나로서 임종기의 의사결정(decision making in the end of life)이라고 한다.

우리 사회에는 육체적 죽음을 어떤 상황에서든 피해야만 하는 절대적 악(惡)으로 여기는 경향이 있다. 달리 말하면, 생명은 어떤 경우에든 지켜 내야 하는 절대적 선(善)으로 여기는 것이다. 그러나 선과 악의 판단, 즉 삶과 죽음의 선택은 개인 또는 상황에 따라서 달라질 수 있다. 안락사나 존엄사 그리고 자살에 관한 생명윤리적 논란은 심리적 죽음을 육체적 생명보다 더 소중하게 여기는 경우가 발생하기 때문이다. 최근에 인간은 누구나 자신의 죽음을 선택할 권리가 있다는 죽을 권리(right to die)에 대한 논의와 더불어 안락사와 존엄사에 대한 허용 문제가 사회적 논란이 되고 있다. 이에 관해서는 이 책의 제7부 제23장에서 상세하게 논의할 것이다.

3) 사회적 죽음

인간은 사회적 존재로서 타인과의 관계 속에서 삶을 이어 간다. 개인은 다른 사람들과의 관계에서 자신이 어떤 존재인지를 이해하게 되는데 이를 사회적 정체감(social identity)이라고 한다. 심각한 질병을 앓거나 노화로 인해 자율적인 생활이 불가능하여 병원이나 요양원에 장기간 입원생활을 하게 되면, 사회적 역할을 잃게 될 뿐만 아니라 다른 사람들과의 의미 있는 사회적 연결이 끊어지면서 사회적 정체감마저 상실하게 된다. 이처럼 사회적 죽음(social death)은 다른 사람들로부터 무가치한 존재 또는 죽은 것과 마찬가지인 사람으로 여겨지는 것을 의미한다.

미국의 사회학자인 서드노우(Sudnow, 1967)는 임종을 앞둔 환자들이 병원에서 경험하게 되는 의료진과의 사회적 관계를 관찰했다. 그에 따르면, 의료진들은 환자의 사회적 가치(social value)에 따라서 그들이 환자를 어떻게 대할 것인지 그리고 환자의 회생을 위해서 얼마나 많은 노력을 기울일 것인지를 결정했다. 사회적 죽음은 육체적으로 살아 있는 사람을 마치 죽은 사람인 것처럼 대하는 다른 사람들의 행위를 통해서 일어난다. 특히 타인으로부터 인격적인 존재로 존중받지 못하고 개인의 자율성과 존엄성이 무시되고 훼손되는 상태가 바로 사회적 죽음이라고 할 수 있다.

한 연구(Sweeting & Gilhooly, 1997)에 따르면, 심한 치매환자를 간병하는 가족이나 간병인들의 약 1/3은 치매환자를 사회적으로 죽은 사람이라고 믿고 그렇게 대했다. 또한 장기간 정신병원에 입원하거나 교도소에서 복역을 하는 경우에는 사회적 연결과 역할을 상실할 뿐만 아니라 주변 사람들로부터 개인의 사회적 정체감을 훼손하는 모욕과 굴욕을 당함으로써 사회적 죽음을 경험하게 된다. 사회적 죽음에는 개인이 자신을 죽은 것이나 진배없다고 믿게 되는 **자기-지각적 사회적 죽음**(self-perceived social death)과 다른 사람들에 의해서 죽은 사람과 같다는 평가와 대접을 받게 되는 **타인-지각적 사회적 죽음**(other-perceived social death)이 있다(Kalish, 1968).

사회적 죽음은 개인이 사회로부터 단절되는 정도에 따라 세 가지 수준으로 구분될 수 있다. 가장 심각한 수준의 사회적 죽음은 타인과 공동체에 의한 영구적 망각과 무관심이다. 이러한 사회적 죽음은 개인이 세상에 존재했었다는 사실조차 아무도 기억하지 못하는 완전한 사회적 소멸을 의미한다. 두 번째의 사회적 죽음은 타인이나 공동체로부터의 무시와 멸시이다. 장기요양시설이나 말기환자 병동에서 가족뿐만 아니라 치료진이나 간병인으로부터 마치 '죽은 사람'인 것처럼 취급당하는 경우라고 할 수 있다. 즉, 주변 사람들로부터 인격적 존재로 존중받지 못하고 '산송장'처럼 취급당하는 사회적 죽음을 의미한다. 세 번째 수준의 사회적 죽음은 일상생활에서의 사회적 연결과 역할이 상실되는 것이다. 심각한 질병으로 장기간 병원에 입원하거나 장기요양시설에 거주하게 되면 개인이 평소에 맺었던 인간관계나 사회적 역할을 상실하게 된다. 개인의 사회적 지위와 신분을 상실할 뿐만 아니라 친밀했던 사람들과의 관계마저 단절됨으로써 사회적 죽음에 이르게 된다. 죽음이 두려운 이유 중 하나는 이처럼 사회적 단절과 무관심을 통해 자기존재가 사회적으로 소멸하는 것일 것이다.

사회적 죽음은 개인을 노예화하거나 사회적 낙인 또는 추방을 통해서 이루어지는 경우도 있다. 법적인 측면에서도 개인을 더 이상 살아 있는 사람으로 여기지 않는 법적 죽음이 있다. 법적 죽음(legal death)은 개인이 모든 법적인 권리와 책임의 주체로서의 지위를 상실하는 것을 의미한다. 대부분의 사회에서는 의사의 사망진단서에 근거하여 법적 죽음의 절차가 진행된다. 개인은 주민등록부나 호적에 망자로 기록되고 그의 재산도 상속절차를 통해 가족에게 승계될 뿐만 아니라 모든 법적 지위를 상실함으로써 한 사회의 구성원이었던 개인의 존재는 완전히 소멸하게 된다. 이처럼 개인의 죽음은 육체적 죽음을 넘어 다양한 측면에서 논의될 수 있다.

3. 삶에서 죽음으로 옮겨 가는 점진적 과정

삶과 죽음의 경계는 분명하지 않다. 우리 사회에서는 삶과 죽음을 이분법적으로 구분하여 마치 어떤 한 시점에서 삶이 죽음으로 전환되는 것처럼 여긴다. 그러나 죽음, 즉 삶에서 죽음으로의 변화는 다양한 측면에서 고려될 수 있는 연속선상의 점진적 과정이라고 할 수 있다. 앞에서 살펴보았듯이, 죽음은 〈표 2-1〉과 같이 생물학적 · 심리적 · 사회적 측면에서 여러 수준으로 구분될 수 있다.

인간은 출생하면서부터 죽음을 향해 나아가는 존재이다. 인생의 과정에서 우여곡절을 겪으며 죽음에 비견될 만한 고통과 좌절을 경험하기도 한다. 심각한 질병으로 죽음의 공포에 시달리기도 하고, 인간관계와 사업의 실패로 죽음보다 더한 고통을 겪기도 한다. 직업적 은퇴와 더불어 사회적 역할과 연결을 상실하게 되는 사회적 죽음을 맛보기도 한다.

삶에서 죽음으로 옮겨 가는 경로와 궤도는 개인마다 다르다. 그러나 일반적으

표 2-1   **죽음의 다양한 유형과 정의**

죽음의 유형	하위개념	정의
육체적 죽음	세포사	육체를 구성하는 모든 세포의 기능 정지
	심폐사	심장박동과 호흡의 불가역적 정지
	뇌사	뇌기능의 불가역적 정지
심리적 죽음	의식 상실	의식과 감각기능을 상실한 식물인간 상태
	자기정체감 상실	자기라는 개체의식의 소실과 혼란 상태
	자존감 상실	가치있는 존재로서의 삶의 의욕 상실
사회적 죽음	사회적 망각	타인과 공동체로부터의 영구적 망각과 무관심
	사회적 무시	타인과 공동체로부터의 무시와 멸시
	사회적 단절	사회적 연결과 역할의 상실
	법적 죽음	법적인 권리와 책임의 지위 상실

로 노년기에 접어들면 육체적·심리적·사회적 죽음으로 나아가는 가파른 내리막 길이 나타난다. 신체적인 노화와 더불어 다양한 질병이 나타나고 병원을 방문하는 횟수가 증가하기 시작한다. 암, 심혈관장애, 뇌혈관장애와 같은 치명적인 질병에 걸리게 되면, 병원에 입원하여 수술과 회복을 반복하면서 죽음으로 나아가는 과정이 가속화된다. 이러한 과정에서 신체적 노쇠와 고통, 심리적 불안과 좌절, 사회적 위축과 역할 상실이라는 다양한 측면의 경험을 겪으면서 죽어감의 과정이 급격하게 진행된다.

말기질환의 상태에 이르게 되면, 신체기능의 현저한 저하가 나타나서 체력이 떨어지고 자율적인 움직임조차 어렵게 된다. 아울러 심리적 불안과 우울을 겪으면서 인지기능이 저하되고 자존감도 점진적으로 손상된다. 친밀했던 사람들과의 인간관계가 점차 소원해질 뿐만 아니라 가족에게마저 부담되는 존재로 전락하게 된다. 신체적 질병상태가 악화되면 신체적 고통이 심해지고 의식이 혼미해지면서 심리적 죽음과 더불어 생물학적 죽음에 다가가게 된다. 마침내 뇌기능이 저하되어 의식을 상실하게 되고 가늘게 이어지던 호흡마저 끊어지고 심장박동이 멈추게 된다. 이 시점에서 의사는 심폐사라는 '임상적 죽음' 또는 '의학적 죽음'의 판정을 내린다. 우리 사회에서는 이 순간을 개인이 삶에서 죽음으로 넘어간 시점으로 여긴다.

그러나 의사의 판단에 의한 임상적 죽음은 현재의 의학적 지식에 근거하여 생명을 유지하는 개인의 신체적 기능이 영구적인 정지로 진행되는 불가역적인 상태에 이르렀음을 의미한다. 의사에 의한 임상적 사망 선고가 개인이 지닌 모든 심신기능의 완전한 소멸을 의미하는 것은 아니다. 이 시점에서 개인의 모든 신체적 · 심리적 · 사회적 기능이 완전히 소멸되는 것은 아니다. 호흡과 심장박동이 정지하고 뇌 활동이 중지되었다 하더라도 개인의 모든 기능이 완전히 중지한 것은 아니다. 몸을 구성하는 세포들이 살아 있을 뿐만 아니라 개인의 미세한 의식이 남아 있다. 임사체험자나 호스피스의 경험에 따르면, 육체적 사망 선고가 이루어진 후에도 개인은 주변 사람들의 말소리를 듣고 이해할 뿐만 아니라 심지어 유체이탈을 통해 자신의 죽음 장면을 목격했다는 증언도 있다.

개인의 의식은 임상적 죽음이 선고된 후에도 미약하게 남아 있는 상태에서 서서히 소실되어 간다. 개인의 신체적 기관과 조직도 산소와 혈액 공급이 중단되면서 점진적으로 괴사하여 세포사의 상태로 나아가게 된다. 또한 개인의 죽음과 더불어 가족과 지인들은 사별의 슬픔에 젖게 된다. 장례와 시신 처리 절차가 진행되어 개인의 몸과 마음이 소멸하더라도 가족과 지인들의 기억 속에 사회적 존재로 살아남는다. 법적 죽음을 통해서 개인의 모든 법적 지위가 상실되고 개인 소유의 재산은 가족에게 상속된다. 가족과 지인들은 애도과정을 거쳐 일상생활로 돌아가 고인을 담담한 마음으로 회고한다. 사진과 기억 속에서 고인을 떠올리고 기일에는 가족이 모여 고인을 기린다. 그러나 세월이 흐르면서 가족과 후손들도 사망하게 되고 개인의 존재는 아무에게도 기억되지 않는 완전한 사회적 죽음의 상태에 이르게 된다. 이처럼 충만한 삶에서 완전한 죽음으로 옮겨 가는 과정에는 개인의 신체적 · 심리적 · 사회적 측면에서 많은 사건과 변화가 일어나게 된다.

✿ 죽음에 대한 표현

우리 사회에는 죽음을 표현하는 용어가 매우 다양하다. 죽은 사람의 사회적 신분이나 종교적 맥락에 따라 죽음은 다양한 용어로 표현된다. 우리말에는 삶에서 죽음으로 옮겨 가는 변화를 일반적으로 '죽다'라고 표현하지만 '돌아가다', '잠들다', '눈을 감다', '숨을 거두다', '세상을 뜨다' 등과 같이 완곡하게 표현되기도 한다. 죽음을 표현하는 용어에는 죽음을 바라보는 사람의 독특한 마음, 즉 세계관 및 인생관과 더불어 죽음관이 반영되어 있다.

1. 죽음에 대한 일반적 표현

- 사망(死亡): 죽음을 뜻하는 단어로 가장 흔하게 쓰인다.
- 운명(殞命): '목숨' 명(命)과 '죽을' 또는 '떨어질' 운(殞)의 조합으로 목숨, 즉 호흡이 끊어졌다는 뜻을 지니고 있다.
- 임종(臨終): '종말을 맞았다'는 의미로서 죽음을 높여 지칭하는 말이다. 때로는 죽음의 순간을 함께한다는 의미로 쓰이기도 한다.
- 작고(作故): '고인(故人: 옛사람, 이미 떠나간 사람)이 되었다'는 뜻으로 죽음을 높여서 이르는 말이다.
- 영면(永眠): '영원히 잠들다'라는 뜻이며 유사한 표현으로 영서(永逝: 영원히 떠나가다), 잠매(潛寐: 땅속에서 잠들다), 장서(長逝: 멀리 떠나다)라는 용어도 있다.
- 별세(別世): '세상과 이별했다'는 뜻으로 죽음을 높여 지칭하는 말이다.
- 하직(下直): '먼 길을 떠나며 작별을 고한다'는 뜻으로 '세상을 하직하다'라고 표현한다.
- 타계(他界): '인간계를 떠나 다른 세계로 갔다'는 의미를 지닌 말이다.
- 유명(幽明): 이승의 밝은 세상(明)을 떠나 저승의 어두운 곳(幽)으로 갔다는 뜻을 지니며 '유명을 달리하다'라고 표현한다.
- 귀천(歸天): '하늘로 돌아간다'는 뜻을 지닌 용어로서 시인 천상병(千祥炳: 1930~1993)이 1979년에 발표한 〈귀천〉이라는 시에서 "나 하늘로 돌아가리라. 아름다운 이 세상 소풍 끝내는 날, 가서, 아름다웠다고 말하리라……."라는 표현에서 유래한다.
- 졸(卒) 또는 몰(沒): '죽다'라는 뜻을 지닌 용어로서 죽음의 격식을 갖춰 표현할 때 사용되기도 한다.

2. 죽음에 대한 종교적 표현

- 선종(善終): 한국 가톨릭교회에서 신자의 죽음을 지칭하는 말이며 '착한 죽음' 또는 '거룩한 죽음'을 의미한다. 이 용어는 착하게 살다가 복되게 끝마친다는 뜻인 '선생복종(善生福終)'의 준말이다. 좀 더 자세히 말하면, 가톨릭에서 지향하는 선생복종정로(善生福終正路), 즉 '착하게 살다 복되게 죽는 게 삶의 바른 길'이라는 믿음에 기인하는 말이다. 선종은 일상생활에서 하나님의 뜻에 따라 착하고 바르게 살아 편안한 마음으로 복되게 삶을 마쳤다는 의미를 담고 있다.

- 소천(김天): 한국 개신교계에서는 신자의 죽음을 지칭할 때 흔히 "○○○ 신도가 소천하셨다."라는 표현을 사용한다. 그러나 이 용어는 한국 개신교의 초창기에 만들어진 것으로 직역하면 '하늘을 부르다'라는 뜻을 지니고 있어 죽음을 지칭하기에 적절하지 않으며 국어사전에도 나오지 않는 단어이다. 최근에 개신교계에서는 이 용어보다는 "하나님의 부르심을 받았다."는 표현이나 다른 일반적 용어의 사용을 권장하고 있다.

- 입적(入寂): 불교에서 죽음, 특히 승려의 죽음을 지칭할 때 사용하는 용어이다. 입적멸(入寂滅), 즉 번뇌가 소멸한 고요하고 평안한 적멸(寂滅)의 세계로 들어갔다는 뜻을 담고 있다. 이 밖에도 불교계에서는 죽음을 의미하는 용어로 열반(涅槃), 성불(成佛), 원적(圓寂) 등과 같은 다양한 단어가 사용되고 있는데, 대부분 타오르는 번뇌의 불을 꺼 버리고 깨달음의 지혜를 완성한 경지에 들었음을 의미하고 있다.

3. 죽은 사람의 신분에 따른 죽음의 표현

- 죽음은 죽은 사람의 사회적 신분에 따라 다양한 용어로 지칭된다. 과거의 봉건시대에는 황제나 황후의 죽음은 붕어(崩御)라고 지칭했으며 왕, 왕비 또는 황태자, 황태자비의 죽음은 훙서(薨逝)라 부르고 군주의 죽음을 높여 이를 때는 승하(昇遐)라고 표현했다.

- 현대사회에서는 사회적 지위가 높은 사람(예: 대통령, 국무총리)이나 자신보다 높은 사람의 죽음을 높여 이를 때 서거(逝去)라는 표현을 흔히 사용하고 있다. 작고(作故)라는 용어도 자신보다 높은 지위에 있는 사람의 죽음을 지칭할 때 흔히 사용된다.

- 공동체의 가치나 목적을 위해 목숨을 바친 사람의 죽음을 높여 부를 때 사용하는 용어도 있다. 나라를 위하여 목숨을 바친 사람의 죽음은 순국(殉國)이라 부르고, 특히 전장에서 싸우다 맞이한 죽음은 전사(戰死) 또는 전몰(戰歿)이라고 지칭한다. 자신의 직책을 다하다 목숨을 바친 사람의 죽음은 순직(殉職)이라 부르며, 자신의 종교를 위해 목숨을 바친 경우에는 순교(殉敎)라고 부른다.

제3장

죽음의 원인: 인간은 왜 죽어야 하는가?

　지구상에 인류가 출현한 이후로 수많은 사람이 삶을 영위하고 죽었다. 호모사피엔스가 탄생한 이후로 이 지구에 살다가 죽은 인류는 약 1,008억 명으로 추산되고 있다. 미국의 민간연구기관인 인구조회센터(Population Reference Bureau: PRB)에 따르면, 호모사피엔스가 출현한 이래로 2015년까지 태어난 인류의 수는 약 1,082억 명으로 추산된다. 2015년 현재 지구상에 74억 명이 살고 있으므로 약 1,008억 명이 우리보다 먼저 저 세상으로 떠난 셈이다. 2015년 한 해에 세계적으로 5,640만 명이 사망했으며 하루 평균 15만 4,000명이 사망하는 셈이다. 현재 지구상에 살고 있는 인간의 수는 2017년 12월 현재 약 76억 명으로 추산되며 2100년에는 118억 명에 달할 것으로 예상되고 있다.

1. 세계인의 10대 사망원인

인간을 죽음으로 이끄는 주된 원인은 무엇일까? 지구상에 살았던 그 수많은 사람은 어떤 원인으로 죽어 갔을까? 21세기를 살아가는 현대인들의 주된 사망원인을 무엇일까? "죽음으로 들어가는 수만 개의 문이 있다."는 말이 있듯이, 죽음의 원인은 무수하게 많다.

죽음의 원인은 시대의 변천에 따라 크게 변하고 있다. 근대 이전의 시대에 죽음의 3대 원인은 기아, 전염병, 전쟁이었다. 20세기가 시작되던 1900년에 인간의 기대수명은 40세를 넘지 않았다. 그 이유는 많은 사람이 (1) 기아와 영양실조, (2) 역병과 감염병, (3) 폭력과 전쟁으로 일찍 죽었기 때문이다. 20세기에 기대수명이 40세에서 70세로 두 배 가까이 늘었으며 21세기에는 120~150세로 증가할 것으로 예상되고 있다.

고대 농경사회에서는 사망원인의 약 15%가 인간의 폭력이었다. 그러나 20세기에는 폭력에 의한 사망 비율이 5%로 줄었으며 21세기 초에는 1%대로 감소했다. 2012년의 경우, 전 세계의 사망자 수는 약 5,600만 명이었는데, 이 가운데 62만 명이 폭력으로 죽었다. 전쟁에서 죽은 사람은 12만 명이었으며, 범죄로 죽은 사람이 50만 명이었다. 반면에 80만 명이 자살로 사망했고, 150만 명이 당뇨병으로 죽었다.

세계보건기구(WHO, 2018)에 따르면, 2016년에 전 세계적으로 5,690만 명이 사망했으며 그중 54%가 10대 사망원인에 의해서 죽었다. 10대 사망원인은 (1) 허혈성 심장질환, (2) 뇌졸중, (3) 만성 폐쇄성 폐질환, (4) 하기도 감염증(폐렴, 기관지염 등), (5) 알츠하이머 및 기타 치매, (6) 폐암(기도와 기관지의 암 포함), (7) 당뇨병, (8) 교통사고, (9) 설사병, (10) 결핵이다. 이들 중 하기도 감염증, 설사병, 결핵은 감염성 질환에 속하며, 교통사고를 제외한 나머지는 비감염성 질환이다.

세계인의 사망원인 1위인 허혈성 심장질환(ischemic heart disease)은 심장근육의 활동을 위한 혈액공급이 부족해져서 생기는 질환(협심증, 심근경색증 등 포함)으로서 2016년에만 이 질환으로 930만 명이 사망했다. 590만 명이 사망한 2위의 뇌졸중(stroke)은 뇌혈관이 막히거나 터져서 발생하는 뇌혈관질환으로서 의식 상실과 신체 마비의 증상을 유발하며 심하면 사망에 이르게 된다. 허혈성 심장혈관장애와 뇌졸중은 2016년에만 도합 1,520만 명을 죽음에 이르게 했으며 지난 15년간 부동의 사망원인 1위와 2위를 유지하고 있다.

사망원인은 매년 조금씩 변할 뿐만 아니라 국가와 계층에 따라서 현저하게 다르다. 2016년의 경우, 저소득국가의 5대 사망원인은 (1) 하기도 감염증, (2) 설사병, (3) 허혈성 심장질환, (4) 에이즈(HIV/AIDS), (5) 뇌졸중으로서 주로 감염성 질환이 상위를 차지하고 있다. 반면에 고소득국가의 5대 사망원인은 (1) 허혈성 심장질환, (2) 뇌졸중, (3) 알츠하이머 및 기타 치매, (4) 폐암, (5) 만성 폐쇄성 호흡기질환이었다.

2. 한국인의 사망원인

통계청(2018b)에 따르면, 2017년에 28만 5,534명의 한국인이 사망했으며 하루 평균 782명이 사망한 셈이다. 연령대별 사망자는 80세 이상이 44.8%로 가장 높았다. 70~79세는 25.3%이고 60~69세는 13.6%였으며, 60세 이상의 사망자를 모두 합하면 81.4%이다. 40~49세는 4.8%이고 30~39세는 1.8%였으며 20~29세부터 1% 이하로 감소하여 2,505명이 사망했고, 10~19세는 911명, 1~9세는 483명, 그리고 1,154명이 출생 시에 사망했다.

2017년 사망자 중 남자는 15만 4,328명으로서 13만 1,206명이 사망한 여자보다 더 많았다. 79세 이하의 모든 연령대에서 남자의 사망률이 여자보다 높았으며, 특히 50대의 경우는 남자의 사망률이 여자에 비해 2.7배나 높았다. 그러나 80세 이상에서는 남자 사망자가 4만 8,453명으로 여자(7만 9,348명)보다 현저하게 적었는데, 그 이유는 80세 이상까지 생존한 남자 노인이 현저하게 적기 때문이다.

1) 한국인의 10대 사망원인

한국인의 주된 사망원인은 무엇일까? 한국인은 어떤 원인으로 죽음을 맞고 있을까? 통계청(2018)의 사망원인통계에 따르면, 2017년에 사망한 사람들의 10대 사망원인은 (1) 암(27.6%), (2) 심장질환(10.8%), (3) 뇌혈관질환(8.0%), (4) 폐렴(6.8%), (5) 자살(4.4%), (6) 당뇨병(3.2%), (7) 간질환(2.4%), (8) 만성 하기도 질환(2.4%), (9) 고혈압성 질환(2%), (10) 운수사고(1.8%) 순서였다. 이러한 10대 사망원인이 전체 사망원인의 69.3%를 차지했다.

한국인의 사망원인 1위는 악성 신생물, 즉 암이었으며 2017년에만 7만 9천 명이 암으로 사망하여 전체 사망자의 27.6%를 차지했다. 사망원인 2위는 10.8%의 심장질환이며 3위는 8.0%의 뇌혈관질환이었다. 이러한 3대 원인(암, 심장질환, 뇌혈관질환)은 전체 사망원인의 46.4%를 차지했다. 2004년에 10위였던 폐렴은 꾸준히 증가하여 2015년부터 4위를 유지하고 있다. 10년 전에 비해서 심장질환은 3위에서 2위로, 간질환은 8위에서 7위로 상승했다.

(1) 남녀의 사망원인 비교

남자와 여자는 사망원인에 있어서 다소의 차이를 나타내고 있다. 남자의 경우, 10대 사망원인은 (1) 암(조사망률 인구 10만 명당: 191.1명), (2) 심장질환(58.6명), (3) 뇌혈관질환(39.4명), (4) 폐렴(39.4명), (5) 자살(34.9명), (6) 간질환(20.0명), (7) 당뇨병(17.6명), (8) 만성 하기도 질환(16.7명), (9) 운수사고(14.6명), (10) 추락(7.5명) 순서였다. 반면에 여자의 10대 사망원인은 (1) 암(116.9명), (2) 심장질환(61.8명), (3) 뇌혈관질환(46.1명), (4) 폐렴(36.3명), (5) 당뇨병(18.2명), (6) 고혈압성 질환(15.6명), (7) 알츠하이머병(14.3명), (8) 자살(13.8명), (9) 만성 하기도 질환(9.6명), (11) 패혈증(9.2명) 순서였다.

〈그림 3-1〉에서 볼 수 있듯이, 남자와 여자 모두에게 있어서 암이 사망원인 1위였으며 남자의 암 사망률이 여자보다 1.6배 높았다. 남자가 여자보다 순위가 높은 사망원인은 자살, 간질환, 만성 하기도 질환, 운수사고, 추락이었다. 반면에 여자가 남자보다 순위가 높은 사망원인은 폐렴, 당뇨병, 고혈압성 질환, 알츠하이머병, 패혈증이었다.

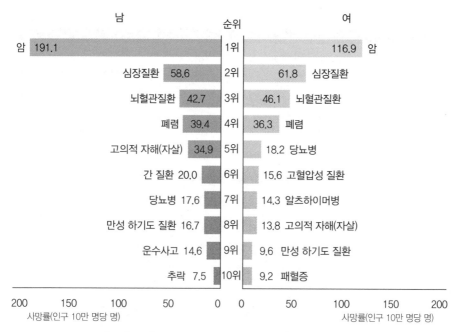

〈그림 3-1〉 2017년 성별 사망원인 순위(통계청, 2018b)

(2) 연령별 사망원인 비교

한국인의 사망원인은 연령대에 따라서 현저한 차이를 나타내고 있다. 〈그림 3-2〉에 제시되어 있듯이, 10~39세는 자살이 사망원인 1위이며 40세 이후부터는 암이 1위를 차지하고 있다. 10~39세에서는 자살에 이어 운수사고, 암, 심장질환이 주요한 사망원인이다. 40~59세의 사망원인은 1위인 암에 이어서 자살이 2위이며 심장질환, 간질환, 뇌혈관질환이 그 뒤를 잇고 있다. 60세 이후로는 암과 심장질환이 1와 2위를 차지하고 있으며, 70세 이후부터는 폐렴이 주요한 사망원인으로 부상하여 3~4위를 차지하고 있다.

(단위: 인구 10만 명당 명)

	0세	1-9세	10-19세	20-29세	30-39세	40-49세	50-59세	60-69세	70-79세	80세 이상
1위	출생전후기에 기원한 특정 병태	악성 신생물	고의적 자해 (자살)	고의적 자해 (자살)	고의적 자해 (자살)	악성 신생물	악성 신생물	악성 신생물	악성 신생물	악성 신생물
	139.8	1.9	4.7	16.4	24.5	42.5	126.7	305.5	744.9	1445.7
2위	선천 기형, 변형 및 염색체 이상	운수사고	운수사고	운수사고	악성 신생물	고의적 자해 (자살)	고의적 자해 (자살)	심장질환	심장질환	심장질환
	45.4	1.4	2.7	5.1	13.8	27.9	30.8	61.3	227.4	1063.4
3위	영아 돌연사 증후군	선천 기형, 변형 및 염색체 이상	악성 신생물	악성 신생물	운수사고	간질환	심장질환	뇌혈관질환	뇌혈관질환	폐렴
	20.0	1.1	2.3	4.0	4.5	12.2	28.1	45.1	186.1	856.7
4위	심장질환	가해(타살)	심장질환	심장질환	심장질환	심장질환	간질환	고의적 자해 (자살)	폐렴	뇌혈관질환
	7.3	0.9	0.6	1.5	4.0	11.1	25.4	30.2	132.2	749.9
5위	가해(타살)	심장질환	익사 사고	뇌혈관질환	간질환	뇌혈관질환	뇌혈관질환	간질환	당뇨병	고혈압성 질환
	4.6	0.6	0.4	0.7	3.0	8.8	20.1	26.1	85.6	285.0

〈그림 3-2〉 2017년 연령별 사망원인 순위(통계청, 2018b)

2) 한국인 사망원인 1위인 암 사망률

암은 한국인의 가장 흔한 사망원인이다. 2017년에만 전체 사망자의 27.6%에 해당하는 7만 9천 명이 암으로 사망했다. 사망원인을 암 유형별로 살펴보면, 폐암(인구 10만 명당 35.1명)으로 인한 사망률이 가장 높았으며 이어서 간암(20.9명), 대장암(17.1명), 위암(15.7명), 췌장암(11.3명) 순으로 높았다.

남자의 암 사망률(191.1명)은 여자(116.9명)보다 1.6배나 높았다. 남자의 사망률은 폐암(51.9명), 간암(31.2명), 위암(20.2명) 순으로 높았으며, 여자의 경우는 폐암(18.4명), 대장암(14.6명), 위암(11.2명) 순으로 나타났다. 특히 식도암의 경우는 남자가 여자보다 9.7배나 높았으며, 폐암과 간암 모두 남자가 2.8배 더 높았다.

연령대에 따라서 사망에 이르게 하는 암의 유형이 현저하게 다르다. 10대와 20대의 경우에는 백혈병과 뇌암이 1위와 2위로서 가장 높은 암 사망률을 나타냈

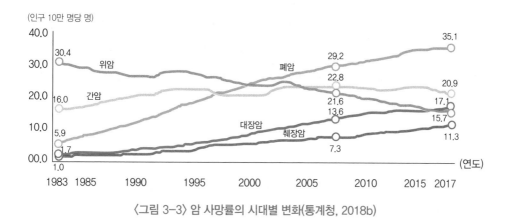

〈그림 3-3〉 암 사망률의 시대별 변화(통계청, 2018b)

다. 30대부터는 죽음을 유발하는 암의 유형이 현저하게 바뀌어, 30대의 경우에는 위암, 유방암, 간암의 순으로 암 사망률이 높았으며 40대에는 간암, 유방암, 위암 순이었고 50대에는 간암, 폐암, 위암 순으로 나타났다. 특히 폐암은 50대부터 주요한 사망원인으로 부상하여 60대 이후로는 계속 암 사망률 1위로 집계되었다. 60대에는 폐암, 간암, 대장암 순으로 암 사망률이 높았으며 70대에는 폐암, 간암, 대장암 순이었고, 80대 이상에서는 폐암, 대장암, 위암 순으로 나타났다.

시대의 변화에 따라서 암의 유형도 변화하고 있다. 〈그림 3-3〉에서 볼 수 있듯이, 10년 전에 비해서 폐암, 대장암, 췌장암의 사망률이 증가하고 있다. 반면, 위암과 간암의 사망률은 감소 추세를 나타내고 있다.

3) 순환계통 질환 사망률

암 다음으로 한국인의 가장 흔한 사망원인은 순환계통 질환이다. 순환계통 질환은 심장질환, 뇌혈관질환, 고혈압성 질환을 통틀어 지칭하며, 심장질환은 허혈성 심장질환(심근경색증, 협심증 등)과 기타 심장질환(심부전, 심내막염 등)으로 분류된다.

순환계통 질환 사망률은 심장질환(60.2명)이 가장 높고 다음으로 뇌혈관질환

(44.4명), 기타 심장질환(32.4명), 허혈성 심장질환(27.8명), 고혈압성 질환(11.3명) 순이다. 순환계통 질환 사망률은 여자(127.0명)가 남자(112.1명)보다 높다. 특히 고혈압성 질환은 여자 사망률(15.6명)이 남자(6.9명)보다 2배 이상 높고, 허혈성 심장질환은 남자 사망률(30.7명)이 여자(25.0명)보다 높다.

순환계통 질환 사망률은 연령이 증가할수록 증가하는 추세이며 특히 70대 이후부터 급증하는 것으로 나타났다. 특히 심장질환의 사망률은 40대에 11.1명, 50대는 28.1명, 60대의 61.3명이었으나 70대에는 227.4명으로 급증했으며 80세 이상의 경우에는 무려 1,063.4명에 달했다. 뇌혈관질환을 비롯한 다른 순환계통의 질환들도 연령에 따라 비슷하게 증가하는 패턴을 나타냈다.

4) 사고에 의한 사망률

2017년에 질병이 아닌 외부요인(교통사고, 추락, 익사, 화재, 중독, 자살, 타살 등)에 의해 사망한 사람은 2만 7,154명으로 전체 사망자의 9.5%를 차지한다. 사망의 외부요인 사망률은 자살(24.3명)이 가장 높았으며 이어서 교통사고(9.8명), 추락사고(5.2명), 익사사고(1.1명) 순으로 높았다. 외부요인에 의한 남자의 사망률(73.1명)이 여자(33.0명)보다 2.2배 높았으며, 특히 익사사고는 3.4배, 추락사고는 2.9배, 운수사고 2.6배로 남자가 더 높았다.

자살은 10세 이후 전 연령대에서 사망률이 가장 높은 외부요인이었다. 외부요인 사망률은 1~9세의 경우는 교통사고(1.4명)가 가장 높고 타살(0.9명)과 익사사고(0.5명)가 뒤를 이었다. 10대부터 70대까지는 자살과 교통사고가 높았으며, 80세 이상에서는 자살, 추락사고, 운수사고의 순으로 높았다.

2017년에 자살로 사망한 사람은 1만 2,463명으로서 1일 평균 34.1명에 해당한다. 남자의 자살률은 34.9명으로 여자(13.8명)에 비해 2.5배나 높다. 연령이 증가함에 따라 자살률도 증가하는 추세를 나타냈다. 20대의 자살률은 16.4명이며 30대(24.5명), 40대(27.9명), 50대(30.8명), 60대(30.2명)까지 서서히 증가하다가 70대에

48.8명으로 급증했으며 80세 이상에서는 70.0명에 달했다. 자살률의 남녀 성비는 10대에 1.7배로 가장 낮았고 연령에 따라 증가했으며 80대에서는 남자의 자살률이 여자보다 3.6배나 높았다.

자살은 10대부터 30의 연령대에서 사망원인 1위이며, 40대와 50대에서는 사망원인 2위이다. OECD 국가들의 평균 자살률(10만 명당 11.9명)과 비교했을 때, 우리나라의 자살률은 23.0명으로서 리투아니아(26.7명)에 이어 두 번째로 높다. 3위는 슬로베니아 18.1명이며, 일본은 16.6명으로 5위이고, 미국은 13.8명으로 9위, 영국은 7.5명으로 30위 그리고 터키가 2.1명으로서 가장 낮다.

3. 죽음의 원인과 과정

사망원인이 되는 질병들은 우리 육체에 어떤 부정적인 변화를 일으켜 우리를 죽음에 이르게 하는 것일까? 죽음에 이르게 되는 신체적 변화는 질병에 따라 다르다. 예일 대학교 의과대학 교수이자 외과의사인 셔윈 눌랜드(Sherwin Nuland)는 1994년에 출간한 저서 『사람은 어떻게 죽음을 맞이하는가(How We Die)』를 통해서 질병으로 인해 죽음에 이르는 과정을 상세하게 소개하고 있다. 그에 따르면, 이 책을 쓴 이유는 많은 사람이 죽어감의 과정에 대한 지식을 습득함으로써 인생의 마지막 단계에서 맞이하게 될 위기상황에 대한 합리적인 기대를 지니고 자기 돌봄에 이르도록 돕기 위한 것이다. 우리는 죽음의 탈신비화를 통해서 죽음을 좀 더 친숙하게 여기고 좀 덜 충격적인 것으로 받아들일 필요가 있다. 자연이 우리에게 부과한 마지막 질병은 우리가 인생의 휴가를 어떤 분위기 속에서 마무리할 것인지를 결정할 것이다. 우리 자신의 선택에 의해서 우리가 죽어 가는 방식을 결정할 수 있도록 해야 한다. 눌랜드는 83세가 되던 2014년에 전립선암으로 사망했다. 그가 소개한 내용을 중심으로 한국인을 죽음에 이르게 하는 주요한 질병과 신체적 변화과정을 살펴보기로 한다.

1) 암: 악성 신생물

한국인의 사망원인 1위는 암이다. 암(癌)은 '악성으로 자라난 종양'을 의미하며 영어로는 cancer라고 하는데 '게(crab)'라는 뜻의 라틴어에서 유래되었다. 우리 몸을 구성하는 세포들은 '분열'이라는 정상적인 재생과정을 통해 성숙한 세포로 발달하면서 신체기관을 유지한다. 그런데 정상적인 세포분열이 이루어지지 못한 채 특정한 신체기관에 비정상적으로 미성숙한 세포덩어리가 형성된 것이 '종양'이다. 이러한 세포덩어리를 의학적 전문용어로 신생물(新生物, neoplasm)이라고 부른다. 대부분의 종양은 성숙이 중단된 채로 신체기관에 거의 악영향을 미치지 않기 때문에 '양성(良性, benign)'이라고 불린다.

그런데 종양 중에는 비정상적으로 급격히 증식하면서 정상적인 신체조직을 침식하고 신체기능을 파괴하는 것이 있다. 이러한 악성 종양이 바로 암이며 의학용어로는 악성 신생물(malignant neoplasm)이라고 부른다. 암세포는 일종의 변종세포로서 끝없이 번식해 새로운 종양을 만들어 내고 다른 기관에도 침범하여 신체 전부를 파괴하는 몸속의 깡패 같은 존재이다. 암세포는 억제할 수 없는 번식력과 더불어 스스로 사멸하지 않는 특성을 지닐 뿐만 아니라 신체의 면역기능을 교묘히 피해 가며 신체조직을 공격하는 교활함까지 지니고 있다.

암세포는 특정한 신체기관에 뿌리를 내려 착상하고 그 신체기관을 서서히 잠식하며 파괴한다. 암세포는 탐욕스러운 정복자처럼 다른 신체기관으로 퍼져 나가는데, 이러한 현상을 전이(轉移, metastasis)라고 한다. 전이는 암의 가장 주요한 속성이자 가장 무서운 특성이다. 전이되지 않은 암은 해당 부위를 수술로 도려내면 되지만, 암이 여러 기관으로 전이되면 치료가 어려워지기 때문이다. 전이를 위해서 암은 혈관 벽이나 림프관을 손상시킨 후에 혈류를 따라 암세포들이 퍼져 나가 다른 신체조직에 착상하여 성장하게 된다.

암세포마다 특정한 신체기관을 선호하여 착상하는 경향이 있다. 예를 들어, 유방암의 암세포는 골수, 허파, 간, 겨드랑이의 림프절을 선호하여 그곳으로 전이하는 경우가 흔하다. 전립선암은 주로 뼛속으로 전이하는데, 뼈는 간이나 신장과 함께 모든 암세포들이 쉽게 전이되는 조직이다. 암은 끊임없는 번식과 전이를 통해서 식민지를 몸 전체로 확대시켜 나가는 깡패 제국주의자라고 할 수 있다.

그러나 암세포가 혈류를 따라 다니면서 다른 조직에 뿌리를 내리는 것이 쉬운 일은 아니다. 면역체계를 비롯한 다양한 원인에 의해서 암세포는 혈류를 따라 움직이는 과정에서 대부분 파괴되기 때문이다. 혈류를 따라 이동하는 암세포 10만 개 중 1개꼴로 다른 기관에 전이될 수 있으며, 그 기관에 완전히 뿌리를 내릴 확률은 그보다 더 낮다.

암세포는 국부적 침공과 확산적 전이라는 두 가지 공격 경로를 통해서 신체의 모든 조직을 점진적으로 파괴해 나간다. 특정한 신체기관에 착상한 암세포는 증식과정을 통해서 신체조직과 혈관을 침식하여 손상과 출혈을 일으킨다. 식도나 대장과 같이 관 모양의 기관은 통로가 폐쇄되어 기능을 상실하게 되며, 신체의 중요 기관이 손상되면 신체 전체의 생화학적 균형이 무너지면서 결국 죽음에 이르게 된다.

또한 암은 심각한 영양 부족과 노화현상을 초래하여 몸을 세균에 감염되기 쉽도록 변화시킨다. 암세포는 성장과 번식을 위해서 숙주인 몸의 영양분을 빼앗아 간다. 암 덩어리는 소화기관의 통로를 폐쇄하여 음식을 삼키지 못하게 함으로써 영양부족을 초래할 수 있다. 어떤 암은 환자의 에너지 소비를 증가시켜 체중을 감소시키고, 다른 악성 종양은 뇌의 중추를 자극하여 식욕을 감퇴시키기도 한다. 이러한 현상으로 인해서 암환자는 식욕부진, 신진대사 저하, 근육과 조직의 위축, 힘이 빠져나가는 탈력 현상이 일어나면서 체중 감소와 극도의 피로감을 느끼게 된다.

영양공급 부족은 근육을 쇠약하게 만들 뿐만 아니라 면역기능까지 손상시킨다. 따라서 암환자는 세균 감염의 위험성이 높아진다. 요도 또는 기타의 감염 경로를 통해 발생하는 농양과 폐렴 그리고 패혈증은 암환자가 급속하게 사망하는 주요한 원인이다. 신체기능이 쇠약해지면 호흡이나 기침을 제대로 하지 못해 폐렴에 걸리기 쉽고, 때로는 구토물을 토해 내지 못하고 흡입하여 호흡곤란으로 사망에 이르는 경우도 있다. 임종이 가까워지면 순환하는 혈액의 양과 세포액의 감소로 인해 혈압이 점진적으로 떨어지게 되고, 그 결과 영양분과 산소의 부족으로 인해서 간이나 신장과 같은 기관들이 기능하지 못하는 상태에 들어가게 된다. 대부분의 암 환자들은 쇠약해진 신체 상태에서 나타나는 신체기능의 저하로 인해 뇌졸중, 심근경색, 심부전증 등이 유발되어 사망에 이르게 된다.

암은 매우 치명적인 질병이지만, 의료기술의 발달로 인해서 요즘에는 암으로 진단받는 환자의 약 50%가 5년 이상의 생존률을 보이고 있다. 암의 치료방법은 착상한 신체부위와 진행 정도에 따라 다르다. 주된 치료법으로는 암 종양이 착상한 신체부위를 도려내는 외과적 수술, 약물로 암세포의 증식을 억제하는 화학치료, 방사선을 쪼여 암세포를 파괴하는 방사선 치료가 있다. 화학치료나 방사선 치료는 여러 가지 부작용으로 인해 환자에게 심각한 고통을 초래할 뿐만 아니라 전반적인 삶의 질을 저하시키는 문제점이 있다. 대부분의 말기 암환자들은 이러한 치료를 받으며 고통스러운 삶을 연장할 것인지 아니면 치료를 포기하고 남은 시간을 편안하게 보낼 것인지를 선택해야 하는 고뇌를 겪게 된다.

2) 심장질환

심장질환은 전 세계적으로 사망원인 1위이며 한국의 경우는 2위의 사망원인이다. 심장질환 환자 중 약 80%는 허혈성 심장병(관상동맥질환, 관상심장병 등 여러 가지 병명으로 불린다.)으로 사망한다. 허혈상태(ischemia)는 혈액공급이 부족한 상태를 의미하며 혈액을 공급받지 못한 심장근육은 비정상적인 수축을 하게 되어 사망에 이를 수 있다.

심장의 혈액공급이 저하되는 원인은 잘못된 식습관, 흡연, 운동부족, 고혈압, 유전적 요인 등으로 인해 발생하는 동맥경화 증세와 관련되어 있다. 특히 심장에 혈액과 산소를 공급해 주는 관상동맥이 딱딱해져서 유연성이 부족한 상태가 되거나 불순물의 축적으로 일부가 좁아지거나 막혀 있는 상태가 초래될 수 있는데, 이를 관상동맥 질환이라고 한다. 이러한 질환을 지닌 사람이 신체적·심리적 충격을 받게 되면 관상동맥의 일부가 파열되거나 손상을 입게 되는데, 그 손상 부위에 혈액이 응고되어 쌓이게 되면 결국 혈액순환이 중단된다. 이렇게 혈류가 완전히 막히면 허혈, 즉 혈액부족 상태가 되어 활력소를 공급받지 못한 심장근육은 비정상적인 수축을 하게 된다.

심장근육에 쥐가 나듯이 일어나는 작은 수축현상이 협심증이다. 협심증의 주된 증상은 가슴이 옥죄는 듯한 통증과 불안한 느낌이 드는 것이다. 특히 식사 후에 언덕이나 계단을 오를 때 가슴 부위에 심한 통증과 불안한 기분을 느끼게 되며, 이러한 증상이 심할 경우에는 공포에 휩싸이게 된다. 이러한 협심증이 지속되어 악화될 경우에 심근경색으로 발전할 수 있다.

심장마비(heart attack)는 심장기능이 갑자기 중단되는 상태를 의미하며 급작스러운 죽음의 원인이 될 수 있다. 심장마비로 죽음을 맞게 되는 경우는 크게 두 가지로 구분될 수 있다. 하나는 심근경색으로 격렬한 가슴 통증을 느끼며 사망하게 되는 경우이고, 다른 하나는 혈액순환 중단으로 뇌기능이 상실되어 통증 없이 서서히 의식을 잃은 상태에서 사망하는 경우이다.

(1) 심근경색으로 인한 사망

심장질환으로 사망하게 되는 직접적 원인은 관상동맥이 심장근육에 혈액을 충분히 공급해 주지 못하는 데에 있다. 혈액공급이 부족한 허혈상태에서는 심장근육이 비정상적으로 불규칙한 수축과 경련을 일으킬 수 있는데, 이를 심실세동(心室細動, ventricular fibrillation)이라고 한다. 이러한 심실세동은 마치 종아리에 쥐가 나듯이 심장근육이 경련을 일으키는 것으로서 온몸을 인정사정없이 죄어 오는 듯한 극심한 통증을 수반한다. 가슴 정면과 왼쪽 겨드랑이 부분 그리고 목과 턱까지 심하게 눌러 으스러뜨리는 듯한 통증이 밀려오면서 식은땀, 구역질이나 구토, 호흡곤란을 느끼게 된다. 이러한 심장경련은 일시적으로 발생했다가 곧 완화되면서 통증이 사라지는 경우가 흔하다. 그러나 심장경련이 10분 이상 지속되면 산

소 부족으로 인해서 근육이 부분적으로 괴사하게 되는데, 이러한 과정을 심근경색
(myocardial infarction)이라고 부른다.

가슴통증이 지속되다가 심장박동과 혈액순환이 중단되는 심정지(cardiac arrest)
가 일어나면, 10여 초 이내에 의식을 잃고 호흡이 멈추게 된다. 심정지 4~5분 이
내에 신속하게 심폐소생술(Cardio-Pulmonary Resuscitation: CPR)을 받게 되면 회복
될 수 있다. 그러나 심정지가 발생한 후 4~5분이 경과되면 뇌의 불가역적 변화가
일어나 반사기능마저 상실하게 된다. 이렇게 증상이 갑자기 발현한 1시간 이내에
의식을 잃고 사망하는 경우를 급성 심장사(sudden cardiac death)라고 한다. 허혈성
심장병 환자의 50~60%는 심장발작이 발생한 뒤 1시간 내에 숨을 거두는 것으로
보고되었다. 갑작스러운 죽음을 맞이하는 사람의 80~90%가 심근경색에 의한 것
이다.

심장병을 지닌 사람들은 만성피로와 무력감에 시달릴 수 있는데, 그 이유는 심
장이 펌프질을 제대로 해내지 못하기 때문이다. 혈액의 공급부족에 의한 산소량
저하와 신체조직의 약화로 인해 심한 무기력과 피로감을 느끼게 되는 것이다. 혈
액순환의 저하와 더불어 호흡기능 역시 떨어지면 폐는 습도가 증가하여 박테리아
를 비롯하여 염증을 유발하는 병균이 서식하기 좋은 상태가 된다. 많은 심장병 환
자들이 '폐렴'으로 사망하는 이유가 여기에 있다. 또한 폐가 수분을 많이 머금게 되
는 상태를 '폐부종'이라고 하는데, 이러한 증상은 만성 심장질환의 말기에 흔히 나
타난다. 이 경우에 심한 호흡곤란이 일어나고 혈액 내의 산소부족으로 인한 뇌기
능 정지나 심근경색으로 사망하게 된다.

(2) 심장의 혈액순환 중단으로 인한 뇌기능 상실

뇌는 심장박동에 의해 배출되는 전체 혈액의 약 20%를 공급받고 산소흡입량의
약 20%를 소비하는 기관이다. 심장마비로 인해 뇌에 혈액 공급이 중단되면 뇌기
능이 상실되면서 의식을 잃게 된다. 대부분의 경우, 어떤 활동을 하는 중에 갑자기
쓰러져 의식을 잃는다. 특히 격렬한 활동을 하다가 갑자기 이런 증상이 발생하는

경우가 흔하다. 의식불명 상태에서 눈동자는 초점을 잃고 심장박동도 완전히 멈춘다.

이러한 심장마비를 경험하고 회생한 사람들은 그 순간을 다음과 같이 회상한다. "기억나는 것이라곤 그저 고통 없이 그대로 순식간에 무너져 내리는 느낌뿐이었어요. ……불빛이 서서히 사라지는 기분이 들었죠. ……뚝 부러진다는 느낌보다는 비행기가 활주로에 착륙하듯이 의식의 불빛이 천천히 사라졌어요. 내가 무너져 내리고 있다는 것을 느낄 수 있었죠."

이러한 경우는 심장혈관이 막혀 혈액순환이 중지되고 혈액 내의 산소가 소진되면서 뇌기능의 중지로 나타나는 현상이다. 마치 풍선에서 바람이 빠져 나가듯이 서서히 의식이 사라지면서 죽음으로 나아가게 된다. 심장병을 앓고 있는 사람들 중 약 20%는 고통 없이 이렇게 사망한다. 그러나 이때 인공호흡이나 흉부 마사지를 통해 산소가 공급되고 혈액순환이 이루어지면 심장이 기능을 회복하면서 회생할 수 있다.

3) 뇌혈관질환

뇌혈관질환은 전 세계적으로 사망원인 2위이며 한국의 경우는 3위의 사망원인이다. 뇌졸중(stoke)은 뇌혈관이 막히거나 터져서 발생하는 뇌혈관질환을 총칭하는 것으로서 암과 심장질환을 제외하면 가장 흔한 사망요인이다. 뇌혈관이 막히거나 터질 경우, 뇌 속에 존재하는 산소와 포도당은 불과 몇 분 이내에 완전히 바닥나고 만다. 혈액공급 중단으로 산소와 포도당이 더 이상 공급되지 못하면 뇌조직은 수분 내에 괴사하여 돌이킬 수 없는 결과를 초래하게 되는데, 이를 뇌경색(cerebral infarction)이라고 한다. 뇌졸중을 겪은 사람의 1/3은 사망하고 나머지 1/3은 숨을 거둘 때까지 장애인으로 남게 된다.

뇌졸중은 크게 2가지 종류가 있는데, 뇌에 혈액을 공급하는 혈관이 막혀서 발생하는 허혈성 뇌졸중과 뇌로 가는 혈관이 터지면서 발생하는 출혈성 뇌졸중이 있다. 일시적으로 뇌의 혈관이 막혔다가 곧 회복되는 경우는 '일과성 허혈발작'이라고 한다. 허혈성 뇌졸중은 전체 뇌졸중의 70~80%를 차지하고 그 주된 원인은 혈전이라고 부르는 응고된 혈액 덩어리가 뇌에 산소와 영양분을 공급하는 혈관을 막아서 발생한다. 출혈성 뇌졸중은 고혈압으로 인해 오랫동안 압박을 받아 온 혈관 벽이 약화되고 그중 제일 약한 부분이 터지게 되어 혈액이 뇌조직 사이로 흘러 들어가는 것을 의미하며 뇌출혈이라고 불리기도 한다. 뇌출혈은 전체 뇌졸중의 20~30%를 차지하고 뇌의 문제로 인한 사망원인의 20%를 차지한다.

뇌경색이 발생하면 손상을 입은 뇌 반구의 반대편 사지를 움직일 수 없게 되고 손상된 뇌 반구 쪽의 얼굴 감각을 잃게 된다. 아울러 뇌혈관이 막히게 되면 실어증을 비롯한 언어장애, 시력장애, 운동기능 마비, 감각 상실과 같은 다양한 증상이 발생하며, 심할 경우에는 혼수상태에 빠지기도 한다. 뇌조직의 일부분만 손상되어도 환자의 20%가 사망에 이르는데, 뇌출혈의 경우에는 사망률이 더욱 높아진다. 뇌손상이 심할 경우에는 모든 신체기능이 정상적 궤도를 벗어나기 때문에 잠재해 있던 당뇨증세가 급격히 악화되거나 폐 기능이 저하되고 혈압이 상승하게 된다. 뇌의 손상과정은 오랜 세월에 걸쳐 서서히 지속되면서 뇌기능을 마비시킨다.

4) 치매

치매(dementia)는 다양한 원인으로 인해 기억력을 비롯한 여러 가지 인지기능의 장애가 나타나서 일상생활을 혼자서 하기 어려울 정도로 심한 상태를 말한다. 통계청(2018)에 따르면, 치매는 여자의 경우 사망원인 7위에 해당하는 질병으로서 매년 사망률이 증가하고 있다. 치매로 인한 사망률은 여자가 10만 명당 25.7명으로서 남자의 10.6명에 비해 2.4배나 높다. 치매는 사망률 순위가 높지는 않으나 65세 이상 노인들의 삶에 치명적인 영향을 미치는 심각한 질병이다. 중앙치매센터에 따르면, 2018년 현재 치매로 추정되는 환자가 약 75만 명으로 65세 이상의 전체 인구 738만 명의 10.16%에 해당하며 매년 치매 관리비용이 14조 원에 달한다. 치매 전체 환자 중 여자가 62%로서 38%인 남자보다 현저하게 많다. 치매는 연령이 많아질수록 증가하고 있으며 치매 전체 환자 중 60~64세는 2.7%이고, 65~69세는 4.2%, 70~74세는 9.1%이며 75~79세에 24.4%로 증가하여 80~84세는 27.0%이며 85세 이상에서는 32.6%에 달한다. 전체 치매 환자 중 알츠하이머형 치매가 72.5%로 가장 많으며 혈관성 치매가 11.3%이고 나머지는 기타 치매에 속한다.

치매의 대표적인 초기 증상은 기억력 장애이다. 누구나 나이가 들면서 기억력이 저하되기 마련이지만, 치매에서의 기억력 저하는 이러한 정상적 변화와는 다르다. 과거를 망각하는 일들이 빈번하게 일어날 뿐만 아니라 조금 전에 있었던 일들도 잘 기억하지 못하는 현상이 발생하기 시작한다. 익숙한 동네에서 집을 찾지 못해 방황하거나 길을 잃는 일이 생기기 시작한다. 기억력 장애와 더불어 성격의 변화가 나타나서 과거와 달리 화를 잘 내고 때로는 폭발적으로 분통을 터뜨리는 일들이 벌어진다. 다른 사람의 의도를 엉뚱하게 해석하여 폭언을 하거나 싸우는 일들이 발생한다. 평소의 성품과 달리 충동적이고 공격적인 행동이 나타나면서 가족이나 주변 사람들이 이해하기 힘든 어처구니없는 일들이 발생한다.

초기 치매 환자는 자신의 문제를 부인하지만 이러한 문제가 점차 반복되면서 당혹스러움을 느끼게 된다. 치매 증상이 조금씩 악화되면서 기억력도 점차 저하되고 같은 말을 반복하게 되면서 주변 사람들로부터 면박을 당하거나 소외되는 일들이 발생한다. 따라서 치매 환자는 자존감의 저하와 더불어 우울감을 느끼는 한편, 자신을 무시하는 주변 사람들에게 분노를 느껴 공격적인 행동을 나타내게 되면서 갈등과 불화가 생겨날 수 있다. 이렇게 점차 증세가 악화되고 인지기능이 저하되면서 치매 환자는 자신의 증상에 대한 자각능력이 떨어지고 자신의 상태에 대한 고통마저 느끼지 못하게 된다. 치매 증세가 심각한 상태에 이르게 되면, 가족을 알아보지 못할 뿐만 아니라 심지어 거울에 비친 자신의 모습마저 인식하지 못하게 된다.

치매 증세가 나타나면 단기기억의 저하로 금방 있었던 일도 망각하고 같은 말을 반복하여 주변 사람들을 질리게 만든다. 공간지각력과 기억력이 저하되어 길을 잃기 때문에 혼자 외출할 수가 없다. 따라서 운동기능과 근육이 약화되면서 넘어지거나 쓰러지는 일들이 발생하고 뼈나 고관절이 부러져 입원하는 일들이 발생한다. 치매 증세가 점점 심해지면 식사를 하고 대소변을 가리는 일상적 활동도 어려워진다. 가족은 사랑했던 사람이 이토록 참혹한 모습으로 변해 가는 것을 지켜보면서 고통을 느끼게 된다. 치매 환자는 이처럼 많은 어려움을 겪으며 다양한 문제를 일으킬 수 있기 때문에 보호자가 항상 지켜보면서 돌보아 한다. 이러한 치매 환자를 가정에서 장기간 돌보는 일은 매우 힘든 일이다.

대부분의 경우, 초기에는 가족이나 방문 요양사가 돌보게 되지만 치매 증세가 점점 심해지면 결국 숙식을 제공하고 24시간 보호관찰이 가능한 요양원으로 옮겨 생활하게 된다. 치매 노인을 가정에서 요양원으로 옮기는 과정에서 가족은 수많은 우여곡절을 경험하게 된다. 특히 노인을 요양원에 모시는 일에 대해서 가족이나 자녀들 간의 의견충돌이 생기면 심각한 가족갈등이 발생할 수 있다.

치매 환자는 시간이 흘러갈수록 점차 혼자서 일상생활을 할 수 없는 상태로 빠져들게 된다. 음식을 씹고 삼키는 일부터 걷고 움직이는 일조차 스스로 하지 못하게 된다. 따라서 튜브를 통해 영양을 공급해 주어야 한다. 또한 스스로 돌아눕지도 못하고 흐르는 대소변을 스스로 해결하지 못하기 때문에 욕창이 생기거나 피부조직이 상하고 고름이 흐르게 된다. 대소변을 조절하지 못하고 스스로 움직이지 못할 경우에는 카테터(catheter: 방광에서 소변을 뽑아내는 도뇨관)를 삽입하기도 하는데, 이럴 경우 요도에 감염이 생기기 쉽다. 침이나 가래를 내뱉지 못하면 점액이 기도에 차게 되고 폐렴에 걸릴 가능성이 커진다.

치매 환자는 이처럼 독자적인 생활이 불가능한 상태로 들어가면서 신경학적 증상과 여러 가지 신체적 합병증(대소변 실금, 욕창, 폐렴, 요로 감염 등)으로 사망에 이르게 된다. 치매가 심해지면 삼키는 능력이 저하되어 음식과 물이 허파로 흡입되어 자주 폐렴에 걸리게 된다. 그리고 움직일 수 없는 상태로 자리에 오래 누워 있게 되면 욕창도 빈번하게 발생한다. 소변을 가릴 수 없게 되어 카테터를 끼고 있는 경우가 많은데, 이로 인해 요도 감염도 자주 생기게 된다. 이러한 감염으로 박테리아가 혈류를 통해 온몸으로 퍼지는 패혈증은 쇼크 상태나 심근경색을 일으키고 결과적으로 신장과 간을 손상시켜 환자를 사망에 이르게 한다. 치매는 서서히 진행되어 발병에서부터 사망에 이르는 기간이 평균적으로 7~10년이다. 치매 환자가 치매 자체로 인하여 사망하는 경우는 드물며 여러 가지 합병증, 즉 폐렴, 욕창, 요로 감염, 패혈증 등에 의해 사망하는 경우가 대부분이다.

5) 고령으로 인한 자연사: 노화

나이가 들어 감에 따라 신체의 모든 기관과 기능이 서서히 약화된다. 시력과 청력을 비롯한 감각기능이 저하될 뿐만 아니라 심장이나 신장과 같은 신체기관의 기능도 저하된다. 자연사(natural death)는 정상적인 노화로 인한 죽음을 의미하며 '노쇠사'라고도 한다.

자연사는 심장기능의 저하와 밀접하게 관련되어 있다. 심장근육을 구성하는 세포는 다른 신체기관의 세포와 달리 재생되지 않으며 낡으면 그냥 사멸한다. 심장과 함께 혈관도 연령이 증가함에 따라 쇠퇴한다. 동맥의 벽은 나이에 비례해서 두꺼워지고 탄력성을 잃게 되어 수축과 이완이 잘 되지 않는 경직된 혈관으로 변한다. 혈액의 순환 속도 역시 연령 증가와 함께 저하된다. 심장근육의 기능이 쇠퇴함에 따라 좌심실이 혈액을 채우고 밀어내는 시간이 길어질 뿐만 아니라 배출하는 혈액의 양도 줄어든다.

심장의 기능저하로 혈액 공급량이 줄어들면, 각 기관은 영양실조에 걸리게 된다. 신장으로 들어가는 혈액량이 40세 이후 10년마다 10%씩 감소한다. 40세부터 80세에 이르는 동안 신장은 중량의 20% 정도를 잃어버리고 남아 있는 조직도 기능이 약화되어 소변 내의 불순물을 제거해 주는 여과기능의 50%가 손상된다. 신장 기능의 약화로 나트륨을 제거해 내지 못하게 되어 염분과 수분의 균형이 깨어지고 나트륨 과잉이나 탈수현상이 나타난다. 신장 기능의 이상은 치명적인 문제를 야기하게 되는데, 혈액 내의 불순물이 충분히 제거되지 못하면 뇌조직을 비롯한 신체조직들이 손상되고 요독증이 뒤따르게 된다. 요독증은 신장이 혈액 내의 과도한 칼륨을 제거해 내지 못하여 생기는 현상으로서 심장박동을 불규칙하게 만들고 결국 심근경색으로 이어져 사망에 이르게 만든다.

　나이 많은 노인에게 있어서 폐는 오염된 환경에 가장 예민하게 영향을 받는 기관이다. 허파의 탄력성이 떨어지면 수축과 팽창 작용이 저하되어 점액을 청소하는 기능이 약화되고 좁아진 기도에 불순물들이 쌓인다. 이처럼 면역기능이 저하되고 폐기능이 떨어진 노인의 허파는 폐렴균이 침투하여 서식하기 좋은 조건이 된다. 특히 혼수상태에서는 불순물을 배출할 수 있는 반사적 기침을 할 수 없기 때문에 폐렴균이 침투하는 최적의 기회가 된다. 기관지 속의 이물질과 각종 세균이 호흡기로 들어와서 포도송이 모양의 작은 공기주머니인 폐포(허파꽈리)를 무차별적으로 공격하여 염증을 일으키며 파괴한다. 이렇게 폐렴으로 인해 혈중 이산화탄소를 배출하고 산소를 받아들이는 폐의 순환기능이 저하되면서 혈중 산소는 급격히 저하된다. 산소량이 위험수위로 저하되면 뇌조직이 서서히 손상되고 심장근육도 비정상적인 수축 현상을 나타내게 된다. 또한 폐렴균은 혈류를 타고 들어가 몸 전체에 퍼질 수 있는데, 이를 **패혈증**(혈독 상태라고 부르기도 함)이라고 한다. 패혈증은 심장, 허파, 혈관, 신장, 간 등 주요 신체기관을 동시에 손상시킨다. 패혈증 상태에서는 아무리 강력한 항생물질을 투여해도 세균의 전면적인 공격을 막아내지 못하고 사망에 이르게 된다.

　뇌세포도 심근세포와 마찬가지로 재생되지 않는다. 50세 이후가 되면, 뇌는 10년마다 전체 중량의 2%가 줄어든다. 노인의 갑작스러운 졸도나 의식불명은 뇌세포가 재생되지 못해 일어나는 수적 감소에 기인한다. 이처럼 뇌기능이 둔화된 상태에서 혈액 공급마저 부족하면 뇌는 극히 위험한 상태에 빠지게 된다. 뇌의 특정 부분에 혈액공급이 중단되면 뇌기능이 정지되고 신경세포가 괴사하여 뇌졸중이 발생하게 된다. 뇌졸중으로 쓰러진 환자의 약 30%는 바로 숨을 거두게 되며, 30%는 장기적인 투병과정을 거쳐 사망에 이르게 된다.

　연령이 증가하면서 면역체계도 하향곡선을 나타낸다. 면역기능은 눈에 보이지 않지만 신체조직을 위협하는 수많은 미생물들을 막아 내는 방패와 같다. 면역기능의 저하와 더불어 노쇠한 폐는 미생물들과의 싸움을 이겨 내지 못하고 폐렴과 질병을 초래하여 죽음에 이르게 만든다. 이처럼 자연사는 세월이 흐름에 따라 일어나는 노화의 자연법칙에 따라 신체기능이 약화되어 죽음에 이르는 과정을 말한다.

제4장

노화의 원인: 인간은 왜 늙는가?

자연사의 경우처럼, 인간은 특별한 질병에 걸리지 않아도 세월이 흐름에 따라 일어나는 노화의 자연법칙에 따라 신체기능이 약화되어 죽음에 이르게 된다. 이런 점에서 노화는 죽음을 유발하는 가장 근본적인 원인이라고 할 수 있다. 그렇다면 노화는 왜 일어나는 것일까? 노화가 일어나는 원인은 무엇일까? 노화의 원인을 밝히는 것은 인간이 죽음과 유한성의 운명을 갖게 된 근본적인 원인을 규명하는 작업이기도 하다.

1. 노화란 무엇인가?

노화, 즉 '늙는다는 것'은 무엇일까? 〈그림 4-1〉에서 볼 수 있듯이, 20대 청년과 90대 노인을 비교하면 노화의 의미가 극명하게 드러난다. 나이가 많아질수록 피부의 탄력성이 감소하여 주름이 늘어나고 검은 반점이 생긴다. 머리카락과 체모가 줄어들고 흰머리가 많아지며 눈썹이나 귀에 뻣뻣한 털이 솟아나기도 한다. 감각기

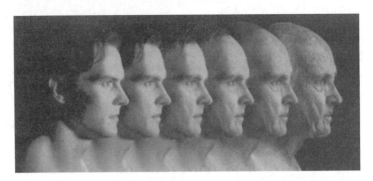

〈그림 4-1〉세월의 흐름에 따라 노화하는 인간의 모습

능도 손상되어 시력과 청력이 저하될 뿐만 아니라 운동기능 역시 쇠퇴하여 몸동작
이 둔화되어 물건을 잘 떨어뜨리거나 넘어져 다치는 일이 빈번해진다. 심리적 기
능도 전반적으로 저하되어 기억력이 떨어지고 사고의 반응 속도가 둔화된다.

　학문적으로 정의하면, **노화**(aging)는 시간의 흐름에 따른 신체적 · 심리적 · 사회
적 변화를 의미한다. 생물학적 관점에서 노화는 세포분열의 능력이 저하되고 장
기나 조직의 고유한 기능이 점점 쇠퇴하여 결과적으로 죽음의 가능성이 높아지는
현상이라고 정의할 수 있다. 노화는 그 원인에 따라 일차적 노화와 이차적 노화로
구분할 수 있다. **일차적 노화**(primary aging)는 인체의 내재적인 생물발생학적 과정
에 의해서 일어나는 노화인 반면, **이차적 노화**(secondary aging)는 신체의 사용 정
도, 질병, 장애와 같은 외적 요인에 의해서 나타나는 노화를 말한다(Cohen, 1988).
이차적 노화의 원인은 비교적 명백하지만, 일차적 노화가 일어나는 원인은 분명하
지 않다.

　노화는 질병과 마찬가지로 신체의 조직과 기능의 손상을 유발한다. 젊을 때는
어떤 조직이나 세포에 스트레스가 가해지면 그 세포의 분열이 증가해 손상을 신속
하게 치유하지만, 노화가 진행되어 세포분열을 할 여력이 없어지면 그 부위의 기
능이 감퇴되어 결국 죽을 가능성이 높아지기 때문이다. 건강할 때는 신체 기능이
빨리 회복되지만, 질병 상태에서는 그러하지 못하다. 그렇다면 노화는 일종의 질
병으로 간주될 수 있는가? 노화와 질병은 어떻게 다를까?

노화와 질병은 유사하지만 구분되어야 한다. 인간에게 나타나는 특정한 현상을 노화라고 규정하려면 몇 가지의 조건이 필요하다. 첫째, 그 현상이 모든 개체에 예외 없이 보편적으로 발생해야 한다. 즉, 특정인에게만 생기는 현상은 노화현상이 아니라 질병이라고 해야 한다. 둘째, 인체 내부에서 일어나는 현상이어야 한다. 병균에 감염되거나 교통사고나 독극물 오염과 같이 외부적 요인에 의해 일어나는 것은 노화현상이 아니다. 셋째, 노화는 점진적으로 발생하고 진행하는 현상이며 어느 순간에 갑자기 일어나는 현상이 아니어야 한다. 넷째, 노화현상은 궁극적으로 육체적·인지적 기능을 저하시키는 결과를 유발해야 한다.

2. 노화의 근본적 원인

우리의 몸은 수많은 세포로 구성되어 있으며 세포의 생명은 유한하다. 인간에게 노화와 죽음이 일어나는 근본적 원인은 인간의 몸을 구성하는 세포의 수명이 제한적이라는 데 있다. 인간의 몸은 세포복제를 통해서 기능이 떨어진 늙은 세포를 새로운 세포로 대체하며 기능을 유지한다. 만약 세포복제가 무한정 완벽하게 일어나서 지속적인 세포교체를 통해 신체기능을 정상적으로 유지할 수 있다면, 인간은 영원히 생명을 유지할 수 있다. 그러나 문제는 세포복제의 횟수가 제한되어 있을 뿐만 아니라 돌연변이 등으로 복제과정이 완벽하지 않아서 몸을 구성하는 세포가 줄어들거나 비정상적인 것으로 대체되면서 신체기능이 점차 저하되고 결국 죽음에 이르게 되는 것이다.

1) 세포사

인간이 죽는 근본적인 원인은 몸을 구성하는 세포들의 죽음, 즉 세포사(cell death) 때문이다. 세포가 죽는 방식에는 크게 나누어 네크로시스와 아포토시스가

있다. 네크로시스(necrosis)는 고온, 저산소, 독극물, 외부충격, 영양부족 등의 환경
적 요인에 의해 일어나는 세포의 강제적인 죽음으로서 괴사라고 부르며 세포의 '사
고사' 또는 '타살'이라고 할 수 있다. 반면에 아포토시스(apoptosis)는 세포가 유전자
에 의해 제어되어 일어나는 세포의 능동적인 죽음으로서 세포자멸이라고 부르며
세포의 '자연적 죽음' 또는 '자살'이라고 할 수 있다. 네크로시스는 오랜 시간에 걸
쳐 무질서하게 일어나는 반면, 아포토시스는 단시간에 질서정연하게 일어난다.

세포자멸은 동물의 성장과정에서 몸의 형태 만들기를 담당하고, 성장이 완료
된 후에는 정상적인 세포를 갱신하거나 결함이 생긴 세포를 제거하는 일을 담당한
다. 예컨대, 올챙이가 개구리로 변태할 때 꼬리가 소실되는 것은 세포자멸에 의한
것이다. 인간 태아의 경우, 초기에는 손이나 발이 주걱 모양을 하고 있어 손가락이
나 발가락 사이가 벌어지지 않지만 후기에는 손가락과 발가락 사이에 있던 부위의
세포들이 세포자멸을 함으로써 손가락이나 발가락의 형태가 갖추어지는 것이다.

세포자멸은 유전자에 의해 프로그램되어 있는 과정으로서 특정한 시기에 도달
하면 세포의 자발적인 자멸과정이 진행된다. 세포자멸은 세포가 서서히 위축되면
서 시작되는데, 세포막이 흐물흐물해지고 세포핵과 세포기관이 붕괴되어 조각으
로 단편화되어 인접한 세포에게 먹혀 버리거나 죽음에 이르게 된다. 이러한 세포
자멸 현상은 미토콘드리아의 명령에 의해서 일어난다. 이러한 세포의 죽음을 프로
그램된 세포사(Programmed Cell Death: PCD)라고 부른다.

우리 몸을 구성하는 세포가 죽으면 복제과정을 통해 새롭게 갱신된다. 그러나
복제가 중단되어 세포가 갱신되지 못하거나 복제과정에 돌연변이가 발생하여 건
강한 세포로 교체가 일어나지 못하면 신체기관의 기능이 점진적으로 저하되고 노
화가 일어난다. 이러한 노화가 진행되어 신체기능이 정지되면 죽음에 이르게 되
는 것이다. 세포사는 인간의 몸을 노화시켜 죽음으로 이끄는 근본적 원인이라고
할 수 있다.

2) 두 유형의 노화 이론: 환경적 원인과 유전적 원인

인간의 몸을 구성하는 세포도 유한한 생명을 지니고 있다. 체세포는 보통 7년 정도가 지나면 사멸하고 복제를 통해 새로운 세포로 대체되거나 소실된 채로 있게 된다. 이러한 과정에서 부실한 세포로 대체되거나 소실된 세포가 대체되지 못할 때 노화가 일어난다. 세포의 소실은 성인 초기부터 시작된다. 30세 이후부터 대부분의 신체기관은 해마다 1% 내외의 세포소실이 일어난다. 이 과정이 매우 느리게 일어나기 때문에 60세 정도가 되어야 비로소 그 변화가 겉으로 나타나게 된다.

노화의 원인은 시간의 흐름에 따른 '세포 손상의 축적'이라고 할 수 있다. 노화는 신체기관을 구성하는 세포의 소멸이나 손상에 의해서 일어난다. 몸을 구성하는 세포들은 일정 기간이 지나면 사멸하고 복제를 통해 새로운 세포로 대체된다. 이러한 복제와 대체 과정을 통해서 우리의 몸은 형태와 구조를 유지하면서 기능을 하게 된다. 그런데 인간의 연령이 증가함에 따라 세포의 복제와 대체 과정에 다양한 문제가 발생하면서 신체기능이 저하되어 노화가 일어난다.

노화의 원인은 아직 충분히 밝혀져 있지 않다. 노화의 원인이 300가지 이상으로 다양하게 주장되고 있으며 노화의 메커니즘을 설명하는 이론도 매우 많다. 그러나 노화를 설명하는 이론은 크게 두 가지 유형, 즉 손상-오류 이론과 프로그램 이론으로 분류될 수 있다. 손상-오류 이론(damage or error theories)은 노화의 원인으로서 다양한 수준에서 유기체에게 손상을 유발하는 환경적 요인을 강조하는 반면, 프로그램 이론(programmed theories)은 노화가 유전자에 내장된 프로그램에 의해 자연적으로 일어난다고 주장한다(Stuart-Hamilton, 2012).

3. 노화의 손상-오류 이론

노화의 손상-오류 이론은 환경적 요인들이 다양한 수준에서 유기체의 손상을 유발하고 심화하여 노화를 촉진한다고 주장한다. 이러한 이론은 진화적 개념에 근거하고 있으며 노화를 유기체가 자연적 쇠퇴과정에 효과적으로 대응하지 못한 결과라고 간주한다. 손상-오류 이론은 프로그램 이론과 상충하는 것이 아니라 유전자의 프로그램에 의한 자연적 노화에 더해서 환경적 요인들에 의해 노화가 촉진하는 다양한 메커니즘을 제시한다(Stuart-Hamilton, 2012).

1) 마모 이론

인간의 몸은 기계와 같아서 오래도록 사용하면 점진적으로 마모되어 기능이 저하되고 그 결과로서 노화가 일어난다는 설명이 노화의 마모 이론(wear and tear theory)이다. 이 이론은 1882년에 독일의 생물학자인 아우구스트 바이스만(August Weismann)에 의해 주장되었다. 마모 이론에 따르면, 노화는 시간이 흐름에 따라 세포와 신체기관에 점진적인 손상이 일어나는 것이다. 기계도 오래 사용하면 마모되어 더 이상 쓸 수 없게 되듯이, 우리 몸도 살아가면서 받는 다양한 손상에 의해 마모되어 더 이상 쓸 수 없게 된다.

그렇다면 어떤 요인들이 신체적 마모를 유발하는가? 신체적 마모를 유발하는 요인들은 다양하다. 일상적인 신체기능도 그 과정에서 발생하는 생물화학적 노폐물을 통해 세포와 조직의 손상을 유발할 수 있다. 자외선, 방사선, 독성물질 등에 노출되는 것도 신체적 손상을 유발할 수 있다. 또한 세포가 재생되는 과정에서 DNA의 손상이 일어나고 그러한 오류가 축적되면 신체적 기능이 저하될 수 있다. 뇌의 신경세포처럼 재생되지 않는 세포들도 있다. 이러한 세포들의 점진적 소실 역시 신체적 기능의 저하와 노화를 유발할 수 있다.

마모 이론은 우리의 상식에 의해 쉽게 이해될 수 있는 단순한 이론으로서 우리 몸이 닳아서 손상될 수밖에 없는 근본적인 한계를 지닌다는 점을 제시한다. 20세기에 들어서 우리 몸의 손상을 유발하는 다양한 요인들과 메커니즘이 발견되면서 마모 이론과 별개의 새로운 노화 이론들이 제기되고 있다. 또한 노화가 단순한 마모과정이 아니라 유전자에 의해 계획된 의도적 과정이라는 이론이 제기되면서 노화의 원인에 대한 다양한 주장이 제시되고 있다.

2) 노폐물 축적 이론

노폐물 축적 이론(waste product accumulation theory)은 신체기관의 활동에 의해 체내에서 생성된 노폐물이나 음식물 섭취와 같이 외부로부터 유입된 유해물질들이 축적되면서 신체기관의 손상을 유발하여 노화가 일어난다는 주장이다. 세포의 정상적인 대사과정에서 발생한 다양한 화학적 부산물들은 신체조직을 손상시켜 다양한 질병을 유발할 수 있다. 질병은 노화의 원인은 아니지만 노화과정을 촉진하거나 증폭시킬 수 있다. 이처럼 정상적인 세포활동으로 인해 생성된 노폐물이나 독소 때문에 신체기관의 손상이 유발되어 노화가 일어난다는 주장을 세포대사 노폐물 이론(cellular garbage theory)이라고 한다.

세포의 대사과정에서 생성되는 산소화합물로서 세포와 기관의 손상을 유발하는 대표적인 노폐물은 활성산소, 즉 프리라디칼(free radical)이다. '자유기(自由基)'라고 불리는 활성산소는 우리가 호흡한 산소가 에너지를 만들고 물로 환원되는 과정에서 발생되는 산화력이 매우 높은 산소찌꺼기를 의미한다. 이러한 활성산소는 세포의 손상을 유발하여 노화뿐만 아니라 동맥경화나 암을 유발하는 것으로 알려져 있다. 활성산소는 대부분 체내에서 발생되지만 스트레스, 자외선, 세균침투에 의해서도 생겨날 수 있다. 이처럼 활성산소가 노화를 유발한다는 주장이 활성 산소 이론(free radicals theory)이다.

음식 섭취를 통해 외부에서 유입되어 노화를 촉진하는 대표적인 물질은 설탕과 함께 요리된 단백질이다. 요리과정에서 설탕 분자가 단백질 분자와 결합하는 현상을 교차연결 또는 가교(cross-linking)라고 지칭하는데, 이러한 부적절한 분자 결합은 우리 몸을 구성하는 신체조직과 DNA의 손상을 유발한다. 교차연결은 신체조직을 경직화함으로써 신체기능을 저하시킨다. 노화의 증상 중 대부분은 신체기관의 경직화와 연관되어 있으며 그러한 대표적 노화증상이 주름, 백내장, 동맥경화이다.

기계를 많이 사용하면 빨리 마모되듯이, 인간의 몸도 활동량이 많으면 빨리 늙는다. 그 이유는 세포대사가 활발할수록 그만큼 많은 노폐물과 독성물질이 발생하여 노화가 촉진되기 때문이다. 이처럼 유기체의 기초대사율이 높을수록 노화가 빨리 일어나고 수명이 짧아진다는 주장이 제기되었는데, 이를 대사율 이론(rate of living theory)이라고 한다. 이러한 주장은 쥐를 대상으로 식사량과 활동량을 줄여 칼로리 소비를 제한함으로써 수명이 증가했다는 동물실험의 결과를 그 근거로 제시하고 있다.

3) 체세포 돌연변이 이론

세포 수준에서 보면, 노화는 세포분열 과정에서 비정상적인 세포들이 증가하여 신체기관의 기능이 저하되는 현상이라고 할 수 있다. 신체기관을 구성하는 세포들은 수명이 다하면 자멸과정을 통해 사멸하고 새로운 세포로 교체된다. 그런데 나이가 많아질수록 세포분열 과정에서 돌연변이 현상이 증가하여 비정상적인 세포로 교체되는 비율이 높아진다. 이러한 세포교체의 비정상성이 신체기관을 손상시켜 노화를 유발한다는 주장이 노화의 체세포 돌연변이 이론(somatic mutation theory of aging)이다. 이 이론에 따르면, 대체된 세포가 정확한 복제물이 아니라 돌연변이의 오류에 의한 손상된 세포일수록 노화가 촉진된다. 마치 최초의 원본을 복사하고 그 복사본으로 계속 복사하다 보면 원래의 형태가 점점 희미해지고 왜곡되는 것과 같이, 나이가 많아질수록 세포복제 과정에서 손상된 세포의 비율이 높아지게 된다.

세포분열 과정에서 모든 유전정보가 새로운 세포로 잘 전달되면 세포의 비정상성은 나타나지 않는다. 그러나 유전정보를 지니고 있는 DNA에 어떤 변형이 생기면 그로 인하여 손상된 세포가 생겨날 수 있다. 유전자의 불안정성은 정상적인 돌연변이의 비율보다 더 높게 발생하는 돌연변이 비율을 의미한다. 유전자의 불안정성, 즉 활발한 돌연변이는 유전자의 다양성을 유발하여 자연의 선택을 통해 종의 진화에 유익한 기능을 할 수도 있다. 그러나 나이가 많아짐에 따라 증가하는 유전자의 불안정성은 암을 비롯하여 치명적인 질병을 유발하여 노화와 죽음을 촉진하게 된다.

유전자에 돌연변이를 일으키는 원인은 X-선, 자외선, 각종 화합물, 활성산소, DNA 복제과정의 실수, 미세먼지와 같은 환경오염 등 매우 다양하다. 이러한 원인으로 인한 유전자의 손상이 노화를 유발한다는 많은 증거들이 존재한다. 유전자의 불안정성은 세포의 변형을 유발하여 노화를 촉진하는 근본적인 원인 중 하나로 여겨지고 있다.

이처럼 환경적 요인은 유전자의 발현에 영향을 미칠 수 있다. 유전자 발현은 우리가 먹는 음식, 약물, 환경 물질 등에 의해 영향을 받는다. 쌍둥이의 경우처럼 동일한 유전자를 가지고 있더라도 외부 요인과 후천적 경험의 차이로 인해서 유전자의 발현이 달라질 수 있다. 이처럼 후천적인 원인에 의해서 나타나는 유전자 발현의 변화를 후성유전학적 변화(epigenetic change)라고 한다. 유전자의 불안정성을 촉진하는 환경자극에 많이 노출될수록 비정상적인 유전자의 발현으로 인한 세포변형이 유발되어 노화가 가속화될 수 있다.

4. 노화의 프로그램 이론

프로그램 이론은 노화가 유전자에 의해 예정된 생물학적 시계(biological clock)에 따라 자연적으로 일어난다고 주장한다. 노화는 단순히 신체기관의 마모나 손상 과정이 아니라 유전자에 의해 계획된 과정이라는 주장이다. 우리의 몸을 유지하고 보수하고 방어하는 신체기관에 영향을 미치는 유전자의 발현이 생물학적 시간표에 따라 자동적으로 나타나게 된다. 어린 아기가 발달하는 과정에서 적당한 나이가 되면 치아가 나오고 이차 성징이 나타나는 것은 생물학적 시간표에 따라 그러한 신체적 변화가 나타나도록 유전자에 프로그램이 되어 있기 때문이다. 이처럼 나이가 많아지면 다양한 노쇠 증상이 발현되도록 유전자에 프로그래밍되어 있기 때문에 노화가 일어난다는 주장이다.

이러한 관점에서 노화를 설명하는 다양한 이론들이 제시되고 있다. 이러한 이론들은 유전자가 신체기관의 노화를 유발하는 다양한 메커니즘을 제시하고 있다. 노화와 죽음을 유발하는 유전자의 프로그램은 오랜 진화과정에 의한 것으로서 종의 생존과 번식에 진화적 혜택을 주기 위해서 수명을 제한하게 된 것으로 이해되고 있다(Stuart-Hamilton, 2012).

1) 계획된 노쇠 이론

진화론적 관점에서 주장된 노화 이론으로는 계획된 노쇠 이론(programmed senescence theory)이 있다. 이 이론에 따르면, 노화는 진화과정을 추진하는 세력에 의해 발생하고 계획되어 있다. 유전자를 전달하는 번식의 과업을 수행하고 자녀가 독립적인 생활을 하도록 양육하는 과업을 완료하고 나면, 개인은 더 이상 존재할 가치가 없다. 따라서 노화가 가속화되어 죽는 것이 후속세대의 생존과 번식에 도움이 된다. 따라서 젊은이들에게 자리를 내어 주기 위해서 우리의 신체에는 쇠퇴하여 죽어 가도록 하는 프로그램이 내재되어 있어서 인구과밀 문제를 예방할 수 있다는 설명이다.

또한 노화의 속도와 수명에 개인차가 나타나는 것도 유전자에 의해 예정되어 있다는 주장이 제기되고 있다. 예정된 수명 이론(programmed longevity theory)에 따르면, 생물학적 시간표에 따라 특정한 나이, 즉 노년기가 되면 신체적 손상을 유발하는 유전자가 발현되도록 유전적 프로그램에 의해서 결정되어 있다. 세포뿐만 아니라 모든 신체기관과 조직이 타고날 때부터 유전적으로 설정된 시계에 따라 노화되어 간다는 주장이다.

2) 텔로미어 단축 이론

세포사도 유전자에 프로그래밍되어 있다는 주장이 제기되고 있다. 체세포는 무한정 복제되는 것이 아니라 세포가 복제될 수 있는 횟수가 제한되어 있다. 몸에서 추출한 세포를 배양하면 그 세포가 죽기 전에 제한된 횟수만 복제된다. 또한 나이가 많은 사람의 몸에서 추출한 세포일수록 복제되는 횟수가 줄어든다. 이러한 현상을 헤이플릭 현상(Hayflick phenomena)이라고 하는데, 그 원인 중 하나는 염색체 끝에 위치한 텔로미어와 관련되어 있다.

텔로미어(telomere)는 막대 모양의 염색체 양쪽 끝에 있는 DNA인데, 세포가 분열할 때마다 텔로미어 길이가 조금씩 짧아진다. 이러한 사실은 동물뿐만 아니라 인간을 대상으로 한 실험에서도 입증되었다. 비유컨대, 염색체가 구두끈이라면 텔로미어는 구두끈의 맨 끝을 감싸고 있는 플라스틱 조각이라고 할 수 있다. 플라스틱 조각은 구두끈을 감싸고 있어서 구두끈이 해어지지 않도록 방지한다. 이처럼 텔로미어는 염색체의 구조적 통합을 지탱하는 핵심 요인이다. 그런데 세포가 복제를 많이 할수록 텔로미어가 계속 짧아져서 어느 시점부터는 더 이상 복제를 못하게 되고 사망하게 된다는 것이다. 그 이유는 세포가 죽지 않고 계속 복제를 하게 되면 세포에 있는 유전 정보가 왜곡되어서 결국에는 암으로 발전하기 때문이다. 따라서 텔로미어는 암의 위험을 줄여 주는 안전 장치라고 할 수 있지만 그 대가로 세포 소실과 노화가 나타나게 되는 것이다. 이러한 주장을 텔로미어 단축 이론(telomere shortening theory of aging)이라고 한다.

3) 자가면역 이론

나이가 많아지면 전염병에 대한 면역기능이 약화되어 질병에 잘 걸린다. 이처럼 생물학적 시간표에 따라 면역기능이 저하되도록 유전자에 프로그래밍되어 있다는 주장이 노화의 자가면역 이론(autoimmune theory of aging)이다. 이 이론에 따르면, 예정된 노화과정에 따라 신체면역 체계의 이상이 나타난다. 처음에는 감염체와 싸울 수 있는 능력이 저하되고, 그 다음에는 자기 세포와 감염체를 제대로 구분하지 못해 자기 세포를 공격하게 된다는 주장이다. 이러한 면역기능의 저하로 인해서 감염병에 대한 취약성이 증가하고 결국 노화와 죽음에 이르게 된다. 이와 유사하게, 내분비 이론(endocrine theory)은 생물학적 시계가 호르몬을 통해서 노화의 속도를 조절하도록 작동한다고 주장한다.

4) 길항적 다면발현 이론

길항적 다면발현 이론(antagonistic pleiotropy theory)은 동일한 유전자가 연령대에 따라 생존에 긍정적 또는 부정적 영향을 미칠 수 있다는 주장이다. 이 이론에 따르면, 어떤 유전자는 초기에는 생존을 촉진하지만 후기에는 생존을 위협할 수 있다. 예컨대, 젊은 시절에는 테스토스테론을 풍부하게 생성하게 만들어 남성의 공격성과 신체적 힘을 강화하는 유전자가 생존에 도움이 된다. 그러나 노년기에는 이러한 유전자로 인해서 오히려 심혈관 질환의 위험이 높아지고 사망에 이를 수 있다. 극소수의 종만이 노화를 경험할 만큼 오래 살기 때문에, 유전자의 해로운 영향은 노년기에만 나타나게 된다.

5) 돌연변이 축적 이론

돌연변이 축적 이론(mutation accumulation theory)은 노화를 유발하는 돌연변이 유전자가 진화과정에서 도태되지 않고 축적되었기 때문이라는 주장이다. 젊은 나이에 질병이나 죽음을 유발하는 유전자는 진화과정에서 도태되어 다음 세대로 전달되지 못하겠지만, 만약 60대에 이르러서야 그 영향을 받게 된다면 어떻게 될까? 과거에는 평균수명이 60세 이전이었기 때문에 그러한 노화 유전자가 발현되어 진화적 압력에 의해 도태될 수 없었다. 따라서 이러한 돌연변이 유전자는 다음 세대로 축적되어 왔으며 현대에 이르러 평균수명이 60세 이상으로 늘어나면서 노화를 유발하는 유전자의 발현이 나타나게 되었다는 주장이다.

6) 일회용 체세포 이론

진화의 관점에서 보면, 개체의 육체를 오래도록 유지하는 것보다 유전자를 다음 세대로 전달하는 것이 더 중요하다. 유전자를 생존시키는 것이 더 중요하며, 유전자를 보유하고 있는 신체 자체의 중요성은 이차적이다. 예컨대, 자녀 없이 100세에 사망하는 것보다 10명의 자녀를 두고 30대에 사망하는 것이 낫다. 이러한 관점에서 주장된 이론이 일회용 체세포 이론(disposable soma theory)이다. 이 이론에 따르면, 체세포는 사멸하면서 끊임없이 대체되어야 한다. 만약 대체되지 않으면 그 체세포는 쇠퇴하게 된다. 그러나 모든 세포가 동일한 효율성을 지니고 대체될 수는 없다. 번식을 담당하는 기관을 가장 우선순위에 놓고 대체해야 하며, 나머지 신체부위는 다음 순서로 대체하는 것이 진화적 측면에서 유리하다. 그러므로 번식에 에너지를 집중할수록 신체가 쇠퇴하는 노화의 속도가 더 빨라진다.

노화의 프로그램 이론들은 진화론에 토대를 두고 있다. 이러한 이론에 따르면, 문명이 발전하여 수명 연장을 이루기 전까지는 인간이 노년기를 경험하는 일이 드물었다. 노년기의 노화과정은 자연선택에 의해 계획된 것이 아니었다. 노인이 나타내는 신체적 변화(예: 주름진 피부, 부서지기 쉬운 뼈)나 심리적 변화(예: 기억력 감소, 반응 속도 저하)는 애초에 일어나기로 예정된 것이 아니었다. 이러한 노화 현상은 단지 그러한 현상을 방지할 수 있는 진화적 압력이 없었기 때문이라는 견해가 돌연변이 축적 이론이고, 생애 전반부에 진화적 혜택으로 작용했던 것이 후반부에 반대의 효과를 나타내는 것이 노화라는 견해는 길항적 다면발현 이론에 해당하며, 번식에 초점을 두었던 생애 전반부의 투자로 인해 노화가 일어난다는 것이 일회용 체세포 이론이다. 자연적 환경에서 살았던 대부분의 사람은 이러한 노화의 특징이 나타나기 전에 사망했다. 이러한 방식으로 진화가 이루어진 것은 긴 수명을 지닌 현대인에게 저주이자 특권이 될 수 있다.

　미국의 미생물학자인 헤이플릭(Hayflick, 1994)은 다음과 같은 재미있는 비유를 들어 노화과정을 설명하고 있다. 진화적 관점에서 보면, 인생의 여정은 다른 행성을 조사하기 위해 쏘아올린 인공위성과 같다. 인공위성은 일단 임무를 수행하고 목표 사진들을 보내준 후에 우주 공간에 계속 떠 있으면서 신호를 보내다가 결국에는 활동을 멈추고 사라져 간다. 이처럼 사람들도 자신의 후손을 낳는 임무를 달성하고 나서 사고나 질병으로 죽게 될 때까지 삶을 지속해 간다. 우리는 이러한 여분의 인생을 당연한 권리로 여기고 있지만, 진화과정에서 우리에게 의도하지 않게 주어진 우연한 선물이다. 진화적 관점에서 보면, 노년기는 종의 생존에 별로 도움이 되지 않는다. 따라서 노년기는 자신의 유전자를 성공적으로 재생산했으나 사망하는 것에는 실패한 인간이 마치 임무를 다하고 우주 공간에 머무는 인공위성처럼 쇠퇴하며 소멸해 가는 과정이라고 할 수 있다.

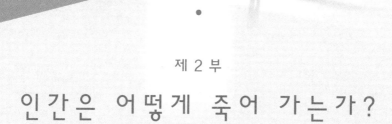

제 2 부

인간은 어떻게 죽어 가는가?

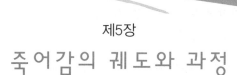

제5장
죽어감의 궤도와 과정

　인생을 흔히 사계절에 비유한다. 인생의 파릇파릇한 봄과 싱싱한 여름이 지나고 가을로 접어들면, 단풍이 들고 낙엽이 지듯이 노화현상이 여러 측면에서 나타난다. 그리고 인생의 겨울이 닥치면 생로병사(生老病死)의 '늙고 병들어 죽어 가는 과정'이 본격적으로 시작된다. 아무런 준비 없이 겨울을 맞아 혹독한 추위에 떨지 않으려면, 인생의 겨울이 어떻게 펼쳐지는지를 잘 이해하고 월동준비를 충실하게 하는 것이 필요하다.

　죽어감(dying)은 죽음학자들이 깊은 관심을 지니는 핵심적 연구주제이다. 인간은 죽어감의 과정에서 어떤 경험을 하는가? 죽어 가는 과정에는 어떠한 변화와 위기가 나타나는가? 우리는 죽어감의 과정에서 어떤 대처과제에 직면하게 되는가? 좋은 죽음을 맞이하기 위해서는 죽어감의 과정에서 어떤 선택과 결정이 필요한가? 죽어 가는 사람들에게는 어떤 도움이 필요하며 어떻게 효과적으로 이들을 돌볼 수 있는가? 죽어감의 과정은 고통과 상실이 수반되는 험난한 과정이지만 인생의 진정한 의미를 발견할 수 있는 삶의 소중한 기회일 뿐만 아니라 아름다운 마무리를 위한 매우 중요한 인생의 단계이다.

1. 인생의 겨울: 노화로부터 죽음에 이르는 과정

"죽음은 천 개의 얼굴을 지니고 있으며, 그곳에 이르는 만 개의 길이 있다."는 말이 있듯이, 죽음은 다양한 모습으로 우리에게 다가온다. 사람마다 죽음을 바라보는 관점이 각기 다를 뿐만 아니라 죽음에 이르는 과정도 매우 다양하다. 19세기 이전에는 대부분의 사람이 갑자기 또는 짧은 시간 내에 죽음을 맞았다. 미국의 초대 대통령인 조지 워싱턴(George Washington: 1732~1799)도 목의 통증을 느낀 지 3일 만에 사망했다. 많은 사람이 전염병으로 인해 단기간에 죽음에 이르렀을 뿐만 아니라 유아돌연사와 같이 갑작스러운 죽음이 흔했다.

그러나 20세기의 의료기술 발달로 인해서 현대인은 수명이 연장되었을 뿐만 아니라 죽어감의 과정도 장기화되고 다양해졌다. 죽음에 이르는 길은 매우 다양하다. 인생의 마지막 단계에 접어들면 신체적 죽음뿐만 아니라 심리적·사회적 죽음으로 나아가는 내리막길이 나타난다. 내리막길은 사람마다 그 길이와 경사가 다를 뿐만 아니라 넘어야 하는 장애물도 각기 다르다. 삶에서 죽음으로 나아가는 내리막길을 잘 이해하고 대비하는 것이 웰다잉(well-dying)과 좋은 죽음(good death)의 핵심적 조건이다.

죽어감의 내리막길은 죽음의 원인이나 상황에 따라 매우 다양한 경로를 지닌다. 그러나 현대인이 노년기에서부터 죽음에 이르는 일반적인 과정은 크게 5단계로 구분할 수 있다. 늙고 병들어 죽음에 이르게 되는 일반적인 과정은, 〈그림 5-1〉에 제시되어 있듯이, (1) 노화가 급속하게 진행되는 신체노화기, (2) 신체적 건강이 악화되고 크고 작은 질병이 나타나는 질병발생기, (3) 질병 악화로 병원을 자주 방문하거나 입원생활을 하게 되는 병원입원기, (4) 일상생활을 자율적으로 영위하기 힘든 상태가 되어 요양시설에서 생활하게 되는 요양생활기, (5) 급격한 건강악화로 죽음을 맞이하게 되는 임종기로 구분할 수 있다.

신체노화기부터 임종기에 이르는 과정은 매우 다양한 경로로 나타날 수 있다.

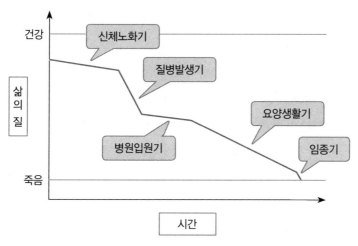

〈그림 5-1〉 노년기에서부터 죽음에 이르는 일반적 과정

예컨대, 치명적인 급성질환의 경우는 질병발생기에서 곧바로 임종기에 이를 수도 있고, 만성질병의 경우에는 5단계를 모두 거칠 수 있다. 암의 경우에는 회복과 재발 과정에서 입원과 퇴원을 반복하면서 병원입원기가 장기화될 수 있고, 치매의 경우에는 요양생활기가 장기화될 수 있다. 하버드 의과대학 교수이자 외과의사인 아툴 가완디(Atul Gawande)는 2014년에 출간한 저서 『어떻게 죽을 것인가(Being Mortal)』에서 노인이 죽어 가는 단계마다 직면하게 되는 과제와 도전을 소개하고 있다. 죽어감의 단계마다 직면하게 되는 과제가 다를 뿐만 아니라 그러한 과제에 대한 대처방법의 선택에 따라 죽어감의 경험이 현저하게 다를 수 있다. 우리의 뜻대로 죽어감의 과정을 조절할 수는 없지만, 잘 알고 준비하면 우리가 원하는 방식으로 죽음에 이를 수 있다.

1) 신체노화기

노년기에 접어들면, 모든 신체기능이 점진적으로 쇠퇴한다. 시력과 청력의 저하가 나타나고, 운동기능과 균형 감각이 떨어지며, 모든 장기의 기능 역시 저하된다. 체력과 기력이 저하되고 어지럼증이 나타나며 고혈압, 당뇨, 지방간, 관절염과 같은 만성적인 신체적 문제가 발생하게 된다.

노년기에는 신체적 노화뿐만 아니라 심리적·사회적 노화도 일어난다. 기억력, 판단력, 공간지각력을 비롯한 인지기능이 저하되고 직업적 은퇴를 통해 사회적 역할과 지위 그리고 경제적 능력을 상실하면서 자신감과 자존감도 떨어지게 된다. 특히 남자의 경우, 은퇴 이후의 가정생활에 잘 적응하지 못하면 배우자나 가족으로부터 소외를 당하거나 황혼이혼을 하게 됨으로써 불행한 노년기를 보낼 수 있다.

노년기에는 사회적 관계가 현저하게 위축된다. 은퇴와 더불어 사회적 지위와 역할을 잃게 될 뿐만 아니라 직장 동료나 지인들과의 연결도 느슨해진다. 젊은 사람들이 주도하며 빠르게 변화하는 사회에서 노인은 구세대이자 주변적 존재로 밀려나면서 사회적 무력감과 무능감을 느끼게 된다. 더구나 배우자나 가까운 친구가 사망하는 일들이 발생하면서 사별의 슬픔을 경험하게 되고 대인관계의 폭이 점진적으로 축소된다. 이처럼 노년기에는 신체적 노화로 인한 죽어감의 초기과정이 시작될 뿐만 아니라 심리적·사회적 측면에서도 죽어감의 과정이 부분적으로 나타나게 된다.

노년기의 신체적 노화 속도는 개인에 따라 커다란 차이가 있다. 꾸준한 운동, 음주와 흡연의 절제, 정기적인 건강검진, 규칙적인 식사를 비롯한 건강 증진 습관을 실천해 온 사람은 노년기에도 신체적 건강상태를 잘 유지할 뿐만 아니라 활발한 사회적 활동을 통해 자존감을 유지하며 심리적·사회적 웰빙을 누릴 수 있다. 이처럼 직업적 은퇴 이후에 연령 증가와 함께 신체적 노화가 본격적으로 일어나는 시기는 사람에 따라 커다란 차이가 있다. 그러나 세월 앞에는 장사가 없듯이, 건강한 노인도 노년기의 특정한 시점에 이르면 크고 작은 질병이 발생하면서 본격적으로 죽어감의 과정에 진입하게 된다.

2) 질병발생기

모든 것은 결국 허물어지기 마련이다. 노년기가 진행되면서 마치 칡넝쿨이 자라는 것처럼 몸의 쇠락 현상이 여러 측면에서 나타난다. 노인은 심신기능을 포함한 모든 것이 예전 같지 않다는 것을 깨닫게 된다. 특히 건강문제를 겪지 않으면서 일상생활을 잘 영위해 오던 노인의 경우, 심각한 질병이 발생하면 갑자기 자신이 딛고 있던 땅이 꺼지는 듯한 충격과 불안에 빠지게 된다.

노화과정이 진행되면서 신체기능의 저하가 가속화될 뿐만 아니라 크고 작은 신체적 문제가 나타나게 된다. 여러 신체부위에서 불편감과 고통을 자주 느끼게 되고 진단과 치료를 위해서 병원을 방문하는 횟수가 증가한다. 그 결과, 복용하는 약물의 수가 늘어나고 때로는 작은 수술을 받고 회복되어 일상생활로 복귀하게 된다.

이 시기에는 질병이 있음에도 불구하고 몸을 움직이고 일상생활을 자립적으로 영위할 수 있다. 그러나 크고 작은 질병이 지속되면 야외활동과 대인관계가 제한되면서 심리적·사회적 생활이 더욱 위축된다. 이 시기에 노인의 삶의 질을 위협하는 가장 중요한 문제는 넘어지는 것이다. 많은 노인들이 넘어져서 골절상을 입게 되면서 일상생활이 현저하게 위축된다. 골절상을 입은 노인들 중에서 약 40%가 결국 요양원에 들어갔으며 약 20%는 다시 걷지 못했다(Gawande, 2014).

노인이 넘어지는 3가지의 주된 원인은 균형감각 저하, 근육 약화, 4가지 이상의 약물 복용이다. 골절상, 관절염, 척추질환 등이 악화되면 통증이 심할 뿐만 아니라 걷는 것이 힘들어지고 그 결과 외출이나 운동을 하지 못한 채 집에서 지내는 시간이 늘어난다. 이로 인해서 심리적 우울과 사회적 고립이 심화될 수 있다.

질병발생기에는 질병에 대한 합병증이 악화되거나 취약한 신체기관에 심각한 질병이 발생하게 된다. 이처럼 심각한 질병이 발생하면 집을 떠나 병원에 입원하여 수술을 받거나 집중적 치료를 받아야 하는 상황으로 들어가는 새로운 변화가 나타난다. 특히 암을 비롯하여 만성 심장질환이나 호흡기질환이 악화되어 말기질환으로 진단되면 죽어감의 과정이 가속화된다.

3) 병원입원기

만성질병 또는 말기질환으로 진단을 받고 병원에 입원하게 되면 생활에 많은 변화가 일어난다. 우선, 질병으로 인해 죽음에 이를 수 있다는 생각과 더불어 죽음불안이 증폭된다. 배우자나 자녀를 비롯한 가족 역시 환자의 질병에 대한 걱정이 증가하면서 가족 전체가 위기상황으로 돌입하게 된다.

환자는 입원으로 인해 일상생활의 패턴이 급격하게 무너지고 익숙한 집을 떠나 병원이라는 새로운 환경에 적응해야 한다. 또한 병원 일정에 따라 식사를 하고 치료를 받아야 하며 마음대로 활동할 수 없기 때문에 자신의 삶에 대한 자율성이 현저하게 저하되고 의사와 간호사에 의해서 통제되는 수동적이고 의존적인 삶으로 변화하게 된다. 큰 수술을 받게 될 경우에는 수술결과에 대한 불안과 죽음공포가 증가하게 된다. 설사 수술이 성공적으로 이루어지더라도 수술의 후유증과 회복과정의 고통을 감내해야 한다.

수술과 회복이 성공적으로 이루어져 가정의 일상생활로 복귀하는 다행한 경우도 있다. 그러나 수술과 치료 결과가 성공적이지 않거나 질병이 악화되는 경우에는 두 가지의 경로로 옮겨 갈 수 있다. 첫째 경로는 더 이상 치료가 불가능한 경우로서 곧바로 마지막 단계인 임종기로 접어들게 된다. 증세가 급격하게 악화될 경우에는 중환자실로 이송되어 인공호흡기와 음식물주입기를 장착한 채로 고통스러운 삶을 영위해야 한다. 때로는 치료를 포기하고 가정으로 복귀하거나 호스피스에 입원하여 죽음을 준비하는 경우도 있다.

둘째 경로는 장기적인 치료가 필요한 만성질환의 경우로서 입원한 상태로 지내야 하는 기간이 길어지게 된다. 입원한 상태에서 증세 악화로 위기와 회복이 불규칙하게 반복될 경우에는 환자 자신뿐만 아니라 가족이 신체적·심리적으로 많은 고통을 겪게 된다. 증세가 점진적으로 악화되고 특별한 치료적 개입이 불가능한 장기적인 만성질병의 경우에는 요양병원이나 요양원으로 옮겨 갈 수 있다. 이처럼 만성질병의 단계에 진입하면 환자와 가족은 치료비나 간병과 관련된 여러 가지 현실적인 문제에 직면하게 된다. 이러한 현실적 문제들이 원만하게 해결되지 못하면, 환자와 가족 간에 또는 가족구성원들 간에 정서적 갈등이 생겨날 뿐만 아니라 가족관계에 심각한 균열이 발생할 수 있다.

4) 요양생활기

노년기의 어떤 시점에 도달하면 혼자서 독립적인 생활을 할 수 없는 때가 찾아온다. 질병이 악화되거나 심신기능이 쇠퇴하여 자율적인 생활이 불가능한 상태가 되면, 일상생활을 다른 사람에게 의존해야 하는 단계로 진입하게 된다. 흔히 8가지의 일상적 활동(침대에서 일어나기, 밥 먹기, 화장실 가기, 옷 입기, 목욕하기, 머리 손질 등 몸 단장하기, 의자에서 일어나기, 걷기)을 스스로 해내지 못할 때 기본적인 신체적 독립성이 결여된 것으로 판정된다. 또한 일상생활의 8가지 독립적 활동(쇼핑하기, 요리하기, 집안일하기, 빨래하기, 약 복용하기, 전화 사용하기, 외출하기, 재정 관리하기)을 혼자서 하지 못하면 독립적으로 안전하게 살 능력이 결여된 것으로 판정한다.

(1) 3가지 유형의 요양생활

기본적인 일상적 활동이 불가능한 상태가 되면, 3가지 경로 중 하나로 옮겨 가게 된다. 첫째 경로는 가정에서 배우자나 자녀의 돌봄을 받으면서 생활하는 것이다. 이 경우에는 환자 가족의 헌신적인 돌봄과 노력이 필요하다. 일상생활뿐만 아니라 병원 방문이나 외출을 가족이 도와야 한다. 질병이 장기화되고 증세가 악화될수록 가족의 피로와 고통이 누적되어 한계에 도달하면 요양원 입원을 고려하게 된다.

둘째 경로는 재가상태에서 요양사의 방문을 통해 도움을 받으며 삶을 영위하는 것이다. 노인이 질병과 장애 상태로 인해 자율적인 생활이 부분적으로 불가능하다고 판정될 경우에 노인장기요양보험의 혜택을 받을 수 있다. 이 경우에는 요양사의 정기적 방문을 통해서 식사, 청소, 세탁, 목욕 등 일상적 활동의 도움을 받을 수 있다. 그러나 이 경우에는 요양사의 방문시간이 제한되어 있기 때문에 야간이나 주말에 어느 정도 일상생활을 자율적으로 수행할 수 있는 적응능력이 존재해야 한다.

셋째 경로는 신체적·심리적 기능이 현저하게 저하되어 가족이 돌보기 어려운 경우로서 요양병원이나 요양원에 입원하는 것이다. 우리나라의 경우는 국민건강보험공단의 노인장기요양보험이 65세 이상의 노인 중에서 자율적인 생활이 불가능한 사람들에게 요양비를 지원하고 있다. 등급판정위원회로부터 노인의 질병과 장애 상태로 인해 자율적인 생활이 부분적으로 불가능한 경우에는 '재가등급'을 통해서 요양사의 방문서비스를 받을 수 있으며, 자율적인 생활이 전반적으로 불가능하다고 판정되어 '시설등급'을 받게 되면 요양원을 비롯한 노인장기요양시설의 입원비 일부를 지원받을 수 있다. 요양원에 입원하게 되면 요양사로부터 식사, 배변, 목욕을 포함한 모든 일상생활의 돌봄 서비스를 24시간 받을 수 있다. 최근에 우리나라도 고령사회로 진입하면서 치매를 비롯하여 척추손상, 만성질병 등으로 독립적인 생활이 불가능한 많은 노인들이 요양원에서 인생의 마지막 과정을 보내고 있다.

(2) 요양생활의 점진적 과정

많은 노인들이 요양원 입원에 대해서 저항감과 거부감을 지니고 있다. 요양원을 자율성과 사생활이 제한되는 감옥 같은 곳으로 여기거나 가족으로부터 버림받는 현대판 고려장으로 여기는 경향이 있기 때문이다. 자신의 집에서 편안하고 자율적인 생활을 해 오다가 갑자기 요양원의 공동생활에 적응하는 일은 결코 쉬운 일이 아니다.

인간은 자유로운 사생활을 위한 욕구를 지닐 뿐만 아니라 다른 사람들과 함께 어울리며 소속감을 느끼고자 하는 공동체의 욕구도 지니고 있다. 일상생활 기능이 쇠퇴하는 노년기의 단계마다 그들의 욕구에 알맞은 돌봄 서비스를 제공하는 다양한 형태의 시설이 필요하다. 독립적인 생활이 불가능한 상황으로 접어들 때, 돌봄과 보호는 점진적으로 확대하면서 자율성은 점차 축소하는 연속선상의 돌봄(continuum of care)이 필요하다. 미국의 경우에는 과도기적인 단계를 통해 점진적으로 요양원에 이르게 되는 노인주거시설을 제공하고 있다(Gawande, 2014). 그 대표적인 예는 연속보호은퇴주거단지(Continued Care Retirement Community & Life Care Facility: CCRC)로서 은퇴자촌, 생활지원시설, 요양원으로 구성되어 있다.

은퇴자촌(retirement village)은 은퇴한 사람들이 모여 사는 독립생활형 주거공간을 의미하며 흔히 실버타운이라고 불린다. 은퇴자촌은 노후생활을 하는 데 필요한 의료시설, 오락시설, 체력단련시설 등을 갖추고 있으며 식사, 청소, 건강의료 등의 돌봄 서비스를 받으면서 나머지 삶의 영역에서는 최대한 자율성이 보장된다. 1960년대부터 미국의 남부지역에 형성된 노인들의 주거시설로서 경제적으로 여유 있는 중상류층 노인들이 주로 입주하고 있다. 우리나라의 경우에도 1980년대 후반부터 실버타운이 생겨났으며 일부의 경우 관리 부실과 운영업체의 도산 등으로 사회적 문제가 되기도 했다.

생활지원시설(assisted living facility)은 거동이 불편하거나 건강상태가 악화된 노인들이 독립적인 주거공간에서 자율적인 생활을 하면서 24시간 언제나 간호 서비스를 제공받을 수 있는 공동주거시설을 의미한다. 이러한 시설에는 거동이 불편한 노인을 위한 다양한 편의시설이 갖추어져 있을 뿐만 아니라 식사, 청소, 산책 등 일상생활을 위한 돌봄 서비스가 제공된다. 건강상의 급성 문제가 생겼을 때 즉시 병원으로 이송되어 치료받는 응급서비스, 치료진이 가정을 방문하여 치료하는 서비스, 거주자를 대상으로 하는 전담 의사나 간호사를 고용하여 정기적으로 건강상태를 점검하고 치료를 해 주는 서비스 등이 제공되는 단계적인 과정들이 존재한다.

은퇴자촌에서 시작하여 생활지원시설을 거쳐 더 이상 독립적인 일상생활이 불가능할 때 요양원(nursing home)으로 옮겨 가게 된다. 요양원에서는 식사, 목욕, 배변을 비롯한 모든 일상생활에 대한 돌봄 서비스를 받을 수 있다. 대부분의 일상생활을 타인에게 의존하는 수동적인 요양원 생활에서는 '요양원에 존재하는 3가지 역병'이라고 부르는 무료함, 외로움, 무력감을 어떻게 해결하느냐 하는 것이 중요하다. 1970년대에 미국 심리학자인 주디스 로딘(Judith Rodin)과 엘렌 랭어(Ellen Langer)는 요양원에 거주하는 노인들을 대상으로 통제감과 책임감을 증진하는 실험을 실시했다. 그들은 노인 절반에게 화분을 주고 돌보게 했다. 아울러 화분에 직접 물을 주며 책임 있게 돌보는 것이 중요하다는 점을 강조했다. 나머지 절반의 노인에게는 화분을 주었지만 물을 주는 화분 관리는 직원들의 책임이라고 말해 주었다. 1년 반의 시간이 흐른 후에 화분 관리의 책임을 맡은 노인집단은 비교집단에 비해서 더 활동적이고 더 맑은 정신을 유지했으며 더 오래 살았다(Rodin & Langer, 1977).

그러나 요양원 생활이 장기화되면, 노인의 자율성과 자존감이 훼손될 수 있다. 요양원의 정해진 식사와 일정을 따라야 하기 때문에 자율성과 선택권이 줄어든다. 또한 신체적 기능이 저하되고 통증이 심해질 뿐만 아니라 지루한 일상생활과 인간관계의 제한으로 인해서 삶의 의욕과 즐거움이 줄어들고 자기가치감이 저하된다. 더구나 가족의 방문이 점점 뜸해지고 소외감과 고립감이 심화되면서 우울 상태에 접어들게 되어 하루 종일 침대에 누워 지내는 삶이 지속되다가 임종기로 접어들게 된다.

5) 임종기

임종기는 건강상태가 악화되어 만성질병의 말기상태에 이르러 죽음이 임박한 시기를 의미한다. 오랜 요양생활기 끝에 만성질병이 악화되거나 여러 합병증이 발생하면서 임종기로 접어들게 된다. 또는 병원입원기에 말기질환이 발견되고 치료에 실패하여 곧바로 임종기로 접어드는 경우도 있다.

임종기에 질병 증상과 통증이 악화되면 응급실을 통해 입원하거나 중환자실로 옮겨지게 된다. 이때 환자 자신의 선택과 가족의 의견에 따라 치료를 포기하고 가정, 요양원 또는 호스피스에서 삶을 마무리하는 경우도 있다. 그러나 회복의 가능성을 포기하지 않은 채 연명치료에 의존하다가 병원에서 사망하는 경우도 있다. 환자의 의식이 없거나 판단력의 심각한 손상이 있는 경우에는 가족의 판단이 중요하다. 환자 자신이 연명치료를 받지 않겠다는 사전의료의향서를 미리 작성해 놓은 경우에는 의사가 특별한 연명처치를 하지 않기 때문에 곧바로 사망에 이르게 된다.

노년기, 특히 임종기가 가까워지면 치료비의 지출이 급격하게 증가한다. 미국의 경우, 인생의 마지막 1년을 보내는 5%의 환자들이 의료보험 비용의 약 25%를 사용한다. 그 가운데 대부분의 비용은 거의 치료효과가 없는 최후의 1~2개월에 집중적으로 사용된다. 한 연구(Wright et al., 2008)에 따르면, 말기 암환자가 기계적인 인공호흡, 전기적 심폐소생술, 심장압박 치료를 받거나 중환자실에서 집중치료를 받은 경우, 그러한 인위적 치료를 받지 않은 환자들에 비해서 마지막 일주일의 삶의 질이 훨씬 더 나빴다. 그리고 환자가 사망한 6개월 후에 가족이 우울증을 겪을 확률이 3배나 높았다.

과거에는 죽음이 낭떠러지로 떨어지는 것과 같았다. 특별한 경고 없이 죽음이 갑자기 들이닥쳤기 때문이다. 그러나 오늘날에는 신체노화기, 질병발생기, 병원입원기, 요양생활기의 오랜 투병 과정을 거쳐 임종기에 죽음을 맞게 된다. 이러한 상황은 인류에게 '어떻게 죽을 것인가?' 하는 문제를 안겨 주었다(Gawande, 2014).

2. 죽어감 궤도: 죽음에 이르는 경로의 패턴

인간이 죽어 가는 과정은 죽음의 원인에 따라 그 패턴이 각기 다르다. 한 사람이 죽음에 이르는 과정의 경로를 죽어감 궤도(dying trajectory)라고 한다(Glaser & Strauss, 1968). 죽어감 궤도는 그 기간과 형태에 따라 현저한 차이가 있다. 기간(duration)은 죽어감의 과정이 본격적으로 시작되어 죽음에 이르는 시간을 의미한다. 죽어감의 기간은 매우 짧을 수도 있고 수년에 걸쳐 장기간 지속될 수도 있다. 형태(shape)는 죽어감의 과정이 진행되는 경로를 의미한다. 죽어감의 형태는 일관성 있는 안정적 경로로 진행될 수도 있고 우여곡절을 겪는 불안정한 경로를 나타낼 수도 있는데, 환자의 질병상태에 대한 예측가능성에 영향을 미친다.

우리 사회에서 회자되고 있는 '9988234'라는 표현은 죽어감의 궤도를 의미하는 것이다. 많은 한국인들은 99세까지 88하게 살다가 2~3일 앓고 4망하는 죽어감의 궤도를 선호한다. 즉, 최대한 건강하게 살다가 짧은 기간 내에 죽음에 이르는 단기 급경사 궤도를 선호하는 것이다. 죽어 가는 과정에서 겪게 될 고통을 최소화하고 싶은 소망을 담은 표현일 것이다. 그러나 건강하게 살다가 2~3일 만에 급속하게 사망하는 경우는 매우 드물다. 죽어감 궤도는 환자의 삶의 질뿐만 아니라 환자를 돌보는 가족과 치료진의 경험에도 심각한 영향을 미치게 된다. 죽어감 궤도는 죽음의 원인에 따라 크게 네 가지의 유형, 즉 돌연사 궤도, 말기질병 궤도, 불안정한 만성질병 궤도, 안정적 만성질병 궤도로 구분할 수 있다(Corr, Nabe, & Corr, 1997).

1) 돌연사 궤도

돌연사 궤도(sudden death trajectory)는 사전 경고 없는 갑작스러운 죽음을 의미한다. 개인의 죽음이 전혀 예상되지 않은 상황에서 일어나는 경우를 뜻하며 때 이른 죽음(premature death)이라고 부르기도 한다. 이 경우는 〈그림 5-2〉에서 보듯이 건강하고 정상적인 사람이 아무런 죽음의 징후 없이 갑자기 사망하는 경우이다. 이러한 돌연사 궤도는 짧게는 수초 만에 일어나며 길어도 수일 내에 종료된다. 돌연사 궤도로 사망하는 경우는 크게 사고 돌연사와 질병 돌연사로 구분될 수 있다.

사고 돌연사는 교통사고, 자연재해, 화재, 살인 등과 같이 갑작스러운 치명적 사고로 인해 사망하는 경우이다. 이러한 경우는 대부분 외부적 충격, 즉 외상(trauma)에 의한 죽음이다. 강력한 외상에 의해 현장에서 사망하는 경우도 있지만 중상을 입고 치료를 받는 과정에서 며칠 이내에 사망하는 경우도 있다.

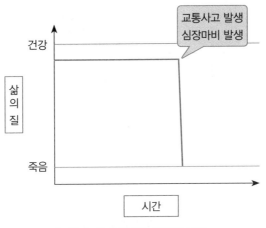

〈그림 5-2〉 돌연사의 죽어감 궤도

질병 돌연사는 질병을 지니고 있던 사람이 갑작스러운 증상 악화로 사망하는 경우를 의미한다. 그 대표적인 예는 심장질환을 지니고 있던 사람이 급성 심근경색으로 갑작스럽게 사망하는 경우이다. 울혈성 심부전(Congestive Heart Failure: CHF)은 심장기능이 점진적으로 약해지면서 혈액이 폐나 다른 조직에 고이는 질환으로서 갑작스럽게 심장부정맥이나 심근경색을 유발할 수 있다. 허혈성 뇌졸중을 겪고 회복이 되어 정상적인 생활을 하던 사람에게 갑작스럽게 심한 뇌경색이 일어나 사망하는 경우도 있다. 환자나 가족이 이러한 잠재적 위험을 인식하지 못했다면 이러한 죽음은 갑작스러운 돌연사로 여겨질 수 있다.

2) 말기질병 궤도

말기질병 궤도(terminal illness trajectory)는 〈그림 5-3〉에서 보듯이, 말기단계의 치명적인 질병이 발견되고 나서 비교적 단기간에 건강상태가 급격히 악화되면서 죽음에 이르는 경우를 의미한다. 이러한 경우에 환자나 가족은 의료진으로부터 말기질병이라는 통보를 받고 시한부 인생을 살게 된다. 이 죽어감 궤도는 급속 악화형으로서 암을 지닌 상태로 투병하며 비교적 건강한 상태를 유지하다가 특정한

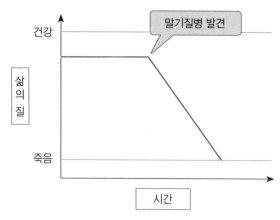

〈그림 5-3〉 말기질병의 죽어감 궤도

시기에 병세가 급격히 악화되며 사망에 이르는 경우도 이에 해당된다. 말기질병 궤도에서는 병세가 급격하게 악화되는 방향으로 진전되기 때문에 환자나 가족이 모두 죽음이 임박했음을 예상하게 된다.

췌장암, 폐암, 뇌암, 전이된 대장암 등과 같이 예후가 나쁜 말기단계의 암으로 진단된 환자들은 이러한 궤도를 따라 죽음에 이르게 된다. 진단에서 죽음까지의 기간은 수주에서 수개월이 걸릴 수 있다. 이러한 말기질병 궤도의 경우에는 급격한 병세악화가 예측될 수 있기 때문에 환자와 가족 모두 죽음이 가까워짐을 인식하고 호스피스 병동으로 옮겨 호스피스 완화의료를 받을 수 있다.

말기질병 궤도의 대표적 예는 72세에 사망한 사업가 A씨의 경우이다. 간헐적인 두통을 경험하기는 했으나 비교적 건강한 상태로 지내던 A씨는 3개월 전에 치명적인 뇌암 판정을 받았다. 치료진으로부터 치료가 불가능한 상태라는 말을 전해 들은 A씨는 치료를 포기하고 집에서 죽음을 맞기로 결심했다. A씨는 가족과 함께 여행도 하고, 아들에게 사업도 인계하고 친구들과도 시간을 보냈다. 가족은 A씨의 간병에 집중했으며 방문 간호사를 통해서 의학적 처치를 받았다. 2개월이 지나자 A씨는 건강상태가 급격히 악화되었고 가끔 혼수상태에 빠져들었다. 간호사의 방문이 잦아졌으며 간병인을 고용하여 A씨를 집중적으로 돌보았다. A씨는 결국 진단 후 3개월 만에 가족 품에서 사망했다.

3) 불안정한 만성질병 궤도

많은 사람은 오랜 기간 만성질병을 앓으며 건강상태의 호전과 악화를 반복하다
가 사망하게 된다. 이렇게 건강상태가 장기간에 걸쳐 점진적으로 저하되는 과정에
서 증세악화로 인한 위기와 그로부터의 회복을 반복하며 불안정한 패턴의 내리막
길을 나타내며 사망하는 사람들이 있는데, 이러한 경우를 불안정한 만성질병 궤도
(unstable chronic illness trajectory)라고 한다. 〈그림 5-4〉에서 보듯이, 이 궤도의 특
징은 오랜 기간(수개월에서 수년)에 걸쳐 점진적인 내리막길이 나타날 뿐만 아니라
그 과정에서 예측할 수 없는 오르막과 내리막이 반복되는 것이다.

불안정한 만성질병 궤도는 장기간에 걸쳐 위기와 회복이 반복되며 점진적으로
병세가 나빠지는 악화-회복 반복형으로서 만성 폐질환, 심장질환, 말기 간질환,
자기면역질환(HIV)의 경우에 흔하다. 환자가 여러 차례 병원에서 집으로, 다시 병
원으로 옮겨 다니면서 서서히 침몰하는 유형이다. 이 경우에는 어떤 위기가 환자

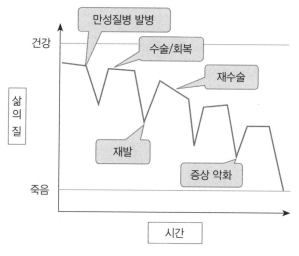

〈그림 5-4〉 불안정한 만성질병의 죽어감 궤도

의 죽음을 초래할지 예측하기 어렵다. 여러 번의 위기에서 회복되고 나면, 환자나 가족은 다음 위기에서도 회복할 수 있을지 예측하기 어렵다. 이러한 죽어감 궤도에서는 급성 위기와 간헐적 회복이 반복되면서 점진적으로 건강상태가 악화되기 때문에 환자는 정서적 스트레스와 동요를 겪게 되고 결국 신체적으로나 정신적으로 소진하게 된다.

은퇴자인 75세의 남성 B씨는 불안정한 만성질병 궤도의 전형적인 예로서 10년 동안 만성 폐쇄성 폐질환을 앓다가 사망했다. 만성 폐쇄성 폐질환(COPD)은 천식과 비슷하게 호흡곤란, 기침, 가래 등의 호흡기질환의 증상을 나타내다가 폐 기능을 악화시켜 사망에 이르게 하는 질병이다. 5년 전부터 B씨는 증세가 악화되어 자주 병원에 입원했다가 증세가 호전되면 퇴원하기를 여러 차례 반복했다. 증세가 악화될 때마다 가족은 임종이 다가왔다고 생각했으나 다시 회복되곤 했다. B씨의 부인은 10년째 간병을 계속하면서 지쳐 갔다. 때로는 B씨가 차라리 사망하기를 원하기도 했으나 그러한 생각에 죄책감을 느끼며 시달렸다. 증세가 다소 호전되는 듯하던 B씨는 마침내 호흡곤란이 심해졌고 혼수상태에 빠졌다가 사망했다.

4) 안정적 만성질병 궤도

안정적 만성질병 궤도(stable chronic illness trajectory)는 치명적인 질환이 발병하고 나서 예측 가능한 경로로 건강상태가 점차 악화되어 죽음에 이르는 경우를 의미한다. 알츠하이머형 치매, 혈관성 치매, 파킨슨씨병, 근위축성 외측 경화증과 같은 신경퇴행성 질환의 경우처럼 여러 해에 걸쳐 병세가 일관성 있게 점진적으로 악화된다. 또한 특별한 질병을 지니지 않더라도 고령으로 인해서 건강상태가 점진적으로 쇠퇴하며 죽음에 이르기도 하는데, 이러한 경우는 자연사 궤도(natural death trajectory)라고 지칭한다.

〈그림 5-5〉에서 보듯이, 이 죽어감 궤도는 장기간에 걸쳐 점진적으로 건강상태가 악화되는 쇠퇴-지연형으로서 건강상태가 쇠퇴하는 경사의 각도는 만성질병

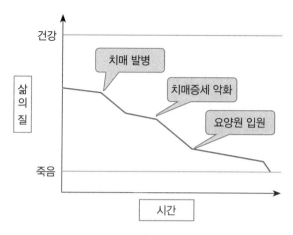

<그림 5-5> 안정적 만성질병의 죽어감 궤도

에 따라 다르다. 신체기관의 손상이 얼마나 빨리 진행되어 몸과 마음이 어떻게 쇠퇴하느냐에 따라 죽어감 궤도의 경사도가 달라질 수 있다. 이 죽어감 궤도의 경우, 질병의 마지막 단계에 이르면 환자가 죽음을 맞게 될 시기를 예상할 수 있게 된다.

치매로 진단된 87세의 여성인 C씨는 안정적 만성질병 궤도의 전형적인 예이다. 그녀는 가족의 돌봄을 받으며 집에서 생활하다가 치매 증상이 악화되어 요양원으로 옮겨졌다. C씨의 건강은 여러 해에 걸쳐서 점진적으로 쇠약해졌다. 거동이 불편하여 침대에 누워 생활하는 시간이 많아졌으며 독감, 폐렴, 욕창, 당뇨 등의 합병증으로 건강상태가 악화되었다. 인지기능도 점차적으로 쇠퇴하여 가족도 알아보지 못하는 상태에 이르렀다. 그녀의 딸은 어머니가 몸은 살아 있지만 이미 수년 전에 돌아가신 것처럼 느껴진다고 말했다. 그녀의 가족은 어머니를 요양원으로 옮겨 어머니의 간병을 다른 사람에 맡긴 것에 대해 죄책감을 느꼈지만 어머니가 원하는 돌봄을 받을 수 있다는 것에 위로를 받았다. C씨는 7년간의 요양원 생활을 하다가 94세에 폐렴으로 사망했다.

죽어감 궤도의 개념은 암 환자를 대상으로 죽음의 시기를 예상하기 위해서 도입되었다. 죽어감 궤도는 환자 자신뿐 아니라 가족이나 친구가 미래에 일어날 일들을 예상하고 죽음을 준비하는 데 도움이 될 수 있다. 치료진은 환자가 미래에 나타낼 잠재적 위기를 예상하고 치료계획을 세우는 데에 도움이 된다. 죽어감 궤도의 예상에 따라서 치료진은 치료적 돌봄 또는 완화적 돌봄의 제공 여부를 결정하게 된다. 치료적 돌봄(curative care)은 질병의 치료를 통해서 환자가 정상적인 삶을 지속할 수 있도록 건강상태를 회복시키기 위한 의료적 활동을 의미하는 반면, 완화적 돌봄(palliative care)은 질병으로부터 회복될 가능성이 없는 경우에 제공되며 환자가 남은 시간을 편안하고 의미 있게 보낼 수 있도록 통증과 증상을 완화하는 데 주력하게 된다.

3. 죽어감에 대한 단계 이론

죽어감의 과정은 누구나 미래에 겪게 될 미지의 세계로서 그 과정에서 어떤 현상이 나타나며 어떤 경험을 하게 되는지에 대한 심층적 연구가 필요한 영역이다. 임상현장의 의료진들은 죽어감의 과정을 좀 더 체계적으로 이해함으로써 죽어 가는 환자를 효과적으로 돌볼 수 있다. 한 인간이 죽어 가는 과정은 여러 가지 사건이 지속적으로 발생하면서 우여곡절을 겪게 되는 연속적인 변화과정이다. 그러나 죽어감의 변화과정은 여러 가지 측면에서 몇 개의 단계로 구분하여 이해할 수 있다. 죽어감의 단계를 구분함으로써 각 단계마다 환자가 겪게 되는 독특한 경험을 이해할 수 있을 뿐만 아니라 환자는 자신의 죽음을 준비하고 치료진은 환자를 돌보는 데 도움이 될 수 있다.

1) 죽어감 인식의 변화 단계

말기질병을 지닌 환자에게 의료진이 임박한 죽음을 알리는 것이 바람직한지에 대한 논란이 있다. 대부분의 환자들은 죽음이 임박했다는 사실을 접하게 되면 커다란 충격 속에서 심리적 고통과 혼란을 경험하기 때문이다. 그러나 그러한 사실을 알지 못하는 환자는 회복될 것이라는 헛된 희망 속에서 죽음을 준비할 기회를 잃게 된다. 말기질병의 선고 또는 임박한 죽음의 통보 여부는 환자와 치료진 모두에게 딜레마를 안겨 주는 문제이다.

미국의 사회학자인 글래서(Glaser)와 스트라우스(Strauss)는 6개 병원을 대상으로 치료진과 환자가 임박한 죽음에 대해서 어떻게 인식하고 대처하는지를 조사하여 1965년에 『죽어감의 인식(Awareness of Dying)』이라는 저서를 출간했다. 이 책은 질적 연구를 위한 주요한 방법 중 하나인 근거 이론(grounded theory)을 적용한 최초의 연구결과물일 뿐만 아니라 임박한 죽음에 대한 다양한 태도를 명료하게 제시했다는 점에서 중요한 의미를 지닌다. 연구자들은 임박한 죽음에 대해서 치료진과 환자들이 취하는 태도를 네 가지 유형으로 구분하고 그 변화과정을 제시하였다.

첫째는 은폐된 인식(closed awareness)으로서 환자가 자신의 임박한 죽음을 인식하지 못하는 상황을 의미한다. 치료진은 환자가 죽어 가고 있다는 것을 알고 있지만 환자에게는 회복되고 있다며 사실을 숨기고 은폐한다. 그들은 환자가 혹시라도 자신의 상태에 대해서 의심하지 않을까 조심스럽게 공모하여 행동한다. 임박한 죽음을 알릴 경우에 환자가 정서적 충격을 받고 혼란스러운 반응을 나타내는 것이 난감한 일이기 때문이다. 의사와 간호사들은 환자에게 잘못된 진단명을 알려 주거나 환자가 자신의 상태를 낙관적으로 생각하도록 이야기하는 방식으로 은폐된 인식을 유지한다. 이로 인해서 환자는 자신의 죽음을 준비할 기회를 갖지 못할 뿐만 아니라 가족과 친구 역시 환자에게 슬픔을 표현할 수 없게 된다. 그러나 시간이 흐름에 따라 환자는 자신의 건강상태가 점차 악화되는 것을 경험하면서 죽음으로 향하는 것이 아닌지 의심하게 된다.

둘째는 의심하는 인식(suspected awareness)으로서 환자는 자신이 죽어 가고 있다는 것을 확실히 알지는 못하지만 치료진이 그러한 사실을 자신에게 숨기는 것은 아닌지 의심하는 상황을 의미한다. 환자는 "나의 상태가 많이 나쁜 것은 아닌가요?", "곧 회복된다고 했는데 왜 이렇게 점점 더 아픈 것이지요?"와 같은 질문을 하게 된다. 때로는 임박한 죽음을 알고 있는 것처럼 이야기하여 치료진의 태도를 떠보거나 증상에 관해 집요하게 묻거나 치료진의 말과 행동에서 자신의 상태에 대한 단서를 찾으려고 노력한다. 그러나 치료진은 환자의 죽음을 부인하며 은폐된 인식을 유지하려고 노력한다. 또는 바쁘다는 이유로 환자와의 대화를 기피하거나 환자의 상태가 심각하지 않다는 것을 보여 주기 위해서 명랑한 행동을 나타내기도 한다. 이러한 의심하는 인식 상황에서는 환자와 치료진 사이에 미묘한 긴장이 발생하며 상호 위장이라는 다음 단계로 넘어가게 된다.

셋째는 상호 위장(mutual pretense)으로서 모든 사람들이 환자가 죽어 가고 있다는 것을 알지만 그렇지 않은 것처럼 행동하는 상황을 뜻한다. 이러한 상호 위장 상황에서는 약간의 평온함이 있지만 모든 사람들이 이러한 위장 상태가 깨어지지 않도록 조심해야 한다. 가능하면 환자의 증상과 관련된 위험한 주제에 대한 언급을 회피하며 안전한 주제에 초점을 맞추어 대화한다. 상호 위장은 환자의 개인적 비밀과 자존감을 지켜 주고 가족의 당혹스러움을 감소시키는 장점이 있다. 그러나 시간이 흘러 병세가 악화되고 환자가 혼자 죽음을 직면할 수 없다고 느낄 때 이러한 위장 상태는 흔들리기 시작한다. 이러한 시점에서 환자는 공개적 인식으로 전환하게 된다.

마지막은 공개적 인식(open awareness)으로서 환자와 치료진 모두 환자의 질병이 말기라는 것을 인정하는 상황이다. 환자는 자신이 죽어 가고 있다는 것을 알고 있지만 치료진은 환자가 언제 어떻게 죽을지에 대해서는 여전히 은폐된 인식을 유지할 수 있다. 치료진은 죽음의 시기를 알리더라도 환자가 커다란 고통과 혼란 없이 받아들일 수 있을 것이라고 믿을 때 그러한 자세한 내용을 공개하게 된다. 공개적 인식의 상황에서도 다른 세부적인 내용에 대해서는 상호 위장의 태도를 취할 수 있다.

치료진은 환자가 임박한 죽음을 인식하고 나서 자신의 감정표출을 절제하며 품위 있게 행동해 주기를 기대한다. 공개적 인식은 환자로 하여금 그들의 남은 삶을 유용하게 보낼 수 있고 가족과 열린 마음으로 대화할 수 있게 한다. 그러나 공개된 인식 상황은 위험성을 내포하고 있다. 은폐된 인식 상황보다 공개된 인식 상황에서 환자가 더 심한 심리적 고통을 경험하고 절제와 품위를 잃은 모습으로 죽어 갈 수도 있기 때문이다.

미국의 경우, 약 65%의 사람들이 병원이나 요양원에서 인생의 마지막을 보내고 있다. 요즘에는 의사와 간호사를 포함한 치료진들이 공개적 인식을 지향하고 있지만 임박한 죽음에 대한 공개를 지연하거나 완화된 형태로 전달하는 점진적인 방식을 취하고 있다. 최근에는 공개적 인식 상황에서 죽어 가는 환자들이 늘어나고 있다. 미국의 경우, 암 환자의 83.9%, 호흡기질환 환자의 71.4%, 심장혈관장애 환자의 51.6%는 공개적 인식 상황에서 죽음을 맞이한다(Seale et al., 1997). 그러나 여전히 말기질환을 지닌 환자, 가족 그리고 치료진 간의 의사소통은 원활하지 않다. 대다수의 의사들은 환자에게 임박한 죽음을 전하기를 꺼린다. 죽음의 인식에 관한 한 연구(Lokker et al., 2012)에 따르면, 말기환자의 38~49%는 삶의 마지막 며칠 동안에도 자신의 임박한 죽음을 알지 못한 채로 죽어 간다.

말기환자를 다루는 치료진은 죽어감 인식이 변화되었을 경우에 발생할 수 있는 문제점을 잘 알고 대처해야 한다. 공개적 인식으로 원활하게 나아가기 위해서는 효과적인 의사소통이 매우 중요하다. 말기질환의 경우에 환자의 죽음 여부와 그 시점을 예측하는 것은 쉬운 일이 아니다. 그러나 자신의 죽음이 임박했음을 인식한 환자들이 그렇지 못한 환자들보다 죽어감의 과정을 더 편안하게 맞이한다는 점을 고려한다면, 치료진은 환자와 가족에서 환자의 상태를 정직하되 지혜롭게 전달할 필요가 있다(Lokker et al., 2012). 치료진이 죽어 가는 환자의 심리상태를 민감하게 파악하여 정직하게 의사소통할 수 있어야 환자가 마지막 삶을 잘 마무리하도록 도울 수 있다.

2) 말기환자의 심리적 변화 단계

그리스 철학자 에피쿠로스(Epicurus)는 죽음을 전혀 두려워할 필요가 없다고 주장했다. 왜냐하면 죽음 이후에는 의식이 없으니 두려움을 느끼지 못할 것이고 죽음 이전에는 아직 살아 있으니 두려워할 것이 없기 때문이라는 것이다. 그러나 죽어감의 현실은 그렇게 단순하지 않다. 아마도 에피쿠로스는 죽음을 과도하게 두려워하는 사람들을 진정시키기 위해 이러한 주장을 했겠지만 인간은 그렇게 이성적인 존재가 아닐 뿐만 아니라 죽어감의 과정은 환한 밝음에서 깜깜한 어둠으로 갑자기 바뀌는 흑백논리적 과정이 아니기 때문이다.

스위스 출신의 정신과의사로서 미국에서 활동한 엘리자베스 퀴블러로스(Elisabeth Kübler-Ross: 1926~2004)는 죽어 가는 말기환자 200여 명을 면담하여 그들의 경험을 조사한 연구결과를 정리하여 1969년에 『죽음과 죽어감에 대하여(*On Death and Dying*)』라는 저서를 출간했다. 그녀는 이 책을 통해서 말기질환으로 죽어 가는 사람들이 겪는 심리적 변화를 5단계로 나누어 제시했다. 그녀에 따르면, 죽어 가는 사람들은 자신의 죽음에 대해서 5단계의 심리적 반응, 즉 (1) 부정, (2) 분노, (3) 흥정, (4) 우울, (5) 수용을 나타낸다.

말기질환의 선고를 받은 사람들이 처음 나타내는 공통적 반응은 부정(denial)이

◈ 엘리자베스 퀴블러로스

다. 부정은 충격적인 현실을 인정하지 않고 사실이 아니라고 부인하는 것이다. 대부분의 사람은 시한부 선고를 받게 되면 "아니야! 그것은 사실이 아니야!", "나에게 그런 일이 생길 리가 없어.", "무언가 잘못되었을 거야."라며 사실을 부정한다.

그러나 이러한 환자들은 자신의 심각한 질병상태를 더 이상 부정할 수 없다는 것을 깨닫게 되면서 분노(anger)의 단계로 넘어간다. 자신이 왜 그러한 질병으로 죽어야 하는지를 용납하지 못한 채 분노를 표출

하게 된다. 이러한 분노의 표현으로 자신의 병세를 변화시킬 수 없을 뿐만 아니라 자신을 도와주는 사람들을 괴롭힐 뿐이라는 것을 인식하게 되면서, 환자들은 흥정(bargaining)을 통해서 죽음을 최대한 늦추거나 기적을 통해 회복될 수도 있다는 희망을 갈구하게 된다. 환자는 흥정의 시도가 아무런 변화를 만들 수 없음을 깨닫게 되면서 자신의 질병과 죽음을 어쩔 수 없이 인정하며 우울(depression)의 단계로 넘어간다.

말기환자는 마지막 단계에서 죽음과의 투쟁을 멈추고 죽음과 화해하며 자신의 운명을 담담히 받아들일 수 있는 수용(acceptance)의 단계로 접어든다. 수용의 단계에서 환자는 "이제는 죽을 수 있다.", "더 이상 죽음을 거부하지 않겠다.", "이제 죽음을 맞이할 준비가 되었다."와 같은 마음자세를 갖게 되며 비교적 안정되고 침착한 감정 상태를 유지하게 된다. 환자는 이 단계에서 가족이나 친구에게 못다 한 말과 유언을 남기거나 자신의 시신에 대한 처리방법을 전하기도 한다.

퀴블러로스가 제시한 단계 이론은 여러 가지 이유로 비판을 받았다. 그녀가 사용한 연구방법이 엄격하지 않을 뿐만 아니라 단계 구분에 대한 실증적 근거가 부족하다는 점 때문이다. 말기환자들이 5단계의 심리적 변화를 모두 거치지 않을 뿐만 아니라 순서대로 경험하는 것도 아니다. 또한 죽어감의 단계는 개인과 문화에 따라 다를 수 있다. 예컨대, 일본인 암환자의 경우에는 흥정의 단계를 나타내지 않거나 한두 단계가 혼합된 형태의 반응을 나타내기도 한다. 그녀의 연구대상이 주로 젊은 말기환자였기 때문에 노인에게 일반화하기 어렵다는 지적도 제시되었다. 이러한 여러 가지 비판에도 불구하고 퀴블러로스의 단계 이론은 죽음과 죽어감에 대한 관심을 촉발했을 뿐만 아니라 죽어 가는 사람의 심리적 변화를 이해하고 그들을 돌보는 활동의 이론적 기초가 되었다. 퀴블러로스의 단계 이론은 이 책의 제4부 제14장에서 좀 더 자세하게 논의할 것이다.

3) 패티슨의 3단계 이론

퀴블러로스의 단계이론은 선구자적인 업적으로서 말기질환을 지닌 환자의 심리적 변화와 그러한 환자들의 돌봄에 관한 많은 연구를 촉발했다. 1977년에 만셀 패티슨(Mansell Pattison)은 저서인 『죽어감의 경험(*The Experience of Dying*)』의 출간을 통해서 죽어 가는 사람의 심리적 변화에 대해서 좀 더 정교한 새로운 분석을 제시했다. 죽어감은 삶에서 죽음으로 옮겨 가는 과정이다. 말기질환으로 진단받은 사람은 죽음이 임박했음을 인식하게 되면서 매우 현실적인 시간-제약적 상황에 놓이게 된다. 패티슨(Pattison, 1977, 1978)은 이처럼 죽어감의 시작으로부터 죽음에의 도착에 이르는 기간을 삶-죽어감 구간(living-dying interval)이라고 지칭했다. 삶-죽어감 구간은 말기질환을 처음 인식하게 되는 위기상황에서부터 죽음의 순간에 이르는 과정을 의미하며 세 단계, 즉 급성 위기 단계, 만성적 삶-죽어감 단계, 말기 단계로 구분할 수 있다.

(1) 급성 위기 단계

급성 위기 단계(acute crisis phase)는 환자가 말기질환의 진단을 받고 강렬한 공포와 위기감을 느끼는 단계이다. 〈그림 5-6〉에서 보듯이, 환자는 질병으로 인해 죽을 수 있다는 것을 인식하면서 충격에 휩싸이며 강렬한 불안과 공포를 경험한다. 이 단계는 퀴블러로스의 단계이론에서 부정, 분노, 흥정의 단계에 해당하며 환자의 불안과 공포 수준이 최고조에 달한다. 이 단계에서 환자는 다양한 방어기제를 통해 불안을 감소시키려 노력하며 인지적·정서적 자원의 과도한 투자로 인하여 정상적인 사회적 기능을 하지 못하는 경우가 흔하다.

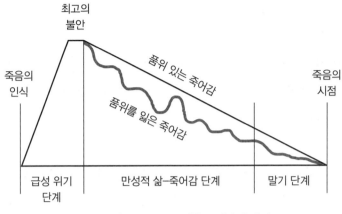

<그림 5-6> 패티슨이 제시한 죽어감의 단계

(2) 만성적 삶-죽어감 단계

환자는 급성 위기 단계에서 경험했던 강렬한 불안이 점차 감소하면서 죽음이 가까이 다가오고 있음을 인정하고 서서히 죽음과 대면하게 되는데, 이러한 과정을 패티슨은 만성적 삶-죽어감 단계(chronic living-dying phase)라고 지칭했다. 이 단계에서 환자는 자신이 죽어감을 직면하면서 죽음과 관련된 구체적인 공포를 느끼며 다양한 의문을 제기하게 된다. 예컨대, "내가 죽어 가는 동안 그리고 내가 죽고 나면, 내 몸은 어떻게 되는 걸까?", "나는 어떤 상황에서 죽음을 맞게 될까?", "내가 죽고 나면 나의 가족과 친구들은 나를 어떻게 기억할까?", "내가 죽기 전에 꼭 하고 싶은 일은 무엇일까?"와 같은 다양한 물음을 제기하게 된다. 패티슨은 이 과정에서 환자들이 흔히 제기하는 물음과 공포의 주제들을 다음과 같이 6가지로 구분하여 제시했다.

① 버림받음에 대한 공포: 사랑하는 사람이 부재한 상황에서 외롭게 죽어 가는 것, 가족과 친구와의 영원한 이별, 사람들로부터 망각되는 것에 대한 두려움
② 자기통제의 상실에 대한 공포: 혼자 움직이지 못하고 다른 사람에게 의존해야 하는 것, 자신이 추해지고 타인에게 혐오감을 주는 것에 대한 두려움

③ 고통과 통증에 대한 공포: 참기 어려운 육체적 고통과 심리적 공포를 겪는 것
   에 대한 두려움
④ 개인적 정체감의 상실에 대한 공포: 신체적 기능의 상실과 더불어 의식과 자
   신의 삶에 대한 통제를 상실함으로써 초래된 자기정체감과 자존감의 손상에
   대한 두려움
⑤ 미지의 세계에 대한 공포: 죽음 이후의 세계나 가족의 미래에 대한 두려움
⑥ 자기의 퇴행에 대한 공포: 시간과 공간에 대한 자각이 없을 뿐만 아니라 자기
   와 타인의 경계가 없는 원초적 경험세계로 들어가는 것에 대한 두려움

패티슨에 따르면, 환자들은 이러한 죽음의 공포와 관련된 다양한 물음을 제기하
고 숙고하며 스스로 응답을 찾는 과정에서 죽음의 공포를 이겨 내고 자신의 죽음
을 우아하게 수용하면서 '품위 있는 죽어감(integrated dying)'에 이르게 된다. 이에
반해서 이러한 공포와 물음에 대한 나름대로의 해결책을 찾지 못한 사람은 지속적
인 슬픔과 우울을 경험하며 고통과 혼란 속에서 '품위를 잃은 죽어감(disintegrated
dying)'을 겪게 된다.

(3) 말기 단계

말기 단계(terminal phase)는 환자의 병세가 서서히 악화되고 마침내 죽음의 종착
역에 도달하는 시기를 뜻한다. 이 단계에서 환자들은 삶에 대한 정서적 투자를 차
단하고 죽음을 준비한다. 앞의 단계에서 품위 있는 죽어감을 나타내는 사람은 말
기단계에서 안정되고 편안한 마음으로 죽음을 맞이하게 된다. 환자들은 모든 것
을 내려놓고 사람과 세상에 대한 관심을 접은 상태에서 임박한 자신의 죽음을 담
담하게 받아들이게 된다. 그러나 품위 있는 죽어감을 이루지 못한 사람들은 말기
단계에서도 삶에 집착하여 죽음에 저항하는 모습을 나타내기도 한다.

4. 죽어감의 과정에서 대처해야 할 과제들

행복하게 잘 사는 것도 중요하지만 품위 있게 잘 죽는 것도 중요하다. 그러나 죽음에 이르는 과정에는 여러 가지 위기와 고난이 존재한다. 죽어감의 단계마다 감당해야 할 고난이 있을 뿐만 아니라 대처해야 할 과제들이 존재한다. 인생의 아름다운 마무리를 위해서는 이러한 과제들을 잘 인식하고 지혜롭게 잘 대처하는 것이 매우 중요하다.

1) 적절한 죽음을 위한 과제

죽어감의 궤도에서 자신의 죽음을 수용하고 주변 사람들과 좋은 관계 속에서 남은 시간을 의미 있게 보내는 것이 중요하다. 그러나 자신의 죽음을 부정하며 저항하는 과정에서 자신과 주변 사람들 모두가 고통에 휩싸이게 된다. 미국의 정신과 의사인 와이스만(Weisman, 1984)은 말기질환을 지닌 사람들이 자신의 임박한 죽음을 부정하는 태도, 즉 죽음부정에 세 수준이 존재한다고 제시했다. 첫째 수준에서 환자는 말기질환의 진단을 단호하게 부정한다. 가족과 친구들은 의학적 치료를 받도록 권유하지만, 환자는 지속적으로 거절하며 의사의 조언을 믿지 않거나 무시한다. 둘째 수준은 환자가 진단과 증상을 인정하지만 질병이 말기라는 것을 믿지 않는다. 이러한 환자는 질병의 신체적 증상에 대해서 상의하고 질병에 의해 초래된 문제들을 충분히 인식한다. 그러나 죽음의 임박성을 부정하고 증상호전을 논의하면서 장기적인 미래를 계획한다. 셋째 수준에서는 환자가 죽음의 수용과 거부 사이를 오락가락한다. 이러한 환자들은 아침 일찍 일어나 자신의 장례식을 준비하고 유언을 수정하며 호스피스 기관에 연락을 하다가 다음 날에는 약물치료 때문에 주말 계획이 어긋난 것에 대해서 화를 내기도 한다.

와이스만은 적절한 죽음(appropriate death)이라는 개념을 제시했다. 그에 따르면 어떤 죽음은 다른 죽음보다 낫다. 또 어떤 죽음은 매우 조화로워서 '적절하다'고 지칭할 수 있다. 물론 이러한 죽음이 이상적인 것은 아니지만 죽어감의 단계마다 적절한 대처와 지속적인 사기를 유지하는 것이 공통적 특성이다. 적절한 죽음은 불행한 사람이 죽음을 선택하는 자살과는 반대되는 개념이다.

와이스만에 따르면, 적절한 죽음은 다음과 같은 네 가지 요소를 포함한다. 첫째, 죽음과 관련된 심리내적 갈등이 감소한다. 죽음에 대한 불안과 공포, 삶에 대한 미련과 후회 그리고 남아 있는 가족에 대한 걱정과 불안을 나름대로 잘 해결하면서 죽음을 수용하게 된다. 둘째, 죽어 가는 태도가 환자의 이상적 자아상과 일치한다. 환자는 죽어감의 위기를 겪을 때마다 자신의 이상적 자아상과 일치하는 행동을 통해 대처함으로써 자존감과 존엄성을 유지할 수 있다. 셋째, 중요한 인간관계를 잘 유지하거나 회복한다. 가족이나 친구들과 편안하고 친밀한 관계를 유지할 뿐만 아니라 불화했던 사람들과의 관계를 회복하면서 주변 사람들과의 인간관계를 조화롭게 마무리한다. 넷째, 기본적 욕구, 소망, 성장을 위한 목표들이 나타나고 환자는 어느 정도의 성취감을 경험한다. 남은 시간에 하고 싶거나 해야 할 일들을 구체적으로 생각하고 실행하며 만족감과 성취감을 느끼면서 마지막 순간을 맞이한다.

어떤 사람에게는 적절한 죽음이 다른 사람에게는 그렇지 않을 수 있다. 죽어 가는 사람이 위기에 처할 때마다 나타내는 심리적 반응과 행동은 그 사람의 삶을 반영한다. 흔히 죽어 가는 환자들은 분노, 공포, 죄책감, 비굴함, 허영심, 의존성과 같은 다양한 반응을 나타낸다. 개인이 위기에 대응하는 방식은 그 사람이 죽어감에 반응하는 방식을 예측할 수 있는 단서가 된다. 만약 죽어감의 방식이 개인이 과거에 살아온 삶의 방식과 일치하고 그 사람이 소중하게 여기는 것들을 증진할 수 있다면, 그러한 죽음은 적절하다고 할 수 있다.

2) 죽어감의 단계별 과제

미국의 노인학자인 케네스 도카(Kenneth Doka, 1993)는 패티슨의 3단계 이론을 확장하여 치명적인 질병을 지니고 살아가는 사람들이 겪게 되는 변화의 단계와 과제를 결합한 이론을 제시했다. 이 이론은 위기가 발생하기 전의 일상적 삶에서부터 죽음의 시점까지 이르는 모든 기간에 대처해야 할 과제들이 어떻게 달라지는지를 보여 주고 있다. 도카는 생명을 위협하는 질병과 함께 살아가는 5단계 이론을 제시했다.

진단 전 단계(prediagnostic phase)는 질병의 초기 징후를 인식하는 시기로서 평소와 다른 통증을 느끼거나 신체기능의 이상을 경험하게 된다. 처음에는 이러한 증후를 무시하거나 그 중요성을 평가절하하기도 한다. 그러나 증세가 지속되거나 악화되어 가족과 친구들의 권유로 병원을 방문하여 의사를 만나게 된다. 정밀검사를 하고 검사결과를 기다리면서 별 문제가 없기를 바란다. 이 단계의 주된 과제는 잠재적 위험과 위기를 인식하는 것, 불안과 불확실성에 대처하는 것 그리고 건강을 지키기 위한 전략을 개발하고 실천하는 것이다.

급성 단계(acute phase)는 심각하지만 치료 가능한 질병으로 진단을 받는 시기이다. 생명을 위협하는 질병으로 진단받게 되면 여러 가지 과제에 직면하게 된다. 예컨대 질병을 이해하는 일, 건강한 생활습관을 최대한 유지하는 일, 질병치료를 위한 최선의 방법을 강구하고 준비하는 일, 질병으로 인해 초래될 문제들을 예상하고 해결방법을 모색하는 일, 자신의 복잡한 감정과 공포를 표현하고 해소하는 일, 자신과 타인(예: 가족, 직장동료 등)의 관점에서 질병진단이 미칠 영향을 탐색하는 일, 질병진단의 현실을 과거와 미래의 관점에서 통합하는 일이 중요한 과제로 떠오르게 된다.

만성 단계(chronic phase)는 생명 위협적 질병과 함께 살아가는 시기를 의미한다. 만성 단계의 주된 과제로는 증상과 부작용을 관리하는 일, 건강증진을 위한 생활습관을 실천하는 일, 신체적 위기상황을 예방하고 관리하는 일, 스트레스를 관리하고 대처하는 일, 사회적 지지를 최대화하고 고립을 최소화하는 일, 질병에 대처하면서도 삶을 정상적으로 유지하는 일, 재정적 문제에 대처하는 일, 자존감을 유지하는 일, 질병의 단계에 따라 다른 사람들과의 관계를 재정립하는 일, 불안과 공포를 비롯한 부정적 감정을 효과적으로 해소하는 일, 질병으로 인한 고통과 대처 과정에서 의미를 발견하는 일 등이 있다.

생명 위협적 질병이 항상 죽음으로 귀착되는 것은 아니다. 때로는 다행스럽게 질병상태가 호전되는 경우가 있는데, 이러한 시기를 회복 단계(recovery phase)라고 할 수 있다. 그러나 이 단계에서 개인은 질병으로부터 완전히 해방된 것은 아니다. 회복되었다고 해서 삶이 완전히 이전의 정상적 상태로 돌아간 것을 의미하지 않기 때문에 대처해야 할 과제는 여전히 존재하기 마련이다. 재발과 같은 위기가 찾아오면 상황은 언제든지 급격하게 악화될 수 있기 때문이다. 생명 위협적 질병으로 한 번 진단받게 되면 과거의 상태로 완전히 돌아갈 수는 없다. 회복 단계의 주된 과제는 질병의 후유증과 재발의 불안에 대처하는 일, 자신의 삶의 방식을 개선하거나 재구성하는 일, 간병하는 사람들과의 관계를 재정립하는 일 등이다.

생명 위협적 질병을 지니고 살아가는 사람에게 치료가 더 이상 효과를 거두지 못하는 때가 다가온다. 특히 치료에 의해 얻을 수 있는 효과가 신체적 고통이나 심리사회적 부담에 비해 적다고 판단될 때는 치료를 중단할 수 있다. 이러한 경우에 환자는 말기 단계(terminal phase)에 접어든다. 이 단계에서 환자는 새로운 과제들을 만나게 되는데, 질병과 부작용 그리고 치료에 의해 야기된 현재의 문제점들에 대처하는 일, 가족이나 간병인에 대처하는 일, 치료의 중단을 결정하는 일 또는 통증이나 증상을 최소화할 수 있는 치료를 받는 일, 죽음을 준비하는 일, 사랑하는 사람들에게 이별의 인사를 하는 일, 자존감과 적절한 사회적 관계를 유지하는 일, 삶과 죽음의 의미를 발견하는 일 등이 있다.

3) 죽어감 과정의 영역별 과제

죽어감의 궤도에 들어서면 죽음에 대한 불안과 공포 외에도 다양한 현실적인 문제들에 직면하게 된다. 이러한 문제들을 지혜롭게 잘 대처하지 못하면 죽어감의 과정이 더욱 고통스럽고 험난해진다. 죽음교육 및 호스피스 전문가인 찰스 코어(Charles Corr, 1992)는 죽어 가는 사람이 대처해야 할 과제의 영역을 보여 주는 과제-기반 모델(a task-based model)을 제시했다. 그는 죽어 가는 사람이 고려하고 대처해야 할 과제를 네 영역, 즉 신체적·심리적·사회적·영적 영역으로 나누어 제시하고 있다.

(1) 신체적 과제

죽어감의 과정에 접어든 사람이 직면하는 신체적 영역의 과제는 신체적 욕구를 충족하고 육체적 고통을 최소화하는 일과 관련되어 있다. 영양과 수분 섭취, 목욕, 수면과 같은 신체적 욕구를 만족시키는 동시에 통증, 구역질, 변비와 같은 신체적 불편과 고통에 대처하는 일이다. 신체적 욕구는 생물학적인 삶과 기능을 유지하는 데 기본적인 것이며 그러한 욕구의 좌절은 새로운 고통을 유발하게 된다. 또한 신체적 고통은 그 자체로 완화되어야 할 뿐만 아니라 다른 영역의 삶을 잘 영위하기 위해서 시급하게 해결되어야 한다. 강력한 통증, 심한 호흡곤란, 빈번한 구토로 고통받는 사람은 심리적·사회적·영적 상호작용을 적절하게 수행할 수 없다.

신체적 통증과 불편을 완화하는 것은 다른 가치들보다 가볍게 여겨질 수 있지만 매우 중요하다. 완화 돌봄(palliative care)은 죽어 가는 사람의 통증과 증상을 완화하는 일을 담당하는 전문분야이다. 물론 더 소중하게 여기는 다른 가치를 위해서 신체적 고통과 불편을 감수할 수도 있다. 예컨대, 집에서 가족과 함께 지내기 위해서 좀 더 전문적인 통증 완화가 가능한 병원입원을 포기하고 고통을 감수할 수 있다.

(2) 심리적 과제

죽어 가는 사람이 대처해야 할 주요한 심리적 과제는 안전감, 자율성, 풍요로움에 관한 것이다. 죽어감의 과정에서 직면하는 가장 큰 심리적인 문제는 불안과 공포이다. 건강상태의 악화와 질병의 재발에 대한 불안, 그리고 궁극적으로 가까이 다가온 죽음에 대한 공포에 대처하는 일이다. 그러나 여러 가지 측면에서 안전하지 않은 상황임에도 불구하고 죽어 가는 사람은 안전감(sense of security)을 추구하게 된다. 가족이나 간병인이 늘 가까이 있거나 그들이 믿음직한 사람이기를 원한다. 이들과 자유로운 대화를 통해서 자신의 불안과 두려움을 솔직하게 표현하며 해소할 필요가 있다. 또한 건강상의 위기가 발생했을 때 신속한 치료를 위해 응급서비스를 받거나 병원과 가까운 곳에 거주하기를 원한다.

죽어 가는 사람이 직면하는 또 다른 심리적 문제는 무력감과 무능감이다. 질병으로 인하여 자유롭게 몸을 움직이지 못하고 자신이 원하는 일을 할 수 없을 때 환자는 무력감과 더불어 자존감이 저하된다. 따라서 가능한 한 자율성을 유지하기를 원한다. 자율성(autonomy)은 자신의 삶을 스스로 조절하고 책임질 수 있는 능력을 의미한다. 사실, 자신의 모든 삶의 영역에 대한 통제력을 지닌 사람은 없다. 누구나 한계를 지니며 다른 사람에게 의존한다. 자율성은 개인이 일상생활의 한계 내에서 행사할 수 있는 영향력의 정도를 의미한다. 대부분의 사람에게 있어서 어느 정도의 자기통제권을 지니는 것은 중요하다. 자기 삶과 관련된 중요한 일에 대한 선택과 결정권을 지니기를 원한다. 죽어감의 과정에서는 일상생활의 사소한 일들(예: 음식, 산책, TV 시청, 인간관계 등)에 대한 자율성뿐만 아니라 회복 가능성이 불투명한 수술 여부, 응급 시의 생명연장 여부, 요양원의 입원 여부, 임종 장소와 같은 중요한 선택에서 자율성을 지닐 수 있다.

죽어 가는 과정의 투병과 요양 생활이 장기화되면, 환자의 삶이 매우 단조롭고 무미건조해진다. 따라서 대부분의 환자들은 좀 더 다채롭고 풍요로운 삶의 자극을 원한다. 안전감과 자율감을 지니는 것은 삶에서의 심리적 풍요로움에 기여한다. 죽음의 끝자락에 이른 사람들은 면도, 이발, 목욕과 같은 일상적인 일들을 소중하게 여긴다. 죽어 가는 사람들은 자신이 좋아하는 음식을 맛보고 가볍게 와인을 곁들이는 평소의 습관을 계속 할 수 있는 것을 행복의 중요한 조건으로 여긴다. 가족이나 친구의 방문을 통해서 애정과 우정을 재확인하며 다양한 화제의 대화를 나누는 것은 환자에게 활기를 불어넣을 수 있다. 이러한 심리적 과제들은 죽어 가는 과정에서 자율성을 지닌 가치 있는 인간으로 존재하고자 하는 개인적 존엄성

(personal dignity)을 지키기 위한 것들이라고 할 수 있다.

(3) 사회적 과제

죽어 가는 사람이 직면하게 되는 세 번째의 과제는 사회적 삶과 관련되어 있다. 죽어감의 과정에 있더라도 개인은 여전히 사회적 존재로서 가족, 친척, 친구, 치료진 등의 다양한 사람들로 둘러싸인 사회적 관계 속에서 살아간다. 따라서 주변 사람들이나 사회적 집단과의 원만한 관계를 유지하는 것은 죽어 가는 사람이 대처해야 할 중요한 사회적 과제이다.

사회적 과제 중 하나는 소중한 사람들과의 인간관계적 애착을 유지하고 향상시키는 것이다. 우리는 여러 사람들뿐만 아니라 다양한 집단과 애착관계를 맺고 있다. 죽어 가는 사람들은 관심사가 좁아져서 정치적 문제나 직업적 과제 또는 많은 사람에 대해서 관심을 갖지 못한다. 그 대신 이들은 자신의 삶에 가장 중요하다고 인식되는 사람들의 수가 점점 줄어들게 된다. 배우자와 자녀를 비롯한 가족과 친척, 간병인, 의사, 간호사 등과 같은 소수의 사람들과 관계에 집중하게 되며 이들과 편안하고 효율적인 관계를 유지하고 심화시키는 것이 중요하다.

말기환자의 경우, 크게 두 가지 유형의 사회적 과제를 갖게 된다. 첫째는 자신과 가족과의 관계를 위한 과제이다. 예컨대, 환자는 자신이 가족에게 너무 많은 짐이 되고 있거나 회복될 희망이 적다고 판단할 때 치료를 위한 노력을 줄일 수 있다. 이러한 결정을 통해서 환자는 가족구성원들이 이를 수용하고 자신의 죽음이 곧 도래할 것이라는 것을 받아들이도록 도울 수 있다. 또한 가족구성원들은 환자를 돌보는 책임뿐만 아니라 자신을 돌보는 노력도 필요하다. 가족도 간병으로부터 휴식과 회복을 취할 수 있는 시간을 가져야 한다. 그래야 환자에게 친밀감과 안정감을 제공할 수 있다. 아울러 죽어 가는 사람과 가족들은 치료나 간병과 관련된 문제들을 솔직하게 논의할 수 있어야 한다. 특히 환자와 가족의 의사소통이 원활하지 못하면, 심리적 갈등과 불화에 휩싸일 수 있다. 더구나 간병과 치료비 부담을 배우자와 자녀들이 분담해야 하는 경우에는 이러한 문제와 관련하여 갈등이 증폭될 수 있다.

두 번째의 사회적 과제는 사회적 집단과의 관계에 관한 것이다. 사회는 구성원의 복지를 증진하고 그들의 재산이 법적 상속자에게 인계되도록 보장한다. 또한 사회적 집단은 나름대로의 종교적·문화적 의례와 더불어 기대 또는 금지 사항을 지니고 있다. 삶의 모든 것이 그러하듯이, 죽어감도 사회적 체계와 밀접하게 연결되어 있다. 죽어 가는 사람의 사회적 과제는 병원이나 요양기관과 같은 사회체계와 상호작용하는 것, 사회적 요구(예: 치료비, 간병비, 세금 등)에 대응하는 것, 적절한 요구를 통해서 원하는 사회적 자원을 이끌어 내는 것이다. 또한 유언, 재산상속, 연명치료, 장례식 절차 등에 대해서도 가족에게 자신의 바람을 명료하게 전하는 것이 중요하다. 이처럼 자신의 사망 이후에 가족이 직면할 과제들을 미리 처리하는 것도 죽어 가는 사람이 해야 할 사회적 과제 중 하나이다. 재산상속이나 장례 절차를 두고 가족과 자녀들 간의 불화가 발생하는 경우가 매우 흔하기 때문이다.

이 밖에도 개인이 추구하던 미완성 과제를 수행하는 일, 소원해졌거나 불편한 관계에 있던 사람들과 화해하는 일과 같은 다양한 사회적 과제들이 존재한다. 그러나 사회적 관심은 우선순위에 따라 달라질 수 있다. 개인이 반드시 초점을 두어야 할 대인관계 과제가 있는 것은 아니다. 개인만이 어떤 사람과의 관계가 소중한지를 결정할 수 있기 때문에 죽음의 과정에서 그 결정은 변화될 수 있다.

(4) 영적 과제

'영적(spiritual)'이라는 용어는 매우 다양한 맥락에서 다양한 의미로 사용되고 있다. 종교와 관련되어 사용되는 경우가 많지만 최근에는 종교와 무관하게 개인의 신념과 철학을 반영하기도 한다. 일반적으로 영적 과제는 의미(meaning), 연결(connection), 초월(transcendence)의 세 가지 주제를 통해서 죽음을 기꺼운 마음으로 수용하는 일을 의미한다. 좀 더 구체적으로 말하면, 자신의 삶에 대한 의미감, 자신보다 더 큰 것과의 연결감, 자기에 대한 소아적 집착을 넘어서는 초월감을 통해서 죽음의 불안과 공포를 극복하고 기꺼이 죽음을 받아들일 수 있는 상태에 이르는 것이다.

죽어 가는 사람들은 자신의 삶에 대해서, 죽음에 대해서, 고통에 대해서, 그리고 인간으로 태어난 것에 대해서 의미를 발견하고 구성하려고 노력한다. 이러한 상황에서 여러 가지 물음이 제기될 수 있다. "내 인생은 어떤 의미가 있는 것일까?", "내가 죽어야 한다면, 그동안 내가 살아온 것은 어떤 가치가 있는 것일까?", "죽어 가는 과정에서 나와 가족은 왜 이러한 고통을 겪어야 하는가?" 이러한 물음은 고립과 파편화를 넘어 전체성과 통합의 관점에서 자기 삶의 의미를 발견하고 구성하는 촉진제가 될 수 있다.

생명을 위협하는 질병은 개인의 삶에 일관성을 제공했던 연결감을 훼손할 수 있다. 자기 몸과의 연결감이 약화되고 다른 사람들 그리고 개인이 신뢰했던 것들과의 연결감이 훼손될 수 있다. 이러한 상황에서 개인은 훼손된 연결감을 회복하고 기존의 연결감을 유지하여 심화하는 것이 중요하다. 이러한 과제는 심리적 · 사회적 영역의 과제와 관련되어 있지만, 영적 측면은 의미감과 통합의 추구와 관련된 더 깊은 수준의 연결감을 의미하며 다른 영역의 기반이 될 수 있다.

영적 과제를 수행하는 사람들은 의미감과 연결감의 초월적 수준이나 근원을 추구한다. 초월은 일상적인 것을 넘어서는 것을 의미하며, 특히 궁극적이고 절대적인 것을 의미한다. 이러한 관심은 희망의 주제와 연결되어 있다. 종교적인 사람들은 신이나 다른 초월적 존재와의 연결감을 추구한다. 비종교적인 사람들은 초월적 희망, 즉 자신과 우주의 합일감과 연결감, 자신이 죽은 후에도 후속세대와 사회에 공헌하는 것에 초점을 맞출 수 있다. 이러한 영적인 과제는 극히 개인적인 것으로서 3가지 주제 모두에서 다양한 방식으로 수행될 수 있다.

이상에서 제시한 것은 죽어 가는 사람이 대처해야 할 일반적인 과제들이다. 이러한 과제들은 개인과 상황에 따라 중요하게 고려될 수도 있고 그렇지 않을 수도 있다. 이러한 모델이 의미하는 바는 죽어감에 대처하는 과정에서 환자의 참여와 권한을 강화하기 위한 것이다. 이러한 개인적인 과제들이 완수될 수도 있지만, 개인이 직면한 모든 과제를 완수하는 것은 거의 불가능하다. 죽어 가는 사람에게 있어서 과제 수행은 죽음과 함께 끝난다. 코어가 제시한 4가지 영역의 과제는 죽어감에 대처해야 하는 사람들을 돕기 위한 소중한 안내지침이 될 수 있다.

🍀 위인들은 어떻게 죽어 갔을까? 프로이트의 죽어감

지그문트 프로이트(Sigmund Freud: 1859~1939)는 인간의 무의식세계와 심층심리를 설명하는 정신분석학을 창시한 위대한 인물이다. 그는 활발하게 학술적 활동을 벌이고 있던 1923년 67세가 되던 해에 입안의 종양으로 백색증이라는 진단을 받았다. 백색증이 암이라는 것을 인식한 프로이트는 죽음의 그림자와 조우하게 되었으며 사망하기 전까지 33번의 수술을 받았다. 입안의 암 종양을 제거한 후에도 반점이 지속적으로 나타났으며 큼직하고 불편한 의치를 껴야 했기 때문에 커다란 곤란을 겪어야 했다(Roiphe, 2016).

프로이트에게 구강암이 발생한 것은 흡연이 주된 원인이었다. 프로이트는 하루에 20개비 이상의 시가를 피우며 흡연을 '달콤한 습관'으로 여기는 애연가였다. 구강의 종양이 발견되었을 때 그가 가장 걱정한 것은 의사들이 담배를 끊으라고 성화를 부리는 것이었다. 프로이트는 구강암에 시달리면서도 죽음에 이를 때까지 담배를 끊지 않았다. 흡연은 그에게 특별한 의미를 지니고 있었기 때문이다. 프로이트에게 흡연은 상상력이 동원되어야 하는 창의적 작업을 위한 자극제였던 것이다. 프로이트는 구강암과 통증에 시달리면서도 정신분석과 저술 작업에 전념했다. 1927년에 출간된 『환상의 미래』를 비롯하여 1930년에 『문명 속의 불만』 그리고 1939년에 『모세와 유일신교』의 저서를 저술했고 그 밖에도 많은 논문을 발표했다.

프로이트는 사망하기 1년 전인 1938년에 나치가 오스트리아를 점령하면서 신변의 위협을 느끼고 지인들의 도움을 받아 간신히 영국으로 이주할 수 있었다. 그러나 함께 이주하지 못한 그의 네 여동생은 가스실에서 죽었다. 영국에서 수술을 받기 위해 조직검사를 한 결과, 수술 불가와 불치의 진단을 받았으며 방사선 치료도 도움이 되지 않았다(Kamath, 1993).

프로이트는 인생의 마지막 해를 참기 어려운 고통 속에서 보냈다. 그가 말년에 집요하게 추구한 것은 고통스럽더라도 명철하고 생생한 의식이었다. 맑은 정신을 유지하기 위해서 진통제 복용을 거부했다. 그는 이전에도 여러 차례의 구강암 수술과 방사선 치료로 인한 심한 통증을 느끼면서도 진통제 복용을 거부해 왔다. 프로이트는 극심한 고통 속에서도 사망하기 몇 주일 전까지 하루 네 건 정도의 정신분석을 했으며 저술 작업을 계속했다. 통증 때문에 입이 일그러졌지만 『정신분석학 개요(An Outline of Psychoanalysis)』의 저술에 온 힘을 쏟았다. 원고의 중간 중간이 끊겨 있으며 결국 저술을 완성하지 못했지만, 아마도 고통으로 더 이상의 저술 작업을 할 수 없을 때까지 강인하게 버텼던 것이 분명하다.

◈ 프로이트는 암 투병 과정에서 진통제를 거부하며 명철한 의식을 추구했다.

　프로이트는 사망하기 1주일 전까지 심신을 나락에 떨어뜨리는 지독한 통증을 겪으면서도 고집스럽게 진통제를 거부했다. 그는 통증으로 불면에 시달리며 잠도 제대로 자지 못했지만 '영웅적인 명철함'을 잃지 않았다. 그러나 병세가 악화되어 엄청난 통증에 시달리며 처참한 지경에 이르게 되자, 프로이트는 사망하기 전날 주치의인 막스 슈르 박사를 불러 "우리가 처음 만났을 때 나눈 대화를 기억하겠지요. 내가 더 이상 버틸 수 없을 때가 되면 나를 도와주겠다고 약속했었지요. 이제 고통밖에 남은 게 없어요."라고 말하며 그 이후의 문제를 특별히 사랑했던 막내딸인 안나와 상의해 달라고 부탁했다. 슈르 박사는 다음 날 프로이트에게 1/3그램의 모르핀을 주사했지만 깊이 잠들지 못하자 더 많은 양의 모르핀을 투여했다. 그러자 적막감이 뒤덮인 가운데 프로이트는 서서히 깊은 무의식의 세계 속으로 빠져들었다. "자기만의 방식으로 죽어 갈 수 있기를 바란다."는 글을 쓴 사람답게 프로이트는 1939년 9월 23일 자정을 조금 앞두고 자신이 선택한 방법으로 삶을 마쳤다(Roiphe, 2016).

5. 임종기의 선택과 의사결정

인생은 끝없는 선택의 연속이다. 인생의 마지막 단계에서도 죽어감의 과정을
결정하는 중요한 선택들이 존재한다. 생명을 위협하는 치명적인 질병이나 말기질
환으로 인해 죽어감의 과정에 들어선 환자가 자신의 거취에 대해 선택하고 결정하
는 과정을 임종기의 의사결정(end-of-life decision making)이라고 한다. 임종기의 지
혜로운 의사결정은 좋은 죽음에 이르게 하는 매우 중요한 과정이다.

1) 시간의 제한과 삶의 선택

만약 당신이 불치의 병에 걸려 6개월밖에 더 살 수 없다고 판정된다면, 남은 기
간을 어떻게 보낼 것인가? 이러한 물음에 대한 응답은 크게 5가지 유형으로 구분
할 수 있다(Corr, Nabe, & Corr, 1997; DeSpelder & Strickland, 2005). 첫째는 현저한
변화(marked change)를 추구하는 것이다. 평소의 생활과 달리, 가고 싶었던 여행
도 떠나고 맛난 음식도 마음껏 먹고 가족이나 친구를 불러 이별파티를 하는 등 평
소와 다른 방식으로 남은 기간을 보내는 것이다. 둘째는 사회적 생활에서 철수하
여 내면세계(withdraw/inner life)에 몰두하는 것이다. 대부분의 사회적 활동을 중
단하고 조용히 혼자만의 공간에 머물며 자신의 삶을 정리하고 인생의 의미를 음
미하거나 종교적 생활에 몰두하는 것이다. 셋째는 다른 사람에 대한 관심(concern
with others)을 지니는 것이다. 자신이 죽은 후에 남겨질 가족이나 자녀들을 위해서
애정을 충분히 나누고 그들이 슬퍼하지 않고 좀 더 편안하게 생활할 수 있도록 위
로하거나 여러 가지 대책을 세우는 데 시간을 보내는 것이다. 넷째는 이루지 못한
과제를 완수(complete project)하는 것이다. 필생의 과업으로 소중하게 추구해 왔
지만 아직 완성하지 못한 일들을 남은 기간에 마무리하고자 하는 것이다. 다섯째
는 평소와 같이 변화 없는 생활(no change)을 하겠다는 응답도 있을 것이다.

스탠퍼드 대학교의 심리학자 교수인 로라 카스텐슨(Laura Carstensen, 1992)은 시간 인식이 사회적·정서적 경험의 선택에 영향을 미친다는 사회정서적 선택이론 (socio-emotional selectivity theory)을 제시했다. 그녀에 따르면, 우리가 누구를 만나 어떤 정서적 경험을 할 것인지는 자신에게 얼마나 많은 시간이 남아 있는지의 인식에 영향을 받는다. 젊고 건강할 때는 자신이 영원히 살 것처럼 믿는다. 또한 자신이 가지고 있는 기능과 능력을 잃는 것에 대해서 걱정하지 않는다. 그래서 미래를 위한 기술과 자원을 얻는 일과 사회적 관계를 넓히는 일에 더 많이 투자한다. 그러나 삶의 후반부에 접어들면 우선순위가 급격히 변한다. 대부분의 경우, 성취와 사회적 관계를 추구하는 데 들이는 시간을 줄인다. 관심 범위가 좁아지는 것이다. 사람은 나이가 들면서 더 적은 수의 사람들과 상호작용하면서 가족이나 오랜 친구들과 편안하고 즐거운 시간을 보내는 데 집중하는 경향이 있다. 무엇을 하여 성취하는 것보다는 삶을 풍요롭게 느끼며 존재하는 것에 더 많은 관심을 갖게 된다. 미래보다 현재에 더 초점을 맞추는 것이다. 말기환자의 경우처럼, 자신에게 매우 제한된 시간밖에 없다는 것을 인식하게 되면 삶의 초점은 '지금 여기'로 변화하게 된다. 일상의 기쁨과 가장 가까운 사람들에게로 옮겨 가게 되는 것이다.

🍀 죽을 때 후회하는 것

후회(regret)는 자신이 과거에 한 선택과 결정에 대한 부정적 평가와 감정을 의미한다. 후회에 관한 연구에 따르면, 사람들이 단기적으로는 자신이 한 행동(action)에 대해서 후회를 많이 하지만, 장기적으로는 자신이 하지 않은 행동(inaction)에 대해서 더 많이 후회한다. 노인들이나 죽음을 앞둔 사람들은 하지 말아야 할 일을 했던 것보다 하고 싶거나 해야 했던 일을 하지 않았던 것에 대해서 더 많이 후회한다. 후회는 자신의 선택에 대한 부정적 평가이기 때문에 자책감을 낳게 된다. 그러나 과거의 잘못을 바로잡을 기회를 더 이상 가질 수 없는 경우에 사람들은 합리화나 인지적 재구성을 통해서 후회를 줄이는 방향으로 생각하기도 한다.

인생은 끝없는 선택과 결정의 연속이다. 젊고 건강할 때는 설혹 잘못된 선택을 했더라도 그것을 바로잡거나 회복할 시간적 여유가 있기 때문에 후회의 아픔이 크지 않다. 그러나 늙고 병들어 죽어감의 단계에 들어서면, 시간적 여유도 없을 뿐만 아니라 과거의 잘못된 선택을 회복할 수 있는 여건이 되지 않기 때문에 후회의 아픔이 크다. 이처럼 죽어 가는 과정에서 하게 되는 과거의 잘못된 선택에 대한 뒤늦은 후회를 **실존적 후회**(existential regret)라고 한다. 실존적 후회는 자신의 신념, 가치관, 성장 욕구를 따르지 못한 잘못된 선택을 과거로 돌아가서 변화시키고자 하는 심오한 욕구를 의미한다.

일본의 의사이자 호스피스 전문가인 오츠 슈이치(大津秀一, 2009)는 말기환자들이 죽을 때 후회하는 25가지를 소개한 바 있다. (1) 사랑하는 사람에게 고맙다는 말을 많이 했더라면, (2) 진짜 하고 싶은 일을 했더라면, (3) 조금만 더 겸손했더라면, (4) 친절을 베풀었더라면, (5) 나쁜 짓을 하지 않았더라면, (6) 꿈을 꾸고 그 꿈을 이루려고 노력했더라면, (7) 감정에 휘둘리지 않았더라면, (8) 만나고 싶은 사람을 만났더라면, (9) 기억에 남는 연애를 했더라면, (10) 죽도록 일만 하지 않았더라면, (11) 가고 싶은 곳으로 여행을 떠났더라면, (12) 내가 살아온 증거를 남겨 두었더라면, (13) 삶과 죽음의 의미를 진지하게 생각했더라면, (14) 고향을 찾아가 보았더라면, (15) 맛있는 음식을 많이 맛보았더라면, (16) 결혼을 했더라면, (17) 자식이 있었더라면, (18) 자식을 혼인시켰더라면, (19) 유산을 미리 염두에 두었더라면, (20) 내 장례식을 생각했더라면, (21) 건강을 소중히 여겼더라면, (22) 좀 더 일찍 담배를 끊었더라면, (23) 건강할 때 마지막 인사를 했더라면, (24) 치료의 의미를 진지하게 생각했더라면, (25) 신의 가르침을 알았더라면 등이다.

애플의 CEO이자 스마트폰의 개발자인 스티브 잡스(Steve Jobs)는 2004년에 췌장암이 발생하여 투병하다가 2011년 10월에 56세로 사망했다. 그는 말년에 이러한 말을 남겼다. "나는 비즈니스 세계에서 성공의 최정상에 서 보았다. 타인의 눈에 내 인생은 성공의 상징이었다. 하지만 일터를 떠나면 내 삶은 즐겁지 않았다. 부(富)는 나에게 익숙해진 내 삶의 한 가지 '사실'일 뿐이었다. 지금 병들어 침상에 누워 과거의 삶을 회상하는 이 순간, 나는 깨닫는다. 내가 그토록 자부심을 가졌던 사회적 인정과 재산은 곧 닥쳐올 죽음 앞에서 무가치하고 무의미하다는 것을. 내 인생을 통해 얻은 재산을 나는 가져갈 수 없다. 내가 가져갈 수 있는 것은 사랑이 넘치는 기억들뿐이다. 그 기억들이야말로 나를 따라 다니고, 나와 항상 함께하며, 나에게 힘과 빛을 주는 진정한 재산이다."

2) 죽어감 각본

죽어감의 단계 이론은 개인이 죽어 가는 장기적 과정을 인식하는 데 도움이 된다. 그러나 죽어 가는 모습은 개인마다 각기 다르다. 미국의 심리학자인 에드윈 슈나이드만(Edwin Shneidman, 1973)에 따르면, 죽어 가는 사람들은 불안, 우울, 분노, 외로움, 질투, 수용과 같은 다양한 감정을 경험하지만 죽어 가는 과정에 일정한 단계가 존재하는 것은 아니며 그러한 정서적 반응이 순서대로 나타나는 것도 아니다. 다만 개인의 성격과 인생철학의 배경 속에서 여러 가지 반응들이 복합되어 불안정하게 나타날 뿐이다. 죽어 가는 사람들은 각기 자신의 신념, 소망, 감정, 인간관계, 현실적 여건 등에 따라 독특한 방식으로 삶의 마지막 과정을 보내게 된다.

미국의 사회학자인 린 로플랜드(Lyn Lofland, 1978)는 죽어감 각본(dying scripts)이라는 개념을 통해서 개인이 죽어 가는 독특한 과정을 이해하고자 했다. 그녀에 따르면, 현대사회에서의 죽어감은 하나의 역할을 수행하는 과정이며 정형화된 드라마보다는 즉흥적인 연극에 가까운 것이다. 이러한 죽어감의 드라마는 어느 정도 형식이 주어져 있지만 죽어 가는 사람은 자신에게 적합한 방식으로 그 역할의 세부적인 스타일을 스스로 결정할 자유를 지닌다. 죽어감 각본은 죽어 가는 사람이 인생의 마지막 날들을 어떻게 보낼 것인지를 선택하고 계획한 시나리오를 의미한다. 죽어감 각본은 크게 네 가지의 기본적 요소, 즉 공간, 동반자, 인식, 자세를 포함한다.

(1) 공간

죽어감의 시기를 어디에서 보낼 것인가? 공간(space)은 죽어 가는 역할을 수행하게 될 무대를 의미한다. 우리는 태어나서부터 죽을 때까지 다양한 공간에서 여러 가지 역할을 수행하며 살아간다. 죽어 가는 사람은 말기질환으로 진단되는 순간부터 죽음의 순간까지 인생의 마지막 나날들은 어떤 공간에서 보낼 것인지 선택할 수 있다. 공간의 선택은 현실적인 상황에 따라 어느 정도의 제한이 있지만, 그 범위 내에

❀ 한국인의 임종 장소

통계청 발표자료에 따르면, 2016년에 사망한 한국인은 28만 1천 명이다. 이 중 19만여 명 (74.9%)은 병원에서 임종했고, 가정에서 임종한 사람은 15.3%에 불과했다. 암환자만 보면 89.2%가 병원에서 임종하고 있다. 1990년대 이전에는 대다수가 가정에서 사망했지만 최근 20~30년 사이에 병원에서 사망하는 경우가 압도적으로 많아졌다.

2014년 건강보험공단에서 성인남녀 1,500명을 대상으로 설문조사한 자료에 따르면, 57.2%의 사람들은 가정에서 생을 마무리하기를 원하고 있다. 병원에서 임종하기를 원하는 사람은 16.3%에 불과했다. 한국인이 원하는 임종장소와 실제 임종장소 간에는 큰 차이가 있는 것이다(허대석, 2017).

많은 사람이 집에서의 임종을 원함에도 불구하고 병원에서 사망하는 이유는 다양하다. 아파트 거주자가 많아지고 맞벌이가 증가하면서 집에서 간병할 사람이 없어져 재택임종이 어려워졌다. 또한 말기환자의 경우에는 통증, 고열, 폐렴이 수시로 찾아오기 때문에 가족이 자체적으로 해결할 방법이 없다. 우리나라에는 의사가 환자의 집을 방문하는 왕진제도가 없을 뿐만 아니라 가정 호스피스나 보건소의 방문간호 서비스로는 한계가 있다. 이러한 이유 때문에 환자들은 집에 머물다가도 수시로 응급실을 찾거나 증상이 심하면 입원하게 되어 병원에서 생을 마감하게 된다. 우리나라의 병원 사망률은 세계 최고 수준으로서 미국의 38%나 호주의 52%에 비해 월등하게 높다.

한국인 다수가 원하는 재택임종을 증가시키기 위한 대안은 의사나 간호사가 가정을 방문하여 환자를 치료하는 왕진제도를 도입하거나 적어도 가정을 방문한 간호사와 병원에 있는 의사가 원격으로 소통하며 진료할 수 있는 제도를 도입하여 집에 있는 환자를 효율적으로 관리하는 것이다. 의사, 호스피스팀, 사회복지사, 심리상담사 등이 환자와 가족을 방문하여 임종을 상의하고 정신적 스트레스를 줄여 줄 수 있는 제도가 마련돼야 한다. 또는 지역 단위의 보건소가 중심이 되어 가정에서 생활하는 노인을 치료하고 임종과정을 돌보는 방식도 고려해야 할 것이다.

서 개인은 자신의 마지막을 보낼 공간을 선택하고자 한다. 공간의 선택은 융통성이 있는 것이어서 죽어감의 시기에 따라 여러 공간을 옮겨 다닐 수도 있고 한곳에 머무를 수도 있다. 어떤 사람은 치료의 손길이 항상 존재하는 병원에서 보내기를 원하는 반면, 어떤 사람은 가족과 함께 집에서 보내기를 원한다. 또는 현실적 여건과 개인의 바람에 따라 호스피스나 요양원에서 인생의 마지막을 보내는 경우도 있다.

(2) 동반자

죽어감의 과정을 누구와 함께 할 것인가? 동반자(population)는 환자가 죽어감의 역할을 수행하는 과정에서 함께 있고 싶은 사람들을 의미한다. 예를 들면, 죽어감의 역할을 혼자서 수행할 것인지 아니면 다른 죽어 가는 사람들과 함께 수행할 것인지를 선택할 수 있다. 병원에서 죽어감의 과정을 보내는 경우에는 죽음의 여행을 함께 떠나게 될 다른 중증 환자들에 둘러싸여 동병상련의 위로를 받을 수 있지만 자유로운 사생활을 누리기 어렵다는 단점이 있다. 호스피스 같은 곳에서는 죽기 전 며칠 간 또는 죽는 순간에 혼자만의 사적인 시간과 활동을 할 수도 있다. 이 밖에도 죽어 가는 과정에서 주인공인 환자가 자신의 역할을 수행할 때 함께 하고 싶은 사람들(가족, 친구, 친척, 호스피스 등)을 포함한다. 희귀한 경우이지만, 죽어 가는 사람이 배우자나 자녀와 함께 동반자살을 시도하는 경우도 있다.

(3) 인식

자신이 죽어 가고 있다는 것을 어떤 사람들에게 알릴 것인가? 인식(knowledge)은 환자의 말기질환 진단과 임박한 죽음을 알리고 싶은 또는 알리고 싶지 않은 사람들의 범위를 의미한다. 이러한 인식은 환자 자신과 의사만으로 국한되는 경우도 있는 반면, 인터넷과 통신기기를 통해 주변의 사람들에게 최대한 많이 알리는 경우도 있다. 어떤 사람은 주변 사람들에게 불필요한 걱정을 안겨 주거나 부적절한 동정을 받기 싫어서 자신의 병세를 숨기기도 한다. 반면에 제한된 범위의 친한 사람들에게 알려 마지막 나날들을 소수의 사람들과 접촉하며 보내고자 하는 사람도 있다.

(4) 자세

죽어 가는 사람은 자신이 살아온 인생철학에 따라 자신의 역할을 수행하고자 한다. 자세(stance)는 환자가 죽어 가는 과정에서 취하는 태도와 행위를 의미한다. 죽음의 순간을 혼자서 조용하게 맞이할 것인가 아니면 사랑하는 사람들에 둘러싸여 맞이할 것인가? 사람들은 죽음을 앞두고 사랑하는 사람들과의 애정을 나누거나 헝클어진 관계를 바로잡거나 자신의 잘못을 고백하며 용서를 빌거나 또는 삶에서 누릴 수 있는 쾌락을 최대한 맛보고자 한다. 죽어감의 과정에서 취하는 개인의 자세는 실존적이며 창의성에 따라 무한히 다양할 수 있다.

개인이 속한 문화에서 좋은 죽음으로 여기는 방식의 자세를 취할 수도 있지만 개인의 성격과 인생철학에 따라 나름대로의 독특한 자세를 나타낼 수 있다. 마지막 순간까지 다른 사람의 인정과 평가를 의식하며 행동하는 사람도 있고, 그러한 것들을 모두 벗어던지고 자신의 욕구와 소망에만 충실한 사람도 있으며, 자신이 죽은 후에도 살아가야 할 가족과 친구들을 고려하여 신중하게 행동하는 사람도 있다.

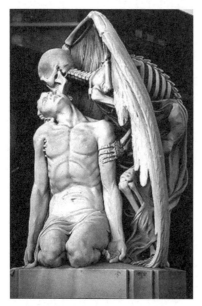

◈ 〈죽음의 키스〉, 바르셀로나 포블레노우
묘지에 있는 조각 작품

인생은 우리 자신이 주인공이 되어 주변 사람들과 함께 펼치는 한 편의 연극과 같다. 죽어감 각본은 인생이라는 연극의 마지막 장을 어떻게 장식할 것인지에 대한 개인의 소망과 계획을 의미한다. 로플랜드는 말기환자들에게 죽어 가는 과정에서 자신이 어떤 역할을 어떻게 연출하며 인생의 마지막을 장식할 것인지를 고려할 필요가 있다는 점을 상기시켜 주었다. 또한 우리는 죽어감의 과정에서부터 죽음의 순간까지의 삶을 우리 자신이 원하는 방식대로 통제할 수 있다는 점을 제시해 주었다.

3) 말기 단계의 중요한 선택과 결정

인간은 자신의 죽어감과 죽음을 선택할 수 있는 실존적 자유를 지니고 있다. 물론 자신의 선택에 대해서 책임을 온전히 받아들여야 하는 실존적 의무도 있다. 죽음이 임박한 인생의 단계에서 또렷한 의식과 판단력을 지니고 있다면, 자신이 원하는 좋은 죽음을 위해서 선택하고 결정해야 할 여러 가지 사항들이 존재한다. 인생의 말기단계에서 결정해야 할 주요한 사항을 제시하면 다음과 같다.

(1) 질병에서 회복하거나 생명을 연장하기 위한 수술이나 치료를 최대한 받을 것인가? 아니면 치료를 포기하고 남은 삶을 최대한 편안하고 의미 있게 보낼 것인가?

(2) 자신의 질병 치료나 죽음에 대한 대처에 더 집중할 것인가? 아니면 가족, 자녀 그리고 친구들을 배려하는 데 더 많은 관심을 기울일 것인가?

(3) 관계가 나쁜 중요한 사람들(가족, 친구 등)과 화해를 시도할 것인가? 아니면 그러한 관계를 방치한 채로 세상을 떠날 것인가?

(4) 인생의 마지막 순간을 어디에서 맞을 것인가? 병원에서 죽을 것인가? 아니면 집 또는 호스피스 등 다른 곳에서 죽을 것인가?

(5) 임종을 혼자만의 조용한 공간에서 맞이할 것인가? 아니면 가족이나 지인들에게 둘러싸인 상태로 맞이할 것인가?

(6) 죽음이 다가올 때까지 기다릴 것인가? 아니면 죽음을 향해 먼저 나아갈 것인가?

(7) 생명의 위기가 찾아오면 연명치료를 할 것인가? 아니면 연명치료를 거부할 것인가?

(8) 자신의 시신 처리나 장례를 자녀와 가족에게 맡길 것인가? 아니면 자신이 원하는 방식을 유언으로 남길 것인가? 재산상속을 포함하여 유언에 어떤 내용을 포함시킬 것인가? 장기기증을 할 것인가? 장례절차는 어떻게 할 것인가?

이러한 물음에 대해서 자신의 소망뿐만 아니라 가족관계를 포함한 여러 가지 상황적 요인을 고려하여 신중하게 결정해야 한다. 의식이 혼미해지거나 판단력에 장애가 있을 경우에는 배우자나 자녀가 이러한 물음에 대해 결정을 해야 한다. 이 과정에서 가족 간의 의견일치가 이루어지지 않으면 갈등으로 비화될 수 있다. 이러한 모호함을 남기지 않으려면, 환자가 자신의 의사와 소망을 분명하게 미리 밝혀 놓는 것이 바람직하다. 이 책의 제7부에서 좋은 죽음을 위한 구체적인 선택과 결정에 대해서 좀 더 상세하게 소개할 것이다.

제6장

임종 전후의 심리적 변화

죽어감 궤도의 마지막 단계는 임종기이다. 삶을 지속하기 위해 질병과 투쟁하는 모든 노력이 끝나고 마침내 육체적 생명의 불꽃이 꺼지는 순간이 다가온다. 임종을 맞이한 사람들은 어떤 신체적 증상을 나타낼까? 죽음이 임박하면 어떤 심리적 변화가 일어날까? 죽음의 순간 전후에 어떤 심리적 경험을 하게 될까?

1. 임종 징후

죽음을 유발하는 원인은 암, 심부전, 뇌졸중, 폐렴, 당뇨병과 같이 매우 다양하다. 그러한 질병으로 인해 신체기관의 한 부분이 손상되어 기능을 하지 못하게 되면 이어서 다른 기관들도 차례로 무너지게 된다. 때로는 여러 신체기관이 한꺼번에 무너지는 경우도 있다. 어떠한 경우든 죽음이 다가오면 여러 가지 징후가 나타난다. 죽음에 이르기까지 마지막 몇 주간 혹은 며칠 동안의 경과는 사람마다 다를 수 있다. 그러나 죽기 전 마지막 몇 시간만 놓고 보면 대부분 사람이 겪는 과정은 거의 차이가 없다.

1) 임종을 예고하는 징후들

임종이 다가오면 다양한 신체적·심리적 증상들이 나타난다. 특히 임종하기 며칠 또는 몇 시간 전에 나타나는 특징적인 임종 징후들이 존재한다. 이러한 징후들이 죽어 가는 모든 사람들에게서 나타나는 것은 아니지만, 이들 중 몇 가지가 공통적으로 나타나는 것이 일반적이다.

2011년에 한국죽음학회에서 발간한 『한국인의 웰다잉 가이드라인』에는 임종이 가까워졌을 때 나타나는 변화들을 다음과 같이 소개하고 있다.

(1) 음료나 음식 섭취가 눈에 띄게 줄어든다. 죽음을 맞이하는 사람은 보통 먹고 마시는 데에 흥미가 없어진다. 식욕을 잃고 음식 섭취를 중단하는 것은 임종의 자연스러운 과정이다.

(2) 잠자는 시간이 많아지거나 의식을 자주 잃는다. 죽음이 임박한 사람은 잠자는 시간이 늘어나고 말이 없어지며 외부 자극에 대한 반응이 약해진다. 그러나 청각은 가장 오랫동안 남아 있는 감각이어서 임종자가 의식불명 상태라도 외부의 소리를 들을 수 있다.

(3) 불안한 행동을 반복해서 나타낸다. 죽음이 임박한 사람은 안절부절못하는 등 불안한 행동을 반복해서 보이기도 한다. 뇌에 산소 공급이 부족하거나 신진대사에 변화가 생길 때 보이는 자연스러운 증상이다.

(4) 허공에 대고 혼잣말을 하기도 한다. 임종이 가까워지면 어머니나 아버지 등 이미 세상을 떠난 가족이 찾아왔다고 하거나 허공에 누군가 있는 것처럼 대화를 하기도 한다. 이것은 동서고금에서 죽음이 임박한 사람들에게 종종 일어나는 현상이다.

(5) 소변의 양이 줄고 색이 진해진다. 이것은 음료 섭취량이 줄고 신장의 기능이

잘 이루어지지 않아 생기는 현상이며 임종의 자연스러운 과정이다.

(6) 호흡이 가빠지고 불규칙해진다. 빠르고 얕게 헐떡거리는 숨을 가쁘게 쉬거나 깊은 숨을 몰아쉬기도 한다. 이러한 호흡의 변화는 심장과 폐 기능이 약해져 나타나는 증상이다.

(7) 가래 끓는 소리가 잦아지고 커진다. 임종자는 가래가 기도 뒤쪽에 모여 가슴으로부터 콜록거리거나 그르렁거리는 소리가 커지지만 의식이 저하된 상태이므로 크게 고통을 느끼지는 못한다.

(8) 피부가 검거나 퍼렇게 변한다. 임종자는 혈액 순환의 장애로 팔과 다리가 차가워지거나 뜨거워질 수 있고 피부가 검거나 퍼렇게 변할 수 있다. 이것은 부족한 혈액이 몸의 중요한 기관을 보호하려고 그쪽으로 집중되기 때문에 생기는 자연스러운 현상이다. 이와 더불어 임종자는 식은땀을 흘릴 수도 있고 몸에서 일어나는 많은 생리적 변화 때문에 좋지 않은 냄새가 날 수도 있다. 그리고 심장박동과 맥박 역시 느려지거나 약하게 빨라지는 등 불규칙해질 수 있다.

『죽음: 인생의 마지막 춤(The Last Dance: Encountering Death and Dying)』의 저자들(DeSpelder & Strickland, 2005)은 죽음의 12가지 징후를 다음과 같이 제시하고 있다.

(1) 전반적인 신체기능이 급격하게 저하된다.

(2) 평소보다 수면시간이 증가한다.

(3) 대인기피를 나타내며 사람들을 더 멀리하려고 한다.

(4) 식욕이 감퇴하고 갈증을 자주 호소한다.

(5) 메스꺼움을 호소하고 구토를 자주 한다.

(6) 요실금이 나타나서 소변을 자주 지린다.

(7) 평소보다 땀을 많이 흘린다.

(8) 호흡곤란이 나타나 평소보다 숨쉬기를 힘들어한다.

(9) 평소와 달리 가래 끓는 소리를 내기 시작한다.

(10) 평소보다 불안해하고 다소 흥분된 상태를 나타낸다.

(11) 팔다리가 차가워지고 피부에 반점이 생기거나 멍이 나타난다.

(12) 의식이 자주 혼미해지고 엉뚱한 말이나 헛소리를 한다.

미국의 국립암연구소(National Cancer Institute)는 죽음이 다가오고 있음을 알리는 징후들을 다음과 같이 소개하고 있다.

(1) 졸린 상태가 지속되고 수면시간이 증가하며 자극에 대한 반응이 줄어든다.

(2) 의식의 혼미해져서 시간과 장소 그리고 사랑하는 사람마저 알아보지 못한다. 아울러 안절부절못하거나 실재하지 않는 사람이나 장소를 보는 환각을 나타낸다. 침대보나 옷을 끌어당기는 행동을 나타낸다.

(3) 사람과 접촉하기를 피하거나 혼자만의 세계로 철수한다.

(4) 음식과 수분에 대한 요구가 감소하고 식욕의 상실이 나타난다.

(5) 방광이나 대장이 조절되지 않아 소변이나 대변을 흘린다.

(6) 소변이 검은색으로 변하거나 소변량이 감소한다.

(7) 피부에 손을 대 보면 차가움이 느껴진다. 특히 손과 발이 차가워진다. 피부가 푸른색으로 변하는데 특히 몸의 아래쪽이 더욱 그러하다.

(8) 숨을 쉬면서 그르렁거리거나 꾸르륵거리는 소리를 내고 호흡이 불규칙하거나 얕아진다.

(9) 시각이 저하되어 밝은 곳을 향해서 머리를 돌린다.

(10) 통증의 조절이 점점 더 어려워진다.

(11) 비의도적인 움직임, 즉 근육경련을 나타내거나 심장박동이 증가하고 저혈압과 고혈압 상태를 오가며 다리와 팔의 반사반응이 나타나지 않는다.

2) 임종 시의 특징적 징후

임종을 앞둔 사람들은 목에서 나는 가래 끓는 소리, 호흡 곤란, 경련 및 동요 증세 등과 같은 특징적인 징후들을 나타낸다. 이러한 징후들은 죽어 가는 사람이 커다란 고통을 느끼는 것처럼 보이지만, 그와 달리 대부분의 환자는 큰 고통을 느끼지 않는 것으로 알려져 있다. 특히 죽음을 앞둔 환자들은 대부분 통증을 완화하는 진통제를 투여받고 있기 때문에 극심한 고통 속에서 죽음에 이르는 경우는 드물다.

임종하는 사람들이 여러 가지 임종 징후를 모두 나타내는 것은 아니지만 한두 가지 이상을 나타내는 것이 일반적이다. 임종이 임박했음을 보여 주는 가장 대표적인 징후는 가래 끓는 소리, 호흡 곤란, 격렬한 발작 행동이다.

(1) 가래 끓는 소리: 죽음의 그르렁거림

죽음이 임박한 사람이 나타내는 가장 특징적인 징후는 목에서 가래 끓는 듯한 소리를 내는 것이다. '그르릉그르릉'거리거나 또는 '가르랑가르랑' 하는 거친 숨소리를 내는데, 이는 목구멍 근육의 이완이나 분비물에 의해 기도를 통한 호흡이 원활하지 않기 때문이다. 이러한 소리를 죽음의 그르렁거림(the death rattle)이라고 지칭하기도 한다.

이러한 가래 끓는 소리는 무언가를 삼키는 기능이 작동하지 않기 때문이다. 건강한 사람은 음식물을 삼킬 때 목구멍을 덮고 있는 후두덮개(epiglottis)가 기도를 막아 음식물이 기도로 흘러 들어가지 못하게 한다. 그런데 죽음을 앞둔 사람은 이러한 기능이 약해져서 입에서 분비된 침이나 이물질이 기도를 타고 폐까지 흘러 들어간다. 그러나 폐는 들어와서는 안 되는 침이 들어온 상태에서도 계속해서 숨을 쉬려고 한다. 이때 목에서 나는 소리가 바로 가래 끓는 듯한 그르렁그르렁 하는 소리이다. 보통 임종을 앞두고 가래 끓는 소리가 나더라도 환자는 고통을 느끼지 않는 것으로 알려져 있다.

호흡기능이 약해진 환자에게서 인공호흡기를 떼어 내면 환자는 기침반사를 통해 이물질을 뱉어 내지 못하고 침이나 이물질이 기도와 폐로 흘러들어 가래 끓는 듯한 소리를 내기 시작한다. 이러한 소리는 환자가 숨을 거둘 때까지 계속되는데, 그 소리를 낼 때부터 숨을 거두기까지 걸리는 시간은 사람마다 다르지만 평균적으로 16시간이다.

(2) 호흡 곤란: 공기 기아

임종을 앞둔 사람은 호흡이 불규칙해지며 헐떡거리는 호흡 곤란을 특징적으로 나타낸다. 호흡 곤란은 숨을 가늘게 쉬었다가 깊게 쉬기를 반복하거나 헐떡거림이 나타나고 때로는 가슴이 크게 부풀어 오르는 모습을 보이기도 한다. 임종 환자는 호흡 기능이 현저하게 약화되기 때문에 혈액 속의 산소 농도가 매우 낮거나 이산화탄소 농도가 과도하게 높은 상태가 된다. 이러한 상태가 되면 뇌는 호흡량을 증가시키라는 명령을 내리게 되지만 실제로 폐를 통해 들이쉬고 내쉬는 호흡량과 일치하지 않기 때문에 숨을 헐떡이거나 숨이 불규칙해지는 호흡곤란을 나타내게 된다. 이러한 호흡 곤란은 호흡 기능과 폐에 영향을 미치는 대부분의 질병들에 의해서 유발될 수 있다.

호흡 곤란은 공기 기아(air hunger)라고 지칭되기도 하는데, 임종을 앞둔 사람에게서 흔히 나타나는 증상으로서 고통스럽기 때문에 의사들은 모르핀 성분이 포함된 진통제를 통해 통증을 완화해 주기 위한 조치를 취한다. 호흡 곤란이 고통스러운 이유는 뇌가 명령을 내리는 호흡량과 실제로 폐를 통해 들이쉬는 호흡량의 불일치 때문이다. 따라서 모르핀 성분의 진통제는 뇌가 요구하는 호흡량을 억제하여 폐가 들이쉬는 정도로도 부족함을 느끼지 않게 하여 통증을 완화할 수 있다. 호흡 곤란과 전반적인 통증을 담당하는 뇌의 부위가 비슷하기 때문에 모르핀 성분이 호흡에 영향을 미치기보다는 통증을 느끼는 뇌에 영향을 미쳐 통증을 완화한다는 주장도 있다.

(3) 격렬한 발작 행동: 마지막 경련과 불안

임종을 앞둔 사람들은 기력이 매우 약한 상태임에도 흔히 평소와 달리 격렬한 행동과 불안한 모습을 나타낸다. 안절부절못하거나 초조한 모습을 보이면서 침대에서 일어나는 등 이리저리 몸을 움직이려 하거나 자세를 바꾸려 한다. 몸이 불편하다고 불평하거나 다른 자세로 바꿔 달라고 요구하기도 한다. 평소와 달리 짜증과 화를 많이 내고 소리를 크게 지르거나 부적절하게 흥분된 모습을 보이기도 한다. 때로는 섬망 상태에서 환각을 경험하거나 불안과 관련된 내용의 헛소리를 하면서 통제가 어려운 혼란된 모습을 나타내기도 한다. 이러한 모습은 환자의 평소 성격과 매우 다른 것이기 때문에 가족과 간병인이 충격을 받기도 한다.

이처럼 임종을 앞둔 사람들은 격렬한 행동과 발작 증세를 나타내며 불안하게 동요하는 모습을 보이는데, 이를 마지막 경련과 불안(terminal agitation)이라고 지칭한다. 많은 죽음을 목격한 의사들이나 호스피스 관련자들은 마지막 경련과 불안을 수반한 섬망 증세를 죽음에 대한 저항으로 여긴다. 편안하게 이 세상을 떠나는 대신, 많은 사람이 고통과 불안에 괴로워하며 근육경련을 나타내는 등 격렬한 행동을 나타낸다. 이러한 반응은 배설하지 못한 소변이 체내에 쌓이거나 호흡 기능이 저하돼 숨이 막히고 답답하거나 신진대사 이상에서 오는 고통에 기인하는 것으로 여겨지고 있다. 이러한 증세는 약물치료를 통해 어느 정도 호전시킬 수 있지만, 죽음에 대한 본능적인 저항과 불안은 약물로도 조절하기 어렵다. 물론 모든 임종자들이 이러한 행동을 나타내는 것은 아니며 매우 조용한 모습으로 숨을 거두는 사람들도 있다.

(4) 기타의 임종 징후

죽음이 임박한 사람에게서 나타나는 특징적인 증후들이 어느 시점이 되면 서서히 사라진다. 서서히 호흡이 멈추고 몸의 움직임도 사라진다. 호흡이 멈춘 상태에서도 심장은 몇 분 정도 계속해서 뛰기도 하는데 곧이어 심장박동도 멈추게 된다. 턱이 아래로 처지면서 입이 벌어지고, 눈은 멍하게 무엇을 응시하는 듯이 동공과 함께 눈꺼풀이 반쯤 열려 있는 모습을 보인다. 소변이 흐르거나 항문에서 물질이 새어나오기도 한다. 팔다리가 차가워지고 피부색이 변하거나 피부에 반점이 나타나기도 한다. 몸의 움직임이 전혀 나타나지 않는 상태가 지속된다. 호흡과 심장박동이 완전히 멈추게 되면, 의사의 사망선고를 통해서 한 사람의 삶이 영원한 종말을 맞게 된다.

2. 삶과 죽음의 경계통과 과정

호흡과 심장박동이 멈추고 뇌기능이 서서히 약화되면서 인간은 죽어 간다. 이러한 임종의 과정, 즉 삶에서 죽음으로 넘어가는 과정에서에서 사람은 어떤 심리적 변화를 경험할까? 죽음의 문턱을 넘는 과정은 어떤 것일까? 삶과 죽음의 경계를 통과하는 과정에서 어떤 심리적 경험을 하게 될까? 이러한 물음에 대한 해답은 그동안 베일에 가려져 있었다.

최근에 스위스의 정신종양학 의사이자 심리학자인 모니카 렌츠(Monika Renz)는 임종 환자를 대상으로 그들이 임종 전후에 경험하는 심리적 변화를 연구했다. 그

◈ 임종 순간의 심리적 변화를 탐구한 모니카 렌츠

녀는 2015년에 『어떻게 죽음을 마주할 것인가(Dying: A Transition)』라는 책을 통해서 이러한 연구결과를 제시하고 있다. 임종과정의 환자가 의식에서 무의식으로 넘어가는 경계의 통과 전·중·후의 세 과정에서 경험하는 심리적 변화를 소개하고 있다.

1) 임종과정의 심리적 변화

모니카 렌츠는 스위스의 장크트갈렌 종합병원에 장기간 근무하면서 임종을 앞둔 말기환자들의 통증완화와 돌봄에 헌신한 종양학 의사이자 심리학자이다. 그녀는 말기환자들이 임종 전후에 어떤 심리적 변화를 경험하는지를 밝히기 위해서 체계적으로 연구를 진행했다. 죽음 직전 상태에 있는 환자들로부터 그들이 현재 경험하고 있는 심리적 상태를 직접 보고받는 것은 불가능할 뿐만 아니라 윤리적으로도 적절하지 않다. 따라서 그녀는 참여관찰(participant observation)의 연구방법을 통해 임종 전후의 심리적 변화를 조사하기로 하고 다양한 전공분야의 동료들과 연구팀을 꾸려 임종을 앞둔 1,000여 명의 환자들을 대상으로 자료를 수집했다.

그녀의 연구팀은 임종환자들이 나타내는 다양한 언행을 정밀하게 기록하여 분석했다. 임종을 앞둔 대부분의 환자는 외부 자극에 매우 민감하며 다양한 반응을 보인다. 그들은 의미를 알기 어려운 조각난 말들을 내뱉거나 환상을 경험하는 듯한 비현실적인 언어와 부적절한 행동을 나타내기도 한다. 연구팀은 이러한 임종환자의 모든 반응을 관찰하고 기록하여 분석함으로써 임종환자들이 경험하는 심리적 변화를 체계적으로 추론했다.

모니카 렌츠에 따르면, 임종환자들이 경험하는 심리적 변화의 핵심은 인지전환과 의식변화이다. 임종을 앞둔 많은 사람은 원초적 불안에 직면하며 불안정한 상태를 경험한다. 임종이 가까워지면서 인지전환이 발생하고 자신과 세계를 인식하는 능력이 갑자기 소멸되면서 원초적 신뢰의 깊은 이완상태로 전환된다.

(1) 죽음 앞에서의 원초적 불안

불안은 위협을 인식한 자아의 경험으로서 개인의 내면에서 우러나오는 두려움이다. 인간은 자신의 육체와 감각을 통해 자기 자신을 인지한 상태에서 자신이 위협받고 있다는 인식이 가능할 때 비로소 불안을 느낀다. 불안은 인간의 의식 발달에서 가장 오래된 것이다. 인간은 불안을 느낄 때 감각이 곤두서기 때문에 평소보다 더 많은 것을 의식한다. 원초적 불안(primitive anxiety)은 자아보다 더 오래된 것으로 주체경험의 초기 형태이다.

인간은 출생을 통해 개체로 분리되며 자아를 형성하게 된다. 세계와 분리된 자아의 형성은 변화하는 지각 경험으로 인해 촉진된다. 변화하는 지각에 대한 주체경험이 자아의 형성을 촉발하는 것이다. 우리는 자아로서 경험할 뿐만 아니라 자신의 관점에서 지각하고 독립적인 개체로서 보고 듣고 느낀다. 어머니의 자궁 안에 있던 태아는 출생 직후부터 희미한 의식 속으로 밀려드는 낯선 지각 경험에 압도된다.

불안의 경험은 자아에 흔적을 남기고 각인된다. 자아가 형성되는 초기 단계의 불안, 즉 어머니의 자궁 안을 벗어나 태아가 처음으로 세계에 맞서며 느낀 압도적 위협과 강력한 불안은 우리에게 각인된다. 이러한 불안은 인간의 성격 구조를 결정하고 문화를 형성하는 동력이다. 소유 욕구, 지배 성향, 자기애와 자기중심적 문화는 원초적 불안을 잠재우기 위한 것이다.

자아가 성장하면서 지각이 변해 간다. 죽어 갈 때도 마찬가지로 지각이 변화한다. 임종을 앞둔 사람은 원초적 불안을 경험한다. 임종환자들이 자주 보이는 기이한 언어는 이러한 불안을 상징적 또는 은유적 차원에서 표현하는 것이다. 임종은 죽음과의 대결이며 내적인 떠밀림이다. 이렇게 임종이 가까워진 사람에게 인지전환이 발생한다. 자기를 둘러싼 세계와 자신을 구별하고 인식할 수 있는 능력이 갑자기 상실되는 것이다. 이러한 인지전환과 더불어 원초적 불안이 사라진다.

죽음이란 불안의 각인으로부터 해방되는 것이다. 이러한 경험은 원초적 신뢰 또는 실존적 자유라는 개념으로 이해할 수 있다. 원초적 신뢰(primitive trust)란 세계

와 분리된 자아로서 세계를 잠재적 위협의 대상으로 두려워했던 인식체계에 벗어
나 자아와 세계의 경계가 소멸된 일체적 통합감을 의미한다. 모든 대립과 갈등이
해소된 깊고 포용적인 심리적 상태를 뜻한다. 이러한 상태에서는 삶에서 느껴 보
지 못한 거대한 자유, 가족과 사회에 대한 모든 부담을 내려놓은 기분, 진정 나다운
'나'가 된 느낌을 갖게 되는데, 이는 실존적 자유(existential freedom)라고 할 수 있다.

(2) 인지전환과 의식변화

임종과정에서 경험하는 심리적 변화의 핵심은 인지전환과 의식변화이다. 인지
전환이란 임종을 앞둔 사람들의 지각 능력이 우리가 현재 시공간에서 보고 느끼는
방식과 전혀 다르게 기능함을 의미한다. 이러한 인지전환을 통해서 그들은 우리
가 경험하는 것과는 완전히 다른 존재와 세계를 경험하게 된다.

죽음과 관련하여 두 가지의 지각 양식이 존재한다. 하나는 주체적이고 자아와
연관된 개인적인 지각양식이다. 다른 하나는 자아를 넘어서는 포괄적인 지각양식
으로서 공간에 구애받지 않는 끝이 없는 의식이다. 죽음은 개인적 지각양식에서
포괄적 지각양식으로의 인지전환을 의미한다. 이러한 인지전환은 점진적이지 않
으며 삶과 죽음의 경계를 넘어서면서 나타나는 갑작스러운 변화이다. 임종하는 사
람은 삶과 죽음의 경계를 왔다갔다 넘나드는 경험을 반복하다가 급격한 전환을 통
해서 한순간에 평온상태로 들어간다. 이러한 순간을 임종자의 내면에 밝은 빛이
발현한 것이라고 말하며 종교적 관점에서는 '영적인 개방'이라고 부르기도 한다.

임종과정에서는 인지양식의 급격한 변화, 불안한 자아에서 평온한 존재로의 전
환, 그리고 자아중심적 존재에서 더 큰 포괄적 존재로의 전이가 일어난다. 인지전
환에서는 시공간 차원이 급격하게 변하여 자아가 미처 따라가지 못하고 어떤 일이
일어나고 있는지를 이해할 수 없다. 이 시점에서 동시성과 무시간성을 경험하며,
모든 시공간적 한계를 뛰어넘는 일이 발생한다. 그리고 인간 본연의 자유, 인간의
한계를 뛰어넘은 감각, 사랑의 빛, 평화롭고 경이로운 분위기를 경험한다. 이것이
죽음의 과정에서 경험하는 가장 본질적인 심리적 변화이다.

죽음은 하나의 과정이다. 죽음에 이르면 가장 커다란 변혁과 의식전환이 발생한다. 커다란 변혁은 자아가 전혀 다른 존재로 전환되기 위한 불가피한 변화로서 현존재가 자아로서 존재하는 마지막 순간에 맞이할 수밖에 없는 근본적인 변화를 의미한다. 즉, 자기중심적 주체로 구체화되고 물질화되었던 육체가 죽는 것이다. 이러한 죽음으로 인해 자아에 내재하는 인지능력뿐만 아니라 자아로서 겪었던 모든 경험이 상실된다.

죽음 이전의 삶에서는 자아가 능동적이고 적극적인 주체로 기능하는 반면, 죽음에 이르면 자아는 수동적인 존재로 변화한다. 죽음이 다가오면 자아는 임종과정에서 겪게 될 변화를 생각하고 이해하고 기대하고 주도하는 것을 포기해야 한다. 앞으로 다가올 모든 변화를 받아들이고 수용해야 한다. 생명의 끈을 그만 놓아야 할 때가 되었음을 인정하고 받아들이는 것, 즉 죽음을 긍정하는 것이 필요하다.

(3) 죽음의 심리적 변화

모니카 렌츠에 따르면, 죽음의 경계를 통과하는 과정에서 근본적인 인지전환과 의식변화가 나타난다. 죽어 가는 사람들의 반응을 통해서 그들이 경험하는 것으로 추정되는 핵심적인 심리적 변화를 제시하면 다음과 같다.

① 시간 감각이 변한다. 시간의 흐름이나 현재성의 차원이 바뀌어 많은 것들이 동시성과 무시간성(영원성)의 양식으로 경험된다.
② 공간 감각이 변한다. 공간성의 차원이 변화하여 많은 것들이 공간적인 무경계의 양식으로 경험된다.
③ 신체 감각이 변한다. 구체화, 경계, 자기정체성에 대한 느낌이 바뀌어 많은 것들이 경계가 없거나 서로 연결된 존재로 경험된다.
④ 중력 감각이 변한다. 신체적인 무게감이 와해된 것처럼 느껴진다.
⑤ 감정 경험이 변한다. 좋고 나쁨의 평가와 감정이 사라지며 많은 것들이 대립하는 불안에서 벗어나 공존과 통합의 평온한 상태를 경험한다.

⑥ 의식 상태가 변한다. 자아와 연결된 의식에서부터 새로운 양식의 의식 또는
   무의식의 상태로 변화한다.

2) 죽음의 문턱: 임종과정의 3단계

모니카 렌츠는 임종과정에서 일어나는 심리적 변화를 3단계로 나누어 제시하고
있다. 죽음의 문턱에 선 인간은 3단계, 즉 통과 이전(의식과 무의식의 내적 경계 전),
통과 순간(경계를 넘는 순간) 그리고 통과 이후(경계를 통과한 이후)로의 심리적 변화
를 겪는다. 이러한 전이과정은 사람에 따라 다양한 양상으로 진행될 수 있다.

(1) 죽음의 경계 통과 이전

인간은 죽음이 가까워지면 의식과 무의식의 경계 앞에 서게 된다. 죽음의 경계
통과 이전은 사람의 숨통을 조이는 시간이다. 이 시간에는 자아였던 모든 것, 자아
에 속했던 모든 것, 자아 안에 있는 모든 정체성과 희망을 내려놓아야 하는 상황에
처하게 된다. 이러한 상실이 진행되는 과정에서 자아는 불가피한 상실을 인정할
것인가를 놓고 고민하며 갈등한다. 사랑했던 사람들과의 작별을 준비하거나 유언
장을 준비하는 일이 필요하다. 때로는 가족이 다시 화합하는 긍정적인 일들이 일
어나기도 한다.

이와 더불어 죽음의 순간이 하루하루 다가온다. 의식 상실, 신체 움직임의 현격
한 감소, 간간이 찾아오는 통증, 가려움, 갈증, 구역질 등은 빈번하게 굴욕을 안긴
다. 이때 필요한 것은 고통을 완화시켜 주고 신체적·심리적 불편에 대한 섬세한
돌봄이다. 가능하면 가족이 환자의 시야에서 벗어나지 않고 환자 곁을 지키는 것
이 좋다.

환자는 하루하루 증상이 더 악화되고 쇠약해지는 것을 느낀다. 두려움에 떨면
서 가족을 위해 힘겹게 버틴다. 자신에게 어떤 일이 발생할 것인지 전혀 알지 못한
상태에서 계속 앞으로 나아간다. 이런 상태에서 개인이 할 수 있는 일은 그저 자신

의 상황과 상태를 받아들이고, 삶의 모든 것을 포기하고 단념하는 것이다.

환자는 고통에 몸부림치면서도 자기의식을 지닌 인간으로서 자존감, 즉 존엄성을 경험하고자 한다. 환자가 다른 사람들로부터 대우받고 존중받고 있다는 느낌을 받을 수 있을 때 존엄성이 경험될 수 있다. 존엄성은 인내를 요구하는 강한 인격에서 비롯된다. 고통을 견디고 인내하고 자기애를 절제하며 의연하고 품위 있게 대처할 수 있는 인격의 크기를 통해서 성숙한 인간으로서의 존엄성을 유지할 수 있다. 고통받는 동시에 존엄성과 사투를 벌이는 인간은 의존성과 자유 사이에서 치열한 갈등을 겪는다. 존엄성은 자신뿐만 아니라 타인과의 올바른 관계를 지칭하는 용어이다. 존엄성은 자율성의 표현이자 긍정의 표현이며 죽음의 문턱 앞에서도 자신의 인간적 가치를 지키려는 불굴의 의지라고 할 수 있다.

환자들은 병세가 악화되어 통증과 증상이 심화될 뿐만 아니라 타인의 도움을 받아야 하는 자신의 처지에 자존감이 강탈당한 듯한 굴욕감을 느낀다. 때로는 이러한 굴욕감이 악몽과 공포스러운 환각을 통해 고통스럽게 나타나기도 한다. 환자들은 인생의 마지막 순간까지 자신의 자존감과 존엄성을 유지하려는 노력과 초라하고 비참한 상황을 인정해야 하는 현실 사이에서 처절한 내면적 갈등을 경험하며 투쟁한다. 이러한 내면적 과정에서 환자들은 자신의 병약함을 인정하고 자존감을 포기함으로써 새로운 자유를 느끼기도 한다. 환자들은 죽음의 경계 통과 직전에 자아를 지키려는 노력과 포기 사이에서 갈등하며 방황하는 경험을 하게 된다.

(2) 죽음의 경계 통과 순간

죽음이 눈앞에 다가왔을 때 환자는 원초적 불안을 경험한다. 원초적 불안은 존재를 뒤흔드는 근원적인 것으로서 의식이 있는 현존재가 한계에 다다랐을 때 일어나는 심신의 반응이다. 원초적 불안은 기본적으로 죽음의 문턱을 넘는 순간에 피조물로서 자신의 한계를 인지한 자아가 엄청난 압박감을 마주하는 곳에서 경험하는 공포이다. 무언가 무시무시한 것, 압도적인 것, 탈출구가 없는 것 그 자체가 우리를 꼼짝 못하게 하는 것에 대한 불안이다. 이러한 원초적 불안은 경련, 불안, 가려움, 메스꺼움, 오한, 알레르기 반응, 근육 경직 등으로 나타날 수 있다.

원초적 불안의 체험은 사람마다 각기 다르다. 어떤 사람은 바다 위에 떠 있는 얼음덩어리들 사이에 매달려 있는 자신을 보기도 하고, 용의 목구멍 속으로 빨려 들어가는 자신을 보거나 위험한 동물이나 기계에 붙들린 자신을 보기도 한다. 어떤 사람은 흉물스러운 거미를 보기도 한다. '어둠, 암흑, 악'을 묵시적으로 상징하는 시각적 경험을 할 수 있다. 이 통과 순간에 소름과 오한을 느끼기도 하고 식은땀을 흘리거나 고통을 느끼기도 한다. 원초적 불안이 드러나는 순간에 자아는 압도당하는 동시에 굴복하고 만다. 이러한 경계 통과는 순식간에 일어나기도 하지만 어떤 경우에는 천천히 그 안으로 녹아들기도 한다.

환자는 이러한 죽음의 문턱에서 의식과 무의식의 경계를 직접 경험한다. 자아에게 일어나는 모든 경험이 절정에 달하며, 이때 삶의 끈을 내려놓는 일이 발생한다. 경계를 통과하는 순간에 환자들은 '드디어 죽는구나.'라는 느낌을 받을 수 있으며 기나긴 고통이 끝났다는 긍정적인 느낌을 경험할 수도 있다.

의식과 무의식의 경계를 넘는 순간은 수분 또는 수시간, 때로는 수일이 걸리기도 한다. 죽음의 통과의례는 출생과 달리 매우 다양하게 경험된다. 한 번에 끝나버리는 출생과 비교하여, 환자는 생의 마지막인 죽음의 문에 다가서지만 이내 놀라서 뒤로 물러서며 경계를 왔다갔다 하게 된다.

경계를 통과하면서 변화가 일어난다. 몸이 떨리고 식은땀이 나며 고통 속에서 난관을 견뎌 낸다. 이때 환자들은 새로운 존재양식으로 통과하는 독특한 상징적 경험을 하게 된다. 이러한 상징적 경험은 개인마다 다르지만 '바다가 열리면서 큰 구멍이 나타나고 그 안으로 추락하는 경험', '죽어 가는 자신이 길고 좁은 암흑의 터널로 들어가는 경험' 또는 '압도적인 거대한 짐승들이 덤벼드는 경험'으로 나타난다. 많은 사람이 이러한 경계를 통과하는 순간에 힘겨워하며 몸부림을 친다.

인간은 마지막 순간까지 돌봄을 필요로 하는 존재이다. 출산을 돕는 산파가 있듯이, 경계를 통과하는 과정에서도 환자를 이끌어 줄 안내자가 필요하다. 경계를 통과하는 순간에 일어나는 변화에 동요하지 말고 두려워하지 말라는 위로와 격려가 환자들에게 필요하다. 임종을 돕는 사람이나 호스피스는 환자에게 "경계에서 뛰어내리세요.", "통로를 그냥 통과하세요." 또는 "어떤 일이 일어나더라도 돌아보지 말고 그냥 지나치세요."라고 격려해야 한다. 호스피스들은 환자에게 "계속해서 앞으로 나아가세요. 아마도 터널 한가운데에 계실 겁니다. 그 안에 끔찍한 것들이 있을 거예요. 또한 거대한 문이 있을 거예요. 그 앞으로 가시면 문이 열릴 겁니다. 두려워하지 마시고 용기 있게 앞으로 나아가세요. 곧 안온한 평화가 올 겁니다." 라고 말하며 죽음의 문턱을 넘도록 격려한다. 이때 환자는 존재의 전이를 위한 용기, 즉 삶에서 죽음으로 나아가는 용기가 필요하다.

(3) 죽음의 경계 통과 이후

경계를 통과하고 나면 대부분의 환자들은 고요해진다. 분위기가 평온하게 변한다. 어느 순간 갑자기 모든 불안이 사라진 것처럼 고요, 평온, 행복의 상태로 접어든다. 모든 사투의 시간은 지나갔다. 인간은 자아로부터 해방되어 근원적인 자신을 향하여 나아간다. 자유롭고 본질적인 자기 자신, 즉 근원에 좀 더 가까워진 인간이 된다. 불안, 욕망, 압력뿐만 아니라 자기 안에 각인된 모든 것들로부터 자유로워진다. 경계를 통과한 사람들은 자기중심적 존재에서 초월적인 것과 맞닿아 있는 존재로 전이됨을 느끼게 된다.

죽음은 개인마다 다른 방식으로 일어난다. 죽음의 3단계, 즉 경계 통과 이전, 순간, 이후가 공식처럼 차례대로 나타나는 것은 아니다. 그러나 이러한 단계들을 알면 죽음을 이해하는 데에 도움이 될 수 있다.

임종 준비란 죽어 가는 사람의 내적 요구를 들어주고 그가 편안히 숨을 거둘 수 있도록 돕는 일이다. 이를 위해서는 죽음의 문턱을 넘는 과정과 인지 감각의 변화를 잘 이해해야 한다. 임종 준비는 죽어 가는 사람과 그 가족이 함께해야 한다. 임종을 돕는 사람은 환자로 하여금 죽음에 대한 불안, 저항, 거부, 대결에서 포기, 수용, 긍정으로 전환하도록 돕는 동시에 가족과의 화해 속에서 죽음 앞의 겸손을 배우는 마지막 성숙과정으로 안내하는 것이 중요하다.

3. 임사체험

죽음은 미지의 세계이다. 죽음의 경계를 건너갔다가 다시 이승으로 돌아와 자신의 경험을 전한 사람이 없기 때문이다. 그러나 죽음의 문턱을 넘나들다가 회생한 사람들의 경험담이 존재한다. 심장마비의 경우처럼 심장박동과 호흡이 정지한 상태에서 의사에 의해 임상적 죽음의 판정을 받는 사람들이 일정한 시간이 흐른 후에 기적적으로 의식을 되찾아 회생하는 경우가 있다. 이러한 사람들이 회생하여 죽음의 판정 전후에 겪은 경험들을 보고하고 있는데, 이것이 바로 임사체험(near-death experience)이다. 임사체험은 완전히 죽음에 이른 것은 아니고 죽음 가까이에 접근했다가 돌아온 사람들의 경험담이지만 죽음의 전후 또는 적어도 임상적 죽음 이후의 세계를 엿볼 수 있는 단초가 될 수 있다. 이러한 임사체험이 죽음 이후의 삶, 즉 사후생(死後生)의 존재를 의미하는지는 논란의 대상이 되고 있다.

1) 임사체험에 대한 관심

19세기의 스위스 지질학자인 알베르트 하임(Albert Heim)은 알프스 산맥을 등반하는 중에 추락하여 사경을 헤매게 되었는데 그때 그는 신비로운 경험을 했다. 그후 그는 극한상황이나 죽음에 관련된 주관적 경험에 흥미를 갖게 되었다. 그는 몇십 년에 걸쳐 치명적인 사고를 당해 거의 죽음상태에 있다가 살아난 많은 사람으로부터 설명을 듣고 자료를 모았다. 1892년 알베르트 하임은 스위스등반가협회의 모임에서 이러한 사실을 논문으로 발표했다. 그에 따르면, 각기 다른 상황이었음에도 임사상태에 대한 주관적 경험의 내용이 95% 정도 유사하다. 처음에는 정신활동이 고양되고 사건에 대한 지각이 이례적이라 할 만큼 명확하게 느껴진다. 시간이 굉장히 길어지며 사람들은 현실을 매우 정확하게 판단해 가면서 빛과 같은 속도로 활동한다. 이 단계가 지나면 갑자기 인생을 조감할 수 있는 단계가 찾아온다. 그 단계가 절정에 다다르면 초월적인 평온감을 느끼게 되면서 아름다운 초자연적 광경과 천상의 음악소리를 듣게 된다.

1961년에 심리학자인 칼리스 오시스(Karlis Osis)는 동료들과 함께 임종을 맞은 환자들을 다룬 경험이 있는 의사와 간호사를 대상으로 설문조사를 했다. 그에 따르면, 사망하기 직전에 의식을 지녔던 10%의 환자 중에서 상당수가 생생한 체험을 했다. 그는 이러한 임사체험이 종말론적 신화나 LSD와 같은 환각제 복용으로 야기된 환각경험과 유사하다는 점을 지적했다.

1971년 미국의 정신의학 교수인 러셀 노예스(Russell Noyes)는 죽음에 직면했던 사람들의 수많은 체험담을 연구했다. 그는 이러한 체험담에서 공통적으로 나타나는 3단계의 패턴을 찾아냈다. 그 첫째는 저항의 단계로서 자신에게 위험이 닥쳐옴을 알아차리고 저항하다가 죽음을 받아들이게 되는 시기이다. 둘째는 지나온 인생을 조감해 보는 단계로서 그 기간 중에는 임종을 맞이하는 이의 지나간 기억 중 중요한 것들이 다시 되살아나거나 그의 전 생애가 집약되어 주마등처럼 지나간다. 마지막은 초월의 단계로서 우주적 상태에 의식이 놓여 있다는 경험을 하거나 신비적이고 종교적인 경험을 하게 되는 단계이다.

2) 임사체험의 내용

임사체험을 체계적으로 조사하여 보고한 최초의 인물은 미국의 심리학자인 레이먼드 무디(Raymond Moody)이다. 그는 죽음의 판정을 받았다가 다시 살아난 사람들의 경험에 대한 150여 사례를 분석하였고, 임상적으로 사망 판정을 받고 되살아난 50여 명의 사람들을 직접 만나서 개인적으로 면담했다. 그는 죽음의 판정을 받았다가 다시 살아난 사람들을 대상으로 그들의 체험을 조사한 결과 여러 가지 공통점이 있다는 것을 발견했다. 그는 이러한 공통점을 정리하여 1975년에『삶 이후의 삶(*Life After Life*)』이라는 책을 출간하면서 임사체험(Near-Death Experience: NDE)이라는 용어를 처음 사용했다. 이 책이 발간되면서 죽음의 체험에 대한 현대 서구인들의 관심이 급속하게 확대되었다. 이 책에서 무디는 임사체험자의 공통적 체험을 13가지로 나누어 제시하고 있다.

◆ 임사체험의 연구자인 레이먼드 무디

(1) 체험 내용을 언어로 표현하기 어렵다. 임사체험자들은 그들의 경험이 매우 특별하고 심오한 것이라서 도저히 말로 표현할 수 없다고 말한다.

(2) 자기 죽음을 목격한다. 많은 임사체험자들은 의사가 자신의 죽음을 선고하는 것을 들었다고 보고한다. 심지어 의사나 간호사가 자신을 살리기 위해 노력하는 모습을 그들의 머리 위에서 바라보았다고 말하기도 한다.

(3) 이상한 소리를 듣는다. 죽음 직후에 임사체험자들은 커다란 울림이나 윙윙거리는 소리를 듣는다.

(4) 평안하고 고요한 기분을 느낀다. 대부분의 임사체험자들은 죽음 이후에 고요하고 평화로운 평온의 감정을 경험했다고 보고했다. 그들에게 이러한 평온한 감정경험은 완전히 새로운 것으로 느껴진다.

(5) 체외이탈을 경험한다. 임사체험자들은 그들이 자신의 몸을 떠나 높은 곳에서 자신과 주변 환경을 볼 수 있었고 한순간에 먼 곳으로 이동할 수 있었다고 보고했다.

(6) 어두운 터널을 지난다. 임사체험자들은 어두운 터널과 같은 텅 빈 어둠을 통해 빨리 이동했다고 보고한다.

(7) 지난 삶을 돌아본다. 임사체험자들은 자신의 모든 인생사를 파노라마처럼 빠르게 볼 수 있었다고 보고한다.

(8) 죽은 사람을 만난다. 임사체험자에 따르면, 죽음 이후의 새로운 세계에 혼자만 남겨지는 것이 아니다. 이들은 흔히 죽은 친척이나 친구 또는 종교적 인물을 만나서 새로운 세계의 안내를 받았다고 보고한다.

(9) 밝은 빛을 만난다. 임사체험자들은 흔히 밝은 금색 불빛을 보았다고 보고한다. 일부 사람은 그 불빛이 그들과 소통할 수 있었던 어떤 존재였다고 보고했다.

(10) 삶과 죽음의 경계를 만나지만 건너지 않는다. 임사체험자들은 그들이 강이나 산 또는 문과 같이 다시 돌아올 수 없는 경계를 만났지만 그것을 건널 수 없었다고 보고한다.

(11) 살아 돌아옴에 대해서 양가적 감정을 느낀다. 대부분의 경우, 임사체험자들은 그들이 어떻게 자신의 몸으로 다시 돌아왔는지를 정확하게 기억하지 못한다. 그러나 이들은 이러한 생환이 한편으론 다행스럽게 여기지만 다른 한편으로는 실망스럽게 느껴졌다고 보고한다. 지금은 홀가분하게 몸을 떠나 평온의 세계로 건너갈 시점이 아니며 살아서 무언가 더 해야 할 일들이 남아 있는 것으로 체험된다.

(12) 자신의 체험을 말하는 것에 두려움을 느낀다. 임사체험자들은 그들의 경험이 개인적으로 매우 의미 있는 것이지만 매우 특이한 것이기 때문에 그러한 경험을 다른 사람들에게 이야기했다가 자신의 경험이 웃음거리가 되거나 평가절하되는 것이 두려워서 공개하는 것을 주저하게 된다.

(13) 많은 임사체험자들은 새롭게 다시 태어난 느낌을 갖고 자신의 인생을 재평가하여 변화시켰다고 보고한다. 그들은 삶을 살아가는 것에 더 큰 자신감을 지닐 수 있었고, 더 이상 죽음을 두려워하지 않게 되었으며, 삶의 비물질적 측면을 더 중요하게 여기게 되었다고 보고했다.

모든 임사체험자가 앞서 소개한 모든 경험을 하는 것은 아니다. 미국의 심리학자인 케네스 링(Kenneth Ring)은 레이먼드 무디의 영향을 받아 임사체험에 대한 체계적인 연구를 했다. 그는 여러 병원에서 죽음에 임박한 사람들을 대상으로 102명의 임사체험자를 선별하여 그들의 경험내용을 면담하고 분석했다. 그는 이러한 연구결과를 1980년에 『죽음에서의 삶: 임사체험에 대한 과학적 조사(Life at Death: A Scientific Investigation of the Near-Death Experience)』를 출간하면서 임사체험의 10가지 공통적 요소를 다음과 같이 제시했다.

(1) 자신이 죽었다는 인식

(2) 긍정적인 감정

(3) 체외이탈 경험

(4) 어두운 터널을 통과함

(5) 밝은 빛과 소통함

(6) 다양한 색채를 경험함

(7) 천국 또는 지옥 같은 경관을 봄

(8) 사망한 사람을 만남

(9) 지난 삶을 돌아봄

(10) 삶과 죽음의 경계를 만남

링에 따르면, 죽음의 선고를 받았다가 회생한 모든 사람들이 이러한 임사체험을 기억하는 것은 아니다. 세 명 중 한 명만이 임사체험을 보고한다. 또한 그들이 보고하는 임사체험의 내용이 모두 일치하는 것은 아니지만 상당 부분의 공통점을 지닌다. 마음이 몸을 떠나는 체외이탈, 밝은 빛을 향한 터널 통과, 죽은 친척이나 친구를 만남, 커다란 위안과 축복 그리고 자비로운 사랑에 둘러싸인 느낌, 계속 남아 있고 싶은 느낌, 경계선을 만나서 이것을 넘을 것인가를 결정하는 순간을 경험한다.

링은 임사체험이 환각과는 다르다고 주장했다. 마약, 마취제 또는 치료약물로 인해 유발되는 환각은 그 경험내용의 연결성과 일관성이 없고 산만하며 이해하기 어렵고 매우 다양한 반면, 임사체험은 명료하고 연결성이 있는 내용들의 유사한 패턴을 지닌다. 그에 따르면, 임사체험은 흔히 (1) 평화로운 느낌, (2) 육체와의 분

◈ 15세기의 네덜란드 화가 히에로니무스 보스가 그린 〈천상계로의 상승〉

리, (3) 어둠으로 들어감, (4) 빛을 만남, (5) 빛 속으로 들어감의 5단계 패턴을 나타낸다. 임사체험자들의 60%가 1단계의 평화로운 느낌을 경험하고 10%만이 마지막 5단계까지 경험한다. 이러한 임사체험은 회생 이후의 인생에 지속적인 영향을 미친다.

물론 임사체험의 세부적인 내용은 개인마다 현저하게 다르지만, 임사체험의 기본적 내용은 종족, 성별, 나이, 교육, 결혼상태, 사회계층뿐만 아니라 죽음에 이르는 방식(수술, 사고, 자살)이나 개인의 성격 또는 임사체험에 대한 지식 여부와 상관없이 유사하다. 또한 종교인이든 무신론자이든 또는 사후세계를 신봉하든 부정하든 유사한 임사체험을 하게 된다. 다만 개인적 신념에 따라 임사체험의 의미를 해석하는 데에 차이가 있을 뿐이다.

링은 1984년에 출간한 저서 『오메가를 향하여(Heading toward Omega)』에서 임사체험의 연구결과를 좀 더 자세하게 소개하였다. 그는 이후에 동료들과 함께 세계임사체험연구학회(International Association for Near-Death Studies: IANDS)를 창립하였으며 『Journal of Near-Death Studies』를 창간하기도 했다.

3) 임사체험에 영향을 미치는 요인

레이먼드 무디가 1975년에 임사체험에 관한 연구를 발표한 이후 지난 40여 년 동안 많은 연구가 이루어졌다. 임사체험을 하도록 이끄는 일시적인 죽음의 원인

은 심근경색으로 인한 심정지, 전신마취, 출산 중의 과다출혈이나 수술 중의 합병
증으로 인한 쇼크, 패혈증이나 혈청요법 도중의 쇼크, 외부충격으로 인한 뇌손상,
뇌출혈과 뇌혈관 경색, 감전, 자살, 질식 등과 같이 다양하다.

　임사체험이 항상 평화롭고 긍정적인 것은 아니다. 임사체험자의 10~20%는 고
통스러운 경험을 하며 여러 단계에서 공포와 불안을 느낀다. 이들 중에는 어둡고
암울한 장면을 목격하거나 적대적이고 공격적인 존재를 만나기도 한다. 이러한
부정적인 임사체험은 종교, 자살, 정신장애 병력, 임사체험에 대한 지식 등과 관련
이 없는 것으로 알려져 있다. 임사체험에 대한 장기적 기억은 매우 안정적이며 세
월의 우여곡절에 의해 변화되지 않는다.

　대부분의 임사체험 연구는 일시적 죽음과 임사체험을 경험했던 사람들을 찾
아내어 그들의 기억을 회고적으로 수집하여 분석했다. 그러나 2001년에 네덜란
드의 심장병 의사인 반 롬멜(van Lommel)과 동료들은 심정지로 인해 임상적 죽음
에 이르렀다가 심폐소생술을 통해 회생한 344명의 환자를 대상으로 그들의 경험
을 회생 직후에 체계적으로 정밀하게 조사했다(van Lommel, van Wees, Meyers, &
Elfferich, 2001).

　그 결과, 조사된 344명의 18%에 해당하는 62명만이 임사체험을 했다고 보고했
다. 이들 62명의 보고를 분석한 결과, 임사체험의 10가지 요소에 대한 경험빈도
는 (1) 긍정적인 감정(56%), (2) 자신이 죽었다는 인식(50%), (3) 사망한 사람을 만
남(32%), (4) 어두운 터널을 통과함(31%), (5) 천국 같은 아름다운 경관을 봄(29%),
(6) 체외이탈 경험(24%), (7) 밝은 빛과 소통함(23%), (8) 다양한 색깔을 봄(23%),
(9) 지난 삶을 돌아봄(13%), (10) 삶과 죽음의 경계를 만남(8%)과 같았다. 임사체험
을 보고한 사람들은 그 내용의 다양성과 생생함에 있어서 상당한 차이를 보였다.

　반 롬멜은 일시적 죽음상태에서 임사체험을 한 사람들과 그렇지 않은 사람들의
다양한 특성을 비교하여 차이를 분석했다. 그 결과, 나이가 60세 이하인 사람들이
그 이상의 노인들보다 임사체험을 더 많이 보고했다. 또한 긴 심폐소생술로 그 이
후에 기억손상이 있는 사람들은 임사체험을 더 적게 보고했다. 또한 임사체험을

보고한 사람들이 그렇지 않은 사람들보다 회생 후 30일 이내에 더 많이 사망했다.

반 롬멜은 임사체험의 생리적·심리적 원인에 대해서 언급하지 않았지만 임사체험이 약물에 의해 유도된 환각경험과는 다르다고 주장했다. LSD를 비롯한 마약성 약물에 의해서도 체외이탈 경험, 밝은 빛의 지각, 과거경험의 기억 등과 같이 임사체험과 유사한 경험이 나타날 수 있다. 그러나 약물에 의한 경험은 그 내용이 파편적이고 과거경험도 일관성 없이 기억된다는 점에서 임사체험과 다르다. 특히 임사체험에서처럼 삶에 대한 관점을 변화시키고 죽음의 두려움이 사라지게 만드는 등 삶을 변형시키는 과정이 약물에 의한 경험에서는 나타나지 않는다.

임사체험의 의미에 대해서는 다양한 해석이 존재한다. 그 첫째는 영적인 해석으로서 임사체험이 영혼의 존재를 의미하며 사후에도 삶이 존재하는 증거로 이해하는 것이다. 이러한 주장을 하는 사람들은 임사체험을 사후생의 증거로 여긴다. 둘째는 심리학적 해석으로서 임사체험이 생명 위협적 상황에 대한 독특한 심리적 반응이라는 주장이다. 이러한 주장을 하는 사람들은 임사체험을 일종의 이인증/비현실감, 해리현상, 기억의 문제로 해석한다. 셋째는 신경생리학적 해석으로서 임사체험은 죽음 직후에 뇌에서 일어나는 변화로 인해 경험되는 일종의 환상이라는 주장이다. 넷째는 제3의 해석으로서 임사체험에서 시사하는 몸과 마음의 관계를 설명하는 새로운 모델이 필요하다는 입장이다. 임사체험의 의미에 대해서는 제6부 제20장에서 상세히 논의할 것이다.

4. 종말체험

죽음을 앞둔 임종자나 그 가족들이 죽음과 관련된 특별한 경험을 했다는 이야기는 여러 문화권에서 전해지고 있다. 1926년에 영국의 의사 윌리엄 바렛(William Barrett)은 『종말 환시(Death-Bed Visions)』라는 책을 출간하면서 죽어 가는 사람들이 이미 사망한 가족이나 친인척을 보거나 음악소리를 들었다는 사례를 소개했다. 이 책에서 소개된 사례 중 하나는 건강한 아이를 출산했으나 과다 출혈로 생명이 위독한 상황에 처한 산모의 경험이다. 산모를 돌보는 간병인이 보니 산모가 상냥한 미소를 띤 채 허공에 시선을 두고 있어서 무엇을 보고 있느냐고 물었더니 아버지와 동생이 자신을 반갑게 맞이하고 있다고 대답했다. 산모의 가족상황을 조사한 결과, 실제로 이 산모의 동생은 3주 전에 세상을 떠났으나 그녀의 건강상태가 좋지 않아 가족들이 이 사실을 알리지 않았다는 것이다. 그런데 산모는 자신의 임종이 다가오자 오래전에 타계한 아버지와 최근에 죽었지만 그 사실을 알지 못했던 동생의 마중을 받은 것이다. 이러한 일련의 사례를 제시하면서 바렛은 종말체험이 죽어 가는 사람과 이미 죽은 사람들 간의 영적인 소통의 증거라고 주장했다.

임종자를 돌보는 가족뿐만 아니라 호스피스나 간병인들은 임종자가 죽음 직전에 이야기하는 특별한 경험이나 그의 죽음과 관련된 자신들의 특별한 경험을 보고하는 경우가 흔하다. 이처럼 임종을 앞둔 사람들이나 그와 관련된 사람들이 겪게 되는 특별한 경험을 총칭하여 종말체험(End-of-Life Experiences: ELE)이라고 한다. 종말체험은 다음과 같은 4가지 유형의 경험을 포함한다(Fenwick & Brayne, 2011; Fenwick, Lovelace, & Brayne, 2007).

첫째, 종말 환시(deathbed vision)는 가장 흔한 종말체험으로서 임종하는 사람이 이미 죽은 사람의 환영을 보는 것이다. 죽음에 임박한 사람들은 이미 사망한 가족이나 지인의 모습을 보게 되는 시각적 경험을 하는 경향이 있다. 이들은 그들을 붙잡기 위해 손을 뻗거나 그들에게 말을 거는 행동을 나타내기도 한다. 흔히 생전에 임종자와 친밀한 정서적 관계를 맺었던 사람(예: 부모, 형제자매, 배우자 등)이 나타나서 임종자를 안내하거나 돕는 행동을 하는 환영을 보게 되는데, 이러한 경험은 임종자의 마음을 편안하게 위로해 주는 기능을 하며 죽음을 위한 마음의 준비를 하도록 돕는 것으로 여겨진다. 종교를 지닌 사람들은 자신의 종교와 관련된 환영을 보게 되며, 대부분의 경우 비교적 명료한 의식상태에서 이러한 환영을 경험하게 된다.

둘째, 종말 동시경험(deathbed coincidence)은 먼 곳에 떨어져 있는 사람이 임종자의 죽음을 거의 동시에 예감하게 되는 경험을 의미한다. 임종자와 정서적으로 가까운 사람들은 임종자의 모습이 나타나서 마치 이별의 인사를 하는 듯한 행동을 하고 사라졌다는 보고를 한다. 이러한 경험은 임종자가 사망한 시점의 전후에 나타나며, 심지어 임종자가 중병에 걸렸다는 사실을 전혀 알지 못했던 사람들에게도 나타났다. 때로는 임종자가 사망한 시간에 다른 사람의 벽시계가 멈추거나 그가 특별한 애정을 지녔던 동물(예: 새)이 나타났다는 보고도 있다.

셋째, 임종자를 곁에서 돌보던 사람들(가족이나 간병인)은 임종자가 사망하는 순간에 그의 몸에서 무언가가 빠져나가는 것을 인식했다고 보고한다. 임종자의 몸(예: 가슴, 입, 머리 등)에서 모호한 형태를 지닌 무언가가 빠져나와서 그의 몸 주변을 맴돌다가 사라졌는데, 밝은 빛이나 사랑, 자비, 순수의 느낌을 주는 것이었다고 보고한다. 이러한 경험을 한 사람들은 편안한 위로감을 느끼게 되는데 이러한 느낌이 여러 해 동안 지속된 경우도 있다고 한다.

넷째, 임종 직전에 임종자나 가족들은 평소와 다른 매우 생생한 꿈을 꾸기도 한다. 이러한 꿈은 임종자가 자신의 삶에서 해결하지 못한 문제를 다루도록 돕기도 한다. 예컨대, 가족이나 치료진에게 분노를 지녔던 사람이 이러한 꿈을 꾸고 나서 화해를 하거나 평온함을 유지하는 경우도 있다.

종말체험은 죽음 관련 감각경험(Death-Related Sensory Experiences: DRSE)이라고 불리기도 하는데, 약물에 의해 유도된 환각경험과는 다른 것으로 여겨지고 있다. 약물에 의한 환상은 동물이 나타나거나 불쾌한 경험을 유발하는 경우가 많은 반면에, 종말체험은 대부분의 경우 정서적으로 가까운 사람들이 나타나고 임종자에게 위로의 기능과 더불어 깊은 의미를 제시하는 것이다.

펜윅과 동료들(Fenwick, Lovelace, & Brayne, 2010)에 따르면, 임종환자들은 대부분 종말체험을 하지만 환자와 가족들은 의료진이 믿지 않거나 당혹감을 느낄까 봐 그러한 체험을 보고하지 않은 경향이 있다. 그러나 종말체험은 임종자와 가족 모두에게 긍정적인 영향을 미치는 것으로 보고되고 있다. 최근에는 호스피스와 완화의료 종사자들이 종말체험에 관해서 수용적이고 존중적인 태도를 지닌다. 임종

환자를 돌보는 전문가들은 종말체험을 잘 이해하고 수용하면서 임종환자가 편안한 죽음을 맞이하도록 돕는 것이 필요하다(Fenwick & Brayne, 2011).

제7장

장례 의식과 절차: 죽은 사람에 대한 예우

완전한 죽음에 이르면, 생명을 잃은 육체는 서서히 부패한다. 육체를 구성하는 세포들이 사멸하면서 시신이 부패하기 시작한다. 인간사회는 고인을 추모할 뿐만 아니라 시신의 위생적 처리를 위한 장례의식을 치른다. 대부분의 사회는 사람이 죽으면 회생할 가능성을 고려하여 2~3일 동안 기다렸다가 완전한 죽음을 확인한 후에 시신을 처리하는 장례를 치른다. 장례는 아직 육체적 형상을 유지하고 있는 한 인간에 대해서 가족과 사회구성원들이 영원한 이별을 고하는 마지막 의식이라고 할 수 있다. 이런 점에서 장례식은 죽어감의 마지막 과정으로서 개인의 사회적 죽음이 이루어지는 절차라고 할 수 있다.

1. 장례의식: 죽어감의 마지막 절차

죽은 사람의 장례를 치르는 것은 인간만의 독특한 특징으로 알려져 있다. 세계적인 영장류 연구자인 제인 구달(Jane Goodall)에 따르면, 침팬지는 새끼가 아프거나 고통스러워할 때는 관심을 보이지만 새끼가 죽으면 하루 이틀 죽은 새끼를 안거나 둘러메고 다니다가 그 이상은 관심을 보이지 않는다. 장례는 인간 문화와 함께 시작되어 오랜 전통을 지닌 풍습이다. 고고학자들은 중동아시아와 유럽의 여러 곳에서 꽃으로 장식된 네안데르탈인의 유골을 발견했다(Molleson, 1981). 이러한 발견은 네안데르탈인들이 죽은 사람에게 애정과 존경을 표시하며 시신을 인위적으로 매장하는 장례의 풍습을 지니고 있었음을 보여 준다. 인간사회에는 1만 2천 년 전에 끝난 마지막 빙하기 이후부터 죽은 시체를 특별히 취급하는 태도와 사회적 풍습이 생긴 것으로 추정되고 있다.

장례의식은 문화와 사회집단에 따라 매우 다양하다. 장례의식에는 각 문화권의 사회문화적·자연환경적 요인과 더불어 사회구성원들이 공유하는 죽음관과 사후세계에 대한 신념체계가 반영되어 있다. 죽음과 사후세계에 대해서 어떤 믿음을 지니느냐 하는 것은 죽어 가는 사람의 태도에 심대한 영향을 미칠 뿐만 아니라 살아 있는 사람들이 죽은 사람을 대하고 그의 시신을 처리하는 방식에도 커다란 영향을 미친다. 장례의식은 인간이 죽음과 사후세계에 대해서 지니고 있는 다양한 신념체계를 살펴볼 수 있을 뿐만 아니라 죽은 사람에 대한 심리적 태도와 반응을 살펴 볼 수 있는 중요한 사회적 의식이라고 할 수 있다.

2. 한국인의 장례절차

우리나라의 경우, 삼국시대에 불교와 유교라는 두 가지 외래사상이 전래되어 보급되면서 생사관을 비롯한 정신세계에 큰 영향을 미치게 된다. 외래사상과 함께 들어온 예법(禮法)과 장제(葬制)는 전통적인 장례관습에 크고 작은 변화를 가져왔다. 신라시대부터 고려시대에는 불교와 유교의 양식이 혼합된 장례가 행해졌다.

삼국시대에는 강화된 왕권을 뒷받침하기 위해 중국과 밀접한 외교관계를 맺었을 뿐만 아니라 적극적으로 승려와 유학생의 교류를 이어갔다. 삼국은 모두 왕을 정점으로 하는 귀족사회의 질서를 유지하기 위해서 사회도덕으로서 유교를 중요시하였다. 신라는 고구려와 백제에 비해 늦게 유교를 받아들였지만, 화랑도의 세속오계에 나타난 충효사상은 유교의 영향을 잘 보여 주고 있다. 유교와 함께 들어온 중국의 장례문화로는 삼년상이나 상복제도와 같은 장례법이 있다. 또한 중국 무덤의 전형이라고 할 수 있는 흙으로 봉분을 만드는 무덤(封土墳)이 유행하기도 했다.

삼국시대의 왕실이 불교를 수용함에 따라 생사관에도 큰 변화가 나타났다. 선사시대 이래로 지속된 전통적인 생사관, 즉 죽은 자의 영혼이 영원히 사라지지 않고 삶과 죽음의 세계가 이어진다는 계세사상(繼世思想)에서, 중생은 끊임없이 삼계육도(三界六道)를 돌고 돌며 생사를 거듭한다는 불교의 윤회사상(輪回思想)으로 전환되었다. 죽음에 대한 생각이 바뀌면서 무덤의 형태도 바뀔 수밖에 없었다. 계세사상에 따라 무덤에 많은 부장품을 넣는 후장(厚葬)에서 거의 부장품을 넣지 않는 간소한 형태의 박장(薄葬)으로 변화되었다. 또한 거대한 고분을 조성하여 매장했던 과거의 방식에서 불교식 화장, 즉 시신을 화장한 후에 뼈만 추려 골호에 담아 매장하는 방식으로 변화했다.

고려 말에는 중국으로부터 『주자가례(朱子家禮)』가 들어오고 조선 전기의 배불숭유(排佛崇儒) 정책으로 인해 불교의식은 사라지고 유교의식이 행해졌다. 그러나 『주자가례』는 중국의 풍습을 따른 것이어서 우리 실정에 맞지 않는다는 논란이 거듭되었다. 숙종 때에는 이재(李縡)가 현실적 여건을 고려하여 장례를 수정해서 엮은 『사례편람(四禮便覽)』을 많은 사람이 따랐다. 이러한 장례는 오랜 세월이 흐르면서 조금씩 변하기도 하고 지방마다 풍습을 달리하게 되었다. 현대에는 전통적인 절차에 불교와 기독교를 비롯한 종교의 의식이 혼합되었을 뿐만 아니라 간소화를 추구하는 풍조로 인하여 장례가 많이 변모하였다.

1) 전통적 장례절차

한국인의 전통적 장례절차는 현대문물이 본격적으로 유입되기 전인 구한말 이전의 장례절차를 의미한다. 인간세계를 떠나는 고인에게 마지막 최선의 예우를 갖추어 모시는 전통적 절차는 상례(喪禮)와 장례(葬禮)로 구분된다. 상례는 상중(喪中)에 행해지는 모든 예절을 뜻하는 반면, 장례는 죽은 사람의 시체를 격식에 따라 처리하는 방식을 의미한다. 이 두 가지 절차를 통칭하여 상장례(喪葬禮)라고 하며, 장례를 마치고 고인의 영혼을 기리는 제사의 절차를 제례(祭禮)라고 한다.

전통적 상례는 유교적 전통에 따른 것으로『주자가례』와『사례편람』에 그 기본적인 절차가 제시되어 있다. 일반인의 경우는 장례절차가 3일에 걸쳐 이루어지는 3일장이며 특별한 경우에 5일장을 치르기도 한다. 시신을 매장하는 것이 전통적 장례의 기본이다. 전통적 상장례의 세부적 절차는 시대와 지역 그리고 고인의 지위에 따라 그 순서나 용어에 많은 차이가 있다.

우리나라의 전통상례는 죽음을 몸과 마음의 혼백(魂魄)이 흩어지는 과정으로 간주하고 고인의 혼백에게 제사를 지내는 유교의 죽음관이 반영되어 있다. 장철수(1984)는 한국인의 전통적 장례절차를 3단계, 즉 (1) 죽음을 인정하는 과정(초혼, 수시, 사자상, 발상, 부고), (2) 시신을 처리하는 과정(습, 소렴, 대렴, 성복, 조상, 문상, 치장, 천구, 발인, 급묘, 반곡), (3) 죽은 사람의 새로운 삶을 인정하는 과정(우제, 졸곡, 부제, 소상, 대상, 담제, 길제)으로 구분했다. 또는 영혼과 육체의 이별과정에 따라서 3단계, 즉 (1) 영혼과 육체가 갈리는 절차(속광 또는 속굉, 고복 또는 초혼, 사자상 차리기, 수시 또는 천시, 습, 염[소렴-대렴], 입관), (2) 영혼이 떠난 육체를 모시는 절차(성복, 발인, 노제, 산신제, 개토제, 하관, 매장, 평토제), (3) 육체를 떠난 영혼을 모시는 절차[반혼, 우제(초우-재우-삼우), 졸곡, 부제, 소상, 대상, 담제, 길제, 탈상]로 구분하기도 한다. 여기에서는 전통상례의 절차를 장철수(1984)의 구분에 따라 3단계의 세부적 절차를 소개한다.

(1) 죽음을 인정하는 과정

초종(初終)은 임종으로부터 초혼, 수시, 사자상, 발상, 부고 등에 이르는 상례의 초기 절차를 일컫는다. 임종(臨終)은 죽음을 앞둔 사람과의 마지막 접견을 의미하며 유언을 비롯하여 서로의 마음을 나누는 마지막 기회이다. 죽음에 임박한 사람의 코와 입 사이의 인중(人中)에 고운 솜을 놓아서 그 움직임이 전혀 없으면 사망한 것으로 판단했는데, 이렇게 죽음을 확인하는 것을 속광(屬纊) 또는 속굉(屬肱)이라고도 한다. 임종은 자녀가 죽음을 앞둔 부모의 손발을 잡고 마지막 숨이 끊어지는 것을 지켜보는 의식을 의미하는데, 그 의미가 확대되어 '숨을 거둔다'는 뜻으로 사망을 의미하기도 한다.

초혼(招魂)은 고인의 영혼을 다시 불러 재생하기를 바라는 의식을 말한다. 지붕 위에 올라가서 고인의 호(號)나 자(字)를 부르며 "복, 복, 복" 하고 외치거나 지붕에 옷을 던져 놓기도 하는데 이를 고복(皐復)이라고 지칭하기도 한다.

수시(收屍)는 초혼의 의식을 마치고 시신이 굳기 전에 몸을 바로잡는 절차로서 솜으로 입과 코를 막고 양손을 거두고 한지로 얼굴을 가린 뒤에 흰 이불호청으로 덮고 병풍으로 앞을 가린다.

사자상(使者床)을 차려 병풍 앞이나 마당에 놓는다. 사자상은 염라대왕의 명을 받은 저승사자로 하여금 고인의 영혼을 편하게 모시도록 대접하는 것으로서 사잣밥 또는 뱃머리밥이라고 부르기도 한다.

발상(發喪)은 자손들이 상제(喪制)의 모습을 갖추고 초상난 것을 외부에 알리는 것을 말한다. 장례기간 동안에는 상주가 경황이 없기 때문에 호상(護喪)을 선정하여 이후의 모든 장례절차를 주관하게 한다.

부고(訃告)는 초상이 났음을 외부에 알리는 것으로 발인 일시와 장지, 하관 일시 등의 내용이 포함된다.

(2) 시신을 처리하는 과정

시신을 깨끗하게 목욕시키고 수의를 입히는 과정을 습(襲)이라 하고 시신을 옷과 이불로 싸고 묶어 입관하는 절차를 염(殮)이라 하는데, 이러한 과정을 통틀어 염습(殮襲)이라고 한다. 염의 과정은 시신을 옷과 이불로 싸서 베로 묶는 소렴(小殮)과 시신을 관속에 넣어 입관(入棺)하는 대렴(大殮)으로 구분하기도 한다.

성복(成服)은 상주와 가까운 친척들이 상복을 입는 절차를 말하며 성복 전에는 조문을 받지 않는 것이 원칙이다. 성복을 마치면 상주와 친인척 간에 슬픔을 서로 위로하는 문상(問喪)을 하고 연장자의 안내에 따라 분향과 절을 하는 형식의 제례를 올리는데, 이것을 성복제(成服祭)라고 한다. 이러한 절차를 치른 후에야 비로소 일반 사람들의 조문을 받는다. 고인에게 절하며 슬픔을 전하는 것을 조상(弔喪)이라 하고 상주를 위로하는 것을 문상(問喪)이라 하여 구분하기도 하며, 이를 통틀어 조문(弔問)이라고 부른다.

발인(發靷)은 고인의 시신을 집에서 장지로 옮기는 일련의 절차를 말한다. 관을 방에서 들고 나와 상여로 옮기는 것을 천구(遷柩)라 하고, 상여가 집을 떠나 장지로 출발하는 것을 특히 발인 또는 출상(出喪)이라고 한다. 발인 시에는 관을 상여 앞에 놓거나 상여 위에 올려놓고 발인제(發靷祭)를 지낸다. 그 후에 상여꾼들이 상여를 처음 들어 올릴 때 고인의 집을 향해 세 차례 상여를 올렸다 내렸다 하는데, 이는 집을 향한 고인의 마지막 하직인사를 의미한다.

◈ 우리나라 전통장례에서 시신을 상여로 운구하는 모습

발인 후 상여를 장지로 운반하는 것을 운구(運柩)라 하며 상주와 조문객의 순서로 상여의 뒤를 따른다. 이러한 운구과정에서 고인에게 추억이 어린 곳에서 간단히 제사를 지낼 수 있는데, 이를 노제(路祭)라고 한다.

상여가 장지에 도착하는 것을 급묘(及墓)라 하며 상여에서 관을 내려 묫자리로 옮기는 과정을 하관(下棺)이라 한다. 하관이 끝나면 관의 방향을 바로잡고 평평한지 여부를 살핀 후에 흙으로 덮어 복토하고 무덤의 봉분을 만든다. 봉분이 완성되면 평토제(平土祭)를 지낸 후에 상주들은 상여에 혼백을 모시고 집으로 돌아오는데 이를 반혼(返魂)이라고 한다. 집에 돌아와 고인의 혼백을 모시면서 제사를 지내는데, 이를 반혼제(返魂祭)라 하며 이때 상주들이 곡을 하는 것을 반곡(反哭)이라고 한다.

(3) 죽은 사람의 새로운 삶을 인정하는 과정

우제(虞祭)는 장례를 지낸 후에 망자의 혼백을 위로하고 평안하게 하기 위해서 지내는 제사를 의미하며 장사 당일 지내는 초우(初虞), 다음 날 지내는 재우(再虞), 그 다음 날 지내는 삼우(三虞)가 있다.

졸곡(卒哭)은 보통 장사를 마치고 3개월이 지난 후에 무시애곡(無時哀哭), 즉 항상 슬퍼하며 해 왔던 곡을 끝내기 위해 지내는 제사를 말한다.

부제(祔祭)는 졸곡을 지낸 다음 날 이미 사당에 모신 조상의 신주 곁에 고인의 새 신주(神主)를 모시면서 지내는 제사를 뜻한다. 부제는 사당에 모신 조상에게는 다른 곳으로 옮길 것을 고하고, 고인에게는 이 사당에 들인다는 것을 고하는 의미를 지닌다.

소상(小祥)은 장사를 치르고 만 1년이 되는 날에 망자를 추모하는 제사이며, 대상(大祥)은 만 2년이 되는 날에 망자를 추모하는 제사를 지칭한다.

담제(禫祭)는 대상 후 3개월 만에 지내는 제사로서 이제는 마음이 담담하고 편안해졌다는 것을 의미한다. 길제(吉祭)는 담제를 지낸 다음 날에 모든 조상의 신주(神主)를 고쳐 쓰고 망자의 신주를 사당에 안치하며 지내는 제사로서 상례의 마지막

절차이다. 길제를 지낸 후에는 완전히 탈상(脫喪)하고 일상으로 돌아간다. 삼년상
(三年喪)은 부모가 사망하면 자식이 상복을 입고 3년간 애도한다는 의미인데, 실제
기간은 만 2년~2년 3개월 정도이다. 상주는 길제를 지낸 다음 날부터 상복을 벗
고 평상복을 입을 수 있다.

2) 현대의 일반적 장례절차

상례를 비롯한 전통적 가정의례에는 현대인의 삶에 적절하지 않은 미신적 요소
와 허례허식이 많다는 인식이 확산되었다. 한국전쟁이 끝난 후 1956년에 재건운
동본부는 가정의례를 간소화한 「표준의례」를 제정하였다. 1969년에는 「가정의례
준칙」을 법률로 공포하기도 했다. 현재는 정부에서 설립한 재단법인 한국장례문
화진흥원에서 기본적인 장례절차를 제시하고 있다.

한국장례문화진흥원에 따르면, 현대 한국인의 일반적인 장례절차는 특별한 사
정이 없는 한 3일장을 기본으로 한다. 사망한 당일에 수시(收屍)를 행하게 되고, 사
망한 다음날에 습(襲)을 한 후 바로 소렴을 하고 입관까지 하게 되어 염습의 과정
이 2일째 한꺼번에 이루어지고, 3일째에 발인을 하게 된다. 현대의 장례는 일반적
으로 3일장이라는 짧은 기간에 절차를 마치게 되므로 임종이 가까워지거나 갑작
스러운 임종을 맞이했을 때 가장 먼저 장사방법을 결정해야 한다. 고인이 생전에
희망했던 장사방법을 택하는 것이 가장 바람직하지만, 생전에 정해진 바가 없었다
면 가족 또는 가까운 친지들이 논의하여 매장 또는 화장 중에서 장사방법을 정하
고 정해진 방법에 따라 적합한 장지(葬地)를 선택하여 장사절차를 진행해야 한다.

현대의 한국인은 약 75%가 병원에서 사망하고 있다. 따라서 요즘에는 집에서
상례를 치르기보다는 병원의 장례식장에서 상례를 치르는 경우가 많다. 망자나
가족의 종교에 따라서, 특정한 종교의 장례절차에 따라 종교인(승려, 목사, 신부)에
의해 진행되기도 한다. 한국장례문화진흥원에서 제시하고 있는 장례식장에서의
장례절차는 〈그림 7-1〉과 같다.

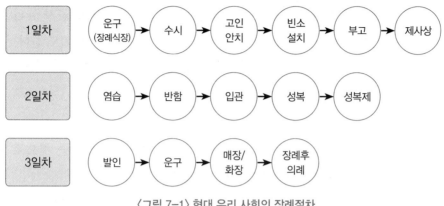

〈그림 7-1〉 현대 우리 사회의 장례절차

(1) 첫째 날의 절차

① 임종 및 운구: 자택에서 사망한 경우에는 병원 또는 장례식장으로 이송하고, 병원에서 사망한 경우에는 장례식장으로 이송한다.

② 사망진단서 발급: 의사를 통해서 사망진단서(시체검안서)를 발급받는다.

③ 수시: 고인의 몸과 옷을 바로 하여 수시를 하는데, 유가족이 하기도 하고 장례지도사가 진행할 수도 있다. 아울러 사잣밥(밥 3그릇, 나물 3가지, 엽전 3개, 짚신 3개, 상, 채반 준비)을 차리는데, 종교에 따라 생략할 수도 있다.

④ 고인 안치: 고인을 장례식장 안치실에 모시는 절차로서 장례지도사가 진행한다. 상주는 고인이 안치된 냉장시설에 대한 번호와 필요에 따른 보관 열쇠를 인수받는다.

⑤ 빈소 설치: 영정사진과 파일을 준비하고 문상객의 인원 등을 고려하여 빈소를 선택하여 설치한다. 고인의 영혼을 임시로 모시는 영좌(靈座)를 설치하고 세부적인 사항은 고인이나 유가족의 종교에 따라 진행한다.

⑥ 장례용품 선택: 수의, 관 등 장례용품을 선택한다. 아울러 문상객 접대를 위한 음식의 메뉴와 기타 접대용품을 선택한다.

⑦ 화장시설 예약: 화장을 할 경우에는 인터넷으로 'e하늘 장사정보시스템(www.ehaneul.go.kr)'에 접속하여 화장 예약을 한다.

⑧ 부고: 부고장 양식을 참조하여 부고장을 만들어 전화, 인터넷, 문자 등의 경로로 고인의 사망과 장례를 알린다. 부고 업무는 호상이 진행하기도 한다.

⑨ 상식 및 제사상: 살아 계실 때와 같이 고인에게 식사를 올린다.

(2) 둘째 날(입관일)의 절차

① 염습: 염습은 고인을 정결하게 씻기거나 소독하여 수의를 입히는 것으로 입관 전에 행하는 절차이며 장례지도사가 진행한다.

② 반함: 반함은 고인의 입에 불린 쌀과 엽전 혹은 구슬을 물려 입안을 채우는 것을 의미하는데, 요즘에는 불린 쌀로만 한다. 반함은 상주가 진행하며 원하는 유가족도 할 수 있다.

③ 입관: 입관은 고인을 관에 모시는 것을 말하며 입관이 끝나면 관보를 덮고 고인의 신분을 밝히는 명정(銘旌)을 발치 쪽에 세운다.

④ 성복: 성복은 입관 후에 정식으로 상복을 입는 절차를 의미하며, 상제(고인의 배우자, 직계비속)와 복인(고인의 8촌 이내의 친족)은 성복을 한다. 전통적 상복으로 굴건제복을 입는 것이 원칙이었으나 현대에는 이를 고집할 필요는 없으며 고인이 돌아가신 직후에 성복을 하기도 한다.

⑤ 성복제: 상복으로 갈아입고 제사음식을 차린 후 고인에게 제례를 드린다.

⑥ 문상객 접객: 성복이 끝나면 본격적으로 문상을 받는다. 상주와 상제는 근신하고 애도하는 마음으로 영좌가 마련되어 있는 방이나 빈소에서 문상객을 맞이한다. 상주와 상제는 영좌를 모신 자리를 지키는 것이 우선이므로 문상객을 일일이 전송하지 않아도 된다.

(3) 셋째 날(발인일)의 절차

발인과 운구 그리고 하관이 진행된다. 발인제는 유교적인 전통방식 이외에 각 종교방식에 따른 의례가 진행된다. 또한 고인을 매장이나 화장의 방식으로 처리하고 귀가한 후에도 각자의 종교나 집안의 전통과 상황에 따라 반혼제를 드린다.

① 발인 또는 영결식: 발인은 영구(고인의 시신)가 집 또는 병원 장례식장을 떠나는 절차를 말한다. 발인에 앞서 간단한 제물을 차리고 제사를 올리는데, 이를 발인제라 한다. 영결식은 고인의 신분에 따라 가족장, 단체장, 사회장으로 하는데 단체장이나 사회장의 경우 장의위원회가 구성되어 주재한다.

② 운구: 발인제가 끝난 후 영구를 장지나 화장시설까지 운반하는 절차이다. 장의차를 이용할 경우에는 영정, 명정, 영구를 실은 후 상주, 상제, 복인, 문상객의 순으로 승차하여 운구한다.

③ 화장 또는 매장: 화장이나 매장은 각기 다음과 같은 절차에 따라 진행한다.

🍀 화장 절차

1. 화장시설 도착: 화장서류(사망진단서 1부, 주민등록등본 1부 등)를 접수한다.
2. 화장: 'e하늘 장사정보시스템'에서 예약된 시간과 화장로에서 화장한다.
3. 분골: 화장한 유골을 용기에 담을 수 있도록 빻아 봉안 용기 또는 자연장 용기에 담는다.
4. 화장필증 인수: 화장 후 화장필증을 인수하여 봉안할 때 관계자에게 제출한다.
5. 봉안 또는 자연장: 유골을 봉안장소(봉안묘, 봉안당, 봉안탑 등)에 모시거나 자연장의 경우에는 지방자치단체에 설치된 자연장지(수목장림)를 이용할 수 있다.

🍀 매장 절차

1. 묘지 도착: 공원묘지 등을 이용하는 경우에는 묘지 도착 후 관리사무소에 서류를 접수한 후 직원의 안내를 받아 하관한다. (필요서류: 사망진단서 1부, 주민등록등본 1부, 신청서1부, 고인 증명사진 1매)
2. 하관: 영구를 무덤의 구덩이인 광중(壙中)에 넣는 것을 말한다. 하관할 때는 상주, 상제, 복인이 참여하되 곡은 하지 않는다. 관은 수평을 맞추어 반듯하게 내려놓고 명정을 관 위에 덮는다. 관 위에 횡대(橫帶)를 가로 걸친 후에 상주, 상제, 상사를 주관하는 주부 순으로 흙을 관 위에 세 번 뿌리며 취토한다.

3. 성분: 유가족의 취토가 끝나면 석회와 흙을 섞어 관을 완전히 덮는다. 다음으로 흙을 둥글게 쌓아올려 봉분을 만들고 잔디를 입힌다. 봉분이 끝나면 준비한 지석을 묘의 오른쪽 아래에 묻는다. 이는 후일에 봉분이 유실되더라도 누구의 묘인지 알 수 있도록 하기 위함이다.

4. 산신제 및 평토제: 먼저 묘가 위치한 산신에게 올리는 산신제를 지낸다. 평토제는 봉분을 만들고 나서 묘 앞에 제물을 차려놓고 제사를 지낸다. 산신제나 평토제 대신 종교에 따라 제례를 하기도 한다.

5. 매장 신고 및 분묘설치 신고: 개인, 가족, 종중 묘지의 경우에는 매장지 관할 지방자치단체장에게 매장과 분묘설치에 관해 신고한다. 법인묘지나 공설묘지의 경우에는 관리사무소에서 매장신고 및 분묘설치 신고를 대행하기도 한다.

④ 장례 후 의례: 장례를 지내고 나서 망자의 혼백을 위로하기 위해서 삼우제나 49재와 같은 제사를 지낼 수 있다. 장례 후의 의례는 고인과 유족의 종교나 신념에 따라 다양한 방식으로 치를 수 있다. 장례 후에는 사망신고를 해야 하며, 장례를 치른 30일 이내에 서류를 갖추어 고인의 주민등록지 관공서에 제출해야 한다. 그리고 필요에 따라 보험금 청구나 유족연금 상실신고 등을 할 수 있다.

3. 종교에 따른 장례의식

장례방식에 가장 큰 영향을 미치는 것은 종교이다. 각 종교의 교의에 의해 선호하거나 금기시하는 장례방식이 있다. 우리나라의 경우, 조선시대 이전에는 화장을 하는 불교의 장례의식이 일반화되었으나 조선시대 이후로 장례의식은 매장 중심의 유교적 장례가 기본이 되었다. 현대에는 기독교를 비롯한 여러 종교의 장례의식이 혼용되고 있는 현실이며 종교와 교파에 따라 다소의 차이가 있다.

1) 유교

우리나라의 장례는 전통적인 것이든 현대적인 것이든 유교의 장례를 바탕으로 삼고 있다. 유교를 종교의 범주에 넣고 있지만 사실 조상숭배를 제외한다면 유교는 종교적인 요소가 미약하다. 유교는 사회의 조화를 유지하는 사회적 원리였으며, 국가의 안정을 유지하는 정치적 원리였다. 그런데 세월의 흐름에 따라 민간 신앙의 영향을 받으면서 종교적 요소를 포함하게 되었다.

죽음은 인간의 몸과 마음을 생기에 차게 하는 혼백(魂魄)이 흩어지는 것을 의미한다. 혼백은 중국에서 생겨난 관념으로서 인간의 정신적·육체적 활동을 지배하는 신령한 영혼을 말한다. 고대 중국에서는 인간을 형성하는 양기(陽氣)의 영을 혼(魂)이라고 하고 음기(陰氣)의 영을 백(魄)이라고 하였다. 즉, 혼은 정신을 지배하는 영혼이고, 백은 육체를 지배하는 영혼이다. 사람이 죽으면 혼은 하늘로 올라가서 신(神)이 되고, 백은 지상에 머물러서 귀(鬼)가 된다. 살아 있는 사람의 마음과 몸에 머물던 혼과 백은 사람이 죽으면 각각 하늘과 땅으로 흩어져 신과 귀가 된다. 사람이 죽으면 지붕 위에 올라가 고인의 혼을 되돌아오라고 부르는 초혼(招魂)의 의식은 이런 관념에서 탄생한 것이다.

유교의 장례에서 중요한 것은 제사이다. 제사는 조상의 혼백이 존재한다는 믿음을 바탕으로 그 혼백에게 예를 올리는 행위로서 조상의 혼백이 후손의 삶에 개입할 수 있다는 생각에 근거하고 있다. 인간이 죽으면 혼은 인간의 몸을 빠져나와 위패(位牌)나 신주(神主) 안에 머물다가 하늘로 올라가는 반면, 백은 인간의 사후에도 묘지에 묻힌 시체와 함께 머물다가 흙이 된다고 여겼다. 특히 천수를 다하지 못하거나 불행하게 죽어 이 세상에 미련이 많은 사람의 혼백은 강한 에너지를 지니기 때문에 귀가 되어 인간계로 돌아와 해악을 끼칠 수 있다고 여겼다. 이때 귀(鬼)는 귀(歸)와 연결시켜 '돌아온 자'라는 의미를 가지며 일종의 악령을 의미한다. 따라서 상례에서 여러 차례 지내는 제사는 조상에 대한 숭배의 의미를 지니지만 죽은 사람의 혼백을 위로함으로써 살아 있는 사람들에게 해악을 끼치지 않도록 하

◈ 유교식 제사를 치르는 모습

려는 의도도 담겨 있다.

공자는 제사의식을 통해서 사람으로 하여금 도덕적 심성을 가꾸려 하였다. 공자가 제사를 지낼 때에는 조상이 살아 계신 것 같이 제사를 지내고 천신에게 제를 올릴 때에는 천신이 있는 것 같이 하라고 한 것은 인귀(人鬼)에게 제사드림으로써 사람에게 효(孝)를 이끌어 주며, 천신(天神)에게 제사드림으로써 사람들의 마음속에 경(敬)을 길러 주려는 것이다. 이와 같이 유교의 제사의식은 죽은 사람을 산 사람 같이 섬기고 죽은 사람의 흩어진 얼과 넋을 모아 이음으로써 생명의 유한성과 인생의 허무를 극복하고자 하는 의식이라고 할 수 있다.

2) 불교

불교에서는 화장을 통해서 지수화풍(地水火風), 즉 흙·물·불·바람으로 구성된 인간의 몸을 본래대로 돌려보내는 것을 이상적인 죽음으로 여긴다. 윤회사상에 따르면, 몸은 이승에서 잠시 빌어 입었던 옷과 같은 것이므로 화장을 통해 헌 옷과 같은 몸을 태움으로써 이승에 대한 애착과 미련을 끊고 새 옷의 주인이 되라는 의미를 담고 있다. 본래 화장은 고대 인도사회의 장례법 중 하나였으며 불교에서 이를 수용한 것이다. 5세기경에 한반도로 유입된 불교는 우리나라 사람들의 죽음관과 장례의식에 커다란 영향을 미쳤다.

불교가 한반도에 도입되면서 화장한 다음 뼈를 추려 용기에 담아 매장하는 화장묘(火葬墓)의 풍습이 생겨났다. 7세기 중엽에 이르면서 불교의 영향으로 화장이 주된 장례법으로 수용되기 시작했으며 신라의 경우 문무왕을 비롯해 효성왕, 선덕왕, 진성여왕 등 8명의 왕이 화장되었다. 본격적으로 화장이 사회 전반에 정착된 것은 고려 중기인 12세기 이후로, 왕실과 민간에서도 점차 광범위하게 화장을 수용하였다. 조선시대에는 유교 이념과 맞지 않는 화장을 전면적으로 금하면서 화장은 민간의 풍습에서 점차 사라져 극빈자나 특별하게 죽은 사람에게만 적용하는 장례법이 되었다. 그러나 일제강점기와 해방 이후에 증가하기 시작한 화장은 현재 우리나라의 주된 장례 방식이 되었다.

불교 승려의 경우, 일정한 불교의식에 따라 다비식(茶毘式)을 통해 시신을 화장한다. 승려의 다비식은 장작더미와 숯 등으로 화장장을 만들고, 그 위에 관을 올려놓은 뒤 불을 붙여 태우고 유골을 거두는 의식으로 진행된다. 세부 절차는 불을 지피는 거화(擧火), 나무에 불을 붙이는 하화(下火), 주검에서 분리된 망혼을 떠나보내는 봉송(奉送), 새 몸을 받아 옷을 갈아입는 창의(唱衣), 유골을 살피고 수습하여

◈ 유명한 고승의 불교식 화장 모습

부수는 기골(起骨)·습골(拾骨)·쇄골(碎骨)의 순으로 진행된다. 불교신자인 일반인의 경우는 공공화장장인 승화원(昇華園)에서 화장을 하며 유골을 사찰에 모시고 49재를 치르기도 한다.

49재(四十九齋)는 불교에서 사람이 죽은 날로부터 매 7일째마다 7회에 걸쳐서 49일 동안 죽은 사람의 명복을 비는 천도(薦度: 죽은 영혼이 좋은 곳에 태어나도록 기도함)의식으로서 칠칠재(七七齋)라고도 한다. 사람이 죽으면 다음 생을 받을 때까지 49일 동안 중음(中陰:죽은 후 다음 생을 받기까지의 기간)의 상태를 맞게 되는데, 이 기간 동안에 7일마다 불경을 읽고 부처님께 공양함으로써 죽은 자로 하여금 좋은 생을 받도록 재를 지내는 것이다.

49재는 6세기경 중국에서 생겨난 의식으로 조상의 영혼을 섬기는 유교적인 조령숭배(祖靈崇拜) 사상과 불교의 윤회(輪廻) 사상이 융합된 것이라고 여겨지고 있다. 불교의 무아설(無我說)에 따르면, 개인이 생전에 행한 행위에 대한 업보(業報)는 그 사람 개인에게 한정되며, 어떤 방법으로도 자녀 또는 후손에게 전가될 수 없다. 그러나 유교의 조령숭배 사상에 따르면, 죽은 사람의 영혼을 위하여 그 후손들이 정성을 다하여 재를 올리면, 죽은 부모나 조상이 후손의 공덕에 힘입어 보다 좋은 곳으로 가게 될 뿐만 아니라 그 조상의 혼령이 후손들에게 복을 준다는 것이다. 또한 불교의 윤회사상에 따르면, 모든 중생은 생전의 업에 따라서 육도(六道), 즉 천상(天上)·인간(人間)·아수라(阿修羅)·축생(畜生)·아귀(餓鬼)·지옥(地獄)의 여섯 세계를 오가며 윤회한다. 이러한 사상에 근거하여 죽은 사람이 고통스러운 삼악도(三惡道; 지옥·아귀·축생)에 태어나지 않도록 비는 기도 행위가 49재이다.

불교에서는 육신을 중요하게 여기지 않기 때문에 중국의 불교에서는 고인의 시신을 관에 넣지 않고 숲이나 동굴처럼 공개된 곳에 두어 육신을 배고픈 새나 동물에게 제공하는 노출장(露屍葬)을 치르기도 했다. 나중에 남은 유골이나 화장한 재를 탑에 안치하거나 숲이나 강물에 재를 뿌리기도 했다. 중국 승려들 중에는 앉은 자세로 열반한 이들이 있는데, 제자들이 승려의 육체를 금으로 장식하여 일종의 미라 또는 등신불을 만들기도 했다.

티벳 불교에서는 죽은 사람이 바르도(bardo), 즉 중음(中陰)의 세계를 잘 건너가도록 『사자(死者)의 서(書)』를 읽어 준다. 그 내용은 죽은 사람으로 하여금 이 생에 대한 애착을 정리하고 바르도의 과정에서 경험하게 되는 환영에 집착하지 않음으로써 열반의 세계에 이르도록 안내해 주는 것이다. 특히 티벳 불교에서는 승려의 경우 시체를 화장하기도 하지만 대부분 시체를 토막 내어 독수리가 먹게 하는 조장(鳥葬) 또는 천장(天葬)을 하거나 하천에 시신을 띄워 물고기의 밥이 되게 하는 수장(水葬)을 하기도 한다. 이러한 장례관습은 자신의 몸을 짐승에게 보시하려는 선한 의도와 관련되어 있다.

3) 기독교

기독교에서는 육체의 부활에 대한 믿음 때문에 화장과 같이 육체를 훼손하는 절차보다는 매장을 하는 것이 전통적 절차이다. 장례의식은 교파마다 다소의 차이가 있으며 대부분 성직자가 집전한 뒤 시신을 매장하고 묘비를 세우는 경우가 일반적이다. 그러나 최근에는 화장도 기독교의 부활 교리에 어긋나지 않는다고 보아서 장례의 한 방법으로 존중받고 있다. 각 기독교 교파별로 장례에 대한 명칭이 다른데, 개신교에서는 장례예배, 가톨릭교회에선 장례미사, 성공회에서는 고별성찬례라고 한다.

개신교의 경우, 장례절차는 크게 임종예배, 입관예배, 조문 맞이, 발인예배, 하관식으로 이루어진다. 고인이 임종하면 임종예배를 드리고 장례일정 및 제반 사항을 의논하며 장례를 준비하고 진행한다. 목사의 집례하에 유족이 고인의 모습을 지켜보는 가운데 염습을 하고 입관을 마친 후 입관예배를 진행하고 상복을 착용한다. 그 후에 조문 맞이를 하는데 조문객은 고인에게 절을 하거나 분향을 하지 않고 헌화를 한다. 장례식장에서 관을 장지로 옮길 때 발인(출관)예배를 하고, 장지에 도착하면 목사의 주례하에 하관식을 하는데 신앙고백과 성경낭독, 고인의 명복을 비는 기도와 찬송을 하며 축도하는 순으로 진행한다. 추모일은 세상을 떠난

◈ 개신교의 장례식

날로 하며, 가족과 친지들이 모여 경건히 추모 예배를 드리되 삼우제와 49재를 치르지 않을 뿐만 아니라 고인의 생일이나 명절에 추모하는 일은 하지 않는다. 기독교의 장례절차는 교파에 따라 다소의 차이가 있다.

4. 장례의식의 심리사회적 기능

장례의식은 유족과 공동체 구성원들이 죽은 사람을 추모하고 그의 시신을 처리하는 사회적 절차를 의미한다. 대부분의 사회에서 장례의식은 매우 복잡하고 까다로운 절차에 따라 진행되며 많은 노력과 비용이 소요되는 사회적 행사이다. 이러한 장례의 관습이 지속적으로 계승되어 내려오는 이유는 장례의식이 여러 가지 심리사회적 기능을 지니고 있기 때문이다. 엄밀히 말하면, 장례의식은 죽은 사람보다 산 사람들을 위한 의식이라고 할 수 있다. 장례의식은 고인을 추모하고 유족을 위로할 뿐만 아니라 공동체의 사회적 유대와 결속을 강화하는 심리사회적 기능을 지닌다(Habenstein & Lamars, 1968; Yoder, 1986).

1) 심리적 기능

한 사람의 죽음은 가족을 비롯하여 친구나 주변 사람들에게 슬픔과 고통을 안겨주는 충격적인 사건이다. 특히 고인과 정서적 친밀감이 강한 사람일수록 그 심리적 충격이 크다. 사랑하는 사람과 사별하게 된 사람들은 상실의 슬픔뿐만 아니라 분노, 죄책감, 외로움, 불안, 공포와 같은 다양한 부정적 감정에 휩싸이게 된다. 이러한 부정적인 감정을 효과적으로 표출하여 해소하지 못하면 복합적 사별증후군과 같은 심리적 부적응 상태에 빠질 수 있다. 장례의식은 유족을 비롯하여 고인과 특별한 관계를 맺었던 사람들이 사별의 충격을 해소하고 애도과정을 지원하는 심리적 기능을 지닌다.

사별은 사랑하는 사람과의 영원한 이별을 의미한다. 일상에서 자주 접촉하면서 친밀한 관계를 맺었던 사람이 영원히 소멸하여 다시는 재회할 수 없게 된 냉혹한 현실을 심리적으로 수용하는 것은 결코 쉽지 않다. 어딘가에 살아 있을 것 같은 미련과 그리움을 포기하기 어려울 뿐만 아니라 고인이 나타나는 꿈을 자주 꾸거나 고인의 흔적이 담겨 있는 유품에 집착하게 된다. 유족의 중요한 과제는 사랑하는 사람을 잃은 사별의 슬픔과 아픔을 극복하고 그 사람이 더 이상 존재하지 않는 현실에서 정상적인 삶으로 복귀하는 것이다. 장례의식은 일련의 애도 절차를 통해서 유족으로 하여금 고인의 죽음을 수용하고 고통스러운 감정을 표출하며 해소하는 동시에 주변 사람들의 위로와 지지를 받으며 일상의 삶으로 복귀하도록 돕는 심리적 기능을 지닌다.

장례의식의 주요한 심리적 기능을 요약하면 다음과 같다. 첫째, 장례의식은 유족과 공동체 구성원들이 개인의 죽음을 현실로 받아들이도록 돕는다. 둘째, 장례의식은 유족과 공동체 구성원들이 사별의 슬픔을 표출하고 해소할 수 있는 기회를 제공한다. 장례의 절차들은 슬픔의 표현을 사회적으로 용인하는 정당한 것으로 만들어 줄 뿐만 아니라 유족으로 하여금 사별의 슬픔을 반복적으로 표출하도록 안내하는 환경을 제공한다. 셋째, 장례의식은 공동체 구성원들이 유족에게 사별의 슬픔을 위로하고 지지할 수 있는 공식적인 기회를 제공한다. 넷째, 장례의식은 고인의 삶을 추모하고 고인에 대한 긍정적 이미지를 형성함으로써 애도과정을 촉진한다. 다섯째, 장례의식은 유족으로 하여금 고인이 더 이상 존재하지 않는 상황에서 새로운 삶을 준비하도록 촉진한다. 이처럼 장례의식은 유족과 공동체 구성원들이 사별의 슬픔을 극복하고 정상적인 생활로 복귀할 수 있도록 건강한 애도과정을 촉진하는 심리적 기능을 담당하는 사회적 절차이자 관습이라고 할 수 있다.

2) 사회적 기능

장례의식은 유족뿐만 아니라 공동체 구성원들이 함께 참여하는 사회적 행사로서 여러 가지 사회적 기능을 담당한다. 대부분의 사회는 새로운 구성원의 출생, 성년으로의 성장, 새로운 부부관계를 구성하는 결혼, 그리고 구성원의 죽음을 다른 구성원들에게 널리 알리고 축하 또는 추모하는 사회적 의식을 치르는 관습을 지니고 있다. 장례식은 개인의 죽음을 계기로 공동체의 유대와 결속을 강화하는 다양한 사회적 기능을 지니고 있다.

죽음은 개인적 사건일 뿐만 아니라 사회적 사건이기도 하다. 개인의 죽음은 그가 어떤 사회적 역할을 담당했는지에 상관없이 공동체와 구성원들에게 영향을 미친다는 점에서 사회적인 사건이다. 장례의식은 개인의 죽음으로 인한 사회적 충격을 완화하고 공동체의 결속을 유지하기 위한 다양한 기능을 담당한다. 장례의식의 주요한 사회적 기능은 다음과 같다. 첫째, 장례의식은 공동체 구성원들이 함께 고인의 죽음을 추모하고 유족의 슬픔을 위로함으로써 공동체 의식을 고양한다. 둘째, 장례의식은 고인의 업적을 높이 평가하고 추모하면서 구성원들로 하여금 공동체 전체의 발전을 위한 사회적 헌신을 장려한다. 개인은 유한하지만 사회는 영속적이라는 인식을 증진함으로써 개인의 사회적 참여와 헌신을 촉진한다. 셋째, 장례의식은 구조화된 절차와 활동을 통해서 사회구성원들이 죽음과 관련된 의미 있는 상호작용을 할 수 있는 의사소통의 장을 제공한다. 넷째, 장례의식은 삶과 죽음에 대한 공동체의 신념체계를 구성원들에게 전달하고 교육하는 기능을 담당한다. 장례의식은 구성원들로 하여금 누구나 죽는다는 사실을 되새기게 함으로써 자신의 삶을 어떻게 살아야 하는지에 대한 성찰과 다짐의 기회를 제공한다. 다섯째, 장례의식은 고인이 존재하지 않는 변화된 상황에서 유족과 공동체 구성원들이 새로운 사회적 삶을 시작하도록 촉진한다. 이처럼 장례의식은 개인의 죽음에 대한 집단적인 애도과정을 통해서 공동체 의식과 유대감을 고양하는 동시에 구성원으로 하여금 개인과 사회의 관계를 되새기는 사회적 교육의 장을 제공한다.

장례의식은 기본적으로 육체적 죽음에 이른 한 사람의 시신을 가족과 사회구성원들이 함께 처리하는 사회적 절차이다. 장례의식을 통해서 사회구성원들은 고인을 추모하고 유족을 위로할 뿐만 아니라 고인이 더 이상 사회구성원으로 존재하지 않는다는 사실을 널리 알리고 인식함으로써 고인의 죽음을 사회적으로 인정하는 의식이라고 할 수 있다. 출생을 통해 사회의 새로운 구성원으로 등장하여 사회 속에서 교육을 받고 사회적 역할을 수행하며 삶을 영위하던 한 사람은 장례의식을 통해서 사회적 존재로서의 종말을 의미하는 사회적 죽음을 맞이하게 된다. 장례의식이 모두 마무리되면 개인은 육체적·심리적 죽음뿐만 아니라 사회적 죽음을 맞게 된다.

제 3 부

인간은 왜 죽음을 두려워하는가?

제8장

죽음불안의 특성과 측정

인간은 언젠가 반드시 죽는다. 인간의 삶은 죽음을 향해 나아가는 과정이다. 우리의 존재상황은 마치 낭떠러지를 향해 돌진하고 있는 열차의 승객과도 같다. 이러한 존재상황에서 인간이 경험하는 실존적 감정이 죽음불안이다. 죽음불안은 인간의 삶에 강력하면서도 심오한 영향을 미치는 매우 중요한 심리적 요인이다. 죽음학자, 특히 죽음에 관해 탐구하는 심리학자들이 가장 많은 관심을 보이고 있는 연구주제가 바로 죽음불안이다.

1. 죽음불안: 죽음을 바라보는 인간의 마음

죽음불안은 인간이 경험하는 불안의 한 형태일 뿐만 아니라 모든 불안의 근원이다. 불안(anxiety)은 미래의 위험이나 위협에 대한 심리적 반응이다. 불안과 희망은 미래를 내다볼 수 있는 능력을 지닌 지적인 존재만이 느끼는 정서적 경험이다. 미래에 긍정적인 결과가 예상될 경우에는 희망감을 느끼지만, 치명적인 부정적 결과가 확실하게 예상될 경우에는 절망감을 느끼게 된다. 그러나 필연적인 부정적 결과가 예상되지만 그러한 일이 언제 어떤 방식으로 다가올지 모르는 불확실성이 존재하는 상황에서 경험하는 심리적 반응이 바로 불안이다. 다소 모호하고 불확실한 위험에 대한 불안 반응은 그 대상이 좀 더 명확해지면 공포(fear)로 변하고 그러한 치명적인 위험이 갑작스럽게 엄습하면 공황(panic)이라는 강력한 심신반응으로 나타나게 된다.

1) 죽음불안의 정의

죽음불안(death anxiety)은 미래에 언젠가 자신에게 다가올 치명적인 위험, 즉 죽음에 대한 두려움을 말한다. 죽음불안은 넓게 정의하면 죽음에 대한 생각으로 인해 유발되는 불안을 의미하며 자신의 죽음뿐만 아니라 타인의 죽음, 시체, 장례식, 화장터, 무덤, 공동묘지와 같이 죽음과 관련된 주제에 대한 생각으로 인해 느끼게 되는 불쾌한 정서상태를 뜻한다. 그러나 죽음불안의 핵심은 언젠가 닥쳐올 자신의 죽음에 대한 두려움이다.

죽음불안은 인간에게 매우 특별한 의미를 지니는 심리적 경험이다. 첫째, 죽음불안은 모든 인간이 경험하는 보편적 불안이다. 인간은 누구나 죽음의 운명을 피할 수 없기 때문에 죽음불안은 모든 인간이 경험하는 보편적 불안이자 인간이 처한 존재상황의 인식에 근거한 실존적 불안이다. 달리 말하면, 죽음불안은 인간 모두가 겪는 공통적인 심리적 경험이자 모든 인류가 당면한 심리적 문제라고 할 수 있다.

둘째, 죽음불안은 모든 불안의 근원이다. 죽음은 인간이 피하고자 하는 최종적인 위험이자 위협이기 때문에, 죽음불안은 모든 불안의 근원이라고 할 수 있다. 인간이 경험하는 다양한 유형의 불안(예: 건강불안, 노화불안, 대인불안, 고소공포증 등)은 죽음불안에서 파생된 것으로서 궁극적으로 죽음에 이르게 할 수 있는 세부적 위험에 대한 두려움이라고 할 수 있다. 죽음불안을 극복할 수 있다면, 다른 유형의 불안으로부터 자유로워질 수 있다.

셋째, 죽음불안은 인간으로 하여금 다양한 해결방법을 추구하게 만드는 주된 동기로 작용한다. 불안은 불편하고 불쾌한 심리상태이기 때문에 인간은 그러한 상태에서 벗어날 수 있는 해결책을 모색하게 된다. 그런데 죽음불안은, 죽음의 위험을 완전하게 해결할 수 있는 뾰족한 방법이 없기 때문에 인간을 매우 당혹스럽게 만들어 깊이 고민하게 만듦과 동시에 인간의 모든 상상력과 창조적 역량을 동원하게 만드는 동력이 된다. 이 책의 제4부에서 상세하게 소개하고 있듯이, 고도의 지적 능력을 지닌 인간은 죽음불안에서 벗어나기 위해 매우 다양한 해결책을 창조적으로 고안했다. 베커(Becker, 1973)가 『죽음의 부정(The Denial of Death)』에서 주장했듯이, 인간의 모든 노력은 죽음불안으로부터 벗어나기 위한 것인지 모른다. 이런 점에서 죽음불안은 인간의 창조성을 자극하는 가장 강력하고 심오한 동력이라고 할 수 있다.

2) 죽음불안의 다면적 속성

죽음불안은 자기존재에 대한 상상적 위협에 의해서 유발된 자신의 죽음과 죽어감에 대한 두려운 감정과 더불어 그에 수반하는 생리적 반응을 경험하는 상태라고 정의될 수 있다. 죽음불안은 네 차원, 즉 (1) 죽음과 죽어감 또는 죽음과 관련된 사건에 대한 반복적인 생각, (2) 자신의 죽음과 죽어감을 생각할 때 경험되는 걱정과 공포의 감정, (3) 불안과 관련된 생리적 반응, (4) 죽음이나 죽어감과 관련된 생각이나 사건에 대한 회피로 구성된다(Cai et al., 2017).

(1) 죽음불안의 정서적 측면

죽음불안은 불편하고 불쾌한 정서적 경험이다. 죽음불안은 다른 불안과 마찬가지로, 무언가 위험한 일이 일어날 것 같은 느낌을 동반하는 부정적 정서경험으로서 안전감과 평온감을 훼손하는 불쾌한 심리상태를 유발한다. 이러한 죽음불안의 정서적 체험은 자기존재의 소멸과 관련된 핵심적 공포와 밀접하게 연결되어 있다.

인간은 오랜 진화과정에서 생존에 필요한 뇌구조를 발전시켰다. 생존을 위협하는 자극에 대해서 불쾌한 정서인 불안과 공포를 느끼고 그것을 회피하기 위한 대처행동을 촉발하는 뇌구조를 발전시킨 것이다. 심리학자들은 정서적 경험도 일종의 기억으로서 외부자극이나 생각 또는 심상에 의해서 촉발되는 것으로 여기고 있다.

죽음불안에는 뇌에 존재하는 두 가지의 정서기억체계가 관여한다(LeDoux, 2008). 그 하나는 해마(hippocampus)를 중심으로 한 뇌구조로서 의식적 공포를 유발한다. 다른 하나는 편도체(amygdala)와 관련된 뇌구조로서 무의식적 공포, 즉 의식적으로 자각하지는 못하지만 신경생리적 반응을 통해서 위협에 대비하는 준비태세를 갖추게 만든다. 이러한 두 가지의 정서기억체계는 동일한 위협자극에 대해서 동시에 병행적으로 작동할 수 있다. 죽음과 관련된 위협을 지각하게 되면 인지적 사고과정과 함께 두 가지의 정서기억구조가 작동하여 죽음불안의 정서적 체험과 신체적 반응을 유발하게 된다. 그러나 두 정서기억체계는 별개로 작동할 수도 있기 때문에 죽음불안이 의식적·무의식적 수준에서 함께 유발될 수도 있지만 어느 한 수준에서만 촉발될 수도 있다. 이런 점에서 죽음불안은 미래의 죽음을 예상하는 고도의 인지적 능력과 더불어 선천적으로 주어진 뇌의 정서기억체계에 의해 유발되는 인간의 보편적 경험이라고 할 수 있다.

(2) 죽음불안의 인지적 측면

죽음불안은 '자신이 더 이상 존재하지 않는 상태의 예상'에 의해서 촉발된다(Tomer & Eliason, 1996). 죽음불안은 미래를 예상하는 능력, 즉 미래에 자신에게 어떤 일이 일어날지를 예측하는 인지적 능력과 깊이 연관되어 있다. 이러한 예상능력은 죽음을 떠올리게 만드는 자극들을 민감하게 포착하여 죽음에 대한 생각을 증가시킨다. 죽음에 대한 생각은 죽음이 의미하는 다양한 결과에 대한 생각으로 확산되고 죽음에 의해 상실하게 될 삶의 미련과 후회에 대한 생각을 촉발함으로써 죽음불안을 유발하게 된다.

죽음에 대한 생각이 불안을 유발하는 이유는 개인이 지닌 신념체계와 양립할 수 없기 때문이다(Kelly, 1955). 인간은 다양한 삶의 경험을 통해서 자신과 세상에 대한 인지적 구조인 신념체계를 발달시킨다. 이러한 신념체계는 자기 자신과 세상이 지속적으로 존재한다는 가정에 근거하고 있다. 죽음은 이러한 신념체계의 근간을 무너뜨릴 수 있는 잠재적 위협이기 때문에 불안을 유발하게 된다. 그러나 죽음을 신념체계의 일부로 통합할 수 있다면, 죽음불안은 완화될 수 있다.

사람마다 죽음불안을 경험하는 정도가 다른 중요한 이유는 자신과 세상에 대한 신념체계가 다르기 때문이다. 이러한 신념체계는 자신의 안전과 영속성에 대한 집착, 미래의 불확실성에 대한 인내력, 그리고 미래의 위험에 대한 대처방식에 강력한 영향을 미친다. 또한 죽음에 대한 믿음과 신념체계를 의미하는 죽음태도(death attitude)가 각기 다르기 때문이다. 죽음태도는 죽어 가는 과정에 대한 믿음, 죽어 있는 상태에 대한 생각, 죽음을 의식적으로 떠올리는 반복적인 사고, 죽음 이후의 육체에 대한 생각, 다른 사람의 때 이른 죽음에 대한 사고 등으로 구성되어 있다(Benson, Christopher, & Walter, 2007). 이러한 여러 가지 인지적 요인이 죽음의 위협을 지각하고 죽음불안을 경험하는 개인차에 영향을 미치게 된다.

(3) 죽음불안의 생리적·행동적 측면

죽음불안은 불쾌한 정서이기 때문에 이를 회피하기 위한 다양한 노력을 유발한다. 죽음불안이 점점 더 강화되어 공포나 공황 상태로 발전하면 심장박동 증가, 호흡곤란, 손발 떨림, 진땀과 같은 다양한 신체생리적 반응이 나타날 뿐만 아니라 인지적 능력과 행동적 대처능력이 저하될 수 있다. 이처럼 죽음공포는 적응능력을 저하시켜 생존을 방해할 수 있기 때문에, 인간은 죽음불안을 회피하기 위한 방어적 노력을 기울이게 된다.

죽음불안을 회피하는 가장 대표적인 방어는 억압으로서 죽음에 대한 생각이 의식에 떠오르지 않게 하는 것이다. 쾌락을 유발하는 다양한 활동으로 주의를 전환함으로써 죽음에 대한 생각과 불안을 회피할 수 있다. 건강증진행동에 몰두함으

로써 죽음은 저 멀리 존재한다고 생각하거나 사후생 믿음을 통해 죽음을 부정할
수도 있다. 남다른 성취와 업적을 통해 자신은 남다른 가치를 지니는 특별한 존재
이기 때문에 죽음으로부터 면제될 수 있다는 주관적인 느낌을 추구할 수도 있다.
이 밖에도 사회적 집단에의 소속감, 오래도록 지속될 명성의 추구, 영원한 사랑의
집착, 국가나 민족에 대한 동일시와 같이 죽음불안을 완화하거나 회피하기 위한
다양한 노력이 존재한다.

　발달심리학적 관점에서 보면, 죽음에 대한 인식은 아동이 성장하면서 점차적으
로 발달한다. 만 2세의 아동은 반려동물이나 친인척의 죽음을 접하게 되면서 생명
이 유한하다는 사실을 인식하게 된다. 만 3~6세의 아동은 자신의 부모가 죽을 수
있다는 것을 인식할 뿐만 아니라 자신도 죽는다는 것을 깨닫게 된다. 이러한 사실
을 깨닫게 되는 시점에서 아동은 자신과 세상이 영원할 것이라는 믿음과 환상이
완전히 무너지는 충격을 경험하면서 두려움에 휩싸이게 된다. 아동은 이러한 충
격적 깨달음과 두려움을 감내하기 어렵기 때문에 억압을 통해 의식 밖으로 밀어낸
다. 이러한 억압을 통해서 죽음에 대한 생각은 약화되지만 죽음불안은 무의식 속
에 온전한 형태로 자리 잡게 된다. 이렇게 억압된 죽음불안은 아동기 이후부터 성
인기에 이르기까지 개인의 삶에 지속적으로 심각한 영향을 미치게 된다.

🍀 노화불안

　중년기에 접어들어 신체적 노화가 나타날 뿐만 아니라 심리적·사회적 기능이 약화되면서
노화불안을 경험하게 된다. **노화불안**(aging anxiety)은 늙어 가는 것에 대한 불안으로서 젊음
은 지나가고 이미 많이 늙어 버렸다는 부정적인 생각과 점점 더 늙어 노쇠해 갈 것에 대한 두
려움을 포함한다(Lynch, 2000). 노화불안은 죽음불안과 밀접한 관계를 지니고 있으며 그 기
저에는 죽음불안이 존재한다(Benton, Christopher, & Walter, 2007). 늙음이 두려운 이유는 몸
과 마음의 젊음을 상실했다는 것뿐만 아니라 죽음이 가까이 다가왔음을 의미하기 때문이다.

◈ 노화불안의 기저에는 죽음불안이 존재한다.

　노화불안의 측정도구를 개발한 연구자들(Lasher & Faulkender, 1993)에 따르면, 노화불안은 4가지의 하위요소로 구성되어 있다. 그 첫째는 노인과 접촉하는 것에 대한 두려움(fear of elderly)으로서 노인에 대한 부정적 인식을 의미하며, 둘째는 노년기에 만족하지 못하고 불행해질 것에 대한 심리적 불안(psychological concerns)이다. 셋째는 신체적 외모가 늙은 모습으로 변하는 것에 대한 두려움(physical appearance concern)이며, 넷째는 삶의 중요한 것들을 상실할 것에 대한 두려움(fear of loss)이다.

　노화불안은 노화에 대한 태도의 한 측면으로서 인생의 선택과정에 영향을 미침으로써 노화의 질과 노년기의 심리적 안녕에 영향을 미친다(Lasher et al., 1993). 특히 중년기 이후에는 전반적인 신체기능의 쇠퇴와 만성질환의 발생으로 인해 노화를 실감하게 되고 그 결과 우울, 불안, 외로움, 위축과 같은 심리적 문제가 초래될 수 있다. 또한 연령이 증가함에 따라 겪게 되는 다양한 상실과 변화로 인하여 노화에 대한 부정적 인식이 증가하게 된다(Kruger, 1994). 이처럼 중년기에는 노화불안이 증가한다. 노화불안은 중년기 및 노년기의 적응에 부정적인 영향을 미쳐 삶의 질을 저하시킬 수 있지만 성공적인 노년기를 준비하기 위한 자극제가 될 수도 있다(Klemmack & Roff, 1984).

3) 죽음불안의 유형

인간은 누구나 죽음을 두려워한다. 그러나 죽음불안을 의식적으로 체험하는 빈도와 강도는 사람마다 다르다. 죽음을 두려워하는 이유도 개인마다 다를 뿐만 아니라 죽음불안에 대처하는 방식 역시 현저한 개인차가 존재한다. 죽음불안은 개인의 삶에 영향을 미치는 방식에 따라 여러 가지 유형으로 구분될 수 있다.

(1) 불안의 지속성: 일시적 죽음불안과 만성적 죽음불안

죽음불안은 의식에 침투하는 빈도나 지속기간에 따라서 일시적 죽음불안과 만성적 죽음불안으로 구분할 수 있다. 대부분의 경우, 죽음불안은 죽음을 떠올리게 하는 상황에서 일시적으로 경험되고 곧 사라진다. 친구나 반려동물의 죽음에 직면하거나 장례식장 또는 공동묘지를 방문하는 경우와 같이 특수한 상황에서 죽음의 운명을 자각하고 죽음에 대한 생각에 잠겨 죽음불안을 경험하지만 몇 시간 또는 며칠이 지나지 않아 일상으로 돌아온다. 그러나 죽음에 대한 생각이 반복적으로 의식에 침투하여 지속적으로 오랜 기간 죽음불안을 경험하는 경우도 있다. 예컨대, 실존신경증(existential neurosis)이라고 일컬어지는 심리적 상태에서는 만성적인 죽음불안을 고통스럽게 경험할 뿐만 아니라 무의미감과 공허감에서 벗어나지 못한 채 현실적인 생활에 대한 관심이 감소하게 된다(Maddi, 1967).

(2) 불안의 강도: 죽음불안과 죽음공포

죽음불안은 죽음에 대한 생각으로 인해 유발된 막연한 두려움에서부터 강렬한 공포에 이르기까지 다양한 강도로 경험될 수 있다. 죽음불안과 죽음공포를 흔히 동일한 개념으로 사용하고 있으나 일부 학자들은 이 둘 간의 구분이 필요하다고 주장한다. 일반적으로 불안(anxiety)은 모호한 위협에 대한 낮은 강도의 두려움을 지칭하는 반면, 공포(fear)는 좀 더 명확한 위협에 대한 높은 강도의 두려움을 뜻한다. 달리 말하면, 불안은 위험이 시간적으로나 공간적으로 멀리 떨어져 있을 때 경험되는 막연한 두려움을 의미하는 반면, 공포는 강력한 위험이 가까이 임박했을 때 경험되는 강렬한 두려움을 의미한다.

죽음에 대한 두려움도 개인이 처한 상황에 따라 죽음불안과 죽음공포로 구분할 수 있다. 죽음불안(death anxiety)은 죽음의 현실적 위협이 존재하지 않는 상황에서 언젠가 다가올 죽음에 대한 막연한 두려움을 의미한다. 반면에 죽음공포(death fear)는 죽음의 실제적 위험이 가까이 다가왔을 때 느끼는 강렬한 두려움을 뜻한다. 예컨대, 말기질환 선고를 받거나 깊은 산에서 맹수를 만났을 때 경험하는 강렬한 두려움은 죽음공포라고 할 수 있다. 그러나 죽음불안은 건강상태가 양호한 사람이 언젠가 다가올 미래의 죽음에 대해서 경험하는 낮은 강도의 막연한 두려움을 의미한다. 이런 점에서 죽음공포는 구체적 위험에 대한 현실적인 반응인 반면, 죽음불안은 실제적 위험을 과장한 신경증적인 반응이라고 여기는 견해도 있다 (Choron, 1974).

(3) 불안의 의식수준: 의식적 죽음불안과 무의식적 죽음불안

불안은 불쾌한 경험이기 때문에 방어를 통해 억압된다. 대부분의 경우, 죽음불안은 부정이나 합리화와 같은 강력한 심리적 방어를 통해서 무의식 속에 묻혀 있게 된다. 특히 성장과정에서 가족이나 친구의 갑작스러운 죽음 또는 자신의 심각한 질병이나 죽음의 위기와 같이 충격적인 경험을 한 사람들의 경우, 이러한 경험을 효과적으로 처리하지 못한 채 과도하게 억압하게 되면 죽음불안이 무의식 속에 내면화되어 그 사람의 삶에 커다란 영향을 미치게 된다.

사람들은 죽음불안을 경험하는 의식수준과 방어방식에 따라 〈표 8-1〉과 같이 4가지 유형으로 구분할 수 있다. 첫째, 방어 미숙형은 불안에 대한 일반적인 방어능력이 미숙하여 일상생활의 위험에 예민한 반응을 보일 뿐만 아니라 죽음과 관련된 사건(예: 반려동물이나 유명인의 죽음)을 접하게 되면 높은 죽음불안을 경험하게 된다. 그러나 이들은 죽음에 대해서 진지하게 숙고하지 않으며 시간이 흐르면서 죽음불안이 감소한다. 이러한 유형은 과거에 죽음과 관련된 충격적인 경험이 별로

표 8-1   죽음불안의 의식수준에 따른 유형

죽음불안의 높낮이		의식적 죽음불안	
		높음	낮음
무의식 죽음불안	낮음	방어 미숙형	직면-수용형
	높음	방어 와해형	회피-부정형

없어서 무의식 수준의 죽음불안도 낮은 사람들이며 대다수의 아동과 청소년이 이러한 유형에 속한다.

둘째, 회피-부정형은 평소에 죽음불안을 별로 경험하지 않지만 무의식적으로 죽음에 대한 두려움을 용암처럼 내면화하고 있는 사람들이다. 이들은 성장과정에서 죽음과 관련된 충격적인 경험들을 겪은 경우가 많으며 강력한 방어와 부정을 통해서 죽음불안을 회피하고 억압하는 사람들이다. 평소에 사소한 위험에도 예민한 반응을 보이고 죽음과 관련된 생각이나 화제를 회피하려는 경향이 강하며 신체적 건강, 사회적 성취, 쾌락적 활동에 대한 관심이 높다. 그러나 간헐적으로 죽음의 주제가 꿈이나 의식에 침투할 수 있으며, 특히 자신 또는 가족의 죽음에 직면하게 되면 내면화된 죽음불안이 분출되어 심각한 부적응 문제를 나타낼 수 있다.

셋째, 방어 와해형은 죽음불안을 잘 억압하며 생활하던 회피-부정형이 치명적인 질병에 걸리거나 가족의 죽음에 직면하게 되면서 방어가 무너져 죽음불안이 급격하게 상승한 경우라고 할 수 있다. 이러한 사람들은 가족과의 사별을 경험하거나 자신이 말기질환으로 진단될 경우에 강렬한 불안과 혼란에 휩싸일 가능성이 높다. 일반적으로, 아동과 청소년은 방어 미숙형에 속하며 다양한 성장경험 속에서 방어 능력을 발달시키면서 회피-부정형으로 변화하고 피할 수 없는 죽음의 위기에 직면하게 되면 죽음불안이 급격히 상승하는 방어 와해형으로 전환된다. 그러나 죽음의 위기에서도 비교적 침착하게 대응하는 직면-수용형의 사람들도 있다.

넷째, 직면-수용형은 의식적으로나 무의식적으로 죽음불안이 낮은 사람들로서 죽음에 대해 회피하지 않고 직면하면서 나름대로의 성찰을 통해 죽음을 잘 수용한다. 이들은 과거에 죽음과 관련된 충격적인 경험을 하면서 오랜 기간 숙고와 성찰을 통해 죽음을 수용하게 된 사람들이다. 이들은 자신 또는 가족의 죽음에 직면해서도 심리적 안정감을 잃지 않고 침착하고 의연하게 대처할 수 있다. 말기질환의 진단을 받게 된 회피-부정형이나 방어 와해형의 사람들은 퀴블러로스가 제시한 심리적 변화과정(부정-분노-흥정-우울)을 거쳐 직면-수용형으로 변화될 수 있다.

(4) 불안의 결과: 적응적 죽음불안과 부적응적 죽음불안

죽음불안은 개인의 삶에 미치는 영향과 결과에 따라 적응적 죽음불안과 부적응적 죽음불안으로 구분할 수 있다. 죽음불안은 생명의 유한성에 대한 자각을 증진함으로써 삶의 소중함을 절실하게 깨닫고 하루하루의 삶에 전념하면서 좀 더 의미 있는 삶과 진실한 인간관계를 추구하도록 만드는 순기능을 지닌다. 또한 죽음불안은 인간의 존재상황과 삶의 의미에 대한 깊은 사색과 성찰을 촉진함으로써 심리적 성장과 인격적 성숙에 이르게 하는 자양분이 될 수 있다(Lehto & Stein, 2009).

그러나 죽음불안이 개인의 삶을 부적응 상태로 몰아갈 수도 있다. 우선, 죽음불안을 적절히 완화하지 못할 경우에는 과도한 불안을 만성적으로 경험하며 고통스러운 삶을 살거나 사회적 역할을 효과적으로 수행하지 못하여 부적응을 나타낼 수 있다. 건강염려증, 공포증, 공황장애, 외상후 스트레스 장애를 비롯한 다양한 형태의 정신장애가 이에 해당한다(Lehto & Stein, 2009). 예컨대, 건강염려증은 자신이 심각한 질병에 걸려 있어 죽을지 모른다는 비현실적인 생각과 불안에 집착하며 가정과 직장에서 자신의 역할을 제대로 수행하지 못하는 심리적 부적응 상태를 뜻한다. 또한 죽음불안을 회피하

◈ 죽음공포를 상징하는 뭉크의 〈절규〉

려는 노력은 과도하게 쾌락을 추구하는 중독장애(예: 알코올중독, 일중독, 도박중독 등)나 집단적 가치에 의존하여 자신의 정체감과 독립성을 상실하는 부적응적인 삶을 초래할 수 있다.

🍀 죽음공포증

죽음공포증(thanatophobia)은 죽음에 대한 과도한 생각과 두려움으로 일상생활의 부적응을 나타내는 경우를 의미한다. 죽음공포증의 주된 증상은 죽음에 대한 혐오적이고 잔혹한 생각이나 상상을 지속적으로 반복하는 것이다. 이러한 생각은 비현실적이고 과도한 것으로서 통제되지 않은 상태로 의식에 반복적으로 침투한다. 따라서 미래의 죽음에 대한 지속적 걱정과 불안을 경험하게 되며 죽음을 의식하게 만드는 대상이나 상황에 대한 극단적인 혐오와 회피 행동을 유발한다. 죽음공포증을 지닌 사람이 죽음과 관련된 상황에 직면하게 되면 어지러움, 구역질, 진땀, 빠른 심장박동, 가슴 통증, 위 통증과 같은 신체적 증상을 나타낼 수 있다.

프로이트는 죽음공포증에 대한 학술적 설명을 시도한 최초의 인물이다. 그에 따르면, 죽음공포는 어린 시절에 해결되지 않은 심리적 갈등의 표현이다. 무의식 수준의 심층적인 불안과 갈등이 죽음에 대한 공포로 위장되어 나타난 것이다. 인간은 무의식적으로 자신의 죽음을 결코 인정하지 않는 존재이기 때문이다. 인간은 피상적으로 자신의 죽음을 이야기하지만 마음 깊은 곳에서는 자신의 죽음을 결코 수용하지 않으며 자신은 영원히 죽지 않는 불사의 존재라고 믿는다. 따라서 죽음에 대한 공포는 진실한 것이 아니라 위장된 것으로서 그 근본적인 원인은 어린 시절의 미해결된 갈등과 불안이라는 것이다.

현대의 심리학자들은 죽음공포증이 다양한 요인들, 즉 외상경험(심각한 사고, 질병, 폭력, 자연재해 등의 직접 경험, 사랑하는 사람의 상실과 죽음), 죽음에 둘러싸인 지속적 상황(응급실 간호사나 의사, 소방관, 경찰 등), 종교적이거나 미신적인 신념(사후세계의 심판과 처벌에 대한 두려움, 귀신의 존재 등), 죽음을 생각나게 하는 것들(장례식장, 화장터, 묘지, 해골 등), 미지의 세계나 통제상실 상태에 대한 공포에 의해 유발되는 것으로 여기고 있다. 죽음공포증의 치료에는 공포를 유발하는 생각이나 믿음을 좀 더 현실적이고 긍정적인 것으로 변화시키는 인지행동치료가 가장 효과적이며 널리 적용되고 있다. 이 밖에도 종교적 믿음과 깊이 연관된 경우에는 종교상담이 필요하며 때로는 약물치료가 도움이 될 수도 있다.

2. 죽음불안의 측정도구

사람마다 죽음불안을 경험하는 정도가 다를 뿐만 아니라 죽음불안에 대응하는
방법 역시 다르다. 이처럼 죽음불안을 경험하고 그것에 대응하는 방식은 인간의
삶에 중대한 영향을 미친다. 죽음불안이 높거나 낮은 사람들은 어떤 특성을 지니
고 있을까? 죽음불안 수준에 영향을 미치는 요인들은 어떤 것일까? 죽음불안은 삶
의 어떤 영역에 얼마나 강력한 영향을 미치는 것일까? 심리학자들은 죽음불안의
개인차와 영향 요인을 밝히기 위한 실증적 연구에 깊은 관심을 지니고 있다.

죽음불안의 실증적 연구를 위해서는 개인이 경험하는 죽음불안의 정도를 신뢰
할 만하게 측정할 수 있는 도구가 필요하다. 심리학자들은 죽음불안의 수준과 속
성을 측정하는 다양한 도구들을 개발하여 많은 연구를 시행했다. 여기에서는 실
증적 연구를 위해서 가장 널리 사용되는 죽음불안의 측정도구들을 살펴보기로 한
다. 죽음불안을 측정하는 구체적인 문항과 내용을 살펴봄으로써 죽음불안의 실체
를 좀 더 잘 이해할 수 있다.

1) 죽음불안척도(DAS)

죽음불안을 측정하기 위해서 가장 널리 사용되는 도구 중 하나는 죽음불안척도
(Death Anxiety Scale: 이하에서 DAS로 칭함)이다. 이 척도는 1970년에 미국의 심리
학자인 도널드 템플러(Donald Templer)가 개발한 것으로 신뢰도와 타당도가 잘
입증되어 있어 실증적 연구에 널리 사용되고 있다. DAS는 죽음불안을 측정하는
15문항으로 구성되어 있으며 각 문항에 대해서 '그렇다' 또는 '아니다'로 응답하게
되어 있다. 고효진, 최지욱과 이홍표(2006)의 번역에 따라 DAS의 문항을 소개하면
다음과 같다.

1. 나는 죽음이 전혀 두렵지 않다. (-: 역채점 문항)

2. 나는 죽음에 대한 생각을 거의 하지 않는다. (-)

3. 사람들이 죽음에 대해 말해도 별로 신경 쓰이지 않는다. (-)

4. 수술을 받아야 하는 것을 생각하기만 해도 두렵다.

5. 나는 죽는 것이 전혀 두렵지 않다. (-)

6. 나는 암에 걸릴까 봐 걱정하지 않는다. (-)

7. 죽음에 대한 생각 때문에 심란하지는 않다. (-)

8. 시간이 너무 빨리 흘러간다는 사실에 심란할 때가 있다.

9. 고통스럽게 죽을까 봐 두렵다.

10. 죽음 이후에 무슨 일이 있을지 사후에 대한 이야기가 나오면 마음이 불편하다.

11. 심장마비가 일어날까 봐 겁이 난다.

12. 인생이 정말 짧다는 생각이 자주 든다.

13. 전쟁 또는 전쟁이 일어날 것에 대해 말하는 것만 들어도 겁이 난다.

14. 죽은 사람의 몸을 보면 소름이 끼친다.

15. 지금 죽는다고 해도 별 미련이 없다. (-)

　　DAS는 3주 간격의 검사-재검사 신뢰도가 높게 나타났다. 이는 DAS의 점수가 시간적 경과에도 안정성을 지닌다는 것을 의미한다. 아울러 15개 문항들의 일관성을 반영하는 내적 합치도도 높게 나타났다. 또한 심각한 질병을 지닌 환자들은 정상인 집단에 대해서 DAS에서 유의미하게 높은 점수를 나타냈다. 여러 연구에서 DAS는 일반적 불안과 관련되지만, 특히 죽음불안을 민감하게 측정하는 척도라는 점이 입증되었다. 국내에서는 고효진, 최지욱과 이홍표(2006)가 DAS를 번안하여 요인구조와 신뢰도를 조사한 바 있다. 템플러는 2006년에 동료들과 함께 DAS의 15문항에 새로운 36문항을 더해서 51문항의 확장형 죽음불안척도를 개발한 바 있다(Templer, Awadalla, & Al-Fayes, 2006).

2) 개정판 죽음불안척도(RDAS)

네르케(Nehrke, 1977)는 템플러의 죽음불안척도(DAS)와 보이어(Boyar, 1964)가 개발한 죽음공포척도(Fear of Death Scale)의 문항과 통합하여 34문항으로 확장한 죽음불안척도를 제작했다. 이렇게 확장된 죽음불안척도를 기반으로 하여 소슨과 파월(Thorson & Powell, 1984)은 문항분석의 결과에 근거하여 25문항으로 구성된 개정판 죽음불안척도(Revised Death Anxiety Scale: 이하에서 RDAS로 칭함)를 개발했다. 이 척도는 각 문항에 대해서 '그렇다' 또는 '아니다'로 응답하게 되어 있다.

1. 고통스럽게 죽을까 봐 두렵다.
2. 죽음 이후의 세계가 어떤 것일지 알 수 없다는 것이 나를 괴롭게 한다.
3. 죽은 후에 아무런 생각도 할 수 없다는 것을 생각하면 두렵다.
4. 매장된 후에 내 육체에 어떤 일이 일어날지에 대해서 전혀 불안하지 않다.(-)
5. 관을 보기만 해도 나는 불안해진다.
6. 죽고 난 후에 나에 관한 일들을 통제할 수 없다는 것에 관해 생각하기도 싫다.
7. 죽은 후에 몸을 전혀 움직일 수 없다는 것이 나를 심란하게 만든다.
8. 수술을 받아야 하는 것에 대해 생각하기만 해도 두렵다.
9. 죽음 이후의 삶에 관한 이야기가 나오면 마음이 불편해진다.
10. 오랜 기간에 걸쳐 서서히 죽어 가는 것이 별로 두렵지 않다. (-)
11. 내가 죽어서 관 속에 갇히는 생각을 해도 별로 두렵지 않다. (-)
12. 죽은 후에 내가 무력한 존재가 될 것이라는 것을 생각하기도 싫다.
13. 나는 죽음 이후의 삶이 존재하는지 여부에 대해서 별로 관심이 없다. (-)
14. 죽어서 다시는 아무것도 느낄 수 없다는 것이 나를 두렵게 한다.
15. 죽어 가는 과정에서 겪게 될 고통이 나를 두렵게 만든다.
16. 나는 죽음 이후에 새로운 삶이 있기를 기대한다.
17. 나는 무기력해지는 것에 관해서 걱정하지 않는다. (-)

18. 무덤에서 내 육체가 해체될 것이라는 생각을 하면 괴롭다.

19. 죽어서 많은 것을 누리지 못할 것이라고 생각하면 마음이 심란해진다.

20. 내가 죽은 후에 일어날 일들에 관해서 걱정한다.

21. 나는 어떤 일들을 통제하는 것에 전혀 관심이 없다. (−)

22. 죽음으로 인해 완전히 고립되는 것이 나를 두렵게 만든다.

23. 나는 암에 걸릴까 봐 걱정하지 않는다. (−)

24. 나는 내가 죽은 후에 일들이 어떻게 진행되어야 하는지에 관해 상세한 지시를 남길 것이다.

25. 죽은 후에 내 육체에 어떤 일들이 일어날지 개의치 않는다. (−)

소슨과 파월(1988)은 RDAS의 요인분석을 한 결과 7개의 요인구조가 발견되었다. 7개의 요인은 (1) 불확실성과 소유물을 잃게 되는 것에 대한 공포, (2) 죽음과 관련된 통증에 대한 공포, (3) 자신의 육체가 기능을 정지하는 것에 대한 걱정, (4) 무력감과 통제 상실에 대한 공포, (5) 죽음 이후의 삶에 대한 걱정, (6) 육체의 훼손에 대한 공포, (7) 죽음 이후에 신변정리에 대한 지시를 남기는 것에 대한 걱정이다.

3) 다차원적 죽음공포척도(MFODS)

휠터(Hoelter, 1979)는 죽음불안의 다차원성을 고려하여 8개의 하위차원으로 구성된 다차원적 죽음공포척도(Multidimensional Fear of Death Scale: 이하에서 MFODS로 칭함)를 제작했다. MFODS는 42문항으로 구성되어 있으며 5점 척도상에서 평정하게 되어 있다. 이홍표와 동료들(이홍표, 이홍석, 고효진, 김교헌, 2005)의 번역을 중심으로 MFODS의 8개 하위차원과 문항을 소개하면 다음과 같다.

(1) 죽어 가는 과정(dying process)에 대한 두려움

- 죽을 때 굉장히 천천히 죽어 갈까 봐 두렵다.
- 불이 나서 죽을까 봐 두렵다.
- 죽을 때 심한 고통을 겪을까 봐 두렵다.
- 암에 걸려 죽을까 봐 두렵다.
- 숨이 막혀 질식사하거나 물에 빠져 익사할까 봐 두렵다.
- 폭력을 당해 처참하게 몸이 손상되어 죽을까 봐 두렵다.

(2) 시체(the dead)에 대한 두려움

- 장례식장을 방문하는 것이 두렵다.
- 나는 시체를 만지는 것이 그다지 어렵지 않다. (−)
- 죽은 사람을 발견하는 것은 굉장히 소름끼치는 경험일 것이다.
- 한밤중에 혼자 묘지를 걸어가면 굉장히 무서울 것이다.
- 죽은 동물을 길에서 치운다면 마음이 무거울 것이다.
- 나는 죽어 있는 모든 것이 두렵다.

(3) 파괴당하는 것(being destroyed)에 대한 두려움

- 죽으면 내 몸을 과학 연구를 위해 기증하고 싶다. (−)
- 죽은 후에 내 몸이 의과대학생의 실습용으로 사용되는 것을 원하지 않는다.
- 내 몸이 화장되는 것을 생각하고 싶지 않다.
- 죽은 후에 내 눈(안구)을 기증하고 싶지 않다.

(4) 중요한 타인(significant others)의 죽음에 대한 두려움

- 가족이 죽을까 봐 두렵다.
- 나와 친한 사람이 갑자기 죽는다면, 한참 동안 고통스러울 것이다.
- 만약 내일 내가 죽는다면, 가족이 오랫동안 힘들어할 것이다.
- 사람은 누구나 죽으며, 따라서 친구들이 죽어도 그다지 당황하지 않는다. (−)

- 나는 간혹 아는 사람이 죽으면 안절부절못한다.
- 내가 죽으면, 친구들이 오랫동안 힘들어할 것이다.

(5) 미지의 세계(the unknown)에 대한 두려움

- 죽음 이후의 삶이 존재하지 않을까 봐 두렵다.
- 나는 (죽어서) 나의 창조주나 조물주를 만나기가 두렵다.
- 죽음이 한 존재의 끝이라는 것이 두렵다.
- 절대의 존재, 신이 없을까 봐 두렵다.
- 아무도 죽음 이후에 어떤 일이 벌어질지 확실하게 말할 수 없다.

(6) 의식이 남아 있는 상태의 죽음(conscious death)에 대한 두려움

- 사실은 살아 있는데 죽었다고 잘못 선고되는 사람들이 많다.
- 산 채로 매장될까 봐 두렵다.
- 시체안치실에 누워 있을 때 내가 의식을 되찾게 될까 봐 두렵다.
- 나의 죽음을 선고할 때 두 명 이상의 의사가 확인해 주기를 바란다.

(7) 죽음 이후의 육체(the body after death)에 대한 두려움

- 죽은 내 육체가 흉측한 모습이 될까 봐 두렵다.
- 내 육체가 죽은 후에 발견될까 봐 두렵다.
- 화장하든 매장하든 다를 바가 없다. (−)
- 죽어서 관에 갇힐 생각을 하면 겁이 난다.
- 죽은 후에 내 육체가 썩는다는 생각을 하면 무섭다.

(8) 일찍 죽을 것(premature death)에 대한 두려움

- 죽기 전에 인생의 목표를 이루지 못하고 죽을까 봐 두렵다.
- 은퇴한 후의 생활을 충분히 즐기지 못하고 죽을까 봐 두렵다.
- 내가 원하는 것들을 충분히 경험하고 즐기지 못하고 죽을까 봐 두렵다.
- 내 자녀들이 성장하는 것을 보지 못하고 죽을까 봐 두렵다.

MFODS는 8개 차원의 문항 간 내적 일치도가 높을 뿐만 아니라 전체 척도의 내적 일치도도 높은 것으로 나타났다(Heolter, 1979). 국내에서는 이홍표 등(2005)이 MFODS를 번안하여 한국인을 대상으로 비교문화적 검증을 실시한 결과, 의식이 살아 있는 상태의 죽음에 대한 두려움은 한국문화에 적합하지 않으며 파괴당하는 것에 대한 두려움은 단지 신체기증에 대한 태도를 반영하는 것으로 시사되었다. 그러나 나머지 6개 요인은 한국문화에도 비교적 적합한 것으로 밝혀졌다.

4) 개인적 죽음공포척도(FPDS)

이스라엘 심리학자인 플로리안(Florian)은 죽음공포가 다양한 차원의 여러 가지 두려움으로 구성되어 있다고 주장했다. 그는 죽음공포를 구성하는 다차원적 요인을 탐색하기 위해서 개인적 죽음공포척도(Fear of Personal Death Scale: 이하에서 FPDS로 칭함)를 개발했다(Florian & Kravetz, 1983). FPDS는 31문항으로 구성되어 있으며 각 문항에 대한 동의 정도를 5점 척도상에서 평정하게 되어 있다. FPDS의 문항을 소개하면 다음과 같다.

• 죽음은 나를 두렵게 만든다. 왜냐하면,

1. 창조적 활동을 할 수 없기 때문에
2. 모든 계획과 활동이 중단되기 때문에
3. 모든 영적 활동을 할 수 없기 때문에
4. 생각하는 능력이 중지되기 때문에
5. 내 인생이 보람 있게 활용되지 않을 것이기 때문에
6. 나의 삶 자체가 끝나기 때문에
7. 미래의 사건들을 접하지 못할 것이기 때문에
8. 인생 목표를 실현하지 못할 것이기 때문에

9. 사랑하는 사람들과의 유대가 끊어지기 때문에

10. 인생의 즐거움과 쾌락을 느낄 수 없기 때문에

11. 내가 존재하지 않는다는 것이 다른 사람들에게 느껴지지 못할 것이기 때문에

12. 나 없이도 사건들이 계속 일어날 것이기 때문에

13. 내가 잊혀질 것이기 때문에

14. 내가 죽어도 가까운 사람들이 슬퍼하지 않을지 모르기 때문에

15. 땅속에 깊이 매장될 것이기 때문에

16. 다른 사람들의 삶이 나 없이도 계속될 것이기 때문에

17. 인간의 모습을 상실할 것이기 때문에

18. 내 육체의 운명 때문에

19. 내 가족이 여전히 나를 필요로 할 것이기 때문에

20. 친척들이 슬픔을 이기지 못할 것이기 때문에

21. 친척과 친구들이 느낄 슬픔 때문에

22. 가족을 위해 아무것도 할 수 없기 때문에

23. 어떤 일이 일어날지 전혀 예상할 수 없기 때문에

24. 죽음 이후의 존재에 대한 불확실성 때문에

25. 죽음의 신비성 때문에

26. 죽음에 관한 것을 모르기 때문에

27. 육체가 해체되는 것이기 때문에

28. '내'가 사라지고 없어질 것이기 때문에

29. 영원한 무의식 상태에 빠질 것이기 때문에

30. 나의 독특한 개성이 사라질 것이기 때문에

31. 내세에서 처벌을 받을지 모르기 때문에

FPDS의 31개 문항에 대한 자료를 요인분석한 결과, 죽음의 두려움은 다음과 같은 6개 주제로 구분될 수 있었다.

(1) 자기소멸(예: '내'가 사라지고 없어질 것이기 때문에)

(2) 자기실현 중단(예: 창조적 활동을 할 수 없기 때문에)

(3) 사회적 정체성 상실(예: 내가 잊혀질 것이기 때문에)

(4) 가족과 친구에게 미칠 결과(예: 내 가족이 여전히 나를 필요로 할 것이기 때문에)

(5) 미지의 사후세계(예: 죽음 이후의 존재에 대한 불확실성 때문에)

(6) 사후세계의 처벌(예: 내세에서 처벌을 받을지 모르기 때문에)

플로리안은 이러한 6개 요인이 세 가지 차원의 죽음불안을 반영하는 것이라고 해석했다. 자기소멸과 자기실현 중단은 개인적 차원의 죽음불안을 반영하고, 사회적 정체성 상실과 가족과 친구에게 미칠 결과는 대인관계적 죽음불안을 나타내며, 미지의 사후세계와 사후세계의 처벌은 초개인적 또는 영적 차원의 죽음불안을 반영한다. 그는 FPDS를 사용하여 의식적 죽음공포와 무의식적 죽음공포의 관계를 비롯하여 죽음공포에 영향을 미치는 개인적·상황적·문화적 요인에 관한 많은 연구를 실시했다(Mikulincer & Florian, 2007).

이 밖에도 죽음불안을 측정하는 다양한 도구들이 존재한다. 콜렛-레스터 죽음공포 척도(Collett-Lester Fear of Death Scale)(Collett & Lester, 1969; Lester, 1990)는 네 개의 하위 척도, 즉 자신의 죽음, 자신의 죽어감, 타인의 죽음, 타인의 죽어감에 대한 공포를 측정하고 있다. 이 척도는 36개의 문항으로 구성되어 있으며, "다음의 내용이 당신을 얼마나 심란하고 불안하게 만드나요?"라는 물음에 동의하는 정도를 5점 척도로 평정하게 되어 있다. 예컨대, 자신의 죽음에 대한 문항에는 죽음으로 인해 완전히 고립되는 것, 인생의 덧없음, 많은 것을 상실하는 것, 젊어서 죽는 것, 생각하거나 경험할 수 없는 것, 사후생에서 고통과 처벌을 받는 것, 죽은 후에 몸이 해체되는 것이 있다. 그리고 자신의 죽어감에 대한 문항에는 신체가 늙어서 무너지는 것, 죽어 가는 과정의 통증, 노령으로 인한 지적 퇴화, 질병으로 인한 능력의 감퇴, 죽음의 과정을 얼마나 용감하게 대면할 것인지에 대한 불확실성, 죽어 가는 과정에 대한 통제력 부족, 가족과 친구를 떠나 병원에서 죽게 되는 것, 죽어 가는 과정에서 다른 사람들이 겪게 될 슬픔이 있다. 이 척도는 자신과 타인(예: 가족이나 사랑하는 사람), 그리고 죽음 자체와 죽어 가는 과정에 대한 공포를 구분하여 측정하는 장점이 있다.

5) 무의식적 죽음불안을 평가하는 방법들

인간의 마음은 자각할 수 있는 의식적 과정뿐만 아니라 우리가 쉽게 자각하기 어려운 무의식적 과정에 의해서 작동한다. 죽음불안이 높은 사람들은 죽음에 관한 생각을 많이 할 뿐만 아니라 죽음에 대한 부정적 사고와 심상을 자주 떠올린다. 이러한 의식적인 죽음불안은 앞에서 소개한 자기보고형 측정도구에 의해서 잘 평가할 수 있다. 그러나 일부의 사람들은 의식적인 죽음불안을 부인하지만 무의식적으로 죽음에 대한 두려움을 지니는 경우가 있다. 심리학자들은 무의식적 죽음불안을 탐색하고 평가하기 위해서 투사적 검사, 인지적 실험과제, 생리적 측정도구를 사용하기도 한다.

〈그림 8-1〉 TAT 자극의 예

(1) 투사적 검사

무의식적인 죽음불안을 측정하기 위해서 주제통각검사(Thematic Apperception Test: 이하에서 TAT로 칭함)를 비롯한 투사적 검사들이 사용되고 있다(Mikulincer & Florian, 2007). 투사적 검사(projective test)는 모호한 자극을 제시하고 그에 대한 피검자의 반응을 정밀하게 분석하여 무의식적인 심상이나 갈등의 주제를 평가하는 방법이다. 모호한 자극을 의미 있는 것으로 구성하는 과정에서 개인의 무의식적 내용이 투사되어 반영되기 때문이다. 대표적인 투사적 검사로는 주제통각검사(TAT), 로르샤흐 검사(Rorschach test), 문장완성검사(Sentence Completion Test) 등이 있다.

플로리안과 동료들(Florian, Kravetz, & Frankel, 1983)은 무의식적인 죽음불안을 측정하기 위해서 TAT를 사용하였다. TAT는 〈그림 8-1〉과 같이 모호한 상황의 그림들을 제시하고 피검자에게 어떤 일들이 벌어지고 있는지에 대해서 자유롭게 이야기를 만들어 보도록 요청한다. 피검자의 반응을 상세하게 분석함으로써 그들의 무의식적인 측면을 탐색할 수 있다. 연구자들은 종교적 태도가 개인의 의식적·무의식적 죽음불안에 어떤 영향을 미치는지를 조사했다. 그 결과, 종교적 헌신도가 높은 사람들은 의식적 죽음불안의 일부 측면(자기소멸, 정체성 상실, 우울, 분노)에서 낮은 수준을 나타냈지만 TAT에 의해 평가된 무의식적 죽음불안(죽음에 대한 관심, 죄의식, 불안, 사후의 처벌 등)에서는 높은 수준을 나타냈다. 이러한 연구는 죽음불안이 의식적 수준과 무의식적 수준에서 차이가 있을 수 있음을 보여 준다.

또 다른 연구(Mikulincerk, Florian, & Tolmacz, 1990)는 TAT를 사용하여 애착유형과 의식적·무의식적 죽음불안의 관계를 살펴보았다. 연구자들은 이스라엘의 대학생들을 세 집단(안정애착, 불안애착, 회피애착)으로 나누고 자기보고형 검사를 통해 의식적 죽음불안을 측정하고 TAT를 통해 무의식적 죽음불안을 평가하였다. 그 결과, 불안애착 집단이 안정애착과 회피애착 집단보다 더 높은 죽음불안을 나타냈다. 그러나 불안애착과 회피애착 집단은 모두 안정애착 집단보다 무의식적 죽음불안이 더 높았다. 특히, 불안애착 집단은 죽음을 통해서 자신의 사회적 정체성이 상실되는 것에 대한 두려움이 더 높았으며, 회피애착 집단은 죽음에 대한 미지의 속성에 대한 두려움이 더 높은 것으로 나타났다. 이러한 연구결과는 어린 시절에 맺은 양육자와의 애착관계가 의식적 죽음불안뿐만 아니라 무의식적 수준의 죽음불안에도 영향을 미친다는 것을 보여 준다.

(2) 인지적 실험과제

무의식적인 죽음불안은 인지적 실험과제를 통해서도 평가될 수 있다. 스웨덴의 심리학자인 런드와 라돈(Lundh & Radon, 1998)은 스트룹 과제를 사용하여 무의식적인 죽음불안을 측정했다. 스트룹 과제(stroop task)란 컴퓨터 화면에 여러 색깔의 단어들을 하나씩 제시하고 피험자로 하여금 한 단어가 제시되자마자 가능한 한 빨리 글자의 의미를 무시한 채 그 색깔을 말로 보고하게 하는 과제이다. 글자를 제시한 순간부터 글자의 색깔을 말로 보고하는 반응시간을 측정한다. 피험자에게 무의식적인 관심과 갈등을 촉발하는 단어들은 주의를 끌기 때문에 그 단어의 색깔을 말하기까지 더 긴 반응시간이 걸릴 것이다. 예를 들어, 무의식적인 죽음불안을 지닌 사람들은 스트룹 과제에서 '시체', '묘지', '귀신'과 같이 죽음과 관련된 단어들이 제시되면 '모자', '나무', '도시'와 같은 중립적 단어들에 비해서 그 단어의 색깔을 말하는 데 더 오랜 시간이 걸릴 것이다.

런드와 라돈은 사후생에 대해 각기 다른 믿음을 지니는 세 집단(종교신봉자, 무신론자, 불가지론자)을 대상으로 자기보고형 검사와 스트룹 과제를 사용하여 의식적·무의식적 죽음불안을 측정하였다. 세 집단의 죽음불안을 비교한 결과, 종교신봉자들은 무신론자나 불가지론자들에 비해서 더 낮은 의식적인 죽음불안을 보고했다. 그러나 무의식적 죽음불안을 측정하는 스트룹 과제에서는 세 집단 간의 차이가 나타나지 않았다. 모든 피험자에게 있어서 죽음과 관련된 단어들이 제시되었을 때 반응시간이 길어지는 간섭효과가 나타났는데, 이러한 간섭효과는 나이가 많을수록 더 강하게 나타나는 경향이 있었다. 이러한 연구결과는 사후생에 대한 믿음이 의식적 죽음불안과 무의식적 죽음불안에 미치는 영향력이 다를 뿐만 아니라 나이가 많을수록 무의식적 죽음불안이 높아짐을 의미한다.

(3) 신체생리적 측정도구

이 밖에도 무의식적인 죽음불안을 측정하기 위해서 다양한 신체생리적인 측정도구가 사용되기도 한다. 인간의 의식적 경험과 신체생리적 반응(예: 심장박동, 호흡, 체온, 땀 분비 등)은 달리 나타날 수 있다. 의식적으로는 불안하지 않다고 보고하지만, 신체는 흥분된 불안반응을 나타낼 수 있다. 회피적인 사람들은 그렇지 않은 사람들에 비해서 죽음과 같은 주제에 관해서 면담하는 동안 부정적인 감정을 덜 경험했다고 보고했으나 신체생리적 측정치에서는 더 높은 생리적 각성수준을 나타냈다(Dozier & Kobak, 1992).

3. 죽음불안에 대한 실증적 연구

죽음불안은 인간의 삶에 심각한 영향을 미친다. 적절한 수준의 죽음불안은 삶의 소중함을 일깨우고 인간 실존과 삶에 대한 성찰을 유도하여 인간을 성숙시키는 긍정적 기능을 할 수 있다. 그러나 과도한 죽음불안은 고통스러울 뿐만 아니라 현실 적응에 부정적인 영향을 미칠 수 있다. 또한 죽음불안의 부재 역시 인간의 실존 상황에 대한 자각을 억압하여 건강하고 진실한 삶을 훼손할 수 있다.

죽음불안이 높거나 낮은 사람들은 어떤 특성을 지니고 있을까? 어떤 요인들이 죽음불안에 영향을 미치는 것일까? 죽음불안은 연령이 증가함에 따라 어떤 변화 패턴을 나타낼까? 죽음불안은 종교적 믿음과 어떤 관련성을 지닐까? 심리학자들은 지난 반세기 동안 죽음불안의 실체를 밝히기 위해 많은 연구를 진행해 왔다.

죽음불안은 다차원적인 복잡한 심리적 현상으로서 매우 다양한 요인에 의해서 영향을 받는다. 대부분의 사람은 어느 정도 죽음불안을 느끼고 있지만, 일부의 사람들은 매우 높은 수준의 죽음불안을 보고한다. 죽음불안은 개인의 발달단계, 생활사건과 인생경험, 종교를 비롯한 사회문화적 요인에 의해 영향을 받는다. 예컨대, 부정적인 생활사건들(예: 생명 위협적 사건, 재난, 질병, 가족이나 친구의 죽음)은 죽음불안을 증가시킨다(Kastenbaum, 2000). 노인의 경우, 특히 건강문제가 죽음불안과 밀접하게 연관되지만 사회적 지지, 대처방식, 종교적 신념 등에 따라서 죽음불안에 대한 영향이 다른 것으로 나타났다(Neimeyer, Wittkowski, & Moser, 2004). 여기에서는 죽음불안에 영향을 미치는 몇 가지 주요한 요인들을 중심으로 실증적인 연구결과를 살펴보기로 한다.

1) 연령과 죽음불안

발달심리학자들은 연령이 죽음불안에 영향을 미치는 주요한 요인이라고 주장한다. 연령에 따라 죽음을 이해하고 수용할 수 있는 인지적 수준이 다를 뿐만 아니라 죽음이 다가올 시간적 임박성이나 가까운 사람들의 죽음을 접하게 되는 기회가 다르기 때문이다. 연령이 증가함에 따라 죽음불안은 어떤 패턴으로 변화할까?

죽음불안과 연령의 관계를 조사한 대다수의 연구(예: Johnson, 1980; Neimeyer, 1985; Wass & Myers, 1982)에서 죽음불안은 연령이 많아질수록 감소하는 것으로 나타났다. 그러나 연령과 죽음불안의 관계는 그렇게 간단하지 않다. 일부의 연구(Gesser et al., 1988)에서는 죽음불안이 청년기에 비해서 중년기에 더 높아졌다가 노년기에 감소하는 것으로 나타나서 연령과 죽음불안의 관계가 직선적이지 않음을 보여 주었다.

연령과 죽음불안의 관계는 연구대상의 특성과 표집방법 그리고 죽음불안의 측정도구에 따라서 다양한 패턴을 나타내고 있다. 우리나라에서 이루어진 김지현(2008)의 연구에서는 전반적인 죽음불안이 청년기에 비해서 중년기에 낮아졌다가 노년기에 다시 상승하는 경향을 나타냈으며, 성별에 따라 다른 패턴을 나타냈다. 죽음 자체에 대한 공포는 남자의 경우 청년기에서 중년기까지 감소하다가 노년기에 상승하는 반면, 여자의 경우에는 연령이 증가함에 따라 감소하는 것으로 나타났다.

최근에 러색과 동료들(Russac, Gatliff, Reece, & Spottswood, 2007)은 18~87세의 미국인 304명을 대상으로 죽음불안척도를 사용하여 연령과 성별에 따라 죽음불안이 어떻게 달라지는지를 조사했다. 그 결과, 죽음불안은 남녀 모두 20대에 가장 높았으며 그 이후에는 점차 감소하는 패턴을 보였다. 그러나 남자는 연령 증가에 따라 죽음불안이 지속적으로 감소하지만 여자는 50대 초반에 죽음불안이 상승했다가 그 이후에 감소하여 60대에는 남녀 모두 낮은 수준의 죽음불안을 나타냈다.

연령이 증가함에 따라 왜 죽음불안이 감소하는 것일까? 젊은 20대의 청년들이 왜 높은 죽음불안을 나타내는 것일까? 반면에 죽음이 가까이 다가온 노인들의 죽음불안 수준이 왜 낮은 것일까? 그 이유 중 하나는 연령이 증가함에 따라 생명의 유한성, 즉 죽음을 수용하는 심리적 발달과정이 진행되기 때문이다(Kastenbaum, 2000; Wong et al., 1994). 또한 나이가 증가함에 따라 죽음을 통해 잃게 될 것이 감소하기 때문에 죽음을 덜 위협적인 것으로 여길 수 있다. 20대 청년은 미래의 꿈이 많은 연령대이기 때문에 죽음이 자신의 삶 전반에 미칠 부정적 영향을 더 치명적인 것으로 느낄 수 있다. 그러나 노년기는 이미 인생의 많은 것을 실현하고 삶의 질이 감소하는 시기이기 때문에 죽음이 덜 위협적인 것으로 느껴질 수 있다. 또한 노년기에는 종교성이 증가하고 죽음과 관련된 여러 번의 노출경험을 겪기에 죽음불안이 감소할 수 있다(Neimeyer, 1988). 노년기의 주요한 발달과제는 죽음과 화해하는 것, 즉 과거의 삶과 죽음의 현실을 수용하는 것이다(Erikson, 1963).

2) 성별과 죽음불안

대다수의 연구에서 죽음불안은 여자가 남자보다 더 높은 것으로 나타나고 있다. 죽음불안에 대한 여러 연구의 결과를 개관하여 분석한 폴락(Pollark, 1980)에 따르면, 여자의 죽음불안이 남자에 비해 더 높으며 이러한 성차는 여러 문화에서 보편적으로 나타나고 있다. 이러한 현상은 최근에 시행된 연구(Pierce, Cohen, Chambers, & Meade, 2007)에서도 반복적으로 검증되었다.

여자가 남자보다 죽음불안이 더 높은 이유는 무엇일까? 이러한 물음에 대해서 여러 가설이 제기되었다. 그 첫째는 정서적 표현 가설(emotional expressive hypothesis)로서 남자는 죽음불안을 잘 표현하지 않는 경향이 있는 반면, 여자는 자신이 경험하는 죽음불안을 자기보고형 측정도구에서 더 잘 표현하기 때문이라는 것이다(Stillion, 1985). 그러나 이러한 가설을 검증한 연구(Dattel & Neimeyer, 1990)에서는 여자가 정서적 표현을 잘 하는 경향이 있지만, 이러한 경향을 통제한 후에도 여자의 죽음불안이 유의미하게 더 높은 것으로 나타났다.

여자의 죽음불안이 높은 이유는 여자가 자신의 운명을 결정하는 통제소재(locus

of control)를 외부에 두는 경향이 있기 때문이라는 주장이 제기되었다. 한 연구 (Sadowski, Davis, & Loftus-Vergari, 1979)에 따르면, 여자는 죽음불안과 외부적 통제 소재가 모두 남자보다 더 높았을 뿐만 아니라 죽음불안은 외부적 통제소재와 유의 미한 상관을 나타냈다. 이러한 결과는 여자가 남자보다 자신의 죽음을 외부의 힘 에 의한 것으로 생각하며 자신의 통제를 벗어난 것이라고 여기기 때문에 더 높은 불안을 경험한다는 것을 시사한다.

앞에서 소개한 러색과 동료들(2007)의 연구에서 발견된 흥미로운 사실 중 하나 는 여자의 경우 20대 이후부터 죽음불안이 서서히 감소하다가 50대에 다시 급상승 한다는 점이다. 그 이유 중 하나는 50대가 여자의 출산능력이 끝나는 폐경기에 해 당한다는 점과 관련되어 있다. 여자의 50대는 많은 변화가 일어나는 시기로서 폐 경을 통해 노화를 실감할 수 있다. 또한 자녀양육에 몰두했던 여자들이 50대에 자 신의 삶에 더 많은 관심을 갖게 되면서 노화와 죽음에 대한 불안이 증가할 수 있다.

일부의 연구(Robinson & Wood, 1984)에서는 죽음불안의 성차가 나타나지 않았 으며 오히려 남자가 여자보다 더 높은 죽음불안을 보이기도 했다. 그 이유는 남자 가 여자에 비해서 사후세계에 대한 믿음이 약하기 때문에 죽음불안이 더 높은 것 으로 추정되었다(Klenow & Bolin, 1989). 죽음 수용적 태도의 성차를 조사한 한 연 구(Wong, Reker, & Gesser, 1994)에 따르면, 여자가 남자보다 죽음에 대해 더 수용 적인 태도를 보인 반면, 남자는 여자보다 죽음에 대해서 더 높은 회피적 태도를 나 타냈다.

죽음불안의 성차는 연령대에 따라 다양한 양상을 나타내는 듯하다. 한국인을 대상으로 조사한 김지현(2008)의 연구에서는 청년집단의 경우 여자가 남자보다 더 높은 죽음불안을 나타낸 반면, 중년집단에서는 성차가 나타나지 않았다. 60세 이상의 노인집단에서는 남자가 여자보다 죽음 자체에 대한 공포가 더 높았다. 전 반적으로 남자는 연령대에 상관없이 죽음 자체와 죽음회피 성향이 더 높은 반면, 여자는 죽어 가는 과정에 대한 공포가 높았다. 이러한 결과는 나이에 상관없이 여 자는 고통스럽게 죽어 가는 것을 두려워하는 반면, 남자는 죽음 자체를 두려워하며 죽음에 대해서 가능하면 생각하지 않으려는 경향이 있음을 의미한다.

3) 종교와 죽음불안

종교는 삶의 목적과 의미뿐만 아니라 사후세계에 대한 희망을 제시함으로써 죽음불안을 완화하는 기능을 하는 것으로 알려져 있다. 그렇다면 과연 종교를 지닌 사람들은 그렇지 않은 사람들에 비해서 죽음불안을 덜 느끼고 있을까? 종교성이 높은 사람일수록 죽음불안 수준이 낮은 것일까? 종교성과 죽음불안의 관계를 탐색하기 위해서 많은 실증적 연구들이 시행되었다.

종교성(religiosity)은 특정한 종교기관에 소속되어 예배와 의식에 열성적으로 참여할 뿐만 아니라 종교적 교리를 강하게 믿으며 개인의 삶에서 종교를 중요하게 여기는 정도를 의미한다(Aday, 1984; Wink & Scott, 2005). 여러 연구(Feifel & Nagy, 1981; Stewart, 1975; Templer, 1972; Templer & Ruff, 1975; Thorson & Powell, 1994; Young & Daniels, 1981)에서 종교성이 높을수록 죽음불안 수준이 낮은 것으로 보고되었다. 템플러(Templer, 1972)의 연구에서는 종교적 헌신도와 참여도가 높고 종교적 신념이 강하며 사후세계에 대한 믿음이 강할수록 죽음불안 수준이 낮은 것으로 나타났다. 전쟁에 참가한 이스라엘 군인들을 대상으로 실시한 플로리안(Florian, 1993)의 연구에서도 종교적 신념이 강한 청년일수록 죽음공포가 더 낮은 것으로 나타났다.

그러나 종교성과 죽음불안의 관계는 상당히 복잡한 것으로 밝혀지고 있다(Donahue, 1985). 일부의 연구(Feifel, 1974; Kalish, 1963; Templer & Dodson, 1970)에서는 종교성과 죽음불안의 유의미한 관계를 발견하지 못했을 뿐만 아니라 다른 연구(Templer & Ruff, 1975; Young & Daniels, 1981)에서는 오히려 종교를 지닌 사람들의 죽음불안 수준이 더 높은 것으로 나타났다. 또한 종교성과 죽음불안의 관계는 직선적이지 않다는 연구결과(McMordie, 1981; Wink & Scott, 2005)도 보고되었다. 개신교 신자를 대상으로 종교성과 죽음불안의 관계를 조사한 한 연구(Wink &

Scot, 2005)에서는 종교성이 높거나 낮은 사람들은 중간 정도의 종교성을 지닌 사람들보다 죽음불안이 낮은 것으로 나타나기도 했다.

이처럼 종교성과 죽음불안의 관계에 대해서 일관성 없는 결과가 나타나는 것은 연구자마다 종교성에 대한 정의와 측정도구가 다르기 때문일 수 있다. 미국의 저명한 심리학자인 올포트(Allport, 1963; Allport & Ross, 1967)는 종교를 대하는 주된 동기에 따라서 외재적 종교성과 내재적 종교성을 구분하였다. 외재적 종교성(extrinsic religiousness)은 종교를 개인적 이익, 심리적 위안, 사교적 활동, 지위 향상 등을 위한 수단으로 접근하는 종교적 태도를 뜻한다. 반면에 내재적 종교성(intrinsic religiousness)은 이해관계와 무관하게 인생의 의미와 목적을 추구하기 위해 접근하는 종교적 태도를 의미한다. 올포트는 이러한 두 가지의 종교성을 평가하는 내재적-외재적 종교동기척도(Intrinsic-Extrinsic Religious Motivation Scale)를 개발하여 실증적인 연구를 시행하였다. 그 결과, 내재적 종교성은 긍정적인 정신건강의 지표들과 상관을 나타낸 반면, 외재적 종교성은 편견, 독단적 태도, 죽음에 대한 두려움과 상관을 나타냈을 뿐만 아니라 이타심과는 상관을 보이지 않았다. 올포트는 외재적 종교성을 죽음불안에 대해서 미숙한 방어적 노력을 기울이는 일종의 신경증 상태로 여긴 반면, 내재적 종교성은 현세적 이익에 초연할 뿐만 아니라 자기비판과 회의에 열려 있는 성숙한 종교적 태도로서 정신건강에 도움이 되는 것으로 여겼다.

내재적 종교성과 외재적 종교성은 상당히 독립적인 것이어서 한 사람이 두 가지 종교성을 모두 지닐 수도 있고 그렇지 않을 수도 있다. 이러한 점에 착안하여 도나휴(Donahue, 1985)는 내재적 종교성과 외재적 종교성의 높고 낮음에 따라 종교성을 4가지 유형으로 분류하여 정신건강과의 관계를 조사하였다. 네 가지 유형은 내재적·외재적 종교성이 모두 높은 '무차별적 종교성', 두 가지 종교성이 모두 낮은 '무종교성', 그리고 한 가지의 종교성만 높은 '내재적 종교성'과 '외재적 종교성'이었다. 연구결과에 따르면, 네 가지 유형 중 '내재적 종교성'만이 정신건강의 지표와 정적 상관을 나타냈다. 이러한 결과는 종교를 수단으로 여기는 외재적 종교성에 오염되면 내재적 종교성도 정신건강에 도움이 되지 않는다는 것을 보여 주고 있다.

소슨과 파웰(Thorson & Powell, 1990)은 다양한 연령층(18~88세)을 대상으로 내재적 종교성과 죽음불안의 관계를 조사했다. 그 결과, 내재적 종교성이 높은 노인들은 내재적 종교성이 낮은 젊은이들에 비해서 죽음불안이 더 낮았다. 연구자들은 이러한 결과를 노인들이 젊은이들보다 종교적 동기가 높을 뿐만 아니라 자신의 유한성을 더 잘 수용하기 때문이라고 해석했다.

피어스와 동료들(Pierce et al., 2007)은 375명의 고등학생과 대학생을 대상으로 죽음불안과 종교성의 관계를 조사했다. 그 결과, 여학생들은 남학생들에 비해서 죽음불안 수준이 더 높았을 뿐만 아니라 외재적 종교성도 더 높았다. 또한 죽음불안과 외재적 종교성은 유의미한 상관을 나타냈다. 그러나 여학생들의 높은 죽음불안이 외재적 종교성을 촉진하는지 아니면 외재적 종교성이 죽음불안을 증가시키는지의 인과관계는 불분명하다.

앞에서 소개한 바 있듯이, 플로리안과 동료들(1983)은 TAT를 사용하여 무의식적인 죽음불안을 측정하고 종교적 태도와의 관계를 탐색하였다. 이 연구에 따르면, 종교적 헌신도가 높은 사람들이 의식 수준에서는 죽음불안이 낮았지만 무의식 수준에서는 높은 죽음불안을 나타냈다. 또한 런드와 라돈(1998)의 연구에서도 사후생에 대한 믿음을 지닌 사람들은 그렇지 않은 사람들보다 의식 수준에서는 죽음불안이 낮았지만 무의식 수준에서는 차이가 없었다.

이처럼 종교성과 죽음불안의 관계는 상당히 복잡하다. 내재적 종교성과 외재적 종교성의 구분이 필요할 뿐만 아니라 죽음불안의 의식적·무의식적 측면에 대한 고려도 중요하다. 종교성과 죽음불안의 관계에 대한 실증적 연구는 대부분 기독교 전통이 강한 서구사회에서 이루어졌다. 초월적 신과 사후세계의 존재를 주장하는 유신론적 종교에 대한 태도와 죽음불안의 관계를 탐색하는 연구가 대부분이다.

4) 성격과 죽음불안

성격은 개인의 독특한 심리적 성향으로서 인간관계, 직업활동, 종교적 태도를 비롯한 인생 전반에 강력한 영향을 미친다. 개인의 성격은 죽음의 운명을 인식하고 대응하는 방식에 어떤 영향을 미치는 것일까? 죽음불안은 성격과 어떤 관계가 있는 것일까? 성격의 5요인과 애착유형을 비롯한 다양한 성격 요인과 죽음불안의 관계에 대한 연구들이 진행되고 있다.

(1) 성격의 5요인

현재 심리학에서 성격의 개인차를 설명하는 가장 대표적인 이론은 성격의 5요인 이론(Costa & McCrae, 1992; McCrae & Costa, 1986)이다. 이 이론에 따르면, 성격의 기본적 구조는 5가지 특질, 즉 신경과민성, 외향성, 개방성, 우호성, 성실성으로 가장 잘 설명될 수 있다. 신경과민성(neuroticism)은 불안, 우울, 분노와 같은 부정 정서를 잘 느끼는 성격적 특성으로서 정서적 불안정성이라고 불리기도 한다. 외향성(extraversion)은 다른 사람과 함께 교류하는 인간관계적 자극을 추구하는 사교적 성향을 의미하며, 개방성(openness to experience)은 호기심이 많고 새로운 체험을 좋아하며 다양한 경험과 가치에 대해서 열린 자세를 뜻한다. 우호성(agreeableness)은 다른 사람에 대해서 우호적이고 협동적인 친화적 성향을 뜻하며, 성실성(conscientiousness)은 자기조절을 잘하고 책임감이 강한 성취지향적인 성향을 말한다.

실증적 연구에서 성격의 5요인은 죽음불안과 독특한 관계를 지니는 것으로 나타났다. 대부분의 연구에서 신경과민성은 죽음불안과 정적 상관을 나타냈다(Frazier & Foss-Goodman, 1988-1989; Jastrzebski & Slaski, 2011; Templer, 1972). 신경과민성이 높으면 죽음불안이 높을 뿐만 아니라 죽음불안을 방어하려는 노력도 더 강하다(Goldenberg, Heflick, & Cooper, 2008). 국내에서 이루어진 김지현(2008)의 연구에서도 중년집단(42~60세)의 경우 신경과민성이 높을수록 죽음공포가 높은 것으로 나타났다.

반면, 개방성, 외향성, 우호성이 높은 사람들은 죽음불안 수준이 낮은 것으로 보고되었다(Cully et al., 2001; Turgay, 2003). 김지현(2008)의 연구에서는 중년집단의 경우 개방성이 높은 사람일수록 죽음에 대한 수용적 태도가 높았으며 개방성이 낮은 사람들은 사후세계에 대한 공포가 높은 것으로 나타났다. 그러나 성실성은 죽음불안과의 유의미한 관계가 보고되지 않았다(Turgay, 2003).

최근에 바넷과 동료들(Barnett, Anderson, & Marsden, 2018)은 노인을 대상으로 낙관주의-비관주의 성향과 죽음불안의 관계를 조사했다. 그 결과, 낙관주의는 죽음불안과 유의미한 상관을 보이지 않았지만, 비관주의는 높은 죽음불안 수준과 연관되어 있었다. 비관주의 성향이 강한 사람들은 특히 미지의 세계에 대한 공포가 높았으며 실존적 또는 종교적 관심도 높은 것으로 나타났다. 이러한 결과는 죽음에 대한 긍정적 생각을 늘리는 것보다 부정적 생각을 줄이는 것이 죽음불안을 감소시키는 데 더 중요함을 의미한다.

(2) 애착유형

죽음불안과의 연관성이 제기된 중요한 성격 요인 중 하나가 애착유형이다. 애착(attachment)은 특정한 두 사람 간에 형성되는 깊은 정서적 유대관계로서 애착의 대상은 심리적 안전기지의 역할을 함으로써 불안을 완화시키는 기능을 한다. 애착의 중요성을 처음으로 제기한 볼비(Bowlby, 1969, 1973, 1980)에 따르면, 아동이 정상적으로 발달하기 위해서는 적어도 한 명 이상의 성인 양육자와 따뜻하고 지속적인 애착관계를 맺는 것이 필요하다. 아동은 양육자와의 애착경험을 통해서 자신과 타인에 대한 표상을 형성하며 이러한 애착경험은 이후에 맺게 되는 인간관계에 강력한 영향을 미친다.

아동과 어머니가 맺는 애착관계는 다양한 양상으로 나타날 수 있다. 에인스워스와 동료들(Ainsworth, Blehar, Waters, & Wall, 1978)은 아동과 어머니의 상호작용을 정밀하게 관찰하여 애착관계의 세 가지 유형을 발견했다. 그 첫째는 안정애착

(secure attachment)으로서 아동이 어머니와 편안한 관계 속에서 잘 놀고 이별에 적절한 불안을 보이며 어머니가 돌아오면 불안이 신속하게 감소되는 애착관계를 뜻한다. 둘째 유형은 불안애착(anxious attachment)으로서 아동이 어머니와 함께 있을 때에도 곁에 있는지 항상 신경을 쓸 뿐만 아니라 어머니와의 이별에 극심한 불안을 나타내고 어머니가 돌아와 달래도 저항하는 관계를 말한다. 셋째는 회피애착(avoidant attachment)으로서 어머니와의 이별에 무관심할 뿐만 아니라 어머니가 돌아와도 품속에 안기기를 회피하는 아이의 경우를 뜻한다. 불안애착과 회피애착 모두 정신건강에 바람직하지 못한 경우로서 불안정애착(insecure attachment)이라고 통칭한다. 아동기에 형성한 애착유형은 오랜 기간 지속되며 이후의 인간관계뿐만 아니라 인생 전반에 강력한 영향을 미치는 것으로 알려지고 있다.

여러 실증적 연구에서 안정애착은 죽음불안을 감소시키는 반면, 불안정애착은 죽음불안을 증가시키는 것으로 나타났다(Hart, Shaver, & Goldenberg, 2005; Mikulincer, Florian, & Hirschberger, 2003). 애착유형과 의식적·무의식적 죽음불안의 관계를 조사한 연구(Mikulincerk, Florian, & Tolmacz, 1990)에 따르면, 불안애착 집단이 안정애착이나 회피애착 집단보다 더 높은 죽음불안을 나타냈다. 그러나 불안애착과 회피애착 집단은 모두 안정애착 집단보다 무의식적 죽음불안이 더 높았다.

최근에 심장혈관장애를 지닌 환자들을 대상으로 애착유형과 죽음불안의 관계를 조사한 연구(Valikhani & Yarmohammadi-Vasel, 2014)에서는 불안애착과 회피애착을 지닌 환자들이 안정애착의 환자들보다 죽음불안이 현저하게 높았다. 말기암환자를 대상으로 애착유형과 죽음불안의 관계를 조사한 연구(Scheffold et al., 2018)에서는 불안애착 유형의 환자들은 높은 죽음불안과 우울 수준을 보였으며 회피애착 유형의 환자들은 죽음불안 수준이 높지는 않았으나 신체적 증상을 더 많이 나타냈다.

애착유형은 신과의 관계패턴에도 영향을 미친다는 주장이 제기되고 있다. 어린 시절에 아동이 양육자와 맺은 애착패턴은 다른 사람과의 인간관계뿐만 아니라 권위적 존재인 하나님과의 관계에도 영향을 미칠 수 있다. 개인이 어린 시절에 양육자와 맺었던 애착유형이 하나님과의 관계에 어떤 영향을 미치는 걸까? 이러한 물음에 대해서 두 가지의 상반된 가설이 존재한다.

그 첫째는 보상 가설(compensation hypothesis)로서 어린 시절에 부모와 안정애착을 맺지 못한 사람들이 그러한 애정의 결핍을 보상받기 위해서 하나님과의 유대관계에 더 적극적으로 매달린다는 주장이다. 이러한 사람들은 하나님을 대체적 애착대상(substitute attachment-figure)으로 삼으면서 종교에 헌신한다(Granqvist, Mikulincer, & Shaver, 2010). 다른 하나는 대응 가설(correspondence hypothesis)로서 어린 시절에 만족스러운 애착경험을 한 사람들이 하나님과의 유대관계를 더 추구한다는 주장이다. 한 연구(Granqvist, 2002)에서는 부모로부터 애정을 많이 받았다고 보고한 사람들에게서 종교성이 높게 나타났다. 그러나 이러한 현상은 부모가 높은 종교성을 지닌 경우에만 해당되었다.

하나님에 대한 개인의 표상은 어린 시절에 겪은 부모와의 애착경험과 밀접하게 연결되어 있는 것으로 여겨지고 있다(Rizzuto, 1979). 하나님에 대한 최초의 표상은 아동이 원하는 좋은 어머니의 표상, 즉 친절하고 사랑이 많으며 항상 함께 있는 따뜻한 존재이다. 그러나 어머니에 대한 아동의 표상이 복잡하게 발달하듯이, 하나님은 항상 자애롭기만 한 것이 아니라 잘못에 대해서 징벌하고 분노하는 측면을 지닌 사랑과 처벌의 양면성을 지닌 존재로 변화한다. 또한 하나님의 표상에는 어머니의 특성뿐만 아니라 아버지의 특성을 포함하는 이중적 구조를 갖게 된다. 한 연구(St. Clair, 1994)에서는 종교적 성인 두 명의 사례를 분석하여 하나님과의 관계 경험이 부모와의 관계경험과 관련되어 있음을 보여 주고 있다. 이 연구에 따르면, 인간은 전지전능함을 지닌 이상화된 하나님에 대한 전폭적 의존 상태에서 시작하여 '복종 또는 자율성'의 갈등을 겪으면서 점차적으로 건강한 자기정체감을 형성하며 하나님과의 성숙한 관계로 나아간다.

5) 죽음태도와 죽음불안

죽음불안은 개인이 죽음에 대해서 지니고 있는 태도와 신념에 의해서 영향을 받는다. 죽음을 삶의 종말로 여기는 사람들이 있는 반면, 죽음을 다른 삶으로 옮겨 가는 통로라고 여기는 사람들도 있다. 죽음 이후에도 삶이 존재한다는 믿음을 통해서 희망과 위로를 받는 사람들이 있는 반면, 죽음이 완전한 소멸로 이끈다는 믿음을 통해서 만족과 위안을 느끼는 사람들도 있다(Kalish, 1981). 이처럼 죽음에 대한 태도는 죽음불안에 강력한 영향을 미친다.

(1) 죽음수용

캐나다의 심리학자인 웡과 동료들(Wong et al., 1994)은 죽음에 대한 수용적 태도를 세 가지의 유형, 즉 중립적 수용, 도피적 수용, 접근적 수용으로 구분했다. 중립적 수용(neutral acceptance)은 죽음을 삶의 불가피한 종말로 여기며 이성적으로 받아들이는 자세로서 죽음을 두려워하지도 환영하지도 않는다. 도피적 수용(avoidance acceptance)은 죽음을 고통스러운 삶으로부터 벗어나는 대안으로 여기는 자세로서 극심한 고통을 경험하는 사람들에게는 죽음이 유일한 도피처가 될 수 있다. 접근적 수용(approach acceptance)은 죽음을 더 나은 사후생으로 나아가는 통로로 여기는 태도로서 대부분의 경우 종교적 믿음과 연결되어 있다. 18~90세의 300명을 대상으로 조사한 웡 등(1994)의 연구에 따르면, 세 유형의 죽음수용은 모두 죽음불안과 역상관을 나타냈다. 죽음불안은 접근적 수용과 가장 높은 역상관(-.40)을 나타냈으며 다음으로 회피적 수용과 -.28, 그리고 중립적 수용과는 -.12의 역상관을 나타냈다.

(2) 죽음대처 유능감

죽음대처 유능감(death coping competence)은 죽음의 주제를 친숙하게 여기며 자신 또는 타인의 죽음과 죽어감에 잘 대처할 수 있다는 자신감을 의미한다. 죽음대처 유능감은 퀴블러로스(Kubler-Ross, 1969)가 처음 제시한 개념으로서 호스피스처럼 죽음을 앞둔 환자나 그 가족들을 돌보는 사람들에게 요구되는 자질을 설명하기 위해 제안된 것이다.

반두라(Bandura, 1993, 1997)는 특정한 행동을 잘 수행할 수 있다는 자기 역량에 대한 믿음을 자기효능감(self-efficacy)이라고 명명했다. 자기효능감은 미래의 불확실한 사건에 대한 통제감을 증가시켜 불안과 스트레스를 감소시킨다. 이러한 자기효능감은 삶의 전반적 영역에 적용될 수도 있지만 삶의 특수한 영역에 따라 각기 다를 수 있다.

로빈스(Robbins, 1990)는 반두라의 영역-특수 자기효능감의 개념을 활용하여 죽음과 관련된 상황에 잘 대처할 수 있는 자기효능감을 죽음대처 유능감이라고 지칭하였다. 죽음대처 유능감이 높을수록 죽음불안이 낮았으며 유언 작성, 재산 정리, 장례 계획과 같은 죽음준비를 잘 수행할 뿐만 아니라 자기수용, 내면지향성, 자기실현 추구, 실존적 관심, 친밀감이 높은 것으로 나타났다(Robbins, 1994).

죽음대처 유능감에 관한 연구들(Fry, 2001; Fry & Debats, 2002)에 따르면, 죽음대처 유능감은 심리적 웰빙이나 정신건강과 밀접한 관계를 지니며, 특히 노년기의 심리적 강인성과 연관되어 있다. 죽음대처 유능감은 죽음 또는 사후생에 대한 개인적인 평가를 반영하는 심리적 요인으로서 특히 노년기에 중요한 의미를 지닌다(Neimeyer & Moore, 1994).

(3) 자아통합감

자신의 삶을 가치 있는 것으로 통합하지 못하고 삶에 대한 후회와 미련을 많이 지닌 사람일수록 죽음을 더 두려워하는 경향이 있다. 에릭슨(Erikson, 1980)은 노년기의 중요한 발달적 과제가 자아통합이라고 주장했다. 자아통합(ego integrity)은 과거의 삶에서 경험한 갈등을 해소하고 자신의 삶 전체를 의미 있는 것으로 통합하는 것을 의미한다. 자아통합을 이루지 못한 노인은 혼란스럽고 무기력한 상태에 빠져 후회감과 절망감을 경험하게 된다.

노년기의 자아통합은 죽음불안과 죽음수용에 영향을 미치는 것으로 알려져 있다. 의미 있는 인생을 살았다는 인식이 죽음에 대한 수용적 태도를 증가시킨다(Butler, 1975). 자아통합을 이룬 사람들은 죽음을 삶의 일부로 받아들이며 죽음을 더 잘 수용하는 것으로 나타났다(Hamachek, 1990). 또한 자신의 삶에 대한 의미와 목표를 분명하게 자각하고 보고한 사람일수록 죽음불안이 낮고 죽음수용은 높았다(Drolete, 1990; Durlak, 1972).

한국인을 대상으로 조사한 한성열(1990)의 연구에서 자아통합감이 높은 노인들은 죽음에 대한 두려움이 적었으며 인생의 후반기를 동요 없이 잘 지내는 것으로 나타났다. 윤진(1985)은 자아통합을 이루지 못한 채 절망상태에 빠진 노인들이 죽음에 대한 공포를 처리하지 못하고 자신의 삶을 혐오하며 불행한 노년기를 맞게 된다고 보고했다. 김지현(2008)의 연구에서도 자아통합감이 낮은 노인일수록 죽음공포가 높은 것으로 나타났다.

6) 죽음불안에 대한 통합적 이해

죽음불안은 매우 다양한 심리사회적 요인에 의해 영향을 받는다. 지금까지 죽음불안에 영향을 미치는 여러 요인에 대한 많은 실증적 연구가 이루어졌다. 하지만 이러한 연구들은 대부분 특정한 요인과 죽음불안의 관계를 탐색하는 것으로서 산발적으로 진행되어 죽음불안에 대한 통합적 이해를 제공하고 있지 못하다. 따라서 여기에서는 앞에서 소개한 연구결과에 근거하여, 죽음불안에 영향을 미치는 여러 요인의 관계를 통합적으로 정리하여 살펴보고자 한다. 〈그림 8-2〉에 제시되어 있듯이, 죽음불안의 통합적 모델은 개인의 인구학적 요인과 성격 요인 그리고 부정적 생활사건과 죽음교육 경험이 죽음 관련 태도를 변화시킴으로써 죽음불안에 영향을 미치는 것으로 가정하고 있다.

우선, 죽음불안은 단일한 심리적 요인이 아니라 여러 구성요소를 지닌 것으로 이해되어야 한다. 연구자마다 죽음불안의 구성요소를 다양하게 제시하고 있지만, 죽음불안은 4가지의 핵심적 구성요소, 즉 (1) 자기존재의 소멸에 대한 두려움, (2) 죽어 가는 과정에서 겪게 될 고통과 상실에 대한 두려움, (3) 가족을 비롯하여 사랑하는 사람들과 영원히 이별하는 것에 대한 두려움, (4) 미지의 사후세계에 대한 두려움이라고 할 수 있다.

죽음불안과 가장 밀접한 관련성을 지니는 심리적 요인은 죽음 관련 태도로서 개인이 죽음에 대해서 지니는 생각, 지식, 이해와 믿음을 의미한다. 인간이 경험하는 대부분의 불안은 미래에 발생할 위협에 대한 인지적 해석과 평가에 의해서 강력한 영향을 받는다(Beck, 1977; Ellis, 1980; Lazarus, 1977). 죽음이 무엇을 의미하는지, 죽어감의 과정에서 어떤 부정적 사건들이 발생할 것인지, 그러한 부정적 사건들이 얼마나 고통스러울 것일지 그리고 그러한 사건에 직면하여 자신이 얼마나 잘 대처할 수 있는지에 대한 주관적 예상과 평가가 죽음불안에 영향을 미친다. 또한 자신의 삶을 의미 있는 것으로 통합하는 정도는 후회와 미련을 감소시킴으로써 죽음을 덜 위협적인 것으로 여기며 수용하는 데 긍정적인 영향을 미치게 된다. 이러한 점

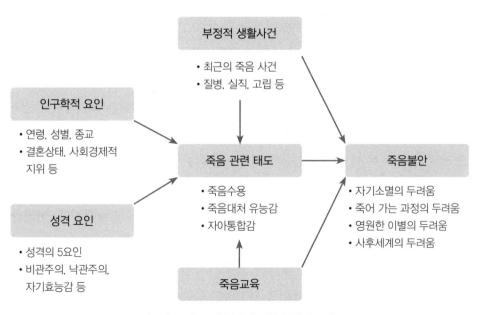

〈그림 8-2〉 죽음불안에 대한 통합적 모델

에서 죽음태도와 죽음수용, 죽음대처 유능감, 자아통합감 등이 죽음불안에 영향을 미치는 중요한 심리적 요인으로 주목받고 있다.

이러한 죽음 관련 태도는 매우 다양한 요인에 의해서 영향을 받는다. 우선, 연령, 성별, 종교, 결혼상태, 사회경제적 지위 등과 같은 인구학적 요인들이 죽음수용을 비롯한 죽음 관련 태도에 영향을 미칠 수 있다(Canine, 1996). 또한 신경과민성과 개방성을 비롯한 성격의 5요인, 비관주의와 낙관주의, 일반적인 자기효능감과 같은 성격적 요인 역시 죽음 관련 태도에 중요한 영향을 미친다. 이러한 요인들은 죽음 관련 태도를 통해서 죽음불안에 영향을 미치는 배경적 요인이라고 할 수 있다.

부정적 생활사건은 개인으로 하여금 죽음에 대한 생각을 유발하는 죽음불안의 촉발요인이라고 할 수 있다. 매우 다양한 부정적 생활사건이 죽음불안을 촉발할 수 있다. 특히 가족과 친구를 비롯한 친밀한 사람의 죽음, 자신 또는 가족의 치명적 질병, 많은 사람의 죽음을 초래한 재난은 죽음불안을 증폭시킬 뿐만 아니라 죽음 관련 태도에도 심각한 영향을 미치게 된다(Lohto & Stein, 2009). 이 밖에도 실직, 은퇴, 실패, 좌절, 고립 등과 같은 다양한 부정적인 생활사건은 불안과 우울을 유발할 뿐만 아니라 죽음과 관련된 사고를 증가시킴으로써 죽음불안과 죽음 관련 태도에 영향을 미치는 것으로 알려지고 있다(Firestone, 2018).

불안은 미래의 위협을 인식하고 그에 대비하도록 촉진하는 건강한 심리적 반응이다. 그러나 과도한 불안은 우리를 고통스럽게 만들 뿐만 아니라 현실적인 적응을 방해한다. 또한 미래의 위협을 무시하거나 회피하는 불안의 억압 역시 건강하지 못하다. 죽음불안의 경우도 마찬가지이다. 부적응적인 죽음불안은 대부분의 경우 죽음 또는 죽어감에 대한 무지나 오해에 의해서 증폭되고 악화된다. 이러한 이유에서 고령사회에 접어든 대부분의 사회에서는 다양한 형태의 죽음교육 또는 죽음준비교육이 이루어지고 있다. 죽음교육은 죽음과 죽어감에 대한 정확한 사실과 지식을 전달함으로써 죽음불안을 완화하고 죽음대처 유능감을 비롯한 죽음 관련 태도를 긍정적으로 변화시킬 수 있다. 죽음교육에 관해서는 이 책의 제7부 제

24장에서 상세하게 소개될 것이다. 죽음학의 궁극적 목표는 죽음교육을 통해서 현대인이 죽음불안을 완화하고 좋은 죽음을 맞이하도록 돕는 것이다.

제9장
죽음불안의 심리적 근원

    죽음은 인간이 가장 두려워하는 것이다. 죽음은 인간이 가장 회피하고자 하는 두려움의 대상이다. 죽음을 떠올리게 만드는 사소한 자극조차 우리는 불쾌하게 여기며 회피하려 한다. 그러나 모든 인간은 죽음을 피할 수 없다. 하이데거(Heidegger, 1927)가 언급했듯이, 인간의 가장 중요한 실존적 측면은 죽음을 향해 나아가는 존재라는 점이다. 불행하게도, 인간은 자신의 필연적 운명인 죽음을 두

◈ 인간은 죽음이라는 상상적 괴물에 대한 두려움을 안고 살아간다.

려워하는 존재이다. 죽음불안은 자신의 실존적 운명에 대한 저항과 거부의 산물이다.

인간은 죽음을 왜 두려워하는 것일까? 인간이 죽음을 두려워하는 구체적인 원인은 무엇일까? 죽음이라는 필연적 운명을 받아들이는 것이 왜 그렇게 어려운 것일까? 과연 죽음불안의 근원은 무엇일까? 이 장에서는 죽음불안의 구체적 내용과 그 심리적 근원에 대해서 살펴보고자 한다.

1. 죽음이 두려운 이유

과연 죽음불안의 실체는 무엇일까? 죽음불안을 지닌 사람들은 구체적으로 무엇을 두려워하는 것일까? 죽음불안은 어떤 구성요소들로 이루어진 심리적 현상일까? 초기연구에서는 죽음불안이 죽음에 대한 포괄적인 두려움을 반영하는 단일요인이라고 가정되었다. 그러나 오늘날의 연구자들은 죽음불안을 여러 가지 요소로 구성된 다면적 또는 다차원적 개념으로 여기고 있다.

1) 죽음을 두려워하는 여러 가지 이유

죽음불안은 매우 다차원적인 복합적 구조를 가진 심리적 현상이다. 이론적인 관점에서 코론(Choron, 1974)는 죽음불안의 세 가지 측면을 구분했다. 즉, 죽음불안은 (1) 죽어 가는 과정에서 일어날 일(예: 통증과 존엄 상실)에 대한 두려움, (2) 자기존재가 사라지는 것(생명과 삶을 구성하는 활동의 상실)에 대한 두려움, (3) 죽음 이후에 일어날 일(영원한 징벌이나 망각되는 것)에 대한 두려움으로 구분했다. 여기에 더해서 슐츠와 아더만(Schulz & Aderman, 1979)은 인생 목표의 실현 좌절과 살아 있는 사람들에 대한 부정적 영향이라는 두 가지 이유를 추가했다.

마운트(Mount, 1983)는 죽음불안이 세 가지의 서로 독립적인 공포, 즉 (1) 고통,

존엄성 상실(모욕, 수치, 초라함), 타인에게 짐이 되는 것과 같이 죽어 가는 과정에 대한 두려움, (2) 죽음 이후에 일어날 육체의 운명, 사후세계의 심판이나 무지함과 같은 사후의 문제에 대한 두려움, (3) 자신의 삶에 대한 통제력, 추구하던 과업의 완성 및 다른 사람과의 관계를 상실하는 것과 같은 죽음 자체에 대한 두려움으로 구성된다고 주장했다. 라펠(Raphael, 1984)는 죽음불안이 자기의 소멸, 죽어 가는 과정, 타인에 대한 의존, 고통을 인내할 수 없는 무능력, 혼자되는 것, 사랑하는 사람을 잃는 것, 미지의 세계에 대한 두려움으로 구성된다고 주장했다.

다차원적 죽음공포척도(MFODS)를 개발한 횔터(Hoelter, 1979)는 죽음불안이 8개의 하위차원, 즉 (1) 죽어 가는 과정에 대한 두려움, (2) 시체에 대한 두려움, (3) 파괴당하는 것에 대한 두려움, (4) 중요한 타인의 죽음에 대한 두려움, (5) 죽음이라는 미지의 세계에 대한 두려움, (6) 의식이 남아 있는 상태의 죽음에 대한 두려움, (7) 죽음 이후의 육체에 대한 두려움, (8) 일찍 죽는 것에 대한 두려움으로 구성된다고 보았다.

소슨과 파웰(Thorson & Powell, 1988)은 개정판 죽음불안척도의 자료를 요인분석하여 7개의 요인구조, 즉 (1) 불확실성과 소유물을 잃게 되는 것에 대한 공포, (2) 죽음과 관련된 통증에 대한 공포, (3) 육체의 기능 정지에 대한 걱정, (4) 무력감과 통제 상실에 대한 공포, (5) 죽음 이후의 삶에 대한 걱정, (6) 육체의 훼손에 대한 공포, (7) 죽음 이후의 신변정리에 대한 지시를 남기는 것에 대한 걱정을 발견하였다.

알폰스 디켄(Alfans Deeken)은 독일인으로서 일본에서 죽음교육을 활발하게 펼치고 있는 죽음학자이다. 그는 죽음공포의 구체적인 내용을 다음과 같이 10가지로 세분하여 제시하고 있다(Deeken, 1991).

(1) 고통에 대한 공포: 질병으로 인한 육체적 고통, 죽을 수밖에 없다는 자각으로 인한 심리적 고통, 남은 가족의 장래를 염려하는 사회적 고통, 사후세계와 심판에 대한 불안으로 인한 영적 고통에 대한 두려움

(2) 고독에 대한 공포: 혼자 죽음을 맞이해야 하기 때문에 오는 고독감에 대한 두려움

(3) 존엄 상실에 대한 공포: 질병과 노쇠로 인해 초라하고 비참한 모습을 나타냄으로써 존엄과 품위가 상실되는 것에 대한 두려움

(4) 짐이 되는 것에 대한 공포: 가족과 사회에 대한 부담이 되고 의료비 증가로 인한 재정적인 부담에 대한 두려움

(5) 통제 상실에 대한 공포: 죽음이 다가올 때 자신을 돌보거나 통제하지 못함으로써 무력하고 의존적인 존재가 되는 것에 대한 두려움

(6) 불확실성에 대한 공포: 언제 어떻게 죽을지 모르는 것에 대한 두려움

(7) 미완성의 삶에 대한 공포: 살아 있는 동안 추구했던 일을 완성하지 못하고 인생을 불완전한 채로 끝내야 하는 것에 대한 두려움

(8) 인격 소실에 대한 공포: 자신의 인격 자체가 완전히 없어져 버리는 것에 대한 두려움

(9) 사후의 징벌에 대한 공포: 죽은 후에 내세에서 심판을 받아 징벌을 받거나 지옥에 가게 될 것에 대한 두려움

(10) 공포에 대한 공포: 자신이 죽음을 앞두고 공포의 고통에 시달릴 것에 대한 두려움

2) 죽음의 진행 단계별 죽음불안

인간이 죽음을 두려워하는 이유는 매우 다양하다. 죽음불안의 다양한 이유는 죽음이 진행되는 시간적 순서, 즉 죽어 가는 과정, 죽음 자체, 죽음의 결과에 대한 것으로 구분할 수 있다(Beg & Zill, 1982). 최근에 바렛(Barrett, 2013)은 죽음불안을 죽어감, 죽음, 그리고 존재하지 않음에 대한 예상으로 인한 불안이라고 주장했다.

(1) 죽어 가는 과정에 대한 불안

죽음불안의 중요한 요소는 죽어감(dying)의 과정에서 겪게 될 다양한 부정적 경험에 대한 두려움이다. 사람마다 죽음의 원인이나 죽어감의 궤도가 다르지만, 죽음에 이르는 과정에서 고통스럽고 험난한 많은 일들이 발생하게 된다. 죽어 가는 사람들의 모습을 직간접적으로 목격하면서 죽어 가는 과정에 대한 다양한 두려움이 유발될 수 있다.

첫째는 죽어 가는 과정에서 겪게 될 육체적 고통에 대한 두려움이다. 노년기에 육체적으로 쇠약해지면 신체적 기능이 저하될 뿐만 아니라 다양한 질병이 발생하면서 통증에 시달리게 된다. 한국인의 가장 주된 사망원인은 암이다. 암과 같은 심각한 질병에 걸리면 여러 차례의 수술과 항암치료를 받으며 심한 통증과 다양한 육체적 고통을 겪게 된다. 또한 임종의 시기가 가까이 다가오면 통증과 더불어 호흡곤란, 식욕부진, 무기력증에 시달리게 된다.

둘째는 죽어 가는 과정에서 자존감과 존엄성이 훼손되는 것에 대한 두려움이다. 죽어 가는 과정에서 사람들은 육체적으로 나약해지고 통증에 시달리면서 무기력하고 추한 상태로 전락하게 된다. 때로는 중환자실에서 인공호흡기를 비롯한 의료장비에 매달려 죽음을 기다리는 비참한 신세가 될 수도 있다. 또한 식사와 배변을 스스로 하지 못하거나 지적인 퇴화나 치매로 인해 무력하고 비참한 모습으로 변해 갈 수도 있다. 이처럼 자존감과 존엄성이 상실될 것에 대한 두려움이 죽음불안의 중요한 요소이다.

셋째는 죽어 가는 과정에서 다른 사람들에게 짐이 되는 것에 대한 두려움이다. 특히 죽어 가는 과정이 장기화될 경우에 간병을 위해 가족구성원이 많은 시간과 노력을 들이게 된다. 또한 여러 가지 질병으로 인한 치료비, 간병비, 요양비 등의 경제적 비용도 커다란 부담이 될 수 있다. 이러한 부담을 분담하는 과정에서 가족구성원 간의 의견대립과 갈등이 발생할 수도 있다.

이처럼 죽음불안은 죽어 가는 과정에서 겪게 될 여러 가지 고통과 부정적 경험에 대한 두려움을 포함한다. 케나인(Canine, 1996)에 따르면, 죽어감에 대한 공포

◈ 조셉 라이트의 작품인 〈노인과 죽음〉

는 '죽어감의 과정을 품위 있게 맞이하고 싶은 소망'과 '삶을 좀 더 오래 지속하고 싶은 소망' 간의 갈등을 반영한다. 대부분의 경우, 안락사나 존엄사를 원하는 사람들은 죽어 가는 과정에서 겪게 될 여러 가지 고통을 최소화하기 위해서 자신의 삶을 스스로 단축하려는 것이다.

(2) 죽음 자체에 대한 불안

죽음불안의 가장 중요한 구성요소는 죽음 자체에 대한 두려움일 것이다. 죽음은 자기존재와 자기의식의 소멸을 의미하기 때문이다. 죽음으로 인해 의식이 소멸하면 모든 고통은 사라진다. 그러나 죽음으로 인해 자기존재가 영원히 소멸하는 것, 의식과 통제력을 상실하는 것, 가족과 영원히 이별하는 것에 대한 두려움이 죽음불안의 핵심을 이룬다.

죽음불안의 핵심에는 소멸불안(annihilation anxiety)이 존재한다. 소멸불안은 자기존재가 소멸하는 것에 대한 불안으로서 가장 강렬하고 심층적인 불안이다. 자기존재의 소멸은 매우 강력한 위협으로서 재앙이자 파국으로 경험된다. 이러한 파국적 경험에는 개인이 취할 수 있는 대처방법이 없기 때문에 극심한 무력감을 수반한다. 정신분석학자인 허비치(Hurvich, 1989)에 따르면, 소멸불안은 아동기의 경험에 뿌리를 두고 있다. 생의 초기에 무력한 아동은 다양한 위험을 충격적인 것으로 받아들이며 소멸불안을 경험하게 되는데 다음과 같은 8가지의 체험적 속성, 즉 (1) 압도당하는 것, (2) 빨려 들어 흡수되는 것, (3) 붕괴되어 와해되는 것, (4) 침범으로 파괴당하는 것, (5) 필요한 지지를 상실하는 것, (6) 대처할 수 없는 것, (7) 자기 통제를 상실하는 것, (8) 참을 수 없는 파국적 감정을 경험하는 것을 지닌다.

프로이트는 인간이 결코 자기존재의 소멸상태를 인식할 수 없다고 여겼다. 다만 타인의 죽음과 소멸에 대한 제3자적 관찰에 근거하여 자신의 소멸상태를 상상하며 두려워하는 것이다.

자기존재의 소멸은 주체의식의 상실, 즉 독립적인 자율적 존재로서 세상의 변화를 인식하고 자신의 소망과 판단에 따라 세상의 변화에 참여할 수 있는 '인식 및 통제 능력의 상실'을 의미한다. 죽음이 두려운 것은 의식의 소멸로 인해 더 이상 세상의 변화를 인식하지 못하는 무지의 암흑 속에 영원히 갇히기 때문이다. 또한 세상에서 자신의 바람과 반대되는 부정적인 변화가 일어나고 있음에도 불구하고 아무런 영향력을 미칠 수 없는 무력함의 나락에 빠져들기 때문이다. 이러한 주체의식의 상실은 소망의 좌절, 즉 자신이 소중하게 추구하던 일을 완성하지 못한 채 인생을 불완전한 상태로 끝내야 한다는 것을 의미하기도 한다.

죽음이 두려운 또 다른 중요한 이유는 가족을 비롯한 사랑하는 사람들과의 관계가 영원히 단절되기 때문이다. 사랑하는 사람과의 영원한 이별, 즉 애착관계의 단절은 죽음불안의 핵심적 요소 중 하나이다. 아울러 자신이 죽고 난 이후에 가족이나 사랑하는 사람들이 겪게 될 역경이나 고통에 대한 걱정, 그리고 자신이 아무런 도움을 줄 수 없는 무력감이 죽음불안을 가중시키게 된다.

대부분의 종교는 사후생의 존재를 주장하고 있다. 종교마다 주장하는 사후생의 존재 상황은 매우 다양하다. 죽음 이후에도 자기정체감의 전체 또는 일부를 유지하면서 삶을 이어 갈 뿐만 아니라 사랑하는 사람들과 재회할 수 있다는 희망을 제시하고 있다. 이러한 주장은 사실 여부를 떠나서 자기소멸과 애착단절에 대한 죽음불안을 반영하는 것으로서 인간의 죽음불안을 완화하고 위로하는 기능을 지닌다.

(3) 죽음 이후에 대한 불안

죽음불안은 죽음 이후에 발생할 부정적 사건에 대한 두려움을 포함하고 있다. 그 첫째는 자신의 육체가 훼손되는 것에 대한 공포로서 매장되어 부패하거나 화장되어 소각되는 것에 대한 두려움을 의미한다. 둘째는 자신이 죽고 난 후에 가족이 겪게 될 심리적 고통과 경제적 곤란 등에 대한 두려움이다. 또한 자신의 존재가 가족과 사람들로부터 망각되는 것에 대한 두려움이 존재한다. 셋째는 사후생을 믿는 사람은 사후세계에서 심판과 징벌을 받는 것에 대한 두려움을 지닐 수 있다. 사후생에서 자신의 죄가 드러나 가혹한 심판을 통해 혹독한 징벌을 받거나 지옥에 떨어져 고통받게 될 것을 두려워할 수 있다. 예컨대, 이슬람 문화에서는 종교적 심판과 징벌이 죽음을 두려워하는 중요한 이유로 나타났다(Abdel-Khalek, 2002). 이 밖에도 자신이 죽은 후에 자녀나 가족이 자신의 유언이나 신변정리에 대한 지시를 따르지 않을 것에 대한 불안이 존재할 수 있다.

3) 다차원적 죽음불안

◈ 빅터 플로리안

빅터 플로리안(Victor Florian: 1945~2002)은 청소년기에 불의의 사고를 당해 평생 불구의 몸으로 살면서 죽음공포에 관한 연구에 깊이 몰두한 이스라엘의 심리학자이다. 그는 죽음공포에 대한 다차원적 모델(multidimensional model)을 제시하고 동료들과 함께 개인적 죽음공포척도(FPDS)를 개발하여 죽음공포에 관한 많은 실증적 연구를 실시했다. 그의 다차원적 모델에 따르면, 죽음공포는 세 차원, 즉 개인적 차원, 대인관계적 차원,

초개인적 차원의 공포로 구성된다.

(1) 개인적 죽음공포

개인적 또는 개인내적 죽음공포(intrapersonal death fear)는 인간이 죽음으로 인해 자신의 존재와 삶의 의미에 미치게 될 부정적 영향에 대한 두려움을 의미한다. 개인적 죽음공포의 2가지 핵심적 요소는 자기소멸의 공포와 자기실현의 중단에 대한 공포이다. 자기소멸 공포는 자신의 육체가 해체되는 것뿐만 아니라 의식의 소멸과 통제력의 상실에 대한 두려움을 포함한다. 자기실현 중단 공포는 인생의 주요한 목표를 완성하지 못하거나 인생의 의미를 충분히 실현하지 못하는 것뿐만 아니라 인생의 많은 시간을 적절하게 잘 사용하지 못한 것에 대한 두려움과 후회를 포함한다.

(2) 대인관계적 죽음공포

죽음은 개인이 다른 사람들과 맺었던 관계에도 다양한 영향을 미친다. 대인관계적 죽음공포(interpersonal death fear)는 인간이 사회적인 존재로서 죽음으로 인해 다른 사람들과의 관계에 나타날 부정적 영향에 대한 두려움을 뜻한다. 그 핵심요소 중 하나는 사회적 정체감의 상실에 대한 두려움이다. 개인은 가족을 비롯한 다양한 조직의 일원으로 구성원들과 영향을 주고받는 중요한 사회적 존재로서 자신을 규정하고 자기가치감을 경험한다. 죽음은 개인이 맺었던 모든 사람과의 관계가 단절되는 것이며 사회적 연결과 소속이 상실되는 것을 의미한다. 이러한 죽음공포는 사랑하는 사람들과 영원히 이별하는 것, 그들의 삶에 관여할 수 없는 것, 그들에 의해 망각되는 것에 대한 두려움을 포함한다.

대인관계적 죽음공포의 다른 요소는 자신의 죽음이 가족과 친구들에게 미칠 부정적 영향에 대한 두려움이다. 개인의 죽음은 다른 사람들의 삶에 많은 영향을 미친다. 가족이나 사회에서 중요한 역할을 했던 사람의 죽음은 특히 그러하다. 개인은 자신의 죽음으로 인해서 가족이 겪게 될 슬픔이나 역경, 가족 간의 갈등, 경제적 곤란 또는 자신이 관여했던 조직의 퇴보에 대한 걱정을 지닐 수 있다. 이처럼 가족이나 친구들이 겪을 수 있는 부정적 결과에 아무런 도움을 주지 못하는 사회적 무력감도 대인관계적 죽음공포에 포함된다.

(3) 초개인적 죽음공포

초개인적 죽음공포(transpersonal death fear)는 죽음 이후에 일어날 일에 대한 두려움을 의미한다. 죽음 이후의 세계는 아무도 알 수 없는 미지의 세계이다. 이러한 미지의 사후세계와 관련된 두려움이 초개인적 죽음공포의 중요한 요소이다. 죽음과 더불어 자신에게 어떤 변화가 일어날지 모르는 불확실성과 무지는 죽음불안을 증폭시킨다. 초개인적 죽음공포의 다른 요소는 사후세계에서의 처벌에 대한 두려움이다. 신과 사후생의 존재, 그리고 사후심판에 따른 천국과 지옥에서의 삶을 믿는 사람들은 내세에서 지옥에 떨어져 징벌을 받게 될 것에 대한 두려움을 지닌다. 죄의식은 사후세계에서의 처벌에 대한 두려움을 유발하여 죽음불안에 영향을 미칠 수 있다.

4) 죽음불안의 통합적 모델

인간이 죽음을 두려워하는 이유는 매우 다양하다. 또한 죽음불안의 구성요소는 다양한 차원에서 분류될 수 있다. 불안은 미래에 발생할 위험의 예상, 즉 부정적 변화의 예상에 대한 심리적 반응이다. 죽음불안은 죽음으로 인해서 자신의 존재와 삶 전반에 나타날 부정적인 변화에 대한 예상에 근거하고 있다. 인간은 죽음의 과정에서 자기존재의 어떤 측면에서 어떤 부정적 변화가 나타날 것이라고 예상하는 것일까? 죽음불안의 통합적 이해를 위해서 죽음의 세 과정(죽어감, 죽음, 죽음 이후)에서 나타날 부정적 변화를 개인이 소중하게 여기는 자기존재의 4가지 측면(육체적·심리적·사회적·영적 측면)으로 나누어 살펴보기로 한다.

(1) 육체적 변화에 대한 불안

육체는 인간 존재의 기반이다. 노화와 죽어감은 육체적 기능이 약화되고 와해되는 과정을 의미하며, 죽음은 육체적 기능의 완전한 정지를 뜻한다. 육체적 기능의 정지는 심리적 기능의 중단을 의미할 뿐만 아니라 사회적 또는 영적 기능의 정지를 수반한다. 이러한 점에서 육체적 죽음에 대한 두려움은 죽음불안의 핵심을 이룬다.

죽어감의 과정에는 육체적 노쇠와 질병이 나타날 뿐만 아니라 필연적으로 통증이 수반된다. 많은 사람이 죽어 가는 과정에서 겪게 될 질병과 통증을 두려워한다. 특히 암과 같이 장기적인 투병과정을 겪어야 하는 경우에는 오랜 기간 통증에 시달려야 하며 신체적 매력을 상실하고 무기력한 상태로 전락하게 된다. 이처럼 죽어 가는 과정에서 겪게 될 육체적 변화와 통증에 대한 두려움은 죽음불안의 중요한 요소이다.

임종의 순간이 다가오면 호흡과 심장이 정지함으로써 육체적 죽음을 맞게 된다. 죽음 이후에 장례절차를 거친 시신은 화장이나 매장을 통해 해체되어 흙으로 돌아가고 개인의 몸을 구성하던 육체적 형상은 소멸한다. 생명을 잃고 창백한 시신으로 변한 자신의 육체를 상상하는 것뿐만 아니라 죽음 이후에 자신의 육체가 직면하게 될 해체의 과정을 예상하는 것은 심한 불안을 유발한다. 이처럼 죽어감, 죽음 그리고 죽음 이후에 발생할 육체의 부정적인 변화에 대한 생각과 예상은 죽음불안의 근간을 형성한다.

(2) 심리적 변화에 대한 불안

인간은 육체에 기반한 심리적 기능을 통해서 가치 있는 삶을 추구하는 존재이다. 다양한 심리적 기능을 통해 자존감을 강화하고 소중한 의미를 구현하며 자기실현을 추구하는 존재이다. 죽음이 두려운 이유는 육체적 기능의 쇠퇴와 더불어 운동능력, 기억력, 판단력 등을 비롯한 심리적 기능이 상실될 뿐만 아니라 자율성과 유능성이 손상되어 초라하고 비참한 존재로 전락하기 때문이다.

늙고 병들어 죽어 가는 과정에서 스스로를 돌볼 수 없는 무력한 존재가 되어 기본적인 생활(식사, 목욕, 배변 등)마저 다른 사람에게 의존해야 하는 상황이 되면 자존감에 심각한 상처를 입게 된다. 더구나 인공호흡기를 비롯한 의료장비에 의존하여 비참한 상태로 생명을 연장하는 경우에 개인의 존엄성은 심하게 훼손될 수 있다. 이처럼 죽어감의 과정에서 자신이 무력하고 비참한 존재로 전락하는 것을 지켜보면서 경험하게 될 자존감의 추락은 죽음불안의 매우 중요한 구성요소이다.

죽음불안의 가장 핵심적 요소는 소멸불안으로서 육체적 기능정지와 함께 수반되는 의식과 자기정체감의 소멸에 대한 두려움이다. 맑은 정신을 지닌 유능한 존재로서 세상을 인식하고 세상의 변화에 참여했던 '나'라는 주체적 존재의 영원한 소멸은 죽음불안의 핵심을 이룬다. 죽음은 모든 심리적 기능의 상실을 의미할 뿐만 아니라 자기실현의 중단으로서 꿈과 희망의 좌절을 뜻한다.

죽음 이후에 무의식적이고 무능력한 상태가 영원히 지속될 것이라는 생각도 죽음불안의 중요한 요소를 이룬다. 즉, 자신의 존재가 무화(無化)되는 것에 대한 두려움은 죽음불안의 핵심적 요소 중 하나이다. 죽음 이후에 가족의 삶을 비롯한 세상의 변화를 인식하지 못할 뿐만 아니라 그러한 변화에 영향을 미칠 수 없다는 생각이 우리를 두렵게 한다.

(3) 사회적 변화에 대한 불안

인간은 사회적 존재로서 타인과 관계를 맺고 애정을 주고받으며 집단에 소속되어 사회적 인정을 통해 자존감을 강화하고 삶의 의미를 발견한다. 이처럼 타인과의 유대관계, 집단에 대한 소속감, 사회적 영향력은 매우 소중한 삶의 가치이다. 죽음은 가족을 비롯한 사랑하는 사람들의 관계를 영원히 단절시킬 뿐만 아니라 사회적 소속감과 영향력을 박탈하기 때문에 두려운 것이다.

늙고 병들어 죽어 가는 과정에서 개인은 무력한 존재로 전락하며 다른 사람에 대한 사회적 영향력이 현저하게 감소한다. 또한 죽어 가는 과정이 장기화될 경우에는 가족에게 경제적 부담뿐만 아니라 시간과 에너지를 투자해야 하는 심리적 부담을 안겨주게 된다. 아울러 지인들과의 접촉이 줄어들면서 그들로부터 자신의 존재가 서서히 망각된다. 죽음이 다가오면 사랑하는 사람들과 좀 더 많은 애정을 나누지 못한 것에 대한 미련과 후회가 죽음불안을 강화한다.

죽음은 사랑하는 사람과의 관계 단절이며 사회적 영향력의 완전한 상실을 의미한다. 또한 개인이 소속했던 사회로부터 구성원으로서의 자격이 박탈되며 모든 사회적 · 법적 지위를 상실하게 된다. 아울러 죽은 이후에 가족이 겪게 될 슬픔과 불행에 대한 걱정, 가족을 돌보지 못한 것에 대한 무력감, 가족과 타인으로부터 영원히 망각되는 것에 대한 두려움이 죽음불안을 강화하게 된다. 때로는 자신이 소속한 집단이나 국가와 민족의 미래를 관찰할 수 없고 그에 참여할 수 없는 것에 대한 두려움이 존재할 수도 있다. 이처럼 타인과의 영원한 이별과 사회적 비존재로 전락하는 것에 대한 두려움은 죽음불안의 매우 중요한 요소이다.

(4) 영적 변화에 대한 불안

인간은 육체적 쾌락과 세속적 성공을 넘어서 영혼의 자유와 더불어 삶의 궁극적 목적과 절대적 의미를 추구하는 영적인 존재이기도 하다. 영적인 삶은 대부분의 경우 종교와 연관되어 있지만 반드시 그런 것은 아니다. 유신론적 종교인의 경우는 신과의 돈독한 관계 속에서 사후생에 대한 믿음과 소망을 추구할 수 있다. 또는 자기초월을 통한 자유와 해탈을 추구할 수도 있다. 이러한 영적인 추구는 삶의 의미를 제공할 뿐만 아니라 죽음불안을 극복할 수 있도록 돕는다.

영적인 삶을 추구하는 사람들도 죽음이 가까이 다가오면 영적 · 종교적 확신이 동요할 뿐만 아니라 사후생에 대한 의심과 회의가 생겨날 수 있다. 육체와 정신이 무너져 가는 과정에서 종교적 신념도, 영적 추구도 무력하게 와해될 수 있다. 이처럼 죽어 가는 과정에서 그동안 삶의 근간으로 삼았던 종교적 믿음과 영적 추구가 훼손되면 죽음불안이 증폭될 수 있다.

죽음과 죽음 이후에 대한 불확실성도 죽음불안을 유발하는 중요한 요인이다. 대부분의 종교는 사후생이 존재할 뿐만 아니라 현세의 부도덕한 삶은 내세의 처벌

과 징벌로 이어진다고 주장한다. 이처럼 사후생을 믿는 사람들은 사후의 심판과
징벌, 지옥에서의 영원한 고통, 그리고 저급한 존재로의 환생에 대한 두려움을 가
질 수 있다.

이상에서 논의한 내용에 근거하여 죽음불안의 다양한 구성요소들을 종합하여
제시하면 〈표 9-1〉과 같다. 죽음불안을 유발하는 육체적·심리적·사회적·영적
변화는 바렛(2013)이 제시했듯이 죽어감, 죽음, 죽음 이후의 시간적 측면으로 나누
어 이해할 수 있다. 또한 플로리안과 크라베츠(Florian & Kravetz, 1983)가 제시한 죽
음공포의 다차원적 모델의 관점에서 보면, 개인적 죽음공포는 육체적·심리적 변

표 9-1 죽음불안의 통합적 모델

죽음불안의 측면	죽어 가는 과정의 변화	죽음에 의한 변화	죽음 이후의 변화
육체적 변화 (개인적)	• 육체적 노쇠와 질병 • 육체적 통증 • 육체적 추함과 무기력	• 육체의 기능정지	• 육체의 부패와 해체 • 육체의 매장과 화장 • 육체의 소멸
심리적 변화 (개인적)	• 심리적 기능의 저하 • 자존감과 존엄성의 손상 • 통제력의 감소와 무력감	• 의식과 자기정체감의 소멸 • 인식, 기억 및 행동 능 력의 상실 • 자기실현의 중단	• 영원한 무의식 상태 • 완전한 무능력 상태 • 미완성의 삶
사회적 변화 (대인관계적)	• 인간관계에 대한 후회와 미련 • 가족의 부담 증가 • 사회적 영향력의 감소 • 타인에 의한 점진적 망각	• 가족 및 타인과의 애 정 교류의 단절 • 사회적 과업의 중단 • 사회적·법적 지위의 상실	• 가족의 슬픔과 역경 • 사회적 영향력의 상실 • 가족/타인에 의한 망각 • 사회적 비존재로 전락
영적 변화 (초개인적)	• 자기존재의 무의미감 • 영적·종교적 확신의 동요 • 사후생에 대한 의심과 회의	• 사후세계의 불확실성 • 새로운 존재로의 전환	• 사후의 심판과 징벌 • 지옥의 영원한 고통 • 저급한 존재로의 환생

화에 대한 것이고, 대인관계적 죽음공포는 사회적 변화에 대한 것이며, 초개인적
죽음공포는 영적 변화에 대한 것이라고 볼 수 있다. 이처럼 죽음불안은 다측면적
이고 다차원적인 복잡한 심리적 현상이다.

🍀 죽음우울

죽음우울(death depression)은 죽음이라는 피할 수 없는 운명에 대해서 개인이 경험하는
우울한 감정을 의미한다. 죽음우울은 죽음을 앞둔 사람뿐만 아니라 사별을 경험한 사람들
이 경험하는 주요한 감정이지만 개인에 따라 커다란 차이가 있다. 퀴블러로스(Kübler-Ross,
1969)는 말기환자들의 심리적 변화단계를 제시하면서 우울의 단계를 언급한 바 있다. 죽음은
모든 것을 빼앗아가는 상실경험으로서 우울의 감정을 유발한다. 죽음을 앞둔 사람들은 다양
한 심리적 상태를 경험하지만 항상 우울의 요소가 존재한다.

템플러와 동료들(Templer, Lavoie, Chalgujian, & Thomas-Dobson, 1990)은 죽음우울척도
(Death Depression Scale: DDS)를 개발했다. DDS는 17문항으로 구성되어 있으며 '그렇다'
또는 '아니다'로 응답하도록 되어 있다. DDS의 일부 문항을 소개하면 다음과 같다.

1. 나는 죽음에 관해 생각하면 우울해진다.
2. 나는 죽음이라는 단어를 듣기만 해도 슬퍼진다.
3. 나는 묘지 옆을 지나칠 때마다 슬퍼진다.
4. 죽음은 지독한 외로움을 의미한다.
5. 나는 이미 죽은 친구나 친척에 대해 생각하면 매우 슬퍼진다.
6. 나는 인생의 짧음을 생각하면 무척 괴롭다.
7. 죽음이 나의 영원한 종말이라는 것을 받아들일 수 없다.
8. 죽음은 삶으로부터 모든 의미를 빼앗아 간다.
9. 나는 혼자 죽게 될까 봐 걱정이다.
10. 죽으면 나의 친구와 사랑하는 사람들을 완전히 잃게 될 것이다.
11. 죽음은 삶으로부터 그 의미를 빼앗아 가지 않는다. (−)
12. 죽음은 우울해할 만한 것이 아니다. (−)
13. 나는 죽음에 관한 생각하면 기운이 빠지고 생기가 없어진다.

14. 죽음은 고통스러운 것이다.
15. 나는 친구와 사랑하는 사람들의 죽음을 생각하기만 해도 두렵다.
16. 죽음은 인생의 모든 것이 허망하게 끝나는 것이다.
17. 나는 죽음에 관한 꿈을 꾸고 나면 슬퍼진다.

2. 죽음불안의 진화론적 근원

모든 생명체는 사멸한다. 지구상에는 영원히 생존하는 생명체가 존재하지 않는다. 지구에서 삶을 누렸던 약 1,000억 명의 인간이 죽음의 세계로 건너갔다. 천하를 호령하던 영웅호걸과 절세미인도 죽음의 운명을 피할 수 없었다. 현대의학이 눈부시게 발전한 이 시대에도 재력과 권력을 거머쥐었던 유명인사들 역시 죽음을 피하지 못한 채 떠나갔다. 생자필멸(生者必滅), 즉 생명을 가진 자는 반드시 사멸한다는 것은 동서고금의 진리이다. 그런데 인간은 왜 이처럼 자명한 죽음을 받아들이지 못하고 저항하는 걸까? 인간은 왜 자신의 죽음에 대해서 불안해하는 걸까? 이토록 생명과 자기존재에 대한 끈질긴 집착의 근원은 무엇일까?

1) 생존본능과 죽음불안

생명의 본질적 특징은 생명유지체계의 보존과 자기복제를 통한 번식이다. 유기체를 구성하는 기본단위인 세포는 자기복제를 통해서 유기체의 구조와 기능을 유지하며 생명을 이어나간다. 유기체는 번식을 통해서 동일한 유전자를 지닌 생명체를 지구상에 퍼뜨린다. 오랜 진화과정을 통해서 그러한 기능을 지닌 생명체들만이 자연선택에서 살아남아 현재 지구상에 존재하게 된 것이다. 달리 말하면, 자기보존과 자기증식 성향은 생명체 본연의 특성이라고 할 수 있다.

생명체는 자연환경에서 살아가면서 생명을 위협하는 다양한 위험에 직면하게 된다. 이러한 위험을 신속하게 탐지하고 효과적으로 저항하거나 도피한 생명체들만이 생존하게 된다. 원시생명체는 매우 단순한 반사반응을 통해서 위험에 대응한다. 그러나 이러한 반사행동은 위험의 속성에 따라 그 효과성이 달라진다. 따라서 고등생명체는 위험의 속성을 인식하고 그에 따라 적절한 반응으로 대처하기 위한 중추신경계, 즉 뇌를 발달시켰다.

(1) 인간 뇌의 삼중구조 이론

인간이 경험하는 죽음불안은 뇌의 구조 및 기능과 연결되어 있다. 미국의 신경과학자인 폴 맥린(Paul MacLean, 1952, 1990)은 인간의 뇌가 크게 세 개의 구조로 구성되어 있다는 삼중뇌이론(the triune brain theory)을 제시했다. 그에 따르면, 진화과정과 관련하여 인간의 뇌는 파충류뇌, 원시포유류뇌, 신포유류뇌로 나누어 볼 수 있다. 〈그림 9-2〉에서 볼 수 있듯이, 인간의 뇌는 가장 오래된 파충류뇌가 가장 깊은 곳에 위치하고 그 주변을 원시포유류뇌가 둘러싸고 있으며 가장 최근에 발달한 신포유류뇌가 가장 바깥에서 모두를 둘러싸고 있는 삼층의 뇌구조로 이루어져 있다.

파충류뇌(reptilian brain)는 수억 년 전 인간의 조상이 아직 파충류였던 시기에 발달한 원시적인 뇌부위로서 뇌간(brain stem)과 소뇌(cerebellum)로 구성되어 있다. 파충류뇌는 동물적 본능을 관장하는 곳으로서 생존과 번식을 위한 충동과 본능적 반응을 담당한다. 생명유지를 위한 기본적인 신체적 기능(체온 유지, 심장박동, 삼킴반응, 방향감각 등)을 조절하며 위협자극에 대한 투쟁-도피 반응을 담당한다. 아울러 교미를 위한 정형화된 행동, 공격적 행위, 자기세력권의 방어, 계층적 위계질서 유지 등을 포함한 종 특유의 본능적 행동을 담당하는 것으로 알려져 있다.

원시포유류뇌(paleomammalian brain)는 진화과정에서 포유류가 생겨난 초기에 발달한 뇌부위로서 파충류뇌를 둘러싸고 있는 변연계(limbic system)를 의미한다. 편도체, 해마, 시상하부 등으로 구성된 변연계는 포유류 이상의 고등동물만 가지

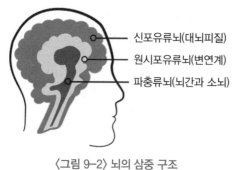

신포유류뇌(대뇌피질)
원시포유류뇌(변연계)
파충류뇌(뇌간과 소뇌)

〈그림 9-2〉 뇌의 삼중 구조

고 있으며 자녀양육을 비롯한 사회생활에 관여하는 풍부한 정서와 기억을 담당한다. 파충류와 달리 포유류는 자신이 낳은 자식을 품어 주고 보호하며 양육하는 사랑의 감정을 지니며 부모-자녀 간 정서적 교감에 의해서 상호작용한다. 변연계는 포유류의 사회생활을 위한 정서, 학습, 기억을 담당한다. 특히 편도체(amygdala)는 정서적 정보처리와 관련된 부위로서 고통과 관련된 자극의 학습과 공포 반응을 담당하는 뇌부위로 알려져 있다.

신포유류뇌(neomammalian brain)는 수백만 년 전 인간이 영장류였던 시기에 발달한 뇌부위로서 변연계를 둘러싸고 있는 대뇌피질(cerebral cortex)로 이루어졌으며 이성적 사유 기능을 담당한다. 이 부위는 논리적 사고와 합리적 판단, 의사결정과 실행 기능, 의식적 사고와 언어적 표현, 자기의식(self-awareness) 등의 고차원적 사고능력을 담당한다. 아울러 진화과정에서 먼저 발달한 파충류뇌와 원시포유류뇌를 둘러싸고 있으면서 그 기능을 억제하는 역할도 하고 있다.

(2) 뇌의 삼중 구조와 죽음불안

현재 삼중뇌이론은 매우 복잡한 뇌구조와 기능을 지나치게 단순화한 것으로 비판받기도 하지만 뇌의 발달과정과 뇌기능을 명료하게 제시한 이론으로 평가되고 있다. 삼중뇌이론에 따르면, 뇌에 기반을 둔 인간의 마음은 세 가지 구조, 즉 파충류의 동물적 본능, 포유류의 사회적 정서, 그리고 영장류의 이성적 사고로 이루어져 있다. 죽음불안은 이러한 세 가지 마음이 모두 관여한 심리적 반응이라고 할 수 있다.

인간은 동물적 본능을 지닌 존재로서 본능적으로 고통을 회피하는 동시에 위협에는 투쟁 또는 도피(fight or flight)의 반응을 나타내도록 파충류뇌에 각인되어 있다. 고통과 위협으로 다가오는 죽음을 순순히 받아들이기 어려운 이유가 여기에 있다. 생자필멸의 진리를 아무리 이성적 사고로 수긍하더라도 고통과 죽음 앞에서는 본능적으로 저항하거나 도피하고자 하는 것이다.

　죽음불안은 공포의 감정을 경험하게 하는 원시포유류뇌의 변연계와도 깊이 연결되어 있다. 자궁에서 좁은 산도를 통해 세상으로 나오는 출생과정은 신생아에게 혼돈과 공포의 경험이다. 어린 아동에게 있어서 부모와 떨어지는 것은 재난과 같은 위험으로 인식되며 강렬한 분리불안(separation anxiety)을 유발한다. 이처럼 출생경험을 비롯하여 아동기에 경험하는 다양한 위험과 위협은 공포의 감정과 연합되어 편도체를 비롯한 변연계에 축적된다. 죽어감의 과정에서 경험하는 다양한 고통과 위협에 대한 불안과 공포의 감정, 그리고 사랑하는 사람들과 이별해야 하는 분리의 고통은 죽음불안의 중요한 구성요소를 구성한다.

　인간이 신포유류뇌, 즉 대뇌피질을 갖게 된 것은 축복이자 저주이기도 하다. 대뇌피질은 논리와 언어를 비롯한 고차원적인 사고를 가능하게 함으로써 인간을 먹이사슬의 정상에 위치하는 만물의 영장으로 만들었다. 그러나 미래를 예상하는 능력을 제공함으로써 자신의 죽음을 미리 인식하게 하여 죽음불안이라는 실존적 고통을 부여했다. 아울러 인간은 고등한 정신능력을 통해서 자신의 소유물, 능력과 업적, 사회적 지위 등을 포함하는 수많은 대상을 자신의 일부로 동일시하는 복잡한 자기개념을 발달시킴으로써 죽음으로 인한 상실의 고통을 증폭시키게 되었다. 또한 자신의 죽음 이후에 발생할 수 있는 다양한 부정적 상황을 예상할 수 있게 됨으로써 죽음불안이 확장되었다. 이러한 지적 능력으로 인해서 인간은 어떤 생명체보다도 죽음불안을 가장 오랜 기간 깊고 강하게 경험하는 존재가 되었다.

　대뇌피질은 죽음불안을 유발하고 증폭시키는 기능을 할 뿐만 아니라 죽음불안을 억제하고 조절하는 기능도 지니고 있다. 인간의 신포유류뇌는 이성적 사고를 통해서 파충류뇌의 생존본능과 원시포유류뇌의 죽음공포를 조절할 수 있다. 이처럼 인간의 마음속 깊이 각인되어 있는 생존본능과 죽음공포를 잘 조절하기 위해서는 오랜 기간에 걸친 다양한 노력이 필요하다. 죽음의 공포를 잘 다스리고 담담한 마음으로 의연하게 죽음을 맞이한 사람들의 예는 수없이 많다. 이처럼 품위 있는 죽음을 맞이하기 위해서는 뿌리 깊은 삶의 욕망과 죽음의 공포를 다스릴 수 있는 마음의 수양이 필요하다.

2) 진화론에 근거한 3가지 유형의 죽음불안

미국의 정신의학자인 로버트 랭스(Robert Langs, 2004)는 진화론의 관점에서 죽음불안을 3가지 유형으로 구분하고 있다. 그에 따르면, 인간의 마음은 인류의 조상들이 다양한 위협에 직면하면서 경험했던 죽음불안을 정서적으로 처리하는 기능을 지닌다. 이러한 정서처리적 심리구조는 죽음과 관련된 트라우마(trauma)에 대처하기 위한 의식적·무의식적 체계로 구성되어 있다.

인류의 조상은 포식동물과 다른 인간을 비롯한 여러 가지 실제적 위험으로부터 생명의 위협을 느끼는 죽음불안을 경험했는데, 랭스는 이를 포식적 죽음불안(predatory death anxiety)이라고 지칭했다. 원시인은 다른 동물이나 인간과 잡아먹고 먹히는 투쟁의 환경에서 생존해야 했다. 포식적 죽음불안은 자신이 다른 동물이나 인간에게 잡아먹히는 것에 대한 두려움을 의미한다. 포식적 죽음불안은 생명체의 가장 기본적이고 오래된 불안의 형태로서 단세포 동물도 외부 위험에 반응하도록 진화된 수용기를 지니고 있다. 포식적 죽음불안은 신체적 공격이나 위험에 직면하여 진화한 자기보호적 반응기제로서 개체로 하여금 외부 위험을 주시하면서 현실적 대처를 하도록 만든다. 인간의 마음은 포식적 죽음불안에 반응하도록 진화되어 생명 위협적 상황에 직면하면 위협에 대처하기 위한 신체적 반응으로 자율신경계가 활성화될 뿐만 아니라 주의폭이 좁아져 위협에 집중하게 되며 그에 맞서 싸우거나 도망치는 투쟁-도피의 대처를 하게 된다. 인간이 경험하는 다양한 불안과 공포 반응은 이러한 포식적 죽음불안과 관련되어 있다.

둘째는 포식자 죽음불안(predator death anxiety)으로서 타인에게 물리적·심리적 상해를 입혔을 때 유발되는 불안으로서 인류 조상이 다른 인간이나 동물을 잡아먹었을 때 경험하는 포식자로서의 불안한 마음을 반영한다. 이러한 죽음불안은 대부분 죄의식으로 경험되지만 때로는 보복에 대한 불안으로 경험될 수도 있다. 의식적·무의식적으로 경험되는 죄의식은 다른 사람에게 상해를 끼친 가해자로 하여금 심리적 불안을 느끼게 하는 동시에 자기 처벌적인 행동을 유발하게 할 수 있다.

셋째는 실존적 죽음불안(existential death anxiety)으로서 자신의 삶이 유한하다는 인식에 의해 유발되는 불안이다. 인간은 인지능력이 발달하면서 약 15만 년 전부터 자기존재의 유한성에 대한 의식이 싹튼 것으로 추정된다. 실존적 죽음불안은 자아와 타자의 구분, 개인적 정체감, 미래를 예측하는 능력에 근거하고 있다. 죽음은 피할 수 없으며 마땅한 대처방법이 없다는 점에서 실존적 죽음불안은 개인을 무력하게 만드는 매우 강력한 불안이다. 인간은 실존적 죽음불안에 대처하는 유일한 방법, 즉 부정(denial)의 방어기제를 발달시켜 널리 유행시켰다. 부정은 결코 자신이 죽지 않을 것이라는 믿음, 그리고 자신은 자연의 원리가 적용되지 않는 특별한 존재라는 믿음과 연관되어 있다. 이러한 부정의 방어기제는 죽음불안을 완화하는 적응적 기능을 지니지만, 과도하게 사용되면 현실을 왜곡하여 부적응적인 결과를 초래할 수 있다.

랭스에 따르면, 세 가지 죽음불안은 그 근원이 다를 뿐만 아니라 대처방식에도 차이가 있다. 포식적 죽음불안은 투쟁-도피반응으로 대처하고, 포식자 죽음불안은 죄의식과 자기처벌적 행동으로, 그리고 실존적 죽음불안은 부정과 억압으로 대처하게 만든다.

3) 죽음불안의 다양한 원천

인간은 근본적으로 불안을 안고 살아가는 존재이다. 진화과정에서 자신의 생명을 위협하는 다양한 위험에 직면했기 때문이다. 인간은 신생아에서 성인으로 발달하는 과정에서도 다양한 위협에 직면하며 다양한 불안을 경험한다. 죽음불안을 이해하기 위해서는 발달적 과정에서 경험하는 다양한 유형의 불안을 살펴볼 필요가 있다(Kaplan & Sadock, 1985).

(1) 인간이 최초로 경험하는 불안은 출생불안(birth anxiety)이다. 출생불안은 심리학자인 오토 랭크(Otto Rank)에 의해 처음으로 제시된 개념으로서 신생아가 안온했던 어머니의 자궁에서 떠밀려 좁은 산도를 따라 고통스럽게 낯선 세계로 내던져지는 출생과정에서 경험하는 불안과 공포를 의미한다. 신생아의 입장에서 출생과정은 저항할 수 없는 압도적인 힘에 의해서 고통스러운 상황에 내던져지는 일종의 트라우마라고 할 수 있다.

(2) 어린 영아들은 생의 초기단계에서 붕괴불안(disintegration anxiety)을 경험한다. 붕괴불안은 영아가 어머니와의 완전한 공생상태로부터 서서히 독립적인 존재로 자기감(sense of self)을 발달시켜 가는 과정에서 다시 어머니에게 함몰되어 자신이 소멸되거나 파편화되지 않을까 두려워하는 불안을 의미한다. 영아는 다소 모호하지만 독립된 자기의식을 발달시키게 되는데, 이때 강력한 대상인 어머니에게 다시 흡수되거나 함몰되어 자기감과 자기경계가 상실되는 것과 자기의식이 파편화되어 붕괴되거나 소멸되는 것에 대한 두려움을 느끼게 된다. 이러한 불안은 소멸불안(annihilation anxiety)이라고 불리기도 한다.

(3) 영아들은 좀 더 분명한 자기감을 형성하게 되면서 또 다른 유형의 불안, 즉 피해의식적 불안(persecutory anxiety)을 경험하게 된다. 피해의식적 불안은 자신이 외부의 사악한 세력에 의해서 공격당하거나 파괴되는 것에 대한 두려움을 의미하며 편집적 불안이라고 불리기도 한다. 피해의식적 불안은 영아가 자기 내면의 공격성을 외부대상에 투사함으로써 경험하는 불안으로서 대상관계이론가인 멜라니 클라인(Melanie Klein)에 의해서 주장되었다.

(4) 영아들은 좀 더 성장하면 부모나 사랑하는 대상을 상실하게 될 것에 대한 두려움, 즉 분리불안(separation anxiety)을 경험하게 된다. 분리불안은 영아가 자신의 공격성 때문에 대상(부모나 사랑하는 사람)이 파괴되거나 사라져 버릴까 봐 두려워하는 것을 의미한다. 부모나 사랑하는 대상을 상실함으로써 그

들과 이별하게 되는 것에 대한 두려움을 의미하며 대상상실 공포(fear of loss of object)라고 할 수 있다. 또한 영아들은 대상의 상실에 대한 두려움뿐만 아니라 대상이 제공하는 애정의 상실에 대한 두려움을 지니게 된다. 즉 불안의 초점은 중요한 대상(주 양육자인 부모)의 상실이 아니라 그들로부터 얻는 사랑과 애정의 상실로 옮겨 갈 수 있는데, 이를 애정상실 공포(fear of loss of love)라고 한다. 이러한 공포는 애정상실을 초래할 수 있는 자신의 무능이나 잘못된 행위에 대한 관심과 타인의 평가에 대한 두려움을 유발하는 사회불안의 원천이 된다.

(5) 프로이트에 따르면, 3~5세의 남아들은 오이디푸스 갈등과 관련된 어머니에 대한 집착 때문에 아버지가 자신의 성기에 신체적 위해를 끼칠지 모른다는 두려움, 즉 거세불안(castration anxiety)을 느낀다. 이때 '성기'로 표현되는 것은 다른 신체부위의 손상이나 중요한 소유물의 상실에 대한 은유적 표현이라고 할 수 있다. 현대적 관점에서 해석하면, 거세불안은 권위적 인물의 기대에 어긋난 욕망이나 그들에 대한 저항으로 인해서 그들로부터 당할 수 있는 신체적 공격과 손상에 대한 두려움을 의미한다.

(6) 인간의 발달과정에서 아동이 가장 성숙한 단계에서 경험하는 불안은 초자아 불안(superego anxiety)이다. 초자아 불안은 부모에 의해 주입되어 내면화된 도덕적 기준, 즉 초자아에 위배되는 행위를 했을 때 경험하는 자기처벌적 불안을 의미한다. 달리 말하면, 도덕적 기준이나 양심에 따라 행동하지 못한 것에 대한 죄의식 또는 양심의 가책을 뜻한다.

이러한 정신분석적 설명은 아동이 발달하는 과정에서 다양한 주제의 위협에 직면하면서 다양한 원천의 불안을 경험한다는 것을 보여 준다. 한 인간의 마음, 특히 무의식 속에는 다양한 주제의 불안이 다층적으로 누적되어 있다고 할 수 있다. 죽어감과 죽음은 우리의 마음 깊은 곳에 잠재해 있는 다양한 불안을 활성화시킨다. 달리 말하면, 죽음불안은 다양한 불안의 복합체라고 할 수 있다.

3. 죽음불안의 심리적 원천

죽음불안은 심리적 현상으로서 근본적으로 마음이 만들어 내는 것이다. 죽음불안의 심리적 근원은 무엇일까? 죽음불안의 핵심은 소멸불안이라고 할 수 있다. 죽음으로 인해 자기존재가 영원히 소멸하게 되는 것에 대한 두려움이다. 자기존재의 소멸을 두려워하는 이유는 자기애(self-love), 즉 자기 자신에 대한 애착에 있다. 죽음불안의 근원을 이해하기 위해서 자기애의 실체에 대한 분석이 필요하다.

1) 자기의식과 죽음불안: '나'의 소멸

소멸불안은 죽음으로 인해 자신의 육체뿐만 아니라 자기의식과 자기정체감이 영원히 무화(無化)되는 것에 대한 두려움이다. 소멸불안의 기저에는 자기애가 존재한다. 자기애는 '나'라는 존재에 대한 확고한 믿음과 그 존재를 존속시키며 강화하려는 욕망을 의미한다. 달리 말하면, 죽음이 두려운 이유는 자기존재를 영원히 지속하고자 하는 인간의 뿌리 깊은 욕망을 죽음이 무참히 좌절시키기 때문이다. 실존적 고통의 핵심에는 자기존재의 소멸에 대한 불안이 존재한다.

(1) '나'는 무엇인가?

인간은 누구나 '나'라는 자기의식을 지니고 살아간다. 자기의식은 인간이해를 위한 핵심적인 심리적 요인이기 때문에 많은 심리학자들에 의해 연구되었다. 현대 심리학에서 자기(self)라는 개념을 처음 학술적으로 논의한 사람은 미국의 심리학자이자 철학자인 윌리엄 제임스(William James: 1842~1901)로 알려져 있다.

제임스는 1890년에 발간된 『심리학의 원리(Principles of Psychology)』라는 저서에서 자기란 '자신의 것이라고 부를 수 있는 모든 것의 총합'이라고 정의하고, 자기를 '인식주체로서의 자기(self as a knower)', 즉 순수 자기(pure self)와 '인식대상

표 9-2	자기의 두 가지 측면	
인식주체로서의 자기	인식대상으로서의 자기	
주격의 '나'(I)	목적격의 '나'(me)	
자기의식의 진행형 감각	자기에 대한 표상 또는 기억	
매순간의 주관적 경험	과거 경험의 축적	
'자기의식'으로 지칭됨	'자기개념' 또는 '자기표상'으로 지칭됨	

으로서의 자기(self as a known)', 즉 경험된 자기(empirical self)로 구분하였다. 주체로서의 자기와 대상으로서의 자기는 〈표 9-2〉와 같이 여러 측면에서 구별될 수 있다.

제임스에 따르면, 인식주체로서의 자기와 인식대상으로서의 자기 모두 일관성과 동질성을 지니고 있으며 자기정체감(sense of personal identity)의 바탕을 이룬다. 그러나 인식주체로서의 자기는 인식대상이 될 수 없기 때문에 경험과학인 심리학의 연구대상이 될 수 없으며, 심리학은 인식대상으로서의 자기, 즉 경험된 자기를 연구대상으로 해야 한다.

(2) 자기의식의 출현

'나'라는 자기의식(self-consciousness)은 어떻게 생성되고 발달하는 걸까? 자기의식은 선천적으로 타고나는 걸까 아니면 후천적으로 발달하는 걸까? 대부분의 발달심리학자들(예: 말러, 피아제)은 후천적 발달론의 입장을 취하고 있다. 출생 시의 신생아들은 '나'라는 자기의식이 없이 태어나며 심지어 자신의 육체와 주변 환경을 변별하지도 못한다. 즉, 자기개념은 후천적 경험을 통해서 발달하게 되며 이러한 발달과정에는 여러 가지 요인(뇌의 성장, 감각 및 인지적 능력의 발달, 양육자와의 관계, 사회적 경험 및 상호작용 등)이 관여하게 된다. 자기의식의 발생을 논의하기 위해서는 먼저 의식에 대한 논의가 필요하다.

의식(consciousness)은 고등동물의 중요한 심리적 현상이며 기능이라고 할 수 있다. 대부분의 신경과학자와 심리학자들은 의식을 인간의 뇌가 진화하는 과정에서 창발된 현상으로 여기고 있다. 생명체는 외부환경과 상호작용하면서 자신의 생명을 유지해 가는데, 생명체마다 각기 환경과 상호작용하는 방식이 다르다. 하등동물은 외부 자극에 대해 반사적으로 반응하는 매우 단순한 상호작용 방식을 지닌다. 즉, 하등동물은 감각계-운동계의 단순한 적응체계를 지닌다. 그러나 진화과정에서 중추신경계가 발달한 고등동물은 감각계를 통해 입수된 환경 자극을 인식하고 그러한 인식내용에 따라 다양한 방식으로 환경에 반응하는 상호작용 방식을 지닌다. 즉, 감각계-중추신경계-운동계라는 좀 더 복잡한 적응체계를 지니며, 이러한 중추신경계의 발달에 기인한 주요한 심리적 기능이 바로 의식이다(권석만, 2015).

의식은 대상의 이미지를 생성할 수 있는 표상능력에서 기원한다(Damasio, 1999). 외부의 대상을 마음속의 심상으로 내면화하는 것은 적응에 커다란 도움이 된다. 세상을 마음속에 옮겨와서 다양한 방식으로 시뮬레이션을 해 볼 수 있기 때문이다. 인간은 이러한 표상기능을 통해서 여러 가지 상황을 예상하며 대비할 수 있다. 마음속에서 외부 대상과의 상호작용을 시뮬레이션하기 위해서는 자신을 대표하는 자기표상이 필요하다. 즉, 자기표상과 대상표상을 통해서 환경과 자신의 관련성을 다양하게 고려할 수 있기 때문이다. 이러한 자기의식은 진화론적 관점에서 적응가치가 있는 것이다.

자기의식은 반성적 의식의 소산이기도 하다. 고도의 의식기능을 지닌 인간은 '의식에 대한 의식'을 가능하게 만드는 반성적 의식(reflective consciousness) 또는 메타의식(meta-consciousness)을 지니며 그 결과로 싹트게 된 것이 자기의식이다(Baumeister, 1998). 달리 말하면, 의식에 떠오르는 감각과 감정을 인식하고 사고와 행동을 통제하는 주체에 대한 존재의식이 자기의식이라고 할 수 있다. 의식은 기본적으로 대상에 대한 의식을 의미하며, 반성적 의식을 통해 자신을 하나의 대상으로 인식하게 되면서 자기의식이 발전하게 된다. 이러한 자기의식은 의식적 경험에 대한 능동성, 자율성, 독립성, 동질성, 통일성, 일관성, 지속성의 결과인 동시에 이러한 속성을 강화하는 기능을 하는 것으로 여겨지고 있다.

최근에 미국의 신경과학자 그라지아노(Graziano, 2016)는 주의도식이론(Attention Schema Theory: AST)을 제시하면서 의식을 신경계가 직면한 근본적 문제에 대한 진화적 해결책이라고 주장했다. 그에 따르면, 뇌는 기본적으로 정보처리체계이다. 인간의 뇌는 정보를 처리할 수 있는 용량이 제한되어 있는데, 감각을 통해 입력되어 처리해야 할 정보가 너무 많다는 중대한 문제에 직면하게 되었다. 이러한 중대한 문제에 대한 해결책으로 뇌는 다른 많은 정보를 희생하더라도 주의(attention)를 통해 소수의 중요한 정보만을 선택하여 좀 더 깊은 정보처리를 하기 위한 적응기제로서 의식을 진화시킨 것이다. 즉, 의식은 진화의 산물로서 주의를 통해 선택된 정보를 집중적으로 처리하는 적응기제라고 할 수 있다.

의식에 의한 집중적 정보처리는 특정한 정보를 처리하기 위해서 신경에너지가 투여되는 쏠림현상을 의미한다. 인간의 신경계는 모든 자연현상과 마찬가지로 무질서도가 증가하는 방향으로 에너지가 흐르는 엔트로피 증가의 법칙에 따라 작동한다. 즉, 신경에너지는 정보량이 적은 곳에서 많은 곳으로 에너지가 흐르는 법칙에 따라 작동한다. 리틀(Little, 2014)은 이러한 엔트로피 증가의 법칙에 반하여 신경에너지의 흐름을 특정한 방향으로 재조정하는 선택기제가 의식의 본질이라고 주장했다. 그에 따르면, 인간의 뇌는 진화과정에서 다양한 경험을 표상으로 저장하고 표상들의 조합에 의한 사고를 통해서 미래를 예측하는 인지적 능력을 발달시킨다. 이러한 인지적 능력은 인간의 생존에 커다란 도움이 되었으며, 인간의 뇌는 엔트로피 증가의 법칙에 따라 신경계의 에너지가 정보량이 많은 신경경로를 따라 흐르며 인지적 과정이 기능하도록 되어 있었다. 그러나 생존경쟁이 치열한 적응상황에서 인간의 뇌는 개인으로 하여금 위험한 자극에 정보처리 자원을 집중시키는 주의기제(attention mechanism)를 발달시켰다. 주의기제는 신경계 내에서 에너지의 자연적인 흐름에 반해서 그 흐름의 방향을 재조정하는 적응기제라고 할 수 있다.

리틀에 따르면, 주의기제는 우주에서 엔트로피 증가의 법칙에 따르지 않는 유일한 체계로서 창조적 선택이며 자유의지를 의미한다. 창조적 자유의지는 기본적으로 예측이 불가능한 것이며 새로운 사고를 창조하고 채택하기 위해서 엔트로피 증가의 법칙을 극복하게 만드는 인간만의 본유적인 강점이다. '나'라는 주체감은 주의기제를 통해 신경에너지가 특정한 방향으로 흐르도록 뇌의 작동에 개입할 수 있다는 인식을 의미한다. 인간의 삶은 근본적으로 엔트로피 증가의 법칙과 자유의지 사이의 긴장을 완화하기 위한 노력이라고 할 수 있다. 이러한 점에서 '나'라는 주체감은 인간 마음의 핵심이며 의식의 중심적 위치를 차지하는 것이다.

(3) 자기애와 소멸불안

자기의식은 개인이 자신을 세상과 분리된 독립적인 존재로 여기는 동시에 세상을 인식하고 통제하는 주체라는 인식이다. 이러한 자기의식은 '나'라는 자기존재감의 핵심이라고 할 수 있다. 죽음은 자기의식, 즉 자기존재의 소멸을 의미하기 때문에 두려운 것이다. 그렇다면 인간은 왜 자기존재의 소멸을 두려워하는 것일까?

인간은 자기존재를 매우 소중한 것으로 여기는 자기애를 지니고 있다. 자기애(自己愛, self-love)는 자신을 이 세상 어떤 것보다도 소중하고 특별한 존재로 여기는 마음을 의미한다. 자기애는 생존본능과 자기의식이 결합한 결과적 산물이라고 할 수 있다. 생존본능은 자기보존을 위한 맹목적인 동기로서 생명의 본질적 속성이다. 유기체는 쾌락 추구와 고통 회피의 기제를 통해 자기보존의 목적을 추구한다. 인간은 이러한 생존본능과 진화과정에서 발전한 자기의식의 결합으로 인해서 좀 더 복잡한 형태의 자기애를 지니게 되었다.

자기애는 자기존재의 존속을 추구하는 강렬한 욕망이다. 자기를 구성하는 요소들의 강화와 확대를 추구할 뿐만 아니라 자기구성요소의 손상과 파괴에 대해서 저항하는 동력이다. 자기존재의 소멸을 의미하는 죽음은 자기애에 대한 재앙적 위협이기 때문에 강렬한 공포를 유발하게 된다. 특히 죽음불안의 핵심은 세상을 인식하고 그것에 반응하는 자기의식의 소멸에 대한 두려움이다.

죽음이 두려운 이유는 자기의식의 소멸과 더불어 세상에 대한 모든 인식이 중단되기 때문이다. 만약 죽음을 통해서 육체가 해체되더라도 자기의식이 존속한다면, 그래서 세상의 변화를 지속적으로 바라보며 인식할 수 있다면, 죽음에 대한 두려움은 상당히 완화될 수 있을 것이다. 대부분의 종교나 형이상학적 철학에서는 육체와 별개로 기능하는 영혼의 존재를 주장한다. 육체가 사멸하더라도 자기의식을 지닌 영혼은 영원히 존속한다고 주장함으로써 죽음불안을 완화하는 것이다.

인간은 호기심이 강한 존재로서 세상의 변화를 지속적으로 모니터링하려는 인식 욕구(need to know)와 더불어 세상의 변화에 대해서 자신의 바람대로 영향력을 행사하려는 통제 욕구(need to control)를 지닌다. 의식은 인식 욕구와 통제 욕구를 충족시키는 중요한 수단이다(Kihlstrom, 1987). 의식을 통해서 환경에 대한 알아차림이 생겨나고 그러한 알아차림에 근거하여 자신의 행동을 조절함으로써 환경에 대한 통제력을 행사할 수 있기 때문이다. 죽음이 두려운 것은 의식의 소멸로 인해서 인식과 통제의 욕구 모두가 좌절되기 때문이다. 즉, 죽음은 영원한 무의식과 완전한 무능력을 의미하기 때문이다.

요컨대, 소멸불안은 인식과 통제의 주체라는 자기의식의 소멸에 대한 두려움을 의미한다. 인간은 생존본능을 지닌 유기체로서 진화과정을 통해 발달한 뇌와 인지적 능력에 근거한 자기의식이 결합하면서 자기존재를 영원히 존속시키고자 하는 집요한 욕망인 자기애를 지닌다. 소멸불안은 대자연을 인식하며 환하게 펼쳐졌던 의식의 세계가 죽음과 함께 무의식의 블랙홀로 함몰되는 것에 대한 두려움이라고 할 수 있다. 죽음불안은 자기애에 의한 자기존속의 소망과 죽음자각에 의한 자기소멸의 예상 사이에서 발생한 갈등의 산물이라고 할 수 있다.

🍀 육체 없는 영혼만의 삶: 〈사랑과 영혼〉

죽음은 육체와 정신의 영원한 소멸을 의미하기 때문에 두려운 것이다. 그렇다면 죽음으로 인해 육체는 소멸해도 영혼이 생존한다면 여전히 죽음이 두려운 것일까? 영혼으로 생존하며 세상의 변화를 인식하지만, 육체가 없기 때문에 세상에 개입할 수 없는 삶은 어떠할까? 영화 〈사랑과 영혼〉은 이러한 물음을 다루고 있는 명작이다.

〈사랑과 영혼〉은 1990년에 개봉된 미국의 로맨틱 판타지 영화로서 원제목은 'Ghost'이다. 갑작스러운 사고로 죽게 된 샘(패트릭 스웨이지)은 내세로 가지 못하고 육체가 없는 영혼으로 연인인 몰리(데미 무어)의 곁을 맴돈다. 하지만 몰리는 육체가 없는 샘의 존재를 알아차리지 못하고, 육체가 없는 샘은 몰리가 위험에 빠진 상황을 알면서도 그녀를 도와주지 못해 애를 태운다. 이 영화는 육체와 영혼의 분리로 인해서 인식의 욕구는 충족되지만 통제의 욕구가 좌절되는 아픔을 표현하고 있다. 주변을 맴돌면서 사랑하는 사람의 삶을 바라보며 인식하기는 하지만 그의 삶에 전혀 영향력을 미칠 수 없는 무력함의 안타까움을 잘 표현하고 있다.

2) 자기개념과 죽음불안: '내 것'으로 여기는 모든 것의 상실

앞에서 언급한 바 있듯이, 제임스는 자기를 인식주체로서의 자기와 인식대상
으로서의 자기로 구분하였다. 소멸불안은 죽음을 통해 인식주체로서의 자기가
소멸하는 것에 대한 두려움이라고 할 수 있다. 그러나 죽음불안은 소멸불안뿐만
아니라 인식대상으로서의 자기에 대한 상실불안(loss anxiety)을 포함한다. 현대
심리학에서는 인식대상으로서의 자기를 자기개념(self-concept), 자기지식(self-
knowledge), 자기표상(self-representation) 등의 다양한 용어로 지칭하고 있다. 자
기개념은 인간의 행동뿐만 아니라 죽음불안을 이해하는 데 매우 유용하다.

(1) 자기개념

자기개념은 인식주체로서의 자기(I)가 인식대상으로서의 자기(me)를 인식한 내
용이라고 할 수 있다. 일반적으로 자기개념은 '자기 자신에 대한 개인의 주관적인
지각, 인식, 평가를 반영하는 인지적 관념'이라고 정의된다. 자기개념은 다음과 같
은 특징과 기능을 지닌다(권석만, 2015; Epstein, 1973; Markus, 1977, 1990).

(1) 자기개념은 외부세계와 공간적으로 분리된 독립적 개체라는 의식을 포함한
다. 따라서 자기개념은 경계를 가지며 '나(self)'와 '나 아닌 것(nonself)'의 구
분을 가능하게 한다.
(2) 자기개념은 시간적으로 지속되는 일관성 있는 동일한 개체라는 의식을 포함
하며 시간의 흐름과 경험의 누적으로 인한 변화에도 불구하고 과거·현재·
미래를 통하여 동일한 존재라는 자기정체감을 갖게 한다.
(3) 자기개념은 다양한 과거경험을 조직적으로 축적하는 하나의 기억체계로서,
다면적이고 다차원적이며 위계적 구조를 가지고 있다. 자기개념은 신체적
자기, 정신적 자기, 사회적 자기와 같은 여러 하위영역으로 구성되어 있다.
또한 자기개념은 기술적 차원과 평가적 차원을 모두 가지고 있다.

(4) 자기개념은 경험에 의해 변화되는 역동적 조직체로서 경험의 누적, 특히 중
요한 타인과의 사회적 상호작용을 통해 발달한다. 자기개념은 단순히 과거
경험을 저장하는 정적인 실체가 아니라 역동적인 실체이다. 개인이 성장하
고 발달함에 따라 자기개념은 점점 더 다면적이고 다차원적으로 발전한다.

(5) 개인은 자기개념의 여러 측면과 관련된 자존감을 추구하려는 욕구를 갖는
다. 개인은 자신의 긍정적인 자기개념을 유지시키고자 하며 이러한 자기개
념이 위협받으면 불안을 경험하게 되고 위협에 대해 자신을 방어하려고 시
도하게 된다.

(2) 자기개념의 발달

자기개념의 발달은 공간적 경계를 지닌 육체에 근거한다. 육체를 지닌 존재로
서 신생아는 반사행동을 통해 환경과 상호작용하면서 희미한 의식 속에서 여러 가
지 체험을 하게 된다. 신생아는 출생초기에 자신의 육체와 외부환경을 구분하지
못하지만, 점차 감각과 운동 기능이 발달하면서 자신의 육체가 다른 사물과는 별
개의 것이라는 것을 서서히 깨닫기 시작한다. 몸을 움직일 때 느껴지는 감각을 통
해 자기육체의 경계를 조금씩 알게 된다. 예컨대, 신체와 외부 물체의 접촉 시에
느껴지는 감각, 자신의 손가락을 빨 때와 우유병을 빨 때의 감각 차이, 몸을 만질
때와 사물을 만질 때의 감각 차이, 몸을 움직일 때 함께 동반되어 움직이는 것들
(육체)과 그렇지 않은 것들(타인이나 사물)의 인식, 자신의 의도에 따라 움직여지는
것과 그렇지 않은 것에 대한 차이를 경험하게 되면서 자기육체에 대한 인식이 싹
트게 된다.

발달심리학자인 인헬더와 피아제(Inhelder & Piaget, 1958)에 따르면, 생후 1∼4개
월의 신생아는 자신의 신체를 중심으로 쾌락을 주는 행동(예: 손가락 빨기, 팔 움직
이기)을 반복하고 4∼8개월에 접어들면 외부환경을 향한 행동(예: 딸랑이 흔들기, 소
리 나는 장난감 만지기)을 반복한다. 이러한 경험을 통해 아동은 생후 4개월경에 자
기육체의 경계를 알게 되고 생후 6개월 경에는 자신의 신체를 통해 외부에 있는

물체를 조작할 수 있다는 것을 알게 된다.

자기개념의 발달은 아동의 인지발달수준과도 밀접한 관계가 있다. 아동은 생후 18개월경이 되면 감각적 경험을 내재화해서 정신적 심상(mental image)을 형성할 수 있는 인지능력이 발달하면서 자기의 육체상(body image)을 발전시키게 된다. 한 실험적 연구(Lewis & Brooks-Gunn, 1979)에서는 생후 9~24개월 된 아동들을 대상으로 루즈검사(Louge Test: 아동의 얼굴에 몰래 빨간 루즈를 칠해 준 후 거울을 보게 했을 때, 아동이 자신의 얼굴을 만지는지 아니면 거울에 비친 상을 만지는지를 관찰하여 육체상의 형성 여부를 살펴보는 방법)를 실시한 결과, 15~17개월의 아동들은 소수가, 그리고 18~24개월의 아동들은 대다수가 거울에 비친 모습을 만지려 하기보다 자신의 얼굴을 만지는 반응을 보였다. 이러한 결과는 생후 18개월 정도가 되면 아동이 거울에 비친 모습을 자기육체로 인식한다는 것을 의미한다. 이 시기에는 자신의 사진을 알아보는 등 자기육체의 모습에 대해서 안정된 표상을 발달시키는 것으로 여겨진다.

자기개념은 사회화과정을 통해서 복잡한 구조로 발전한다. 미국의 사회학자인 찰스 쿨리(Charles Cooley, 1902)는 자기를 '일상적 언어에서 I, my, me, mine, myself와 같은 일인칭 단수 대명사로 지칭할 수 있는 모든 것'이라고 정의하고, '비친 자기(looking-glass self)'라는 개념을 도입하여 개인은 타인이 자신을 지각하는 방식으로 자신을 인식한다고 주장하였다. 조지 미드(George Mead, 1934)는 쿨리의 '비친 자기' 개념을 확장하여 자기개념이 사회적 상호작용 속에서 생겨난다고 주장하였다. 즉, 개인은 자기를 개별적이고 직접적으로 경험하는 것이 아니라 타인에 대한 인식과 마찬가지로 자신을 하나의 인식대상으로 경험하며 자신의 사회적 행위와 그에 대한 타인의 반응이 반복되는 과정 속에서 자기인식이 발생한다는 것이다. 이러한 견해는 자기개념의 사회적 기원을 강조한 것이라고 할 수 있다.

자기개념의 형성과 발달에는 특정한 인지발달 수준이 요구될 뿐만 아니라 사회적 경험이 필요하다. 갤럽(Gallup, 1977)은 정상적으로 성장한 청소년기의 침팬지는 거울 속의 자기모습을 인식하는 반면, 사회적으로 고립되어 자란 침팬지는 거울 속의 자기모습을 마치 다른 동물을 대하듯이 반응했다는 것을 발견했다. 즉, 사회적 경험은 일종의 사회적 거울(social mirror)의 역할을 한다.

생후 2년 후반기가 되면 아동은 자신을 지칭할 때 '나, 내 것(I, me, my, mine)'과 같은 인칭대명사를 사용하고 타인을 지칭할 때는 '너(You)'라는 인칭대명사를 사용한다(Lewis & Brooks-Gunn, 1979). 나와 너에 대한 언어적 구분은 2세 아동이 자신과 타인에 대한 비교적 확고한 개념을 가지고 있음을 시사한다. 이처럼 자기와 타인에 대한 확고한 구분이 생기면, 아동은 사람들이 어떤 점에서 다른지를 깨닫게 되고 자신을 그러한 차원에서 범주화하게 된다. 즉, 범주적 자기(categorical self)를 형성하게 된다. '나이'는 아동이 자신을 범주화하고 자기개념에 통합시키게 되는 사회적 범주 중의 하나이며, 학령 전 아동기 동안 나이라는 사회적 범주는 점점 더 세분화되어 간다. '성(gender)' 역시 자기개념의 중요한 사회적 범주이다. 학령 전 아동에게 자신에 대해 기술하도록 하면, 주로 자신의 신체적 특성, 자신의 소유물, 인간관계, 할 수 있는 행동 등을 중심으로 대답한다.

3~4세경이 되면 아동은 타인에게 보이는 공적 자기(public self)와 타인이 볼 수 없는 사적 자기(private self)를 구분한다. 아동에게 생각이 "어디에서", "어떻게" 이루어지는지 그리고 다른 사람이 그들의 생각을 들여다볼 수 있는지 물었을 때, 3.5세 된 아동들은 (1) 인형은 머리가 있지만 생각할 수 없고, (2) 자신의 생각은 머리 안에서 이루어지며, (3) 다른 사람이 자신의 사고과정을 들여다볼 수 없다는 것을 알고 있었다(Flavell, Green, Flavell, & Grossman, 1977). 러시아의 인지심리학자인 비고츠키(Vygotsky, 1932)는 4~5세의 아동이 자신을 향한 말(speech for self)과 타인을 향한 말(speech for others)에 대한 명백한 구별을 하기 시작한다고 지적했다. 이러한 결과들은 3.5~5세의 아동들이 다른 사람들은 볼 수 없는 사적 자기에 대한 개념을 획득하기 시작한다는 것을 시사한다.

추상적 사고능력이 발달하는 청소년기에 이르게 되면, 자기개념도 좀 더 추상적인 특성에 의해 규정되는 경향이 나타난다. '나는 누구인가?'라는 물음에 9~10세 아동들은 11~12세 아동에 비해 구체적인 용어로 자신을 기술했다. 일반적으로 어린 아동들은 신체적 속성과 좋아하는 행위뿐만 아니라 이름, 나이, 성, 주소 등의 범주적 정보를 언급한 반면, 청소년들은 자신을 성격특성, 신념, 동기, 소속 등의 용어로 응답했다(Montemayor & Eisen, 1977). 청소년기에는 좀 더 추상적이고 심리적인 특성에 의한 자기개념의 발달이 이루어진다.

(3) 자기개념의 구조

제임스(James, 1890/1907)는 자기를 '자신의 것이라고 부를 수 있는 모든 것의 총합'이라고 정의한 바 있다. 자기개념은 '나의 것'이라고 부를 수 있는 것들에 대한 심리적 표상을 의미한다. 인간은 매우 많고 다양한 것들을 '나의 것'이라고 여기기 때문에, 자기개념은 다면적이고 다차원적인 구조를 지닌다.

제임스는 경험된 자기를 크게 세 가지 자기영역, 즉 물질적 자기, 정신적 자기, 사회적 자기로 범주화하였다(권석만, 2015; Marsh, Relich, & Smith, 1983). 〈그림 9-3〉에서 볼 수 있듯이, 물질적 자기(material self)는 자기와 관련된 물질적 측면 또는 소유물들로서 가장 중심부에 신체가 위치하고 다음에 의복, 집, 소유물 등이 차례로 포함된다. 정신적 자기(spiritual self)는 개인의 내적 또는 심리적인 능력과 성향을 지칭한다. 이러한 정신적 자기에는 자신의 성격, 지적 능력, 지식, 가치관, 인생관 등이 포함된다. 사회적 자기(social self)는 개인의 인간관계와 동료들로부터 받는 인정을 지칭한다. 가족, 연인이나 배우자, 친구, 직장동료들로부터 받는 사랑, 명성, 명예 등이 사회적 자기를 구성한다.

자기개념이라는 인지적 구조의 또 다른 주요 특성은 다차원성이다. 자기개념은 다양한 차원이나 관점에서 기술되고 평가된다. 로저스(Rogers, 1951)는 자기개념이 현실적 자기(real self)와 이상적 자기(ideal self)라는 두 차원으로 나뉠 수 있음을 주장하였다. 현실적 자기는 현재 있는 그대로 자신의 상태에 대한 지각을 의미하며, 이상적 자기는 자신이 바라는 이상적 모습이나 상태를 의미한다. 이러한 현실적 자기와 이상적 자기의 불일치도가 개인의 심리적 고통을 초래한다고 주장한다.

부정 정서의 발생과정을 설명하기 위해서 자기괴리 이론(self-discrepancy theory)

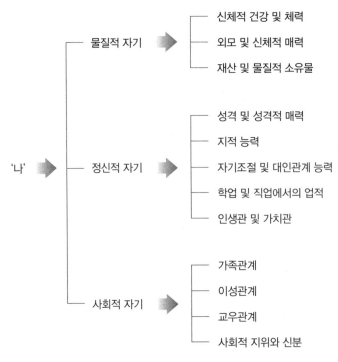

〈그림 9-3〉 자기개념을 구성하는 주요한 요소들의 위계적 구조

을 제안한 히긴스(Higgins, 1987)에 따르면, 자기의 평가과정에는 두 가지의 요소, 즉 자기에 대한 관점과 자기의 영역이 중요하다. 자기에 대한 관점은 '나에 대한 나의 관점'과 '나에 대한 타인의 관점'으로 나뉜다. 자기의 영역은 현실적 자기(actual domain of self), 이상적 자기(ideal domain of self), 의무적 자기(ought domain of self)로 나뉜다. 그에 따르면, 불안이나 우울과 같은 구체적 정서경험은 이러한 인지적 요소들 간의 관계에 의해 결정된다. 이러한 정서경험이 유발되는 과정에는 인지적 요소들 간의 관계에 대한 평가가 중요하다. 평가는 현재 상태에 대한 표상과 원하는 상태에 대한 표상을 비교함으로써 이루어진다. 우울은 '현실적 자기'와 '이상적 자기'의 불일치에 의해 유발되는 감정인 반면, 불안은 '현실적 자기'와 '의무적 자기'의 불일치에 의해 유발되는 감정이다. 특히 '현실적 자기'가 '타인의 관점에서의 의무적 자기'와 불일치하면, 타인으로부터의 징벌과 처벌을 예상하게

되며 불안을 경험하게 된다. 반면, '현실적 자기'가 '나의 관점에서의 의무적 자기'
와 불일치하면, 죄책감·자기경멸감·불쾌감 등의 형태로 불안을 경험하게 된다.

(4) 자기에 대한 정서적 반응

개인은 자기개념의 여러 측면과 관련된 자존감(self-esteem)을 추구하려는 욕구
를 갖는다. 개인은 자신의 긍정적인 자기개념을 유지시키고자 하며 이러한 자기
개념이 위협받으면 불안을 경험하고 위협에 대해 자신을 방어하려고 시도하게 된
다. 이러한 방어가 성공적이지 못하고 위협이 지속되면 궁극적으로 심리적 부적
응과 더불어 성격의 전반적 와해가 일어날 수 있다.

자기개념이 발달되면서 자기 자신에 대한 평가와 더불어 자신에 대한 정서적 반
응인 자존감이 나타난다. 자존감은 자기개념을 구성하고 있는 속성에 대한 평가
의 결과로 나타나는 감정으로서 이러한 속성이 긍정적인가 부정적인가에 따라 자
존감의 높낮이가 결정된다. 하터(Harter, 1985)는 지적 능력, 사회적 능력, 신체적
능력, 일반적 자기가치라는 4가지 영역을 아동에게 평가하게 하는 자기개념검사
를 개발하여 2,000여 명의 아동을 대상으로 다음과 같은 결과를 얻었다.

첫째, 3학년 아동들(만 8세)은 이미 자신의 하위영역에 대해서 좋아하거나 싫어
하는 감정을 나타냈다. 이것은 자신에 대한 감정, 즉 자존감이 아동기 중기에 이미
잘 형성되어 있다는 것을 의미한다. 둘째, 아동은 자신의 능력을 여러 다른 영역으
로 구분했다. 즉, 자존감은 자신의 어떤 영역에 초점을 두느냐에 따라 달라지며 이
는 자기개념이 영역에 따라 상당히 세분화되어 있음을 의미한다. 셋째, 아동의 자
기평가는 다른 사람에 의한 평가를 상당히 정확하게 반영하고 있었다. 즉, 자기개
념과 자존감은 다른 사람들이 자신에게 반응하는 방식에 의해 좌우된다. 마지막
으로, 자기개념의 여러 영역 중 어떤 특성은 다른 특성에 비해 더 중요한 것으로
인식되었다. 4~6학년 아동들은 지적 능력과 사회적 능력을 자기가치의 평가에서
중요시하는 경향이 있었다. 즉, 학교에서 공부를 잘하고 친구가 많은 학생들의 자
존감이 가장 높게 나타났다.

또한 에릭슨(Erikson, 1963)에 따르면, 초등학교·중학교 학생들은 자신의 지적 능력과 대인관계 능력을 같은 또래들의 능력과 비교하여 평가하고 그 결과가 자존감에 영향을 미치게 된다. 이때 자기능력에 대한 부정적 평가가 이루어지면 열등감과 낮은 자존감을 갖게 되고 이후의 청소년기 단계에서 안정된 자기정체감을 형성하는 데 곤란을 겪게 된다.

에릭슨에 의하면, 청소년기는 보다 성숙된 자기정체감을 탐색하는 중요한 시기로서 청소년들은 자기 자신, 가치관, 삶의 목표 등을 재평가하게 되고 그 결과 자존감의 결정요소가 변하고 자기가치감의 혼란과 저하를 경험하는 경향이 있다. 이러한 청소년기의 자기정체감 탐색을 거쳐 청년기 동안에 사회적·성적·직업적 특성이 포함된 보다 안정된 자기정체감을 형성하게 된다.

(5) 자존감과 죽음불안

죽음불안은 소멸불안과 더불어 상실불안을 포함한다. 소멸불안은 인식주체로서의 자기가 소멸하는 것에 대한 불안인 반면, 상실불안은 인식대상으로서의 자기, 즉 자신의 것이라고 여기는 것들을 상실하는 것에 대한 불안이라고 할 수 있다. 죽음으로 인한 상실불안은 자기와 동일시했던 물질적 자기(육체, 건강, 소유물 등), 정신적 자기(지적 기능, 지식, 인생 목표 등)와 사회적 자기(대인관계, 사회적 지위, 명예 등)를 상실하는 것에 대한 두려움이다. 죽음이 두려운 이유는 자기의 것이라고 여기며 소중하게 여겼던 모든 것들을 남겨 두고 떠나야 하기 때문이다.

죽음불안의 상당 부분은 죽어감의 과정에서 겪게 될 육체적·심리적·사회적 상실에 대한 두려움을 반영한다. 이러한 상실불안은 대부분 자존감을 유지하려는 욕구와 관련되어 있다. 인간은 자신을 스스로 가치 있는 중요한 존재로 여길 뿐만 아니라 다른 사람들로부터도 소중하게 존중받는 존재가 되기를 바라는 자존감의 욕구를 지닌다. 인간은 누구나 이상적 자기를 추구하면서 현실적 자기와 비교한다. 현실적 자기가 이상적 자기에 근접할 때 행복감을 느끼는 반면, 이상적 자기로부터 멀어질 때 불행감을 느낀다. 죽어감의 과정에서 겪게 되는 현실적 자기의 부정적 변화는 이상적 자기와의 괴리를 증폭시킴으로써 자존감을 추락시킨다. 늙고 병들어 추하고 나약하며 초라하고 소외당하는 비참한 모습으로 변해 가는 현실적 자기를 인식하면서 자존감이 참혹하게 무너져 내린다. 이처럼 죽어감의 과정에서 초라하고 비참하게 변화하는 자기모습을 통해 자존감이 무참하게 손상될 것에 대한 두려움이 죽음불안의 중요한 요소이다.

자존감을 지키려는 인간의 욕구는 매우 강렬하다. 일부의 사람들에게는 자존감이 생명보다 더 소중하다. 죽어 가는 과정에서 초라하고 비참한 모습으로 변해 가는 자신을 지켜보면서 경험하게 될 자존감의 상실은 육체적 죽음보다 더 두렵게 느껴질 수 있다. 더구나 다른 사람들에게 자신의 비참한 모습을 보이는 것은 더욱 참을 수 없는 일이다. "살아도 사는 것이 아니다."라는 말이 있듯이, 자존감이 훼손된 상태로 삶을 유지하는 것은 존엄성이 상실된 삶이며 심리적 죽음을 의미하기 때문이다. 인간의 존엄성은 개인의 자존감이 온전하게 보존되는 상태를 의미한다. 안락사나 존엄사는 비참한 상태로 생명을 연장하기보다 자존감과 존엄성을 유지한 채로 삶을 마무리하고자 하는 사람들이 원하는 죽어감의 선택이다. 인생의 말년에는 '자존감을 내려놓고 생명을 연장할 것인가 아니면 자존감을 지키기 위해 생명을 단축할 것인가'에 대한 선택에 직면할 수 있다.

3) 애착과 죽음불안: 사랑하는 사람과의 영원한 이별

많은 사람이 죽음을 두려워하는 이유는 사랑하는 사람들과 영원히 이별해야 하기 때문이다. 인간은 사랑하는 사람들과 항상 가까이 함께 하면서 서로 접촉하며 애정을 나누고자 한다. 따라서 인간은 사랑하는 사람과의 이별이 예상될 때 불안을 느끼는데, 심리학에서는 이를 분리불안(separation anxiety)이라고 한다.

분리불안은 애착하는 대상과의 이별에 대한 두려움으로서 죽음불안의 중요한 요소이다. 사랑하는 사람들과의 일시적 이별도 고통스러운데, 죽음은 그들과의 영원한 이별을 의미하기 때문에 극심한 고통과 불안을 유발한다. 죽음과 관련된 분리불안은 죽음으로 떠나가는 사람뿐만 아니라 살아남는 사람 모두에게 커다란 고통과 불안을 유발하게 된다. 애착과 분리불안의 이해를 통해서 죽음불안의 실체를 좀 더 자세하게 살펴보기로 한다.

(1) 애착이란 무엇인가?

인간은 육체적으로 세상과 분리된 외로운 존재이다. 그러나 애착이라는 심리적 기제를 통해서 타인과 심리적으로 연결되어 외로움을 극복한다. 어린아이는 어머니에게 매달리고 어머니는 아이를 꼭 껴안으면서 심리적 유대감을 느낀다. 애착은 두 사람 사이의 정서적 유대감으로서 일상적인 용어로 '사랑'을 의미한다.

애착이론을 제시한 볼비(Bowlby, 1969, 1973, 1980)에 따르면, 애착(attachment)은 특정한 두 사람 간에 형성되는 특별한 정서적 유대관계를 의미한다. 많은 종(種)의 갓 태어난 새끼들은 자신을 스스로 돌볼 수 없을 정도로 미숙하기 때문에 어미에게 애착하는 경향성을 선천적으로 지니고 태어난다. 아동이 정상적으로 발달하기 위해서는 적어도 한 명 이상의 성인 양육자와 따뜻하고 지속적인 애착관계를 맺는 것이 필요하다.

인간의 애착행동은 생존과 번식을 위해 필수적인 본능적 반응이다. 인간은 매우 다양한 대상과 애착을 형성할 수 있지만, 가장 기본적인 애착경험은 부모에 대한 자녀의 애착, 자녀에 대한 부모의 애착, 그리고 연인 간의 애착이다. 인간의 신생아는 매우 무력한 상태로 태어나기 때문에 오랜 기간 부모에게 의존하며 살아남아야 한다. 신생아는 일방적으로 보살핌을 받는 수동적인 존재가 아니라 스스로 보살핌을 이끌어 내는 능동적인 존재이다. 어린아이는 미소, 울음, 매달리기와 같이 자신의 생존에 필요한 부모의 보살핌과 보호를 이끌어 낼 수 있는 일련의 행동 패턴을 선천적으로 가지고 태어난다. 어머니 역시 이러한 아이의 행동패턴에 호응하여 보살핌과 보호행동으로 반응하게 되어 있다. 애착행동은 모든 인간의 공통적인 특성일 뿐만 아니라 침팬지와 같은 고등동물에게서 나타나는 특성이다.

애착은 아이와 어머니의 관계에서 형성되는 정서적 유대관계로서 아이와 어머니가 서로의 거리를 잘 조절하면서 아이를 독립적인 존재로 성장시키는 바탕이 된다. 아이가 성장하여 사춘기가 되면 이성과 정서적 유대관계, 즉 낭만적 사랑을 추구하게 되며 이후에 부부관계를 맺고 자녀를 낳아 가족을 이룸으로써 종족을 이어가게 된다. 이처럼 세 종류의 애착관계는 인간이 '사랑'이라고 기술하는 특별한 정서적 유대의 바탕이 된다.

(2) 애착과 분리불안

인간은 애착을 통해서 타인에 대한 사랑을 경험한다. 자기애, 즉 자신에 대한 자기중심적 사랑을 넘어서 타인에 대한 사랑, 즉 대상애(object love)를 경험하게 된다. 애착은 타인과의 강한 정서적 유대로서 매우 독특한 인간관계의 경험이다. 인간은 많은 사람과 관계를 맺지만 극히 일부의 사람들과 애착관계를 형성한다. 애착관계는 다른 인간관계와 달리 다음과 같은 4가지의 특징을 나타낸다(Bowlby, 1969, 1973, 1980).

첫째, 근접성 유지(proximity maintenance)로서 애착대상과 가까이 있기를 원한다. 사랑하는 사람들은 항상 접촉을 통해 서로의 존재와 온기를 느끼고자 한다. 또한 서로가 어디에 있는지를 확인하며 언제든 상대방에게 다가가고 또한 상대방을 받아들인다.

둘째, 애착대상은 정서적 지지와 보호를 제공하는 안전한 피난처(safe haven)의 역할을 한다. 힘들고 어려운 일이 있을 때면 사랑하는 사람을 떠올리고 그를 찾아가 위로를 받거나 도움을 청한다. 이처럼 사랑하는 사람은 치열한 삶의 고단함과 괴로움을 서로 위로해 주고 편안하게 쉴 수 있는 대상이 된다.

셋째, 애착대상은 세상을 적극적으로 탐색하고 활동하는 안전기지(secure base)의 역할을 한다. 사랑하는 사람들은 항상 서로 가까이 있기를 원하지만 세상으로 나아가고 돌아오는 과정을 반복하게 된다. 어린아이의 경우, 어머니는 어려움에 처할 때마다 돌아가 보호를 받을 수 있는 피난처인 동시에 안전감의 확신 속에서 심리적 재충전을 하고 집 밖으로 나아가 세상을 탐색하게 만드는 안전기지인 셈이다.

넷째, 분리고통(separation distress)으로서 애착관계에서는 사랑하는 사람과 예기치 못한 또는 장기간의 이별을 하게 되면 고통을 느낀다. 사랑하는 사람들은 서로 가까워지면 행복해하는 반면, 서로 멀어지면 고통스러워한다. 애착대상과의 분리가 예상될 때 불안을 느끼고, 애착대상과의 이별은 슬픔과 우울을 유발한다.

애착관계의 주된 특징은 두 사람이 서로 가까이 존재하면서 지속적으로 심리적 지지를 주고받고자 하는 강렬한 욕구이다. 사랑하는 사람과 멀리 떨어져 심리적 지지를 주고받을 수 없을 때, 두 사람 모두 심한 고통을 경험한다. 특히 사랑하는 사람과의 이별을 예상할 때 경험하는 심리적 고통이 바로 분리불안(separation anxiety)이다.

(3) 분리불안과 죽음불안

죽음은 자기존재의 소멸일 뿐만 아니라 사랑하는 사람들과의 영원한 이별을 의미한다. 인간은 자기존재의 영원한 존속을 갈망하는 자기애를 지닐 뿐만 아니라 사랑하는 사람과의 애착을 영원히 유지하고자 하는 대상애를 지니는 존재이다. 죽음은 자기애뿐만 아니라 대상애를 좌절시키는 사건이다. 자기애와 대상애는 죽음불안의 심리적 근원이라고 할 수 있다.

사랑하는 사람과의 사별은 떠나가는 사람이나 떠나보내는 사람 모두에게 매우 슬프고 고통스러운 일이다. 죽음은 다시 돌아올 수 없는 영원한 이별이기 때문이다. 애착이 깊은 관계일수록 사별의 슬픔은 깊고 강하다. 어린 자녀를 저 세상으로 떠나보내는 어머니의 슬픔만큼이나 어린 자녀를 두고 저 세상으로 떠나야 하는 어머니의 아픔은 상상하기 어렵다. 배우자와의 사별 역시 삶에서 겪는 가장 커다란 스트레스 사건으로 알려져 있다(Holmes & Rahe, 1967).

영국의 사별치료 전문가인 콜린 파크스(Colin Parkes, 2006)가 말한 바 있듯이, 사별의 슬픔은 사랑의 대가이다. 분리불안은 애착의 결과인 것이다. 인간은 무력한 존재로 태어나 오랜 기간 부모의 돌봄을 받으면서 애착을 경험한다. 애착의 본질적 속성은 꼭 껴안고 함께 붙어 있는 것이다. 인간은 사랑하는 사람과의 애착을 통해서 냉혹한 세상에서 따뜻한 온기와 포근한 안전감을 경험하게 된다. 그러나 회자정리(會者定離), 즉 사람은 누구나 만나면 헤어지기 마련이다. 애착관계가 달콤하고 충만한 기쁨을 주는 만큼, 애착관계의 단절은 쓰라리고 절망적인 아픔을 준다. 죽음은 사랑하는 사람들을 더 이상 볼 수도 만질 수도 없으며 사랑을 주고받을 수 없음을 의미하기 때문에 두려운 것이다.

분리는 외로움을 의미하며, 분리불안은 무력한 상태로 냉혹한 세상에서 고난과 역경을 홀로 겪어 내야 하는 것에 대한 두려움이다. 죽음 앞에서 인간은 누구나 단독자이다. 죽음은 누구와도 동행할 수 없는 고독한 길이다. 어떤 일이 발생할지 전혀 알 수 없는 미지의 세계를 홀로 걸어가야 하는 외로운 길이다. 사랑하는 사람들과 단절된 채로, 그리고 언젠가는 그들로부터 망각된 채로 죽음의 암흑세계에 버려져 홀로 영원한 고독을 견뎌야 하는 외로움에 대한 두려움이 죽음불안을 증폭시킨다.

4) 죽음불안의 핵심과 근원

죽음불안의 근원을 탐색하는 이유는 좀 더 좋은 삶을 누리고 좀 더 좋은 죽음을 맞이하기 위한 것이다. 달리 말하면, 죽음불안을 완화하고 죽음의 수용을 통해 좀 더 자유롭고 충만한 삶의 길을 모색하기 위한 것이다. 죽음의 운명을 바꿀 수는 없지만 죽음을 맞이하는 마음 자세는 바꿀 수 있다. 죽음을 두려워하며 삶의 기쁨을 온전히 누리지 못한 채 전전긍긍하는 삶은 결코 행복할 수 없다. 또한 죽음을 외면한 채로 삶의 즐거움에만 빠져 살아가는 행복은 결코 지속될 수 없다. 왜냐하면 죽음은 틈틈이 현관문을 두드리며 그 행복을 흔들고 결국에는 안방에 쳐들어와 모든 행복을 빼앗아 갈 것이기 때문이다.

우리가 죽음을 두려워하는 이유를 좀 더 구체적이고 분명하게 이해함으로써 좀 더 체계적인 죽음준비를 통해 좋은 삶을 누리고 좋은 죽음을 맞이할 수 있다. 죽음

을 두려워하는 이유는 매우 다양하며 사람마다 각기 다르다. 그러나 죽음불안의
이유에는 핵심적인 것과 주변적인 것이 있을 뿐만 아니라 보편적인 것과 개인적인
것이 존재한다. 특히 죽음불안의 이유에는 바꿀 수 있는 것과 바꿀 수 없는 것이
존재한다. 달리 말하면, 미리 준비하여 대비할 수 있는 것과 그럴 수 없는 것이 존
재한다.

　죽음을 두려워하는 이유 중 상당 부분은 개인의 철저한 준비와 더불어 가족과
사회의 지원을 통해서 해소될 수 있다. 특히 죽어감의 과정에서 겪게 되는 고통은
완화될 수 있다. 예컨대, 죽어 가는 과정에서 겪게 될 통증은 진통제를 통해서 완
화될 수 있으며, 자존감의 손상은 따뜻한 배려와 돌봄을 통해서 방지될 수 있다.
가족에 대한 재정적 부담은 치료비나 요양비를 위한 경제적 준비를 통해서 해소될
수 있으며, 인생의 중요한 과업은 미리 실행하여 완수하거나 남은 기간에 노력하
여 완결할 수 있다. 죽음 이후에 발생할 일들에 대한 걱정도 유언이나 사전준비를
통해서 많은 부분 해소할 수 있다. 유언을 통해 재산상속에 관한 가족갈등을 미리
해결하고, 충분한 애정표현을 통해 사별의 아픔을 완화하고, 가족이 겪게 될 고난
과 역경에 대해서 사전준비와 해결책을 마련함으로써 일정 부분 해소할 수 있다.
현대사회에서는 이러한 죽음준비를 통해서 죽음불안을 줄이고 좋은 죽음을 맞이
하도록 돕기 위한 죽음교육이 시작되고 있다. 또한 죽어 가는 사람들의 삶의 질을
높이기 위한 호스피스와 완화의료가 시행되고 있다.

　인생의 지혜는 자신의 노력으로 변화시킬 수 있는 것과 없는 것을 현명하게 구
별하여, 변화시킬 수 있는 것은 용기를 내어 조속히 변화시키고, 변화시킬 수 없는
것은 겸허하게 수용하여 마음의 평안을 누리는 것이다. 죽음을 두려워하는 이유
중 상당 부분은 철저한 죽음준비를 통해서 바꿀 수 있는 것이다. 그러나 인간의 노
력으로 결코 바꿀 수 없는 것이 존재한다. 그것은 죽음을 통한 자기존재의 소멸과
사랑하는 사람들과의 이별이다. '나'라는 인식주체의 영원한 소멸, '나의 것'으로
여기는 모든 것의 영원한 상실, 그리고 '사랑하는 모든 사람들'과의 영원한 이별은
결코 인간의 노력을 통해서 변화시킬 수 없는 것이다. 이러한 죽음의 운명은 바꿀

수 없지만 죽음의 운명을 바라보는 우리 자신의 마음은 바꿀 수 있는 것이다.

우리의 마음 깊은 곳에는 죽음을 거부하며 영원히 살고 싶다고 울부짖는 생존본능의 파충류가 우글거리고 있다. 자기존재의 소멸과 애착하는 대상과의 분리를 두려워하는 포유류의 공포심이 그 주변을 둘러싸고 있다. 인간의 마음은 자기존재의 운명을 예상할 수 있는 능력을 통해 죽음불안이라는 실존적 고뇌를 우리에게 던져 주었다. 그러나 인간의 마음은 저 깊은 곳에서 맹렬하게 울부짖는 파충류의 욕망과 포유류의 공포를 다스리고 자신의 존재상황을 냉철히 바라보며 지혜롭게 대처할 수 있는 성찰의 힘 또한 우리 손에 쥐어 주었다.

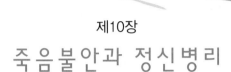

제10장
죽음불안과 정신병리

죽음불안은 인간의 삶에 강력하고도 심오한 영향을 미친다. 인간은 죽음불안을 회피하기 위해서 매우 다양한 방어적 노력을 기울이고 있다. 죽음불안에 대한 방어적 노력이 과도하거나 부적절한 방식으로 이루어지면 개인의 삶이 위축될 뿐만 아니라 정신병리를 초래할 수 있다.

1. 죽음불안은 건강한 것인가, 병적인 것인가?

죽음의 운명에 대해서 어떤 태도를 취하는 것이 건강한 것일까? '메멘토 모리'라는 말처럼, 자신이 죽어야 할 존재라는 것을 항상 잊지 않고 사는 것이 바람직할까? 아니면 '카르페 디엠'이라는 말처럼, 죽을 때 죽더라도 현재의 삶을 마음껏 즐기면서 사는 것이 바람직할까? 우리의 실존적 운명을 자각하면서 죽음불안을 껴안고 살아가는 것이 건강한 삶일까, 아니면 죽음의 운명을 외면하면서 죽음불안을 느끼지 않은 채로 즐겁게 사는 것이 건강한 삶일까?

1) 죽음불안에 대한 프로이트의 견해

정신분석학의 창시자인 프로이트는 인간의 정신세계를 의식과 무의식으로 구분하고, 인간의 삶에 강력한 영향을 미치는 것은 무의식이라고 보았다. 그에 따르면, 죽음불안은 죽음 자체에 대한 것이 아니라 다른 주제의 무의식적 갈등에 의한 것이다. 인간은 자신의 죽음을 상상하는 것이 사실상 불가능하다. 자신의 죽음에 대해 상상할 때 우리는 여전히 살아 있는 관찰자로서 자신의 죽음에 대해서 상상한다. 우리는 우리 자신이 죽어 있는 상태, 즉 생각할 수도 없고 볼 수도 없는 상태를 상상할 수 없다. 또한 인간의 무의식은 자신의 죽음을 받아들이지 않는다. 자신이 죽어야 할 존재라고 말하는 사람들도 마음 깊은 곳에서는 자신의 죽음을 믿지 않는다.

프로이트에 따르면, 많은 사람이 의식적으로는 죽음의 불가피성을 말하지만 실제로 행동하는 것을 보면 마치 자신은 죽지 않을 존재인 것처럼 행동한다. 이처럼 대부분의 사람은 무의식 수준에서 자신을 '불멸의 존재'라고 믿고 있다. 우리는 죽음을 경험해 본 적이 없기 때문에 우리의 무의식은 죽음을 알지 못하며 죽음을 두려워할 수 없다. 죽음이 두렵다고 말할 때, 우리는 다른 어떤 것(예: 버림받는 것, 신체적 상해를 당하는 것, 해결되지 않은 갈등)을 두려워하는 것이거나 자신의 잘못에 대한 죄의식의 결과일 수 있다. 인간의 무의식 세계는 현실세계와 다른 원리에 의해서 작동하며 자기존재의 지위나 시간의 흐름도 매우 주관적으로 인식한다. 인간은 자신에게 비극적인 일이 결코 벌어질 수 없다는 무의식적인 믿음을 지닌다. 모든 사람이 죽어도 자신만은 결코 죽지 않을 특별한 존재라는 믿음이 개인의 무의식에 존재하는데, 프로이트는 이를 은밀한 영웅심(the secret heroism)이라고 지칭했다.

프로이트는 죽음에 대한 과도한 관심과 두려움을 죽음공포증이라고 지칭하며 부적응적인 것으로 여겼다. 죽음공포증은 어린 시절에 해결되지 않은 무의식적 갈등의 표현이라고 보았다. 죽음공포는 무의식 수준의 불안에 대한 위장일 뿐이라고 여겼다. 그러나 프로이트가 죽음불안의 중요성을 부정한 것은 아니다. 대부분의 사람에게 있어서 죽음에 대한 인식이 피상적인 것이어서 무의식 수준에서는 수용되지 않는다는 점을 강조한 것이다.

　프로이트는 죽음을 '위대한 미지의 세계' 또는 '가장 심각한 불행'이라고 불렀으며 죽음의 공포가 종교를 비롯하여 인간의 문화에 광범위한 영향을 미친다고 보았다. 그에 따르면, 원시인들은 사랑하는 사람의 죽음에 대한 반응으로 그 사람이 영혼 또는 다른 형태로 존재한다고 생각했다. 죽은 사람의 육신은 부패하여 사라지지만 그 사람에 대한 기억은 지속되기 때문에 원시인들은 죽음 이후에 영혼으로 존재한다는 사후생(life after death)에 대한 관념을 창조하게 되었다. 사람이 죽어서 귀신이 된다는 믿음은 가장 심각한 불행인 죽음을 당한 영혼이 원한을 품고 사악해져서 살아 있는 사람들에게 복수를 할 수 있다는 생각에서 유래한다. 즉, 살아 있는 사람들이 지니고 있는 죽음의 공포와 죽은 사람에 대한 공포는 육체를 잃은 영혼이 사악한 귀신이나 악마가 될 수 있다는 생각을 갖도록 만든 것이다. 프로이트에 따르면, 종교는 살아 있는 사람들이 죽음의 공포를 외부에 투사한 환상이다. 부활, 윤회, 환생, 영생과 같은 종교적 개념들은 죽음의 부정에 의한 결과물이다.

　프로이트는 「쾌락원리를 넘어(Beyond the Pleasure Principle)」와 「본능과 파생물에 대하여(Instincts and their Vicissitudes)」라는 논문에서 죽음 본능(death instinct)의 존재 가능성을 언급했다. 죽음 본능 또는 파괴 본능은 살아 있는 것을 무생물의 상태로 유도하려는 목적을 지닌다. 인간의 마음은 심리적 긴장과 흥분을 최소화하여 편안한 상태에 이르려는 열반 원리(Nirvana principle)에 따르는데, 이러한 열반 원리는 죽음 본능에 의한 것이다. 프로이트에 따르면, 삶은 죽음보다 나중에 생긴 것이며 죽음으로부터 나왔다. 삶이 존재하지 않는 상태로부터 우리의 삶이 생겨난 것이다. 우리 마음 안에 내재하는 죽음 본능은 본래의 존재 상태로 회귀하려는 경향을 의미한다. 인간의 삶은 삶의 본능과 죽음의 본능이 교차하는 것이다. 인간 세계에 사랑과 폭력이 난무하는 이유가 여기에 있다. 프로이트는 죽음의 주제에 있어서도 의식적 태도보다 무의식적 태도가 개인의 삶에 더 강력한 영향을 미친다고 보았다.

2) 죽음불안에 대한 실존주의적 관점

20세기 초에 두 번의 세계대전을 통해 무수한 죽음을 목격하면서 실존주의 철학이 대두되었다. 실존주의는 인간의 실존적 상황에 대한 탐구로서 죽음, 고독, 무의미, 자유와 같은 실존적 주제를 다루는 동시에 이를 직면함으로써 삶을 적극적으로 선택하고 의미를 발견하는 진실한 삶을 살게 하는 실천의 철학이기도 하다. 실존주의 철학의 대표적 인물인 하이데거(Heidegger, 1927)에 따르면, 인간은 죽음을 향해 나아가는 존재로서 자신의 죽음과 관계를 맺지 않고는 존재할 수 없다. 유한한 존재인 인간은 시간이라는 지평에서 이해될 수 있으며 죽음의 선취, 즉 '죽음에로 미리 가 봄'을 통해서 우리의 실존에 대한 진정한 이해가 가능하다.

많은 현대인들은 죽음의 자각을 회피한 채로, 하이데거의 표현을 빌리면 '존재를 망각한 상태'로 살아간다. 과도하게 돈이나 일, 쾌락에 집착하는 것은 죽음에 대한 방어일 수 있다. 그러나 죽음의 불안은 의식의 표면 아래에서 끊임없이 인간의 삶에 강력한 영향을 미친다. 대부분의 정신병리는 죽음에 대해 적절하게 대처하지 못한 결과이다.

실존주의 철학에 기반을 두고 있는 실존적 심리치료는 개인으로 하여금 자신의 실존상황을 직면하여 인식하고 자신의 삶에 대한 의미와 가치를 발견하여 실천하는 주체적인 삶을 삶도록 돕는다. 미국의 임상심리학자이자 실존적 심리치료자인 롤로 메이(Rollo May)는 죽음을 직면하는 것의 중요성을 역설했다. 그에 따르면, 죽음을 거부하는 대가는 막연한 불안이며 자기소외이다. 자신을 충분히 이해하기 위해서는 반드시 죽음에 직면하여 자신의 죽음을 깨달아야 한다. 심리치료자들은 내담자로 하여금 삶의 의미를 발견하도록 돕는 데 목표를 두어야 하며 피상적인 문제의 해결보다는 죽음, 늙음, 고독과 같은 실존적 문제에 관심을 갖도록 해야 한다. 내담자가 외로움과 두려움 속에서 죽음을 기다리는 수동적인 삶을 살기보다 주체적으로 자신의 존재 의미를 발견하고 추구하는 삶으로 나아가도록 도와야 한다.

실존주의 철학자들은 죽음을 부정적인 것으로 보지 않으며 삶의 의미를 부여하는 인간의 기본조건으로 여긴다. 역설적이게도, 죽음은 삶에 긍정적인 기여를 한다. 영원히 살 수 있다면 우리의 삶이 어떠할 것인가? 유한한 삶이기 때문에 소중한 것이다. "기꺼이 생을 끝낼 준비가 되어 있는 자만이 생의 진정한 맛을 즐길 수 있다."는 세네카의 말처럼, 죽음은 진정한 삶을 가능하게 해 주는 조건이다. 죽음을 인식함으로써 우리는 삶에서 더 큰 기쁨과 의미를 발견할 수 있다. 죽음을 직면하는 것은 자질구레한 근심으로부터 보다 본질적인 삶의 상태로 전환하도록 한다. 죽음은 죽음을 회피하려는 사람에게는 공포를 유발하지만, 죽음의 불가피성을 수용하는 사람에게는 삶의 의미와 생기를 불어넣는다는 점에서 인간의 삶에 역설적인 의미를 지닌다(Krueger & Hanna, 1997).

프랭클(Frankl, 1963)은 인간이 실존의 비극적 측면을 초월하는 능력을 지닌다고 주장하면서 비극적 낙관주의(tragic optimism)의 관점을 제시했다. 비극적 낙관주의란 인간이 처한 실존적 상황은 비극적이지만 이러한 상황을 지혜롭게 극복할 수 있는 충분한 잠재력을 지니고 있다고 생각하는 긍정적 관점을 의미한다. 인간은 비극적 상황에 직면해서도 고통을 인간적 성취와 성장으로 전환시키고, 무가치감으로부터 자신을 더 긍정적으로 변화시키려는 자극을 받으며, 인생의 덧없음으로부터 의미 있는 삶을 추구하는 동력을 이끌어 내는 인간의 잠재능력에 대한 낙관적 입장을 의미한다.

3) 죽음불안의 적응성에 대한 최근의 견해

현대 심리학자들 간에는 죽음불안의 적응성에 대한 논란이 존재한다. 자신이 죽어야 할 존재라는 것을 자주 생각하면서 죽음불안을 느끼는 것은 과연 정상적이고 건강한 것일까 아니면 비정상적이고 병적인 것일까? 일반적으로 정신분석적 입장에서는 죽음불안이 무의식적 갈등에 의한 신경증적 증상으로서 병적인 것이라고 보는 반면, 실존주의적 입장에서는 죽음불안이 인간의 실존적 조건에 대한 자각으로서 진실하고 의미 있는 삶을 위한 동력이 된다고 본다.

죽음불안의 부적응성을 주장하는 관점에 따르면, 죽음불안은 자연스러운 것이 아니다. 어린 시절에 모성적 돌봄을 받고 자란 건강한 아동은 기본적인 안전감을 발달시키기 때문에 자기 소멸이나 사랑하는 사람의 상실과 같은 죽음에 대한 병적인 공포를 느끼지 않는다. 죽음불안은 삶에서 충족하지 못한 욕구의 표현이며 삶의 불만족에 비례하여 증가한다. 삶에 대한 두려움은 죽음불안을 유발하거나 죽음불안으로 전환된다.

반면, 죽음불안의 적응성을 주장하는 관점에 따르면, 죽음불안은 자연스러운 것이며 누구에게나 존재하는 것이다. 그런데 죽음불안은 불편한 것이기 때문에 죽음을 부정하며 회피하게 된다. 베커(Becker, 1973)에 따르면, 인간의 모든 문화적 행동은 자신의 기이한 운명, 즉 죽음을 부정하고 극복하기 위한 시도이다. 인간은 불행한 운명의 망각을 위해서 자신을 사회적 게임, 심리적 기만, 개인적 집착으로 몰고 간다. 이러한 죽음의 부정은 현실과 너무 괴리된 것이라서 일종의 광증(madness)이라고 할 수 있다.

아동기에 정서적 고통과 좌절을 경험하게 되면 죽음불안이 강화될 수 있다. 심리적 방어는 아동기의 생존을 위해 필수적인 것이다. 아동은 자신이 죽는다는 것을 알게 되고 자신의 삶을 영원히 지속될 수 없다는 것을 인식하게 된다. 이러한 인식은 아동의 자기애와 전능감에 심각한 상처를 주게 된다. 따라서 심리적 방어를 통해 죽음불안을 억압하게 된다.

죽음이 모든 인간에게 불가피한 것이라는 사실에도 불구하고, 죽음에 대한 생각은 보통 사람들의 의식에 거의 침투하지 않는다. 죽음을 부정하거나 다른 관심사에 주의를 집중함으로써 대부분의 사람은 자신의 예상되는 종말에 대한 불안과 공포에 압도되지 않는 채로 일상생활을 영위해 나갈 수 있게 된다. 질버그(Zilboorg, 1943)에 따르면, 우리는 일상에서 우리 자신의 죽음을 믿지 않을 뿐만 아니라 우리 자신의 육체가 영생할 것처럼 믿으며 살아간다. 우리는 우리의 종말이 언젠가 반드시 온다는 것을 상기시키는 모든 세력을 차단한 채로 우리의 삶이 영원히 계속될 것이라는 환상에 빠져 살고 있다.

죽음불안의 적응성 또는 건강성 여부에 대한 판단은 간단하지 않다. 죽음불안의 적응성은 죽음불안의 강도와 원인 그리고 그 결과에 따라 다를 수 있다. 죽음의 문제에 과도하게 집착하면서 현실적인 삶의 문제를 무시한다면, 그러한 죽음불안은 부적응적인 것이라고 할 수 있다. 그러나 죽음이라는 실존적 한계를 인식하면서 삶을 더욱 충실하고 의미 있게 살려고 노력한다면, 이러한 죽음불안은 건강한 것이라고 할 수 있다. 실존주의자들의 지적처럼, 죽음의 부정을 통해 죽음불안을 느끼지 못하는 사람들이 오히려 건강하지 못한 삶을 살고 있다고 볼 수 있다. 최근에는 죽음불안 자체보다 죽음불안에 대한 대처가 정신건강에 더 중요하다는 주장이 제기되고 있다. 대부분의 정신병리는 죽음불안에 대한 부적절한 방어에 기인한다는 것이다.

2. 죽음불안에 대한 방어

방어는 생명체가 위협에 처하여 자기보호를 위해 반응하는 본능적 대처방식을 의미한다. 인간은 다른 생명체에 비해 풍부한 지적 능력을 지니고 있기 때문에 먼 미래의 상황도 위협적인 것으로 인식할 뿐만 아니라 그에 대응하는 방어방식 역시 더 다양하고 복잡하다. 인간은 가장 강력한 위협인 죽음과 죽음불안에 대해서 매우 다양한 방어방식을 발전시켰다.

1) 심리적 방어란 무엇인가?

프로이트의 위대한 공헌 중 하나는 인간이 불안을 완화하기 위해서 방어기제(defense mechanism)를 사용한다는 점을 밝힌 것이다. 불안은 불쾌한 것이기 때문에 인간은 불안을 회피하기 위해서 무의식적 수준에서 방어기제를 동원한다. 특히 죽음은 매우 위협적일 뿐만 아니라 현실적인 해결방법이 없기 때문에 심리적인 방어기제를 통해 죽음에 대한 자각을 억압하게 된다.

인간이 불안을 회피하기 위해 동원하는 방어기제는 매우 다양하다. 프로이트가 억압, 부정, 투사와 같은 기본적인 방어기제를 제시했으며 그의 딸인 안나 프로이트(Anna Freud)가 1936년에 『자아와 방어기제(Ego and Defense Mechanism)』를 통해서 좀 더 다양한 방어기제를 소개한 바 있다. 다양한 방어기제 중 중요한 몇 가지를 소개하면 다음과 같다.

억압(repression)은 의식적으로 수용하기 힘든 욕구나 불쾌한 감정이 의식에 떠오르지 못하도록 무의식 속에 눌러 두는 것을 뜻한다. 억압은 가장 흔한 방어기제이지만 불안의 주된 원천이기도 하다. 성욕의 경우처럼, 억압된 욕망은 끊임없이 의식에 떠올라 충족되기를 원하며 자아를 위협하기 때문이다. 프로이트에 따르면, 어린 시절에 겪은 충격적인 경험들은 억압을 통해서 무의식에 저장되며 이에 대한 과도한 억압은 다양한 정신병리를 초래하게 된다.

부정(denial)은 의식적으로 인정하기 힘든 고통스러운 현실을 사실이 아니라고 부인하는 것이다. 부정은 현실을 부인하는 매우 극단적이고 미숙한 방어기제이지만 갑작스러운 충격적 경험으로부터 일시적으로 자신을 보호하는 기능을 할 수 있다. 예컨대, 말기질환으로 진단받거나 가족이 갑자기 사망하는 경우와 같은 충격적 현실에 직면한 사람들은 흔히 부정을 통해서 그러한 현실을 인정하지 않으려는 반응을 나타낸다.

반동형성(reaction formation)은 수용하기 어려운 부정적 경험에 대해서 정반대의 긍정적 경험으로 인식하며 반응하는 경우를 의미한다. 예컨대, 자신이 다른 사람들을 미워하거나 혐오한다는 것을 인정할 수 없는 사람은 다른 사람들에게 과도한 친절을 베풀며 사랑과 자비를 강조할 수 있다. 대부분의 위선적 행동들이 반동형성의 방어기제와 관련되어 있다. 죽음에 대한 공포를 회피하기 위해서 죽음을 너무 쉽게 수용하거나 오히려 축복이라고 여기는 반응을 나타낼 수도 있다.

퇴행(regression)은 현재의 불안이나 책임감을 회피하기 위해서 이전의 발달단계로 되돌아가는 것을 의미한다. 예컨대, 대소변을 잘 가렸던 아동이 새로 태어난

동생에게 부모의 관심이 집중되자 다시 대소변을 지리고 어머니의 젖을 먹겠다고 달려드는 경우가 퇴행에 속한다. 죽음의 공포를 회피하기 위해서 마치 어린애처럼 신에게 살려 달라고 애원하거나 의존하는 행동은 퇴행의 방어기제와 관련되어 있다.

합리화(rationalization)는 불쾌한 상황을 그럴듯한 이유로 정당화함으로써 불안을 회피하는 것이다. 합리화의 좋은 예는 이솝의 우화 「여우와 신포도」에 나오듯이 포도를 따기 위해 노력했지만 결국 실패한 여우가 돌아서면서 "저건 신포도야."라고 말하며 스스로를 위안하는 것이다.

지성화(intellectualization)는 정서적인 경험을 지적인 주제로 전환하여 이성적으로 접근함으로써 불안을 회피하는 것이다. 예컨대, 여자에게 거부당한 남자는 여성의 심리에 대한 지적인 분석을 하면서 자신의 불쾌감을 회피할 수 있다. 죽음에 대한 지적인 논의도 죽음불안을 회피하기 위한 지성화의 노력일 수 있다.

대치(displacement)는 강력한 공포의 대상을 좀 더 작고 안전한 것에 대한 두려움으로 대체하여 불안을 회피하는 것을 말한다. 예컨대, 죽음에 대한 압도적 공포를 회피하기 위해서 좀 더 통제와 회피가 가능한 구체적인 대상(예: 거미, 뱀, 높은 곳)에 대한 공포증상으로 표출할 수 있다.

동일시(identification)는 다른 존재의 특징을 자신의 것으로 여기면서 불안과 같은 불쾌 감정을 감소시키는 것이다. 예를 들어, 무력감을 느끼는 아동은 강력한 힘을 지닌 아버지의 행동을 따라 하면서 마치 자신이 아버지와 같은 강력한 존재가 된 것처럼 느낄 수 있다.

투사(projection)는 용납할 수 없는 자신의 감정이나 욕구를 다른 사람의 것으로 돌리는 것을 뜻한다. 예컨대, 다른 사람들에 대한 적개심을 지닌 사람이 자신의 적개심을 투사하여 '요즘 사람들은 너무 적대적'이라고 불평할 수 있다.

승화(sublimation)는 부정적인 감정이나 욕구를 사회적으로 수용될 수 있는 건설적인 방식으로 표출하는 것을 뜻한다. 예를 들어, 성적인 욕구를 아름다운 누드화로 표현하거나 공격적인 욕구를 치열한 스포츠 활동으로 표출할 수 있다.

이 밖에도 다양한 방어기제가 존재한다. 사실, 인간의 행동은 대부분의 경우 한 두 가지 이상의 방어기제와 관련되어 있다. 방어기제를 사용하지 않는 것은 불가능할 뿐만 아니라 건강한 것도 아니다. 현실적으로 대처하기 어려운 상황에서는 방어기제를 통해 마음이라도 편안하게 하는 것이 정신건강에 좋기 때문이다. 그러나 방어 노력이 현실과 과도하게 괴리될 경우에는 부적응적인 결과를 초래하게 된다. 또한 특정한 방어기제를 경직된 방식으로 사용하게 되면 다양한 문제가 발생할 뿐만 아니라 정신장애로 발전할 수 있다.

방어기제는 불편한 감정을 회피하기 위한 무의식적인 자기기만이라고 할 수 있다. 프로이트는 자신의 마음을 정직하게 직시하고자 했던 인물이다. 자기기만의 베일을 뚫고 마음 깊은 곳에 존재하는 위험한 욕망과 불쾌한 감정의 소용돌이를 냉철하게 직시하며 명석하게 분석한 인물이다. 그에 따르면, 정신병리의 근원은 자신의 내면세계에 대한 무지와 자기기만이다. 정신분석은 내담자가 분석가와의 신뢰관계 속에서 자신의 삶을 억압하는 자기기만의 굴레에서 벗어나 내면세계를 정직하게 바라봄으로써 정직하고 자유로운 삶으로 나아가도록 돕는 과정이라고 할 수 있다.

2) 죽음불안에 대한 방어의 기원

아동은 죽음을 인식하기 전부터 방어기제를 발달시킨다. 아동은 부모가 자신을 대하는 방식이나 부모가 사용하는 방어를 보고 배우면서 자신만의 방어기제를 발달시킨다. 아동은 부모가 죽는다는 것, 그리고 자신도 죽는다는 것을 알게 되면서 자신과 타인에 대한 환상이 무너지고 불행의 낭떠러지에 선 듯한 고통스러운 충격을 받게 된다.

어린아이의 눈에는 삶이 참으로 즐겁고 신나는 것이다. 세상 모든 것이 신기하고 흥미롭다. 눈빛을 반짝이며 이 세상 모든 것에 호기심을 지니고 달랑달랑 뛰어다닌다. 인간의 삶은 이렇게 마냥 즐겁고 신나는 일들로 가득할 것이라는 낙관적

기대를 지닌다. 그러나 어린아이의 장밋
빛 꿈은 죽음이라는 것을 알게 되면서 일
그러진다. "사람은 누구나 죽는다고? 그럼
엄마도, 아빠도 죽는 거야? 나도 죽는 거
야? 죽으면 움직이지도 못하고 아무것도
볼 수 없고? 그건 말도 안 돼! 나는 안 죽을
거야. 엄마 아빠도 죽지 마!" 이처럼 아동
은 부정의 방어기제를 통해서 죽음불안에
대처한다.

헝가리의 심리학자인 나지(Nagy, 1948,
1959)는 3~10세의 아동 378명을 대상으로
죽음에 대한 그들의 언어와 그림을 분석하
여 아동이 죽음에 대한 이해를 발달시키는

◈ 어린아이도 죽음불안을 경험한다.

세 단계를 제시했다. 1단계에 속하는 5세 이하의 아동들은 죽음이 돌이킬 수 없는
최종적 종말이라는 것을 이해하지 못할 뿐만 아니라 죽음을 부정하고 일시적인 수
면이나 이별로 이해한다. 이 시기의 아동들은 무생물이나 죽은 사람도 살아서 소
통할 수 있는 존재로 여기는 애니미즘적 사고를 나타낸다.

3~5세 아동을 대상으로 놀이치료를 하면서 죽음에 대한 아동의 태도를 조사
한 로크린(Rochlin, 1967)에 따르면, 어린 아동은 삶의 끝이 있다는 것을 어렴풋하
게 아는 듯하며 이러한 생각으로부터 벗어나기 위해 노력한다. 앤서니(Anthony,
1971)의 보고에 따르면, 3년 10개월 된 아이는 "나는 절대 죽지 않을 거야."라고 말
하면서 죽음을 강하게 부정했으며 자신의 불멸을 주장했다. 많은 아동은 죽음의
주제와 관련된 악몽을 꾸는데, 이러한 악몽은 죽음불안을 성공적으로 억압하지 못
한 아동에게서 흔히 나타난다.

나지에 따르면, 2단계의 5~9세 아동들은 죽음을 의인화하여 이해한다. 죽음을
죽은 사람이나 시체, 해골, 유령과 동일시하면서 죽음에 대한 강한 혐오감을 표현

하며 죽음을 자신과 관계없는 먼 현실로 생각한다. 이 단계의 아동들은 죽음을 부정하지는 않지만 그 불가피성을 이해하지 못한 채 죽음이 일부의 사람들에게만 나타나는 것으로 생각한다.

3단계에 해당하는 9세 이상의 아동들은 죽음이 육체적인 삶의 정지로서 삶의 영원한 종말이라는 것을 이해한다. 이 시기의 아동들은 죽음이 누구도 회피할 수 없는 보편적인 사건이며 늙으면 반드시 죽게 된다는 것을 인식한다. 아울러 죽음은 늙으면 반드시 맞게 되는 자연적인 현상이며 자신을 포함한 모든 사람들에게 일어나는 불가피한 현상이라는 것을 이해하게 된다. 그러나 이 시기에는 죽음에 관한 생각을 억압하는 능력도 함께 발달하기 때문에 죽음불안을 강하게 느끼지는 않는다.

후기 아동기와 사춘기에는 죽음에 관한 악몽의 빈도가 감소할 뿐만 아니라 죽음에 관한 생각을 억압하는 능력이 증가한다. 단어연상검사와 피부전도반응검사를 사용한 한 연구(Alexander & Adlerstein, 1958/1963)에서 9~12세의 아동들은 죽음 관련 단어를 제시했을 때 5~8세의 아동들보다 피부저항반응이 유의미하게 낮았다. 이러한 연구결과는 아동이 사춘기에 접어들면서 죽음에 대한 억압능력이 증가하여 죽음불안이 감소함을 의미한다. 또한 사춘기에는 성적 관심과 충동이 증가하면서 상대적으로 죽음에 대한 관심이 감소하게 된다.

그러나 죽음은 어린 아동에서부터 청소년기에 이르기까지 그들의 삶에 많은 영향을 미친다. 마이어(Meyer, 1975)에 따르면, 의식적인 죽음불안이 감소하는 청소년기에도 죽음은 여전히 그들의 중요한 관심사로 마음 저변에 자리하고 있다. 청소년들이 사랑에 실패하거나 시험에서 나쁜 성적을 받는 등의 좌절을 경험하게 되면, 방어가 약화되면서 죽음에 대한 관심이 쉽게 의식으로 떠오르게 된다. 청소년이나 젊은 청년들이 흔히 자살을 시도하는 것은 이러한 맥락에서 이해할 수 있다.

3) 죽음불안에 대한 다양한 방어

죽음불안을 항상 느끼며 살 수는 없기 때문에 그에 대한 방어가 필요하다. 죽음불안에 대한 방어는 사회적으로 흔히 유행하는 방식에 따라 이루어지지만 개인만의 독특한 방식으로 이루어질 수도 있다. 개인이 어떤 방어를 주로 사용하느냐에 따라 그의 삶이 달라진다. 현대인들이 죽음불안을 회피하기 위해 흔히 사용하는 방어적 노력들을 살펴보면 다음과 같다(Cave, 2012; Firestone, 1994; Solomon, Greenberg, & Pyszczynski, 2015; Yalom, 1980).

(1) 특별함과 허영의 추구

죽음불안을 회피하는 대표적인 방법 중 하나는 특별함을 추구하는 것이다. 특별함(specialness)은 죽음의 운명이 다른 사람들에게는 적용되지만 자신에게는 적용되지 않는다고 믿는 것이다. 달리 말하면, 자신은 보통 사람들과 다른 특별함을 지닌 예외적 존재이기 때문에 죽지 않거나 적어도 남들보다 오래 살 수 있다고 믿는 것이다. 자신이 특별한 존재여서 죽지 않을 것이라는 무의식적 믿음은 개인에게 자신감과 용기를 불러일으켜서 강력한 권력의지와 지배욕구를 불러일으킨다. 따라서 이러한 믿음을 지닌 사람은 자신이 특별한 존재라는 것을 스스로 확신하기 위해서 다양한 영역에서 남다른 성취와 지위를 얻기 위해 노력한다. 이러한 노력이 어느 정도 성공하면, 죽음의 두려움은 더욱 무의식 속으로 억압되고 자신은 특별한 존재라는 영웅주의적 믿음이 강화된다.

특별함의 추구는 허영 또는 허세와 연결된다. 허영(vanity)은 자신을 과도하게 긍정적인 존재로 상상하고 다른 사람들로부터 특별한 존재로 인정받고자 하는 태도이다. 허영은 자기과시를 통해 자신이 특별한 존재라는 믿음을 확인하려는 노력으로서 어린 시절의 뿌리 깊은 열등감과 부적절감을 보상하기 위한 경우가 많다. 아동은 자신의 무력감과 열등감을 보상하기 위하여 상상 속에서 자신을 강력하고 전능하며 죽지 않는 존재로 여기게 되는데, 이러한 상상의 잔재가 허영심의 바탕이 된다. 허영과 특별함의 추구는 심한 스트레스 상황이나 인생의 무상함으로 위축될 때 의욕과 용기를 불러일으키는 생존기제로 순기능을 할 수도 있다. 예컨대, 총알이 자신을 피해 갈 것이라는 신념을 지닌 군인은 두려움 없이 적진으로 뛰어들 수 있으며, 다른 사람들이 모두 실패해도 자신만은 성공할 것이라는 믿음을 지닌 사업가는 새로운 시장에 진입할 수 있다. 이처럼 허영과 특별함의 추구는 죽음이 다른 사람에게 일어나더라도 자신에게는 결코 일어나지 않는다는 믿음을 반영하는 것이다.

특별함과 허영의 추구는 결혼과 가족관계에서도 나타날 수 있다. 결혼은 자신이 특별한 존재라는 것을 확인받는 중요한 사건이다. 배우자로부터 다른 경쟁자들을 물리치고 자신이 특별히 선호되는 결혼의 과정을 통해서 특별함과 불멸에 대한 믿음이 강화된다. 결혼과 관련된 사회적 관습과 의례에는 부부가 서로에게 독점적인 사랑을 영원히 누릴 것이라는 신화적 믿음을 포함하고 있다.

가족관계에서도 남자는 가정이라는 작은 왕국의 왕으로서 자신의 능력과 권력을 과시하며 허영과 특별함을 만끽한다. 남자는 자신이 아내에 의해 남편으로 선택되었으며 그녀의 사랑을 독점하는 특별한 존재로서 위대한 연인이자 보호자라고 느낄 수 있다. 또한 남자는 아버지로서 자녀에 의해 전지전능한 존재로 여겨지며 존경과 숭배를 받는 작은 신(神)이 된다. 여자는 남자의 허영을 부추기면서 남편을 자신의 남자이자 보호자로 남도록 조종한다. 또한 여자는 가정을 지키고 관리하는 작은 왕국의 여왕이자 자녀를 보살피고 보호하는 작은 여신(女神)이 된다. 이처럼 가족 내에서도 특별함과 허영을 추구하며 죽음을 부정하는 심리적 역동이 나타난다.

(2) 자녀와의 심리적 융합과 동일시

인간은 자녀와의 유대와 융합을 통해서 자기 존재의 연속성을 추구하며 죽음불안을 완화한다. 혈육(血肉)이라는 말이 의미하듯이, 부모에게 있어서 자녀는 자신의 피와 살을 나눈 육체적 분신이다. 특히 부모는 자녀가 자신의 외모, 성격, 행동

거지를 닮을수록 더 큰 동질감과 애정을 느끼며, 자신이 죽은 후에도 자기 존재를 이어 나갈 분신이자 유산으로 여긴다. 따라서 부모는 자녀양육에 몰두하면서 죽음불안을 완화하게 된다.

부모가 자녀를 사랑하는 것은 자연스럽고 보편적인 현상이다. 그러나 부모와 자녀는 각자의 소망에 따라 살아가는 독립적인 존재이다. 죽음불안은 자녀에 대한 집착을 강화할 수 있다. 부모는 자녀와의 심리적 융합(fusion)을 통해서 자녀를 자신의 일부로 여기게 된다. 융합의 관계는 상호적 애정과 존중을 넘어서 서로의 심리적 독립성과 자율성이 상실된 심리적 공생관계를 뜻한다. 이러한 융합의 관계에서 부모는 자녀에게 과도한 애정을 쏟아 부을 뿐만 아니라 자녀를 자신의 뜻에 따라 통제하고 지배하고자 한다. 이러한 융합의 덫에 걸린 자녀는 자신을 부모와 동일시하며 부모에게 순종하며 부모의 뜻을 거역하는 것에 대해서 죄의식을 느끼게 된다.

과거의 유교적 봉건사회에서는 부모가 효(孝)를 강조하며 심리적 융합을 통해 자녀와의 동일시를 추구했다. 효성 깊은 자녀는 항상 부모의 은혜를 마음에 새기면서 부모의 뜻에 순종해야 했다. 부모의 뜻을 거스르는 것은 불효(不孝)이며 인간의 도리에 어긋나는 커다란 죄악으로 여겼다. 부모는 자신이 죽더라도 자신의 분신인 자녀가 자신의 뜻에 따라 살아갈 뿐만 아니라 제사를 통해 오랜 기간 자신을 기억할 것이라는 믿음을 통해 죽음불안을 방어했던 것이다.

현대사회에서도 일부의 부모들은 자녀를 자신의 소유물처럼 여기며 과도하게 집착하면서 자녀의 소망을 무시한 채 자신의 뜻에 따라 일방적으로 양육하고 통제한다. 그들은 이러한 양육을 자녀에 대한 사랑이자 자녀를 위한 헌신이라고 믿으며 자녀의 성공을 자신의 성공과 동일시한다. 때로는 자신의 개인적인 삶을 희생하면서 자녀의 교육에 몰두하며 집착한다. 그러나 자녀에 대한 부모의 과도한 동일시와 심리적 융합은 자녀의 독립성과 자율성을 훼손하여 자녀의 심리적 성장을 저해할 뿐만 아니라 자녀에게 심리적 갈등과 정신병리를 심어 주는 원천이 되기도 한다. 심리치료자들은 자신의 소망과 부모의 요구 사이에서 갈등하는 청소년들을 자주 접하게 된다.

(3) 구원자의 추구와 의존

죽음불안에서 벗어나는 또 다른 방법은 자신을 죽음의 위기에서 벗어나게 해 줄 구원자를 상상하는 것이다. 이를 실존주의 심리학자들은 절대적 구원자(the ultimate rescuer)의 방어라고 부른다. 인간은 스스로 해결할 수 없는 위험에 처하면 자신보다 더 강력한 존재의 도움을 추구한다. 어린아이는 위험을 느끼면 부모를 찾는다. 부모는 자신에게 애정을 지닌 존재일 뿐만 아니라 강력한 능력의 소유자임을 알기 때문이다. 물에 빠진 사람은 허우적거리면서 "살려주세요! 누구 없어요?"라고 외치며 구원자를 찾는다. 이처럼 죽음불안을 달래는 강력한 방법 중 하나는 죽음이라는 거대한 위험에서 자신을 구해 줄 전지전능한 구원자를 상상하며 그가 곧 찾아와 자신을 구해 줄 것이라고 믿는 것이다.

죽음에 처한 상황에서 우리에게 도움을 줄 사람은 부모나 형제자매일 수도 있고 의사나 구조대원과 같은 사람일 수도 있다. 그러나 자신을 죽음에서 영원히 구출해 줄 수 있는 구원자는 두 가지의 필수적 조건을 갖추고 있어야 한다. 우선, 자신을 죽음에서 구원해 줄 수 있을 만큼 강력한 능력을 지닌 초월적 존재여야 한다. 이러한 초월적 존재는 세상의 모든 것을 창조하거나 파괴할 수 있고 삶과 죽음을 통제할 수 있는 전지전능한 존재여야 한다. 인간은 이러한 절대적 구원자를 신(神)이라고 부른다. 다음으로, 죽음에서 구원받으려면 절대적 구원자와 좋은 관계를 맺어야 한다. 그러하기 위해서는 구원자가 원하는 것을 잘 알고 그의 뜻에 순종하는 것이 매우 중요하다. 그러한 순종적 행위를 통해 우호적 관계가 형성되어야 비로소 구원자가 자신을 죽음에서 구해 줄 의도를 품기 때문이다.

절대적 구원자에 대한 인간의 상상은 어린 시절의 경험에 근거한다. 나약한 존재인 어린아이는 배고픔과 결핍감의 위기를 느낄 때마다 돌봄과 보호의 손길을 내밀어 주는 부모의 존재를 가슴 깊이 각인시킨다. 아이에게 부모는 어떤 문제 상황도 유능하게 잘 해결해 주는 전지전능한 존재로 여겨진다. 그러나 부모가 항상 자신에게 돌봄을 베푸는 것은 아니다. 부모의 뜻을 거스를 때는 돌봄의 손길이 중단되기도 한다. 따라서 아이는 부모의 뜻에 순종해야 돌봄을 받을 수 있다는 것을 인식하게 된다. 그러나 아이가 성장하면서 죽음을 알게 되고 부모의 한계와 무능을 인식하게 되면서 새로운 구원자로서 신을 추구하게 된다. 이처럼 인간은 어린 시절의 관계경험에 근거하여 자신을 죽음에서 구해 줄 전지전능한 구원자를 상상하고 그에게 의존함으로써 죽음불안을 방어하게 된다.

　대부분의 종교는 신도들에게 구원자의 역할을 하는 신이나 인물을 제시하고 있다. 이러한 구원자를 중심으로 한 거대한 세계관을 제시함으로써 신도들로 하여금 구원에 대한 상상력을 자극할 뿐만 아니라 그에 대한 믿음과 희망을 강화하도록 촉진한다. 종교의 가장 중요한 기능은 죽음불안을 완화하고 불멸의 희망을 제공하는 것이다. 인류 역사에서 볼 수 있듯이, 종교는 인간사회에 커다란 순기능적 역할을 수행했지만 지도자와 신도들이 모두 깨어 있지 않으면 많은 폐해를 끼치기도 했다. 실존적 심리치료자인 얄롬(Yalom)에 따르면, 절대적 구원자에게 맹목적으로 의존하는 것은 자신의 진정한 존재 상황을 부정하는 것일 뿐만 아니라 자신의 삶을 허상의 바다에 내맡기는 것과 같다.

(4) 집단과 이념에 대한 동일시

　개인은 약하지만 집단은 강하다. 개인의 인생은 짧지만 집단의 수명은 길다. 대부분의 군거성 동물들이 그러하듯이, 개미들은 집단을 이루어 생활하면서 협동하여 거대한 집을 지을 뿐만 아니라 외부의 침입자로부터 집단을 보호하기 위해 자신을 기꺼이 희생한다. 인간 역시 집단에 대한 동일시를 통해 유능감과 불멸감을 느낌으로써 죽음불안을 방어할 수 있다.

　대부분의 집단은 구성원들이 소속감을 느끼며 집단을 위해 헌신함으로써 불멸감을 경험하도록 유도하는 다양한 장치를 갖추고 있다. 우선, 집단은 국가와 같이 거대한 조직이든 친목회와 같은 작은 단체이든 구성원들이 공통적으로 추구하는 이념과 가치를 대의명분으로 제시하고 있다. 아울러 집단은 구성원들에게 이념과 가치의 중요성을 각인시키면서 집단에 대한 소속감과 충성심을 유발하고 집단을 위한 헌신과 희생을 강조한다. 이를 위해서 집단의 존속과 발전을 위해 희생한 구성원들에게 영웅, 순교자, 열사, 애국자 등의 칭호를 제공할 뿐만 아니라 상장, 훈장, 포상, 기념식, 동상 설립과 같은 다양한 보상체계를 통해 그들의 존재를 오래도록 기억하며 불멸감을 제공한다. 반면에 집단과 이념에 반발하는 구성원은 배신자, 반역자, 매국노, 이단자로 몰려 비난과 처벌을 받거나 집단에서 추방된다.

이처럼 집단과 이념에 대한 동일시는 죽음불안을 회피하는 중요한 수단이 된다. 그러나 집단과 이념에 대한 과도한 동일시는 비극적인 결과를 초래할 수 있다. 인류의 역사는 국가, 민족, 종교, 정치적 이념 등에 맹종했던 집단과 구성원들이 얼마나 많은 비극적 결과를 초래했는지를 증언하고 있다. 프롬(Fromm, 1964)이 지적했듯이, 집단에 대한 과도한 순종과 동조는 개인으로 하여금 어머니가 제공했던 안전감과 유대감에 고착되는 것과 마찬가지로 민족, 국가, 종교라는 집단적 감옥에 갇히는 것일 수 있다.

(5) 돈에 대한 환상과 집착

현대사회에서 돈은 모든 것을 얻을 수 있는 요술램프와 같다. 자본주의 시장경제 체제에서 돈은 거의 모든 상품과 서비스를 구입할 수 있는 만능의 교환수단이다. 지갑에 돈이 두둑하면 마음도 든든해지듯이, 돈은 심리적 안전감을 제공한다. 다양한 위험이 존재하는 위험사회에서 살고 있는 현대인에게 있어서 돈은 어떠한 위험(예: 실직, 질병)이 닥치더라도 그것에 대처할 수 있는 심리적 구명조끼와 같다.

돈이 있어야 안전한 주택에서 생활할 수 있고 건강을 증진하는 양질의 음식을 섭취하며 장수를 누릴 수 있다. 또한 치명적인 질병에 걸리더라도 좋은 병원에서 유능한 의사에게 양질의 치료를 받을 수 있다. 이처럼 현대인에게 돈은 다양한 위험을 피할 수 있을 뿐만 아니라 죽음까지도 연기하거나 회피할 수 있는 가장 강력한 안전수단이다.

현대인들은 돈의 권능에 대한 환상을 지니고 있다. 돈이 우리가 원하는 모든 것을 얻을 수 있는 마술적 기능을 지닌 것으로 여긴다. 심지어 돈을 죽음으로부터 우리를 방어하는 중요한 수단이라고 믿는다. 현대인들이 돈을 벌기 위해 죽기 살기로 분투하며 그토록 치열하게 돈에 집착하는 심리적 이유가 여기에 있다. 돈에 대한 과도한 집착은 일중독, 경쟁적 관계, 비도덕적 행위 등을 유발하여 인생의 소중한 가치들을 희생시킴으로써 현대인의 삶을 불행으로 이끄는 중요한 원천이 되고 있다.

(6) 사랑에 대한 집착과 중독적 연인관계

"사랑은 죽음보다 강하다."는 말이 있듯이, 강렬한 사랑은 죽음불안을 방어하는 강력한 수단이 된다. 특히 뜨거운 열정을 수반하는 이성 간의 낭만적 사랑은 죽음에 대한 두려움을 초월하게 만든다. 사랑에 빠진 남녀는 강렬한 유대감으로 인해 함께 있을 수만 있다면 죽음도 두렵지 않다고 느낄 뿐만 아니라 죽음도 피할 수 있다는 환상을 지닌다. 사랑을 얻기 위해서 죽음을 불사하거나 죽음을 통해 사랑의 아픔에서 벗어나고자 한 사례는 수없이 많다.

낭만적 사랑은 달콤한 친밀감과 강력한 유대감의 환희를 제공함으로써 고독과 죽음이라는 암울한 실존적 고통에서 벗어나게 만드는 최고의 치료제이다. 낭만적 사랑은 상대방을 우상화한 환상을 만들고 그처럼 대단한 연인으로부터 자신이 사랑의 대상으로 선택되었다는 특별감을 제공한다. 또한 뜨거운 사랑의 열정에 불타는 시기에 연인들은 자신들의 사랑이 영원할 것이라 믿으며 영원히 죽도록 사랑하겠다는 맹세를 하기도 한다. 이처럼 낭만적 사랑은 연인들에게 자신들의 사랑에 대한 특별감과 불멸감을 제공함으로써 죽음불안을 방어하는 기능을 한다.

대부분의 낭만적 사랑은 환상에 근거하고 있기 때문에 실망과 갈등을 겪으면서 열정이 식는다. 고독과 죽음이라는 실존적 불안을 견디지 못하고 이로부터 벗어나기 위해 강렬한 정서적 융합과 유대관계를 열망하는 사람은 중독적 연인관계(addictive couple relationships)에 빠져들 수 있다. 중독적 연인관계를 추구하는 사람들은 외로움을 참지 못하고 항상 새로운 연인을 찾아다니며 집착하지만 결과적으로 실망과 좌절을 경험하는 경우가 대부분이다.

(7) 일과 성취에 대한 집착

일과 성취에 과도하게 몰두하는 일중독(work addiction or workaholism)은 현대인들이 죽음불안을 회피하려는 방어적 노력의 하나이다. 현대사회는 물질주의적 가치와 성취를 통해서 실존적 불안을 부정하고 회피하는 분위기를 조장하고 있다. 이러한 사회적 분위기 속에서 현대인들은 많은 시간을 일에 몰두하며 바쁘게 살아갈 뿐만 아니라 일을 하지 않으면 오히려 불안을 느끼는 경향이 있다.

일에 몰두하는 이유는 다양하다. 그 이유 중 하나는 남다른 성취를 통해 자기존재의 가치감, 즉 자존감이 고양될 뿐만 아니라 오래도록 기억될 불멸의 업적을 남기기 위한 것이다. 또한 일에 대한 몰입은 무아지경의 상태를 통해 자기를 망각함으로써 죽음불안에서 해방되는 시간이기도 하다. 아울러 생산적인 일에 몰두하는 것은 자기존재의 무가치감과 무의미감에서 벗어나게 해 준다. 따라서 일을 하지 않으면 억압했던 불안과 공허감이 의식에 올라와 오히려 더 고통스러워진다. 일중독자의 전형적 특징은 자신이 앞으로 진보하며 상승하고 있다는 확고한 신념이다. 이러한 신념의 기저에는 자신이 죽지 않고 영원히 번성할 것이라는 특별함의 방어기제가 관여한다.

(8) 사소한 것에 대한 병적인 집착

죽음불안에 대한 방어는 사소한 것에 대한 공포나 병적인 집착으로 나타날 수 있다. 인간은 감당하기 어려운 큰 문제에 대한 불안을 회피하기 위해서 통제 가능한 작은 문제에 과도하게 집착하는 경향이 있다. 마이어(Meyer, 1975)는 죽음불안이 동물공포증, 고소공포증, 폐쇄공포증으로 대치되어 나타난다고 지적했다. 공포증의 주된 대상인 벌레나 뱀과 같은 동물, 그리고 높은 곳이나 좁은 닫힌 공간은 죽음의 위협과 직간접적으로 관련되어 있다. 이처럼 회피가 가능한 사소한 것에 대한 두려움에 집착함으로써 죽음이라는 압도적인 불안과 공포를 피할 수 있다.

공포증 외에도 다양한 정신장애가 죽음불안과 관련되어 있다. 죽음불안을 회피하기 위해서 좀 더 감당하기 쉬운 가짜문제(pseudo-problem)에 병적으로 집착하는 방어적 노력이 다양한 형태의 정신장애로 나타날 수 있다. 예컨대, 강박장애는 병균이나 오염물질의 불결함에 병적으로 집착하며 손 씻기나 청소하기의 반복적 행동에 몰두함으로써 죽음불안을 회피할 수 있다. 이 밖에도 다른 사람이 악의적인 의도로 자신에게 피해를 주고 있다는 편집증도 죽음불안과 관련되어 있다.

(9) 건강과 장수에 대한 과도한 관심

인간은 누구나 건강하게 오래 살고 싶은 소망을 지닌다. 육체적 건강은 활기찬 생활을 위한 필수적 조건이다. 또한 질병을 예방하여 건강하게 장수를 누리는 것은 모든 인간의 희망사항이다. 노화와 죽음을 피하기 위한 인간의 노력은 눈물겹도록 집요하고 치열하다. 진시황제는 장생불사(長生不死)를 위한 불로초와 불사약을 구하기 위해 혈안이 되었지만 50세에 죽었다.

무병장수(無病長壽)를 꿈꾸며 건강에 과도하게 집착하는 것 역시 죽음불안에 대한 방어적 노력이라고 할 수 있다. 현대사회에는 건강 증진과 질병 예방을 위한 다양한 건강식품, 의약품, 운동법, 피트니스센터, 건강검진 패키지와 같은 건강 관련 상품들이 넘쳐 나고 있다. 이러한 건강식품의 과도한 섭취, 건강증진활동에 대한 강박적 집착, 사소한 신체적 문제에 대한 과도한 걱정, 지나치게 빈번한 병원 방문과 투약 행위 등은 죽음불안을 방어하기 위한 대표적 행위라고 할 수 있다.

죽음은 피할 수 없는 인간의 운명이다. 현대의 의학은 생자필멸(生者必滅)의 자연법칙에 도전하고 있다. 불치의 질병을 치료하는 기술을 개발하고 있을 뿐만 아니라 노화의 원인을 연구하여 장수하는 방법을 찾고 있다. 심지어 현재의 의료기술로 치료할 수 없는 질병에 의해 사망한 사람의 시체를 냉동해 두었다가 훗날 의학이 발전하면 해동하여 생명을 되살리기 위한 인체냉동보존술까지 개발되고 있다. 이러한 모든 노력은 신체적 불멸을 추구하는 과학적 접근으로써 죽음불안을 방어하기 위한 처절한 시도라고 할 수 있다.

3. 죽음불안과 관련된 정신장애

죽음은 인간이 짊어지고 가야 할 운명적 굴레이다. 똑바로 쳐다보기도 어렵고 그렇다고 내팽개치기도 어려운 운명적 굴레가 바로 죽음이다. 윌리엄 제임스(1890)는 죽음을 인간 마음의 '심층에 존재하는 벌레(the worm in the core)'라고 지칭했다. 이 벌레는 방어막으로 층층이 둘러 있는 마음의 심층에서 조용히 잠자고 있지만 종종 꿈틀거리며 의식에 올라오기도 하고 때로는 마음을 갉아먹고 후벼 파며 극심한 고통을 초래하기도 한다.

실존적 심리치료자인 얄롬(Yalom, 2008)은 대부분의 정신병리 기저에 죽음불안이 존재한다고 주장한다. 죽음불안을 달래며 방어할 수 있는 능력은 정신건강에 있어서 필수적인 것이다. 그러나 죽음불안의 방어기제를 습득하지 못하거나 방어기제가 심리적 충격으로 손상되면 죽음불안이 의식으로 침투하며 다양한 정신병리를 유발할 수 있다. 또한 죽음불안의 방어기제에 과도하게 집착하면, 개인의 삶이 편향적이고 경직된 방향으로 흘러 부적응 상태를 초래할 수 있다. 요컨대, 죽음불안에 대한 방어의 결핍과 과잉은 모두 정신병리를 유발할 수 있다. 얄롬에 따르면, 인간은 '무(nothing)'에 대한 두려움을 '무언가(something)'에 대한 두려움으로 대치함으로써 죽음불안을 회피한다. 죽음불안은 건강염려증, 신체증상장애, 불안장애를 비롯하여 강박장애, 외상후 스트레스 장애, 우울장애, 섭식장애와 같은 다양한 정신장애에 영향을 미치는 것으로 알려져 있다(Iverach, Menzies, & Menzies, 2014).

1) 건강염려증과 신체증상장애

개인이 자신의 신체적 건강상태에 대해서 과도한 관심과 걱정을 나타내는 건강염려증(hypochondriasis)은 죽음에 대한 병리적 불안과 관련되어 있다. 최근에 미국

정신의학회에서 발간한 『정신장애의 진단 및 통계 편람 5판(DSM-5)』에서는 건강
염려증을 질병불안장애(illness anxiety disorder)라고 지칭하고 있다. 질병불안장애
는 자신이 심각한 질병에 걸렸다는 집착과 공포를 나타내는 경우를 말한다. 이러
한 장애를 지닌 사람들은 자신의 신체적 건강상태나 증상에 과민하게 반응하며 건
강과 관련된 과도한 행동(예: 질병의 증거를 찾기 위한 반복적인 검사)을 보이거나 부
적응적 회피행동(예: 의사와의 면담 약속을 회피함)을 나타낸다.

신체증상장애(somatic symptom disorder)는 질병불안장애와 유사하지만 다른 정
신장애로서 한 개 이상의 신체적 증상을 고통스럽게 호소하거나 그로 인해 일상생
활이 현저하게 방해받는 경우를 의미한다. 이러한 장애를 지닌 사람들은 통증을
비롯한 여러 가지 신체적 증상에 집착하고 이러한 증상의 심각성을 과도하게 평가
하며 지속적인 불안을 나타내면서 신체증상과 건강 염려에 많은 시간과 에너지를
투여한다. 이처럼 질병불안장애나 신체증상장애를 지닌 사람들은 병원을 비롯한
의료기관을 반복적으로 방문하여 치료비를 과도하게 지출하는 경향이 있다.

건강염려증이나 신체증상장애를 지닌 사람들은 자신의 건강에 대한 염려와 불
안 수준이 높아서 자신의 신체에 과도한 주의를 기울임으로써 사소한 신체감각을
증폭시켜 지각한다. 이러한 신체감각을 심각한 질병(예: 암, 간경화 등)의 징표로 잘
못 해석하고 그에 집착함으로써 건강에 대한 염려와 질병에 걸렸다는 생각이 점점
더 굳어지게 된다(Warwick & Salkovskis, 1987, 1990). 또한 이러한 장애를 지닌 사
람들은 좋은 건강이란 신체증상이 하나도 없는 상태라는 비현실적인 믿음을 가지
고 있어서 사소한 신체증상에도 예민하게 주의를 기울이고 그것을 심각한 것으로
여긴다(Barsky et al., 1993).

죽음불안은 건강염려증이나 신체증상장애와 같이 신체적 증상에 과도하게 집
착하고 염려하는 심리적 장애의 중심적 특성이다(Hiebert, Furer, McPhail, & Walker,
2005). 죽음은 신체적 기능 이상으로부터 진행되기 때문에, 죽음불안이 높은 사람
들은 사소한 통증이나 기능저하에 민감하며 이러한 신체적 증상에 과도하게 집착
한다. 실증적 연구에 따르면, 건강염려증 환자들은 다른 신체질병 환자들에 비해

서 죽음불안, 분리불안, 무의미감이 더 높은 것으로 나타났다(Noyes et al., 2002).
또한 건강염려증 환자들은 다른 정신과 환자나 일반인에 비해서 죽음과 질병에 대
한 더 많은 불안을 지니며, 신체감각에 더 많은 주의를 기울이고, 병원치료를 더
많이 추구하며, 의사의 판단을 덜 신뢰하는 경향이 있다(Kellner, Abbott, Winslow,
& Pathak, 1987). 건강염려증 환자의 93%는 죽음에 대한 매우 심한 두려움을 지녔
으며, 87%는 고통스럽게 죽어 가는 것에 대한 두려움을, 84%는 인생이 너무 짧다
는 생각을, 그리고 75%는 죽음을 생각하게 만드는 뉴스를 두려워하는 것으로 조
사되었다(Hiebert et al., 2005). 이러한 연구결과들은 죽음불안이 건강염려증의 핵
심적 문제라는 것을 보여 준다. 죽음불안에 초점을 맞춘 인지행동치료를 통해서
건강염려증상이 현저하게 감소되었다는 연구결과도 존재한다.

2) 불안장애

죽음불안은 다양한 불안장애를 유발하고 악화시키는 데 중요한 역할을 한다
(Arndt et al., 2005). 죽음공포는 인간이 경험하는 다양한 불안의 바탕을 이루고 있
기 때문에, 죽음을 떠올리게 하면 불안반응이 악화된다. 대부분의 불안장애는 죽
음불안을 방어하는 기제가 효과적으로 작동하지 않기 때문에 발생하는 것으로 여
겨지고 있다. 죽음불안은 공황장애, 공포증, 분리불안장애를 비롯한 대부분의 불
안장애와 관련되는 것으로 보고되고 있다(Iverach, Menzies, & Menzies, 2014).

(1) 공황장애

공황장애는 죽음불안과 매우 밀접히 관련된 것으로 알려지고 있다(Furer &
Walker, 2008). 공황장애(panic disorder)는 갑자기 엄습하는 강렬한 불안을 반복적
으로 경험하는 장애를 말한다. 공황장애를 지닌 사람들은 예상하지 못한 상황에
서 갑자기 밀려드는 극심한 공포, 즉 죽지 않을까 하는 강렬한 불안을 경험하며 심
장박동 증가, 진땀 흘림, 손발 떨림, 질식감, 가슴통증, 구토감과 같은 다양한 신체

적 증상을 나타낸다. 이러한 증상을 경험하게 되면 사람들은 죽을 것 같은 공포를 느끼게 되는데, 대부분의 경우 공포가 10~20분간 지속되다가 서서히 사라진다. 공황장애 환자들은 평소에도 공황증상이 나타나지 않을까 하는 지속적인 걱정을 지니며 공황증상으로 인해 치명적 결과(예: 심장마비, 호흡중단, 정신이상)에 대한 불안을 경험하며 여러 가지 부적응적 행동(예: 심장마비가 두려워서 일체의 운동을 중지하거나 직장을 그만두거나 또는 응급실이 있는 대형병원 옆으로 이사를 가는 것)을 나타내기도 한다.

클락(Clark, 1986)에 따르면, 공황장애는 평소와 다른 강한 신체적 감각경험을 죽음에 이르게 하는 급성질병으로 잘못 해석하는 파국적 오해석(catastrophic misinterpretation)에 의해서 유발된다. 공황장애 환자들은 평소보다 강하거나 불규칙한 심장박동이나 흉부통증을 심장마비의 전조로 여기거나 호흡곤란을 질식에 의한 죽음으로 해석하는 경향이 있다. 공황장애 환자는 건강염려증, 사회공포증, 우울장애를 지닌 환자들보다 죽음불안이 더 높은 것으로 나타났다(Furer, Walker, Chartier, & Stein, 1997; Radanovic-Grguric et al., 2004). 공황장애 환자를 대상으로 죽음불안의 완화에 초점을 맞춘 실존적 심리치료를 시행한 결과 공황장애 증상이 현저하게 감소했다는 치료사례의 보고가 존재한다(Randall, 2001).

(2) 공포증: 특정공포증, 광장공포증, 사회공포증

공포증(phobia)은 특정한 대상이나 상황에 대한 과도한 공포와 회피반응을 의미한다. 공포증은 일반인이 공포를 느끼지 않는 대상이나 상황에 대해서 강렬한 공포를 느끼며 그러한 대상이나 상황을 지속적으로 회피함으로써 개인적·사회적 적응에 심각한 곤란을 겪는 경우를 뜻한다. 대부분의 공포증은 생명의 위협을 느꼈던 다양한 경험에 의해서 유발되며 공포의 대상에 따라 특정공포증, 광장공포증, 사회공포증으로 구분된다.

특정공포증(specific phobia)은 특정한 대상이나 상황(예: 곤충, 동물, 높은 곳, 주사 맞기, 피를 보는 것)에 대해서 강렬한 공포를 느끼는 경우를 말한다. 특정공포증은 그 공포대상에 따라 동물형(뱀, 개, 거미, 바퀴벌레 등과 같은 동물이나 곤충에 대한 공포), 자연환경형(천둥, 번개, 높은 장소, 물이 있는 강이나 바다 등에 대한 공포), 혈액-주사-상처형(피를 보거나 주사를 맞거나 상처를 입는 등의 신체적 상해에 대한 공포), 상황형(비행기나 엘리베이터 타는 것, 폐쇄된 공간에 있는 것에 대한 공포)으로 구분된다. 일반인의 경우, 가장 두려워하는 대상은 뱀이었으며, 다음으로 높은 곳, 비행하는 것, 폐쇄된 공간, 질병, 죽음, 상처, 폭풍 등의 순서로 보고되고 있다(Agras, Sylvester, & Oliveau, 1969).

거미공포증을 지닌 사람들을 대상으로 실험적 연구(Strachan et al., 2001, 2007)를 한 결과, 거미공포증을 지닌 사람들은 죽음을 떠올리게 했을 때 거미에 관한 짧은 동영상을 보여 주었을 때보다 거미의 위험성을 더 높게 평가했다. 반면에 거미공포증이 없는 사람들은 죽음을 떠올리게 했을 때에도 거미에 대한 위험성 평가에 변화가 없었다. 이러한 결과는 독성이 없는 거미라 하더라도 그 거미가 죽음을 떠올리게 할 경우에는 거미가 더 위협적인 것으로 인식되어 거미공포가 증가한다는 것을 보여 준다. 달리 말하면, 공포증은 대상에 대한 위험성을 과장하는 것으로서 그 기저에 존재하는 죽음불안에 의해서 유발되거나 악화될 수 있음을 의미한다. 노출치료를 통해서 죽음불안을 감소시킴으로써 공포증이 개선되었다는 치료사례가 보고된 바 있다(Persons, 1986).

광장공포증(agoraphobia)은 특정한 장소나 상황에 대한 공포를 의미한다. 광장공포증을 지닌 사람은 대중교통수단(예: 자동차, 버스, 기차, 배, 비행기)을 이용하는 것, 개방된 공간(예: 주차장, 시장, 다리)에 있는 것, 폐쇄된 공간(예: 쇼핑몰, 극장, 영화관)에 있는 것, 줄을 서 있거나 군중 속에 있는 것, 집 밖에서 혼자 있는 것에서 심각한 공포나 불안을 경험한다. 이들이 두려워하는 초점은 그러한 상황에서 무기력하고 당혹스러운 증상(예: 공포로 쓰러지거나 소변을 지리는 것)을 나타내거나 도움을 받을 수 없다는 생각이다. 따라서 이들은 이러한 상황을 지속적으로 회피하기 때문에 일상생활에 커다란 곤란을 겪게 된다.

광장공포증은 흔히 사랑하는 사람의 죽음이나 신체적 손상과 같은 충격적 경험에 의해 촉발되는 것으로 알려지고 있다(Foa et al., 1984). 실제로 광장공포증을 지닌 사람들은 일반인에 비해서 죽음공포와 분리불안이 현저하게 높았을 뿐만 아니라 죽음공포는 분리불안과 유의미한 상관을 나타냈다(Fleischer-Mann, 1995). 이러한 결과는 죽음불안이 증가하면 사랑하는 사람과의 분리불안도 높아진다는 것을 시사한다. 상상적 노출을 통해서 분리불안과 죽음불안을 감소시키면 광장공포증이 개선되는 것으로 보고되었다.

사회공포증(social phobia)은 다른 사람들과 상호작용하는 사회적 상황을 두려워하여 회피하는 장애로서 사회불안장애(social anxiety disorder)라고 불리기도 한다. 사회공포증을 지닌 사람들은 자신이 다른 사람들에 의해서 관찰되고 평가되는 사회적 상황을 몹시 두려워한다. 이들이 두려워하는 사회적 상황은 일상적인 상호작용 상황(예: 다른 사람과 대화를 하거나 낯선 사람과 미팅하는 일), 관찰을 당하는 상황(예: 다른 사람이 보는 앞에서 음료를 마시거나 음식을 먹는 일), 다른 사람 앞에서 수행을 하는 상황(예: 연설이나 발표를 하는 일)이다. 또한 이러한 사회적 상황에서 부적절한 행동을 하여 다른 사람들로부터 모욕과 경멸을 받거나 거부를 당하게 될 것을 두려워한다.

사회공포증도 죽음불안과 관련된 것으로 여겨지고 있다. 한 실험연구(Strachan et al., 2007)에서 사람들에게 죽음을 떠올리게 한 결과 사회불안이 증가했다. 죽음을 떠올리게 했을 때 사람들은 불안을 유발하는 사회적 상황을 회피했다. 이러한 결과는 죽음에 대한 생각이 사회공포증을 악화시킬 수 있음을 의미한다. 사회공포증은 집단구성원들의 부정적 평가를 통해 거부, 배척 또는 추방을 당하게 되면 결과적으로 죽음에 이를 수 있다는 두려움이 기저에 깔려 있는 것으로 해석된다.

(3) 분리불안장애

분리불안장애(separation anxiety disorder)는 아동에게 흔히 나타나는 장애로서 아동이 어머니를 비롯한 애착대상과 떨어지는 것에 대해서 심한 불안을 나타내는 경우를 뜻한다. 대부분의 어린아이들은 어머니와 떨어지면 불안해한다. 그러나 적당한 연령이 되면, 아동은 어머니와 떨어져도 커다란 불안을 느끼지 않을 뿐만 아니라 자발적으로 어머니를 떠나 친구들과 어울리게 된다. 아동이 연령에 비해서 애착대상과의 분리를 과도하게 두려워한다면 분리불안장애에 해당될 수 있다.

분리불안장애를 지닌 아동들은 애착대상에게 질병, 부상, 재난 혹은 죽음과 같은 해로운 일이 일어나지 않을까 지속적으로 걱정한다. 또한 애착대상과 분리될 수 있는 사건들(예: 길을 잃음, 납치당함, 사고를 당함, 죽음)에 대해 과도하게 걱정한다. 분리에 대한 불안 때문에 집을 떠나거나 학교에 가는 것을 거부하기도 한다. 때로는 부모가 죽거나 자신을 버리고 떠나는 이별의 주제와 관련된 악몽을 자주 꾼다.

분리불안장애의 기저에는 죽음불안이 존재한다. 어린 아동에게 부모와 같은 애착대상은 생존을 위해 필수적인 존재이며 그들과 분리되는 것은 죽음 또는 심각한 위험을 의미한다. 여러 연구에서 분리불안은 죽음불안과 밀접하게 관련된 것으로 보고되었다(Fleischer-Mann, 1995). 특히 불안애착 유형에 속하는 아동들은 부모와의 분리에 더 강한 불안을 느낄 뿐만 아니라 자신이 나약하다는 생각을 지닌다. 부모의 과잉보호는 아동의 독립성을 약화시키고 부모에 대한 의존성을 강화함으로써 분리불안을 증가시키는 것으로 알려져 있다(Ehrenreich, Santucci, & Weinrer, 2008). 아동기에 애착대상과 분리된 경험은 광장공포증을 비롯한 다양한 정신장애의 위험요인으로 알려져 있다.

(4) 범불안장애

범불안장애(generalized anxiety disorder)는 다양한 상황에서 만성적 불안과 과도한 걱정을 나타내는 경우를 말한다. 범불안장애를 지닌 사람들은 매사에 잔걱정이 많으며 늘 불안하고 사소한 일에 잘 놀라고 긴장한다. 지속적인 긴장으로 근육통과 더불어 만성적 피로감, 두통, 수면장애, 소화불량, 과민성 대장증후군 등을 함께 나타내는 경우가 흔하다.

범불안장애의 가장 핵심적인 증상은 과도한 걱정이다. 이들이 걱정하는 주된 주제는 가족, 직업적 또는 학업적 무능, 재정문제, 미래의 불확실성, 인간관계, 신체적 질병에 관한 것이다(Tallis, Eysenck, & Mathews, 1992). 범불안장애를 지닌 사람들은 잠재적인 위험에 예민할 뿐만 아니라 잠재적 위험이 실제로 위험한 사건으로 발생할 확률을 과도하게 높이 평가한다. 또한 위험한 사건이 발생할 경우의 결과를 치명적인 것으로 평가하고, 자신의 대처능력은 과소평가한다(Beck & Emery, 1985; Butler & Mathews, 1987). 또한 이들은 불확실성에 대한 인내력이 부족하여 '만일 ……하면 어떡하지?'라는 내면적 질문을 계속 던지면서 점점 더 부정적인 결과를 예상하는 파국화(catastrophizing)를 나타낸다(정지현, 2000; Davey & Levy, 1998). 이러한 범불안장애는 감당하기 어려운 불안을 사소한 위험에 대한 걱정으로 전환하여 회피하려는 인지적 회피(cognitive avoidance)에 의한 것이라는 주장이 제시되었다(Borkovec, 1994). 범불안장애는 일상생활의 사소한 문제에 집착함으로써 궁극적으로 죽음불안을 회피하기 위한 무의식적인 시도라고 할 수 있다.

3) 강박장애

강박장애(obsessive-compulsive disorder)는 원하지 않는 생각과 행동을 반복할 수밖에 없는 고통스러운 심리적 장애이다. 강박장애의 핵심 증상은 강박사고와 강박행동이다. 강박사고(obsessions)는 반복적으로 의식에 침투하는 불쾌한 생각, 충동 또는 심상을 말한다. 이러한 강박사고는 매우 다양한 주제를 포함하는데, 흔한 예로는 오염에 대한 생각(예: '악수할 때 손에 병균이 묻지 않았을까?'), 반복적 의심(예: '자물쇠를 제대로 잠갔나?')과 같은 생각이다. 이러한 생각이 부적절한 것이라는 것을 인식하지만 잘 통제되지 않고 반복적으로 의식에 떠올라 고통스럽게 한다. 따라서 이러한 생각을 하지 않기 위한 여러 가지 노력이 강박행동으로 나타나게 된다.

강박행동(compulsions)은 강박사고로 인한 불안을 감소시키기 위한 반복적 행동을 말한다. 가장 흔한 강박행동은 손씻기를 비롯한 청결행동이며 정돈하기, 확인하기, 숫자 세기와 같은 다양한 행동으로 나타날 수 있다. 강박행동이 지나치고 부적절하다는 것을 잘 알지만, 이러한 행동을 하지 않으면 심한 불안을 느끼기 때문에 반복하지 않을 수 없다. 강박장애를 지닌 사람들은 심한 심리적 고통을 겪을 뿐만 아니라 이러한 생각과 행동에 많은 시간을 허비하기 때문에 현실적 적응에 어려움을 겪게 된다.

강박장애는 자신 또는 사랑하는 사람의 생명과 관련된 염려(예: 병균, 질병, 위험)와 관련되어 있다. 한 실험연구(Strachan et al., 2007)에 따르면, 죽음을 떠올리게 했을 때 강박행동이 증가했다. 손을 씻는 강박증상을 지닌 사람들은 그렇지 않은 사람들에 비해서 죽음 연상 조건에서 자신의 손을 씻는 데 더 많은 시간을 보냈으며 손을 말리기 위해 더 많은 휴지를 사용했다. 이러한 결과는 죽음의 연상이 강박장애의 유발과 관련되어 있음을 의미한다.

강박장애를 지닌 사람들은 병균, 질병, 위험을 제거하는 일에 과도한 노력을 기울인다. 한 실험연구(Jones & Menzies, 1997a)에서는 참여자들로 하여금 지저분한 물질이 담긴 물통에 손에서부터 팔뚝까지 담그게 한 후 질병에 걸릴 가능성을 평가하게 했다. 그 결과, 강박적 씻기 행동을 나타내는 사람들은 그렇지 않은 사람들에 비해서 질병에 걸릴 가능성과 질병의 심각도를 더 높게 평가했다. 또한 질병의 심각도를 높게 평가한 사람일수록 씻고 싶은 충동이 강할 뿐만 아니라 씻는 데 소비한 시간이 길었다. 이러한 연구결과들은 손 씻기와 같은 강박행동이 생명을 위협하는 질병의 예상과 관련되어 있음을 보여 준다. 최근의 연구(Menzies & Dar-Nimrod, 2017)에서도 강박장애 증상의 심각도는 죽음공포와 유의미한 상관을 나타냈다.

존스와 멘지스(Jones & Menzies, 1997b, 2002)는 인지치료를 통해서 질병 예상을 감소시키면 강박장애가 치료될 수 있음을 발견했다. 이들은 오염에 대한 공포를 지닌 강박장애 환자들을 대상으로 6단계(인지재구성, 녹화된 면접, 올바른 정보제공, 미생물학적 실험, 재앙의 확률, 주의초점화)의 위험사고 감소치료(Danger Ideation Reduction Therapy: DIRT)를 시행하여 성공적인 결과를 얻었다. 여러 연구에서

DIRT가 강박장애의 치료에 효과적인 것으로 나타났다(Govender, Drummond, & Menzies, 2006; St. Clare et al., 2008: Vaccaro, Jones, Menzies, & Wootton, 2010).

4) 외상후 스트레스 장애

외상후 스트레스 장애(post-traumatic stress disorder: 이하에서 PTSD로 칭함)는 생명을 위협하는 충격적인 외상 사건을 경험하고 난 후에 다양한 심리적 부적응 증상이 나타나는 심리적 장애를 말한다. 외상 사건(traumatic event)이란 죽음 또는 죽음의 위협, 신체적 상해, 성폭력과 같이 개인에게 심각한 충격을 주는 다양한 사건들(예: 지진이나 화산폭발과 같은 자연재해, 전쟁, 살인, 납치, 교통사고, 화재, 강간, 폭행)을 의미한다. PTSD를 나타내는 사람들은 외상 사건과 관련된 기억이나 감정이 의식에 자꾸 떠올라 재경험되는 침투 증상 때문에 심한 고통을 받을 뿐만 아니라 외상 사건과 관련된 자극을 회피하기 때문에 일상생활의 부적응이 나타나게 된다.

피진스키와 동료들(Pyszczynski et al., 2003; Pyszczynski & Kesebir, 2011)은 PTSD가 죽음공포를 감소시키는 심리체계의 붕괴에 기인한다는 불안완충기제 손상이론(Anxiety Buffer Disruption Theory: ABDT)을 제시했다. 이 이론에 따르면, 불안완충기제는 외상이나 강력한 스트레스 사건에 의해서 손상될 수 있다. 외상 사건은 이 세상이 안전하고 정의로운 예측 가능한 곳이라는 가정을 피괴함으로써 개인의 세계관을 뒤흔든다. 세계관이 붕괴된 결과로서 고통스러운 외상 장면이 반복적으로 의식에 침투하거나 악몽에 시달리게 된다. 따라서 불안완충기제가 견고할 경우에는 외상 사건을 경험하더라도 PTSD가 나타나지 않을 수 있다. PTSD 증상의 심각도는 외상 사건의 심각도뿐만 아니라 불안완충기제의 견고성에 달려 있다(Maxfield, John, & Pyszczynski, 2014). 9·11테러를 목격한 미국인 중에서 애국심과 집단적 소속감의 증가 그리고 테러집단에 대한 분노를 통해서 죽음불안에 대처한 사람들은 그렇지 않은 사람들에 비해서 PTSD 증상을 덜 보고했다.

죽음불안은 PTSD의 발달과 지속에 중요한 영향을 미친다. 불안완충기제 손상이론은 전쟁, 지진, 에이즈, 가정폭력 등의 희생자를 대상으로 한 여러 연구에서 입증되었다. 치열한 내전을 겪은 이후에 PTSD 증상을 나타낸 사람들은 죽음을 떠올리게 했을 때 죽음 관련 사고가 증가했으나, PTSD 증상을 나타내지 않는 사람들은 오히려 그러한 사고가 감소했다(Chatard et al., 2012). 이란의 지진 피해 생존자를 대상으로 한 연구(Abdollahi et al., 2011)에서도 PTSD 증상을 나타내지 않는 사람들은 죽음을 떠올리게 했을 때 집단적 소속감과 외국인에 대한 적대감을 통한 문화적 방어가 증가한 반면, PTSD 증상을 나타낸 사람들은 그러한 문화적 방어를 하지 못했다.

5) 섭식장애

섭식장애(eating disorder)는 몸매와 체중에 대한 과도한 관심을 지니고 지나친 절식이나 간헐적 폭식을 하여 심리적 고통과 사회적 부적응을 겪게 되는 경우를 말한다. 섭식장애에는 과도한 절식으로 현저한 체중저하를 나타내는 신경성 식욕부진증(anorexia nervosa)과 절식과 폭식이 반복적으로 나타나는 신경성 폭식증(bulimia nervosa)이 있다.

죽음불안은 섭식장애에도 영향을 미치는 것으로 밝혀지고 있다. 죽음불안은 개인이 속한 문화에서 중시하는 가치에 순응함으로써 방어될 수 있다. 개인이 이러한 문화적 기준에 이르지 못할 때 여러 가지 정신건강 문제가 발생할 수 있다. 현대사회에는 여자의 몸매가 날씬해야 한다는 사회적 압력이 존재한다. 이러한 사회에서 날씬한 몸매의 기준을 충족시키지 못하면 자존감이 저하되면서 죽음불안이 증가할 수 있다. 따라서 죽음불안을 방어하기 위해서는 날씬한 몸매를 위한 절식에 매달려야 한다.

죽음불안은 날씬해지려는 욕구를 촉발하여 섭식장애 증상에 영향을 미친다. 신경성 식욕부진증(흔히 거식증이라고 불림)의 진단을 받은 여성들은 그렇지 않은 여성에 비해서 현저하게 높은 죽음불안을 보고했다(Giles, 1995). 한 실험연구

(Goldberg, Arndt, Hart, & Brown, 2005)에서 여성들은 죽음을 떠올리게 하는 조건에 서 고열량 음식의 섭취를 줄였다. 특히 신체질량지수(BMI)가 높은 여성일수록 그 러한 조건에서 음식섭취를 더 많이 줄였다. 또한 다른 사람과의 비교가 이루어지 는 상황에서 BMI가 높은 여성들은 낮은 여성들에 비해서 더 많은 식사제한을 나 타냈다. 이러한 여성들은 사회적 비교를 통해 날씬함의 문화적 기준을 자각함으 로써 죽음을 떠올리게 하는 조건에 음식섭취 제한의 필요성을 더 강렬하게 느꼈기 때문이다. 이러한 연구는 죽음불안이 음식섭취 행동에 영향을 미치며, 특히 날씬 함의 사회적 기준을 충족하는 데 실패했다고 인식할 때 그 영향력이 더 강해진다 는 것을 보여 주고 있다.

6) 우울장애

우울장애(depressive disorder)는 슬프고 우울한 감정과 더불어 삶의 의욕과 흥미 가 저하되는 심리적 장애를 말한다. 우울장애를 지닌 사람들은 자신에 대한 무가 치감과 삶에 대한 무의미감을 느끼며 여러 가지 비관적인 생각과 더불어 죄책감, 죽음사고, 자살시도 등의 증상을 나타낸다. 이러한 우울장애의 핵심은 자존감의 손상이다. 자존감은 자신이 가치 있는 존재라는 인식으로서 죽음불안을 완화한 다. 직업 또는 학업에서의 실패나 중요한 인간관계에서의 상처를 경험하게 되면 자존감이 손상되어 죽음불안과 더불어 우울증상이 촉발된다.

우울장애가 죽음불안과 공존한다는 것은 여러 연구(예: Brubeck & Beer, 1992; Ongider & Eyuboglu, 2013)에서 보고되었다. 우울장애를 지닌 사람들의 경우, 죽음 불안이 높을수록 우울증상도 증가하는 것으로 나타났다(Thorson & Powell, 2000). 에이즈(AIDS) 환자의 경우에도 죽음불안이 우울증상을 강화하는 것으로 보고되었 다(Miller, Lee, & Henderson, 2013). 죽음에 대한 자각은 불안감뿐만 아니라 우울감 을 유발한다. 템플러(Templer et al., 2001)는 죽음과 관련된 슬픔, 공허감, 무쾌감, 무의욕을 측정하는 죽음우울척도(death depression scale)를 개발했다. 이러한 척도로 측정된 죽음우울은 죽음불안과 높은 상관을 지니는 것으로 나타났다(Nassar, 2010).

인간의 실존적 조건에 대한 직면은 좌절감과 절망감을 초래할 수 있다. 죽음, 고독, 무의미와 같은 실존적 조건에 직면하여 자기 존재의 의미와 가치를 발견하지 못하면 우울상태에 빠져들 수 있는데, 이를 실존적 우울증(existential depression)이라고 부른다. 실존적 우울증 상태에서는 허무감, 절망감, 무가치감, 의욕상실, 도덕적 방향감각 상실 등이 나타날 수 있으며 극단적인 경우에는 자살로 이어질 수 있다. 실존적 심리치료자인 부젠탈(Bugental, 1987)에 따르면, 우울증은 열심히 추구할 만한 가치가 있는 것이 아무것도 없다고 느끼는 낙담상태이다. 우울증은 죽음불안 또는 무의미감과 밀접하게 연결되어 있기 때문에 우울증의 치료를 위해서는 죽음불안을 다루어 주어야 한다. 죽음불안을 다루는 실존적 심리치료를 통해서 우울증상이 개선될 수 있다는 것을 보여 주는 여러 연구(Ghaemi, 2007; Stalsett, Gude, Ronnestad, & Monsen, 2012)가 존재한다.

7) 기타의 정신장애

이 밖에도 죽음불안은 다양한 정신장애에 영향을 미치는 것으로 알려져 있다. 예컨대, 약물중독, 도박중독, 게임중독을 비롯한 다양한 중독행동의 기저에도 죽음불안이 존재하는 것으로 여겨지고 있다. 알코올중독을 나타내는 사람들은 죽음을 떠올리게 하면 더 많은 알코올을 마셨다. 또한 니코틴중독을 나타내는 흡연자들은 죽음을 떠올리게 했을 때 담배를 더 세게, 더 빨리 그리고 더 오래 피웠다(Kain & Nelson, 2001). 섹스중독(sex addiction)도 죽음불안과 관계되는 것으로 주장되고 있다. 섹스는 생명력의 표현으로서 죽음을 물리치는 상징적 행동이자 죽음불안을 잠재우는 치료제의 역할을 하게 된다. 섹스중독을 나타내는 네 명의 사례를 분석한 연구(Watter, 2018)에 따르면, 이들은 섹스를 죽음공포의 해독제로 여기고 있었다. 죽음불안을 회피하려는 방어적 노력은 일중독으로 나타날 수도 있다.

일중독을 지닌 사람들은 자신이 성취를 통해 진보하며 상승하고 있다는 확고한 신념을 지니고 있으며 그러한 신념의 기저에는 자신이 죽지 않고 영원히 번성할 것이라는 특별함의 방어기제가 관여한다. 이 밖에도 게임중독에 빠진 사람들은 게임 속에서 자신이 영웅적 행동을 하고 있다는 느낌을 받으며 영웅과 동일시하거나 불사와 부활의 환상을 통해서 죽음불안으로부터 도피하려는 동기를 지닌다.

　　최근에 조현병이라고 불리는 정신분열증도 죽음불안과 관련된 것으로 여겨지고 있다. 일반인은 개인이 속한 문화의 가치와 신념체계를 수용하고 순응함으로써 심리적 안전감을 얻으며 죽음불안으로부터 벗어난다. 그러나 일부의 사람들은 이러한 문화적 신념체계가 죽음불안을 방어하는 데 충분하지 않다고 느끼며 극단적인 방어방식에 의지하게 된다. 얄롬(1980)에 따르면, 정신분열증 환자들은 자신이 속한 사회의 문화적 신념체계를 공유할 수 없거나 공유하기를 싫어한다. 그 결과 죽음공포에 시달리는 정신분열증 환자들은 비현실적인 공상의 세계에 빠져들어 피해망상이나 과대망상을 비롯한 심각한 증상을 나타내게 된다. 그러한 공상세계에는 막강한 힘을 지닌 적대적 존재들이 바글거리기 때문에 공포와 피해의식을 느끼게 된 정신분열증 환자들은 이러한 존재들에 대항하기 위해 자신을 불사신과 같이 전능한 존재로 여기는 과대망상을 형성하게 되는 것이다.

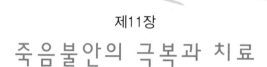

제11장

죽음불안의 극복과 치료

인간은 자기존재의 유한성을 깨닫는 순간부터 죽음불안과 함께 살아가야 한다. 우리의 삶에 있어서 죽음불안은 양날의 칼과 같다. 죽음불안은 삶의 즐거움과 행복감을 잠식하는 어두운 그림자인 동시에 삶의 소중함과 의욕을 일깨우는 밝은 햇살과도 같다. 죽음불안은 지극히 정상적이고 보편적인 경험이지만 어떻게 감당하고 관리하느냐에 따라 우리의 삶이 달라진다. 우리 삶의 가장 중요한 과제는 죽음불안을 어떻게 관리하면서 한 번뿐인 인생을 행복하고 의미 있게 사느냐 하는 것이다.

1. 행복한 삶을 위한 죽음불안의 극복

많은 사람이 죽음불안을 잘 관리하면서 나름대로 행복한 삶을 살아가고 있다. 죽음불안을 어떻게 관리하는 것이 좋은 방법인지를 제시하기는 어렵다. 죽음불안을 관리하는 최선의 유일한 방법은 존재하지 않는다.

죽음불안을 잘 관리하는 사람들은 몇 가지의 공통적인 특징을 나타낸다. 이들은 죽음의 주제와 관련된 활동(예: 장례식 참석, 병문안, 유언장 쓰기)에 거부감 없이 기꺼이 참여하고, 죽음과 죽어감에 대한 대화(예: 죽음에 관해서 배우자와 대화 나누기, 자신의 죽음이 가족에게 미칠 영향에 대해서 이야기 나누기)에 흥미를 느끼며 자발적으로 참여하고, 인생을 충만하고 가치 있게 사는 일에 초점을 맞춘다. 반면에, 죽음불안으로 인해서 죽음과 관련된 대화나 상황을 극도로 혐오하며 회피하는 사람들이 있다. 이러한 사람들은 죽음의 주제와 직간접적으로 연결된 다양한 상황을 회피하기 때문에 자유롭고 충만한 삶을 영위하기 어렵다.

대다수의 정신장애는 죽음불안과 관련되어 있다. 앞에서 살펴보았듯이, 죽음불안은 건강염려증과 신체증상장애를 비롯하여 공황장애, 공포증, 분리불안장애, 강박장애, 섭식장애와 같은 다양한 정신장애의 기저에 존재하며 영향을 미친다. 호주의 심리학자인 멘지스와 멘지스(Menzies & Menzies, 2018)는 정신장애의 치료를 위해서는 증상에 초점을 맞추기보다 죽음불안을 다루어야 한다고 주장한다. 이들에 따르면, 죽음불안은 여러 정신장애의 기저에 존재하면서 마치 회전문처럼 인생의 발달단계마다 다른 정신장애의 모습으로 나타날 수 있다. 예컨대, 아동기에는 분리불안장애로 나타나고, 청년기에는 공황장애나 강박장애로 나타나며, 중년기·노년기에는 강박장애나 건강염려증으로 나타날 수 있다. 따라서 정신건강을 위한 핵심적 조건은 죽음불안을 잘 관리하면서 그에 효과적으로 대처하는 것이라고 할 수 있다.

죽음불안은 인간이 감당하며 극복해야 할 실존적 조건이다. 죽음이라는 실존적 불안에 압도당하지 않고 주어진 삶을 충만하고 가치 있게 살아가는 것이 중요하다. 죽음불안을 극복하는 것은 정신장애의 치료를 위해서도 필요한 일이다. 실존적 심리치료자들은 죽음불안을 억압하고 회피하는 것이 다양한 정신장애를 유발한다고 주장한다. 건강하고 진실한 삶을 살기 위해서는 죽음, 고독, 무의미와 같은 실존적 조건을 용기 있게 직면하고 수용하는 것이 필요하다(Yalom, 1980). 또한 인지행동치료자들은 건강염려증과 신체증상장애를 비롯한 정신장애의 치료를 위해서 죽음불안에 초점을 맞추고 접근을 시도하고 있다. 죽음불안을 극복하기 위해서는 죽음과 관련된 상황을 회피하지 않고 직면하는 것이 중요하다. 아울러 죽음불안을 증폭시키는 비현실적인 생각과 신념을 변화시킴으로써 죽음불안과 더불어 정신장애 증상을 완화시킬 수 있다.

죽음불안은 암과 같이 생명을 위협하는 질병을 지닌 사람들을 고통스럽게 만드는 주된 요인이다. 암은 한국인의 사망원인 1위로서 2017년에만 전체 사망자의 27.6%에 해당하는 7만 9천 명이 암으로 사망했다. 죽음불안은 암환자들의 삶의 질을 저하시킬 뿐만 아니라 치료과정에도 악영향을 미친다. 특히 회복이 불가능한 말기환자의 경우에는 좋은 죽음을 맞기 위해서 죽음불안을 극복하는 것이 매우 중요하다. 죽음을 앞둔 사람들의 죽음불안을 어떻게 완화할 수 있을까? 그들이 자신의 죽음을 수용하면서 좋은 죽음을 맞이하도록 돕기 위해서는 어떻게 해야 할까? 최근에 말기환자의 죽음불안을 완화하기 위한 다양한 방법들(예: 존엄치료, 의미중심적 치료, 인지실존적 집단치료 등)이 개발되고 있다. 죽음불안을 극복하고 치료하는 것은 많은 심리학자와 임상가들의 관심사가 되고 있다.

2. 죽음불안의 극복을 위한 심리학 이론

고대 로마시대의 철학자 키케로(Cicero)는 철학이 죽음을 준비하는 작업이라고 말한 바 있다. 그의 말대로 많은 철학자들이 죽음에 대한 다양한 견해를 제시했다. 소크라테스로부터 플라톤, 아리스토텔레스, 에피쿠로스, 스토아 철학자들에 이어 중세의 신학자들, 그리고 키르케고르, 쇼펜하우어, 니체, 사르트르, 하이데거를 비롯한 실존주의 철학자들에게 있어서 죽음은 중심적 주제였다. 현대에 접어들면서 심리학자들이 죽음의 주제에 깊은 관심을 갖기 시작했다. 죽음은 인간의 마음과 밀접하게 관련된 문제일 뿐만 아니라 인간의 삶을 이해하기 위한 핵심적 주제이기 때문이다. 심리학자들은 특히 죽음불안과 그에 대한 효과적인 대처방법에 대해서 깊은 관심을 지니고 있다.

1) 자기실현과 죽음불안

자기실현을 충분히 이룬 사람들은 죽음불안 수준이 낮다. 삶을 통해서 자신의 잠재가능성을 충분히 펼치고 인생의 다양한 측면을 충분히 경험한 사람은 죽음을 두려워하지 않는다. 죽음이 두려운 이유는 삶을 충분히 누리지 못한 미련과 후회 때문이다. 여러 실증적 연구(Ebersole & Persi, 1992; Neimeyer, 1985; Richard, & Jex, 1991)에서 자기실현의 정도는 죽음불안 수준과 반비례하는 것으로 나타났다. 인생과업을 완수하지 못한 채 죽음을 맞이하는 사람들이 더 높은 죽음불안을 경험한다. 이런 점에서 죽음불안은 자기실현을 통해 극복할 수 있다(Neimeyer & Chapman, 1980).

에이브러햄 매슬로(Abraham Maslow)와 칼 로저스(Carl Rogers)로 대표되는 인본주의 심리학자들은 인간의 가장 기본적인 특성을 자기실현 경향성이라고 보았다. 자기실현 경향성(self-actualizing tendency)이란 자신의 모든 잠재력을 발현하여 가치 있는 존재로 성장하고자 하는 선천적인 성향을 의미한다. 인간은 자기실현 경향성이 차단되거나 봉쇄될 때 불안과 좌절을 경험하게 된다. 이러한 자기실현이론의 관점에서 보면, 인간이 죽음을 두려워하는 중요한 이유는 죽음으로 인해 자기실현적 삶이 영원히 중단되기 때문이다. 달리 말하면, 충분히 자기실현적인 삶을 영위한 사람은 죽음을 좀 더 편안하게 받아들일 수 있다. 매슬로(1968, 1970)는 자기실현적인 사람들이 자기 자신을 잘 수용하고 일반적인 불안수준이 낮을 뿐만 아니라 죽음불안도 낮다고 주장했다.

로저스(1959)에 따르면, 인간은 누구나 '지금 여기 있는 그대로' 충분히 가치 있는 존재이다. 그런데 인간은 성장과정에서 부모를 비롯한 주변 사람들이 중요하게 여기는 가치의 조건(conditions of worth)을 내면화하게 된다. 따라서 그들이 기대하는 조건을 갖춤으로써 그들로부터 사랑과 인정을 받아야 자신이 가치 있는 존재

가 될 수 있다고 생각한다. 이처럼 가치의 조건들을 잘 갖춘 자신의 모습, 즉 이상
적 자기(ideal self)를 추구하게 된다. 그런데 현실적 자기의 모습이 이러한 이상적
자기에 미치지 못할 때, 인간은 불안과 좌절감을 경험하게 된다.

자기실현이론의 관점에서 보면, 죽음 앞에서 현실적 자기와 이상적 자기 간의
괴리가 많이 느끼는 사람일수록 더 강한 죽음불안을 경험하게 된다. 특히 다른 사
람들이 기대하는 가치의 조건을 중요하게 여기는 사람일수록, 그리고 이상적 자기
수준이 높은 사람일수록 죽음을 앞둔 상태의 현실적 자기와 이상적 자기의 괴리를
더 크고 강하게 느낀다. 이러한 사람들은 자신의 삶을 미완성이자 실패작으로 여
긴다. 또한 죽어감의 과정에서 필연적으로 쇠퇴할 수밖에 없는 가치들(외모, 능력,
성취, 사회적 신분 등)을 중요하게 여기는 사람일수록 죽어감과 죽음을 위협적인 것
으로 여기며 죽음불안을 더 강하게 경험할 것이다.

반면에, 충분히 자기실현적인 삶을 영위한 사람들은 죽음을 좀 더 편안하게 받
아들인다. 자신이 진정으로 원하는 일을 하고 자신의 능력을 충분히 발휘했기 때
문에 자신의 삶을 충분히 가치 있는 것으로 여기며 다른 사람들의 평가에 연연하
지 않는다. 이들은 최선을 다한 삶의 과정을 중시할 뿐 결과에 집착하지 않는다.
또한 새로운 경험에 열린 자세를 지니고 있는 사람들에게는 죽음도 흥미로운 경험
으로 여겨질 수 있다(Rogers, 1980).

2) 의미추구와 죽음불안

자신의 인생에서 소중한 의미를 발견하고 부여하는 사람은 죽음을 더 잘 받아들
일 수 있다. "참을 수 없는 것은 의미 없는 고통"이라는 니체의 말이 있듯이, 죽음
이 두려운 이유는 우리의 삶에서 의미와 가치를 발견하지 못하기 때문이다. 인간
은 의미를 추구하는 존재로서 의미를 통해서 죽음불안을 극복할 수 있다.

빅터 프랭클(Viktor Frankl: 1905~1997)은 제2차 세계대전 중에 나치의 강제수용
소 생활을 경험하면서 아무리 고통스럽고 비참한 상황이라도 우리의 삶은 의미를

지니며, 그렇기 때문에 고통조차 의미 있는 것이라는 깨달음을 얻게 되었다. 그에 따르면, 인간을 움직이는 가장 강력한 동력은 의미추구 의지이다. 아무리 험난한 상황에서도 인간은 자신의 삶을 선택할 자유를 지닐 뿐만 아니라 소중한 의미를 위해서 어떠한 비극도 견딜 수 있다. 비극은 우리를 죽이지 못하며 오히려 강하게 만든다. 그 누구도 우리에게서 빼앗아 갈 수 없는 단 한 가지는 자신의 태도를 선택할 수 있는 마지막 자유이다.

의미추구를 중시하는 심리학 이론들은 개인이 자신의 삶에 부여하는 의미가 고난과 역경에 대처하는 태도에 영향을 미친다는 점을 강조하고 있다. 프랭클은 우리의 삶에서 의미를 발견할 수 있는 세 가지 원천을 제시하고 있다. 그 첫째는 창조적 가치(creative value)로서 나름대로의 창조적 활동을 통해서 세상에 기여하는 것이다. 둘째, 체험적 가치(experiential value)는 우리가 세상으로부터 얻는 것으로서 인생에서 경험하는 모든 기쁨과 즐거움뿐만 아니라 고통과 비극까지도 의미의 원천이 될 수 있다. 셋째는 태도적 가치(attitudinal value)로서 삶과 죽음에 대해서 우리가 선택하고 대처하는 태도를 의미한다. 바꿀 수 있는 것은 과감히 변화시키되 바꿀 수 없는 것은 겸허하게 수용하는 것이 지혜롭다. 죽음의 운명은 변화시킬 수 없지만 죽음을 대하는 태도는 얼마든지 변화시킬 수 있다. 자신의 죽음에 대해서 어떤 태도를 선택하느냐에 따라 삶의 의미가 달라질 뿐만 아니라 죽음불안 수준도 변하게 된다.

의미추구 이론들은 개인의 '과거'와 '관계'를 의미 발견의 주요한 원천으로 여긴다. 우선, 삶의 의미를 발견하기 위해서는 과거에 대한 태도를 변화시키는 것이 중요하다. 과거는 더 이상 존재하지 않는 허망한 것이 아니라 가장 확실하게 존재했던 것이라고 여기는 것이 중요하다. 프랭클(1963)에 따르면, 과거의 어떤 것도 손상되지 않으며, 과거의 모든 것은 폐기될 수 없다. 과거에 존재했던 것은 가장 확실한 존재이다.

의미를 발견하는 또 다른 방법은 자신의 삶을 의미 있는 타자와 연결하는 것이다. 삶의 의미는 소중한 사람들이나 사회적 조직과의 연결을 통해서 공간적으로 확장할 수 있을 뿐만 아니라 과거 또는 미래와의 연결을 통해서 시간적으로도 확장할 수 있다. 죽음으로 인해 우리의 삶이 무의미한 것으로 전락하는 것이 아니라 확장된 자기인식을 통해서 다른 존재와 연결된 우리 삶의 의미와 가치를 발견할 수 있다. 자기확장을 통해서 자신의 삶과 죽음에 대한 관점을 변화시키면 죽음에 대한 두려움이 완화될 수 있다(Westman & Canter, 1985).

죽음을 바라보는 관점과 태도는 우리가 선택할 수 있다. 죽음의 수용을 위해서는 두 가지의 관점 변화가 필요하다(Thompson & Janigian, 1988). 그 하나는 삶의 의미를 현재의 초라한 모습에 초점을 맞추기보다 자신의 성취와 과거의 경험에 초점을 맞추어 확장시키는 것이다. 다른 하나는 죽음의 의미를 재구성하는 것이다. 죽음은 우리의 모든 것을 파괴시키는 절대 악(惡)이 아니라 우리의 삶을 소중하고 의미 있는 것으로 만드는 바탕이다.

여러 실증적 연구에서 삶의 의미는 죽음불안과 역상관을 나타내는 것으로 보고되었다. 최근에 웡(Wong, 2000, 2007, 2011)은 의미 부여가 죽음수용에 중요함을 설명하는 의미관리이론(meaning management theory)을 제시했다. 또한 의미 부여를 통해 죽음을 비롯한 고난과 역경을 극복하도록 돕는 의미치료(meaning therapy)를 제안했다. 의미관리이론과 의미치료에 관해서는 제4부 제14장에서 상세하게 소개할 것이다.

3) 긍정적 환상과 죽음불안

프로이트의 위대한 공헌 중 하나는 방어기제의 발견이다. 적절한 방어기제는 우리가 죽음불안을 완화하면서 삶을 적응적으로 영위하는 데 도움을 준다. 방어기제의 관점에서 보면, 과도한 죽음불안은 방어의 실패에 의한 것으로서 삶의 적응을 훼손하기 때문에 정신적으로 건강한 것이 아니다. 오히려 긍정적 환상(positive illusion)을 통해서 적응수준과 정신건강이 향상될 수 있다. 인간은 죽음의 유령으로부터 자신을 보호하기 위해 죽음을 부정하면서 불멸(immortality)의 환상을 만들어 낸다. 예컨대, 사후생을 통해 자신의 삶이 영속된다고 믿거나 국가, 민족, 이념, 가치에 대한 헌신을 통해 자기존재가 상징적으로 존속한다고 믿음으로써 죽음불안으로부터 벗어날 수 있다. 토머(Tomer, 1994)는 죽음불안이 이러한 방식으로 완화될 수 있다는 주장들을 부정 및 긍정적 환상 이론(theories of denial and positive illusions)이라고 지칭했다. 그에 따르면, 부정 및 긍정적 환상 이론은 크게 세 갈래로 연구되고 있다.

그 첫째는 죽음불안의 2요인 모델(two-factor model of death anxiety)로서 죽음불안 수준이 두 요인, 즉 전반적인 정신건강과 구체적 죽음 관련 경험에 의해서 결정된다는 것이다. 방어기제가 효과적으로 작동하지 못하면 우울증이나 불안장애와 같은 다양한 정신건강 문제가 발생할 뿐만 아니라 그와 함께 죽음불안도 증가한다. 또한 가족이나 사랑하는 사람의 사별과 같이 죽음과 관련된 경험을 하게 되면 죽음불안은 더욱 증폭될 수 있다. 여러 실증적인 연구에서 죽음불안이 여러 가지 정신장애 증상과 정적 상관을 나타낼 뿐만 아니라 죽음과 관련된 생활경험에 의해서 증가한다는 것이 밝혀졌다.

둘째는 어니스트 베커(Ernest Becker, 1973)의 저서 『죽음의 부정』에 근거하고 있는 공포관리 이론(Terror Management Theory: TMT)이다. 이 이론에 따르면, 인간의 문화체계는 죽음의 공포를 관리하기 위한 것이다. 문화체계는 종교를 비롯하여 국가, 민족, 이념, 학문, 예술, 스포츠 등과 같이 사회구성원들이 참여하는 사회적 구조로서 가치와 규범을 제시한다. 문화체계는 구성원으로 하여금 그러한 가치와 규범을 신봉하도록 독려하며 문화체계와의 동일시를 통해서 상징적 불멸(symbolic immortality)을 약속한다. 개인은 문화적 가치의 성취를 통해서 자신이 가치 있는 구성원이라는 자존감을 경험함으로써 상징적 불멸감을 얻는 동시에 죽음불안을 완화할 수 있다. 다양한 가설로 구성된 공포관리 이론은 많은 실증적 연구를 통해서 입증되었으며, 제4부 제13장에서 자세하게 설명할 것이다.

셋째는 자기통제의 긍정적 환상(positive illusions of self-control)에 관한 연구들이다. 대부분의 사람은 자신과 환경을 통제하는 자신의 능력을 실제보다 더 긍정적인 것으로 생각하는 긍정적 환상을 발달시키고 유지한다. 이러한 긍정적 환상은 심리적 적응에 도움이 되는 것으로 밝혀지고 있다. 사람들은 죽음에 대해서도 긍정적 환상을 지니고 살아간다. 즉, 우리는 자신이 언젠가 죽을 수밖에 없는 존재라는 것을 인정하지만 자신과 환경을 잘 통제하여 건강을 유지하고 위험을 회피함으로써 죽음을 먼 미래로 연기할 수 있다고 믿는다. 죽음은 항상 안전한 거리로 멀리 떨어져 있는 미래의 일이라고 믿는다. 살아 있는 한 우리는 죽음을 피해 잘 통과해 온 것이며 앞으로도 죽음을 오래도록 피할 수 있다는 긍정적 환상은 심리적 안정감을 느끼며 살아가는 데 도움이 될 수 있다.

4) 자기개념과 죽음불안

인간의 삶은 '나'라고 여기는 자기개념을 확장하고 강화하는 노력의 과정이다. 자기개념은 다양한 측면과 구성요소를 지닌 복합적인 심리적 구조로서 인간의 감정에 강력한 영향을 미친다. 자기개념은 현재의 자기모습을 반영하는 현실적 자기뿐만 아니라 자신의 이상적 모습을 반영하는 이상적 자기, 그리고 중요한 사람들이 자신에게 기대하는 모습을 반영하는 의무적 자기의 차원을 지닌다. 히긴스(Higgins, 1987)는 이러한 자기개념의 측면들 간의 괴리가 감정반응을 유발한다는 자기괴리 이론(self-discrepancy theory)을 제시했다. 히긴스에 따르면, 현실적-이상적 자기의 괴리는 우울-절망과 관련된 감정을 유발하는 반면, 현실적-의무적 자기의 괴리는 불안-초조와 관련된 감정을 촉발한다.

마커스와 누리우스(Markus & Nurius, 1987)는 자기개념이 매우 다양한 측면으로 구성되어 있다는 다중자기 이론(multiple selves theory)을 제시했다. 이 이론에 따르면, 자기개념은 현실적 자기, 이상적 자기, 의무적 자기뿐만 아니라 미래에 성취할 수 있는 자기의 모습을 반영하는 가능한 자기(possible self), 자신의 긍정적 측면을 반영한 좋은 자기(good self), 자신의 부정적 측면을 반영한 나쁜 자기(bad self), 부인하고 싶은 자신의 모습을 반영하는 나 아닌 자기(not me self) 등과 같이 다양한 측면으로 구성된다. 이러한 자기개념의 다양한 측면들은 역동적으로 서로 영향을 미칠 뿐만 아니라 인간의 감정, 동기, 행동에 강력한 영향을 미친다.

다중자기 이론의 관점에서 보면, 죽음에 대한 감정과 태도는 개인이 죽어 가는 자기(dying self) 또는 사망한 자기(dead self)를 바라보는 방식에 의해서 결정된다. 즉, 죽음불안은 죽음에 직면한 미래의 자기모습을 상상한 결과이다. 이렇게 상상된 자기(imagined self)는 죽음에 직면한 상상적 상황의 시점에서는 현실적 자기가 된다. 죽음불안은 죽음에 직면한 상상된 자기를 이상적 자기(소망) 또는 의무적 자기(책임)와 비교한 결과인 것이다. 죽음에 직면한 상상적 자기가 이상적 자기나 의무적 자기에 현저하게 미치지 못할 경우에는 강한 죽음불안을 경험할 것이다. 그러나 미래의 가능한 자기를 높은 수준으로 끌어올릴 수 있다고 생각한다면, 즉 앞으로 남은 생애 동안에 이상적 자기나 의무적 자기에 도달할 정도로 상상적 자기를 끌어올릴 수 있다고 생각한다면, 죽음불안은 완화될 것이다. 죽음불안에 가장 커다란 영향을 미치는 것은 미래에 예상되는 자기실현의 정도, 즉 상상된 자기라고 할 수 있다.

나이가 많아짐에 따라 현재의 성취와 예상되는 성취, 즉 현실적 자기와 상상된 자기는 더 가까워진다. 따라서 나이가 많아질수록 개인의 소망(이상적 자기)과 책임(의무적 자기)을 실현하는 것이 중요한 삶의 주제로 부각되게 된다. 또한 자신의 기대수명과 자기실현 수준에 대한 주관적 평가가 죽음불안에 영향을 미치게 된다. 앞으로 얼마나 더 살 수 있을지에 대한 주관적 인식, 즉 주관적 기대수명이 죽음불안에 영향을 미친다. 현재는 소망과 책임을 실현하지 못했지만 그 괴리를 해소할 수 있는 충분한 시간이 남아 있을 뿐만 아니라 그 시간에 괴리를 성공적으로 해소할 수 있다고 생각하면 죽음불안이 감소할 것이다. 자기실현을 충분히 이룬 사람들이 낮은 죽음불안을 경험하는 이유는 그의 현실적 자기와 상상된 자기가 이상적 자기나 의무적 자기에 근접하여 괴리를 나타내지 않기 때문이다. 이처럼 죽음불안은 자기개념의 다양한 측면에 의해서 영향을 받는다.

5) 발달과제와 죽음불안

에릭슨(Erikson, 1963, 1968, 1982)은 인간이 아동기부터 노년기까지 발달단계마다 경험하게 되는 위기와 과제를 설명하는 인간발달의 심리사회적 이론(psychosocial theory of human development)을 제시했다. 그에 따르면, 인간의 발달과정은 8단계로 구분할 수 있으며 7단계의 중년기(35~65세)에는 생산감 대 침체감(generativity vs stagnation)의 주제가 부각되고 8단계의 노년기(65세 이상)에는 통합감 대 절망감(integrity vs despair)의 주제가 중요해진다. 각 발달단계에서 부각되는 주제를 잘 해결하면 성장을 통해 다음 단계로의 성공적인 이행이 이루어지지만 그렇지 못할 경우에는 좌절과 혼란을 경험하게 된다.

노년기의 삶은 전 단계인 중년기에 생산감 대 침체감의 주제를 얼마나 잘 해결했느냐에 의해서 영향을 받는다. 중년기의 위기는 자신이 늙어 가고 있으며 죽음이 가까이 다가온다는 인식이다. 이러한 위기를 해결하는 주된 방법은 생산감, 즉 자녀와 손자녀를 양육하고 후원하는 동시에 공동체나 사회에 대한 공헌을 통해서 많은 것을 성취했다는 다산감(多産感)을 발달시키는 것이다. 죽음불안은 중년기의 위기를 촉발하지만 생산감을 통해서 이러한 위기를 잘 극복하면 노년기의 발달과제로 넘어가게 된다. 이 시기에 자신의 지나간 모든 삶을 의미 있는 것으로 잘 통합하게 되면 일종의 상징적 불멸감을 경험하면서 죽음불안이 감소하고 만족스러운 노년기를 맞게 된다.

인생의 마지막 단계인 노년기에는 자기통합, 즉 자신의 삶을 일관성 있는 것으로 통합하는 것이 중요하다. 인간은 자신의 삶을 일관성 있는 것으로 통합하여 유지하려는 자기일관성(self-consistency)의 욕구를 지닐 뿐만 아니라 자신의 삶을 개선하여 자존감을 향상시키려는 자기고양(self-enhancement)의 욕구를 지니고 있다. 이러한 두 욕구는 상충될 수 있는데, 노년기에는 자기일관성의 욕구가 더 중요한 것으로 떠오르게 된다.

인생의 마지막 단계에서는 '통합된 전체로서의 자기(self as integrated whole)'와

'무아적 자기(selfless self)'가 자존감의 중요한 바탕이 된다(Dickstein, 1977). 노년기에서는 자기경계(self boundary)가 느슨해지는 경향이 있는데, 에릭슨은 이를 정체감 완화(identity defusion)라고 불렀다. 중년기에는 자녀의 양육과 사회적 공헌에 의한 생산감을 통해 죽음불안을 극복하는 노력이 이루어지는 반면, 노년기에는 인생의 통합과 무아적 자기의 실현을 통해서 개인적 죽음의 문제를 해결하려는 노력이 이루어진다.

인생 회고나 자서전 쓰기는 인생의 일관성과 통합성을 성취하는 동시에 죽음불안을 완화하는 좋은 방법이다. 물론 이러한 과정에서 자기일관성의 욕구에 따라 다양한 인생경험을 선택적으로 회고하는 편향성이 나타날 뿐만 아니라 자기고양의 욕구에 맞추어 과거의 경험을 긍정적으로 해석하는 편향성이 나타날 수 있다. 인생을 회고하는 과정에서 중요한 것은 다양한 경험들을 일관성 있는 전체로 통합하는 것과 자신의 삶을 가치 있는 것으로 구성하는 것이다.

6) 지혜발달과 죽음불안

죽음불안은 죽음을 바라보는 관점에 따라 현저하게 달라질 수 있다. 인간이 자신과 세상을 이해하는 인지적 능력은 아동기부터 성인기에 이르기까지 지속적으로 발달한다. 저명한 발달심리학자인 피아제(Piaget)는 어린 아동이 감각과 신체적 움직임을 통해 세상을 이해하는 감각운동 단계(sensory-motor stage)로부터 청소년이 추상적 개념을 통해 가설-연역적 조작을 하는 형식적 조작 단계(formal operation stage)까지의 인지발달단계를 제시했으나 그 이후 성인기의 인지발달에 대해서는 언급하지 않았다.

그러나 인간의 인지적 발달은 청소년기를 넘어서 성인기에 이르기까지 지속적으로 이루어진다. 최근에 성인기의 인지적 발달을 설명하는 후형식적 사고 모델(model of post-formal thinking)이 제시되었다. 후형식적 사고(post-formal thinking)는 피아제가 제시한 형식적 조작의 단계를 넘어서 매우 유연한 논리적 사고와 더불어 다양한 관점에서 현상을 바라보는 다차원적 사고를 의미한다. 후형식적 사고의 중요한 특징은 상반된 측면을 통합하는 변증법적 사고이다. 성숙한 인간은 변증법적 사고를 통해서 자기와 세상에 대한 새로운 이해의 틀에서 자신의 죽음을 통합시킬 수 있는 지적 능력을 발달시킨다.

후형식적 사고의 또 다른 특징은 진리의 절대성, 유일성, 보편성, 논리성을 넘어서 진리에 대한 유연한 상대주의적 입장을 취한다는 점이다(Labouvie-Vief, 1982). 이러한 상대주의적 입장에서 보면, 어떤 현상을 이해하는 타당한 관점들이 다양하게 존재할 수 있다. 또한 진리는 개인적·사회적 목표에 따라 상대적인 것이 될 수 있다. 진리는 객관적인 세계에 존재하는 것이 아니라 개인적·관계적 이해의 틀 속에 존재하는 것이다. 이러한 진리의 관점에서 보면, 상징적 불멸은 실제적 불멸의 애매한 대체물이 아니라 실제적 불멸 그 자체로 여겨질 수 있다.

인간의 사고는 발달단계에 따라 그 방식과 구조가 근본적으로 변화할 수 있다. 자신과 세상을 이해하는 방식뿐만 아니라 죽음을 바라보는 관점도 현저하게 변화할 수 있다. 성인기에는 후형식적 사고의 발달로 인해서 '인생의 불확실한 문제에 관한 판단 능력'과 '삶의 실제적 문제를 능숙하게 해결하는 능력'을 의미하는 지혜가 증가한다(Dittman-Kohli & Baltes, 1990).

지혜(wisdom)는 실천적 지혜(practical wisdom)와 철학적 지혜(philosophical wisdom)로 구분될 수 있다. 실천적 지혜는 개인적으로 관련된 실생활의 구체적인 문제를 해결하는 인지적 능력을 뜻하는 반면, 철학적 지혜는 일반적이고 추상적이며 사회적인 문제에 대한 이해와 해결에 관한 지식과 사고능력을 포함한다. 죽음불안은 개인의 삶과 죽음에 관한 문제이기 때문에 철학적 지혜보다 실천적 지혜와 더 밀접한 관련성을 지닌다(Dittman-Kohli & Baltes, 1990). 노년기에는 자신의 유한성과 죽음을 세대 간 계승과 문화적 이행과정의 맥락에서 받아들이도록 자기와 세상을 구성하는 실천적 지혜를 발달시키는 것이 중요하다. 죽음을 수용하는 능력은 실천적 지혜의 발달에 근거한다. 반면에, 철학적 지혜는 더 높은 수준의 추상화와 일반화를 통해서 죽음을 수용하고 초월하는 데 도움이 될 수 있다. 성인기에 발달하는 지혜와 후형식적 사고는 죽음을 이해하는 관점의 변화를 통해서 죽음불안을 완화하는 데 기여할 수 있다. 그러나 모든 사람들이 중년기나 노년기에 지혜와 후형식적 사고를 발달시키는 것은 아니다.

3. 죽음불안의 극복을 위한 통합모델

죽음불안은 자신의 죽음, 즉 자신이 소멸하는 상태를 예상하면서 촉발되는 부정적인 정서반응을 의미한다. 일반적으로 죽음불안 수준은 나이나 건강상태와 관련된 것으로 여겨진다. 나이가 많아짐에 따라 죽음불안이 증가할 것으로 예상하지만 실증적인 연구결과는 이와 달리 매우 복잡하다. 죽음불안이 나이와 정적 상관을 나타낸다는 연구결과도 있지만, 나이가 많을수록 오히려 죽음불안이 감소한다는 연구결과도 많다. 청년기에는 낮았던 죽음불안이 중년기에 높아졌다가 노년기에 감소한다는 연구결과도 있다. 이처럼 나이와 죽음불안의 관계는 단순하지 않으며 다른 여러 요인에 의해서 영향을 받는다. 또한 건강상태가 나쁠수록 죽음불안이 높아질 것으로 예상되지만, 반드시 그런 것도 아니다. 이처럼 죽음불안이 나이나 건강상태과 관련되어 있기는 하나 개인의 죽음불안 수준을 예측하는 것은 간단한 일이 아니다.

토머와 엘리아슨(Tomer & Eliason, 1996)은 개인의 죽음불안 수준을 설명하고 예측할 수 있는 통합모델을 제시했다. 이들에 따르면, 죽음불안은 세 개의 요인, 즉 과거-관련 후회, 미래-관련 후회, 죽음의 의미감에 의해서 결정된다. 과거나 미래와 관련된 후회가 많고 죽음을 무의미한 것으로 여기는 사람일수록 죽음불안이 높을 것이다. 이러한 세 요인은 죽음에 대한 생각이 많아지는 죽음 현저성(death salience)에 의해서 촉발된다. 죽음 현저성에서부터 죽음불안에 이르는 심리적 과정을 설명하는 통합모델을 도식으로 제시하면 〈그림 11-1〉과 같다.

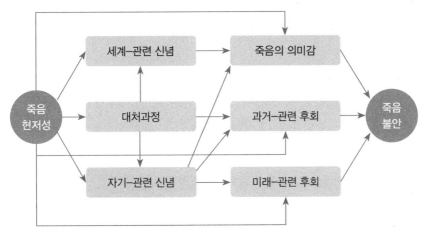

〈그림 11-1〉 죽음불안의 통합이론

1) 죽음 현저성

죽음불안은 죽음에 대한 생각에 의해서 촉발된다. 죽음불안의 강도는 죽음 현저성의 정도, 즉 죽음의 주제가 의식에 현저하게 부각되는 정도와 관련되어 있다. 죽음 현저성은 자신이 질병에 걸리거나 가까운 사람의 죽음과 같은 사건들을 겪으면서 죽음에 대한 생각이 많아지는 것을 의미한다. 죽음 현저성은 자신 또는 타인의 죽음과 관련된 사건에 노출되는 정도에 따라 증가한다. 특히 중요한 사람의 죽음, 즉 정서적 친밀감을 많이 느끼고 관계의 중요성이 높았던 사람이 사망했을 경우에는 죽음 현저성이 증가한다.

〈그림 11-1〉에 제시되어 있듯이, 죽음 현저성이 죽음불안에 영향을 미치는 경로는 세 가지이다. 첫째, 죽음 현저성이 직접적으로 죽음의 의미감이나 후회에 영향을 미칠 수 있다. 둘째, 죽음 현저성이 자기와 세계에 관한 개인의 신념을 활성화함으로써 죽음의 의미감과 후회에 영향을 미칠 수 있다. 셋째, 죽음 현저성에 의해 유발된 대처행동이 여러 경로를 통해 죽음불안에 영향을 미칠 수 있다.

2) 죽음불안의 선행요인: 후회와 무의미감

죽음불안은 자기실현과 관련되어 있으며, 자기실현을 많이 이룬 사람일수록 죽음불안 수준이 낮다. 반면에, 자신의 삶에 대한 후회가 많고 자신의 죽음을 무의미한 것으로 여기는 사람일수록 더 강한 죽음불안을 경험하게 된다. 지금까지의 삶에서 자기실현을 충분히 이루지 못했을 뿐만 아니라 앞으로도 그러하지 못할 것이라는 후회(regret)가 많은 사람일수록 죽음불안이 높을 것이다.

과거-관련 후회(past-related regret)는 개인이 과거의 삶에서 중요하게 여기는 인생의 목표를 성취하지 못했다는 부정적인 생각과 감정을 의미한다. 자신의 죽음을 생각하게 되면, 과거의 지나간 삶과 관련된 후회가 촉발된다. 후회는 인생을 잘못 산 것에 대한 자책감으로서 '하지 말았어야 했는데 행한 것'에 대한 후회와 '했어야 했는데 하지 않은 것'에 대한 후회를 포함한다.

미래-관련 후회(future-related regret)는 개인이 중요하게 여기는 인생의 목표를 미래에 실현할 수 없다는 부정적인 생각과 감정을 말한다. 때 이른 죽음으로 인해 인생의 목표를 성취할 시간이 부족하다는 인식과 정서적 반응을 의미한다. 개인이 성취하지 못하게 된 인생의 목표가 소중한 것일수록 좌절감과 죽음불안은 클 것이다. 반면에, 미래에 성취하고 싶은 특별한 목표가 없는 사람은 죽음에 직면해서도 미래-관련 후회가 적을 것이다.

자기실현을 이룬 사람들의 죽음불안이 낮은 이유는 후회가 적기 때문이다. 이들은 미래에 더 성취하고 싶은 것이 적을 뿐만 아니라 죽음으로 인해 잃을 것도 적기 때문이다. 후회와 죽음불안의 관계는 자기실현과 죽음불안에 관한 실증적 연구결과를 통해서 알 수 있다(Neimeyer & Van Brunt, 1995).

과거-관련 후회는 자기실현의 부족으로 인해 유발되는 '충분히 살지 못한 삶에 대한 존재론적 죄책감(ontological guilt)'과 관련된다. 죽음에 직면하여 갖게 되는 과거-관련 후회는 죽음불안을 강화시킨다. 그러나 죽음불안은 자기실현을 이룬 사람에게서도 강하게 나타날 수 있다. 왜냐하면 자기실현 경험이 미래의 기대를 높이고 더 큰 미래의 목표를 세우게 함으로써 미래-관련 후회를 증가시키고 결과적으로 죽음불안을 강화할 수 있다. 따라서 과거-관련 후회는 적지만 미래-관련 후회는 많을 수 있다는 점에서 후회를 두 가지 유형으로 나누는 것이 필요하다.

후회는 현실적 자기와 이상적 자기의 괴리로 이해될 수 있다. 현실적-이상적 자기 간의 괴리가 적은 사람은 자신의 인생에서 이미 주요한 목표를 성취했기 때문에 과거-관련 후회가 적을 것이다. 또한 이들은 더 성취해야 할 남은 목표가 없으므로 미래-관련 후회도 적을 것이다. 반면에, 현실적-이상적 자기 간의 괴리가 클수록 과거-관련 후회와 미래-관련 후회도 클 것이다. 이처럼 후회는 자기개념과도 밀접한 관계를 지니고 있다.

죽음의 의미감(meaningfulness of death)은 자신의 죽음을 '의미 있는 것 대 무의미한 것' 또는 '긍정적인 것 대 부정적인 것'으로 개념화하는 것을 뜻한다. 예컨대, 죽음은 모든 것이 소멸하는 것 또는 미래의 다른 삶으로 나아가는 관문으로 생각할 수 있다. 죽음을 부조리하고 무의미한 것으로 인식하는 것은 죽음불안을 증가시킨다(Holcomb, Neimeyer, & Moore, 1993). 사후생, 즉 불멸에 대한 믿음은 죽음을 의미 있는 것으로 여길 수 있는 한 방법이다. 또는 자기의 경계를 초월하여 우주와 합일하는 것으로 여길 수도 있다. 죽음의 의미감은 세계와 자기에 대한 신념에 의해서 영향을 받는다.

3) 세계와 자기에 관한 신념

죽음 현저성이 높아지면 세계와 자기에 관한 신념들이 활성화되어 죽음불안에 영향을 미치게 된다. 세계와 관련된 신념은 사후생에 대한 믿음뿐만 아니라 우주와 신, 사회구조, 가족과 타인에 대한 개인적 믿음을 의미한다. 사후생의 존재를 믿고 우주와 신에 대해 우호적 태도를 지닌 사람은 죽음의 의미감을 통해서 죽음불안이 감소할 것이다. 또한 사회적 안전망에 대한 신뢰와 가족의 지지에 대한 확고한 믿음을 지닌 사람은 위기상황에서도 죽음불안을 덜 느끼게 될 것이다.

자기에 관한 신념, 즉 자기개념은 죽음불안과 밀접하게 관련되어 있다. 죽음을 자각하게 되면, 자기 자신에 대한 평가가 평소보다 더 활발하게 촉발된다. 죽음은 삶의 유한성을 자각시키기 때문이다. 현실적 자기가 이상적 자기나 의무적 자기와 커다란 괴리를 나타낼수록 삶에 대한 후회와 더불어 죽음불안이 높아질 것이다. 더구나 남은 시간에도 결코 자신의 소망과 책임을 이루기 어렵다고 판단될 경우에는 미래-관련 후회가 증가하면서 죽음불안도 높아질 것이다.

특히 자존감은 죽음불안에 영향을 미치는 매우 중요한 심리적 요인이다. 자신에 대한 긍정적 평가와 신뢰가 높을수록 죽음불안은 낮아진다. 한 실험적 연구(Greenberg et al., 1992)에서는 개인의 성격에 대한 긍정적 또는 부정적 피드백을 통해서 자존감을 조작했다. 긍정적 피드백을 받은 사람들은 부정적 피드백을 받은 사람들보다 죽음과 관련된 동영상을 보고 나서 더 낮은 죽음불안을 나타냈을 뿐만 아니라 자신의 수명이 짧을 수도 있다는 사실을 덜 부인했다. 이러한 결과는 자존감과 죽음불안의 관계를 잘 보여 주고 있다.

4) 대처과정

죽음을 자각하게 되면 지나간 삶을 회고하고 현재의 삶을 점검하면서 미래의 계획을 세우는 등의 다양한 대처행동이 촉발된다. 이러한 대처과정은 세계와 자기에 대한 신념을 활성화시킬 뿐만 아니라 과거 관련 후회에 영향을 미쳐서 죽음불안 수준을 변화시킨다. 죽음에 대한 주요한 대처행동을 소개하면 다음과 같다.

(1) 인생회고

인생회고(life review)는 죽음불안에 대한 주요한 대처방식으로 과거의 삶을 회상하면서 삶 전체를 통합하는 활동을 의미한다. 죽음이 다가오는 것을 실감하게 되는 노년기나 말기질병기에는 인생회고가 특히 중요하다. 인생회고는 에릭슨이 말한 노년기의 발달과제인 자아통합을 촉진하여 죽음준비와 죽음불안 감소에 기여하는 것으로 알려져 있다. 그러나 인생회고는 허비된 삶에 대한 만병통치약이 아니며 오히려 후회를 증가시킬 수도 있기 때문에, 인생회고와 죽음불안의 관계는 간단하지 않다.

인생회고는 과거의 삶을 돌아보는 회상(reminiscence)과 인생의 시기별로 체계적으로 삶을 정리하는 전기적 구성(biography construction)이 있으며 그 유형에 따라 효과가 다를 수 있다. 과거의 삶을 일관성 있게 통합하는 통합적 회상(integrative reminiscence)이나 삶의 연속성과 자신의 유능감을 증진하기 위한 도구적 회상(instrumental reminiscence)은 성공적인 노화에 도움이 된다(Wong & Watt, 1991). 그러나 과거의 씁쓸하고 후회스러운 경험을 반복적으로 되씹는 강박적 회상(obsessive reminiscence)은 노화과정과 죽음불안에 부정적인 영향을 미칠 수 있다.

(2) 인생계획

인생회고는 과거에 관한 대처인 반면, 인생계획(life planning)은 미래에 관한 대처이다. 인생의 새로운 발달단계로 전환되는 과정에서는 인생회고와 더불어 인생계획을 하게 된다. 발달심리학자인 레빈슨(Levinson, 1978)에 따르면, 발달적 전환과정의 과제는 과거의 삶을 돌아보고 평가하는 것, 과거의 어떤 측면은 계속하고 어떤 측면은 폐기할 것인지를 결정하는 것, 그리고 자신의 소망과 가능성을 고려하여 미래를 계획하는 것이다. 죽음이 부각되었을 때는 자신의 인생목표를 돌아보고 재조정하는 것이 특히 중요하다. 치명적인 질병의 진단을 받은 사람들은 자신의 삶에서 추구해야 할 목표와 소망의 우선순위를 재조정하게 된다.

독일의 심리학자인 발테스(Baltes, 1987)는 성공적 노화를 위한 선택-보상-최적화(Selection-Compensation-Optimization: SOC) 모델을 제시했다. 그에 따르면, 노년기에는 신체적 · 심리사회적 능력이 쇠퇴하기 때문에 인생의 목표를 재조정해야 한다. 노년기에는 개인이 잘 유지하고 있는 강점에 초점을 맞추고 만족감을 이끌어 낼 수 있는 활동을 선택하여 삶의 목표와 소망을 수정해야 한다. 노인은 자신이 잘할 수 있는 가장 온전한 기능을 선택하여 집중함으로써 만족감을 통해 노화로 인한 상실감을 보상하면서 그러한 기능을 발달시키며 최적화하는 능동적인 삶으로 나아가야 한다.

인생목표를 재조정하는 과정에서는 좀 더 현실적인 목표를 선택하는 것, 성취가 불가능한 목표를 폐기하는 것, 그리고 성공과 실패의 기준을 변화시키는 것이 중요하다. 레빈슨에 따르면, 중년기 이후에는 젊은 시절의 꿈을 반드시 성취해야 한다는 꿈의 횡포(tyranny of the dream)에서 벗어나 개인의 포부를 좀 더 현실화하는 것이 중요하다. 이러한 변화는 삶의 유한성에 대한 뼈아픈 자각과 불멸의 환상에서 깨어남을 통해 가능하다. 외적인 성공과 사회적 인정은 덜 중요해지며 실패를 더 이상 재앙으로 받아들이지 않게 된다. 노인이 노쇠와 상실에 직면하면서도 자존감을 유지하는 것은 비현실적인 목표를 포기하고 좀 더 낮은 목표 수준을 선택함으로써 현실적 자기와 이상적 자기 간의 거리를 일정하게 유지하기 때문이다 (Brantstadter, Wentura, & Greve, 1993).

인생계획은 이처럼 자존감과 자기개념에 영향을 미친다. 인생목표의 재조정을 통해서 현실적-이상적 자기의 괴리를 줄일 수 있을 뿐만 아니라 과거-관련 후회와 미래-관련 후회를 감소시킬 수 있다. 이처럼 인생의 목표와 소망을 변경함으로써 가까이 다가온 죽음을 예상하면서 느끼게 되는 후회를 줄일 수 있다.

(3) 문화와의 동일시

죽음을 자각하게 되면, 자신이 신봉해 온 문화적 가치와 이념에 대한 집착이 강해진다. 이처럼 개인이 소중하게 여겨 온 문화적 가치나 소속집단과 동일시하는 것은 죽음불안을 완화하기 위한 대처방식의 하나이다. 문화적 가치와 이념은 개인의 자존감을 지탱하는 바탕이기 때문이다. 자존감은 문화와 동일시하여 그 가치기준에 따라 살아온 결과이다. 자존감은 특히 죽음의 자각과 함께 유발된 불안을 감소시키는 기능을 한다.

문화는 그에 순응하는 개인의 자존감을 보호함으로써 불안을 완충하는 장치로 기능한다. 여러 실험적 연구에서 죽음의 자각이 문화적 가치에 대한 동조를 강화하는 것으로 나타났다(Burke, Martens, & Faucher, 2010; Pyszczynski et al., 2005). 사후생을 믿는 사람들에게 죽음과 관련된 자극을 제시하면 사후생에 대한 믿음이 더 강해진다. 죽음을 자각하게 된 피험자들은 자신의 문화적 가치에 동조하는 사람들에게 더 호의적으로 행동한 반면, 그에 도전하는 사람들에게는 더 부정적인 태도를 나타냈다.

(4) 자기초월과정

자기초월(self-transcendence)은 자기에 대한 집착에서 벗어남으로써 죽음을 수용하고 죽음불안에서 벗어날 수 있는 중요한 대처방법 중 하나이다. 심리학자들은 인생의 정신적 성숙과정에 무아적 자기(selfless self)의 단계가 존재함을 인정한다(Dickstein, 1977). 인생회고와 인생계획도 자기를 초월하고 해방시키는 기능을 할 수 있다. 그러나 자기초월을 촉진하는 대표적인 두 가지 대처과정은 다산 과정과 자기 탈애착 과정이다.

다산 과정(generative processes)은 자녀 또는 손자녀를 비롯한 후속세대를 양성하고 그들을 후원하는 노력을 의미한다. 에릭슨이 제시했듯이, 중년기 이후에는 생산감에 대한 관심이 증가한다. 노년기에도 중년기 못지않게 생산감에 대한 관심이 많다. 다산 과정은 죽음의 자각이 증가한 결과이며 죽음에 대처하는 한 가지 방식이기도 하다.

자기 탈애착 과정(self-detachment processes)은 자기 자신에 대한 관심과 애착에서 벗어나는 것을 의미한다. 무언가에 몰입하여 무아지경에 빠지는 것도 자기의식에서 벗어나는 자기 탈애착의 하나이다. 또는 자신보다 커다란 어떤 것과의 연결감이나 세계와의 합일감을 통해서 자기에 대한 집착으로부터 좀 더 자유로워질 수 있다.

이러한 다산 과정과 자기 탈애착 과정은 자기를 거대한 것의 일부로 인식하고 자신의 삶과 세계에 의미를 불어넣음으로써 세계와 자기에 관한 신념을 변화시킬 수 있다. 이처럼 다양한 대처과정은 자신의 삶과 죽음에 대한 수용 또는 후회를 통해서 죽음불안에 영향을 미치게 된다.

5) 통합모델의 시사점

인생의 발달단계에 따라 죽음에 대한 관심이 달라지고 그 결과로서 죽음불안의 수준도 변화한다. 죽음에 대한 관심이 증가하는 노년기에는 대처과정이 더 중요해진다. 대처과정을 통해서 자기개념의 괴리를 줄이고 자존감을 증진하며 세계에 대한 의미를 발견하는 계기가 제공되기 때문이다. 과거의 삶을 회고하고 미래의 인생을 계획하는 것뿐만 아니라 문화적 가치와 동일시하며 자기초월의 노력을 기울이는 것은 죽음불안을 완화하는 데 도움이 된다. 어떤 대처방식을 선택하느냐는 개인적인 선호의 문제이다.

일반적으로 과거-관련 후회는 나이가 많아짐에 따라 증가한다. 반면에 미래-관련 후회는 청년기와 중년기에 증가하는 경향이 있는데, 이는 불확실한 미래에 비해서 인생의 목표와 포부가 크고 분명하기 때문이다. 만족스러운 노년기를 위해서는 효과적인 대처과정을 통해서 과거-관련 후회와 미래-관련 후회를 줄이고 죽음에 대한 긍정적 관점을 증진하는 노력이 필요하다.

통합모델은 죽음불안의 고통을 받고 있는 사람들을 돕기 위한 실무적 활동에 도움이 될 수 있다. 죽음불안과 관련된 정신장애를 치료하거나 말기환자를 돌보는 전문가들(의사, 심리상담사, 간호사, 호스피스 등)은 이 모델을 통해서 환자를 이해하고 체계적인 도움을 제공할 수 있다. 죽음교육을 담당하는 전문가들도 죽음태도에 영향을 미치는 요인들을 잘 알고 있어야 하며, 인생회고, 인생계획, 자기초월 등의 대처행동을 효과적으로 가르칠 수 있어야 한다.

4. 실존적 심리치료

실존적 심리치료(existential psychotherapy)는 다양한 심리치료 중에서 죽음의 문제를 직접적으로 다루고 있다는 점에서 특별한 의미를 지닌다. 또한 실존적 심리치료자들은 인간이 경험하는 대부분의 심리적 문제들이 죽음을 비롯한 실존적 조건과 관련되어 있다고 여긴다. 여기에서는 실존적 심리치료의 기본적인 관점과 주요한 치료방법을 살펴보기로 한다.

1) 실존적 심리치료의 개요

실존적 심리치료는 실존주의 철학에 뿌리를 두고 있는 심리치료이다. 실존적 심리치료의 관점에서 보면, 대부분의 심리적 문제는 개인이 자신의 실존적 조건을 직면하지 못한 채 회피하거나 무력감을 느끼는 상태와 관련되어 있다. 인간은 죽음, 고독, 자유, 무의미라는 실존적 조건을 용기 있게 직면하고 수용함으로써 진실한 삶을 살 수 있다는 것이 실존치료자들의 기본적인 입장이다.

죽음은 실존적 불안의 원천이지만 죽음을 직면함으로써 삶을 소중한 것으로 수용할 수 있게 된다. 또한 인간은 자신의 삶을 스스로 창조해 가는 자유로운 존재로서 실존적 고독을 수용함으로써 진정한 인간관계로 나아갈 수 있으며 무의미한 우주에서 의미를 창조함으로써 자신의 삶을 가치 있는 것으로 만들 수 있다(권석만, 2012; Yalom, 1980).

실존철학을 심리치료 분야에 적용하기 시작한 인물은 스위스의 정신과의사인 루트비히 빈스방거(Ludwig Binswanger)와 메다드 보스(Medard Boss)이며, 미국의 임상심리학자인 롤로 메이(Rollo May)와 오스트리아 정신과의사인 빅터 프랭클(Viktor Frankl)이 실존적 심리치료를 널리 알리는 데 공헌했다. 특히 어빈 얄롬(Irvin Yalom)은 1980년에 『실존적 심리치료(Existential Psychotherapy)』를 발간함으로써 실존적 심리치료의 이론적 체계를 정립하는 데 기여했다.

실존적 심리치료에 따르면, 개인의 삶에 가장 중요한 영향을 미치는 것은 실존적 불안이다. 실존적 불안은 죽음, 고독, 무의미, 자유라는 실존적 조건의 불가피성에 뿌리를 두고 있다. 실존적 불안은 불쾌한 것으로 여겨지기 때문에 억압되거나 회피되어 정신병리를 유발하는 원인이 될 수 있다. 그러나 실존적 불안은 진실한 삶과 심리적 성장을 촉진하는 촉매제가 될 수 있다.

　실존적 심리치료자는 내담자로 하여금 자신의 실존적 상황에 대한 자각을 증진하도록 촉진한다. 실존적 조건을 용기 있게 직면하도록 격려하며 자유와 책임의 인식 속에서 자신의 삶을 주체적으로 영위하도록 돕는다. 실존적 심리치료자의 중요한 과제는 내담자가 삶의 주인으로서 진실하고 의미 있는 삶을 영위하도록 돕는 것이다. 많은 현대인들이 자신의 실존적 상황에 대해서 고민하지 않은 채 다른 사람과 사회에 의해서 부과된 가치를 추구하며 수동적인 삶을 살아간다. 실존적 심리치료자는 내담자가 주어진 환경의 수동적인 희생자로 남는 것이 아니라 자신의 선택에 의해 삶을 설계하고 영위하는 자유를 깨닫게 한다. 또한 내담자가 자신이 직면한 현실적 문제를 자유와 책임의 관점에서 바라보며 소중한 가치와 의미를 창의적으로 추구하는 진실한 삶을 살도록 돕는다.

2) 실존적 심리치료의 원리와 방법

　실존적 심리치료자는 내담자로 하여금 현재의 실존적 상황에 대한 자각능력을 증가시키고 자신의 삶을 주체적으로 선택할 수 있는 자유와 책임에 대한 의식을 증진시킨다. 인간은 특별한 운명이나 숙명에 의해 결정된 존재가 아니라 자신의 인생을 스스로 만들어 가는 창조적 존재임을 강조한다. 아울러 내담자로 하여금 자신이 실존적 조건을 지닌 유한하고 고독한 존재라는 것을 수용하도록 돕는다. 이러한 수용을 통해서 실존적 불안을 극복하고 인생을 자유로운 것으로 인식하게 된다. 치료자는 내담자가 자신의 삶에 대한 의미와 가치를 발견하도록 도움으로써 창조적인 삶을 향해 스스로 선택하고 실천하도록 지원한다.

　실존적 심리치료자들은 내담자의 실존적 조건, 즉 궁극적 관심사를 다루어 준다. 첫째, 내담자가 죽음이라는 실존적 상황에 직면하도록 격려한다. 죽음의 자각은 사소한 것에 사로잡히지 않고 좀 더 핵심적인 것에 근거한 새로운 삶의 관점을 갖게 할 수 있다. 아울러 반복적으로 죽음의 주제를 다룸으로써 내담자가 죽음에 익숙해지고 죽음불안을 감내할 수 있게 된다. 둘째, 내담자가 자신의 삶에 대한 자유와 책임을 자각하도록 촉진한다. 내담자가 지닌 현실적 문제를 구체적으로 살펴봄으로써 그가 책임을 회피하고 그로 인해 발생하는 부정적 결과를 깨닫도록 돕는다. 셋째, 치료자는 내담자로 하여금 실존적 고독을 직면하게 하면서 자신의 인간관계 방식을 점검하도록 돕는다. 인간관계를 통해서 실존적 고독을 완전히 해소할 수는 없지만 그 한계 내에서 진실한 관계를 추구할 뿐만 아니라 고독 속에 편안하게 머무를 수 있도록 돕는다. 마지막으로, 치료자는 내담자가 삶의 의미를 발견하고 창조하도록 돕는다. 내담자로 하여금 인간의 삶에 절대적인 의미는 존재하지 않지만 스스로 의미와 가치를 부여함으로써 삶을 좀 더 진실하고 충만한 것으로 만들 수 있다는 점을 인식시킨다. 실존적 심리치료자들은 이러한 목표를 성취하기 위해서 다음과 같은 치료방법을 사용한다.

(1) 한계 상황으로서의 죽음을 직면시키기

실존적 심리치료에서는 내담자로 하여금 자신의 삶을 실존적 관점에서 바라볼 수 있도록 죽음을 직면하도록 권장한다. "어떻게 살아야 하는지를 배우고자 한다면 죽음을 묵상하라."는 스토아 철학자의 말처럼, 죽음을 직면하는 것은 인생을 커다란 시각에서 바라보며 자신의 삶을 충실하게 살도록 촉진한다. 이를 위해서 내담자로 하여금 자신의 묘비명이나 사망기사를 쓰게 하거나 자신의 죽음을 상상 속에서 시각화하게 한다. 마음속으로 항상 죽음을 자각하면, 매순간 삶에서 접하는 모든 것이 감사한 축복으로 다가오게 된다. 또한 "실존은 미루어질 수 없다(Existence cannot be postponed.)"는 말처럼, 우리의 삶에서 진정 중요한 것은 현재라는 깨달음을 통해서 현재의 삶을 충실하게 살도록 한다.

(2) 책임을 인식하고 수용하기

실존적 심리치료에서는 내담자로 하여금 자신의 문제가 스스로 초래한 것이며 자신의 삶은 자신의 선택에 달려 있다는 책임감을 느끼도록 돕는다. 이를 위해서 치료자는 내담자가 자신의 상황을 불평할 때마다 어떻게 이러한 상황이 초래되었는지를 내담자의 선택에 초점을 맞추어 구체적으로 논의한다. 내담자에게 다양한 선택이 존재했으며 특정한 선택을 통해서 현재 상황에 처하게 되었음을 인식하도록 돕는다. 또한 현재의 삶 역시 내담자의 선택과 결정에 의해서 매순간 이루어지고 있음을 구체적인 예를 통해서 논의한다. 아울러 과거나 치료실 밖의 경험에 대한 내담자의 일방적 자기보고에 의존하기보다는 치료자와 내담자가 '지금 여기'의 관계에서 경험하고 있는 것에 초점을 맞추어 책임의 문제를 살펴본다.

(3) 소망을 자각하고 선택하기

주체적인 삶을 살기 위해서는 자신의 진정한 소망을 자각하는 것이 중요하다. 이를 위해서는 자신의 감각, 감정, 욕구를 민감하게 자각하는 노력이 필요하다. 치료자는 내담자로 하여금 '지금 여기'의 상태에 주의를 기울이며 자신의 신체적 감각, 움직임, 호흡, 감정을 자각하도록 노력한다. 감각으로부터 시작하여 점차 감정과 내면적 욕구에 초점을 맞추어 지각하려 노력하고 그 내용을 언어로 표현하게 한다.

어떤 선택의 상황에서 결정을 미루거나 실천하지 못하는 내담자의 경우에는 자신이 원하는 것을 분명하게 자각하고 주체적 선택을 통해서 행동으로 실행하도록 돕는다. 여러 선택의 결과가 유발할 수 있는 이득과 손실을 구체적으로 살펴볼 뿐만 아니라 다음과 같은 명제를 통해서 책임감 있는 결정과 실행을 하도록 돕는다.

- 오직 나만이 내가 만들어 낸 상황을 변화시킬 수 있다.
- 변화하는 것은 위험한 일이 아니다.
- 내가 정말 원하는 것을 얻기 위해는 내가 변화해야 한다.
- 나는 변화할 수 있는 힘을 지니고 있다.

(4) 의미를 발견하고 추구하기

실존적 심리치료에서는 내담자가 자신의 삶에 대한 의미를 발견하도록 돕는다. 무의미한 세계에서 의미를 발견하고 구성하는 것은 실존적 심리치료의 중요한 과제이다. 프랭클은 의미를 발견할 수 있는 3가지 방식을 제시했다. 그 첫째는 창조와 행위를 통한 방법이다. 무언가를 창조하거나 어떤 행위를 함으로써 의미를 발견할 수 있다. 둘째는 체험과 관계이다. 무언가를 경험하고 누군가와 관계 맺음을 통해서 의미 발견이 가능하다. 셋째는 피할 수 없는 고통에 대해서 어떤 태도를 취하느냐이다. 고통의 의미를 발견하는 것은 앞의 두 가지 방법을 적용할 수 없는 특별한 상황에서만 사용할 수 있다. 프랭클(1965)은 심한 우울증을 겪고 있는 노신사를 치료한 사례를 소개하고 있다. 사랑하는 아내의 죽음으로 고통스러워하는 노신사에게 그는 어떠한 위로의 말도 건넬 수가 없었다. 다만 그에게 "만약 당신이 먼저 저 세상으로 떠나 당신 아내가 혼자 남게 되었다면 그녀에게 어떤 일이 일어났을까요?"라고 물었다. 노신사는 "그녀에게 끔찍한 일이었겠지요. 아내는 나처럼 극심한 고통을 겪었을 겁니다."라고 대답했다. 프랭클은 "그녀를 그런 고통에서 벗어나게 한 것은 당신이군요. 지금 당신은 아내 대신 고통을 겪고 있는 셈이네요." 이러한 대화는 무의미하게 느껴지는 고통으로부터 의미를 발견하는 과정을 보여 주고 있다.

(5) 자유 경험하기

실존적 심리치료에서는 정신분석의 자유연상과 비슷한 방식으로 내담자로 하여금 자신의 경험을 자유롭게 표현하도록 격려한다. 자유 경험하기(free experiencing)는 내담자가 바로 지금 여기의 순간에 경험하고 있는 것을 자유롭고 정직하게 무엇이든지 표현하도록 격려하는 방법이다. 이러한 과정을 통해서 내담자는 자신이 억압하고 있는 것을 깨닫게 될 뿐만 아니라 몹시 제한된 존재 방식에 갇혀 있다는 것을 인식하게 된다. 자유 경험하기는 내담자가 자신의 실존적 상황에 대한 인식 능력을 증가시키고 내면적 억압을 자각하면서 행동의 자유로움을 얻도록 돕기 위한 것이다.

(6) 꿈 살펴보기

일부의 실존적 심리치료자들은 개인의 실존적 세계가 꿈에 반영된다고 믿는다. 꿈은 자신의 실존적 상황에 대한 무의식적인 태도를 보여 준다. 깨어 있을 때와는 달리, 꿈에서는 개인의 실존적 태도가 좀 더 진실하고 총체적인 형태로 나타날 수 있다. 따라서 꿈을 지속적으로 관찰하고 그 속에 담겨 있는 실존적 의미를 탐색하는 꿈 작업(dream work)을 통해서 치료자는 내담자가 실존적 상황에 대한 자신의 자세를 자각하고 좀 더 건강한 삶의 방식으로 나아가도록 돕는다. 사회적 가치와 윤리에 매몰되어 자신의 삶을 정직하게 바라보지 못하는 내담자에게는 꿈이 실존적 상황에 대한 자신의 태도와 소망을 인식하는 좋은 통로가 될 수 있다.

5. 죽음불안의 인지행동치료

죽음불안은 건강염려증, 신체증상장애, 공황장애, 공포증, 범불안장애를 비롯하여 강박장애, 외상후 스트레스 장애와 같은 다양한 정신장애와 밀접한 관계를 지니고 있다. 정신장애의 치료를 위해서는 증상보다 그 기저에 존재하는 죽음불안에 초점을 맞추어야 한다는 주장이 제기되고 있다(Menzies & Menzies, 2018; Menzies, Menzies, & Iverach, 2018). 죽음불안을 해소하지 않을 경우, 죽음불안은 회전문처럼 인생의 발달단계마다 다른 정신장애의 형태로 나타날 수 있기 때문이다.

1) 죽음불안의 인지행동치료

정신장애의 치료와 죽음불안의 완화에 가장 널리 적용되는 방법은 인지행동치료(cognitive behavior therapy)이다. 캐나다의 임상심리학자인 퓨러와 동료들(Furer &

Walker, 2008; Furer, Walker, & Stein, 2007)은 건강염려증과 신체증상장애를 치료하기 위해서 죽음불안에 초점을 맞춘 인지행동치료를 개발했다. 건강염려증과 신체증상장애의 핵심적 문제는 심각한 질병에 걸려 죽게 될 것에 대한 두려움이기 때문이다.

퓨러 등이 개발한 죽음불안의 인지행동치료는 건강염려증이나 신체증상장애를 치료하기 위해서 죽음불안에 초점을 맞추어 14주 동안의 집단치료 형태로 실시된다. 인지행동치료는 체계적 평가, 통합적 사례이해, 맞춤형 개입방법의 적용을 중시한다. 우선, 환자의 현재 증상을 비롯하여 성장과정, 병력, 가족관계, 심리사회적 적응상태 등에 대한 체계적 평가를 시행한다. 다음으로, 이러한 폭넓은 평가자료에 근거하여 환자가 현재 증상을 나타내고 심한 죽음불안을 지니게 된 원인 및 관련 요인들에 대한 통합적 사례분석을 시도한다. 마지막으로, 이러한 환자의 통합적 이해를 바탕으로 개인별로 치료계획을 수립하고 적절한 치료방법을 적용하게 된다.

인지행동치료에서 사용하는 주요한 치료방법은 불안자극에 대한 노출, 인지적 재구성, 부적응적 행동의 제거, 적응적 행동의 학습이다. 죽음불안의 치료를 위해서는 죽음과 관련된 염려와 상황에 대한 노출, 죽음에 관한 부적응적 신념에 대한 도전, 죽어감의 불가피성에 대한 인지적 수용, 삶의 만족감과 즐거움 증가와 같은 인지행동적 기법을 사용한다. 이러한 인지행동치료를 통해서 죽음불안이 현저하게 감소되었을 뿐만 아니라 건강염려증 증상도 현저하게 개선되었다(Furer & Walker, 2008; Furer, Walker, & Stein, 2007).

인지행동치료의 첫 회기에서는 참가자들에게 치료의 기본원리를 설명할 뿐만 아니라 죽음의 주제를 직접적으로 다루는 이유를 잘 소개하는 것이 중요하다. 건강염려증을 지닌 사람들은 죽음의 주제를 회피하려는 성향이 강한 반면에, 인지행동치료에서는 죽음과 관련된 자극에 직면시키는 노출을 중시하기 때문에 그 치료원리를 잘 설명하여 납득시키는 것이 중요하다. 죽음불안의 인지행동치료에서는 다음과 같은 내용으로 치료의 원리를 소개한다(Furer et al., 2007).

🍀 우리는 왜 죽음공포를 대면해야 하는가?

우리 모두가 나이를 먹으면서 해결해야 하는 과제 중 하나는 죽음이라는 현실과 편안하게 지내는 것입니다. 죽음이라는 주제를 회피하면, 일시적으로는 마음이 편안할 것입니다. 그러나 이러한 대처방법은 심한 스트레스를 겪게 되거나 죽음 또는 심각한 질병과 같은 힘든 상황에 직면하게 되면 도움이 되지 못합니다. 그래서 많은 사람이 죽음, 질병, 사고, 위험에 대한 두려움을 지니며 살아갑니다. 이러한 두려움은 우리의 삶을 고통스럽게 만들 뿐만 아니라 삶의 즐거움과 만족감을 감소시키고, 인간관계를 훼손하며, 직업 활동을 저해하고, 시간과 에너지를 허비하게 만듭니다.

질병과 죽음에 대한 공포는 다른 유형의 공포와 차이가 있습니다. 사람들이 두려워하는 일들은 대부분 실제로 발생하지 않습니다. 예를 들어, 비행기 타는 것을 두려워하는 사람들이 많지만 실제로 비행기가 추락하여 죽거나 다치는 일은 거의 없습니다. 또한 개를 두려워하는 사람들이 실제로 개에 물려 상처를 입는 일은 거의 생기지 않습니다. 그러나 질병과 죽음은 반드시 우리에게 일어날 일들입니다. 우리는 언젠가 병에 걸리게 될 것이며, 또한 우리 모두는 언젠가 죽게 될 것입니다. 세월이 흐르면, 우리는 우리 자신의 질병과 죽음에 대처해야만 합니다.

어떤 사람들은 죽음의 두려움에 과도하게 집착하여 시간과 에너지를 허비합니다. 이러한 사람들은 자신이 곧 죽지 않을 것이라는 점을 확신하지 못하면 어떤 일도 즐길 수 없다고 생각합니다. 이들은 인생의 오랜 기간 동안 일어나지 않은 일을 걱정하면서 인생의 소중한 시간을 허비하는 셈입니다. 이들은 행복해야 할 시간을 불행하게 보내는 사람들입니다. 반면에, 어떤 사람들은 죽음이라는 현실을 받아들이고, 죽음에 관한 생각을 편안하게 할 수 있으며, 질병과 죽음이 가까이 다가오는 상황에 적절하게 대처할 수 있다고 생각합니다. 이러한 사람들은 좀 더 행복하고 만족스러운 삶을 살아가는 일에 관심과 에너지를 집중합니다.

죽음의 공포에 대처하는 가장 효과적인 방법은 그것을 회피하는 것이 아니라 직면하는 것입니다. 얼핏 생각하기에 이러한 방법은 당신에게 적절하지 않은 것으로 느껴질 것입니다. 당신은 자신이 이미 죽음과 관련된 생각에 너무 몰두하고 있기 때문에 고통을 겪고 있다고 생각할 것입니다. 당신은 그런 고통스러운 시간을 얼마나 더 오래 보내려 하십니까? 현재의 대응방식이 당신의 삶을 편안하게 만드는 데 도움이 되고 있습니까? 죽음을 직면하고 수용하는 것은 죽음의 생각에 몰두하는 것과는 전혀 다른 것입니다. 죽음불안을 포함해서 모든 유형의 불안을 극복하는 최선의 방법은 그 두려워하는 상황을 직면하는 것이라는 점이 이미 많은 연구를 통해서 잘 밝혀져 있습니다. 한 번에 하나씩 단계별로 서서히 공포를 직면하는 것이 최선입니다. 두려워하는 것을 직면해야 한다는 점이 처음에는 매우 두렵게 느껴질 수 있지만 그렇게 어렵거나 고통스럽지 않은 방법을 통해서 두려움을 이겨 낼 수 있습니다.

2) 노출

불안을 극복하기 위해서 가장 중요한 치료적 요인은 노출(exposure)이다. 즉, 두려워하는 상황을 회피하지 않고 직면하는 것이다. 대부분의 불안장애 환자들은 두려워하는 상황이나 대상을 지속적으로 회피한다. 그 결과, 두려워하는 상황이 실제로 그다지 위험하지 않다는 것으로 배울 기회를 상실할 뿐만 아니라 일시적인 불안감소 효과로 인해 회피행동이 더욱 강화되는 악순환에 빠져들게 된다.

죽음불안의 치료에서도 노출은 핵심적인 치료요인이다. 죽음과 관련된 자극이나 상황에 점진적으로 노출함으로써 그러한 공포대상에 대한 둔감화가 일어나도록 하는 것이다. 환자가 감당하기 어려운 강한 불안감을 느끼지 않도록 점진적인 노출을 통해서 죽음 관련 자극에 대한 둔감화를 유도하는 것이 중요하다. 죽음 관련 자극은 실제적 노출과 상상적 노출을 통해서 제시될 수 있다.

실제적 노출(in vivo exposure)은 두려워하는 자극이나 상황에 직접적으로 노출시키는 것이다. 예를 들어, 신문에 나온 사망기사 읽기, 죽음과 상실에 관한 책이나 글 읽기, 죽음과 관련된 주제의 영화나 TV 프로그램 보기가 있다. 또는 가족이나 친구의 무덤 방문하기, 자신의 사망기사 쓰기, 또는 임종기에 있는 사람과 접촉하기도 노출과제로 사용될 수 있다. 특히 유서를 작성하거나 정기적으로 유서를 수정하는 것은 좋은 노출 과제가 될 뿐만 아니라 그동안 이러한 작업을 회피해 온 환자에게는 중요한 실천과제가 된다. 또는 자신의 장례식을 계획하거나 장례지도사를 만나 장례식에 관해 상의를 하거나 배우자 또는 가족구성원과 함께 삶을 마무리하는 법을 논의할 수도 있다. 이러한 활동은 좋은 노출과제인 동시에 임종과 관련된 소망을 구체적으로 생각해 보게 함으로써 자신의 죽음에 대한 통제감을 얻고 존엄한 죽음에 이를 수 있다는 믿음을 지니게 된다. 이러한 통제감은 죽음에 대한 불안을 감소시킬 뿐만 아니라 살아서 자신의 죽음 준비를 시작함으로써 "내 가족은 내가 죽으면 잘 대처하지 못할 것이다."와 같은 부정적 신념을 변화시키는 부수적인 효과도 거둘 수 있다. 특히 자신의 장례식 준비를 사랑하는 사람들과 함께 한다면 그들이 자신의 죽음에 대해서 겪게 될 충격과 애도과정을 완화시킬 수 있다.

상상적 노출(imagined exposure)은 죽음과 관련하여 두려워하는 상황을 구체적으로 상상함으로써 둔감화를 시도하는 것이다. 예를 들면, 자신의 죽음이나 죽어감에 대해 상상하거나 이야기하기, 자신이 두려워하는 미래의 사건들(예: 질병 발생, 투병과정, 죽음, 가족의 고통)에 대해서 글쓰기, 가족구성원의 죽음에 관한 상상적인 글쓰기 등이 있다. 불교의 수행법 중에는 자신이 죽어 육체가 해체되는 과정을 구체적으로 상상함으로써 육체에 대한 집착과 죽음불안을 완화하는 부정관(不淨觀) 또는 백골관(白骨觀)이 있다.

이 밖에도 내면감각적 노출(interoceptive exposure)을 통해서 건강염려증 환자들이 임박한 죽음의 단서로 잘못 생각하여 두려움을 느끼는 특정한 신체적 감각(예: 빠른 심장박동, 어지러움)에 노출시킬 수도 있다. 예컨대, 계단 오르기를 통해서 빠른 심장박동이나 호흡곤란에 노출시키거나 회전의자를 빨리 돌려 어지러움에 노출시킬 수도 있다. 반복적인 노출을 통해서 환자들이 두려워하는 자극에 대한 둔감화가 일어날 뿐만 아니라 그러한 자극을 직면하는 것이 위험하다는 비현실적인 생각을 수정하는 계기가 될 수 있다.

3) 인지적 재평가

불안장애를 지닌 사람들은 대부분의 경우 두려워하는 대상이나 상황의 위험성을 과장하거나 비현실적으로 왜곡하는 부정적인 생각을 지니고 있다. 불안이 높

은 사람들은 어떤 상황에서든 위험 가능성을 예민하게 포착하고, 위험한 사건이
실제로 발생할 확률과 그 사건의 결과에 대한 치명성을 높이 평가하며, 그러한 사
건이 발생했을 경우 대처할 수 있는 자신의 능력에 대해서는 과소평가하는 경향
이 있다(Beck & Emery, 1985). 또한 이들은 불확실성에 대한 인내력이 부족하여 '만
일 ~하면 어떡하지?'라는 질문을 내면적으로 지속함으로써 사소한 위험의 결과를
재앙적인 것으로 확대하는 파국화의 사고경향이 있다(정지현, 2000; Davey & Levy,
1998). 인지적 재평가(cognitive reappraisal)는 이처럼 비현실적이고 부적응적인 생
각을 찾아내어 그 타당성을 평가하고 좀 더 현실적인 생각으로 수정하는 인지행동
치료의 핵심적 치료기법을 말한다.

　　죽음불안이 높은 사람들은 죽음이나 죽어감에 대해서 부정적이고 파국적이며
허무주의적 생각과 믿음을 지니는 경향이 있다. 치료자는 환자에게 죽음불안을
유발하고 증폭시키는 죽음 관련 사고와 신념을 구체적으로 잘 탐색하는 것이 중
요하다. 또한 죽음 관련 사건이나 경험을 탐색하여 그러한 생각과 믿음을 갖게 된
배경을 이해하는 것도 중요하다. 이를 바탕으로 내담자의 죽음불안을 증폭시키는
부적응적인 생각들을 좀 더 현실적이고 적응적인 것으로 균형 있게 바로잡는 일이
치료의 관건이다.

　　예를 들어, 죽음불안을 지닌 사람들은 '암이나 치명적 질병에 걸려 죽게 된다면
나는 내가 느끼게 될 공포의 감정을 감당할 수 없을 것이다.'라는 생각으로 인해
질병과 죽음에 대한 공포를 지닌다. 이러한 생각에 대해서는 '많은 사람은 자신의
죽음이 다가오고 있다는 것을 알게 되었을 때 당연히 공포를 느낀다. 그러나 사람
은 시간이 흐름에 따라 그러한 감정에 대처하게 되고 대다수의 사람들은 의연하고
품위 있게 삶의 종말을 맞이한다.'라는 생각으로 변화시킬 수 있다. '죽어 가는 과
정에서는 끔찍한 통증과 고통을 겪게 될 것이다.'라는 생각은 '죽어 가는 사람들은
질병과 통증에 대처하도록 전문적인 도움을 받게 될 것이며 그러한 고통을 극복
할 수 있다. 통증 완화는 죽어 가는 환자를 돌보는 가장 우선적 과제가 되고 있다.'
라고 변화시킬 수 있다. 또한 '만약 내 아이들이 성장하기 전에 내가 죽는다면, 그

들의 삶은 영원히 불행할 것이다.'라는 생각은 '내 아이들을 두고 떠나는 것은 고통스러운 일이지만 그들을 돌봐 줄 사람들이 도움을 줄 것이다. 지금 부모로서 해 줄 수 있는 최선의 양육행동을 하는 것이 중요하다. 자녀를 돌봐 줄 수 있는 사람을 찾거나 자녀가 잘 살아갈 수 있도록 가능한 범위 내에서 최선의 노력을 하는 것이 바람직하다.'라는 생각으로 변화시킬 수 있다.

행동실험(behavioral experiment)은 환자의 생각을 바꾸는 효과적인 방법으로 알려져 있다. 행동실험은 환자가 지니고 있는 신념의 타당성을 검증할 수 있는 기회를 만듦으로써 그 비현실성을 깨닫게 하는 방법이다(Kirk & Rouf, 2004; Silver, Sanders, Morrison, & Cowey, 2004). 예컨대, 죽음불안을 지닌 사람들은 '내가 죽으면 배우자의 삶은 엉망이 될 것이다.' 또는 '내가 죽으면 아무도 나를 기억해 주지 않을 것이다.'와 같은 생각을 지닐 수 있다. 행동실험은 환자로 하여금 이러한 자신의 걱정에 대해서 사랑하는 사람들과 직접 대화하게 함으로써 죽음에 대한 비현실적 생각을 바꿀 수 있는 기회를 제공하는 것이다.

이 밖에도 공포증을 지닌 사람들은 '내가 다리에서 난간을 꼭 붙잡지 않으면 떨어져 죽을 것이다.', '높은 곳의 가장자리에 서면 떨어져 죽을 것이다.'(고소공포증), '내가 긴장하여 경계를 하지 않으면, 운전자와 내가 모두 죽을지 모른다.', '차가 충돌하면 나는 차 안에 갇혀 불에 타 죽을 것이다.'(운전공포증)와 같이 죽음과 관련된 파국적인 생각을 지닌다. 이들에게 난간을 붙잡지 않고 다리를 건너도록 하는 행동실험이나 자동차의 조수석에 눈을 감고 앉아서 시승하는 행동실험을 통해서 자신의 생각이 과장된 것이라는 점을 깨닫게 할 수 있다. 이러한 행동실험은 일종의 노출 훈련인 동시에 환자가 비현실적인 파국적 생각에서 벗어나 좀 더 현실적인 생각을 하도록 도울 수 있다. 때로는 치료자가 질병과 죽음에 대한 올바른 정보를 제공함으로써 부적응적 생각을 바로잡을 수도 있다.

4) 안전행동의 감소

죽음불안과 건강불안을 지닌 사람들은 자신의 몸 상태를 자주 확인하고 전문가로부터 건강하다는 보증을 구하며 자신의 건강에 과도하게 신경을 쓰는 다양한 안전행동을 보인다. 안전행동(safety behavior)이란 자신이 안전하다는 것을 확인하기 위해서 과도하게 나타내는 반복적 행동으로서 개인의 시간과 에너지를 허비하게 할 뿐만 아니라 죽음과 관련된 부정적 생각과 불안을 강화하는 역할을 한다.

예컨대, 건강염려증 환자들은 자신의 몸 상태(신체감각, 통증, 혈압, 심박수, 체중 등)에 과도한 주의를 기울이고 빈번하게 신체검사를 받거나 자주 병원을 방문하여 의사에게 자신의 사소한 증상에 대해 걱정하며 안심을 구하고 의학도서나 인터넷을 통해 자신의 증상이나 질병에 대해 탐색한다. 또는 건강음식이나 비타민 보조제를 과도하게 복용하거나 죽음에 관한 걱정을 덜기 위한 미신적·종교적 행동을 보이는 등 개인이 소속한 문화에서 기대되는 것을 넘어서는 비상식적인 행동을 한다. 이러한 안전행동은 일시적으로 불안을 감소시켜 주지만 근본적인 문제해결에는 도움이 되지 않으며 불필요하게 많은 시간을 허비하게 만들고 죽음불안을 지속시키는 역할을 한다. 환자들은 자신이 이러한 안전행동을 하기 때문에 질병에 걸리지 않고 죽음에서 벗어날 수 있다고 생각하지만, 사실은 이러한 강박적 행동이 도움이 되지 않을 뿐만 아니라 오히려 질병과 죽음에 대한 걱정과 불안을 키우게 된다.

치료자는 환자가 안전행동을 하지 않도록 유도한다. 환자는 불안을 해소하기 위해 안전행동에 집착하게 되는데, 안전행동을 하지 않아도 불안이 저절로 감소한다는 것을 깨닫게 하는 것이 중요하다. 치료자는 환자가 과도하게 집착하는 특정한 안전행동을 선택하여 서서히 감소시키도록 돕는다. 이를 위해서 환자로 하여금 자신이 안전행동을 언제 어떤 상황에서 얼마나 자주 하는지 관찰하게 한다. 그러한 행동의 역효과를 납득시킨 후에, 안전행동의 빈도를 서서히 줄이거나 다른 행동(긴장이완, 명상, 걷기 등)을 통해 불안을 해소하도록 돕는다. 환자는 안전행동을 하지 않으면 노출의 경우와 마찬가지로 일시적으로 불안의 증가를 경험할 수 있다. 치료자는 이러한 점을 미리 숙지시키고 지속적인 노력을 통해서 안전행동 없이도 불안을 느끼지 않은 상태로 진전될 수 있음을 강조한다.

5) 삶의 즐거움과 만족감 증가

죽음불안의 인지행동치료는 환자의 회피행동과 부적응적 생각을 감소시키면서 삶의 즐거움과 만족감을 증가시키는 방향으로 유도한다. 죽음불안과 신체증상을 지닌 사람들은 그러한 불안과 증상에 집착하기 때문에 인생을 즐기고 소중한 가치를 실현하는 일에 주의를 기울일 여유를 갖지 못한다. 치료자는 가능한 범위 내에서 환자가 삶의 즐거움을 증진하고 개인적 목표를 향해 나아가는 일에 초점을 맞추도록 안내한다.

치료자는 환자로 하여금 자신의 삶에서 소중하게 여기는 가치와 목표를 탐색하게 함으로써 그가 추구하는 단기적·장기적 목표를 명료하게 인식하도록 돕는다. 환자가 신체증상과 죽음불안에 매몰되어 중단했던 삶의 목표를 인식하고 다시 추진하면서 즐거움과 만족감을 경험하도록 돕는다. 신체증상과 불안을 지니고 있다고 해서 인생을 즐길 수 없는 것은 아니다. 개인적인 어려움에도 불구하고 매일의 생활에서 만족스럽고 즐거운 활동에 관심을 지니고 참여하도록 격려하는 것이 중요하다. 인생의 즐거움과 만족감을 느낄 수 있는 대부분의 활동은 돈이나 시간을 많이 들이지 않고도 할 수 있는 일상적 활동이다. 예컨대, 가족, 친구, 반려동물과 편안한 시간을 보내거나 신선한 공기를 마시며 산책하거나 흥미로운 책과 TV 프로그램을 보는 것을 통해서 즐거움을 느낄 수 있다.

이와 더불어 환자에게 스트레스를 주고 삶의 만족감을 저하시키는 문제 영역을 확인하는 것이 필요하다. 예컨대, 갈등적인 인간관계, 사회적 지지의 부족, 스트레스를 주는 직업 상황, 건강하지 못한 생활습관 등이 그러한 것일 수 있다. 치료자는 문제 해결적 접근(problem-solving approach)을 통해서 이러한 문제들을 개선하고 건강한 삶의 방식으로 전환하도록 돕는다.

죽음불안과 건강염려증을 비롯한 인생의 문제들은 개선과 악화의 과정을 반복하기 때문에 섣부른 희망을 갖거나 실망을 하기보다 현실적 기대를 지니는 것이 바람직하다. 환자들은 죽음불안이 다시 악화되면 당혹감을 느끼며 치료의 효과를 부정하고 과거의 삶의 방식으로 복귀하는 경향이 있다. 따라서 재발 방지를 위해서 치료자는 환자로 하여금 죽음불안이 개인의 삶에 미치는 영향에 대한 현실적인 기대를 지니도록 다음과 같이 안내할 수 있다. "질병과 죽음은 삶의 일부이다. 시간이 흐르면 언젠가 이러한 문제에 직면하게 될 것이다. 이러한 주제에 대해서 생각하거나 질병과 죽음에 직면하며 불안을 느끼는 것은 정상적인 것이다. 중요한 것은 삶의 쇠퇴와 죽음을 수용하면서 우리에게 주어진 삶에서 즐거움과 의미감을 느끼는 것이다." 치료자는 증상이 재발하거나 새로운 증상과 질병이 발생했을 때 환자가 이러한 변화의 불가피성을 수용하면서 효과적인 대처방략을 적용하도록 돕는 것이 중요하다.

6. 말기환자의 죽음불안에 대한 심리치료적 접근

암과 같이 치명적인 질병으로 진단된 환자들은 죽음불안에 휩싸이게 된다. 말기암환자들이 직면하게 되는 죽음불안을 완화함으로써 임종기의 삶의 질을 향상시키기 위한 심리치료적인 개입방법이 다양하게 개발되고 있다. 최근에 그로스만과 동료들(Grossman, Brooker, Michael, & Kissane, 2018)은 말기암환자들이 겪고 있는 죽음불안을 완화하기 위한 개입방법들을 조사하고 그 효과에 대한 연구결과를 분석한 바 있다. 이들에 따르면, 죽음불안을 완화하는 개입방법은 대부분 '인생 회고', '존엄성 증진', '의미 발견', '실존적 초점을 둔 부부치료', '암을 관리하며 의미 있게 살기'에 초점을 두고 있었다. 대체로 인생의 의미감과 영적 웰빙을 통합적으로 증진하는 단기적 개입방법이 가장 효과적인 것으로 나타났다. 현재 말기환자

의 죽음불안을 완화하기 위해서 가장 널리 사용되고 있는 대표적인 개입방법으로
는 존엄치료, 의미중심적 심리치료, 인지-실존적 집단치료 등이 있다.

1) 존엄치료

존엄치료(dignity therapy)는 캐나다의 정신과의사이며 완화의료 전문가인 하비
초키노프(Harvey Chochinov, 2002)에 의해서 개발되었다. 존엄치료는 말기환자들
이 겪고 있는 심리사회적·실존적 고통을 완화하기 위해 개발된 심리치료적 단기
개입법이다. 말기질환을 지닌 환자들 중 일부는 삶의 고통 속에서 빨리 죽기를 원
하는 반면, 다른 환자들은 평온함을 느끼며 인생의 마지막 날들을 즐기려는 마음
을 갖는다. 초키노프는 이러한 두 유형의 말기환자들이 나타내는 차이점을 실증
적으로 조사하여 7가지 주제(생산감, 자기지속성, 역할 유지, 자존감 유지, 희망감, 미
래 염려, 치료 태도)를 발견했다. 그는 이러한 주제들을 증진하는 개입을 강조하는
완화의료의 존엄모델을 제시했다.

존엄치료는 이러한 존엄모델에 근거하여 개발되었다. 말기환자들이 겪는 고통
은 실존적 고뇌와 연결되어 있으며 개인의 존엄성을 훼손하는 여러 가지 역경들로
이루어진다. 특히 의미감의 결여는 실존적 고뇌의 핵심을 이룬다. 존엄치료는 의
미감을 비롯한 존엄성을 증진함으로써 죽음을 앞둔 환자들이 겪는 심리적 고통을
감소시키기 위한 개인치료적 개입법으로서 〈표 11-1〉과 같이 7가지 주제에 초점
을 맞추어 개입한다.

존엄치료는 흔히 정신과의사, 완화의료간호사, 심리학자에 의해서 진행되며,
존엄모델에 근거한 주제들에 관해서 면담이 이루어진다. 존엄치료는 말기환자로
하여금 그에게 가장 중요한 주제들, 즉 죽음이 가까이 다가옴에 따라 다른 사람들
이 가장 기억해 주기를 원하는 것들에 대해서 말할 기회를 제공한다. 치료자들은
〈표 11-2〉에 제시된 9가지 질문을 중심으로 환자와 면담을 진행한다. 대부분의
경우, 면담은 환자가 머물고 있는 병실의 침대 옆에서 이루어지며 30~60분 정도

표 11-1	존엄치료에서 초점을 맞추는 7가지 주제	
존엄 주제	정의	존엄치료의 활동
생산감	자신의 삶이 무언가를 위해 기여했다는 느낌 또는 죽음을 초월하는 어떤 영향력을 지닌다는 느낌	매 회기의 대화내용을 녹음하고 전사하여 편집된 기록, 즉 '성취 기록물'로 만들어 환자에게 전달하고 친구나 가족에게도 증여한다.
자기 지속성	말기질환에도 불구하고 자신의 핵심적 속성은 온전하게 유지되고 있다는 느낌	환자에게 자기정체감이나 자기감의 바탕이 되는 주제들을 말하도록 권유한다.
역할 유지	전에 했던 한 가지 이상의 역할에 대한 자기정체감을 유지할 수 있음	환자가 과거에 했거나 현재 하고 있는 역할 중에서 그들의 핵심적 자기정체감에 기여하는 역할들에 대해서 질문한다.
자존감 유지	자존감을 긍정적으로 유지할 수 있음	자존감을 증진하는 성취나 업적에 관해서 말할 수 있는 기회를 제공한다.
희망감	미래에 무언가 의미감과 목표의식을 유지할 수 있음	환자가 의미감과 목표의식을 느끼게 하는 치료적 과정에 참여하도록 권유한다.
미래 염려	자신의 죽음이 타인에게 짐이나 어려움이 될 것에 대한 걱정과 두려움	환자에게 자신이 더 이상 존재하지 않을 때 사랑하는 사람들이 미래를 위해 무엇을 준비해야 하는지를 말하도록 권유한다.
치료 태도	치료자가 환자와 상호작용하는 태도와 방식으로서 환자를 존중함	존엄치료자의 기본적 태도는 공감적 · 비판단적 · 고무적 · 존중적이어야 한다.

진행된다. 면담내용을 녹음하여 전사한 후에 그 주된 내용을 편집하여 성취 기록물 (generativity document)이라는 책자 형태로 만들어 환자에게 전달한다. 환자는 성취 기록물을 그가 원하는 사람들과 함께 공유하며 이야기를 나누거나 가족 또는 친구들에게 유산으로 증여하게 한다.

초키노프와 동료들(Chochinov et al., 2005)은 캐나다와 호주에서 말기환자들을 대상으로 존엄치료를 실시하고 그 효과를 검증하였다. 그 결과, 존엄치료를 끝까지 받은 100명의 말기환자 중에서 91%가 존엄치료에 대한 높은 만족감을 표현했다. 참여환자 중 76%는 존엄감의 상승을 보고했으며, 68%는 목표의식의 상승을,

표 11-2	존엄치료의 질문목록
1	당신의 인생에 대해서 이야기해 주세요. 특히 당신이 가장 잘 기억하고 있거나 가장 중요하다고 생각하는 부분에 대해서요. 당신은 언제 가장 살아 있다는 것을 느꼈나요?
2	가족이 당신에 대해서 알기를 원하는 특별한 것들이 있나요? 당신은 그들이 기억해 주기를 원하는 특별한 것들이 있나요?
3	당신의 인생(가족역할, 직장역할, 공동체 봉사활동 등)에서 가장 중요한 역할은 무엇이었나요? 그것이 당신에게 왜 중요한가요? 당신은 그러한 역할에서 무엇을 성취했다고 생각하나요?
4	당신의 가장 중요한 성취는 무엇인가요? 그리고 당신은 무엇을 가장 자랑스럽게 느끼시나요?
5	당신이 사랑하는 사람들에게 말하고 싶은 특별한 것이 있나요? 당신이 시간을 내어 다시 한 번 더 말하고 싶은 것들이 있나요?
6	당신이 사랑하는 사람들에게 바라는 희망과 꿈은 무엇인가요?
7	당신이 인생에서 배우거나 깨달은 것 중에서 다른 사람들에게 남기고 싶은 것은 무엇인가요? (당신은 인생에서 무엇을 배웠나요? 다른 사람들에게 남기고 싶은 인생의 교훈은 무엇인가요?) 당신은 사랑하는 사람들(아들, 딸, 남편/아내, 부모 등)에게 어떤 조언이나 충고를 전하고 싶나요?
8	당신이 가족에게 전하고 싶은 말이나 지시사항이 있나요? 당신은 가족이 미래를 준비하는 데 도움이 되도록 가족에게 전하고 싶은 말이나 지시사항이 있나요?
9	이러한 영원한 기록을 만드는 데 있어서, 당신이 꼭 포함되기를 원하는 다른 것들이 있나요?

67%는 의미감의 상승을, 47%는 삶을 위한 의지의 증가를 보고했으며, 81%는 가족에게도 도움이 되었다고 응답했다. 말기환자를 대상으로 존엄치료의 효과를 검증한 28개의 연구를 분석한 연구(Martinez et al., 2017)는 존엄치료가 효과적이라는 결론을 내렸다. 특히 심리적 고통이 심한 환자들에게 있어서 존엄치료는 그들의 불안과 우울을 현저하게 감소시키는 것으로 나타났다.

2) 의미중심적 심리치료

의미중심적 심리치료(meaning-centered psychotherapy)는 미국의 정신과의사인 브라이트바트와 동료들(Breitbart et al., 2010)이 죽음불안에 직면하고 있는 말기암 환자를 대상으로 삶의 의미, 영적 웰빙, 삶의 질을 향상시키기 위해 개발된 새로운 치료법이다. 이 치료법은 빅터 프랭클의 유명한 저서인『의미를 위한 인간의 추구 (Man's Search for Meaning)』에 뿌리를 두고 있다.

프랭클에 따르면, 인간은 어떠한 상황에서든 자신의 삶으로부터 의미를 발견하려고 노력한다. 인간은 고난의 시기에도 의미를 발견할 수 있는 능력을 지니며 의미발견은 고통을 감소시키고 심리적 웰빙을 증진한다. 인간이 의미를 발견하는 4가지 주된 방법은 (1) 태도의 선택, (2) 삶과의 연결, (3) 삶에의 참여, (4) 유산의 이해이다. 달리 말하면, 인간은 (1) 생명을 위협하는 고통스럽고 절박한 상황에서 취할 자신의 태도를 선택하고, (2) 예술, 문학, 유머, 사랑, 인간관계를 통해서 자신을 삶과 연결하며, (3) 직업적 활동, 취미, 그 밖의 여러 활동을 통해 삶에 충분히 참여하고, (4) 자신의 인생(과거, 현재, 미래)에서 이루었거나 이루게 될 소중한 유산을 분명하게 이해함으로써 자기존재의 의미를 발견할 수 있다.

의미중심적 심리치료의 목표는 암을 대하는 태도의 선택, 삶과 연결하고 참여하는 능력, 과거의 삶을 통해 이루었고 또한 미래에 창조할 유산에 대한 자각을 통해서 환자의 의미감과 영적 웰빙을 증진하는 것이다. 의미중심적 심리치료는 말기암환자를 대상으로 집단치료나 개인치료의 형태로 실시된다. 집단치료는 8회기로 구성되며, 개인치료는 7회기로 이루어진다. 의미중심적 집단치료의 회기별 주제와 활동 내용은 〈표 11-3〉과 같다.

의미중심적 심리치료는 주로 정신과의사와 임상심리학자에 의해서 실시된다. 치료자들은 환자들로 하여금 삶의 의미를 다각적으로 탐색하게 함으로써 죽음불안이 완화되도록 노력한다. 또한 환자들에게 개인적 유산 프로젝트(personal legacy project)를 진행해 보도록 촉진하는 실존적 자극을 제공한다. 이 프로젝트는 환자

표 11-3	의미중심적 집단치료의 회기별 주제와 활동 내용	
회기	일반적 주제	내용과 체험적 연습의 예
1	의미의 개념과 원천	집단구성원 소개: "인생이 당신에게 특별히 의미 있다고 느끼는 경험이나 순간을 한두 가지 소개해 보세요."
2	암과 의미	암 진단 전후의 변화: "'나는 누구인가?'의 질문에 관한 4가지 답을 써 보세요. 그리고 암이 당신의 답에 어떤 영향을 미쳤나요?"
3	의미의 역사적 원천: 과거의 유산	이미 성취한 유산으로서의 인생: "당신의 삶과 활동을 되돌아볼 때, 당신의 현재 모습에 가장 큰 영향을 미친 가장 중요한 기억, 인간관계, 전통은 무엇인가요?"
4	의미의 역사적 원천: 현재와 미래의 유산	지금 살고 있고 미래에 전달할 유산으로서의 인생: "당신이 현재 어떤 존재인지를 생각하면서, 당신이 가장 자랑스럽게 생각하는 의미 있는 활동, 역할, 성취는 무엇입니까?"
5	의미의 태도적 원천: 삶의 한계에 직면하기	암, 예후, 죽음에 의해 주어진 한계의 직면과 유산 프로젝트의 도입: "당신은 무엇이 '좋은' 또는 '의미 있는' 죽음이라고 생각하시나요?"
6	의미의 창조적 원천: 삶을 충만하게 참여하기	창조성, 용기, 책임감: "당신의 책임은 무엇입니까? 당신은 무엇에 대해서 책임감을 느끼나요?"
7	의미의 체험적 원천: 삶에 연결하기	사랑, 자연, 예술, 유머: "당신이 삶과 연결되는 방식, 즉 사랑, 아름다움 그리고 유머의 체험적 원천을 통해서 가장 생동감을 느끼는 방식 세 가지를 소개해 보세요."
8	마무리: 미래에 대한 성찰과 희망	의미의 원천을 돌아보고, 집단에서 배운 교훈에 대한 성찰: "당신은 인생의 의미를 발견할 수 있는 원천들을 더 잘 이해하게 되었나요? 당신은 매일의 생활에서 그러한 원천을 활용할 수 있게 되었나요? 그렇다면, 어떻게 할 수 있을까요?"

에게 가장 의미 있는 것에 초점을 맞추며 다양한 활동(예: 망가진 인간관계를 복구하는 일, 지역사회 봉사에 참여하는 일, 흥미로운 곳을 여행하는 일, 자신의 인생이야기를 기록하는 일)을 포함한다. 치료효과를 검증한 여러 연구에서 의미중심적 심리치료는 암환자들에게 삶의 의미감과 영적 웰빙을 향상시키는 것으로 보고되었다(Thomas, Meier, & Irwin, 2014).

3) 인지-실존적 집단치료

호주의 정신과의사인 키세인과 동료들(Kissane et al., 2004)은 유방암 초기의 환자들이 겪는 심리적 고통(죽음불안, 무력감, 우울감)을 완화하기 위해서 인지-실존적 집단치료(cognitive-existential group therapy)를 개발했다. 이 집단치료는 두 명의 치료자가 6~8명의 환자집단을 대상으로 매회기 90분씩 20주에 걸쳐 실시된다. 치료자들은 유방암 초기의 환자들이 지지적 환경을 조성하고 부정적 생각을 재구성하며 대처능력과 문제해결 능력을 향상시키고 희망감을 고취하며 미래를 위한 우선순위를 설정하도록 촉진한다. 초기에는 환자들로 하여금 서로의 경험을 공유하게 하고 중기부터는 암환자들이 지니고 있는 죽음불안, 암의 재발공포, 불확실성의 직면, 신체상의 변화, 대인관계, 미래의 목표에 관해서 인지치료적 개입을 하게 된다. 후기에는 집단구성원들이 서로 연락하며 도움을 주고받는 지지적 연결망을 형성하게 한다. 300여 명의 유방암 환자를 대상으로 인지-실존적 집단치료를 실시하고 통제집단과 그 효과를 비교한 결과, 인지-실존적 집단치료에 참여한 환자들은 통제집단에 비해서 생존률에서 차이를 나타내지는 않았지만 불안이 감소하고 가족과의 관계가 개선되었으며 자기성장과 대처능력의 증가를 보고하였다.

4) 의미발견 개입 프로그램

캐나다의 심리학자인 헨리와 동료들(Henry et al., 2010)은 암환자를 대상으로 실존적 웰빙과 의미감을 증진하기 위한 의미발견 개입 프로그램(meaning-making intervention program)을 개발했다. 이 프로그램은 환자 개인을 대상으로 단기간에 실시되는 구조화된 개입방법이다. 치료자는 보통 회기당 30~90분씩 환자의 자기탐색을 촉진하며 1~4회기 정도 실시되는데, 개입회기의 길이는 면담을 할 수 있는 환자의 신체적·심리적 상태를 고려해서 결정된다. 보통 환자의 집이나 병원에서 실시되며 다음과 같은 3가지 과제에 초점을 맞추어 진행된다.

(1) 암 진단이 환자의 삶에 미친 영향과 의미를 돌아본다.

(2) 환자의 삶에서 의미 있다고 생각되는 인생사건과 그에 성공적으로 대처한
방식을 현재의 암경험과 관련해서 살펴본다.

(3) 암과 관련된 현실적 한계를 고려하면서, 환자의 삶에 의미를 제공하는 목표
의 변화와 인생의 우선순위에 대해서 논의한다.

헨리와 동료들은 난소암 말기환자를 대상으로 치료효과를 살펴본 결과, 의미발
견 개입 프로그램에 참여한 환자들은 통제집단(일반적 돌봄만을 받은 난소암 말기환
자)에 비해서 의미감과 실존적 웰빙이 더 많이 증가했다. 또한 이 프로그램에 참여
했던 환자들은 3개월 이후에 통제집단에 비해 불안과 우울 수준이 현저하게 감소
했다.

5) 단기 인생회고

일본의 완화의료 간호사인 안도와 동료들(Ando, Tsuda, & Morita, 2006)은 말기암
환자의 심리-실존적 고통을 완화하고 영적 웰빙을 향상시키기 위해서 4주에 걸쳐
실시되는 회상치료(reminiscence therapy)를 개발했다. 심리-실존적 고통(psycho-
existential suffering)은 자기존재의 소멸과 삶의 의미 상실에 대한 고통을 의미한
다. 말기암환자들이 신체상태의 급속한 악화로 프로그램에 지속적으로 참여하기
어렵다는 것을 발견하고 안도와 동료들(Ando, Morita, Akechi, & Okamoto, 2010)은
1주일 2회기로 단축한 단기 인생회고(short-term life review)를 고안했다. 단기 인생
회고는 첫 회기에는 환자의 삶을 회고하면서 존엄치료에서 사용하는 8가지의 질
문을 중심으로 진행된다. 환자의 이야기는 녹음되고 전사되어 핵심적 내용과 더
불어 관련된 사진을 위주로 간단한 앨범(사진 포함)으로 만들어진다. 앨범은 치료
자가 중심이 되어 구성하되 환자의 상태와 바람에 따라 함께 만들 수 있다.

둘째 회기에 치료자는 환자와 함께 앨범을 보면서 환자가 과거와 현재의 연결감

을 느끼고 인생의 완결을 수용하며 자신의 삶에 만족하도록 격려한다. 회기가 끝나면 치료자는 환자에게 앨범을 선사하고 간직하게 한다. 단기 인생회고는 시각적으로 생생함을 느낄 수 있는 사진을 포함한 앨범을 환자와 함께 만들고 그에 관해서 이야기를 나누며 인생의 의미감을 발견하도록 격려한다는 점에서 존엄치료와 다르다. 안도와 동료들(2010)은 68명의 말기암환자를 대상으로 실시한 단기 인생회고가 영적 웰빙을 증진하는 데 효과적이었다고 보고했다.

제 4 부

인간은 죽음에 어떻게 대처하는가?

제12장

죽음태도: 죽음에 대한 대처

1. 죽음이라는 문제상황에 대한 대처

당신은 지금 열차를 타고 즐거운 여행을 하고 있다. 그런데 승객들이 수군거리기 시작한다. 무슨 일인지 알아보았더니, 이 열차는 브레이크가 파열된 상태로 거대한 낭떠러지를 향해 달리고 있다고 한다. 열차의 속도를 늦추거나 궤도를 바꾸기 위해 승객이 할 수 있는 일은 아무것도 없으며 도망칠 수 있는 출구가 없어서 승객은 아무도 열차 밖으로 나갈 수 없다고 한다. 당신은 이러한 상황에 어떻게 대처할 것인가?

캐나다의 심리학자 폴 웡(Paul Wong, 2004)은 인간이 처한 실존적 상황을 이와 같이 비유하고 있다. 우리 인간은 이러한 실존적 상황에 어떻게 대처하고 있을까? "하늘이 무너져도 솟아날 구멍이 있다."는 말이 있듯이, 인간은 어떤 상황에서든 기발한 해결책을 강구하는 특별한 재능을 지닌 존재이다. 과연 인간은 죽음의 낭떠러지를 향해 달리는 탈출구 없는 고속열차에서 어떤 대처방법을 찾아냈을까?

1) 문제상황에 대한 심리적 대처과정

인간은 죽음에 어떻게 대처하는가? 죽음에 대한 대처방법을 이해하기 위해서는 인간이 죽음을 어떤 문제상황으로 인식하며 그 결과 어떤 부정 정서를 경험하고 그러한 정서를 해결하기 위해서 어떤 대처방법을 선택하는지 이해해야 할 것이다. 미국의 저명한 심리학자인 리처드 라자루스(Richard Lazarus: 1922~2002)는 인간이 어떤 문제상황에 처하면 어떤 감정을 느끼며 어떻게 대처하는지를 설명하는 인지 매개적 정서 이론(the cognitive mediational theory of emotion)을 제시했다. 그의 이론은 1966년에 출간한 대표저서인 『심리적 스트레스와 대처과정(*Psychological Stress and the Coping Process*)』과 1984년에 동료와 함께 저술한 『스트레스, 평가 및 대처(*Stress, Appraisal and Coping*)』(Lazarus & Folkman, 1984)에 제시되어 있다.

◈ 리처드 라자루스

라자루스에 따르면, 문제상황에서의 정서경험과 대처행동은 인지적 평가(cognitive appraisal)에 의해서 매개된다. 인간은 문제상황에 처하면 먼저 그 상황의 의미를 파악하는 일차적 평가(primary appraisal)를 하고 그 결과로서 정서를 경험하게 된다. 일차적 평가는 "내가 지금 어떤 상황에 처해 있는가?" 그리고 "이 상황이 얼마나 긍정적 또는 부정적인가?"라는 물음을 통해 문제상황의 의미를 해석하고 평가하는 것이다. 예컨대, 깊은 밤에 창문이 열려 덜컹거리는 소리를 들었다면, 어떤 감정을 느끼게 될까? 이 상황을 '강도의 침입'으로 해석한다면 강한 공포를 느끼겠지만, '자녀의 부주의'로 생각한다면 약한 분노를 경험할 것이며 '바람에 의한 것'으로 여긴다면 안도감을 느낄 것이다.

또한 이러한 문제상황에 대한 대처행동은 이차적 평가(secondary appraisal)를 통해서 결정된다. 이차적 평가는 "내가 이 상황에 대처할 수 있는 어떤 자원을 가지고 있는가?" 그리고 "이 상황에서 어떤 대처행동을 취할 것인가?"라는 물음을 통해 문제상황에 대한 대처방법을 결정하는 것이다. '강도의 침입'으로 여겨 강한 공포를 느낀 상황이라면, 건장한 체격과 무술 실력을 갖춘 사람은 방망이를 들고 강도를 잡으러 나서겠지만, 그렇지 못한 사람은 문을 걸어 잠그거나 경찰에 신고하는 행동을 취하게 될 것이다.

요컨대, 문제상황에 대한 정서반응과 대처행동은 3가지의 인지적 과정, 즉 의미추론 과정, 의미평가 과정, 대처결정 과정에 의해서 매개된다. 의미추론 과정은 문제상황의 의미를 해석하는 일차적인 심리적 과정으로 특정한 문제상황이 발생하게 된 원인과 예상되는 결과에 대해서 추론하는 과정이다. 이러한 의미추론 과정에서 문제상황의 의미가 과장되거나 왜곡될 수 있다.

의미평가 과정은 의미추론 과정에서 파악된 의미의 긍정성과 부정성을 평가하는 과정이다. 즉, 특정한 의미로 해석된 문제상황이 자신에게 어떤 영향을 미치는지에 대해서 평가하는 과정을 뜻한다. 이러한 의미평가 과정에서는 개인이 지니고 있는 기대와의 비교가 일어나게 되며, 그 결과에 따라서 문제상황에 대한 정서반응이 결정된다.

대처결정 과정은 문제상황에서 자신이 어떻게 행동하여 대처할 것인가를 판단하고 결정하는 심리적 과정이다. 이러한 결정과정에서 자신이 동원할 수 있는 대처자원을 평가하고 가능한 대처방식을 고려하여 선택하는 판단이 이루어지게 된다. 이러한 대처자원 평가와 대처방식 선택의 과정을 통해서 문제상황에 대한 구체적인 대처행동이 결정된다.

2) 죽음이라는 문제상황에 대한 대처과정

죽음은 인간이 처한 매우 특수한 문제상황이다. 모든 사람이 한 명의 예외도 없이 반드시 미래에 언젠가 직면하게 될 필연적인 상황인 동시에 육체와 정신의 기능이 정지되는 매우 위협적인 치명적 상황이다. 또한 죽음은 미래에 직면하게 될 필연적 상황이지만 언제 어떻게 다가올지 알 수 없는 매우 불확실한 문제상황이기도

하다. 또한 죽음과 그 이후의 세계를 경험하고 돌아와 보고한 사람이 한 명도 없는 완전한 미지의 문제상황이다. 이처럼 불가피성과 불확실성을 함께 지닌 죽음이라는 특별한 문제상황에 대한 인간의 인지적 평가는 매우 다양할 수밖에 없다.

(1) 죽음에 대한 의미추론 과정

인간은 성장과정에서 죽음이라는 특별한 현상을 알게 된다. 가족이나 가까운 사람의 죽음을 겪으면서 죽어감의 과정뿐만 아니라 죽음의 결과에 대해서 직간접적으로 알게 된다. 또한 공식적 교육과 개인적 지식 습득을 통해서 죽음의 의미를 나름대로 이해하게 된다.

죽음이란 무엇인가? '나의 죽음'은 무엇을 의미하는가? 죽음은 어떤 결과를 초래하는가? 이러한 물음에 대해서 나름대로의 견해를 구축하는 과정이 죽음에 대한 의미추론 과정이다. 죽음에 대한 가장 일반적이고 보편적인 이해는 다음과 같은 4가지 명제로 요약될 수 있다.

- 모든 생명체는 죽는다.
- 나도 언젠가 반드시 죽는다.
- 죽음은 '나'라는 존재의 소멸을 의미한다.
- 죽음은 사랑하는 모든 것과의 영원한 이별을 의미한다.

(2) 죽음에 대한 의미평가 과정

죽음의 의미에 대한 이해가 이루어지면 거의 동시에 그 긍정성과 부정성을 평가하는 과정이 뒤따른다. 의미평가 과정은 개인이 지니는 기대와의 비교과정을 통해서 이루어진다. 기대(expectation)는 개인이 자기 존재와 삶에 대해서 지니고 있는 모든 신념과 가치가 반영된 것으로서 미래에 대한 소망을 의미한다. 죽음의 의미가 개인의 기대와 커다란 괴리를 나타낼수록, 강한 부정 정서를 유발하게 된다.

대부분의 사람은 강한 자기애로 인해서 자기존재의 특별함과 지속성에 대한 기대와 소망을 지니고 있다. 따라서 죽음에 대해서 다음과 같은 의미평가가 이루어지게 된다. "나는 소중한 존재이다.", "나는 영원히, 적어도 오래도록 살아야 한다.", "나는 결코 죽어서는 안 된다.", "나의 죽음은 있을 수 없는 일이다.", "나의 죽음을 도저히 받아들일 수 없다.", "모든 수단과 방법을 동원하여 끝까지 살아남아야 한다." 이처럼 죽음의 의미와 개인의 기대가 충돌하여 현격한 괴리를 나타낼 경우에는 죽음에 대한 강한 불안과 공포, 그리고 분노의 감정을 경험하게 된다.

그러나 "인간은 죽을 수밖에 없는 존재이다.", "생자필멸(生者必滅)과 회자정리(會者定離)는 자연의 순리이다.", "죽음은 본래 내가 존재하던 곳으로 돌아가는 것이다.", "인간이 죽지 않고 영원히 산다면 그것도 괴로운 일이다.", "열심히 즐겁게 살다가 늙고 병들면 후속세대를 위해 자리를 비켜 주어야 한다."와 같은 신념과 기대를 지닌 사람은 죽음의 의미를 그다지 부정적인 것으로 평가하지 않을 것이기 때문에 죽음을 비교적 담담하고 평온한 마음으로 받아들일 수 있다. 그러나 프로이트는 인간이 의식 수준에서는 자신의 죽음을 인정할 수 있지만 무의식 수준에서는 결코 자신의 죽음을 용납하지 않는다고 주장한 바 있다. 인간이 자연의 순리인 죽음을 쉽게 수용하기 어려운 이유가 여기에 있다.

죽음에 대한 정서적 반응은 이처럼 죽음에 대한 의미추론 과정과 의미평가 과정에 의해서 결정된다. 강한 죽음불안을 느끼는 사람들은 죽음의 의미를 부정적으로 과장하거나 죽음의 의미와 현저한 괴리를 지닌 기대를 지니고 있음을 의미한다. 죽음을 수용하지 못하고 강한 죽음불안을 느끼는 사람들은 자신의 기대와의 괴리를 해소하기 위한 대처 노력을 기울이게 된다.

(3) 죽음에 대한 대처결정 과정

대부분의 사람은 죽음을 순순히 수용하지 못한다. 생존본능과 자기애의 깊은 뿌리를 지닌 인간은 죽음의 필연성을 인식하는 순간부터 실존적 불안과 갈등에 노출된다. "나는 죽기 싫은데, 죽음을 피할 수 없다니 어떻게 해야 하나?" 이것이 바로 모든 인간이 직면한 가장 심각한 문제상황이며 가장 중대한 대처과제이다.

라자루스(1991)에 따르면, 사람은 문제상황에 대한 일차적 평가를 하고 나면, 의식적이든 무의식적이든 '그렇다면 어떻게 대처할 것인가?'라는 물음에 대한 해답을 추구한다. 대처결정 과정은 대처자원 평가과정과 대처방식 선택과정으로 이루어진다. 개인이 동원할 수 있는 대처자원에 따라서 대처방식의 선택이 달라질 수 있기 때문이다.

대처자원(coping resources)은 자신이 문제상황에 대처하기 위해서 동원할 수 있는 모든 물질적·심리적·사회적 자원을 의미하며, 특히 죽음의 경우에는 종교적 자원이 매우 중요한 대처자원이 될 수 있다. 대처자원은 개인마다 다르며, 다양한 영역의 대처자원이 많을수록 대처방법에 대한 선택의 폭이 넓어진다. 죽음이라는 심각한 문제상황을 해결하기 위해서, 달리 말하면 죽음을 회피하거나 생명을 최대한 연장하기 위해서 인간이 동원할 수 있는 자원들은 대체로 다음과 같다.

• 물질적 자원: 건강한 몸, 의료기술, 병원, 약품, 건강식품, 돈과 재산 등
• 심리적 자원: 성격, 지식, 사고, 상상, 의미, 의지, 태도 등
• 사회적 자원: 가족, 자녀, 친구, 성취, 업적, 권력, 명예, 사회적 지위 등
• 종교적 자원: 신, 창시자, 경전, 교리, 종교조직, 종교적 동료 등

자신이 지닌 대처자원에 대한 평가가 이루어지면, 이러한 대처자원을 최대한 동원하여 죽음의 문제상황에 효과적으로 대처할 수 있는 방안들을 고려하여 최선의 것을 선택하는 과정이 뒤따른다. 대처방식 선택과정에서는 여러 가지 대처방안(coping option)의 장단점과 그 결과에 대한 평가가 이루어지고 가장 효과적이고 가장 부담이 적은 대처방법을 선택하게 된다. 일반적으로, 죽음에 대한 대처방안을 선택하는 과정에서는 죽음회피나 생명연장을 위해서 부담과 비용을 아끼지 않는 경향이 있다. 과연 인간은 죽음이라는 문제상황을 해결하기 위해서 어떤 대처자원을 동원하여 어떤 대처방법을 선택하는 것일까?

(4) 죽음에 대한 두 유형의 대처방법

인생은 끈임없이 다가오는 문제상황에 대한 대처과정이다. 우리는 삶의 과정에서 다양한 문제상황에 직면하게 되며 대처하는 방식도 매우 다양하다. 인간이 죽음이라는 매우 특별한 문제상황에 대처하는 방식 역시 매우 다양하다. 라자루스(1981)는 인간이 문제상황에 대처하는 다양한 방식을 크게 문제 초점적 대처와 정서 초점적 대처로 구분하고 있다.

문제 초점적 대처(problem-focused coping)는 문제가 된 상황을 현실적으로 해결하기 위한 대처노력을 의미한다. 즉, 문제가 발생한 원인을 분석하고 그 원인을 변화시켜 갈등을 해결하고자 하는 현실적이고 직면적인 대처방식을 뜻한다. 죽음의 문제상황은 죽음이라는 필연적 운명과 죽음회피 소망 간의 괴리를 의미한다. 문제 초점적 대처는 이러한 괴리를 해소하기 위한 현실적인 시도를 의미한다. 이러한 괴리를 해소할 수 있는 한 가지 대처방법은 죽음회피 소망을 실현하기 위해서 영원히 죽지 않거나 최대한 오래 사는 방법을 모색하는 것이다. 또 다른 대처방법은 죽음을 수용하는 것, 즉 죽음회피 소망을 포기하거나 약화시키는 것이다.

정서 초점적 대처(emotion-focused coping)는 문제상황에서 경험하는 부정 정서(불안, 공포, 분노, 우울 등)를 해소하기 위한 다양한 대처노력을 의미한다. 특정한 상황을 부정적인 문제상황으로 인식함으로 인해 유발된 불편한 감정을 완화하거나 해소하는 노력을 뜻한다. 죽음의 문제상황에서는 죽음의 불가피성에 대한 인식으로 인해 유발된 죽음 불안과 공포를 완화하기 위한 것으로서 매우 다양한 대처방법이 존재한다.

그 첫째는 정서적 발산(emotional catharsis)으로서 불쾌하고 고통스러운 감정을 적극적으로 표현하여 해소하는 방법이다. 부정 정서는 말이나 글로 표현하면 완화된다. 다른 사람과 죽음에 관한 이야기를 나누거나 죽음에 대한 두려움을 솔직하게 표현하고 공유하는 것은 죽음불안의 완화에 큰 도움이 된다. 신이나 절대자를 향해 죽음의 두려움을 표현하면서 뜨거운 열망을 담아 살려 달라고 애원하는 격렬한 기도도 정서적 발산의 한 예라고 할 수 있다.

둘째, 주의전환(distraction)은 다른 주제나 활동에 주의를 돌려 몰두함으로써 불쾌한 감정을 완화하려는 노력을 말한다. 예컨대, 죽음불안을 느끼지 않기 위해서 죽음에 관한 대화를 회피하거나 직업적 활동, 취미활동, 또는 쾌락 추구적인 다양한 행위(예: 술, 게임, 쇼핑)에 몰두하는 것이다.

셋째는 소망적 사고(wishful thinking)로서 죽음을 회피하고자 하는 소망이 이루어질 수 있는 상황을 상상하거나 믿음으로써 죽음불안을 완화하는 방법이다. 소망적 사고는 환상 추구(fantasy seeking)와 밀접하게 연결된 대처방법으로서 냉혹한 현실보다 소망이 실현된 환상세계를 상상하며 위로와 안심을 구하는 방법이다. 그 대표적인 예는 인간은 죽지 않고 영원히 살 수 있다고 믿으며 사후세계에서 영원히 지속될 행복한 삶을 상상하는 것이다.

넷째, 인지적 재구성(cognitive restructuring)은 문제상황의 중요성이나 그 의미를 재해석함으로써 부정 정서를 완화하는 방법이다. 즉, 문제상황의 중요성이나 부정성을 현저하게 축소하거나 문제상황에 내포되어 있는 긍정적 의미를 찾아내어 재해석하는 것이다. 예를 들어, 죽음은 우리가 본래 있었던 곳으로 돌아가는 것이라거나 모든 고통의 소멸을 의미한다고 생각하는 것은 죽음불안을 완화하는 인지적 재구성의 한 방법이라고 할 수 있다. 또는 자신의 삶에 다양한 의미(예: 자녀, 유산, 인간관계, 성취, 업적, 명예 등)를 부여하는 인지적 재구성을 통해 죽음불안을 완화할 수 있다.

이 밖에도 다양한 대처방법이 존재한다. 예컨대, 반추(rumination)는 죽음에 대한 생각을 반복하며 되씹는 것인데, 인지적 재구성이나 다른 방법으로 진전되지 못하면 죽음불안을 지속시키거나 악화시킬 수 있다. 정서 초점적 대처방법은 프로이트가 제시한 방어기제와 유사한 개념이라고 할 수 있다. 이러한 대처방법들은 개인의 특성과 상황에 따라 불안을 완화하는 효과가 각기 다르다.

라자루스의 인지적 평가 모델은 죽음에 대한 인간의 대처방법을 이해하는 데 도움이 된다. 〈그림 12-1〉은 죽음에 대한 대처방법을 결정하는 데 관여하는 인지적 과정을 요약하여 도식적으로 제시한 것이다. 인류의 역사를 통틀어서 인간은 죽

〈그림 12-1〉 죽음의 문제상황에 대한 인지적 대처과정

음이라는 실존적 문제상황에 어떻게 대처했을까? 인간은 어떤 대처자원을 동원하여 어떤 대처방법을 선택했을까? 인간은 죽음에 대항하기 위해서 어떤 대처방법을 창안했을까? 그리고 그 결과는 어떠했을까?

2. 죽음에 대한 태도

죽음이라는 자신의 운명을 깨닫게 되는 것은 개인의 삶에 있어서 커다란 충격이다. 마치 자신이 사형수라는 사실을 알게 된 것처럼, 이러한 실존적 상황을 인식하는 순간부터 죽음불안이 개인의 내면 깊숙이 자리를 잡기 시작한다. 죽음의 운명에 어떻게 대처하느냐 하는 것은 인간이 해결해야 할 가장 중요한 문제이자 인생의 모습을 결정하는 가장 중요한 요인이다. 죽음에 대한 개인의 태도는 그가 속한 사회와 문화의 영향을 강력하게 받는다.

1) 죽음태도의 역사적 변화: 아리에스의 분석

현대사회에서 죽음은 누구에게나 두려운 것이며 회피하고 싶은 것으로 여겨지고 있다. 그러나 죽음에 대한 회피적 태도가 동서고금에 보편적인 것일까? 프랑스의 역사학자인 아리에스(Phillippe Aries, 1975)는 중세에서 현대로 넘어오면서 죽음에 대한 태도가 죽음을 혐오하고 부정하는 방향으로 현저하게 변화했다고 주장한다. 그는 저서인 『죽음에 대한 서양의 태도: 중세에서 현대까지(*Western Attitudes toward Death from the Middle Ages to the Present*)』에서 서양사회의 경우 죽음태도가 중세의 '순화된 죽음'에서 '개인화된 죽음'과 '대상화된 죽음'을 거쳐 현대의 '터부시된 죽음'으로 변화했다고 주장하고 있다.

(1) 친숙하게 순화된 죽음

아리에스에 따르면, 중세부터 18세기까지 사람들은 죽음을 삶의 일부로 여기며 죽음의 순간을 준비하고 죽음이 닥치면 커다란 저항 없이 받아들였다. 죽음을 예감하면 집에서 자신의 침대에 누워 가족과 지인들에 둘러싸여 용서와 구원을 비는 기도 속에서 죽음을 맞이했다. 그 당시의 사람들은 타인의 죽음을 자주 그리고 가까이에서 목격하며 임종의 순간을 함께했다. 따라서 죽음은 익숙한 것이었으며 혐오스럽거나 두려운 것이 아니었다. 아리에스는 이처럼 죽음에 대해서 익숙하고 친숙하게 길들여진 태도를 순화된 죽음(tamed death)이라고 지칭했다.

중세의 서양사회에서 죽음준비교육에 기여한 유명한 책이 바로 아르스 모리엔디(Ars Moriendi), 즉 『죽어감의 기술(*The Art of Dying*)』이다. 이 책은 15세기에 익명의 가톨릭 수사가 기독교의 관점에서 웰다잉의 방법과 절차를 라틴어

로 기술한 것으로서 죽어 가는 과정
에서 겪게 되는 난폭한 고통과 공포
에 대처하며 죽음을 맞이하는 내용
을 담고 있다. 여러 언어로 번역되
어 유럽 전역에서 널리 읽힌 이 책은
6개의 장으로 구성되어 있으며, (1) 죽
음은 긍정적 측면을 지니고 있으며 두
려워할 것이 아니라는 위로, (2) 죽어
가는 사람이 경계하고 피해야 하는 5가
지 유혹(신앙의 부족, 절망, 인내심 부족,

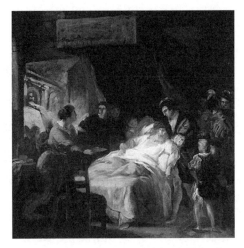

◆ 가족과 지인에 둘러싸여 맞이하는 순화된 죽음

영적 교만, 탐욕), (3) 그리스도의 구원을 믿고 위안을 얻게 하기 위해서 죽어 가는
사람에게 주어지는 7가지 질문, (4) 그리스도의 길을 따르는 것의 중요성, (5) 죽어
가는 사람이 누워 있는 죽음침대(deathbed) 곁에서 가족과 친구들이 지켜야 할 행
동지침, (6) 죽어 가는 사람에게 해 줄 수 있는 기도의 적절한 내용들이 소개되어 있
다. 이 책에는 주요 내용을 다음과 같이 그림으로 묘사한 11개의 목판화가 포함되
어 있다.

◆ 『죽어감의 기술』에 포함되어 있는 목판화의 예

(2) 개인화된 자신의 죽음

중세의 말기부터 죽음에 대한 개인화 현상이 나타났다. 하나님에 의한 구원이 신자와 불신자의 집단적 심판에서 개인적 심판으로 대체된 것이다. 즉, 죽음의 순간에 인간 영혼이 개별적으로 따로 심판을 받는다는 믿음이 등장한 것이다. 죽은 사람은 하나님 앞에서 그의 선한 또는 악한 행동에 따라 개인적인 심판을 받는다는 생각이 대두되었다. 이 시기에는 무덤에 묘비명이 등장하고 고인의 모습을 나타내는 조각이 세워지기도 했다. 아리에스는 이처럼 죽음이 개인화되고 자신의 삶과 생각을 묘지에 나타내려는 태도를 자신의 죽음(one's own death)이라고 지칭했다.

(3) 대상화된 타인의 죽음

18세기에 이르러 죽음에 대한 태도에 현저한 변화가 나타났다. 친숙한 것으로 여겨지던 죽음이 일상과는 매우 다른 극적이고 특별한 것으로 여겨지게 되었다. 순화된 것으로 비교적 평온하게 받아들여지던 죽음에 강렬한 비극적 감정이 개입되기 시작했다. 죽음을 담담히 목격하던 자세에서 비탄에 젖어 슬픔을 표현하는 자세로 변화한 것이다. 아울러 죽은 사람을 오래도록 기억함으로써 그들을 위로하려는 노력의 일환으로 고인을 추모하는 행사가 열리기 시작했다. 이러한 변화를 아리에스는 타인의 죽음(their death)이라고 불렀다. 이 시기에 고인을 특별히 기억하기 위한 개별적인 묘지와 커다란 비석이 나타나게 되었다.

(4) 사회적 터부가 된 죽음

19세기 후반과 20세기 초기에 죽음에 대한 태도가 급격하게 변화했다. 죽음은 수치스러운 것인 동시에 회피해야 하는 것이 되었다. 미국을 중심으로 서구사회에 확산된 이러한 분위기를 아리에스는 금지된 죽음(forbidden death)이라고 불렀다. 죽음에 대한 극단적 회피와 더불어 죽음에 대한 감정을 억제하는 것이 일반적인 현상이 되었다. 이러한 변화에는 두 가지의 사회적 추세가 영향을 미쳤다. 하나

는 죽음의 장소가 가정에서 병원으로 변화된 것이고, 다른 하나는 삶은 행복해야
한다는 사회적 정서였다.

의학의 발전으로 개인은 병원에서 치료를 받다가 흔히 의식을 상실한 채 병원
침대에서 혼자 죽어 간다. 환자는 신체적 기능을 상실한 채 서서히 죽어 가기 때문
에 가족은 죽음의 순간을 인식하기 어렵다. 또한 죽어 가는 기간이 장기화되면서
가족이 환자의 곁을 항상 지키며 임종의 순간을 함께하기가 어렵다.

행복은 개인과 사회가 추구해야 하는 가장 중요한 가치로 여겨지게 되었다. 이
러한 사회적 분위기 속에서 죽음은 슬프고 추한 것이므로 부정되고 회피되었다.
서양사회에서 기피해야 할 최고의 터부가 성(sex)에서 죽음으로 바뀌었다. 죽음은
가능하면 아동에게 숨기고 일상적 대화에서 기피해야 할 주제가 되었다.

미국의 경우는 금지된 죽음과 타인의 죽음이 혼합된 형태를 나타내고 있다. 미
국인들은 죽음을 삶의 일부로 여기지 않으며 흔히 병원에서 혼자 죽는다. 그러나
일단 사망하게 되면 타인의 죽음을 위한 의식이 치러진다. 장례산업이 발전하면
서 장례지도사가 중심이 되어 슬픔의 치료자 역할을 맡으며 일련의 장례의식을 치
른 후에 유족과 조문객들이 정상적인 일상생활로 돌아가도록 돕는다.

죽음관의 시대적 변화에 대한 아리에스의 분석은 과도한 일반화라는 비판을
받고 있다. 분석의 자료가 편향되었고 다양한 계층과 문화의 차이를 무시했다는
점에서 과도하게 일반화된 주장이라는 것이다(차용구, 2009). 그러나 아리에스의
죽음관 분석은 시대와 문화에 따라서 죽음에 대한 태도가 현저하게 변화할 수 있
음을 보여 주고 있다. 인간사회에서 죽음이 항상 두렵고 혐오스러운 것으로 여겨
진 것은 아니다. 현대사회로 진입하면서 죽음은 사람들로부터 은폐해야 할 혐오
적인 현상으로 여겨지고 병원에서 의사에 의해 다루어져야 하는 것으로 변화되
었다.

2) 현대사회와 죽음의 부정

아리에스가 지적했듯이, 현대사회에는 과거 어느 때보다도 죽음을 부정하는 태도가 만연되어 있다. 현대로 오면서 죽음에 대한 태도가 급격하게 변했다. 죽음을 친숙하게 여기는 태도에서 터부시하는 태도로 변했고, 죽음의 장소가 가정에서 병원으로 변했으며, 임종의 순간은 자신이 주재하던 것에서 의사에 의해 주재되는 것으로 변했다. 죽음을 공개하던 것에서 은폐하는 것으로 변화했으며, 죽음의 수용에서 죽음의 부정으로 변화했다.

죽음에 대한 개인의 태도는 그가 속한 사회와 문화의 영향을 강력하게 받는다. 리프톤(Lifton, 1968)은 현대인이 죽음에 대해서 무관심하거나 부정하는 태도를 지니게 된 사회문화적 요인을 제시하고 있다. 그는 현대인의 죽음태도에 영향을 미친 주요한 사회문화적 요인으로 도시화, 핵가족제도의 확대, 죽음의 격리현상, 종교의 약화, 의학의 발전, 대량죽음의 목격을 제시하였다.

현대로 접어들면서 대부분의 사회에서 도시화가 급격하게 이루어졌다. 이러한 도시화 현상은 현대인들이 대자연의 변화, 즉 삶과 죽음이 순환하는 자연스러운 과정을 목격하고 체험할 기회를 감소시켰다. 도시에 거주하는 대부분의 사람들이 노동과 직장 활동에 참여하게 되면서 가정에서 직접 돌볼 수 없는 노인과 환자를 양로원이나 병원의 시설로 보내는 현상이 나타났다. 또한 대가족제도가 핵가족제도로 변화하면서 가정에서 죽어 가는 가족을 돌보며 간병할 사람이 없어졌다. 이러한 핵가족 사회에서는 가족이나 친인척의 죽음을 가까이에서 목격하며 친숙해질 기회가 사라졌다. 이러한 사회적 변화는 노인과 죽어 가는 사람을 가정과 사회로부터 격리하는 결과를 초래했다. 이러한 격리현상을 통해서 현대인은 늙고 병들어 죽어 가는 과정을 목격할 기회가 줄어들었고 죽음은 점점 더 생소한 경험으로 남게 되었다.

서양사회의 경우, 현대로 진입하면서 기독교의 영향력이 급격하게 감소되었다. 이처럼 현대사회가 종교의 영향력에서 벗어나 세속화되면서 죽음에 대해 무관심하거나 부정하는 태도가 증가했다. 기독교를 비롯한 종교는 삶의 의미와 목적을 제시하고 내세의 영원한 삶을 강조함으로써 죽음의 공포와 허무를 완화시키는 기능을 담당해 왔다. 그러나 종교가 쇠퇴함에 따라 죽음불안을 감소시키는 종교적인 완충기제들이 현저하게 감소했다.

반면에, 과학과 의학의 발전을 통해서 죽음을 통제하는 인간의 능력은 증가했다. 현대인은 죽음으로부터 실존적 의미를 이끌어 내는 철학적 · 종교적 노력보다 생명을 연장하는 노력에 몰두하게 되었다. 이러한 사회적 분위기 속에서 연명치료, 안락사, 신체기증, 뇌사, 유전공학을 이용한 인체재생 등과 같은 윤리적 문제들이 대두되었다.

두 번의 세계대전과 수많은 국지적 전쟁을 치르면서 현대인은 대량죽음을 목격하게 되었다. 과거에는 개인이 자신의 죽음에 대해 생각하면서 죽음에 특별하고 중요한 의미를 부여했다. 그러나 대량죽음을 목격하면서 생명의 소중함에 대한 의식이 약화되었다. 또한 대량죽음을 초래할 수 있는 핵무기의 위협을 받는 현대의 상황에서는 개인의 죽음에 대한 감각이 무뎌지게 되었으며, 삶의 의미에 대한 회의와 냉소적 태도가 확산되었다.

그 대신, 물질주의와 소비문화의 발전으로 인해서 현대인은 삶의 쾌락 추구와 재물에 대한 집착이 과거 어느 시대보다 강해졌다. 현대사회에는 우리의 관심을 끌어당기는 것들이 너무 많고 다양할 뿐만 아니라 화려하고 현란하기 때문에 미래에 일어날 죽음을 생각하며 암울한 기분을 느낄 이유가 없다. 그러한 생각을 하더라도 오래 머물지 못하고 금방 쾌락으로 옮겨 간다. 현대사회는 경쟁과 속도를 중시하는 사회이기 때문에 개인의 삶이 너무 바쁘고 많은 일로 얽혀 있어서 죽음을 생각할 여유도 없다. 이러한 현대사회의 특성은 현대인으로 하여금 죽음을 회피하고 부정하려는 경향을 강화하고 있다.

3. 죽음에 대한 다양한 대처

인간이 죽음에 대처하는 방법은 매우 다양하다. 죽음에 대처하는 방식은 개인마다 다를 뿐만 아니라 문화에 따라서도 다르다. 이러한 죽음의 대처방식은 개인의 삶과 더불어 사회의 문화에 강력한 영향을 미친다. 인간이 죽음에 어떻게 대처하는지를 살펴봄으로써 개인의 삶과 사회의 문화체계에 대한 좀 더 심층적인 이해가 가능하다.

1) 죽음에 대한 문화적 대처

인간사회는 죽음에 대한 다양한 대처방식을 발전시켰다. 저명한 역사학자인 아널드 토인비(Arnold Toynbee, 1968)는 『죽음에 대한 인간의 관심(*Man's Concern with Death*)』이라는 저서를 통해서 동서고금의 다양한 문화에서 인간이 죽음의 현실과 화해하기 위해 개발한 다양한 방법들을 9가지 유형으로 분류하여 제시하고 있다.

(1) 쾌락주의

쾌락주의(hedonism)는 죽기 전에 인생을 최대한 즐기자는 입장이다. 죽음은 어쩔 수 없는 일이니 살아 있는 동안 인생의 쾌락을 충분히 만끽하려는 입장이다. 대표적인 예는 고대 그리스 시대의 에피쿠로스 학파이다. 삶은 인간에게 주어진 축복이자 혜택이다. 죽음을 두려워할 이유가 없다. 살아 있는 동안은 아직 죽음이 오지 않았고, 죽음이 오는 순간 우리는 더 이상 아무것도 알지 못할 것이기 때문이다. 중요한 것은 살아 있는 동안 소중한 삶의 쾌락(우정, 사랑, 지적 활동 등)을 충분히 즐기며 향유하는 것이다.

(2) 비관주의

비관주의(pessimism)는 삶을 괴로운 것이라고 보는 입장이다. 기원전 5세기 소포클레스(Sophocles)는 다음과 같이 말했다. "태어나지 않는 것이 최선이다. 일단 태어났다면 차선은 본래 왔던 곳으로 가능한 한 빨리 돌아가는 것이다." 고대 그리스 시대의 비관주의 철학자들은 젊어서 죽는 것을 최대의 축복으로 여겼다. 질병과 노쇠의 고통을 겪으며 늙도록 살아가는 것은 괴로움이기 때문이다. 인도의 힌두교와 불교 역시 삶은 고통이라는 관점을 취한다. 고통스러운 삶이 계속되는 윤회에서 영원히 벗어나는 것, 즉 '열반'을 최선으로 여겼다.

자살은 동서고금을 통해서 고통스러운 삶을 끝내는 주요한 방법이었다. 과거의 힌두사회에서는 남편이 죽으면 아내도 자살을 하여 함께 순장하는 관습이 있었다. 일본의 사무라이들은 수치스러움의 고통을 덜고 명예를 회복하기 위한 방법으로 할복이라는 자살을 택했다. 티벳의 승려들은 정치적 항의의 표현으로 분신하기도 한다. 호주나 알래스카의 원주민들은 늙으면 사회의 부담이 되기 때문에 종족 이동 시에 스스로 뒤처져서 굶어 죽는 길을 택하기도 했다.

(3) 신체보존을 통한 죽음회피

인간사회에는 신체를 보존함으로써 죽음을 회피하려는 시도가 다양한 방식으로 이루어졌다. 그 대표적인 예는 고대 이집트의 왕족처럼 죽은 시체가 썩지 않도록 방부 처리를 하여 미라로 만드는 것이다. 중국의 진시황은 영원히 늙지 않고 죽지 않는 불로초와 불사약을 구하기 위해 많은 사람을 사방으로 보냈다. 뿐만 아니라 죽은 후에도 화려한 궁전에서 신하와 병사들의 호위를 받으며 살기 위해 거대한 지하궁전을 건설했다. 동서고금의 여러 문화에서는 죽은 사람과 함께 사후생에서 필요한 물품(식량, 의복 등)을 매장하는 관습이 존재한다. 이는 죽은 사람에게 음식을 비롯한 생필품을 제공하여 생명을 연장시키려는 시도의 일환이라고 볼 수 있다.

(4) 명예를 통한 죽음회피

많은 사람은 자신의 이름과 명예를 오래도록 후대에 남김으로써 죽음과 화해하려고 시도했다. "호랑이는 죽어서 가죽을 남기고 사람은 죽어서 이름을 남긴다."라는 말이 있듯이, 자신의 존재를 후대 사람들의 기억 속에 남기고자 하는 것이다. 육체는 죽어서 썩어 사라지지만, 사람에 대한 기억은 후세에 남아 길이 보존된다. 명예를 통해서 죽음과 화해하려는 시도는 여러 문화에서 족보, 가족계보, 자서전, 영웅전, 위인전 등의 형식으로 이어지고 있으며 다양한 성취와 업적을 비석이나 묘비에 기록하여 남기고 있다. 제사나 추도 기념식은 죽은 사람을 정기적으로 기억하도록 만드는 사회적 장치라고 할 수 있다.

(5) 자손 번식과 상속을 통한 죽음회피

죽음과 화해하는 가장 흔한 방법은 많은 자손을 낳아 재산과 성취를 상속하는 것이다. 성경의 창세기에는 누가 누구를 낳고 하는 형식으로 셈으로부터 아브라함에 이르는 가계도가 길게 제시되고 있다. 아브라함은 자손 없이 죽는 것에 대한 두려움을 지녔으며 하나님의 축복은 자손을 번성케 하는 것으로 여겼다. 우리나라를 비롯한 동북아시아에서는 자손 번식, 특히 아들을 중심으로 가문(家門)을 이어 나가는 것을 중시했을 뿐만 아니라 족보나 제사를 통해 조상을 기억하며 숭배하는 관습이 이어져 내려오고 있다. 우리나라 사람들의 경우, 자녀교육에 헌신하고 자녀에 대한 유산상속을 중시하는 것 역시 죽음과 화해하는 한 방식이라고 할 수 있다.

자손의 번식은 육신의 자식뿐만 아니라 정신의 후계자를 포함할 수 있다. 육체적인 자녀는 자신의 생물학적 유전자(DNA)를 계승하는 후계자이며, 개인의 사상이나 예술을 계승하는 후계자는 문화적 유전자(meme)를 이어나가는 정신적 분신이라고 할 수 있다. 때로는 생물학적 유전자보다 문화적 유전자의 계승을 더 중시하는 역사적 사건들도 존재하는데, 러시아의 피터 대제는 자신의 개혁을 무산시키려는 아들 알렉세이를 죽이기도 했다. 자신의 육체와 정신을 닮은 후속세대를 생산하고 후원하며 그들에게 유산을 상속하려는 노력은 유한한 자신의 존재를 최대한 지속시키려는 노력의 일환이라고 할 수 있다.

(6) 궁극적 실체와의 합일을 통한 죽음회피

죽음은 자아의 소멸을 의미한다. 자아는 우주와 분리된 개체이기 때문에 죽음을 맞게 되는 것이다. 자아의 죽음은 우주의 궁극적 실체와의 합일을 통해서 극복될 수 있다. 파도는 작은 물결이지만 바다라는 거대한 근원의 일부이다. 파도가 바다와 합류하듯이, 인간도 우주와의 합일을 통해서 개별자로서의 고독과 소멸을 극복할 수 있다. 힌두교는 우주의 궁극적 실체인 브라만(Brahman)과 개체적 존재인 아트만(Atman)의 합일을 추구한다. 중국에서도 하늘의 뜻에 따라 살고자 하는 천인합일(天人合一)의 사상이 존재했다. 궁극적 실체와의 합일은 소아(小我)에서 벗어나 대아(大我)로 나아가는 것이며 자기해방이자 자기중심성으로부터의 해방을 의미한다. 요가는 아트만이 브라만과 합일하는 수행방법으로서 다양한 방식(명상, 헌신, 신앙, 육체수련, 금욕 등)으로 실천될 수 있다.

(7) 영혼 불멸성의 믿음을 통한 죽음회피

동서고금의 종교는 대부분의 경우 인간의 존재가 육체와 영혼으로 구성되어 있으며, 죽음을 통해 육체가 소멸하더라도 영혼은 영원히 존재한다고 주장해 왔다. 이러한 입장에서는 죽으면 육체가 썩어 사라진다는 점을 인정한다. 그러나 개인의 본질적 존재인 영혼은 육체와 분리되어 영원히 존재한다는 믿음을 통해서 죽음불안을 극복하고 불멸을 추구한다.

기독교를 비롯하여 유일신을 믿는 대부분의 종교는 영혼의 불멸성, 특히 개인적 영혼의 불멸성을 주장한다. 힌두교는 영혼의 존재를 인정하지만 개별적 영혼보다 초개인적 영혼의 영원성을 주장한다. 불교에서도 윤회설을 통해 개인의 영혼과 업(業)이 죽음 이후에도 지속적으로 이어지며 다른 육체를 통해 환생하게 된다고 주장한다. 샤머니즘이나 원시종교들은 대부분 영혼의 존재를 인정하며, 우리나라의 민속신앙에서도 죽은 혼백(魂魄)이 구천을 떠돈다고 믿는다.

(8) 육체 부활의 믿음을 통한 죽음회피

인간은 자신의 육체에 대한 깊은 애착을 지니고 있다. 육체 없이 영혼만으로 존재하는 것에는 만족할 수 없다. 따라서 죽음 이후에 영혼으로 존재할 뿐만 아니라 육체도 부활한다는 주장이 제기되었다. 죽음 이후에 육체가 재생되어 영혼과 재결합해 부활함으로써 생존할 때와 똑같은 삶을 유지할 뿐만 아니라 사랑하는 사람들과도 재회할 수 있다는 것이다. 이러한 육체적 부활(bodily resurrection)의 믿음은 죽음불안을 완벽하게 극복할 수 있게 해 준다. 그러나 문제는 죽음과 함께 부패하여 소멸한 육체가 어떻게 재생되어 부활할 수 있느냐는 것이다. 이에 대한 해답 중하나는 무에서 유를 창조하는 전지전능한 신의 권능으로 가능하다는 것이다. 다른 하나는 부활할 때까지 육체를 오래도록 온전하게 유지시키는 것으로서 시체를 방부 처리하여 미라로 보존하는 것이다. 부활의 개념은 조로아스터교에서 비롯되어 유대교를 통해 기독교로 이어지고 있다.

(9) 천국의 희망과 심판의 대비를 통한 죽음회피

영혼 불멸성, 육체 부활 그리고 천국에서의 영생이라는 믿음은 죽음불안을 극복하고 죽음 이후의 희망을 제공한다. 그러나 이러한 희망은 몇 가지 대가를 요구한다. 우선, 영혼 불멸성을 주장하는 입장은 육체가 사멸한 이후에 영혼이 어디에 머무르는가 하는 물음에 대해서 천국, 지옥 또는 연옥의 개념을 제시한다. 모든 영혼이 천국으로 가는 것이 아니라 죽음 이후의 심판을 통해 천국행과 지옥행이 결정된다. 천국에서 영생하는 것은 최고의 축복이지만, 지옥에서 영생하는 것은 최악의 재앙이다. 따라서 심판은 매우 중요할 뿐만 아니라 매우 두려운 것이다. 이러한 입장은 영혼의 조건부 불멸(conditional immortality), 즉 천국에서 영생하려면 살아 있을 때 독실한 신앙과 헌신적 행위가 필요하다는 믿음으로 이어진다. 영생과 부활의 믿음은 죽음불안을 회피하게 하는 대신에 심판과 사후세계에 대한 새로운 불안을 제공한다.

심판과 천국에 대해서 다양한 주장이 제기되고 있다. 과연 누가 어떤 기준으로 개인의 삶을 심판하는가? 심판은 언제 어떤 과정을 통해서 이루어지는가? 심판의 결과는 천국행과 지옥행 중 하나로 결정되는가 아니면 다양한 위계의 삶으로 판결되는가? 천국에서는 모든 사람이 동일한 행복을 누리는가 아니면 그곳에도 더 나은 삶이 존재하는가? 천국에 가서 VIP의 삶을 영위하려면 현생에서 어떻게 살아야 하는가? 이러한 물음에 대한 교리에 따라서 동일한 종교에서도 다양한 종파로 나뉘게 된다.

2) 상징적 불멸의 5가지 방식

현대사회에서 육체의 불멸을 믿는 사람은 드물다. 그러나 현대인은 다양한 방식으로 자기존재에 대한 상징적 불멸(symbolic immortality)을 추구한다. 정신분석학자인 리프톤(Lifton, 1973)은 현대인이 죽음의 허무로부터 벗어나기 위해 추구하는 상징적 불멸의 5가지 방법을 제시했다. 상징적 불멸은 자신보다 더 크고 오래 존속하는 것과의 상징적 연결을 통해서 자기존재의 연속감 또는 불멸감을 얻기 위한 노력을 의미한다.

(1) 생물학적 방식의 불멸

인간은 자녀를 통해 미래와 연결된다고 느낀다. 생물학적 방식의 불멸(biological mode of immortality)은 자녀와 후손을 통해 자신의 삶이 이어진다는 불멸감을 뜻한다. 대부분의 문화에서는 많은 자녀를 낳고 잘 양육함으로써 가문을 번성시키는 것을 중시한다. 또한 후손은 부모의 성(姓)을 물려받음으로써 가문의 연결성을 강조한다. 이처럼 인간은 혈육으로 연결된 자녀와 후손을 통해서 유한성을 극복하고 자기 존재에 대한 불멸감을 획득하고자 한다.

(2) 창조적 방식의 불멸

인간은 창조적 작품과 업적을 통해 자기존재를 후세에 남기고자 한다. 인간은 자신의 창조적 성취와 타인에 대한 영향력을 통해서 영원불멸의 느낌을 얻을 수 있다. 창조적 방식의 불멸(creative mode of immortality)은 이처럼 다양한 분야(교육, 예술, 건축, 문학, 학문, 치료 등)에서 창조적 성취를 통해서 불멸감을 획득하는 것이다. 창조적 업적은 개인을 넘어 많은 사람의 삶에 영향을 미침으로써 자기존재를 확장하는 것이라고 할 수 있다.

(3) 신학적 방식의 불멸

인간은 영혼과 사후세계의 존재에 대한 믿음을 통해서 자기존재의 불멸감을 추구한다. 대부분의 종교는 영혼과 사후세계의 존재를 주장하며 영원성을 추구한다. 이처럼 신학적 방식의 불멸(theological mode of immortality)은 영혼과 사후세계에 대한 믿음을 통해서 자기존재의 불멸감을 얻는 것이다. 특히 유일신을 믿는 종교에서는 절대적 존재인 하나님에게 의존하고 그의 은총으로 천국에서 영원히 살 수 있다는 믿음을 지님으로써 불멸감과 영원감을 추구한다. 종교는 일시적인 현생의 삶보다 영원한 내세의 삶이 더 중요하다고 주장한다.

(4) 자연과의 유대를 통한 불멸

인간은 자연으로부터 와서 자연으로 돌아가는 자연의 일부이다. 개인은 자연과 끊임없이 상호작용하며 다양한 방식으로 연결되어 있는 존재이다. 인간은 죽음을 통해 흙으로 돌아가고 다시 새로운 생명으로 태어나 삶을 영위하는 자연의 거대한 순환에 참여하고 있는 지속적 존재인 것이다. 이처럼 자연과의 연결성 또는 연속성(continuity with nature)을 통해서 자연의 일부로서 자기존재의 불멸감을 경험할 수 있다.

(5) 체험적 초월을 통한 불멸

인간은 세계와 분리된 개체라는 자아의식을 넘어선 체험적 초월을 통해서 유한성을 극복하기도 한다. 이러한 체험적 초월은 일상적인 경험의 한계를 넘어선 독특한 경험으로서 흔히 신비체험이라고 불리며 자아의 초월, 신과의 합일, 모든 분별을 넘어선 무념무상의 체험을 포함한다. 체험적 초월의 핵심은 자아가 실재하는 것이 아니라는 확신이다. 이러한 체험적 초월(experiential transcendence)을 통해서 불멸감을 경험할 수 있다.

3) 죽음을 이기는 4가지 길

인간은 죽음을 극복하고 영원히 살고자 하는 집요한 욕망을 지니고 있다. 영원한 생존을 위한 모색, 즉 불멸을 향한 욕망은 인류가 문명을 창조하는 원동력이다. 인류의 문명은 인간존재의 유한성, 즉 육체와 정신의 영원한 소멸을 부정하기 위한 다양한 방법이라고 할 수 있다. 철학자이자 컬럼니스트인 스티븐 케이브(Stephen Cave, 2012)는 저서인 『불멸에 관하여(Immortality)』를 통해서 인류문명에 나타난 불멸 추구의 4가지 방식을 소개하고 있다.

(1) 불로장생하기: 육체적 영생의 추구

인간은 육체를 지닌 존재 그대로 영원히 살기를 원한다. 인간은 육체적으로 영원히 살 수 있는 방법을 찾기 위해 온갖 노력을 기울였다. 진시황의 경우처럼, 서복(徐福)이라는 신하로 하여금 원정대를 이끌고 죽음의 진격을 막을 수 있는 생명의 묘약을 구하도록 했다. 또한 도교에서는 영원히 죽지 않는 신선(神仙)이 되기 위한 다양한 심신수련법을 발달시켰다. 이러한 심신수련법은 호흡법, 태극권, 기공수련, 명상법 등으로 이어져 오고 있다. 아울러 쇠를 금으로 바꾸는 연금술의 또 다른 목표는 인간을 불멸의 존재로 바꾸는 것이었다. 이러한 연금술의 시도는 오늘날 화학과 약학의 발전으로 이어지고 있다.

육체적 영생을 위한 모든 노력은 실패했지만, 불로장생과 무병장수를 위한 의학적 발전으로 이어지고 있다. 질병을 치료하고 노화를 늦추는 다양한 약품과 의술이 발전하여 인간의 수명은 비약적으로 증가했다. 현대인의 경우 100세를 넘어 120세, 150세의 장수를 추구할 뿐만 아니라 다양한 생명연장의 기술이 발전하고 있다. 인류는 육체적 영생을 위한 모든 시도에서 실패했지만 여전히 과학적 혁신을 통해 질병과 노화를 극복하고 영원히 살고자 하는 육체적 영생의 꿈을 포기하지 않고 있다.

(2) 죽었다 살아나기: 육체적 부활의 추구

죽음의 특징은 누구나 죽음을 피할 수 없을 뿐만 아니라 한 번 죽으면 다시 살아날 수 없다는 것이다. 그러나 인간은 죽음을 피할 수는 없지만 다시 살아날 수 있다는 부활(resurrection)의 희망을 키워 나갔다. 죽은 육체에 생명의 숨결을 한 번 더 불어 넣을 수 있다는 희망을 갖게 된 것이다.

이집트의 미라에서 볼 수 있듯이, 이집트인들은 사망한 육체가 부활할 수 있다는 믿음에서 육신을 그토록 정성스럽게 보존하려고 노력했다. 또한 죽은 사람이 저 세상에서 부활하여 삶을 영위할 수 있도록 그의 애장품과 필수품을 함께 매장했다. 대부분의 종교들은 육체적 부활을 주장하고 있다. 특히 기독교는 예수의 부활을 통해서 인간 모두가 사망으로부터 부활할 수 있다는 가능성을 제시하고 있다. 티벳 불교에서 주장하는 환생의 개념도 죽은 사람의 영혼이 새로운 육체를 얻어 삶을 이어 나가는 일종의 부활이라고 할 수 있다.

현대사회에서 부활의 희망은 다양한 형태의 과학기술적 시도를 통해 추구되고 있다. 그 대표적인 예가 인체냉동보존술(cryonics)이다. 인체냉동보존술은 현재의 의술로 치료할 수 없는 질병에 걸린 사람의 몸을 저온의 상태로 냉동해 두었다가 미래에 그 질병을 치료할 수 있는 의술이 발전하면 해동하여 부활시키는 방법을 말한다. 이 밖에도 유전공학과 세포복제기술을 통해 인간의 육체를 복제함으로써 육체적 부활이 가능하다는 주장이 제기되고 있다.

🍀 인체냉동보존술

과학과 의학의 발전은 죽음으로부터의 부활을 약속하는 기술을 개발했다. 인체냉동보존술은 미래의 의료기술로 소생할 수 있을 것을 기대하면서 사람의 사체를 냉동하여 보존하는 것을 말한다. 미국의 알코어 생명연장재단(Alcor Life Extension Foundation)은 현대의학으로 치료할 수 없는 질병으로 죽음에 처한 사람의 육체를 인체냉동보존술로 보존했다가 의학의 발전으로 질병치료법이 개발되면 육체를 해동하여 치료함으로써 재생시키는 방법을 제시하고 있다. 육체는 275cm의 긴 용기에 보관되며 육체가 부패하지 않도록 영하 196℃로 유지하기 위해 매주 액체질소를 채워 넣는다.

◈ 알코어 생명연장재단의 인체냉동시설

알코어 생명연장재단에서 전신을 냉동하는 데에는 약 20만 달러가 소요된다. 기본적인 시술 절차는 다음과 같다. (1) 시신을 얼음 통에 넣고, 심폐소생장치를 사용하여 호흡과 혈액순환 기능을 복구시킨다. (2) 피를 뽑아내고 정맥주사를 놓아 세포의 부패를 지연시킨 후 시신을 애리조나주에 있는 알코어 본부에 이송한다. (3) 시신의 가슴을 절개하고 늑골을 분리한다. (4) 체액이 어는 것을 방지하기 위해 모든 체액을 빼 내고 특수액체를 넣어 내부 기관이 손상되지 않게 한다. (5) 시신을 냉동보존실로 옮긴 다음 특수액체를 부동액으로 바꾼다. (6) 며칠 뒤 시체는 영하 196℃로 급속 냉각되어 질소 탱크에 보존된다. 이후에 시체를 머리가 아래쪽으로 향하도록 용기에 넣고 수십 년 또는 수백 년 동안 냉각상태를 유지하다가, 의학기술의 발전으로 소생이 가능해지면 알코어 재단은 시체를 해동하여 부활시킬 것이다.

처음으로 냉동인간이 된 사람은 간암 선고를 받고 시한부 인생을 살던 미국의 심리학자 제임스 베드포드(James Bedford: 1893~1967)이다. 그 밖의 저명인사로는 야구 선수로 활동한 테드 윌리엄스가 있다.

비용을 절감하기 위해서 머리와 뇌만 냉동 보존하는 신경냉동보존술(neuro-preservation)도 개발되었다. 어차피 소생과정에서 교체할 가능성이 높은 늙고 병든 육체와 장기를 보존하는 것은 어리석은 짓이기 때문이다. 두부를 신체와 분리하여 자기의식과 기억이 담겨 있는 뇌만 보관하고 신체는 화장하여 처리한다. 미래의 의료기술이 발전하면 뇌는 새로운 육체(복제를 통해 재생한 육체나 타인의 육체)나 로봇과 연결함으로써 환경과 상호작용하는 새로운 삶을 누릴 수 있을지 모른다.

(3) 정신적 존재로 살아남기

인간은 자신의 육신이 썩어 없어지더라도 영혼은 불멸할 것이라는 희망을 지닌다. 이러한 희망은 인간 존재가 물질적인 육체와 비물질적인 영혼으로 이루어진다는 가정에 근거하고 있다. 물질로 구성된 육체는 영생과 부활이 불가능하더라도 정신적 존재인 영혼은 영원히 살아남을 것이라는 믿음을 의미한다.

플라톤은 영혼이 인간의 본질적인 부분이고 진정한 자아이며 불멸의 존재라고 주장한 최초의 인물이다. 영혼은 생존 시의 자기정체성과 기억을 보유하고 있는 비물질적 존재로서 육체의 사멸 이후에도 존속한다. 동서고금의 여러 문화권에서 인간을 구성하는 비물질적인 무형의 자아가 존재한다는 주장이 제기되고 있으며 영혼, 영체, 신비체, 아트만, 혼백, 귀신, 프시케 등의 다양한 용어로 지칭되고 있다.

영혼의 존재에 대한 믿음은 육체 없이 정신이 존재할 수 없다는 현대 신경과학의 입장과 배치된다. 그러나 많은 현대인들은 종교적 입장이든 개인적 입장이든 과학의 한계를 지적하면서 자신에게 영혼이 있다고 믿으며 육체적 부활은 아니지만 죽음 이후에 영적인 차원에서 자신의 존재가 지속된다고 믿는다. 또한 죽음 이후에서 정신적인 체험이 지속되는 임사체험의 사례를 영혼과 사후생의 존재에 대한 증거로 여기고 있다.

정보통신기술이 발전하면서 인간의 뇌 안에 존재하는 모든 정보를 스캔하여 업로딩하고 그 정보를 다른 육체나 디지털 아바타 속으로 다운로딩하는 컴퓨터적 부활(computational resurrection)이 논의되고 있다. 이러한 아바타는 개인의 기억, 신념, 습관, 성격을 포함한 모든 정신적 특성들을 그대로 지닌 채 가상세계에서 살아가는 정신적 분신이라고 할 수 있다.

(4) 유산 남기기

인간이 불멸을 추구하는 또 다른 방법은 자신의 흔적, 즉 유산(legacy)을 남기는 것이다. 유산 남기기는 육체적 영생이나 불멸의 영혼과 같은 개념을 필요로 하지 않는다. 개인의 존재가 미래로 연결되어 확장되는 간접적인 방식으로 불멸을 추구하는 것이다.

인류역사에 많은 사람이 목숨을 버리고 불멸의 명예를 선택했다. 성취와 업적을 통해 영웅이나 위인으로 역사에 이름을 남김으로써 상징적 불멸을 이룰 수 있다. 심지어 사람들은 비석에 자신의 이름을 새겨 자신의 존재를 후대의 사람들이 오래 기억하도록 노력한다. 육체적 소멸의 운명을 지닌 자연의 세계에서 벗어나 상징적인 문화의 세계에서 세대를 초월하여 영원히 살아남을 수 있다고 믿는 것이다. 이러한 유산 남기기는 죽음에 대한 사회문화적 대처라고 할 수 있다.

자손을 남기는 것도 자신의 흔적과 유산을 미래로 연결하는 하나의 방법이다. 자손은 자신의 유전자를 담고 있을 뿐만 아니라 가족의 전통을 승계하고 있다. 족보는 조상과 후손의 연결고리를 기록함으로써 후손에게 자신의 존재를 인식시키려는 노력의 결과물이라고 할 수 있다. 이처럼 인간은 자신이 사라진 후에도 자신의 존재를 이어갈 수 있는 다양한 유형의 유산을 통해서 불멸을 추구하고 있다.

4) 죽음대처의 다차원 모델: 생물-심리-사회-영적 모델

죽음에 대한 대처방식은 인간이 죽음과 죽어감의 과정에 겪게 될 다양한 부정

표 12-1　죽음에 대한 다차원적 대처

대처 대상	대처 목표	주요한 대처방법
육체적 죽음 • 육체의 부패와 소멸 • 육체의 기능정지 • 질병과 노화	• 육체적 불멸 • 육체적 부활 • 무병장수/불로장생 • 건강증진 • 육체적 분신 남기기	• 불사약, 불로초, 미라 만들기 • 무병장수와 불로장생의 추구 • 과학기술: 인체냉동보존술 • 의학기술: 질병치료, 노화방지 방법 • 건강증진, 체력단련, 식이조절 노력
심리적 죽음 • 의식의 소멸 • 자기정체감의 상실 • 자존감의 상실 • 무가치감, 무의미감	• 심리적 불멸 • 영혼으로 살아남기 • 자기존재의 가치감 • 의미 있는 삶	• 정신적 존재로 살아남기 • 영혼 불멸(사후생)에 대한 믿음 • 마인드 다운로딩 • 삶의 의미와 가치 부여 • 자기실현, 생산감, 통합감, 지혜
사회적 죽음 • 사회적 망각과 무시 • 사회적 통제력 상실 • 법적 지위의 상실	• 사회적 불멸 • 유산 남기기 • 사회적 공헌 • 사회적 명예와 좋은 이미지 • 사후에 자신의 소망대로 　처리되기	• 자녀와 후손 남기기 • 후세를 위한 업적과 성취로 공헌하기 • 명예, 동상, 비석, 자서전, 이름 남기기 • 제사와 추도 기념식 • 유언, 상속, 유산, 법인화 • 법적 대리인 세우기
영적 죽음 • 절망감, 무의미감 • 자아에의 집착 • 영원한 것과의 단절	• 영적 불멸 • 자아의 초월 • 영원한 것과의 연결감 • 신 또는 우주와의 합일감	• 자기정체감의 포기와 자아의 죽음 • 자아초월 수행(명상, 참선 등) • 종교적 신앙과 순종 • 체험적 초월을 통한 깨달음

적 변화에 대응하기 위한 것이다. 제8장에서 논의했듯이, 죽음불안은 죽음과 죽어감의 과정에서 경험하게 될 육체적·심리적·사회적·영적 변화에 대한 것으로 구분할 수 있다. 〈표 12-1〉에 제시되어 있듯이, 죽음에 대한 대처방식도 죽음불안의 4가지 측면에 대한 것으로 나누어 볼 수 있다.

(1) 육체적 불멸의 추구

인간이 가장 두려워하는 것은 육체적 죽음이다. 죽음으로 인해 육체가 형태와 기능을 상실하고 부패하여 소멸하는 것이다. 따라서 인간의 가장 큰 소망은 육체적 불멸, 즉 육체를 유지한 채로 영원히 생존하는 것이다.

인류역사에서 육체적 불멸은 여러 가지 형태로 추구되었다. 진시황의 경우처럼 불사약과 불로초를 구하거나 미라의 형태로 육체를 보존하여 부활하려는 시도로 이어졌으나 모두 실패했다. 육체적 불멸이 불가능함을 인식한 인간은 죽었다가 다시 살아나는 육체적 부활의 추구로 변화되었다. 육체적 불멸의 또 다른 추구는 불로장생(不老長生)과 무병장수(無病長壽), 즉 늙지 않은 채로 질병에 걸리지 않고 오래 사는 것이다. 현대에는 질병을 치료하는 의학 기술이 발전하고 있을 뿐만 아니라 인간의 수명을 연장하고 노화를 방지하는 다양한 방법이 개발되고 있다. 현대인들이 운동, 체력단련, 식이조절, 금주, 금연과 같은 건강증진 노력을 기울이는 것은 육체적 불멸의 완화된 형태, 즉 무병장수를 위한 추구라고 할 수 있다.

(2) 심리적 불멸의 추구

인간이 죽음을 두려워하는 이유는 육체적 소멸뿐만 아니라 자기의식과 자기정체감이 영원히 소멸하는 심리적 죽음이다. 세상을 바라보고 인식했던 의식이 사라지고 '나'라는 자기의식이 소멸하는 것이다. 따라서 인간은 육체가 소멸하더라도 자기의식과 자기정체감을 지닌 정신적 존재로 살아남으려는 심리적 불멸을 추구해 왔다.

심리적 불멸을 추구하는 주된 방법은 물질적 육체와 정신적 영혼을 구분하며 육체는 소멸하더라도 영혼이 영원히 존재한다고 믿는 것이다. 대부분의 종교는 영혼의 존재를 주장하며 심리적 불멸과 사후생을 주장한다. 영혼은 비물질적인 것이기 때문에 그 존재 여부를 입증하기 어렵다. 또한 정보통신기술을 이용하여 뇌에 저장된 정보를 다운로딩하여 아바타에 옮기는 마인드 다운로딩(mind downloading)이 논의되고 있다. 이러한 시도는 육체를 상실하더라도 개인의 자기정체감과 기억을 다른 존재로 옮김으로써 심리적 불멸을 추구하는 방법이라고 할 수 있다.

죽음이 두려운 또 다른 이유는 자신의 삶에 대한 무가치감과 무의미감이다. 죽음으로 인해 육체와 정신이 모두 소멸한다 하더라도, 자신의 삶을 충분히 의미 있고 가치 있는 것으로 여길 수 있다면 죽음불안과 허무감이 감소될 것이다. 자기실현을 위해 노력하고 생산적 성취를 통해 생산감을 추구하며 자신의 인생을 의미 있는 것으로 통합하려는 노력은 죽음불안을 완화할 뿐만 아니라 개인의 자존감과 심리적 불멸감을 증진하는 데 기여할 수 있다.

(3) 사회적 불멸의 추구

인간은 사회적 존재로서 자신을 다른 사람들과 연결하려는 욕구를 지닌다. 죽음이 두려운 이유 중 하나는 죽음으로 인해 자기존재가 다른 사람들로부터 영원히 망각될 뿐만 아니라 다른 사람들에 대한 영향력을 완전히 상실하는 것이다. 이러한 사회적 죽음에 대처하기 위해서 인간은 자기존재를 다른 사람들의 마음속에 각인시킴으로써 영향력을 지속시키려는 사회적 불멸을 추구한다.

사회적 불멸을 추구하는 대표적인 방법은 명예를 높이는 것, 즉 업적과 공헌을 통해 많은 사람이 이름으로 대표되는 자기존재를 기억하도록 만드는 것이다. 이처럼 명예, 업적, 공헌을 통해서 다른 사람의 기억 속에 자신의 존재와 긍정적 이미지를 남김으로써 다른 사람들의 마음 안에서 생존하는 사회적 불멸을 추구하는 것이다. 동상이나 비석 건립, 자서전 쓰기, 바위에 이름 새기기 등은 자기존재를 타인에게 부각시키려는 사회적 불멸의 시도라고 할 수 있다.

사회적 불멸을 추구하는 가장 일반적인 방법은 많은 자녀와 후손을 남겨서 자신을 오래도록 기억하게 만드는 것이다. 부모의 은혜와 존경을 강조하고 기일마다 추도식을 하거나 제사를 지내는 것은 사회적 불멸을 위한 문화적 전통이라고 할 수 있다. 사회적 불멸은 타인이 자신을 기억하도록 만드는 것뿐만 아니라 타인이 자신의 소망과 의도에 따라 행동하도록 영향력을 지속시키는 것이다. 자녀의 효성과 순종을 강조하고 유언을 남기는 것은 자녀들이 자신의 소망대로 행동하도록 영향력을 행사하려는 시도라고 할 수 있다. 특별한 경우에는 법적 대리인을 세워 죽음 이후에도 자신의 의도를 관철시키려는 노력을 기울일 수 있다.

(4) 영적 불멸의 추구

인간은 세계와 분리된 개체로 존재하는 한 소멸불안으로부터 벗어날 수 없다. '영적'이라는 용어는 다양한 의미로 사용되고 있지만, 자아의 개체성을 초월하여 절대적이고 영원한 것과의 연결감을 추구하려는 노력을 의미한다. 이런 점에서 죽음을 자기존재의 영원한 소멸로 받아들이며 타자와의 연결감이나 삶의 의미감을 느끼지 못하는 실존적 절망상태를 영적 죽음이라고 할 수 있다.

영적 불멸은 절대적인 것과의 융합을 통해서 죽음의 불안과 존재의 허무감을 극복하려는 시도라고 할 수 있다. 영적 불멸은 개인의 육체와 소유를 근간으로 하는 자기정체감의 포기와 초월을 통해서 완전히 새로운 삶으로 나아가는 영적 재생(spiritual rebirth or reversion)이라고 할 수 있다. 더 이상 '나'라고 집착할 것이 없을 때, 죽음은 더 이상 두려움의 대상이 되지 않는다. 자아의 집착을 포기하고 영원한 것(신, 우주 등)과 합일감을 느낄 때, 영적인 불멸감을 경험할 수 있다. 융(Jung)은 이러한 심리적 상태를 자아의 죽음(ego death)이라고 지칭했다. 자아와 타자의 구분이 사라지고 삶과 죽음의 구분마저 넘어선 초월적인 의식 수준에 이를 수 있어야 영적 불멸에 도달할 수 있다.

제13장
죽음의 부정: 불멸의 추구

1. 죽음의 부정

현대 심리학에서 죽음과 인간행동의 관계를 설명하는 가장 대표적인 이론은 공포관리 이론(Terror Management Theory: TMT)이다. 공포관리 이론은 죽음에 대한 공포가 인간행동에 영향을 미치는 매우 중요한 요인이며 대부분의 인간행동과 문화적 현상은 이러한 공포를 관리하기 위한 노력이라고 주장한다. 공포관리 이론은 미국의 사회심리학자인 셸던 솔로몬(Sheldon Solomon), 제프 그린버그(Jeff Greenberg)와 톰 피진스키(Tom Pyszczynski)가 1984년에 제안한 이론으로서 많은 실증적 연구를 통해 입증되고 있다. 이러한 공포관리 이론은 문화인류학자인 어니스트 베커(Ernest Becker)의 저서 『죽음의 부정』에 근거하고 있다.

1) 어니스트 베커와 죽음의 부정

죽음의 공포는 인간을 움직이는 가장 주된 동기이다. 인간은 죽음의 공포로부

◈ 어니스트 베커

터 벗어나기 위해서 죽음을 부정하고 불멸의 존재가 되기 위한 처절한 노력을 기울인다. 인간은 육체적 죽음을 초월하는 불멸적 존재가 되기 위해서 상징적 세계, 즉 문화를 창조하고 그러한 세계의 영웅적 존재가 됨으로써 상징적 불멸을 추구한다. 인간이 소중한 것으로 여기는 문화적 체계나 가치들(종교, 사상, 예술, 학문, 국가, 민족, 가족, 돈, 권력, 명예 등)은 인간이 상징적 불멸을 추구한 결과이자 상징적 불멸을 추구하는 수단이다. 모든 사회의 문화적 체계와 가치는 지도자나 구성원들이 죽음공포를 회피하고 불멸을 추구하는 강력한 무의식적 동기에 기반하고 있기 때문에, 이러한 문화적 체계와 가치를 반대하거나 위협함으로써 그들의 불멸 노력을 방해하는 사람이나 집단은 강렬한 분노의 대상이 되어 잔혹한 공격을 받게 된다. 이것이 바로 인간 세상에 그토록 흔하게 출몰하는 거대한 악(惡)의 심리적 근원이다.

이처럼 죽음불안이 인간사회에 미치는 심오한 영향을 탁월하게 분석한 인물이 어니스트 베커(Ernest Becker: 1924~1974)이다. 베커는 죽음불안이 인간의 문화에 미치는 영향을 심층심리학의 관점에서 체계적으로 분석한 문화인류학자이다. 그는 미국의 매사추세츠주에서 유태인 이민자의 자녀로 태어났으며 시러큐스 대학교를 졸업하고 파리의 미국대사관에서 근무하다가 다시 모교로 돌아와 문화인류학을 공부하여 36세에 박사학위를 받았다. 그는 교수로 임용되었으나 주류학자들과의 갈등으로 인해 여러 대학교를 옮겨 다니다가 캐나다의 사이먼 프레이저 대학교에 자리를 잡으면서 주요한 업적을 남겼다.

그는 1973년에 대표저서인 『죽음의 부정』을 발간했으며 이 책으로 인해 1974년에 퓰리처상을 받으면서 학계의 주목을 받았다. 대장암을 앓고 있던 베커는 퓰리처상을 받고 나서 2개월 후에 사망했으며 1975년에 유고작인 『악(惡)으로부터의 도피(Escape from Evil)』가 출간되었다. 그는 죽음, 종교, 악과 같은 인간의 근원적 문제를 깊이 분석했으며 여러 저술을 남겼다. 그가 발표한 저서와 그 안에 담긴 견해는 종교심리학과 사회심리학에 커다란 영향을 미쳤으며 죽음과 관련된 대표적인 심리학 이론인 공포관리 이론의 이론적 기반을 제공했다.

베커는 과학적 탐구가 인간을 특정한 지점까지 안내할 수는 있지만 그 지점을 넘어서면 믿음의 체계가 작동되어야 인간의 영혼을 만족시킬 수 있다고 믿었다. 그는 이러한 입장에서 과학과 종교를 아우르는 이론체계를 제시하고자 했으며 그 주된 결과물이 『죽음의 부정』과 『악으로부터의 도피』이다. 그가 자신의 이론체계를 구성하는 데에는 키르케고르와 헤겔을 비롯한 철학자들뿐만 아니라 프로이트, 빌헬름 라이히, 에리히 프롬, 오토 랭크를 위시한 정신분석학자의 영향을 받은 것으로 알려져 있다.

2) 인간과 사회를 움직이는 원동력: 죽음공포와 불멸추구

인간을 움직이는 가장 중요한 원동력은 무엇일까? 프로이트는 성욕이라고 보았고, 융은 자기실현을 위한 개성화라고 여겼으며, 아들러는 열등감의 극복과 우월감의 추구라고 보았다. 베커는 죽음공포에서 벗어나기 위한 불멸추구를 인간의 가장 근본적인 동기라고 주장했다.

(1) 영웅심과 불멸 프로젝트

베커에 따르면, 대부분의 인간 행동은 죽음을 부정하기 위한 것이다. 죽음을 통한 영원한 자기소멸의 운명을 자각하는 것은 잠재의식 속에 심오한 불안과 공포를 유발한다. 따라서 인간은 이러한 공포와 허무감에 대처하기 위해서 자신의 삶을 의미 있고 가치 있는 것으로 만들기 위한 노력을 기울인다.

사회적 차원에서는 문화적 상징체계(종교, 학문, 예술, 법률 등)를 만들어 구성원으로 하여금 삶의 의미감을 느낄 수 있게 하는 가치체계를 제공한다. 이러한 문화적 가치와 일치하는 성취와 능력을 탁월한 것으로 평가하고 그러한 속성을 탁월하게 지닌 사람을 보상하며 그러한 문화적 세계관에 순응하지 않는 사람들을 처벌하거나 살해한다.

　개인적 차원에서는 자존감의 추구를 통해서 죽음공포의 충격을 완충한다. 인간은 누구나 자신이 특별한 가치를 지닌 존재이며 오랜 기간 영속하는 존재이기를 원한다. 다른 사람들이 모두 죽더라도 자신만은 특별한 가치를 지닌 예외적 존재로서 죽음의 운명으로부터 면제되거나 유예될 수 있다고 믿고자 한다. 이러한 마음이 바로 자존감(self-esteem)이다. 자존감은 개인이 속한 사회의 문화적 가치를 성공적으로 성취함으로써 물질적 보상과 사회적 인정을 통해 유지되거나 고양될 수 있다.

　베커는 자신을 특별히 중요한 예외적 존재로 여기려는 높은 자존감을 영웅심(heroism)이라고 지칭했다. 그에 따르면, 영웅심은 개인의 삶에 있어서 매우 핵심적인 것이다. 영웅심은 본능적인 자기애뿐만 아니라 자존감을 추구하는 아동기의 욕구에 근거하고 있기 때문에 인간의 마음에 깊이 자리 잡고 있는 본성적인 것이다. 영웅심은 국가나 민족과 같은 집단을 위해 죽음을 불사하며 탁월한 업적을 남김으로써 많은 사람의 칭송을 받으며 오래도록 기억되는 불멸의 존재가 되고자 하는 동기이다. 인간사회는 개인의 삶에 대해서 특별한 의미와 가치를 부여하는 영웅의 이야기로 가득 차 있다.

　인간의 모든 행위는 죽음을 부정하고 초월하려는 무의식적인 노력에 의해서 결정된다. 베커는 프로이트가 인간행동의 일차적 동기라고 주장했던 성욕을 죽음공포로 바꾸어 놓았다. 인간은 근원적인 무력감을 지니고 있으며 죽음공포로부터 스스로를 방어하기 위해서 개인적 역량을 강화하고 집단적 문화를 형성한다. 인간의 문명은 궁극적으로 죽음공포에 저항하기 위한 상징적 방어체계이다. 인간의 삶은 감각의 물리적 세계와 의미의 상징적 세계 사이에서 살아간다. 인간성은 육체적 자기와 상징적 자기로 구성된 이중적 속성을 지닌다. 인간은 상징적 자기에 주의를 기울임으로써 영웅심의 충족을 통해 죽음의 딜레마를 극복하고 불멸을 추구하는데, 베커는 이를 불멸 프로젝트(immortality project)라고 불렀다. 개인은 불멸 프로젝트를 성공적으로 완수함으로써 영웅적 존재가 될 수 있으며 결코 죽지 않는 상징적 불멸을 이룰 수 있다. 사회는 이러한 방식으로 구성원들에게 자신의 삶이 의미와 목적을 지니며 거대한 의미구조 속에서 진정한 가치를 지닌다는 느낌을 제공한다.

(2) 악의 근원과 정신병리

개인이 추진하는 불멸 프로젝트는 각기 다른 가치를 추구하기 때문에 인간사회의 갈등을 초래하게 된다. 하나의 불멸 프로젝트가 다른 프로젝트와 충돌하게 되면 비난과 공격의 대상이 될 수 있다. 학자는 자신의 이론이 다른 학자의 이론보다 우월하다고 주장하며, 정당은 자신의 이념과 정책의 우월성을 제시하면서 다른 정당을 비난한다. 이처럼 불멸 프로젝트는 인간사회의 갈등(예: 민족주의, 전쟁, 편견, 집단살해 등)을 유발한 기본적인 동력이 된다.

베커는 미완성 유고작인『악으로부터의 도피』에서 세상에 존재하는 악(惡)의 대부분이 죽음을 부정하려는 욕망의 결과라고 주장했다. 한 사람의 인격은 자신의 죽음을 부정하고 불멸을 추구하려는 과정을 통해서 형성된다. 죽음불안을 방어하기 위해 경직된 신념과 공격적 행동으로 무장한 인격의 갑옷(character armor)은 진정한 자신의 모습을 인식하는 방해물로 작용할 뿐만 아니라 세상에 존재하는 많은 악을 초래하게 된다. 자신의 신념에 대한 도전을 용납하지 않으며 상대방을 사악한 존재로 매도하며 공격적 행동을 통해 상대방을 징벌하려 들기 때문에 끊임없는 투쟁과 처참한 살육을 유발하는 악의 근원이 되는 것이다.

종교는 인간이 불멸 프로젝트를 통해 영웅심을 충족시키는 전통적인 문화체계였다. 그러나 현대와 같은 이성의 시대에는 설득력을 상실했으며 존립의 위기에 처하게 되었다. 현대사회에서는 과학이 불멸 프로젝트로서 종교를 대신하고자 했으나 인간의 삶에 절대적 의미를 제공할 수 없기 때문에 성공하기 어렵다. 현대사회에는 현대인들이 납득할 수 있고 자신이 영웅적이라고 느낄 수 있는 새로운 환상이 필요하다. 이에 대해서 베커는 어떤 완벽한 해결책이 존재하지 않는다고 믿기 때문에 명확한 대답을 제시하지 않았다.

베커에 따르면, 정신장애는 개인의 불멸 프로젝트와 관련되어 있다. 우울증은 불멸 프로젝트가 실패했다는 인식에 근거한다. 정신분열증은 현실을 부인하며 개인적 불멸 프로젝트에 강박적으로 매달릴 때 발생한다. 정신분열증 환자들은 자신의 내면에 심리적 현실을 만들어 그 속에서 자신이 불멸 프로젝트를 추구하며 영웅심을 충족시키려 한다. 창의적이고 예술적인 사람들은, 정신분열증 환자와 마찬가지로 기존의 문화적 불멸 프로젝트를 부인하고 자신만의 현실을 창조하려는 노력을 기울인다. 그러나 정신분열증 환자와 달리, 창조적인 사람들은 단지 자신만의 내면적인 심리적 현실을 만들어 내는 것이 아니라 다른 사람들이 인정할 수 있는 현실을 창조하고 표현하는 재능을 지닌 사람들이다.

베커는 『의미의 탄생과 죽음(The Birth and Death of Meaning)』에서 인간이 원숭이의 단순한 마음에서 상징과 환상의 세계로 진화해 왔다고 주장한다. 그러나 현대사회는 인간의 진화하는 지성을 통해서 이러한 환상들이 해체하고 파괴되는 방향으로 나아가고 있다. 이러한 베커의 견해는 심리학 전반에 의미심장한 영향을 미쳤다.

2. 공포관리 이론: 인생과 문화는 죽음공포에 대한 대처

베커는 고독한 연구자이자 사상가였다. 그러나 그의 생각은 사후에 심리학자들에 의해서 공포관리 이론으로 발전했다. 1970년대 말에 세 명의 젊은 사회심리학자인 셸던 솔로몬, 제프 그린버그와 톰 피진스키는 인간의 사회적 행동을 설명하기 위해서 개인의 자존감과 소속집단의 우월성 추구에 초점을 맞추고 있었다. 그러나 인간이 자존감과 집단의 우월성을 추구하는 심리적 근원을 설명하지 못하고 있었다. 이들은 베커의 저서를 접하면서 죽음에 대한 공포와 그에 대한 방어적 노력이 이러한 심리적 욕구와 사회적 행동의 근원이라는 것을 깨닫게 되었다.

솔로몬과 동료들은 베커의 사상에 근거하여 사회적 행동을 설명하는 이론을

◈ 공포관리 이론을 제시한 솔로몬(왼쪽), 그린버그(가운데)와 피진스키(오른쪽)

1984년에 처음 발표하면서 공포관리 이론(Terror Management Theory: 이하에서 TMT
로 칭함)이라고 명명했다. TMT는 인간의 사회적 행동을 설명하기 위한 사회심리
학 이론이지만 베커의 견해와 더불어 실존철학, 정신분석학, 사회학, 인류학의 영
향을 받았다. TMT는 인간의 다양한 사회적 행동(예: 자존감, 재물과 권력 추구, 사회
적 편견, 집단 갈등, 종교 등)이 죽음불안과 그에 대한 방어적 노력에 기인한다는 주
장을 실증적으로 입증 가능한 구체적인 가설의 형태로 제시함으로써 수많은 연구
를 촉발했다. 현재 TMT는 많은 실증적 연구를 통해 입증되고 있으며 이론적 정교
화를 통해서 지속적으로 발전하고 있다. 이러한 TMT를 구성하는 핵심적 가정과
가설을 소개하면 다음과 같다.

(1) 죽음공포는 인간의 행동에 강력한 영향을 미치는 주요한 심리적 동기이다.
(2) 대부분의 인간행동은 죽음공포를 완화하기 위한 공포관리의 노력이다. 이
    를 불안 완충 가설(anxiety buffering hypothesis)이라고 한다.
(3) 죽음공포의 관리는 두 가지 유형의 방어, 즉 의식 수준의 근거리 방어(죽음
    사고의 억압과 합리화)와 무의식 수준의 원거리 방어(세계관 구성과 자존감 추
    구)를 통해 이루어진다. 이를 죽음공포 관리의 이중과정 가설(dual processes
    hypothesis)이라고 한다.
(4) 죽음공포의 원거리 방어는 두 가지의 방식, 즉 불멸을 추구하는 문화적 세계
    관 구축과 개인의 특별함을 의미하는 자존감 추구를 통해 이루어진다. 이러한

원거리 방어는 인간의 집단적 문화와 개인적 행동에 강력한 영향을 미친다. 이를 원거리 방어의 이중요소 가설(dual components hypothesis)이라고 한다.

(5) 인간의 불멸 추구는 두 가지의 방식, 즉 육체의 영원한 생존을 의미하는 실제적 불멸과 영원한 것과의 심리적 연결을 의미하는 상징적 불멸을 통해 이루어진다.

(6) 죽음의 주제를 현저하게 부각시켜 원거리 방어를 촉발하면, 개인은 자존감과 소속집단의 세계관을 방어하려는 노력이 증가한다. 또한 자존감과 세계관을 위협하는 세력에 대해서 적대적 태도와 공격적 행동이 증가한다. 이를 죽음 현저성 가설(mortality salience hypothesis)이라고 한다.

(7) 개인은 자존감과 소속 집단의 세계관이 위협받으면 죽음 관련 사고가 증가한다. 이를 죽음사고 접근용이성 가설(death thought accessibility hypothesis)이라고 한다.

1) 죽음공포: 인간행동의 원동력

베커에 따르면, 죽음에 대한 생각, 즉 죽음에 대한 공포처럼 인간을 고통스럽게 따라 다니는 것은 없다. 죽음공포는 인간을 따라 다니며 영향을 미치는 인간행위의 주된 원천이다. 인간의 행동은 대부분 죽음의 운명을 어떤 식으로든 부정함으로써 죽음의 치명성을 완화하면서 죽음불안을 회피하기 위한 것이다.

죽음불안은 생존 욕구와 죽음 자각의 심리적 갈등에 기인한다. "똥밭에 굴러도 이승이 낫다."라는 말이 있듯이, 인간의 생존 욕구는 강렬하고 집요하다. 그런데 자신이 반드시 죽어야 할 존재라는 사실을 인식하는 순간부터 인간은 심각한 딜레마에 빠지게 된다. 이러한 딜레마를 윌리엄 제임스(William James)는 '마음속 깊은 핵심에 존재하는 벌레(worm in the core)'라고 지칭한 바 있다. 이 벌레는 평소에 움직이지 않고 조용히 있기 때문에 강렬한 공포로 경험되지는 않지만 항상 찜찜한 불안을 느끼게 한다. 어떤 계기로 이 벌레가 꿈틀거리며 용트림을 하면 인간은 죽음공포에 휩싸이게 한다.

　베커는 『죽음의 부정』에서 죽음의 공포에서 벗어나 불멸을 추구하는 것이 인간의 가장 근본적인 무의식적 동기라고 주장했다. 그에 따르면, 인간은 결코 자신의 죽음을 인정하지 않는다. 인간의 모든 행위는 죽음을 부정하고 초월하려는 무의식적인 노력에 의해서 결정된다. 인간은 근원적인 무력감을 지니고 있으며 죽음의 공포로부터 방어하기 위해 개인적 역량을 강화하고 집단적 문화를 형성한다. TMT는 이러한 베커의 주장을 받아들여 죽음의 공포를 인간행동의 중요한 원동력으로 여긴다. 죽음의 공포를 관리하기 위한 노력이 개인의 삶과 사회의 문화에 강력한 영향을 미치게 된다.

2) 공포관리: 죽음공포에 대한 두 유형의 방어과정

　TMT에서는 인간이 죽음공포를 방어하는 방략을 죽음과의 거리, 즉 죽음이 의식에 떠오르는 정도에 따라 두 가지 유형으로 구분하고 있다. 그 하나는 근거리 방어(proximal defense)로서 죽음이 의식에 명료하게 떠오른 상태에서 동원되는 방어전략을 의미하며 죽음공포를 잠재우기 위한 직접적 방어(direct defense)라고 할 수 있다. 다른 하나는 원거리 방어(distal defense)로서 죽음이 저만치 멀리 있어서 의식에 떠오르지는 않지만 언젠가 다가올 수 있다는 막연한 무의식적 불안을 완화하기 위한 방어전략을 의미하며 죽음공포에 대한 간접적 방어(indirect defense) 또는 상징적 방어(symbolic defense)라고 지칭되기도 한다. 이러한 주장을 죽음공포 관리의 이중과정 모델(dual process model)이라고 한다.

　인간은 평소에 자신의 유한성, 즉 죽음을 망각하며 살아간다. 그러다가 어떤 계기로 죽음을 의식하게 되면, 근거리 방어가 작동하여 죽음공포를 완화한다. 〈그림 13-1〉에 제시되어 있듯이, 죽음에 관한 생각이 의식에 떠오르면 근거리 방어가 작동되어 그러한 생각을 억제하거나 죽음을 먼 훗날의 일로 합리화하면서 죽음불안에서 벗어난다. 이러한 근거리 방어를 통해서 억눌린 죽음사고는 개인의

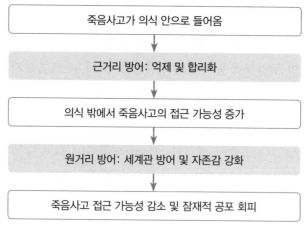

〈그림 13-1〉 죽음사고에 의해 활성화되는 두 유형의 방어과정

마음에서 완전히 제거되는 것이 아니라 잠재의식 또는 무의식에 존재하면서 언제든지 의식에 떠올라 죽음불안을 촉발할 수 있다. 이러한 상황에서 작동하는 것이 원거리 방어이다. 원거리 방어는 인간의 불멸을 뒷받침하는 세계관을 받아들이거나 자신의 특별함을 추구하는 자존감을 강화함으로써 이루어진다. 이러한 원거리 방어를 통해서 죽음사고가 의식에 떠오르는 것을 막을 뿐만 아니라 죽음공포를 회피하게 된다.

죽음공포에 대한 근거리 방어와 원거리 방어는 〈표 13-1〉에서 볼 수 있듯이 여러 가지 측면에서 다르다. 근거리 방어는 자신이 죽을 수 있다는 죽음사고가 의식에 떠올랐을 때 작동되는 대처방식인 반면, 원거리 방어는 죽음의 불가피성을 무의식적 또는 잠재의식적으로 인식하고 있을 때 동원되는 대처방식이라고 할 수 있다. 방어방식에 있어서 근거리 방어는 죽음사고를 의식에서 밀어내거나 먼 미래의 일로 여기는 합리화를 통해 이루어지는 반면, 원거리 방어는 개인의 유한성을 부정하고 불멸을 추구하는 비합리적인 방식으로 작동하지만 죽음공포를 완화하는 효과를 지니고 있다.

| 표 13-1 | 죽음공포에 대한 근거리 방어와 원거리 방어의 차이점 |

근거리 방어	원거리 방어
위협이 인식되면서 떠오른 의식적인 죽음사고에 대한 대응	위협 인식과는 거리가 있는 상황에서 죽음의 불가피성에 대한 무의식적/내현적 인식에 대한 대응
죽음사고를 의식에서 제거하거나 죽음을 먼 미래로 밀어냄	개인을 영원한 죽음-초월적 세계의 가치 있는 구성원으로 여기게 함
죽음과 방어의 연결성: 합리적·논리적	체험적·비합리적·비논리적
죽음 현저성 후에 즉시 작동함	죽음 현저성에 뒤이은 주의전환 후에 작동함
역하 죽음자극에는 작동하지 않음	역하 죽음자극에 즉시 작동함

실험연구에서 참여자에게 죽음을 의식에 현저하게 부각시키면 즉각 근거리 방어가 작동하는 반면, 원거리 방어는 죽음을 부각시킨 후에 주의전환을 통해 죽음 사고가 무의식 수준에 존재할 때 작동하게 된다. 달리 말하면, 죽음의 주제가 의식의 중심부를 차지하고 있을 때 작동하는 것이 근거리 방어인 반면, 주의전환을 통해 의식의 중심부가 다른 주제로 대체되고 죽음의 주제는 의식의 주변부로 밀려난 상태에서 작동하는 것이 원거리 방어이다. 이처럼 원거리 방어는 죽음자극을 자각하지 못할 정도로 약하거나 빠르게 제시하는 역하(under threshold) 자극상황에서 작동한다. 그러나 근거리 방어는 이러한 역하 자극상황에서는 작동하지 않는다.

요컨대, 근거리 방어는 개인이 죽음을 의식적으로 자각했을 때 작동하지만, 원거리 방어는 죽음이 무의식에 잠복하고 있을 때 작동한다. 근거리 방어와 원거리 방어의 구분은 이분법적으로 단순화된 것이다. 죽음공포에 대한 방어과정을 명료하게 제시하기 위해 두 가지 유형으로 구분했지만, 현실에서는 대부분 근거리 방어와 원거리 방어가 혼재되어 나타난다.

3. 죽음공포에 대한 근거리 방어: 죽음사고의 회피

인간은 누구나 죽음이라는 실존적 벌레를 마음속에 지니고 살아간다. 인간의 뇌는 우리가 생각하는 것 이상으로 죽음의 공포에 집착하고 있지만 근거리 방어와 원거리 방어가 계속 작동하기 때문에 죽음공포를 느끼지 못할 뿐이다. 이러한 방어의 심리적 기제가 존재하지 않는다면, 인간은 항상 죽음공포에 사로잡혀 고통스러운 삶을 살게 될 것이다.

대부분의 사람은 평소에 죽음을 인식하지 않은 채로 살아간다. 그러나 가깝게 지내던 사람이 사망하거나 심각한 질병에 걸리면, 우리 자신의 죽음에 대해서도 생각하게 된다. 저 멀리 먼 훗날의 일로만 여겨지던 죽음이 불청객처럼 찾아와 우리의 마음을 불안하게 만들 때가 있다. 이처럼 죽음이 의식에 떠올라 우리의 마음을 불편하게 만드는 상황에서 작동하는 것이 근거리 방어이다.

1) 근거리 방어의 다양한 전략

근거리 방어의 목적은 죽음공포를 감소시키는 것이다. 이를 위해서는 죽음에 관한 생각을 의식에서 밀어내거나 죽음의 위험성을 나름대로의 논리에 의해서 평가절하하는 것이 필요하다. 이처럼 인간이 죽음의 공포를 완화하기 위해서 사용하는 근거리 방어 전략은 매우 다양하다.

근거리 방어의 첫 번째 전략은 죽음사고의 억제이다. 죽음에 관한 생각을 하지 않으려는 의식적인 노력으로서 의도적으로 죽음에 대한 대화를 피하거나 다른 관심사로 주의를 돌리는 것이다. 우리 사회에서 죽음은 즐거운 대화를 위해서 반드시 피해야 할 주제이다. 잘 아는 사람의 장례식에 참석하여 인생의 무상함을 절감하며 침울한 기분을 느끼지만, 곧 다른 관심사로 주의를 전환하면서 평소의 기분 상태로 돌아오는 것은 이러한 근거리 방어가 작동한 결과라고 할 수 있다.

근거리 방어의 두 번째 전략은 '특별함' 또는 '예외'의 방어로서 '난 아니야' 전략을 의미한다. 즉, 죽음의 법칙이 다른 사람들에게 적용되지만 자신에게는 적용되지 않는다고 믿는 것이다. 자신은 특별한 존재여서 죽지 않을 것이라는 무의식적 믿음은 개인에게 자신감과 용기를 주어서 강력한 권력 의지나 통제 노력을 불러일으킨다. 이러한 노력이 어느 정도 성취되면, 죽음의 두려움은 더욱 무의식 속으로 억압되며 자신의 특별함에 대한 믿음이 강화된다. 이러한 전략의 예는 전쟁터로 나가는 군인이 '대포알이 나를 향하지는 않을 거야.'라고 생각하거나 흡연가가 '담배를 피워도 나에게 폐암이 생기지는 않을 거야.' 또는 산악등반가가 '고산 등반사고는 나에게 일어나지 않을 거야.'라고 생각하는 것이다. 이러한 전략은 죽음에 관한 생각을 머릿속에서 몰아내어 죽음공포를 줄여 주지만 무모한 행동을 하게 만듦으로써 오히려 위험과 질병을 유발할 수 있다.

근거리 방어의 세 번째 전략은 노화와 죽음이 접근하는 것을 부정하는 것이다. 이러한 부정은 '아직은 아니야' 전략으로서 '지금은 죽을 때가 아니야.', '나이는 숫자에 불과해.', '인간수명은 150세까지 가능해.', '죽음은 저 멀리 있어.'라고 생각함으로써 죽음에 관한 생각을 머릿속에서 몰아내는 것이다. 가까이 다가온 죽음을 저 멀리 있는 것으로 밀어냄으로써 죽음공포를 회피하는 것이다. 그러나 이러한 전략은 노화와 죽음의 준비를 위한 실제적인 노력(예: 질병치료, 건강검진, 유언 작성, 재산상속 등)을 지속적으로 미루게 만드는 결과를 초래할 수 있다.

근거리 방어의 네 번째 전략은 절대적 구원자의 방어로서 '신이 나를 구원해 줄 거야.'라고 믿는 것이다. 자신을 영원히 보살피고 보호하는 존재에 대한 믿음을 의미한다. 이러한 구원자에 의해서 자신은 죽음의 낭떠러지로 떨어지는 것을 피할 수 있을 것이라고 믿는 것이다. 실존적 심리치료자에 따르면, 신과 같은 절대적 구원자에게 과도하게 의존하는 것은 자신의 실존적 상황을 부정하는 것으로서 자신의 진정한 존재상황을 외면하고 진실한 삶을 회피하는 결과를 초래할 수 있다.

이 밖에도 어떤 활동에 과도하게 몰두하고 집착하는 강박적 행위도 근거리 방어에 속한다. 강박적 행동은 죽음에 관한 생각을 의식에서 몰아내어 죽음공포를 회피하는 데 도움이 되기 때문이다. 그 대표적인 예는 일중독으로서 일에 몰두하여 자신이 무언가 가치 있는 성취를 통해 강력한 존재가 된다고 생각하면서 죽음에 관한 생각을 회피하는 것이다. 재물, 권력, 명예, 사회적 지위에 광적으로 집착하는 것도 그러한 것의 성취를 위해 자신의 에너지를 소진함으로써 죽음불안을 회피하거나 망각할 수 있다. 오염이나 실수와 같은 사소한 것에 집착하여 손 씻기나 확인하기에 몰두하는 강박장애도 감당할 수 없는 죽음공포를 회피하기 위한 방어의 일환이라고 할 수 있다. 이 밖에 알코올이나 마약 중독의 경우처럼 술이나 마약을 통해서 자신을 편안하고 무감각한 상태에 빠지게 함으로써 죽음에 관한 생각을 일시적으로 몰아낼 수 있지만 생명과 건강 유지를 위해서는 좋은 방법이 아니다.

2) 죽음에 대한 아동의 근거리 방어

죽음공포에 대한 근거리 방어는 아동기부터 발달한다. 안락한 자궁에서 세상으로 밀려난 신생아는 배고픔, 추위, 통증을 비롯한 많은 문제에 직면하게 된다. 신생아는 자신이 두려워하는 대상과 그 이유를 인식하지 못한 채 생존을 위협하는 위험에 본능적으로 반응한다. 아이들은 18~24개월에 자신을 독립적인 존재로 인식하는 자기의식을 갖기 시작한다. 이와 더불어 자신의 왜소함과 나약함을 어렴풋이 인식하면서 실제적 또는 상상적 위험에 한층 더 큰 두려움을 느끼게 된다. 아이들은 부모와 떨어지는 것, 낯선 사람, 어둠, 커다란 개를 비롯하여 상상적인 괴물이나 유령에 대한 두려움을 지닌다.

만 3세 무렵이 되면 죽음의 존재를 어렴풋이 인식하게 된다. 죽음을 인식하게 되면서 아이들은 자신도 죽을 수 있다는 사실을 깨닫게 된다. 아이들은 자신이 죽음으로 인해 존재하지 않을 수도 있다는 것을 깨닫게 되면서 충격과 더불어 공포를 느끼게 된다. 이러한 죽음공포가 커다란 동물이나 괴물과 같은 구체적인 대상에 대한 공포와 통합되면서 대부분의 아이들은 악몽에 시달린다. 아이들이 밤에 놀라서 깨거나 악몽을 꾸는 것은 자신의 죽음과 취약성을 알게 되었다는 것을 보여 주는 징후이다. 악몽에서는 무언가 무서운 것이 침대 밑에 숨어 있거나 창문으로 침입하거나 갑자기 나타나는 일이 흔하다. 이러한 악몽과 공포의 기저에는 자신이 왜소하고 취약한 존재라는 느낌, 자신이 소멸할지 모른다는 공포, 죽음을 피할 수 없다는 인식이 존재한다. 아이들은 죽음과 관련된 어렴풋한 인식과 두려움을 경험하면서 남몰래 고민하는 꼬마 햄릿이나 왕초보 철학자가 된다.

그러나 만 3세 전후의 아이들은 죽음의 공포를 경험하면서 초보적인 형태의 공포관리 전략을 사용하기 시작한다. 영국의 심리학자인 실비아 앤서니(Sylvia Anthony, 1971)는 아이와 어머니의 대화를 분석하여 3세 전후의 아이들도 죽음을 염려한다는 사실을 발견했다. 그녀에 따르면, 아이들은 일반적인 예상보다 훨씬 더 어릴 때부터 죽음에 대해서 걱정한다. 이때부터 아이들은 죽음에 관한 생각을 물리치는 것을 비롯하여 죽음공포를 회피하기 위한 다음과 같은 다양한 수단을 사용하기 시작한다.

첫째, 아이들은 주의를 다른 곳으로 돌림으로써 죽음에 대한 생각을 회피한다. 아이들이 사용하는 이러한 전략은 어른들이 자신의 죽음을 생각할 때 반응하는 방식과 유사하다. 죽음을 떠올리게 된 어른들은 곧바로 '걱정은 그만하고 행복하자(Don't worry. Be happy.)'라는 생각에 집중하려고 노력한다.

둘째, 아이들은 영원한 어린아이로 남고 싶다는 생각에 빠져들기도 한다. 죽음과 같은 무거운 주제로 고민하지 않는 천진난만한 어린아이로 머물고 싶다는 상상에 몰두하기도 한다. 결코 어른이 되지 않는 피터 팬은 아이들의 이러한 소망을 보여 주는 전형적인 인물이다. 어린아이의 마음이어야 천국에 들어갈 수 있다. 죽음을 알게 되는 순간부터 에덴동산에서 추방되는 것이다. 동심(童心)으로 돌아가는 것이 행복한 이유는 모든 것이 새롭게 느껴지는 순수한 마음뿐만 아니라 죽음의 망각을 통해 죽음공포로부터 완전히 벗어날 수 있기 때문이다.

셋째, 아이들은 죽음을 의인화하여 회피하거나 승리할 수 있다고 생각한다. 많은 동화에 등장하는 사악한 존재들은 죽음을 상징한다. 마녀, 괴물, 도깨비와 같은 존재들은 외모만 봐도 으스스한 죽음의 공포가 느껴진다. 이러한 존재들은 죽음이라는 추상적 두려움이 구체적인 대상으로 의인화된 것이다. 죽음을 인간적 형태로 의인화하면 회피하기가 쉬워진다. 인간화된 죽음은 설득하거나 속임수를 쓰고 도망치거나 대항할 수 있기 때문이다. 또는 강력한 힘을 지닌 중재자에 의해서 제압할 수도 있다. 5~9세의 아동들은 영리하게 꾀를 부리거나 강력한 전투력을 키우면 죽음을 피할 수 있다고 생각한다.

넷째, 죽음을 부정하는 또 다른 전략은 인간의 모습을 한 구원자를 믿는 것이다. 아이의 눈에는 부모가 자신의 육체적·정신적 욕구를 충족시켜 주는 전능한 존재이다. 아이들이 좋아하는 동화에는 선량한 사람들을 위기 상황에서 구출하는 구원자나 영웅이 등장한다. 이러한 구원자들은 죽음이 의인화된 사악한 인물들을 통쾌하게 격파함으로써 사람들을 죽음으로부터 구원하고 영원한 행복을 보장한다. 이처럼 전래동화의 이야기와 부모에 대한 의존경험을 통해서 아이들은 자신을 죽음으로부터 구원할 구세주에 대한 상상과 믿음을 키워 나가게 된다. 어린아이들은 자신이 신성하고 선량한 특별한 존재일 뿐만 아니라 전지전능한 구원자에 의해 죽음으로부터 영원한 구원을 받을 수 있다는 믿음을 통해서 죽음의 공포를 회피한다.

4. 죽음공포에 대한 원거리 방어: 문화적 세계관과 자존감

죽음에 관한 생각을 의식에서 몰아냈다고 해서 죽음사고가 완전히 소멸되는 것은 아니며 죽음불안이 완전히 해소되는 것도 아니다. 죽음의 주제는 여전히 무의식 또는 잠재의식에 남아 다양한 방식으로 개인의 삶에 영향을 미친다. 이처럼 무의식에 존재하는 죽음공포가 의식에 떠오르지 않도록 하는 노력이 원거리 방어(distal defense)이다.

본능적인 생존욕구를 지닌 인간은 불가피한 죽음의 자각과 함께 실존적 딜레마에 빠지게 된다. 이러한 딜레마를 해결하기 위해서 문화적 세계관과 상징체계를 통해 자기존재의 영속과 불멸을 추구한다. 인간은 개인의 생명보다 오래 존속하는 불멸적 가치나 이념을 창조하고 그것을 수용하여 헌신하고 동일시함으로써 불멸을 추구한다. 이러한 가치나 이념에 헌신하면 문화체계는 보상을 통해서 개인의 자기가치감, 즉 자존감을 상승시킴으로써 특권의식 또는 불멸감을 통해 죽음공포를 완화한다.

원거리 방어는 죽음에 대한 간접적이고 우회적인 방어 방식으로서 죽음과 직접적인 논리적 또는 의미론적 관련성을 찾기 어렵다. 예컨대, 범죄자에게 가혹한 처벌을 내리거나 자신의 문화적 가치에 도전하는 사람을 폄하하거나 자존감을 높이려는 노력은 누구나 죽는다는 사실과 아무런 관련성이 없는 듯이 보인다. 그러나 이러한 행동은 상징적 불멸감을 강화하여 죽음의 공포를 약화시키는 기능을 한다. 근거리 방어는 죽음에 관한 생각을 의식의 아래로 밀어내는 역할을 하는 반면, 원거리 방어는 죽음에 관한 무의식적인 생각이 의식에 떠오르지 않도록 하는 기능을 한다.

TMT에 따르면, 인간은 죽음공포를 관리하기 위해서 자신의 삶에 가치와 의미를 제공하는 문화적 세계관을 창조하고 그에 순응하여 살아감으로써 자신을 가치 있는 존재로 여기는 자존감을 강화하려고 노력한다. 즉, 죽음공포는 문화적 세계관(cultural worldview)의 구축과 자존감(self-esteem)의 추구를 통해서 완화된다. 달리 말하면, 인간이 죽음공포를 관리하는 두 가지의 원거리 방어는 자신이 속한 집단의 우월성을 믿는 것과 그 집단 내에서 개인의 자존감을 높이는 것이다. 문화적 세계관이 죽음공포를 집단적으로 방어하는 성채라면, 자존감은 죽음공포를 개인적으로 방어하는 갑옷이라고 할 수 있다.

1) 문화적 세계관: 죽음공포에 대한 집단적 완충장치

죽음의 인식은 인류의 진화과정에서 자기의식이 급성장하는 시기에 그 부산물로 생겨났다. 죽음의 불가피한 운명을 인식하게 된 인간은 죽음공포에 휩싸이게 되었다. 인류의 조상들은 죽음공포에 어떻게 대응했을까? 인간이 위협과 공포에 대응하는 방식은 크게 3가지, 즉 저항하기(fighting), 도망가기(fleeing), 얼어붙기(freezing)이다. 인류는 죽음공포 앞에 얼어붙어 절망감을 느끼며 무기력한 자멸의 길로 나아가지 않고 불멸을 추구하며 죽음공포를 회피하는 다양한 방법을 창조했다.

(1) 생존본능과 죽음운명의 딜레마와 그 출구

인간은 영원히 살고 싶지만 반드시 죽어야 하는 딜레마의 고통을 최소화하기 위해서 특유의 인지적 능력을 동원하게 된다. 인간은 뛰어난 인지능력을 발휘하여 죽음에 저항하고 죽음을 회피할 수 있는 상상적 세계, 즉 문화적 세계관을 창조했다. 문화적 세계관은 우리가 감각적으로 경험하는 변화무쌍한 현실세계에 의미, 질서, 영속성을 불어넣는다.

문화적 세계관은 우주와 개인의 기원, 세상의 운행 원리, 인생의 의미와 목적, 가치의 위계, 행동의 규범과 계율, 죽음 이후의 세계 등에 대한 설명을 제공하는 신념체계를 의미한다. 신, 민족, 국가, 이념, 학문, 예술, 도덕, 명예, 법률과 같이 인간이 중시하는 대부분의 개념과 가치는 문화적 세계관의 산물이다. 종교는 문화적 세계관을 제시하는 대표적인 문화체계이다. 국가, 정당, 기업체, 야구팀, 가문과 같은 문화체계도 세계에 의미와 가치를 부여하는 기능을 한다.

개인은 사회집단에 소속되어 문화적 세계관을 신봉하며 그 가치와 기준에 따라 살아갈 때 안전감을 경험하게 된다. 그러나 문화적 세계관이 그 자체로 죽음불안을 완전하게 해소하는 것은 아니다. 개인은 문화적 가치기준을 충족하거나 초과함으로써 자신이 우주와 사회 속에서 특별한 가치를 지닌 존재라는 믿음, 즉 자존감을 통해서 죽음불안을 완화하게 된다.

문화적 세계관은 가치 있는 삶의 청사진을 제공함으로써 불멸의 희망을 제공한다. 인간은 문화적 세계관을 통해서 실제적 불멸뿐만 아니라 상징적 불멸의 가능성을 창조함으로써 생존본능과 죽음운명 사이의 심연 위에 다리를 건설하게 되었다. 이러한 문화적 세계관은 매우 당연하고 견고한 것으로 여겨지지만 사실은 굉장히 무너지기 쉬운 것이며 많은 사람이 엄청난 에너지를 투자하여 창출하고 유지하고 방어해 온 인간의 구성물이다. 따라서 개인과 집단은 자존감의 근거가 되는 문화적 세계관과 가치를 보호하고 방어하기 위해서 필사적인 노력을 기울인다. 자신이 신봉하는 문화적 세계관과 가치가 도전받는 것은 자존감에 대한 공격인 동시에 죽음공포를 촉발하는 위협이기 때문이다. 종교 간의 갈등, 국가 간의 분쟁, 학파 간의 다툼, 가족 간의 싸움처럼 인간사회에 갈등과 분쟁이 매우 빈번할 뿐만 아니라 몹시 치열한 이유가 여기에 있다.

(2) 문화적 세계관의 적응적 기능

죽음공포를 관리하는 문화적 세계관의 대표적인 예는 사후생의 존재를 주장하는 종교적 신념체계이다. 이러한 신념체계는 개인의 육체와 영혼이 죽음 이후에도 존재한다는 실제적 불멸감을 제공함으로써 죽음공포에서 벗어날 수 있는 출구를 제시한다. 또한 민족적 우월감, 사회적 공헌, 의미 있는 삶과 같은 문화적 가치도 상징적 불멸감을 제공하여 죽음공포를 완화하는 기능을 지닌다. 이러한 문화적 가치는 개인보다 더 크고 오래 존속하는 것(국가, 종족, 가계와 혈통)의 일부가 된다는 느낌을 제공할 뿐만 아니라 개인은 물질로 이루어진 육체보다 더 우월한 정신과 인격을 지닌 존재라는 인식을 통해 상징적 불멸감을 제공한다.

생물학자인 아지트 바르키(Ajit Varki, 2006)에 따르면, 죽음공포는 생존과 번식에 필요한 활동을 방해하는 진화의 장벽이다. 자신이 죽을지 모른다는 두려움으로 위축된 사람은 대형 사냥감을 잡기 위해 적극적인 행동을 하기 어려울 뿐만 아니라 짝짓기 경쟁에 뛰어들거나 위험을 무릅쓰고 자식을 먹이기 위한 사냥에 나설 가능성이 낮기 때문이다. 인간의 조상들은 상상력을 발휘해서 죽음을 피할 수 있는 초자연적 세계를 창조함으로써 이러한 진화의 장벽을 돌파했다. 가장 흥미진진한 초자연적 이야기를 만들어 죽음공포에 가장 효과적으로 대처한 집단일수록 환경에 효과적으로 대처하여 자신의 유전자를 후속세대에게 남길 수 있었다.

인간은 문화적 세계관을 통해서 무의미한 세계에 의미와 가치를 불어넣었다. 문화적 세계관은 인간으로 하여금 자연세계의 냉혹함과 비참함을 극복하고 의욕과 희망을 느낄 수 있는 초자연적인 세계를 제시한다. 사후세계에 대한 믿음뿐만 아니라 신화, 이념, 예술, 도덕, 의식과 같은 다양한 문화적 요소를 통해서 초자연적 세계관을 구성하고 유지하며 구체화할 수 있었다.

베커에 따르면, 인간은 문화적 세계관을 통해 믿을 수 없는 것을 믿을 수 있게 만듦으로써 물질세계를 통제하고 있다고 상상하며 육체의 부패와 죽음을 초월하게 된다. 죽음의 운명에 대해 깊이 사색한 사람들은 죽음으로부터 비상(飛上)할 수 있는 거대한 환상을 만들어 냈다. 종교는 인류에게 '육체가 죽어도 영혼은 살아서 존재하는 삶'이 가능하다는 의미심장한 희망을 심어 주었다. 또한 동일한 세계관을 공유하는 공동체 의식과 현실에 대한 공통된 인식을 제공함으로써 대규모의 인간집단이 조화롭게 살아가는 데 기여했다. 과거의 인류역사에서 종교가 발생하고 번창한 이유는 사회통합과 조화의 기능뿐만 아니라 죽음공포를 평정하는 매력이 있었기 때문이다.

2) 자존감: 죽음공포에 대한 개인적 완충장치

개인이 가장 두려워하는 것은 자신의 죽음이다. 죽음공포의 핵심은 자신이 소멸하는 것에 대한 두려움이다. 개인은 문화적 세계관을 통해 집단적으로 죽음공포에 대처하는 노력뿐만 아니라 자신의 죽음을 회피할 수 있는 개인적인 노력을 기울이게 된다. 자존감은 문화적 세계관을 공유하고 있는 집단 속에서 자신이 다른 사람들보다 더 가치 있는 특별한 존재라는 인식을 통해서 죽음과 거리를 두려는 심리적 장치이다. 우리의 육체가 불가피하게 썩어 소멸하게 될 현실세계에서 심리적 안정감을 지니고 살아가기 위해서는, 우리 자신이 사회에서 펼쳐지고 있는 문화적 드라마에 공헌하는 의미 있는 존재라는 믿음이 필요하다.

(1) 자존감의 방어적 기능

자존감은 개인이 자신을 가치 있는 존재라고 느끼는 감정을 의미한다. 자존감은 개인이 속한 문화적 세계관에서 제시하고 있는 가치관에 따른 평가에 근거한다. 이런 점에서 자존감은 자신이 의미 있는 세계에 기여하고 있는 가치 있는 참여자라는 느낌을 말한다. 자신을 소중한 존재라고 느끼는 자존감은 죽음불안을 완화하고 심리적 안정감을 제공하는 기능을 지닌다.

자존감은 심리적인 추상적 개념이 아니라 우리의 신체 깊은 곳에서 느껴지는 것이다. 자존감은 불안과 관련된 신체적 흥분을 억제하는 기능을 지닌다. 또한 자존감은 심리적 안정감을 제공하여 사소한 위협에 동요하지 않게 만들 뿐만 아니라 불필요한 방어적 행동을 감소시킨다. 일반적으로 죽음불안을 촉발하면 사람은 자신의 문화적 가치를 비판하는 사람들에게 적대적인 태도를 취한다. 그러나 자존감이 높은 사람은 자신의 문화적 가치에 도전하는 사람들에게 적대적인 행동을 나타내지 않는다. 자존감이 높은 사람들은 자존감이 낮은 사람들에 비해서 기분이 상하는 상황에서 훨씬 더 침착하게 대응한다.

자존감은 죽음공포를 방어하는 개인적 보호막이자 갑옷이라고 할 수 있다. 자존감이 떨어지면 죽음과 관련된 생각이 더 쉽게 떠오른다. 자존감이 떨어지는 경우는 크게 두 가지로 구분할 수 있다. 하나는 개인의 성취나 능력이 문화적 기대에 현저하게 미달하는 경우이다. 인간은 자존감의 저하를 막기 위해서 고군분투한다. 어떤 식으로든 자신의 가치를 증명하기 위해 투쟁한다. 상사의 인정이나 친구의 칭찬은 자존감을 높이고 안정감을 주는 반면, 다른 사람의 비판이나 무시는 자존감을 저하시킬 뿐만 아니라 불안감을 상승시킨다.

자존감이 무너지는 또 다른 경우는 개인이 신봉해 온 문화적 세계관을 더 이상 신뢰할 수 없을 때이다. 문화적 세계관은 자존감의 바탕이기 때문이다. 바탕이 되는 문화적 세계관에 대한 신뢰가 무너질 때, 자존감도 함께 무너지게 된다. 자존감이 무너지면 죽음과 관련된 생각이 더 쉽게 떠오른다. 한 실험연구(Friedman & Rholes, 2007)에서 기독교 근본주의자들은 진화론을 지지하는 강력한 증거를 접했을 때 자신의 종교적 자존감이 흔들리면서 죽음 관련 단어를 더 많이 생성해 냈다. 이러한 연구는 문화적 세계관의 위협이 개인의 자존감을 저하시키는 동시에 죽음 불안을 상승시킨다는 것을 보여 준다. 이처럼 자존감은 뿌리 깊은 육체적·실존적 공포로부터 우리 자신을 보호한다.

(2) 자존감 욕구의 발달

인간은 누구나 자존감을 높이려는 욕구를 지닌다. 자신을 가치 있는 존재라고 느끼고 싶어 할 뿐만 아니라 다른 사람들로부터 소중한 존재로 여겨지기를 원한다. 이러한 자존감 욕구는 유아기부터 생겨난다. 부모는 문화적 세계관에 근거하여 자녀를 양육한다. 부모는 문화적 가치관에 따라 자녀를 칭찬하거나 꾸중한다. 부모로부터 착한 아이로 인정받는 것은 아동의 자존감을 높일 뿐만 아니라 부모의 지속적인 애정과 보호를 촉진하기 때문에 아동에게 심리적 안정감을 제공한다.

아동이 발달함에 따라 부모는 점점 더 조건부의 애정을 제공한다. 애정의 조건부 분배과정을 통해서, 부모는 자녀의 행동이 사회의 가치기준에 적합하도록 직간접적으로 유도한다. 아동이 적절하게 행동할 때, 부모는 더 큰 애정을 제공하면서 아동이 안전감을 느끼고 스스로 좋은 사람이라고 느낄 수 있도록 긍정적인 반응을 해 준다. 그러나 아동이 부적절한 행동을 하면, 부모는 처벌을 하거나 애정을 철회하게 되고 아동은 불안전감을 경험하게 된다. 이처럼 인생의 초기부터 아동은 좋은 평가는 안전한 것이고 나쁜 평가는 불안한 것이라고 동일시하게 된다.

아동이 성숙하게 되면, 안전감의 기반이 부모와의 관계에서 점차 사회의 문화체계로 옮겨 가게 된다. 아동은 부모가 유한한 존재이며 그들에게 지속적인 안전과 보호를 제공할 수 없다는 것을 깨닫게 된다. 이러한 깨달음과 더불어 아동이 느끼는 안전감의 기반이 개인적 관계에서 문화체계로 전이되는 과정을 베커는 궁극적 전이(ultimate transference)라고 불렀다. 문화는 사회적으로 규정된 가치기준에 따라 살아가는 구성원들에게 안락과 안전감을 제공함으로써 아동이 안전감을 느끼는 기반이었던 부모로부터 궁극적으로 거대한 사회적 체계로 전환되도록 촉진한다.

아동의 자존감은 부모의 애정에 근거하여 형성되지만 점차 성장하면서 문화적 세계관과 가치관에 근거하게 된다. 자신이 속한 사회의 문화적 세계관과 동일시하면서 그 사회의 가치기준에 순응하며 살아갈 때 안전감과 더불어 자존감을 유지하게 된다. 나아가서 문화적 가치기준에 따라 탁월한 성취를 이룸으로써 자존감의 고양, 즉 영웅심을 갖게 되면서 더 큰 안전감과 불멸감을 경험하게 된다. 문화적 가치는 어떤 삶이 가치 있는 것인지를 결정하기 때문에 개인이 경험하는 자존감의 기반이 된다. 자존감은 개인이 속한 문화적 가치에 따라 얼마나 잘 살고 있는지에 대한 주관적 척도인 것이다.

자존감이 증진될수록 죽음공포가 완화된다. 또한 죽음공포가 상승하면 자존감을 증진하려는 욕구가 강화된다. 이처럼 죽음공포는 인간행동에 영향을 미치는 두 가지의 동기, 즉 (1) 자신의 자존감을 보호하고 증진하려는 동기와 (2) 자신이 소속한 집단이나 가치가 우월하다고 믿으려는 동기를 유발한다. 예컨대, 돈을 중요한 가치로 여기는 자본주의 체계에서 살아가는 사람들은 돈벌이에 매진하여 많은 돈을 획득함으로써 자존감의 상승과 더불어 불멸감을 경험하게 된다. 이들은 자본주의의 우월성을 확신하면서 더 많은 돈을 벌어 막대한 부자가 되려고 노력한다. 그러한 노력의 이면에는 불멸하는 특별한 존재가 됨으로써 죽음공포를 회피하려는 동기가 깔려 있다. TMT는 자존감이 인간의 기본적 욕구일 뿐만 아니라 죽음공포로부터 보호하는 기능을 한다고 주장한다.

5. 불멸의 추구: 불멸에 이르는 2가지 길

인간은 죽음의 공포와 허무감을 회피하기 위해서 자신이 영원히 존재할 수 있는 불멸의 방법을 추구해 왔다. 인간이 추구하는 불멸은 크게 두 가지의 유형, 실제적 불멸과 상징적 불멸로 구분할 수 있다. 실제적 불멸(literal immortality)은 자신이 결코 육체적으로 죽지 않거나 자아의 핵심적 부분은 죽은 후에도 살아남는다고 믿는 것이다. 반면에, 상징적 불멸(symbolic immortality)은 죽음 이후에 자신을 나타내는 상징적 자취가 영원히 지속될 것이라고 믿는 것이다. 실제적 불멸과 상징적 불멸에 대해서는 제12장에 상세히 소개했으므로 여기에서는 그 주된 방법들을 간략하게 살펴보기로 한다.

1) 실제적 불멸

동서고금을 막론하고 대다수의 사람들은 육체가 사망한 후에도 자신의 존재가 어떤 형태로든 존속한다고 믿었다. 어떤 사람은 사후에 육체와 영혼이 모두 부활하거나 영혼만 부활하여 현재와 똑같은 삶을 지속할 수 있다고 믿는다. 어떤 사람들은 죽는 순간 영혼이 새로운 몸의 형태로 환생한다고 믿는다. 또 다른 사람들은 우리의 영혼이 새로운 존재 차원으로 이동한다고 믿는다. 이러한 사람들은 우리가 어떤 방식으로든 실제로 불멸한다고 믿는다. 실제적 불멸은 죽음공포를 해소할 수 있는 가장 완벽한 방법이다. 인간은 실제적 불멸을 추구하기 위한 다양한 방법을 모색해 왔다.

첫째, 사후세계의 존재와 더불어 육체와 영혼의 부활을 믿는 것이다. 고대 이집트의 미라와 피라미드는 사후세계와 부활에 대한 이집트인들의 믿음을 보여 준다. 중국의 진시황도 죽음을 피하지 못했지만 사후세계에서의 삶을 위해 거대한 지하궁전을 건설했다. 자신을 지켜 줄 수많은 호위병과 군사들뿐만 아니라 유흥을 위한 악사, 차력사, 공예사의 모형을 매장했다.

둘째, 영혼을 통해 불멸하는 것이다. 영혼은 인류가 창조한 발명품 중의 하나이다. 영혼이라는 묘약을 통해서 육체의 부패가 정신을 파괴할 수 없게 된 것이다. 그 덕분에 인간은 자신이 죽음으로 소멸하게 될 육체적 존재 이상이며 불멸하는 영혼에 의해서 죽음공포를 회피할 수 있게 되었다.

셋째, 불로장생의 길을 모색하는 것이다. 죽음을 최대한 멀리 지연시키는 것이다. 동서고금을 막론하고 인간은 불로초와 같이 노화를 방지하는 묘약을 찾거나 만들기 위해 노력해 왔다. 또한 건강을 증진하고 장수하는 다양한 기술(체력단련법, 식이요법, 호흡법, 방중술 등)이 개발되었다.

넷째, 현대사회에서는 과학기술을 이용한 실제적 불멸의 노력이 이어지고 있다. 질병을 치료할 수 있는 의료기술과 약품의 개발이 이루어지고 있을 뿐만 아니라 노화의 원인을 밝혀서 노화를 지연시키거나 회춘하기 위한 다양한 시도가 진행되고 있다. 심지어 미래의 의료기술로 소생할 수 있도록 시체를 냉동하여 보존하는 인체냉동보존술이 활용되고 있다. 또한 뇌에 저장되어 있는 기억 정보를 컴퓨터로 다운로드받아 보관하고 그 정보를 다른 몸이나 로봇에 업로드함으로써 부활하는 방법이 논의되고 있다.

2) 상징적 불멸

상징적 불멸은 자기존재를 상징하는 어떤 것이 죽음 이후에 존속하도록 하는 것이다. 문화는 우리가 어떤 위대한 존재의 일부이며 우리가 죽은 후에도 오랫동안 존재할 것이라는 상징적 불멸의 희망을 심어 준다. 이러한 이유로 우리는 의미 있는 집단에 소속하고자 애쓰고 창조적인 업적이나 작품, 자녀에게 물려줄 재산과 유전자, 또는 타인의 기억을 통해서 세상에 지속적인 영향을 미치려고 노력한다.

상징적 불멸을 추구하는 첫째 방법은 후손을 통해 가족과 가문을 유지시키는 것이다. 자녀를 남기는 것은 유전자와 혈통을 존속시킬 뿐만 아니라 그들의 기억 속에 자신의 존재를 심어 놓음으로써 자기존재의 영속감을 제공할 수 있다.

둘째는 명성으로서 자신의 이름을 후대에 남기는 것이다. 자신이 살아서 쌓은 업적과 성취가 죽은 후에도 존속할 것이라고 생각하는 것이다. 그와 함께 자신의 이름을 남김으로써 결코 사라지지 않는 불후의 명성을 통해서 불멸감을 느끼는 것이다.

셋째는 부(富)와 물질적 재산의 축적을 통한 특권의식을 추구하는 것이다. 돈과 명품을 추구하는 욕구는 죽음공포와 관련되어 있다. 한 심리학 연구에 따르면, 죽

음을 가장 부정적으로 여기는 사람들이 높은 지위를 상징하는 명품의 소유에 가장
큰 관심을 보였다. 특히 자존감이 불안정한 사람들이 이러한 경향을 더 강하게 나
타냈다. 돈을 향한 끝없는 욕망과 돈을 펑펑 쓰고 싶은 소비 충동의 밑바닥에는 죽
음을 회피하려는 공포관리의 노력이 존재한다.

　넷째는 집단적 소속감과 영웅주의로서 사람들은 자신이 위대한 집단에 소속되
어 있거나 그 대의명분을 위해 공헌했다는 인식을 통해서 상징적 불멸을 경험할
수 있다. 자신이 유구한 역사와 우수한 혈통을 지닌 민족에 소속되어 있다는 집단
적 정체감와 민족주의는 개인의 죽음을 초월하는 성스러움을 제공한다. 민족과
국가를 위해 목숨을 바친 사람들은 역사와 동상 또는 기념의식을 통해서 영원성과
불멸성을 부여받는다.

　카리스마를 지닌 위대한 지도자는 특별한 역량과 자질을 지닌 존재로서 사람들
에게 추앙받으며 오랜 기간 기억될 뿐만 아니라 사람들은 그러한 영웅적 인물과의
동일시를 통해 강렬한 감정과 경외감을 느끼면서 죽음을 초월하는 경험을 하게 된
다. 오토 랭크(Otto Rank)는 이러한 현상을 집단적 불멸(collective immortality)의 추
구라고 지칭하면서 인간은 죽음불안을 느낄 때 카리스마적인 리더에게 더 이끌리
게 된다는 점을 지적했다. 베커는 역사가 불멸 이데올로기의 연속이라고 지적하
면서 불멸의 확신이 없으면 역사적 성취도 없다고 주장했다. 자신이 의미 있는 집
단에 속한 가치 있는 구성원이라는 믿음은 많은 사람으로 하여금 죽음불안을 극복
하고 숭고하고 장엄하기까지 한 삶으로 나아가게 만든다.

3) 불멸추구의 문제점

　불멸의 욕망은 인간사회에 폭력을 초래할 수 있다. 하나의 문화적 세계관은 다
른 문화적 세계관의 위협이 될 수 있다. 다른 문화에서 진실이라고 주장하는 것을
접하는 순간, 자신이 믿고 있는 진실에 대한 의문이 제기될 수밖에 없기 때문이다.
자존감의 바탕이 되고 있는 근본적인 믿음에 누군가가 의문을 제기한다면 그것은

죽음공포를 촉발하는 커다란 위협으로 느껴질 것이다. 그래서 인간은 자신과 다른 세계관을 지닌 사람들을 비하하면서 공격하고 때로는 폭력을 통해서 그들을 완전히 말살함으로써 위협을 제거하려고 한다.

(1) 종교인의 포교활동

문화적 세계관은 수적 우세를 통해 힘을 얻기 때문에 적극적인 포교활동을 독려한다. 종교적 신념이 죽음공포에 대항하는 데 효력을 발휘하려면, 그 신념이 진리라는 절대적 확신이 필요하다. 따라서 동일한 신념을 공유하는 사람들이 많으면 많을수록 자신의 신념이 옳다고 더 확신하게 된다. 포교활동은 다른 문화적 세계관에 대한 침범을 의미하며 필연적으로 갈등과 폭력을 유발한다. 포교과정에서 많은 종교인들이 순교하게 되는 이유가 여기에 있다. 순교하는 종교인들은 특정한 문화적 세계관을 전파하기 위해서 목숨을 희생한 인물로 추앙받고 기억됨으로써 상징적 불멸의 보상을 받게 된다. 달리 말하면, 종교를 비롯한 모든 문화체계는 구성원에게 상징적 불멸의 보상을 제공함으로써 유지되고 발전되며 확산된다.

(2) 다른 집단의 악마화와 폭력의 정당화

문화적 세계관이 충돌하는 과정에서 위협적인 상대방을 제거하기 위해서는 무력이 정당화된다. 인간은 자신의 신념과 가치관을 위협하는 사람들을 폄훼하고 인격을 말살하며 악마로 여기면서 짓밟으려 한다. 죽음의 공포는 자신의 신념에 이의를 제기하고 모욕하는 사람들을 파괴하려는 공격 욕구를 증가시킨다. 악한 자의 죽음은 자신의 죽음공포를 누그러뜨린다. 죽음공포를 해소하기 위해서 공격성을 타인에게 투사하고 사악한 존재로 여김으로써 자신의 폭력을 정당화하면서 무자비한 행동을 하게 되는 것이다.

베커에 따르면, 죽음의 운명을 부정하고 용감무쌍한 자아상을 획득하려는 인간의 자연스러운 충동이 악(惡)의 근원이다. 자신의 신념이 옳다는 절대적 확신을 지닌 사람들은 자신의 신념을 지키기 위해 죽을 각오를 하기 때문에 자신을 향한 모든 위협과 공격에 강력하게 대응하며 폭력의 사용을 정당화하게 된다. 이처럼 사람들은 대의명분을 위해서 기꺼이 싸울 뿐만 아니라 기꺼이 죽고자 한다. 이들은 대의명분을 위한 고결한 희생이라고 자신의 폭력을 정당화하거나 내세에 신을 통한 더 큰 보상을 기대하면서 죽음의 공포를 이겨 낼 수 있다. 인간은 죽음의 공포에서 벗어나기 위해서 영원한 영광을 얻기 위한 어리석은 투쟁, 즉 결코 손에 넣을 수 없는 불멸의 추구를 멈추지 않을 것이다.

(3) 육체와 인간적 욕망의 폄하와 부정

우리의 육체는 죽음을 피할 수 없다. 따라서 우리가 육체를 지닌 존재라는 인식은 죽음에서 벗어날 수 없다는 죽음불안을 촉발할 수 있다. 또한 육체에서 기원하는 동물적 욕망의 자각도 죽음불안을 증폭시킬 수 있다. 죽음의 공포로부터 벗어나려면 우리가 그보다 훨씬 더 대단한 존재가 되어야 한다. 우리는 육체 이상의 존재이며 동물적 욕구를 초월하는 존재라는 믿음을 통해서 죽음공포가 완화될 수 있다.

죽음을 생각하게 하면 인간과 동물을 구별하려는 경향이 강화된다. 실증적인 연구에서, 죽음을 상기하도록 한 조건에서 참여자들은 인간이 다른 동물과 구별되는 독특한 존재라는 점을 강조한 글을 더 선호했다. 유대교와 기독교는 오직 인간만이 하나님의 형상대로 창조되었다고 주장한다. 하나님은 전지전능하고 영원한 존재이며 인간이 그의 형상대로 창조되었다는 믿음은 사람들로 하여금 죽음에 대한 두려움을 완화시켜 줄 수 있다. "너희가 육신대로 살면 반드시 죽을 것이로되 영으로써 몸의 행실을 죽이면 살리니."(로마서 8장 13절)라는 성경 구절은 이러한 믿음을 잘 표현하고 있다.

인간이 지닌 동물적 욕구는 육체를 지닌 존재로서 죽음을 피할 수 없다는 생각으로 이어져 죽음불안을 유발한다. 섹스는 배설 행위 다음으로 인간이 동물에 가장 가까워지는 행위이다. 섹스는 곧 육체이고 육체는 곧 죽음이다. 섹스와 죽음은 쌍둥이로서 인간이 가장 터부시하는 두 가지의 주제이다. 죽음을 생각하게 하면,

섹스의 매력이 감소한다. 또한 섹스의 육체적 측면을 생각하게 되면 죽음에 관한 생각이 의식에 좀 더 가까이 밀려온다. 특히 남자들은 성 욕구와 동물성을 부정하려는 욕구 사이의 갈등을 겪는다. 육체와 성욕을 지닌 존재인 동시에 죽음을 인식하는 동물로 살아가는 것은 어려운 일이다. 인간이 동물적 본능과 거리를 두려는 성향의 중심에는 죽음의 공포가 존재한다. 불멸의 추구는 인간으로 하여금 육체를 경시하고 섹스를 비롯한 인간적인 욕망을 부정하려는 경향을 초래할 수 있다.

6. 공포관리 이론에 관한 실증적 연구

공포관리 이론(TMT)은 수많은 실증적 연구를 통해서 죽음공포가 인간의 사고, 감정, 행동에 강력한 영향을 미친다는 증거를 제공했다. TMT의 매력 중 하나는 실증적 검증이 가능하다는 점이다. TMT는 검증 가능한 다양한 가설을 제시하고 있다. TMT가 처음 제시된 1980년대 이후로 현재까지 500편 이상의 실증적 연구를 통해서 다양한 인간행동(집단적 편견, 공격성, 친사회적 행동, 민족주의, 물질주의, 테러리즘, 종교, 건강 관련 행동, 정신병리 등)이 죽음공포 관리와 관련되어 있다는 점이 밝혀지고 있다.

1) 죽음 현저성 가설

TMT와 관련해서 가장 많은 실증적 연구가 이루어진 것은 죽음 현저성 가설(mortality salience hypothesis)이다. 죽음 현저성 가설은 개인에게 죽음을 부각시켜 죽음불안을 촉발하면 원거리 방어가 작동되어 문화적 세계관과 자존감을 방어하려는 노력이 증가할 것이라는 가설이다(Pyszczynski et al., 2005). 이 가설에 따르면, 죽음을 자각하면 개인은 자신의 세계관과 자존감을 지지하는 대상에 대해서는 더 우호적이고 친사회적 행동을 나타낼 것이다. 반면, 자신의 세계관과 자존감을 위협하는 타인의 행동은 불안을 증가시키기 때문에 그들에 대한 적대적 태도와 공격적 행동이 증가할 것이다. 어떻게 이 가설을 실증적으로 입증할 수 있을까?

TMT에 따르면, 원거리 방어는 죽음공포가 잠재의식 또는 무의식 수준에서 촉발될 때 작동한다. 따라서 죽음 현저성 가설을 검증하려면 연구 참여자로 하여금 죽음에 관해 생각하도록 유도하되 그러한 죽음 생각이 의식 밖으로 밀려난 상태에서 문화적 세계관과 자존감 방어가 나타나는지를 확인해야 한다.

죽음 현저성 가설을 검증하는 전형적 연구에서, 연구자는 참여자에게 겉으로는 성격을 측정하는 것처럼 꾸민 질문지에 응답하게 한다. 그 응답과정에서 참여자에게 자신의 죽음에 관해서 간략하게 쓰도록 요청함으로써 죽음을 부각시킨다. 그 후에 참여자로 하여금 한두 개의 주의전환 질문지에 응답하게 함으로써 죽음 사고가 의식에서 사라지게 하여 원거리 방어가 작동하게 한다.

죽음 현저성의 실험적 처치는 죽음에 대한 생각이 무의식 속에서 작용하도록 하는 것이다. 이를 위해서 참여자에게 죽음에 관해 생각하게 한 뒤에 주의전환 과제나 시간적 지연을 통해서 죽음사고가 의식에서 사라지도록 한다. 이러한 주의전환이나 지연을 하지 않으면, 즉 죽음사고가 의식에 있게 되면 죽음 현저성의 효과가 나타나지 않았다(Greenberg et al., 2000). 이처럼 죽음을 무의식 수준에서 부각시키면 개인은 자신의 문화적 세계관과 자존감에 대한 집착이 증가한다. 죽음 현저성이 인간의 다양한 사고와 행동에 강력한 영향을 미친다는 것은 270편 이상의 실험적 연구를 통해서 입증되었다(Burke, Martens, & Faucher, 2010). 죽음 현저성은 다음과 같은 다양한 심리사회적 현상에 영향을 미치는 것으로 나타났다.

- 집단적 편견(Castano, Yzerbyt, Paladino, & Sacchi, 2002)
- 민족주의(Castano, Yzerbyt, & Paladino, 2004)
- 고정관념(Schimel et al., 1999)
- 애착(Mikulincer & Florian, 2000)
- 위험감수행동(Miller & Mulligan, 2002)

- 테러리즘(Pyszczynski, Solomon, & Greenberg, 2003)
- 종교(Vail et al., 2010)
- 공격성(McGregor et al., 1998)
- 친사회적 행동(Jonas, Schimel, Greenberg, & Pyszczynski, 2002)
- 편견(Webster & Saucier, 2011)
- 물질주의(Arndt, Solomon, Kasser, & Sheldon, 2004)

그린버그와 동료들(Greenberg et al., 1990)은 기독교인들을 대상으로 그들과 동일한 신앙을 지닌 기독교인과 다른 신앙을 지닌 유대교인에 대한 평가를 하게 했을 때 죽음 현저성 처치가 어떤 영향을 미치는지 조사했다. 먼저 기독교인들에게 동일한 특성(나이, 성별, 계층 등)을 지닌 기독교인들과 유대교인들을 평가하게 했다. 다음에는 죽음 현저성 처치를 한 후에 두 종교인 집단을 평가하게 한 결과, 기독교인들은 같은 신앙을 지닌 기독교인에 대해서는 통제조건에 비해서 더 긍정적으로 평가한 반면, 유대교인에 대해서는 더 부정적으로 평가했다. 그러나 이들의 자존감을 높이는 처치를 하게 되면, 세계관 방어가 감소하면서 다른 종교를 지닌 사람들에 대한 부정적 평가가 감소했다.

죽음 현저성 처치를 하게 되면, 사람들은 자신의 세계관에 동조하지 않는 사람들에게는 더 강한 처벌을 했으며 그들에 대한 고정관념도 증가했다. 죽음 현저성 처치는 친사회적 효과를 증가시키는 경향이 있는데, 이를 스크루지 효과(Scrooge effect)라고 한다. 스크루지는 찰스 디킨스의 소설 『크리스마스 캐롤』의 주인공으로서 지독한 구두쇠이지만 죽음의 위기를 경험하고 나서 자신의 재산을 가난한 사람에게 나누어 준다. 이처럼 죽음을 자각하는 사람들은 더 많은 돈을 자선사업에 기부하는 경향이 있다. 그러나 이러한 친사회적 행동은 도움을 필요로 하는 사람이나 조직이 자신의 세계관과 일치하는 경우에만 나타낸다. 이러한 결과는 스크루지 효과가 죽음 현저성으로 인해 촉발된 세계관 방어의 일환이라는 것을 보여 준다.

죽음 현저성은 돈과 같은 물질적 가치에 대한 지향성과 탐욕에도 영향을 미치는 것으로 밝혀지고 있다. 죽음 현저성 조건에 노출된 사람들은 그렇지 않은 사람들에 비해서 미래에 더 많은 재산을 추구하는 동시에 쾌락을 위해 더 많은 돈을 쓰겠다고 반응했다(Kasser & Sheldon, 2000). 이러한 결과는 탐욕이 무의식적인 죽음불안과 관련되어 있음을 보여 준다.

🍀 죽음불안과 과학이론

죽음불안은 과학이론의 수용이나 거부에도 영향을 미치는 것으로 밝혀지고 있다. **진화론**은 인간의 기원을 설명하는 가장 대표적인 과학적 이론으로서 여러 증거를 통해서 입증되고 있다. 그러나 미국의 경우, 기독교인을 포함한 상당수의 사람들이 진화론을 인정하지 않고 있다. 그들이 진화론을 거부하는 이유 중 하나는 진화론이 그들의 신앙과 배치되기 때문이 아니라 그들의 삶에 아무런 의미도 주지 못하고 죽음불안에 대한 아무런 정서적 위안도 제공하지 못하기 때문이다.

진화론은 인간이 우연하고 무의미한 자연적 변화과정에 의해 생겨난 것으로 여긴다. 즉, 인간은 우연에 의해 이 세상에 출현한 존재이며 우리의 삶은 실존적으로 무의미함을 암시한다. 이와 대조적으로, 최근에 제시된 **지적 설계론**(Intelligent Design Theory: IDT)은 자연의 변화가 하나님과 같이 지적인 존재의 의도에 의해 작동한다고 주장한다(Meyer, 2005). 지적 설계론은 생명의 기원을 과학적 증거에 근거하여 설명하려는 유사과학적 주장으로서 과거에 창조론이라고 불리던 주장을 발전시킨 것이다. 지적 설계론에 따르면, 우주와 생명 현상은 자연선택과 같이 아무런 지향성이 없는 우연한 과정으로 이해하는 것보다 하나님과 같은 지적인 존재의 의도에 의한 것으로 더 잘 이해될 수 있다. 지적 설계론은 그 과학적 근거가 취약하지만 인간의 삶에는 목적과 의미가 존재한다는 주장을 통해 실존적 불안을 완화시키는 강한 정서적 흡인력을 지니고 있어서 미국과 캐나다에서는 많은 사람으로부터 지지와 호응을 얻고 있다.

캐나다의 심리학자인 트레이시와 동료들(Tracy, Hart, & Martens, 2011)은 일련의 실험연구를 통해서 죽음불안이 과학이론의 수용과 거부에 영향을 미친다는 점을 보여 주었다. 이들은 대학생을 대상으로 죽음을 떠올리게 한 죽음 현저성 조건에서 지적 설계론과 진화론에 대한 태도를 조사한 결과, 지적 설계론에 대해서는 호감이 증가했으나 진화론에 대해서는 오히려 거부감이 증가했다. 즉, 죽음불안을 증가시키면 삶의 의미감과 정서적 위안을 제공하는 지적 설계론에 대한 호감이 증가하는 반면, 아무런 위안을 제공하지 않은 진화론에 대해서는 거부감이 증가한 것이다. 이러한 현상은 연구에 참여한 대학생들의 종교, 종교적 태도, 교육적 배경, 진화론에 대한 기존 태도에 상관없이 공통적으로 나타났다.

후속연구에서 연구자들은 대학생들에게 저명한 우주과학자이자 과학 칼럼니스트인 칼 세이건(Carl Sagan)의 글을 읽게 했다. 이 글은 "우리는 생명의 자연적 기원을 밝힘으로써 우리 삶의 의미와 목적을 추구할 수 있다. 우리가 단지 '물질'에 불과하더라도 우리는 여전히 삶의 목적을 발견할 수 있다. 우리 삶의 의미와 목적은 우리 스스로가 발견해야 하는 것이다."의 내용으로서 신을 가정하지 않는 자연주의를 받아들여도 여전히 삶의 의미 발견이 가능하다는 점을 제시하고 있다. 칼 세이건의 글을 읽은 대학생들은 이전 실험과 반대되는 반응을 나타냈다. 즉, 죽음 현저성 조건에서 지적 설계론에 대해서는 거부감을 보이는 대신 진화론에 대해서 수용적 반응을 나타냈다.

이러한 연구결과는 과학이론도 죽음불안을 완화하는 기능을 할 때 더 잘 수용될 수 있음을 의미한다. 인간의 유한성을 떠올리게 하면, 지적 설계론과 그 지지자인 마이클 비히(Michael Behe)에 대한 호감이 증가하는 반면, 진화론과 그 지지자인 리처드 도킨스(Richard Dawkins)에 대한 반감이 증가했다. 인간의 생명은 자연의 우연적이고 무의미한 힘에 의한 결과가 아니라 어떤 의도에 의해서 창조되었다는 주장을 통해서 죽음불안을 완화시킬 수 있기 때문이다. 그러나 과학적 연구가 삶의 의미를 발견하고 죽음불안을 완화시킬 수 있다는 신뢰할 만한 근거가 제시되면, 사람들은 다윈의 진화론을 설득력 있는 것으로 받아들였다. 즉, 진화론에 대한 저항감과 거부감은 생명의 기원에 대해서 실존적으로 설득력이 있는 해답을 제시하지 못한 결과이다. 트레이시 등의 연구는 칼 세이건의 설득력 있는 글을 통해서 진화론에 대한 수용 장벽이 돌파될 수 있음을 보여 주고 있다. 빅터 프랭클(Viktor Frankl)이 주장했듯이, 인간은 의미를 추구하는 존재이다. 과학자는 자신의 연구결과를 대중에게 제시할 때, 의미추구에 대한 갈증을 마음 깊이 새겨 두어야 할 것이다(Jacobs, 2017).

2) 죽음사고 접근용이성 가설

TMT에 따르면, 인간은 죽음에 관한 생각을 회피하도록 동기화되어 있으며, 세계관과 자존감을 고수함으로써 그러한 생각을 억제하고 있다. 따라서 개인이 지닌 세계관이나 자존감이 위협받을 경우에는 일시적으로 죽음사고를 억제하는 기능이 약화되어 죽음사고가 증가하게 될 것이다. 이처럼 개인의 세계관과 자존감의 위협이 죽음사고를 증가시킨다는 주장이 죽음사고 접근용이성 가설(Death Thought Accessibility Hypothesis: 이하에서 DTA가설이라 칭함)이다. 달리 말하면, 세계관과 자존감에 대한 위협은 죽음사고 접근용이성을 증가시키는 반면, 세계관과 자존감의 고양은 죽음사고 접근용이성을 감소시킨다.

DTA가설은 죽음 현저성 가설과 연관된 것으로서 죽음사고와 원거리 방어의 인과적 관계를 다른 측면에서 제시하고 있다. 죽음 현저성 가설은 죽음사고를 증가시키면 세계관과 자존감을 통한 원거리 방어가 증가한다는 점에 초점을 맞추고 있는 반면, DTA가설은 이러한 원거리 방어가 위협을 받으면 죽음사고가 증가한다는 점을 강조하고 있다. DTA가설을 검증하기 위해서 많은 실증적 연구가 진행되었다. 국가적 정체성의 위협(Schimel, Hayes, Williams, & Jahrig, 2007), 종교적 신념의 위협(Frideman & Rholes, 2007) 그리고 자존감의 위협(Hayes, Schimel, Arndt, & Faucher, 2010; Hayes, Schimel, Faucher, & Williams, 2008)을 조작한 많은 실험적 연구를 통해서 DTA가설이 지지되고 있다.

DTA가설을 검증하기 위해서 심리학자들이 어떻게 실험연구를 진행하는지 살펴보자. 프리드만과 롤레스(Friedman & Rholes, 2007)는 기독교 신앙을 지닌 235명의 대학생을 대상으로 그들의 신앙에 대한 위협이 주어질 때 죽음사고가 증가하는지를 검증하기 위한 실험적 연구를 실시했다. 연구자들은 대학생들이 지닌 신앙의 근본주의 성향(성경의 무오류성, 현대신학에 대한 적개심, 다른 신앙의 소유자에 대한 불인정)을 측정했다. 그리고 나서 신약성경의 4복음서(마태복음, 마가복음, 누가복음, 요한복음)에 예수의 부활을 기술하는 부분에서 차이가 있다는 점(구체적인 문장 제시)을 제시했다. 이어서 복음서에 나타나는 불일치와 상호모순을 지적하는 간단한 글을 읽게 한 후에, 참여자들이 경험한 생각의 변화 정도를 측정했다.

그 후에 참여자들에게 단어조각 완성과제(word-fragment completion task)를 실시했다. 이 과제는 영어 단어의 앞부분을 제시하고 참여자가 뒷부분의 글자를 채워 단어를 완성하게 하는 과제이다. 예를 들어, 단어의 앞부분 'de＿＿'를 제시하고 떠오르는 단어로 나머지 두 글자를 채워 완성하게 하는 것이다. 이 경우에 참여자는 죽음과 관련된 단어(예: dead)나 그와 무관한 단어(예: deer, debt, deed)를 떠올려 완성할 수 있다. 이러한 과제에서 죽음과 관련된 단어를 많이 떠올릴수록 죽음사고 접근용이성이 높은 것으로 평가되었다.

연구 결과, 부활에 관해서 4복음서의 불일치가 존재한다는 점을 제시한 조건의 참여자들은 다른 조건의 참여자들에 비해서 죽음 관련 사고가 더 많이 증가했다. 특히 근본주의 성향이 강한 참여자들에게서 그러한 경향이 더 강하게 나타났다. 흥미로운 점은 근본주의 성향이 강한 참여자들 중에서도 특히 복음서 불일치를 알고 나서 성서와 부활에 대한 생각의 변화가 많았던 사람들이 죽음 관련 사고를 가장 많이 떠올렸다.

이러한 연구결과는 근본주의 신앙이 죽음사고와 죽음불안을 억제한다는 불안 완충 가설을 지지하고 있다. 또한 개인의 세계관(근본주의 신앙)이 도전 또는 위협을 받으면 죽음사고가 증가한다는 DTA가설을 입증하는 것이다. 즉, 근본주의 신앙에 대한 의심을 촉발함으로써 죽음사고의 억제기능이 약화되고 그 결과 죽음사고가 의식에 떠오른 것으로 이해할 수 있다. 흥미로운 점은 신앙에 대한 도전으로 인해 생각의 변화가 일어난 사람들에게서 죽음사고의 증가가 더 현저하게 나타났다는 점이다. 일부 참가자들은 복음서의 불일치 자료를 읽고 나서도 성경에는 전혀 오류가 없다는 생각을 고수했다. 이러한 참가자들에서는 죽음사고의 증가 현상이 나타나지 않았다.

다른 실험연구(Schimel, Hayes, Williams, & Jahrig, 2007)에서도 DTA가설을 입증하는 결과가 나타났다. 개인이 속한 문화의 중요한 가치를 위협하는 정보가 주어졌을 때, 참여자들의 죽음사고가 증가했다. 또한 창조론을 반대하는 글을 읽은 후에 창조론을 찬성하는 사람들에게서 죽음사고의 증가가 나타났다.

또 다른 실험연구(Hayes, Schimel, Faucher, & Williams, 2008)는 자존감의 근거를 위협하는 조작을 통해서 죽음사고가 증가한다는 점을 입증했다. 연구자들은 일련의 실험을 통해서 참여자의 자존감을 위협하는 피드백(예: 지능검사 결과가 평균 이하임, 성격이 희망하는 진로와 부적합함, 또래에 비해서 발표능력이 미흡함)을 제시한 결과, 모든 조건에서 참여자들의 죽음사고가 증가했다. 이러한 연구결과는 개인이 지닌 문화적 세계관의 위협뿐만 아니라 개인적 자존감의 위협에 의해서도 죽음사고와 죽음불안이 증가함을 보여 주고 있다.

3) 불안 완충 가설

TMT에 따르면, 인간은 다른 동물과 달리 죽음이 삶의 종말이라는 것을 인식하는 유일한 존재이다. 만약 이러한 죽음불안을 완충하지 못하면, 인간은 늘 죽음불안에 휩싸여 고통을 받게 될 것이다. 따라서 인간은 죽음불안을 완화하기 위한 다양한 방법을 발달시켰다. 문화적 세계관, 자존감, 친밀한 인간관계와 같은 인간행동의 대부분이 죽음불안을 완충하기 위한 것이라는 주장이 불안 완충 가설(anxiety buffering hypothesis)이다. 불안 완충 가설은 죽음 현저성 가설이나 DTA 가설과 밀접한 관련성을 지니고 있다.

불안 완충 가설에 따르면, 문화적 세계관, 자존감 또는 친밀한 인간관계를 고양시키면 죽음불안이 감소한다. 또한 죽음불안이 저하된 상태에서는 이러한 원거리 방어에 덜 매달릴 것이다. 그린버그와 동료들(Greenberg et al., 1992)은 실험연구를 통해 자존감의 고양이 죽음불안을 감소시킨다는 것을 입증했다. 즉, 성격검사의 결과 긍정적 성격특성을 지니고 있다는 피드백을 해 줌으로써 자존감을 고양시킨 참여자들은 그러한 피드백이 주어지지 않은 참여자들에 비해서 죽음에 관한 생생한 동영상을 시청한 후에 경험한 불안수준이 더 낮았다. 또한 자존감이 고양되면 고통스러운 쇼크 자극을 받을 것으로 예상되는 상황에서도 불안이 감소했을 뿐만 아니라 그러한 쇼크의 위협에 대한 생리적 각성반응도 감소했다.

플로리안과 동료들(Florian, Mikulincer, & Hirschberger, 2002)은 낭만적 연인관계가 죽음불안을 완충한다는 것을 검증하기 위해 일련의 실험연구를 시행했다. 이들은 대학생을 대상으로 죽음 현저성 조건에서 낭만적 연인관계에 대한 헌신도가 증가한다는 것을 발견했다. 또한 낭만적 연인관계에 대한 헌신을 부각시킨 조건에서는 사회적 범죄에 대해서 강력한 처벌을 원하는 죽음 현저성 효과가 저하되었다. 이러한 결과는 참가자들이 낭만적 연인관계에 대한 헌신 자각을 통해서 죽음불안이 저하되었기 때문에 사회적 범죄에 대한 강력할 처벌을 통해 자신의 문화적 세계관을 방어해야 할 필요성을 덜 느낀 결과라고 할 수 있다. 또한 연인관계의 갈등에 대한 생각을 부각시키면 학업적 문제나 중립적 주제를 부각시켰을 때보다 죽음사고가 증가했다. 이러한 연구결과들은 자존감이나 낭만적 연인관계가 불안을 완충하는 기능을 한다는 불안 완충 가설을 지지하는 것이라고 할 수 있다.

트라우마와 같이 매우 충격적인 사건들은 죽음불안을 완충하는 방어기제를 손상시킬 수 있다. 이처럼 죽음불안을 방어하는 기제가 손상되면 죽음불안이 증가할 뿐만 아니라 다양한 정신병리가 나타날 수 있다. 피진스키와 동료들(Pyszczynski & Kesebir, 2011; Pyszczynski et al., 2003)은 외상후 스트레스 장애(PTSD)가 죽음공포를 감소시키는 심리체계의 붕괴에 기인한다는 불안완충기제 손상이론(Anxiety Buffer Disruption Theory: ABDT)을 제시했다. 이 이론에 따르면, 외상사건은 이 세상이 안전하고 정의로운 예측 가능한 곳이라는 신념을 위협함으로써 개인적 세계관을 뒤흔든다. 달리 말하면, 죽음과의 직면에 의해서 유발된 극심한 공포는 자신이 안전하다는 인식의 기반이 되었던 세계관을 붕괴시킨다. 그 결과로서 고통스러운 외상 장면이 반복적으로 의식에 침투하거나 악몽에 시달리는 것이며 따라서 그러한 외상 기억을 떠올리게 만드는 상황을 회피하게 만드는 PTSD 증상으로 나타난다.

대부분의 불안장애는 죽음불안을 방어하는 완충기제가 잘 작동하지 않기 때문에 발생하는 것으로 여겨지고 있다. 정신장애는 죽음불안을 효과적으로 방어하지 못한 상태에서 죽음불안에 부적응적인 방식으로 대처한 결과로 이해될 수 있다. 제10장에서 소개한 바와 같이, 죽음불안은 건강염려증, 신체증상장애, 불안장애, 강박장애, 외상후 스트레스 장애, 우울장애, 섭식장애 등과 같은 다양한 정신장애에 영향을 미치는 것으로 알려지고 있다.

7. 공포관리 이론과 심리치료

TMT는 죽음불안이 인간행동의 거의 모든 영역에 직간접적으로 영향을 미치고 있음을 보여 주고 있다. 우리 사회의 문화적 가치와 신념체계는 대부분 죽음불안을 완화하기 위한 것이다. 인간은 죽음 자각을 통해 죽음불안이 높아지면 이러한 문화적 가치와 신념체계에 더 완강하게 집착한다. 또한 이러한 문화적 가치와 신념체계를 지닌 사회의 소중한 구성원이라는 인식이 자존감의 기반이 되어 죽음불안을 완화한다. 따라서 TMT에 따르면, 개인은 자신이 속한 사회의 문화적 세계관과 가치체계에 적극적으로 순응하고 그에 기여하는 구성원으로 인정받아 높은 자존감을 지닐 때, 죽음불안에서 벗어나 소위 '행복하고 성공한 삶'을 누릴 수 있다. 그렇다면, 죽음을 부정하고 죽음불안을 회피하는 문화적 장치에 순응하는 삶이 바람직한 삶이라는 말인가?

TMT는 대부분의 정신장애가 죽음불안을 잘 관리하지 못한 결과이거나 죽음불안에 대한 부적절한 대처의 결과로 여긴다. 그렇다면 심리치료자는 정신장애를 치료하기 위해서 무엇을 도와야 하는가? TMT에 따르면, 정신장애의 치료를 위해서는 죽음불안을 효과적으로 완충할 수 있는 심리적 기제를 발달 또는 회복시키는 것이 중요하다. 달리 말하면, 개인이 속한 사회가 죽음불안을 완화하는 적절한 대처방법이라고 여기는 삶의 방식을 채택하여 습득하도록 하는 것이다. 그렇다면, 심리치료자는 정신장애를 지닌 내담자로 하여금 그가 소속한 집단의 문화적 세계관에 순종하도록 도와야 하는가? 또한 심리치료자는 내담자가 죽음불안을 느끼지 않도록 죽음의 주제를 회피하면서 사회에 순응하도록 돕는 것이 최선인가? 인간 마음의 핵심에 존재하는 죽음불안이라는 벌레가 준동하지 않도록 잘 관리하는 것이 최선인가? 과연 우리가 생을 마치는 순간까지 그 벌레를 달래서 얌전하게 있도록 하는 것이 가능할까? 죽음불안에 대해서 어떻게 대처하는 것이 최선일까? 맥스필드와 동료들(Maxfield, John, & Pyszczynski, 2014)은 TMT의 심리치료적 시사점에 대해서 3가지의 제안, 즉 새로운 치료적 세계관의 도입, 죽음사고에의 노출, 죽음불안 완충장치로서의 치료적 관계를 제시하고 있다.

1) 새로운 치료적 세계관의 도입

현대인은 과거에 죽음불안을 완충하는 기능을 수행했던 세계관이 약화되거나 붕괴되고 있는 시대를 살고 있다. 베커에 따르면, 죽음불안을 효과적으로 완충하기 위해서 개인은 자신이 특별한 존재로서 초월적 존재와 연결되어 있다고 느끼는 것이 필수적이다. 서구사회에서는 유대-기독교적 세계관을 지니고 사회적 정상에 오른 사람들이 죽음불안을 가장 잘 방어하고 있는 셈이다. 특히 사회적 지위에 상관없이 모든 사람이 사후생에서 영생할 수 있다는 세계관은 많은 사람을 위한 효과적인 죽음불안 완충장치가 될 수 있다. 그러나 서구사회에서는 이러한 종교적 세계관이 시대에 뒤떨어진 것으로 여겨지면서 급격하게 쇠퇴하고 있다.

서구사회에서는 개인의 영광과 영적 초월을 추구하던 종교적 세계관이 쇠퇴하면서 낭만적 사랑을 추구하는 새로운 세계관이 등장했다. 낭만적 사랑은 죽음을 두려워하지 않을 만큼 뜨겁고 강렬하다. 낭만적 사랑은 종교를 대신하여 죽음불안을 완충하는 장치로 여겨졌지만 그 효과는 일시적이다. 왜냐하면 신(神)은 모호하고 추상적인 존재여서 세상사와 무관하게 변함이 없는 이상적 이미지로 기능할 수 있었지만, 낭만적 사랑의 대상인 사람은 상처입기 쉬운 나약한 존재일 뿐만 아니라 쉽게 변하는 존재이기 때문이다.

현대사회에서는 물질적 재산, 신체적 쾌락, 사회적 성공이 죽음불안을 완충하는 기능을 담당하고 있지만 그 기능이 불완전할 뿐만 아니라 죽음 앞에서는 무력하다. 이러한 가치들은 제한되어 있기 때문에 필연적으로 치열한 경쟁을 초래하여 소수의 승자와 다수의 패자를 양산함으로써 죽음불안의 완충에 실패할 수밖에 없다. 솔로몬(Solomon et al., 1991)은 사회과학자들이 가능한 한 많은 사람의 자존감을 고양시킬 수 있는 사회체계와 세계관을 개발하기 위해 노력해야 한다고 주장한다.

과연 심리학 또는 심리치료가 죽음불안을 효과적으로 완충하는 새로운 세계관이나 심리적 장치를 제시할 수 있는지 그리고 그러해야 하는지에 대한 의문이 존재한다. 심리학자와 심리치료자는 다양한 종교적·문화적 세계관을 존중하고 그러한 세계관을 폄하하는 행위를 자제해야 하는 윤리적 책임을 지니고 있다. 그러나 기존의 세계관에 순응하기를 원하지 않는 내담자를 돕기 위해서 심리치료자는 나름대로 죽음불안을 적절히 관리할 수 있는 심리적 장치를 제시할 필요와 의무가 있다.

시걸(Siegel, 2003)은 우리의 소중한 삶을 생생하게 느끼며 살아가는 동시에 우리가 죽을 수밖에 없는 존재라는 자각의 실존적 고통에 압도되지 않는 것이 중요하다고 주장한다. 달리 말하면, '카르페 디엠(Carpe diem!)'과 '메멘토 모리(Memento mori!)'의 균형이 중요하다. 베커(1973)는 죽음불안을 극복하기 위해서는 문화적 영웅심(cultural heroism)을 넘어서 우주적 영웅심(cosmic heroism)을 성취하는 것이 필요하다고 제시했다. 우주적 영웅심은 개인과 집단의 한계를 넘어서 모든 것을 정당한 것으로 포용하는 자아초월적 심리상태를 의미한다. 모든 것의 상호 연결성에 대한 전체적 인식을 통해서 자기개념이 확장되고 삶의 목적과 의미에 대한 인식도 확대될 수 있다.

월시(Walsh, 2011)는 명상적이고 관조적 삶을 중시하는 상호 의존적인 치료적 접근을 제시하고 있다. 그에 따르면, 마음챙김은 그러한 삶으로 나아가는 대안적 개입방법이 될 수 있다. 마음챙김 기법은 특정한 종교와 무관하게 죽음불안의 치료에 적용될 수 있다(Rinpoche & McDonald, 2010; Siegel, 2010; Walsh, 2011). 카시단과 동료들(Kashdan et al., 2011)은 호기심과 마음챙김이 열린 자세와 주의 깊은 태도를 촉발하여 죽음에 대한 편협한 방어성을 감소시킨다는 것을 발견했다. 이러한 발견은 마음챙김과 같은 관조적 치료가 죽음불안을 완화할 뿐만 아니라 자아초월적 세계관을 제시할 수 있는 새로운 유망한 길이 될 수 있음을 시사하고 있다.

2) 죽음사고에의 노출

"죽음을 배경으로 할 때, 삶이 가장 투명하게 보인다."는 말이 있듯이, 유한성과 죽음이라는 인생의 맥락을 고려하지 않고는 삶의 가치를 충분히 인식하기 어렵다. 죽음을 회피하고 부정해서는 결코 성숙한 삶으로 나아갈 수 없다. 죽음이라는 필연적 운명을 자각하고 죽음불안을 감당할 수 있는 역량을 함양하는 것이 건강한 삶의 필수적 조건이다.

죽음에 대한 노출은 정신병리를 극복하는 데 필요하다. 노출치료가 죽음불안의 치료에 있어서 핵심적 요소라는 점은 잘 알려져 있다(Furer & Walker, 2008). 반복적 노출을 통한 죽음에 대한 둔감화가 바람직한 것인지에 대한 의문을 제시한 얄롬(Yalom, 1980)도 죽음불안의 완화를 통해서 실존적 주제에 대한 좀 더 자유로운 사색과 성찰이 가능하다는 점을 인정했다. 심리치료 과정에서 내담자로 하여금 자신의 사망기사를 쓰고, 자신의 장례식을 상상하고, 묘지를 산책하게 함으로써 죽음에 대한 노출이 이루어질 수 있다. 이러한 노출이 마음챙김과 함께 이루어지면 죽음불안을 열린 자세로 직면하게 됨으로써 죽음과 관련된 부정적 사고와 감정을 인식하는 좋은 기회가 될 수 있다.

죽음에 대한 노출은 TMT와 상충되는 것으로 여겨질 수 있다. TMT에 따르면, 죽음을 떠올리게 하는 것은 사람들로 하여금 심리적 평정을 회복하기 위해 자신의 세계관과 자존감을 고수하게 만듦으로써 더 경직되고 배타적인 삶을 초래할 수 있기 때문이다. 그러나 노출과 마음챙김은 궁극적으로 죽음사고를 감소시킴으로써 죽음에 대한 방어적 태도를 완화시킬 수 있다. 오히려 죽음을 회피하고 통제하려는 시도는 마음의 역설적 효과에 의해서 죽음불안을 증가시키는 결과를 초래할 수 있다. 불안의 근원을 회피하거나 부정하려는 시도는 불안장애를 유발하거나 악화시키는 주요한 요인이 된다. 세계관과 자존감을 통한 죽음불안의 완충 시도가 비효과적이어서 정신병리가 유발된 경우에는, 죽음에 대한 노출과 둔감화 과정을 통해서 죽음사고와 죽음불안을 감소시키는 것이 바람직하다.

최근에는 죽음에 대한 노출의 정도에 따라서 그 효과가 달라진다는 주장이 제기되고 있다. TMT를 검증하는 실험적 연구에서 사용하는 죽음 현저성 조작은 죽음을 구체성이 부족한 추상적 방식으로 제시하기 때문에 막연한 불안을 유발하여 방어적 태도를 유발한다. 반면에 임사체험과 같이 생생하고 구체적인 체험은 인생관과 가치체계의 변화를 유발하고 죽음수용을 통해 죽음불안을 감소시키는 것으로 보고되었다(van Lommel et al., 2001). 최근에는 자신의 죽음을 구체적으로 상상함으로써 삶과 죽음에 대한 깊은 숙고와 성장을 유도하는 죽음성찰(death reflection)에 대한 연구가 이루지고 있다. 코졸리노와 동료들(Cozzolino, Staples, Meyers, & Samboceti, 2004)의 실험연구에 따르면, 죽음 현저성 조작은 외재적 가치를 중시하는 탐욕적 행동을 유발시키는 반면, 죽음성찰은 내재적이고 비이기적 행동을 유발했다. 죽음에 대한 노출은 양면성을 지니고 있으며 그 방식에 따라서 방어성을 증가시킬 수도 있고 실존적 성장을 촉진할 수도 있다(Cozzolino, 2006). 이러한 연구결과는 죽음에 대한 노출이 죽음성찰로 이어질 때 치료적 효과가 증대될 수 있음을 시사한다.

죽음불안을 완전히 제거하는 것은 불가능하다. 심리치료의 주된 과제는 죽음불안을 좀 더 견딜 만한 정도로 감소시키고 삶의 에너지를 건설적인 방식으로 활용하도록 돕는 것이다. 이러한 점에서 제3세대 인지행동치료에 속하는 수용전념치료(Acceptance Commitment Therapy: ACT)를 주목할 필요가 있다. 정신병리를 지닌 사람들은 대부분 자신의 증상에 과도하게 저항하며 매달리기 때문에 삶의 현실적 과업에 주의를 기울이지 못하는 경향이 있다. 수용전념치료는 내담자로 하여금 통제하기 어려운 현실이나 증상을 수용하도록 도움으로써 소중하게 여기는 삶의 목표에 전념하도록 안내한다.

3) 죽음불안 완충장치로서의 치료적 관계

인간은 고독한 존재로서 타인과의 연결감을 통해서 죽음불안을 완화하고 죽음에 직면할 수 있는 용기를 얻는다. TMT에 관한 실증적 연구들은 인간적 연결(human connection)이 죽음불안의 완화에 강력한 역할을 한다는 것을 보여 주고 있다(Florian, Mikulincer, & Hirschberger, 2002; Mikulincer, Florian, & Hirschberger, 2004). 위스먼과 쿨리(Wisman & Koole, 2003)의 연구에서는 참여자들에게 혼자서 자신의 개인적 세계관을 방어하는 것과 다른 사람과 함께 앉아서 서로의 세계관을 공격하는 것 중에서 하나를 선택하게 했다. 죽음 현저성 조건에서 참여자들은 자신의 세계관이 공격받을 수 있음에도 불구하고 다른 사람들과 함께 있기를 선택했다.

얄롬(2008)에 따르면, 치료적 관계는 내담자가 죽음과 관련된 관심사에 직면할 수 있도록 돕는 핵심적 요소이다. 치료자는 죽음에 관한 자신의 태도와 불안을 잘 인식하고 있어야 하며, 인간적 연결감의 바탕 위에서 내담자의 죽음불안을 정상적인 것으로 여기면서 다루어 주어야 한다. 최근에 반스(Vance, 2014)도 치료적 관계가 죽음불안을 효과적으로 완충할 수 있는 인간관계 중 하나라고 주장했다. 내담자는 치료자와 긍정적인 지지적 관계를 형성함으로써 안전감과 연결감을 경험할 뿐만 아니라 인생의 모든 문제와 죽음에 관한 주제를 자유롭게 논의하면서 성장의 기회를 갖게 된다.

인간관계가 죽음불안을 완충하는 장치로 기능하기 위해서는 신뢰와 수용이 중요하다. 신뢰를 통해 관계의 안정감을 느끼는 동시에 수용을 통해 관계의 안전감을 경험할 수 있어야 한다. 이러한 점에서 로저스(Rogers)가 인간중심치료에서 제시하고 있는 3가지의 치료적 태도, 즉 진실성, 무조건적 존중, 공감적 수용이 중요하다. 치료적 관계뿐만 아니라 가족관계, 연인관계, 친구관계를 포함한 모든 인간 관계는 죽음불안의 완화에 매우 중요하다. 상대방을 구속하거나 조종하지 않으면서 진실한 태도로 서로를 수용하고 존중할 수 있는 인간관계는 현실세계에서 드물지만 불가능한 것은 아니다.

제14장

죽음의 수용: 삶의 의미 추구

1. 죽음수용의 의미

인간의 실존적 고뇌는 불멸(不滅) 소망과 필멸(必滅) 운명의 갈등, 즉 영원히 살고 싶은 소망과 반드시 죽어야 하는 운명의 충돌에 근거한다. 필멸의 운명을 타고난 인간이 그러한 운명을 수용하지 못하고 불멸의 열망을 뜨겁게 불태우는 것이 실존적 갈등의 근원이다. 죽음불안과 죽음공포는 불멸의 소망을 지닌 인간이 필멸의 운명을 자각하면서 경험하는 정서적 산물이다. 죽음의 수용, 즉 불멸 소망과 필멸 운명을 화해시키는 것은 인간이 해결해야 할 중요한 실존적 과제이다.

1) 수용의 의미

우리의 인생은 끊임없는 배움의 과정이며 새로운 상황에 대한 적응과정이다. 배움의 과정은 새로운 지식을 습득하여 기존의 지식체계에 흡수하거나 지식체계를 새롭게 변화시키는 과정으로 이루어진다. 적응의 과정은 새로운 상황을 우리의 욕구에 맞추어 변화시키거나 그러한 상황에 맞추어 우리의 욕구를 조절하는 과정으로 이루어진다.

저명한 발달심리학자인 장 피아제(Jean Piaget, 1936, 1958)는 인간의 인지발달이 인지도식의 변화과정을 통해 이루어진다고 주장했다. 인지도식(schema)은 어린 아이가 감각경험을 통해 입수한 정보들을 덩어리로 형성한 것으로서 새로운 지식을 받아들이고 세상을 해석하는 바탕이 된다. 인지발달은 새로운 정보를 더 잘 통합할 수 있는 인지도식으로 변화시키는 과정이라고 할 수 있다. 이러한 인지발달은 동화와 조절의 과정을 통해서 이루어진다. 동화(assimilation)는 새롭게 획득한 지식을 인지도식의 일부로 흡수하는 것을 뜻한다. 반면에, 조절(accommodation)은 기존의 인지도식과 일치하지 않는 새로운 지식의 획득으로 인해서 인지도식의 변화가 이루어지는 과정을 의미한다. 달리 말하면, 조절은 기존의 인지도식이 새로운 정보를 흡수하여 통합하는 데 반복적으로 실패하기 때문에 인지도식을 변화시킴으로써 새로운 상황에 적응하고 심리적 평형을 이루는 과정이라고 할 수 있다.

〈그림 14-1〉에 제시되어 있듯이, 평형(equilibration)은 새로운 정보와 인지도식

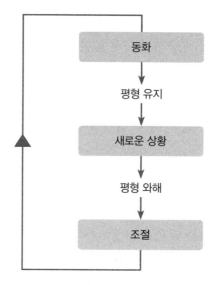

〈그림 14-1〉 동화와 조절을 통한 평형의 유지

이 일치하는 편안하고 안정된 상태를 의미한다. 새로운 정보가 인지도식과 일치하지 않을 때, 이러한 평형이 와해되어 불쾌감이 유발된다. 따라서 인간은 평형을 회복하기 위해서 동화 또는 조절의 과정을 통해서 새로운 정보와 인지도식을 일치시키려는 노력을 기울이게 된다.

로저스(Rogers, 1961)는 조절이 동화보다 더 어렵다는 점을 지적했다. 왜냐하면 조절은 기존에 지니고 있던 세계관과 사고방식에 대한 변화를 의미하기 때문이다. 사회심리학자인 페스팅거(Festinger, 1957)는 상반된 두 가지 생각의 갈등으로 인해서 경험되는 심리적 고통을 인지 부조화(cognitive dissonance)라는 지칭했다. 우리가 소중하게 유지하고 있는 인지도식이 위협받을 때, 인지 부조화의 고통이 특히 심해진다. 페스팅거는 대홍수가 일어나 세계가 멸망할 것이라고 예언한 한 종파의 구성원들을 대상으로 그들의 믿음이 변해 가는 과정을 연구했다. 세계종말을 예언한 날짜가 지났음에도 아무런 변화가 일어나지 않자, 약한 믿음을 지닌 사람들은 자신이 어리석었다며 종말론에 대한 생각을 내려놓았다. 그러나 강한 믿음을 지닌 사람들은 자신들이 충분히 경건한 믿음을 갖지 못하여 홍수가 일어나지 않은 것이라고 해석하며 기존의 믿음을 변화시키지 않았다. 이처럼 사람들은 동화 또는 조절의 방법으로 인지 부조화를 해소하려고 노력한다.

수용(受容, acceptance)은 개인에게 주어진 현실을 인정하는 것으로서 그러한 현실에 저항하거나 변화시키려는 노력을 기울이지 않는 것이다. 수용은 주어진 현실에 대한 동의, 인정, 승인, 허용을 의미하며 소극적 감내에서부터 적극적 환영에 이르기까지 다양한 수준의 태도를 의미한다. 인간의 모든 고통은 소망과 현실의 괴리에서 비롯된다. 소망은 개인의 세계관과 가치관에 의해 유발된 욕망이자 바람이다. 개인의 소망이 현실 속에서 충족되지 않을 때, 즉 개인의 세계관과 가치관이 비현실적일 때, 개인은 우울과 불안을 경험하게 된다. 수용은 현실을 받아들이고 개인의 소망을 내려놓음으로써 현실과 소망의 괴리를 해소하여 정서적 평온과 평화를 추구하는 조절의 과정이라고 할 수 있다. 특히 인간의 노력으로 변화시킬 수 없는 거대한 우주와 대자연의 변화 앞에서 인간이 취할 수 있는 최선의 대처방법은 수용일 수 있다. 그러나 소망을 내려놓고 현실을 수용하는 것은 결코 쉽지 않다.

2) 죽음부정과 죽음수용

"똥밭에 굴러도 이승이 낫다."는 속담이 있듯이, 삶에 대한 소망은 집요하고 죽음에 대한 혐오는 강렬하다. 죽음은 인간이 가장 혐오하는 것이며 가장 회피하고자 하는 것이다. 이처럼 혐오하며 회피하고자 하는 죽음을 결코 피할 수 없는 것이 인간의 가장 심각한 실존적 갈등이다. 대부분의 사람은 최후의 순간까지 죽음을 회피하거나 저항한다.

죽음의 운명에 저항하기 위한 인간의 노력은 처절할 만큼 집요하고 강렬하다. 앞장에서 살펴보았듯이, 인간은 죽음에 저항하고 불멸을 추구하기 위한 다양한 방법을 모색해 왔다. 실제적 불멸을 위한 처절한 노력뿐만 아니라 상징적 불멸을 통해 죽음의 불안과 허무감을 달래기 위한 다양한 노력을 기울여 왔다. 많은 사람이 죽음을 부정하거나 죽음은 먼 미래의 일이라고 회피하며 삶의 즐거움에 빠져 산다.

그러나 죽음은 조금도 쉬지 않고 묵묵히 진군하여 언젠가 우리의 방문 앞까지 다가와 노크를 하게 된다. 그때 우리는 죽음의 노크 소리에 어떻게 반응하게 될까? 죽음을 부정했던 사람들은 기어코 다가온 죽음의 현실 앞에서 어떤 반응을 나타내게 될까? "사느냐 죽느냐, 그것이 문제로다(To be or not to be, that is the question.)."라는 햄릿의 고뇌 어린 물음처럼, '죽음을 부정할 것인가 수용할 것인가?', 이것이 죽음 앞에 선 인간이 직면하게 되는 실존적 난제이다.

방어기제로서의 부정(denial)은 불안을 회피하는 강력한 방법이지만 현실과의 괴리로 인해 지속적인 갈등과 부적응적 문제를 유발하게 된다. 부정은

◈ 앤디벅의 작품인 〈죽음의 눈〉

기존의 인지도식을 유지하기 위해서 새로운 정보의 진실성, 가치, 중요성을 부인하는 것이다. 부정의 방어기제가 경직된 방식으로 사용되면, 현실적인 문제에 대한 무차별적 부정으로 인해 현실과의 괴리가 확대되어 때로는 망상이나 환상 수준의 삶으로 나아갈 수 있다. 더 이상 회피할 수 없는 현실에 직면하게 될 때, 부정의 방어기제에 의존했던 사람들은 극심한 공포와 혼란에 빠져들게 된다.

죽음수용(death acceptance)은 삶의 유한성과 죽음의 필연성을 인정하는 것으로서 불멸을 추구하는 세계관과 가치관을 포기하는 과정이라고 할 수 있다. 달리 말하면, 죽음수용은 자신이 죽어야 할 존재임을 마음 깊이 인정하면서 죽음을 기꺼이 받아들이려는 태도를 의미한다. 성공적인 노년기를 보내는 노인들의 특징 중 하나는 죽음에 대해서 수용적인 태도를 지닌다는 점이다(Kastenbaum & Aisenberg, 1972). 이러한 노인들은 아무런 거부감 없이 죽음에 대한 이야기를 기꺼이 나눌 뿐만 아니라 죽음에 대해서 별로 두려워하지 않는다. 이들의 죽음불안이 낮은 것은 부정의 방어기제에 의한 것이 아니라 죽음수용에 의한 것이다.

클루그와 신하(Klug & Sinha, 1987)에 따르면, 죽음수용은 개인적 유한성의 자각을 비교적 편안하게 받아들이는 것이다. 죽음수용은 두 개의 구성요소, 즉 (1) 자신의 죽음에 대한 인지적 자각과 (2) 이러한 인식에 대한 긍정적(적어도 중립적) 정서반응으로 이루어진다. 달리 말하면, 죽음수용을 위해서는 죽음직면과 죽음통합이 필요하다. 죽음직면(confrontation of death)은 인지적 요소로서 죽음을 인생의 사실로 인식하고 받아들이는 것을 뜻한다. 죽음을 수용하기 위해서는 자기존재의 유한성을 자각할 뿐만 아니라 죽음에 대한 저항감과 혐오감을 완화하는 것이 중요하다. 죽음직면이나 죽음노출을 통해서 죽음에 대한 혐오감을 둔화시키는 것이 죽음수용의 필수적 조건이다. 죽음통합(integration of death)은 정서적 요소로서 그러한 직면의 인식내용을 통합하여 긍정적 정서로 반응하는 것을 의미한다. 죽음수용의 중요한 조건은 죽음의 긍정적 측면을 인식하는 것이다. 예컨대, 죽음은 영원한 안식, 고통으로부터의 해방, 육체적 속박으로부터의 자유, 본래 있었던 곳으로의 귀향, 새로운 세계로의 흥미로운 모험과 같은 긍정적 측면을 지닌다. 죽음통합은 이처럼 죽음의 긍정적 측면을 인식하면서 죽음을 흔쾌한 마음으로 받아들이는 것이다.

실존적 심리치료자들은 죽음의 운명을 용기 있게 대면하여 자각하고 수용하는 것이 진실한 삶의 필수적 조건이라고 주장한다. 죽음을 수용하는 사람들은 삶의 만족도가 높을 뿐만 아니라 '좋은 죽음'을 맞이한다. 그러나 죽음을 수용하는 것은 결코 쉬운 일이 아니다. 죽음수용을 위해서는 죽음에 대한 직면과 성찰, 자신의 삶에 대한 의미 발견, 죽음의 운명을 받아들이는 용기, 그리고 거대한 우주 앞에서 자신이 먼지만도 못한 작은 존재임을 인정하는 겸손이 필요하다.

대부분의 종교는 수용을 중시한다. 특히 아브라함 계열의 종교에서는 수용이 매우 중요한 미덕이다. 기독교의 경우, 예수가 자신의 죽음을 예감하고 겟세마네 동산에서 기도하며 "내 아버지여, 만일 할 만하시거든 이 잔을 내게서 지나가게 하옵소서. 그러나 나의 원대로 마옵시고 아버지의 원대로 하옵소서."(마태복음 26장 39절)라고 한 고백은 수용과 순종을 보여 주고 있다. 이슬람교에서도 수용과 순종, 그리고 겸손은 매주 중요한 미덕이다. '이슬람(Islam)'이라는 단어는 '신에 대한 자발적 순종'을 의미한다. 전지전능한 신 앞에서 무지하고 무력한 인간이 취할 수 있는 최선의 태도는 수용과 순종일 것이다.

우리의 인생에서 바꿀 수 있는 것과 없는 것을 냉철하게 구분하는 지혜가 중요하다(Niebur, 1938). 바꿀 수 있는 것은 용기 있게 변화시키되, 바꿀 수 없는 것은 겸허하게 수용하여 마음의 평온을 유지하는 것이 지혜로운 대처인지 모른다. 불멸의 소망을 포기하는 창조적 절망(creative despair)을 통해서 죽음불안을 극복할 뿐만 아니라 유한한 인생을 긍정하며 창조적인 삶을 펼쳐 나갈 수 있다.

2. 죽음수용의 3가지 유형

삶과 죽음은 전경과 배경처럼 서로 밀접한 관계를 지닌다. 죽음을 어떻게 바라보느냐에 따라 삶에 대한 태도가 달라진다. 죽음학의 선구자인 파이펠(Feifel, 1959)이 언급한 바 있듯이, "우리는 죽음을 순전히 생물학적인 사건으로 잘못 이해하고 있다. 개인이 죽음을 어떤 태도로 바라보고 죽음에 어떤 의미를 부여하느냐는 그가 자신의 삶을 어떻게 살 것인지를 결정하고 자신의 삶을 통합하는 중요한 바탕이 된다."

죽음을 바라보는 두 가지의 상이한 관점이 존재한다. 그 하나는 죽음을 자기존재의 종말이라는 보는 관점이며, 다른 관점은 죽음을 다른 삶으로 옮겨 가는 통로라고 여긴다. 죽음을 자기존재의 종말로 여기는 사람들은 단 한 번뿐인 삶을 소중하게 여기며 '지금 여기'의 체험을 중시하는 삶을 사는 경향이 있다. 반면에 죽음을 다른 삶으로의 통로로 보는 사람들은 현재의 삶을 사후생, 즉 다음 생의 준비를 위한 단계로 여기며 살아간다. 이처럼 죽음에 대한 다른 관점은 현재의 삶에 강력한 영향을 미친다. 칼리시(Kalish, 1981)에 따르면, 많은 사람이 죽음 이후에도 자기존재가 지속된다는 믿음으로부터 희망과 위로를 받듯이, 죽음이 완전한 소멸로 이끈다는 믿음으로부터 동일한 만족과 위안을 느끼는 사람들도 많다.

사람마다 죽음을 대하는 태도가 각기 다르다. 죽음을 대하는 태도에 따라서 죽음불안에 대한 경험이 달라질 뿐만 아니라 삶의 자세도 달라진다. 개인이 죽음에 대해서 어떤 태도를 지니고 있는지를 이해하는 것은 그의 삶을 이해하는 데 매우 중요하다. 죽음태도(death attitude)는 죽음을 대하는 마음 자세로서 개인이 죽음에 대해서 지니고 있는 긍정적-부정적 관점과 수용적-거부적 자세를 의미한다.

웡과 동료들(Wong, Reker, & Gesser, 1994)은 죽음을 대하는 태도의 개인차를 연구하기 위해 죽음태도척도(Death Attitude Profile: 이하 DAP라고 칭함)를 개발하면서 죽음태도를 5가지 유형으로 구분했다. 죽음에 대한 거부적 태도는 죽음공포와 죽음회피로 구분되었으며, 죽음에 대한 수용적 태도는 3가지의 유형, 즉 중립적 수용, 도피적 수용, 접근적 수용으로 구분되었다.

1) 죽음에 대한 거부적 태도

죽음에 대한 거부적 태도는 크게 죽음공포와 죽음회피로 구분될 수 있다. 이 두 가지 태도는 죽음에 대한 직면에 있어서 다르다. 죽음공포는 죽음을 회피하지 않고 직면하지만 그에 대해서 공포감을 느끼는 태도인 반면, 죽음회피는 죽음의 직면 자체를 회피하는 태도를 의미한다.

(1) 죽음공포

죽음공포(death fear)는 죽음에 대해서 두려움과 공포를 느끼는 경우로서 죽음의 상태와 죽어감의 과정에 대한 부정적인 사고와 감정을 의미한다. 죽음공포를 지닌 사람들은 죽음을 회피하지 않고 직면하지만 죽음을 수용하지 못한 채 죽음에 대한 지속적인 공포감을 경험한다. 죽음공포를 측정하는 DAP의 문항을 소개하면 다음과 같다.

- 나는 죽음에 대한 강한 공포를 지니고 있다.
- 죽음은 모든 것의 종말이라는 사실이 나를 두렵게 만든다.
- 죽음 후에 일어날 것을 알 수 없는 불확실성이 나를 두렵게 한다.
- 나는 죽음이 최종적이라는 점에 대해서 두려움을 느낀다.
- 내 자신의 죽음에 대한 예상은 나에게 불안을 야기한다.
- 사후생의 주제는 나를 매우 심란하게 만든다.
- 죽음은 의심할 것 없이 불쾌하고 고통스러운 일이다.

죽음공포는 종교적 믿음이 매우 강하거나 전혀 없는 사람들에게서 가장 낮게 보고된다(McMordie, 1981). 사후생의 존재 또는 비존재를 확고하게 믿는 사람들이 사후생에 대해서 불확실한 태도를 지닌 사람들보다 죽음공포가 낮은 것으로 나타났다. 확고한 믿음을 지닌 사람들은 실제적 또는 상징적 불멸감을 통해서 죽음공포에 대처하는 능력이 더 높다(Drolet, 1990).

(2) 죽음회피

죽음회피(death avoidance)는 죽음에 대한 불안과 공포를 회피하기 위해서 죽음에 관한 생각을 하지 않으려는 죽음부정의 태도를 의미한다. 이러한 태도를 지닌 사람들은 무의식적으로 죽음에 대한 강한 불안을 지니고 있으며 이러한 죽음불안과의 직면을 두려워한다. 이들은 죽음에 관한 생각이나 대화를 회피할 뿐만 아니라 죽음을 떠올리는 자극이나 상황을 외면한다. 죽음회피는 죽음을 의식에서 멀리 밀어내려는 방어적 태도라고 할 수 있다. 죽음회피를 측정하는 DAP의 문항은 다음과 같다.

- 나는 죽음에 관해서 생각하기를 피한다.
- 나는 항상 죽음에 관해 생각하지 않으려고 노력한다.
- 나는 죽음의 주제에 얽혀 들지 않으려고 노력한다.
- 나는 어떤 대가를 치르더라도 죽음에 대한 생각을 피한다.
- 죽음에 대한 생각이 내 마음에 들어올 때마다, 나는 그것을 밀어내려고 노력한다.

2) 죽음에 대한 수용적 태도

윙과 동료들은 죽음에 대한 수용적 태도를 3가지의 유형, 즉 중립적 수용, 도피적 수용, 접근적 수용으로 구분했다. 중립적 수용은 죽음에 대한 이성적 수용을 의미한다. 도피적 수용은 고통스러운 삶에 대한 더 나은 대안으로 죽음을 수용하는 것인 반면, 접근적 수용은 죽음을 더 나은 사후생으로 나아가는 통로로 수용하는 것을 말한다.

(1) 중립적 수용

중립적 수용(neutral acceptance)은 죽음을 모든 삶의 불가피한 종말로 여기며 이성적으로 수용하는 것을 의미한다. 삶과 죽음은 동전의 양면처럼 불가분의 관계에 있는 것이다. 살아 있다는 것은 죽음 그리고 죽어감과 함께 살아가는 것이다. 이러한 태도를 지닌 사람들은 죽음을 두려워하지도 환영하지도 않는다. 단지 죽음을 우리 삶의 불가피한 사실로 수용하고 최선을 다해 유한한 삶을 살려고 노력한다. 중립적 수용은 죽음에 대한 초연한 태도라고 할 수 있다. 중립적 수용의 태도는 DAP에서 다음과 같은 문항을 통해 평가된다.

• 죽음은 삶의 일부일 뿐이다.
• 죽음은 삶의 자연스러운 한 측면이다.
• 죽음은 자연스럽고, 부인할 수 없으며, 회피할 수 없는 사건으로 보아야 한다.
• 죽음은 좋은 것도 아니고 나쁜 것도 아니다.
• 나는 죽음을 두려워하지 않지만 환영하지도 않는다.

중립적 수용은 단일한 태도가 아니라 죽음을 촛불이 꺼지는 것으로 인식하는 것에서부터 문화와의 동일시, 삶의 미션 완성, 유산의 남김과 같이 더 긍정적인 것으로 받아들이는 다양한 태도를 포함한다. 실존적 또는 인본주의적 심리학자들은 자기실현을 죽음수용의 중요한 조건으로 여긴다. 자기실현을 이룬 사람들은 죽음을 두려워하지 않는다. 삶의 의미를 발견하는 것도 죽음공포를 제거하고 행복감을 증가시킨다. 죽음을 삶의 자연스러운 종말로 수용하는 비종교적인 사람들이 삶을 더 충만하게 영위하는 경향이 있다(Alexander & Adlerstein, 1959). 브레그먼(Bregman, 1989)은 죽음이 자연의 법칙이라면 죽음의 수용은 도덕적 선(善)이며 죽음의 부정은 이러한 선을 파괴하는 것이라고 주장했다.

(2) 도피적 수용

도피적 수용(avoidance acceptance)은 죽음을 고통스러운 존재에 대한 더 나은 대안으로 선택하는 것을 말한다. 도피적 수용은 삶이 고통스럽고 비참해서 더 이상 삶의 고통을 감내할 가치가 없다는 인식에 근거한다. 자살은 도피적 수용의 한 표현이다. 사람들은 대처하기 힘든 고통이나 기능의 상실을 경험할 때 자신의 삶을 스스로 끝내고자 한다. 이러한 사람들에게 죽음의 공포는 삶의 공포보다 덜 고통스러울 수 있다(Cicirelli, 2002). 도피적 수용의 태도를 반영하는 DAP의 문항들은 다음과 같다.

- 나는 죽음을 인생의 부담으로부터의 해방이라고 생각한다.
- 나는 죽음을 이 세상의 고통에서부터의 해방이라고 본다.
- 죽음은 이처럼 괴로운 세상으로부터의 도피를 제공한다.
- 죽음은 고통과 괴로움으로부터의 출구이다.
- 죽음은 나의 모든 괴로움을 끝내 줄 것이다.

사람들이 고통에 의해서 압도될 때, 그리고 그러한 고통이 완화될 가능성이 보이지 않을 때, 죽음은 유일한 도피처가 될 수 있다(Vernon, 1972). 도피적 수용의 태도를 지닌 사람들이 죽음을 긍정적으로 여기는 것은 죽음의 선함 때문이 아니라 삶의 악함에 근거하고 있다. 사람들은 삶의 고통과 문제에 더 이상 효과적으로 대처할 수 없기 때문에 도피적 수용을 나타내는 것이다.

(3) 접근적 수용

접근적 수용(approach acceptance)은 죽음을 더 나은 사후생으로 나아가는 통로로 수용하는 것을 뜻한다. 접근적 수용은 바람직한 사후생에 대한 종교적 또는 영적 믿음에 뿌리를 두고 있다. 이러한 신념을 지닌 사람들에게 사후생은 실제적 또는 상징적 불멸을 의미한다. 신의 존재와 사후생을 믿는 사람들은 죽음불안이 낮으며 죽음에 대한 수용적 태도가 높았다(Harding et al., 2005). 접근적 수용의 태도를 측정하는 DAP의 문항들은 다음과 같다.

- 죽음은 새롭고 영광스러운 삶에 대한 약속이다.
- 나는 죽음을 영원하고 축복된 곳으로 옮겨 가는 것이라고 생각한다.
- 죽음은 신과의 합일이며 영원한 축복이다.
- 나는 죽은 후에 사랑하는 사람들과 재결합할 것을 기대한다.
- 나는 내가 죽은 후에 천국에 갈 것으로 믿는다.
- 나는 죽음 이후의 삶을 기대한다.
- 죽음은 지극히 행복한 곳으로 들어가는 것이다.
- 나는 저 세상이 이 세상보다 훨씬 더 좋은 곳일 거라고 믿는다.

접근적 수용은 행복한 사후생에 대한 믿음과 관련되어 있다. 종교적 믿음이 강할수록 사후생에 대한 확신이 강하며 죽음공포는 낮다(Jeffers, Nichols, & Eisdorfer, 1961). 그러나 종교적 믿음과 죽음불안의 관계는 간단하지 않다. 일부의 연구(예: Feifel, 1974)에서는 둘 간의 관계가 발견되지 않았으며, 다른 연구(Templer & Ruff, 1975)에서는 오히려 종교적 믿음과 죽음불안의 정적 상관이 발견되기도 했다.

3) 죽음태도에 대한 실증적 연구

죽음태도는 개인의 삶에 커다란 영향을 미친다. 웡과 동료들(Wong et al., 1994)은 DAP를 개발하여 죽음태도와 삶의 다양한 측면과의 관계를 조사했다. 조사결과, 죽음공포는 죽음회피와 정상관을 나타냈지만 죽음수용의 세 유형과는 역상관을 나타냈다. 접근적 수용은 도피적 수용과 정상관($r=.57$)을 나타냈으며, 중립적 수용은 다른 두 유형의 죽음수용과 유의미한 상관을 보이지 않았다.

중립적 수용과 접근적 수용은 심리적 웰빙에 긍정적인 영향을 미치는 것으로 나타났다. 특히 중립적 수용의 태도를 지닌 사람들은 심리적·신체적 웰빙 수준이 모두 높았으며 우울감도 낮은 것으로 나타났다. 반면에, 죽음공포와 죽음회피의 태도를 지닌 사람들은 모두 심리적 웰빙 수준이 낮았다. 도피적 수용은 신체적 웰빙과 역상관을 나타냈는데, 그러한 죽음태도로 인해 신체적 웰빙이 낮아진 것인지 아니면 신체적 건강상태가 좋지 않아 도피적 수용의 태도를 갖게 된 것인지 그 인과관계가 불투명하다.

죽음태도는 나이와 성별에 따라 차이를 나타냈다. 죽음공포는 연령이 증가함에 따라 점차 감소하는 경향을 나타낸 반면, 죽음회피는 모든 연령에서 비슷하게 나타났다. 죽음수용은 세 유형 모두 노년기에 증가했다. 특히 중립적 수용의 태도는 연령 증가와 함께 꾸준히 증가하는 경향이 있었다.

남자는 여자보다 죽음회피가 더 높은 반면, 여자는 접근적 수용과 도피적 수용에서 남자보다 더 높았다. 그러나 중립적 수용과 죽음공포에서는 유의미한 성차가 나타나지 않았다. 이러한 연구결과는 기독교 전통이 강한 미국인을 대상으로 한 연구라는 점을 고려하여 이해해야 한다.

3. 죽음수용의 심리적 과정과 촉진요인

죽음의 수용은 좋은 죽음을 위한 필수적 조건일 뿐만 아니라 좋은 삶을 위한 중요한 조건이기도 하다. 그러나 죽음을 수용하는 것은 결코 쉬운 일이 아니다. 자신의 유한함을 진정으로 수용하여 죽음을 담담히 받아들이는 것은 결코 쉬운 일이 아니다. 타인의 죽음은 쉽게 수용할 수 있을지 모르지만, 자신의 죽음을 수용하기는 매우 어려운 일이다. 멀리 있는 죽음을 수용하기는 쉬워도, 가까이 다가온 죽음을 수용하기는 어렵다.

인간이 어떻게 자신의 죽음을 수용하게 되는 것일까? 인간은 어떤 심리적 과정을 통해서 죽음의 수용에 이르게 되는 것일까? 죽음수용은 피할 수 없는 궁지에 몰

려 모든 수단과 방법의 무력함을 깨닫고서야 비로소 마지못해 취하게 되는 최후의
대처방식인가? 아니면 자신의 실존적 상황에 대한 깊은 성찰을 통해서 죽음을 기
꺼이 받아들이며 긍정하는 우아한 대처방식인가?

1) 죽음부정에서 죽음수용에 이르는 심리적 과정

제6장에서 소개한 바 있듯이, 정신과 의사인 퀴블러로스(Kübler-Ross, 1969)는
200여 명의 죽어 가는 말기환자들을 대상으로 면담한 자료에 근거하여 그들이 나
타내는 심리적 변화를 5단계로 나누어 제시했다. 퀴블러로스에 따르면, 말기환자
들은 부정으로부터 분노, 홍정, 우울을 거쳐 수용에 이르는 5단계의 심리적 변화
과정을 나타냈다.

(1) 부정의 단계
말기질병의 선고를 받은 사람들이 처음 나타내는 공통적 반응은 부정(denial)이
다. 부정은 충격적인 현실을 인정하지 않고 사실이 아니라고 부인하는 것이다. 대
부분의 사람은 시한부 선고를 받게 되면 "아니야! 그것은 사실이 아니야!", "나에게
그런 일이 생길 리가 없어.", "무언가 잘못되었을 거야."라며 사실을 부정한다. 이
러한 경우에 환자들은 의사의 진단에 오류나 실수가 있다고 생각하기 때문에 더
희망적인 진단을 받기 위해서 다른 의사나 병원을 찾아다니게 된다. 때로는 자신
의 증상이 심각하지 않다고 주장하며 치료를 거부하기도 한다. 부정은 충격에 대
한 가장 강력한 방어로서 말기질환의 초기에는 심리적 충격과 동요를 완충하는 유
익한 기능을 할 수도 있다.

(2) 분노의 단계
환자들은 자신의 심각한 질병상태를 더 이상 부정할 수 없다는 것을 깨닫게 된
다. 이렇게 자신의 질병을 인정하고 나면 분노(anger)의 단계로 넘어간다. 자신이

왜 그러한 질병으로 죽어야 하는지를 용납하지 못한 채 분노를 표출하게 된다. "왜 하필 나에게 이런 병이!", "내가 무슨 잘못을 했길래?", "도대체 왜 내가 지금 죽어야 하는 거지?", "이건 정말 부당해."와 같이 분노를 표현하게 된다. 이 단계에서 환자의 분노는 의사, 간호사, 가족 또는 신에게 향할 수 있다.

　분노는 좌절감을 표현하는 저항이다. 이 단계에서 환자들은 자신이 죽어야만 하는 고통스러운 현실의 원인을 외부의 존재(예: 의료진, 가족, 신 등)로 귀인하며 분노의 표현을 통해 좌절감을 발산하는 것이다. 죽음의 절박한 상황에 처하면 대부분의 사람은 이전의 발달단계로 퇴행하여 유아적인 심리상태가 된다. 뜻대로 되지 않을 때 아동이 분노를 표현하며 공격적인 행동을 나타내듯이, 이 단계에서 환자들은 분노와 공격적 행동을 나타낸다. 이러한 분노 행동은 자신을 구해 달라며 도움을 요청하는 절박한 마음의 표현이기도 하다. 환자가 주변 사람들에게 분노를 느끼는 이면에는 시기와 질투의 감정이 존재한다. 죽어 가야 하는 자신에 비해서 건강하게 살고 있는 주변 사람들에게 시기심을 느끼며 사소한 일에도 불만과 짜증을 나타낼 수 있다. 때로는 분노의 표현으로 투약이나 치료를 거부할 수도 있다. 따라서 분노의 단계에 있는 환자를 보살피는 것은 가족과 치료진 모두에게 가장 힘들고 어려운 일이 된다.

(3) 흥정의 단계

　환자는 분노 표출을 통해 절박하게 죽음에 저항하며 도움을 구했지만 자신의 병세를 변화시킬 수 없을 뿐만 아니라 자신을 도와주는 사람들만을 괴롭힐 뿐이라는 것을 인식하게 된다. 분노와 좌절감의 표출을 통해 심리적 에너지가 고갈되면서 환자는 좀 더 유화적인 방식으로 죽음을 거부하며 저항한다.

　고통스러운 현실을 받아들일 수도 없고 분노의 표현으로 현실을 바꿀 수도 없는 상황에서 환자는 흥정(bargaining)을 시도하게 된다. 흥정의 단계에서 환자들은 죽음을 최대한 늦추거나 기적을 통해 회복될 수도 있다는 희망을 갈구하게 된다. 특히 신을 믿는 종교인의 경우에는 신과의 거래와 흥정을 통해 타협을 시도한다. 몇 달 또는 몇 년을 더 살 수 있게 해 준다면 또는 질병으로부터 회복할 수 있게 해 준 다면 신을 위해서 평생 헌신하는 삶을 살겠다고 갈구하며 흥정을 시도한다. 대부 분의 경우, 흥정과 타협을 시도하는 시기는 짧으며 다음 단계로 진행하기 위한 준 비과정이라고 할 수 있다.

(4) 우울의 단계

환자는 흥정의 시도가 아무런 변화를 만들 수 없음을 깨닫게 되면서 어쩔 수 없 이 자신의 질병과 죽음을 인정하며 우울의 상태에 빠져든다. 아무리 발버둥쳐도 죽음을 피할 수 없는 현실을 인정하고 삶의 희망을 포기해야 하는 좌절감과 절망 감을 경험하는 시기가 우울의 단계이다. 우울(depression)의 단계에서 환자는 삶을 포기해야 하는 상실의 아픔을 느끼며 울거나 슬퍼하면서 많은 시간을 보낸다. 때 로는 방문자를 거절하고 오래도록 혼자 있기를 원하기도 한다.

이 단계에서 환자는 두 가지의 우울을 경험하게 된다. 하나는 반응적 우울 (reactive depression)로서 과거와 현재의 상실에 대한 슬픔이다. 환자는 질병과 수 술로 인해 손상된 자신의 신체, 직업활동과 사회생활의 중단, 자녀를 돌볼 수 없 는 상태, 치료비의 경제적 부담 등에 대해서 슬퍼한다. 다른 하나는 예비적 우울 (preparatory depression)로서 앞으로 일어날 상실에 대한 슬픔이다. 환자는 가족 및 친구들과의 영원한 이별, 재능과 능력의 상실, 꿈과 희망의 상실, 소중한 물건이나 행복했던 경험과의 단절과 같이 자신의 죽음으로 인해 발생할 미래의 상실에 대해 서 슬퍼한다.

이러한 우울의 단계에 있는 환자는 대화를 그다지 원하지 않으며 혼자서 깊은 생각에 빠져 있곤 한다. 때로는 무감각하거나 무표정한 상태에서 사람들과의 접 촉을 피한 채 혼자만의 시간을 갖고자 한다. 이러한 과정은 환자가 죽음을 받아들 이고 사랑했던 것과의 이별을 애도하며 세상과의 분리를 준비하는 과정이라고 할 수 있다. 이 단계에서는 환자가 슬픔과 생각에 젖어 있도록 내버려두어야 하며 섣 불리 위로하거나 격려하려는 시도는 피하는 것이 바람직하다.

(5) 수용의 단계

환자는 앞의 과정을 거치면서 자신의 운명을 담담히 받아들일 수 있는 수용 (acceptance)의 단계로 접어든다. 죽음을 회피하기 위한 부정, 분노, 흥정의 처절한 몸부림에도 불구하고 바위처럼 꿈쩍 않는 죽음을 어쩔 수 없이 인정하며 모든 것과 이별해야 하는 슬픔에 흠뻑 젖어 보기도 했다. 이처럼 죽음과의 투쟁을 멈추고 죽음과 화해하는 단계가 수용의 단계라고 할 수 있다.

이 단계에서 환자는 "이제는 죽을 수 있다.", "더 이상 죽음을 거부하지 않겠다.", "이제 죽음을 맞이할 준비가 되었다."와 같은 마음자세를 갖게 되며 비교적 안정되고 침착한 감정 상태를 유지하게 된다. 환자들은 이 단계에서 가족이나 친구에게 못다 한 말과 유언을 남기거나 자신의 시신에 대한 처리방법을 전하기도 한다.

퀴블러로스는 수용의 단계를 환자가 긴 여행을 떠나기 전 또는 투쟁의 끝에 이르는 마지막 단계로 묘사했다. 그녀는 죽어 가는 과정이 성장의 시간이 될 수 있음을 강조했다. 환자는 죽음의 불가피함을 받아들이면서 삶의 마지막 시간을 의미 있고 생산적으로 사용할 수 있으며 자신 그리고 가까운 사람들과 진정으로 화해할 수 있다.

인간이 죽음을 수용하는 과정은 결코 평탄하지 않다. 어떤 사람도 자신의 죽음을 순순히 받아들이지 않는다. 모든 사람이 나름대로의 우여곡절을 겪으며 서서히 죽음을 수용하게 된다. 또한 모든 말기환자들이 이러한 심리적 변화과정을 순서대로 모두 거치는 것은 아니며 죽음을 수용하는 단계에까지 이르는 것도 아니다. 또한 일부의 환자들은 이러한 5단계를 거치치 않고 좀 더 수월하게 자신의 죽음을 편안하게 수용하기도 한다. 말기질환으로 진단받기 전부터 죽음에 대해 수용적 태도를 지녔던 사람들은 퀴블러로스가 제시한 죽어감의 단계들을 비교적 수월하게 잘 통과할 수 있다.

2) 죽음수용의 3가지 요소

미국의 철학자인 로버트 코넬리(Robert Connelly, 2003)는 현대사회에서 죽음을 수용하는 것은 일종의 의무가 되어야 한다고 주장한다. 그에 따르면, 현대사회는 생명을 연장하는 의료기술의 발달로 인해서 많은 사람이 존엄성을 상실한 채 고통 속에서 인생의 마지막 과정을 보내고 있다. 이제는 죽어감의 과정을 과도하게 의료적 개념으로 규정하거나 죽음을 '적(敵)'으로 생각하는 새로운 '악(惡)'을 회피해야 한다. 현대인은 생명을 연장시키는 일에 집착하기보다 죽음을 긍정하고 수용하는 것이 필요하다. 아울러 죽어감의 과정에서 겪게 되는 경험을 회피하지 말고 직면하는 동시에 중요한 고비마다 지혜로운 선택을 하는 것이 중요하다. 현대인은 자신의 삶과 죽음을 품위 있게 관리하기 위해서 죽음수용에 대한 의무감을 지녀야 한다. 죽음수용을 위해서는 3가지의 요소, 즉 (1) 죽을 준비(readiness to die), (2) 죽어야 할 적당한 시기의 인식(knowing the right time to die), (3) 죽으려는 의지(will to die)가 필요하다.

(1) 죽을 준비

죽음수용의 핵심적 요소는 죽음을 불가피한 것으로 인식하고 죽음을 준비해야 할 필요성을 절감하는 것이다. "죽기 전에 죽는 사람은 죽을 때 죽지 않는다."는 말이 있듯이, 죽음을 수용하며 잘 준비한 사람은 죽음을 평온하게 맞이할 수 있다. 죽음을 준비해야 할 필요성은 개인의 건강상태, 삶의 여건, 죽음에 대한 문화적 관습에 따라 점진적으로 또는 급격하게 다가올 수 있다. 20세기에 생겨난 죽음부정의 풍토 속에서 현대인은 죽을 준비가 되었다는 느낌을 함양할 필요가 있다. 잘 죽은 것과 잘 사는 것은 밀접하게 연결되어 있다. 인생의 주요한 목표와 계획을 실현하기 위해 전념하는 것과 함께 죽을 준비를 하는 것은 좋은 죽음의 기본적 조건이다. 어떻게 죽을지를 알게 되면, 어떻게 살아야 할지도 알게 된다. 죽음을 회피하는 것은 삶을 회피하는 것과 같다.

(2) 죽어야 할 적당한 시기의 인식

죽음수용의 두 번째 요소는 '죽어야 할 적당한 때를 아는 것'이다. 우리의 인생에서 어떤 특수한 상황에 처하게 되면, 자신이 정말 죽을 수 있다는 것을 깨닫게 되면서 죽음수용의 필요성을 절감하게 된다. 그러한 깨달음을 얻게 되는 특수한 상황은 개인의 해석과 가치에 따라 다를 수 있다. 예컨대, 말기질환의 진단을 받거나 치매와 같이 인지기능의 급격한 퇴화를 경험하거나 어떤 방법으로도 완화되지 않은 통증과 고통을 겪으면서 죽음이 다가왔음을 인식하게 된다. 죽어야 할 때를 인식하게 되는 공통적 계기는 죽음을 막을 수 있는 인간의 능력에 한계가 있다는 것을 절감하는 것이다.

과거에는 사람들이 너무 이른 시기에 맞이하는 자신이 원하지 않는 죽음을 두려워했다. 그러나 현대사회는 의료기술의 발달로 인해서 생명을 연장하는 대신에 존엄성 상실과 불필요한 통증으로 삶의 질이 희생되었다. 이러한 현상이 나타난 현대사회에서는 '죽을 권리'나 '존엄한 죽음'과 같은 용어가 주목을 받고 있으며 자연사와 연명의료의향서의 법제화, 그리고 의사조력자살 또는 안락사에 대한 사회적 논란이 일고 있다. 이러한 현실은 개인이 죽음의 시기를 선택하는 일차적 권리와 책임이 있음을 의미한다. 죽음을 맞이하는 것에 대한 책임감 있는 태도를 육성하는 것은 '죽어야 할 적당한 때(right time to die)'를 인식하는 데에 도움이 될 수 있다.

(3) 죽으려는 의지

죽음수용의 세 번째 요소는 죽으려는 의지(will to die), 즉 자신의 죽어감에 책임을 지겠다는 의지이다. 죽으려는 의지는 인생의 마지막 단계에서 자신이 죽어 가는 방식을 선택하고 책임을 짐으로써 좋은 죽음에 이르려는 결심을 뜻한다. 달리 말하면, 죽으려는 의지는 죽음에 이르기 위해서 어떤 행위를 하거나 또는 하지 않겠다는 결심을 의미한다. 예컨대, 생명을 연장하는 의료행위(예: 수술, 투약, 항생제, 영양 공급)를 거부하거나 자살 또는 안락사와 같은 적극적 선택을 하겠다는 결심을 뜻한다. 죽음을 수용한다는 것은 죽음의 불가피성을 충분히 인식하고, 자신이 죽어야 할 적절한 시기를 판단하여 자신이 원하는 방식으로 죽겠다는 의지를 갖는 것이다.

3) 겸손과 죽음수용

미국 콜로라도 대학교의 심리학 교수인 펠린 케시버(Pelin Kesebir, 2014)는 겸손이 죽음불안을 완화시킬 뿐만 아니라 죽음수용을 촉진하는 중요한 심리적 요인이라고 주장했다. 겸손(humility)은 종교와 철학적 전통에서 중시했던 미덕이다. 겸손은 자신의 한계를 인식하고 커다란 세상에서 자신의 작은 위치를 기꺼이 수용함으로써 자기집착과 자기몰두를 낮추는 자세를 의미한다(권석만, 2011). 겸손은 자신이 위협받고 있다는 느낌, 특히 죽음에 대한 두려움을 약화시키는 것으로 알려져 있다. 겸손은 일시적인 것이든 성격적인 것이든 죽음불안을 저하시킬 뿐만 아니라 죽음사고가 떠올랐을 때 방어성을 약화시키는 것으로 알려지고 있다.

(1) 자기의 저주

미국의 심리학자인 마크 리어리(Mark Leary, 2004)는 『자기의 저주(The Curse of the Self)』라는 저서를 통해서 자기의식과 자기애가 삶에 미치는 다양한 부정적 영향을 제시하고 있다. 그에 따르면, 자기(self)는 우리의 가장 커다란 지원군이자 가장 강력한 적이다. 자기의 출현은 우리 조상이 다른 종에 대한 우위를 지닐 수 있는 진화적 이점을 주었으며 오늘날의 문화와 문명을 발달시키는 데 기여했다. 그러나 자기의식을 갖는 것이 항상 축복인 것은 아니다.

인간은 자기 자신에 대해서 생각할 수 있는 능력을 지녔다는 점에서 독특한 존재이다. 인간은 이러한 자기인식 능력으로 인해서 자신의 미래를 예상하고 결과를 예측하며 계획을 세우고 상황을 개선하기 위한 많은 행동을 할 수 있다. 이처럼 자기인식 능력은 인간에게 많은 혜택을 제공했지만 행복과 성장을 저해하는 커다란 대가를 치르게 만들었다.

자기의식은 자신에 관한 지각을 왜곡하여 잘못된 선택과 결정에 이르게 한다. 자신의 과거에 대해서 반추하고 미래를 상상하게 함으로써 우울, 불안, 분노, 질투와 같은 부정적 정서의 고통을 유발한다. 이기성과 자기중심성은 사람들로 하여금 자신의 단점에 눈멀게 하고, 자신에게 유리한 편향성을 촉진하며, 다른 사람들과의 관계를 손상시킨다. 또한 자기의식은 자신과의 관련성에 따라 사람들을 내집단과 외집단으로 분리하여 사회적 갈등을 만들어 낸다. 종교와 영성에 있어서도 이기적인 자기는 영적 성장을 방해하고 부도덕한 행동으로 인도하는 가장 강력한 훼방꾼이다.

이처럼 자기의식은 인간의 자연스러운 기능을 방해하고 고통스러운 감정을 유발하며 사회적 갈등과 투쟁을 증폭시킨다. 이런 점에서 자기의식은 인간에게 축복인 동시에 저주이기도 하다. 자기의식으로 인한 가장 고통스러운 대가는 죽음에 대한 예기불안이다. 인간은 다른 동물과 달리 자신의 죽음을 인식한 상태에서 살아가야 하는 가장 고통스러운 저주를 받았다.

(2) 자존감의 부정적 효과

인간은 자기를 긍정적인 존재로 인식하려는 강렬한 욕망을 지닌다. 자존감, 자기애, 이기심, 자기보호, 자기고양을 위한 동기들은 매우 다양하고 강렬하다. 이러한 동기들은 인간의 마음을 여러 가지 이기적 욕망과 방어기제들로 가득 찬 '자기-동물원(self-zoo)'으로 만든다(Tesser, 2001). 자기에게 유리한 방식으로 생각하려는 경향은 사람들로 하여금 자신의 미덕을 과대평가하고 자신의 악덕은 과소평가하게 만든다. 긍정적인 결과는 자신의 공적으로 강조하고, 부정적 결과에 대해서는 책임을 회피한다. 자신의 소유물이나 자신과 가까운 사람들은 호의적으로 판단하고, 자신은 긍정적 속성에 있어서 평균보다 우월하다고 생각한다(Dunning, 2005).

이러한 자기중심적 편향성과 자존감은 주관적인 행복과 정신건강에 도움이 되는 동시에 많은 대가를 치러야 한다. '나'와 '내 것'을 긍정적으로 지각하려는 강렬한 욕구는 자신, 타인, 세계에 대한 부정확한 지각을 초래한다. 자존감은 현실을 인식하는 방식을 왜곡할 뿐만 아니라 자신에 대한 과도한 기대와 요구로 인해서 고통을 유발한다. 자존감의 추구는 학습과 친사회적 행동을 저해하고, 자기조절을 손상시키며, 위협에 대한 공격적 행동을 증가시키고, 심신건강에 해악을 끼치는 것으로 나타났다(Baumeister, Smart, & Boden, 1996; Crocker & Park, 2004). 때로는 자존감의 상처가 커다란 심리적 부담이 되어 그것을 회피하려는 충동으로 인해 약물중독, 알코올중독, 폭식장애, 심지어 자살과 같은 자기파괴적인 문제행동을 초래할 수 있다.

사람들이 이토록 강렬하게 자존감을 추구하는 것은 자존감이 죽음공포를 관리하는 데 중요한 역할을 하기 때문이다. 높은 자존감은 자신의 유한성과 취약성에 대한 불안을 불식함으로써 죽음에 대한 공포를 완화한다. 그러나 높은 자존감이 죽음불안의 완충기제로서 바람직한지는 의문의 여지가 있다. 여러 연구(Landau & Greenberg, 2006; McGregor, Galiliot, Vasquez, & Nash, 2007)의 결과에 따르면, 높은 자존감을 지닌 사람들은 자존감이 낮은 사람들에 비해서 죽음 현저성 조건에서 더 방어적이고 파괴적으로 행동했다. 높은 자존감을 지닌 사람들은 자신에 대한 위협에 대해서 매우 방어적이고 공격적인 방식으로 반응했다(Bushman & Baumeister, 1998). 죽음을 자신에 대한 최고의 위협으로 인식한다면, 자존감이 높은 사람일수록 죽음에 저항하며 더 방어적이고 공격적인 방식으로 대응할 것이다. 이처럼 자존감의 추구는 죽어감의 과정에서 커다란 대가를 치르게 된다. 자존감 추구를 통해서 죽음불안을 방어하는 것이 바람직하지 않다면, 죽음불안에 대해서 좀 더 건강하고 건설적인 대처를 할 수 있는 자기에 대한 대안적 태도는 무엇일까?

(3) 조용한 자아와 겸손

자기의식과 자존감의 다양한 부정적 효과가 알려지면서 최근에 조용한 자아(quiet ego)에 대한 관심이 증가하고 있다. 자신에 대한 과도한 요구와 집착을 완화하고 자신과 타인에 대해 덜 방어적인 태도를 취하는 자기자비(self-compassion; Neff, 2003)와 자아약화적 자기조절(hypoegoistic self-regulation; Leary, Adams, & Tate, 2006)에 관한 연구가 커다란 관심을 끌고 있다. 조용한 자아는 자신의 이익을 위해서 많은 것을 요구하며 시끄럽게 주장하지 않는 겸손한 태도를 의미하며 '자기의 저주'에서 벗어나게 해 준다. 조용한 자아는 자신에게 아첨하는 자기중심적 행동패턴의 부정적 결과를 피할 수 있게 함으로써 결과적으로 개인의 행복에 도움이 될 수 있다.

겸손은 조용한 자아와 밀접히 연관된 성격 특질로서 긍정심리학에서 주목을 받고 있는 미덕이다. 겸손은 자신의 특성에 대한 정확한 평가, 한계를 인식하는 능력, 자기 망각의 속성을 지닌다(Tangney, 2002). 겸손한 사람은 있는 그대로의 자기모습을 인정하며 자신의 강점과 더불어 약점을 정직하게 수용한다(Exline, 2008). 겸손은 거대한 세계에서 자신의 작음을 자각하는 것과 연관된다. 겸손한 사람들은 자신보다 더 커다란 것(예: 하나님, 인류, 자연, 우주)과의 연결감을 경험한다(Worthington, 2007). 이들은 커다란 존재와의 관계 속에서 자신을 보기 때문에 이기적이고 자기중심적인 성향에서 벗어나 자신과 세상에 대해서 수용적인 태도를 취하게 된다.

조용한 자아는 죽음불안을 완충할 수 있다. 겸손한 태도는 커다란 그림을 배경으로 하여 적절한 관점에서 자신을 볼 수 있게 하며 자기초점적인 경향을 약화시킨다. 겸손한 사람에게 있어서 자기는 중요한 주제가 아니다. 겸손한 사람들은 죽음과 같은 자기에 대한 위협을 덜 재난적인 것으로 받아들인다. 이들은 덜 침투적인 자아를 지니고 있기 때문에 자존감의 위협을 덜 느낄 뿐만 아니라 자존감의 방어를 위한 과잉반응을 하지 않는다. 그 결과, 겸손한 사람들은 자신에게 주어진 것과 더 잘 화해하면서 심리적 평온을 유지할 수 있다. 이러한 점에서 겸손은 죽음불안과 파괴적 방어를 감소시키는 원천이 될 수 있다.

(4) 겸손의 죽음불안 완충효과

펠린 케시버(2014)는 일련의 실험연구를 통해서 겸손이 죽음불안을 완충하는 건강한 대처방식임을 보여 주었다. 그에 따르면, 겸손은 소망적 사고에 의한 자기중심성과 자기도취에 벗어나 자신과 삶을 있는 그대로 기꺼이 받아들이려는 태도를 의미한다. 따라서 겸손한 마음은 죽음사고를 덜 위협적인 것으로 받아들이며 방어적인 행동을 덜 나타내게 할 것이다.

케시버는 겸손 정도가 높은 사람들에게 죽음불안을 촉발할 경우 문화적 세계관의 방어가 어떻게 나타나는지 조사했다. 그 결과, 겸손 정도가 낮은 사람들은 죽음불안이 촉발될 경우 문화적 세계관과 관련된 도덕적 문제에 대한 참여도가 증가한 반면, 겸손 정도가 높은 사람들의 참여도는 감소했다. 이러한 결과는 겸손 정도가 높은 사람들은 죽음불안이 촉발되더라도 겸손의 불안완충 효과로 인해서 문화적 방어에 덜 참여한다는 것을 보여 준다.

후속 연구에서는 특권의식이 죽음불안에 대한 문화적 방어를 증가시키는지 조사했다. 특권의식은 겸손과 반대되는 심리적 특성으로서 자기애의 핵심적 속성이다. 연구결과, 특권의식이 높은 사람들은 죽음불안이 촉발되면 문화적 방어(예: 이슬람교도에 대한 부정적 편견)가 증가한 반면, 특권의식이 낮은 겸손한 사람들은 죽음불안의 촉발에도 불구하고 그러한 방어가 감소했다.

케시버는 겸손의 심리상태를 촉발하면 죽음불안이 감소하는지를 검증하기 위해 실험연구를 실시했다. 그는 참여자들에게 "당신의 인생에서 겸손함을 느꼈던 경험을 상세하게 써 보세요. 그 당시에 어떤 느낌을 받았으며 어떤 생각을 했는지 써 보세요."라고 요청함으로써 겸손한 심리상태를 촉발했다. 반면에, 다른 참여자 집단에는 자부심을 느꼈던 상황에 대해서 써 보도록 요청했다. 참여자들이 경험하는 죽음불안을 글쓰기 전과 후에 측정하였다. 그 결과, 자부심의 심리상태가 촉발된 집단은 죽음불안이 증가한 반면, 겸손의 심리상태가 촉발된 집단은 죽음불안이 감소했다.

마지막 연구에서는 겸손의 심리상태가 유발된 상태에서 죽음불안이 촉발되면 자기통제력에 어떤 변화가 나타나는지를 실험적으로 검증했다. 죽음불안은 자기통제력과 밀접히 연관된 것으로 알려져 있다. 자기통제력이 높은 사람은 죽음불안을 잘 관리하지만, 죽음불안이 높아지면 자기통제력이 저하되어 충동적 행동(예: 음주, 폭식, 쇼핑 등)을 더 많이 한다. 케시버의 연구에서 죽음불안의 촉발은 자기 통제력을 약화시켜 충동성을 증가시켰다. 그러나 겸손의 심리상태가 유발된 사람들은 죽음불안이 촉발되었을 때 오히려 충동성이 감소했다.

이러한 일련의 연구결과는 겸손이 죽음불안을 완화함으로써 방어적 태도를 감소시킨다는 것을 보여 주고 있다. 죽음불안의 부정적인 현상은 조용한 자아에 의한 것이 아니라 시끄러운 자아에 의한 것이다. 자기를 낮추고 비우는 것이 자기를 높이고 채우는 것보다 죽음불안을 완화하고 죽음을 더 잘 수용하는 건강하고 효과적인 방법일 수 있다.

4. 삶의 의미를 통한 죽음의 수용: 의미관리 이론

캐나다의 심리학자인 폴 윙(Paul Wong)은 죽음이라는 실존적 주제에 대해서 깊은 관심을 지니고 죽음태도에 관한 지속적인 연구를 진행해 왔다. 그는 인간의 의미추구 동기와 의미구성 능력에 주목하여 죽음부정에서 죽음수용으로 나아가는 방법을 탐색해 왔다. 이러한 연구결과에 근거하여, 윙은 죽음불안을 관리하는 것뿐만 아니라 삶의 의미를 관리하는 것이 중요하다는 의미

◈ 의미관리 이론을 제시한 폴 윙

관리 이론(Meaning Management Theory: MMT)을 주장했으며 그에 근거한 의미치료(meaning therapy)를 제시하였다.

1) 죽음수용을 통한 삶의 긍정

죽음은 인간이 가장 두려워하는 위협이다. 공포관리 이론(TMT)에 따르면, 인간 행동의 대부분은 죽음불안을 방어하기 위한 것이다. 개인이 자존감을 높이고 문화적 가치를 중시하는 것은 근본적으로 죽음불안을 회피하고 불멸을 추구하기 위한 상징적 노력이다. 달리 말하면, 인간의 삶은 기본적으로 죽음불안으로부터 자신을 방어하기 위한 노력이다. 과연 죽음불안을 회피하기 위한 방어적 동기가 인간의 삶을 움직이는 가장 중요한 원동력일까?

인류역사를 통해서 인간은 개인적 또는 문화적 수준에서 죽음공포에 저항하기 위한 정교한 방어기제를 발달시켰다. 그러나 인간이 죽음의 부정을 통해서 죽음의 자각을 아무리 강하게 억압하더라도 죽음불안은 다양한 부적응 증상(예: 우울, 불안, 스트레스, 중독현상, 정신장애 등)으로 발현된다. 특히 죽음부정의 가장 중요한 문제는 필연적으로 실패할 수밖에 없다는 점이다. 인간은 말기질환이나 사별과 같은 인생의 사건을 통해서 죽음의 냉혹한 현실 앞에 내던져진다.

죽음을 직면하고 수용하는 것은 좋은 삶과 좋은 죽음을 위한 필수적 조건이다. 얄롬(Yalom, 2008)에 따르면, 죽음불안은 의식적인 것이든 무의식적인 것이든 적절히 다루지 못하면 진실하고 행복한 삶을 방해한다. 우리가 죽음을 두려워하며 회피할수록 우리는 그만큼 삶을 자유롭고 활기차게 살 수 없다. 이별의 아픔을 회피하기 위해서 사랑하기를 회피하는 것과 마찬가지이다. 얄롬은 "죽음의 빚을 회피하기 위해서 삶의 융자를 받지 않으려는 사람들이 있다."고 말한 바 있다. 실존적 관점에서 보면, 충만하고 행복한 삶을 위해서는 우리가 가장 두려워하는 것을 끌어안고 수용할 필요가 있다.

죽음의 자각과 직면은 좋은 삶을 촉진한다. 죽음은 우리로 하여금 삶의 유한성을 자각시켜 일상적인 것들의 사소함을 깨닫게 해 준다. 죽음은 우리가 인생에서 지향해야 할 초점을 좀 더 명료하게 제시해 준다. 달리 말하면, 죽음의 공포는 우리로 하여금 무엇이 진정 중요한 것이며 어떻게 사는 것이 가치 있고 의미 있는 삶인지를 가르쳐 준다. 소중하고 의미 있는 것의 추구가 삶의 중심에 떠오르면, 죽음의 공포는 배경으로 물러난다.

죽음의 의미는 삶의 의미와 매우 밀접하게 연결되어 있다. 우리가 자신의 인생을 충분히 의미 있고 가치 있는 것으로 여길 수 있다면, 죽음을 커다란 두려움 없이 받아들일 수 있을 것이다. 그러나 우리의 인생에 대해서 너무 많은 후회와 미련을 지닌다면, 죽음은 공포스러운 것이 될 것이다. 죽음이 다가왔을 때 삶을 충분히 살지 못했기 때문이다.

우리의 시간과 에너지를 불가피한 죽음에 저항하고 방어하는 데 허비하기보다 죽음을 수용함으로써 좋은 삶을 사는 데 더 많이 투자할 수 있을 것이다. 죽음수용은 우리를 죽음불안으로부터 해방시킬 뿐만 아니라 활기와 목적을 지닌 삶으로 나아가게 한다. 멋진 삶을 살고 인생의 미션을 완수했을 때, 우리는 죽음을 좀 더 편안하게 직면할 수 있을 것이다. 이런 점에서 죽음수용은 좋은 삶을 위한 디딤돌이라고 할 수 있다.

2) 인생의 두 가지 과제: 자기조절의 이중체계 모델

인간은 고통 회피와 쾌락 추구의 기본적 성향을 지니고 있다. 인간의 삶은 고통과 위험을 회피하려는 지향성과 쾌락과 의미를 추구하려는 지향성의 오묘한 역동에 의해서 결정된다. 인간의 선택은 항상 어떤 대상에 대한 접근 또는 회피의 문제이다. 영국의 심리학자인 제프리 그레이(Jeffrey Gray, 1982)는 인간의 뇌에도 긍정적 경험을 추구하는 행동 활성화 체계(Behavioral Activation System: BAS)와 부정적 경험을 회피하는 행동 억제 체계(Behavioral Inhibition System: BIS)가 존재한다고 주장했다.

웡은 인간의 자기조절도 두 유형의 체계, 즉 죽음불안에 대한 방어체계와 의미추구를 향한 접근체계에 의해 이루어진다는 이중체계 모델(dual system model)을 제시했다. 그에 따르면, 인간의 삶에서 가장 중요한 두 가지 과제는 죽음불안에 대처하는 일과 소중한 목표를 추구하는 일이다. 인간은 이러한 두 가지 과제를 수행하기 위한 심리적 기제, 즉 방어체계와 접근체계를 지닌다.

인간의 방어체계는 위험과 고통을 회피하기 위한 것으로서 궁극적으로 죽음의 공포관리, 즉 죽음과 상실의 공포에 저항하여 우리 자신을 보호하는 일을 담당한다. 반면에, 접근체계는 가치 있는 목표를 지향하며 의미 있고 풍요로운 좋은 삶을 추구하기 위한 것으로서 궁극적으로 죽음수용과 의미추구를 담당한다. 방어체계가 우세한 사람은 위험과 불안에 민감하여 죽음의 자각을 회피하며 죽음불안으로부터 벗어나기 위해 다각적인 방어적 노력을 기울인다. 반면에, 접근체계가 우세한 사람은 생명을 바쳐도 좋을 인생의 의미를 발견하기 위해 노력하며 부정적인 것을 긍정적인 것으로 변형시키려고 노력한다. 방어적인 삶의 지향은 불안, 공포, 갈등과 같은 부정적인 것에 초점을 맞추는 반면, 접근적인 삶의 지향은 성장, 진실함, 의미와 같은 긍정적인 것에 초점을 맞춘다.

앞에서 소개했듯이, 웡과 동료들(Wong et al., 1994)은 실증적 연구를 통해서 죽음에 대한 태도를 5가지 유형으로 구분한 바 있다. 죽음을 거부하는 태도에는 죽음공포와 죽음회피가 있으며, 죽음을 수용하는 태도에는 중립적 수용, 도피적 수용, 접근적 수용이 있다. 이러한 죽음태도는 사회문화적 배경, 발달단계 그리고 삶의 경험에 따라 변화하게 된다. 어떠한 경우이든 좋은 삶을 위해서는 두 가지의 노력, 즉 죽음불안에 대처하는 것과 소중한 목표를 추구하는 것의 균형과 조화가 필요하다.

3) 의미관리 이론

웡(Wong, 2008)은 의미의 추구와 발견이 죽음수용을 위한 핵심적 조건이라는 의미관리 이론(Meaning Management Theory: 이하에서 MMT로 칭함)을 제시했다. 공포관리 이론(TMT)이 죽음의 부정과 회피에 초점을 둔 것이라면, 의미관리 이론(MMT)은 죽음의 수용과 의미 추구에 초점을 두고 있다.

의미관리(meaning management)는 의미를 통해서 우리 삶을 관리하는 것이다. 관리는 단기적·장기적 목표를 성취하기 위해 자원을 효과적으로 개발하고 활용하는 것을 의미한다. 인생의 경영에 있어서, 관리는 개인의 인생 목표를 성취하기 위해서 개인의 내적·외적 자원을 어떻게 사용하느냐 하는 문제이다. 우리는 단지 한 번뿐인 짧은 인생을 살기 때문에, 우리의 시간 투자를 관리하고 우리의 인생목표를 지혜롭게 선택해야 한다. 의미관리는 우리 자신이 누구이며(자기정체감), 정말 중요한 것은 무엇이고(가치), 우리는 무엇을 향해 가고 있으며(목적), 고통과 죽음에도 불구하고 어떻게 좋은 삶을 살 것인지(행복)를 이해하기 위해서 의미를 추구하고 창조하며 관리하는 과정을 의미한다. 의미관리의 목적은 우리가 인생에서 경험하는 좌절과 희망, 고통과 행복, 미움과 사랑, 후회와 환희, 사건과 사람에 대해 부여하는 다양한 의미들을 관리하는 것이다. 이러한 의미관리를 통해 삶의 좌절, 고통, 죽음 속에서 긍정적인 의미를 발견하고 발굴하는 것이다.

TMT에서는 죽음불안의 회피가 일차적 동기이며 긍정적 의미 추구는 이차적인 것이다. 그러나 MMT에서는 의미 추구를 일차적 동기로 여긴다. 왜냐하면 우리는 의미의 세계에서 살고 있으며 의미를 추구하고 의미를 만들어 나가는 존재이기 때문이다. 따라서 대부분의 사람에게 있어서 가장 중요한 물음은 "나는 어떻게 살아야 하는가? 나는 어떻게 의미 충만한 좋은 삶을 살 수 있는가?"이다.

실험연구에서 밝혀졌듯이, 죽음의 자각을 증가시키면 사람들은 자존감을 고양시키고 문화적 가치를 고수하려는 행동을 나타낸다. 그 이유에 대해서 TMT와 MMT는 다른 입장을 취한다. TMT는 이러한 행동이 공포를 최소화하기 위한 것이라고 여기는 반면, MMT는 삶의 의미를 최대화하기 위한 것으로 여긴다. MMT에 따르면, 우리가 죽음불안을 극복하고 진실한 삶을 살 수 있는 것은 우리가 의미를 발견하고 구성하는 능력을 지니고 있기 때문이다.

MMT는 실존적-인본주의적 심리학과 구성주의 이론에 뿌리를 두고 있으며 다음과 같은 몇 가지 가정에 근거하고 있다. 첫째, 인간은 의미를 추구하고 창조하는 존재이다. 둘째, 인간은 생존의 동기뿐만 아니라 생존의 의미와 이유를 추구하는 동기를 지닌다. 셋째, 의미는 모든 상황에서 발견될 수 있다. 넷째, 의미는 고통과 죽음 앞에서도 희망과 행복감을 제공할 수 있다. 윙은 죽음수용을 촉진하는 의미 관리를 세 가지 유형, 즉 의미 추구하기, 의미 만들기, 의미 재구성하기로 나누어 제시하고 있다.

(1) 의미 추구하기

의미 추구하기(meaning-seeking)는 죽음수용을 위한 일차적 과정이다. 자신의 삶에서 의미를 발견하려고 노력하는 것이 중요하다. "결코 참을 수 없는 것은 의미 없는 고통"이라는 니체의 말과 같이, 죽음이 두려운 이유는 자신의 삶에서 아무런 의미를 발견할 수 없기 때문이다. 우리의 삶에서 발견한 의미는 죽음을 기꺼이 받아들일 수 있는 용기의 바탕이 된다.

빅터 프랭클(Viktor Frankl)은 의미가 만들어지기보다 발견되어야 하는 것이라고 주장했다. 왜냐하면 의미는 히틀러의 광적인 야망(유럽의 지배와 유대인의 파멸)처럼 개인의 편견에 근거하여 임의적으로 만들어질 수 있는 것이 아니기 때문이다. 삶의 진정한 의미는 오래도록 지속될 수 있어야 할 뿐만 아니라 더 높은 가치를 구현하는 것이어야 한다. 프랭클은 다음과 같은 세 가지 가치가 삶의 의미를 발견하는 왕도라고 주장했다.

첫째, 창조적 가치(creative value)는 개인이 이 세상에 무언가를 기여했다는 인식을 의미한다. 자신의 행위, 성취, 헌신을 통해서 자신보다 더 큰 어떤 것(예: 가족, 지역사회, 소속집단, 국가 등)을 위해서 긍정적인 차이를 만들어 냈다는 점을 인식함으로써 자신의 삶에 소중한 의미를 부여할 수 있다.

둘째, 체험적 가치(experiential value)는 개인이 자신의 삶 속에서 접한 체험이 소중하다는 인식을 뜻한다. 이러한 체험은 음악 감상하기, 노을 바라보기, 사랑과 우정 나누기, 명상하기와 같은 일상적인 경험뿐만 아니라 더 높은 의식수준에서 우주와 하나 되는 영적 경험을 포함한다. 이러한 체험은 우리가 삶을 통해서 누릴 수 있는 선물이자 특권이라고 할 수 있다. 기쁨과 감동을 주는 체험만 아니라 고통과

좌절감을 주는 체험일지라도 개인만이 인생에서 특별하게 경험한 삶의 의미가 될
수 있다.

셋째, 태도적 가치(attitudinal value)는 개인이 삶의 다양한 상황에서 선택한 태도
와 자세를 의미한다. 인간은 어떤 상황에서든 자신의 행동을 선택할 수 있는 특권
을 지니고 있다. 특히 고난과 역경의 상황에서 어떤 선택을 했느냐는 것은 매우 중
요한 태도적 가치를 지닌다. 이러한 상황에서 개인이 어떤 태도(예: 원만한 해결을
위한 수용적 태도, 상황의 극복을 위한 투쟁적 태도)를 취했느냐 하는 것은 그 사람의
인격과 실존적 선택을 반영하는 소중한 태도적 가치가 될 수 있다.

(2) 의미 만들기

의미 추구하기가 의미를 발견하는 과정이라면, 의미 만들기(meaning-making)는
삶의 의미를 좀 더 적극적으로 구성하고 창조하는 과정을 의미한다. 의미를 구성
하는 다양한 방법이 있지만 가장 대표적인 네 가지는 사회적 구성, 스토리텔링, 목
표 추구하기 그리고 개인적 발달이다.

첫째, 사회적 구성(social construction)은 개인이 속한 사회에서 소중하게 여기는
가치에 근거하여 삶의 의미를 구성하는 것이다. 인간은 사회적 존재로서 집단구
성원들이 소중한 가치로 공유하는 것을 삶의 의미로 받아들인다. 사회적 가치를
추구하고 성취한 것을 통해서 삶의 의미를 이끌어 낼 수 있다.

둘째, 스토리텔링(story-telling)은 삶의 다양한 사건과 경험들을 연결하고 통합하
여 하나의 의미 있는 이야기로 만드는 것이다. 인생의 사소한 조각들을 연결하며
공백을 채우고 상충하는 것들을 통합하여 줄거리를 지닌 자신만의 이야기로 직조
함으로써 인생의 소중한 의미를 만들어 나갈 수 있다. 인생회고(life review)는 자신
의 전 생애를 되돌아보면서 삶의 의미를 발견하고 만들어 나가는 좋은 방법이다.

셋째, 목표 추구하기(goal-striving)는 개인이 인생에서 추구한 목표의 관점에서
삶의 의미를 구성하는 것이다. 인간은 자신이 전 생애를 통해서 지속적으로 추구
한 목표의 중요성과 성취 모두에 근거하여 삶의 충만한 의미를 느낄 수 있다. 개인

이 어떤 목표를 어떤 방식으로 추구했느냐는 그 사람의 삶과 인격을 반영하는 중요한 요소이다(Emmons, 1999).

넷째, 개인적 발달(personal development)은 삶의 의미를 구성하는 기본적인 방법으로서 개인이 아동기부터 현재까지 삶을 통해서 발달하고 성장해 온 모든 것을 뜻한다. 모든 인간은 나름대로의 잠재능력을 발현하며 발달하고 성장한다. 작은 핏덩이에 불과했던 신생아가 성격적 개성과 더불어 나름대로의 세계관, 인생관, 가치관을 지닌 존재로 성장하는 것은 매우 경이로운 일이며 우주 속에서 펼쳐지는 유일무이한 변화이다.

(3) 의미 재구성하기

의미 재구성하기(meaning-reconstruction)는 개인이 새로운 사건 경험을 자신의 세계관과 신념체계 속으로 통합할 수 없을 때 일어난다. 죽음과 관련된 트라우마를 경험한 사람들은 그동안 고수해 왔던 세계관과 인생관의 붕괴를 경험할 뿐만 아니라 인생의 목표에 대한 근본적인 회의를 느끼게 된다. 따라서 자신의 삶에 새로운 질서와 일관성을 부여하기 위해서 삶의 의미를 재구성하는 작업이 필요하다.

의미 재구성하기의 가장 중요한 과제는 부정적인 사건을 어떻게 변형하여 긍정적 사건과 미래의 계획에 통합하느냐 하는 것이다. 한 가지 방법은 개인적 변형(personal transformation)으로서 개인이 지닌 세계관과 핵심적 가치를 수정하고 쇄신하는 것이다. 다른 방법은 이야기적 변형(narrative transformation)으로서 자신의 인생 이야기를 다른 관점에서 새롭게 다시 쓰는 것이다. 이 밖에도 과거에 외면했던 사건을 직면하고 재경험하기, 다양한 원천으로부터 새로운 정보를 수집하기, 새로운 관점에서 자신의 삶을 재조명하기 등의 방법을 통해서 삶의 의미를 재구성할 수 있다.

세 가지의 의미관리는 삶과 죽음에 의미를 불어넣음으로써 죽음수용을 촉진하는 의식적이고 의도적인 노력이라고 할 수 있다. 이러한 과정들은 서로 밀접하게 연결되어 상호작용하면서 삶을 위한 긍정적 의미를 발견하고 창출하는 데 기여한다. MMT의 주된 메시지는 공격이 최선의 방어라는 점이다. 죽음불안에 가장 효과적으로 대항하는 방법은 생동감 있고 의미 있는 삶을 사는 것에 집중하는 것이다.

4) 의미치료

죽음의 문제를 다루지 않고 인간의 행복을 추구하는 것은 모래 위에 집을 짓는 것과 같다. 인간의 행복과 성장을 추구하는 긍정심리학과 인간의 죽음과 실존적 문제를 다루는 실존심리학을 통합하는 노력이 필요하다. 웡은 MMT가 긍정 실존심리학(positive existential psychology)의 발전에 기여할 수 있다고 주장하고 있다.

MMT는 TMT보다 더 긍정적이고 희망적인 관점을 제공하며, 말기환자들처럼 죽음의 문제와 씨름하는 사람들을 돌보는 데 도움이 될 수 있다. 말기암 선고를 받은 사람들은 죽음을 기다리기만 하면서 남은 날들을 보낼 수는 없다. 그들이 삶의 마지막 단계에서 삶의 의미를 발견하고 소중한 경험을 추구하면서 남은 시간을 가치 있게 보내도록 돕는 것이 중요하다.

우리는 죽음의 현실로부터 도피할 수는 없지만 의미구성 능력을 사용하여 죽음불안의 그림자를 의미 있는 삶의 희망으로 전환시킬 수 있다. 웡(1997, 2010)은 MMT에 근거하여 고난과 역경에 처한 사람들을 돕는 의미치료(meaning therapy)를 제시하고 있다. 그에 따르면, 의미치료는 로고테라피에 근거하고 있으며 인지행동치료와 수용전념치료의 영향을 받은 것으로서 통합적이고 긍정적인 실존적 심리치료라고 할 수 있다. 의미치료는 의미중심치료(meaning-centered therapy) 또는 의미중심상담(meaning-centered counseling)이라고 지칭되기도 한다.

의미치료는 죽음불안에 대한 의미관리 이론과 자기조절의 이중체계 모델에 근거하고 있으며 'PURE'와 'ABCDE'라는 두 개의 치료적 개입전략을 제시하고 있다. PURE는 의미치료의 네 가지 보물이라고 지칭되는 것으로서 좀 더 건강하고 행복한 미래를 구축하기 위한 네 가지의 치료적 구성요소를 의미한다.

첫째, 목적(Purpose)은 목표, 방향, 가치, 포부와 같은 동기적 구성요소로서 다음과 같은 물음을 통해서 발견될 수 있는 것들이다. "나는 내 인생에서 무엇을 해야 하는가?", "나의 강점은 무엇이며 나는 무엇을 가장 잘할 수 있는가?", "나의 꿈과 흥미는 무엇인가?", "내 인생에서 무엇이 정말 중요한가?", "나는 무엇을 가장 소중하게 여기는가?", "생명을 바칠 수 있을 만큼 삶을 가치 있게 만드는 것은 무엇인가?"

둘째, 이해(Understanding)는 문제상황과 그 원인에 대한 통합적 이해와 더불어 자기정체성과 타인에 대한 이해를 포함하는 인지적 구성요소로서 다음의 물음과 관련되어 있다. "지금 나는 어떤 일에 직면하고 있는가?", "왜 나에게 이런 일이 일어났는가?", "나에게 이런 일이 일어나게 된 자연의 섭리 또는 신의 뜻은 무엇인가?", "나름대로 열심히 살았건만 왜 나에게 이런 일이 일어났는가?", "이러한 현실은 나에게 무엇을 의미하는가?", "과연 나는 어떤 종류의 사람인가?"

셋째, 책임 있는 행동(Responsible action)은 행동적 구성요소로서 올바른 해결방법의 발견과 실천적 행동을 의미하며 다음과 같은 질문과 연관된다. "나는 이 상황에 대해서 어떤 책임이 있는가?", "어떻게 행동하는 것이 올바른 일인가?", "현재의 한계 내에서 내가 선택할 수 있는 현실적인 대안은 무엇인가?", "나는 어떤 대안을 선택해야 하는가?", "어떤 선택이 나의 신념과 가치에 가장 잘 부합하는 것인가?"

넷째, 평가(Evaluation)는 현재 처한 삶의 상황 전반에 대한 평가를 의미하며 만족감 또는 불만족감을 유발하는 정서적 구성요소이다. 평가는 자기조절에 있어서 매우 중요한 요인이다. 결과가 부정적이라면 상황에 대해서 재평가를 하거나 새로운 방식의 적응이 필요하다. 다음과 같은 물음을 통해 자신의 삶을 평가할 수 있다. "내 인생은 어떻게 펼쳐지고 있는가?", "나는 내가 추구했던 것들을 성취했는가?", "만약 그것이 사랑이라면, 나는 왜 여전히 불행한가?", "나는 내 직업과 관련해서 왜 행복하지 못한가?", "내 인생에서 이룬 최선의 것은 무엇인가?"

의미치료는 네 가지의 치료적 구성요소를 촉진함으로써 내담자가 삶의 부정적 영역뿐만 아니라 긍정적 영역을 좀 더 적응적인 방식으로 관리하도록 돕는다. 이러한 개입과정에서는 비현실적이거나 비합리적인 생각에 도전하기, 가치 명료화하기, 목표 설정하기, 우선순위 정하기, 현실 검증하기, 선택의 결과 예상하기와 같은 다양한 기법이 적용될 수 있다.

　의미치료는 특히 지속되고 있는 부정적인 삶의 상황을 내담자가 효과적으로 잘 대처하도록 돕는 ABCDE 전략을 제시하고 있다. ABCDE 전략은 엘리스(Ellis)의 합리적 정서행동치료(Relational Emotive Behavior Therapy: REBT)에서 제시하는 ABCDE와는 다른 것으로서 현실의 수용과 가치를 위한 행동적 실천을 강조한다는 점에서 수용전념치료와 유사하다. 첫째, 수용(Acceptance)은 '현실과 한계를 수용하라.'는 현실 원리를 반영하는 것이다. 둘째, 믿음(Belief)은 '인생은 살 만한 가치가 있다.'고 믿는 것으로서 믿음 원리이며, 셋째, 행동(Commitment)은 목표와 행동에 전념하라는 행동 원리이고, 넷째, 발견(Discovering)은 의미와 중요성을 발견하라는 것으로서 통찰(Aha!) 원리이다. 다섯째, 평가(Evaluation)는 앞 단계의 성과를 평가하는 것을 의미한다.

(1) 수용의 힘

　현실과 한계를 수용하는 것은 의미치료의 핵심이다. 현재 무언가가 심각하게 잘못되어 있으며 새로운 변화가 필요하다는 것을 수용하는 것에서부터 회복과 치유가 시작될 수 있다. 수용은 포기이거나 수동성을 의미하는 것이 아니다. 우리의 한계와 인생의 어두운 면을 정직하게 인식하고 직면하는 것이다. 아울러 변화시킬 수 없는 것을 수용하고 변형시키는 방법을 배우는 것이다. 의미치료는 다음과 같이 다양한 수준의 수용을 인정하고 있다.

- 인지적 수용(cognitive acceptance): 어떤 것이 일어났다는 것을 이성적으로 인정하는 것
- 정서적 수용(emotional acceptance): 사건에 대한 고통스러운 감정을 기꺼이 직면하고 재경험하고자 하는 것

- 충분한 수용(full acceptance): 어떤 사건이 우리의 인생에 미친 모든 영향을 정직하고 용기있게 인정하는 것
- 통합적 수용(integrative acceptance): 부정적인 경험을 우리 인생의 나머지 부분과 통합하는 것
- 실존적 수용(existential acceptance): 변화시킬 수 없는 것을 견디고 그것과 함께 살아가는 것
- 초월적 수용(transcendence acceptance): 기꺼이 수용하는 것을 넘어서 과거를 있는 그대로 허용하고 앞으로 나가는 것
- 변형적 수용(transformative acceptance): 부정적 사건을 긍정적 사건으로 변형시켜 받아들이는 것

수용을 촉진하기 위한 개입과 연습 방법으로는 외상적 사건을 상세하게 되돌아보기, 역경을 정상적인 것으로 받아들이기, 자신의 한계와 약점을 인정하기, 감사와 용서 실천하기, 마음챙김 명상하기, 자기 이야기 다시 쓰기 등이 있다.

(2) 믿음과 긍정의 힘

긍정이 없는 수용은 절망과 우울로 인도한다. 내담자는 살아 있음의 내재적 가치와 의미를 긍정할 필요가 있다. 또한 희망에 대한 믿음이 필요하다. 만약 미래의 진전이 가능하다는 것을 긍정할 때, 그러한 변화의 방법을 고수할 수 있다. 회복의 길은 흔히 가파르고 험난하며 고통과 함정으로 가득하다. 그러나 그러한 것들을 견디고 참아내기 위해서는 믿음이 필요하다. 그것이 개인적인 것이든 종교적인 것이든, 믿음은 내담자에게 희망을 유발하고 앞으로 나아가도록 힘을 불어넣는다.

의미치료는 가치중립적이지 않으며 내담자의 웰빙과 희망을 중요한 치료적 가치로 강조한다. 의미치료자는 내담자에게 긍정적 변화가 가능하다는 희망을 불어넣기 위해 노력한다. 믿음은 성공적인 치료로 인도하는 금맥과 같은 것이다.

(3) 행동의 힘

의미치료는 행동과 실천을 강조한다. 실제적 변화는 개인이 새로운 방향으로 첫걸음을 내디뎠을 때만 가능하다. "천릿길도 한 걸음부터"라는 말이 있듯이, 의미치료는 행동과 경험의 중요성을 강조한다. 행동은 성공적 치료를 위한 또 다른 금맥이다. 회복은 어떤 가치를 추구하는 일에 얼마나 전념하느냐에 의해 결정된다. 인생의 다양한 영역에서 변화를 만들기 위해서는 책임 있는 행동이 필요하다. 지속적인 변화를 만들어 내고 새로운 사고와 행동 패턴을 형성하기 위해서는 끈기를 개발하는 것이 필요하다. 의미치료자는 내담자에게 구체적인 과제를 부여함으로써 행동과 실천을 하도록 격려한다. 치료자는 내담자가 행동계획을 세우고, 구체적인 목표를 설정하며, 목표를 성취하기 위한 작은 단계를 실천하도록 격려하는 것이 매우 중요하다.

(4) 발견의 힘

프랭클은 의미가 창조되기보다 발견되어야 한다는 점을 반복적으로 강조했다. 우리가 의미를 만들어 내기 위해서 어떤 노력을 기울이든, 결과적으로 그러한 노력이 삶의 열정이라는 불길을 자극하기 위해서는 아하(Aha!) 반응, 즉 깨달음의 불꽃이 필요하다. 혼란과 절망의 어두움 속에서 밝은 불빛을 발견하면서 치료과정이 의미 있는 것으로 다가오기 시작한다. 치료자는 내담자가 이러한 깨달음을 경험하는 순간을 주의 깊게 포착해야 한다. 치료과정에서는 유레카의 순간, 즉 경이와 통찰의 순간이 존재한다. 물론 후회와 반성의 순간일 수도 있다. 의미치료자는 내담자가 고통스러운 과거의 망각된 경험, 자신의 숨겨진 강점, 세속적 일상사의 성스러운 측면을 발견할 수 있도록 촉진해야 한다. 인생과 자신을 새로운 방식으로 발견할 수 있도록 돕기 위해서 마음챙김 명상하기, 꿈 작업하기, 표현적 치료, 마술적 질문, 자기성찰, 소크라테스식 문답법, 인지적 재구조화, 의미 구성하기 등의 기법이 사용될 수 있다.

(5) 결과를 평가하고 즐기기

의미치료의 과정은 수시로 점검되고 평가되어야 한다. 내담자는 자신의 노력에 대한 결과를 평가함으로써 만족과 불만족을 경험할 수 있을 뿐만 아니라 노력의 지속 또는 수정을 결정하게 된다. 의미치료가 항상 모든 문제의 해결에 효과적인 것은 아니다. 만약 이러한 시도가 증상 감소나 목표 추구에 도움이 되지 않는다면, 다른 방법을 시도하는 것이 필요하다. 그러나 앞의 네 단계가 성공적이라고 평가된다면 만족, 기쁨, 안도, 감사, 자신감과 같은 긍정적 정서가 경험된다. 이러한 긍정적 정서는 긍정적 변화를 강화하게 될 것이다.

의미치료는 내담자가 고난을 극복하며 삶을 긍정하도록 돕기 위해서 이중-비전 전략(double-vision strategy)을 사용한다. 그 첫째는 단기적 문제해결과 장기적 인생목표를 연결시킴으로써 긍정적인 변화를 위한 동기를 고양시킨다. 현재 직면한 문제의 해결을 통해서 개인이 소중하게 여기는 장기적인 인생목표로 나아갈 수 있다는 점을 부각시킴으로써 고난과 역경을 돌파할 수 있는 동력을 지원하는 것이다. 다른 하나는 내담자 자신이 만든 심리적 감옥을 부수고 밖으로 나와 좀 더 크고 높은 관점에서 자신의 삶을 바라보도록 돕는 것이다. 나무에만 집중하면, 커다란 숲과 자연을 보지 못한다. 우리에게 주어진 우주적 실존상황과 거대한 자연의 배경 속에서 현재의 문제를 조망할 때 좀 더 적절한 이해와 대처가 가능하다. 달리 말하면, 우리가 삶에서 겪는 크고 작은 문제들을 좀 더 높고 커다란 차원의 변화과정과 연결함으로써 일상적 문제뿐만 아니라 죽음의 문제에 대한 좀 더 깊은 통찰과 더불어 영적이고 초월적인 지혜를 얻을 수 있다.

5. 죽음부정에서 죽음수용으로 나아가는 심리적 과정

라자루스(Lazarus, 1981)가 제시한 인지적 평가모델은 죽음에 대한 대처과정을 이해하는 데 도움이 될 수 있다. 제12장에서 소개한 바 있듯이, 문제상황에 대한 대처행동은 그 상황에 대한 의미추론과 의미평가 과정을 거쳐 정서반응이 결정되며 대처결정 과정을 통해서 구체적인 대처행동이 나타나게 된다. 모든 인간이 공통적으로 직면하는 실존적 문제상황은 미래에 필연적으로 다가올 죽음이다. 달리 말하면, 영원히 살고 싶은데 반드시 죽어야만 하는 미래의 운명인 것이다.

1) 죽음부정을 유발하는 심리적 대처과정

죽음이라는 문제 상황에 대한 인간의 일반적 대처는 죽음을 부정하는 것이다. 죽음부정을 유발하는 심리적 대처과정을 도식으로 제시하면 〈그림 14-1〉과 같다. 죽음에 대한 보편적인 의미추론은 "모든 생명체는 죽는다.", "나도 언젠가 반드시 죽는다.", "죽음은 '나'라는 존재의 소멸을 의미한다.", "죽음은 사랑하는 모든 것과의 영원한 이별을 의미한다."는 것이다. 이러한 죽음의 의미가 자기애적 신념과 충돌하여 "나는 소중한 존재이며 결코 죽어서는 안 된다.", "나의 죽음은 있을 수 없는 일이다.", "나의 죽음을 도저히 받아들일 수 없다.", "모든 수단과 방법을 동원하여 끝까지 살아남아야 한다."라는 의미평가가 이루어지면 불안, 공포, 분노의 부정적 감정이 유발된다. 먼 미래의 죽음을 예상할 경우에는 모호한 불안으로 경험되지만, 죽음이 임박한 경우에는 좀 더 강렬한 공포의 감정으로 경험되며, 죽음의 원인을 외부로 귀인할 경우에는 분노의 감정이 유발될 수 있다.

자신의 죽음을 받아들일 수 없는 상황에서 인간은 문제 초점적 또는 정서 초점적 대처를 시도하게 된다. 먼저 자신이 동원할 수 있는 대처자원들에 대한 평가를 통해서 가능한 대처방식을 고려하여 선택하게 된다. 죽음에 대한 문제 초점적 대

나는 어떤 상황에 처해 있는가?			어떻게 대처할 것인가?	
의미추론	의미평가	정서반응	대처자원 평가	대처방법 선택
모든 생명체는 죽는다. 나도 언젠가 반드시 죽는다. 죽음은 내 존재의 소멸을 의미한다. 사랑하는 모든 것과의 영원한 이별이다.	나는 소중하다. 있을 수 없는 일이다. 도저히 받아들일 수 없다.	죽음불안 (죽음예상) 공포 (죽음임박) 분노 (외부귀인)	물질적 자원 • 건강한 몸 • 의료기술 • 약, 식품, 돈 심리적 자원 • 성격, 지식 • 사고, 상상 • 의미, 의지 사회적 자원 • 자녀, 가족 • 성취, 업적 • 권력, 명예 종교적 자원 • 신, 창시자 • 경전, 교리 • 종교 조직	실제적 불멸 추구 • 불로장생 • 미라, 부활 • 사후 영생 상징적 불멸 추구 • 자녀, 유산 • 명예, 업적 • 집단 동일시

〈그림 14-1〉 죽음부정을 유발하는 심리적 대처과정

처는 영원히 죽지 않는 방법을 찾는 것이다. 대처자원이 막대했던 진시황은 신하들을 사방으로 보내어 불사약을 구했다. 현대사회에서도 노화를 방지하고 죽음을 극복할 수 있는 방법을 찾기 위한 다양한 시도가 이루어지고 있다. 재력을 지닌 사람들은 자신의 시신을 저온으로 냉동하여 보존했다가 의술이 발전한 미래에 부활하는 대처방법을 선택하고 있다. 그러나 인류의 역사에서 죽음에 대한 문제 초점적 대처는 모두 실패했다.

인간은 문제 초점적 대처의 실패를 목격하면서 죽음불안을 완화하기 위한 정서 초점적 대처를 시도해 왔다. 그 대표적인 방법은 소망적 사고이다. 죽음 이후에도 삶이 존재하며 환생 또는 부활의 형태로 자신의 존재가 지속될 뿐만 아니라 이미 죽은 가족을 다시 만나서 영원히 행복하게 살고 싶다는 간절한 소망을 상상하고 정교화하여 믿는 것이다. 사후생은 자기존재의 실제적 불멸을 추구하기 위한 소망적 사고의 대표적인 산물이다. 사후생의 존재는 아직 입증된 바가 없지만 적어도 사후생에 대한 믿음은 죽음불안을 완화하는 효과를 지닌다. 종교는 다양한 유형의 사후생을 제시하고 그에 대한 믿음을 강조함으로써 사회구성원들의 죽음불안을 완화하고 심리적 위로와 안정을 제공하기 위한 문화적 장치라고 할 수 있다.

죽음불안을 완화하는 다른 정서 초점적 대처는 상징적 불멸을 추구하는 것으로서 자녀, 유산, 명예, 업적, 집단과의 동일시를 통해서 자신의 일부 또는 흔적이 죽음 이후에도 다양한 형태로 지속된다고 여기는 것이다. 또는 주의전환을 통해 죽음에 대한 생각을 회피하면서 직업, 취미, 쾌락(예: 술, 게임, 쇼핑)에 몰두할 수 있다. 이러한 대처방식들은 죽음으로 인한 자신의 소멸을 인정하지 않는다는 점에서 죽음을 부정하는 것이다. 죽음부정의 핵심적 특징은 죽음의 자각을 회피하는 것과 자기존재의 소멸을 부정하는 것이다.

2) 죽음수용으로 나아가는 심리적 대처과정

죽음을 회피하기 위한 인간의 노력은 참으로 처절하고 집요하다. 그러나 현실은 냉혹하다. 말기질환의 진단을 받은 경우처럼, 죽음이 코앞에 다가오면 대부분의 경우 죽음공포에 휩싸이게 된다. 퀴블러로스가 제시한 대로, 말기환자들은 자신의 죽음을 받아들일 수 없기 때문에 현실을 부정한다. 현실이 아니기를 바라는 강렬한 소망이 부정의 방어기제를 유발하는 것이다.

그러나 더 이상 현실을 부정할 수 없을 때, 말기환자들은 주변 사람들에게 분노를 표출하는 정서적 발산을 통해서 부정적 감정을 배출한다. 분노의 감정은 죽음의 원인을 외부로 귀인한 결과로서 자신의 죽음이 부당하여 받아들일 수 없다는 억울함의 표현이다. 공포뿐만 아니라 분노와 억울함 등의 부정적 감정을 강력하게 표현하고 배출하는 것은 죽음에 저항하는 노력이자 에너지의 소진과정으로서 죽음수용으로 나아가는 과정의 일부라고 할 수 있다.

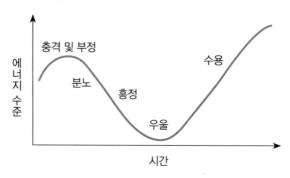

〈그림 14-2〉 말기환자의 심리적 변화과정과 에너지 수준

　죽음을 부정하는 에너지가 감소하면서 말기환자는 흥정이라는 새로운 유화적
인 대처방법을 시도한다. 아무리 저항하고 분노해도 변하지 않는 현실 앞에서 태
도를 바꾸어 신이나 의사에게 생명연장을 간청하면서 그 보답을 제시하는 흥정을
시도하는 것이다. 조금만 더 살게 해 달라고 애원하며 간청하고 매달려도 소용이
없음을 깨닫게 되면서 말기환자는 우울과 절망에 빠져들게 된다. 죽음의 현실을
변화시키려는 모든 노력이 실패하게 되면서 깊은 좌절감과 무력감을 느끼며 혼자
만의 세계로 빠져든다. 〈그림 14-2〉에서 볼 수 있듯이, 말기환자의 에너지 수준은
부정, 분노, 흥정 과정을 통해 감소하여 우울의 단계에서 최저점을 찍은 후 수용으
로 나아가며 상승한다.

　우울은 소망의 좌절에 대한 심리적 반응으로서 죽음에 대한 저항의 노력을 내려
놓고 침잠의 상태에서 소망을 포기하고 현실의 수용으로 나아가기 위한 과정이라
고 할 수 있다. 달리 말하면, 우울은 불멸의 소망을 포기하는 아픔이자 죽음을 수용
하기 위한 산통인 것이다. 모든 사람들이 죽음 앞에서 부정, 분노, 흥정 그리고 우
울의 과정을 겪는 것은 아니며 또한 죽음을 수용하는 단계로 나아가는 것도 아니
다. 그러나 죽음을 수용하는 단계로 나아가기 위해서는 창조적 절망이 필요하다.

　창조적 절망(creative hopelessness)은, 철저하게 무너진 폐허 위에서 생명의 싹이
새롭게 움트듯이, 소망이 철저하게 좌절된 절망의 상태에서 죽음을 수용하고 삶을
긍정하는 변화로 나아가는 심리적 과정을 의미한다. 창조적 절망은 수용전념치료

(Acceptance and Commitment Therapy: ACT)에서 사용하는 용어로서 환자로 하여금 자신의 증상을 통제하려는 노력이 비효과적임을 깨닫고 현실을 수용하면서 새로운 가능성을 탐색하도록 유도하는 과정을 의미한다. 예컨대, 불안장애 환자는 자신의 불안을 통제하기 위해서 노력하는데, 이러한 노력이 오히려 불안장애를 악화시킬 뿐만 아니라 가치 있는 활동에 투여할 시간과 에너지를 빼앗는 결과를 초래한다. 이러한 상황에서 창조적 절망을 통해 통제노력을 포기하고 불안증상을 불편하지만 수용하면서 가치 있는 활동에 전념하도록 돕는 것이 수용전념치료의 핵심이다.

변화시킬 수 없는 것은 수용하는 것이 지혜롭다. 그러한 자신의 죽음을 변화시킬 수 없다는 것을 마음 깊이 깨닫는 것은 결코 쉬운 일이 아니다. 부정, 분노 그리고 흥정은 죽음을 변화시키기 위한 발버둥이자 몸부림인 것이다. 이러한 모든 노력이 실패할 때 절망감을 느끼지만, 이러한 절망감은 그토록 받아들이기 힘들었던 죽음을 수용하게 만드는 창조적 변화의 바탕이 되는 것이다. 성숙은 좌절의 진통 없이 이루어지기 어렵다. 어린아이는 그들의 순진한 세계관이 깨지고 부서지고 무너지는 성장통을 겪으면서 철이 든다. 영원히 살기를 바라는 소망은 어린아이의 순진한 마음과 다르지 않다. 창조적 절망을 통해서 인간은 죽음을 수용할 수 있는 심리적 성장으로 나아갈 수 있는 것이다.

우울과 절망의 과정을 통해서 불멸의 소망을 포기하게 되면 불안과 공포가 완화될 뿐만 아니라 편안함과 자유로움을 느끼게 된다. 죽음의 수용에 이른 말기환자들은 죽음에 저항하는 노력을 내려놓고 그 대신 활기를 회복하면서 살아서 하고 싶은 소중한 일들에 전념하게 된다. 이처럼 죽음부정에서 죽음수용으로 나아가는 심리적 변화과정을 도식으로 제시하면 〈그림 14-3〉과 같다.

죽음수용으로 나아가기 위해서는 창조적 절망의 과정을 통해서 죽음에 직면하는 것이 필요하다. 죽음의 직면은 죽음부정에서 죽음수용으로 나아가기 위한 필수적 조건이다. 아울러 자신의 삶에서 의미 있는 것들을 추구하면서 자신의 가능성을 충분히 실현하려는 노력이 필요하다. 잘 살아야 죽음을 더 잘 수용할 수 있

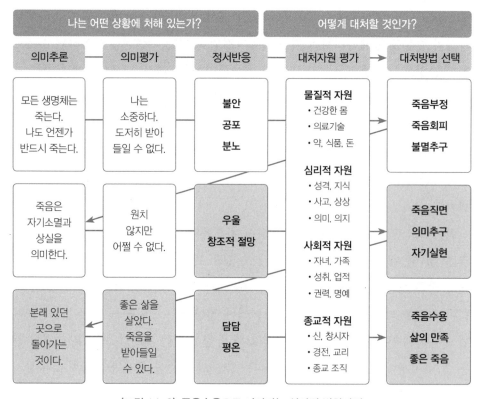

〈그림 14-3〉 죽음수용으로 나아가는 심리적 변화과정

다. 이러한 과정 속에서 죽음에 대한 의미추론이 변화한다. 예컨대, "죽음은 내가 본래 있던 곳으로 돌아가는 것이다.", "죽음은 아무런 의식도 없는 평온한 상태이다.", "인생은 아름다운 세상으로의 여행이며 축복이다.", "죽음은 행복한 여행을 마치고 고향으로 귀환하는 것이다."라고 여기게 된다. 아울러 "나는 좋은 삶을 살았다.", "죽음을 기꺼이 받아들일 수 있다.", "죽음의 편안한 곳으로 돌아가고 싶다."와 같은 의미평가를 통해 죽음을 수용하게 된다. 그 결과, 죽음을 바라보면서 담담하고 평온한 정서상태를 유지할 수 있게 된다. 아울러 자신의 삶에 대한 만족감을 느끼면서 좋은 죽음에 이를 수 있게 된다.

죽음부정에서 죽음수용으로 나아가는 심리적 변화과정에 대한 이해는 초보적인 단계에 있다. 죽음수용에 이르는 경로와 단계에 대해서 좀 더 구체적이고 체계적인 연구가 필요하다. 또한 죽음수용의 과정에 영향을 미치는 개인적 요인과 환경적 요인을 밝히는 것도 필요하다. 죽음수용은 좋은 죽음을 위한 것일 뿐만 아니라 좋은 삶을 위한 매우 중요한 조건이기 때문이다. 죽음수용은 행복한 삶을 위한 긍정심리학의 새로운 주제가 되어야 한다(Wong & Tomer, 2011).

귀천(歸天)

- 천상병 -

나 하늘로 돌아가리라.
새벽 빛 와 닿으면 스러지는
이슬 더불어 손에 손 잡고,

나 하늘로 돌아가리라.
노을 빛 함께 단 둘이서
기슭에서 놀다가 구름 손짓하면은,

나 하늘로 돌아가리라.
아름다운 이 세상 소풍 끝내는 날,
가서, 아름다웠다고 말하리라······.

제15장

죽음의 초월: 자기의 확장과 초월

인간은 죽음 앞에서 초라해진다. 세상을 호령하던 영웅호걸도 늙고 병들어 죽는 일 앞에서는 작고 초라해진다. 품위와 존엄을 지키려는 노력은 육체가 무너질 때 실패하게 된다. 대부분의 인간은 삶의 끝자락에서 만나게 되는 육체적 통증과 심리적 공포 앞에서 비참하게 무너진다.

과연 인간은 죽음 앞에서 초라하고 비참해질 수밖에 없는 것일까? 살기 위해 발버둥치다가 결국 패배를 인정하고 마지못해 죽음을 수용하는 것이 최선일까? 피할 수 없는 운명이라고 여기며 죽음을 수용하는 것이 인간이 취할 수 있는 최선의 대처방법일까?

1. 죽음초월의 의미

깊은 우물 안에 살고 있는 개구리들의 눈에는 우물이 그들의 세계이자 우주이다. 대부분의 개구리들은 깊은 우물 밖으로 나갈 꿈도 꾸지 않을 뿐만 아니라 우물 밖에 다른 세상이 존재할 수 있다는 것을 상상조차 하지 못한다. 그런데 개구리 한 마리가 우물 벽을 기어오르기 시작했다. 가파른 벽을 타고 오르다 떨어져 다치고 다시 올라가기를 반복하다가 결국 우물 밖의 세상에 이르게 되었다.

동서고금을 막론하고 인간사회에는 우물 밖의 세상을 구경했다고 주장하는 사람들이 존재한다. 많은 종교적 또는 영적 수행자들은 자기를 초월함으로써 죽음까지도 초월하는 심리적 상태가 존재한다고 주장해 왔다. 철학, 종교, 영성의 세계에는 영원의 철학(perennial philosophy) 또는 존재의 대사슬(Great Chain of Being)이라고 불리는 지혜의 전통(wisdom tradition)이 전승되고 있다. 세상 모든 것은 하나의 커다란 사슬로 연결되어 있으며 영원히 존재한다는 깨달음과 체험이 삶과 죽음을 초월하는 지혜의 본질이라는 것이다. 이러한 지혜를 체득하는 종교적·영적 경험은 학문적으로 설명할 수 없는 일종의 신비체험으로 간주되었다. 그러나 현대의 심리학자들은 자기초월 또는 초월적 경험을 인간이 추구해야 할 심리적 성장과정으로 여기며 학문적으로 탐구하고 있다.

1) 초월에 대한 심리학의 관심

현대심리학의 창시자 중 한 명인 윌리엄 제임스(William James: 1842~1910)는 신비체험에 깊은 관심을 지녔던 인물이다. 그는 1902년에 신비체험에 대한 탐구결과를 『종교적 체험의 다양성(*The Varieties of Religious Experience*)』이라는 저서로 남겼다. 그에 따르면, 우리의 깨어 있는 정상적인 의식은 단지 하나의 특별한 유형의 의식일 뿐이다. 우리와 전혀 다른 형태의 의식들이 존재한다. 우리는 그러한 의식의 존재를 알지 못한 채 평생을 살 수 있다. 그러나 특별한 상황에 처하게 되면 그러한 의식 상태를 경험할 수 있다. 이러한 다른 유형의 의식을 무시한다면 우주에 대한 어떤 설명도 불완전할 수밖에 없다. 이처럼 제임스는 신비체험을 유발하는 다른 유형의 의식이 존재함을 인정했으며 그러한 의식의 탐구를 심리학의 중요한 과제 중 하나로 여겼다.

저명한 인본주의 심리학자인 에이브러햄 매슬로(Abraham Maslow: 1908~1970)는 인간의 욕구가 점진적으로 발달한다고 주장했다. 그에 따르면, 생리적 욕구(음식, 따뜻함, 주거)는 인간의 가장 기본적인 욕구이다. 그런데 인간은 이러한 욕구가 잘 충족되면 안전 욕구를 해결하는 일에 초점을 맞춘다. 이어서 애정과 소속감의 욕구, 자존감의 욕구로 발달하며 최정상에는 자기실현의 욕구가 존재한다. 그러나 매슬로(1971)는 인생의 말년에 자기실현 욕구보다 더 높은 수준의 욕구가 존재하는데 그것이 바로 자기초월(self-transcendence)의 욕구라고 주장했다.

매슬로에 따르면, 초월은 인간이 도달할 수 있는 가장 높은 수준의 의식으로서 가장 포괄적이고 전체적이며 통합적이다. 이러한 의식수준에서는 자기 자신과 중요한 타인뿐만 아니라 인류 전체와 모든 생명체, 심지어 자연과 우주를 수단이 아니라 목적으로 여기며 관계를 맺는다. 자기실현이 자신의 잠재능력을 충분히 실현하는 것이라면, 자기초월은 이기성과 자기중심성을 넘어선 초월적인 영적 깨달음과 더불어 자신보다 더 큰 어떤 것을 위해 헌신하는 이타적인 삶을 사는 것이다. 이러한 자기초월상태에서는 평화와 기쁨의 긍정 정서뿐만 아니라 궁극적 진리에 대한 인지적 통찰을 경험한다. 매슬로는 이러한 평온하고 깨어 있는 상태가 오래도록 지속될 수 있으며 이러한 심리상태를 고원경험(plateau experience)이라고 지칭했다.

초월적 경험에 대한 관심은 제임스와 매슬로 외에도 칼 융(Carl Jung), 로버트 아사지올리(Robert Assagioli), 스타니슬라프 그로프(Stanislav Grof), 앤서니 수티치(Anthony Sutich) 등으로 이어졌다. 융은 불교를 비롯한 동양의 종교에 깊은 이해를 지니고 있었으며 다양한 종교적 현상과 체험을 설명할 수 있는 심층심리학 이론을 제시했다. 이탈리아의 심리치료자인 아사지올리는 현실적 적응과 자기실현을 넘어서 영적 성장과 자아초월에 이르는 정신통합(psychosynthesis)을 제시했다. 그로프는 환각제(LSD)의 심리적 효과에 대한 정밀한 연구를 통해서 인간의 의식과 자아초월적 경험에 대한 체계적 이론을 제시하기도 했다. 이러한 인물들을 중심으로 1970년대에 자아초월 심리학(transpersonal psychology)이라는 새로운 학문분야

가 태동되었다. 자아초월 심리학에 대해서는 이 장의 4절에서 좀 더 자세하게 소
개할 것이다.

🍀 매슬로의 초월적 고원경험

◈ 에이브러햄 매슬로

인본주의 심리학의 대표적 인물인 에이브러햄 매슬
로는 사망하기 19개월 전에 심한 심장발작을 경험했
다. 그때 담당의사는 심장이 회복되기까지 2~3년 내
에 다른 심장발작이 나타날 수 있으니 세심한 주의를
기울여야 한다고 조언했다. 이후로 매슬로는 언제든지
죽을 수 있다는 사실에 직면하면서 하루하루의 삶을 새
로운 관점에서 음미하며 살았다. 이러한 자신의 체험을
다른 학자들과 나누면서 다음과 같이 말한 바 있다.

삶에 대한 나의 태도가 변했다. 사실 나는 이미 죽은 것이나 다름없다. 지금 나는 일종
의 보너스로 삶을 살고 있는 것이다. 이제 권력, 경쟁, 명예 같은 것은 중요치 않게 되었다.
죽음의 두려움이 없어졌기 때문에 하루하루의 삶이 감사하게 느껴지고, 한순간 한순간이
신비롭게 느껴진다.

그는 자신이 경험한 초월의 의식 상태를 **고원경험**이라고 불렀다. 이에 관해 명료한 설명을
제시하지는 않았지만 그는 이렇게 묘사한 바 있다.

우리는 모든 경험이 기적적이고 신비로운 것으로 느껴지는 평온하고 고요한 감정 상태
를 경험할 수 있다. 정서적인 속성이 강한 절정경험에 비해서 고원경험은 어떤 깨달음을
수반하는 인지적 요소를 지니고 있다. 고원경험은 절정경험에 비해서 훨씬 더 의지적인
것이기도 하다. 마치 곁에서 놀고 있는 소중한 아이를 조용히 바라보는 어머니처럼.

매슬로는 초월적 경험에 관심을 갖기 이전부터 자신이 주장한 절정경험(peak experience)

의 한계를 느끼기 시작했다. 절정경험은 자기실현의 과정에서 느끼는 일시적인 경험으로서 감동이나 환희와 같은 강렬한 정서상태를 수반한다. 그러나 이러한 절정경험은 의도하지 않게 찾아오는 순간적인 경험이기 때문에 그러한 상태에 지속적으로 머무를 수가 없다.

의식의 초월상태를 탐구하면서 매슬로는 평정상태, 즉 현재 순간에 대한 자각과 이완상태를 영적인 자기개발의 주요한 요소로 여기게 되었다. 그는 자신의 경험에 근거하여 "나이가 들면서 절정경험의 강도나 빈도가 줄어들었다."고 말한 바 있다. 절정경험이 자율신경계에 부담을 줄 수 있기 때문에 나이가 들면서 그런 경험이 감소하는 것은 몸을 보호하려는 자연의 이치인지 모른다고 생각했다. 그는 절정경험을 성적인 오르가슴에 비교하여 흥분이 고조되어 절정에 이르고 그 이후에 감퇴하는 일련의 과정을 거치는 것으로 보았다.

이에 반해서, 고원경험은 긍정 정서의 강렬함은 낮지만 지속기간이 길다. 또한 절정경험보다 의도적으로 그런 상태를 유도할 수 있다. 또한 절정경험은 우발적으로 우연하게 발생하는 반면, 고원경험에 이르는 방법은 학습될 수 있다. 매슬로는 나이가 들면서 절정경험과 정서적 동요가 감소하는 반면, 인생의 경험을 통해 얻게 되는 일종의 깨달음을 경험하게 된다고 했다. 고원경험은 절정경험에 비해 깨달음의 인지적 속성이 강하다. '지금 여기'의 경험에만 국한하여 세상을 협소하게 보는 것이 아니라 넓은 관점에서 모든 것을 새롭게 보게 된다. 지금 여기에 매몰되지 않은 채 많은 것들과의 연관성 속에서 사물을 보기 때문에 매사가 새롭게 느껴지며, 강렬하지는 않지만 평온함 속에서 세상의 소중함과 아름다움을 경험하게 된다(Cleary & Shapiro, 1995).

2) 죽음의 초월

죽음의 초월은 자아초월과 밀접히 관련되어 있다. 인간이 죽음을 두려워하는 가장 핵심적인 이유는 죽음으로 인해 '나'라는 자기존재가 영원히 소멸하기 때문이다. 우리는 '나'라는 존재가 자명한 실체라고 믿는다. 즉, '나'는 몸과 마음을 지닌 개인으로서 세상과 분리되어 독립적인 삶을 영위하는 존재로 인식된다. 대부분의 사람이 공유하는 소위 '정상적인' 또는 '관습적인' 의식상태에서는 그러하다. 따라서 육체와 정신의 소멸을 의미하는 죽음은 매우 위협적인 것으로서 불안과 공포의 대상이 될 수밖에 없다.

　인간은 출생 시에 어머니의 몸으로부터 분리되어 성장하면서 아동기에 자기개념과 자기애를 발달시킨다. 인간의 발달과정은 개인이 자신을 세상과 분리된 독립적 존재로 여기며 자존감을 증진하면서 자기보전과 자기강화를 추구하는 과정이라고 할 수 있다. 인간의 발달과 성장은 청년기 또는 중년기까지 진행되어 정점을 찍고 노년기부터 모든 육체적·심리적 기능이 쇠락하는 것으로 여겨져 왔다.

　그러나 최근에 노년기는 자기초월을 비롯한 심리적 성장이 이루어지는 중요한 시기라는 주장이 제기되고 있다. 일찍이 에릭슨은 노년기에 자아통합이라는 발달과제를 통해 성장한다고 주장한 바 있다. 최근에 라스 톤스탐(Lars Tornstam, 1994, 2005, 2011)은 노년기에 나타나는 중요한 심리적 성숙과정이 초월이라고 주장하며 이를 노년초월(gerotranscendence)이라고 지칭했다. 모든 노인이 이러한 초월적 심리상태에 이르는 것은 아니지만 상당수의 노인들은 과거의 경험을 현재로 통합하여 경험하고 자신을 오랜 역사의 세대를 연결하는 일부로 여김으로써 편협한 자기개념에서 벗어나 평온하고 여유로운 삶을 누린다. 이처럼 노년초월의 단계에 이른 노인들은 죽음불안으로부터 자유로운 삶을 누린다.

　영적 또는 종교적 수행의 궁극적 목적은 자기초월을 통한 죽음의 초월이라고 할 수 있다. 미국의 심리학자인 랄프 피드몬트(Ralph Piedmont, 1999)는 개인이 죽음과 관련된 실존적 물음을 제기하고 그 해답을 추구하는 과정에서 초월적인 심리적 능력을 발달시키게 된다고 주장했다. 그는 이러한 심리적 능력을 영적 초월성(spiritual transcendence)이라고 지칭했다. 영적 초월성은 흔히 종교생활을 통해서 발달하지만 종교와 무관하게 개인적인 노력에 의해서도 개발될 수 있다. 개인이 자기존재를 더 크고 객관적인 관점에서 바라보고 다른 사람과의 상호 연결성을 발견하면서 다른 사람에 대한 헌신이 증가할 뿐만 아니라 죽음에 대한 불안에서 벗어나게 된다.

　자아초월 심리학의 관점에서 보면, 죽음불안은 개인이 관습적 의식수준에서 자기존재와 죽음의 의미를 받아들인 결과이다. '나'를 개별적 존재로 여기고 죽음을 자기존재의 소멸로 이해하는 관습적 의식수준에서는 개인의 불멸 추구와 필멸의 운명이 필연적으로 대립하면서 불안과 공포를 유발하기 때문이다. 이러한 관습적 의식은 제임스가 언급했듯이 단지 하나의 특별한 유형의 의식일 뿐이다. 인간의 마음은 관습적 의식수준을 넘어서 자기를 초월하고 삶과 죽음의 구분을 넘어설 수 있는 더 높은 의식수준으로 발전할 수 있다. 자아초월은 인간이 추구해야 할 심리적 성장과정일 뿐만 아니라 죽음의 초월로 이어진다는 점에서 많은 심리학자들의 관심을 모으고 있다.

3) 죽음초월의 경지

자기초월과 죽음초월은 매우 주관적인 상태이기 때문에 제3자가 판단하기 어렵다. 그러나 죽음을 초월한 사람들은 죽음불안을 느끼지 않을 뿐만 아니라 자신과 타인의 죽음을 담담하고 평온하게 받아들인다. 죽음초월의 경지를 암시하는 몇 가지의 예를 살펴보면 다음과 같다.

(1) 장자의 고분지통

고분지통(鼓盆之痛)은 항아리를 두드리는 아픔 또는 아내가 죽은 슬픔을 의미한다. 고분지통은 『장자(莊子)』의 「지락(至樂)」 편에 나오는 장자에 관한 이야기에서 유래하고 있다. 장자의 아내가 죽어서 혜자(惠子)가 조문을 갔다. 그런데 장자는 두 다리를 뻗고서 질그릇을 두드리며 노래를 부르고 있었다. 이상하게 여긴 혜자가 말했다. "자네는 아내와 함께 살며 자식을 키우고 함께 늙었네. 그런 아내가 죽었는데 곡(哭)을 안 하는 것도 너무한 일인데, 질그릇을 두드리며 노래까지 부르고 있으니 너무 심하지 않은가!"

이에 장자가 말했다. "그렇지 않다네. 아내가 죽었는데 난들 어찌 슬프지 않았겠는가! 그런데 삶의 처음을 살펴보니 본래 삶이란 게 없었고, 삶이 없었을 뿐만 아니라 본래는 형체도 없었으며, 형체가 없었을 뿐만 아니라 본래 기(氣)조차도 없었던 것이네. 그저 흐릿하고 어두운 가운데 뒤섞여 변화하여 기가 생겨나고, 기가 변하여 형체가 이루어지고 형체가 변화하여 삶이 이루어졌다가, 지금 또 다시 변화하여 죽음으로 간 것이니, 이것은 마치 봄·여름·가을·겨울이 되어 사계절이 운행되는 것과 같다네. 이제 아내는 천지라는 큰 집에서 편안히 쉬고 있는데, 내가 관습에 따라 시끄럽게 울어대는 것은 스스로 천명을 알지 못하기 때문이라고 여겼기에, 그래서 그만두었다네."

(2) 선승의 임종게

선불교에서 선사들은 선(禪) 수행을 통해 무상(無常)에 대한 확실한 자각과 더불어 삶과 죽음이 둘이 아니라는 깨달음(生死不二)의 경지를 체득한 사람들이다(황금연, 2011). 이들은 삶에 있어서 한가롭고 자유로우며 죽음 앞에서는 두려움 없이 초연하고 자연스럽다. 선사들이 죽음에 들어가는 입적(入寂)의 모습은 특별한 경우가 많다.

선사들은 입적할 때 수행을 통해 얻은 깨달음을 후대 사람들에게 전하는 마지막 말이나 글을 남기는 경향이 있다. 이러한 말이나 글을 임종게(臨終偈)라고 하며 열반게(涅槃偈) 또는 열반송(涅槃頌)이라고 부르기도 한다.

고려시대의 태고 보우(太古 普愚) 스님은 다음과 같은 임종게를 남겼다. "사람 목숨 물거품처럼 빈 것이어서 팔십여 년 세월이 한바탕 꿈이었네. 지금 이 가죽 부대 내던지노니 한 바퀴 붉은 해가 서산을 넘네(人生命若水泡空 八十餘年春夢中 臨終如今放皮袋 一輪紅日下西峰)."

조선시대의 서산대사 휴정(休靜)은 "삶은 한 조각 구름이 일어남이요, 죽음은 한 조각 구름이 스러짐이라. 구름은 본래 실체가 없으니, 죽고 살고 오고 감이 모두 그러하다(生也一片浮雲起 死也一片浮雲滅 浮雲自體本無實 生死去來亦如然)."라는 임종게를 남겼다.

대한불교조계종의 8대 종정을 지낸 서암(西庵) 스님은 제자가 열반송을 묻자, "나는 그런 거 없다. 정 물으면 '그 노장 그렇게 살다가 그렇게 갔다'고 전해라. 그게 내 열반송이다."라고 하며 임종게를 남기지 않았다.

(3) 좌탈입망

선사들은 좌탈입망(坐脫立亡), 즉 앉거나 서서 죽음을 맞이하는 경우가 있다. 대다수의 선승들은 자신의 죽음이 다가왔음을 알아차리고 미리 준비하는 듯하다. 그 대표적인 예는 중국 선불교의 저명한 선승인 혜능(慧能: 637~713)이다. 혜능은 한 달 전에 자신이 입적할 것임을 예언하고 슬퍼하는 제자들을 위로하기 위해서 게송을 지어 보였다. 입적하는 날에는 점심식사를 마치고 지인들에게 이별을 고한 후 단아하게 앉은 상태로 담담히 죽음에 들어갔다(황금연, 2011).

오가칠종(五家七宗)의 제3조 승찬(僧璨: 출생연도 미상~606)은 뜰을 거닐다가 나뭇가지를 잡은 채로 서서 열반하였고, 당나라의 선사인 등은봉(鄧隱峰: 생몰연도 미상)은 물구나무를 선 채로 열반했다는 믿기 어려운 이야기가 전해지고 있다. 우리나라의 근현대 고승들 중에도 좌탈입망한 이들이 다수 존재한다. 오대산 상원사의 한암(漢巖: 1876~1951), 백양사의 만암(曼庵: 1875~1957), 순천 송광사의 초대 방장 구산(九山: 1909~1983), 조계종 5대 종정을 지낸 백양사의 서옹(西翁: 1912~2003) 스님이 모두 좌탈입망하였다.

티벳 불교에는 죽음의 과정에 대처하는 수행법이 전해지고 있다. 널리 알려진

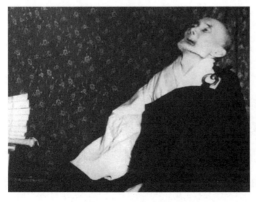 

◆ 좌탈한 한암(漢巖) 스님(왼쪽)과 서옹(西翁) 스님(오른쪽)의 모습

『티벳 사자의 서』(Evans-Wentz, 1927)에 따르면, 죽어 가는 사람의 영혼은 수많은 환영을 보면서 정서적 혼란을 겪으며 방황하게 된다. 죽어 가는 사람들이 보게 되는 환영은 공포스러운 것이 대부분이지만 때로는 매우 유혹적인 것도 있다. 이러한 환영을 실제로 여기며 집착하게 되면, 해탈에 이르지 못하고 다시 몸을 얻어 환생하게 된다. 해탈하기 위해서는 죽어 가는 과정 또는 죽음과 환생 사이의 과도기(bardo)에서 경험하게 되는 수많은 환상들, 즉 공포와 애착에 휘말리지 않는 것이 중요하다. 맑게 깨어 있는 의식상태를 유지하면서 환상에 집착하지 않는 것이 중요하다. 티벳 불교의 수행자들은 평소는 물론 죽음의 순간에 밀려오는 통증, 공포, 집착, 혼란에 휘말리지 않고 그러한 경험을 맑게 깨어 바라볼 수 있는 견고한 마음상태를 함양하기 위해서 치열하게 수행한다(Ponlop, 2006). 14대 달라이 라마인 텐진 갸초는 과연 자신이 죽음을 맞이할 때 수행한 대로 대처할 수 있을지 흥분된다고 말한 바 있다(안성두, 2011).

한 사람이 죽음을 맞이하는 모습은 그가 삶과 죽음에 대해서 어떤 태도를 지니고 있는지를 잘 보여 준다. 불교를 비롯한 여러 종교의 수행자들, 그리고 자아초월을 위한 영적 수행자들은 죽음의 수용을 넘어 죽음을 초월한 마지막 모습을 보여 주고 있다. 인간은 육체가 무너지는 죽음의 순간에도 쓰나미처럼 밀려오는 통증과 공포를 초월할 수 있는 위대한 존재이다. 다만 아무나 이러한 경지에 도달할 수 있는 것이 아니라는 점이 문제이다.

2. 노년초월

인간의 발달과 성숙은 평생을 통해 이루어지며 노년기에도 계속된다. 노년기에 나타나는 중요한 심리적 성숙과정이 노년초월이다. 스웨덴의 사회학자인 라스 톤스탐(Lars Tornstam, 1994, 2005, 2011)은 노인들에 대한 심층면접과 질적 연구를 통해 삶의 만족도가 높은 노인들의 심리적 특징을 노년초월(gerotranscendence)이라고 지칭했다.

　노년기를 보내고 있는 사람들 중에는 이전의 인생에서 그들을 둘러싸고 있던 경계와 장벽을 초월하여 자유롭고 만족스러운 삶을 살아가는 사람들이 존재한다. 이렇게 노년기에 접어들어서 도달하게 되는 성장 과정이 노년초월이다. 톤스탐은 일반적인 생각과 달리, 은퇴한 노인들의 상당수가 외로움을 덜 느끼며 삶의 만족도가 높다는 연구자료에 주목하고 노인들을 대상으로 심층면담을 통한 질적 연구를 시행했다. 그에 따르면, 삶의 만족도가 높은 노인들은 자신과 인생에 대해서 새로운 관점을 발달시키는 노년초월의 상태로 성숙하게 된다. 노년초월의 핵심은 물질주의적이고 합리적인 세계관에서부터 우주적이고 초월적인 세계관으로 변화하는 것으로서 삶의 만족도를 증가시킬 뿐만 아니라 죽음불안을 감소시킨다.

　톤스탐(2005)은 스웨덴과 덴마크 사람들(20~104세)을 대상으로 인생, 자신 그리고 타인과의 관계를 바라보는 관점의 발달적 변화를 연구했다. 면담과 설문을 통해 수집한 자료를 분석한 결과, 노년초월은 세 가지의 주요한 차원으로 설명될 수 있다. 첫째는 우주적 차원(cosmic dimension)으로서 커다란 관점에서 실존적 변화를 바라보는 것이고, 둘째는 자기(self)의 차원으로서 현재의 자기와 과거의 자기를 바라보는 관점의 변화를 의미하며, 셋째는 사회적 및 개인적 관계(social and personal relation)의 차원으로서 사회적 관계에서의 여러 가지 변화를 포함한다.

1) 우주적 차원

　노년초월을 경험하는 노인들은 흔히 자신이 우주 전체와 연결되어 있다는 느낌, 자신이 살아 있는 모든 것의 일부라는 느낌, 과거 세대와 밀접히 연결되어 있다는 느낌, 그리고 자신이 과거와 현재를 동시에 살고 있다는 간헐적인 느낌을 보고한다. 이러한 경험들을 톤스탐은 우주적 차원의 노년초월이라고 불렀다. 우주적 차원의 노년초월은 다음과 같은 변화들로 구성된다.

(1) 시간관념의 변화와 아동기 경험의 중요성: 시간관념이 변화해서 오늘과 어제가 함께 존재한다. 현재와 과거의 경계가 초월되어 아동기의 경험이 현재와 통합된다. 양파의 껍질처럼, 모든 연령의 경험이 동시에 가능하며 양파의 핵심에 해당하는 아동기 경험들이 새롭게 인식되어 재해석된다. 시간의 초월은 매우 생생하여 과거의 사람들과 대화할 수도 있다고 느낀다. 어떤 노인들은 자신의 경험을 다음과 같이 기술하고 있다. "내가 어렸을 때 플라톤이 살아 있는 사람이라고 상상할 수 없었는데, 요즘은 그가 살아 돌아와서 나와 토론할 수 있다고 느낀다. 물론 불가능한 일이지만, 독서와 상상을 통해서 마치 그와 실제로 대화를 나누듯이 기쁨을 느낄 수 있다." 과거의 삶이 현재의 삶 속에 담겨 있음을 느끼게 될 뿐만 아니라 용납하지 못했던 과거의 아픈 경험들도 화해를 통해서 수용하게 된다.

(2) 이전 세대와의 연결: 자신이 세대 간 흐름의 일부라는 느낌이 증가한다. "젊었을 때는 내가 우주의 고립된 외로운 점에 불과하다고 느꼈지만, 요즘은 내가 여러 세대의 연결고리라는 느낌을 갖게 된다." 노년초월을 경험하는 노인들은 자신이 과거 세대와 미래 세대에 속하며 이들을 연결하고 있다는 느낌이 증가한다.

(3) 삶과 죽음: 노인들은 죽음에 대해서 두려움을 덜 느낀다. 이것은 방어기제와 무관한 것이며 자신이 여러 세대의 연결고리라는 인식과 관련되어 있다. 노인들은 자신이 인생에서 경험한 즐거움과 사랑을 이야기하며 내일 죽더라도 미련이 없다고 느낀다. 즉, 삶과 죽음의 이분법적 속성을 초월하는 지혜를 갖게 된다. "요즘에 나는 삶과 죽음의 경계가 50대에 비해서 덜 분명한 것으로 느낀다."

(4) 삶의 신비: 삶의 신비적 차원을 받아들이게 된다. 인생의 모든 것이 과학의 범위 내에서 설명되어야 한다는 지적 경직성이 초월된다. 과학적 설명에 대한 집착으로부터 인간의 지적 능력에는 한계가 있다는 생각으로 바뀐다. 과학적 세계관에 집착하는 이성적이고 합리적인 관점에서 좀 더 유연하고 관

조적인 관점으로 변화하게 된다.

(5) 삶의 기쁨: 사소한 것에서 거대한 세계를 경험하는 기쁨을 경험한다. 한 송이 꽃을 보면서 우주의 신비를 경험하는 것과 같이, 흔히 자연과의 접촉을 통해서 삶의 기쁨을 경험한다. 때로는 음악이 새로운 언어처럼 경험되고, 삶의 다양한 경험이 새로운 차원에서 기쁨으로 느껴진다. "요즘 나는 50대에 비해서 우주와 더 큰 상호적 교감을 나누고 있다."고 말하는 노인들이 있다.

2) 자기의 차원

노년초월에서는 자기 자신을 바라보는 관점이 변화하게 된다. 일반적으로 이기성과 자기중심성에서 벗어나 좀 더 유연한 자기경계를 지니게 될 뿐만 아니라 자신에 좀 더 너그러운 태도를 보이게 된다. 자기 차원의 노년초월에서는 다음과 같은 변화가 나타난다.

(1) 자기직면: 개인은 인생의 초기 단계를 돌아보고 자신의 숨겨진 측면(좋은 것이든 나쁜 것이든)을 발견하게 된다. 융이 언급했듯이, 인생의 후반부 과제 중하나는 성격의 숨겨진 부분, 즉 그림자를 발견하는 것이다. 자신의 어두면 면을 다른 사람들에게 투사하지 않으려는 새로운 깨달음은 기쁨으로 경험될 수있다. 시(詩)에 대한 재능을 발견하고 처음 시집을 출간한 80세 노인이 "나는이러한 재능에 대해서 알지 못한 채 인생의 대부분을 살아왔다."고 회고했다.

(2) 자기중심성의 감소: 개인은 자신이 우주의 중심이 아니라는 사실에 대한 새로운 깨달음을 경험한다. 자신이 지구에서 가장 중요한 사람이며 우주의 중심부에 있다고 생각하면서 살아왔다는 사실을 웃으면서 인정한다. 이처럼과도하게 팽창된 자존감을 좀 더 현실적인 것으로 수정하면서 "요즘 나는 전보다 나 자신을 덜 중요한 존재로 여긴다."고 언급하게 된다.

(3) 육체에 대한 집착 감소: 자신의 육체를 과도한 집착 없이 보살피는 새로운 인

식이 생겨난다. 한 여자 노인은 "나의 몸과 외모에 대한 과거의 집착이 편안한 수용으로 변했다. 그래서 젊었을 때보다 나의 몸과 외모에 대해서 더 큰 만족감을 느낀다."고 말했다.

(4) 자기초월: 성숙한 노인들은 자신의 욕구에 초점을 맞추는 이기적인 삶에서 타인을 배려하고 후원하는 이타적인 삶으로 변화한다. 과거의 이기적인 삶을 돌아보면서 노인들은 자신의 욕구에 대한 관심에서 벗어나 서서히 자녀와 손자녀를 비롯한 다른 사람들의 욕구에 대한 관심으로 초점이 옮겨 가게 된다.

(5) 자아통합: 노인들은, 퍼즐 조각을 맞추어 하나의 그림으로 통합하듯이, 자신의 삶 전체를 수용하고 통합한다. 인생의 전체성과 일관성에 대한 새로운 감각을 발달시킨다. 유명한 영화배우인 잉그리드 버그먼(Ingrid Bergman)이 말했듯이, "늙는다는 것은 산을 오르는 것과 같다. 조금 숨이 차지만, 더 좋은 전망을 갖게 된다." 에릭슨이 노년기의 자아통합을 강조했듯이, 과거의 삶이 새로운 프레임으로 통합되고 소중한 것으로 수용된다.

3) 사회적 및 개인적 관계의 차원

노년초월에서는 대인관계를 비롯한 사회적 관계 전반에서 변화가 나타난다. 형식적이고 피상적인 관계에서 벗어나 진실하고 깊이 있는 관계로 나아가고, 사회적 역할과 타인의 인정으로부터 좀 더 자유로운 태도를 지니게 된다. 사회적 관계 차원의 노년초월에서는 다음과 같은 변화가 나타난다.

(1) 관계의 의미와 중요성의 변화: 대인관계가 좀 더 선택적으로 변화해서 피상적인 관계에 대한 관심이 감소한다. 많은 사람의 모임에 참석하기보다 소수의 친구들과 함께 있거나 집에서 사색에 잠기기를 선택한다. "요즘 나는 50대에 비해서 나의 내면세계를 살피는 일에서 더 많은 기쁨을 얻는다."라는 언급

처럼, 관조적이고 명상적인 고독을 추구하려는 욕구가 증가한다.

(2) 인생에서 수행한 역할의 이해: 개인은 사회적 역할을 자기라고 혼동하거나 동일시하는 것에서 벗어나게 된다. 자신이 과거에 어떤 지위에서 어떤 역할을 했든, 그것은 일종의 역할놀이였을 뿐 진정한 자기가 아니라는 것을 깨닫게 된다. 진정한 자기에 좀 더 가까이 가기 위해서 사회적 역할을 포기하거나 초월하려는 욕구를 느낀다.

(3) 해방된 순수함: 과거에 자신을 억압했던 불필요한 관습, 규범, 규칙으로부터 벗어나 자유롭게 표현하고 행동하는 기술이 발달한다. 과거에는 두려워서 주저했던 질문도 좀 더 대담하게 할 수 있게 된다. 과거에 자신을 구속했던 스스로 부여한 계율이나 터부에서 벗어나 자유분방한 행동을 하게 되며 타인의 평가로부터 자유로워진다.

(4) 금욕적인 삶: "인생 후반부의 여행은 가방이 가벼울수록 더 편안하고 즐겁다."는 이해가 생겨나면서 절약적인 삶으로 변화한다. 청빈, 검소, 무소유를 중시하면서 생활의 필수품 이외의 것을 더 이상 탐내지 않게 된다. "나는 50대에 비해서 물질적인 것을 덜 소중하게 여기게 되었다."고 언급하듯이, 노인들은 자신이 소중하게 여겼던 것들을 자녀, 손자녀, 타인에게 물려주기 시작한다.

(5) 초월적인 일상적 지혜: 젊은 시절에는 옳고 그름 또는 선과 악에 대해 확신했지만 노년기가 되면 그러한 판단이 쉽지 않다는 것을 깨닫게 된다. 피상적 판단에서 벗어나 옳고 그름에 대한 판단과 조언을 절제하게 된다. 옳고 그름의 이분법을 초월하여 너그러움과 유연함이 증가한다. 이러한 관점에서 보면, 완고한 확신을 지닌 노인들은 노년초월의 발달과정이 지연된 사람이라고 할 수 있다.

톤스탐에 따르면, 노년초월은 나이가 많아짐에 따라 증가한다. 그러나 모든 노인들이 노년초월에 이르는 것은 아니며, 약 20%의 노인들이 노년초월의 높은 경

🍀 노년초월을 촉진하는 연습과제

　모든 노인들이 노년초월에 이르는 것은 아니다. 세월이 흐르고 주름이 늘어난다고 해서 자연히 노년초월의 상태로 나아가는 것은 아니다. 노년초월을 촉진하기 위해서는 그 구체적인 변화과정을 밝히는 노력뿐만 아니라 노년초월을 촉진할 수 있는 구체적인 활동을 발굴하는 노력이 필요하다. 톤스탐(2005)은 노년초월을 촉진하는 구체적 활동의 예로서 세 가지의 초월과제를 제시하고 있다.

- 시간-공간 연습: 과거에 자신에게 깊은 영향을 끼친 사람(예: 철학자, 종교지도자, 소설가, 작곡가 등)을 한 명 선택하고, 자신이 그 사람과 같은 시대에 살고 있으며 그와 같은 방에 있다고 상상한다. 자신이 그 사람과 함께 이야기하며 관심을 지닌 주제에 대해서 논의하고 있다고 상상한다. 이것은 가상의 연습이라는 느낌을 초월하여 자신이 실제로 그와 함께 있다는 느낌을 갖도록 노력한다. 자신이 그와 함께 공유하는 생각과 감정을 발견해 본다. 이러한 연습이 자신에게 어떤 영향을 주는지 느껴 본다.
- 세대-연결 연습: 자신이 더 큰 어떤 것의 일부라는 것을 상상해 본다. 자신은 고립된 존재가 아니라 차이점보다 공통점이 훨씬 더 많은 인간연결체의 일부이다. 자신이 속하는 무한한 유전적 연쇄를 시각화해 본다. 예컨대, 우주와 지구의 탄생에서부터 생명체가 생겨나고 진화가 이루어지고 원시인이 생겨나고 조상으로부터 자신으로 이어지는 과정, 그리고 자신으로부터 후속세대로 이어지는 과정을 가능한 한 구체적으로 상상해 본다. 이러한 유전적 연쇄 속에서 자신이 영원한 생명을 지니고 있다는 점을 이해하려고 노력한다. 이러한 통찰과 함께 수반되는 평화로운 기분을 느껴 본다.
- 꽃과 하나 되는 연습: 야외로 나가서 자신이 좋아하는 아름다운 꽃 하나를 발견한다. 그 꽃에 집중하며 자신과 꽃이 동일한 분자적 구성요소로 이루어져 있다는 사실에 대해 명상한다. 이러한 사실은 꽃이 자신의 일부이며 자신이 꽃의 일부라는 것, 동시에 자신과 꽃이 우주의 일부라는 것을 이해하려고 노력한다. 자신과 꽃의 분리성이 초월되고 전체감과 동질감으로 대체되는 것을 느껴 본다. 자신과 꽃은 같다. 이러한 깨달음의 기쁨과 즐거움을 경험해 본다.

지에 이르게 된다. 노년초월이 지연되는 이유는 매우 다양하다. 대부분의 경우, 중년기에 지녔던 가치, 흥미, 활동이 노년기에도 그대로 이어지기 때문이다. 인간은 쉽게 변하지 않는다. 그러나 일부의 사람들은 노년기에 이르러 그동안 자신의 삶에서 고수했던 것들로부터의 자유와 초월을 경험하는 마지막 성장을 하게 된다. 인간의 발달과 성숙은 평생을 통해 이루어지는 것이다. 융에 따르면, 이러한 성숙에 이르지 못한 노인들이 우울, 불안, 죽음공포, 혐오, 후회에 빠져들게 되며 마지막 도피수단으로 자살을 선택하게 된다.

　많은 노인이 우울과 불안의 고통에 시달리는 것은 고령, 고독, 실직의 결과이기보다 노년기의 성숙과정이 지연되거나 차단된 결과일 수 있다. 노인을 대상으로 하는 상담이나 심리치료에 노년초월의 개념을 도입할 필요가 있다. 실제로 실험적 연구나 집단상담에서 노년초월을 다루고 촉진한 결과 우울감이 감소하고 삶의 만족도가 증가했다는 보고가 있다(Yun-Hsuan, 2008).

3. 자기초월과 죽음초월

　노년기에 죽음불안이 감소한다는 연구결과는 일견 이해하기 어렵다. 말기환자의 경우처럼 죽음이 가까이 다가올수록 죽음불안도 증가할 것이기 때문이다. 노년기에 죽음불안이 감소하는 이유는 다양하다. 노년기에는 신체적 노화와 질병 그리고 다양한 상실경험으로 인해서 죽음을 직면할 기회가 많아질 뿐만 아니라 이기성과 자기중심성에서 벗어나는 자기초월의 과정이 일어나기 때문이다. 물론 모든 노인들이 죽음직면과 자기초월을 통해서 죽음불안으로부터 벗어나는 것은 아니다. 오히려 노년기에 자기중심성과 자기애적 집착이 강화되어 죽음회피를 위한 방어적 노력에 몰두하는 노인들도 적지 않다.

　에릭슨은 노년기에 해결해야 하는 중요한 심리적 과제로서 자아통합을 제시했다. 자아통합(ego integration)은 자신의 삶 전체를 의미 있는 것으로 통합하는 것으

로서 죽음의 수용과 삶의 긍정이 필수적인 요소이다. 자아통합의 과제를 성공적
으로 수행한 노인들은 만족스럽고 여유로운 삶을 영위하는 반면, 자아통합에 실패
한 노인들은 자신의 삶에 대한 불만과 후회를 지닐 뿐만 아니라 분노와 절망감을
느끼게 된다.

애리조나 대학교의 간호학과 교수인 파멜라 리드(Pamela Reed, 1991, 2003)는 노
년기의 웰빙을 촉진하기 위한 자기초월 이론(self-transcendence theory)을 제시했다.
리드에 따르면, 노년기의 삶을 행복과 만족으로 이끄는 가장 중요한 요인은 자기
초월이다. 자기초월은 자기의 개념적 경계가 다차원적으로 확장되는 것이다.

1) 자기초월의 긍정적 기능

자기초월 이론의 세 가지 핵심적 개념은 취약성, 자기초월, 웰빙이다. 리드에 따
르면, 취약성(vulnerability)은 자신의 죽음에 대한 자각을 의미하며 자기초월을 촉
진하는 바탕이 된다. 죽음의 자각은 나이, 질병, 실직, 상실, 위기경험과 함께 발달
하며 노년기의 심리적 성숙이 이루어지는 배경이 된다. 특히 고령이나 만성질병
으로 요양원 또는 병원에 장기간 입원하고 있는 환자들은 노화, 질병, 상실, 죽음
의 위협에 자주 직면하기 때문에 취약성이 매우 높은 집단이다. 노년기의 높은 취
약성은 웰빙과 정신건강을 저하시킬 수 있지만 자기초월을 촉진하여 웰빙을 증가
시킬 수도 있다.

죽음의 자각은 노인으로 하여금 자기의 경계를 다양한 방향으로 확장하는 자기초
월(self-transcendence)을 촉진한다. 노인들은 자기초월을 통해서 자기와 세계에 대한
경직된 구분이 유연해지고 자기존재의 확장감을 경험하게 된다. 이러한 자기초월
은 노년기의 웰빙과 성숙을 위한 중요한 심리사회적 · 영적 자원이 된다. 웰빙(well-
being)은 자신의 삶을 건강하고 만족스럽게 여기는 주관적 느낌으로서 긍정 정서, 삶
의 만족, 긍정적 자기개념, 희망감, 행복, 삶의 의미감 등으로 표현될 수 있다. 웰빙은
자기초월의 결과이며 긍정적인 행동을 유발하게 된다(Reed, 2009; McCarthy, 2011).

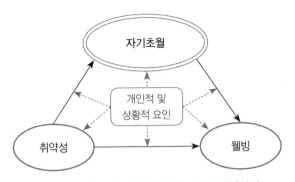

〈그림 15-1〉 자기초월이 웰빙에 미치는 매개과정

자기초월은 취약성이 웰빙에 영향을 미치는 과정을 매개한다. 〈그림 15-1〉에 제시되어 있듯이, 자기초월은 취약성이 웰빙에 미치는 부정적인 영향을 긍정적인 영향으로 전환시키는 역할을 한다. 자기초월은 매우 고통스럽고 생명을 위협하는 상황에 처한 사람들이 행복감과 만족감을 유지하는 이유를 설명하고 있다.

리드는 자기초월척도(Self Transcendence Scale: STS)를 개발하여 실증적인 연구를 통해서 취약성, 자기초월 그리고 웰빙의 관계를 검증했다. 건강한 일반인뿐만 아니라 노인, 암환자, AIDS 환자, 정신과 환자 등을 대상으로 한 여러 연구(Coward, 2003; Reed, 1989, 1991, 2003, 2009)에서 취약성, 자기초월 그리고 웰빙의 관계가 입증되었다. 나이가 많은 노인들은 젊은 사람들에 비해서 더 높은 자기초월 수준을 나타낼 뿐만 아니라 자기초월 수준이 높은 환자일수록 웰빙 수준이 높았다(Ellermann & Reed, 2001). 이러한 결과는 노년기의 정신건강과 웰빙을 증진하기 위해서는 신체적 · 인지적 쇠퇴에 집착하는 것을 넘어서 자기개념의 경계를 확장하는 것이 중요함을 보여 준다.

취약성, 자기초월 그리고 웰빙의 관계는 개인적 또는 상황적 요인에 따라 촉진되거나 약화될 수 있다. 나이, 성별, 인지적 능력, 인생 경험, 영적 관점, 사회적 환경, 역사적 사건과 같은 다양한 개인적 · 상황적 요인들이 자기초월과 웰빙에 영향을 미친다. 리드는 취약성을 지닌 노인과 환자들을 간호하고 돌보는 과정에서 자기초월을 촉진하는 것이 그들의 웰빙 증진에 중요함을 강조하고 있다. 환자의 육체뿐만 아니라 마음, 영혼, 환경을 통합한 개인 전체를 돌봄으로써 자기초월과 웰빙을 촉진하는 통합적 간호(holistic nursing)가 필요하다.

2) 자기초월적 확장의 4가지 방향

자기초월은 삶과 죽음에 대한 성숙한 자세를 의미하며 에릭슨의 심리사회적 발달단계에서 노년기의 자아통합과 관련된 태도이다. 리드에 따르면, 인간은 새로운 정보를 받아들이고 변화에 열려 있는 개방체계(open system)이다. 개방체계는 경계를 통해서 타인 또는 외부세계와 정보를 주고받는다. 자기초월의 유일한 장애는 개인이 자신에게 부여한 경직된 경계이다. 물론 인간은 자기와 외부세계 간의 개념적 경계가 필요하다. 그러나 이러한 경계를 유연하게 만들어 더 많은 사람과 자연세계로 확장하면 개인은 세계와의 더 큰 연결감을 느낄 수 있을 뿐만 아니라 결코 다른 방법으로는 느낄 수 없는 '전체감'을 느끼게 될 것이다. 이러한 확장된 자기의식은 발달과 성숙을 위한 필수적 조건이다. 이러한 자기초월은 죽음불안을 극복하고 삶의 목적의식을 갖기 위해서 증진해야 하는 자연적이고 바람직한 발달과정이다.

리드에 따르면, 자기초월은 자기의 경계가 다차원적으로 확장되는 것을 의미한다. 자기경계(self-boundary)는 '나'와 '나 아닌 것'을 구분하는 자기개념의 경계를 의미한다. 자기경계의 명료성과 경직성은 사람마다 다를 뿐만 아니라 발달단계와 상황적 요인에 따라 변화한다. 자기초월은 자기경계의 경직성을 완화하는 것인 동시에 타자와의 연결감을 확대하는 것이다. 리드(2014)는 이러한 자기초월적 확장(transpersonal expansion)이 4가지 방향으로 이루어질 수 있다고 주장했다.

그 첫째는 개인내적 확장으로서 내면적 사색과 관조를 통해 내면세계를 확장함으로써 삶과 죽음을 통합할 수 있는 심리적 공간을 만드는 것이다. 명상, 기도, 시각화, 인생회고, 자기성찰, 일기쓰기 등의 다양한 방법은 개인내적 확장을 촉진할수 있다. 이를 통해서 개인은 자신에 관한 인식을 좀 더 확장하고 자신의 삶에서 의미와 목적을 발견할 수 있다. 특히 일기쓰기는 개인이 자신의 변화와 초월 과정을 자각함으로써 자기효능감을 느끼도록 하는 데 도움이 될 수 있다.

둘째는 대인관계적 확장으로서 다른 사람들과의 연결과 유대를 확대시키는 것이다. 면대면 만남, 전화, 인터넷 등을 포함한 공식적 또는 비공식적 수단을 통해서 다른 사람들과의 연결을 촉진할 수 있다. 간호사나 의료진들은 환자가 의미 있는 사람들과의 관계를 유지할 뿐만 아니라 다양한 사람들과 친밀감을 강화하도록 돕는 것이 중요하다. 지지집단, 동료상담, 집단상담, 봉사활동 등과 같이 다른 사람들과 집단활동을 하는 것도 대인관계적 확장에 도움이 된다. 자기초월을 촉진하기 위한 지지집단 프로그램은 유방암 환자들의 웰빙을 증진하는 효과를 나타냈다(Coward, 1998, 2003).

셋째는 초개인적 확장으로서 신, 자연, 우주와 같이 자신보다 더 크고 높은 차원의 존재나 가치와의 연결감을 증가시키는 것이다. 종교적 활동이나 기도뿐만 아니라 개인내적 확장을 촉진하는 명상, 시각화, 일기쓰기 등은 초개인적 연결감을 증진할 수 있다. 특히 초개인적 확장은 자기존재를 커다란 초월적 존재와 연결하는 영적인 자기초월을 의미하며 영적 웰빙을 증진할 수 있다.

넷째는 시간적 확장으로서 현재의 경험을 과거나 미래와 연결하여 더 높은 의미를 지닌 것으로 통합하는 것이다. 인생회고를 통해서 과거와 현재를 연결하거나 부모의 과거와 자녀의 미래를 살펴보면서 현재 자신의 삶과의 연결감을 확장할 수 있다. 시간적 확장은 과거-현재-미래의 시간적 통합과 역사적 관점을 통해서 자신의 존재가 먼 과거로부터 이어져 왔으며 먼 미래로 이어져 갈 것이라는 인식을 증가시킬 수 있다.

자기초월을 이룬 사람들은 일반적으로 다음과 같은 심리적 변화가 나타난다. 첫째, 관심의 초점이 자신에서 타인에게로 변화한다. 이기성과 자기중심성으로부터 다른 사람에 대한 배려로 변화하는 것은 자기초월의 가장 중요한 특성이다. 둘째, 가치관의 변화가 나타난다. 자기초월을 이룬 사람들은 더 이상 돈, 권력, 타인의 인정과 같은 외재적 가치에 의해 이끌리지 않으며 행위 자체가 보상이 되는 내재적 동기에 의해서 행동하게 된다. 셋째, 도덕적 관심이 증가하여 이타적이고 올바른 행위를 하는 데에 더 많은 노력을 기울이게 된다. 넷째, 정서적 고양이 나타나며 앞의 세 가지 변화에 의해서 기쁨, 경이로움, 환희, 놀라움과 같은 긍정 정서를 경험하게 된다.

자기초월은 삶과 죽음에 대한 성숙한 자세를 의미하며 에릭슨의 심리사회적 발달단계에서 중년기·노년기의 생산감 또는 자아통합과 관련된 태도이다. 이러한 자기초월은 노화에 따른 신체적 변화 수용하기, 다른 사람들과 지혜 공유하기, 죽음을 삶의 일부로 받아들이기, 인생의 의미 발견하기와 같은 다양한 행동으로 나타난다.

인도의 영적 지도자로서 미국에서 명상을 지도한 스리 친모이(Sri Chinmoy: 1931~2007)는 자기초월의 정서적 고양 효과를 다음과 같이 소개한 바 있다. "자기초월은 우리에게 끝없는 기쁨을 준다. 자신을 초월할 때, 우리는 다른 사람과 경쟁하지 않는다. 우리는 세상의 다른 것들과 경쟁하지 않는다. 매순간 우리는 자신과 경쟁한다. 자신이 과거에 성취했던 것과만 경쟁한다. 그래서 우리가 이전의 성취를 넘어설 때마다 우리는 기쁨을 얻게 된다. 나는 항상 나 자신을 초월하려고 노력한다. 이것이 나의 궁극적 목표이다."

4. 죽음성찰을 통한 죽음초월

죽음의 초월은 종교적·영적 수행을 통해서 성취될 수도 있지만 임사체험이나 트라우마와 같은 충격적 경험을 통해서 촉진될 수도 있다. "아픈 만큼 성장한다."는 말이 있듯이, 고난과 역경은 몹시 쓰지만 심리적 성장의 열매를 맺는다. 최근에 심리학자들은 생명을 위협받는 치명적인 위기를 겪은 사람들이 나타내는 긍정적인 심리적 변화에 깊은 관심을 보이고 있다. 특히 임사체험을 한 사람들의 상당수는 죽음을 더 이상 두려워하지 않게 되었다고 보고한다.

1) 외상후 성장

임사체험을 하거나 다양한 유형의 외상적 사건을 경험한 사람들에게서 나타나는 긍정적인 심리적 변화를 외상후 성장(Post-Traumatic Growth: PTG)이라고 한다. 매우 심각한 삶의 위기(예: 암, 골수 이식, 에이즈 감염, 사별, 성폭력, 이혼)를 겪은 사람들은 세 영역의 긍정적 변화, 즉 자기와 세상에 대한 관점, 대인관계 그리고 인생관에 있어서 긍정적인 변화를 나타냈다(Tedeschi & Calhoun, 1996, 2004).

첫째, 자신과 세상에 대한 관점이 긍정적으로 변화한다. 역경이나 외상사건을 경험하게 되면, 세상에 대한 위험과 자신의 취약성을 인식하는 동시에 자신과 세상에 대한 비현실적인 신념을 수정하게 된다. 아울러 역경으로 인해 상당한 고통과 혼란을 견디며 극복하는 과정에서 자신의 잠재력과 강점을 새롭게 발견할 뿐만 아니라 스스로에 대한 확신과 통제감이 증가한다.

둘째, 대인관계의 긍정적 변화가 나타난다. 위기상황을 이겨내기 위해서 자신을 표현하거나 다른 사람에게 도움을 요청하고 주변 사람들로부터 지지와 도움을 받는 경험을 통해서 대인관계의 중요성을 인식하고 더 큰 유대감을 느끼게 된다. 또한 자신의 아픔과 고통을 통해 다른 사람을 더욱 깊이 이해하고 공감할 뿐만 아니라 함께 살아가는 이들에 대한 감사와 이타적 태도가 증가한다.

셋째, 인생관에도 긍정적 변화가 나타난다. 생명을 위협받는 위기경험은 인간의 운명, 삶과 죽음, 만남과 헤어짐과 같은 실존적 · 철학적 물음을 촉발하기 때문에 인생관 전반에 커다란 변화를 유발한다. 인생의 유한성을 인정하고 자신에게 주어진 제한된 시간 동안 어떻게 살아야 의미 있는 삶을 살 수 있는지에 대한 숙고를 통해서 더 나은 인생관과 가치관을 정립할 수 있게 된다. 외상후 성장을 경험한 사람들은 가치의 우선순위가 바뀌고 작은 것들에 대한 고마움을 느낄 뿐만 아니라 영적인 면에서 신의 존재를 느끼거나 종교에 대한 믿음이 확고해지는 변화를 나타낸다(임선영, 2013).

트라우마는 마치 지진이 도시에 영향을 미치는 것과 같이 사람에게 커다란 영향을 미친다. 지진으로 파괴된 도시가 재건되듯이, 트라우마로 인한 고통과 혼란이 지나가면 이전보다 더 나은 인생관과 가치관이 구축될 수 있다. 트라우마에 직면했던 사람들은 그들의 박살난 신념체계를 재구성함으로써 더 탁월한 신념체계를 창조한다(Janoff-Bulman, 1992). 이러한 재건축 모델(rebuilding model)은 암환자에 대한 연구에서 지지되고 있다. 암환자들은 투병과정을 통해서 긍정적 대처와 증가된 희망감을 나타낼 뿐만 아니라 초월감을 경험하는 것으로 보고되었다(Ersek, 1991; Taylor, 1993). 자신의 죽음에 대한 깊은 숙고, 즉 죽음성찰(death reflection)을 유발함으로써 죽음의 초월을 촉진한다는 주장이 제기되고 있다.

2) 임사체험과 죽음성찰

임사체험을 한 사람들의 상당수는 그러한 체험 이후에 외상후 성장을 나타낸다. 임사체험 연구자인 링(Ring, 1984)에 따르면, 임사체험의 결과로 나타나는 심리적 변화로는 삶의 소중함 인식, 타인에 대한 관심 증가, 타인에게 인정받는 것에 대한 관심 감소, 물질적 가치관의 감소, 의미추구의 증가 등이 있다. 특히 임사체험을 한 사람들에게서 발견되는 공통적 현상은 더 이상 죽음을 두려워하지 않는 죽음수용과 초월감이다(Greyson, 1992; Moody, 1975; Noyes, 1980; Ring, 1980).

네덜란드의 심장전문의 반 롬멜과 동료들(van Lommel et al., 2001)은 임사체험을 한 사람들이 이후의 삶에서 경험하는 변화를 조사했다. 그 결과, 이들은 인생 전반에서 의미 있는 변화를 지속적으로 나타냈다. 사회적 태도(자기 감정의 공개, 타인의 수용, 더 애정 어린 공감적 행동, 타인의 이해, 가족과의 공동 활동), 종교적 태도(삶의 목적에 대한 이해, 삶의 의미감, 영성에 대한 관심), 죽음에 대한 태도(죽음공포의 감소, 죽음 이후의 삶에 대한 믿음), 기타의 태도(삶의 의미에 대한 관심, 자기 이해, 일상적인 것에 대한 감사)에서 긍정적인 변화가 나타났으며 이러한 변화는 8년 이후에도 지속되었다.

임사체험이 이처럼 긍정적 변화를 이끌어 내는 이유는 무엇일까? 임사체험으로 인해서 더 이상 죽음을 두려워하지 않게 되는 이유가 무엇일까? 미네소타 대학교의 심리학과 교수인 필립 코졸리노(Philip Cozzolino)는 임사체험이 죽음성찰(death reflection), 즉 자신의 죽음에 대한 깊은 숙고를 유발함으로써 죽음의 초월을 촉진하기 때문이라고 주장하고 있다.

(1) 죽음자각의 두 가지 유형

죽음을 자각하고 직면하는 경험은 우리의 삶에 어떤 영향을 미치는 것일까? 공포관리 이론에 따르면, 사람들에게 죽음을 자각시켰을 때 자신의 세계관을 방어하려는 경향성이 증가한다. 공포관리 연구에서 죽음불안을 경험한 사람들은 방어적 경향이 강화되어 자신의 세계관에 동조하지 않는 사람들에 대한 부정적인 편견과 처벌행동이 증가했다. 또한 죽음 현저성 조건에 노출된 사람들은 그렇지 않은 사람들보다 돈과 소비에 대한 욕망이 증가하는 경향을 나타냈다(Kasser & Sheldon, 2000).

반면에, 임사체험자들은 공통적으로 물질주의 성향이 감소되었다고 보고한다. 임사체험자들은 흔히 부와 소유물의 추구와 같은 외재적 가치를 공허하고 의미 없는 것으로 여기게 되었다는 보고한다. 공포관리 연구들은 죽음의 자각이 물질적 가치의 추구와 탐욕을 증가시켰다고 보고하는 반면, 임사체험과 외상후 성장의 연구는 죽음과 관련된 경험이 외재적 가치의 추구를 약화시켰다고 보고하고 있다. 이처럼 공포관리 연구와 임사체험 연구는 죽음 자각에 의한 가치관의 변화에 대해서 정반대의 결과를 보고하고 있는 것이다. 두 분야의 연구에서 서로 다른 결과가 나타난 이유는 무엇일까?

코졸리노와 동료들(Cozzolino et al., 2004)에 따르면, 공포관리 연구와 임사체험 연구는 죽음과 관련된 경험의 구체성에 있어서 커다란 차이가 있다. 공포관리 연구의 죽음 현저성 처치에서는 참여자에게 잔혹한 비디오 장면, 장례식장, 죽음공포 질문지를 제시하거나 자신의 죽음을 생각했을 때 떠오르는 생각과 감정을 자유롭게 기술하게 한다. 이처럼 죽음 현저성 처치에서는 참여자에게 죽음에 대한 막연한 추상적 관심을 유도하는 반면, 임사체험은 자신이 실제로 죽었다고 믿는 구체적인 경험을 의미한다. 단순하게 말하면, 죽음 현저성 처치는 "죽음에 대해서 어떻게 생각하는가?"라고 묻는 것인 반면, 임사체험은 "지금 당신은 이렇게 죽었다. 당신은 무엇을 생각하는가?"라고 묻는 것이다.

(2) 죽음성찰의 세 가지 요소

임사체험을 한 사람들이 죽음에 대한 두려움에서 벗어나는 이유는 이들이 죽음성찰을 통해서 자신의 삶과 죽음에 대한 깊은 숙고를 하기 때문이다. 임사체험은 이러한 죽음성찰을 유발하는 반면, 죽음 현저성 처치는 막연한 죽음불안을 촉발할 뿐 죽음성찰로 이어지지 않는다. 코졸리노와 동료들에 따르면, 죽음성찰은 세 가지의 핵심적 요소, 즉 죽음의 구체적 경험, 인생회고, 다른 사람의 관점 취하기를 포함한다.

첫째, 죽음성찰은 실제로 자신이 죽었다고 믿거나 죽음의 위기에 처했다고 믿는 구체적인 경험과 관련된 내면적 성찰이다. 임사체험자들은 그러한 체험 당시에 자신이 실제로 죽었다고 믿는다. 암환자들은 자신이 정말 죽을 수 있다는 강렬한 위기감을 경험하면서 삶과 죽음에 대한 깊은 생각에 빠져들게 된다.

둘째, 죽음성찰은 자신의 삶 전체를 되돌아보는 인생회고(life review)를 포함한다. 임사체험의 공통적 요소는 인생의 모든 순간들이 파노라마처럼 눈앞에 지나가는 인생회고이다(Ring & Valarino, 1998). 인생회고는 죽음의 의미를 자신의 삶과 연결시키는 숙고과정이라고 할 수 있다.

셋째, 죽음성찰은 다른 사람의 관점 취하기를 포함한다. 임사체험자들은 유체이탈의 경우처럼 자신의 시체가 누워 있는 모습을 바라보는 경험을 보고한다. 죽음성찰에서는 다른 사람의 관점에서 자신의 삶과 죽음을 대상화하여 거리를 두고 바라보는 경험을 포함한다.

죽음성찰은 자신의 죽음에 대한 구체적 경험, 인생 전반에 대한 회고, 타인의 관점 취하기라는 세 가지 요소를 포함하는 반면, 죽음 현저성 처치에서는 죽음에 대한 추상적 관심을 유발할 뿐이며 인생회고나 관점 취하기가 포함되지 않는다. 달리 말하면, 죽음 현저성 처치는 죽음에 대한 막연한 관심과 불안을 촉발하여 방어적 행동을 강화하는 반면, 죽음성찰은 자신의 죽음에 대한 구체적 경험과 다각적 숙고를 통해서 인생관과 가치관의 현저한 변화를 유발하게 된다.

3) 죽음성찰의 실증적 연구

코졸리노와 동료들(2004)은 죽음성찰을 실험적으로 유도하여 가치관의 변화를 검증하는 일련의 연구를 실시했다. 연구자들은 임사체험의 세 가지 요소를 고려하여 죽음성찰을 유도하는 시나리오를 개발했다. 연구자들은 참여자들에게 다음의 시나리오를 읽고 자신이 실제로 이러한 상황에 처했다고 상상하도록 했다.

당신은 구시가의 오래된 아파트 빌딩 20층에 사는 친구의 집을 방문하여 늦은 시간까지 이야기를 나누고 잠자리에 들었다고 상상하십시오. 당신이 시끄러운 소리와 숨이 막힐 듯한 연기에 깊은 잠에서 깨어났을 때는 한밤중입니다. 당신은 스탠드 조명에 손을 뻗어 불을 켰습니다. 당신은 방 안이 온통 진한 연기로 가득 찬 것을 보고 충격을 받습니다. 당신은 문으로 달려가 문 손잡이를 잡으려 합니다. 문 손잡이의 매우 뜨거운 열에 통증을 느끼며 물러납니다. 침대의 담요를 붙잡고 그것을 보호막으로 사용하여, 당신은 손잡이를 돌리고 문을 열려고 합니다. 거의 즉시, 불길과 연기의 거대한 물결이 방 안으로 몰려 들어와 당신이 뒤로 넘어져 자빠집니다. 방 안에는 밖으로 나가는 통로가 없습니다. 숨을 쉬기도 어렵고 불길의 열기를 참을 수 없습니다. 당신은 공포에 휩싸여 방의 유일한 창문으로 기어올라 그것을 열려고 합니다. 당신은 문을 열려고 애를 쓰지만 오래된 창문의 모든 틈마다 찌든 때로 막혀 열리지 않는다는 것을 알게 됩니다. 창문은 조금도 움직이지 않습니다. 연기로 인한 눈물로 범벅이 되어 당신의 눈은 지금 거의 보이지 않습니다. 당신은 도와 달라고 소리를 치려 하지만 숨이 막혀 말을 할 수가 없습니다. 당신은 올라오는 연기를 피하려고 계단으로 뛰어 내려갑니다. 그러나 너무 늦었습니다. 거기도 위에서 아래까지 짙은 가스와 강렬한 불길로 가득 차 있습니다. 당신의 심장은 거세게 뛰면서, 문자 그대로 당신에게 죽음

526   제15장 죽음의 초월: 자기의 확장과 초월

의 시간이 왔다는 것을 갑자기 깨닫게 됩니다. 당신이 항상 예상하고 있던 피할 수 없는 미지의 세계가 마침내 다가왔습니다. 숨이 막히고 힘이 빠지면서, 당신은 눈을 감고 종말을 기다립니다.

이러한 시나리오를 읽고 자신이 그러한 상황에 처했다고 상상한 참여자들에게 이어서 다음의 네 가지 개방형 물음에 대해 자유롭게 글을 써서 응답하도록 했다.

(1) 시나리오를 상상하면서 당신이 느낀 생각과 감정을 자세하게 기술해 주십시오.
(2) 만약 당신이 이러한 사건을 경험했다면, 당신은 자신이 마지막 순간을 어떻게 맞이했을 것이라고 생각하십니까?
(3) 시나리오 상황이 당신에게 일어났다고 상상하면서, 당신이 지금까지 살아온 삶을 기술해 주십시오.
(4) 만약 당신에게 이러한 일이 벌어졌다면, 당신의 가족이 어떻게 반응했을 것이라고 생각하십니까?

이러한 네 가지 질문은 임사체험에서 발견된 공통적 요소를 촉진하기 위해서 만든 것이다. 처음의 두 질문은 추상적 죽음이 아니라 실제적 죽음에 직면하는 것을 강화하기 위한 것이고, 세 번째 질문은 자신의 인생을 돌아보며 인생회고를 촉진하기 위한 것이며, 네 번째 질문은 다른 사람의 관점을 취하게 하기 위한 것이다.

코졸리노와 동료들은 이러한 방법과 정교한 실험설계를 통해서 죽음성찰이 외재적 가치의 추구, 즉 탐욕에 미치는 영향을 조사했다. 그 결과, 높은 외재적 가치 지향성을 지닌 사람들은 죽음성찰의 조건에서 물질적 가치를 추구하는 탐욕 수준이 감소했다. 물질적 가치를 추구하는 탐욕 수준은 네 명의 참가자가 서로 경쟁하면서 각기 많은 복권을 차지하려고 행동하게 하는 '제한된 자원 행동과제(limited resource behavioral task)'를 통해서 측정되었다.

후속연구에서는 이러한 변화가 시나리오를 읽고 자신의 죽음을 상상한 것 때문

인지 아니면 네 개의 개방형 질문을 통한 죽음성찰 때문인지를 확인하는 실험이 진행되었다. 참여자의 한 집단에게는 동일한 시나리오를 읽게 하고 네 개의 개방형 질문을 제시한 반면, 다른 집단에게는 동일한 시나리오를 읽게 했지만 죽음성찰과 무관한 질문(예: 당신은 시나리오의 구조를 어떻게 더 효과적으로 개선시킬 수 있다고 생각하십니까?)을 제시했다. 그 결과, 죽음성찰을 유도한 집단에서만 탐욕이 감소했다. 다른 후속연구에서 죽음 현저성 처치는 탐욕을 증가시키는 반면, 죽음성찰 처치는 탐욕을 감소시키는 것으로 나타났다. 이러한 연구결과들은 자신의 죽음을 상상하는 것뿐만 아니라 그에 대한 다각적인 성찰이 가치관의 변화를 유발한다는 점을 시사하고 있다.

코졸리노와 동료들의 연구는 개인의 세계관과 인생관에 대한 현저한 변형과 초월이 촉발되기 위해서는 죽음성찰, 즉 자신의 죽음에 대한 구체적 상상이나 체험, 자신의 전 생애에 대한 회고와 통합, 그리고 자신의 죽음을 타인의 관점에서 바라보는 것이 필요함을 보여 준다. 죽음 현저성 처치와 같이 죽음에 대한 막연한 생각과 상상은 죽음불안을 촉발하여 자존감과 문화적 세계관 방어를 증가시킬 뿐이다. 그러나 자신의 죽음을 생생하고 구체적으로 상상하거나 임사체험의 경우처럼 자신의 죽음을 일시적으로 경험하는 것은 방어를 와해시켜 오히려 새로운 인생관의 형성을 촉진한다. 자기초월을 통한 죽음초월을 촉진하기 위해서는 기존의 신념체계와 가치관을 근본적으로 흔들 수 있는 강력한 자극이 필요하다. 죽음성찰을 통해서 개인의 신념체계와 가치관이 무너지고 재건축을 통해서 새로운 신념체계와 가치관이 형성됨으로써 외상후 성장과 더불어 죽음초월의 상태로 나아갈 수 있다. 지속적인 죽음성찰을 통해서 자기관의 변화가 일어나고 결과적으로 죽음에 대한 수용을 넘어 초월로 나아갈 수 있는 것이다.

5. 영적 초월성과 죽음초월

긍정심리학자들은 영성(spirituality)을 초월과 관련된 가장 중요한 성격적 덕목으로 여기고 있다(권석만, 2008, 2011; Peterson & Seligman, 2004). 영성은 인간의 실존적 한계를 초월할 수 있는 궁극적인 것, 절대적인 것, 영원한 것, 성스러운 것을 추구하는 태도를 의미한다. 달리 말하면, 인생의 초월적 측면에 대한 관심과 믿음 그리고 수행 노력을 의미한다. 이러한 성격적 덕목을 지닌 사람들은 인생의 의미와 목적의식을 느끼며 더욱 충만한 삶을 살게 된다.

1) 영적 초월성

미국의 성격심리학자인 랄프 피드몬트(Ralph Piedmont, 1999)는 개인이 죽음과 관련된 실존적 물음을 제기하고 그 해답을 추구하는 과정에서 발달하는 초월적인 심리적 능력을 영적 초월성(spiritual transcendence)이라는 용어로 지칭했다. 영적 초월성은 개인이 시간과 공간의 즉각성을 넘어서 더 크고 객관적인 관점에서 인생을 바라보는 능력을 의미한다.

피드몬트에 따르면, 인간은 성장하면서 자신의 유한성과 죽음을 자각하게 되며 자신의 존재의미와 삶을 통해 지향해야 할 의미를 추구한다. 이러한 실존적 물음에 대한 해답은 우리가 인생의 다양한 측면을 좀 더 커다란 하나의 의미로 통합할 수 있도록 돕는다. 이처럼 실존적 해답을 추구하는 과정에서 시간과 공간의 즉각성을 넘어서서 좀 더 크고 객관적인 관점에서 삶을 바라보는 역량을 발달시키게 되는데, 이것이 바로 영적 초월성이다.

영적 초월성은 종교성을 포함하는 심리적 속성이자 성격적 특질이다. 이러한 영적 초월성은 몇 개의 구성요소로 이루어진다. 그 첫째는 연결성(connectedness)으로서 개인이 자신은 더 커다란 인류 오케스트라의 일부로서 조화로운 인간세계를 지속하기 위해서 없어서는 안 되는 존재라고 믿는 것이다. 이러한 연결성은 다른 사람들에 대한 개인적 책임감을 유발하여 수직적으로는 세대 간 헌신으로 나타나고 수평적으로는 공동체의 다른 사람들에 대한 헌신으로 표현될 수 있다. 둘째는 통일성(universality)으로서 모든 생명체가 서로 연결된 커다란 하나이며 공동 운명체라는 믿음을 말한다. 이러한 통일성은 생명체의 통합적 속성에 대한 믿음으로서 개인의 삶은 이러한 통합적 지향성을 위한 목적과 의미를 지닌다는 생각으로 이어진다. 셋째는 기도 충만성(prayer fulfillment)으로서 기도나 명상을 통해서 얻게 되는 기쁨과 만족감을 말한다. 이러한 기쁨과 만족감은 기도나 명상을 통해서 다른 존재 상태로 나아가거나 초월적 실체와 개인적인 접촉을 하게 되는 경험의 산물이다.

이 밖에도 영적 초월성에는 인생에서 상반되거나 불일치하는 것들을 견디며 함께 살아가는 능력을 의미하는 역설에 대한 관용성(tolerance to paradox), 섣부른 가치판단을 피하고 타인의 고통과 욕구에 대한 민감성을 지니며 그들의 입장에서 삶과 타인을 수용하는 능력을 뜻하는 비판단성(nonjudgmentality), 우리가 매 순간을 소중히 여기면서 인생에서 직면하게 되는 경험을 성장과 기쁨의 기회로 받아들이려는 욕구를 뜻하는 실존성(existentiality), 우리의 삶이 지닌 독특하고 공통적인 모든 속성에 대해서 경이로움과 고마움을 경험하는 감사(gratitude)가 포함된다.

피드몬트(1999, 2001)는 영적 초월성에 대한 과학적 연구를 위해서 이러한 심리적 속성을 측정할 수 있는 자기보고형 척도인 영적 초월성 척도(Spiritual Transcendence Scale: STS)를 개발했다. 이 척도는 여러 종교(기독교, 힌두교, 유대교 등)의 공통적 속성을 조사하여 구성한 24개의 문항으로 되어 있으며 세 개의 요인, 즉 연결성, 통일성, 기도 충만성을 측정하고 있다. 각 요인을 측정하는 문항의 예를 소개하면 다음과 같다.

• 연결성
- 죽은 사람이라도 내 친척에 대한 이미지는 나의 현재 삶에 계속 영향을 미친다.

- 나는 우리 가족 계보의 연결고리, 즉 과거와 미래를 연결하는 다리이다.
- 나는 죽은 사람과 강한 정서적 유대감을 여전히 지니고 있다.
- 나는 내가 죽은 후에 생명을 갖게 될 사람들에 대해서도 관심을 지니고 있다.

• 통일성
- 모든 사람을 연결해 주는 더 높은 수준의 의식이나 영성이 존재한다.
- 모든 생명은 서로 연결되어 있다.
- 나는 우리 모두가 더 높은 수준에서 공통성을 지닌다는 유대감을 느낀다.
- 나는 인생에 더 커다란 계획이 존재한다고 믿는다.

• 기도 실현성
- 나는 기도나 명상을 통해서 깊은 충만감과 축복감을 경험한다.
- 나는 기도나 명상으로부터 내적인 힘과 평화를 발견한다.
- 나는 더 높은 의식 수준에 이르기 위해서 명상이나 기도를 한다.
- 기도나 명상을 할 때, 나는 이 세상의 사건들을 잊게 된다.

이 척도의 세 요인은 종교적 헌신이나 참여도와 유의미한 상관을 나타냈다. 반면에 성격의 5요인과는 상당히 독립적인 것으로 나타났으며 피드몬트는 영적 초월성이 여섯 번째의 새로운 주요한 성격요인으로 추가되어야 한다고 주장했다. 영적 초월성은 여러 종교적 태도와는 정상관을 나타낸 반면, 물질주의와는 역상관을 나타냈으며 성격 5요인과는 유의미한 상관을 보이지 않았다(Piotrowski, Skrzypinska, & Zemojtet-Piotrowska, 2013).

2) 영적 초월성의 죽음 완화 효과

영적 초월성은 개인이 신, 우주, 인류와 같이 자신보다 더 큰 것과의 연결성과 통일성을 경험함으로써 죽음을 초월하려는 시도라고 할 수 있다. 이러한 영적 초월성이나 죽음초월의 노력은 죽음부정의 다른 형태가 아닐까? 다른 존재와 연결감을 추구하고 모든 생명이 연결되어 있다는 믿음은 결국 자기존재의 불멸을 추구하는 다른 유형의 방어적 노력은 아닐까? 실제적 불멸이든 상징적 불멸이든 죽음부정을 통해 죽음불안을 잘 관리하고 있는 사람들도 낮은 죽음불안을 경험하기 때문이다. 과연 죽음부정과 죽음초월은 어떻게 구별될 수 있을까?

우선, 죽음초월은 죽음에 대한 직면과 성찰을 통해서 도달되는 심리적 상태라는 점에서 죽음을 회피하는 죽음부정과는 다르다. 특히 죽음초월은 죽음에 대한 방어적 태도가 감소한다는 점에서 죽음부정과는 현저하게 다르다. 신과의 연결감이나 사후생에 대한 믿음은 죽음초월뿐만 아니라 죽음부정의 수단이 될 수 있다. 그러나 죽음을 부정하기 위한 방어로서 신과 사후생을 믿는 사람은 죽음불안이 촉발되면 세계관 방어를 통해서 자신의 종교와 믿음에 대한 더 강한 집착을 나타낼 것이다. 반면에, 신과 사후생 믿음이 죽음초월과 연결된 경우에는 죽음불안을 경험하더라고 방어가 촉발되지 않기 때문에 자신의 종교나 믿음에 대해서 자유로운 태도를 나타낼 것이다.

폴란드의 심리학자인 피오트로프스키와 동료들(Piotrowski, Zemojtet-Piotrowska, & Clinton, 2018)은 매우 정교한 실험연구를 통해서 영적 초월성이 죽음불안을 완화하는지를 살펴보았다. 연구자들은 참여자들에게 죽음 현저성 처치를 통해 죽음불안을 촉발한 후에 영적 초월성을 증진하는 처치를 했다.

영적 초월성 처치는 종교와 관련된 방식 또는 종교와 무관한 방식으로 이루어졌다. 종교와 관련된 영적 초월성 처치는 "하나님이 만약 인간으로 태어난다면 어떤 성격특질을 지니고 있을까요?", "당신은 기도하고 있을 때 어떤 감정을 느끼나요?"에 대해서 최대한 상세히 글을 쓰게 했다. 반면에, 종교와 무관한 영적 초월성 처치는 "당신이 다른 사람들(당신 이전에 살았던 사람들, 현재 살고 있는 사람들, 그리고 미래에서 살게 될 사람들)과 함께 지니고 있는 공통적인 점들은 무엇인가요?", "당신이 우주의 일부라고 생각할 때 어떤 감정을 느끼나요?"에 대해서 최대한 상세히 글을 쓰게 했다.

이러한 처치를 한 후에서 "지역사회 아동들을 위한 치료센터에서 자원봉사자 요청이 왔는데, 몇 시간이나 자원봉사자로 참여할 의향이 있나요?"라는 물음을 통해 이타행동의 정도를 평가했다. 그 결과, 죽음 현저성 처치만 실시한 집단에서는 그러한 처치를 하지 않은 집단에 비해서 더 많은 시간을 자원봉사로 참여하겠다고 응답했다. 공포관리 이론(TMT)과 관련된 다른 연구(Jonas et al., 2002)에서도 죽음 현저성 처치는 불안을 유발하고 문화적 방어를 촉발하여 이타행동을 증가시키는 것으로 나타났다. 그러나 죽음 현저성 처치 이후에 영적 초월성을 증진한 집단은 종교와의 관련성에 상관없이 이러한 이타행동이 증가하지 않았다. 이러한 결과는 죽음 현저성 처치로 높아진 죽음불안을 영적 초월성 처치에 의해 완충함으로써 이타행동에 영향을 미치지 않았다는 것을 의미한다. 요컨대, 영적 초월성 처치는 그것이 종교와 관련된 것이든 아니든 죽음불안을 완충하는 기능을 할 수 있다.

피오트로프스키와 동료들(2018)은 후속연구에서 죽음불안을 유발한 후에 세 집단으로 나누어 각각 종교적 초월, 비종교적 초월, 초월과 무관한 중립적 상태(통제 조건)를 촉발하고 폴란드를 비판하는 글을 읽게 한 후에 이 글에 대한 평가를 하게 했다. 죽음 현저성 처치는 반폴란드 글에 대한 평가절하를 유발했다. 그러나 영적 초월성 처치를 한 두 집단에서는 모두 죽음 현저성 처치 후에도 반폴란드 글에 대한 평가절하가 나타나지 않았다. 이러한 결과는 영적 초월성이 종교적인 것이든 아니든 죽음불안이 유발되더라도 문화적 세계관 방어에 의존하지 않고 불안을 완화하는 기능을 할 수 있음을 의미한다.

피오트로프스키와 동료들의 연구결과는 영적 초월성이 종교와 상관없이 모든 사람들에게 보편적인 죽음불안 완충기능을 할 수 있음을 의미한다. 영적 초월성은 상징적 불멸감이나 실제적 불멸감을 제공함으로써 불안을 완충하는 기능을 하지만 자존감이나 문화적 세계관의 방어와 무관하며 종교에 상관없이 보편적인 심리적 특질이다. 영적 초월성의 중요한 요소인 연결성은 다른 사람들과의 긍정적 유대관계를 증진한다. 이러한 연결성은 친밀한 사람들과의 유대감뿐만 아니라 더 커다란 공동체, 심지어 우주와의 연결감을 통해서 죽음불안을 완충하는 기능을 할 수 있다.

6. 자기확장과 죽음초월

죽음초월은 죽음수용과 어떻게 다른가? 죽음수용과 죽음초월의 차이를 명확하게 제시하기는 어렵다. 죽음에 대한 태도는 죽음부정으로부터 죽음수용을 통해 죽음초월로 이어지는 연속선상에서 다양하게 구분될 수 있을 것이다. 죽음부정과 죽음수용은 죽음에 대한 회피와 방어의 정도가 다르다. 죽음부정에서는 죽음의 자각을 회피하고 죽음에 저항하는 방어적 노력이 이루어지는 반면, 죽음수용에서는 죽음을 직면하고 유한성을 인정하면서 죽음에 대한 저항과 방어를 내려놓는다. 따라서 죽음부정의 태도를 지닌 사람들은 죽음이 가까이 다가왔을 때 강렬한 불안과 공포에 휩싸이게 되지만, 죽음을 수용한 사람은 비교적 담담하고 평온한 마음으로 죽음을 맞이하게 된다.

죽음수용과 죽음초월은 모두 죽음의 직면을 통해서 도달할 수 있는 심리적 태도일 뿐만 아니라 죽음불안을 완화하고 삶의 만족도를 증가시킨다는 점에서 유사하다. 철저한 죽음수용은 죽음초월의 수준에 속할 수 있으며, 초보적인 죽음초월은 죽음수용에 해당된다고 할 수 있다. 그러나 죽음수용과 죽음초월은 자기에 대한 태도에 있어서 근본적으로 다르다. 죽음수용에서는 자기개념이 비교적 온전하게 유지되는 반면, 죽음초월에서는 자기개념의 현저한 변형이 이루어진다. 죽음초월은 자기의 경계가 느슨해지고 자기애와 자기중심성이 현저하게 약화되는 자기초월에 근거하고 있을 뿐만 아니라 자신과 세계의 실재성에 대한 매우 유연한 관점에 기반하고 있다. 죽음을 초월하기 위해서는 자기를 바라보는 관점의 근본적인 변화가 필요하다.

1) 자기확장 이론

미국의 임상심리학자이자 플로리다 대학교 심리학과 교수인 해리스 프리드먼

◈ 자기확장 이론을 제시한 해리스 프리드먼

(Harris Friedman, 1989, 2006, 2013)은 자신의 다양한 명상경험에 근거하여 자기확장 이론(theory of self-expensiveness)을 제시했다. 그에 따르면, 자기초월을 주장하는 심리학 이론들은 너무 추상적이고 개념적인 반면, 일반인의 자기개념에 대한 이론들은 너무 미시적이고 설명 범위가 제한적이다. 이러한 거대이론과 미니이론의 함정을 피하기 위해서는 중간-범위의 자아초월 심리학 이론(Mid-Range Transpersonal Psychology Theory: M-R TPT)이 필요하다. 프리드먼은 그러한 중간-범위의 이론으로 자기확장 이론을 제시했다.

자기확장 이론에 따르면, 우리의 일상적인 자기개념은 세계로부터 분리된 개인이 '지금 여기'의 경험에 근거하여 구성한 매우 좁은 제한적 개념이다. 이러한 자기개념은 반드시 포함되어야 하거나 제외되어야 하는 것의 절대적 구분이 없으며 동일시(identification) 과정을 통해서 모든 것을 포함시킬 수 있다. 우리의 자기개념은 다른 사람, 자연, 심지어 초월적 존재를 포함하는 것으로 확장될 수 있다. '나'라는 자기의식은 이처럼 확장되어 궁극적으로 모든 존재와의 경계가 완전히 사라진 자기초월적 상태에 이를 수 있다.

자기확장은 두 차원(시간과 공간)에서 크게 세 수준(개인적, 중간적, 초개인적)의 과정을 통해 이루어질 수 있다. 공간적 차원에서는 자기확장이 자신의 외부에 존재하는 것들과 동일시하는 확대적 방향과 자신의 내부에 존재하는 것의 연결성을 강화하는 수축적 방향으로 이루어질 수 있다. 시간적 차원은 현재로부터 과거로 돌아가는 후향적 방향과 미래로 나아가는 전향적 방향으로 진행될 수 있다. 이러한 자기확장 과정을 도식적으로 제시하면 〈그림 15-2〉와 같다.

우리의 마음은 '지금 여기'에서의 즉각적 경험을 넘어 시간적·공간적 확장을 통해 자기확장으로 나아갈 수 있다. 시간적 차원에서, 우리는 과거를 돌아보는 후향

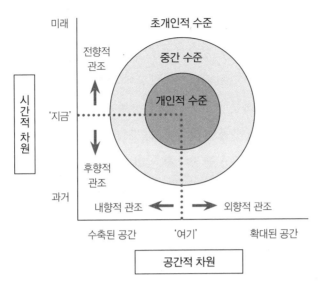

〈그림 15-2〉 자기확장의 공간적 차원과 시간적 차원

적 관조(hindsight)를 통해서 과거로부터 교훈을 배울 수 있을 뿐만 아니라 미래를 내다보는 전향적 관조(foresight)를 통해 미래의 가능한 사건들을 예측하고 그에 따라 계획을 세울 수 있다. 공간적 차원에서는 우리 자신의 내면적 측면을 바라보는 내향적 관조(insight)를 통해 자신을 구성하는 미시적 세계에 대한 자각이 증가할 뿐만 아니라 세계의 외부적 측면을 바라보는 외향적 관조(farsight)를 통해서 우리의 삶에 영향을 미치는 환경적 요인들과의 연결감을 증진할 수 있다. 이처럼 인간은 '지금-여기'를 넘어서 과거와 미래로, 그리고 내부와 외부로 자신의 체험을 확장하는 매우 중요한 능력을 지니고 있다. 이러한 네 가지 능력을 통해서 현재의 한계를 넘어 자기를 점차적으로 확장할 수 있으며, 심지어 초개인적 존재와 동일시하는 수준에까지 이를 수 있다. 우리가 한 인간으로서 좀 더 '전체적'으로 존재하기 위해서는 '지금 여기'에 충실히 존재하는 것뿐만 아니라 그것을 넘어서 자신을 확장해 나갈 필요가 있다.

2) 자기확장 수준 척도

프리드먼(Friedman, 1981, 1983)은 자기확장에 관한 실증적 연구를 위해서 개인의 자기확장 수준을 측정하는 척도인 자기확장 수준 척도(Self-Expansiveness Level Form: 이하에서는 SELF로 칭함)를 개발하였다. SELF는 18문항으로 구성된 자기보고형 질문지로서 5점 척도상에서 평정하게 되어 있다. 자기확장의 세 수준과 네 방향에 대한 이해를 돕기 위해서 SELF의 문항을 소개하면 다음과 같다.

🍀 자기확장 수준 척도(SELF)

우리 모두는 자신이 누구인지에 대해서, 즉 자기개념이나 자기정체성에 대해서 나름대로의 생각을 가지고 있습니다. 다음의 각 항목은 사람들이 자신에 속하는 것이라고 여길 수 있는 것들입니다. 이 질문지는 당신이 어떤 사람인지를 묘사하기 위해 다음 항목을 얼마나 기꺼이 사용할 것인지를 살펴보기 위한 것입니다.

다음 항목을 주의 깊게 살펴보고 "나는 누구인가?"라는 물음에 대한 응답으로서 이 항목을 얼마나 기꺼이 사용할 의향이 있는지 다음의 적절한 글자(Ⓐ~Ⓔ)를 선택해 주십시오. 여기에 옳고 그른 응답은 없으며 당신 자신의 경험에 근거하여 응답하면 됩니다.

나의 자기개념이나 자기정체성을 묘사하기 위해서,

    Ⓐ 반드시 사용할 것이다.

    Ⓑ 사용할 의향이 있다.

    Ⓒ 중간이다.

    Ⓓ 사용하기 꺼려진다.

    Ⓔ 전혀 사용할 의향이 없다.

1. 내가 현재 경험하고 있는 감정과 느낌
2. 내가 아이였을 때 경험했던 생각과 감정
3. 현재 존재하고 있는 개인으로서 나의 독특성

4. 내가 경험하고 있는 사회적 관계들

5. 내가 아이였을 때 행동했던 방식들

6. 내가 하나의 존재로서 체험한 모든 형태의 인생경험

7. 나의 심장처럼 내 몸 부위에서 느껴지는 감각들

8. 내가 현재 살아가면서 행동하는 방식

9. 내가 경험하게 될 미래의 사건

10. 현재 경험하고 있는 나의 생각과 견해들

11. 미래의 삶에서 내가 행동하게 될 방식

12. 내 몸에 존재하는 개별적인 원자들

13. 나의 행동에 영향을 미치는 물리적 환경들

14. 어떤 방식으로든 나에게 영향을 미치는, 내가 태어나기 이전에 일어난 모든 것들

15. 나의 얼굴표정처럼 내 몸 각 부위의 움직임

16. 현재 내가 지니고 있는 태도와 가치들

17. 궁극적인 의미에서 나에 속하는, 시간을 넘어선 우주 전체

18. 인간적 형태를 지니지 않을 수도 있지만, 먼 미래에 나로부터 유래하여 존재하게 될 모
든 것들

♠ 각 문항이 측정하는 수준과 확장 방향

– 개인적 수준을 측정하는 문항: 1, 3, 8, 10, 16.

– 중간적 수준을 측정하는 문항: 과거(2, 5), 미래(9, 11), 수축(7, 15), 확장(4, 13)

– 초개인적 수준을 측정하는 문항: 과거(14), 미래(18), 수축(12), 확장(6), 전반(17)

　　SELF는 실증적 연구를 통해서 그 신뢰도와 타당도가 입증되었다. 장기간 요가 수행을 했을 뿐만 아니라 요가지도자로부터 높은 수행 수준의 평가를 받은 사람들은 그렇지 않은 요가수행자나 일반인들에 비해서 자기확장 수준이 높게 나타났다 (Friedman, 1983). 이 밖에도 SELF는 다양한 영적 수행, 변형적 교육, 창조적 예술 교육, 바디워크 등과 같이 자기초월을 촉진하는 활동에서 활용되고 있다.

3) 자기확장 치료

인간은 누구나 시간적·공간적 차원에서 자기를 확장할 수 있는 능력을 지니고 있다. 자기확장은 작은 경계 내에 갇혀 있는 편협하고 경직된 자기의식을 유연하게 확장함으로써 개인의 삶을 긍정적으로 변화시킬 수 있다. 프리드먼은 자기확장 이론에 근거하여 개인의 정신건강을 증진할 뿐만 아니라 자기초월을 촉진하기 위한 자기확장 치료(self-expansiveness therapy)를 제시하고 있다.

〈그림 15-2〉에 제시했듯이, 우리는 시간과 공간의 두 차원에서 과거와 미래, 그리고 수축과 확대를 통해 자기의식을 확장할 수 있다. 시간적 차원에서는 후향적 관조를 통해 과거와의 연결감을 확대하고, 전향적 관조를 통해서 미래로의 확장을 촉진할 수 있다. 공간적 차원에서는 내향적 관조를 통해 자신의 내면적 세계에 대한 이해를 심화하고, 외향적 관조를 통해 우리의 삶에 영향을 미치는 외부세계의 다양한 측면과 접촉할 수 있다. 자기확장 치료는 여러 치료방법을 동원하여 다각적으로 내담자의 자기확장을 촉진하는 통합적이고 포괄적인 접근이다.

예컨대, 내담자의 후향적 관조를 촉진하기 위해서는 정신역동적 치료나 회고치료의 방법을 사용하여 과거와의 연결과 확장을 도울 수 있다. 현실치료나 진로상담과 같은 미래지향적 접근을 통해 전향적 관조를 촉진함으로써 내담자가 미래를 예상하고 체계적으로 준비하여 효과적으로 적응하도록 돕는다. 마음챙김, 게슈탈트 치료, 인지행동치료와 같은 개입방법은 내향적 관조를 촉진하여 내담자로 하여금 자신의 내면적 세계와의 접촉을 지원할 수 있다. 또한 요가, 바이오피드백, 호흡훈련, 바디워크와 같은 신체적 훈련은 몸의 감각과 움직임뿐만 아니라 마음과의 연결성에 대한 자각을 증진할 수 있다. 대인관계치료, 가족치료, 여성주의치료와 더불어 정치사회적·생태환경적 주제에 대한 관심을 증진시키는 개입은 외향적 관조를 유발함으로써 내담자로 하여금 자신의 삶에 영향을 미치는 외부세계의 다양한 측면에 대한 이해와 행동적 실천을 촉진할 수 있다. 나아가서 종교적·영적 수행을 통해서 궁극적으로 신 또는 초월적 의식으로의 자기확장이 이루어질 수 있다.

프리드먼에 따르면, 자기확장은 동일시(identification)를 통해 작은 경계 내에 갇혀 있던 편협하고 경직된 자기의식을 유연하게 확장함으로써 개인의 삶을 긍정적으로 변화시킨다. 그러나 개인이 세상의 여러 측면과 동일시할 수 있는 능력과 수준은 매우 다양하다. 동일시를 통해 자기개념을 확장하는 노력과 더불어 탈동일시를 통해 자기개념을 비워 나가는 노력도 가능하다. 탈동일시(de-identification)는 자기초월적 치유나 성장을 촉진하는 좋은 방법으로 알려져 있다. 탈동일시를 통해 자기개념을 해체하여 자기라고 할 만한 것이 아무것도 없는 상태에 이를 수 있다. 프리드먼은 모든 것과의 동일시와 모든 것으로부터의 탈동일시가 모두 극도로 높은 경지에 이르면 자기초월이라는 동일한 목표지점에 도달하게 된다고 주장한다. 그는 개체의식과 우주의식의 관계를 설명하는 동양사상에 깊은 관심을 지니고 있으며, 개체의식이 우주의식으로 나아가는 상향적 자기확장(bottom-up self-expansion)뿐만 아니라 우주의식이 개체의식에 스며드는 하향적 자기수축(top-down self-contraction)의 과정이 존재할 수 있음을 인정한다. 예컨대, 『화엄경(華嚴經)』의 핵심적 사상인 '일즉다 다즉일(一卽多 多卽一)', 즉 하나가 곧 모두이고 모두가 곧 하나라는 불교사상을 심리학적으로 설명하려고 노력하고 있다. 달리 말하면, 동일시를 통한 자기확장뿐만 아니라 탈동일시에 의한 내면적 침잠(immanence)을 통해 개인의 심층에 존재하는 초월적 의식과 접촉함으로써 자기초월에 이를 수 있음을 인정하는 것이다.

7. 자아초월 심리학

인간의 정신세계는 참으로 넓고 깊다. 인간이 인식하고 체험하는 마음의 세계는 그 끝을 헤아리기 어려울 만큼 다양하고 심오하다. 인간의 정신세계를 이해하는 데에 매우 중요하지만 그동안 심리학에서 외면해 온 심리적 현상이 있다. 그것은 영적인 신비체험이다. 동양과 서양의 종교적 또는 영적 수행자들은 다양한 신

◈ 영적인 신비체험은 인간의 심층심리를 탐구할 수 있는 중요한 연구주제이다.

비체험을 보고하고 있다. 이러한 신비체험은 우주 또는 신과의 합일경험, 자아의
식이 소멸하는 무아경험이나 삼매경험, 주관과 객관의 이원성 초월, 궁극적 또는
절대적 의미의 인식, 황홀한 절정경험 등을 포함하고 있다.

1) 신비체험과 자아초월 심리학

서양의 전통적인 심리학은 이러한 신비체험을 매우 특수하고 비정상적인 주관
적 경험으로 간주했을 뿐만 아니라 과학적 연구가 어렵다는 이유로 중요한 의미
를 부여하지 않았다. 그러나 자아의식을 넘어서 초개인적 심리현상에 관심을 지
니고 있던 심리학자들(앤서니 수티치, 에이브러햄 매슬로, 조셉 애덤스 등)은 1968
년에 자신들의 관심사를 연구하는 심리학 분야를 자아초월 심리학(Transpersonal

Psychology)이라고 명명했다. 이들은 자아초월 심리학을 '영성과 의식의 변성상태(altered state of consciousness)에 대한 심리학적 연구'라고 정의하고 정신분석학, 행동주의 심리학, 인본주의 심리학을 넘어서는 '제4의 심리학'이라고 지칭했으며, 자아초월심리학회(Association of Transpersonal Psychology)를 결성하고 1969년부터 『Journal of Transpersonal Psychology』를 발간하기 시작했다.

　자아초월 심리학은 현대 심리학의 이론적 체계 내에서 인간경험의 초개인적·자아초월적·영적 측면을 연구하는 심리학의 분야를 의미한다. 전통적으로 '종교적 또는 영적'이라고 간주되어 온 인간의 경험에 대한 과학적인 접근이라고 할 수 있다. 자아초월 심리학의 주된 관심사는 자아초월적인 의식상태, 개인적 자기의 초월경험, 영적인 신비경험, 인간의 궁극적 잠재능력, 영적인 성장과 치유 등이다. 자아초월 심리학은 종교와 과학을 연결할 뿐만 아니라 동양과 서양의 지혜를 통합하려는 시도로서 인간 심성의 심오한 구조를 밝히고 인간으로서 가능한 최고의 심리적 성장과 자아초월을 추구한다.

2) 의식과 심리적 발달의 세 수준

　동양의 종교적 수행경험과 영적인 신비체험은 일상적인 자기의식을 넘어서는 다양한 자기초월적 의식이 존재할 뿐만 아니라 인습적 관념을 넘어선 초월적인 삶이 가능함을 제시하고 있다. 월시(Walsh, 2000)에 따르면, 불교를 비롯한 동양의 종교는 인간의 일상적인 마음상태를 역기능적이고 미숙한 것으로 여긴다는 점에서 서양의 관점과 다르다. 동양의 종교적 수행법은 인습적으로 인식된 인간의 한계를 넘어 마음을 훈련하고 발달시키는 다양한 수련방법을 제시하고 있으며 이러한 심신수련을 통해서 고통의 극복은 물론 심리적 성장과 자아초월을 목표로 하고 있다.

　인간의 의식은 얼마나 넓고 깊은 영역으로 확장될 수 있을까? 인간의 정신세계는 얼마나 높은 수준까지 발달할 수 있는 것일까? 윌버(Wilber, 1996)가 주장하듯이, 유전자 지도를 마련하는 게놈 프로젝트만큼이나 중요한 것이 인간의 의식 프로젝트이다. 즉, 무의식에서부터 일상적 의식을 넘어 초월의식에 이르는 인간의 다양한 의식상태를 규명하는 작업이다.

자아초월 심리학은 인간의 의식과 심리적 발달이 크게 세 단계, 즉 전개인적(전인습적) 단계, 개인적(인습적) 단계, 초개인적(후인습적) 단계로 나아간다는 가정에 근거하고 있다. 인간의 다양한 의식상태는 스펙트럼상에서 다양하게 세분될 수 있지만 전개인적·개인적·초개인적 수준으로 구분할 수 있다. 매슬로, 콜버그, 윌버를 비롯하여 인간의 성숙과정을 연구하는 심리학자들은 공통적으로 심리적 발달을 전개인적·개인적·초개인적 수준으로 구분하고 각 수준을 나름대로 세분하고 있다.

(1) 전개인적 또는 전인습적 단계

신생아는 자기의식, 즉 자신이 세상과 분리된 개별적인 존재라는 의식 없이 태어난다. 또한 그가 속한 사회의 관습적 규범이나 행위에 대한 인식이 전혀 없는 상태에서 세상에 나온다. 이처럼 인간의 발달은 전개인적 또는 전인습적 상태에서 출발한다. 전개인적(prepersonal)이라 함은 개별적 존재로서의 자기의식이 발달하지 않은 상태를 의미하며 전자아적(preegoic)이라고 불리기도 한다. 전인습적(preconventional)이라 함은 사회적 인습과 규범에 대한 학습이 이루어지기 전의 미숙한 상태를 뜻한다.

이 수준의 발달단계는 자신과 세상에 대한 의식이 명료하게 발달하지 못한 상태로서 현실을 정확하게 인식하지 못할 뿐만 아니라 그에 대한 적응 능력이 미숙하다. 프로이트가 제시했듯이, 자아가 발달하기 이전의 심리적 상태로서 원초아(id)를 중심으로 기능하는 유아기의 발달단계에 해당한다. 이러한 단계에서는 욕망충족과 쾌락추구가 가장 우선시되며 사고가 비현실적이고 비논리적이기 때문에 환경에 대한 심각한 부적응을 겪게 된다.

전개인적 의식수준은 유기체가 경험하는 가장 낮은 수준의 의식 상태를 의미한다. 이 단계에 머물고 있는 생명체는 의식의 명료성과 정밀성이 매우 낮으며 그 극단에는 아무것도 의식하지 못하는 무의식과 혼수상태가 있다. 전개인적 발달단계는 진화과정의 낮은 위계에 존재하는 하등동물을 비롯하여 자아발달이 이루어지지 않은 유아의 미숙한 심리적 상태를 반영한다. 또는 극심한 심리적 혼란으로 현실검증력이 손상된 정신병 상태의 성인은 전개인적 수준의 발달단계로 퇴행한 경우라고 할 수 있다.

(2) 개인적 또는 인습적 단계

유아는 감각 및 인지 기능이 발달하고 사회적 경험이 축적됨에 따라 명료한 자기의식을 형성할 뿐만 아니라 사회의 인습과 규범을 학습하여 그에 따라 행동하게 된다. 이러한 심리적 발달을 통해서 유아는 개인적(personal), 자아적(egoic) 또는 인습적(conventional) 단계로 접어들게 된다. 이러한 발달수준은 대부분의 사람이 공유하는 일상적인 삶의 상태로서 정상적이고 적응적인 것으로 간주된다.

프로이트의 성격구조이론에 따르면, 이 단계는 욕망 통제와 현실 적응의 기능을 담당하는 자아(ego)가 발달한 상태일 뿐만 아니라 사회적 규범을 내면화하는 초자아(superego)의 발달이 이루어진 상태라고 할 수 있다. 이 단계의 개인은 명료한 자기의식을 지닌 상태에서 이성과 합리성에 근거한 현실적이고 논리적인 사고를 통해서 자기이익을 추구한다. 콜버그(Kohlberg)가 제시한 도덕발달 이론에 비추어 보면, 이 단계는 인습적 도덕성(conventional morality)의 수준에 해당하며 개인은 사회적 규칙을 이해하고 좀 더 객관적인 관점에서 옳고 그름을 판단하게 된다. 이수준에서 개인은 자신을 집단의 구성원으로 동일시하며 집단의 규범에 충성하는 도덕적 태도를 지니게 된다.

개인적이고 인습적인 발달수준은 대다수의 보통 사람들이 경험하는 정상적인 수준으로서 실존적인 것으로 간주된다(Walsh, 2000). 이 수준에서는 사회적 현실에 잘 적응하고 있지만 죽음, 무의미, 고독과 같은 실존적 불안을 지니고 살아가기 때문이다. 서양의 심리치료는 전인습적 수준에서 부적응 상태에 있는 개인을 인습적 수준에서 끌어올리는 것을 목표로 하고 있다. 실존적 심리치료 역시 개인적 발달수준에서 무의미, 고독, 죽음과 같은 인간이 피할 수 없는 실존적 문제에 대한 대처방식에 초점을 맞추고 있다.

(3) 초개인적 또는 후인습적 단계

동서양의 영적 수행자들은 개인적·인습적 단계를 인간이 도달할 수 있는 최선의 상태라고 여기지 않는다. 오히려 이러한 삶의 단계는 자아에 집착하고 사회적 인습에 의해 속박된 진실하지 못한 상태일 뿐만 아니라 인간의 잠재능력이 충분히 발현되지 못한 미숙한 상태라고 간주한다. 또한 의식의 개인적 수준에서 경험하는 것은 일종의 환상이라고 여긴다. 하지만 대부분의 사람은 개인적·인습적 상태를 정상적이고 적응적인 것으로 여기며 그 역기능을 인식하지 못한다. 그 이유는 모든 사람들이 이러한 역기능을 똑같이 공유하고 있어서 특별한 문제점으로 여기지 않기 때문이다.

불교를 위시한 동양의 종교는 마음의 훈련을 통해서 개인적·인습적 수준을 넘어 실존적 불안을 극복하고 자유로운 삶을 추구한다(Walsh, 2000). 이기적인 자아의식을 초월함으로써 실존적 문제로부터의 해방을 체험할 뿐만 아니라 인습적인 규범과 가치를 뛰어넘어 자유롭고 주체적인 삶으로 나아간다. 또한 편협한 자아의식을 극복함에 따라 고도의 집중력, 자비심, 통찰 및 환희와 같은 정상 범위 이상의 심리적 능력을 발휘하게 된다.

자아초월 심리학자들은 인간의 심리적 발달이 개인적·인습적 수준을 넘어 그 이상의 수준까지 가능하다고 본다. 이러한 발달수준이 바로 초개인적(transpersonal) 또는 후인습적(postconventional) 수준이다. 초개인적 의식수준에서는 개인적인 자아의식을 초월하기 때문에 우주와의 합일, 무아경험, 주관-객관의 이원성 초월, 황홀경 등과 같은 영적인 신비체험을 하게 된다. 이러한 특별한 체험은 개인적·인습적 단계에 머물고 있는 대다수의 사람들에 의해서 이해될 수 없는 것이기 때문에 '신비적인' 것이라고 지칭되는 것이다.

초개인적 의식수준에서는 죽음의 공포뿐만 아니라 사후생의 존재 여부가 문제
되지 않는다. 삶과 죽음을 이분법적으로 구분하고 자기 존재의 연장을 위해 사후
생에 집착하는 것은 모두 인습적 수준의 사고이기 때문이다. 초개인적 의식수준
의 자아초월 상태에서는 죽음 이후에 의식이 지속되느냐는 문제, 즉 단멸론 대 존
속론의 갈등이 해결된다. 단멸론과 존속론은 모두 자기 존재에 대한 집착에 근거
하고 있기 때문이다. 자아초월은 삶과 죽음의 문제에 접근하는 제3의 대처방식이
될 수 있다.

3) 자아초월을 위한 수행

자아초월 심리학자들은 인간의 의식수준에 대한 학문적 탐구뿐만 아니라 자
아초월과 영적 성장을 위한 실제적인 수행방법에도 깊은 관심을 지니고 있다.
자아초월을 위한 다양한 수행방법이 제시되고 있지만, 여기에서는 마이클 머피
(Michael Murphy)에 의해 시작된 통합적 변형수련과 켄 윌버(Ken Wilber)가 제시한
통합적 삶을 위한 수련을 소개한다.

(1) 통합적 변형수련

통합적 변형수련(Integral Transformative Practice: 이하에서 ITP로 칭함)은 삶의 다
양한 측면(신체, 정서, 정신, 관계, 영성)을 통합적으로 수련하여 개인의 삶을 획기적
으로 변형시키는 종합적인 수련방법이다. 이 수련방법은 1993년에 마이클 머피가
에살렌 연구소(Esalen Institute)에서 동료들과 함께 처음 시작했다. 에살렌 연구소
는 동서양의 종교, 철학, 심신수행법에 대한 학술회의, 연구, 교육 및 수련 활동을
주관하는 비영리조직으로서 미국의 캘리포니아 빅셔 해안에 있는 합숙 공동체이
자 수련 센터에서 명상, 요가, 심리학, 생태학, 영성과 같은 다양한 활동의 워크숍
과 훈련 프로그램을 실시하고 있다.

통합적 변형수련은 인도의 요가 구루이자 철학자인 스리 오로빈도(Sri Aurobindo)

의 영향을 받은 것으로서 몸(body), 마음(mind), 가슴(heart), 영혼(spirit)의 긍정적 변화를 통해서 인간의 마음에 내재하는 신성(神性)을 발현하는 통합적 변형 또는 통합적 깨달음을 추구한다. 이를 위해서 ITP는 동서양의 다양한 심신수련 방법을 조합하고 취사 선택하여 활용한다. 예컨대, 몸의 변화를 위해서는 운동, 요가, 다이어트, 단식 등을 실시하고, 마음의 진전을 위해서는 독서, 토론, 사색 등을 한다. 가슴의 변화를 위해서는 집단상담, 예술활동, 봉사활동에 참여하고, 영성의 성장을 위해서는 명상, 묵상, 좌선, 요가, 심상법 등을 수행하게 한다. ITP는 몸, 마음, 가슴, 영혼의 전인적 수행을 위한 장기간의 수련과정으로서 멘토링과 공동체의 지원체계 속에서 진행된다.

(2) 통합적 삶을 위한 수련

현재 자아초월 심리학의 가장 대표적인 인물은 켄 윌버이다. 윌버는 심리학의 모든 이론을 비롯하여 동서양의 종교, 인문학, 사회과학, 자연과학의 방대한 연구와 이론을 아우르며 인간의 정신세계에 대한 거대한 통합적 이론을 제시한 천재적 인물이다. 1949년에 미국의 오클라호마에서 태어난 윌버는 대학교 시절에 『도덕경』을 읽고 큰 충격을 받은 이후에 심리학을 비롯하여 종교, 철학, 영성에 관한 동서양의 사상에 심취했으며 24세가 되는 1973년에 『의식의 스펙트럼(The Spectrum of Consciousness)』이라는 책을 저술했다. 그는 이 책에서 인간의 의식상태를 전개인적 · 개인적 · 초개인적 수준으로 구분하고 7개의 층으로 세분했다. 이후에도 윌버는 1980년에 발표한 『아트만 프로젝트: 인간 발달의 자아초월적 관점(The Atman Project: Transpersonal View of Human Development)』을 비롯하여 『에덴으로부터의 상승: 인간 진화의 자아초월적 관점(Up from Eden: A Transpersonal View of Human

◈ 자아초월 심리학의 대표적 인물인 켄 윌버

Evolution)』,『성, 생태, 영성(Sex, Ecology, Spirituality)』,『통합심리학(Integral Psychology)』 등을 출간하면서 자신의 이론을 발달시켰다. 그의 이론적 체계는 인류가 밝혀 낸 거의 모든 지식을 통합한 것으로서 매우 방대하고 심오하다.

월버는 개인뿐만 아니라 인류의 의식수준도 진화한다는 견해를 제시했다. 그에 따르면, 인류가 무지의 낙원인 에덴동산에서 떠난 것은 전개인적 단계에서 개인적 단계로의 의식발달을 의미하며 인류의식의 성장을 위한 과정이다. 현재 인류는 전반적으로 개인적 의식 수준에 도달한 상태이며 붓다, 예수, 루미, 삼바바, 마하리시와 같은 소수의 성자들은 개인적 단계를 초월하여 초개인적 단계에 도달한 사람들이라고 할 수 있다. 인간은 누구나 의식의 성장을 위해 꾸준하게 수행하면 자아초월과 함께 영적인 성장을 이룰 수 있다.

월버(2000)는 자아초월의 깨달음을 위해서 몸, 마음, 영성을 성장시키는 다양한 수행방법을 제시했다. 깨달음은 우연하게 찾아오는 것이기 때문에 특정한 수행방법을 통해서 직접적으로 깨달음을 유발할 수는 없지만 그 가능성을 촉진할 수 있다. 그는 인간의 삶을 6개의 영역으로 나누고 각 영역을 성장시키는 수련방법을 다음과 같이 제시했다. 즉, (1) 신체적 영역(유산소 운동, 근력 운동, 다이어트 등), (2) 정서적-성적 영역(요가, 기공, 태극권 등), (3) 정신적-심리적 영역(심리치료, 심상법, 긍정적 사고 등), (4) 관조적-명상적 영역(마음챙김, 참선, 명상, 기도 등), (5) 공동체 영역(공동체 봉사활동, 자비와 돌봄 실천, 타인에 대한 이타적 관여 등), (6) 자연 영역(자연 감상, 자연 보호 및 물품 재활용, 산책이나 등산 등)이다.

이후에 월버와 동료들(Wilber, Patten, Leonard, & Morelli, 2008)은 통합심리학 이론에 근거하여 영적인 성장을 위한 좀 더 체계적인 수련방식을 제시하면서 통합적 삶을 위한 수련(Integral Life Practice: 이하에서 ILP로 칭함)이라고 지칭했다. ILP의 핵심 모듈은 몸(body), 마음(mind), 영성(spirit), 그림자(shadow)의 네 영역을 지원하는 것으로 구분된다.

(1) 몸 모듈은 육체의 다양한 측면을 함양하는 근육훈련, 유산소 운동, 집중강화

훈련, 영양섭취, 다이어트, 태극권, 기공, 요가 등으로 구성되어 있다.

(2) 마음 모듈은 복잡한 세상을 이해하고 타인을 사랑하기 위한 이성과 합리적 사고능력을 육성하기 위한 것으로서 독서와 공부, 다양한 관점 취하기, 비전과 인생관 세우기 등이 있다.

(3) 영성 모듈은 높은 수준의 의식과 삶의 자세를 함양하기 위한 것으로서 마음챙김 명상, 통합적 탐구, 참선, 기도, 자비행동, 헌신, 우주적 명상 등의 수련이 포함된다.

(4) 그림자 모듈은 정신의 어두운 부분인 억압된 무의식을 의식적 자각으로 통합시키기 위한 것으로서 게슈탈트 치료, 인지치료, 꿈 작업, 정신분석, 표현예술치료 등을 통해서 촉진할 수 있다.

ILP는 기본적으로 개인이 일상생활에서 스스로 실천할 수 있는 자가수련 방법이다. 그러나 혼자서 수련하는 것은 여러 가지 어려움이 따르기 때문에 수련 집단의 지지를 받거나 경험 있는 안내자의 도움을 받는 것이 필요하다. ILP에서는 경험 많은 수련자가 선배로서 수련을 안내하고 지도하는 통합 코치(integral coach)의 역할을 담당한다. 통합 코치는 영적인 권위보다 인격적 깊이, 전문적 기술과 경험, 그리고 윤리의식을 인정받은 사람으로서 수련자의 다차원적 성장을 위해서 그의 수행을 위한 계획과 실천을 돕는다. ILP는 인간의 전체적이고 균형 잡힌 성장을 위해 다양한 영역을 동시에 계발하는 새로운 방식의 통합적 수련이라고 할 수 있다.

8. 자기초월과 종교

죽음의 초월은 죽음불안으로부터의 해방이며 방어의 필요성이 사라진 자유로운 삶을 의미한다. 이러한 죽음초월의 핵심은 자기초월이다. 모든 영성과 종교성의 본질적 특성은 자기를 초월하는 것이다. 인간은 자신이 우주와 자연으로부터 육체적으로 분리되어 자율적으로 살아가는 독립적인 존재라는 개체의식, 즉 자기의식을 지닌다. 생존본능과 결합한 자기의식은 '자기애'(자기집착, 자기중심성, 이기성, 자기애, 주체의식, 자기정체감)로 발전하여 자신을 강화하고 확장하며 존속시키려는 노력을 기울이게 되는데, 그것이 바로 인간의 삶이다. 자기의식과 자기애에 집착하는 한, 인간에게 죽음은 자기소멸의 위협으로서 불안과 공포의 원천인 동시에 저항하고 부정해야 할 적대적 대상이 된다.

우주와 자연의 섭리인 죽음의 운명에 저항하는 인간의 노력은 무력하다. 인간은 죽음과의 싸움에서 반드시 패배하고 좌절할 수밖에 없다. 인간은 자신의 지식과 능력을 터무니없이 과장하여 인식하고 있는 과대망상적 존재이다. 거대한 우주와 자연 앞에서 개인은 무지하고 무력한 극미의 존재에 불과하다. 죽음에 저항하는 것은 과대망상적 자기인식에 뿌리를 두고 있는 어리석은 노력일 뿐이다.

인간이 유한성의 실존적 운명 앞에서 취할 수 있는 선택은 다양하다. 자기존재의 불멸을 위해 죽음에 저항하는 영웅주의적 투쟁도 하나의 선택이다. 불멸의 열망을 달래며 죽음의 운명과 화해하는 순응주의적 수용도 또 다른 하나의 선택이다. 이러한 선택에는 자기의식이 여전히 존재한다. 자기초월은 죽음불안의 근원인 '자기'라는 개체의식을 초월함으로써 죽음불안으로부터 해방되어 자유로운 삶으로 나아가는 노력이라고 할 수 있다.

인간은 어떻게 '나'라는 자기의식을 초월할 수 있을까? 동서고금의 모든 영적·종교적 수행은 자기를 초월하는 다양한 방법을 제시하고 있다. 그 하나는 우주와 자연을 인격적 존재로 가정하고 소통함으로써 연결성을 회복하여 개체의식을 초월하는 것이다. 인간은 기본적으로 어머니의 몸에서 생성되어 분리된 존재로서 어린 시절에 전지전능하다고 여기던 부모에게 의존하고 소통하면서 성장하는 관계적 또는 대화적 존재이다. 신(神)이라는 개념은 어린아이가 의존했던 부모의 표상에 근원하고 있으며 궁극적으로 거대한 우주와 자연을 의존과 소통이 가능한 인격적 대상으로 표상한 것이라고 할 수 있다. 유신론적 종교는 신과 개인의 인격적 소통을 통해서 자기초월을 촉진하는 장점을 지닌다. 신과의 정서적 소통과 교감을 통해 연결성을 회복함으로써 개체의식을 초월하여 신 또는 우주와의 합일로 나아갈 수 있다.

자기초월의 다른 방법은 자기의식의 근원을 성찰함으로써 그 허구성을 깨달아 자기집착으로부터 해방되는 것이다. 인간의 모든 개념은 생존을 위한 사회화 과정의 산물이지만 자기의 존재상황을 인식하는 근간이 된다. 대부분의 무신론적 종교는 개인으로 하여금 자신의 마음을 깊이 관찰함으로써 자기의식을 비롯한 모든 개념과 인식의 허구성을 통찰하도록 촉진한다. 죽음불안의 기반을 이루는 생사(生死)와 자타(自他)의 이분법적 개념의 비실재성을 깨달음으로써 자기집착에서 벗어날 뿐만 아니라 자기와 타자의 구분이 허물어진 자아초월의 상태로 나아가게 된다.

영성과 종교성의 본질은 자기를 초월하는 것이다. 진정한 자기초월은 자유와 사랑의 삶으로 나아가게 한다. 죽음의 위협으로부터 방어해야 할 편협한 자기를 초월하기 때문에 두려움이 없는 자유로운 삶이 가능하다. 또한 경직된 자기경계가 허물어져 자기와 타자의 연결성이 회복되기 때문에 타인의 고통과 기쁨을 자신의 것으로 느끼는 사랑과 자비의 삶으로 나아가게 된다.

유신론적 종교가 신과의 연결감을 통해 자기의 외연을 확장함으로써 궁극적으로 신과 자기가 융합된 자기초월로 인도한다면, 무신론적 종교는 내면적 성찰과 명상을 통해 자기의식을 해체함으로써 자기와 타자의 구분이 사라진 자기초월로 인도한다고 할 수 있다. 이런 점에서 유신론적 종교와 무신론적 종교는 자기초월에 이르는 방법의 차이가 있을 뿐 그 지향점은 동일하다고 할 수 있다. 자기의 강화와 확대를 추구하는 종교적 활동은 종교의 본질적 기능에서 벗어난 것이라고 할수 있다. 달리 말하면, 나의 종교, 나의 신, 나의 불멸, 우리만의 사랑을 소중하게 여기는 종교적 활동은 인간사회에 갈등과 투쟁을 초래할 뿐 죽음불안의 질곡에서 벗어나게 할 수 없다.

일부의 자아초월 심리학자들이 주장하듯이, 우주는 하나의 커다란 연결체이자 거대한 의식체인지 모른다. 우리는 우주로부터 매우 짧은 순간 육체적으로 분리되어 자기의식의 허상 속에서 인생을 살다가 결국 우주의 품으로 돌아가야 하는 존재인지 모른다. 우리는 방황하는 탕자처럼 우주라는 근원적 부모의 품으로 돌아가기를 거부하는 교만한 존재인지 모른다. 우리는 죽음이라는 실존적 운명에 대해서 부정, 수용 그리고 초월이라는 스펙트럼의 한 지점에서 죽음을 바라보고 있는지 모른다.

제 5 부

죽음은 살아 있는 사람들에게
어떤 영향을 미치는가?

제16장

사별경험: 사별에 대한 심리적 반응

　죽음은 사랑하는 사람들과의 영원한 이별을 의미한다. 죽음이 두렵고 고통스러운 가장 커다란 이유 중 하나는 사랑하는 사람들과 영원히 이별해야 하기 때문이다. 죽음은 죽어 가는 자 또는 죽는 자의 문제이기도 하지만 떠나보내는 자 또는 남는 자의 문제이기도 한다. 죽음을 통해서 사랑하는 사람과 이별하는 일, 즉 사별(死別)은 인간의 삶에게 있어서 가장 커다란 상실경험으로서 강렬한 슬픔과 고통을 유발한다.

　사별은 개인의 삶에 커다란 영향을 미치는 중요한 사건이다. 어떤 사람들은 사별의 슬픔이 너무 깊어서 오랜 기간 그 슬픔에서 벗어나지 못한 채 일상생활에 어려움을 겪기도 한다. 반면에, 어떤 사람들은 사별의 아픔을 겪는 과정에서 인생에 대한 깊은 통찰을 통해 더 긍정적인 성숙한 삶으로 나아가기도 한다. 심리학자들은 사별의 심리적 경험과 대처과정을 이해하기 위해 연구를 하고 있을 뿐만 아니라 사별한 사람들의 슬픔과 아픔을 치유하는 방법에 대해서 깊은 관심을 지니고 있다. 우리 사회는 죽어 가는 사람을 돌보는 일뿐만 아니라 사별한 사람들을 지원하는 일에도 깊은 관심을 지녀야 한다.

1. 사별: 사랑하는 사람과의 영원한 이별

사랑하는 사람의 죽음, 즉 사별(死別, bereavement)은 누구에게나 심각한 고통과 슬픔을 주는 사건이다. 사별은 '남아 있는 자의 사건'이다(Parkes, 1998). 사별은 개인의 삶에 의미 있는 존재였던 사람과 영원히 이별하는 사건으로서 남아 있는 사람에게 상실의 슬픔을 줄 뿐만 아니라 사별로 인한 다양한 변화에 적응해야 하는 부담을 안겨 준다. 가족구성원의 죽음은 남아 있는 가족에게 정서적 상처를 안겨 주고 경제적 어려움을 겪게 만들며 사회적 역할과 인간관계에도 변화를 초래한다 (James & Gilliland, 2001).

인간의 삶을 행복하고 가치 있게 만드는 가장 중요한 것 중 하나는 사랑이다. 사랑은 좋아하는 사람에 대한 호감과 애정일 뿐만 아니라 그 사람과 함께 친밀한 접촉을 통해서 서로의 존재를 확인하고 싶은 열망이기도 하다. 사랑의 대상이 배우자, 자녀, 부모, 연인, 친구 중 누구이든 우리는 그들과 이 세상에서 오랜 세월 동안 행복한 경험을 함께 나누고 싶어 한다. 이처럼 사랑하는 사람과의 이별은 일시적인 것이더라도 고통과 슬픔을 유발한다. 죽음은 사랑하는 사람과의 영원한 이별을 의미하기 때문에 죽는 사람과 남는 사람 모두에게 매우 고통스러운 사건이다. 특히 남는 사람은 사랑하는 사람을 떠나보낸 상실의 고통을 감내해야 할 뿐만 아니라 떠난 사람의 빈자리를 감당해야 하는 부담을 떠맡는다.

사별은 죽음을 통한 애착대상의 상실로 정의된다. 사별의 영어 단어인 bereavement는 '빼앗기다(shorn off)' 또는 '완전히 찢어지다(torn up)'라는 의미를 담고 있다(DeSpelder & Strickland, 2005). 이처럼 사별은 어떤 파괴적인 힘에 의해서 사랑하는 사람을 갑자기 빼앗겨 버렸다는 느낌과 더불어 우리의 바람은 무시당한 채 소중한 사람을 강탈당했다는 인식을 포함하고 있다. 이처럼 사별은 우리의 일상을 무너뜨리는 충격적인 사건이다. 그러나 사별은 우리 모두가 겪게 되는 보편적인 경험이기도 하다. 달리 말하면, 사별은 인생에서 누구나 경험하게 되는 충격적인 사건인 것이다. 사별의 의미를 이해하기 위해서는 사별의 충격성과 보편성 양면을 조화롭게 고려하는 것이 중요하다. 사별을 겪는 사람들의 마음은 매우 복잡하다. 사별경험은 '인간이란 어떤 존재이며 사람들 간의 관계란 어떤 것인가?'라는 매우 근본적인 문제와 연결되어 있기 때문이다(Klass, 1987).

사별은 애착대상의 죽음이라는 '상실(loss)'을 의미하고 깊은 슬픔, 즉 '비탄(grief)'을 유발하며 '애도(mourning)'의 과정을 통해서 상실의 상처로부터 회복된다. 사별의 심리적 반응을 이해하기 위해서는 세 가지의 개념, 즉 상실, 비탄, 애도의 의미를 이해하는 것이 중요하다.

1) 상실

상실(喪失, loss)은 개인이 소중하게 여기는 것과의 분리를 의미한다. 달리 말하면, 상실은 개인이 가치 있다고 여기는 것에 대한 접촉이나 활용이 불가능해진 변화를 의미한다. 인간은 삶의 여정에서 다른 사람 또는 사물을 특별히 소중하게 여기는 애착의 관계를 형성한다. 인간은 이러한 애착대상과 늘 함께 있기를 원하며 잦은 접촉과 상호작용을 통해서 애정과 지지를 확인하고자 한다. 이러한 애착대상과의 이별을 의미하는 상실은 개인에게 커다란 고통을 유발한다.

삶의 과정에서 우리는 다양한 상실의 고통을 경험한다. 예컨대, 소중하게 여겼던 물건의 상실(소유물의 마모, 분실, 도난, 재난에 의한 재산 손실 등), 중요하게 여겼던 사회적 지위의 상실(실직, 해고, 퇴직, 은퇴 등), 친숙한 환경의 상실(익숙하거나 편안한 환경과의 분리, 입원, 이사, 이민 등)은 고통을 유발한다. 상실한 것이 개인에게 소중한 것일수록 그 상실의 아픔도 더 크다.

사별은 죽음에 의해서 소중한 사람을 상실한 객관적 상황을 의미한다. 여기에서 소중한 사람(significant person)이란 개인이 애착하는 사람으로서 애착의 강도에 따라 소중함의 정도가 다를 수 있다. 일반적으로 개인의 삶에 중요한 영향을 미치는 사별은 배우자, 자녀, 부모, 형제자매, 친구, 때로는 유명인사의 죽음을 의미한다. 사별은 애착하는 소중한 사람과의 '영원한 이별'이기 때문에 매우 심오한 슬픔을 유발한다.

2) 비탄

비탄(悲嘆, grief)은 사별에 대한 심리적 반응, 즉 죽음에 의해서 사랑하는 사람을 상실한 사건에 대한 정서적 반응을 의미한다. 사별은 사랑하는 사람의 죽음이라는 객관적 사건을 지칭하는 반면, 비탄은 사별의 상실을 경험한 사람의 심리적 반응을 의미한다(Strobe, Hansson, Schut, & Strobe, 2008). 사별에 대한 비탄 반응은 매우 다양한 형태로 나타날 수 있다.

비탄은 슬픔(sadness)과 비애(sorrow)의 감정이 중심을 이루지만 우울, 절망, 후회, 분노, 원망, 불안, 죄책감과 같은 다양한 정서적 반응을 수반한다. 또한 비탄 반응은 정서적 반응뿐만 아니라 신체적·사회적·영적 측면에서 다양한 반응을 수반할 수 있다.

사별에 대한 비탄 반응은 개인에 따라 그 내면적 체험과 외현적 표현이 현저하게 다를 수 있다. 비탄의 표현은 개인의 특성뿐만 아니라 개인이 속한 문화와 사별의 시간경과에 따라서 다양한 형태로 나타날 수 있다. 이러한 비탄 반응은 대부분 사별 후 즉시 나타나지만 시간이 흐른 후에 지연되어 나타날 수도 있다.

비탄 반응의 강도와 지속기간은 사별이 개인의 삶에 미치는 영향을 판단하는 중요한 요인이다. 사별에 대한 비탄 반응이 지나치게 강렬하거나 과도하게 오랜 기간 지속되어 일상생활로의 복귀에 심각한 곤란을 초래할 경우에는 부적응적인 것으로 여겨지고 있다. 비탄 반응의 강도와 지속기간은 개인의 성격, 고인과의 관계, 고인의 사망 원인, 개인의 사회문화적 환경 등 여러 가지 요인에 의해 달라질 수 있다.

3) 애도

사별한 사람은 상실의 비탄에 휩싸이게 되지만 시간의 흐름과 더불어 점차적으로 비탄에서 벗어나 일상생활로 복귀하게 된다. 애도(哀悼, mourning)는 개인이 사별로 인한 상실의 슬픔을 극복하고 자신의 삶과 통합해 가는 과정을 의미한다.

대다수의 사별 연구자들은 비탄과 애도를 구분하고 있다. 비탄이 상실의 초기 반응이자 상실에 대한 수동적 반응인 반면, 애도는 상실에 대한 지속적인 극복과 정으로서 능동적 반응이다. 비탄은 사별에 대한 개인적 반응을 지칭하는 반면, 애도는 사별의 슬픔을 표현하고 해소하는 좀 더 사회적인 과정을 의미한다(Strobe et al., 2008). 그러나 비탄과 애도는 서로 밀접하게 연결되어 있어 현실적으로 구분하기가 어렵기 때문에 일부의 사별 연구자들은 두 용어를 명확히 구분하지 않은 채 사용하기도 한다.

대부분의 사회는 유족들이 사별의 슬픔을 표현하고 사회구성원들이 유족의 슬픔을 위로함으로써 사별의 상처로부터 회복하도록 돕는 문화적 장치를 갖추고 있다. 우리 사회의 경우, 유족들이 상복을 입고 슬픔을 표현하며 문상객을 맞이하고 그들로부터 위로를 받을 뿐만 아니라 장례식의 절차를 거치고 49재나 기일행사를 치르면서 애도의 과정을 겪게 된다. 애도의 문화적 의식은 사회와 시대에 따라 매우 다양하다. 예컨대, 우리 사회도 과거에는 자녀가 3년 간 부모의 무덤 곁을 지키는 시묘(侍墓)의 관습이 있었다. 또한 고인의 장례식 전날 유족이 관 곁에서 밤을 보내는 경야(經夜, a wake) 의식을 치르거나 사별 후에 사회적 활동을 중단하고 일정 기간 고립된 생활을 하는 문화도 있다.

사별의 슬픔을 극복하는 애도과정은 문화적 장치에 의해 안내될 수 있지만 기본적으로는 개인의 심리적 세계 내에서 이루어진다. 애도과정이 성공적으로 잘 이루어지기 위해서는 여러 가지의 심리적 작업이 필요하다. 애도과정은 제17장에서 자세하게 소개할 것이다.

2. 비탄: 사별에 대한 반응

애착대상과의 이별은 고통을 유발하지만 재회의 희망을 통해 위안을 삼을 수 있다. 그러나 사별은 사랑하는 사람과의 관계를 완전히 그리고 영원히 단절시킨다. 그래서 사랑하는 사람의 죽음은 우리의 가슴에 거대하고 심오한 슬픔을 심어 준다. 슬픔은 우리가 누군가를 사랑한 것에 대해서 지불해야 하는 대가이다(Archer, 1999).

사별에 대한 비탄 반응은 죽은 사람과의 관계나 시간적 경과에 따라 다양하게 나타날 수 있다. 사랑한 만큼 사별의 슬픔은 깊다. 죽은 사람과의 애착관계에 따라 슬픔의 강도가 달라진다. 또한 사별의 슬픔은 시간의 흐름에 따라 희석되는 것이 일반적이다. 사별에 대한 비탄 반응은 슬픔을 중심으로 한 다양한 정서적 반응과 더불어 신체적·사회적 반응이 복합적으로 나타나는 일종의 증후군(syndrome)이라고 할 수 있다.

1) 정서적 반응

비탄 반응의 가장 핵심적인 정서적 반응은 슬픔이다. 슬픔(sadness)은 애착대상의 상실에 대한 가장 일차적인 반응이다. 사별은 어떤 방법으로도 되돌릴 수 없는 영원한 이별을 의미하기 때문에 그 슬픔과 상실감은 매우 강렬하다. 가슴이 찢어지고 창자가 끊어지는 듯한 고통스러운 슬픔이 밀려온다. 이것이 바로 슬픔으로 인한 고통, 즉 비통(悲痛)이다. 또한 사별은 땅이 꺼지고 하늘이 무너지는 듯한 거대한 상실감과 허망함을 유발한다. 자녀와 사별한 부모들은 그 슬픔을 흔히 "억장이 무너진다."고 표현한다. 여기서 '억장'은 억장지성(億丈之城)의 줄임말인데 마치 억 개의 벽돌을 하나씩 하나씩 쌓아올린 엄청나게 높은 성(城)을 의미한다. 억장이 무너진다는 것은 이처럼 정성을 다해 쌓은 성과 공든 탑이 한순간에 갑자기 무너지는 듯한 강렬한 슬픔과 깊은 절망감을 표현하고 있다.

사별의 슬픔은 매우 고통스러울 뿐만 아니라 사랑하는 사람의 죽음을 받아들이기 어렵기 때문에 현실을 부정하고 저항하는 반응이 나타날 수 있다. 특히 갑작스러운 죽음을 경험한 경우에 유족은 사랑하는 사람의 죽음을 현실로 받아들이지 못한 채 특별한 감정을 느끼지 못하는 무감각한 상태나 넋이 나간 멍한 상태를 경험할 수 있다. 그러나 죽음의 현실을 인식하게 되면서 상실의 슬픈 감정을 격렬하게 경험하며 눈물을 쏟아내게 된다. 강렬한 슬픔은 눈물을 흘리며 우는 것뿐만 아니라 소리를 지르거나 발을 구르고 가슴을 치는 등의 격렬한 행동으로 표현될 수 있다. 이처럼 사별의 슬픔은 다양한 방식으로 체험될 뿐만 아니라 다양한 행동으로 표현될 수 있다.

사별의 슬픔은 죄책감을 수반할 수 있다. 사별한 사람들은 상실의 아픔뿐만 아니라 고인이 된 사랑하는 사람이 겪었을 고통과 슬픔을 공감적으로 경험할 수 있다. 깊은 애착관계에 있는 사람들은 상대방의 감정을 자신의 것처럼 느끼기 때문이다. 고인이 죽어 가면서 느꼈을 고통과 슬픔을 공감하면서 그에 대한 불쌍함과 측은함의 감정이 유발된다. 이처럼 죽은 사람에 대한 아픔을 공감하면서 유족이 경험하는 주된 감정이 죄책감이다.

죄책감(guilt)은 죽은 사람에 대한 의무나 책임을 다하지 못한 자신의 잘못에 대해서 스스로를 질책하거나 징벌하는 의미를 지니는 감정이다. 즉, 사랑하는 사람의 죽음을 예방하기 위해 최선을 다하지 못한 것에 대한 책임감, 그의 죽음에 직간접적으로 영향을 미친 행위에 대한 죄의식, 그가 살아 있을 때 충분히 사랑해 주지 못한 것에 대한 후회, 그리고 그가 죽어 가는 과정에서 느꼈을 슬픔과 아픔을 충분히 위로하지 못한 것에 대한 미안함과 안타까움이 복합적으로 죄책감을 형성한다.

사별에 대한 주요한 정서적 반응 중 하나는 분노(anger)이다. 죄책감은 사랑하는 사람의 죽음에 대한 자신의 잘못과 관련된 감정인 반면, 분노는 그의 죽음에 기여한 타인의 잘못에 대한 감정이다. 특히 다른 사람의 폭력이나 부주의한 행동에 의해서 사랑하는 사람이 사망한 경우에 유족은 그의 죽음에 영향을 미친 사람들에 대해서 강렬한 분노를 경험하게 된다. 또는 사랑하는 사람의 죽음을 막지 못한 의료진이나 다른 가족구성원에게 분노를 느끼며 원망할 수 있다. 사별로 인한 분노의 감정을 효과적으로 잘 해소하지 못하면, 분노를 느끼는 대상에 대한 책임 추궁, 보복 행위, 법적 소송, 가족 갈등으로 이어져 심각한 후유증을 초래할 수 있다. 때로는 분노와 원망의 감정이 죽은 사람에게 향할 수도 있다. 유족은 사별의 고통과 재적응의 부담을 안겨 주고 떠나간 고인에 대해서 분노와 원망감을 느낄 수 있다. 죽은 사람에 대한 분노와 원망 그리고 죄책감을 잘 해소하지 못하면 불안과 우울의 감정으로 확산될 수 있다.

사랑하는 사람의 죽음은 남은 사람에게 죽음불안을 촉발하는 계기가 될 수 있다. 사랑하는 사람의 죽음을 경험하고 그의 시신을 가까이에서 목격할 뿐만 아니라 장례의 절차를 치르는 과정에서 죽음의 불가피성과 자기존재의 취약성을 새삼 자각하게 된다. 자신도 반드시 죽어야 할 뿐만 아니라 죽음이 언제든지 갑작스럽게 자신에게 찾아올 수 있다는 생각이 죽음불안을 증폭시킨다. 이와 더불어 죽은 사람에 대한 죄책감은 미신적 사고를 통해서 불안을 강화할 수 있다. 죽은 사람의 영혼이 자신의 잘못을 원망하면서 해악을 끼치려 한다는 생각은 불안이나 공포를 유발할 수 있다. 또한 유족은 사랑하는 사람이 존재하지 않는 새로운 상황에 대한 적응부담과 미래의 불확실성에 대한 불안을 경험할 수 있다.

모든 상실이 우울감을 유발하듯이, 사별의 상실은 개인의 기분을 현저하게 저하시키게 된다. 우울은 상실과 좌절에 대한 정서적 반응으로서 슬픔뿐만 아니라 무의미감, 허무감, 무의미감, 절망감의 감정을 포함한다. 삶에 대한 의욕과 흥미가 감소하고 무기력감을 느끼며 자신, 타인 및 세상에 대한 비관적이고 허무주의적인 생각에 빠져들 수 있다. 이 밖에도 홀로 남겨진 외로움, 죽은 사람에 대한 그리움, 버림받은 느낌, 자신이 취약한 존재라는 무력감 등의 다양한 정서적 경험이 동반될 수 있다.

2) 신체적 반응

사별의 비탄 반응은 다양한 신체적 반응으로 나타날 수 있다. 정서는 신체적 반응과 매우 밀접한 관계를 지니고 있으며 서로에게 영향을 미친다. 슬프기 때문에 눈물을 흘리기도 하지만 눈물이 나오기 때문에 슬픔을 경험할 수도 있다. 이처럼 신체적 반응은 정서를 체험하는 육체적 근거가 될 뿐만 아니라 정서를 표출하는 출구이기도 한다.

사별의 고통은 다양한 신체 부위의 통증으로 경험된다. 가장 대표적인 신체적 통증은 가슴이 찢어지는 듯한 흉통이다. 이와 더불어 위가 오그라드는 듯한 위통, 머리가 터질 것 같은 두통, 근육의 경직으로 인한 근육통 등이 나타날 수 있다. 또한 눈물이 쏟아지고 목이 메어 호흡이 불안정해질 뿐만 아니라 가슴이 답답하거나 터질 것 같은 느낌을 경험하게 된다. 가슴을 치거나 발을 구르고 소리를 지르는 행동으로 슬픔이 표출될 수도 있다.

사별의 비탄 반응은 어지러움과 비현실감을 유발할 수 있다. 사랑하는 사람의 죽음은 매우 고통스럽기 때문에 현실세계에서 발생한 사실로 인정하기가 어렵다. 사별한 사람들은 흔히 사랑하는 사람의 죽음이 현실이 아니라 마치 꿈속에서 일어난 일처럼 비현실적인 것으로 경험한다. 세상이 바뀐 듯한 낯선 느낌과 비현실감을 경험하는 동시에 멍한 상태에서 어지러움을 호소하거나 현실을 거부하는 육체적 표현으로 구토감을 느끼기도 한다.

이와 더불어 사별의 충격은 식욕의 변화, 무력감과 피로감, 안절부절못함, 불면증을 비롯한 다양한 신체적 반응으로 나타날 수 있다. 사별로 극심한 스트레스를 받게 되면 탈모, 소화기장애, 고혈압이나 심장질환, 뇌혈관장애와 같은 신체적 질병이 유발될 수 있으며 때로는 사망에 이르는 경우도 있다.

3) 행동적 반응

사별의 비탄 반응은 다양한 행동으로 표현될 수 있다. 대부분의 사회에는 사별의 슬픔을 행동으로 표현하는 문화적 양식이 존재한다. 예컨대, 상복을 입고 소리 내어 울며 곡을 하거나 슬픈 표정으로 장례의 절차를 치르게 된다. 사별의 슬픔을 표현하는 행동적 반응은 개인마다 현저하게 다르다.

대부분의 사람은 사랑하는 사람의 죽음 앞에서 눈물을 흘리며 소리 내어 울면서 슬픔의 고통을 타인에게 호소하는 행동을 나타낸다. 강렬한 슬픔을 느낄 경우에는 가슴을 치거나 발을 구르고 주저앉아 발버둥을 치기도 한다. 때로는 다른 사람과의 만남을 회피한 채 혼자만의 공간에서 대성통곡을 하며 슬픔을 표현할 수도 있다. 일반적으로 사별의 슬픔을 경험하게 되면 행동이 느려지거나 활기가 없으며 일상생활에 대한 의욕이나 흥미가 감소한다.

사별의 슬픔은 죽은 사람에 대한 그리움과 집착으로 나타날 수 있다. 예를 들어, 고인의 사진이나 소유물에 집착하기, 고인의 죽음에 관한 이야기를 반복하기, 고인의 무덤을 찾아가기, 목적 없이 방황하거나 헤매기, 고인에 관한 꿈꾸기, 고인이 살아 있는 듯이 행동하기와 같은 행동적 반응을 나타낼 수 있다. 이와 반대로, 슬픔의 아픔을 회피하기 위해서 고인에 대한 언급이나 기억을 억제할 수도 있다. 고인에 대한 기억을 떠올리지 않기 위해서 의도적으로 일상생활에서 고인에 관한 사진이나 물건을 없애거나 고인에 관한 대화를 회피하는 행동을 나타낼 수도 있다.

4) 사회적 반응

사별의 비탄 반응은 사회적 행동으로 표출되어 대인관계와 사회적 활동에 영향을 미칠 수 있다. 사별한 사람의 성격이나 사회적 상황에 따라 사별의 슬픔은 다양한 사회적 행동을 표현될 수 있다. 어떤 사람은 주변 사람들에게 과도하게 슬픔을 표현하며 의존적인 행동을 나타내는 반면, 또 어떤 사람들은 주변 사람들과의 접촉을 회피하거나 위축된 사회적 행동을 나타내기도 한다. 때로는 다른 사람들의 행동에 대한 과민성이 증가하여 그들의 사소한 행동에 섭섭함, 짜증, 분노감, 배신감, 무시당하는 느낌을 느끼면서 인간관계를 단절하거나 과도한 공격적 행동을 나타낼 수도 있다.

사별은 가족관계에도 영향을 미치게 된다. 가족의 사망에 대한 책임이나 유산 문제로 인해 가족 간의 불화가 야기될 수 있다. 또한 고인의 빈자리를 채우는 과정에서 가족구성원들이 새로운 역할을 담당하고 수행하면서 가족 간의 갈등이 초래될 수 있다. 이 밖에도 사별은 사회적 적응에도 부정적인 영향을 미칠 수 있다. 직장인의 경우, 직장생활에 대한 의욕이 현저하게 감소하여 업무성과가 저하될 수도 있다.

이처럼 사별 또는 비탄 반응은 다양한 형태로 나타날 수 있으며 사별한 사람의 삶에 커다란 영향을 미칠 수 있다. 특히 매우 강렬한 비탄 반응을 효과적으로 해소하지 못하면 신체건강과 정신건강의 문제가 발생할 수 있으며 우울증이나 자살과 같은 심각한 결과를 초래할 수도 있다.

3. 사별 반응의 개인차

사별에 대한 비탄 반응은 사람마다 각기 다르다. 비탄의 강도가 다를 뿐만 아니라 그 표현방식도 다르다. 또한 비탄의 기간 역시 사람마다 다르다. 일반적으로 고인에 대한 애정이 깊을수록 강렬한 비탄 반응이 오랜 기간 지속된다. 사별을 겪은 사람들 중에는 일정한 기간 깊은 슬픔 속에서 애도과정을 거친 후에 정상적인 일상생활로 복귀하는 경우가 있는 반면, 오랜 기간 슬픔에서 헤어나지 못한 채 가정생활과 직업활동을 도외시하여 심각한 부적응 상태에 빠져드는 경우가 있다.

1) 정상적 비탄과 병리적 비탄

사랑하는 사람의 죽음을 슬퍼하며 비탄에 젖는 것은 정상적인 반응이다. 프로이트도 사별의 비탄 반응을 병적인 것으로 여기지 않았으며 시간이 흐르면 점차 극복되는 것으로 보았다. 사별의 비탄 반응을 완화하기 위해 개입하는 것은 불필요하며 해로울 수도 있다고 여겼다.

사별은 살아 있는 사람이 적응해야 하는 커다란 생활사건이자 강력한 스트레스 사건이다. 개인이 사별이라는 강력한 스트레스에 어떻게 대처하느냐에 따라 그의 삶이 크게 달라질 수 있다. 사별로 인한 비탄은 여러 가지 요인에 의해서 유족의 슬픔을 장기화하고 그들의 삶에 부정적인 영향을 미칠 수 있다. 사별이 과거의 미해결된 상실경험과 연결되고 적절한 애도과정이 이루어지지 못하면 부적응적인 비탄 반응이 나타날 수 있다(Lazare, 1979). 많은 사별 연구자들은 정상적 비탄(normal grief)과 병리적 비탄(pathological grief)을 구분하고 있다.

프리거슨과 제이콥스(Prigerson & Jacobs, 2001)에 따르면, 병리적 비탄과 정상적 비탄의 핵심적 차이는 비탄 반응의 강도와 지속기간이다. 병리적 비탄의 첫 번째 특징은 비탄 반응의 과도한 강도로서 여러 증상들이 복합적으로 나타나는 증후군의 형태를 지닌다. 이러한 증후군은 사별의 고통을 감당하지 못한 채 그러한 고통에서 헤어나지 못하는 상태에 있음을 의미하며 지나친 슬픔, 과도한 그리움과 죄책감, 고인에 대한 부적절한 집착과 같은 다양한 부적응 증상들로 구성된다. 과도한 비탄 반응은 고인이 존재하지 않는 삶에 대한 무의미감과 허무감, 현실에 대한 무기력한 태도, 심리적 두려움과 혼란으로 나타날 수 있다.

병리적 비탄의 두 번째 특징은 비탄 반응이 과도하게 장기화되어 일상적인 적응에 심각한 장해를 초래한다는 점이다. 사별한 사람의 중요한 적응과제는 슬픔을 극복하고 정상적인 현실생활로 복귀하는 것이다. 사별의 슬픔은 시간의 흐름에 따라 감소하는 것이 일반적이다. 그러나 비탄 반응이 장기화되어 가정생활뿐만 아니라 직장생활, 사회생활 등 삶의 여러 측면에서 정상적인 활동을 하지 못하는 경우에는 병리적 비탄이라고 할 수 있다.

2) 복합적 사별증후군

사별의 비탄 반응은 그 강도와 지속기간에 따라 다양한 패턴으로 나타날 수 있
다. 사별을 겪는 사람들은 사별 초기에 나타내는 비탄 반응의 강도가 다를 뿐만
아니라 그러한 비탄 반응이 시간의 흐름에 따라 지속되는 정도가 다르다. 보나노
(Bonanno, 2009; Fraley & Bonanno, 2004)는 사별 반응을 그 강도와 지속기간에 따
라 4가지 유형, 즉 정상적 비탄, 만성적 비탄, 지연된 비탄, 탄력적 비탄으로 구분
했다.

정상적 비탄(common grief)의 경우, 〈그림 16-1〉에서 볼 수 있듯이, 사별 초기에
강한 비탄 반응이 나타나지만 시간의 흐름에 따라 점진적으로 감소한다. 사별의
상실에 대한 심리적 준비가 잘 되어 있는 사람들은 사별 초기부터 약한 비탄 반응
을 지속적으로 나타낼 수 있는데, 이러한 특별한 경우는 탄력적 비탄(resilient grief)
이라고 할 수 있다. 반면에, 사별 초기부터 강렬한 비탄 반응이 나타날 뿐만 아니
라 시간의 경과에 따라 감소되지 않은 채 지속되는 경우가 있는데, 이를 만성적 비

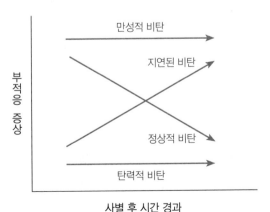

〈그림 16-1〉 비탄 반응의 4가지 유형

탄(chronic grief)이라고 한다. 사별의 초기에는 비탄 반응의 강도가 약하지만 시간이 지남에 따라 점차적으로 그 강도가 심해지는 지연된 비탄도 존재한다. 보나노는 비탄 반응의 4가지 유형 중에서 만성적 비탄과 지연된 비탄을 병적인 것으로 간주했다.

저명한 사별상담자인 워든(Worden, 2002)은 부적응적인 비탄 반응의 4가지 유형을 제시했다. 첫째, 만성적 비탄(chronic grief)으로서 사별한 지 1년이 지났음에도 사별 초기에 나타냈던 강렬한 슬픔과 비탄 반응이 지속되는 경우이다. 둘째, 지연된 비탄(delayed grief)으로서 적절한 애도작업이 사별의 초기에 이루어지지 못하여 시간이 경과한 후에 다른 상실 사건에 직면하여 과거의 사별에 대한 슬픔을 강력하게 경험하는 경우이다. 셋째, 과장된 비탄(exaggerated grief)으로서 사별에 대한 슬픔과 비탄 반응이 지나치게 강렬해서 부적응적인 삶을 초래하는 경우를 뜻한다. 넷째, 위장된 비탄(masked grief)으로서 사별의 충격을 슬픔으로 표출하지 않는 대신에 신체적 증상이나 다른 정신건강 문제로 나타나는 경우를 의미한다.

정신건강 전문가들은 사별 이후에 다양한 부적응 증상을 나타내면서 지속적인 고통 속에서 살아가는 사람들을 주목해 왔다. 이들은 우울증과 유사한 증상들(깊은 슬픔, 무쾌감증, 의욕상실, 불면증, 식욕감퇴, 체중 감소 등)을 지속적으로 나타내는 경향이 있다. 이러한 증상과 더불어 고인의 죽음을 방지하지 못한 것에 대한 죄책감, 죽는 것이 낫다거나 고인과 함께 죽었어야 했다는 생각, 무가치감에 대한 병적인 집착, 적응기능의 뚜렷한 손상, 환각경험 등을 나타내기도 한다. 이러한 반응들은 개인이 속한 문화에서 많은 사람이 나타내는 정상적인 비탄 반응과 비교할 때, 그 강도와 지속기간이 분명히 과도한 것이다.

이처럼 사별 이후에 비정상적 비탄 반응들이 동시다발적으로 나타나서 개인을 심각한 부적응 상태에 빠뜨리는 경우를 복합적 사별증후군(complicated bereavement syndrome)이라고 한다. 복합적 사별증후군의 진단적 특징을 소개하면 〈표 16-1〉과 같다(Prigerson et al., 2009; Shear et al., 2011).

| 표 16-1 | 복합적 사별증후군의 진단적 특징 |

1. 사별 이후 강렬하고 지속적인 고통을 경험하며 깊은 외로움, 고인에 대한 그리움과 갈망 및 집착을 나타난다.

2. 다음의 9개 증상 중 5개 이상이 거의 매일 심각한 정도로 나타난다.
   1) 자신에 대한 감각이 저하된다(예: 자신의 일부가 죽은 것처럼 느껴진다).
   2) 인지적 측면뿐 아니라 정서적 측면에서 고인의 죽음을 수용하지 못한다.
   3) 죽음의 현실을 상기시키는 단서들을 회피한다.
   4) 다른 사람을 믿지 못하거나 다른 사람들로부터 이해받지 못한다고 느낀다.
   5) 고인의 죽음에 대한 억울함이나 분노를 느낀다.
   6) 새로운 삶으로 나아가지 못하거나 새로운 친구와 즐거움을 받아들이지 못한다.
   7) 무감각하거나 감정을 느끼는 능력이 저하된다.
   8) 삶이나 미래가 무의미하거나 목적이 없다고 느낀다.
   9) 죽음에 의해서 실신, 기절 또는 충격의 반응을 나타낸다.

3. 이러한 증상이 사별 이후 6개월 이상 지속된다.

4. 이러한 증상으로 인해서 사회적 · 직업적 또는 가정적 활동에 심각한 장해가 나타난다.

3) 사별 반응에 영향을 미치는 요인들

사별 반응은 매우 다양한 형태로 나타날 뿐만 아니라 사별 반응에 영향을 미치는 요인들 역시 무수하게 많다. 개인이 나타내는 비탄 반응은 여러 가지 요인들이 복합적으로 작용하여 독특한 형태로 나타나게 된다. 비탄 반응의 적절성을 판단하기 위해서는 특정한 시점에서 발생한 사별이 어떤 특성을 지닌 개인에게 어떤 특별한 의미의 상실로 받아들여졌는지를 이해할 수 있는 여러 가지 요인들을 잘 파악해야 한다. 동일한 사별 반응이라도 어떤 상황에서는 정상적인 것이지만 다른 상황에서는 병적인 것일 수 있다. 따라서 사별 반응의 적절성 판단은 관련된 여러 요인들에 대한 신중한 고려를 통해서 이루어져야 한다. 란도(Rando, 1995)는 사별 반응에 영향을 미치는 주요한 요인들을 심리적 · 사회적 · 신체적 영역으로 구분하여 〈표 16-2〉와 같이 제시하고 있다.

표 16-2 사별 반응에 영향을 미치는 요인들

〈심리적 요인〉
• 사별의 특수성과 의미에 관한 요인
  – 사별과 관계 단절의 독특한 속성과 의미
  – 상실한 관계의 속성(사별자와 고인이 맺은 애착의 심리적 속성, 강도, 안전감)
  – 사별자의 가족과 사회체계 내에서 차지했던 고인의 역할
  – 고인의 개인적 특성
  – 사별자와 고인 간의 미완성 과업의 양
  – 고인이 인생에서 성취한 것에 대한 사별자의 지각
  – 이차적 상실의 수와 유형 및 특성
  – 고인과 현재 진행 중인 관계의 속성

• 사별자의 요인
  – 대처행동, 성격, 정신건강 상태
  – 성숙도, 지능수준
  – 세계관, 인생관
  – 인생 경험, 특히 상실과 죽음에 대한 과거의 경험
  – 비탄과 애도의 예상
  – 성역할 조건화
  – 나이
  – 인생의 발달단계, 생활양식, 의미감, 성취감
  – 현재의 스트레스나 위기의 존재

• 사망 관련 요인
  – 사망의 상황적 요인(사망의 장소, 죽음의 유형, 죽음의 원인, 사별자의 동반 여부 등)
  – 고인의 사망이 발생한 심리사회적 맥락
  – 사별자가 고인의 죽음을 예상한 정도
  – 고인의 죽음이 급작스러운 정도
  – 고인의 죽음 예방 가능성에 대한 사별자의 지각
  – 고인의 죽음 전 질병 기간

〈사회적 요인〉
• 사별자의 사회적 지지체계와 구성원에 의해 제공되는 인정과 수용 및 도움
• 사별자의 사회적 · 문화적 · 민족적 · 세대적 · 종교적 배경
• 사별자의 교육적 · 경제적 · 직업적 지위

- 장례식이나 추도 의식
- 법적 문제의 관련성, 죽음 이후의 시간 경과

〈신체적 요인〉
- 신체적 건강상태
- 사용하는 물질(알코올, 니코틴, 카페인 등)
- 운동, 휴식과 수면, 영양 상태 등

　　매우 다양한 요인들이 개인의 사별 반응에 영향을 미치게 된다. 워든(2002)은 복합적 사별증후군을 유발할 수 있는 잠재적 원인을 다음과 같이 5가지로 정리하여 제시한 바 있다. 첫째는 고인에 대한 애착의 속성이다. 사별자가 과도하게 의존적이었거나 고인에 대한 양가적 감정을 지니는 경우에 복합적 사별 반응이 나타날 수 있다. 고인이 사별자가 지닌 자존감의 핵심적 원천인 경우에는 그 충격이 커서 독립적인 삶을 유지하기 어려울 수 있다. 또한 고인에 대한 애증의 양가적 감정이 클수록 자책감과 죄책감이 클 수 있다. 둘째는 죽음의 방식이다. 갑작스러운 죽음, 비참한 죽음, 한꺼번에 많은 것의 상실, 행방불명과 같은 모호한 죽음은 더 강한 충격과 혼란을 유발하여 사별자의 애도과정을 어렵게 만들 수 있다. 셋째는 사별자의 성격이다. 자신이 너무 나약해서 사별에 대처할 수 없다고 느끼는 사람은 정상적인 애도과정을 통해서 사별의 고통을 극복하기 어렵다. 넷째는 사별자의 개인사로서 과거에 병리적 사별 반응이나 우울증의 경험을 지닌 사람들은 사별로 인해 유사한 문제가 재발할 수 있다. 다섯째는 사회적 요인으로서 사회적으로 낙인받는 죽음은 애도과정을 어렵게 만들 수 있다. 자살, 집단학살, 교도소에서의 죽음, 약물남용에 의한 사망은 개방적인 논의와 적극적인 지지를 저해하여 사별자의 애도과정을 방해할 수 있다.

4. 사별경험의 다양성

사별 반응은 누구와 언제 어떤 방식으로 사별했느냐에 따라 다양한 유형으로 구분될 수 있다. 어떤 애착대상과 어떤 발달단계에서 어떤 죽음의 방식으로 사별했느냐에 따라 사별이 개인에게 미치는 영향은 현저하게 다르다. 사별경험은 고인과의 관계, 사별자의 발달단계, 고인의 죽음 방식에 따라 다양하게 구분된다.

첫째, 사별경험은 어떤 애착대상과 사별했느냐에 따라 구분된다. 사별자와의 관계에 따라 배우자, 자녀, 부모, 형제자매, 친구, 유명인사와의 사별로 구분될 수 있다. 사별자가 고인과 유지되어 온 애착관계의 강도와 질에 따라서 사별이 미치는 영향이 달라질 수 있다.

둘째, 사별자가 인생의 어떤 발달단계에서 사별을 경험했느냐에 따라 사별의 유형의 구분되기도 한다. 동일한 애착대상을 사별한 경우라 하더라도 사별자의 발달단계에 따라서 사별의 영향이 현저하게 다르기 때문이다. 예컨대, 아동기에 부모와 사별한 것은 중년기 이후의 부모 사별과 비교할 수 없을 만큼 더 큰 영향을 미친다.

셋째, 사별은 애착대상의 죽음이 어떤 방식으로 일어났느냐에 따라 구분될 수 있다. 죽음의 방식은 그 원인에 따라 질병, 타살, 사고, 자살, 자연사와 같이 매우 다양하다. 또한 갑작스러운 죽음인가 아니면 만성질병과 같이 예상된 죽음인가, 자신의 잘못에 의한 죽음인가 아니면 타인의 폭행이나 잘못에 의한 죽음인가, 질병이나 사고에 의한 죽음인가 아니면 자살에 의한 죽음인가에 따라 유족이 경험하는 사별의 영향은 매우 다르다.

이처럼 사별은 매우 다양한 유형으로 구분될 수 있다. 따라서 사별에 대한 심리학의 연구는 매우 다양하고 방대하다. 심리학자들은 다양한 사별 중에서 가장 많은 사람들이 고통받고 있을 뿐만 아니라 가장 심각한 부적응을 초래하는 사별의 유형에 더 깊은 관심을 지닌다. 현재 사별 연구에서 가장 많은 관심이 집중되고 있는 것은 (1) 배우자와의 사별, (2) 자녀와의 사별, (3) 어린 시절 부모와의 사별이다.

1) 배우자와의 사별

배우자의 죽음(death of spouse)은 개인이 인생에서 경험하는 가장 커다란 스트레스 사건으로 알려져 있다. 부부는 다양한 인간관계 중에서 가장 상호 의존도가 높은 인간관계이기 때문이다. 사랑하는 남녀는 결혼을 통해 가정을 이루고 의식주를 비롯한 일상생활을 함께하게 된다. 결혼식의 주례는 신랑과 신부에게 '검은 머리가 흰 파뿌리가 되도록' 오래도록 행복한 결혼생활을 누리라는 축하의 말을 건넨다. 서양의 결혼식에서는 신랑과 신부가 '죽음이 우리를 갈라 놓을 때까지(Till death do us part)' 행복하게 살겠노라고 맹세한다. 배우자와의 사별은 그야말로 죽음이 부부를 갈라 놓는 고통스러운 사건이다.

(1) 배우자 사별의 충격과 적응 부담

스트레스 연구의 선구자인 홈스와 라헤(Holmes & Rahe, 1967)에 따르면, 인간이 생애에서 겪는 가장 충격적인 스트레스 사건은 배우자의 죽음이다. 배우자는 가장 중요한 애착대상일 뿐만 아니라 자녀양육, 의식주, 재정문제 등을 함께 공유하는 가장 중요한 삶의 동반자이기 때문이다. 따라서 배우자의 죽음은 가장 중요한 애착대상을 영원히 상실하는 고통스러운 사건일 뿐만 아니라 가정사의 모든 일들을 혼자 해결해야 하는 커다란 적응부담을 주는 스트레스 사건이라고 할 수 있다. 옛날에는 남편과의 사별로 인한 고통을 천붕지통(天崩之痛), 즉 하늘이 무너지는 듯한 고통이라고 표현하기도 했다. 집안의 대들보인 가장의 죽음은 마치 하늘이 무너지는 것 같은 아픔을 느끼게 한다는 뜻에서 유래한 것이다.

배우자와의 사별은 가장 많은 사람이 경험하는 사별의 유형이기도 하다. 남편과 아내 중 누군가는 먼저 사망하기 때문에 부부관계를 유지하는 모든 사람은 배우자와의 사별을 경험할 수밖에 없다. 특히 노년기는 배우자와의 사별이 가장 흔하게 일어나는 인생의 단계이다.

보나노(Bonanno, 2010)에 따르면, 배우자와 사별한 사람들은 흔히 두통, 불면증, 식욕저하, 기억력 감퇴, 지병 악화와 같이 신체적 기능이 저하될 뿐만 아니라 만성적 슬픔과 불안, 우울, 무력감, 공포를 경험하며 이러한 고통이 심할 경우에는 자살을 고려하기도 한다. 또한 배우자와 사별한 사람은 과거에 배우자가 담당했거나 함께 분담했던 역할을 혼자 떠맡아야 하기 때문에 새로운 역할을 수행해야 하는 부담을 짊어지게 된다. 또한 배우자가 수행했던 역할의 중단으로 인한 경제적 어려움과 더불어 결혼 상태(홀아비 또는 과부)의 변화로 인해 초래되는 대인관계상의 어려움을 겪게 된다.

배우자 사별 이후의 적응은 사별 전 배우자와의 관계, 즉 결혼의 질에 의해서 영향을 받는다(Carr, 2004). 배우자와 친밀했거나 배우자에 대한 의존도가 높은 사람일수록 배우자 사별에 대한 충격과 슬픔이 더 크다. 사별 전 배우자와의 관계에 대한 만족도와 정서적 친밀감이 높을수록 배우자 사별 이후에 더 많은 정서적 문제와 부적응을 나타낸다(Carr et al., 2000).

(2) 배우자 사별 반응의 성차

배우자의 사별은 남편과 아내 중 누가 더 큰 심리적 충격을 받을까? 배우자 사별 이후에 남편과 아내 중 누가 적응의 어려움을 더 많이 겪을까? 배우자 사별에 대한 반응의 성차는 연구에 따라 상당히 혼재된 결과가 나타나고 있다. 사별 전 부부관계 만족도, 사회적 자원의 보유 정도, 문화적 배경 등에 의해서 영향을 받는다. 그러나 여러 연구결과를 종합하면, 배우자 사별에 대해서 아내가 남편보다 단기적으로는 더 큰 심리적 충격을 받지만 사별 이후의 장기적 적응은 더 잘 하는 것으로 나타났다. 달리 말하면, 남편은 아내에 비해서 배우자의 죽음에 덜 충격을 받지만 적응과정에 더 큰 어려움을 겪는 것으로 나타났다.

일반적으로, 여자는 남자에 비해서 배우자 사별에 대한 심리적 영향을 더 많이 받는다. 연구결과에 따르면, 남편을 잃은 여자들이 아내를 잃은 남자들에 비해서 배우자의 죽음을 부정하는 경향이 더 강하고, 그에 대한 기억을 더 많이 반추하며, 그의 소유물에 더 많이 집착하고, 죽은 사람이 살아 있는 듯이 느끼거나 그들에게 말을 하는 반응을 더 많이 보였다(Lopata, 1973). 일부의 미망인들은 남편의 죽음을 결코 잊지 못할 것이며 그러한 상실로부터 영원히 벗어나지 못할 것이라고 응답했다.

배우자 사별에 대한 남자와 여자의 반응에는 현저한 차이가 있다(Stroebe & Stroebe, 1987). 남자는 아내와의 사별을 일종의 '분리'로 여기며 상대적으로 적은 심리적 충격을 받는 반면, 여자는 남편의 죽음을 '자기 일부의 상실'로 여기며 자존감의 저하와 깊은 우울감을 경험하는 경향이 있다. 특히 여자는 아내라는 신분이 자기개념의 중심에 놓여 있기 때문에 남편의 죽음에 대해서 자신이 버림받았다고 여기면서 우울감과 사회적 위축감을 느낀다(Worden, 2002). 또한 여자는 남자에 비해서 배우자와 사별 후에 삶의 의미 상실감을 더 많이 느낄 뿐만 아니라 배우자 사별로 인한 충격으로부터 회복되는 속도가 더 느린 것으로 나타났다(양복순, 2002).

그러나 배우자 사별 반응의 성차는 배우자와의 관계만족도에 의해서 영향을 받는 것으로 나타났다. 60세 이상의 한국 노인을 대상으로 한 종단연구(이민아, 2014)에 따르면, 사별한 여성 노인의 경우 사별 전 배우자와의 관계만족도가 긍정적일수록 사별 후에 우울 수준이 높아졌으며 적응과정에서 더 많은 어려움을 겪었다. 반면에, 배우자와의 관계만족도가 낮았던 여성 노인은 사별 이후에 우울 수준이 증가하지 않았으며 사별하지 않은 여성 노인보다도 우울 수준이 낮았다. 그러나 남성 노인의 경우는 배우자와의 관계만족도가 영향을 미치지 않는 것으로 나타났다. 이러한 연구결과는 사별 전 배우자와의 관계만족도가 남자보다 여자의 사별 후 정서적 적응과정에 더 큰 영향을 미친다는 것을 보여 준다.

배우자 사별 이후의 적응에서는 남자가 여자보다 더 많은 어려움을 겪는다. 남자는 여자보다 배우자의 죽음을 더 빨리 받아들이는 것 같지만 슬픔을 표현하고 애도하는 과정에서 더 많은 어려움을 겪는다(Glick, Weiss, & Parkes, 1974). 또한 배우자 사별을 경험한 남자는 사회적 관습에 따라서 슬픔의 감정을 억압해야 하고 큰 충격 없이 잘 적응하는 것처럼 보여야 하기 때문에 도움을 요청하기 어려울 뿐만 아니라 사별의 후유증을 더 많이 나타낼 수 있다(Wolfelt, 1990).

수서(Susser, 1981)에 따르면, 남자가 여자보다 배우자의 사망 이후에 더 빨리 사망했다. 아내가 사망한 후 6~36개월 이내에 사망하는 남자의 비율은 배우자가 생존해 있거나 사별 후 재혼한 남자에 비해서 더 높았다. 이러한 결과가 아내의 상실로 인한 고통 때문인지 아니면 사별로 인한 환경적 변화에 의한 스트레스 때문인지는 불분명하다. 이후의 여러 연구(Martikainen & Valkonen, 1996; Mineau et al., 2002)에서도 배우자 사별 이후에 사망하는 남자의 비율이 여자보다 훨씬 더 높았다.

노인을 대상으로 한 국내의 연구(이미숙, 2012; 이민아, 2010, 2014)에서도 남성 노인들은 여성 노인들에 비해서 정신건강과 사회적 적응의 여러 척도에서 더 많은 어려움을 겪는 것으로 나타났다. 여러 연구결과를 종합하면, 남자는 여자에 비해서 배우자 사별 후의 적응에 취약성을 지니는 것으로 보인다. 남자가 배우자 사별에 더 취약한 이유는 여러 관점에서 논의될 수 있다. 우선, 남자는 아내에게 집안일과 식사, 음주 및 흡연에 대한 통제 등 돌봄의 측면에서 의존적이다(Umberson, Wortman, & Kessler, 1992; Zisook & Schuchter, 1991). 특히 노인의 경우 남자는 아내에게 더 의존적인 경향이 있다(이미숙, 2012; 이민아, 2010; Umberson et al., 1992). 전통적인 성역할 규범에 익숙한 남성 노인일수록 은퇴 후 일상생활에서 아내에게 의존하는 경향이 높다. 이러한 상황에서 배우자 사별은 남성 노인에게 더 큰 좌절감과 부적응 문제를 초래하게 된다.

또한 남자는 여자에 비해서 다른 사람들과 관계를 맺는 데 어려움을 겪는다. 여자는 남자에 비해 대인관계를 중시하는 경향을 지닐 뿐만 아니라 정서적 지지를 더 잘 제공하고 자녀와 친구로부터 정서적 지지를 더 잘 이끌어 낼 수 있기 때문에 여자들은 가족관계나 다른 인간관계에서 좀 더 주도적인 사회적 역할을 담당하게 된다. 반면에, 남자는 그러한 역할을 담당하지 않았기 때문에 배우자 사망 이후에 자녀를 포함한 다른 사람들과의 관계 형성과 유지에 더 많은 어려움을 겪게 된다.

남자는 여자에 비해서 사별로 인한 정서적 어려움을 극복할 수 있는 자원과 지지를 이끌어 내는 데 미숙하다(Lee et al., 2001).

2) 자녀와의 사별

자녀와의 사별만큼 부모에게 고통스러운 것은 없다. 물론 자녀가 부모보다 먼저 사망하는 경우는 매우 드물다. 우리나라의 2016년 사망통계에 따르면, 0세(유산 및 출산 전후의 사망)는 1,154명, 1~9세는 483명, 10~19세 911명 그리고 20~29세는 2,505명이 사망했다. 사망원인으로는 0세의 경우는 출산전후의 문제나 선천성 기형이 많았고, 1~9세는 암과 교통사고였으며, 10~29세는 자살, 교통사고, 암 순으로 많았다. 자녀의 죽음을 경험한 부모들은 극심한 슬픔과 죄책감으로 오랜 기간 고통을 받을 뿐만 아니라 여러 가지 후유증에 시달리는 경우가 많기 때문에 사별 연구자들의 주목을 받고 있다.

◈ 미켈란젤로의 조각작품인 〈피에타〉는 아들의 죽음을 슬퍼하는 어머니의 마음을 표현하고 있다.

(1) 자녀의 죽음: 부모의 사별 반응

자녀와의 사별은 어떤 사별보다 더 강렬한 슬픔과 고통을 유발한다. 옛날에는 자녀와 사별한 고통을 상명지통(喪明之痛), 즉 눈을 멀게 하는 고통이라고 표현했다. 너무 큰 슬픔에 많이 울어서 눈이 멀게 되는 아픔이라는 표현이다. 이 말은 공자의 제자인 자하(子賀)가 자식이 먼저 죽자 너무 큰 슬픔에 계속 눈물을 많이 흘려 시력을 잃게 되었다는 고사에서 유래된 말이다.

"부모가 죽으면 땅에 묻고, 자녀가 죽으면 가슴에 묻는다."는 말이 있듯이, 자녀와 사별한 부모들은 자녀와 함께한 기억을 결코 잊지 않으려 하는 경향이 있으며 자녀의 죽음에 대한 슬픔과 고통을 오랜 기간 지속적으로 경험하게 된다(Knapp, 1985). 다양한 유형의 사별을 경험한 109명과의 면담 자료를 분석한 샌더스(Sanders, 1979)에 따르면, 자녀와 사별한 부모들이 배우자나 부모와 사별한 사람들보다 더 강렬한 슬픔과 비통함을 느꼈을 뿐만 아니라 더 다양한 비탄 반응을 나타냈으며 더 커다란 심리적·신체적 고통을 경험했다.

란도(Rando, 1983)에 따르면, 자녀의 죽음을 경험한 부모들은 독특한 요소를 지닌 깊은 비탄을 경험한다. 자녀와 사별한 부모들은 생존자 죄의식과 더불어 죽음에 대한 두려움, 자녀에게 걸었던 꿈과 희망의 상실, 자녀에게 느꼈던 애정의 상실, 부모 역할의 상실을 경험한다. 생존자 죄의식(survivor guilt)은 충격적인 사건으로 다른 사람들은 죽었는데 자신만 살아남은 것에 대해서 무언가 잘못을 했다고 느끼는 죄책감을 의미한다. 자녀와 사별한 부모들은 자녀의 죽음을 예방하지 못한 것에 대한 죄책감과 자책감에 시달리는 경향이 있다. 아울러 자녀를 잃은 부모는 각자의 압도적인 슬픔과 자신만의 독특한 비탄 방식 때문에 서로를 지지하지 못하는 경향이 있다. 이들은 평생 동안 죽은 자녀가 정상적인 발달과정을 이루지 못하고 너무 일찍 죽었다는 점을 상기하며 고통을 겪는다. 일부의 부모들은 자녀의 상실이 너무 고통스러워서 배우자에게 무엇을 말하고 어떻게 행동해야 할지 몰라서 서로를 피하게 되고 그 결과 부부관계가 소원해지기도 한다.

자녀의 죽음에 대한 반응에 있어서 남자와 여자의 차이가 있는 것으로 알려지고 있다. 한 연구(Kennell, Slyder, & Klaus, 1970)에 따르면, 여자는 유산이나 출산 과정 중에 자녀가 사망한 경우에도 비탄과 애도의 모든 과정을 경험한다. 반면에, 남자 는 아내를 위해서 강해져야 한다고 느끼기 때문에 슬픔을 부정하며 슬픈 감정을 억제하는 경향이 있다. 다른 연구(Helmrath & Steinitz, 1978)에서는 죽은 자녀의 어 머니들이 아버지들보다 더 오랜 기간 슬픔을 경험했으며 더 많은 죄책감과 그리움 을 표현했다. 반면에, 아버지들은 어머니들보다 자녀의 죽음으로 인한 심리적 상 처를 더 적극적으로 해결하며 비탄으로부터 더 빨리 회복하는 경향이 있었다.

그러나 아버지들이 자녀의 죽음에 대한 죄책감을 해소하는 데 더 많은 어려움을 겪는다는 주장도 있다(Stillion, 1985). 그 이유는 자녀의 안전에 대한 책임이 아버지 인 자신의 몫이라고 여기기 때문이다. 또한 사회적 관습에 따라서 아버지들은 자 녀를 잃은 슬픔을 표현하지 못하고 다른 사람에게 고통을 호소하거나 도움을 요청 하지 못하는 경향이 있기 때문에 아버지들은 자신의 감정을 더 잘 표현하는 어머 니들에 비해서 자녀 사별의 상실감을 해소하는 데 더 많은 어려움을 겪을 수 있다.

자녀와 사별한 부모의 반응에 대한 연구는 주로 부모의 비탄 반응과 우울 증상 뿐만 아니라 부모의 부적응 반응을 예측할 수 있는 위험 요인의 탐색에 집중되었 다(Murphy, 2008). 이러한 위험 요인 중에는 부모의 성별, 나이, 결혼상태, 자존감, 대처기술, 종교성, 사회적 지지, 현재의 부정적 생활사건, 죽음의 의미를 발견하는 능력 등이 있다(Davis, Wortman, Lehman, & Silver, 2000; Stroebe & Schut, 2001). 또 한 죽은 자녀의 나이, 성별, 죽음 방식이 부모의 반응에 영향을 미치는 것으로 나 타났다. 자녀와의 사별에 대한 부모의 반응은 이처럼 여러 가지 요인들이 영향을 미치기 때문에 매우 다양하고 복잡한 양상을 나타내게 된다.

(2) 자녀의 급작스러운 죽음에 대한 사별 반응

부모의 사별 반응은 자녀의 죽음이 갑작스러웠는지 아니면 점진적이었는지에 따라 현저하게 달라진다. 자녀의 죽음이 교통사고나 폭력에 의한 타살과 같이 갑 작스럽고 비참한 경우에 부모는 매우 강렬한 고통과 상실감을 경험하게 된다. 특히 자녀의 죽음이 처참한 신체적 손상에 의한 것이고 타인의 의도적인 가해에 의한 것이며 부모가 자녀의 죽음을 예방할 수 있다고 인식하는 경우에는 부모의 슬픔과 고통은 더욱 강렬해진다(Green, 1990; Rando, 1999).

자녀의 갑작스럽고 비참한 죽음을 겪은 부모는 외상후 스트레스 장애(PTSD)와 유사한 증상들을 나타내는 경향이 있다(Stevens-Guille, 1999). 자녀가 비참하게 죽는 장면의 이미지가 자꾸 의식에 떠오르는 사건의 재경험, 자녀에 대한 기억을 떠올리지 않기 위한 자녀의 흔적에 대한 회피행동, 그리고 과민한 반응을 유발하는 과도한 각성상태를 경험하게 된다. 특히 타살에 의한 자녀의 죽음을 경험한 부모들은 분노, 적개심, 복수의 감정과 함께 외상후 스트레스 장애의 주된 증상들을 나타내게 된다. 자녀가 갑작스럽게 비참한 죽음을 맞게 되면, 부모의 부부관계와 사회적 관계는 커다란 영향을 받을 수 있다. 대중매체나 범죄수사관과의 인터뷰나 배려심이 부족한 주변 사람들과 이야기를 나누면서 이차 충격을 받을 수도 있다.

청년기 전후의 자녀들이 사망하는 원인은 교통사고와 자살인 경우가 많다. 자녀들은 자동차를 과속으로 몰거나 신호체계를 준수하지 않는 등의 위험행동을 하기 때문이다. 이러한 경우에 부모는 자녀의 죽음을 예방하지 못한 것에 대한 자책감에 시달리게 된다. 또한 자녀가 자살로 사망한 경우에 부모는 매우 충격적인 슬픔과 고통을 경험할 뿐만 아니라 자녀의 사망 원인을 숨기거나 가족의 수치로 여기는 낙인효과가 나타날 수 있다.

자녀의 갑작스러운 죽음은 부모의 죽음으로 이어질 수도 있다. 한 연구(Li, Mortensen, & Olson, 2003)에 따르면, 자녀와 사별한 어머니는 사별 이후 3년 동안에 다른 어머니 집단보다 현저하게 높은 사망률을 나타냈다. 아버지 역시 높은 사망률을 나타냈지만 사별 이후 단기간에만 그러한 현상이 나타났다. 이처럼 부모의 사망률이 높은 이유가 자녀의 죽음으로 인한 스트레스나 질병 때문인지 아니면 그들의 생활방식 때문인지는 알려져 있지 않다.

(3) 자녀의 점진적 죽음에 대한 사별 반응

부모에게는 자녀의 급작스러운 죽음도 고통스러운 일이지만 자녀가 암과 같은 질병으로 고통받으며 죽어 가는 모습을 지켜보는 것도 매우 고통스러운 일이다. 아동기의 자녀가 사망하는 가장 흔한 원인 중 하나는 암이다. 우리나라의 경우, 암은 1~9세의 아동이 사망하는 가장 주된 원인이며 10~29세의 경우에는 자살과 교통사고에 이어 세 번째의 사망 원인이다. 자녀의 죽음이 암과 같은 질병으로 인해서 점진적으로 진행되는 경우에 부모는 자녀의 질병 진단, 투병과정, 증상의 호전과 악화 그리고 최종적인 사망을 지켜보면서 오랜 기간 많은 고통을 겪게 된다.

암을 지닌 자녀의 부모는 오랜 기간 매우 많은 스트레스를 겪게 되며 지속적인 후유증을 겪게 된다. 자녀가 치료를 받는 과정에서 치료 결과의 불확실성으로 인해서 부모들은 회피, 부정, 분리의 대처방법을 사용하게 된다(Kazak, 2004). 아픈 자녀를 간병하는 일, 자녀가 고통받는 것을 지켜보는 일, 회복과 재발의 반복으로 인해 정서적 롤러코스터를 타게 되는 일은 부모 사별에 대한 고통을 가중시키는 원인이 된다(Murphy, 2008).

질병으로 사망한 자녀의 중국인 부모들을 대상으로 구조화된 인터뷰를 실시한 마틴슨과 동료들(Martinson et al., 1993)에 따르면, 부모들은 의료진으로부터 병원에 머물며 간병하기를 요구받았으며 자녀의 첫 진단 시기부터 죽음에 이를 때까지 집에 가지 못한 채 병원에 머물렀다. 또한 그들은 자녀의 치료를 위해 매우 많은 치료비를 지출했으며 일부의 부모는 치료비로 전 재산을 탕진했다고 말했다. 자녀의 죽음 이후에도 관습적으로 죽음에 관한 이야기가 환영받지 못하기 때문에 비탄과 애도 과정을 다른 사람들과 공유하지 못했다.

마틴슨과 동료들(Martinson et al., 2000)은 자녀가 암으로 사망한 65개 가족(한국의 18개 가족, 대만의 25개 가족, 미국의 22개 가족)을 대상으로 자녀 죽음에 대한 가족의 반응을 조사했다. 한국의 경우는 자녀의 간병과 치료에 대한 결정을 주로 어머니가 도맡았으며, 대만과 미국에서는 부모가 함께 공동으로 참여했다. 대부분의 부모들은 슬픔과 더불어 죄책감, 자책감, 후회가 수반되는 비탄 반응을 나타냈다. 특히 한국의 어머니들이 가장 많은 죄책감을 표현했는데, 그 죄책감은 자녀가 처음 신체적 문제를 호소했을 때 그들이 질병의 심각성에 대해서 무지했던 점과 자녀로 하여금 고통스러운 치료를 받게 한 점에 대한 것이었다. 대부분의 부모는 슬픔에 대처하기 위해서 죽은 자녀의 유품을 회피하는 경향을 나타냈으며 자녀의 죽음으로 인한 빈 자리와 허전함에 어떻게 대처해야 하는지의 어려움을 호소했다.

🍀 내 무덤 앞에서 울지 말아요

내 무덤 앞에서 울지 말아요
난 거기에 잠들어 있지 않아요
나는 천 개의 바람이 되어 흘러 다니고
눈송이가 되어 보석처럼 빛나며
햇빛이 되어 익어 가는 곡식들을 비추고 있어요
당신이 아침의 고요 속에서 깨어날 때
나는 가을비가 되어 내리고 있어요
아름답게 원을 그리며 나는
새들의 날갯짓 속에 있으며
밤하늘 별빛이 되어 빛나고 있어요
내 무덤 앞에서 울지 말아요
난 거기에 잠들어 있지 않아요

많은 사람의 가슴에 잔잔한 감동을 안겨 주는 이 시는 미국의 시인이자 원예사인 메리 엘리 자베스 프라이(Mary Elizabeth Frye: 1905~2004)가 지은 것으로 알려져 있다. 프라이는 세 살에 어머니와 사별한 상실의 아픔을 지닌 사람으로서 꽃을 몹시 사랑했던 원예사이기도 하다. 그녀는 반유대주의로 인해서 독일에서 죽어 가고 있는 어머니를 만날 수 없었던 한 유대인 소녀의 가슴 아픈 사연을 듣고 갈색 종이쇼핑백에 이 시를 썼다고 한다. 그녀는 이 시를 출간한 적이 없으나 많은 사람의 사랑을 받으면서 알려지게 되었다.

종단적 연구(Martinson et al., 1994)에 따르면, 자녀와의 사별 이후에 아버지들이 심근경색을 나타내거나 그로 인해 사망하는 경우가 있었다. 대부분의 경우, 아버지들은 건강상태가 현저하게 나빠졌고 소진했다고 보고했으며 어머니들은 아버지보다 더 건강이 나쁘다고 보고했다. 상당수의 가족은 과도한 음주와 같은 알코올 문제가 있음을 보고했다. 부모들은 자녀의 죽음으로 의해 남겨진 '빈자리 현상(empty space phenomenon)'을 보고했으며, 그러한 빈자리를 채우기 위해서 바쁘게 일하거나 활동하는 방식의 '허전함 채우기'와 상실의 아픔을 자녀에 대한 기억이나 이야기로 통합하는 방식의 '연결 유지하기'로 대처하는 경향이 있었다.

3) 부모와의 사별: 아동과 청소년의 경우

부모가 자녀보다 먼저 사망하는 것은 자연스러운 일일 뿐만 아니라 다행한 일이기도 하다. 대부분의 사람은 성인이 된 이후에 부모와의 사별을 경험하기 때문에 사별의 슬픔을 잘 극복한다. 그러나 부모와 강한 애착관계를 지닌 사람들은 부모와의 사별에 커다란 슬픔과 아픔을 경험한다. 특히 부모의 보살핌과 보호가 필요한 아동기에 경험하는 부모의 죽음은 아동의 단기적 적응뿐만 아니라 생애 전반에 커다란 영향을 미치게 된다.

(1) 부모 사별의 단기적 영향

부모의 죽음은 아동·청소년기의 자녀에게 매우 충격적이고 심각한 위기로 여겨진다. 부모와 사별한 아동들은 슬픔과 더불어 상실감을 경험한다. 볼비(Bowlby, 1960, 1980)에 따르면, 심지어 신생아도 부모와의 분리에 불안을 경험하며 저항과 낙담으로 반응한다. 부모와 사별한 아동들은 초기에 정서적 충격과 혼란에 휩싸이며 우울, 불안, 분노, 죄책감을 경험한다. 때로는 어지러움, 두통, 불면과 악몽, 소화불량, 가슴과 목의 답답함과 같은 다양한 신체적 반응을 나타낼 수도 있다. 행동적 측면에서 아동들은 공격적이거나 위축된 사회적 행동을 나타낼 수 있는데,

일반적으로 남아는 공격적인 행동을 나타내는 반면, 여아는 사회적 위축을 보이는 경향이 있다. 이와 더불어 학업성적이 저하되고 공부의 의욕과 집중력이 떨어질 수 있다(Kranzler, Shaffer, Wasserman, & Davies, 1990; Leucken, 2008; Silberman & Worden, 1992).

부모의 때 이른 죽음은 단기적으로 아동에게 우울증, 불안장애, 품행장애, 학업성적 저하, 사회적 위축, 죽음불안과 같은 다양한 정신건강 문제를 유발할 수 있다. 자녀의 정신건강 문제는 배우자를 잃은 생존하는 부모의 정신건강 문제와 밀접하게 연관되는 것으로 알려져 있다(Langrock, Compas, Keller, Merchant, & Copeland, 2002). 특히 부모의 우울증은 아동·청소년기 자녀의 부적응 문제를 유발하는 위험요인이 될 수 있다. 생존하는 부모가 심한 스트레스와 우울증을 겪게 되면 자녀에 대한 돌봄과 보살핌을 방기하게 됨으로써 자녀의 정신건강에 부정적인 영향을 미치기 때문이다. 이 밖에도 부모의 죽음으로 인해 추가적으로 발생하는 스트레스 사건들, 즉 경제적 어려움, 잦은 이사, 일상생활의 변화, 생존하는 부모와의 접촉 감소 등은 우울, 불안, 자존감 저하를 유발하여 아동의 정신건강에 부정적인 영향을 미칠 수 있다.

부모 사별에 대한 아동의 심리적 적응에는 환경적 요인뿐만 아니라 스트레스를 관리하는 아동의 심리적 자원이 중요한 영향을 미친다. 아동이 부모와의 사별에 대처하는 방어기제 중 하나는 부모의 죽음을 부정하고 죽은 부모와 재결합할 수 있다는 환상을 지니거나 죽은 부모의 모습을 환각의 형태로 경험하는 것이다. 이러한 환상과 환각은 아동의 애도과정을 방해하는 부적응적인 것일 수도 있지만, 아동이 죽은 부모와의 심리적인 연결을 경험하고 유지하는 데 도움이 될 수도 있다(Elizur & Kaffman, 1983; Silverman, Nickman, & Worden, 1992). 죽은 부모가 하늘나라에 존재하면서 자녀를 따뜻한 눈길로 내려다보고 있다는 믿음은 아동이 부모의 상실에 대처하는 데 도움이 될 수 있기 때문이다.

아동의 인지적 수준은 부모 사별에 대한 적응에 중요한 영향을 미친다. 죽음에 대한 이해가 미숙한 아동들은 부모가 화가 나서 의도적으로 자신을 버리고 떠났으며 다른 부모도 사라져서 자신이 혼자 남게 되거나 버려질 것을 두려워할 수 있다. 따라서 생존한 부모나 보호자는 아동에게 부모의 죽음에 대해서 설명하고 의문을 해소해 주는 노력이 필요하다(Furman, 1984). 예컨대, "아빠가 네 잘못으로 화가 나서 떠난 것이 아니라 어쩔 수 없이 돌아가신 거야. 아빠는 죽기를 원치 않았으며 너에게 어떠한 분노도 가지지 않았어. 아빠의 죽음을 슬퍼해도 돼. 하지만 네가 원하는 즐거운 일을 해도 괜찮아. 아빠는 네가 즐겁고 행복하게 살기를 원하실 거야."와 같은 설명과 함께 안심을 시키는 노력은 아동으로 하여금 부모의 죽음이 무엇을 의미하며 앞으로 어떻게 대처해야 하는지를 이해하는 데 도움이 될 수 있다.

아동의 나이와 발달단계도 사별 후 적응에 영향을 미칠 수 있다. 아동이 어릴수록 대처기술이 부족하기 때문에 부모의 상실에 대처하기가 어렵다. 이런 측면에서 보면 청소년은 아동보다 사별에 더 잘 대처할 수 있다. 그러나 아동이 어릴수록 부정이나 퇴행과 같은 유아적 방어를 사용하여 부모의 사별로 인한 충격을 완화할 수도 있다. 이에 비해서 청소년은 부모의 죽음을 부정하거나 퇴행 행동으로 대처하기 어렵기 때문에 상실 경험을 더 고통스럽게 직면할 수도 있다.

최근의 여러 연구에 따르면, 아동기나 청소년기의 부모 사별이 항상 정신건강 문제를 유발하는 것은 아니다. 대부분의 아동과 청소년은 역경과 위기를 이겨 내는 회복탄력성(resilience)을 지니고 있으며 자신의 발달과제를 수행하면서 성장하려는 선천적 성향을 지니고 있다. 생존한 부모나 보호자들의 보살핌을 통해서 대다수 아동들은 큰 어려움 없이 부모의 죽음에 대한 슬픔과 상실감을 잘 이겨 낼 수 있다.

(2) 부모 사별의 장기적 영향

아동·청소년기의 부모 사별은 장기적으로 개인의 성격형성과 심신건강에 영향을 미친다. 어린 시절의 부모 상실이 성인기의 정신건강에 영향을 미친다는 연구 결과들이 보고되고 있다(Wass, 1995; Watt & Nicholi, 1979). 어린 시절의 부모 사별은 전 생애를 통해 우울증을 비롯한 여러 심리장애의 발달에 영향을 미칠 수 있다.

한 연구(Mack, 2001)에 따르면, 19세 이전에 부모 사별을 경험한 성인들은 그렇지 않은 성인들에 비해서 우울증의 발병률이 현저하게 높았다. 이 밖에도 여러 연구에서 아동기의 부모 사별은 범불안장애, 공포증, 공황장애, 섭식장애, 정신분열증과 같은 다양한 정신장애의 발달에 기여하는 것으로 보고되었다.

그러나 어린 시절의 부모 사별이 성인기의 정신장애와 항상 직접적으로 연결되는 것은 아니다. 부모의 사망 이후 가정의 안정성이 성인기 정신장애를 억제하는 중요한 보호 요인으로 보고되었다(Fristad, Jedel, Weller, & Weller, 1993). 또한 생존한 부모의 정신건강 상태는 사별에 대한 아동의 적응과정에 중요한 영향을 미치는 매개요인으로 알려져 있다(Kranzler et al., 1990).

아동은 전적으로 부모에게 의존하기 때문에 부모가 사망하면 부적응 문제를 나타낼 가능성이 높다. 이때 생존한 부모가 자신의 슬픔과 상실감을 성공적으로 극복하고 자녀의 정서적 욕구에 잘 부응하는 것이 아동기의 적응뿐만 아니라 이후의 정신건강을 위해 매우 중요하다. 아동기의 부모 사별경험과 성인기 우울증 발생의 관계에 가장 중요한 영향을 미치는 것은 아동이 생존한 부모와 맺는 관계의 질이다(Tennant, 1988). 생존한 부모는 배우자 사별로 인해 강렬한 슬픔과 스트레스를 겪게 되면서 자녀의 욕구를 무시하거나 일방적인 양육행동을 나타낼 가능성이 높다. 부모 사별 이후에 생존한 부모로부터 애정결핍을 겪었거나 과잉통제적 또는 과잉보호적 양육을 받았다고 응답한 성인들이 우울증을 더 많이 보고했다.

여러 연구를 종합하면, 어린 시절에 부모와 사별한 아동이 생존한 부모로부터 방임적이거나 미숙한 양육을 받게 되면 성인기에 우울증을 경험할 가능성이 높다. 그러나 아동기에 부모와 사별하더라도 생존한 부모와 건강한 관계를 형성한 성인들은 더 낮은 우울증상을 보고했다(Luecken, 2000). 달리 말하면, 긍정적인 부모-자녀 관계는 부모 사별의 부정적 영향을 완충하여 성인기의 우울증을 예방하는 효과를 지닌다. 아동기에 심한 곤경을 겪더라도 부모와의 긍정적 관계를 통해서 이를 성공적으로 극복하면 이후의 삶에서 더 높은 적응능력을 지닐 수 있다. 한 연구(Masten et al., 2004)에 따르면, 아동·청소년기에 역경을 잘 극복하고 회복탄력성을 발달시킨 사람들이 전 생애를 통해 직면하게 되는 도전과 위기를 성공적으로 극복하는 적응능력을 보였다.

아동기의 부모 사별은 성인기의 심리적 문제뿐만 아니라 신체적 질병에도 영향을 미치는 것으로 보고되고 있다(Agid et al., 1999; Felitti et al., 1998; Krause, 1998). 아동기에 부모와 사별한 성인들은 신체적 질병을 유발하는 흡연, 음주, 약물남용과 같은 건강 훼손 행동을 더 많이 나타냈다. 이처럼 건강에 영향을 미치는 행동과 습관은 어린 시절의 가족관계에 의해서 영향을 받는다(Repetti, Taylor, & Seeman, 2002). 그러나 아동기의 부모 사별과 성인기의 신체적 질병 간의 인과적 관계는 아직 불확실하다. 아동기의 부모 사별이 어떤 발달적 경로를 통해서 성인기의 신체적 질병을 유발하며 그 과정에 어떤 심리사회적 요인들이 관여하는지는 앞으로 연구를 통해서 밝혀야 할 과제이다.

제17장

애도과정: 사별의 상처를 이겨 내는 과정

사랑하는 사람과의 사별은 격렬한 슬픔과 극심한 고통을 유발한다. "가슴이 찢어진다.", "억장이 무너진다.", "슬퍼서 몸을 가눌 수가 없다."와 같이 사별의 강렬한 고통을 묘사하는 처절한 표현들이 많다. 사랑하는 사람의 죽음을 슬퍼하는 것은 자연스럽고 당연한 일이다. 그러나 자신의 죽음을 두려워하는 심리적 원인에 대한 통찰이 필요하듯이, 사랑하는 사람의 죽음이 그토록 강렬한 슬픔을 유발하는 원인에 대한 성찰이 필요하다.

인간이 사별을 슬프고 고통스럽게 느끼는 원인은 무엇일까? 궁극적으로 타자(他者)에 불과한 개인의 죽음이 왜 그토록 강렬한 슬픔과 고통을 유발하는 것일까? 사랑의 본질은 무엇이며 사별 비탄의 근본적 원인은 무엇일까? 사별의 슬픔은 어떻게 극복될 수 있는 것일까? 사별의 아픔을 극복하는 애도과정에서는 어떤 심리적 작업이 필요한 것일까?

1. 사별로 인한 슬픔의 심리적 원인

사별의 슬픔과 고통에 대한 심리적 원인을 설명하는 가장 대표적인 이론은 애착이론이다. 애착이론에 따르면, 사별은 애착대상의 상실을 의미하며 개인의 생존과 행복에 커다란 위협으로 작용한다. 또 다른 이론은 인지이론으로서 사별은 개인이 자신과 세상에 대해서 견지하고 있는 신념체계를 파괴하기 때문에 충격적인 고통으로 다가온다고 주장한다. 따라서 사별경험은 개인의 인생관과 세계관에 영향을 주게 된다. 아울러 사별은 개인의 생존과 행복을 돕는 관계적 지지의 상실을 의미하며 일상생활의 기능조절을 손상시킨다는 주장이 제기되고 있다. 여기에서는 사별 슬픔의 주된 심리적 원인을 애착대상의 상실, 신념체계의 붕괴, 관계적 지지의 상실이라는 세 가지 측면에서 살펴보기로 한다.

1) 애착과 사별: 정서적 유대의 단절

◆ 애착이론을 제시한 존 볼비

영국의 심리학자이자 정신과의사이며 정신분석가인 존 볼비(John Bowlby: 1907~1990)는 3부작 저서인 『애착과 상실(Attachment and Loss)』을 통해서 인간의 사랑과 이별에 관해 설명하는 애착이론을 제시했다. 1969년에 처음 발표된 1권에서는 '애착'에 대해 설명했고, 1973년에 발간한 2권에서는 '분리: 불안과 분노'에 대해서, 그리고 1980년에 출간된 3권에서는 '상실: 슬픔과 우울'에 대해서 설명하고 있다. 애착이론은 사별의 슬픔과 비탄에 대한 심리학적 설명을 제시하고 있을 뿐만 아니라 비탄 반응에 대한 개인차와 더불어 비탄의 고통이 완화되는 심리적 기제와 과정을 설명하고 있다.

(1) 애착이론

애착이론은 인간의 정서적 유대 경험을 설명하는 심오한 이론이다. 볼비에 따르면, 애착(attachment)은 두 사람 간에 형성되는 특별한 정서적 유대관계를 의미한다. 많은 종(種)의 갓 태어난 새끼들은 자신을 스스로 돌볼 수 없을 정도로 미숙하기 때문에 어미에게 애착하는 경향성을 선천적으로 지니고 태어난다. 아동이 정상적으로 발달하기 위해서는 적어도 한 명 이상의 양육자와 따뜻하고 지속적인 애착관계를 맺는 것이 필요하다. 이러한 애착의 욕구가 충족되지 못하면 정상적인 발달에 장애가 나타나서 대인관계에 어려움을 겪게 된다. 볼비는 인간의 삶에 있어서 애착의 중요성을 강조하면서 어린 시절의 애착경험이 이후의 인간관계와 성격을 형성하는 기반이 된다고 주장했다.

애착은 일상적인 용어로 '사랑'을 의미하며 세 가지의 특별한 정서적 유대관계, 즉 자녀가 부모에게 느끼는 사랑, 부모가 자녀에게 느끼는 사랑, 그리고 두 남녀가 서로에 대해서 느끼는 사랑의 기반이다. 진화심리학의 관점에서 보면, 이러한 세 가지 유대관계는 인간의 생존과 종족 보존에 필수적인 심리적 요소라고 할 수 있다. 무력한 상태로 태어난 어린아이는 어머니에게 매달리거나 항상 가까운 곳에 존재하려는 행동을 나타낸다. 아이는 어머니가 어디에 있는지를 끊임없이 살피며 어머니가 가까이 있으면 안전감을 느끼면서 잘 놀지만 어머니와 멀어지게 되면 불

◈ 애착관계의 아동과 어머니는 항상 살을 맞대고 붙어 있기를 원한다.

안해하며 어머니에게 가까이 가려고 노력한다. 또한 어머니 역시 아이를 가슴에 안거나 늘 가까운 곳에 두고 보살핀다.

제9장에서도 간략히 설명한 바 있듯이, 모든 애착관계는 다음과 같은 네 가지의 공통적 특징을 나타낸다. 그 첫째는 근접성 유지(proximity maintenance)로서 항상 애착대상과 가까이 있기를 원한다. 사랑하는 사람들은 부모-자녀 관계이든 연인 관계이든 항상 살을 맞대고 접촉을 통해 서로의 존재와 온기를 느끼고자 한다. 또한 서로가 어디에 있는지를 확인하며 언제든 상대방에게 다가가고 또한 상대방을 받아들인다.

둘째, 애착대상은 정서적 지지와 보호를 제공하는 안전한 피난처(safe haven)의 역할을 한다. 힘들고 어려운 일이 있을 때면 사랑하는 사람을 떠올리고 그를 찾아가 위로를 받거나 도움을 청한다. 어린아이는 힘들 때마다 울면서 달려가 어머니에게 매달리고, 어머니는 아이를 꼭 껴안고 머리와 등을 쓰다듬으며 위로한다. 어머니의 위로를 받으면서 아이는 울음을 멈추고 미소를 되찾게 된다. 이처럼 애착대상은 치열한 삶의 고단함과 괴로움을 서로 위로해 주고 편안하게 쉴 수 있는 피난처가 된다.

셋째, 애착대상은 안전기지(secure base)의 역할을 하며 세상을 적극적으로 탐색하고 활동하는 기반이 된다. 사랑하는 사람들은 항상 서로 가까이 있기를 원하지만 세상으로 나아가고 돌아오는 과정을 반복하게 된다. 어린아이에게 있어서, 어머니는 어려움에 처할 때마다 돌아가 보호를 받을 수 있는 피난처인 동시에 안전감(sense of security)의 확신 속에서 심리적 재충전을 하고 집 밖으로 나아가 세상을 탐색하게 만드는 안전기지인 셈이다.

네 번째 특징은 분리 고통(separation distress)으로서 애착관계에서는 사랑하는 사람과 이별을 하게 되면 고통을 경험하게 된다. 사랑하는 사람들은 재회하면 기뻐하는 반면, 이별하면 고통스러워한다. 애착대상과의 이별이 예상될 때 불안을 느끼고, 애착대상의 상실은 슬픔과 우울을 유발한다. 사별은 사랑하는 사람과의 영원한 이별이기 때문에 가장 강력한 슬픔과 고통을 유발하게 된다.

(2) 분리: 애착대상의 상실

슬픔과 비탄은 애착대상의 상실에 대한 반응이다. 즉, 애착대상과 맺은 정서적 유대의 단절에 대한 반응이다. 애착대상은 언제든지 가까이 접근하면 안전감을 제공하던 사람으로서 피난처이자 안전기지의 역할을 했던 존재이다. 사별은 애착대상의 소멸이자 정서적 유대의 상실을 의미한다. 사별에 대한 비탄 반응은 애착대상의 상실에 대한 본능적이고 선천적인 반응이라고 할 수 있다.

애착이론은 진화론에 뿌리를 두고 있다. 볼비는 신생아의 행동 관찰을 통해서 애착행동이 아동의 생존에 필수적인 적응기능을 지닌다고 보았다. 신생아는 선천적으로 양육자의 보살핌을 이끌어 내는 애착행동 체계를 지니고 태어난다. 신생아는 미소, 울음, 매달리기와 같은 일련의 행동을 통해서 부모의 보살핌을 이끌어내고, 어머니는 이러한 행동에 호응하여 양육행동으로 반응한다. 신생아는 단순히 보살핌을 받는 수동적인 존재가 아니라 스스로 보살핌을 이끌어 내는 능동적인 존재이다. 어린아이는 항상 양육자와 가까운 거리에서 근접성을 유지하려고 한다.

그러나 애착대상인 어머니와 분리되면, 어린아이는 일련의 단계적 행동을 통해서 반응한다. 우선, 어머니가 자신에게서 멀어지거나 떠나가면, 아이는 불안을 느끼며 격렬한 행동(예: 울기, 떼쓰기, 소리 지르기)을 통해서 저항한다. 이러한 저항(protest) 반응은 애착대상을 다시 끌어들여 재결합하기 위한 시도이다. 애착대상이 자신의 곁을 떠나가서 돌아오지 않으면, 아이는 불안을 경험하면서 애착대상을 그리워하며 찾아다니는 행동(yearning and searching)을 나타낸다. 이별에 대한 저항 행동은 애착대상이 다시 돌아오거나 그렇지 않을 경우에는 모든 노력이 소진될 때까지 집요하게 계속된다.

저항의 단계 동안, 아동은 매우 격렬하게 반응한다. 그러나 애착대상이 사망한 경우처럼 분리상태가 지속되면, 저항 반응의 강도가 약화되면서 슬픔과 절망으로 바뀐다. 아이는 우울감과 외로움을 느끼며 위축된 행동을 보이고 수면과 음식섭취의 장애가 나타내기도 한다. 볼비는 이러한 행동이 나타나는 시기를 절망(despair) 단계라고 불렀다. 절망은 애착대상과의 재결합을 추구했던 모든 노력이 실패로 돌아간 것에 대한 자연스러운 반응이라고 할 수 있다.

아동은 시간의 경과와 함께 절망 상태에서 서서히 회복하면서 활기를 되찾고 사회적 관계와 활동에 대한 흥미를 나타내기 시작한다. 볼비는 양육자에 대한 애착을 철회하는 듯한 행동이 나타나는 과정을 탈애착(detachment) 단계라고 불렀다. 그러나 아이는 결코 양육자에 대한 애착을 철회하지 않을 뿐만 아니라 그것을 원하지도 않는다는 것이 밝혀졌다. 그 대신 아이는 양육자에 대한 내면적 표상을 통해서 그와의 유대관계를 재구성한다. 이러한 사실에 근거하여 볼비는 이 단계를 재구조화(reorganization) 단계라고 개칭했다.

볼비는 아동의 행동 관찰을 통해서 애착대상과의 분리에 대한 적응과정을 저항(그리워하기와 찾기), 절망(혼란), 탈애착(재구조화)의 세 단계로 구분했다. 그러나 여러 연구결과와 임상적 관찰에 따르면, 사별에 직면한 성인들은 사별 직후에 애착대상과의 상실을 받아들이지 못하는 반응을 나타냈다. 사별의 상실이 너무 고통스러워서 그러한 현실을 인정할 수 없기 때문이다. 이러한 연구결과에 근거하여 볼비는 상실에 대한 최초의 반응으로 무감각(numbing) 단계를 추가했다. 무감각의 단계에서는 애착대상의 죽음을 부인하면서 정서적 무감각 또는 마비 상태를 나타내거나 슬픔과 고통을 부정하게 된다.

(3) 비탄 반응의 자연적 감소: 정신적 표상을 통한 지속적 관계감

사별 반응의 특징 중 하나는 시간의 흐름에 따라 비탄 반응이 감소한다는 점이다. 볼비에 따르면, 사별에 대한 애도과정은 (1) 애착대상의 죽음을 인정하지 않는 무감각 단계, (2) 고인에 대한 그리움과 찾기 행동을 나타내는 저항 단계, (3) 좌절과 혼란을 경험하는 절망 단계, (4) 고인과의 관계를 내면적으로 재구성하는 재구조화 단계를 통해 비탄 반응이 점진적으로 감소하면서 일상생활로 복귀하게 된다.

볼비는 비탄 반응이 감소하기 위해서는 애착대상의 죽음에 대한 수용이 필요하다고 주장한다. 그러나 애착인물의 상실을 충분히 수용하는 것은 결코 쉽지 않다.

인간은 사랑했던 사람의 기억을 완전히 지울 수 없으며 고인에 대한 기억은 언제든 애착 욕구와 슬픔을 촉발할 수 있기 때문이다. 고인과의 애착을 단절하기보다는 그와의 유대를 지속하는 것이 사별한 사람의 적응에 도움이 된다. '유대의 지속'이 의미하는 바는 사별한 사람이 고인이 된 애착인물에 대해서 '지속적인 정신적 표상'을 지니는 것이다. 이러한 정신적 표상은 사별한 사람으로 하여금 고인과의 '지속적 관계감'을 느끼게 해 준다. 고인이 실제로는 이 세상에 존재하지 않지만, 사별한 사람은 심리적 세계에서 고인의 심상을 통해 그와 대화하고 교류하며 지속적인 관계감을 유지할 수 있는 것이다.

지속적인 관계감은 뇌의 전두엽 기능과 관련되어 있는 것으로 여겨지고 있다. 한 연구(Gundel, O'Connor, Littrell, Fort, & Lane, 2003)에서는 약 8개월 전에 사별한 사람들의 뇌기능을 조사했다. 사별한 사람들에게 고인에 대한 기억을 촉발하는 자극을 제시했을 때 전두엽을 중심으로 기억, 감정, 인지, 심상과 관련된 다양한 뇌 영역이 함께 활성화되었다. 이러한 연구결과는 현재 존재하지 않은 사람과의 지속적 관계감을 경험하기 위해서 뇌의 여러 영역이 연결되어 전두엽에서 고인에 대한 심상이 형성되어야 함을 의미한다. 전두엽에서 고인의 생생한 심상이 구성됨으로써 실제의 관계체험과 유사한 지속적 관계감을 통해 안전감과 긍정 정서를 경험하게 된다. 애도과정의 재구조화 단계에서는 사랑하는 사람의 죽음을 수용하지만 그에 대한 생생한 기억을 떠올림으로써 마음이 따뜻해지는 지속적 관계감을 통해서 사별의 고통으로부터 벗어나게 되는 것이다.

(4) 부적응적인 병리적 비탄 반응

사별의 비탄은 고인에 대한 지속적 집착과 영원한 상실 사이에서 겪게 되는 갈등의 심리적 표현이다. 애도과정은 사랑하는 사람의 죽음에 대한 부정과 수용 사이에서 겪는 심리적 갈등을 해소하는 과정으로서 대부분의 경우 부정에서 수용의 방향으로 진행된다. 사랑하는 사람을 복원하려는 소망보다 그 사람이 존재하지 않는 현실의 힘이 더 강하기 때문이다.

이처럼 사별의 비탄 반응은 대부분의 경우 시간의 흐름에 따라 감소한다. 그러나 복합적 사별증후군의 경우처럼 사별의 비탄 반응을 오래도록 강렬하게 나타내는 사람도 있다. 이러한 사람들에게 비탄 반응의 자연적 감소 현상이 나타나지 않는 이유는 무엇일까?

볼비는 사별의 정상적인 애도과정뿐만 아니라 부적응적인 비탄 반응에도 관심을 지녔다. 부적응적인 비탄 반응은 고인에 대한 지속적인 그리움, 고인에 대한 원망, 지속적인 자기책망, 다른 사람에 대한 지나친 보호와 돌봄, 죽음의 영원성에 대한 지속적 부정 등으로 나타날 수 있다. 그는 두 가지 유형의 병리적 비탄 반응을 제시했다. 하나는 만성적 비탄(chronic grief)으로서 애도 반응이 지나치게 오랜 기간 지속적으로 나타나는 경우이다. 다른 하나는 지연된 비탄(delayed grief)으로서 상실 초기에는 애도 반응이 나타나지 않지만 시간의 흐른 후에 뒤늦게 애도 반응이 강하게 나타나는 경우를 뜻한다. 이러한 병리적 비탄 반응은 애착대상의 죽음을 수용하지 못했거나 지속적 관계감을 경험할 수 있는 재구조화의 실패에 기인한다.

어린 시절에 형성한 애착유형이 사별의 비탄 반응에 영향을 미칠 수 있다. 어린 아동이 어머니와 형성하는 애착관계는 다양한 유형으로 구분될 수 있다. 에인스워스와 동료들(Ainsworth et al., 1978)은 아동과 어머니의 상호작용 행동을 면밀히 관찰하여 아동의 애착패턴을 안정애착, 불안애착, 회피애착으로 구분했다. 영아기에 형성된 애착유형은 전 생애에 걸쳐 지속적인 영향을 미치는 것으로 보고되고 있다(George, Kaplan, & Main, 1985).

애착유형은 사랑하는 사람의 죽음에 대한 비탄 반응에 강력한 영향을 미친다. 한 연구(Wayment & Vierthaler, 2002)에서는 사랑하는 사람과 사별한 지 18개월이 지나지 않은 91명의 성인을 대상으로 애착유형(안정애착, 불안애착, 회피애착)과 사별 반응의 관계를 조사했다. 그 결과, 애착유형이 사별 반응에 영향을 미치는 것으로 나타났다. 불안애착 유형인 사람들은 안정애착 유형에 비해서 더 높은 비탄과 우울을 보고했으며, 회피애착 유형인 사람들은 주관적 고통을 덜 보고했지만 신체화 반응을 더 많이 나타냈다.

다른 연구(Wice, 2009)에서도 불안애착 유형에 속하는 사람들이 사별에 대해서 더 강한 주관적 고통을 나타냈다. 안정애착 수준이 높을수록 사별로 인한 주관적 고통이 낮을 뿐만 아니라 과제 지향적 대처를 통해서 사별의 충격을 더 효율적으로 극복하는 것으로 나타났다. 안정애착은 사별의 충격으로부터 개인을 보호하는 기능을 하는 것으로 알려지고 있다. 안정애착 수준이 높은 사람들이 사별로 인한 주관적 고통을 덜 경험하는 것은 애착대상에 대한 긍정적인 심상을 확고하게 내면화함으로써 그 대상이 존재하지 않는 상황에서도 그러한 심상을 통해 심리적 안정감을 느낄 수 있기 때문이다.

2) 신념체계와 사별: 세상에 대한 믿음의 파괴

사별로 인한 비탄의 본질을 설명하는 두 번째 관점은 인지적 이론으로서 사별을 일종의 트라우마로 보고 그로 인한 인지적 충격과 대처를 강조하고 있다(Gillies & Neimeyer, 2006; Weiss, 2008). 인지적 관점에 따르면, 사별이 강렬한 비탄과 슬픔을 유발하는 이유는 개인이 세상에 대해서 지니고 있는 신념체계를 무참하게 붕괴시키기 때문이다. 특히 사랑하는 사람의 갑작스러운 죽음은 개인의 신념체계(세계관, 인생관, 가치관)를 뒤흔들고 무너뜨린다. 사별 반응의 개인차는 그러한 충격에 대처할 수 있는 신념체계의 유연성으로 설명될 수 있다. 또한 사별에 대한 의미재구성 과정을 통해서 파괴된 신념체계를 복구하는 것이 애도과정에 중요하다.

(1) 신념체계의 붕괴

인간은 삶의 경험을 통해서 자신과 타인 그리고 세상에 대한 신념체계를 형성하며 살아간다. 우리가 일상생활을 유지할 수 있는 것은 '내'가 지금처럼 계속 존재할 것이고 사랑하는 사람들도 그러할 것이며 세상 역시 안전한 곳이라는 믿음에 근거한다. 신념체계(belief system)는 개인이 자신과 세상에 대해서 지니는 이해와 믿음의 집합체로서 미래에 대한 기대와 예상의 근거가 된다.

　신념체계는 개인이 자신의 삶 전체의 경험을 압축한 핵심적 인생관으로서 삶을
지탱하는 인지적 기반이 된다. 이러한 신념체계와 일치하지 않는 새로운 경험을
했을 때 개인은 인지 부조화(cognitive dissonance)라는 불쾌감을 경험한다. 인지적
부조화를 해소하기 위해서는 새로운 경험을 신념체계에 적합하도록 해석하거나
신념체계의 수정을 통해서 통합하게 된다. 일상생활에서 이러한 신념체계의 근간
을 뒤흔드는 충격적인 사건을 겪는 경우는 드물다.

　그러나 사랑하는 사람의 죽음, 특히 갑작스럽거나 비참한 죽음은 심각한 심리적
스트레스와 더불어 개인의 신념체계를 뒤흔든다. 갑작스러운 사별을 경험한 사람
들은 흔히 '세상이 무너지는 느낌' 또는 '도저히 현실을 받아들일 수 없는 느낌'을
보고한다. 세상에 대한 믿음이 일거에 와해되는 느낌과 더불어 개인의 신념체계
로는 도저히 이해할 수 없는 엄청난 인지적 괴리를 경험하기 때문이다.

　사별의 비탄 반응이 신념체계의 붕괴에 기인한다는 인지적 관점은 사별뿐만 아
니라 애착대상과 관련되지 않은 상실 사건(예: 자연재해로 인한 가옥 상실, 실직으로
인한 직장 상실, 사기로 인한 재산 상실, 명예훼손으로 인한 자기상 상실)에 의해 유발되
는 고통을 설명할 수 있는 장점을 지닌다. 이러한 상실 사건들은 비탄과 유사한 반
응을 유발하지만 애착이론에서 주장하듯이 애착대상과의 유대 단절로 설명하기
어렵다. 또한 인지적 관점은 사별로 인해 파괴된 신념체계를 재구성함으로써 사
별의 충격에서 벗어날 수 있는 치료방법을 제시할 수 있다.

(2) 박살난 가정 이론

　미국의 임상심리학자인 자노프불만(Janoff-Bulman, 1989, 1992)은 인지적 관점에
서 트라우마가 개인의 신념체계를 파괴한다는 박살난 가정 이론(theory of shattered
assumptions)을 제시했다. 그녀에 따르면, 대부분의 사람은 자신이 가치 있는 존재
로서 자신의 삶을 통제하고 있으며 세상은 우호적이고 공정한 곳이라는 뿌리 깊은
신념을 지니고 살아간다. 우리는 자신과 세상에 대한 이러한 기본 가정과 핵심 신
념의 바탕 위에서 일상생활을 영위하고 미래에 대한 계획을 세우며 살아간다. 이

러한 기본 가정들은 과거-현재-미래를 연결하는 삶의 통합감과 의미감을 제공할
뿐만 아니라 미래의 행복과 희망을 설계하는 기반이 된다. 사별과 같은 트라우마
는 이러한 기본 가정과 신념체계를 무참히 파괴함으로써 강렬한 심리적 충격과 혼
란을 유발한다.

박살난 가정 이론에 따르면, 자신과 세상에 대해서 긍정적 신념을 지닌 사람일수
록 사별과 같은 트라우마에 의해 강한 충격을 받는다. 자신의 삶이 행복한 일들로
가득할 것이라는 장밋빛 신념과 기대를 지닌 사람일수록, 사랑하는 사람의 죽음은
더 충격적인 것으로 느껴진다. 반면에, 인생의 산전수전을 다 겪으며 매우 유연한
현실적 신념체계를 지닌 사람은 사별을 덜 충격적인 것으로 받아들일 수 있다.

사별의 비탄 반응은 신념의 긍정성-부정성 측면보다 경직성-유연성의 측면이
더 중요하다는 연구결과가 보고되고 있다. 브레윈과 홈스(Brewin & Holmes, 2003)
는 여러 연구결과를 종합하여 개인의 신념이 긍정적인 것이든 부정적인 것이든 과
도하게 경직된 신념을 지닌 사람들이 트라우마로부터 더 많은 충격을 받는다고 주
장했다. 연구자들에 따르면, 자신과 세상에 대한 긍정적 신념(예: '나는 매우 유능하
며 세상은 극히 안전하다'는 신념)을 지닌 사람에게는 트라우마가 그러한 신념과 정
면으로 충돌하기 때문에 심리적 혼란과 공포를 유발하는 반면, 부정적 신념(예: '나
는 매우 무능하며 세상은 극히 위험하다'는 신념)을 지닌 사람에게는 트라우마가 그러
한 부정적인 생각을 더욱 확증함으로써 우울감과 무기력감을 강화하게 된다.

사랑하는 사람의 죽음은 개인이 지닌 신념체계를 붕괴시킬 뿐만 아니라 자기 이
야기(self-narrative), 즉 과거-현재-미래의 삶을 연결하는 스토리의 연속성과 일관
성을 무너뜨린다. 특히 사랑하는 사람의 갑작스럽고 폭력적이며 의미를 발견하기
어려운 죽음은 자기 이야기의 줄거리를 파괴함으로써 더욱 큰 충격을 주게 된다.
또한 암과 같이 점진적이고 비폭력적인 죽음도 개인의 신념체계를 손상시킨다.
암으로 인한 고통스러운 죽음을 목격하면서 개인의 가치와 존엄성뿐만 아니라 세
상의 우호성에 대해서 의심하게 된다. 사랑하는 사람과의 사별을 겪으면서 자기
존재의 취약성과 죽음의 불가피성을 상기하게 되고 사후세계에 대한 의문을 제기

하게 된다. 또한 친밀한 사람의 죽음은 개인의 자기정체감에도 혼란을 초래한다. 대부분의 사람은 친밀한 사람과의 상호적 경험을 통해서 자신이 타인에게 어떤 존재로 비쳐지는지를 좀 더 분명하게 인식하게 된다. 이처럼 자기인식을 위한 거울 역할(mirroring)을 했던 중요한 인물을 잃게 되면, 개인은 자기정체감의 혼란을 겪게 된다.

(3) 의미재구성을 통한 인지적 적응

사별의 충격으로부터 회복하기 위해서는 붕괴된 신념체계를 복구하거나 재구성하는 것이 필요하다. 사별경험은 개인으로 하여금 인생에 대해서 다시 배우고 세상을 다시 생각하도록 촉구한다(Neymeyer, Prigerson, & Davies, 2002). 비탄 반응은 사별이라는 새로운 현실에 적응하려는 발버둥이다. 이러한 비탄으로부터 벗어나기 위해서는 사랑하는 사람의 죽음과 그가 부재하는 현실의 변화에 대한 인지적 적응이 필요하다.

사별에 대한 인지적 적응을 위해서 세 가지의 노력이 중요하다(Gillies & Neimeyer, 2006). 그 첫째는 이해하기(sense making)이다. 가장 고통스러운 사별경험은 도무지 이해할 수 없는 죽음이다. 이러한 죽음은 과거에 의미를 지녔던 모든 것들에 대한 의문과 혼란을 유발한다. 사별의 고통을 극복하고 삶의 질서와 안전감을 회복하려면 사랑하는 사람의 죽음에 대한 이유를 알아야 한다. 무엇이 죽음을 초래했고, 왜 그러한 죽음이 사랑하는 사람에게 일어났으며, 이토록 슬픔과 비탄을 느끼는 이유는 무엇인지, 그리고 이러한 사별경험이 자신의 삶에 무엇을 의미하는지에 대해서 의문을 제기하고 나름대로의 답을 발견할 수 있어야 한다. 사별한 사람이 자신의 사별에 대해 의문을 제기하고 이해해 가는 과정이 비탄경험의 핵심이다(Neimeyer, 2000).

둘째는 혜택 발견하기(benefit finding)이다. 어떤 경험으로부터 혜택이나 이득을 발견하는 능력은 그러한 사건에 적응하는 데 중요한 역할을 한다. 사별은 비극적인 일이지만 그에 대한 긍정적인 재평가를 통해서 인생의 교훈과 성찰을 얻을 수 있다. 또한 새로운 삶에 적응하기 위한 노력을 통해서 개인의 잠재된 역량이 발현되고 탁월한 성취를 얻을 수 있다. 이러한 혜택 발견하기는 사별에 대한 의미를 새롭게 재구성하는 중요한 수단이다. 그러나 사별의 혜택은 사별 직후에는 잘 발견되지 않으며 많은 시간이 흐른 후에야 눈에 들어온다(Neimeyer & Anderson, 2002). 사별의 슬픔 속에서 삶의 교훈을 발굴하는 것은 결코 쉬운 일이 아니며 개인의 성숙한 역량이 필요하다.

셋째는 자기정체감의 변화(self-identity change)이다. 사별경험의 의미를 재구성하면서 개인은 자신의 재구성, 즉 자기정체감의 변화를 경험하게 된다. 사별을 겪은 사람들은 슬픔과 고통을 겪게 되지만 여러 가지 긍정적 변화도 일어난다. 트라우마에 잘 적응한 사람들은 개인적 성장을 경험하는데, 이를 외상후 성장(PTG)이라고 한다. 이러한 성장을 이룬 사람들은 자기정체감의 변화를 경험한다. 이들은 자신이 과거보다 더 강인해졌고 더 독립적이며 자신감 있는 사람으로 변했으며 새로운 역할을 수행하게 되었고 인생의 취약성을 더 잘 인식하게 되었다고 보고한다. 또한 대인관계도 변화하여 공감능력이 증가하고 다른 사람에 대해서 정서적으로 더 가깝게 다가갈 수 있게 된다. 사별을 통해서 '더 슬프지만 더 지혜로워지는' 영적 성장 또는 실존적 성장을 경험하게 된다.

사별에 대한 인지적 적응(이해하기, 혜택 발견하기, 자기정체감 변화)을 통해서 사별의 고통이 완화될 뿐만 아니라 다음과 같은 6가지 삶의 영역, 즉 (1) 일상생활과 우선순위, (2) 자기지각과 개인적 정체감, (3) 대인관계, (4) 미래에 대한 견해, (5) 세상에 대한 견해(영적, 철학적 신념), (6) 사회적 공동체에 대한 참여 행동에서 새로운 변화가 일어난다(Gillies & Neimeyer, 2006).

의미재구성을 통한 인지적 적응은 시간의 흐름과 함께 지속적인 과정을 통해서 진행된다. 사별에 대한 의미 부여를 통해서 새롭게 변화된 관점이 견고해짐에 따라 사별 고통이 감소하면서 일상생활을 비롯한 삶의 다양한 영역에서 긍정적인 변화가 일어나게 된다.

3) 관계적 지지와 사별: 현실적 도움의 상실

사별이 고통스러운 이유 중 하나는 사망한 사람으로부터 제공받았던 다양한 지원과 도움이 상실되기 때문이다. 가족을 비롯한 친밀한 사람들은 우리가 큰 어려움 없이 일상생활을 영위할 수 있도록 다양한 도움을 주고 있다. 그러나 우리는 평소에 그들이 어떤 도움을 얼마나 많이 주고 있는지 인식하지 못한다. "사랑했던 사람이 떠나간 후에야 그로부터 얼마나 많은 사랑을 받고 있었는지 알 수 있다."는 말이 있다. 사별은 평소에 고인으로부터 제공받았던 다양한 도움, 즉 관계적 지지의 상실을 의미한다. 사별한 사람들은 사랑했던 사람이 더 이상 존재하지 않는 세상에서 그로부터 제공받던 관계적 지지의 결핍을 경험하면서 상실의 아픔과 슬픔을 실감하게 된다.

(1) 관계적 지지의 상실

관계적 지지(relational support)는 특정한 사람과의 친밀한 관계를 통해서 제공받는 애정과 돌봄뿐만 아니라 어려움에 처했을 때 언제든 접근하여 얻을 수 있는 실질적인 도움을 의미한다. 이러한 관계적 지지를 제공하는 주된 사람들은 배우자나 연인, 가족, 친구이다. 우리가 커다란 어려움 없이 일상생활을 영위할 수 있는 것은 많은 사람으로부터 받고 있는 관계적 지지의 덕분이다. 사별은 우리의 삶에서 중요한 의미를 지닌 사람으로부터 받아 왔던 관계적 지지의 박탈이자 중단을 의미한다.

사별의 고통은 이러한 관계적 지지의 상실과 중단에 의해서 가중된다. 사랑했던 사람의 죽음은 평소에 그로부터 받아 왔던 다양한 지지의 부재로 인해 일상생활의 많은 어려움과 곤란을 초래하기 때문이다. 사별로 인한 애착의 단절과 신념체계의 붕괴는 사별 초기의 강렬한 슬픔을 유발하는 주된 원인이라면, 관계적 지지의 중단은 사별 이후의 현실적인 삶에서 지속적으로 경험하게 되는 상실감과 결핍감의 주된 원천이다.

부부의 경우, 배우자의 죽음은 남편이나 아내의 일상생활에 커다란 곤란을 초래하게 된다. 배우자의 상실은 일상생활의 리듬을 유지해 주던 주요한 관계대상을 빼앗아 갈 뿐만 아니라 자신의 생각과 감정을 공감해 주고 사회적 관계를 함께 유지하던 관계적 지지를 잃는 일이기 때문이다. 아동과 청소년의 경우, 부모의 죽음은 생존의 위협을 의미할 수 있다. 독자적인 생존능력이 부족한 아동과 청소년에게 부모의 죽음은 그들이 전폭적으로 의존해 왔던 관계적 지지의 상실을 의미한다. 부모의 경우, 자녀의 죽음은 일상생활의 유지를 위한 곤란은 덜 하겠지만 자녀를 통해서 경험해 온 애정과 행복감, 부모로서의 유능감과 만족감, 삶의 충만감과 의미감을 앗아감으로써 부모의 삶과 자기조절 기능을 손상시키게 된다.

사랑하는 사람의 사별은 어떤 경우이든 커다란 슬픔을 유발할 뿐만 아니라 관계적 지지의 상실로 인해서 개인의 자기조절 기능을 손상시킨다. 사랑하는 사람의 존재는 개인이 자신의 삶을 조절하는 데 매우 중요한 역할을 한다(Hofer, 1966). 배우자의 사별은 관계적 지지의 상실로 인해서 유발되는 일상생활과 자기조절의 곤란을 가장 잘 보여 준다. 부부의 경우, 배우자는 의식주를 함께 하며 일상생활의 리듬을 유지하고 대화와 상호작용을 통해서 균형 있는 자기인식을 도울 뿐만 아니라 어려움에 처했을 때 가장 먼저 도움을 청하고 가장 큰 도움을 받을 수 있는 관계 대상이다. 배우자와의 사별은 개인이 습관적으로 영위해 왔던 식사, 수면, 대화, 기분상태, 일상적 과제 등에 혼란을 초래한다. 이러한 변화는 개인의 생활리듬과 자기조절에 심각한 곤란을 초래하여 삶의 질 저하와 부적응을 유발할 수 있다.

배우자와의 사별은 외로움과 사회적 고립을 유발할 수 있다. 배우자는 부부에게 있어서 가장 주된 인간관계 상대이자 다양한 사회적 활동을 함께 하는 동반자이다. 외로움(loneliness)은 주된 인간관계 대상의 상실로 인해 유발되는 부정적 감정이다. 사회적 고립(social isolation)은 사별한 사람이 우울감과 위축감으로 인해 가족이나 친구들과의 접촉을 회피함으로써 초래될 수 있다. 사회적 활동의 동반자였던 배우자를 상실하게 되면, 다양한 인간관계 집단이나 사회적 공동체에서 자신의 위치를 잃게 될 수 있다. 이처럼 배우자의 죽음은 개인의 삶을 지탱해 오던 관계적 지지의 상실을 통해서 일상생활과 자기조절 기능을 손상시킬 수 있다.

(2) 사회적 지지와 사별 적응

사별은 개인이 고인으로부터 받아 온 다양한 지지의 상실을 의미한다. 사별한 사람은 관계적 지지의 상실로 인해 많은 어려움을 겪을 뿐만 아니라 고인의 빈자리를 채워야 하는 과제를 떠안게 된다. 특히 일상생활에서 고인에 대한 의존도가 높았던 사람일수록 그의 빈자리가 크기 때문에 사별 적응에 더 많은 어려움을 겪게 된다.

사회적 지지(social support)는 사별의 고통을 완화하고 사별 적응을 촉진하는 것으로 알려지고 있다. 사회적 지지는 어려움에 처한 개인에게 주어지는 정서적·경제적·실제적 도움을 말한다. 달리 말하면, 사회적 지지는 개인에게 실질적인 도움을 제공하는 사회적 상호작용으로서 특히 어려움에 처했을 때 언제든 접근하여 도움을 얻을 수 있는 사회적 관계망을 의미한다(Kaniasty & Norris, 2001). 이러한 사회적 지지는 사별의 고통을 완화시켜 주고 비탄 증상을 감소시키며 사별 이후의 심리적 적응을 촉진하는 것으로 알려져 있다.

사별한 사람은 적응을 위해서 사회적 지지를 추구하는 것이 바람직하다. 또한 주변 사람들은 사별한 사람에게 사회적 지지를 제공함으로써 도움을 줄 수 있다. 사별치료자들은 사별한 사람에게 그들의 사회적 관계망에 존재하는 다양한 사람들과 접촉하도록 권유한다(Doka & Neimeyer, 2012). 사별한 사람은 고인에 대한 슬픔을 추슬러야 할 뿐만 아니라 외로움과 사회적 고립이라는 새로운 상황에 대처해야 하며 고인이 수행했던 과업들을 대신 하는 것(예: 경제적 활동이나 요리 하기), 사랑하는 사람 없이 혼자서 삶을 꾸려 가는 것(예: 집을 팔아야 하는지를 결정하고 실행하는 일), 새로운 정체감으로 옮겨 가고 그에 적응하는 것(예: 기혼자에서 미망인으로 정체감의 변화)에 대처해야 한다. 사회적 지지는 상실의 아픔에 대처하고 새로운 삶으로의 회복하는 데 커다란 도움이 된다.

여러 연구에서 사회적 지지는 사별의 고통을 완화하는 것으로 보고되고 있다.

사회적 지지를 많이 받을수록 사별한 사람의 신체건강과 정신건강이 더 좋았으며 부정적인 생활사건의 영향을 덜 받았다(Thoits, 2011). 반면에, 사별한 사람의 사회적 지지망이 협소하고 부정적 상호작용이 많을수록 우울증과 외상후 스트레스 장애를 더 많이 경험했다(Burke et al., 2010).

그러나 사회적 지지가 사별의 고통을 완화하는 데 도움이 되지 못했다는 연구결과도 존재한다(Stroebe, Zeck, Stroebe, & Abakoumkin, 2005). 도움을 주려는 의도로 제공된 사회적 지지가 의도와 달리 사별한 사람들에게 오히려 부정적인 개입으로 경험되기도 했다. 특히 사별자가 요청하지 않은 상태에서 사회적 지지와 도움이 일방적으로 제공되거나 사별한 사람의 상태를 관찰하려는 관음증적인 것으로 여겨질 경우에는 더 부정적인 결과가 나타났다.

이러한 연구결과들은 사회적 지지가 사별 적응에 도움이 되지만 항상 그러한 것은 아니라는 점을 보여 준다. 중요한 것은 사별한 사람이 원하는 사회적 지지의 유형이 적절한 사람에 의해서 적절한 시기에 적절한 방식으로 제공되었을 때 도움이 된다는 점이다. 대부분의 사람이 사별을 겪게 되면 사회적 지지를 필요로 하지만 낯선 사람보다 가족이나 오래된 친구들의 도움을 더 편안하게 받아들인다. 사별한 사람들은 사회적 지지의 제공자가 자신과 같은 사별이나 상실을 경험한 경우에 그들의 지지를 더 도움이 되는 것으로 평가했다(Barlow & Coleman, 2003).

사회적 지지는 다양한 형태로 제공될 수 있다. 중요한 것은 사별한 사람이 원하는 유형의 사회적 지지가 제공되는 것이다. 바레라(Barrera, 1981)는 사회적 지지를 평가할 수 있는 면담도구(Arizona Social Support Interview Schedule: ASSIS)를 개발하면서 6가지 유형의 사회적 지지, 즉 (1) 친밀한 상호작용(예: 사적이고 개인적 주제에 대해서 이야기를 함께 나누는 것), (2) 금전적 도움(예: 복지수당이나 융자를 받는 것), (3) 육체적 도움(예: 교통편의 제공, 심부름이나 집안 허드렛일 하는 것), (4) 조언(예: 이사나 주택매매에 대한 의견을 얻는 것), (5) 긍정적 피드백(예: 정서적 공감, 지지, 칭찬을 받는 것), (6) 사회적 참여(예: 즐거움과 편안함을 느낄 수 있는 사람들과의 모임에 가는 것)를 제시했다. 일반적으로 사별한 사람들은 그들의 슬픔에 대해서 충분히 표현할 수 있고 고인이 된 사랑하는 사람에 대해서 말할 수 있도록 허용할 뿐만 아니라 사별의 애도과정을 잘 통과하도록 격려해 주고 사회적 모임에 참여하도록 권유하는 것을 가장 도움이 되는 만족스러운 것으로 생각했다(Davis, Lehman, Silver, Wortman, & Ellard, 1996).

사별한 사람에게 사회적 지지나 도움을 제공하는 일은 매우 신중하게 이루어져야 한다. 중요한 것은 사별한 사람에게 진정한 도움이 되는 만족스러운 것으로 인식되는 것인데, 이를 지각된 사회적 지지(perceived social support)라고 한다. 지각된 사회적 지지에는 여러 가지 요인들(예: 사별자의 성격과 욕구, 사별의 유형, 사회적 지지의 제공자, 사회적 지지의 유형과 양, 제공 시점)이 영향을 미친다. 사별한 사람을 효과적으로 돕는 것은 예술(art)의 영역에 속하는 일이라고 할 수 있다.

2. 애도과정의 단계 이론: 사별의 슬픔을 극복하는 과정

사별의 슬픔과 고통은 시간의 흐름과 함께 서서히 완화된다. 애도(mourning)는 개인이 사별로 인한 상실감을 극복하면서 일상생활로 복귀하는 과정을 의미한다. 애도과정에서는 어떤 심리적 변화가 일어나는 것일까? 사별의 슬픔과 아픔은 어떤 심리적 과정을 통해서 완화되는 것일까? 애도과정은 어떤 단계를 통해서 진행되는 것일까? 애도과정을 성공적으로 진행하려면 어떤 노력이 필요할까? 사별한 사람들의 고통을 줄여 주고 그들의 적응을 돕기 위해서는 이러한 물음에 대한 이해가 필요하다.

1) 애도과정의 초기 이론

애도에 대해 최초로 심리학적인 논의를 한 사람은 프로이트이다. 프로이트(Freud, 1917/1957)는 「애도와 우울(*Mourning and Melancholia*)」이라는 논문에서 애도와 우울의 유사성과 차이점을 논의하였다. 그에 따르면, 애도와 우울은 모두 상실에 대한 반응으로서 실제적 상실뿐 아니라 상징적 상실에 의해서 유발될 수 있다. 애도는 애정대상의 상실과 슬픔을 다루는 정상적인 건강한 과정인 반면, 우울은 개인이 잘 인식하지 못하는 상징적 상실에 의한 것으로서 무의식 과정에 의해서 유발되는 병적인 것이다.

애도과정은 고인과의 애착에 대한 해체 필요성을 인식하면서 시작된다. 애도가 쉽지 않은 이유는 정서적 애착을 자발적으로 포기하는 것이 어렵기 때문이다. 사랑하는 사람이 존재하지 않은 상황에서 그를 붙잡기보다 그를 보내는 것이 더 낫다는 것을 깨달을 때에야 비로소 애도가 가능하다. 이러한 애도작업은 많은 시간과 에너지를 필요로 하며 조금씩 점진적으로 성취될 수 있다. 애도를 위해서는 고인과 관련된 기억과 기대들을 하나씩 되돌아보는 작업과 더불어 그와 관련된 모든 감정을 경험해 보는 작업이 필요하다. 애도작업은 고인에 의해서 더 이상 제약받지 않고 자유로워질 때 비로소 완결된다.

애도과정의 중요성을 인식하고 그에 관한 이론적 설명을 제시한 초기 인물은 미국의 정신과의사인 린데만과 엥겔이다. 린데만(Lindemann, 1944)은 사별로 인해서 심리적·신체적 장애가 유발될 수 있음을 인식하고 위기개입의 차원에서 애도작업(grief work)의 필요성을 제시했다. 그에 따르면, 애도작업을 위한 세 가지 과제는 (1) 고인과의 유대로부터 벗어나는 것, (2) 고인이 없는 환경에 적응하는 것, (3) 새로운 관계를 형성하는 것이다. 애도과정의 기간은 사별자가 애도작업을 얼마나 성공적으로 수행했느냐에 따라 결정된다. 사별과 관련된 강렬한 고통과 그러한 감정의 표현을 회피하는 것은 애도작업의 성공적 진행을 가로막는 주된 방해물이 된다.

엥겔(Engel, 1954, 1961)은 사별을 심리적 트라우마로 보고 그 영향으로부터 벗어나는 애도과정을 6단계로 구분했다. 첫째는 충격과 부정(shock & disbelief)의 단계로서 사랑하는 사람이 죽었다는 사실의 인정을 거부한다. 둘째는 인식 증진(developing awareness)의 단계로서 사랑하는 사람이 사망했다는 현실이 서서히

의식에 침투하기 시작한다. 셋째는 복원(restitution)의 단계로서 사랑하는 사람의
죽음과 관련된 의식에 참여하는 과정을 의미한다. 이 단계에서는 장례식과 같은
문화적·종교적 의식을 통해서 사별의 슬픔을 표현하게 된다. 넷째는 상실 해소
(resolving the loss)의 단계로서 사랑하는 사람의 죽음으로 인해 남겨진 빈자리를
해소하려는 노력이 이루어진다. 다섯째는 이상화(idealization)의 단계로서 고인의
좋은 점에 초점을 맞추어 긍정적인 이미지를 형성한다. 이 단계에서는 고인에 대
한 부정적인 감정을 억압하며 그에게 충분히 배려하지 못한 과거의 행동에 대해서
죄책감을 느끼거나 후회한다. 애도의 마지막 과정은 결말(outcome)의 단계로서 사
별의 슬픔이 해소되는 시기이다. 이 단계에서는 사랑하는 사람의 죽음을 누구나
겪게 되는 상실 사건으로 여기면서 사별의 충격에서 벗어나 새로운 사람과 애정의
관계를 형성할 수 있게 된다.

2) 애도과정의 3단계 이론

미국의 임상심리학자인 테레스 란도(Therese Rando)는 갑작스럽고 충격적인 죽
음을 통해 사랑하는 사람들을 잃고 극심한 상실의 고통을 겪는 사람들을 돕는 일
에 깊은 관심을 지닌 죽음학자이자 사별치료자이다. 그녀는 자신의 치료경험에
근거하여 애도과정을 크게 세 단계, 즉 회피, 직면, 적응의 단계로 구분하고 있다
(Rando, 1999). 대부분의 애도과정은 이러한 세 단계를 거치게 되지만 항상 순서대
로 명확하게 구분되어 나타나는 것은 아니다.

(1) 회피 단계
회피(avoidance) 단계는 죽음의 소식을 처음 접한 시점과 그 직후의 기간을 포함
한다. 이 단계의 핵심적 특징은 사랑하는 사람이 사망했다는 끔찍한 사실을 회피
하고자 하는 욕구이다. 사별자의 영혼은 쓰나미처럼 몰려올 정서적 홍수를 피하
기 위해 멍한 무감각 상태에 빠져든다.

갑작스러운 사망 소식으로 인해 사별자는 혼란스럽고 어리둥절하고 당황하게 된다. 이 단계에서 부정의 방어기제가 동원되어 현실을 부인하고자 하는 것은 당연하다. 오랜 세월을 함께 살아온 사랑하는 사람이 더 이상 존재하지 않으며 미래에도 계속 그러할 것이라는 사실을 즉각 수용할 수 없기 때문이다. 이러한 갑작스러운 충격을 완화하기 위한 부정의 완충장치가 필요하다. 충격적인 현실을 점진적으로 흡수하여 상실의 고통스러운 자각을 시작하기까지 정서적 마취상태가 필요하다.

(2) 직면 단계

직면(confrontation) 단계는 사별자가 상실의 현실에 직면하면서 그것이 의미하는 바를 점진적으로 흡수하는 고통스러운 기간을 말한다. 직면의 초기 단계에서 가장 강렬한 슬픔이 경험되고 상실에 대한 가장 격렬한 반응이 나타난다. 사랑하는 사람의 죽음을 직면하는 것은 사별자에게 충격반응을 유발하여 강렬한 슬픔이 솟아오르고 눈물이 쏟아지며 분노가 치밀어 오르는 등 강렬한 흥분과 고통을 경험하게 된다.

직면 단계는 가장 고통스러운 학습과정이 일어나는 시기로서 사별자에게 변화가 일어나기 위해 필수적인 과정이다. 직면은 건강한 적응과정으로 나아가는 중요한 기능을 하지만 고통을 수반하게 된다. 사별자는 고인이 된 사랑하는 사람을 그리워하며 그를 복구하려는 노력을 기울이지만 매번 좌절을 경험하면서 그가 사망했다는 사실을 재확인하게 된다. 사랑하는 사람이 부재한 상황에서 느끼는 수많은 좌절경험을 통해서 격렬한 감정과 관계 복구 노력이 감소하고 우울감과 절망감을 느끼게 된다.

사별자의 욕구와 기대가 좌절되는 고통은 사별자에게 사랑하는 사람이 더 이상 이 세상에 존재하지 않는다는 사실을 학습시킨다. 직면의 후기 단계에서는 후퇴 반응이 나타나서 외로움, 피로감, 죄책감을 경험하면서 대인관계를 회피하거나 은둔하는 행동이 나타날 수 있다. 사랑하는 사람이 더 이상 이 세상에 존재하지 않는

다는 사실을 마음으로 받아들이고 그 사람의 부재를 받아들이는 데에는 오랜 시간
이 걸린다.

(3) 적응 단계

적응(accommodation) 단계는 직면 단계의 후기부터 오락가락하며 시작되어 그
이후에 지속된다. 이 단계에는 직면 단계에서 나타나는 많은 반응들이 공존한다.
슬픔과 불안이 주기적으로 올라오고 외로움과 죄책감으로 고통을 받을 수 있다.
특히 슬픔과 고통의 강도가 고인과의 사랑에 대한 증거라거나 고통을 경험함으로
써 고인과의 연결을 유지할 수 있다는 잘못된 믿음에서 벗어나지 못하면 죄책감에
빠져들거나 즐거운 활동과 대인관계를 회피할 수 있다.

그러나 적응 단계에서는 비탄 반응이 점진적으로 감소하고 일상생활에로의 재
진입이 시작된다. 사별자는 사랑하는 사람이 존재하지 않는 혹독한 현실에 대처
해기 위해서 사회적 역할, 대인관계, 일상적 행동의 새로운 적응방식을 발달시켜
야 한다. 또한 사별자는 내면적으로 고인과의 관계를 변화시켜야 한다. 고인의 죽
음을 인정한 채로 살아가야 한다. 적절한 시기가 되면, 사별자는 고인과의 관계에
투자했던 에너지를 새로운 사람, 대상, 역할, 희망, 신념, 목표에 투자할 수 있어야
한다. 그렇게 변화함으로써 사랑하는 사람의 사망으로 인해 상실했던 정서적 만
족의 많은 부분을 회복하게 한다. 새로운 친구도 사귀고 즐거움과 행복감을 경험
하게 되면서 삶을 위한 에너지를 공급받게 된다.

적응 단계의 목표는 사별의 상처를 지닌 채로 살아가는 것을 배우면서 새로운
삶에 적응하는 것이다. 사별자가 더 이상 상실과 투쟁하지 않고 상실을 삶의 불가
피한 사실로 받아들이면서 살아가는 것으로 배우는 것이다. 신체적 손상이 상처를
남기듯이, 사별의 상실은 심리적 상처를 남긴다. 이러한 상처가 반드시 사별자의
적응을 방해하는 것은 아니지만 어떤 상황에서는 통증을 유발할 수 있다. 사별의
적응은 사랑하는 사람의 죽음으로 인한 심리적 상처를 지닌 채로 살아가는 것이며
때로는 그것이 고통을 유발할 수 있지만 더 이상 그 사람이 존재하지 않는다는 사

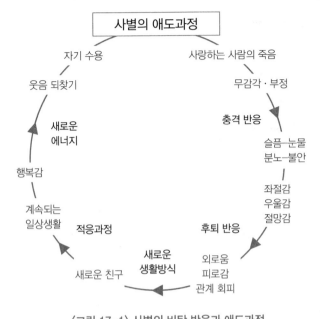

〈그림 17-1〉 사별의 비탄 반응과 애도과정

실을 수용하면서 새로운 세계에서의 새로운 삶을 향해 앞으로 나아가는 것이다.

란도가 제시하는 애도과정을 도식으로 제시하면 〈그림 17-1〉과 같다. 초기의 회피 단계가 지나고 직면 단계에 진입하면 충격반응으로 격렬한 감정과 행동이 유발된다. 그러나 직면 단계의 후기에는 후퇴반응을 통해 우울감과 외로움을 경험하며 대인관계의 회피가 나타날 수 있다. 이러한 과정을 통해 사랑하는 사람의 죽음을 인정하게 되면서 점진적으로 새로운 삶으로 나아가는 적응 단계로 넘어가게 된다. 사랑하는 사람의 부재 상황에 적응하기 위해서 새로운 생활방식을 발달시키고 점차 즐거움과 행복감을 경험하면서 희망을 발견하고 에너지를 얻게 된다. 이러한 과정은 직선적으로 진행되지 않으며 앞뒤로 오르막과 내리막을 겪으면서 점진적으로 적응을 향해 나아가게 된다.

3) 애도과정의 5단계 이론

퀴블러로스(Kübler-Ross, 1969)는 말기환자들이 자신의 죽음에 대해서 나타내는 심리적 변화과정(부정, 분노, 흥정, 우울, 수용)을 설명하는 5단계 이론을 제시한 바 있다. 그녀는 2005년에 데이비드 케슬러(David Kessler)와 함께 『비탄과 애도에 대하여: 상실의 5단계를 통한 비탄의 의미 발견하기』를 출간하면서 자신의 5단계 이론이 사별한 사람들의 애도과정에도 적용될 수 있다고 주장했다. 그녀에 따르면, 정상적인 애도과정이 존재하는 것은 아니며 이러한 단계들은 중첩되기도 하고 지나갔다 다시 돌아오거나 건너뛰기도 하는 등 다양한 패턴으로 나타날 수 있다.

(1) 부정

사랑하는 사람의 죽음을 처음 알게 된 사람들이 처음 나타내는 공통적 반응은 부정(denial)이다. 대부분의 사람은 사랑하는 사람의 죽음을 접하게 되면 "아니야! 그것은 사실이 아니야!", "나에게 그런 일이 생길 리가 없어.", "무언가 잘못 되었을 거야."라며 사실을 부정한다. 부정은 일시적으로 상실의 충격으로부터 벗어나게 해 준다. 그러나 개인이 상실의 현실을 수용할 수 있을 만큼 강해지면 부정은 서서히 약화되면서 억눌렀던 감정이 의식에 떠오르게 된다.

(2) 분노

사별한 사람들은 사랑하는 사람의 죽음을 더 이상 부정할 수 없다는 것을 깨닫게 된다. 이렇게 사랑하는 사람의 죽음을 인정하고 나면 분노(anger)의 단계로 넘어간다. "도대체 왜 그 사람이 지금 죽어야 하는 거지?", "그 사람이 무슨 잘못을 했길래?", "이건 정말 부당해.", "신은 어디에 있는 거야?"와 같은 분노가 가족, 의료진, 자신, 고인 또는 신에게 향해질 수 있다. 분노의 이면에서는 슬픔과 고통이 존재한다. 분노는 강렬한 에너지로서 상실의 무의미감과 공허감에서 벗어나 현실과의 연결로 나아가는 통로와 같은 것이다. 사별한 사람들은 마치 바다에서 길을 잃은 것처럼 어떤 것과의 연결도 찾을 수 없는 막막함을 느낀다. 그러나 누군가에게 분노를 느끼면서 마치 바다 위에 놓인 다리처럼 지향해야 할 현실적 목표를 갖게 된다. 분노는 아무것도 할 수 없는 상황에서 무언가를 하게 만드는 출구로서 그 이면에는 여러 가지 감정이 존재한다. 사망한 사람에 대한 사랑이 깊을수록 분노도 더 강렬할 수 있다.

(3) 흥정

사별한 사람들은 분노의 표현으로 사랑하는 사람이 돌아올 수 없으며 주변 사람들만을 괴롭힐 뿐이라는 것을 인식하게 된다. 고통스러운 현실을 받아들일 수도 없고 분노의 표현으로 현실을 바꿀 수도 없는 상황에서 사별한 사람들은 흥정을 시도하게 된다. 흥정(bargaining)의 단계에서는 사별의 상처로부터 벗어나거나 행복했던 과거로 돌아갈 수 있는 방법들을 추구하게 된다. 사랑하는 사람이 죽기 전에는 "제발 하나님! 제 아내를 살려주신다면 ~하겠습니다."라는 형태의 흥정을 시도한다. 그러나 사랑하는 사람이 죽고 나면, 이러한 흥정은 "이 모든 게 나쁜 꿈이었으면……." 또는 "내가 다른 사람들을 도우며 헌신한다면 아내가 살아서 돌아올 수도 있을 거야."와 같이 사별의 고통을 줄이거나 과거로 돌아가기 위한 목표를 지향할 수 있다. 아울러 "만약 ~했더라면 아내가 살 수 있지 않았을까?"와 같은 가정적 생각에 몰두하게 된다. '내가 다르게 행동했더라면', '질병을 좀 더 빨리 발견했더라면', '사고를 막을 수 있었더라면'과 같은 생각과 함께 수반되는 죄책감은 흥정의 단계에 경험하는 주된 감정이다.

(4) 우울

사별한 사람들은 흥정의 시도가 아무런 변화를 만들 수 없음을 깨닫게 되면서 사랑하는 사람의 죽음을 어쩔 수 없이 인정하며 우울의 상태에 빠져든다. 우울(depression)의 단계에서 사별한 사람들은 상실의 아픔을 느끼며 울거나 슬퍼하면서 많은 시간을 보낸다. 위로를 해 주려는 방문자를 거절하고 현실적인 삶으로부터 철수하여 오래도록 혼자 있기를 원하며 슬픔과 방황의 짙은 안개 속에 머문다. 이러한 우울의 단계에 있는 사람들은 대화를 그다지 원하지 않으며 혼자서 깊은 생각에 빠져 있곤 한다. 우울은 사랑하는 사람이 영원히 돌아오지 않을 것이라는 현실 인식에 기인한 것으로서 사별에 대한 정상적이고 적절한 반응이라고 할 수 있다. 이러한 우울의 단계는 사별한 사람이 사랑하는 사람의 죽음을 받아들이고 그와의 이별을 애도하며 분리를 준비하는 과정이라고 할 수 있다.

(5) 수용

사별한 사람들은 점차 사랑하는 사람의 죽음을 담담히 받아들일 수 있는 수용 (acceptance)의 단계로 접어든다. 수용의 단계에서 사별한 사람들은 사랑하는 사람이 육체적으로 사망했다는 사실을 인정하는 동시에 그가 존재하지 않는 새로운 상황이 앞으로 살아가야 할 현실이라는 점을 인식하게 된다. 사별의 수용은 사랑하는 사람이 존재하지 않는 현실에서도 삶의 즐거움과 행복을 느낄 수 있다는 새로운 발견이기도 하다. 사별한 사람들은 사랑하는 사람의 죽음을 되돌릴 수 없지만 새로운 관계와 역할을 통해서 의미 있는 삶을 살 수 있다고 여기게 된다. 자신의 욕구에 귀를 기울이며 변화된 세상에서 새로운 삶을 살아가게 된다.

3. 애도작업과 애도과제

애도과정의 단계 이론은 사별의 슬픔을 이겨 내고 새로운 적응으로 나아가는 과정을 잘 보여 주고 있다. 그러나 사별에 대한 비탄 반응뿐만 아니라 애도과정은 개인과 상황에 따라 매우 다르기 때문에 일정한 순서의 단계를 제시하는 것은 위험할 수 있다(Wortman, Silver, & Kessler, 1993). 단계 이론은 애도과정에 대한 부적절한 기대를 잘못 유발할 수 있기 때문이다.

사별의 슬픔은 시간의 흐름에 따라 점차적으로 완화되지만, 그저 시간만 흐른다고 해서 그 슬픔이 사라지는 것은 아니다. 사별이라는 상실의 아픔에서 벗어나 삶을 건강하게 영위하기 위해서는 적절한 대처노력, 즉 애도작업(grief work)이 필요하다.

1) 4가지의 애도과제

저명한 사별치료자인 워든(Worden, 2008)은 저서인 『애도 상담과 애도 치료(*Grief Counseling and Grief Therapy*)』를 통해서 애도과정이 성공적으로 완결되기 위해서는 일련의 애도과제(grief tasks)가 잘 성취되어야 한다고 주장했다. 그에 따르면, 성공적인 애도를 위해서는 사별자가 사별의 변화된 상황에 대처해야 하는 4가지의 애도과제를 잘 수행하는 것이 중요하다.

첫 번째 애도과제는 상실의 현실을 수용하는 것이다. 사망 소식을 처음 접한 초기 단계에서는 충격에 휩싸여 흔히 고인의 죽음을 부정하거나 회피하는 경향을 보인다. 특히 고인이 갑작스럽게 사망했거나 직장 또는 학교에서 자살로 사망한 경우에 유족은 고인의 사망을 받아들이기 어렵다. 그러나 사별자는 점진적으로 고인이 자신의 삶에서 영원히 떠나갔다는 사실을 인정하고 수용해야 한다. 상실의 현실을 수용하는 것은 인지적 수용뿐만 아니라 정서적 수용까지 포함하는 것으로 시간이 걸릴 수 있다.

두 번째 애도과제는 비탄의 고통을 처리하는 것이다. 사별한 사람들은 정서적 슬픔과 고통을 경험하게 된다. 특히 고인의 죽음을 현실로 받아들이게 되면서 슬픔, 분노, 죄책감, 자책감, 허무감, 외로움과 같은 다양한 정서적 고통을 경험하게 된다. 이러한 감정을 무시하거나 외면하는 것은 그러한 감정을 해소하는 데 오히려 방해가 된다. 우선, 고통스러운 감정들을 충분히 체험하고 인정하면서 고인을 잃은 건강한 슬픔을 수용하면서 표현하는 것이 중요하다. 이러한 과정에서 사별 상담자나 다른 사람들과 이야기하는 것은 사별의 고통을 완화하는 데 도움이 될 수 있다. 사별의 정서적 고통과 함께 나타날 수 있는 신체적 또는 행동적 문제에 대처하는 것도 중요하다. 두통, 어지러움, 가슴 통증, 식욕 저하, 피로감, 수면장애 등을 충분히 인정하고 경험한다. 적절한 애도과정 없이 고인과 함께 살던 집을 급히 떠나거나 고인을 연상시키는 것들을 회피하거나 힘들 때마다 알코올이나 약물에 의존하는 것은 애도과정을 방해하고 지연시키는 결과를 초래한다. 사별의 고통을 인정하고 표출하는 것은 성공적인 애도를 위해 매우 중요한 작업이다.

세 번째 애도과제는 고인이 부재한 환경에 적응하는 것이다. 사별자가 대처해야 할 중요한 과제는 사별의 고통을 이겨 내는 것과 더불어 고인이 더 이상 존재하지 않는 새로운 환경에 적응해 나가는 일이다. 변화된 환경에서 새로운 역할을 수행하고 새로운 행동방식을 개발하면서 고인의 빈자리를 채우는 노력이 필요하다. 예컨대, 혼자 의식주 해결하기, 자녀 양육하기, 경제적 문제 해결하기, 정서적 갈등 해소하기, 도움을 청할 새로운 사람 발견하기와 같은 새로운 적응방법을 마련해야 한다. 이러한 애도과제를 해결하지 못할 경우, 사별자는 무기력하거나 위축된 삶을 살게 되면서 고인을 더욱 그리워하며 고통을 겪는 악순환에 빠져들 수 있다.

네 번째 애도과제는 고인을 정서적으로 재배치하고 새로운 삶으로 나아가는 것이다. 여기에서 '고인의 정서적 재배치'는 고인에 대한 집착, 상실감, 그리움에서 점차적으로 벗어나 고인에 대한 기억을 유지하면서 현실적인 삶에 에너지를 투자하는 것을 의미한다. 사별자로 하여금 고인과의 관계를 단절하거나 망각하도록 하는 것이 아니라 고인을 기억하고 마음속에 간직하면서 고인과의 지속적 연결 속에서 새로운 삶을 살아가는 것이다. 이를 위해서 사별자는 고인과 지속적인 연결감을 느낄 수 있는 방법을 찾는 것이 필요하다. 예컨대, 고인을 기억하고 기릴 수 있는 기회를 만들고 고인과 함께 한 삶의 의미를 발견하는 것이다. 이 과정에서 사별자가 새로운 관계를 맺으면서도 고인을 망각하거나 대체한다는 느낌을 갖지 않는 것이 중요하다.

4가지의 애도과제는 사별치료자가 사별자의 애도과정을 촉진하기 위해서 무엇을 해야 하는지를 잘 제시하고 있다. 4가지 과제가 반드시 순서대로 진행될 필요는 없지만 애도과정이 성공적으로 이루어지기 위해서는 탑을 쌓아 가듯이 기본 과제가 성취된 후에 다음 과제로 나아가는 것이 바람직하다. 예컨대, 사별의 현실을 받아들이는 첫 번째 과제가 성취되기 전에는 사별의 고통을 처리하는 두 번째 과제를 다루기 어렵다. 4가지 과제가 순서대로 진행되는 것이 바람직하지만 사별자의 특성에 따라서 융통성 있게 진행될 수 있으며 모든 사별자가 네 과제를 모두 성취할 수 있는 것은 아니다. 워든에 따르면, 애도과정은 사별자가 사랑하는 사람의 죽음을 인정하고 받아들인 후에 슬픔의 감정을 충분히 표출하고 고인이 부재한 환경에 적응하기 위한 적절한 방안을 탐색하며 고인과의 관계를 재정립함으로써 새로운 삶에 건강하게 적응해 나가는 것이다.

2) 6가지의 애도과정

란도(Rando, 1993)는 사별한 사람들이 건강한 방식으로 상실에 적응하기 위해서 성공적으로 완수해야 할 과정이 존재한다고 주장했다. 그녀는 'R'로 시작하는 6가지의 애도과정을 제시하고 있다. 즉, (1) 인식하기(Recognize), (2) 반응하기(React), (3) 회고하기와 재경험하기(Recollect and Reexperience), (4) 내려놓기(Relinquish), (5) 재적응하기(Readjust), (6) 재투자하기(Reinvest)이다.

(1) 인식하기

애도과정이 성공적으로 시작되려면, 사별자는 죽음의 사실과 그 원인을 인식하는 것이 필요하다. 우선, 사랑하는 사람의 죽음이 발생했다는 사실을 인식해야 한다. 사랑하는 사람의 죽음을 내면화하고 정서적으로 수용하기 위해서는 좀 더 많은 시간이 걸리지만, 먼저 지적 수준에서 그 사실을 수용하는 것이 필요하다. 아울러 사별자는 사랑하는 사람이 왜 그리고 어떻게 사망하게 되었는지를 이해할 수 있어야 한다. 그러한 이해가 반드시 객관적이거나 다른 사람들의 견해와 같을 필요는 없지만 사별자에게 납득될 수 있는 것이어야 한다.

(2) 반응하기

죽음의 사실을 인식하게 되면, 사별자는 그러한 현실에 반응하고 대처해야 한다. 사랑하는 사람의 죽음에 대한 반응은 무수하게 많으며 다양한 수준에서 일어날 수 있다. 사별자가 이러한 반응을 적절하게 경험하고 표현할 수 있어야 건강한 애도과정이 촉진될 수 있다. 첫째, 상실의 고통을 경험하는 것이 필요하다. 사랑하는 사람의 죽음과 관련된 고통을 피하고 싶겠지만, 그러한 고통을 느끼지 못하면 고인의 죽음을 진정하게 받아들이기 어렵다. 경험되지 않은 고통은 처리되거나 해소되지 않은 채로 사별자의 마음속에서 지속적으로 부정적인 영향을 미친다. 둘째, 상실로 인한 모든 심리적 반응을 느끼고 수용할 뿐만 아니라 표현하는 것이 필요하다. 인식되지 못하고 표현되지 못한 감정은 정신병리의 주요한 촉발요인이 될 수 있다. 셋째, 사랑하는 사람의 죽음으로 인해 발생하는 여러 가지 이차적 상실을 잘 인식하고 슬퍼하는 것이 중요하다.

(3) 회고하기와 재경험하기

사별자는 고인과의 관계를 회고하고 재경험하는 것이 필요하다. 사별자는 고인과의 정서적 애착을 내려놓기 전에 두 유형의 처리과정, 즉 회고하기와 재경험하기가 필요하다. 첫째, 고인에 관한 모든 기억(그와의 관계, 상호작용, 감정, 사고, 꿈과 기대 등)을 좋은 것이든 나쁜 것이든 충분히 회고하면서 되돌아보는 것이 필요하다. 이러한 회고과정에서 해소되어야 할 다양한 기억과 감정을 접촉할 수 있게 된다. 둘째, 회고하는 과정에서 접촉하는 모든 감정을 가능하면 생생하게 떠올려 재경험하는 것이 필요하다. 이러한 과정은 고인과의 유대를 완화시킨다. 고인과의 유대를 완화하는 것은 그를 망각하거나 사랑하지 않는다는 것을 의미하지 않으며 더 이상 존재하지 않는 사람과의 유대를 수정하여 새로운 관계로 나아갈 수 있게 하는 것이다.

(4) 내려놓기

회고와 재경험을 통해서 고인과의 유대가 충분히 느슨해지면 고인에 대한 애착을 내려놓는 것이 필요하다. 고인에 대한 집착을 내려놓음으로써 고인이 마음에서 떠나가도록 허용하는 것이 필요하다. 이러한 내려놓기는 사별자로 하여금 고인이 떠난 세상에서 어떻게 살아가야 할지에 대한 새로운 상실과 불안을 유발할 수 있다. 그럼에도 불구하고 사별자는 고인과의 애착을 내려놓음으로써 그 빈자리를 채울 수 있는 새로운 삶의 방식에 재적응할 수 있게 된다. 란도는 이러한 과정을 고인과의 유대관계와 구속으로부터 자유로워지는 해방 과정(letting go process)이라고 불렀다.

(5) 재적응하기

사별자는 고인과 과거의 삶을 망각하지 않은 채 고인이 부재하는 새로운 세상에 재적응해야 한다. 사별자가 고인과의 연결을 내려놓을 수 있어야 새로운 연결을 자유롭게 구축할 수 있다. 재적응을 위해서는 4가지의 과정이 필요하다. 첫째, 세계관을 수정하는 것이다. 고인의 죽음과 그 결과로 인해서 변해 버린 현실을 반영하여 세상에 대한 인식을 바꿀 필요가 있다. 둘째, 고인과의 새로운 관계를 발전시킨다. 사별자는 다양한 방식(예: 추도 의식, 기억과 회고, 고인의 소유물 보관하기, 고인의 가치관과 삶의 방식을 따라 하기, 상상 속에서 고인과 대화하기 등)을 통해서 고인과 상징적 관계를 유지할 수 있다. 이러한 상징적 관계가 사별자로 하여금 고인의 죽음을 분명히 인식하고 새로운 삶으로 나아가게 한다면 건강한 것이라고 할 수 있다. 셋째, 변화된 세상에서 살아가는 새로운 방식을 채택한다. 과거에 고인을 통해서 충족시켰던 욕구를 해결할 수 있는 새로운 방법을 모색하거나 새로운 역할과 관계를 만들어 갈 수 있다. 넷째, 새로운 자기정체감을 구축한다. 사별자는 고인과의 관계와 과거의 세계관을 내려놓고 새로운 삶의 방식을 채택함에 따라 더 이상 과거의 존재가 아니다. 따라서 사별자의 자기상과 자기정체감은 현실을 반영해서 과거의 것과 통합되어 새롭게 변화될 필요가 있다.

(6) 재투자하기

고인과의 관계에 투자했던 정신적 에너지를 새로운 삶에 재투자한다. 새로운 관계가 고인과의 관계를 대신할 수는 없지만 사별로 상실했던 정서적 만족의 일부를 얻을 수 있다. 여기서 재투자의 대상이 고인과 동일한 역할을 하는 사람일 필요는 없다. 그러나 사별자는 새로운 사람들과의 관계에서 새로운 역할을 하며 새로운 희망과 목표를 향해 에너지를 재투자할수록 더 큰 만족감을 얻으며 새로운 삶으로 나아갈 수 있다.

3) 사별대처의 이중과정 모델

사별에 관한 세계적 연구자인 마거릿 스트로베(Margaret Stroebe)와 헹크 슈트(Henk Schut)는 사별 대처의 이중과정 모델(dual process model)을 제시했다(Stroebe & Schut, 1999). 이들에 따르면, 사별은 인생의 중대한 사건으로서 개인이 대처해야 할 크고 작은 수많은 스트레스를 복합적으로 유발한다. 사별한 사람은 우선 사랑하는 사람의 죽음, 즉 상실 그 자체에 대처해야 하는 일차적 스트레스를 경험할 뿐만 아니라 사별과 관련하여 파생하는 다양한 사건과 상황들로 구성되는 이차적 스트레스에도 대처해야 한다. 이처럼 사별에 대한 대처는 사별 이후에 지속적으로 발생하는 다양한 스트레스 상황에 대처해야 하는 복잡한 과정으로 이루어진다. 이중과정 모델에 따르면, 사별에 대한 대처는 상실 그 자체에 초점을 맞추는 상실-지향 과정(loss-oriented process)과 새로운 삶에 적응하기 위한 회복에 초점을 맞추는 복구-지향 과정(restoration-oriented process)으로 이루어지며 이러한 두 과정은 상호작용하면서 역동적으로 진행된다.

(1) 상실-지향 대처과정

이중과정 모델에서는 사별한 사람이 초점을 맞추게 되는 스트레스와 대처과정을 크게 두 가지의 방향, 즉 상실-지향과 복구-지향으로 구분하고 있다. 사별한 사람이 대처해야 할 가장 일차적인 스트레스는 사랑하는 사람의 죽음, 즉 상실경험 자체이다. 상실-지향(loss-orientation)은 상실경험 자체, 특히 고인과 관련된 상실경험의 여러 측면에 대한 집중과 대처를 뜻한다. 예컨대, 고인의 죽음과 관련된 슬픈 생각들이 의식에 자꾸 떠오르고, 고인에 대한 집착과 생각에서 벗어나기 어려우며, 고인과 함께했던 경험을 떠올리고 그와의 친밀한 관계를 그리워하며, 슬퍼하고 눈물을 흘리는 것은 상실-지향 스트레스라고 할 수 있다.

상실-지향 스트레스에 효과적으로 대처하지 못하면, 과도한 슬픔과 상실감에 빠져서 오랜 기간 심각한 부적응 상태에 빠져들 수 있다. 상실로 인한 고통에 과도하게 집중하게 되면 그리움, 분노, 불안, 우울, 절망감을 경험하게 된다. 또한 고인과 더 이상 이야기할 수 없고 그를 다시 볼 수 없다는 사실을 인정하지 못하면, 끊임없이 사진을 바라보거나 무덤을 방문하는 등의 강박적이고 자기파괴적인 행동을 촉발할 수 있다.

사별의 중요한 대처과제 중 하나는 커다란 슬픔과 고통 없이 고인을 떠올리는 것이다. 상실-지향 과정은 사별과 상실 자체에 대처하는 일, 그리고 상실을 인정하고 수용하는 일에 초점이 맞추어진다. 전통적 의미의 애도작업은 상실-지향 스트레스에 대한 대처과정이라고 할 수 있으며 고인과의 유대관계를 재구성하는 것이 필요하다. 이러한 과정에서 사람들은 사랑하는 사람의 죽음으로 인해 발생되는 모든 상실에 대한 슬픔의 감정을 표현하게 된다. 직업적 활동과 경제적 문제에서부터 가족과 교우관계에 이르기까지 많은 변화가 일어난다. 고인과 강력한 애착관계를 지녔던 사람일수록 더 독립적이고 자율적인 자기정체감을 구축해야 한다.

상실-지향 대처과정에서는 행복한 과거를 회고하는 긍정적 감정에서부터 고통스러운 그리움의 부정적 감정에 이르는 다양한 정서경험을 할 수 있다. 고인이 더 이상 고통받지 않는다는 안도감에서부터 혼자 남겨졌다는 절망에 이르기까지 다양하다. 일반적으로 사별의 초기과정에서는 부정적 감정이 우세하지만 시간이 흘러 회복되는 과정에서는 긍정적 감정이 확대된다.

(2) 복구-지향 대처과정

사별한 사람이 대처해야 할 또 다른 중요한 과제는 사랑하는 사람이 존재하지 않는 세상에서 살아가는 일이다. 이중과정 이론에서는 이를 복구-지향이라고 지칭한다. 복구-지향(restoration-orientation)은 사별로 인한 이차적 스트레스에 대처하는 것이며 고인이 된 사람의 부재상황에서 일상생활을 영위하기 위한 대처노력을 의미한다.

사랑하는 사람이 사망하면, 고인에 대한 슬픔을 추슬러야 할 뿐만 아니라 상실의 이차적 결과로 나타나는 다양한 변화에 적응해야 한다. 외로움과 사회적 고립이라는 새로운 대처상황에 처하게 될 뿐만 아니라 어떻게 외로움과 고립에 대처할 것인지를 강구해야 한다. 복구-지향 스트레스는 이처럼 사랑하는 사람이 존재하지 않는 상황에서 일상생활을 영위하기 위해 대처해야 할 다양한 사건과 과제를 의미한다. 대부분의 사별에서 이러한 부가적 스트레스 원천은 상실의 부담을 증가시키며 불안과 혼란을 유발하게 된다. 예컨대, 고인이 수행했던 과업들을 대신하는 것(예: 경제적 활동이나 요리 하기), 사랑하는 사람 없이 혼자서 삶을 꾸려 가는 것(예: 집을 팔아야 하는지를 결정하고 실행하는 일), 새로운 정체성으로 옮겨 가고 그에 적응하는 일(예: 기혼자에서 미망인으로 정체감 변화) 등이 존재한다.

복구-지향 과정은 사별 이후의 변화된 현실에서 대처해야 할 새로운 역할과 책임에 집중하는 것이며 사랑하는 사람의 상실을 수용하면서 고인과의 애착을 서서히 약화시키는 과정이라고 할 수 있다. 복구-지향 과정은 사별의 슬픔을 극복하고 고인과 사별에 대한 관점을 재구성함으로써 새로운 삶의 희망을 지니고 앞으로 나아가는 과정이다. 또한 복구-지향 과정은 사랑하는 사람이 부재한 현실에 대한 직면 과정으로서 그가 없는 세상에 적응하기 위해서 노력하는 과정인 것이다. 이를 위해서는 삶의 변화에 주목하면서 새로운 역할과 활동에 전념하고 새로운 자기정체감을 구축하며 새로운 인간관계를 형성하는 노력이 필요하다.

이러한 복구-지향 과제에 대처하면서 사람들은 매우 다양한 정서적 반응을 경험하게 된다. 여러 대처과제에 대해서 불안과 좌절감을 경험할 수도 있지만 새로운 대처기술을 배우고 숙달할 뿐만 아니라 혼자서도 편안하게 지낼 수 있다는 것을 경험하게 되면서 자부심과 안도감을 느낄 수 있다. 복구-지향 과정은 사별한 사람들로 하여금 새롭게 변화된 존재로서 애도에 과도한 에너지를 소비함이 없이 일상생활에서 그들이 직면하는 과제에 집중하여 살아가도록 한다.

이중과정 모델에 따르면, 사별한 사람들은 상실-지향과 복구-지향의 두 가지 과제에 대처해야 한다. 〈그림 17-2〉에서 제시되어 있듯이, 사별에 대한 대처과정은 상실-지향 과제와 복구-지향 과제를 오가며 그 초점이 변화할 뿐만 아니라 그러한 과제에 대한 직면과 회피가 번갈아 나타나면서 순환하는 역동적인 과정이다. 이중과정 모델은 사별의 대처과정이 진행되는 단계를 제시하는 단계 모델이 아니다. 이 모델은 시간에 따라 일어나는 단계를 가정하지 않으며 여러 감정들이 지속적으로 오르락내리락하며 동요한다. 사별의 초기에는 상실-지향이 우세하지만 점차적으로 복구-지향이 증가하게 된다. 이처럼 이중과정 모델은 사별의 상처를 극복하기 위해서 필요한 두 가지의 대처노력을 소개하고 있으며 사별치료를 위한 중요한 이론적 지침을 제시하고 있다.

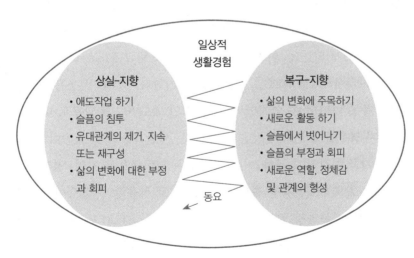

〈그림 17-2〉 사별에 대한 대처의 이중과정 모델

4) 애도의 기간과 과정

애도과정은 얼마나 오래 계속되는가 하는 물음에 대한 일반적인 대답은 존재하지 않는다. 비탄과 애도는 사별자의 특성이나 사랑하는 사람의 죽음과 관련된 수많은 요인에 따라 그 패턴과 기간이 달라지기 때문이다. 사별의 슬픔이 시간의 흐름에 따라 직선적으로 감소하는 것은 아니며 그 애도과정의 단계 앞뒤로 동요하는 경우가 대부분이다. 예컨대, 암으로 자녀를 잃은 부모의 경우, 사별 후 1~2년 사이에 사별 증상의 78%가 감소했으나 2~3년 사이에 사별 증상이 다시 증가했다 (Rando, 1983).

애도과정은 평생 지속되는 것이다(Pollock, 1961; Siggins, 1966). 다만 초기의 격렬한 비탄이 마무리되는 시점은 상대적으로 쉽게 판단할 수 있다. 이러한 시점이 비탄에서 애도로 넘어가는 시점이라고 할 수 있다. 란도가 제시한 6개의 R반응 중에서 후반부의 R반응이 나타나게 된다. 그러나 비탄과 애도과정은 매우 다양한 양상을 나타내며 진행되기 때문에 구분하기가 쉽지 않다.

사별한 지 오랜 시간이 지난 후에, 다양한 상황에서 사별의 슬픔이 일시적으로 고조되는 현상이 자주 발생한다. 이 경우에는 초기의 비탄 반응과 유사하게 강렬한 슬픔이 밀려오게 되는데, 이를 후속적인 일시적 비탄 고조(Subsequent Temporary Upsurge of Grief: 이하에서 STUG로 칭함)라고 지칭한다. STUG 반응은 건강한 애도과정에서도 종종 나타날 수 있지만, 흔히 병적인 애도반응의 일부로 더 자주 나는데 이 두 가지 경우를 구분하는 것은 쉽지 않다. 사별자는 어떤 요인이 STUG 반응을 촉발했는지를 자각하지 못하는 경우가 많다. 일반적으로 기일, 명절, 추도의식 등이 주기적으로 STUG 반응을 촉발하는 요인으로 작용할 수 있으며 사별자의 특별한 연령, 경험, 전환과정, 위기, 기억, 상실경험 등도 STUG 반응을 촉발할 수 있다. 어떤 경우이든 STUG 반응은 애도작업이 충분히 이루어지지 않았음을 반영한다. 이처럼 사별의 애도과정은 매우 다양하고 변화무쌍한 양상으로 진행되기 때문에 사별상담자나 사별치료자의 개입이 필요하다.

제18장
사별상담과 사별치료

    사랑하는 사람의 죽음은 개인에게 커다란 슬픔과 비탄을 유발할 뿐만 아니라 일상적 삶에 커다란 변화를 초래한다. 사별에 대한 비탄 반응은 그 강도나 지속기간에 있어서 개인마다 현저하게 다르다. 일반적으로 사별의 슬픔과 아픔은 시간의 흐름과 함께 약화되지만 반드시 그런 것은 아니다. 일부의 사람들은 사랑하는 사람의 죽음으로 인해 심한 충격과 혼란을 경험할 뿐만 아니라 이러한 충격으로부터 오랜 기간 벗어나지 못한 채 부적응 상태가 지속되는 복합적 사별증후군을 나타내기도 한다.

    사별에 관한 심리학적 연구는 궁극적으로 비탄과 애도의 심리적 과정을 이해함으로써 사별을 겪은 사람들의 애도과정을 돕기 위한 것이다. 죽음과 관련하여 우리 사회가 관심을 기울여야 하는 일은 죽어 가는 사람의 고통을 완화해 주는 일과 더불어 사랑하는 이를 떠나보낸 사람의 애도과정을 돕는 일이다. 애도과정이 성취되기 위해서는 다양한 애도작업이 효과적으로 이루어져야 할 뿐만 아니라 애도과정을 방해하는 여러 가지 요인들을 차단하는 것이 중요하다. 특히 사별의 고통을 잘 극복하기 위해서는 사별상담과 사별치료의 전문적 도움을 받는 것이 필요하다. 특히 복합적 사별증후군과 같이 심각한 부적응 증상을 나타내는 사람들은 더욱 그러하다.

1. 사별상담

사별상담(bereavement counseling)은 사별을 경험한 사람들을 대상으로 그들이 사별의 슬픔과 애도의 작업을 성공적으로 완결할 수 있도록 돕는 활동으로서 애도상담이라고 지칭하기도 한다. 애도상담(grief counseling)은 사별을 겪은 사람들뿐만 아니라 다양한 유형의 상실(예: 이혼, 실연, 실직, 트라우마, 재난 등)을 경험한 사람들을 대상으로 그들의 슬픔과 비탄을 완화하는 전문적 활동으로서 사별상담보다 좀 더 넓은 영역의 활동을 뜻한다.

1) 사별상담의 목표

사별상담의 전반적 목표는 사별자로 하여금 애도과정을 촉진함으로써 고인과의 미해결된 과제를 완결하도록 돕는 동시에 고인과의 건강한 작별을 고함으로써 내담자가 현실의 삶에 집중할 수 있도록 유도하는 것이다. 워든(Worden, 2002)에 따르면, 사별상담의 네 가지 목표는 (1) 상실에 대한 내담자의 현실적 인식을 증대시키고, (2) 내담자의 애도과정을 방해하는 요인들을 다루어 주며, (3) 내담자가 새로운 상황에 적응하도록 지원하고, (4) 내담자가 자신의 인생에 집중하면서 고인을 평안하게 기억할 수 있도록 돕는 것이다.

사별상담은 특히 사별의 슬픔에 압도되어 많은 고통을 겪거나 정상적인 대처과정에 어려움을 겪는 사람들에게 필요하다. 정상적인 애도과정이 방해받은 경우(예: 애도의 시기에 긴급한 현실적 문제로 인해 애도를 충분히 하지 못한 경우, 사별로 인한 가족의 아픔을 위로하느라 강한 척하면서 정작 자신의 슬픔을 해소하지 못한 경우), 사별의 슬픔과 애도가 미해결된 상태로 남아 있다가 나중에 사별상담의 주제로 나타나게 된다. 이 밖에도 사랑하는 사람의 죽음이 임박하지 않았음에도 불구하고 그들의 죽음에 대한 걱정과 침투적 사고로 슬픔을 겪는 예기적 비탄(anticipatory grief)이나 말기질환으로 사랑하는 사람의 죽음이 임박한 경우에 미리 사별의 슬픔을 경험하는 예기적 애도(anticipatory mourning)의 상태에 있는 사람들에게도 사별상담이 적용될 수 있다.

2) 사별상담의 기본원칙

사별상담은 의사, 간호사, 심리상담사, 사회복지사, 성직자와 같이 전문적으로 훈련된 사람들에 의해서 제공될 수 있다. 사별상담자는 내담자가 자신의 문제를 잘 해결하고 대처하도록 돕는 일반적 상담기술에 더해서 사별의 비탄과 애도 과정에 대한 지식과 이해를 지니고 있어야 한다. 워든(2002)은 사별상담자가 유념해야 할 10가지 원칙과 지침을 다음과 같이 제시한 바 있다.

첫째, 사랑하는 사람의 죽음을 인식하도록 돕는다. 사별한 사람들은 사랑하는 사람의 죽음은 받아들이지 못한 채 비현실감에 젖어 있는 경우가 흔하다. 이러한 비현실감에서 벗어나도록 사별자로 하여금 상실이 현실적으로 일어났다는 것, 즉 사랑하는 사람은 죽었으며 다시는 돌아오지 않는다는 것에 대한 좀 더 완전한 인식에 이르도록 돕는 것이다. 공감적 이해와 개방형 질문을 통해서 상실의 상황을 반복적으로 회고하도록 격려할 수 있다.

둘째, 감정을 인식하고 표현하도록 돕는다. 사별상담자의 중요한 역할 중 하나는 사별자로 하여금 상실과 관련된 감정과 생각(슬픔, 불안, 분노, 외로움, 죄책감, 고립감, 혼란감, 무감각함 등)을 인식하고 적절하게 표현하도록 촉진하는 것이다. 사별자들은 자신의 고통스러운 감정을 자각하지 못하거나 그러한 감정들을 효과적으로 표현하지 못할 수 있다. 상담자는 사별자들이 자신의 감정을 잘 인식하고 그러한 감정을 적절한 방식으로 표현하거나 해소하도록 돕는다. 예컨대, 사별자는 사랑하는 사람의 죽음을 막지 못한 의료진이나 가족구성원에게 분노를 느낄 수 있다. 분노나 자책감과 같은 강렬한 감정을 인식하는 것은 사별자로 하여금 그러한 감정을 새로운 관점에서 이해하고 좀 더 적절한 감정으로 변화시킬 수 있다. 때로는 슬픔, 불안, 외로움과 같은 부정적 감정을 억압하기보다 그것을 표현하도록 격려할 필요가 있다.

셋째, 고인이 없는 상태에서 살아가도록 돕는다. 상담자는 사별자가 어떤 결정을 하거나 문제를 해결하는 데에 도움을 줄 수 있다. 또는 비탄 시기에는 판단력이 흐려질 수 있으므로 중요한 결정(예: 주택 매매, 직업 변경, 이사 등)을 미루도록 도울 수 있다. 상담자의 역할은 사별자를 대신하여 결정하거나 문제를 해결해 주는 것이 아니라 중립적인 태도로 그들이 효과적인 판단과 대처를 하도록 돕는 것이다.

넷째, 고인의 위치를 정서적으로 재배치하도록 돕는다. 사별자는 고인이 존재하지 않는 새로운 상황에서 살아가야 한다. 시간이 흐르면 고인에 대한 집착이 서서히 약화되지만, 이러한 과정을 서두를 필요는 없다. 중요한 것은 사별자로 하여금 그들의 삶에서 고인이 된 사랑하는 사람의 새로운 위치를 발견하도록 돕는 것이다. 즉, 사별자가 새로운 삶을 향해 앞으로 나아가고 새로운 인간관계를 형성하도록 허용하는 고인의 자리를 발견하도록 돕는 것이다. 고인과의 관계를 생산적으로 재구조화하는 것은 고인을 망각하거나 무시하는 것이 아니다. 상담자는 사별자로 하여금 앞으로 최선을 다해 잘 살아가도록 지원할 뿐만 아니라 그들을 사랑했던 고인이 그들에게 기대하는 삶을 잘 살아가도록 격려할 필요가 있다.

다섯째, 애도할 시간을 제공한다. 사랑하는 사람의 죽음을 수용하고 새로운 삶에 적응하는 데에는 상당한 시간이 걸린다. 비탄과 애도 과정은 결코 단순하지 않다. 어떤 사람은 빨리 평정을 찾고 일상생활로 복귀할 수 있다. 그러나 애도과정을 서서히 진행하며 점진적으로 변화하는 사람도 있고, 상실과 비탄에 대처하는 데에 어려움을 겪는 사람도 있다. 이러한 사람들을 위해서 상담자는 자주 만나지는 못하더라도 간헐적인 만남을 통해서 장기적인 도움을 제공할 필요가 있다.

여섯째, 비탄 반응이 '정상적인 것'임을 알려 준다. 사별자들은 평소에 경험하지 못한 특별한 슬픔과 비탄을 경험하고 있을 뿐만 아니라 과거에 했던 적응기능에 일시적인 장애가 나타날 수 있기 때문에 혹시 자신이 미쳐 가는 것은 아닐까 하는 걱정을 할 수 있다. 사별에 대해 좀 더 많은 지식과 경험을 지닌 상담자가 이러한 비탄 반응을 정상적인 것이라고 알려 줌으로써 확인과 안심을 제공할 수 있다. 예컨대, 고인에 대한 일시적 환각이나 끊임없는 집착적 사고는 사별자들이 경험하는 흔한 경험이므로 비정상적인 것이 아니라는 점을 확인시켜 줄 필요가 있다.

일곱째, 개인의 차이를 허용한다. 한 사람의 죽음은 가족구성원에게 각기 다른 영향을 미친다. 개인은 고인과 특별한 관계를 맺었을 뿐만 아니라 자신만의 성격과 대처기술을 지닌 독특한 존재이므로 비탄과 애도 방식도 남다를 수 있다. 예컨대, 자녀와 사별한 아버지와 어머니는 각기 다른 방식의 슬픔과 대처행동을 나타낼 수 있다. 상담자는 개인의 독특한 애도방식을 인정해 주어야 할 뿐만 아니라 가족구성원들이 다른 구성원의 독특한 애도방식을 서로 허용하고 인정하도록 도와주어야 한다.

여덟째, 지속적인 지지를 제공한다. 사별상담은 흔히 사별자가 사랑하는 사람의 죽음으로 고통을 받고 있는 중요한 순간에 개입하게 된다. 그러나 애도과정은 슬픔과 비탄이 오르락내리락하며 진행되는 장기적 과정이다. 따라서 사별자를 돕는 것은 그들과 함께 동행하면서 그들의 애도작업을 도우며 지속적으로 지지해 주는 장기과정이라고 할 수 있다.

아홉째, 방어와 대처양식을 살펴본다. 사별자가 어떤 대처패턴을 나타내고 있는지 주의를 기울여 살펴봄으로써, 상담자는 그들의 행동을 인식하고 평가하며 필요한 경우에는 수정하도록 도울 수 있다. 상담자는 사별자로 하여금 자신의 생각과 행동을 평가하도록 격려하고 좀 더 효과적인 다른 대처반응을 적용하도록 제안할 수 있다.

마지막으로, 복합적 사별증후군이 확인되면 사별치료자에게 의뢰한다. 복합적 사별증후군은 그 증상과 원인이 복잡하기 때문에 좀 더 전문적인 지식과 개입기술을 지닌 사별치료자에 의해서 치료되어야 한다. 따라서 사별상담자는 사별자가 복합적 사별증후군을 나타내지는 않는지 주의를 기울여야 한다. 사별자가 복합적 사별증후군을 나타내는 것은 사별상담의 실패를 뜻하는 것이 아니며, 자신의 한계를 인정하고 사별치료자에게 의뢰하는 것이 책임 있는 자세이다.

2. 사별치료

워든(2002)은 사별상담과 사별치료를 구분하고 있다. 사별상담은 정상범위 내에서 사별의 아픔을 겪고 있는 사람의 애도과정을 돕는 활동인 반면, 사별치료(bereavement therapy)는 복합적 사별증후군과 같이 사별로 인한 다양한 부적응 증상을 장기간 나타내는 사람들을 돕는 전문적인 치료적 활동을 의미하며 애도치료(grief therapy)라고 지칭하기도 한다. 복합적 사별증후군은 고인의 죽음과 관련된 강렬한 비탄 반응을 반영할 뿐만 아니라 우울장애나 외상후 스트레스 장애(PTSD)와 유사한 정신장애의 증상으로 나타날 수 있다.

사별치료는 일종의 심리치료로서 심각한 복합적 사별증상을 나타내는 경우에 적용된다. 사별치료는 사별상담과의 구분이 다소 모호하지만 사별 반응의 부적응성이 심각할 경우에 적용되는 심리적 개입이라고 할 수 있다. 특히 사별치료는 외상적 사건과 관련되어 있거나 복합적인 증상들이 수반되는 경우에 적용된다. 예컨대, 매우 친밀한 사람의 갑작스러운 죽음, 사랑하는 사람의 비참한 죽음, 그리고 대규모 재난(예: 대형화재, 선박 침몰, 쓰나미, 지진)으로 인한 죽음의 경우에는 사별치료의 개입이 필요하다. 사별치료의 목적은 사별이나 재난으로 유발된 부적응적인 심리적 문제들을 발견하고 해결하는 것이다. 사별치료 또는 애도치료가 가장 널리 적용되는 대상은 암 환자의 가족들이며 개인치료 또는 집단치료의 형태로 실시된다.

1) 복합적 사별증후군과 지속성 복합 사별장애

복합적 사별증후군은 사별 이후에 여러 가지 비정상적인 비탄 반응들이 동시다발적으로 나타나서 사별자가 부적응 상태에 빠져드는 경우를 의미한다. 제16장에서 소개한 바 있듯이, 복합적 사별증후군은 고인에 대한 과도한 집착과 그리움을 비롯하여 우울증과 유사한 여러 가지 반응들(깊은 슬픔, 무쾌감증, 의욕상실, 불면증, 식욕감퇴, 체중 감소 등)로 나타난다. 이러한 반응들은 사별자가 속한 문화에서 나타나는 정상적인 비탄 반응보다 그 강도와 지속기간이 과도한 것이어야 한다.

최근에 정신건강 전문가들은 복합적 사별증후군이 1년 이상 장기간 지속될 경우에 전문가의 치료와 개입이 필요한 정신장애로 간주해야 한다고 주장하고 있다. 2013년에 미국정신의학회에서 발행한 정신장애 분류체계인 『DSM-5』에서는 복합적 사별증후군이 12개월 이상 지속되는 경우를 지속성 복합 사별장애(persistent complex bereavement disorder)라고 지칭하면서 조만간 공식적인 정신장애로 편입될 후보군에 올려놓았다. 『DSM-5』에서 제시하고 있는 지속성 복합 사별장애의 진단기준은 〈표 18-1〉과 같다(American Psychiatric Association, 2013).

표 18-1 지속성 복합 사별장애의 진단기준

A. 개인은 친밀한 관계에 있던 사람의 죽음을 경험한다.

B. 죽음 이후에, 다음의 증상 중 한 개 이상을 심각한 수준으로 경험하는 날이 그렇지 않은 날보다 많다. 성인의 경우는 이러한 증상이 12개월 이상 지속되며, 아동의 경우는 6개월 이상 지속된다.
   1) 죽은 사람에 대한 지속적인 갈망과 그리움
   2) 죽음에 대한 반응으로서의 강렬한 슬픔과 정서적 고통
   3) 죽은 사람에 대한 집착
   4) 죽음과 관련된 상황에 대한 집착

C. 죽음 이후에, 다음의 증상 중 6개 이상을 심각한 수준으로 경험하는 날이 그렇지 않은 날보다 많다. 성인의 경우는 이러한 증상들이 12개월 이상 지속되며, 아동의 경우는 6개월 이상

지속된다.

〈죽음에 대한 반응적 고통〉

1) 죽음을 수용하는 것에 대한 뚜렷한 어려움

2) 죽음을 믿지 않거나 정서적 무감각을 나타냄

3) 죽은 사람에 대한 긍정적인 회고를 하지 못함

4) 죽음과 관련된 비통함이나 분노를 느낌

5) 죽은 사람 또는 죽음과 관련하여 자신에 대해 부적응적으로 평가함(예: 자기비난)

6) 죽음을 상기시키는 것들을 과도하게 회피함(예: 죽은 사람과 관련된 사람, 장소 또는 상황에 대한 회피, 아동의 경우는 죽은 사람에 대한 생각과 감정의 회피로 나타날 수 있음)

〈사회적 관계와 자기정체감의 붕괴〉

7) 죽은 사람과 함께 있기 위해 죽고자 하는 소망

8) 죽음 이후 다른 사람들을 신뢰하는 것에 대한 어려움

9) 죽음 이후 혼자라고 느끼거나 다른 사람들로부터 소외된다는 느낌

10) 죽은 사람 없이는 인생이 무의미하거나 공허하다고 느낌, 또는 죽은 사람 없이 자신이 제대로 기능할 수 없다는 믿음

11) 삶에서 자신의 역할에 대한 혼란, 또는 자신의 정체감이 축소된 느낌(예: 자신의 일부가 죽은 사람과 함께 죽어 버렸다고 느낌)

12) 죽음 이후 즐거움을 추구하거나 미래의 계획을 세우는 것이 어렵거나 꺼려짐(예: 교우 관계, 일상활동)

D. 이러한 증상들이 사회적, 직업적, 또는 다른 중요한 기능 영역에서 현저한 고통이나 손상을 초래한다.

E. 이러한 사별 반응이 문화적, 종교적 또는 연령에 따른 기대 수준에 부합하지 않거나 과도하다.

────────────────────────────────────

　　지속성 복합 사별장애는 직업과 사회생활의 적응을 어렵게 만들 뿐만 아니라 흡연이나 음주와 같이 건강에 해로운 행동을 수반한다. 이로 인해 삶의 질이 현저하게 저하되고 심장질환, 고혈압, 암을 비롯한 심각한 질병의 위험성이 증가한다. 이러한 장애를 지닌 사람들은 종종 자살하려는 의도나 사고를 보고한다.

　　『DSM-5』에 따르면, 지속성 복합 사별장애의 유병률은 2.4~4.8%이며 남자보

다 여자에게 더 흔하다. 일반적으로 증상들이 사별 직후부터 나타나지만, 지속성 복합 사별장애를 구성하는 완전한 증상들이 나타나기까지는 몇 달 또는 몇 년이 걸릴 수 있다. 그러나 이러한 증상들이 12개월 이상 지속되지 않는 한(아동의 경우는 6개월) 지속성 복합 사별장애로 진단되지 않는다.

지속성 복합 사별장애가 나타날 위험성은 죽음 이전에 죽은 사람에 대한 의존성이 높거나 어린 자녀가 죽은 경우에 증가한다. 또한 부모와의 사별을 겪은 아동의 경우에는 보호자의 돌봄과 지지가 부족한 경우에 이 장애의 위험성이 증가한다. 대부분의 경우, 지속성 복합 사별장애를 나타내는 사람들은 두 가지의 특성을 지닌다. 첫째, 이들은 사랑하는 사람의 죽음과 그로 인한 고통을 수용하지 못하고 부정, 억압, 회피의 반응을 나타낸다. 둘째, 이들은 이미 고인이 된 사랑하는 사람을 계속 붙잡고 놓지 못한다. 달리 말하면, 적절한 애도과정을 거치지 못한 사람들이 지속성 복합 사별장애를 나타낸다.

란도(Rando, 1993, 1999)는 복합적 사별증후군을 유발할 수 있는 7개의 위험요인을 제시한 바 있다. 그중 4개는 죽음과 관련된 요인으로서 (1) 갑작스럽고 예상하지 못한 죽음, 특히 외상적, 폭력적, 신체 절단적, 무의미한 죽음인 경우, (2) 오랜 기간 지속된 질병으로 인한 죽음의 경우, (3) 어린 자녀가 사망한 경우, (4) 사별자의 관점에서 미리 방지할 수 있었다고 여기는 죽음이다. 다른 3개의 요인은 사별자에 관한 것으로서 (1) 사별자와 고인의 관계가 매우 의존적인 경우 또는 매우 적대적이거나 양가적인 경우, (2) 과거나 현재에 사별자가 해결하지 못한 상실 경험, 심한 스트레스, 정신건강 문제를 지니고 있는 경우, (3) 사별자의 관점에서 주변 사람들로부터의 사회적 지지가 부족하다고 생각하는 경우이다.

현대사회의 문화적 특성으로 인해서 복합적 사별증후군이 증가하고 있다. 죽음을 부정하고 은폐하려는 경향이 두드러지는 현대사회에서는 많은 사람이 죽음과 사별을 수용할 수 있는 심리적 준비가 부족하다. 또한 경쟁과 효율성이 강조되는 현대사회에서는 사별한 사람들이 충분한 기간 동한 애도과정을 깊이 있게 진행할 시간적·심리적 여유가 부족하다. 또한 위험사회라는 말로 표현되듯이, 현대사회는 많은 사람을 갑작스럽게 죽음으로 몰아가는 다양한 사고나 폭력적 사건들이 증가하고 있다. 이러한 사회에서 살아가는 현대인들은 사랑하는 사람의 죽음과 관련하여 복합적 사별증후군을 나타낼 가능성이 높다.

2) 사별치료의 다양한 유형

사별 이후에 슬픔과 비탄 반응이 강렬하고 오랜 기간 지속될 경우에는 전문가의 도움을 받는 것이 필요하다. 다행히도, 복합적 사별증후군을 치료하기 위한 치료방법들이 다양하게 개발되어 있다. 사별치료는 사랑하는 사람의 사망 이후에 복합적 사별증후군을 나타내는 사람들에게 제공되는 것이 일반적이지만, 예방적 차원에서 그러한 증후군을 나타낼 가능성이 높은 사람들을 대상으로 사별 이전에 시행될 수도 있다.

(1) 복합적 애도치료

복합적 사별증후군을 나타내는 사람들을 위해 개발된 대표적인 개인치료법 중 하나는 복합적 애도치료이다. 복합적 애도치료(Complicated Grief Treatment: CGT)는 시어와 동료들(Shear, Frank, Houch, & Reynolds, 2005)에 의해 개발되었으며, 애도작업에 대한 심리교육을 제공할 뿐만 아니라 상실의 고통을 좀 더 생생하고 강렬하게 체험하도록 도움으로써 애도과정을 촉진하는 다양한 치료방법으로 구성되어 있다. 복합적 애도치료에서 사용하는 치료방법으로는 심상적 재방문, 상황적 재방문, 상상적 대화, 정서적 기억작업, 미래 계획하기 등이 있다.

심상적 재방문(imaginal revisiting)은 심상을 이용하여 사랑하는 사람의 죽음에 관한 사건과 경험들을 좀 더 구체적이고 생생하게 재경험하도록 유도한다. 사별자로 하여금 사랑하는 사람의 죽음에 관한 소식을 처음 접하게 된 순간부터 장례식을 마치기까지 일어났던 죽음에 관한 상세한 경험내용들을 언어적으로 이야기하게 함으로써 사별의 아픔을 재경험하며 애도작업이 촉진되도록 돕는다. 이러한 심상적 재방문은 복합적 애도치료의 핵심적인 부분으로서 초기에는 사별자의 슬픔과 고통이 상승되지만 공감적이고 지지적인 치료자의 존재 앞에서 그러한 고통을 견디며 조절하도록 촉진하는 것이 그 목적이다.

상황적 재방문(situational revisiting)은 사별자가 심각한 고통을 느끼기 때문에 회피하는 상황(장소, 사람, 사건 등)을 직면하도록 도움으로써 그러한 상황에 대한 두려움과 회피행동을 극복하도록 돕는다. 이를 위해서 치료자는 사별자가 그러한 상황을 지속적으로 회피하도록 만드는 생각이나 행동을 밝혀내어 도전하도록 돕는다. 이러한 회피행동을 극복하게 되면 사별자는 그러한 상황에 좀 더 편안하게 대면함으로써 일상생활을 좀 더 자유롭고 효과적으로 영위할 수 있게 된다.

또한 복합적 애도치료에서는 사별자로 하여금 고인과의 상상적 대화에 참여하게 함으로써 지속적인 고통을 겪게 하는 주제들(예: 고인의 죽음에 대한 죄책감이나 원망 등)을 이야기하고 고인의 관점에서 생각하게 함으로써 고통스러운 감정을 해소하고 부정적인 생각의 변화를 촉진한다. 이 밖에도 정서적 기억작업을 통해서 사별자가 사랑하는 고인과의 관계에서 경험했던 긍정적 기억과 부정적 기억을 모두 회상하고 재경험함으로써 고인에 대한 정서적 균형감과 안정감을 지니도록 돕는다. 또한 미래 계획하기를 통해서 사별자가 사랑하는 사람이 부재한 현실에서 삶을 의미 있게 여길 수 있는 목표를 세우고 미래의 인생을 설계하도록 도움으로써 새로운 삶에 대한 의욕과 실천을 지원한다.

복합적 애도치료는 개인치료법으로 개발되었지만 가족구성원이나 친구를 초대하여 사별자를 지지하는 치료시간을 갖기도 한다. 폭력으로 인해 가족의 죽음을 겪은 사람들을 대상으로 복합적 애도치료를 적용한 결과, 그들의 복합적 사별증상이 51% 정도 감소한 것으로 나타났다. 이러한 결과는 유사한 사별을 경험한 사람들에게 다른 치료방법(예: 대인관계치료)을 적용한 결과에 비해서 현저하게 우수한 것이다.

(2) 인지행동치료

인지행동치료(Cognitive Behavior Therapy: CBT)는 다양한 심리적 장애를 치료하는 대표적인 심리치료로서 복합적 사별증후군의 치료에도 적용되고 있다. 뵐른과 동료들(Boelen, van den Hout, & van den Bout, 2006)은 복합적 사별증후군을 치료하기 위한 인지행동치료를 제시했다. 이 치료는 사별자가 자신의 상실경험을 기존의 자서전적 지식에 통합하고, 도움이 되지 않는 사고 패턴을 변화시키며, 부적절한 회피반응을 적절한 행동과 대처방식으로 대체함으로써 복합적 사별증후군에서 벗어날 수 있다는 가정에 근거하고 있다.

인지행동치료의 중요한 첫 번째 치료적 요소는 노출이다. 치료자는 사별자로 하여금 그들의 상실 경험을 글이나 말로 이야기하게 하고, 사별의 가장 힘들고 고통스러웠던 점들을 표현하도록 격려한다. 이러한 반복적인 표현과정을 통해서 사별의 슬픔과 아픔에 대한 둔감화가 이루어진다. 이어서 치료자는 사별자에게 고인에 대한 집착을 강화하는 강박적인 행동(예: 고인이 죽게 된 원인에 대한 끊임없는 의문 제기, 고인의 무덤을 지나치게 자주 방문하는 행동)을 중단하도록 권유한다. 아울러 인지행동치료에서는 사별자가 상실의 고통 때문에 회피하는 사람, 장소, 경험에 직면하도록 도움으로써 좀 더 적응적인 행동을 하도록 촉진한다.

인지행동치료의 두 번째 요소는 인지적 재구성이다. 이 방법은 사별자의 삶을 고통스럽게 만드는 부적응적인 생각들을 체계적으로 찾아내어 좀 더 적응적인 방향으로 재구성하여 변화시키는 것이다. 복합적 사별증후군을 나타내는 사람들은 사랑하는 사람의 죽음뿐만 아니라 자신의 삶에 대해서 부정적이고 비현실적인 생각을 지니는 경향이 있다. 이러한 생각들을 포착하여 그 타당성과 적응성을 함께 논의하면서 도움이 되는 생각으로 대체하는 것이 필요하다. 예컨대, 사별자가 지니고 있는 미래에 대한 절망적인 생각(예: '그 사람이 없는 세상에서 나는 결코 행복할 수 없다.')에 대해서 "당신이 그런 생각을 계속 지닐 경우에 어떤 결과가 나타날까요?"와 같은 질문을 통해 도전하며 생각의 변화를 촉진할 수 있다.

인지행동치료는 노출과 인지적 재구성을 통해서 사별자가 내면적 경험과 외부적 자극에 직면하도록 도움으로써 상실과 관련된 고통을 감내하는 것이 가능하다는 것을 깨닫도록 촉진한다. 나아가서 사별자는 고통과 두려움 때문에 현실을 회피하는 것보다 적극적으로 그에 직면하여 대처하는 것이 궁극적으로 고통을 감소시킬 뿐만 아니라 자신의 삶을 더욱 자유롭게 만든다는 점을 배우게 된다.

또한 치료자는 사별자가 즐거운 활동에 참여하는 것을 가로막는 우울증적 회피를 극복하도록 돕기 위해서 행동 활동화 방법을 적용할 수 있다. 일상생활에서 즐거움과 만족감을 경험할 수 있는 행동을 계획하고 실천하도록 격려한다. 사별자는 인간관계를 회피함으로써 사회적 연결망이 점차 위축될 수 있다. 치료자는 이러한 점을 알려 주면서 사별자로 하여금 가족이나 친구들과 이러한 주제에 대해서 자유롭게 논의하고 좀 더 적응적인 행동을 하도록 격려한다. 무엇보다도 사별자의 행동을 적응적으로 변화시키는 것이 중요하다. 적응적 행동을 하게 되면 그 결과로서 기분이 회복되고 적응수준도 개선될 수 있기 때문이다. 복합적 사별증후군에 대한 인지행동치료는 지지적인 치료에 비해서 치료효과가 더 우수한 것으로 나타났다.

(3) 의미 재구성 치료

네이마이어(Neimeyer, 2000)는 복합적 사별증후군을 치료하기 위한 방법으로 의미 재구성 치료(meaning reconstruction therapy)를 제시했다. 그에 따르면, 애도작업이 성공적으로 이루어지기 위해서는 사랑하는 사람의 죽음으로 인해 손상된 의미체계를 복구하거나 재구성하는 적극적인 과정이 필수적이다. 인간은 자신의 경험에 대해서 의미를 발견하고 구성하는 의미 창조자로서 개인적 경험과 문화적 통념에 근거하여 자신의 삶에서 일어난 중요한 사건들에 대한 의미를 부여하는 신념체계를 구성한다. 그러나 생명을 위협하는 질병이나 사랑하는 사람의 죽음은 이러한 신념체계를 붕괴시키며 개인이 지니고 있는 인생 이야기의 중심적 주제에 대한 의문을 제기하게 만든다. 최근의 연구(Neimeyer & Sands, 2011)에 따르면, 사별자들은 사랑하는 사람의 죽음이라는 비극 속에서도 나름대로의 의미를 발견하려는 고통스러운 추구를 시도할 뿐만 아니라 사별에 대한 의미 발견은 사별 적응에 긍정적인 영향을 미친다.

의미 재구성 치료에서 치료자는 사별자가 사별에 대한 의미를 발견하려는 노력을 두 가지 측면에서 지원한다. 하나는 사별자가 사랑하는 사람의 죽음과 관련된 여러 가지 사건들을 연결하고 통합하여 사건 이야기(event story)로 구성하도록 도움으로써 사별의 의미를 발견하도록 지원한다. 다른 하나는 고인이 살아 있을 때 경험했던 그와의 관계를 배경 이야기(back story)로 구성함으로써 사별자로 하여금 고인과의 애착 안정감을 재경험하면서 그로부터 의미를 발견하도록 돕는다. 치료자는 사별자로 하여금 사랑하는 사람의 죽음에 관한 사건 이야기와 배경 이야기를 언어로 표현하도록 격려한다. 치료자는 이러한 이야기 과정에서 사별자가 제기하는 의문들, 특히 해답을 발견하지 못한 의문이나 손상된 신념에 주목한다. 치료자는 사별자의 이야기에 끼어들면서 사별자로 하여금 해결하지 못한 의문에 대해서 나름대로의 해답을 발견하도록 격려한다. 또한 치료자는 사별자로 하여금 그의 삶에서 고인이 존재하지 않더라도 고인의 존재감을 좀 더 생생하게 느낄 수 있는 다양한 기법들을 사용하여 의미를 발견하도록 돕는다. 예컨대, 고인과 함께했던 사진과 유품을 살펴보거나 특정한 상징물을 고인의 영혼이 깃든 것으로 생각해 소중히 여기거나 고인과의 내면적 대화를 촉진함으로써 의미를 발견하도록 도울 수 있다.

의미 재구성 치료에서는 창조적 글쓰기를 통해서 사랑하는 사람의 죽음과 관련된 이야기를 만들어 내고 의미를 발견하도록 촉진할 수 있다. 특히 글쓰기를 통해 고인과의 관계 경험을 지속하게 함으로써 사별자로 하여금 삶에 대한 안정감과 방향감을 유지하도록 도울 수 있다. 나아가서 창조적 글쓰기는 사별자로 하여금 사별에 대해서 다양한 의미를 구성하고 나름대로의 혜택을 발견하도록 촉진할 수 있다. 이러한 의미 재구성 치료의 다양한 기법들은 사별자로 하여금 사별에 대해서 새로운 관점을 취하고 의미를 발견하는 데 도움이 되는 것으로 입증되었다 (Lichtenthal & Cruess, 2010).

3) 가족초점적 사별치료

사별의 슬픔과 아픔은 개인이 대처해야 할 문제이기도 하지만 가족구성원 전체가 함께 대처해야 하는 문제이기도 하다. 가족은 사별의 아픔을 서로 공유하고 위로할 뿐만 아니라 사별의 의미를 구성하고 신념체계를 공유하는 가장 중요한 지지자들이기 때문이다. 따라서 사별치료는 가족을 대상으로 시행되어야 그 효과가 증진되고 지속될 수 있다.

가족초점적 사별치료(Family Focused Grief Therapy: 이하에서 FFGT로 칭함)는 사별한 가족을 대상으로 실시되는 가장 대표적인 가족치료로서 미국의 정신과의사이자 심리종양학자인 키세인과 블록(Kissane & Block, 2002)에 의해서 개발되었다. 심리종양학(psycho-oncology)은 암의 발생과 치료에 있어서 생활방식을 비롯한 심리사회적 요인의 영향을 탐구하는 다학문적 분야를 의미한다. FFGT는 흔히 사별 후에 많은 어려움을 겪을 것으로 예상되는 취약한 가족을 대상으로 사별 전부터 6~18개월에 걸쳐 시행된다. 실증적인 연구에서 FFGT는 사별한 가족의 고통을 현저하게 감소시키는 것으로 나타났다. 가족의 전반적인 정신건강이 증진되고 우울 증상이 감소되었으며 이러한 효과는 사별 후 6개월 이후에도 지속되었다(Kissane & Lichtenthal, 2008).

(1) 이론적 배경

한 사람의 죽음은 개인뿐만 아니라 가족구성원 전체에게 슬픔을 유발하며 가족구조에도 영향을 미치게 된다. 가족은 가장 중요한 사회적 지지의 원천으로서 개인의 애도과정에 커다란 영향을 미친다. 서양사회의 경우, 호스피스 서비스를 제공하는 기관에서는 사별 전부터 사별상담을 제공한다. 복합적 사별증후군의 예방을 위해서 상담자는 죽어 가는 환자를 돌보고 있는 가족을 대상으로 미리 사별을 준비하도록 돕는다.

호스피스 센터는 암과 같이 진행성 질병으로 죽어 가는 환자가 완화 돌봄

(palliative care)을 받게 하기 위해서 입원할 때 가족들이 함께 오도록 권장한다. 암과 같은 질병으로 장기치료나 완화의료를 받아야 하는 환자의 가족은 우울이나 불안과 같은 심리적 고통을 겪을 뿐만 아니라 직업적·사회적 기능의 저하를 경험하게 된다. 환자는 질병이 재발했을 때 스트레스가 급증하는 반면, 가족은 완화의료나 말기치료 과정에서 가장 많은 스트레스를 경험한다. FFGT의 목적은 가족의 관계적 기능과 상호적 지지를 증진하고 슬픔을 공유하며 적응적 대처를 하도록 돕는 것이다.

FFGT는 애착이론, 트라우마에 대한 인지적 처리 이론 그리고 집단적 적응이론에 근거하고 있다. FFGT는 가족구성원들이 애착대상의 상실에 대한 슬픔을 공유하도록 촉진하면서 가족의 기능(의사소통, 협동, 상호 지지)이 향상되도록 돕는다. 사랑하는 사람의 죽음에 대해서 가족구성원들이 서로의 생각과 감정을 자유롭게 표현하고 공유하며 지지하는 것은 사별과 같은 트라우마에 적응하는 데 매우 중요하다. 또한 집단에서의 의견 교환과 토론은 가족구성원들이 사별의 슬픔을 해소할 뿐만 아니라 심리적 발달과 성숙을 촉진하는 데에도 기여한다.

(2) 치료목표

FFGT는 사별 가족을 대상으로 실시되는 단기적이고 집중적인 치료방법이다. FFGT의 두 가지 목표는 (1) 가족의 기능을 향상시키는 것과 (2) 가족의 적응적 애도를 촉진하는 것이다. 첫 번째 목표는 가족구성원 간의 관계에 대한 것으로서 구성원 간의 의사소통, 응집력, 갈등해결 역량을 증진하는 것이다. 두 번째 목표는 첫 번째 목표와 밀접하게 얽혀 있는데 가족의 애도과정은 구성원 간의 효과적인 의사소통과 상호 지지에 의존하기 때문이다. 가족의 응집력은 사별의 가장 고통스러운 문제인 외로움을 극복하게 할 수 있다. FFGT는 가족 건강성이 낮은 가족을 대상으로 복합적 사별증후군을 감소시키거나 예방하기 위한 것으로서 슬픔의 인식과 공유, 적극적인 문제해결, 가족 간 갈등 해소에 초점을 맞추고 있다.

(3) 치료과정

FFGT는 일반적으로 환자가 사망하기 이전에 3~4회 진행을 하고 사별 이후에 가족들이 지속적으로 만나서 가족의 기능과 적응이 견고해질 때까지 보통 3~6회기가 진행되며 가족의 요구에 따라서 치료회기를 연장할 수 있다. 가족의 역기능이 심할수록 치료기간이 더 필요하지만, 보통 6~18개월에 이루어진다. 각 회기에 실시되는 치료내용을 요약하면 다음과 같다.

① 1회기: 평가

FFGT는 가족구성원들이 제시한 공통적 관심사에 대한 평가와 상호 동의로부터 시작된다. 가족구성원의 희망과 기대를 확인한 후에, 질병에 대한 이야기를 함께 나눈다. 환자를 간병하면서 가족이 겪은 정서적 경험들, 암의 진행과정과 예후, 치료목표에 대한 이해 등에 대한 이야기를 나누면서 치료자는 가족 간의 의사소통, 응집력, 갈등을 평가할 뿐만 아니라 가족구성원의 역할, 규칙, 가치, 신념을 탐색한다. 치료자는 추가적인 정보를 얻기 위해서 개방형 질문을 할 수 있다. 회기의 후반부에 치료자는 자신이 가족에 대해서 이해한 것을 요약하여 제시하고 치료의 방향과 원칙에 대한 합의에 도달하도록 노력한다.

② 2회기: 평가의 완료 및 치료계획의 논의

가족구성원의 수가 많고 복잡한 구조를 지닌 경우에는 가족관계의 패턴과 사별대처에 대한 평가를 1회기에 마무리하지 못할 수 있으므로 2회기까지 연장할 수 있다. 이를 위해서 치료자는 화이트보드를 사용하여 가계도(family tree)를 그리면서 가족구성원 간의 관계를 구체화할 수 있다. 가족 건강성의 평가가 주된 초점이지만 죽음과 같은 상실사건에 대한 반응, 가족구성원 간의 관계양식과 동맹관계를 탐색한다. 평가된 것을 요약하여 제시하면서 가족 건강성을 강조하고 구성원 간의 관계패턴을 인식시키며 치료목표와 치료계획에 대한 합의를 이끌어낸다.

③ 3~8회기: 가족에 초점을 둔 집중적 치료

치료자는 앞 회기에서 합의된 가족관계 주제에 대해 초점을 맞추어 논의하면서 가족 간의 자유로운 소통, 팀워크, 갈등해결을 촉진하기 위해 노력한다. 사별에 대한 구성원 각자의 정서적 경험을 자유롭게 표현하고 죽음과 죽어감의 주제에 대해서 솔직하게 논의한다. 또한 사별에 대한 각자의 감정과 슬퍼하는 방식의 차이를 수용하는 동시에 가족 전체가 슬픔을 공유하면서 서로를 위로하고 지지하며 보살피도록 촉진한다. 이러한 과정에서 가족구성원들이 자신의 의견을 자유롭게 표현하고 서로의 의견 차이를 수용하면서 타협을 통해 합의에 이르도록 가족의 문제해결 역량을 육성하는 것이 중요하다. 이처럼 사별의 슬픔을 논의하면서 가족관계에 관한 주제를 다루어 간다. 치료자는 매 회기마다 사별경험과 가족관계를 균형 있게 다루면서 논의된 내용을 요약하고 가족구성원들에게 확인하는 절차를 밟는다. 이러한 치료과정을 통해서 사별이라는 가족의 공통적 주제를 다루면서 가족 건강성을 증진하는 것이 FFGT의 궁극적 목표이다. 가족 건강성(family strengths)은 가족의 정서적 건강과 안녕에 기여하는 관계의 질을 의미한다. 건강한 가족의 구성원들은 서로를 사랑하고 삶을 만족스럽게 영위하며 가족의 문제를 지혜롭게 해결하면서 조화 속에서 행복하게 살아간다.

④ 마지막 2회기: 견고화와 종결

마지막 두 회기에서는 그동안의 진행과정을 돌아보고 치료목표의 성취 여부를 논의한다. 또한 가족관계의 부적응 패턴이 다시 나타날 수 있음을 인식시키고 그러한 경우의 대처와 예방 방법을 논의하면서 치료의 효과가 견고해지도록 노력한다. 치료의 종결을 준비하면서 미래에 대한 가족 구성원들의 희망과 기대를 이야기하며 공유한다. 치료의 종결은 사별과 마찬가지로 일종의 상실로 여겨져 슬픔을 유발할 수 있다. 치료자는 가족 건강성, 치료적 성취, 미래의 희망을 확인시키면서 치료를 종결하며 가족과 이별해야 한다.

(4) 치료적 기술과 개입

FFGT 치료자는 사회복지학, 심리학, 정신의학, 간호학의 전공자들을 대상으로 양성되며 가족치료를 시행할 수 있도록 훈련된다. 치료자는 따뜻하고 진실성 있는 태도로 가족과 상호작용하면서 견고한 치료관계를 형성할 수 있는 능력이 필요하다. 아울러 치료자는 격려, 칭찬, 인정을 통해서 가족이 이미 잘 기능하고 있는 것을 강화하는 동시에 부적절한 비판을 방지하도록 노력한다. 치료자와 가족은 논의한 주제에 대해서 합의에 도달하는 것이 중요하다. 치료자는 팀의 일원이라는 자세로 가족 문제에 직접적으로 개입하기보다 가족구성원들이 팀을 이루어 스스로 문제를 해결하도록 돕는다.

치료자의 가장 중요한 치료적 능력 중 하나는 적절한 질문을 하는 것이다. 적절한 질문은 가족구성원으로 하여금 자신들의 관계를 관찰하고 반성하며 변화하는 계기를 촉발하기 때문이다. 또한 질문에 대해서 구성원들이 돌아가며 의견을 말하는 것은 서로의 입장을 이해하도록 도울 뿐만 아니라 서로의 생각과 감정에 대한 의견을 표현하도록 촉진할 수 있다. 치료자의 질문에 대해서 한 사람이 대답하면, 다른 구성원들이 그에 대해서 관심을 기울이면서 토론이 이루어질 수 있다. 치료자는 질문을 통해서 가족구성원들로 하여금 자신들의 상호작용 방식에 대해 통찰을 유도할 수 있을 뿐만 아니라 자발적으로 가족관계의 변화를 시도하도록 도울 수 있다.

치료자는 가족구성원들로 하여금 진정한 감정을 표현하도록 격려하는 것이 중요하다. 치료자는 가족구성원의 표정과 언행에 대한 세심한 관찰을 통해서 적절한 단서를 찾아내고 그 이면의 감정을 표현하도록 격려한다. 그러한 감정 표현에 대해서 치료자와 가족구성원들이 이해하고 공감하면서 서로를 위로하도록 촉진하는 것이 중요하다. 아울러 치료자는 논의내용을 통합하여 요약해 주는 것이 필요하다. 이러한 요약을 통해서 가족구성원들이 특정한 주제에 대한 합의 사항을 명확하게 할 수 있다. 또는 가족구성원에게 요약을 하도록 권유할 수 있으며 여러 가족구성원이 요약에 참여하고 합의할수록 치료효과가 증대된다. 이러한 과정을 통해서 FFGT는 가족구성원 간의 관계를 건강하게 변화시킬 뿐만 아니라 가족구성원들이 사별의 슬픔과 아픔을 자유롭게 표현하고 공감하며 서로를 더 잘 위로할 수 있는 방법을 학습하도록 돕는다.

3. 사별후 성장: 사별경험을 통한 심리적 변화와 성장

사랑하는 사람의 죽음은 개인의 삶을 고통스럽고 불행하게 만든다. 때로는 사별이 우울장애나 외상후 스트레스 장애(PTSD)와 같은 정신장애를 유발하여 개인을 부적응 상태로 몰아 갈 수 있다. 그러나 "아픈 만큼 성장한다."라는 말이 있듯이, 사별경험은 고통스럽지만 심리적 성장을 촉진할 수 있다. 최근에 심리학자들은 사별을 비롯한 상실과 역경의 경험을 통해서 개인적 성장이 일어나는 심리적 과정에 깊은 관심을 보이고 있다.

1) 외상후 성장

과거에 심리학자들은 대부분 외상 사건의 부정적 결과에 주목해 왔지만 최근에는 그 긍정적 결과에 주의를 기울이기 시작했다. 사별을 비롯한 다양한 부정적 생활사건을 경험한 많은 사람이 그러한 상실이나 도전과의 투쟁과정에서 얻게 된 긍정적인 변화를 보고해 왔다. 테데치와 칼훈(Tedeschi & Calhoun, 1996, 2004)은 이러한 현상을 외상후 성장(Post-Traumatic Growth: PTG)이라고 지칭하면서 '인간이 살아가면서 경험하는 매우 도전적인 상황에 투쟁한 결과로서 얻게 되는 긍정적인 심리적 변화'라고 정의했다. 국내에서도 임선영(2013; 임선영, 권석만, 2012)은 가족이나 사랑하는 사람의 죽음과 같은 관계상실의 사건을 경험한 후에 나타나는 심리적 성장과정을 연구하면서 역경후 성장이라는 용어를 사용한 바 있다. 역경은 외상뿐만 아니라 다양한 유형의 부정적 생활사건을 포함하는 포괄적 용어이므로 여기에서는 역경후 성장이라는 용어를 사용하기로 한다.

　여러 연구자들(Linley & Joseph, 2004; Park, Cohen, & Murch, 1996; Tedeschi & Calhoun, 1996)은 역경후 성장과정에서 세 영역의 긍정적 변화, 즉 자기와 세상에 대한 관점의 변화, 대인관계의 변화, 삶에 대한 철학적 인식의 변화가 일어난다는 점에 합의하고 있다. 역경후 성장이 일어나는 심리적 과정을 요약하여 제시하면 〈그림 18-1〉과 같다(임선영, 2013).

　역경후 성장과정에서는 자신과 세상에 대한 긍정적인 인식의 변화가 일어난다. 역경이나 외상사건을 경험하게 되면, 세상에 대한 위험과 스스로의 취약성을 인식하는 동시에 자신과 세상에 대한 비현실적인 지각과 신념을 수정하게 된다. 더불어 역경으로 인해 상당한 고통과 혼란에 놓였다가 이를 견디고 극복하는 과정에서 자신의 잠재력과 강점을 새롭게 발견할 뿐만 아니라 스스로에 대한 확신과 통제감이 증가하는 경험을 하게 된다(Tedeschi & Calhoun, 1996, 2004). 결과적으로 개인

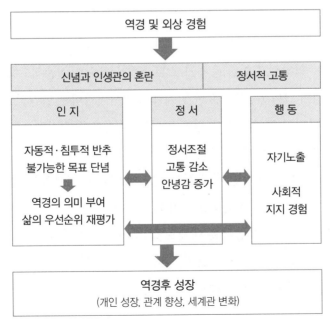

〈그림 18-1〉 역경후 성장의 심리적 과정

은 자신의 취약성을 인정하고 강점을 발견함으로써 균형 잡힌 자기상을 형성할 뿐만 아니라 세상에 대해 더욱 합리적이고 현실적인 시각을 갖게 되는 것이다.

대인관계에서도 변화가 나타난다. 충격적이고 예상치 못했던 위기에 빠지게 되면 현재까지의 관계경험에서도 많은 변화가 초래된다. 특히 사랑했던 사람의 죽음과 같은 관계상실 사건은 관계의 단절이라는 극단적인 변화를 초래하기 때문에 그로 인해 파생되는 관계에서의 변화가 더 두드러지게 된다. 위기에서 빠져나오기 위해 도움을 청하거나 자기공개를 하고 주변의 지지와 도움을 경험함으로써 관계의 중요성과 친밀감이 더욱 증가하게 된다(Park, Cohen, & Murch, 1996; Tedeschi & Calhoun, 2004). 또한 자신의 아픔과 고통을 통해 다른 사람을 더욱 깊이 이해하고 공감할 뿐만 아니라 함께 살아가는 이들에 대한 감사와 이타적 태도가 증가하는 긍정적 변화가 나타난다.

궁극적으로, 삶의 철학과 인생관의 변화가 나타난다. 인생의 위기와 역경에 직면한 사람들은 종종 신에 대한 분노 또는 자신의 운명과 인생 전반에 대한 회의와 절망을 경험한다. 종교를 가진 사람이든 아니든 역경을 경험하게 되면 심한 혼란과 좌절에 빠져 초월적 존재를 원망하거나 그러한 존재에 의지하며 매달리는 모습을 나타낸다. 역경으로 인한 충격과 스트레스가 클수록 실존적·영적 변화를 이끌어 낼 가능성이 크다. 특히 중요한 관계에서의 사별경험은 인간의 운명, 삶과 죽음, 만남과 헤어짐의 인연과 같은 실존적·철학적 물음을 직접적으로 던지기 때문에 인생관 전반에서의 변화가 필연적으로 일어나게 된다. 인생의 유한성을 인정하고 자신에게 주어진 제한된 시간 동안 어떻게 살아야 행복하고 의미 있는 삶을 살 수 있는지에 대해 깊이 고민함으로써 더 나은 인생관과 가치관을 정립하게 된다. 역경을 통해 성장한 사람들은 대체로 삶의 의미에 있어서 우선순위가 바뀌고 작은 것들에 대한 고마움을 느낄 뿐만 아니라 영적인 면에서 신의 존재를 느끼거나 종교에 대한 믿음이 확고해지는 변화를 나타낸다(임선영, 2013).

2) 사별후 성장

사랑하는 사람과 사별한 사람들은 오랜 기간 심각한 고통을 겪으며 위축된 삶을 살아가는 것으로 여겨졌다. 그러나 항상 그러한 것은 아니라는 사실이 밝혀지고 있다. 사별연구(예: Bonanno et al., 2004; Engelkemeyer & Marwit, 2008)에 따르면, 일부의 사람들은 사별에 대처하면서 외상후 성장과 같은 긍정적인 변화를 나타냈다. 이러한 사람들이 나타내는 사별 후의 심리적 성장은 크게 5가지의 측면에서 요약될 수 있다(Calhoun, Tedeschi, Cann, & Hanks, 2010; Taku, Cann, Calhoun, & Tedeschi, 2008).

첫째, 자기인식의 변화로서 사별을 겪으면서 자신에 대한 생각과 평가에 많은 변화가 일어난다. 사별 후 자기개념의 변화는 흔히 '더 취약하지만 더 강해졌다(more vulnerable, yet stronger)'는 역설적 표현으로 요약된다. 사랑하는 사람의 죽음, 특히 갑작스러운 참혹한 죽음은 사별자에게 자신도 그처럼 예측하지 못했던 뜻밖의 비극적 죽음을 맞을 수 있는 취약한 존재라는 점을 일깨워 준다. 그러나 이와 동시에 사별경험은 많은 사람에게 자신이 더 강인한 존재라는 것을 깨닫게 만든다. 예컨대, 자녀를 잃은 한 부모는 "나는 내가 상상할 수 있는 최악의 상황을 겪었다. 이제는 어떤 일이 일어나더라도 대처할 수 있다."고 언급했다. 이러한 언급은 심각한 심리적 고통 속에서 적응을 위한 역경과 시련을 견뎌 온 사람들이 갖게 되는 자기인식의 변화를 보여 준다. '최악의 상황'을 견디며 이겨 낸 경험은 자신의 강점과 능력에 대한 새로운 발견과 더불어 자신감을 제공한다.

둘째, 사별한 사람들은 인간관계의 긍정적인 변화를 경험한다. 사별은 대인관계에 부정적인 영향을 미칠 수 있지만, 사별자들은 흔히 주변 사람과의 관계에서 긍정적 변화를 경험했다고 말한다. 이들은 주변 사람들과의 연결감, 특히 가족이나 친한 친구들과 같은 중요한 사람들과의 친밀감과 유대감이 증가했다고 보고한다. 이러한 연결감은 다른 사람 전체 또는 유사한 아픔을 경험한 사람들에 대한 공감과 연민으로 확장될 수 있다. 사별을 겪은 사람들은 "나는 고통을 겪는 모든 사람들, 특히 사별의 슬픔에 젖어 있는 사람들을 더 잘 이해하고 공감할 수 있게 되었다."고 말한다. 이처럼 사별의 경험은 인간관계의 중요성에 대한 인식을 증진할 뿐만 아니라 다른 사람에 대한 공감, 연민, 자비를 증가시키는 긍정적인 변화를 가져올 수 있다.

셋째, 새로운 가능성의 경험이다. 사랑하는 사람이 사망하면, 사별자는 그 사람과 함께 나누었던 관계나 활동의 공백을 채워야 하는 새로운 상황에 처하게 된다. 배우자와 사별한 사람들은 특히 그러하다. 이처럼 새로운 역할을 수행해야 하는 것이 사별자에게 처음에는 부담스럽게 여겨지지만 과거에 경험해 보지 못한 새로운 가능성을 열어 준다. 사별은 새로운 사람을 만나서 새로운 관계를 경험하고 새로운 역할과 활동을 해야 하는 삶의 새로운 세계를 열어 준다. 물론 이것이 결코 고인의 역할을 대신할 수 없을 뿐만 아니라 사별자 역시 그렇게 되기를 원하지 않는다 하더라도, 사별자의 삶에 생겨난 빈자리에는 새로운 사람들이 들어와 새로운 경험을 하도록 촉진하게 된다.

넷째, 사별은 삶에 대한 재평가를 통해 삶의 소중함을 일깨운다. 사랑하는 사람의 죽음은 개인으로 하여금 인생의 끝이 생각했던 것보다 가까이 와 있다는 것을 깨닫게 만든다. 이러한 경험은 인생에 대한 안목과 철학을 변화시킬 뿐만 아니라 인생에서 중요한 것의 우선순위를 변화시킨다. 사별자는 자신의 남은 시간을 좀 더 소중한 활동과 경험을 위해서 사용하려고 노력한다. 매일 똑같이 반복되는 일상적인 삶보다는 좀 더 생생하고 소중한 경험을 위해서 살아가려는 의도적인 노력을 기울이게 된다. 이러한 결심이 오래도록 유지되기 어렵지만 꾸준한 노력을 통해 새로운 습관으로 견고하게 자리 잡으면 삶이 현저하게 변화될 수 있다.

다섯째, 실존적 자각의 증가이다. 자신이 죽어야 할 유한한 존재라는 실존적 자각은 외상후 성장의 중요한 영역으로서 영적·종교적 측면과 관련된다. 사랑하는 사람의 죽음을 경험하면서 사람들은 자신이 죽을 수밖에 없는 유한한 존재라는 깊은 인식을 하게 되거나 어떤 초월적 존재와 연결된 존재라는 인식의 변화를 경험할 수 있다. 사별한 사람들은 자신의 존재 상황과 삶의 의미에 대한 실존적 질문을 던

짐으로써 심리적·영적 성장을 하게 된다. 사랑하는 사람의 죽음을 겪게 되면, 사람들은 그동안 삶에 의미를 부여했던 신념체계가 흔들리거나 무너지는 것을 경험하면서 삶의 의미와 가치에 대한 좀 더 심층적인 탐색과 숙고를 하게 된다. 이러한 과정을 통해서 사별은 자신의 삶에 대한 의미 발견과 영적 변화를 유발할 수 있다.

마이클과 쿠퍼(Michael & Cooper, 2013)는 사별과 외상후 성장의 관계를 탐구한 15편의 논문(양적 연구와 질적 연구 포함)을 분석하여 두 가지의 핵심적 주제를 추출했다. 그 하나는 긍정적인 개인적 변형(positive personal transformation)이다. 사별자들은 사별에 대처하는 투쟁의 일환으로 자기개념에 관해서 긍정적인 자기변형을 보고했다. 그들은 자신이 좀 더 공감적이고, 관용적이며, 인내심 있고, 용기있는 존재로 변화했다고 기술했다. 특히 남편과 사별한 여성들은 자신이 좀 더 생각이 깊고, 결단력이 있으며, 독립적인 사람이 되었다고 보고했다. 한 질적 연구(Parappully et al., 2002)에 따르면, 자녀와 사별한 부모들은 자신이 더 강해지고, 더 자신감과 자기신뢰를 갖게 되었으며, 더 연민적이고 배려심 있는 사람으로 변했다고 기술했다. 사별자들은 결코 과거에 상상하지 못했던 자신의 강점을 발견했으며, 삶의 소중함에 대한 증가된 인식을 갖게 되었고, 비극적 경험을 통해서 삶의 의미와 가치를 발견하게 되었다고 보고했다.

또 다른 주제는 삶과 우선순위의 재평가이다. 사별한 사람들은 자신에게서 새로운 강점과 재능을 발견하게 되면서 새로운 일에 도전하고 어떤 일을 미루기보다 즉시 결행하고자 노력했다. 또한 이들은 자신의 삶에 대한 소중함을 느끼면서 일상생활에서 즐거움과 보람을 찾으려고 노력했다. 또한 사별을 경험한 사람들은 가족이나 친구와의 관계를 재평가했으며 이들과 관계가 더 친밀하고 자유로워졌다고 보고했다. 또한 이들은 좀 더 충만한 삶을 위해 노력하며, 삶의 갈등을 더 수용적으로 받아들이고, 더 성숙하고 자존감이 높아졌으며, 실존적 자각이 증가했을 뿐만 아니라 더 종교적이고 영적인 사람이 되었다고 보고했다.

외상후 성장의 연구자들(Aguirre, 2008; Calhoun et al., 2000)에 따르면, 사별의 경험에 대한 인지적 처리과정이 사별후 성장을 촉진한다. 특히 적극적이고 긍정적

인 인지적 재구성(의미 발견하기, 혜택 발견하기, 재귀인하기, 긍정적 재평가)이 외상
후 성장을 이끄는 중요한 매개요인이다. 사별한 사람이 어떤 시점에서 어떤 유형
의 인지적 처리과정을 했느냐가 사별후 성장에 중요하다. 죽음에 대한 끊임없는
생각이나 사랑하는 사람의 죽음과 관련된 생각이 자신의 의도와 상관없이 떠오르
는 침투적 사고는 사별후 성장을 촉진하지 못한다. 그보다는 의도적이고 자발적
으로 이루어지는 깊은 숙고와 성찰이 심리적 성장을 촉진한다. 사별후 성장으로
나아가기 위해서 숙고하고 성찰해야 할 세 가지 주제는 (1) 비극을 되돌릴 수 없는
현실로 수용하는 것, (2) 비극 속에서 의미를 발견하는 것, (3) 비극이 살아 있는 사
람의 삶을 파괴하지 않도록 하는 것이다(Parappully et al., 2002).

제 6 부

죽음 후에도 삶이 존재하는가?

제19장
사후생에 대한 다양한 견해

인간은 죽음 이후에 어떻게 되는 것일까? 장례를 치르고 화장이든 매장을 하게 되면, 개인의 육체는 해체되어 형태를 잃고 흙으로 돌아간다. 그렇게 죽으면 개인의 존재는 영원히 소멸하는 것일까? 아니면 다른 세계로 옮겨 가서 새로운 삶을 영위하게 되는 것일까? 만약 다른 세계로 옮겨 간다면, 개인의 어떤 부분이 옮겨 가는 것일까? 죽음 이후의 세계가 존재한다면 그 세계는 어떤 곳이며 개인은 그곳에서 어떤 삶을 영위하게 되는 것일까?

1. 사후생에 대한 인간의 관심

죽음 이후의 세계는 인간에게 가장 커다란 궁금증을 자극하는 미지의 대상이다. 그러나 죽음의 세계에서 돌아온 사람은 없다. 에른스트 융어(Ernst Jünger)의 말처럼, 죽는 사람은 자신의 사다리를 높이 들고 올라가 버린다. 죽고 나서 이 세상으로 다시 돌아와 죽음 이후의 세계를 보고한 사람은 아직 존재하지 않는다. 죽음 이후의 세계는 인간에게 있어서 가장 커다란 호기심을 유발하는 미지의 세계일 뿐만 아니라 인간의 상상력이 가장 풍부하게 발휘되는 최고의 대상이다. 사후의 세계는 모든 사람들이 몹시 궁금해하는 주제인 반면에 아무도 알지 못하는 미지의 세계여서 어떤 상상도 그 진위를 검증할 방법이 없기 때문이다.

원시시대부터 현대에 이르기까지 인간은 죽음 이후에도 삶이 존재한다고 상상해 왔다. 인간은 사랑하는 사람의 죽음을 목격하면서 그 상실감과 슬픔을 위로하기 위해 그 사람이 영원히 소멸한 것이 아니라 다른 세계로 옮겨 간 것이라고 믿었다. 즉, 죽음 이후의 세계와 사후의 삶이 존재한다고 믿었다. 동서고금을 막론하고 거의 모든 사회와 문화에서는 사후생의 존재를 가정하고 있다. 종교를 비롯하여 신비주의, 형이상학적 철학, 영적 전통에서는 사후생의 존재를 주장하고 있다.

특히 종교는 죽음 이후의 세계와 사후생에 대한 매우 구체적인 주장을 제시하고 있다. 기독교 성경에 따르면, 예수는 죽은 지 사흘 만에 부활하여 제자들 앞에 나타나 계시를 전했다. 기독교는 사후생이 존재하며 천국에서 영생할 수 있다고 주장한다. 불교에서는 영혼이 다양한 생명의 형태로 윤회한다고 주장한다. 티벳 불교의 지도자는 환생에 의해서 이어지고 있다. 사후의 세계와 존재 형태에 대한 믿음과 주장의 구체적 내용은 종교와 종파에 따라 매우 다양하다.

사후생(死後生, life after death)은 개인의 자기정체감을 구성하는 일부가 현생의 육체가 죽은 이후에도 계속하여 살아남는다는 견해를 의미한다. '나'라고 할 수 있는 자기존재의 일부가 육체의 소멸 이후에도 지속적으로 존재한다는 견해이다. 사후생의 존재는 '나'의 일부가 어디에서 어떤 형태로 어떤 삶을 영위하는가에 대한 궁금증을 촉발하여 다양한 주장으로 이어진다. 사후세계는 문화와 종교에 따라 다양한 방식으로 주장되고 있으며 내세(來世), 후세(後世), 저승, 황천(黃泉), 명부(冥府), 유계(幽界), 음부(陰府)와 같은 다양한 용어로 표현되고 있다.

사후생의 존재 여부는 믿음의 문제이며 학문의 대상이 아니다. 사후생과 사후세계는 그 존재 여부와 구체적인 속성을 검증할 수 있는 방법이 없기 때문에 형이상학적 주장이자 개인적인 믿음의 문제이다. 죽은 사람은 말이 없기 때문에 사후생에 대한 견해는 살아 있는 사람들의 상상이자 믿음일 뿐이다. 그러나 사후생의 존재 여부에 대한 믿음은 개인의 삶뿐만 아니라 다양한 사회문화적 현상에 많은 영향을 미치고 있다. 특히 죽음불안, 죽음대처, 장례절차와 같이 죽음과 관련된 문제들은 사후생에 대한 견해와 밀접한 관계를 맺고 있다.

과거에는 사후생이 믿음의 영역에 속하는 문제로서 종교만이 다룰 수 있는 신성한 주제였다. 그러나 과학이 눈부시게 발전한 현대사회에서는 사후생에 대한 믿음이 도전을 받고 있다. 특히 생물학과 뇌과학의 발달로 인해서 인간의 정신은 물질로 이루어진 뇌에 기반하고 있으며 육체적 죽음과 함께 정신도 소멸한다는 견해가 확산되고 있다. 사후생의 존재 여부는 종교와 과학이 가장 첨예하게 대립하고 있는 주제 중 하나이다.

사후생에 대한 논쟁은 기원전부터 치열했던 듯하다. 「장아함경(長阿含經)」을 비롯한 초기불교 경전에서는 '나'의 존재가 출생 이전에 어떤 상태였으며 죽음 이후에는 어떤 상태로 변화하는지에 대해서 당시에 존재했던 62가지의 견해를 제시하고 있다. 이를 62견(六十二見)이라고 하는데, 나의 존재가 죽음과 함께 완전히 끊어져 소멸한다는 단멸론(斷滅論)에서부터 나의 본질적 존재는 영원히 불멸한다는 상주론(常住論)에 이르기까지 매우 다양한 견해들이 제시되고 있다.

현대사회에도 사후생에 대한 매우 다양한 견해가 존재한다. 사후생이 존재하지 않는다는 주장에서부터 영혼의 불멸과 사후생을 주장하며 죽음 이후의 세계와 사후생을 구체적으로 묘사하는 주장에 이르기까지 매우 다양한 형태의 견해가 존재하고 있다. 사후생에 대한 견해와 믿음은 개인의 삶 전반에 강력한 영향을 미친다는 점에서 심리학의 연구대상이 되고 있다. 여기에서는 사후생에 대한 견해를 크게 3가지의 유형, 즉 사후생이 존재하지 않는다는 견해, 사후생이 존재한다는 견해, 그리고 사후생에 대한 제3의 견해로 나누어 살펴보고자 한다.

2. 사후생이 존재하지 않는다는 견해: 단멸론

개인이 죽으면 육체는 부패하여 소멸하고 그의 존재는 더 이상 살아 있는 사람들의 세계에 영향을 미치지 못한다. 이것은 개인의 죽음과 그 이후의 변화에 대해서 인간이 감각적 경험과 관찰에 근거하여 도달한 보편적인 결과이다. 이러한 관찰에 근거하면, 죽음은 개인의 영원하고 완전한 소멸을 의미한다. 이러한 견해가 바로 단멸론이다. 현대사회에서 단멸론은 사후생에 대한 가장 지배적인 견해이기도 하다.

1) 단멸론의 주요 내용

단멸론(斷滅論)은 문자 그대로 '끊어지고 소멸한다는 견해'로서 죽음으로 인해 '나'라는 자아가 완전히 소멸한다는 주장을 의미한다. 고대의 인도에서는 사후에 영혼이 죽지 않고 내세에 다시 태어난다는 브라만교의 상주론(常住論)이 존재했다. 이에 반대되는 견해로서 육체의 파괴와 함께 영혼은 완전히 소멸하여 사후에는 존재하지 않는다는 주장이 단멸론이다. 단멸론은 육체를 절대시하고 육체의 죽음을 존재의 완전한 소멸로 보기 때문에 쾌락주의나 허무주의를 부추긴다는 비판을 받기도 한다.

현대사회에서 사후생에 대한 가장 지배적인 견해는 '죽음과 함께 개인의 의식은 영원히 소멸한다.'는 생각이다. 철학에서는 이러한 주장을 영원한 망각(eternal oblivion)의 견해라고 지칭하기도 한다(Clark, 2012). 사후생의 존재 여부에 대한 논의의 핵심은 육체적인 죽음 이후에 세상을 인식하고 그것에 반응하는 의식(意識)이 존속하느냐는 점이다. 더욱 중요한 것은 '나'라는 자기의식이 죽음 이후에도 존속하느냐는 점이다.

'나'라는 자기존재에 대한 의식, 즉 자기의식(自己意識, self-consciousness)은 개인이 자신을 타자와 구별할 뿐만 아니라 자신의 과거경험을 기억하여 타자에 대해 특정한 방식으로 반응하는 독특한 성격의 핵심이다. 달리 말하면, 자기의식은 다양한 환경적 상황과 상호작용하면서 그러한 상황을 인식하여 통합하고 그에 대해 일관성 있게 반응하는 주체로서의 '나'라는 의식적인 느낌을 뜻한다. 개인의 주관적 경험을 과거-현재-미래로 연결하여 일관성 있게 통합할 뿐만 아니라 타자와 분리된 개별적 존재로서 독특한 반응성향을 지닌 개성적 존재라는 의식, 즉 자기정체감(自己正體感, self-identity)이 그 핵심을 이룬다.

사후생의 문제는 이러한 자아의식 또는 자기정체감이 육체적 죽음 이후에 어떤 형태로든 존속하느냐는 점이다. 자기정체감은 '어제의 나'와 '오늘의 나'가 같으며 '내일의 나'도 동일할 것이라는 느낌과 믿음을 의미한다. 이처럼 과거에서 현재로 이어져 오던 '나'라는 존재의식이 죽음 이후의 미래에도 지속되는지 아니면 죽음과 함께 소멸하는지가 사후생 논쟁의 핵심이라고 할 수 있다.

단멸론 또는 영원한 망각의 견해는 우리가 현생에서 경험하는 자아의식을 비롯한 모든 의식이 육체적 죽음과 함께 영원히 소멸하며 삶의 모든 기억은 영원히 망각된다는 주장이다. 단멸론은 죽음 이후의 상태에 대한 가장 상식적이고 일반적인 견해라고 할 수 있다. 왜냐하면 죽은 사람은 외부자극을 느끼지도 못할 뿐만 아니라 말도 하지 못하고 몸을 움직이지도 못하며 외부자극에 전혀 반응하지 못하기 때문이다. 또한 죽음 이후에 이 세상으로 다시 돌아와 죽음 이후의 세계를 증언한 사람은 한 명도 없기 때문이다.

2) 현대 신경과학과 단멸론

단멸론은 일반인의 상식적 경험을 넘어 현대과학의 학문적 입장에서도 지지를 받고 있다. 현대의 단멸론은 인간의 의식이 뇌(brain)에 기반을 두고 있다는 유물론적 신경과학에 근거하고 있다. 신경과학(neuroscience)은 생물학과 심리학을 비롯한 다학문적 연구분야로서 인간의 마음과 인지적 과정이 신경체계, 즉 뇌의 구조와 기능에 바탕을 두고 있다는 가정에 근거하고 있다. 신경과학의 관점에 따르면, 뇌는 모든 주관적 경험, 주체의식, 자기의식 및 세계의식의 기반이다. 뇌가 죽으면, 모든 뇌기능이 정지하고 모든 의식도 소멸한다. 이처럼 인간의 모든 의식이 뇌기능에 의존한다고 믿는 사람들은 죽음이 의식의 영원한 소멸이라는 단멸론의 견해를 취한다.

현대의 과학적 연구들은 인간의 마음과 의식이 뇌의 기능과 밀접하게 연결되어 있다는 것을 다각적인 관점에서 입증하고 있다. 의식을 담당하는 하나의 특정한 뇌 부위가 존재하는 것은 아니지만, 뇌의 여러 부위가 의식 활동에 필수적인 것으로 밝혀지고 있다. 예컨대, 망상체(reticular activating system)나 시상(thalamus)과 같은 뇌의 영역이 의식 활동에 필수적이며 이러한 뇌 영역이 손상되면 의식 상실을 유발한다. 뇌 영상술(brain imaging)을 이용한 많은 연구에서도 여러 뇌 부위의 전기적 활동이 특정한 심리상태나 인지과정과 밀접하게 관련된 것으로 나타났다.

뇌기능이 정신과정을 유발하는 원인인지를 밝히기 위한 많은 실험적 연구가 이루어졌다. 예컨대, 뇌의 일부를 제거함으로써 그 부분이 특정한 정신과정에 필요한 조건인지를 확인할 수 있다. 또한 뇌의 일부를 정상상태로 되돌리거나 그 이상으로 향상시켰을 때 특정한 정신과정이 회복되는지를 확인함으로써 뇌기능과 정신과정의 인과관계를 입증할 수 있다.

뇌의 일부를 제거하거나 정상상태로 되돌리는 수술적 방법 외에도 뇌의 특정 부위에 대한 전기 자극을 통해 심리적 변화를 유발할 수도 있다. 그 대표적인 예로서 전기적 뇌자극법(Electric Brain Stimulation: EBS)은 연구나 치료를 위해서 뇌의 특정한 부위에 전기 자극을 가함으로써 행동 변화를 유발하는 방법이다. 지난 100년 동안에 전기적 뇌자극법을 사용한 많은 연구들

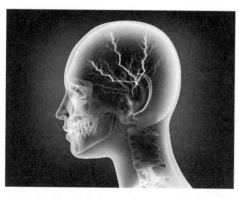

◈ 단멸론은 뇌가 의식의 기반이라는 생각에 근거한다.

은 다양한 주관적 경험과 행동적 변화가 전기적 뇌자극에 의해 유발될 수 있음을 밝혔다(Selimbeyoglu & Parvizi, 2010).

경두개 자기자극법(transcranial magnetic stimulation)은 머리 가까이에서 전도 전자기 코일로 강력한 자기장을 발생시킴으로써 대뇌피질의 신경세포를 자극하여 심리적인 변화를 유도하는 방법이다. 이때 자기장의 빠르기에 따라 특정한 대뇌피질의 활성도를 높이거나 낮춤으로써 심리적 변화를 유발할 수 있다. 예를 들어, 우울증과 같이 대뇌피질의 활성도가 낮은 경우는 고빈도 자극을 이용하여 증상은 완화하는 반면, 불안증이나 조증과 같이 활성도가 너무 높은 경우는 저빈도 자극을 이용하여 활성도를 조절할 수 있다.

뇌기능에 영향을 미치는 신경전달물질과 약물들은 인간의 의식, 기분, 인지, 행동을 변화시키는 것으로 밝혀지고 있다. 예컨대, 신경자극제의 약물은 인간의 신체적 기능뿐만 아니라 심리적 기능을 일시적으로 항진시킨다. 우울제는 개인의 각성상태를 저하시켜 기분을 우울하게 만들며, 항우울제는 반대로 우울한 기분을 개선시킨다. 환각제는 평소에 경험할 수 없는 비정상적인 감각과 환각을 유발하기까지 한다. 이러한 여러 분야의 수많은 연구들은 뇌가 의식의 기반이라는 것을 밝히고 있다.

3) 단멸론과 죽음의 정의

현재 의학계에서는 뇌가 의식의 기반이라는 입장에 근거하여 뇌기능의 불가역적 정지 상태, 즉 뇌사(brain death)를 죽음으로 보아야 한다는 주장이 제기되고 있다. 그동안 의학계는 죽음을 호흡과 심장박동의 정지로 정의해 왔으나 생명연장술의 발달로 인해 그러한 정의가 부적절하게 되었다. 인공호흡기나 심폐소생술과 같은 생명연장술에 의해서 정지된 호흡과 심장박동을 다시 회복시킬 수 있게 되었기 때문이다. 심장과 폐의 자발적 기능 없이도 인공적 기계의 도움으로 생명을 유지시킬 수 있게 된 것이다. 그러나 생명연장술에 의해서 호흡과 심장박동이 계속되고 있지만 뇌기능의 불가역적 정지로 의식상실 상태에 있는 사람을 과연 살아 있다고 할 수 있느냐는 문제가 제기되고 있다.

현대의학의 흐름은 죽음의 정의에 있어서 뇌사를 중요하게 여기고 있다. 죽음을 뇌사상태로 정의하려는 현대의학계의 움직임은 생명의 본질이 호흡과 심장박동에 있는 것이 아니라 의식 활동에 있으며 뇌의 죽음은 의식의 영원한 정지를 의미한다는 관점을 반영하고 있다.

단멸론의 관점을 지닌 신경과학자들은 사후생의 근거로 제시되고 있는 임사체험을 죽음이 임박한 상태의 뇌에서 일어나는 환각경험으로 여기고 있다. 임사체험은, 제6장에서 소개한 바 있듯이, 심장박동과 호흡의 중단으로 임상적 사망이 선고된 사람들 중에서 극적으로 회생한 사람들이 죽음상태에서 경험한 내용을 의미한다. 신경과학자들은 임사체험을 죽어 가는 과정에서 나타나는 대뇌의 산소결핍증, 고탄산혈증(hypercarbia), 측두엽의 비정상적 활동, 뇌의 손상과 같은 신경학적 요인에 의해 유발된 환각상태로 간주하고 있다. 임사체험의 의미에 대한 논란에 대해서는 제20장에서 상세하게 소개할 것이다.

4) 단멸론과 죽음에 대한 태도

단멸론의 가장 큰 문제점은 쾌락주의나 허무주의를 부추길 수 있다는 점이다. 육체의 죽음과 더불어 모든 의식이 소멸한다면, 우리의 삶은 어떤 의미와 가치를 지니는 것일까? 단멸론은 이러한 물음에 대해서 희망적인 해답을 제시하기 어렵다. 따라서 죽으면 모든 것이 끝인데 살아 있는 동안 쾌락을 최대한 마음껏 누리는 것이 최선이라는 쾌락주의와 도덕적 무책임으로 귀결되기 쉽다. 또는 모든 것이 무의미하고 무가치하다는 허무주의로 나아갈 수 있다.

또한 단멸론은 죽음불안을 촉발하는 근원이 된다. 생존 욕구를 지닌 인간에게 자기존재의 영원한 소멸이라는 불가피한 운명은 두려운 것이기 때문이다. 의식의 영원한 소멸은 어떤 상태일까? 우리는 왜 의식의 영원한 망각을 두려워하는 것일까?

자연주의 철학을 제시하고 있는 미국의 철학자인 토머스 클락(Thomas Clark, 1995)은 「죽음, 무 그리고 주관성(Death, nothingness, and subjectivity)」이라는 논문에서 사람들이 영원한 망각을 '암흑 속에 던져지는 것'으로 생각하는 것은 잘못이라고 지적했다. 사람들은 자신의 죽음을 상상할 때, 자신이 미래에 '공허로 가득 찬 암흑과 침묵'을 경험할 것으로 인식한다. 그러나 이렇게 생각하는 것은 잘못된 것이다. 왜냐하면 의식이 없으면 공간과 시간을 인식할 수 없기 때문이다. 우리가 살아서 자기의식을 지닌 상태로 경험하는 것에 근거하여 상상하는 죽음의 상태, 즉 암흑과 침묵은 존재하지 않는다.

프로이트도 우리는 결코 죽음을 상상할 수 없다고 말한 바 있다. 우리가 아무리 상상력을 발휘한다고 하더라도 우리가 상상하는 것은 우리가 경험한 것의 확장일 뿐이다. 죽음은 우리가 결코 경험한 적이 없는 것일 뿐만 아니라 우리에게 결코 의식될 수 없는 것이기 때문이다.

최근에 의식을 설명하기 위한 통합적 정보이론(integrated information theory)을 제시한 저명한 신경과학자인 줄리오 토노니(Giulio Tononi, 2008)에 따르면, 의식은 우리 존재의 모든 것이며 우리가 가진 모든 것이다. 의식을 상실하게 되면, 우리 자신과 더불어 전 세계가 무(nothing)로 돌아가는 것이다.

강렬한 불멸 욕구를 지닌 사람들에게는 단멸론이 커다란 위협이다. 단멸론은 자기존재가 영원히 존속되기를 강렬히 소망하는 불멸 욕구와 정면으로 충돌하기 때문이다. 단멸론을 받아들이기 어려운 사람들은 죽음으로 인한 소멸불안을 껴안고 살아가거나 사후생의 믿음을 통해 탈출구를 찾아야 할 것이다.

3. 사후생에 대한 믿음의 다양성

원시시대부터 현대에 이르기까지 인간은 죽음 이후에도 삶이 존재한다고 상상해 왔다. '죽으면 모든 것이 끝'이라는 단멸론적 견해는 인생에 대한 허무감과 죽음에 대한 공포를 유발하기 때문이다. 또한 죽음이 그토록 사랑했던 사람과의 영원한 이별을 의미한다는 단멸론적 생각은 사별의 슬픔을 더욱 고통스럽게 만든다. 정말 죽으면 모든 것이 끝일까? 다른 가능성은 없을까? 우리 눈에 보이는 이 세상만이 전부일까? 우리에게 보이지 않는 다른 세상이 존재하는 것은 아닐까? 육체는 썩어 없어지지만 우리의 일부, 즉 영혼은 다른 세상에서 삶을 이어 가는 것이 아닐까?

동서고금을 막론하고 거의 모든 사회와 문화는 사후생의 존재를 주장해 왔다. 특히 대부분의 종교는 죽음 이후의 세계와 사후생에 대해서 매우 구체적인 주장을 제시하고 있다. 인간은 육체와 영혼으로 구성된 존재로서 죽음과 더불어 육체는 소멸하지만 영혼은 영원히 지속된다는 견해가 종교의 기반을 형성하고 있다. 종교는 육체적 존재로서 일시적인 삶의 쾌락을 추구하기보다 사후세계에서의 더 나은 사후생을 위해 영혼의 존재를 믿고 영혼의 고양을 추구하는 영성(spirituality)을 중시한다. 죽음이 영원한 소멸이 아니라 다른 세계로 옮겨 가는 것이라는 사후생의 믿음은 죽음의 공포와 사별의 슬픔을 완화할 뿐만 아니라 죽음 이후의 삶에 대한 희망을 갖게 만드는 순기능적 효과를 지닌다.

사후생은 개인적 정체감의 일부 또는 자기의식의 흐름이 육체적 죽음 이후에도 계속된다는 믿음이다. 사후생의 존재를 주장하기 위해서는 그 철학적 배경과 사후생의 구체적인 속성을 설명하기 위한 이론적 체계가 필요하다. 우주와 세상은 어떻게 시작되었으며 어떤 원리에 의해서 운행되고 있을까? 인간의 존재는 어떤 구성요소로 이루어졌으며 그 본질은 무엇일까? '나'라는 존재는 출생 이전에 어떤 상태에 있었으며 죽음 이후에는 어떤 상태로 변할까? 사후세계는 어떤 구조로 이루어졌으며 그곳에서의 사후생은 어떻게 영위되는 것일까? 현생에서 사후생으로 연결되는 과정에는 어떤 일들이 벌어질까? 과연 인생의 의미는 무엇이며 현생에서는 무엇을 위해 어떻게 살아야 할까? 이러한 여러 가지 의문에 대한 해답을 제시하기 위해서 대부분의 종교는 세계관, 인생관, 가치관과 관련된 방대하고 복잡한 교리를 제시하게 된다.

현재 인간사회에는 사후생에 대한 다양한 믿음이 존재한다. 사후생에 대한 믿음의 공통적 특징은 육체와 영혼의 이원론에 근거하고 있다는 점이다. 죽음으로 인해 육체는 소멸하더라도 인간의 본질에 속하는 영혼은 지속적으로 존재한다는 것이다. 현대인들이 신봉하고 있는 사후생의 믿음은 크게 다음과 같이 세 유형으로 구분할 수 있다.

첫째는 인도의 종교적 전통(힌두교, 불교, 자이나교, 시크교 등)에서 유래한 것으로서 윤회와 환생에 대한 믿음이다. 이러한 믿음에 따르면, 영혼은 영원히 삶과 죽음을 반복하는 불멸의 존재로서 다양한 수준의 세계를 옮겨 다니면서 윤회한다. 한 세계에서 생명을 다한 영혼은 새로운 육체를 지닌 다른 존재로 다시 태어나 환생하여 삶을 지속하게 된다는 것이다.

둘째는 아브라함 계열의 종교적 전통(기독교, 유대교, 이슬람교 등)에서 유래하는 영혼불멸의 믿음으로서 이 세상을 창조한 유일신 하나님을 가정하며 죽음 이후에는 부활하여 심판을 받아 천국 또는 지옥에서 영원한 삶을 영위하게 된다는 견해이다. 이러한 사후생의 견해에 따르면, 사후생의 지위는 현생 동안에 행한 행위에 대한 보상이나 처벌의 의미를 지닌다.

셋째는 중국의 유교적 전통에서 제시된 영혼수명론으로서 죽음 이후에 영혼이 한시적으로 존속하다가 사라진다는 견해이다. 영혼수명론은 사후에도 영혼이 존재한다는 것을 인정하는 것이지만 영혼의 불멸을 주장하는 것은 아니다. 이러한 견해는 유교식 제사의 사대봉사(四代奉祀), 즉 혼백이 존속하는 조상의 4대까지 제사를 지니는 관습과 관련되어 있다. 이 밖에도 도교(道敎)는 육체와 영혼이 장생불사할 수 있다는 신선사상, 즉 영육불사론을 주장하고 그 실현을 위한 여러 가지 수행법을 제시하였다.

4. 윤회론과 환생론

계절은 봄·여름·가을·겨울로 바뀌고 새해가 되면 또다시 계절이 반복된다. 꽃나무는 한철 아름다운 꽃을 피우다가 결국 꽃잎을 떨구고 사그라지지만 씨앗을 남겨 새로운 싹으로 태어나 다시 아름다운 꽃을 피운다. 우리 인간의 존재도 죽음이 찾아오면 꽃이 지듯이 육체가 해체되지만 영혼은 다른 육체로 옮겨져 새로운 생명을 이어가는 것은 아닐까? 세상에는 항상 끊임없이 사람들이 죽고 새로운 생명이 태어난다. 새롭게 태어난 아이들은 죽은 사람과 유사한 외모와 특성을 지닌다. 죽은 사람의 영혼이 다른 육체적 존재로 옮겨 가서 아이로 태어나 환생하는 것은 아닐까?

사후생이 존재한다는 대표적 견해 중 하나가 환생론이다. 환생론은 육체적 죽음 이후에 생명체의 일부인 영혼이 다른 신체적 형태로 새로운 삶을 시작한다는 종교적·철학적 견해를 의미한다. 이처럼 죽음 이후에 새로운 육체로 다시 태어나는 것을 환생(還生, reincarnation)이라고 하며 재생(再生, rebirth) 또는 전생(轉生, transmigration)이라고 부르기도 한다. 이러한 환생론은 불멸적 존재인 생명체의 영혼이 끊임없이 육체적 생과 사를 반복하며 다른 생명체로 옮겨 다닌다는 세계관, 즉 윤회론과 밀접하게 연결되어 있다.

윤회(輪廻)는 산스크리트어인 삼사라(samsāra)를 번역한 것으로서 윤회전생(輪廻轉生) 또는 생사유전(生死流轉)이라고 부르기도 한다. 윤회론은 인간의 존재가 육체와 영혼으로 구성되어 있다는 이원론적 존재론에 근거하고 있다. 윤회론에 따르면, 육체는 죽음으로 인해 소멸하지만 영혼은 영원불멸한 것으로서 죽음으로 인해 소멸하는 것이 아니라 다른 육체로 환생 또는 재생한다. 인간의 영혼은 죽음으로 인해 육체를 떠나 다른 육체로 재생되는 과정을 끝없이 되풀이한다.

윤회론과 환생론은 인도에서 유래한 종교들(힌두교, 불교, 자이나교, 시크교 등)의 핵심적 교리일 뿐만 아니라 고대의 그리스 철학자, 초기 기독교도, 일부의 신비주의자들이 공유했던 견해이기도 하다. 피타고라스, 소크라테스, 플라톤과 같은 고대 그리스 철학자들은 영혼이 다른 육체를 옮겨 다니며 재생한다는 영혼윤회설(靈魂輪廻說, metempsychosis)을 주장한 바 있다. 초기 기독교도인 오리게네스는 인간이 태어나기 이전에 영혼의 형태로 존재한다는 영혼선재설(靈魂先在設)을 주장하면서 윤회론에 가까운 교설을 제기하였으나 이후에 기독교계에서 이단적인 것으로 부정되었다.

1) 인도의 종교적 사상과 윤회론

인도에 발생한 종교적·철학적 사상은 매우 다양하고 복잡한 이론체계를 지니고 있으며 현재 여러 종교와 철학적 입장의 기반을 이루고 있다. 인도의 핵심적 종교사상은 기원전 700년부터 기원후 200년 사이에 만들어진 것으로 추정되는『우파니샤드(Upaniṣad)』의 문헌에 담겨 있다. 사후생과 관련된 인도의 사상은 다음과 같은 몇 가지 주장으로 요약될 수 있다.

첫째, 우리가 감각을 통해 경험하는 세상은 일종의 환상(māyā)이며 그 본질은 아트만(개체적 영혼)과 브라만(우주적 영혼)으로 구성되어 있다. 아트만(ātman)은 개별적 존재자를 의미하며 개인의 '참된 나'를 뜻한다. 브라만(brahman)은 우주가 움직이는 근본원리이자 만물을 창조하는 근원적 존재를 의미한다. 이러한 개념이 중국으로 전달될 때, 아트만은 '아(我)'라고 번역되고 브라만은 '범(梵)'으로 지칭되었다.

둘째, 개체적 영혼인 아트만은 소멸하지 않은 채로 윤회하며 끊임없이 생사를 반복한다. 죽음은 육체와 영혼의 분리를 의미하며, 죽음 이후에 어떤 세상에서 어떤 존재로 태어나느냐는 것은 전생의 업(karma), 즉 개인이 전생에서 행한 행위의 선악에 의해서 결정된다. 이 세상 모든 것은 원인과 결과로 촘촘하게 연결되어 있으며, 이러한 인과응보(因果應報)에 의해서 개인이 행한 선한 행위는 좋은 결과로 보답을 얻는 반면, 악한 행위는 나쁜 결과로 처벌을 받게 된다. 윤회의 교리에 따르면, 선한 행위와 수행을 통해서 더 이상의 성장이 필요하지 않는 궁극적인 경지에 도달할 때까지 아트만은 끊임없이 윤회의 세계를 방황하게 된다.

셋째, 인간이 추구해야 할 궁극적인 목적은 범아일여(梵我一如), 즉 브라만과 아트만이 하나로 통합된 상태에 이르는 것이다. 분리된 존재로서의 이기적 개체성을 극복하고 우주 전체에 퍼져 있는 우주적 영혼과의 연결성을 회복하여 나와 너의 구분이 없는 하나의 상태에 도달하는 것이다. 이러한 범아일여의 상태가 바로 윤회의 굴레에서 벗어난 해탈(解脫, moksa)이며 영혼의 최고 경지이다. 인간이 범아일여에 이르지 못하는 주된 이유는 감각적인 경험세계를 실재라고 믿기 때문이다. 즉, 마야의 환상이 우리 존재와 세상의 진면목을 가리고 있기 때문이다.

넷째, 범아일여의 해탈에 이르기 위해서 또는 적어도 사후에 좀 더 높은 경지의 존재로 태어나기 위해서는 현생에서 선한 업을 쌓는 다양한 수행이 필요하다. 요가(yoga)는 본래 속박에서 벗어나 해탈하는 수행방법을 의미하며 신체적·정신적·영적 측면을 강조하는 다양한 요가수행법이 존재한다. 신체적 단련과 호흡을 강조하는 하타요가를 비롯하여 깨달음을 얻기 위한 고행과 명상, 도덕적이고 이타적인 행위, 최고신을 향한 신앙과 헌신 등을 중시하는 다양한 요가수행법이 있다. 인도의 수행자들이 세속적 쾌락과 가치를 포기한 채 홀로 유행(遊行)하며 고독 속에서 고행과 명상에 전념하는 이유가 여기에 있다.

힌두교에서는 신도들이 평생 동안에 반드시 거쳐야 하는 네 단계의 생활기를 규정하고 있다. 즉, 배움에 집중하는 학생기(學生期), 성인이 되어 가족을 부양하는 가장기(家長期), 자녀가 성장하면 숲속에 들어가 수행을 하는 임주기(林住期), 그리고 인생의 노년에 세상을 떠도는 유행기(遊行期)로 나누고 있다. 인생의 전반기에는 세속적인 삶의 의무에 충실한 반면, 인생의 후반기에는 영적인 수행에 집중하는 것을 권장하고 있다. 이처럼 힌두교는 신에 대한 헌신, 진언과 주문, 금욕과 신체수련, 선한 행위, 정신집중과 명상을 중시하는 다양한 수행법을 제시하고 있으나 모두 범아일여의 체득을 통한 해탈을 지향하고 있다(Smart, 1998).

2) 불교의 윤회론

불교는 인도의 종교적 사상에 뿌리를 두고 있지만 아트만과 브라만의 존재를 부정하며 무아론을 제시하는 독자적인 교리와 수행 체계를 지닌 종교이다. 불교의 교리는 다양한 종파에 따라 커다란 차이가 있을 뿐만 아니라 불교학자 간에도 현저한 견해차이가 존재한다. 따라서 사후생에 대한 불교의 입장을 일목요연하게 제시하기는 어렵다. 예컨대, 티벳 불교처럼 윤회와 환생에 대한 확고한 믿음을 지니는 종파가 있는 반면, 불교는 무아설을 주장하기 때문에 단멸론에 해당한다고 주장하는 학자도 있다. 또한 불교는 생사의 문제에 대해서 궁극적으로 불생불멸(不生不滅)과 생사불이(生死不二)의 중도적이며 초월적인 경지를 추구하기 때문에 사후생의 존재 여부는 문제가 되지 않는다는 주장도 존재한다.

윤회론이 불교의 핵심적 교리인가에 대한 논란이 존재하지만, 여기에서는 많은 불교인들이 믿고 있는 윤회론에 대해서 살펴보고자 한다. 불교의 윤회론에 따르면, 생명이 있는 존재는 삼계육도(三界六道)의 윤회에서 벗어나지 못한 채 생사를 무한히 반복한다. 삼계(三界)란 생명체가 살아가는 세 수준의 세계, 즉 욕망에 휘둘리는 욕계(欲界), 수행을 통해 욕망은 극복했지만 여전히 육체적 속박에서 벗어나지 못한 색계(色界), 그리고 육체와 물질의 속박에서 완전히 벗어난 순수한 정신적 세계인 무색계(無色界)를 의미한다.

욕망에 따라 살아가는 생명체는 여섯 수준의 욕계(지옥도, 아귀도, 축생도, 아수라도, 인간도, 천신도)에서 번갈아 태어나고 죽는데, 이를 육도윤회(六道輪廻)라고 한다. 육도 중 첫째는 지옥도(地獄道)로서 가장 고통이 심한 세계를 의미하며, 둘째인 아귀도(餓鬼道)는 지옥보다는 육체적 고통을 덜 받지만 굶주림의 고통을 받는 세계이고, 셋째인 축생도(畜生道)는 짐승과 벌레의 세계를 뜻한다. 넷째인 아수라도(阿修羅道)는 분노로 가득 찬 세상이며, 다섯째인 인간도(人道)는 인간 세상을 의미하고, 여섯째인 천신도(天神道)는 신들이 사는 행복한 곳이지만 여전히 욕망에 이끌리는 세계를 의미한다. 인간은 현생에서 행한 업에 따라 죽은 뒤에 육도 중 하나의 세계에 환생하여 윤회를 계속하게 된다.

불교에서 추구하는 궁극적인 목표는 이러한 윤회의 굴레에서 영원히 벗어나는 것으로서 이러한 상태를 열반 또는 해탈이라고 한다. 열반(涅槃)은 산스크리트어인 니르바나(nirvāṇa)를 음역한 것으로서 모든 욕망의 불이 끊어진 적멸한 상태를 의미한다. 이러한 상태에 이르기 위해서는 선정 수행을 통해 욕망을 극복함으로써 욕계를 넘어 색계를 이르게 되고 나아가 육체적 속박을 벗어나 최고의 정신적 상태인 무색계에 이르러 부처의 경지에 도달함으로써 윤회에서 완전히 벗어나게 된다. 불교는 욕계뿐만 아니라 색계와 무색계로 나아가는 정신적 경지를 세부적으로 제시하고 있다.

이러한 윤회설과 관련하여 문제가 되는 것은 무엇이 윤회하는가 하는 점이다. 불교는 근본적으로 독자적인 영속적 자아가 존재하지 않는다는 무아설(無我說)을 주장하고 있기 때문에 윤회설은 무아설과 상충된다. 이러한 문제를 해결하기 위해 무아윤회설(無我輪廻說)이 제기되고 있기도 한다. 불교의 윤회설에 따르면, 전생의 업에 따라 새로운 생명을 얻어 환생하지만 대부분의 경우 전생의 경험을 기억하지 못할 뿐만 아니라 자기정체감 역시 망각된다. 그렇다면 전생의 존재와 현생의 존재는 어떤 연결성이 존재하느냐는 문제가 제기될 수 있다.

예컨대, A이라는 사람이 죽어서 B라는 사람이나 동물로 태어났을 경우, A와 B는 같은 존재일까 아니면 다른 존재일까? 이러한 물음에 대해서 불교계의 일부에서는 같지도 않고 다르지도 않다고 주장한다. 비유컨대, A라는 등잔의 불을 B라는 등잔에 옮겨 붙였을 때 A의 불과 B의 불은 같은 것도 아니고 다른 것도 아니기 때문이다. B의 불이 A로부터 옮겨 온 것이라는 관점에서는 같은 불이라고 할 수 있겠지만, B의 불이 B의 연료를 연소시키면서 타고 있는 것이기 때문에 A의 불과 같다고 할 수도 없다. 이처럼 A의 불과 B의 불은 똑같지는 않지만 연속성을 인정할 수 있듯이, 윤회에서 육체의 연속성은 없지만 불꽃이 이어지듯이 의식의 연속성은 인정될 수 있다는 것이다(서정형, 2003). 이처럼 불교는 어떤 현상을 이분법적인 관점에서 판단하기보다 삶과 죽음이 다르지 않다는 생사불이(生死不二)나 태어남도 없고 죽음도 없다는 불생불멸(不生不滅)과 같은 중도적 입장을 취하는 경향이 있다.

3) 티벳 불교의 환생론

티벳 불교는 죽음 이후의 환생 과정을 구체적으로 설명하고 있다. 티벳 불교에 따르면, 죽음은 육체와 영혼의 분리를 의미하며 육체와 분리된 영혼은 여러 단계를 거치며 해탈 또는 환생에 이르게 된다. 널리 알려진 『티벳 사자의 서(*The Tibetan Book of the Dead*)』(Evans-Wentz, 1965/1927)는 죽은 사람의 영혼이 사후세계를 방황하는 환상 속에서 올바른 선택을 통해 해탈에 이르도록 안내하는 내용을 담고 있다.

살아서 깊은 수행을 한 사람은 죽음의 순간에 곧바로 또는 사후세계의 초입에서 깨달음을 통해 해탈의 영원한 자유를 얻는다. 그러나 수행이 부족하거나 나쁜 카르마를 쌓은 영혼은 49일 동안 고통스러운 환상 속에서 방황하다가 육도 중 하나의 세계에 환생하여 윤회를 계속하게 된다.

죽음과 환생 사이에서 의식체로 존재하는 과도기 상태를 바르도(bardo)라고 지칭하며 '중음(中陰)', '중유(中有)' 또는 '중간계'라고 번역하기도 한다. 모든 영혼은 바르도에서 여러 번 해탈의 기회를 갖게 되며 이러한 기회를 놓치면 환생하게 된다. 죽은 영혼은 바르도에서 다양한 모습의 환상을 보게 되는데, 이것이 환상임을 깨닫고 그에 대한 애착심이나 혐오심을 내지 않는 것이 중요하다. 마음 본래의 초월적 상태를 의미하는 투명한 빛을 마주하게 될 때 명료한 의식으로 그것을 알아차리고 모든 욕망을 내려놓은 채로 그것과 하나가 될 때 해탈에 이르게 된다. 그러나 알아차림의 힘이 약하고 애착심과 혐오심을 지닌 영혼은 여러 번의 기회를 놓치게 되면서 바르도의 마지막 단계에서 자궁 속으로 들어가 새로운 육체를 얻어 환생하게 된다.

바르도의 첫 번째 단계는 치카이 바르도(Hchikhahi Bardo)로서 죽음 순간의 바르도를 의미한다. 죽음의 순간이 다가오면 의식은 자욱한 연기나 아른거리는 촛불의 이미지를 보게 된다. 이어서 밝은 하늘이나 순수한 어둠을 거쳐 투명한 빛이 나타나면서 의식이 정수리를 통해 육체를 빠져나가게 되는데, 이것이 바로 죽음이다. 죽음을 맞이한 사람은 의식이 육체와 분리되지만 이 사실을 알지 못한 채 기절 또는 수면 상태에 머물게 된다. 이러한 기간이 죽음의 순간부터 3~4일 동안 지속되는데, 이때 최초로 투명한 빛이 나타난다. 그러나 죽은 영혼이 이것을 알아차리지 못하고 해탈의 기회를 놓치게 되면 다음 단계로 나아간다.

두 번째 단계는 초에니 바르도(Chösnyid Bardo)로서 존재의 근원을 체험하는 바르도를 뜻한다. 의식체는 새로운 단계로 넘어갈 때마다 실신상태에 빠졌다가 다시 깨어나 다음의 바르도로 나아간다. 약 2주간 지속되는 이 바르도 단계에서는 영혼이 자신에게 죽음이 일어났다는 사실을 깨닫게 되며 자신이 살아 있을 때 행한 카르마에 따라 다양한 환상을 보게 된다. 전반 7일에는 짙은 푸른색을 지닌 지혜의 강렬한 빛을 보게 되는데 나쁜 카르마를 지은 영혼은 이에 대해서 공포감을 느껴 달아나고 싶은 마음을 갖게 된다. 후반 7일에는 불꽃에 싸인 분노의 신들이 피를 마시는 무서운 모습으로 나타나는데 이때 그 실체를 깨닫지 못하고 공포와 전율에 사로잡힌 영혼은 기절 상태를 반복하다가 다음 단계로 넘어가게 된다.

세 번째 단계는 시드파 바르도(Sridpahi Bardo)로서 환생의 길을 찾는 바르도를 뜻한다. 이 단계에서는 자신이 생전에 행한 카르마에 대해서 심판을 받는 환상을 보게 된다. 수호령들이 카르마의 거울을 통해 죽은 사람의 선한 행위뿐 아니라 악한 행위를 비춰 준다. 이때 악한 카르마를 지닌 영혼은 죽음의 왕으로부터 고통스러운 벌을 받게 되며 기절 상태를 반복한다. 다양한 환상 속에서 고통을 겪게 되는 시드파 바르도는 보통 22일 동안 계속되는데 그 기간은 카르마에 따라 다르며 이 단계에서 해탈의 기회를 놓친 영혼은 환생의 길로 접어들게 된다.

대부분의 경우, 기절 상태에서 깨어난 영혼은 자신이 여전히 살아 있을 때의 육체를 갖고 있다는 환상을 갖는다. 그러나 실제로는 자신이 몸을 갖고 있지 않다는 것을 깨닫게 되면서 육체를 소유하려는 강렬한 욕망을 느끼게 된다. 이러한 욕망을 지니게 되면서 카르마의 힘에 의해서 미래에 태어날 세계의 빛과 육체적 모습에 대한 환상을 보게 된다. 이때 이러한 환상을 따르지 않아야 해탈의 마지막 기회를 잡을 수 있다. 그러나 저항하는 힘이 약해서 환상에 이끌리게 되면 영혼은 자궁의 입구를 찾아 방황하게 되고 급기야 자궁 안으로 들어가게 되면 환생하게 된다. 이처럼 죽은 영혼은 바르도의 여러 단계에서 해탈의 기회를 붙잡지 못하고 육도윤회의 세계에 떨어져 환생함으로써 고통스러운 방황을 계속하게 되는 것이다. 영혼이 어떤 세계에서 어떤 존재로 환생하느냐는 카르마에 의해 결정되는데, 악업을 쌓거나 지성이 낮은 사람은 육도 중 하위 세계에서 환생하여 더욱 고통스러운 삶을 살게 된다.

명상수행을 통해 깨달음의 높은 경지에 도달한 수행자들은 죽음 이후에 바르도 상태를 거치지 않고 곧바로 대평화의 해탈에 이르거나 육신을 버리자마자 중생구제의 염원을 위해 곧바로 이 세상에 환생한다. 깨달음의 높은 경지에 이른 수행자들은 죽음 이후의 모든 과정에서 줄곧 깨어 있는 의식상태를 유지한다. 악업을 많이 지은 사람들은 지옥에 떨어질 수 있지만, 보통 사람들은 자신의 부도덕한 행위에 대해서 속죄하고 다시 인간 존재로 환생한다. 죽은 사람의 영혼이 얼마 동안 바르도 상태에 머무르는가는 각자의 카르마에 달려 있다. 그러나 49일이라는 상징적인 기간 내에 바르도에서 벗어나 해탈에 이르지 못한 영혼은 계속해서 카르마의 환영에 시달리게 된다. 그러한 환영은 즐겁거나 고통스러울 수 있는데 어떤 경우이든 다음 단계로 나아가는 것을 방해한다. 보통 사람들은 사후에 해탈하지 못하더라도 다시 인간계에 태어나기를 소망한다. 인간계가 아닌 다른 세계에 태어난다면 궁극적 목적지인 해탈에 이르는 데 더 많은 시간이 걸리기 때문이다.

티벳 불교, 특히 밀교수행의 목적은 명상수행을 통해서 죽음의 경험을 선취하는 것이다. 그러한 수행을 통해서 죽음의 순간과 바르도 상태에서 일어나는 육체와 영혼의 분리과정을 미리 경험하고 그러한 과정에서 환상에 휩쓸리지 않을 의식의 힘을 함양한다. 이러한 죽음의 선취경험과 더불어 정신적 능력을 육성한 수행자는 담담하게 죽음을 맞이할 수 있으며 죽음과 그 이후의 과정에서 일어나는 경험들을 통제할 수 있게 된다. 달라이 라마는 언젠가 죽음을 맞이할 때를 생각하면 과연 자신이 수행한 대로 대처할 수 있을지 흥분된다고 말한 바 있다(안성두, 2011).

5. 부활론과 영생론

사후생의 존재에 대한 대표적인 견해 중 하나는 부활론이다. 부활론의 핵심은 죽음 이후에도 인간의 영혼은 소멸하지 않으며 특정한 시점이 되면 살아 있을 때와 같은 자기정체감을 지닌 존재로 부활하여 영원한 삶을 누리게 된다는 것이다. 부활론은 영혼의 불멸을 주장할 뿐만 아니라 세계를 창조한 유일신의 존재를 제시하며 영혼은 죽음 이후에 부활하여 심판을 받아 천국 또는 지옥에서 영원한 삶을 영위하게 된다고 주장한다.

이러한 부활론은 아브라함 계통의 종교(Abrahamic religions)에서 공통적으로 신봉하고 있는 사후생에 대한 믿음이다. 아브라함 계통의 종교는 구약성서에 나오는 종교지도자인 아브라함에 기원을 두고 유일신을 신봉하는 여러 종교들을 의미한다. 아브라함은 우상 숭배를 거부한 최초의 유일신 숭배자로서 유일신 신앙의 효시로 여겨지고 있다. 아브라함 계통의 대표적인 종교로는 유대교, 기독교, 이슬람교, 바하이교 등이 있다.

1) 고대 이집트 종교의 부활론

부활론의 효시는 고대 이집트 종교에서 찾을 수 있다. 고대 이집트인들은 사후세계를 확신했으며 오시리스 신화에 사후생에 대한 믿음이 잘 나타나 있다. 오시리스 신화에 따르면, 오시리스(Osiris)는 고대 이집트를 28년간 통치한 왕이었으나 권력을 시기했던 동생 세트에 의해 살해당하여 몸이 갈기갈기 찢겨 나일강에 버려졌다. 그러나 아내이자 동생인 이시스(Isis)가 몸 조각을 주워 모아 미라로 만들어 부활시켰다. 이러한 오시리스는 죽었다가 다시 부활한 존재로서 인간이 죽음 이후에 걸어가야 할 운명의 모델이 되었다.

사후세계에 대한 이집트인들의 믿음은 『사자의 서(Book of the Dead)』에 기록되어 있다. 『사자의 서』는 고대 이집트에서 죽은 사람의 관 속에 미라와 함께 넣어 두었던 문서로서 사후세계의 안내서라고 할 수 있다. 1842년에 독일의 이집트학 자인 카를 렙시우스(Karl Lepsius)가 여러 곳에서 수집한 다양한 기록물들을 정리 하여 출판하면서 『사자의 서』라고 이름을 붙였다.

『사자의 서』에 따르면, 죽은 사람은 육체와 분리된 후에 혼령을 태우는 배를 타 고 공포의 계곡을 건너 여러 개의 성문을 통과하여 오시리스의 심판대에 이르게 된 다. 오시리스의 심판대에 도달한 죽은 사람의 심장은 저울에 올려져 생전에 지은 죄의 무게를 재고 여러 신 앞에 차례로 불려 나가 생전의 행위에 대한 심판을 받는 다. 이 모든 과정을 무사히 거쳐야 비로소 부활의 자격이 주어진다. 영혼이 부활하 기 위해서는 온전한 육체가 있어야 하는데, 이것이 미라를 만드는 이유이다.

부활론을 믿었던 고대 이집트인들에게 죽음은 육체와 분리된 영혼이 잠시 저승 으로 가서 심판을 받는 기간을 의미한다. 그러나 오시리스의 심판대에서 부활의 판정을 받지 못하면 영혼은 육체가 남아 있는 현세로 돌아오지 못한 채 진정한 죽 음을 맞게 된다. 『사자의 서』는 사후세계에서 심판을 받게 되는 영혼을 위한 주의 사항과 주술 내용으로 이루어져 있다. 특히 죽은 사람의 영혼이 만나게 될 신들을 달래고 부활에 이르는 올바른 행로로 나아갈 수 있도록 길잡이 역할을 하는 것이 그 주된 내용이다.

2) 유대교의 부활론

유대교(Judaism)는 유대인의 고유 종교로서 천지만물의 창조자인 유일신(야훼) 을 신봉하고 자신들은 신으로부터 선택된 민족임을 주장하면서 메시아(구세주)가 도래하여 지상에 천국이 건설될 것이라고 믿는다. 고대 이스라엘 왕조는 기원전 1000년대에 사울과 다윗 왕에 의해 창건되었으나 기원전 6세기 초에 신바빌로니 아에 의해 패망하여 전 국토가 초토화되고 유대인 다수가 바빌론으로 연행되어 포 로생활을 하게 되었는데, 이를 바빌론 유수(BC 586~BC 536)라고 한다. 이 사건은 이스라엘 민족에게 치욕적인 것으로서 유대교의 성립에 중요한 역할을 하였다.

반세기에 걸친 바빌론 유수의 종지부를 찍고 팔레스타인으로 돌아온 유대인들은 폐허가 된 예루살렘과 성전을 복구하고 모세의 율법을 바탕으로 유대교를 발달시켰다. 유대교는 야훼 하나님만을 신봉하는 유일신 사상과 이스라엘 민족이 하나님의 백성으로 선택되었다는 선민사상을 근간으로 하고 있으며 기원전 1세기경에 히브리 성경(구약성서)이 완성되었다.

유대교의 중요한 특징 중 하나는 종말론(eschatology)이다. 종말론은 바빌론 유수에 따른 절망 속에서 불의한 세상이 종말을 고하고 이스라엘 민족을 구원할 메시아가 도래하여 새로운 왕국을 건설할 것이라는 희망을 담고 있다. 메시아는 다윗의 계보를 잇는 유대인의 왕으로서 이스라엘 민족을 통합하여 평화와 형제애로 가득 찬 하나님의 나라를 지상에 건설하게 될 것이다. 이러한 종말론은 히브리 성경에 포함된 선지자들의 예언서(예: 이사야서, 예레미야서, 에스겔서)에 근거하고 있으며 메시아의 도래뿐만 아니라 사후의 심판과 영혼의 부활에 대한 믿음을 포함하고 있다. 유대교의 종말론에 따르면, 세상의 종말이 왔을 때 모든 죽은 사람들이 부활하여 신의 심판을 받는다. 의로운 사람들은 다가올 지상천국에서 영원한 삶을 누리는 반면, 사악한 사람들은 영원한 징벌을 받게 된다.

유대교의 또 다른 특징은 하나님과 인간의 계약을 의미하는 율법(律法)에 있다. 이러한 계약의 핵심은 하나님이 이스라엘 민족에게 특별한 은혜를 베푸는 대신 이스라엘 민족은 하나님이 부여한 율법을 따라야 한다는 것이다. 유일신 야훼는 이스라엘 민족을 자신의 백성으로 선택하여 그 자손들에게 약속한 땅을 주어 그들을 축복하는 은혜를 베푼다. 그 대신 유대인들은 신앙의 모범인 아브라함과 같이 오직 야훼 하나님만을 섬기며 하나님이 부여한 율법을 철저하게 준수해야 한다. 이러한 율법을 지키지 않는 것은 계약 위반으로서 하나님의 분노를 초래한다. 현대의 유대교는 율법의 문자적 해석을 중시하는 보수파와 자유로운 해석을 주장하는 개혁파로 분열되었다. 유대교는 예수를 메시아로 인정하지 않을 뿐만 아니라 자신들만의 독특한 율법을 따른다는 점에서 기독교와 다르다.

3) 기독교의 부활론

기독교(Christianity)는 유대교의 역사적 배경 위에서 1세기경에 팔레스타인 지역에서 활동했던 예수(Jesus)를 그리스도(메시아, 구세주)로 인정하고 그에 대한 믿음을 통해서 구원을 추구하는 종교이다. 예수가 사망한 이후에 그의 사도들이 가르침을 전파하던 초기 기독교 시기에는 다양한 교리와 주장이 제시되었으나 325년에 로마제국의 황제 콘스탄티누스 1세가 니케아 공의회를 열어 기독교 교리를 정리하여 통일하였다. 여러 번의 공의회를 통해서 삼위일체론을 기본교리로 결정하고 구약 39권과 신약 27권을 성경으로 채택하였다. 380년에 테오도시우스 1세가 기독교를 로마제국의 국교로 선포하면서 이를 계기로 기독교가 전 세계에 널리 전파되었다.

(1) 기독교 신앙의 핵심

기독교 신앙의 핵심은 니케아 신조(Nicene creed)에 담겨 있다. 니케아 신조는 325년에 열린 제1차 니케아 공의회에서 채택한 것으로서 현재의 가톨릭교회, 동방 정교회, 개신교가 인정하는 핵심적 믿음을 요약하고 있으며 가톨릭 교회와 개신교에서는 '사도신경(使徒信經)'이라고 부른다. 사도신경은 아버지인 신, 아들인 그리스도, 그리고 성령이 하나라는 삼위일체론을 기본교리로 인정하고 이어서 그리스도의 육화, 수난, 부활, 승천, 나아가서 다가올 재림을 언급하고 있다. 사도신경의 원문을 소개하면 다음과 같다.

> 나는 전능하신 아버지 하나님, 천지의 창조주를 믿습니다. 나는 그의 유일한 아들, 우리 주 예수 그리스도를 믿습니다. 그는 성령으로 잉태되어 동정녀 마리아에게서 나시고, 본디오 빌라도에게 고난을 받아 십자가에 못 박혀 죽으시고, 장사된 지 사흘 만에 죽은 자 가운데서 다시 살아나셨으며, 하늘에 오르시어 전능하신 아버지 하나님 우편에 앉아 계시다가, 거기로부터 살아 있는 자와 죽은 자를 심판하러 오십니다. 나는 성령을 믿으며, 거룩한 공교회와, 성도의 교제와, 죄

를 용서 받는 것과, 몸의 부활과, 영생을 믿습니다. 아멘.

기독교의 성경에 따르면, 유일신인 하나님은 세상과 인간을 창조하였다. 최초의 인간인 아담과 하와가 하나님과의 약속을 어기고 뱀의 꼬임에 빠져 무화과를 먹는 배신행위를 함으로써 이들의 후손인 모든 인간은 원죄, 즉 죽어야 할 운명을 갖게 되었다. 하나님은 인간과의 관계회복을 위하여 자신의 외아들 예수를 인간으로 육화하여 이 세상에 내려 보냈다. 예수는 가르침을 베풀다가 당시 유대지역의 로마 총독이었던 본디오 빌라도에게 반역죄로 사형선고를 받고 수난을 당하며 모든 인간의 원죄를 대신 짊어지고 십자가에 못 박혀 사망하였다.

그러나 사망한 예수는 죽은 지 사흘 만에 부활하여 제자들에게 잠시 모습을 나타낸 후에 하나님이 계신 하늘로 승천하였다. 승천한 예수 그리스도는 산 자와 죽은 자를 심판하러 다시 올 것이다. 사후의 세계는 천국과 지옥으로 나뉘는데, 예수를 그리스도로 믿고 그의 가르침에 따르는 사람은 심판의 날에 죄를 용서받아 부활하여 천국에서 영생을 누리게 되지만, 예수 그리스도를 믿지 않은 사람들은 지옥에서 영원히 고통스러운 삶을 살게 된다.

(2) 기독교 교파 간의 견해 차이

현대의 기독교는 유대교와 마찬가지로 성경의 문자적 해석을 중시하는 근본주의적 보수파와 자유로운 해석을 강조하는 자유주의적 개혁파로 구분할 수 있다. 성경에서 언급되고 있는 부활, 심판, 천국과 지옥, 영생 등의 개념은 교파와 입장에 따라 달리 해석될 수 있다. 그러나 기독교의 전통적 입장은 죽음 이후의 사후생을 인정할 뿐만 아니라 돈독한 믿음을 지닌 사람들은 예수가 재림하는 심판의 날에 부활하여 천국에서 영원한 삶을 누리게 된다는 것이다. 그러나 교파에 따라서 부활, 심판, 사후세계 등에 대한 세부적 내용에 대한 견해차이가 존재한다. 예컨대, 죽음 이후에 어떤 단계를 거쳐 부활하게 되는지, 어떤 모습으로 부활하게 되는지, 무엇에 근거하여 심판의 결과가 결정되는지, 심판의 결과는 사후생에 어떤 영향을 미치는지와 같은 세부적 주제에 대해서 교파 간에 이견이 존재한다. 여기에 서는 가톨릭 교회와 개신교의 주요한 견해 차이를 살펴본다.

가톨릭교회에서는 죽은 사람의 영혼이 살아 있는 동안 지은 죄를 씻고 천국으로 가기 위해 일시적으로 머무르는 장소인 연옥(煉獄, purgatory)이 존재한다고 주장한 다. 연옥은 천국으로 직행하기에는 자격이 부족하지만 지옥으로 갈 정도의 큰 죄 를 짓지 않은 죽은 자들의 영혼이 머무르는 곳이다. 영혼들은 연옥에서 보내는 고 통스러운 시간을 통해 이승에서의 죄를 씻고 정화함으로써 천국으로 갈 수 있는 기회를 얻게 된다.

또한 가톨릭교회에서는 천국도 아니고 지옥도 아닌 중간지대인 림보(limbo)를 주장한다. 림보는 그리스도를 믿을 기회를 얻지 못한 착한 사람들이나 세례를 받 지 못한 어린아이의 영혼이 머무는 곳이다. 세례를 받지 못한 채 죽은 유아들은 죄 를 범하지는 않았으나 원죄(原罪)에서 벗어나지 못했기 때문에 천국에 가지 못하 지만 지옥으로 보내지지 않으며 중간지대인 림보에 영원히 머물게 된다. 연옥과 림보는 가톨릭교회의 독특한 교리로서 연옥은 영혼의 정화를 위해 머무는 임시장 소인 반면에, 림보는 천국과 지옥에 가지 못한 영혼이 영원히 머무는 중간지대를 의미한다.

이처럼 가톨릭교회는 연옥과 림보를 인정하는 반면, 개신교는 사후세계가 천국 과 지옥으로 이루어져 있다는 이원론적 사고를 고수하며 가톨릭교회의 기본교리 인 연옥이나 림보의 존재를 부정한다. 개신교에서는 개인의 선한 행위가 아니라 믿음을 통해서만 구원을 받는다고 믿기 때문에 심판의 날에는 믿음의 여부에 따라 천국 또는 지옥으로 보내질 뿐이며 연옥이나 림보와 같은 중간지대가 필요하지 않 다고 주장한다.

이 밖에도 가톨릭교회와 개신교는 삼위일체의 교리를 신봉하는 같은 기독교이 지만 여러 측면에서 견해의 차이를 나타내고 있다. 가톨릭교회는 신앙뿐만 아니 라 예수를 본받는 선한 행위를 통해 구원에 이를 수 있다고 보는 반면, 개신교는 예수에 대한 신앙 그 자체만으로 구원을 얻을 수 있다고 주장한다. 가톨릭교회는 하나님과 인간 사이를 중개하는 교황과 사제 계급을 인정하는 반면, 개신교는 하나님과 개인 간에 직접적인 관계가 형성되므로 사제와 같은 중개자가 필요하지 않다고 주장한다. 가톨릭교회는 구약과 신약뿐만 아니라 사도들의 전승을 담고 있는 외경을 포함한 73권을 경전으로 인정하는 반면, 개신교는 구약과 신약의 66권으로 구성된 성경만을 인정한다. 가톨릭교회는 성모 마리아를 숭배 대상으로 인정하는 반면, 개신교는 이를 우상숭배로 여긴다.

동방정교회(Orthodox church)는 그리스, 러시아, 동유럽 등의 지역에서 발전한 기독교의 총칭으로서 로마교황의 특별한 지위와 절대적 권위를 인정하지 않으며 각 지역 교회의 자치를 인정하는 분권적 조직이라는 특징을 지닌다. 16세기 종교개혁 이후에 성립된 개신교는 성경에 최고의 권위를 두고 있는 반면에, 동방정교회와 로마가톨릭교회는 종교회의인 공의회(公議會)에 최고의 권위를 부여한다. 동방정교회는 사후세계에 관한 교리에서는 로마가톨릭교회와 다르지 않다. 그러나 정교회는 로마가톨릭교회와 달리 사제(priest)의 독신을 요구하지 않으나 사제 서품 후에는 결혼을 할 수 없다. 또한 성상을 동상과 같이 입체적 형상으로 만들지 않는 것도 동방정교회의 특징이다.

여호와의 증인(Jehovah's Witnesses)은 1872년에 미국에서 찰스 러셀(Charles Russell)에 의해 설립된 교파로서 성경에 나오는 초대교회의 정통성을 회복하여 예수의 가르침과 사랑을 실천해야 한다고 주장하며 기독교의 삼위일체론, 영혼불멸론, 지옥 등의 교리를 받아들이지 않는다. 이들은 세상의 종말이 임박했다는 종말관을 지니며 그때 단지 14만 4,000명만이 하나님의 정신적 자녀로서 다시 태어나 그리스도와 함께 천국에 들어갈 것이라고 주장한다. 이 밖에도 기독교에는 제칠일안식일예수재림교, 예수 그리스도 후기성도 교회(몰몬교)와 같은 다양한 교파들이 존재한다.

4) 이슬람교의 부활론

이슬람교는 유일신을 신봉하는 아브라함 계통의 종교로서 7세기 초 아라비아 지역에서 무함마드(Muhammad: 570~632)에 의해 비롯되었다. 이슬람(Islam)이란 단어가 '순종' 또는 '절대 귀의'라는 의미를 지니고 있듯이, 이슬람교는 신에 대한 순종을 강조하는 종교로서 유일신 '알라'를 신봉하며 알라의 가르침이 대천사 가브리엘을 통해 무함마드에게 계시된 내용의 기록인 코란(Koran)을 경전으로 삼는다.

이슬람교는 기독교와 마찬가지로 천지를 창조한 유일신을 신봉할 뿐만 아니라 사후생에 대해서도 영혼불멸을 믿으며 죽음 이후에 부활하여 신의 심판을 받고 천국 또는 지옥에서 영원한 삶을 살게 된다는 믿음을 지닌다. 그러나 기독교와 달리, 예수를 메시아로 인정하지 않으며 삼위일체론이나 원죄론을 받아들이지 않는다. 코란에 따르면, 인간은 전지전능한 유일신 알라에 의해서 '완전한 형상'에 따라 선한 존재로 창조되었다. 이슬람교에서는 아담과 이브가 저지른 죄악이 에덴동산에서 추방되는 것으로 끝났다고 여기기 때문에 원죄의 개념이 없을 뿐만 아니라 죄로부터의 구원이나 그리스도에 의한 대리적 속죄의 개념도 존재하지 않는다.

이슬람교에서 구원은 알라와의 만남을 의미하며 신행(信行), 즉 신앙적 믿음과 행동적 실천을 중시한다. 이슬람교도들은 "알라 외에 신은 없으며, 무함마드는 알라의 사도이다."라는 기본적 믿음을 지닌다. 이슬람교는 인간의 창조에서부터 부활, 심판, 사후세계에 이르기까지 기독교와 거의 동일한 교리를 지닌다. 그러나 예수를 무함마드와 같은 여러 예언자 중 한 명으로 여길 뿐 특별한 지위를 인정하지 않는다. 이슬람교는 무함마드를 한 명의 인간으로서 알라의 가르침을 가장 완전하게 전한 가장 위대한 마지막 예언자로 여기며 알라와 인간의 직접적인 접촉을 통한 구원을 강조한다.

이슬람교에 따르면, 모든 인간은 선하며 순수한 영혼을 가지고 태어난다. 따라서 그 순수한 영혼을 얼마나 깨끗하게 간직하느냐에 따라 내세의 축복을 받을 수 있으며, 영혼을 깨끗하게 지키는 방법은 이슬람, 즉 순종에 있다. 인간은 선하게 태어났지만 현세에서 지은 행위에 의해 사후생이 천국 또는 지옥으로 나뉜다.

모든 사람의 좌우 어깨에는 천사가 한 명씩 있어서 우측 어깨의 천사는 선한 의도와 행동을 기록하고 좌측 어깨의 천사는 악한 의도와 행동을 기록한다. 인간이 죽음 이후에 부활하여 각자의 행위에 대한 기록에 따라 심판이 이루어진다. 알라는 개인의 저울이 기울어지는 쪽으로 그를 천국 또는 지옥으로 보낸다. 기독교에서는 믿음의 여부에 따라 천국 또는 지옥으로 분리되는 반면, 이슬람교에서는 믿음을 지닌 신자라 하더라도 죄가 있을 때는 먼저 지옥 불로 정화된 후에 천국으로 가게 된다. 이처럼 지옥이 불신과 악행에 대한 형벌의 장소일 뿐만 아니라 영혼을 정화하는 장소이기도 하다.

무슬림(muslim), 즉 이슬람교도들은 사후생에서 구원을 받기 위해 신행을 중시하며 그 신행의 핵심은 육신과 오주에 있다. 육신(六信)은 무슬림이 반드시 지녀야 하는 6가지의 믿음을 의미하는데, 그것은 유일신 알라, 천사, 예언자, 성전(聖典), 최후의 심판, 그리고 인간의 운명은 신에 의해 정해진다는 정명(正命)에 대한 믿음이다. 무슬림이 반드시 지켜야 하는 신앙행동의 5가지 기둥을 뜻하는 오주(五柱)는 (1) 신앙고백(Shahada: 알라에 대한 믿음을 말로 표현하는 것), (2) 예배(Salat: 매일 다섯 번씩 행하는 예배와 기도), (3) 희사(Zakat: 가난한 이들을 도울 수 있도록 소득의 일정 부분을 헌납하는 것), (4) 금식(Saum: 음력으로 아홉째 달인 라마단 기간 동안 일출부터 일몰까지 금식하는 것), (5) 성지순례(Hajj: 평생에 한 번은 메카의 성지를 순례하는 것)이다. 아울러 이교도나 불신도와 싸워야 하는 의무를 뜻하는 성전(Jihad)을 신행의 여섯 번째의 기둥으로 삼기도 한다.

6. 유교의 영혼수명론

유교(儒敎)는 중국 춘추시대의 인물인 공자(孔子)가 체계화한 사상인 유학(儒學)을 종교적 관점에서 지칭하는 말이다. 공자는 인(仁)을 중시했으며 효제(孝悌), 즉 부모에 대한 효도와 형제간의 우애를 실천함으로써 함양되는 것으로 여겼다. 유학은 공자에 의해 제창된 철학체계이자 윤리학이며 정치학이라고 할 수 있다. 유학은 인간사회의 조화와 평화를 이루는 원리에 깊은 관심을 지니며 사후생이나 내세에 관해서는 구체적인 주장을 제시하지 않는다. 그러나 유학자들은 조상의 장례와 제사를 매우 중요하게 여겼으며, 주자(朱子)가 저술한 『주자가례(朱子家禮)』에는 그 구체적인 절차가 제시되고 있다. 이러한 유교의 전통적 상례와 제례에는 유학자들의 조상숭배 사상과 더불어 생사관 또는 내세관이 내포되어 있다(유권종, 2004).

유교에 따르면, 인간은 이(理)와 기(氣)로 구성되어 있다. 이는 하늘로부터 부여받은 본성적 측면을 의미하며, 기는 개인의 정신적 측면을 뜻하는 혼(魂)과 육체적 측면을 말하는 백(魄)으로 이루어져 있다. 유교에 있어서 죽음은 혼과 백이 서로 분리되는 것을 의미하며 유교의 상례는 그렇게 분리된 혼과 백을 각각 편안하게 모시는 절차를 반영한다. 초혼(招魂)의 상례절차는 사람이 죽었을 때 떠나가는 혼을 되돌리기 위해서 지붕에 올라가 죽은 사람의 혼을 부르는 것이다. 이어서 백은 땅에 묻지만 혼은 제사를 지내서 먼저 돌아간 조상과 함께 봉안하는 탈상까지의 절차가 유교의 상례를 구성한다.

사람이 죽으면 이(理)는 하늘로 돌아가고, 기(氣)의 육체적 측면인 백(魄)은 지상에 머물러서 귀(鬼)가 되는 반면, 정신적 측면인 혼(魂)은 하늘과 땅 사이에서 신(神)이 되어 일정 기간 동안 머물다가 사라진다. 생전의 혼과 백은 죽음을 통해 분리되어 그 이후에는 귀와 신이 되는 것이다. 이때 귀가 되어 지상에 머무는 백은 자손을 이롭게 할 수도 있고 해롭게 할 수도 있으므로 정성스러운 제사를 통해서 조상의 혼백을 잘 섬겨야 한다는 조상숭배 사상으로 발전하였다.

이러한 유교적 견해는 사후에 혼백이 존재한다는 것을 인정하지만 영혼의 불멸을 주장하는 것은 아니다. 혼백을 일정 기간 머물다 흩어지는 존재로 여긴다는 점에서 영혼수명론(靈魂壽命論)이라고 할 수 있다. 이러한 견해는 유교식 제사의 사대봉사(四代奉祀)에 반영되어 있다. 사대봉사는 부모·조부·증조부·고조부까지

4대에 이르는 조상들의 제사를 받드는 것을 의미한다. 『주자가례』에서 조상에 대한 봉사를 4대조까지 규정한 것은 영혼수명론의 관점을 반영하는 것일 뿐만 아니라 생전에 만나서 얼굴을 아는 조상, 즉 면식조상(面識祖上)의 최대 범위를 고조까지로 여겼기 때문이다.

　유교에는 분명한 내세관이 존재하지 않으며 천당과 지옥이 존재한다는 내세관을 비판한다. 유교의 상례에서 혼백과 같은 사후의 존재가 일시적으로 존재할 수 있음을 인정하고 있지만, 궁극적으로 개인의 존재는 그 근원인 천지(天地)로 회귀한다는 것이 유교적 견해이다. 다른 종교와 달리, 유교는 죽음 이후의 사후생보다 인간으로 살아가는 현생의 삶이 더 중요하다고 여긴다. 『논어(論語)』의 「선진(先進)」편에 나타나는 다음의 일화는 이러한 유교의 관점을 잘 보여 주고 있다.

　　계로가 귀신 섬기는 일에 대하여 물으니 공자께서 "미처 사람도 제대로 섬기지 못하면서 어찌 귀신을 섬길 수 있으리오."라고 말씀하셨다. 또 계로가 "감히 죽음에 대해 여쭙겠습니다."라고 물으니 공자께서 "아직 삶을 제대로 모르면서 어떻게 죽음을 알겠는가?"라고 대답하셨다(季路問事鬼神 子曰 未能事人 焉能事鬼 曰 敢問死 曰 未知生 焉知死).

　중국 전한(前漢) 시대의 인물인 유향(劉向)이 현인들의 일화를 수록한 『설원(說苑)』의 18권에는 다음과 같은 공자의 말씀이 기록되어 있다.

　　자공이 공자에게 "죽은 사람이 세상의 일을 알 수 있습니까?"라고 물었다. 이에 공자는 "만약 죽은 사람이 알 수 있다고 말한다면 효자와 현손들이 자신의 삶을 내버려 두고 죽음에만 매달리지 않을까 두렵고, 알지 못한다고 말한다면 불효한 자손이 죽은 사람을 매장하지도 않고 아무렇게나 내다 버리지 않을까 두렵다. 죽은 사람이 세상의 일을 알 수 있는가 없는가 하는 것은 네가 죽은 후에 자연히 알게 될 것이니, 그때 가서 알아도 늦지 않을 것이다."라고 대답하였다(子貢問孔子 死人有知無知也 孔子曰 吾欲言死者有知也恐孝子順孫妨生以送死也 欲言無知恐不孝子孫棄不葬也 賜欲知死人有知將無知也 死徐自知之猶未晚也).

천당과 지옥, 또는 윤회와 환생 그리고 해탈과 같이 현세와 다른 내세를 설정하고 내세에서의 구원을 강조하는 종교들과 달리, 유교는 현세에서의 인간의 삶을 중시했다. 유학자들은 인생 자체를 인(仁) 또는 의(義)와 같은 도덕적 성취를 천명에 따르는 중대한 의무로 여겼다. 삶과 죽음은 사실상 하나의 과정이며 존재 상태의 전환이라고 생각하고 도덕적 성취를 인간의 개별적 생명보다 더 영원하고 가치 있는 것으로 여겼다. 따라서 군자(君子)가 죽었을 때는 인생의 과업을 잘 마치고 돌아갔다는 의미에서 종(終)이라 지칭한 반면, 소인(小人)이 죽었을 때는 사(死)라고 했다(유권종, 2004).

7. 도교의 영육불사론

도교(道敎)는 노자(老子)와 장자(莊子)의 사상에 바탕을 두고 있으며 도가(道家)의 철학적 사상이 무병장수와 불로불사의 염원과 결합되어 선인(仙人)을 추구하는 종교로 발전한 것이다. 노자는 공자와 같은 시대를 살았던 사람으로서 그의 가르침은『도덕경(道德經)』에 전해지고 있으며, 장자는 맹자와 비슷한 시대를 살았던 사람으로 저서인『장자(莊子)』를 남겼다. 장자에 따르면, 죽음은 특별한 사건이 아니라 마치 사계절의 변화처럼 인간이 맞이하는 자연스러운 하나의 과정적 현상이다. 이러한 사상은『장자』의「지북유(知北遊)」편에 나오는 다음과 같은 표현에 잘 나타나 있다.

> 삶은 죽음과 같은 무리이고, 죽음은 삶의 바탕이니, 누가 그 얽힘을 알겠는가! 인간의 삶이란 기(氣)가 모이는 것이니, 기가 모이면 삶이 되고, 기가 흩어지면 죽음이 된다. 죽음과 삶을 같은 무리로 여긴다면, 우리에게 무슨 걱정이 있겠는가! 그러므로 만물은 하나인데, 사람들은 아름답게 보이는 것은 신기하다고 하고, 추악하게 보이는 것은 썩은 냄새가 난다고 한다. 그러나 썩은 냄새가 나는 것은 다시 신기한 것으로 변하고, 신기한 것은 다시 썩은 냄새가 나는 것으로 변한

다. 그래서 말하기를 '천하는 하나의 기로 통하는 것이니 성인은 하나됨을 귀하게 여긴다'(生也死之徒, 死也生之始, 孰知其紀! 人之生, 氣之聚也, 聚則爲生, 散則爲死. 若死生爲徒, 吾又何患! 故萬物一也, 是其所美者爲神奇, 其所惡者爲臭腐. 臭腐復化爲神奇, 神奇復化爲臭腐. 故曰: '通天下一氣耳, 聖人故貴一').

장자의 관점에서 볼 때, 죽음은 단지 기(氣)의 변화에 따른 인간 형태의 변화일 뿐이다. 형체가 변해서 삶이 시작되었던 것처럼, 형체가 변해서 죽게 되는 것이다. 인간의 삶과 죽음은 사계절의 변화와 동일한 과정이다. 인간이 죽음에 대해 슬퍼하거나 분노할 이유가 없다. 따라서 장자는 아내가 죽자 죽음을 '천지(天地)'라는 커다란 방에 편안히 누워 있는 것이라고 묘사하면서 두 다리를 뻗고 앉아 질그릇을 두드리며 노래를 불렀다고 한다. 이처럼 장자는 죽음을 기가 흩어지는 자연스러운 현상으로 여겼으며 단멸론을 수용하는 초월적 입장을 지녔거나 적어도 사후생의 존재를 인정하지 않은 것으로 여겨진다. 죽음에 대한 이러한 장자의 태도는 『장자』의 「대종사(大宗師)」편에 다음과 같이 표현되고 있다.

대지는 나에게 형체를 주어 존재하게 하고, 생명을 주어 일하게 하고, 나에게 늙음을 주어 편안하게 하고, 죽음을 주어 쉬게 한다. 그러므로 내 삶을 좋다고 여기는 것은 곧 내 죽음도 좋다고 여기는 셈이다(夫大塊載我以形 勞我以生 佚我以老 息我以死 故善吾生者 乃所以善吾死也).

도가의 철학적 사상은 무병장수와 불로불사의 소망과 결합하면서 종교적 색채를 지닌 도교(道教)로 발전하였다. 도교에는 다양한 교파가 존재하기 때문에 사후생에 대한 도교의 견해를 간단히 요약하기 어렵다. 종교로서의 도교가 궁극적으로 추구하는 것은 선인(仙人)이 되어 장생불사(長生不死)하는 것이다(최수빈, 2012). 선인은 불로불사(不老不死)의 존재로서 육체를 가진 채로 죽지 않고 영원히 사는 초인적 인격체를 의미한다. 신선(神仙)이라고 불리기도 하는 선인들은 산에 살고 있으며 하늘과 땅 사이를 자유로이 왕래하고 때로는 인간계에 나타나서 인간과 교섭을 갖기도 한다. 이러한 점에서 도교는 육체와 영혼이 모두 죽음에서 벗어나 영원히 존재할 수 있다는 영육불사론(靈肉不死論)을 제시한다고 볼 수 있다.

신선사상의 초기에는 신선을 불사의 약이 존재하는 낙원에 살고 있는 신이라고 믿었으나 이후에 인간도 노력에 의해서 신선이 될 수 있다는 믿음으로 발전하면서 신선이 될 수 있는 다양한 방법이 제시되었다. 이러한 신선사상과 장생불사의 관념은 중국 진(秦) 나라 사람인 갈홍(葛洪: 283~343)이 저술한 『포박자(抱朴子)』에서 구체화되었다. 갈홍을 비롯한 당시의 도교인들은 '형진즉신멸(形盡則神滅)' 곧 '육체가 다하면 정신도 사라진다.'라고 믿었으며, 불멸의 존재가 되기 위해서는 육체를 단련하여 불멸의 상태가 되도록 변화시켜야 한다고 생각했다. 신선이 되기 위한 주된 방법으로는 장생불사의 약이나 음식을 복용하는 외단법(外丹法)과 수련을 통해 몸 내부에 생명력을 축적하는 내단법(內丹法)이 있다. 내단법으로는 호흡을 조절하는 조식법(調息法), 신체적 움직임을 중시하는 도인술(導引術), 남녀교접을 절제하는 방중술(房中術) 등이 있다.

이러한 수련법은 『황제내경(黃帝內經)』에 소개되고 있는 바와 같이 인간의 생명이 정·기·신(精·氣·神)이라는 세 가지 기본 요소로 이루어져 있다는 생각에 근거한다. 간략히 말하면, 정(精)은 육체를 구성하는 미세한 물질적 요소를 말하고, 기(氣)는 인체를 작동시키는 생명에너지를 뜻하며, 신(神)은 생명활동을 주관하는 정신적 주체를 의미한다. 이러한 개념에 따르면, 생명의 물질적 기반인 정(精)이 기(氣)의 매개 작용을 통해 생명활동을 주관하는 신(神)으로 전환되는 과정이 인간 생명의 본질이라는 것이다. 도교의 내단법은 신(神)을 통해 정(精)과 기(氣)를 운용하는 한편, 정(精)을 기(氣)로 승화시키고 기(氣)를 다시 신(神)으로 변화시켜 궁극적으로는 도(道)와 합치하는 것을 추구한다.

제20장

사후생의 증거와 비판

여러 조사에 따르면, 많은 현대인이 사후생의 존재를 믿는 것으로 나타나고 있다. 2014년에 조사된 자료에 따르면, 미국인의 66%, 캐나다인 50%, 영국인 35%가 사후생을 믿는다고 응답했다(Bibby, 2016). 대부분의 종교인은 물론 과학자나 죽음학자 중에는 사후생이 존재한다고 주장하는 사람들이 있다. 사후생을 믿는 사람들은 무엇에 근거하여 그러한 믿음을 지니는 것일까? 또한 사후생의 존재를 주장하는 학자들(죽음학자, 의사, 과학자 포함)은 무엇에 근거하여 그러한 주장을 하는 것일까? 사후생의 존재에 대한 믿음과 주장은 크게 세 가지 유형의 자료에 근거하고 있다.

첫째는 특정한 종교의 경전이나 교리에 근거한 믿음이다. 대부분의 종교는 직간접적으로 사후생의 존재를 교리로 제시하고 있다. 경전은 종교의 창시자나 선지자들이 자신의 체험이나 계시를 기록한 것으로서 종교적 믿음과 교리의 기반이다. 이러한 경전에서는 사후생의 존재를 구체적으로 제시하거나 비유적으로 기술하고 있다. 또한 권위를 지닌 종교지도자들이 사후생의 존재를 주장하기 때문에 신도들 역시 그들에 대한 신뢰와 함께 그들의 믿음과 주장을 받아들이는 것이다.

둘째는 사후생의 존재를 알려 주는 실증적인 증거들에 근거한 주장이다. 그러한 가장 대표적인 증거는 임사체험과 전생경험이다. 죽음의 판정을 받고 극적으로 회생한 사람들은 죽음 이후에도 여러 가지 경험을 했다고 보고한다. 또한 전생의 경험을 기억하는 사람들이 존재한다. 이 밖에도 임종기에 이미 사망한 사람들과 교류하는 종말체험, 죽은 사람이 산 사람에게 나타나서 메시지를 전달하는 현상, 사후세계를 직접 목격했다는 신비적 체험 등이 있다. 이러한 경험과 현상들은 육체적 죽음 이후에 어떠한 형태로든 개인의 일부가 지속적으로 존재한다는 것을 보여 주는 증거가 될 수 있다.

셋째는 사후생의 존재를 암시하는 간접적인 증거들이다. 예컨대, 육체와 별개로 의식이 존재한다는 것을 시사하는 현상들(유체이탈, 영매 현상, 환영 경험 등)과 과학적 지식으로 설명할 수 없는 초자연적인 또는 초상현상들(텔레파시, 예지, 투시, 염력 등)이 있다. 이러한 현상들은 인간의 감각적 경험과 논리적 사유에 근거한 현대과학으로 설명할 수 없는 초자연적인 세계가 존재함을 의미하며, 유물론에 근거한 과학과 단멸론의 한계를 보여 줌으로써 사후생의 가능성을 암시하는 것이라고 할 수 있다.

과연 이러한 근거들이 사후생의 존재를 입증할 수 있는 타당한 증거일까? 종교의 경전이나 교리에 근거한 믿음은 개인의 선택이자 의지이기 때문에 객관적으로 입증할 수도 없고 그럴 필요도 없는 것이다. 그러나 임사체험과 전생경험을 비롯하여 사후생의 증거로 제시되고 있는 자료들은 과연 신뢰할 수 있는 것일까? 그러한 경험이나 현상들은 정말 사후생의 존재를 의미하는 것일까? 다른 원인이나 방식에 의해서 설명될 수는 없을까? 사후생의 증거로 주장되고 있는 자료들의 타당성과 그 의미에 대해서 뜨거운 논쟁이 진행되고 있다.

1. 임사체험

심장마비의 경우처럼 심장박동과 호흡의 정지상태가 지속되어 의사에 의해 사망 판정을 받는 사람들이 일정한 시간이 흐른 후에 기적적으로 의식을 되찾아 회생하는 경우들이 있다. 이러한 사람들이 회생하여 죽음의 판정 이후에 겪은 경험들을 보고한 것이 바로 임사체험(near-death experience)이다.

임상적 죽음의 판정을 받고 나서 회생한 사람들이 모두 임사체험을 보고하는 것은 아니지만, 평균적으로 30~40%의 사람들이 임사체험을 보고하고 있다. 임사체험자들은 매우 생생하고 구체적인 경험을 보고하고 있다. 제6장에서 자세히 소개한 바 있듯이, 임사체험을 한 사람들은 다음과 같은 10가지의 공통적인 경험을 보고한다(Ring, 1980; van Lommel et al., 2001). 즉, (1) 자신이 죽었다는 인식, (2) 긍정적인 감정, (3) 체외이탈 경험, (4) 어두운 터널을 통과함, (5) 밝은 빛과 소통함, (6) 다양한 색채나 소리를 경험함, (7) 천국 또는 지옥 같은 경관을 봄, (8) 사망한 사람을 만남, (9) 지난 삶을 돌아봄, (10) 삶과 죽음의 경계를 만남이다.

임사체험은 완전한 죽음에 이른 것은 아니지만 삶과 죽음의 경계에서 경험한 것으로서 죽음의 전후 또는 죽음 이후의 세계를 엿볼 수 있는 단서가 될 수 있다. 그러나 임사체험이 사후생의 존재를 입증하는 것으로 해석할 수 있는지는 논란거리이다. 임사체험에 관한 연구논문을 주로 발표하는 학술지인 『Journal of Near-Death Studies』가 존재할 만큼, 임사체험은 매우 흥미로운 현상일 뿐만 아니라 그러한 체험의 원인과 의미에 대한 학문적 관심이 높은 연구주제이다.

과연 임사체험은 무엇을 의미하는 것일까? 심장박동이 중지되고 평탄한 뇌파(EEG)가 나타나는 임상적 죽음의 기간 동안에 어떻게 그토록 생생한 경험을 할 수 있을까? 임상적 죽음의 상태에 있는 사람들이 어떻게 그처럼 공통적인 경험을 할 수 있을까? 과연 임사체험은 어떤 원인에 의해서 경험되는 것일까? 임사체험의 의미에 대한 다양한 해석이 제시되고 있으며 크게 세 가지 입장으로 구분될 수 있다.

첫째는 영적인 해석으로서 임사체험을 사후생의 증거로 여기는 것이다. 임사체험은 죽음 이후에도 영혼과 의식이 존재할 뿐만 아니라 사후세계가 존재함을 보여 주는 체험적 증거로 받아들이는 것이다. 둘째는 심리학적 해석으로서 임사체험이 생명 위협적 상황에서 나타나는 독특한 심리적 반응이라는 주장이다. 이러한 주장을 하는 사람들은 임사체험을 일종의 해리현상 또는 출생기억의 재생이라고 해석한다. 셋째는 신경생리학적 해석으로서 임사체험은 죽음 직후에 뇌에서 일어나는 변화로 인해 경험되는 일종의 환상이라는 주장이다. 심리학적 해석과 신경생리학적 해석은 임사체험이 사후생의 증거라는 주장을 부정하는 것이다.

1) 영적 해석: 임사체험은 영혼과 사후생의 증거

임사체험이 사후생의 증거라고 해석하는 사람들에 따르면, 임사체험은 인간의 의식이 뇌에 근거하지 않는다는 것을 보여 준다. 즉, 물질적 기반을 지니지 않는 영혼이나 의식이 존재한다는 것을 보여 주는 증거라고 할 수 있다. 임사체험을 할 당시에 뇌기능이 정지한 임상적 죽음 상태였기 때문에, 뇌는 임사체험과 같은 매우 생생하고 명료한 의식 경험의 기반이 될 수 없다는 것이다. 임사체험은 죽음 이후에 영혼이 신체적 결합을 끝내고 육체를 떠나 여행을 하는 비물질적인 세계를 보여 준다. 이러한 입장을 지닌 사람들은 임사체험이 유물론적 환원주의에 근거한 현대과학으로는 설명할 수 없는 '영적 또는 초월적 현상'이며 영혼과 사후생의 증거라고 믿는다.

임사체험을 사후생의 증거로 여기는 사람들은 두 집단으로 구분될 수 있다. 그중 한 집단은 종교적 또는 영적 입장을 지닌 사람들이다. 동서양의 여러 종교에서는 영혼과 사후생의 존재를 주장해 왔다. 임사체험자들의 상당수는 자신의 체험을 '육체에서 영혼이 떨어져 나와 사후세계를 엿보고 온 것'이라고 믿는다. 종교적 또는 영적 전통에서는 인간의 생명이 육체(거친 신체) 외에도 눈에 보이지 않는 제2 또는 제3의 미세한 물질(미세 신체)로 이루어져 있다고 주장한다. 이러한 미세 신체를 신지학(神智學)에서는 '에테르체' 또는 '아스트랄체'라고 부르며 요가에서는 '프라나(prāṇa)'라고 지칭한다. 유체이탈은 미세 신체가 거친 신체와 분리되는 현상으로서 영혼 또는 의식체가 되어 자유롭게 옮겨 다니며 다양한 경험을 할 수 있는데, 임상적 죽음상태에서의 유체이탈 경험이 바로 임사체험이라는 것이다.

　다른 집단은 임사체험을 연구한 학자들(예: 퀴블러로스, 사봄, 그레이슨 등)이다. 이들은 임사체험이 죽어 가는 뇌의 환각경험이라는 주장에 반대한다. 퀴블러로스도 사후생을 믿은 사람 중 한 명이다. 그녀(Kübler-Ross, 1975)에 따르면, "죽음이라고 부르는 것이 실제로는 존재하지 않는다. 죽음은 나비가 고치를 벗어던지는 것처럼 단지 육체를 벗어나는 것에 불과하다. 죽음은 당신이 계속해서 지각하고 이해하고 웃고 성숙할 수 있는 더 높은 의식 상태로의 변화일 뿐이다. 유일하게 잃어버린 것이 있다면 육체이다. 인간의 육체는 영혼불멸의 자아를 둘러싸고 있는 껍질에 지나지 않는다. 그렇기 때문에 죽음은 존재하지 않는다." 이처럼 사후생의 존재를 믿는 학자들은 임사체험이 현대의 생리학이나 심리학 지식으로 설명할 수 없는 현상이라고 믿는다.

2) 심리학적 해석

　임사체험은 죽음이라는 매우 위협적인 상황에서 겪게 되는 특별한 심리적 경험이라는 주장이 제기되었다. 인간은 매우 충격적인 위험상황에서 자신과 세상에 대한 경험을 강 건너 불 보듯 낯설게 여기는 해리경험을 통해 자기를 보호한다. 최면이나 종교적 신비체험이 그러하듯이, 임사체험은 죽음의 과정에 대한 문화적 기대와 개인적 소망이 투영된 결과라고 할 수 있다. 환각제를 복용한 사람들이 출생 시의 경험을 재경험하듯이, 임사체험은 자궁에서 세상으로 나오는 충격적인 출생경험을 죽음의 세계로 나아가는 과정에서 재경험하는 것이라는 주장도 제기되었다. 이처럼 다양한 관점에서 임사체험을 특별한 심리적 체험으로 이해하려는 시도가 이루어지고 있다.

(1) 해리모델: 임사체험은 일종의 해리경험

해리모델(dissociation model)은 임사체험이 매우 위협적인 상황에서 나타나는 일종의 해리경험이라고 주장한다. 해리(dissociation)는 자기 자신, 시간, 주위환경에 대한 연속적인 의식이 단절되는 현상을 말한다. 해리 현상은 누구나 겪을 수 있는 정상적인 경험(책에 몰두하여 주변을 완전히 잊는 것, 최면 상태, 종교적 황홀경 등)으로부터 병리적 해리장애(이인증, 비현실감 등)까지 연속적인 심리적 현상이다. 해리는 일종의 방어기제로서 감당할 수 없는 충격적 경험으로부터 자신을 보호하는 기능을 지니며 진화론적으로 적응적 가치를 지닌 심리적 기능으로 여겨지고 있다.

해리의 대표적 심리적 증상은 이인증과 비현실감이다. 이인증(depersonalization)은 자신의 경험, 신체 또는 행위를 생생한 현실로 느끼지 못하고 마치 외부 관찰자가 된 듯이 낯설거나 실재가 아닌 것처럼 경험하는 것(예: 지각 경험의 변화, 시간감각의 이상, 자신이 낯설거나 없어진 듯한 느낌, 정서적 또는 신체적 감각의 둔화)을 의미한다. 비현실감(derealization)은 주변 환경이 비현실적인 것으로 느껴지거나 그것과 분리된 듯한 느낌을 갖게 되는 경험(예: 사람이나 물체가 현실이 아닌 것으로 인식되거나 꿈이나 안개 속에 있는 것처럼 느껴지거나 또는 생명이 없거나 왜곡된 모습으로 보이는 경험)을 뜻한다.

1970년대에 정신과의사인 러셀 노예스(Russell Noyes)와 임상심리학자인 로이 클레티(Roy Kletti)는 임사체험의 이인증 모델(depersonalization model)을 주장했다. 이 모델에 따르면, 임사체험은 생명의 위협을 받는 피할 수 없는 강렬한 정서상태에서 경험하는 일종의 이인증 경험이다. 임박한 죽음에 직면한 사람은 자신의 몸과 환경으로부터 분리되어 더 이상 감정을 느끼지 않으며 시간 감각이 왜곡된다.

그레이슨(Greyson, 2000)은 임사체험을 한 96명과 죽음 가까이 갔지만 임사체험을 하지 않은 38명을 대상으로 임사체험의 깊이와 해리증상을 측정했다. 그 결과, 임사체험자들은 비교집단보다 더 많은 해리증상을 보고했다. 임사체험자들이 보고한 임사체험의 깊이는 해리증상과 상관을 나타냈다. 이러한 연구결과는 해리현상과 관련된 심리적 기제가 임사체험을 비롯한 다른 신비적·초월적 경험을 이해하는 기반이 될 수 있음을 의미한다.

그러나 이 모델은 체외이탈 경험을 하지 않는 임사체험을 설명하지 못한다. 또한 임사체험자들은 임사체험을 하는 동안 매우 명료한 자기의식을 지닌다고 보고한다. 임사체험은 이인증이나 해리현상으로 설명할 수 없는 독특한 요소를 지니고 있다.

(2) 기대모델: 임사체험은 기대와 소망의 결과

기대모델(expectancy model)은 임사체험이 매우 사실적인 것처럼 느껴지지만 사실은 죽음에 직면하는 상태에서 경험하는 극심한 스트레스에 대한 반응으로서 개인이 자신의 기대에 따라 심리적으로 구성한 것이라는 주장이다. 이 모델에 따르면, 임사체험은 일종의 소망 충족적인 경험과 유사하다. 임사체험자들은 자신이 죽는다고 생각하기 때문에 자신이 죽음상태에서 일어날 것으로 기대하거나 일어나기를 소망하는 것과 일치하는 경험을 하게 된다. 죽음에 직면해서 천국을 상상하거나 죽은 가족을 만나 안내를 받는 것은 심리적 위로 기능을 지닌다. 사람들은 개인적 소망이나 문화적 기대에 의해서 임박한 죽음의 위험으로부터 자신을 보호할 수 있는 시나리오를 상상하게 된다.

또한 무언가 특별한 경험을 했다고 상상하는 것만으로도 그러한 경험에 대한 잘못된 기억을 유발한다. 임사체험은 연구자의 기대에 맞추어 자신의 경험을 왜곡하여 응답하는 경향에 의해 영향을 받을 수 있다. 피암시성(suggestibility)은 상대방의 기대에 따라서 행동하려는 무의식적인 성향으로서, 이러한 성향이 높은 사람들이 최면에 잘 걸린다. 피암시성이 높은 사람들은 자신의 경험을 왜곡하여 기억할 뿐만 아니라 해리경향을 지니고 있어서 임사체험을 보고할 가능성이 높다(Heaps & Nash, 1999; Hyman & Billings, 1999). 심정지를 경험한 환자들은 그들이 처했던 상황을 잘 알지 못하기 때문에 연구자의 관심사나 물음에 의해 영향을 받아 그들이 기대하는 방향으로 왜곡된 기억을 보고할 가능성이 있다.

그러나 임사체험은 죽음에 대해서 개인이 지니는 개인적·종교적 기대와 다르

다. 1975년에 임사체험이라는 용어가 만들어진 이후로 시대가 많이 변했지만 임사
체험의 보고내용은 크게 다르지 않다. 또한 아동의 임사체험도 성인의 것과 상당
히 유사하다. 아동들은 죽음에 대한 종교적·문화적 영향을 덜 받았음에도 불구하
고 그들의 임사체험이 성인의 것과 비슷하다는 점은 기대모델로 설명하기 어렵다.

(3) 출생모델: 임사체험은 출생경험의 재생

출생모델(birth model)은 임사체험이 출생의 트라우마를 재생하는 경험이라고 주
장한다. 신생아는 자궁의 어둠으로부터 빛을 향해 여행한다. 그리고 간호사와 의
료진의 사랑과 따뜻함에 의해 환영받는다. 이처럼 죽어 가는 뇌는 빛, 따뜻함, 사
랑을 향한 터널을 통해 여행하는 과정을 재창조한다.

스타니슬라프 그로프(Stanislav Grof)는 환각제인 LSD를 이용하여 변형된 의
식과 신비체험을 연구한 체코의 정신과의사로서 자아초월 심리학(transpersonal
psychology)의 주요 인물 중 한 명이다. 그는 1977년에 조앤 핼리팩스(Joan Halifax)
와 함께 『인간의 죽음과의 만남(The Human Encounter with Death)』이라는 저서를
통해서 임사체험을 설명하는 심리학적 가설, 즉 출생 시 기억설을 제시했다.

그로프에 따르면, 임사체험은 산도(birth canal)의 터널을 통과하는 출생경험
(perinatal experience)의 기억을 반영한다. 출생과 죽음 그리고 재생의 과정은 서
로 밀접하게 얽혀 있으며 극심한 신체적·심리적 고통을 겪다가 찬란한 금빛을 느
끼며 충만한 지복감을 경험하는 심리적 구조를 지닌다. 출생-죽음-재생은 이전
의 낡은 심리적 구조가 파괴되고 새로운 자아가 탄생하는 과정으로서 원시사회의
통과의례, 샤먼의 입무식, 종교수행자의 신비체험에 잘 반영되어 있다. 이러한 과
정은 인간의 심성구조를 반영하는 것이며 5단계의 과정을 통해서 진행된다.

첫 번째 단계는 우주적 일체감(cosmic unity)을 경험하는 단계로서 자궁 안에서 어
머니와의 공생적 단일체를 형성했던 태내의 초기 단계에서 원초적 일체감과 유대
감을 느끼는 시기를 말한다. 이 시기에는 주체와 객체의 분리의식이 없을 뿐만 아
니라 어떠한 위협도 느끼지 못하는 안전감과 모든 욕구가 충족되는 만족감 상태에

서 평화, 고요, 축복의 강한 긍정적 감정을 느낀다.

두 번째 단계는 우주적 함몰(cosmic engulfment)을 경험하는 단계로서 자궁의 수축과 함께 평정상태가 파괴되면서 거대한 소용돌이 속으로 빨려 들어가는 듯한 압도적인 위협과 극심한 불안을 느끼는 시기이다. 위험의 정체를 알 수 없을 뿐만 아니라 주변 세계가 자신을 해치려 한다는 피해의식적 관점을 지니게 된다. 이러한 과정은 개인적 환각이나 꿈 또는 집단적 신화의 다양한 상징으로 표현되는데 용, 고래, 독거미, 악어, 거대한 문어와 같은 무시무시한 괴물에게 잡아먹히거나 지하세계에서 이러한 괴물들과 맞부딪히는 경험으로 나타난다.

세 번째 단계는 닫힌 출구(no exit)를 경험하는 단계로서 태아는 자궁수축을 통해 무자비하게 밀려나지만 출구인 골반이 닫혀 있는 상태에서 어둡고 좁은 세계에 갇혀 버린 폐쇄공포증과 유사한 신체적 고통과 심리적 공포를 경험한다. 이 단계에서 태아는 극심한 고통으로부터 영원히 벗어날 수 없을 것 같은 두려움과 더불어 모든 것이 불합리하고 끔찍한 세상에서 아무런 희망도 없이 존재해야 절망감을 경험한다. 이처럼 도피할 수 없는 상태에서 영원히 고통을 받아야 하는 어둠의 상황은 지옥, 고문, 박해자와 같은 상징으로 표현되기도 한다.

네 번째 단계는 죽음과 재생을 위한 투쟁(the death-rebirth struggle)을 경험하는 단계로서 자궁수축이 지속되고 골반이 열리기까지 태아가 산도를 통과하며 출생을 위해 몸부림치는 과정을 의미한다. 태아는 질식감 속에서 좌우로 압력을 받으며 다양한 물질(피, 양수, 배설물 등)과 접촉하면서 생존을 위한 투쟁을 벌인다. 이 단계에서 태아는 거대한 투쟁의 분위기 속에서 긴장과 에너지가 고양되고 공격성과 파괴성, 고통과 환희의 감정이 혼합된 복잡한 정서적 경험을 한다. 전 단계에서는 태아가 수동적으로 고통을 받는 반면, 이 단계에서는 태아가 이러한 상황을 극복하기 위한 능동성을 나타낸다. 이러한 심리적 경험은 환각, 꿈, 종교적 체험에서 거인이나 괴물과의 싸움, 불길이 타오르는 지옥의 통과, 세상의 종말을 고하는 전쟁에서의 투쟁과 같은 상징적 표현으로 묘사되고 있다.

다섯 번째 단계는 죽음과 재생(death-rebirth)을 경험하는 단계로서 태아가 산도의 끝까지 계속 나아가면 갑작스럽게 이완이 찾아오면서 고통이 사라진다. 탯줄이 절단되면서 태아와 어머니의 신체적 분리가 완결되고 태아는 신체적으로 독립된 개체로서 새로운 삶을 시작하게 된다. 고통과 공포가 최고조에 달하다가 이전의 존재상황에서 새로운 존재상황으로의 극적인 전환이 일어나는 것이다. 이 단계에서는 눈부신 빛이나 아름다운 광채를 보게 되면서 모든 압박으로부터 해방된 자유로움, 혼란에서 평온으로 정화된 느낌, 천국의 지복감 또는 구원의 안도감을 받는다.

그로프에 따르면, 이러한 일련의 심리적 경험들은 인간이 출생과정에서 체험하는 가장 원초적이고 근원적인 심리적 경험의 기본 구조라고 할 수 있다. 이러한 경험은 LSD에 의한 환각경험뿐만 아니라 다양한 종교나 영적 전통에서 자아의 죽음(ego death)을 의미하는 다양한 신비체험에서 공통적으로 보고되고 있다. 어두운 터널의 통과, 옛것과 새로운 것의 경계를 만남, 밝은 빛의 지각, 평온함과 지복감의 경험을 보고하는 임사체험도 이러한 근원적인 출생경험의 기억이 죽음이라는 극한적 상황에서 재경험되는 것이라고 할 수 있다.

그러나 그로프의 이러한 주장은 많은 비판을 받았다. 터널을 통해 몸을 떠나는 임사체험은 자연출생과 제왕절개를 통해 출생한 사람들에게서 동일하게 보고된다. 신생아는 출생경험의 기억을 저장할 만큼 시각적 정확성, 시각적 심상의 안정성, 정서적 체험 능력, 대뇌의 경험 입력 능력을 지니고 있지 않다.

3) 생물학적 해석: 임사체험은 뇌의 환각경험

과학자들은 임사체험이 뇌의 생리적 변화에 의한 것으로 설명될 수 있다고 주장한다. 이들에 따르면, 임사체험은 영혼이나 사후생에 의한 것이 아니라 심장박동 정지 이후에 나타나는 뇌 상태의 변화에 의한 환각경험일 뿐이다. 인간의 뇌는 꿈, 환각, 명상 상태에서도 내면적인 의식적 경험을 만들어 내는 능력을 지닌다. 이처럼 임사체험이 뇌 내의 다양한 생리적·화학적 변화에 의한 것이라는 여러 주장들을 뇌-내 이론(in-brain theory)이라고 한다(Agrillo, 2011). 이에 반해서 임사체험은 뇌의 생리적 변화에 의한 것이 아니라 뇌 밖의 어떤 미지의 요인이나 원리에 의한 것이라는 주장을 뇌-외 이론(out-brain theory)이라고 부른다.

뇌-내 이론에는 여러 가지 하위가설들이 존재한다. 산소결핍설은 죽음에 직면한 사람의 뇌에 공급되는 산소의 농도가 저하되면 시각뉴런들이 활성화되어 환각이나 빛을 경험할 수 있다는 주장이다. 산소결핍에 의해 일어나는 탈억제가 대뇌피질의 흥분을 일으켜 시각뉴런이 발화한 결과로 빛 체험이 일어날 수 있다. 또한 산소결핍과 함께 혈류 중에 이산화탄소의 농도가 높아지는 고탄산증이 일어나면 임사체험과 유사한 증상이 나타난다. 이산화탄소를 이용한 치료를 받은 환자들은 환각을 경험할 뿐만 아니라 체외이탈과 신비적 합일감을 경험하기도 한다.

엔도르핀설은 임사체험의 지복감이 죽음의 과정에서 진통과 쾌감 효과를 나타내는 뇌 내의 마약물질인 엔도르핀(endorphin)의 분비에 의해 일어난다는 주장이다. 또한 임사체험은 뇌 부위 중 특히 측두엽의 특수한 전기활동에 의한 것이라는 주장도 있다. 이러한 측두엽 이상방전설에 따르면, 측두엽 발작을 나타내는 환자들은 유체이탈이나 파노라마적인 인생회고의 경험을 보고한다.

영국의 심리학자인 수잔 블랙모어(Susan Blackmore, 1993)는 임사체험에 대한 생물학적 연구들을 종합하여 임사체험에 대한 죽어 가는 뇌 가설(dying brain hypothesis)을 제시했다. 그녀에 따르면, 임사체험은 산소부족을 겪고 있는 죽어 가는 뇌의 스트레스에 의해 야기된 환상일 뿐이다. 그 근거는 다음과 같다.

(1) 산소부족은 음악을 듣는 경험, 터널 비전, 빛의 지각을 유발할 수 있다.
(2) 죽음의 과정에서 분비되는 엔도르핀은 임사체험자들이 보고하는 평온감의 근원이 될 수 있다.
(3) 엔도르핀과 다른 신경전달물질의 활동은 기억과 관련된 해마와 같은 대뇌구조를 자극하여 저장된 기억의 재생, 즉 인생회고를 유발할 수 있다.
(4) 무시간성의 경험은 죽음으로 인해 자아의 감각이 붕괴되면서 나타나는 결과일 수 있다.

그렉 스톤(Greg Stone, 2004)은 블랙모어의 죽어 가는 뇌 가설에 대한 반론을 제기했다. 그에 따르면, 임사체험은 명료한 자아의식을 지닌 상태에서 또렷한 경험으로 체험된다는 점에서 환각경험과 다르다. 임사체험자들은 자신의 몸을 바라보는 체외이탈 경험, 밝은 빛이나 죽은 사람과의 만남, 파노라마적 인생회고와 같이 명료한 의식상태에서 또렷한 경험을 했다고 보고한다. 임상적 사망 판정과 평탄한 뇌파를 나타내는 사람들이 이처럼 또렷한 경험을 하는 것은 불가능하다. 임사체험은 뇌기능으로 설명할 수 없는 의식이 존재함을 시사한다. 또한 임사체험은 사실적이고 연결성 있는 경험들로 이루어진다는 점에서 환각경험과 구별된다. 임사체험자들은 자신의 인생 전체 또는 중요한 일부를 파노라마처럼 회고하는 경험을 하는 반면, 환각경험은 대부분 매우 산만하고 파편적이며 비현실적인 내용으로 체험된다.

반 롬멜(van Lommel, 2010, 2011)은 임사체험이 단순히 죽어 가는 뇌의 환각경험이라고 볼 수 없다고 주장한다. 그에 따르면, 임사체험에서는 몸을 벗어난 체외이탈 상태에서 자신의 몸과 상황을 바라보는 경험을 하게 되는데, 그 내용이 상당 부분 사실과 일치한다는 점이다. 임사체험자들은 체외이탈 상태에서 다른 방이나 심지어 전혀 가 본 적이 없는 멀리 떨어진 곳의 구체적인 상황을 보고 대화내용을 듣기도 한다. 이들이 체외이탈 상태에서 보고 들은 경험이 사실이었으며 정확하다는 것이 밝혀졌다. 예컨대, 한 환자는 심정지로 들판에서 쓰러져 의식을 잃은 상태로 발견되어 30분 이상이 지난 후에 응급차가 도착하여 병원에 옮겨 심폐소생술을 실시했다. 그는 회생한 며칠 후에 자신이 병원에서 심폐소생술을 받는 과정과 여러 가지 상황을 구체적으로 묘사했는데, 이러한 기억내용은 그 당시의 상황과 정확하게 일치했다. 이러한 사례는 뇌-내 이론으로는 설명하기 어렵다. 그러나 뇌-내 이론을 주장하는 사람들은 이러한 사례의 진실성에 대해서 의문을 제기하고 있다.

또한 임사체험은 개인의 삶에 지속적인 변화를 미친다는 점에서 환각경험과 구별된다. 임사체험은 개인의 인생관과 삶의 태도를 현저하게 긍정적으로 변화시키는 지속적인 효과를 나타낸다. 그러나 환각제의 복용을 통해 환각을 경험한 사람들은 그렇지 않다. 임사체험자들은 자신의 경험을 통해서 우주와 자기 자신 그리고 자신의 삶이 의미한 것에 대한 소중한 통찰을 얻었다고 보고한다.

뇌-내 이론에 대한 가장 중요한 비판은 임사체험이 뇌의 물리적 상태와 일치하지 않는다는 점이다. 심장이 정지하면 몇 초 이내로 뇌기능이 정지한다. 심장박동이 멈추면 혈액의 흐름이 정지되고 뇌에 혈액과 산소 공급이 중단되어 뇌기능이 정지한다. 심정지가 일어난 6~10초 이내에 뇌파(EEG)가 급속히 느려지고 10~20초 이내에 완전히 평탄한 뇌파로 변한다. 요컨대, 심정지 상태에서는 임상적 죽음의 세 가지 지표, 즉 심장박동, 호흡, 뇌기능이 모두 정지한다. 이러한 신체적 기능 정지 상태에서 임사체험과 같은 명료한 인식과 자기의식을 경험한다는 것은 현대 의학과 과학으로 설명하기 어렵다.

최근에 이러한 비판에 대해서 심장정지 전후에 뇌가 비정상적으로 활성화된다는 심장정지 후 뇌활성화 가설이 제기되었다. 미국 미시간 대학교의 보르지긴과 동료들(Borjigin, Lee, Liu et al., 2013)은 임사체험이 뇌-내 활동에 기인한 것이라면 인간이나 동물의 뇌 혈류가 정지된 후에 의식 활동이 계속된다는 것을 의미하는 신경학적 지표를 발견할 수 있는지를 실험적으로 조사했다. 이들은 실험용 쥐의 뇌에 전극을 심고 약물주사로 심정지를 일으킨 후 다양한 뇌 활동 지표를 측정했다. 쥐의 뇌파(EEG)를 세 조건, 즉 각성 상태, 마취 상태, 심정지 상태에서 측정하여 비교했다. 마취 상태에서는 의식적인 뇌 활동의 신경학적 지표들이 저하되었다. 그러나 심정지 후에는 의식적인 뇌 활동 지표들이 각성 상태보다 더 높은 수준으로 상승했다. 즉, 심정지의 임상적 죽음상태 이후 최초 30초 이내에 쥐의 뇌파(감마파)가 일시적으로 활성화되는 현상, 즉 동시적 감마진동(synchronized gamma oscillation)이 일시적으로 상승했다. 쥐의 심장이 멈춘 뒤 뇌파가 완전히 소멸하기 전에 20~30초 정도 아주 강력한 뇌 활동이 폭발적으로 나타난 것이다. 이러한 결과는 임상적 죽음상태에서 인지적 정보처리가 상승할 수 있음을 보여 주는 증거라고 할 수 있다. 물론 이러한 결과는 쥐를 대상으로 한 실험의 결과이기 때문에 인간에게 적용하는 데 한계가 있지만, 포유류의 공통성을 고려한다면 인간에게도 유사한 현상이 나타날 수 있음을 보여 준다.

다치바나 다카시(立花隆, 2015)에 따르면, 도쿄대학교 약학대학 구도 요시히사 교수가 쥐의 해마조직(기억을 저장하는 뇌 부위)에 혈액공급을 중단시켜 국소적 빈혈상태로 만들었더니 신경세포의 활동이 점점 저하되었다. 그런데 놀랍게도 5~10분 정도 경과한 시점부터 신경세포는 기세 좋게 활동을 재개하고 그 상태로 수십 초간 활동이 지속되다 돌연 모든 반응이 멈췄다. 마치 촛불이 꺼지기 직전에 강렬하게 타오르는 현상과 비슷한 일이 나타났다.

4) 제3의 관점: 임사체험은 뇌의 환각경험으로 설명될 수 없다

임사체험의 의미에 대해서는 뇌-내 이론과 뇌-외 이론 사이에 치열한 논쟁이 이루어지고 있다. 뇌-내 이론의 지지자들은 임사체험이 궁극적으로 뇌기능에 의한 환상이라고 여긴다. 이러한 주장의 바탕에는 모든 존재가 물질로 이루어져 있다고 가정하는 고전물리학(classical physics)과 모든 정신현상이 물질인 뇌의 구조와 기능으로 환원되어 설명될 수 있다는 유물론적 환원주의(materialistic reductionism)의 관점이 존재한다.

그러나 뇌-외 이론의 지지자들에 따르면, 임사체험의 생생한 인식과 명료한 자아의식은 뇌기능이 정지한 상태에서 경험하는 환각 경험과는 근본적으로 다르다. 임사체험을 뇌기능만으로 설명할 수 없는 사례와 증거들이 많다. 임사체험의 대표적 연구자인 미국의 신경행동과학자인 브루스 그레이슨(Bruce Greyson, 2010)과 네덜란드의 심장의인 핌 반 롬멜(Pim van Lommel, 2011)은 임사체험을 환상으로 단정할 수 없을 뿐만 아니라 몸과 마음의 관계에 대해서 유물론적 환원주의의 관점을 지닌 현대과학으로는 설명할 수 없는 매우 특수한 현상이라고 주장한다.

만약 단순한 환각경험이 아니라면 임사체험을 어떻게 이해할 수 있을까? 과연 뇌기능에 의존하지 않는 심리적 체험이 가능할까? 임사체험이라는 현상을 어떤 원리로 설명할 것인가? 임사체험은 인간의 생명, 의식, 자아에 대해서 무엇을 보여 주고 있는 것일까?

반 롬멜(2010, 2011)은 비공간적 의식(nonlocal consciousness)이라는 개념을 제시했다. 그에 따르면, 우리의 의식, 특히 자아의식은 물질의 형태로 특정한 공간에 위치하는 것이 아니라 정보를 지닌 일종의 파동이며 뇌는 정보를 연결하는 정거장으로의 역할을 할 뿐이다. 뇌는 마음이라는 정보 파동을 우리가 인식할 수 있는 형태(EEG 등)로 변환시켜 주는 인터페이스(interface)라고 할 수 있다. TV 수신기나 전화기가 공간에 떠돌아다니는 파동을 수신하여 영상과 음성으로 전환하듯이, 뇌는 공간을 떠돌아다니는 의식의 파동을 사람들이 인식하고 측정할 수 있는 형태로 전환시켜 주는 인터페이스의 역할을 하는 것이다. 뇌에 의식이 존재하는 것이 아니라, 의식이 뇌를 통해서 타인과 소통할 수 있는 형태로 발현되는 것이다. 뇌는 의식이 생겨나고 존재하는 곳이 아니라 의식이 잠시 머무는 곳이다. 몸은 마음 없이 생존할 수 없지만, 마음은 몸 없이도 존재할 수 있다. 임사체험은 몸과 뇌기능이 정지한 죽음 상태에서 몸을 벗어난 의식이 경험한 것이라고 할 수 있다.

임사체험을 뇌의 현상으로 이해하려는 물질적 환원주의에서 벗어나 임사체험을 다양한 관점에서 설명하려는 가설들이 제기되고 있다. 고대의 신비주의와 현대의 양자역학 간의 관계를 탐구한 마이클 탤벗(Michael Talbot, 1991)은 우주가 하나의 거대한 홀로그램일 수 있다는 물리학자 데이비드 봄(David Bohm)의 주장에 근거하여 현실의 홀로그램 모델을 제시했다. 그에 따르면, 우리의 경험은 실재하는 현실이라기보다 다른 외부세계가 우리가 지각할 수 있는 형태로 투영된 홀로그램의 결과이다. 홀로그램(hologram)은 2차원의 평면 플라스틱 조각에 레이저를 적절한 방향으로 투사하여 공간에 만들어 낸 3차원 입체영상을 뜻한다.

실재하지 않는 곳에 환상을 만들어 내는 것이 홀로그램의 특징이다. 홀로그램에서 보면, 공간이 실재하는 것처럼 보인다. 그러나 손으로 잡으려 하면 아무것도 없다. 이러한 홀로그램의 세계에서는 '위치'라는 것이 하나의 환상이다. 홀로그램 방식으로 이루어진 우주에서는 사물이 특정한 위치를 갖지 않는다. 의식을 포함하여 모든 것이 초공간적이다. 이러한 관점에서 보면, 임사체험은 다른 홀로그램이 펼쳐지는 세계를 방문하는 체험이다. 그 세계에서 지각하는 현실은 우리의 마음이 창조하는 홀로그램의 경험이다. 우리가 보고 느끼는 모든 것은 일종의 3차원 홀로그램 영상이며 실재하지 않은 곳에서 나타나는 이미지, 즉 가상현실이라고 할 수 있다.

임사체험 전문가인 케네스 링(Kenneth Ring)은 이러한 홀로그램 모델이 임사체험을 새로운 차원의 세계로 여행하는 것이라고 이해할 수 있는 길을 제공한다며 지지했다. 임사체험은 고전물리학 또는 물질적 환원주의의 관점을 수정하도록 만드는 도전적인 과제를 제시한다. 임사체험이라는 현상은 세계를 이해하는 새로운 관점, 그리고 물질과 정신의 관계를 이해하는 새로운 관점을 통해서만 이해될 수 있을지 모른다. 예컨대, 현대의 양자물리학은 물질이 어떤 고정된 형태로 존재하는 것이 아니라 관찰자의 관점이나 측정방법에 따라 입자 또는 파동으로 존재할 수 있다고 주장한다. 물질과 의식, 몸과 마음의 관계에 대한 고전물리학과 물질적 환원주의의 관점은 절대적인 것이 아니다. 임사체험은 오랜 기간 과학으로 설명되지 않는 미스터리로 남을 것이다.

임사체험은 과학적·신학적·철학적 시사점을 지닌 주제로서 현대의 신경과학에 중요한 도전을 제기하고 있다. 임사체험은 생물학적·심리학적 해석뿐만 아니라 인간의식의 본질 및 뇌와의 관계에 대한 많은 의문을 제기하고 있다. 임사체험의 원인에 대해서는 아직 결론을 내기 어려운 상황이다. 뇌-외 이론을 주장하는 사람들에 따르면, 마음은 뇌와 분리될 수 있으며 육체적 죽음 이후에도 생존한다. 반면에 뇌-내 이론의 지지자들에 따르면, 임사체험은 단지 죽음에 대한 생물학적 과정이나 심리적 반응의 산물일 뿐이다. 블랙모어(Blackmore, 1996)가 말한 바 있듯이, 임사체험을 사후생의 근거로 보느냐 아니면 죽어 가는 뇌의 환상으로 보느냐는 것은 개인적 선호의 문제인 듯하다.

2. 체외이탈

사후생 논란의 핵심은 인간의 의식이 육체, 즉 뇌를 벗어나서도 존재할 수 있느냐는 점이다. 사후생의 존재를 부정하는 사람들은 인간의 의식이 뇌 내에 존재한다는 뇌-내 이론을 주장한다. 인간의 정신은 뇌의 활동에 의한 것이며 뇌 없이는 결코 존재할 수 없기 때문에 육체적 죽음 이후에는 어떠한 의식도 존재할 수 없다는 것이다. 그러나 뇌-외 이론을 주장하는 사람들은 그 증거로 체외이탈의 현상을 제시하고 있다.

1) 체외이탈의 경험과 의미

임사체험자들의 공통적 경험 중 하나는 체외이탈 경험이다. 체외이탈 경험(Out of Body Experience: OBE)은 육체 밖의 위치에서 세상을 인식하는 경험을 의미한다. 체외이탈은 흔히 몸을 벗어나 자신의 몸과 상황을 바라보는 것으로 경험되는데, 이를 자기상 환시(autoscopy)라고 부르기도 한다.

체외이탈은 임사체험뿐만 아니라 뇌 충격, 감각 박탈, 해리장애, 향정신성 약물 복용, 수면상태에서 경험될 수도 있다. 보통 사람들도 10명 중 한 명은 체외이탈 경험을 하며 평생 여러 번의 체외이탈 경험을 한 사람들도 다수 있다. 체외이탈 경험은 보통 몸에서 1~2m 정도 떠올라서 자신의 정지된 몸을 바라보는 경우가 흔하며 때로는 자신의 의도대로 움직이거나 벽을 통과하여 자유롭게 옮겨 다니는 경우도 있다. 체외이탈 중에는 자신의 몸이 마치 물건처럼 무감각하게 느껴지며 애착이나 정서적 반응을 느끼지 못한다.

체외이탈은 무엇을 의미하는 것일까? 대다수의 신경과학자와 심리학자들은 체외이탈을 다양한 신경학적 또는 심리적 요인에 의해서 발생하는 일종의 해리경험으로 간주하고 있다. 그러나 체외이탈 현상을 인간의 의식이 육체를 벗어나 존재할 수 있다는 주장의 근거로 여기는 사람들도 있다. 특히 뇌-외 이론의 지지자들은 두 종류의 사례에 근거하여 체외이탈이 뇌-내 현상이 아니라고 주장한다.

하나는 평소에 알지 못했던 정보를 체외이탈 중에 알게 되는 사례이다. 예컨대, 체외이탈 중에 안면이 없는 사람을 만났는데 나중에 의식을 회복한 후에 그 사람이 자신의 친척인 것으로 판명되거나 임사체험자가 자신도 모르는 정보를 죽은 친척에게서 전해 듣는 사례가 있다. 특히 임사체험 중에 만난 인물이 사망했다는 것을 회생하여 의식을 회복한 후에야 처음으로 알게 된 사례도 있다. 이처럼 임사체험 중에 죽었다는 사실을 알지 못했던 사람을 만났다고 보고하는 많은 사례가 존재하는데, 이를 다리엔 절벽 경험(peak in Darien experience)이라고 한다. 다리엔 절벽은 영국 시인인 존 키츠(John Keats)가 시에서 사용한 말인데 현세와 사후세계의 경계 사이에 놓인 가파른 절벽을 의미한다(Ohkado, 2013).

다른 하나는 심정지나 전신마취로 의식불명 상태에 있었던 사람이 나중에 수술실이나 병실의 상황을 상세하게 묘사한 사례들이다. 이러한 사례들은 환자의 마취가 불충분했거나 마취상태에서의 부분적 각성에 의해서 주위의 사건을 기억한 결과일 수 있다. 그러나 미국의 심장병 전문의인 마이클 세이봄(Michael Sabom, 1981)은 이러한 가능성을 부정한다. 그에 따르면, 마취상태의 각성에서는 환자들이 평온함보다 공포나 악몽을 보고하며 상세한 시각적 경험이나 체외이탈 경험을 보고하지 않는다. 세이봄이 수집한 사례의 환자는 심장정지 후 세 시간에 걸쳐 계속된 수술의 광경을 상세하게 보고했다. 이러한 보고내용은 환자가 수술 중에 청각을 통해 들은 소리에 의해 재구성한 것이 아니라 체외이탈을 통한 시각적 경험에 의한 것으로밖에 볼 수 없는 것이다. 영국의 간호사이자 연구자인 페니 사토리(Penny Sartori, 2008)는 중환자실에서 죽음에 이른 환자들을 돌보면서 임사체험을 연구했다. 그녀에 따르면, 심정지 상태에서 회생했지만 체외이탈을 보고하지 않는 환자들은 의사의 심폐소생 시술에 관해서 정확하게 보고하지 못했다. 그러나 체외이탈을 보고한 환자들은 의사가 어떻게 심폐소생술을 했는지 그 과정을 정확하게 묘사했다.

2) 체외이탈, 육체를 떠나 의식이 존재할 수 있는가?

체외이탈 경험은 환상에 불과하다고 여기는 다수의 학자들이 존재한다. 그 대표적인 인물인 수잔 블랙모어(Susan Blackmore)는 초심리학(parapsychology)을 전공하여 박사학위를 받은 영국의 심리학자로서 저명한 작가이자 강연가이며 오랜 기간 체외이탈을 비롯한 초심리학적 현상에 대해서 연구해 왔다. 그녀는 1987년에 직접 체외이탈을 경험한 바 있는데, 단지 환상이라고 할 수 없는 만큼 매우 현실적인 것으로 느껴졌다고 한다. 블랙모어(2000)는 그 이후부터 체외이탈을 비롯한 초심리적 현상에 대해서 많은 연구와 조사를 하고 그 결과를 학술잡지인『*New Scientist*』에서 다음과 같이 기술한 바 있다. "나는 13년 전에 극적인 체외이탈을 경험하고 심령현상의 존재를 알게 되면서 편협한 과학자들에게 의식은 육체를 넘어설 수 있으며 죽음은 종말이 아니라는 것을 보여 주기 위한 십자군 운동을 해 왔다. 그러나 지난 몇 년간 세심한 실험을 진행한 결과 모든 것이 변했다. 나는 심령현상이 존재하지 않는다는 것을 발견했다. 그러한 것은 소망적 사고, 자기기만, 실험적 오류 그리고 가끔씩은 사기일 뿐이었다. 나는 회의론자가 되었다."

체외이탈 논란의 최대 쟁점은 체외이탈이 환상이 아니라면 몸을 벗어난 의식 상태에서 정말 새로운 정보를 획득할 수 있느냐는 점이다. 이러한 문제를 실험적으로 연구하고 있는 대표적인 인물은 영국의 사우스햄튼 대학교의 의학연구자인 샘 파니아(Sam Parnia)이다. 파니아와 동료들(Parnia, Waller, Yeates, & Fenwick, 2001)은 심정지 환자들을 대상으로 그들이 체외이탈 경험을 하는지 검증하기 위한 실험 연구를 시행했다. 그는 63명의 심정지 환자를 대상으로 이들이 심폐소생술을 받는 병실의 바닥에 독특한 형상의 그림을 제시했다. 환자들이 이 그림을 병실 바닥이나 침대에서는 볼 수 없고 천장에서만 볼 수 있도록 하기 위함이다. 만약 환자들이 심폐소생술을 받는 동안 정말 체외이탈을 한다면 침대나 바닥이 아니라 천장과 같이 높은 곳에서 그림을 볼 수 있을 것이기 때문이다. 63명 중 4명이 임사체험을 보고했으나 그들 중 아무도 이 그림을 보았다고 보고하지 못했다.

파니아는 영국과 미국의 병원들을 연계하여 심폐소생술 동안의 의식경험에 관한 대규모의 연구 프로젝트 〈AWARE: Awareness during Resuscitation〉를 진행했다. 파니아의 연구팀(Parnia, Spearpoint, de Vos et al., 2014)은 심정지 환자들이 심폐소생술을 받는 과정을 녹화하여 그들이 나중에 보고한 시각적·청각적 경험의 정확도를 조사했다. 그 결과, 심정지에서 회생한 101명의 환자 중 9%가 임사체험을 보고했으나 높은 곳에서만 볼 수 있도록 숨겨 놓은 그림을 보고한 환자는 아무도 없었다. 그러나 이들 중 두 명은 심정지 동안 일어난 사건을 보고 들었다고 보고했으며 그중 한 명이 보고한 경험은 실제 상황과 매우 정확하게 일치했다. 이러한 보고는 심장이 정지하고 뇌기능 역시 정지한 몇 분 후에도 환자는 주변상황을 인식하는 의식적 경험을 할 수 있었다는 것을 보여 준다. 이러한 연구결과는 임사체험을 현실과 무관한 환상이라고 단정할 수 없으며 임상적 죽음의 상태에서도 의식이 존재할 수 있음을 의미한다. 그러나 의식이 육체에서 벗어나 새로운 정보를 획득할 수 있다는 체외이탈의 증거는 발견하지 못했다.

스웨덴의 카롤린스카 연구소에서 자기인지를 연구하는 헨릭 에르손(Henrik Ehrsson, 2007)은 신체감각의 착각을 이용해서 인위적으로 체외이탈 경험을 일으키는 실험을 했다. 피험자에게 비디오카메라와 연결된 헤드셋 디스플레이를 쓰게 했다. 카메라를 피험자의 등 뒤에 위치시켜 피험자가 디스플레이를 통해 자신의 등을 볼 수 있게 했다. 이러한 상황에서 실험자는 피험자의 옆에 서서 하나의 막대기로는 피험자의 진짜 몸의 가슴을 문지르고 동시에 다른 막대기로는 카메라를 통해 등을 문지르는 것처럼 보이게 했다. 즉, 피험자는 눈에 보이지 않는 진짜 몸을 통해 가슴의 촉감을 느끼는 동시에 시각적으로는 실험자가 막대기로 자신의 등을 문지르는 것을 보게 된다. 이러한 처치를 2분간 하고 나서 피험자의 지각경험을 조사했다. 피험자들은 자신의 몸 뒤에 앉아서 자신을 바라보는 경험을 했을 뿐만 아니라 실험자가 자신의 등을 막대기로 문지르는 느낌을 받았다고 보고했다. 이러한 연구결과는 시각과 촉각 경험의 분리를 통해서 자신의 의식이 몸 바깥에 있다는 지각적 착각, 즉 유체이탈 경험을 만들어 낼 수 있음을 의미한다. 가상현실

(VR)을 통해 시각과 촉각을 분리하면 인간은 외부의 관점에서 자신의 몸을 바라보는 유체이탈 경험이 가능한 것이다. 우리 의식의 중심, 즉 자기(self)가 자신의 육체 안에 있다는 느낌은 시각적 정보가 육체의 여러 감각 정보들과 통합되는 지각적 과정에 의해서 만들어지는 것이다.

3. 전생경험 또는 전생기억

사후생의 존재를 시사하는 중요한 자료 중 하나는 전생경험(Past-Life Experience: PLE) 또는 전생기억(past-life recall)이다. 전생경험은 이 세상에 태어나기 이전의 삶, 즉 전생의 삶에 대한 기억을 의미한다. 우리 사회에는 자신의 전생을 기억해 내는 능력을 지닌 사람들이 존재한다. 모든 사람들이 전생을 기억하는 것은 아니지만, 일부의 사람들은 정상적 의식상태에서 또는 최면상태에서 전생의 경험을 보고한다. 이러한 전생경험은 윤회론에서 주장하는 환생의 증거이자 사후생의 존재를 보여 주는 가장 직접적인 증거가 될 수 있다.

그런데 전생의 경험이라고 보고한 사람들의 진술은 과연 신뢰할 수 있는 것일까? 그러한 진술이 진실한 것이라 하더라도 그것이 과연 전생의 존재 또는 사후생의 존재를 의미하는 것일까? 이러한 문제의식을 가지고 전생기억과 환생을 연구한 대표적인 학자는 이안 스티븐슨이다.

1) 이안 스티븐슨과 환생 가설

이안 스티븐슨(Ian Stevenson: 1918~2007)은 미국의 정신과의사이자 버지니아 대학교의 의과대학 교수였다. 그는 공포증이나 병적 집착 또는 비정상적 기능장애를 나타내는 많은 환자들을 진료하면서 그러한 장애의 원인을 유전적 요인과 환경적 요인만으로는 충분히 설명할 수 없다고 생각했다. 예컨대, 숫자에 병적인 집착을 보이는 아동의 경우, 그러한 집착을 유발할 만한 후천적 경험을 발견할 수 없을 뿐만 아니라 유전만으로 그러한 증상을 설명할 수 없기 때문이다. 스티븐슨은 환생, 즉 전생경험이 이러한 선천성 장애의 발생을 설명할 수 있는 제3의 원인일 수 있다는 환생 가설(reincarnation hypothesis)을 제안했다.

스티븐슨(1997, 2000)은 자신이 제안한 환생가설이 단순한 믿음의 문제가 아니라 실증적 증거에 의해서 확인될 수 있는 학문적인 문제라고 여기고, 40년 동안 인도와 동남아를 비롯하여 유럽과 미국을 포함한 전 세계를 돌아다니며 전생을 기억하는 2,500여 명의 아동을 조사했다. 전생의 기억은 아동기인 2~4세에 가장 흔하게 보고되며 그 이후에는 급격하게 희미해지거나 소멸하는 경향이 있다. 스티븐슨은 아동이 보고하는 전생의 기억을 수집하고 그 기억이 정확한지를 확인하기 위해서 아동의 전생에 해당하는 죽은 사람의 가족과 지인들로부터 그에 관한 정보를 수집하여 비교했다. 특히 아동이 죽은 사람의 가족과 접촉하여 의견을 교환하기 전에 아동의 전생 기억을 죽은 사람에 관한 정보와 비교했다.

스티븐슨이 조사한 아동의 35%는 모반이나 선천성 결함을 지니고 있었다. 모반(母斑, birthmark)은 신생아가 출생 시에 신체에 가지고 태어나는 점이나 색소를 의미한다. 그는 아동의 모반과 선천성 결함이 아동의 전생에 해당하는 죽은 사람이 입은 치명적인 상처와 관련성을 지니는 여러 사례를 보고하면서 아동의 모반과 선

◈ 전생경험의 연구자
이안 스티븐슨

천성 결함이 환생에 의한 것일 수 있다고 주장했다. 스티븐슨은 모든 장애가 그러한 것은 아니지만 일부의 선천성 결함은 환생에 의해서 가장 잘 설명될 수 있다고 주장하면서 그러한 사례들을 환생형(reincarnation type)이라고 지칭했다. 그는 자신의 연구결과를 정리하여 환생에 관한 300여 편의 논문을 발표했으며 대표 저서인『환생과 생물학: 모반과 출생 결함의 원인에 대한 기여(Reincarnation and Biology: A Contribution to the Etiology of Birthmarks and Birth Defects)』를 비롯하여 14권의 저서를 남겼다.

🏵 환생과 전생기억에 관한 스리랑카 소녀의 사례

스리랑카 소녀인 푸니마(Purnima)는 세 살이었던 1990년부터 전생에 대한 기억을 말하기 시작했다. 그녀는 어릴 때부터 향수에 대한 전문적인 지식을 지니고 있었는데, 자신은 전생에 향수를 만들던 집안의 지나다사(Jinadasa)라는 남자였는데 이번 생에 태어나기 몇 년 전에 버스 사고로 죽었다고 말했으며 버스가 몸을 덮친 순간을 또렷하게 기억하고 있었다. 그녀의 왼쪽 복부에는 모반이 몇 개 있었는데 이 점들이 버스 바퀴에 짓눌린 곳이라고 했다. 그녀는 자신에게 언니와 남동생이 있었고 자신의 집안에서 제조했던 향수의 종류가 암비가(Ambiga)와 기타 피차(Gita Pitcha)라고 말하기도 했다. 전생을 기억하는 대부분의 아동들은 6세가 되면 더 이상 전생 이야기를 하지 않는 경향이 있지만, 푸니마는 3세부터 13세까지 전생의 부모와 가문에 대해서 말했다. 그러나 그녀가 전생에 어디에 살았으며 교통사고가 어디에서 일어났는지에 관해서는 말하지 않았다.

푸니마는 어느 날 TV를 보던 중 불교신자의 유명한 순례지인 케라니야(Kelaniya) 지역이 소개되자 자신이 살던 곳이라고 말했다. 그녀의 아버지가 교장으로 재직하는 학교의 교사 중 한 명인 수마나시리(Sumanasiri)가 그 지역 출신이었다. 그가 주말에 고향에 들려 알아보았더니 지나다사라는 사람이 위지시리(Wijisiri)라는 이름의 동업자와 함께 향수를 만들어 팔다가 교통사고로 사망했다는 사실을 확인했다. 그 직후에 푸니마와 그녀의 가족이 위지시리 가족을 방문했는데, 푸니마는 멀리서 그를 알아보았다. 위지시리는 푸니마가 지나다사에 관해서 말한 내용이 사실이라는 것으로 확인해 주었다.

◈ 푸니마의 어린 시절 모습(왼쪽), 복부의 모반(가운데),
그리고 스티븐슨과 함께 있는 모습(오른쪽)

아이슬란드 대학교의 심리학과 명예교수이자 한때 스티븐슨과 공동연구를 진행한 바 있는 얼렌더 해럴드손(Erlendur Haraldsson)은 환생에 대한 푸니마의 진술내용을 확인하기 위해 1996~1999년에 걸쳐 다섯 차례의 현지 조사를 진행하여, 푸니마가 말했던 20개의 진술 중에 14개가 지나다사의 삶과 일치했으며 3개는 확인할 수 없었고 다른 3개는 사실과 다르다는 것을 확인했다. 해럴드손은 지나다사를 사망에 이르게 한 버스사고와 부검결과를 조사한 결과 지나다사의 상처 위치와 푸니마의 모반 위치가 정확하게 일치했다(Haraldsson, 2000). 푸니마의 사례는 미국의 유명한 TV 프로그램인 〈리얼 스토리즈(Real Stories)〉에서 방영된 바 있다.

전생경험은 스티븐슨을 비롯하여 여러 심리학자에 의해서 연구되었다. 환생은 인간존재의 비물질적인 일부가 죽음 이후에도 생존할 뿐만 아니라 다른 육체로 다시 탄생한다는 것을 의미하며 사후생의 존재를 의미한다. 전생경험은 환생의 가장 강력한 증거가 될 수 있다. 전생기억은 여러 형태로 나타날 수 있는데, 정상적인 의식상태에서 자발적으로 전생기억을 보고하는 자발적 전생경험(spontaneous PLE)과 최면상태에서 전생을 기억해내는 최면적 전생경험(hypnotic PLE)으로 구분된다. 이 밖에도 전생경험은 다양한 상태에서 보고될 수 있는데, 향정신성 약물이나 환각제를 복용하거나 여러 유형의 체험적 심리치료(게슈탈트 치료, 트랜스 호흡 등), 명상 또는 감각결핍 상태에서 나타날 수 있다. 자발적 전생경험은 성인에게서 보고되는 경우가 드문 반면에 어떤 기억단서가 주어졌을 때 아동에게서 흔히 보고되는 경향이 있다. 이러한 전생경험은 낯선 곳에서 과거에 경험한 듯한 익숙한 느낌을 갖게 되는 기시감(deja vu experiences)과 유사하지만 그러한 경험을 전생에 의한 것으로 설명한다는 점에서 다르다.

전생경험의 연구자들(Mills, 1988; Tucker, 2000)은 다양한 문화와 국가에서 수집한 전생경험의 자료를 제시하고 있다. 이들이 주목하는 전생경험의 자료는 다음과 같이 네 가지 유형으로 구분할 수 있다.

(1) 아동의 모반과 선천적 결함이 죽은 사람의 상처와 일치하는 자료
(2) 죽은 사람만이 알 수 있는 것들을 아동이 알고 있거나 말하는 자료
(3) 아동의 기질·습관·재능과 같은 성격특성이 죽은 사람과 유사한 자료
(4) 아동이 나타내는 강한 집착증이나 공포증과 심리적 증상이 죽은 사람의 사망원인과 연관되는 자료

전생경험의 연구자들(Mills, 2008; Stevenson, 1997)에 따르면, 이러한 자료들은 현생의 경험으로는 설명될 수 없으며 전생경험에 의해서 더 잘 설명될 수 있다. 또한 사람들은 환생을 믿을 때 자신의 심리적 성장을 위해 노력할 뿐만 아니라 자신의 행위에 대한 책임의식을 느끼게 된다.

2) 스티븐슨의 환생 연구에 대한 비판

환생과 전생경험에 대한 스티븐슨의 주장에 대해서 학계는 엇갈린 반응을 보였다. 그의 주장에 동조하는 학자들도 있었지만, 전반적으로 비판적인 반응이 많았다. 스티븐슨의 연구와 주장에 대해서 회의하는 학자들의 주된 비판은 다음과 같다.

가장 주된 비판은 스티븐슨의 자료수집 과정에 많은 오류가 개입되어 있기 때문에 그가 제시한 자료를 신뢰할 수 없다는 것이다. 예컨대, 그가 면담한 아동이나 부모들이 연구자의 유도질문에 의해 과장되거나 왜곡된 이야기를 했을 수 있고 통역자의 잘못된 전달이 개입될 수도 있다. 이러한 현상은 연구자 자신이 믿고 있는 것을 입증하려는 확증편향(confirmational bias)에 의한 오류로서 전생경험의 대부분은 기억오류나 이야기를 만들어 내는 작화증(作話症, confabulation)과 같은 심리적 요인에 의해서 설명될 수 있다.

둘째, 스티븐슨은 자료를 수집한 지역의 문화적 특성에 대한 지식이 부족하여 수집한 자료의 의미를 잘못 해석했을 수 있다. 스티븐슨이 제시한 대다수의 사례들은 환생에 대한 종교적 신앙이 강한 국가에서 얻은 것으로서 실제적 환생보다는

문화적 환경이 자발적인 전생 기억을 유발할 수 있다. 특히 인도를 비롯한 아시아 지역의 빈곤계층 아동들로부터 수집한 전생 기억은 일종의 상상놀이에 의한 결과일 수 있다. 스티븐슨이 수집한 대부분의 전생기억은 가난한 아동들에 의한 것이었으며 이들은 자신이 전생에 부유한 가문이나 높은 지위에서 풍요로운 삶을 영위했던 것으로 기억했다. 따라서 아동들의 보고내용은 실제적인 전생경험이 아니라 가난한 아동들의 소망 충족적인 상상놀이를 반영한 것이거나 전생에 속했던 가족들로부터 관심과 도움을 얻어 내려는 의도가 담겨진 것일 수 있다.

셋째, 스티븐슨이 제시한 환생 가설은 현대과학과 양립하지 않는다. 환생 가설은 수집된 자료들로부터 추론할 수 있는 것이지만 현대과학으로는 환생의 과정을 설명할 수 없기 때문이다. 과연 개인의 경험과 기억이 죽음 이후에 어떤 비물질적인 형태로 보존되다가 다른 육체를 지닌 존재에게 전달될 수 있는가? 스티븐슨이 수집한 자료들을 이처럼 현실성이 없는 환생 가설에 의해 설명하기보다 다른 유형의 가설로 설명하는 것이 더 합리적이라는 비판이 존재한다.

스티븐슨은 전생을 기억할 뿐만 아니라 현생에서 배운 적이 없는 언어를 사용하는 두 성인의 사례를 제시했다. 이처럼 학습한 적이 없는 외국어를 구사하는 능력을 제노글로시(xenoglossy), 즉 '미학습 외국어 발화증'이라고 한다. 그러나 대다수의 언어학자들(예: Sarah Thomason)은 스티븐슨이 이러한 사례들을 전생의 언어학습에 의한 것으로 이해한 것은 그가 언어학에 대한 전문적 지식이 부족하여 발생한 결과라고 주장했다. 예컨대, 스티븐슨은 노르웨이의 세 쌍둥이가 전혀 배운 적이 없는 핀란드 말을 할 수 있었다고 보고했다. 그러나 언어학자들의 분석에 의하면, 세 쌍둥이가 구사한 언어는 핀란드 말이 아니라 그들에 의해서만 이해될 수 있도록 발달시켜 온 사적인 언어였다.

그러나 스티븐슨의 주장을 지지하는 학자들도 다수 존재한다. 예컨대, 슬라보츠키(Slavoutski, 2012)는 스티븐슨이 주장한 환생 가설은 전생기억에 관한 수많은 사례들을 잘 설명할 수 있는 가장 경제적인 설명으로서 여전히 유효하다고 주장한다. 또한 스티븐슨의 주장을 비과학적인 것으로 매도하는 것은 독선적인 유물론

적 관점에 의한 것이며 죽음 이후에도 뇌의 물질적 기반 없이 의식이 존재할 수 있
다는 생각은 좀 더 신중하게 고려되어야 한다는 주장도 존재한다. 의식은 고전물
리학으로 설명될 수 없으며 물질과 별개의 차원에서 존재하는 양자 의식(quantum
consciousness)이 존재한다는 가설적 주장이 제기되고 있다(Stenger, 1992). 환생
과 전생경험에 대한 스티븐슨의 연구는 현재 버지니아 대학교에서 짐 터커(Jim
Tucker)에 의해 이어지고 있다.

✿ 14대 달라이 라마, 텐진 갸초

티벳 불교는 종교적 지도자이자 정치적 권력자인 달라이 라마의 후계자를 환생에 의해
이어가는 전통을 지니고 있다. 현재 생존하고 있는 14대 달라이 라마인 텐진 갸초(Tenzin
Gyatso: 1935~현재)는 13대 달라이 라마 툽텐 갸초(Thubten Gyatso: 1875~1933)의 환
생으로 인정되어 티벳 최고 권력자의 자리에 올랐다. 초대 달라이 라마인 젠둔 드럽(Gendun
Drub: 1391~1475)이 사망하자 당시의 티벳인들은 그를 신앙의 대상인 관세음보살의 화신
으로 여겼으며 그의 환생, 즉 관세음보살의 화신을 찾아내어 새로운 지도자로 선출했다. 이때
부터 달라이 라마는 세습되거나 투표로 선출되는 것이 아니라 전임 달라이 라마가 열반하면
그 환생자를 찾아 옹립하는 관례가 생겨났다(두산동아 백과사전연구소, 1996; 종교학사전
편찬위원회, 1998).

제13대 달라이 라마인 툽텐 갸초가 열반하자 티벳의 임시 지도자 레팅 린포체는 1937년
에 달라이 라마의 환생을 찾기 위해 고승사절단을 전국으로 보냈다. 툽텐 갸초는 자신이 어떤

◈ 1940년 즉위식 당시의 달라이 라마(왼쪽),
달라이 라마의 청년기 모습(가운데)과 최근의 모습(오른쪽)

모습으로 환생할지에 관한 몇 가지의 단서를 남겨 두고 떠났기 때문에, 고승사절단은 '다리에 호랑이처럼 줄무늬가 있고, 커다란 눈동자와 활처럼 휘어진 눈썹과 커다란 귀, 어깨엔 두 개의 사마귀, 마치 관세음보살처럼 기다란 두 팔과 손바닥에 조개 모양의 손금이 있는 사내아이'를 찾았다. 이러한 특징을 지닌 여러 명의 아동들을 대상으로 고승사절단은 여러 가지 시험을 하여 달라이 라마의 환생을 찾고자 했다.

1935년 7월 6일, 티벳 동북부 지역의 가난한 농가에서 한 아이가 태어났다. 부모는 아이의 이름을 '라모 톤둡'이라고 지었다. 보통 아이는 세상에 나올 때 눈을 감은 채 태어나지만, 이 아이는 특이하게 눈을 뜨고 태어났다. 고승사절단의 대표이자 세라 사원의 주지인 케상 린포체는 하인으로 변장하고 라모 톤둡의 집을 찾았다. 라모 톤둡은 케상 린포체를 보자마자 그의 무릎 위로 뛰어올라 제13대 달라이 라마의 유품인 염주를 달라고 했다. 케상 린포체가 자신이 누구인지 알아맞히면 염주를 주겠다고 하자, 라모 톤둡은 사투리로 '세라 사원의 주지'라고 말했다. 티벳 사람들은 두세 살 무렵에 전생을 가장 잘 기억하며 더 나이가 들면 새로 받은 몸의 기운으로 인해 전생을 잊게 된다고 믿는다. 고승사절단은 여러 시험을 통해서 라모 톤둡이 달라이 라마의 환생임을 확신하게 되었다.

라모 톤둡은 1939년에 새로운 달라이 라마로 선정되어 '지혜의 바다'라는 의미를 지닌 텐진 갸초라는 이름을 부여받았으며 1940년에 티벳의 수도 라싸에 있는 포탈라 궁에서 14대 달라이 라마로 즉위하였다. 어린 텐진 갸초는 포탈라 궁에서 지도자로 성장하기 위한 철저한 교육을 받았으며 임시 섭정관이 사망하게 되자 1950년에 비로소 실질적인 최고 지도자의 자리에 오르게 되었다.

달라이 라마는 티벳 불교의 대표적 종파인 겔루크파의 수장을 지칭하는 호칭이다. 티벳에는 9세기 중반에 토번(吐蕃) 왕국이 붕괴한 후 오랫동안 통일정권이 없었으며 11세기 이후부터 지방의 영주들이 자신의 사원에 주지를 임명하고 종교적 권위를 이용하여 통치하는 제도가 생겼다. 이러한 상황에서 특정한 지지기반이 없던 카르마파는 주지가 죽으면 영주에 의해 새로운 사람을 임명하기보다 그의 환생을 찾아 다음의 주지로 육성하는 제도를 고안해 내었다. 이러한 제도에 의해 카르마파는 지연이나 혈연을 초월하여 교세를 확장할 수 있었다. 카르마파와 대립관계에 있던 겔루크파는 원래 환생에 의한 계승 제도가 없었지만 카르마파의 세력 신장에 대항하기 위해서 달라이 라마라는 칭호를 만들고 환생에 의해 이어나가는 전통을 구축했다. 1642년에 달라이 라마 5세가 카르마파를 누르고 티벳을 통일하였으며 그 이후로 달라이 라마는 한 종파의 수장에서 티벳의 국왕으로 승격하게 되었다. 이처럼 환생에 의해서 달라이 라마의 후계자를 선정하는 전통은 정치적 목적에 의해서 생겨난 것이라는 해석도 존재한다.

최근에 14대 달라이 라마는 자신의 후계자를 환생의 전통에 따르지 않고 민주적 방식으로 선출해야 한다고 말한 바 있다. 그 이유 중 하나는 기존 방식을 유지할 경우 티벳 망명정부를 적대시하는 중국 정부가 마음대로 후계자를 선택해 이용할 수 있다는 우려가 있기 때문이다. 달라이 라마는 환생에 의해 달라이 라마를 선발하는 제도를 존속시킬 것인지의 여부는 티벳인들에 의해서 결정되어야 한다고 말하면서 로마 교황을 추기경들이 선출하는 것과 같은 제도도 가능하다고 덧붙였다.

4. 현현경험 또는 유령경험

사후생의 존재를 주장하는 근거 중 하나는 죽은 사람에 대한 현현경험이다. 현현경험(顯現 經驗, apparitional experiences)은 지각할 만한 물질적 자극이 없음에도 불구하고 살아 있는 존재뿐만 아니라 죽은 존재를 명료하게 지각하는 현상을 의미하며 '출현물 경험' 또는 '영체(靈體) 경험'이라고 부르기도 한다. 현현경험은 멀리 떨어져 살고 있는 사람이 가족에게 모습을 나타내는 경우와 같이 살아 있는 사람의 현현뿐만 아니라 죽은 사람의 모습이 나타나는 경우를 포함한다. 후자의 경우와 같이 유령 또는 귀신(ghost)이라고 불리는 죽은 사람의 모습이 산 사람에게 인식되는 경우를 유령경험이라고 한다.

현현경험은 여러 종교에서 보고되고 있다. 흔히 초월적 신(神)이 자신의 뜻을 인간에게 전하기 위해 특별히 선택된 사람에게 직접 자신의 모습을 드러내 보여 주는 경우가 있는데, 이를 현현(apparition)이라고 할 수 있다. 여러 종교에서 예언자들은 신의 모습을 보거나 목소리를 듣는 경험을 하며 그러한 경험을 통해서 신의 메시지를 인식하여 신도들에게 전한다. 또한 종교적 믿음이 독실한 사람들의 경우, 신 또는 천사의 모습을 보거나 목소리를 듣는 현현경험을 보고하고 있다. 기독교 성경에도 예수가 죽은 후에 제자들에게 모습을 드러냈으며 의심하는 도마에게 자신의 옆구리를 만져 보라고 했다는 내용이 있다. 또한 바울은 다메섹으로 가는 도중에 예수가 "왜 나를 핍박하느냐."라고 한 소리를 듣고 회심하여 선교활동에 전념하게 되었다는 내용도 있다. 이슬람교의 경전인 코란은 무함마드가 알라의 현현을 통해 계시를 받고 기록한 것으로 알려져 있다.

이러한 종교적 신념과 무관하게, 우리 주변에는 죽은 사람의 모습을 보았다거나 죽은 사람과 이야기를 나누었다는 경험을 보고하는 사람들이 존재한다. 전쟁에서 사망한 병사들이 멀리 떨어진 고향의 가족 앞에 모습을 나타냈다거나 폭행으로 사망한 영혼이 가족에게 나타나 억울함을 호소하며 증거를 제시하여 범인을 체포했다는 등의 다수의 보고들이 존재한다.

1950년대 전후부터 이러한 현현경험에 대한 학문적 관심이 생겨나면서 체계적인 사례수집이 시작되었다. 현현경험은 멀리 떨어진 곳에 있는 사람이 그의 가족이나 지인에게 모습을 나타내는 경우가 많았는데, 그 사례를 확인한 결과 현현한 사람이 그 시기에 생명의 위협을 받거나 사망한 사실이 밝혀졌다. 이처럼 위기에 처한 사람이 먼 곳에 있는 가족에게 모습을 나타나는 현상을 장거리 현현경험(distant apparitional experience)이라고 하는데, 일부의 학자들은 이러한 현상이 기존의 과학적 개념으로 설명될 수 없으며 텔레파시나 영혼의 존재를 보여 주는 것이라고 주장하기도 했다.

영국의 심리학자인 그린과 맥크리어리(Green & McCreery, 1975)는 다수의 현현 사례를 수집하여 분석한 결과, 현현경험이 단순한 환각과는 여러 가지 측면에서 다르다는 것을 밝혀냈다. 첫째, 현현경험은 흔히 공포를 유발하는 환각과 달리 위기나 스트레스 상황에서 오히려 마음을 진정시키는 경우가 많았다. 둘째, 현현경험은 평범한 일상적 환경(예: 집에서 집안일을 하는 상황)에서 일어나는 경우가 많았다. 반면에 유령경험은 유령을 목격하려는 바람을 지니고 유령이 흔히 출몰한다고 알려진 곳을 찾아간 사람들에게 더 자주 나타났다. 셋째, 현현경험은 환각이라고 하기에는 너무 명료하고 사실적이며 일부의 사람들은 현현경험 후에 통찰을 얻기도 했다. 또한 현현경험은 주로 시각적인 형태로 나타났으며 음성적인 소통이 일어나는 경우는 드물었다.

칼 베커(Carl Becker, 1992)는 현현경험과 환각의 차이점을 다각적으로 제시하고 있다. 그러한 경험의 원인적 측면에 있어서, 환각은 약물이나 고열 또는 정신분열증과 같은 특수한 상태에서 경험되는 반면, 현현경험은 약물의 영향을 받지 않은 건강한 심리상태에서 나타난다. 또한 환각은 몇 시간 동안 지속될 수 있지만, 현현경험은 몇 초와 같이 짧은 기간에만 나타난다. 환각은 눈을 감은 상태에서도 나타나지만, 현현경험은 눈을 뜬 상태에서만 나타난다. 눈을 감아도 어떤 모습이 보인다면 그것은 뇌가 만든 환각일 수 있지만, 반대로 눈을 감으면 아무것도 보이지 않고 눈을 뜨면 무언가 보인다면 그것은 현현경험이라고 할 수 있다. 환각은 매우 개인적이고 주관적인 경험이지만, 현현경험은 여러 사람이 함께 목격하거나 여러 번 반복될 수 있다는 점에서 좀 더 객관성을 지닌다고 할 수 있다.

그렇다면 현현경험은 무엇을 의미하는 것일까? 일부의 학자들은 현현경험이 체외이탈과 같이 육체를 벗어난 영혼의 존재를 의미하는 것이며 사후생의 증거라고 주장한다. 그러나 대부분의 심리학자들은 현현경험이 정상적인 의식상태에서 생생하게 경험되는 일종의 환상이라고 여기고 있다. 현현경험은 지각의 문제로서 외부적 자극 정보에 의한 것이 아니라 내면적인 심상과 예상이 강력하게 작용하는 하향적 정보처리(top-down information processing)에 의한 것으로 이해되고 있다. 특히 정상적인 성격특성이지만 비정상적인 지각경험을 하기 쉬운 분열형(schizotypy)의 성격특성을 지닌 사람들에게 현현경험이 더 잘 나타날 수 있다. 이 밖에도 현현경험이 정상적인 지각경험이지만 외부세계와 일치하지 않는 특수한 경우에 해당한다는 주장도 제기되고 있다. 우리가 정상적으로 세계를 지각하는 것은 세계 자체가 아니라 세계에 대한 표상이다. 이러한 표상은 감각이나 심상의 형태로 경험되는데, 생생한 꿈이나 체외이탈 경험처럼 주관적으로는 생생한 현실로 여겨지지만 외부 현실과 일치할 수도 있고 그렇지 않을 수도 있다. 이처럼 현현경험은 개인이 정상적 지각이라고 생각할 만큼 명료하지만 외부세계와 일치하지 않는 경우로 이해될 수 있다.

한 연구(Musella, 2005)에 따르면, 미국인의 약 30%가 유령의 존재를 믿으며 약 15%가 유령을 본 경험이 있다고 응답했다. 그러나 와이즈먼(Wiseman, 2011)의 분석에 따르면, 유령경험을 한 사람들 중 1%만이 비교적 분명하게 유령의 모습을 본 것이며 나머지는 이상한 감각경험(예: 움직이는 그림자, 피어오르는 연기, 발자국 소리나 무언가가 존재하는 느낌)을 기억 오류나 작화증에 의해서 유령을 본 것으로 이야기한 것이다. 그는 비교적 분명한 모습을 본 1%의 유령경험도 육체 없는 영혼의 존재를 증명하는 것이기보다 인간의 뇌가 만들어 낸 창조적 활동이라고 주장했다.

♣ 스베덴보리의 사후세계 경험

동서고금을 막론하고 사후세계를 경험했다고 주장하는 사람들이 존재한다. 그중 가장 유명한 사람이 바로 에마누엘 스베덴보리(Emanuel Swedenborg: 1688~1772)이다. 스웨덴의 저명한 루터교 신학자이자 과학자이며 철학자인 스베덴보리는 50대 이후에 영적인 신비경험을 하고 『천국과 지옥(Heaven and Hell)』을 비롯한 여러 권의 책을 출간하여 하나님의 계시와 사후세계를 소개하고 있다. 스베덴보리의 신비체험에 주목하는 이유 중 하나는 그가 50대까지 신학을 공부하거나 교회와 관계된 일을 했던 사람이 아니라 스웨덴 과학계에 이름을 날리는 과학자이자 수학자였다는 점이다. 그는 생리학자로서 인간의 뇌에 관한 저서를 출간했으며 지질학과 천문학에 관한 많은 업적을 남긴 천재 과학자였다. 과학자로서의 명성을 날리고 있던 스베덴보리는 1743년경에 신비체험을 하면서 과학자로서의 모든 것을 포기하고 죽을 때까지 자신의 신비체험을 저술하고 전달하는 데 전념했으며 18권의 저서를 남겼다.

스베덴보리는 53세가 되던 1741년부터 영적인 경험을 하기 시작했으며 꿈과 환상을 통해 예수 그리스도로부터 많은 계시를 받았다. 1745년에 영국을 여행하면서 런던에 체류하던 어느 날 밤에 그는 예수 그리스도의 목소리를 들었으며 기독교를 개혁하기 위해서 성경의 영적 의미와 천국의 원리를 세상에 알리라는 계시를 받았다. 이러한 계시에 의해서 저술된 『천국의 원리(The Heavenly Doctrine)』에 따르면, 그리스도는 그에게 영적인 눈을 뜨게 했으며 천국과 지옥을 자유롭게 방문하고 천사와 악마 그리고 다른 영혼과 대화를 나누도록 허용했다.

스베덴보리가 한 신비체험의 독특한 점은 그가 영계, 즉 천국과 지옥을 경험했고 그곳에 살고 있는 천사들과 대화를 하면서 보고 들은 것을 자세하게 자신의 저술에 소개하고 있다는 점이다. 그에 따르면, 사후세계는 현재의 삶과 매우 유사하다. 육체는 도구일 뿐 영혼이 인간의 본질이다. 죽음은 현생의 육체에서 벗어나 영혼의 세계로 들어가는 것이며 새로운 깨어남의 과정이다. 천국에 있는 천사들은 영적인 몸을 지니며 옷을 입고 집에 살면서 다른 존재를 위한 봉사활동을 즐긴다. 이들은 인간과 마찬가지로 먹고 자고 독서하고 이야기하고 놀고 예배하며 진정한 삶을 누린다.

그는 사후세계에서의 결혼생활에 대해서 상세하게 기술하고 있다. 그에 따르면, 현생에서 경험하는 부부관계의 질이 사후생에 영향을 미친다. 참된 진실한 사랑을 하는 부부는 사후에도 영원히 부부관계를 유지하지만, 그렇지 않은 부부는 사후에 부부관계가 해체되어 각각 진정한 사랑을 나눌 수 있는 상대를 만나 새로운 부부관계를 맺게 된다.

스베덴보리는 기독교의 기본적인 교리와 다른 주장을 하고 있어 이단으로 비판받기도 했다. 예컨대, 성부, 성자, 성령의 세 인격체가 하나로 통합된다는 삼위일체론을 부정하고 독립적 인격체로 구성된 하나의 하나님과 하나의 그리스도를 주장한다. 그에 따르면, 하나님은 사랑 자체이며 모든 사람이 천국에 들어가기를 원한다. 그것이 천지창조의 목적이다. 천국과 지옥은 하나님에 의해 보내지는 것이 아니라 개인이 스스로 선택하는 것이다. 천국은 누구나 들어갈 수 있다. 그러나 사악한 자가 천국에 들어가서 공기를 마시게 되면 커다란 고통을 느끼기 때문에 자신에게 적절한 곳으로 도망하게 된다. 천국과 지옥 사이에는 중간지대가 있는데 이곳에서 최후의 심판이 행해지며 개인이 영위한 삶의 참된 모습이 밝혀진다. 이러한 심판은 성경에서 세상의 마지막 날에 이루어지는 것이 아니라 개인의 죽음 직후에 이루어진다. 또한 믿음만으로 구원을 받는 것이 아니라 믿음과 더불어 자선이 구원의 필수조건이다. 그의 저술은 여러 언어로 번역되었으며 수많은 작가, 예술가, 종교지도자에게 깊은 영향을 미쳤다.

스베덴보리 외에도 사후세계에 대한 신비체험을 주장하는 신비가들이 다수 존재한다. 이들의 인격과 학식을 고려할 때 그러한 주장의 신뢰성을 의심하기 어렵다. 그러나 이들의 주장이 초월적인 의식상태에서 경험한 사후세계의 모습인지 아니면 일종의 주관적 환상에 의한 것인지는 판단하기 어려운 문제이다.

5. 종말체험

죽음에 임박한 사람들은 이미 사망한 가족이나 지인의 모습을 보게 되는 시각적 경험을 하는 경향이 있다. 이들은 그들을 붙잡기 위해 손을 뻗치거나 그들에게 말을 거는 행동을 나타내기도 한다. 이처럼 죽어 가는 사람들이 겪게 되는 독특한 경험을 종말체험(end-of-life experiences)이라고 한다. 제6장에서 자세히 소개한 바 있듯이, 종말체험은 다양한 유형으로 구분될 수 있다. 대부분의 경우, 이러한 종말체험에서는 먼저 세상을 떠난 가족이나 친구가 임종자를 맞이하며 안내하는데, 임종자에게 심리적 안정감과 편안함을 주기 때문에 마지막 선물(final gift)이라고 부르기도 한다.

종말체험에 대한 공개적 논의를 시작한 영국의 의사인 윌리엄 바렛(William Barrett, 1926)은 여러 사례들을 소개하면서 종말체험을 죽어 가는 사람과 이미 죽은 사람들 간의 영적인 소통의 증거라고 주장했다. 오시스와 해럴드손(Osis & Haraldsson, 1977)은 미국과 인도에서 종말체험에 관한 5,000여 사례를 수집하여 보고하면서 종말체험을 사후생의 증거라고 해석했다. 영국의 신경과 의사인 피터 펜윅(Peter Fenwick)은 부인과 함께 영국과 스코틀랜드의 종말체험을 수집하여 『죽음의 기술(Art of Dying)』이라는 제목의 책을 출간하면서 종말체험이 평화로운 죽음으로 인도할 뿐만 아니라 육체와 별개의 마음이 존재하는 증거라고 주장했다.

그러나 대다수의 신경과학자나 심리학자들은 종말체험을 일종의 환각경험으로 여기고 있을 뿐만 아니라 종말체험의 사례가 수집되는 과정에도 심각한 문제가 있다고 주장하고 있다. 미국의 심리약물학자인 시걸(Siegel, 1980)에 따르면, 종말체험은 약물에 의해 유도된 환각과 매우 유사하다. 약물에 의한 환각경험에서도 사망한 친구나 친인척을 흔히 보게 된다. 또한 신경학자인 히네스(Hines, 2003)는 종말체험의 사례가 수집되는 과정에 심각한 문제가 있다고 비판한다. 종말체험의 사례는 죽어 가는 환자 당사자에 의한 것이 아니라 가족이나 간호사에 의해서 왜곡될 수 있는 간접적인 보고이거나 종말체험에 흥미를 지닌 일부 의료진들이 이메일로 응답한 자료에 근거한 것으로서 신뢰하기 어렵다는 것이다.

6. 초상현상과 초심리학

우리 주변에는 임사체험을 비롯하여 전생기억이나 체외이탈과 같이 특별한 경험을 했다고 보고하는 사람들이 있다. 이 외에도 상식적으로는 이해할 수 없는 독특한 경험을 했거나 특별한 능력을 지녔다고 주장하는 사람들도 있다. 예컨대, 용한 점쟁이처럼 사전 정보 없이 개인의 과거사를 알아내고 미래의 운명을 예측하는 사람들이 있다. 무속인의 경우처럼 죽은 사람의 영혼을 불러내어 산 사람과의 소통을 돕는 능력을 지닌 사람들도 있다. 먼 곳에서 일어나는 사건을 통신수단의 도움 없이 알고 있거나 가림막을 뚫고 자극을 인식하는 투시능력을 지니거나 마음속의 의도만으로 외부의 물건을 움직이는 능력을 지녔다고 주장하는 사람들이 있다.

이처럼 정상적인 경험을 벗어나는 것으로서 과학적인 설명이 어려운 특수한 경험이나 사건들을 초상현상(paranormal phenomena)이라고 한다. 초상현상에는 텔레파시, 예지력, 투시력, 염력, 전생경험 등이 있다. 이러한 초상현상들을 속임수나 미신 또는 환상에 불과한 것으로 일축하기에는 여러 가지 유사한 현상들이 반복적으로 보고되고 있다. 인간은 자신이 믿는 것만 보려는 경향이 있을 뿐만 아니라 자신의 믿음과 일치하지 않는 것은 무시하려는 경향도 지니고 있다. 정말 이러한 초상현상들이 실제로 존재하는 것일까? 초상현상은 어떤 의미를 지니는 것일까? 우리의 감각과 이성으로 인식하기 어려운 초자연적인 세계가 존재하는 것은 아닐까? 이러한 의문을 해결하기 위해서 초상현상을 연구하는 분야가 바로 초심리학이다.

1) 초심리학

초심리학(超心理學, parapsychology)은 과학적으로 설명하기 어려운 초상현상을 연구하는 분야이다. 초상현상은 19세기부터 학문적 관심을 받았으나 20세기 초반부터 대학이나 연구기관에서 실험적으로 연구되기 시작했다. 초심리학을 본격적으로 정립한 사람은 미국 듀크 대학교의 심리학 교수였던 조셉 라인(Joseph Rhine)이다. 그는 1930년대 초기까지 심령학의 연구대상이던 여러 현상(예: 투시력, 텔레파시, 예지력)을 총칭하여 초감각적 지각(Extrasensory Perception: ESP)이라고 불렀다. 정상적인 지각은 대상의 물리적 자극이 감각기관에 도달하여 유발된 신경흥분이 뇌에 전달되어 일어나지만, 초감각적 지각의 경우는 물리적 자극이나 신경적 매개과정이 존재하지 않는 상황에서 일어나며 이러한 지각과 관련된 감각기관도 명확하지 않다는 점에서 '초감각적'이라고 불렀다.

라인은 초감각적 지각이 정말 존재하는지를 실험실에서 연구했다. 그는 〈그림 20-1〉과 같이 5개의 특별한 문양이 그려진 제너카드(Zener cards)를 만들어 초감각적 지각 능력을 지녔다고 주장하는 사람들에게 다른 방에서 한 장씩 제시하고 그들이 어떤 문양의 카드인지를 맞추는 확률을 계산했다. 5개 문양이 존재하므로 피험자가 우연히 맞출 확률은 20%이다. 만약 실험자가 다른 방에서 제시한 카드를 피험자가 20%보다 의미 있게 높은 비율로 맞춘다면, 그 피험자는 초감각적 지각 능력을 지녔다고 말할 수 있다. 이러한 가설을 검증하기 위해 여러 피험자를

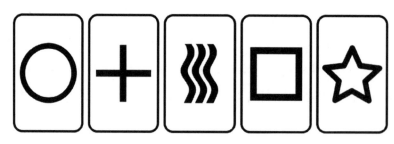

〈그림 20-1〉 라인이 초심리학 실험에서 사용했던 제너카드

대상으로 9만 번의 시행을 한 결과, 라인은 초감각적 지각이 확인 가능한 실재적인 것이라고 주장했다. 그는 이러한 연구결과들을 정리하여 1937년에 『마음의 새로운 영역(New Frontiers of the Mind)』이라는 책을 출간했으며 이를 계기로 초심리학이라는 용어가 대중에게 널리 알려지게 되었다.

텔레파시는 송신자가 한 카드를 선택했을 때 수신자가 동일한 카드를 알아맞히는지를 통해서 확인할 수 있으며, 투시 또는 예지는 엎어진 카드의 모양을 알아맞히거나 다음에 어떤 카드가 나올지를 알아맞히는 실험을 통해서 확인할 수 있다. 이러한 시행을 여러 번 했을 때, 알아맞히는 확률이 통계적으로 유의미하게 20%를 넘는다면 그 피험자는 텔레파시, 투시 또는 예지의 능력을 지닌다고 할 수 있다.

이러한 라인의 주장은 많은 사람의 관심을 끌었지만 심리학자들에 의해서 비판을 받았다. 우선, 그와 똑같은 방식으로 실험한 여러 연구에서 초감각적 지각의 존재가 반복적으로 확인되지 않았다. 또한 라인의 실험은 실험자가 다른 방에서 카드를 제시하면서 피험자가 그것을 맞출 수 있는 여러 단서를 제시하는 실험절차상의 문제를 지니고 있다는 비판을 받기도 했다.

그러나 라인의 연구를 계기로 여러 초상현상에 대한 실험적 연구가 진행되었으며 초심리학에 대한 학문적 관심이 증가하였다. 1957년에는 초상현상에 대한 연구결과를 공유하는 초심리학회(Parapsychological Association)가 결성되었다. 이 학회는 초심리학을 하나의 과학 분야로 발전시키고 이 분야의 지식을 널리 알리는 동시에 이러한 지식을 다른 분야의 과학적 지식과 통합하는 것을 목표로 했다.

1970~1980년대에는 스탠퍼드 대학교와 UCLA를 비롯한 여러 대학교에 초심리학 연구실이 개설되었으며 이안 스티븐슨도 환생과 전생경험에 대한 연구를 진행했다. 이 밖에도 체외이탈, 텔레파시, 염력 등에 관한 다양한 연구가 진행되었으며, 동양의 명상수행자들이 나타내는 특별한 능력과 의식 상태를 검증하는 다수의 연구가 실시되었다. 1990년대에는 미국 정부와 정보기관의 지원 아래 프린스턴 대학교에서 러셀 타그(Russell Targ)를 중심으로 멀리 떨어진 목표를 초감각적 지각으로 인식하는 원거리 지각(remote viewing)에 대한 연구가 진행되기도 했다. 그러

나 많은 연구들이 분명한 결과를 내놓지 못했을 뿐만 아니라 그러한 연구에 대한 비판이 제기되면서 초심리학 분야는 위축되었다.

초심리학은 한때 많은 학문적 관심뿐만 아니라 대중적 관심을 끌었지만 심리학의 주류 분야로 발전하지 못했으며 유사과학(pseudoscience)이라는 비판을 받기도 한다. 그럼에도 불구하고 초상현상에 대한 초심리학적 연구가 미국과 영국을 비롯한 여러 나라에서 지속되고 있다. 예컨대, 버지니아 대학교에서는 죽음 이후 의식의 존재 가능성을 탐색하기 위해서 임사체험과 체외이탈에 대한 연구를 진행하고 있다. 초심리학의 연구는 마음의 초월적 또는 영적 측면을 연구하는 자아초월심리학(transpersonal psychology)과도 밀접한 관계를 맺고 있다.

2) 초상현상에 대한 초심리학적 연구

초상현상 또는 초정상적 현상(paranormal phenomena)은 정상적인 경험을 벗어나는 것이어서 과학적인 설명이 어려운 특수한 경험이나 사건들을 의미한다. 그 대표적인 것으로는 텔레파시, 예지력, 투시력, 염력, 전생경험, 임사체험, 체외이탈 등이 있다. 이러한 현상 중에서 현현현상, 영매, 환생이나 전생경험과 같이 비물질적인 영혼이나 초자연적 존재와 관련된 것을 심령현상(psychic phenomena)이라고 지칭하기도 한다. 이러한 초상현상과 심령현상은 사후생의 존재 가능성을 암시하는 증거로 여겨질 수 있기 때문에 많은 관심을 끌었던 연구대상이다.

(1) 텔레파시

텔레파시(telepathy)는 멀리 떨어진 사람들끼리 생각이나 감정을 주고받는 현상을 의미하며 원격교감이라고 부르기도 한다. 이러한 현상은 정상적인 감각인 오감 이외의 인식수단에 의해서 일어나는 것이라고 여겨졌다. 예컨대, 쌍둥이들은 공간적으로 떨어진 상태에서 동일한 생각과 감정을 지닌다는 다수의 보고가 있다. 또한 한 사람이 죽음의 위기에 처했을 때 멀리 떨어진 그의 가족이나 친구가 극심한 고통을 느꼈다는 많은 사례가 보고되고 있다. 이러한 텔레파시 현상은 감각세계의 물리적 법칙으로 설명할 수 없는 영혼의 교감으로서 비물질적인 영혼의 존재를 보여 주는 것으로 여겨지기도 했다. 분석심리학의 창시자인 칼 융(Carl Jung)은 인간마음의 심층 영역에서는 시간과 공간을 초월하여 마음과 마음이 교감될 수 있으며 이러한 현상을 설명하기 위해 동시동조성(synchronicity)이라는 개념을 제시하기도 했다. 그러나 여러 심리학자들이 텔레파시로 교감한다고 주장하는 사람들을 대상으로 서로 다른 방에서 숫자, 심상, 단어를 마음으로 교신하게 하는 실험을 했으나 텔레파시 현상은 발견되지 않았다(Blackmore & Chamberlain, 1993). 또한 텔레파시 현상을 정밀하게 분석한 결과, 대부분의 경우 여러 단서에 의해 서로의 마음을 예측한 것이거나 의도적인 거짓말로 판명되었다.

(2) 예지

예지(豫知, precognition)는 미래에 일어날 사건을 초감각적으로 인식하는 현상으로서 일종의 사전인지라고 할 수 있다. 달리 말하면, 현재 사용 가능한 지식에 근거하여 예측할 수 없는 미래의 사건을 인지하는 초감각적 지각을 의미한다. 종교계에는 미래의 중요한 사건을 미리 알리는 예언자들이 다수 존재했을 뿐만 아니라 오늘날에도 우리 주변에는 개인과 사회의 미래를 정확하게 예측한다고 주장하는 용한 점쟁이들이 있다. 사전인지는 미래의 사건이 미리 알려지는 현상으로서 시간의 흐름에 따라 원인과 결과가 이어지는 인과법칙에 어긋나는 것이라고 할 수 있다. 일부의 실험적 연구(Bem, 2011)에서 사전인지 능력의 존재에 대한 긍정적 결과가 나타나기도 했으나 이후에 그러한 연구들의 방법과 절차를 분석한 결과 치명적인 오류가 발견되었다(Galak, LeBoeuf, Nelson, & Simmons, 2012). 현재는 예지 능력의 존재에 대한 과학적 증거가 부족한 상태일 뿐만 아니라 그러한 현상을 설명할 수 있는 과학적 이론도 존재하지 않는다.

(3) 투시

투시(透視, clairvoyance)는 멀리 있거나 눈에 보이지 않는 곳에 존재하는 물체의 정보를 인식하는 능력을 의미하며 초감각적 지각의 한 유형이라고 할 수 있다. 1972년에 러셀 타그(Russell Targ)와 해럴드 루토프(Harold Ruthoff)는 원거리 투시(remote viewing)를 검증하는 실험적 연구를 실시했다. 이 실험의 첫 번째 단계에서는 먼 곳에 존재하는 실험보조자가 여러 상황 중 하나를 자유롭게 선택하고, 두 번째 단계에서는 투시능력을 지닌 사람으로 하여금 그 보조자가 처한 상황을 말로 설명하거나 그림을 그리게 하며, 세 번째 단계에서는 이러한 묘사가 일치하는지를 판단하는 것이다. 이들은 장거리 투시의 존재를 지지하는 실험결과를 1974년에 저명한 과학잡지인 『네이처(Nature)』에 발표하며 많은 사람의 주목을 끌었다(Targ & Puthoff, 1974).

그러나 이들의 연구결과를 반복 검증하기 위해 동일한 절차를 사용한 일련의 연구에서는 원거리 투시를 입증하는 결과가 도출되지 않았다. 마크스(Marks, 1981; Marks & Kamman, 1978)는 타크와 루토프가 실시한 실험의 세 번째 단계에서 일치 여부를 결정하는 판단자에게 여러 단서가 제공되어 실제보다 높은 일치률이 나타난 것이라고 비판했다. 이후에 많은 논쟁이 이어졌으나 투시현상은 초감각적 지각에 의한 것이 아니라 다른 심리적 요인(예: 확증편향, 기대효과, 소망적 사고)에 의해서 나타나는 일종의 착각이라고 여겨지고 있다.

(4) 염력

염력(psychokinesis)은 인간의 의지나 의도에 의해서 물질적 매개 없이 물체의 변화를 유발하는 현상을 의미한다. 예컨대, 마음만으로 주사위가 특정한 개수를 나타내게 하거나, 생각에 의해서 스푼을 휘게 하거나 멈춰진 시계의 바늘을 움직이게 하는 것이다. 이러한 염력은 심리적 의도에 의해서 물질계에 영향을 미치는 특별한 능력을 의미한다. 만약 주사위를 여러 번 던져서 미리 의도한 숫자가 나타난 확률이 우연적 기대치보다 높게 나타난다면 염력의 증거가 될 수 있다. 그러나 통제된 실험상황에서는 이러한 염력의 증거가 발견되지 않았다. 미국의 저명한 마술사인 제임스 랜디(James Randi)는 초능력을 주장하는 대부분의 사람이 속임수를 사용한다고 주장한다. 그는 마음의 의도만으로 숟가락을 휘게 하는 유리 겔러(Uri Geller)의 초능력은 숙련된 마술사에 의해서 얼마든지 재현될 수 있음을 보여 주었다. 또한 그는 초능력의 증거를 통제된 조건에서 보여 주는 사람에게 100만 불의 상금을 주겠다고 공개적으로 제안한 바 있으나 아직까지 상금을 받은 사람은 없다.

7. 비정상심리학

현재까지 이루어진 연구에 따르면, 과학적 연구에서 인정되는 실험적 상황에서는 초상현상의 존재가 확인되지 않았다(Friedlander, 1998; Hines, 2003). 초상현상에 대한 연구자의 입장에 따라서 연구결과나 그 해석에 차이가 있기 때문에, 이러한 입장과 무관한 독립적인 연구자들에 의해서 초상현상의 존재와 초심리학적 연구의 과학적 타당성이 논의되고 평가되었다. 그 결과, 미국의 국립과학원(US National Academy of Science)은 지난 130년 동안 수행된 연구에서 초상현상이 존재한다는 과학적 증거는 존재하지 않는다고 결론을 내린 바 있다(Druckman & Swets, 1988).

초심리학자들은 초상현상이 존재한다는 것을 과학적으로 입증하기 위해 노력해 왔으며 초상현상의 존재를 시사하는 연구결과를 얻기도 했다. 그러나 일부의 심리학자들은 이러한 초심리학적 연구를 면밀히 검토하여 문제점을 제시하면서 연구결과가 잘못된 것임을 지적해 왔다. 이처럼 초상현상의 존재에 대해서 회의적인 입장을 지니고 초심리학적 연구를 비판하는 심리학 분야를 비정상심리학(anomalistic psychology)이라고 한다.

비정상심리학은 초자연적인 현상이 존재하지 않는다는 가정하에서 소위 초상현상과 연관된 인간 행동과 경험을 연구하는 분야로서 1989년에 레너드 주스네

(Leonard Zusne)와 워렌 존스(Warren Jones)가 『비정상심리학: 마술적 사고의 연구 (*Anormalistic Psychology: A Study of Magical Thinking*)』를 발간하면서 활발해졌다. 비정상심리학자들은 영매, 예지, 체외이탈, 심령현상이 초자연적인 것에 의존하지 않고 심리적 요인에 의해서 설명될 수 있다고 주장한다. 이들은 현대의 심리학 이론에 근거하여 심리적 요인과 물리적 요인들이 결합하여 어떻게 초상현상을 만들어 내는지를 설명한다.

비정상심리학자들은 여러 가지의 심리적 편향성이나 인지적 오류가 사실과 다른 왜곡된 믿음에 이르게 한다고 주장한다. 이들은 초상현상을 속임수나 사기 외에 소망적 사고나 확증편향과 같은 인지적 오류와 더불어 비정상적 심리상태, 해리나 환각, 기억의 문제 등에 의해서 설명할 수 있다고 주장한다.

1) 소망적 사고

인간은 원하는 대로 믿으려는 경향이 있다. 소망적 사고(wishful thinking)는 객관적인 사실이나 논리에 의해 합리적으로 판단하기보다 자신의 소망이나 욕구와 일치하는 주장을 믿거나 지지하는 것을 의미한다. 인간은 자신의 소망과 일치하는 것에 선택적 주의(selective attention)를 기울이는 반면, 그와 불일치하는 것에는 선택적 부주의(selective inattention)를 나타낸다. 자신의 소망과 일치하는 증거는 즐거움과 만족감을 주지만, 그와 불일치하는 것은 불편함과 좌절감을 주기 때문이다.

인간은 죽음불안을 지닐 뿐만 아니라 죽음을 부정하려는 불멸의 욕구를 지닌다. 인간은 죽음으로 인해서 자기존재가 영원히 소멸하는 것을 두려워하기 때문에 사후에도 자기존재의 일부가 존속하기를 바라는 소망을 지닌다. 또한 사후생을 통해서 사랑하는 사람과 재회하기를 바라는 소망을 지닌다. 이러한 소망을 지닌 사람들에게 있어서 단멸론은 커다란 위협으로서 불안을 유발한다. 따라서 사후생이 존재한다는 증거에 주의를 기울이고 그 의미를 확대 해석함으로써 자신의 소망이 실현되는 방향으로 판단하고 믿으려 한다. 반면에, 종교를 불신하거나 현대과학에 심취한 사람들은 자신의 신념과 불일치하는 사후생의 존재를 부정하고자 한다. 따라서 사후생의 증거를 무시하거나 그 의미를 축소 해석함으로써 자신의 신념이 유지되기를 바란다.

소망적 사고는 우리의 판단과 믿음에 무의식적이고 다양한 방식으로 영향을 미치기 때문에 자각하기 어렵다. 우리는 자신의 소망과 일치하는 증거나 주장에 더 많은 흥미를 느끼며 주의를 기울이게 되고 그러한 주장에 호감을 느끼며 공감적인 태도를 지니게 된다. 반면에 우리의 소망과 반대되는 증거나 주장에는 거부감을 느끼며 저항적인 태도를 나타내게 된다. 인간은 자신의 마음을 냉철하게 관찰하지 못하면 소망적 사고에서 벗어나기 어렵다.

2) 확증편향

믿음은 인간의 판단과 결정에 강력한 영향을 미친다. 인간은 기존의 신념을 입증하는 방향으로 정보를 선택하여 수집하고 기억하며 해석하는 경향을 지니는데, 이를 확증편향(confirmational bias, myside bias)이라고 한다. 확증편향은 사실적인 증거들에 근거하여 결론에 도달하기보다 이미 지니고 있는 신념이나 가설을 입증하기 위한 의도를 지니고 정보를 선택적으로 수집하고 해석하는 것이기 때문에 귀납적 추론의 오류라고 할 수 있다.

확증편향은 다양한 심리적 기제를 통해서 나타난다. 인간은 자신의 신념과 일치하지 않는 정보를 접하면 심리적 불편감을 느끼게 되는데, 이를 인지 부조화(cognitive dissonance)라고 한다. 개인은 자신의 믿음에 근거하여 이미 많은 선택과 행동을 해 왔기 때문에 그와 반대되는 사실이나 정보를 접하게 되면 심리적 갈등을 경험하게 된다. 그러나 과거의 행동을 취소할 수 없기 때문에 대부분의 사람은 인지적 부조화를 최소화하기 위해서 자신의 믿음과 일치하지 않는 사실이나 정보를 외면하거나 그 중요성을 평가절하하게 된다.

확증편향은 선택적 주의와 선택적 보고에 의해서 나타날 수도 있다. 선택적 주의는 자신의 신념과 일치하는 정보에만 선택적으로 주의를 기울이는 편향성을 말한다. 선택적 보고(selective reporting)는 자신의 신념과 일치하는 경험이나 연구결과는 보고하고 그렇지 않은 것은 은폐하는 경향성을 의미한다. 예컨대, 예지 또는 점을 믿는 사람들은 점쟁이가 우연히 미래를 잘 맞춘 경우는 여러 사람들에게 이야기하는 반면, 그렇지 않는 경우는 이야기하지 않는다. 일반인뿐만 아니라 학자들의 경우에도 자신이 주장하는 이론과 일치하는 실험결과는 학술지에 보고하여 크게 홍보하는 반면에, 자신의 이론과 불일치하는 실험결과는 보고하지 않는 경향이 있다. 이러한 확증편향은 강력한 정서가 개입된 주제나 믿음의 경우에 더 강하게 나타난다. 사후생의 존재 여부는 종교적 믿음과 관련되어 있을 뿐만 아니라 죽음불안, 불멸 욕구, 사별 고통과 같이 강렬한 감정이 개입된 주제이기 인지적 편향성이 나타날 가능성이 높다.

확증편향은 자기충족적 예언(self-fulfilling prophecy)에 의해서도 나타날 수 있다. 자기충족적 예언은 잘못된 믿음이라 하더라도 그 믿음이 개인의 행동에 영향을 미쳐서 그러한 믿음과 일치하는 결과를 만들어 내고 그로 인해 잘못된 믿음을 유지하는 오류를 말한다. 미국의 심리학자인 슈마이들러(Schmeidler, 1943)는 대학생들을 대상으로 제너카드를 사용하여 투시 현상에 대한 실험을 했다. 그녀는 실험을 하기 전에 투시현상의 존재 또는 비존재에 대한 대학생들의 믿음과 그 강도를 조사했다. 실험결과, 투시의 존재를 강하게 믿는 대학생일수록 우연 수준보다 더 높은 확률의 투시 결과를 나타낸 반면, 투시의 존재를 강하게 부정하는 대학생일수록 투시 결과가 우연 수준보다 더 낮은 투시 결과가 나타났다. 슈마이들러는 어리숙하게 잘 믿는 양(sheep)과 의심이 많은 염소(goat)에 빗대어 이러한 현상을 양-염소 효과(sheep-goat effect)라고 불렀다(Schmeidler, 1945). 자기충족적 예언과 양-염소 효과는 이후의 여러 연구에서 반복적으로 입증되었다(Park, 2000; Parker, 2000).

3) 주관적 타당화

'까마귀 날자 배 떨어진다.'는 뜻의 오비이락(烏飛梨落)이라는 말이 있듯이, 우리는 전혀 무관한 사건들을 원인과 결과로 잘못 판단하는 경우가 있다. 이처럼 주관적 타당화(subjective validation)는 전혀 무관한 두 사건을 제시할 경우에 개인이 지닌 신념이나 기대로 인해서 두 사건이 관련성을 지닌 것으로 잘못 인식하는 현상을 의미한다. 객관적인 증거에 근거하기보다는 개인의 주관적인 판단에 의해서 현상들 사이에 상관관계나 인과관계가 있는 것으로 인식하고 그러한 생각을 타당한 것으로 믿게 되는 것을 말한다.

우리 사회에는 과학적 근거가 없음에도 불구하고 많은 사람에 의해 신봉되는 믿음이 존재한다. 예컨대, 사주(출생시점)나 영매(점쟁이나 무당)를 통해서 개인의 운명이 예측될 수 있다고 믿는 사람들이 있다. 이러한 예측이 틀리는 경우가 많음에도 불구하고 미신적 믿음을 고수하는 이유 중 하나는 포러 효과(Forer effect) 때문이다. 사람들은 대부분의 사람에게 해당될 수 있는 모호하고 일반적인 내용으로 그들의 성격이나 미래를 언급하면 그러한 언급 내용이 자신에게 정확하게 해당되는 것이라고 인식하는 경향이 있는데, 이를 포러 효과라고 한다. 미국의 심리학자인 버트럼 포러(Bertram Forer, 1948)는 대학생들에게 성격검사를 실시하고 1주일후에 모든 학생에게 동일한 검사결과를 개인적으로 전달했다. 학생들에게 이러한 검사결과가 자신에게 얼마나 정확한지를 평가하게 한 결과, 대부분의 학생들이 매우 정확하다고 평가했다. 이러한 포러 효과는 여러 연구에서 반복적으로 검증되었으며 다양한 문화권에서도 동일하게 나타나는 것으로 확인되었다.

포러 효과는 사람들이 성격검사의 결과뿐만 아니라 미래예측, 점성술, 종교적 예언의 경우와 같이 근거가 부족한 주장을 신봉하게 되는 이유를 설명하고 있다. 포러 효과는 바넘 효과(Barnum effect)라고도 지칭되는데, 이는 1956년에 미국 심리학자인 폴 밀(Paul Meehl)이 그 당시에 모호한 말로 다른 사람들을 잘 속이는 유명한 연예인인 피니어스 바넘(Phineas Barnum)의 행위를 빗대어 언급한 데서 비롯되었다.

4) 기억오류와 작화증

사후생과 관련된 것으로 여겨지는 보고들(임사체험, 전생경험, 체외이탈, 초상현상 등) 중에는 체계적인 조사를 한 결과 의도적인 거짓말에 의한 것임이 밝혀진 사례들이 드물지 않다. 이러한 허구적인 보고는 연구자나 다른 사람의 관심을 끌고 자신의 종교적 믿음을 입증하려는 순진한 노력이거나 금전적 이득을 얻기 위한 경우와 같이 매우 다양한 의도에 의해서 이루어질 수 있다.

그러나 사후생과 관련된 보고들 중에는 의도적인 거짓말이 아니라 기억의 오류와 작화증에 의해 왜곡된 것들이 다수 존재한다. 우리의 기억은 정확하지 않은 경우가 많다. 과거에 일어났던 사건이나 경험을 입력하여 저장했다가 인출하여 언어로 보고하는 심리적 과정에는 여러 가지 오류가 개입될 수 있기 때문이다. 기억오류(memory error)는 전혀 일어나지 않은 사건을 기억하거나 실제로 일어난 일을 다른 내용으로 잘못 기억하는 것이다. 이러한 기억오류는 강렬한 감정이 개입되었던 상황을 잘못 기억하는 경우, 과거의 사건을 현저하게 변형하여 기억하는 경우, 그리고 다른 사람의 기대나 압박에 의해서 실재하지 않았던 사건을 기억해 내는 형태로 나타날 수 있다.

예를 들어, 연구자들은 임사체험, 전생경험, 현현경험과 같은 특별한 경험을 했다고 주장하는 사람들을 찾아가서 그러한 경험을 상세하게 이야기해 달라고 요청한다. 이러한 요청을 받은 사람들은 과거의 모호한 기억을 떠올리면서 실재하지 않았던 것들을 무의식적으로 추가하거나 좀 더 드라마틱한 이야기로 과장하거나 왜곡할 수 있다. 이처럼 모호한 기억을 구체적이고 상세한 내용으로 꾸며 내어 이야기하는 현상을 작화증(作話症, confabulation)이라고 한다. 작화증은 의도적으로 속이려는 의도 없이 자신과 세상에 대해서 허구적이거나 잘못 해석된 기억을 만들어 내는 증상을 의미한다. 작화증을 나타내는 사람들은 사건에 대한 사소한 변형에서부터 기괴한 형태의 왜곡에 이르는 부정확한 기억을 주장할 수 있다. 이들은 자신의 기억과 반대되는 증거가 있음에도 불구하고 자신의 기억에 대해서 자신감을 지닌다. 작화증은 의도적인 거짓말과는 다른 것으로서 속이려는 의도가 없을 뿐만 아니라 자신의 기억이 잘못되었다는 것을 자각하지 못한다. 이러한 작화증은 정상적인 상태에서 나타날 수 있지만 정신장애나 뇌손상 상태에서 더 흔하게 나타난다.

5) 비정상적 심리상태의 비정상적 경험

초상현상은 모든 사람에 의해 경험되는 것이 아니라 특수한 사람들에 의해서 경험되어 보고되는 경향이 있다. 비정상 심리학자들은 많은 초상현상들이 비정상적인 심리상태(예: 불안이나 공포, 최면, 약물중독, 정신장애 등)에서 경험될 수 있다고 주장한다. 예컨대, 심한 불안상태에서는 체외이탈과 유사한 경험을 할 수 있으며, 최면상태에서는 암시에 의해서 전생경험이 보고될 수 있다. 또한 환각제를 비롯한 약물중독이나 정신병 상태에서는 초상현상과 유사한 다양한 환각경험을 할 수 있다. 또한 분열성의 성격특징을 지닌 사람들은 미신적 사고와 비정상적 지각경험을 하는 경향이 있어서 텔레파시, 체외이탈, 현현경험과 같은 초상현상을 보고하기도 한다. 미국 켄터키 대학교의 심리학과 교수인 로버트 베이커(Robert Baker, 1996)는 『숨겨진 기억: 내면으로부터의 소리와 형상』이라는 저서를 통해서 많은 초상현상들이 환각, 수면마비 그리고 숨겨진 기억과 같은 심리적 현상으로 설명될 수 있다고 주장했다. 숨겨진 기억(hidden memory)이란 어떤 경험이 의식적 자각 없이 뇌에 저장되었다가 나중에 변형된 형태로 의식에 떠올라 마치 새로운 경험인 것처럼 기억되는 현상을 말한다.

또한 초상현상은 거짓으로 보고된 사례들이 흔하다. 체외이탈, 전생경험, 유령경험과 같은 다양한 초상현상에 대한 보고들이 정밀한 조사결과 사기나 속임수에 의한 거짓된 것임이 밝혀지기도 했다. 이러한 거짓된 보고는 경제적 이익이나 타인의 관심을 비롯한 다양한 이익을 얻기 위해 이루어진다. 마술은 속임수이지만 사실처럼 보이듯이, 초상현상도 교묘한 속임수에 의해서 진실처럼 여겨질 수 있다. 초상현상의 진실성은 그러한 보고나 주장을 하는 사람들이 그로 인해 어떤 이득을 취하는지 잘 살펴야 한다. 종교인이든 과학자이든 그러한 주장으로 인해서 부당한 이득을 얻게 된다면 그 주장의 진실성을 잘 살펴보아야 한다.

제21장
사후생 믿음의 심리적 근원과 영향

　여러 분야의 학자들이 사후생의 증거를 찾기 위해 많은 노력을 기울였음에도 불구하고 사후세계는 여전히 미지의 영역이다. 사후생에 대한 다양한 주장만 있을 뿐 확실한 증거는 존재하지 않는다. 그럼에도 불구하고 현대사회에는 사후생의 존재를 확고하게 믿는 사람들도 있고 사후생을 강하게 부정하는 사람들도 있다. 사후생의 존재를 인정하거나 부정할 만한 증거가 부족한 상황에서 이들은 무슨 근거로 사후생에 대한 강한 신념을 지니는 것일까? 사후생의 존재를 뒷받침하는 증거가 충분하지 않음에도 불구하고 사후생에 대한 믿음이 지속되는 이유는 무엇일까?

1. 현대인의 사후생 믿음

　죽음 이후에는 어떤 일이 벌어질까? 정말 사후생이 존재하는 것일까? 존재한다면 어떤 형태로 존재하는 것일까? 이러한 물음들은 많은 사람이 몹시 궁금해하는 매우 중요한 문제이다. 사후생의 존재 여부는 삶과 죽음에 대한 개인의 태도에 영향을 미칠 뿐만 아니라 종교적 교리의 진실성과 관련된 문제이기 때문이다.

1) 사후생에 대한 견해 차이

사후생은 종교와 밀접히 관련된 주제이다. 종교의 중요한 기능 중 하나는 사후 세계에 대한 궁금증을 풀어 주고 죽음불안을 완화해 주는 것이다. 사후생의 존재는 이성적 판단을 유보하고 무조건 믿어야 하는 신앙적 문제일까? 아니면 실증적 근거와 합리적 판단에 의해 검증될 수 있는 학문적 문제일까? 사후생 문제는 종교와 과학이 가장 첨예하게 충돌하는 주제이다.

만약 사후생이 존재하지 않는다는 것이 분명하게 밝혀진다면 대다수의 종교들은 그 존립의 기반이 흔들리게 된다. 특히 사후생의 존재를 강력하게 주장해 온 근본주의자들은 치명적인 상처를 입게 될 것이다. 만약 사후생이 존재한다는 명백한 증거가 나타난다면 과학적 패러다임의 혁명적 변화가 필요하다. 특히 유물론적 환원주의 관점을 고수했던 과학자들은 커다란 혼란에 빠질 것이다.

다행인지 불행인지 모르겠지만, 사후생의 존재 여부는 여전히 미지의 영역으로 남아 있다. 1950년대부터 초상현상에 대한 과학적 연구를 통해서 사후생의 존재를 밝히려던 초심리학자들의 야심찬 시도는 실패한 듯이 보인다. 그러나 사후생의 존재를 완전히 부정할 만한 확고한 증거도 존재하지 않는다. 사후생이 현생과 같은 형태로 펼쳐지는 것은 아니지만, 죽음이 완전한 소멸을 의미하는 것이 아니라 우리 존재의 일부가 다른 차원의 세계로 옮겨 가는 것이라는 견해를 지닌 과학자들이 존재한다.

사후생의 문제는 현재 그 존재 여부에 대한 증거가 부족한 상태이므로 불가지론적인 유보적 태도를 취하는 것이 가장 합리적인 듯하다. 그럼에도 불구하고 많은 사람은 어정쩡한 불가지론적 태도를 취하기보다 사후생의 존재 여부에 대해서 나름대로의 믿음을 지니는 경향이 있다. 그 이유는 지금까지 밝혀진 증거만으로도 사후생의 존재 여부를 판단하기에 충분하다고 생각하기 때문인지 모른다.

단멸론을 믿는 사람들은 현대과학, 특히 신경과학에 근거하여 뇌가 해체되면 그에 근거하는 의식도 소멸하기 때문에 육체적 죽음 이후에는 어떠한 의식이나 생명이 존재할 수 없다고 주장한다. 우리의 감각적 경험과 관찰이 말해 주듯이, 죽은 사람은 육체적 기능이 완전히 정지할 뿐만 아니라 의식이 소멸하기 때문에 어떠한 반응도 하지 못한다. 더구나 죽은 사람의 육체는 매장이나 화장을 통해서 해체되기 때문에 죽음은 궁극적으로 개인의 소멸을 의미한다. 그렇기 때문에 무수한 사람이 죽었음에도 불구하고 현세로 돌아와 사후생을 보고한 사람이 한 명도 없지 않은가? 육체의 해체와 의식의 소멸은 인간의 실존적 조건이며 피할 수 없는 운명이다. 이러한 운명을 수용하면서 한 번뿐인 우리의 삶을 소중하게 여기며 최선을 다해 살아야 한다고 주장한다.

반면에, 사후생의 존재를 믿는 사람들은 현대과학의 한계를 지적할 뿐만 아니라 여러 가지 증거를 중시하며 사후생의 존재를 주장한다. 환생론이든 부활론이든 사후생의 존재를 주장하는 사람들에 따르면, 현대과학은 절대적인 것이 아니다. 과학은 항상 새로운 발견을 통해 발전해 왔듯이, 현대과학이 모든 현상을 다 밝히고 설명하는 것은 아니다. 사후세계는 우리의 감각과 이성을 초월하는 다른 차원의 세계이다. 사후생이 존재하지 않는다고 단언하는 것은 마치 우물 안의 개구리가 우물 밖의 세계는 존재하지 않는다고 주장하는 것과 같다. 또한 많은 종교지도자들이 사후생의 존재를 주장하고 있을 뿐만 아니라 임사체험, 종말체험, 체외이탈, 현현현상과 같이 사후생의 존재를 직간접적으로 보여 주는 증거들이 존재하지 않는가? 대부분의 까마귀들이 검다고 해서 하얀 까마귀는 존재하지 않는다고 단언할 수 있는가? 만약 하얀 까마귀가 한 마리라도 발견된다면 모든 까마귀가 검다는 주장은 철회되어야 하듯이, 임사체험을 비롯한 여러 증거들은 죽음 이후에도 의식이 존속한다는 것을 보여 주고 있다.

종교의 교리와 경전 그리고 종교지도자의 주장에 따라 사후생의 존재를 믿는 것은 개인의 선택에 관한 문제이기 때문에 존중되어야 할 것이다. 다원적 가치와 믿음이 중시되는 현대사회에서 사후생에 대한 각자의 견해를 서로 존중하는 것이 바람직하다. 그러나 많은 사회적 갈등과 분쟁의 이면에는 사후생에 대한 믿음의 충돌이 존재한다. 제13장에서 자세히 논의한 바 있듯이, 사후생의 믿음은 인간심리의 심층에 존재하는 불멸욕구와 관련되어 있기 때문이다. 죽음불안을 완충하기 위한 종교적 세계관과 사후생 믿음에 대한 도전과 위협은 불멸욕구를 좌절시키는 것이기 때문에 강렬한 적대감정을 유발한다. 또한 종교적 세계관과 사후생 믿음의 보편성을 확보하기 위한 공격적인 전도와 포교 활동은 필연적으로 충돌과 갈등을 촉발하게 된다. 요컨대, 사후생 믿음의 심리적 근원을 깊이 있게 이해하지 못하면 인간사회의 갈등과 분쟁은 지속될 것이며 더욱 악화될 수도 있다.

2) 사후생 믿음의 분포

현대인 중에서 얼마나 많은 사람이 사후생을 믿고 있을까? 한국인의 경우, 사후생을 믿는 사람들은 얼마나 될까? 한국인을 대상으로 시행한 사후생 믿음의 전국적인 조사자료는 전무하다. 2018년 한국의 종교현황(고병철, 2019)에 따르면, 종교가 있는 한국인은 43.9%(개신교 19.7%, 불교 15.9%, 가톨릭 7.9%, 기타 0.4%)였으며 무종교자가 56.1%로 나타났다. 대부분의 종교가 사후생의 존재를 주장하고 있기 때문에 종교를 지닌 상당수의 한국인들이 사후생을 믿는 것으로 추정할 수 있다. 그러나 종교인들 중 일부는 부활이나 환생의 의미를 사후생의 존재로 받아들이지 않을 뿐만 아니라 무종교인도 사후생의 믿음을 지닐 수 있기 때문에, 얼마나 많은 한국인들이 사후생을 믿고 있는지는 정확하게 알기 어렵다.

미국의 대표적인 사회과학조사기관인 시카고 대학교의 전국여론연구센터(National Opinion Research Center)는 1972년부터 다양한 주제에 대한 종합사회조사(General Social Survey: GSS)를 통해 조사자료를 제시하고 있다. 종합사회조사에서는 미국인의 사후생 믿음을 조사하기 위해서 "당신은 죽음 이후의 삶을 믿습니까?"라는 물음을 제시하고, "믿는다", "믿지 않는다", "잘 모르겠다" 중 하나를 선택하도록 했다. 2014년에 3,842명을 대상으로 한 자료에 따르면, 미국인의 70.7%가 사후생을 믿는다고 응답했다. 사후생을 믿지 않는다고 응답한 비율은 17.9%였으며, 11.2%의 미국인들은 잘 모르겠다고 응답했다.

이 조사자료에 따르면, 사후생을 믿는 사람의 비율은 여자(74.4%)가 남자(66.2%)보다 더 높은 반면, 사후생을 믿지 않는 사람의 비율은 남자(22.2%)가 여자(14.3%)보다 더 높았다. 연령별로 사후생 믿음의 비율은 18세부터 75세 이상까지 70%으로 고르게 나타났다. 그러나 사후생을 믿지 않은 비율은 연령이 낮을수록 증가한 반면, 잘 모르겠다고 응답한 비율은 연령이 많을수록 증가했다. 종교를 가진 모든 사람들이 사후생을 믿는 것은 아니었다. 개신교 신자의 83.5%, 가톨릭교회 신자의 71.5%, 유대교 신자의 50.8%가 사후생을 믿는 것으로 나타났다.

이러한 결과를 종합하면, 미국인의 경우는 70% 정도가 사후생을 믿는 것으로 나타났다. 사후생을 믿는 미국인의 비율은 조사가 시작된 1973년 이후부터 현재까지 70% 안팎의 수준을 유지하고 있다. 사후생을 믿지 않는다고 응답한 미국인의 비율도 15~21% 사이를 오르내리고 있다. 사후생 믿음은 개신교를 믿는 여자들에게 가장 넓게 퍼져 있는 것으로 나타났다. 반면에, 종교가 없는 젊은 남자들 중에 사후생을 믿지 않은 사람들이 가장 많았다. 최근 2017년에 미국 성인 1,000명을 대상으로 전화와 온라인을 통해 이루어진 조사(Rasmussen Reports, 2017)에 따르면, 응답자의 62%가 사후생을 믿는다고 응답했다. 반면에 17%는 믿지 않는다고 응답했으며 21%는 잘 모르겠다고 응답했다.

3) 사후생 믿음의 국가와 시대별 차이

사후생 믿음의 분포는 국가와 문화권에 따라 다르다. 서양의 기독교문화권에 속하는 국가들 간에도 사후생 믿음의 분포가 현저하게 다른 것으로 나타났다. 2014년에 미국인 1,018명, 캐나다인 1,013명, 영국인 2,010명을 대상으로 이루어진 조사결과(Bibby, 2016)에 따르면, 사후생을 믿는 사람의 비율이 미국인은 66%이고 캐나다인은 50%이며 영국인은 35%로 나타났다. 사후생을 믿지 않는 사람의

비율도 미국인은 12%, 캐나다인은 21%, 영국인은 30%였다. 이처럼 기독교문화권
을 대표하는 세 나라에서도 사후생 믿음의 분포는 현저한 차이를 나타냈다.

사후생 믿음은 시대에 따라 변화하는 것으로 나타났다. 비비(Bibby, 2016)는 미
국, 영국, 캐나다에서 지난 70여 년 사이에 이루어진 전국적 조사자료에 근거하여
사후생 믿음의 시대적 변화를 분석했다. 갤럽을 비롯한 여러 신뢰성 있는 기관에
의해 조사된 자료들을 요약한 결과가 〈표 21-1〉에 제시되어 있다. 세 나라 모두
1945년부터 현재까지 시대의 흐름에 따라 사후생 믿음의 비율이 감소하는 추세를
나타냈다. 미국은 사후생 믿음이 1945년 이후 점진적으로 감소하고 있는 반면, 영
국과 캐나다는 사후생 믿음이 좀 더 큰 폭으로 감소하는 양상을 나타내고 있다.

표 21-1 사후생 믿음에 대한 미국인, 영국인, 캐나다인의 분포와 시대적 변화(%)

국가	연도	사후생 믿음	사후생 믿지 않음	잘 모르겠음
미국	1945년	76	–	–
	1961년	74	–	–
	1975년	69	–	–
	2014년	66	12	22
영국	1939년	49	33	18
	1961년	56	18	26
	1975년	43	–	–
	2014년	35	30	35
캐나다	1945년	84	12	4
	1960년	68	19	13
	1975년	48	17	35
	2014년	49	21	30

출처: Bibby(2016)에서 인용.

2. 사후생 믿음의 원천과 유지 요인

여러 조사자료에 따르면, 많은 현대인들이 사후생을 믿고 있는 것으로 나타났다. 사후생에 대한 조사마다 응답자 표본과 질문방식이 다르기 때문에 그 결과의 차이가 존재하지만, 현대인의 상당수가 사후생을 믿는 것으로 나타나고 있다.

2018년에 캐나다에서 실시된 조사에서는 응답자의 66%가 사후생을 믿으며, 63%는 천국의 존재를, 42%는 지옥의 존재를, 50%는 영적 세계의 존재를, 42%는 죽은 사람과의 소통 가능성을 믿는다고 응답했다(Brean, 2018). 2009년에 영국에서 2,060명을 대상으로 이루어진 조사에서는 53%가 사후생을 믿으며 55%가 천국의 존재를, 70%가 영혼의 존재를, 39%가 유령의 존재를, 27%가 환생을 믿는 것으로 나타났다(The Telegraph, 2009).

시대의 흐름에 따라 사후생 믿음이 감소하는 경향을 나타내고 있지만, 여전히 많은 현대인들이 사후생을 믿고 있다. 사후생을 믿는 사람들은 무엇에 근거하여 그러한 믿음을 지니는 것일까? 또한 사후생의 존재를 주장하는 사람들(종교지도자, 죽음학자, 의사, 과학자 포함)은 무엇에 근거하여 그러한 주장을 하는 것일까?

호주의 심리학자인 마이클 텔번(Michael Thalbourne, 1996)은 사후생의 믿음을 유지하는 5가지의 심리적 이유를 제시하고 있다. 첫째, 사후생이 존재했으면 좋겠다는 순수한 소망이다. 죽음으로 인해 자기존재가 소멸하는 것을 두려워하는 사람들은 사후에 자기존재와 삶이 지속되기를 소망하는 불멸의 욕구를 지닌다. 둘째, 사후생 믿음은 육체와 영혼이 별개로 존재한다는 이원론적 신념에 의해서 강화될 수 있다. 셋째, 임사체험, 체외이탈, 전생경험과 같은 초상현상에 대한 믿음으로서 사후생을 믿는 사람들은 이러한 현상을 경험했다고 보고하거나 초상현상의 존재를 믿는 경향이 있다. 넷째, 사후생 믿음은 죽음불안을 완화하는 기능을 지니며 죽음공포에 대처하는 데 도움이 되기 때문이다. 다섯째, 사후생의 믿음은 죽음을 수용하도록 돕는다.

1) 불멸과 사후생에 대한 소망적 사고

인간은 자기존재가 영원히 존속하기를 소망한다. 자기보존 욕구는 인간의 가장 근본적 욕망으로서 사후생 믿음의 심리적 기반을 이룬다. 베커(Becker, 1977)가 『죽음의 부정』에서 주장했듯이, 인간은 죽음을 통한 자기존재의 소멸을 부정하고 영원히 존재하려는 불멸의 욕구를 지닌다. 불멸의 욕구는 인간의 가장 근원적인 것으로서 인류문화의 기반을 이룬다. 종교를 비롯한 모든 문화는 죽음불안을 완화하고 불멸을 추구하기 위한 사회문화적 장치라고 할 수 있다. 사후생 믿음은 우주와 인간의 기원, 사후세계의 구조, 가치와 도덕의 근거를 포함하여 죽음 이후의 삶을 구체적으로 제시함으로써 죽음을 부정하고 불멸을 추구하는 문화적 세계관의 한 형태라고 할 수 있다.

사후생 믿음은 불멸의 소망뿐만 아니라 정의(justice)의 욕구와도 관련되어 있다. 인간은 정의에 대한 강한 욕구를 지닌다. 즉, 모든 사람들이 자신의 행위에 대해서 공정하게 보상과 처벌을 받아야 한다는 기대와 소망을 지닌다. 선한 사람은 보상을 받고 악한 사람은 처벌을 받아야 한다. 그런데 인류역사에는 참혹한 악행을 저지르고도 그에 합당한 처벌을 받지 않은 채 죽은 사람들이 무수하다. 또한 고결한 선행을 베풀고도 고난 속에서 살다 사망한 사람들이 많다. 무능하고 사악한 사람들이 부와 명예를 누리고, 유능하고 선한 사람들이 좌절과 고통을 겪는 일들이 너무 흔하다. 이처럼 정의롭지 못한 일들이 죽음으로 모두 종결된다면 너무 부당하지 않은가?

악행을 저지르고도 그에 합당한 처벌을 받지 않은 사람들에게 정의가 실현되려면, 사후생이 존재해야 한다. 특별한 죄나 잘못도 없이 너무 끔찍한 고통을 받거나 일찍 죽음을 맞이하게 된 사람들의 억울함과 원한을 해결하기 위해서는 사후생이 존재해야 한다. 사후세계에서 모든 사람들이 현생의 행위에 대한 정당한 심판을 받고 그에 합당한 처벌과 보상을 받아야 하기 때문이다. 사회적 정의에 대한 인간의 강렬한 욕망은 사후생의 존재를 믿도록 만드는 중요한 심리적 원천이다. 대부분의 종교는 사후생이 존재할 뿐만 아니라 사후의 심판을 통해서 천국 또는 지옥에서 보내져 보상과 처벌을 받는다고 주장하고 있다.

인간은 소망하는 대로 믿으려는 경향이 있다. 사후생 믿음의 기저에는 불멸과 정의를 추구하는 인간의 뿌리 깊은 소망이 존재한다. 소망적 사고(wishful thinking)는 객관적 근거와 합리적 판단보다 자신의 소망과 일치하는 주장을 믿도록 만든다. 자신의 소망과 일치하는 정보에 주의가 끌리고 더 믿음이 간다. 자신의 소망과 반대되는 정보는 왠지 저항감이 느껴지며 믿음이 가지 않는다. 소망과 믿음의 괴리는 심리적 갈등을 의미하며 불쾌할 뿐만 아니라 고통스럽다. 이러한 갈등을 해소하려면, 소망을 신념에 맞추어 변화시키거나 신념을 소망과 일치시키는 방향으로 변화시켜야 한다. 현실을 무시한 채 소망을 따르는 믿음은 위험하고, 소망을 외면한 채 현실을 중시하는 믿음은 고통스럽다.

2) 이원론적 사고

사후생 믿음은 이원론적 철학(dualistic philosophy)과 밀접하게 연결되어 있다. 이원론적 철학은 우리가 경험하는 세계가 물질과 영혼이라는 두 가지 실체로 이루어져 있다는 세계관으로서 고대 그리스 철학자인 플라톤에서부터 기원한다. 플라톤은 물질과 영혼의 이원론적 세계관을 제시했을 뿐만 아니라 영혼은 물질적 육체에 의존하는 것이 아니며 죽으면 새로운 육체로 옮겨 간다고 주장했다. 이러한 이원론적 철학은 근대의 프랑스 철학자인 데카르트에 의해서 발전되었다. 그의 주장에 따르면, 영혼은 물질에 근거하지 않는 비공간적인 실체로서 지능을 담당하는 뇌와는 별개의 것이다.

현대의 심리철학에서도 마음과 몸의 관계(mind-body relation)는 매우 중요한 논쟁거리이다. 현대의 뇌과학은 정신현상이 육체, 즉 뇌에 기반하고 있다는 유물론적 견해에 근거하고 있다. 반면에, 사후생을 믿는 사람들은 육체와 정신이 서로 다른 차원의 현상으로서 독립적으로 존재할 수 있다는 심신이원론(mind-body dualism)의 견해를 지닌다.

미국의 심리학자인 스타노비치(Stanovich, 1989)는 심신이원론적 사고를 측정할 수 있는 이원론 척도(dualism scale)을 개발하여 종교성이나 초상현상에 대한 믿음과의 관계를 조사했다. 이원론적 척도는 "마음은 뇌 안에 존재하지만 뇌와 같은 것은 아니다.", "뇌와 연결성이 없는 정신과정이 존재한다.", "마음은 뇌의 일부가 아니며 오히려 뇌에 영향을 미칠 수 있다.", "나의 의식은 나의 물리적 육체가 해체된 후에도 존재할 것이다."와 같은 문항에 대해서 동의하거나 반대하는 정도를 평정하도록 구성되어 있다. 그의 연구결과에 따르면, 미국 대학생들 중 상당수가 이원론적 사고를 지니고 있었다. 아울러 이원론적 사고를 지닌 사람일수록 반드시 종교성이 더 높은 것은 아니었지만 초상현상의 존재를 더 잘 믿는 경향이 있었다.

텔번(Thalbourne, 1996)은 이원론 척도를 사용하여 심신이원론적 신념이 여러 유형의 사후생 믿음과 어떤 관련성이 있는지를 조사했다. 그는 사후생과 관련된 믿음을 다음과 같이 6가지 유형으로 구분했다.

(1) 소멸론: 우리가 '영혼'이라고 생각하는 것, 즉 개인의 의식은 육체가 죽을 때 영원히 소멸한다.

(2) 환생론: 죽음 이후에 우리의 의식은 다른 세계에 잠시 존재하다가 새로운 몸으로 환생한다.

(3) 부활론: 우리의 의식은 죽음 이후에도 존재하지만 다른 몸으로 환생하는 것이 아니라 언젠가 무덤에서 일어나 부활하여 영원히 살게 된다.

(4) 환생-부활 절충론: 우리의 의식은 죽음 이후에도 존속하며 새로운 몸으로의 환생을 반복하다가 언젠가 부활하여 영원히 살게 된다.

(5) 기타 존속론: 우리의 의식은 죽음 이후에 존속하지만 그 이후에 어떤 일이 일어날지는 알 수 없다.

(6) 불가지론: 우리의 의식이 죽음 이후에 어떻게 될지는 아무도 알 수 없다.

호주의 대학생들을 대상으로 조사한 결과, 불가지론자(25%)가 가장 많았고 이어서 기타 존속론자(23%), 부활론자(21%), 환생론자(17%), 환생-부활 절충론자(8%), 소멸론자(7%)의 순서로 나타났다. 이러한 사후생 믿음은 사후생에 대한 소망뿐만 아니라 이원론적 사고와 유의미한 상관을 나타냈다. 특히 환생론자들이 이원론적 사고 성향이 가장 높았으며 초상현상에 대한 믿음도 가장 강하게 지니고 있었다. 이원론적 사고는 사후생 믿음, 특히 환생론적 믿음과 가장 밀접하게 관련되어 있는 것으로 나타났다.

3) 초상현상에 대한 믿음

사후생 믿음은 이원론적 사고뿐만 아니라 초상현상에 대한 믿음과도 밀접하게 연결되어 있다. 초상현상은 전생경험, 임사체험, 체외이탈, 유령현상, 텔레파시, 투시력, 염력과 같이 과학적 설명이 어려운 특수한 경험이나 사건들을 의미한다. 이러한 초상현상들은 육체를 떠난 의식의 존재 가능성을 보여 줄 뿐만 아니라 사후생의 존재를 지지하는 실증적인 증거가 될 수 있다. 스타노비치(1989)와 텔번(1996)의 연구에서도 초상현상에 대한 믿음은 이원론적 철학이나 사후생 믿음과 유의미한 상관을 나타냈다.

앞 장에서 소개한 바 있듯이, 초상현상의 존재를 부정하는 연구결과들이 제시되고 있을 뿐만 아니라 초상현상이 의미하는 바에 대한 견해 역시 다양하다. 예컨대, 전생경험, 체외이탈, 현현경험, 텔레파시, 염력과 같은 초상현상의 보고는 많은 경우 환상 또는 착각이거나 거짓말에 의한 것으로 밝혀지고 있다. 임사체험의 경우도 그것이 사후생의 존재를 의미하는 것인지 아니면 호흡과 심장이 정지된 사람의 뇌에서 일어나는 환상인지에 대한 논란이 계속되고 있다. 사후생을 믿는 사람들은 초상현상의 존재를 믿고 그러한 현상이 육체와 영혼의 이원론적 견해를 입증하는 것으로 받아들이는 경향이 있다.

이 밖에도 많은 사람이 사후생을 믿는 이유는 사후생 믿음이 죽음불안을 감소시키고 죽음수용을 촉진하는 순기능을 지니고 있기 때문이다(Thalbourne, 1996). 사후생 믿음은 말기환자의 경우처럼 죽음을 앞둔 사람에게 죽음공포를 줄여 주고 미래에 대한 희망을 갖게 해 준다. 또한 가족에게도 사별의 슬픔을 완화하고 재회의 희망을 제공해 주기 때문에 사후생 믿음이 더욱 강화될 수 있다. 사후생을 믿는 사람들은 동일한 믿음을 지닌 사람들과 교류하면서 그러한 믿음을 지지하는 증거나 정보를 더 많이 접하게 되는 반면, 그러한 믿음을 부정하는 사람이나 정보를 회피하게 된다. 인간은 자신이 믿는 것을 지지하는 정보에만 선택적으로 주의를 기울이는 확증편향을 지니고 있다. 따라서 사후생 믿음을 지닌 사람들은 초상현상에 대한 이야기에 더 많은 주의를 기울이고 그러한 현상을 이원론적 신념과 사후생의 신뢰할 만한 증거로 받아들이게 된다. 이처럼 사후생 믿음은 소망적 사고와 이원론적 사고를 비롯한 여러 가지 심리적 요인에 의해서 유지되고 강화될 수 있다.

4) 사후생 믿음의 긍정적 효과

사후생 믿음은 그 옳고 그름을 떠나서 인간의 삶에 여러 가지 순기능을 지니는 것으로 알려지고 있다. 진위를 판별하기 어려운 경우에는 자신의 삶에 도움이 되는 믿음을 지니는 것이 현명한지 모른다. 사후생 믿음의 가장 큰 효용은 죽음불안과 죽음공포를 완화시킨다는 점이다. 또한 사랑하는 사람과 사별한 사람들에게 사후생 믿음은 사별의 슬픔을 감소시키는 위로의 기능을 지닌다. 이처럼 사후생 믿음은 인간의 삶에 다양한 도움을 제공하는 기능적 효용성으로 인해서 그러한 믿음을 위협하는 연구결과들에도 불구하고 현대사회에서 널리 유지되고 있는 듯하다.

(1) 죽음불안의 완화와 죽음수용의 촉진
사후생 믿음이 죽음불안을 완화한다는 것은 여러 연구를 통해서 밝혀졌다(Ellis & Wahab, 2013; Flannelly, 2017). 공포관리 이론에 따르면, 종교의 주된 기능은 사후생 믿음을 통해 안전감과 불멸감을 제공함으로써 죽음의 공포를 감소시키는 것이다. 사후생 믿음은 종교적 신앙의 핵심적 요소로서 현재의 삶에 의미를 제공할 뿐만 아니라 다음 생에서 보상을 받을 것에 대한 희망을 갖게 해 준다.

사후생 믿음은 죽음불안과 서로 영향을 주고받는 것으로 알려지고 있다. 사후 생 믿음은 죽음불안을 감소시킬 뿐만 아니라 죽음불안에 의해서 강화될 수도 있 다. 한 실험 연구(Osarchuk & Tatz, 1973)에서는 피험자들에게 죽음불안을 유도한 결과 사후생에 대한 믿음이 증가하는 것으로 나타났다. 사후생 믿음은 죽음불안 에 대처하는 데 도움이 되기 때문이다. 달리 말하면, 죽음불안을 다른 방식으로 완 화할 수 있다면, 사후생 믿음이 감소할 수도 있다. 삶에 대한 의미감, 심리적 평온 감, 신에 대한 믿음을 지닌 사람들은 사후생을 믿지 않더라도 죽음불안과 절망감 이 낮은 것으로 나타났다(McClain-Jacobson et al., 2004).

사후생 믿음은 죽음불안 중에서도 특히 죽음 이후에 벌어질 일을 알지 못하는 공포를 완화시키는 것으로 나타났다. 실턴과 동료들(Silton, Flannelly et al., 2011) 은 사후생 믿음과 세 유형의 죽음공포(죽어 가는 과정에 대한 공포, 살아 있는 가족의 안위에 대한 공포, 사후세계에 대한 미지의 공포)의 관계를 조사했다. 그 결과, 사후생 믿음은 사후세계에 대한 미지의 공포와 유의미한 역상관을 나타냈다.

맥클레인-제이콥슨과 동료들(McClain-Jacobson et al., 2004)은 사후생 믿음이 질 병과 죽음에 대처하는 데 어떤 역할을 하는지 조사하기 위해서 호스피스 병동에 입원한 276명의 말기암환자를 대상으로 설문지와 면담을 통해 자료를 수집했다. 말기암환자 중 63.7%는 사후생을 믿는다고 응답했으며 17%는 사후생을 부정했고 19.6%는 잘 모르겠다고 응답했다. 사후생 믿음을 지닌 환자 중 68%가 그러한 믿 음을 통해 위안을 얻는다고 응답했다. 사후생을 믿는 환자들은 그렇지 않은 환자 들에 비해서 절망감 수준이 낮았고 빨리 죽고자 하는 소망이 낮았으며 자살사고도 적었다. 그러나 사후생을 믿지 않더라도 자신의 영적 안녕감(삶에 대한 의미감, 마 음의 평화, 신에 대한 믿음)이 높은 사람들은 절망감 수준이 낮았다.

사후생 믿음은 죽음수용과 연관되어 있다. 죽음불안이 낮은 사람들은 죽음을 더 잘 수용한다. 사후생을 믿는 사람은 죽음불안이 낮을 뿐만 아니라 죽음수용도 더 잘할 수 있다(Thalbourne, 1996). 일반적으로 종교성(religiosity)이 죽음불안을 감소시킬 뿐만 아니라 죽음수용을 증진하는 것으로 알려져 있다. 종교성은 특정한 종교기관에 소속되어 종교의식에 열성적으로 참여하고 종교적 교리를 강하게 믿으며 종교를 중요시하는 정도를 의미한다(Wink & Scott, 2005). 그러나 여러 연구(예: Thorson & Powell, 1994)에서 종교성이 높을수록 죽음불안이 낮은 것으로 나타났으나, 일부의 연구(Feifel, 1974)에서는 종교성과 죽음불안이 무관하거나 오히려 종교성이 높은 사람들이 더 높은 죽음불안을 경험하는 연구결과(Young & Daniels, 1981)도 있다.

팔켄하인과 핸달(Falkenhain & Handal, 2003)에 따르면, 죽음불안을 감소시키고 죽음수용을 증진하는 데에는 일반적인 종교성보다 내재적 종교성(intrinsic religiosity)이 더 중요하다. 사후생 믿음은 내재적 종교성의 핵심적 요소로서 죽음수용을 촉진하는 데 기여한다. 이들은 노인을 대상으로 한 실증적 연구를 통해서 사후생 믿음이 강한 노인일수록 죽음불안이 낮고 죽음수용이 높다는 것을 발견했다.

(2) 정신건강의 증진

사후생 믿음은 정신건강에 도움이 되는 것으로 보고되고 있다. 미국의 심리학자인 플라넬리와 동료들(Flannelly, Koenig, Galek, & Ellison, 2007)은 1,403명을 대상으로 한 전국적인 조사를 통해서 사후생 믿음과 6가지의 정신장애 증상의 관계를 조사했다. 그 결과, 사후생 믿음은 6개의 정신장애 증상(우울, 불안, 강박증상, 피해의식, 공포증, 신체화 증상)과 역상관을 지니는 것으로 나타났다. 즉, 사후생 믿음을 강하게 지닐수록 불안과 우울을 비롯한 정신장애 증상이 적은 것으로 나타났다.

또한 사후생 믿음은 삶의 위기와 고난을 견뎌 내는 데에도 도움이 되는 것으로 알려지고 있다. 사후생 믿음을 지닌 사람들은 그렇지 않은 사람들에 비해서 현재의 문제를 더 일시적인 것으로 여기고 부정적인 감정을 덜 경험했다(Ellison, Burdette, & Hill, 2009). 경제적 위기에 처했을 때에도 사후생 믿음을 지닌 사람들은 그렇지 않은 사람들에 비해서 더 낮은 수준의 심리적 고통을 보고했다(Bradshaw &

Ellison, 2010).

 사후생 믿음이 정신건강을 증진하는 이유는 인생의 고난과 위기를 더 커다란 맥락에서 해석하도록 해 주는 세계관을 제공하기 때문이다. 사후생 믿음은 개인으로 하여금 자신이 현재 겪고 있는 고난과 위기를 좀 더 넓은 맥락에서 이해하기 때문에 그것을 좀 더 일시적인 것으로 받아들이며 심리적 고통과 압박감을 덜 느끼게 할 수 있다. 또한 사악한 사람들은 사후세계에서 반드시 처벌을 받게 된다는 사후생 믿음을 지니면, 대인관계에서 피해를 입더라도 보복적 행동과 공격적 반응을 덜 나타내어 갈등의 증폭을 완화할 수 있을 것이다. 또한 사후생에서 보상을 받을 수 있다는 희망을 지니면, 현생의 고난과 역경을 좀 더 쉽게 수용하면서 극복할 수 있을 것이다.

✿ 진화적 위협평가 체계 이론: 사후생 믿음과 정신건강의 관계

 플라넬리와 동료들(Flannelly & Galek, 2010; Flannelly et al., 2007)은 종교적 믿음과 정신건강의 관계를 설명하기 위해서 **진화적 위협평가 체계**(Evolutionary Threat Assessment Systems: ETAS)라는 개념을 제시했다. 이들이 제시한 ETAS 이론에 따르면, 다양한 정신장애는 진화적 뿌리를 지니고 있으며 특히 위협평가와 관련된 뇌의 기능과 밀접히 연결되어 있다. 여러 정신장애의 증상은 주변 환경에 존재하는 잠재적 위협을 탐지하고 평가하기 위해 진화한 뇌기능의 결과이다. 위협평가를 위해 진화한 뇌의 세 영역은 위협에 본능적으로 작동하는 기저핵(basal ganglia), 위협에 대한 정서적 평가체계인 변연계(limbic system), 그리고 위협에 대한 인지적 판단을 담당하는 신피질(neocortex)이다. 정신장애는 이러한 세 체계의 위협평가가 상충하거나 부적절하게 기능할 때 생겨날 수 있다.

 불안장애와 공포증은 세상과 주변 환경에 대한 과도한 위협평가에 의해 촉발되며, 사회불안과 피해의식은 다른 사람들에 의해 무시나 공격을 당할 수 있다는 위협평가에 의해 유발될 수 있다. 세상은 위험한 곳이며 인간의 본성은 사악하다는 믿음은 위협평가 체계를 과도하게 활성화시켜 정신장애를 유발할 수 있다. 반면에, 종교적 믿음은 신피질과 관련된 인지적 위협평가 체계에 작용함으로써 정신건강에 영향을 미칠 수 있다. 신에 대한 믿음은 삶에서 직면하게 되는 위협평가를 감소시켜 정신장애의 발생을 막을 수 있다. 특히 사후생 믿음은 가장 큰 위협, 즉 죽음에 대한 위협평가를 감소시킬 수 있다. 죽음은 자기존재의 영원한 소멸이 아니라 더 나은 세계로의 변화일 뿐이며 자기존재가 영원히 존속한다는 믿음은 위협평가를 감소시킴으로써 주관적 안녕감을 증가시키고 정신장애를 감소시킬 수 있다. ETAS 이론은 종교가 정신건강을 증진하는 이유를 진화적 맥락과 뇌기능의 관점에서 설명하고 있다.

(3) 사별 슬픔의 위로

사후생 믿음은 사별에 의해 야기된 슬픔과 고통에 대처하는 데에도 도움이 된다 (Benore & Park, 2004; Pargament, 1997). 사랑하는 사람의 죽음은 삶에서 겪는 가장 고통스럽고 절망적인 경험 중 하나이다. 사후생 믿음은 사별로 인한 절망의 시기에 고인과의 정서적 애착을 지속적으로 유지하게 함으로써 사별한 사람의 삶을 보호하는 기능을 한다. 사랑하는 사람이 다른 세계의 어딘가에 존재할 뿐만 아니라 언젠가 다시 만날 수 있다는 믿음은 사별로 인한 상실감과 슬픔을 완화하게 된다. 또한 선량한 사람이 억울하게 사망한 경우에도 그가 사후생에서 정당한 보상을 받을 것이라는 믿음은 공정하고 정의로운 세상에 대한 신념이 파괴되는 것을 방지하고 분노를 완화할 수 있다. 이처럼 사후생 믿음은 사별한 사람을 위로하고 보호하는 적응적 기능을 지닌다.

실증적 연구에서도 사후생의 존재를 강하게 믿는 사람들은 사별의 충격으로부터 더 잘 회복하는 것으로 나타났다(Smith, Range, & Ulmer, 1992). 사후생에서 사랑하는 사람과 재회할 수 있다는 생각은 사별과 관련된 스트레스의 부정적 영향을 완화한다(Wuthnow, Christiano, & Kuzlowski, 1980). 또한 배우자 사별의 경우, 사후생 믿음은 고인에 대한 고통스러운 생각이 자꾸 떠오르는 침투적 사고를 줄이는 것으로 나타났다(Archer, 1999). 배우자가 사후세계에서 좋은 삶을 누리고 있을 뿐만 아니라 다시 만날 수 있다는 믿음은 사별로 인해 떠오르는 고통스러운 생각들을 감소시키기 때문이다.

그러나 최근의 연구(Carr & Sharp, 2014; Stroebe, 2004; Stroebe, Schut, & Boerner, 2006)에 따르면, 사후생 믿음이 사별한 사람의 적응에 항상 긍정적인 기능만을 하는 것은 아니다. 사후생 믿음의 효과는 그러한 믿음의 속성과 내용에 따라 다르다. 사후생에 대한 비관적 관점은 오히려 사별의 스트레스를 증가시킨다(Carr, 2009). 예컨대, 삶에서 종교적 계율을 잘 지키지 않았거나 죄를 지은 사람이 사후생에서 가혹한 처벌을 받을 것이라는 믿음은 오히려 사별한 사람을 더욱 고통스럽게 만들 수 있다.

또한 사후생 믿음이 사별한 사람의 적응에 단기적으로는 도움이 되지만 장기적으로는 부적응을 유발할 수 있다. 사별 초기에는 사후생 믿음이 고인과의 정서적 유대를 지속시킴으로써 영원한 단절의 슬픔을 완화하는 위로 기능을 지닌다. 그러나 고인에 대한 지속적인 애착은 사별자의 장기적 적응을 방해할 수 있다. 고인과의 지속적 애착은 그리움의 감정을 강화하고 고인이 여전히 존재한다는 믿음은 다시 연결하고 재결합하려는 욕구를 더욱 강하게 만들 수 있기 때문이다. 또한 사별한 사람의 장기적 적응을 위해서는 새로운 사람을 만나 새로운 애착관계를 형성하는 것이 필요하다. 그러나 고인이 살아서 존재한다는 믿음은 새로운 관계 형성을 방해할 수 있다. 고인과의 지속적인 애착은 일종의 회피 반응으로서 사별한 사람이 다른 의미 있는 관계와 역할을 탐색하여 고인이 존재하지 않는 세상에 적응하는 데 부정적인 영향을 미칠 수 있다. 요컨대, 사후생 믿음은 그러한 믿음의 내용, 고인과의 관계, 사별의 단계 등에 따라서 사별한 사람의 적응에 미치는 효과가 달라질 수 있다.

(4) 친사회적 행동의 촉진

사후생 믿음은 친사회적 행동을 촉진하는 긍정적인 사회적 기능을 지닌다. 사후생 믿음은 환생론이든 부활론이든 현생의 행위에 근거하여 사후에 심판을 받게 된다는 믿음과 연결되어 있다. 이러한 심판의 결과에 의해서 다음 생의 좋고 나쁨이 결정될 뿐만 아니라 천국 또는 지옥에서 영원히 살게 된다는 믿음을 수반한다.

이러한 사후생 믿음은 선한 행위를 권장하고 악한 행위를 억제하는 기능을 함으로써 사회적 안정과 질서를 유지하는 데 도움이 될 수 있다.

대부분의 사회에서 도덕성은 사후생 믿음과 관련되어 있다. 특히 대부분의 종교는 초자연적 존재와 사후생을 주장할 뿐만 아니라 초자연적 존재가 요구하는 삶의 규범과 행위의 계율을 제시하고 있다. 이러한 종교적 규범과 계율은 친사회적이고 윤리적인 행위를 촉진하고 반사회적이고 폭력적인 행위를 억제하도록 권장하고 있다. 도덕성은 초자연적 존재에 의한 행동규범으로서 그러한 규범을 위배한 사람은 사후생에서 처벌을 받게 되는 반면, 규범을 잘 준수한 사람은 보상을 받게 된다.

존슨과 크루거(Johnson & Kruger, 2004)는 친사회적 행동이 유발되는 원인을 설명하기 위해서 초자연적 처벌 가설(supernatural punishment hypothesis)을 제시했다. 이 가설에 따르면, 초자연적 감찰과 처벌(supernatural monitoring and punishment), 즉 하나님과 같은 초자연적인 존재에 의해서 개인의 행동이 항상 감찰되며 그 결과에 의해 현생이나 사후생에서 처벌받게 된다는 믿음이 친사회적 행동을 촉발한다. 존슨(Johnson, 2005)은 실증적 연구를 통해서 인간의 문제에 적극적으로 개입하고 도덕적 행위를 지지하는 신에 대한 믿음이 친사회적 행동을 촉진한다는 것을 보여 주었다. 다른 연구(Akinson & Bourrat, 2011)에서도 초자연적 존재와 사후생 믿음이 도덕적 판단에 영향을 미치는 것으로 나타났다. 이 연구에서는 범칙행위에 대한 87개국의 방대한 자료를 분석한 결과, 하나님을 믿을 뿐만 아니라 사후생(천국과 지옥)을 믿는 사람들은 그렇지 않은 사람들에 비해서 도덕적 규범을 위배하는 행위에 대해서 더 부정적인 평가를 하는 것으로 나타났다.

그러나 사후생 믿음은 친사회적 행동뿐만 아니라 반사회적 행위도 촉진하는 것으로 밝혀지고 있다. 대학생을 대상으로 실험적 연구를 수행한 샤리프와 노렌자얀(Shariff & Norenzayan, 2011)에 따르면, 하나님이 잘못에 대해 분노하며 처벌적이라는 믿음은 학업적 속임수를 줄이는 반면, 하나님이 잘못에 대해 용서하는 관용적 존재라는 믿음은 오히려 학업적 속임수를 증가시켰다. 샤리프와 렘툴라(Shariff

& Rhemtulla, 2012)는 67개국의 방대한 통계자료를 분석한 결과, 천국과 지옥에 대한 믿음이 범죄율과 유의미한 상관을 지닌다는 것을 발견했다. 지옥에 대한 믿음은 낮은 범죄율과 연관되는 반면, 천국에 대한 믿음은 높은 범죄율과 유의미한 상관을 보였다. 천국과 지옥에 대한 믿음은 소득수준이나 소득불평등 수준보다 범죄율을 더 잘 예측하는 것으로 나타났다.

사후생 믿음은 종교적 갈등과 관련하여 폭력행위를 조장할 수 있다. 또한 테러리스트의 경우처럼, 사후생 믿음은 자신의 생명을 희생하는 대신 사후생에서 커다란 보상을 받을 것이라는 믿음을 통해 파괴적인 폭력행위를 정당화하는 기반이 될 수 있다. 공포관리 이론에서 주장하고 있듯이, 죽음을 부정하는 사후생 믿음은 동일한 믿음을 지닌 사람들에게는 친사회적 행동을 유발하지만 그러한 믿음을 위협하는 사람들에게는 적대적 행동을 유발할 수 있다. 인류의 역사에 기록된 대부분의 종교전쟁이 가혹한 폭력과 처절한 파괴로 점철된 이유가 여기에 있다.

(5) 사후생 믿음의 긍정적 효과에 대한 논란

사후생 믿음은 죽음불안을 완화하고 사후생의 희망을 제공함으로써 삶의 의욕과 정신건강을 증진하는 순기능을 지닌다. 또한 사후의 심판을 통한 처벌과 보상에 대한 믿음을 통해 친사회적 행동을 촉진하고 반사회적 행동을 억제하여 사회적 안정과 발전에 기여할 수 있다. 그러나 모든 문화적 장치가 그러하듯이, 사후생 믿음도 순기능을 지니는 동시에 역기능을 나타낼 수 있다. 아침 이슬은 소가 마시면 우유가 되지만 뱀이 마시면 독이 된다. 모든 것이 잘 사용하면 약이 되지만, 잘못 사용하면 독이 될 수 있다. 이러한 점에서 사후생 믿음의 순기능과 긍정적 효과뿐만 아니라 역기능과 부정적 효과를 잘 이해하는 것이 중요하다.

첫째, 사후생 믿음은 현생의 소중함을 훼손할 수 있다. 하이데거(Heidegger, 1927)와 같은 실존철학자들은 죽음을 인간의 가장 중요한 실존적 조건으로 여긴다. 인간은 죽음을 향해 가는 존재이며 단 한 번뿐인 인생이기 때문에 삶을 더 소중하게 여기고 최선의 삶을 살아야겠다는 의지가 생겨나는 것이다. 만약 삶이 영원히 지속된다면 과연 하루하루의 삶을 소중하게 여길 수 있을까? 사후생 믿음을 지닌 사람들은 내생에 대한 기대를 지니기 때문에 현생의 '지금 여기'에 대한 관심이 줄어들 수 있다. 이 세상을 더 좋은 곳으로 만들기 위해 노력하기보다 사후생을 위한 준비에 더 많은 관심과 에너지를 쏟을 수 있다. 테러리스트의 경우처럼, 사후생의 보상을 위해서 현생을 희생하는 비극적인 일들이 벌어지기도 한다.

둘째, 사후생 믿음은 개인의 건강한 욕구를 억압하고 사후심판에 대한 불안과 죄의식을 유발할 수 있다. 사후생 믿음은 선악(善惡)에 대한 이분법적 구분에 근거한 계율을 제시하고 그 준수 여부의 사후 심판을 통해 천국과 지옥에서의 영원한 삶을 살게 된다는 믿음을 포함한다. 사후생 믿음과 관련된 경직된 계율은 인간의 본능적 욕구와 자유로운 삶을 억압함으로써 위선적 행위와 신경증적 증상을 유발할 수 있다(Yalom, 1980). 특히 하나님과 같은 초자연적 존재에 의해서 개인의 모든 행위가 감찰되고 기록되어 사후심판의 근거가 된다는 생각은 개인의 자유로운 삶을 억압하는 동시에 불필요한 죄의식을 유발할 수 있다. 사후생 믿음은 죽음의 공포를 감소시키는 대신 죄의식과 사후심판의 공포를 증가시킬 수 있다.

셋째, 사후생 믿음은 삶의 현실을 외면하게 만듦으로써 장기적으로 부적응을 초래할 수 있다. 사후생 믿음은 삶의 고난과 위기 상황에서 심리적 스트레스를 덜 느끼게 하는 순기능을 지니지만 그 효과가 일시적일 뿐만 아니라 현실적인 문제의 직면과 해결을 저해함으로써 장기적으로는 오히려 부적응을 유발할 수 있다(Carr & Sharp, 2014). 실존적 심리치료자인 얄롬(Yalom, 1980)에 따르면, 전지전능한 초월적 존재가 자신을 영원히 보살피며 보호해 줄 것이라는 믿음은 심리적 안전감을 제공하지만 현실과 괴리된 것이기 때문에 더 큰 부적응을 초래할 수 있다. 또한 자신은 특별한 존재여서 죽지 않을 것이라는 믿음은 자신감을 줄 수 있지만 죽음 앞에서 더 큰 공포를 유발할 수 있다. 죽음을 직면할 용기가 없는 사람은 사후생 믿음을 통해 심리적 위로를 받는 대신에 현실과 괴리된 허구적인 삶을 살 수 있다 (Kobasa & Maddi, 1977).

넷째, 사후생 믿음은 자신과 다른 믿음을 지닌 사람에 대한 적대감과 공격성을 촉발할 수 있다. 종교와 관련된 전쟁이나 테러 행위에서 볼 수 있듯이, 사후생 믿음은 자신의 종교적 신념에 도전하는 사람들에 대해서 강렬한 분노와 공격적 행위를 촉발할 수 있다. 더구나 사후생 믿음은 신과 종교를 위해 자신의 생명을 희생한 대가로 사후생에서 더 큰 보상을 받을 것이라는 믿음을 유발함으로써 다른 종교적 신념을 지닌 사람들에 대한 공격과 폭력을 증폭시킬 수 있다(Pyszczynski et al., 2003).

　다섯째, 사후생 믿음은 건강하지 못한 의도를 지닌 종교지도자들에 의해서 신자들을 통제하고 착취하는 수단이 될 수 있다. 중세시대의 기독교 지도자들이 면죄부를 판매한 바 있듯이, 현대사회에서도 일부의 종교지도자들은 사후생에서의 처벌과 보상을 강조하며 신도들을 위협하고 유혹하면서 자신의 이익을 위한 행동을 강요하고 있다. 동서고금을 막론하고, 종교지도자들이 사후세계를 마치 자신이 직접 경험한 것처럼 구체적으로 묘사하면서 신자들을 현혹하여 자신의 권력과 이익을 취한 사례가 무수하게 많다. 때로는 종교지도자들이 정치인들과 결탁하여 사후생의 보상을 약속하면서 젊은이들을 전쟁터로 몰아간 사례 역시 드물지 않다. 이처럼 사후생 믿음은 위선적인 종교지도자들에 의해서 신자들을 통제하고 착취하는 수단으로 악용될 수 있다. 사후생 믿음은 양날의 검과 같다. 잘 쓰면 사람을 살릴 수 있지만, 잘못 쓰면 사람을 죽일 수도 있다. 종교지도자와 신자들은 사후생 믿음의 양면성을 잘 알고 있어야 한다. 항상 깨어 있지 않으면 사후생의 달콤한 유혹에 넘어가는 희생자가 될 수 있다.

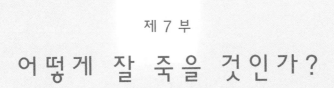

제 7 부

어떻게 잘 죽을 것인가?

제22장

좋은 죽음: 웰다잉의 조건

1. 좋은 죽음과 웰다잉

죽음은 모든 인간에게 피할 수 없는 운명이다. 죽음을 피할 수 없다면, 우리가 할 수 있는 최선의 선택은 잘 살다가 잘 죽는 것이다. 우리에게 주어진 삶을 잘 사는 웰리빙(well-living)과 더불어 삶을 잘 마무리하는 웰다잉(well-dying)이 우리 인생에서 가장 중요한 두 가지 과제이다.

삶은 인생의 마지막 순간까지 이어지는 것이기 때문에 웰리빙과 웰다잉은 별개의 과정이 아니다. 잘 살아야 잘 죽을 수 있고, 잘 죽어야 잘 살았다고 할 수 있다. 웰리빙은 웰다잉을 위한 필수적 조건이며, 웰다잉은 웰리빙의 마지막 과정이다. 젊은 시절에 아무리 멋진 삶을 살았더라도, 인생의 마지막에 죽어 가는 과정이 고통스럽고 비참하다면 잘 산 인생이라고 할 수 없을 것이다.

그렇다면 어떻게 죽는 것이 잘 죽는 것일까? '좋은 죽음(good death)' 또는 성공적인 죽음(successful dying)은 어떤 것일까? 좋은 삶은 좋은 죽음을 통해 완성된다. 죽음학의 중요한 관심사는 우리 자신이 좋은 죽음을 맞이할 뿐만 아니라 우리 사회의 모든 구성원들이 좋은 죽음에 이르도록 돕는 것이다.

1) 웰다잉에 대한 현대인의 관심

21세기에는 과거의 어떤 시대보다도 웰다잉과 좋은 죽음에 대한 관심이 증가하고 있다. 현대사회에서 웰다잉은 개인적인 관심사를 넘어 매우 중요한 사회적 문제로 대두되고 있다. 그 이유로는 크게 세 가지, 즉 노인 인구의 급격한 증가, 죽음 논의에 대한 사회적 개방성, 그리고 죽음에 이르는 죽어감 궤도의 장기화를 들 수 있다(Hales, Zimmermann, & Rodin, 2008).

현대사회는 노인 인구가 급격히 증가하면서 고령화사회로 전환되고 있다. 인류는 지난 20세기에 수명이 급격히 증가하는 역사적 변화를 겪고 있다. 인류의 평균수명은 1,900년에 30대 초반이었던 것이 의학의 눈부신 발전으로 1970년에 60세 전후로 증가했다(Riley, 2005). 우리나라의 경우, 조선시대 후기인 1930년대의 평균수명이 남자 32~34세이고 여자 35~37세였다(동아일보, 1938. 10. 12.). 한국인의 평균수명은 1970년에 61.5세(남자 58세, 여자 65세)였으며 2010년에는 80.5세(남자 77세, 여자 84세)로 증가했다. 이처럼 수명이 급격히 증가하면서 2017년에는 우리나라도 65세 이상의 노인 인구가 14%를 넘는 노령사회로 접어들었다. 이처럼 현대사회에서는 인구의 상당 부분을 차지하는 노인들의 삶의 질뿐만 아니라 죽어감과 죽음의 질에 대한 사회적 관심이 높아지고 있다.

현대사회에서는 죽음의 논의에 대한 사회적 개방성이 증가하고 있다. 과거의 사회에서는 죽음에 대해 이야기하는 것이 일종의 금기였다. 죽음은 즐거운 대화를 위해서 반드시 피해야 할 주제였다. 그러나 고령화 현상이 급격히 진행되면서 죽음은 더 이상 회피할 수 없는 사회적 관심사가 되고 있다. 최근에는 안락사나 존엄사와 같이 죽어 가는 사람의 권리에 대한 논의가 활발하게 이루어지고 있으며 죽어 가는 사람의 삶의 질을 증진하는 호스피스 운동도 확산되고 있다. 모든 현대인에게 있어서 죽어감과 죽음의 문제가 중요한 관심사로 떠오르고 있다. 바야흐로 21세기에 죽음의 판도라 상자가 열리고 있다.

현대사회에서는 죽어감의 과정이 과거에 비해 현저하게 장기화되고 있다. 20세기 이전에는 주된 사망원인이 갑자기 죽음을 맞게 되는 출산과정의 문제나 전염병이었다. 그러나 20세기에는 의학의 발전으로 인해 대부분의 질병을 예방하거나 치료하는 방법이 발견되었다. 의사들은 환자를 죽음으로부터 살려 내고 생명을 연장시키는 과업에서 놀라운 성공을 거두었다. 그 결과, 현대사회는 그야말로 '살기는 쉬우나 죽기가 어려운 시대'가 되었다. 현대인이 죽음에 이르게 되는 죽어감의 궤도가 장기화되고 있다. 따라서 현대인은 자신의 죽음을 예견하고 준비하는 임종기 계획(end-of-life planning)을 할 수 있는 많은 시간을 갖게 되었다. 의료인들의 관심도 환자의 생존과 질병 치료에 초점을 맞추던 것에서 환자의 삶의 질을 고려하고 좋은 죽음에 이르도록 돕는 것으로 확장되고 있다.

2) 좋은 죽음의 개념에 대한 시대적 변화

어떻게 죽는 것이 잘 죽는 것일까? 좋은 죽음의 개념은 시대에 따라 변화했다. 호모 사피엔스가 아프리카 대륙에 출현한 이래 20만 년의 세월이 흐르면서 인류는 대략 8,000세대의 출생과 사망을 겪었다. 다른 동물과 달리, 인간은 수많은 죽음을 목격하면서 자신의 죽음을 예상하는 존재가 되었다. 이러한 죽음의 예상은 인간에게 두 가지의 커다란 영향을 미쳤다. 그 하나는 죽음을 방지하기 위한 다양한 노력을 기울이는 것이고, 다른 하나는 죽음 이후의 삶에 관해서 탐구하기 시작한 것이다.

(1) 수렵시대의 좋은 죽음

인류는 지난 20만 년의 세월 중 약 19만 년 동안 수렵채집 생활을 했다. 수렵채취를 위해 석기를 사용했던 시대에는 죽음이 갑자기 일어났다. 죽음은 사고 또는 동물이나 다른 인간의 공격에 의해서 갑자기 일어났으며 죽음을 준비하거나 숙고

할 시간이 허용되지 않았다. 이러한 상황에서 인류는 죽어감의 과정보다는 죽음 이후의 세계에 대해 더 많은 관심을 갖게 되었다. 석기시대에는 죽은 사람이 더 좋은 세계로 무사히 옮겨 가는 좋은 건너감(good passing)에 관심을 가졌다. 좋은 건너감은 개인이 어떤 상태로 죽어 갔느냐는 것보다 살아 있는 사람들의 생각에 근거해서 그가 죽음 이후에 하게 될 여행의 좋고 나쁨에 의해서 평가되었다. 죽은 사람의 미래는 살아 있는 사람들이 죽은 사람을 대신하여 어떻게 행동하느냐에 의해 결정된다고 여겼다. 석기시대의 무덤에서는 죽은 사람의 사후 여행에 도움이 될 수 있는 부장품들이 발견되고 있다.

(2) 농경시대의 좋은 죽음

기원전 3,500년경부터 인류는 수렵과 채집의 석기시대가 지나고 농사와 목축을 하며 살아가는 정착사회로 발전했다. 이때부터 농경사회가 지속된 15세기까지 인류는 대부분 천연두, 말라리아, 이질이나 설사병과 같은 전염병에 걸려 죽었다. 이러한 질병들은 몇 주에서 몇 개월에 이르는 과정을 통해서 죽음에 이르게 했기 때문에 이 시대의 인류는 과거의 갑작스러운 죽음에 비해서 좀 더 점진적인 죽어감의 과정을 경험하게 되었다. 따라서 이 시대의 농부들에게 있어서 죽음은 좀 더 예측 가능한 것이었으며 죽어 가는 과정에 참여하여 자신의 소망을 반영할 수 있게 되었다.

농경시대에는 개인이 가족과 공동체의 도움을 받으며 죽음을 준비할 시간이 허용된 죽음을 좋은 죽음으로 여겼다. 문화권마다 차이가 있지만, 잘 사는 것을 통해서 좋은 죽음에 이를 수 있다는 믿음, 즉 삶은 좋은 죽음을 위한 준비과정이라는 믿음이 생겨났다. 『죽음의 역사』를 저술한 아리에스에 따르면, 중세의 죽음은 죽어 가는 사람이 가족이나 친구와 함께 하는 공동체의 행사였다. 그는 이러한 죽어감의 과정을 순화된 죽음(tamed death)이라고 명명하며 갑작스럽게 일어나는 폭력적이고 비참한 죽음과 구분했다. 서구사회에서 페스트가 유행하던 15세기에는 기독교 신앙에 근거하여 좋은 죽음에 이르도록 안내하는 소책자인 『아르스 모리엔

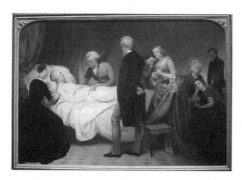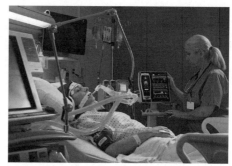

◈ 죽음의 모습도 시대에 따라 변한다.

디(*Ars Moriendi*)』가 널리 보급되어 유행했다. 이 소책자는 임종 시에 육체를 떠나려는 영혼을 둘러싸고 천사와 악마가 싸우는 드라마를 묘사하면서 기독교도로서 어떻게 임종하는 것이 바람직한지를 소개하고 있다.

(3) 산업사회(18~20세기)의 좋은 죽음

18세기 중엽부터 영국에서 시작된 산업혁명은 사회경제적 구조를 변화시켰을 뿐만 아니라 의료기술과 병원제도의 발전을 통해서 좋은 죽음의 개념에도 영향을 미쳤다. 죽음의 장소가 집에서부터 병원으로 옮겨 가게 되었다. 미국의 경우, 두 번의 세계대전을 거치면서 급격하게 확산된 의료보험제도로 인해서 병원이 건강 관리의 중심적 기관이 되었다. 의료적 활동도 급성질병에 초점을 맞추며 가정에서 이루어지던 왕진 형태에서 환자가 병원을 방문하여 치료를 받는 병원 중심의 형태로 변했다. 죽음은 병원에서 의료진에 의해 통제되는 사건이 되었다(Foley & Gelband, 2001).

이러한 변화와 함께 좋은 죽음의 개념은 개인이 죽어 가는 과정에서 의료진이 참여하여 통제하는 관리된 죽음(managed death)으로 변화했다(Kellehear, 1990). 죽음은 더 이상 개인이 삶을 마무리하는 성스러운 사건이 아니라 의료적 실패(medical failure)로 여겨지는 기술적 사건이 되었다. 의사는 환자의 입원 여부, 치료의 선택과 적용, 죽음의 결정과 임종 장소를 결정하는 권력을 갖게 되었다. 죽어

가는 사람에 대한 의사의 권력 증대는 환자와 가족이 죽어감의 과정에서 인격적 존재로 존중받지 못하고 의사결정에서도 주변적인 존재로 밀려나는 결과를 초래하게 되었다.

(4) 현대사회(1950년대~현재)의 좋은 죽음

20세기 중반에 죽음에 대한 태도와 가치에 대한 다양한 도전이 생겨났다. 좋은 죽음을 맞이하기 위해서는 환자와 가족이 죽어감 과정에서 중심적인 역할을 해야 한다는 주장이 제기되었다. 이를 위해서는 의사가 환자의 질병상태를 환자 자신과 가족에게 솔직하게 알리고 효과적으로 의사소통하는 것이 중요하다는 점이 확산되었다.

글래서와 스트라우스(Glaser & Strauss, 1965)는 6개 병원을 대상으로 한 대규모 연구를 통해서 죽어 가는 환자와 의료진의 상호작용 유형을 조사했다. 이들은 여러 상호작용 유형 중에서 의료진이 환자에게 질병상태를 숨기지 않고 투명하게 소통하는 공개적 인식(open awareness)이 가장 바람직하다는 결론을 도출했다. 이러한 연구결과는 죽음과 죽어감에 대한 의료진의 태도를 변화시켰으며 좋은 죽음의 정의에도 영향을 미쳤다.

이와 함께 호스피스 및 완화 돌봄 운동(hospice and palliative care movement)을 통해서 죽어 가는 환자에 대한 인도주의적 돌봄의 중요성이 의료계에 확산되었다. 1967년에 시슬리 손더스(Cicely Saunders)는 런던에 성 크리스토퍼 병원을 개원하면서 호스피스 운동을 널리 알리는 계기가 되었을 뿐만 아니라 죽어 가는 사람에 대한 돌봄이 어떠해야 하는지를 제시하였다. 이와 비슷한 시기에 퀴블러로스(Kübler-Ross, 1969)는 말기환자를 대상으로 한 연구를 통해서 죽어 가는 과정의 심리적 변화에 대한 5단계 이론을 제시하였다.

1990년에 세계보건기구(WHO)는 완화 돌봄(palliative care)의 중요성을 강조하면서 그 대상을 죽어 가는 환자뿐만 아니라 고통받는 모든 환자로 확장했다. 세계보건기구는 완화 돌봄을 환자의 신체적 증상뿐만 아니라 심리적·사회적·영적 욕구를 신속하게 해결하고 환자 가족의 삶의 질을 향상시키는 다학문적 접근이라고 정의했다. 완화 돌봄 운동의 영향으로 미국의 경우는 1995년부터 전국적으로 병원에 완화 돌봄 프로그램이 개설되었다.

마지막으로, 죽을 권리 운동(right to die movement)을 통해서 안락사에 대한 관심이 확산되었다. 미국의 철학자인 존 하드윅(John Hardwig, 1997a, 1997b)은 좋은 죽음이란 죽어야 할 적절한 시점을 인식하고 생명의 종말로 나아가는 심오한 과제라고 주장하면서 안락사의 필요성을 강조했다. 그에 따르면, 인간은 죽을 권리(right to die)를 지니고 있으며 죽어감의 기술(dying art)을 배우는 것이 필요하다. 특히 죽음이 너무 늦게 서서히 찾아올 때 죽어감의 기술이 필요하다. 모든 사람들은 자신을 돌보느라 가족과 사랑하는 사람들이 커다란 부담을 느끼고 그들의 삶이 훼손될 때, 죽을 의무(duty to die)를 지닌다. 우리 모두가 고통 없이 존엄하게 죽을 권리를 가지고 있으며 치료에 대한 환자의 바람은 존중되어야 한다. 고통 없는 죽음이 좋은 죽음의 필수적 조건이라는 점이 널리 확산되면서 일부 국가에서는 안락사가 합법적인 것으로 수용되고 있다.

2. 좋은 죽음의 정의

죽음은 인간이 가장 두려워하는 재앙이자 가장 혐오하는 불행이다. 이처럼 부정적 의미를 지닌 죽음에도 '좋은' 것이 있을 수 있을까? '좋은'과 '죽음'이라는 개념은 모순적인 것이며 양립하기 불가능한 것이다. 과연 좋은 죽음이란 무엇을 의미할까? 좋은 죽음과 나쁜 죽음이 존재하는 것일까? 어떤 죽음은 다른 죽음보다 더 좋은 것일까? 우리의 죽음을 좋은 죽음으로 만들 수 있을까?

1) 좋은 죽음

◈ 어떤 죽음이 좋은 죽음일까?

죽음은 삶의 마지막 과정으로서 부정적인 것으로 여겨져 왔다. 그러나 모든 죽음이 고통스럽고 비참하기만 한 부정적인 것은 아니다. 어떤 죽음은 긍정적인 형용사에 의해서 기술되기도 한다. 예컨대, 좋은 죽음, 평화로운 죽음, 품위 있는 죽음, 의미 있는 죽음, 존경스러운 죽음, 존엄한 죽음, 적절한 죽음, 이상적인 죽음, 멋진 죽음, 우아한 죽음, 용감한 죽음, 숭고한 죽음, 자기실현적 죽음, 행복한 죽음 등으로 묘사되기도 한다.

죽음은 불운한 사람에게만 찾아오는 특별한 질병이나 장애가 아니다. 죽음은 불가피한 자연의 이치로서 모든 인간에게 보편적인 것이다. 죽음은 모든 것 중에서 가장 평등하고 민주적인 것이다(Feifel, 1977). 죽음은 삶의 필연적 대가이다. 우리가 삶을 구입할 때는 죽음도 함께 구입하는 것이다(Callahan, 1977). 그런데 우리는 삶을 사랑하지만 죽음은 혐오한다. 삶은 좋은 것, 즉 선(善)이고 죽음은 나쁜 것, 즉 악(惡)이라는 이분법적 사고에 젖어 있다. 죽음에 대한 가장 일반적인 견해는 그것이 재앙이며 어떻게든 회피해야 할 공포라는 것이다(Weissman, 1972). 과연 죽음에도 좋은 점이 있을까? 죽음보다 더 고통스럽고 나쁜 것이 있을까? '좋은 죽음'에 대한 논의를 통해서 죽음의 악명(惡名)을 순화시킬 수 있을까?

철학자이자 생명윤리학자인 대니얼 캘러핸(Daniel Callahan, 1977)은 좋은 죽음을 자연적 죽음(natural death)으로 규정하면서 그 네 가지 조건을 다음과 같이 제시했다.

(1) 개인이 직업적 또는 전문적 영역에서 추구하던 인생의 과제가 어느 정도 성

취된 인생의 시기에 맞이하는 죽음

(2) 개인이 의무감을 느끼고 있던 사람들(특히 자녀)에 대한 도덕적 책임으로부터 벗어났을 때 맞이하는 죽음

(3) 다른 사람에게 위협감이나 절망감 또는 분노를 유발하지 않는 죽음

(4) 죽어 가는 과정에서 참을 수 없고 품위를 떨어뜨리는 통증을 겪지 않는 죽음

달리 말하면, 너무 이른 나이에 예상치 못한 죽음을 맞게 되거나 오랜 기간 신체적·심리적 고통을 겪으며 다른 사람들의 외면 속에서 외롭게 죽는 것은 자연스럽지 못한 죽음(unnatural death)이라고 보았다. 그는 현대의 의학적 기술이 과연 좋은 죽음을 위해 기여하고 있는지 의문을 제기하면서 의학은 환자의 죽음을 실패로 여기지 말고 환자가 좋은 죽음에 이르도록 보살피는 것을 궁극적 목표로 삼아야 한다고 주장했다. 그는 평화로운 죽음(peaceful death)이 좋은 죽음의 핵심적 특징이며 현대사회에서는 부적절하고 과도한 의료적 개입과 생명연장술의 공격적 시술로 인해서 평화로운 죽음이 훼손되고 있다고 주장했다.

정신과의사인 에버리 와이스만(Avery Weisman, 1984)은 적절한 죽음(appropriate death)이라는 개념을 제시했다. 그에 따르면, 어떤 죽음은 다른 죽음보다 낫다. 어떤 죽음은 매우 조화로워서 '적절하다'고 지칭할 수 있다. 적절한 죽음은 불행한 사람이 선택하는 자살적 죽음과 반대되는 개념이다. 적절한 죽음은 다음과 같은 네 가지의 특성을 지닌다.

(1) 죽음에 대한 심리내적 갈등이 감소한다.

(2) 개인의 죽어 가는 태도가 그의 자아 이상과 일치한다.

(3) 중요한 관계를 잘 유지하거나 복구한다.

(4) 소망과 성장을 위한 목표가 있으며 어느 정도의 성취감을 경험한다.

한 사람에게 적절한 것이 다른 사람에게는 그렇지 않을 수 있다. 평소에 의연하

고 고결한 모습을 나타내는 사람들이 죽어 가는 과정에서 분노, 죄책감, 공포, 우울과 같은 부정적 감정을 드러내는 경우가 드물지 않다. 죽음이 그가 인생을 살아온 방식과 일치한다면, 그리고 죽음이 그 사람에게 의미 있고 소중한 것을 고양하게 된다면, 그러한 죽음은 적절하다고 할 수 있다.

사회학자이자 인류학자인 마이클 컬(Michaeal Kearl, 1989)에 따르면, 모든 문화는 좋은 죽음에 대한 개념을 가지고 있다. 그러나 좋은 죽음의 구체적 특성은 문화에 따라 매우 다르며 시대에 따라 변한다. 대부분의 문화에서 긍정적 의미를 부여하는 죽음을 좋은 죽음으로 여긴다. 예컨대, 사회의 소중한 가치(예: 국가, 민족, 이념)를 위한 희생적 죽음은 좋은 죽음으로 간주된다. 또한 좋은 죽음은 고통이 최소화되는 것이다. 의료적 돌봄이나 증상의 완화 없이 오랜 기간 고통을 겪는 죽음은 나쁜 죽음으로 여겨진다. 그렇다면 국가를 지키기 위해 전쟁터에서 처절한 고통을 겪으며 죽는 것은 좋은 죽음인가 나쁜 죽음인가? 이처럼 좋은 죽음에 대한 문화적 견해에는 죽는 사람과 살아 있는 사람의 관점이 복합적으로 관여되어 있다. 컬(Kearl, 1996)에 따르면, 죽어 가는 사람의 바람뿐만 아니라 살아 있는 사람의 바람도 반영될 때 좋은 죽음이 될 수 있다. 어떤 사람의 죽음이 살아 있는 사람들의 삶의 질과 사회적 지위를 높일 수 있다면, 그리고 죽은 사람에 대한 살아 있는 사람들의 슬픔과 고통이 최소화될 수 있다면, 그러한 죽음은 좋은 것이라고 할 수 있다.

심리학자인 메리 브래드버리(Mary Bradbury, 1999)는 『죽음의 표상(Representations of Death)』에서 좋은 죽음의 개념을 세 가지 유형으로 구분했다. 첫째는 성스러운 좋은 죽음(sacred good death)으로서 전통적으로 좋은 죽음으로 간주되어 온 유형이다. 성스러운 좋은 죽음은 가족과 친구를 비롯한 많은 사람의 위로를 받으며 작별인사를 나누고 사망 이후에는 성대한 장례의식으로 이어져 개인의 죽음이 공동체의 사회적 사건이 되는 경우를 의미한다. 둘째는 의료적인 좋은 죽음(medical good death)으로서 개인의 죽음이 의료적으로 잘 통제되었기 때문에 좋은 것으로 여겨진다. 이러한 좋은 죽음은 치료진에 의해 신체적 증상이 잘 조절되어 환자가 통증을 느끼지 않은 채로 적절한 시간과 장소에서 죽는 것이다. 셋째는 자연적 죽음(natural death)으로서 죽음의 의료화에 대한 반발로 출현한 개념이다. 죽음 자체는 자연적 사건이다. 그러나 현대인의 죽음은 과도한 의료적 개입으로 인해서 존엄성이 훼손되고 있다. 자연적 죽음은 죽어 가는 사람의 개성과 인격이 존중되는 상태에서 존엄성과 자기의식을 유지한 채로 자기결정감을 지니고 죽음을 맞이하는 것을 의미한다. 과거의 성스러운 좋은 죽음은 오늘날 의료적인 좋은 죽음으로 대체되었으며 새로운 대안으로 자연적 죽음이 대두되고 있다.

세이무어(Seymour, 1999)에 따르면, 의료적 죽음과 자연적 죽음은 대립적인 것이다. 아리에스가 순화된 죽음이라고 언급했듯이, 과거에는 죽어 가는 사람이 집에서 가족과 친구들에 둘러싸여 작별의 인사를 나누며 인생을 마무리했다. 그러나 현대사회에서는 대부분의 사람이 병원에서 치료를 받다가 사회적으로 고립된 병실에서 죽어 간다. 병원과 의사가 개인의 죽어감과 죽음을 관리하는 죽음의 의료화 현상이 나타났다. 개인의 죽어감과 죽음은 의료진에 의해서 기술적 문제로 여겨지고 종교와 문화가 결여된 상태에서 보통 사람들에게는 낯선 과정으로 가득 차 있다. 그 결과, 죽어 가는 과정의 의료적·기술적 개입은 비인간적이고 부자연스러운 것이 되었다. 자연적 죽음 운동(natural death movement)은 진통을 위한 과도한 투약을 거부하고 그 대신 환자가 의식이 있는 상태로 사랑하는 사람들과 죽어감의 과정을 공유하며 인생을 마무리하기를 추구한다.

이러한 논의의 영향으로, 현대사회에는 좋은 죽음이 환자의 바람에 따르는 것이라는 견해가 널리 퍼지게 되었다. 그러나 죽음은 개인의 사건이기도 하지만 공동체의 사건이기도 한다. 좋은 죽음은 환자 개인뿐만 아니라 그와 관련된 가족, 간병인, 의료진의 관점도 고려되어야 한다. 의학계에서도 임종기 환자를 어떻게 보살피는 것이 그들을 좋은 죽음으로 인도할 수 있는지에 대한 논의가 이루어졌다. 이러한 문제를 논의하기 위해 미국의 의학연구원(Institute of Medicine)은 '임종기 돌봄 위원회'를 구성했으며 좋은 죽음에 대해서 다음과 같이 정의를 내렸다(Field, Cassell et al., 1997). 좋은 죽음이란 "환자, 가족, 의료진에게 피할 수 있는 통증과 고통을 주지 않는 것으로서 대체로 환자와 가족의 바람을 따르며 임상적·문화적·윤리적 규범에 어긋나지 않는 죽음"이다. 반면에, 나쁜 죽음은 불필요한 고통을 주거나 환자와 가족의 바람이나 가치가 무시되거나 환자 또는 관찰자의 관점에서 볼 때 규범과 존엄성이 침해받는다는 느낌을 주는 것이라고 할 수 있다.

호스피스 환자를 대상으로 연구한 메이슨(Masson, 2002)에 따르면, 좋은 죽음에 대한 환자들의 생각은 질병의 경과에 따라 변한다. 호전과 악화가 반복되는 진행성 질병의 변화무쌍한 현실을 겪으면서, 호스피스 환자들은 좋은 죽음이 어떤 것인지에 대한 확신이 흔들릴 뿐만 아니라 죽어감과 죽음에 대해서 복잡하고 때로는 상반되기도 한 변덕스러운 태도를 나타낸다. 이처럼 환자들은 질병상태가 변함에 따라 좋은 죽음을 맞기 위해 필요한 것에 대한 이상과 현실의 타협이 일어나는데, 메이슨은 이러한 태도를 유연한 현실주의(flexible realism)라고 지칭했다. '좋은 죽음'이라는 용어는 죽어감의 과정에서 필연적으로 나타나는 다양하고 상반된 생각을 표현하기에 적절하지 못하며, 그 대신 그만하면 좋은 죽음(good enough death)이라는 용어가 환자들이 원하는 죽음을 좀 더 사실적으로 표현하는 것이라고 주장했다.

좋은 죽음에 대해서 일치된 정의는 존재하지 않는다. 좋은 죽음의 개념은 개인의 신념과 문화적 관점에 따라 현저하게 다를 뿐만 아니라 죽어 가는 사람, 가족 그리고 의료진의 입장에 따라 커다란 차이를 나타낼 수 있다. 좋은 죽음이 어떤 것이냐는 물음에 대한 대답은 다면적이고 복잡하며 맥락에 따라 유동적이다. 학자들 역시 좋은 죽음의 핵심적 특성을 강조하기 위해서 각기 다른 용어를 사용하고 있다. 좋은 죽음이라는 용어가 모호하다는 이유로 일부 학자들은 '임종기의 삶의 질' 또는 '죽어감과 죽음의 질'이라는 용어를 선호하고 있다.

2) 임종기의 삶의 질

좋은 죽음은 개인이 죽어 가는 인생의 마지막 단계에서 경험하게 되는 삶의 체험에 의해서 결정될 수 있다. 좋은 죽음에 대한 논의를 종합하면, 임종기의 삶의 질(quality of life at the end-of-life)이 좋은 죽음과 나쁜 죽음을 판단하는 중요한 요인이다. 임종기(End-Of-Life: EOL)란 죽어 가는 사람이 자신의 건강상태가 치료 불가능한 상태임을 알게 되는 순간부터 죽음에 이르기까지의 기간을 의미한다 (Kastenbaum, 1986). 임종기는 죽음의 원인과 궤도에 따라 그 시간적 길이가 다양할 뿐만 아니라 그 과정에서 여러 가지 사건들이 발생하게 된다. 따라서 임종기에 접어든 사람은 매우 다양한 경험을 하면서 인생의 마지막 시기를 보내게 된다. 특히 임종기에는 생명연장술과 같은 의학적 개입으로 인해 인간적 품위를 유지하지 못한 채 고통스럽게 죽음을 맞을 수 있다. 좋은 죽음이란 가능한 범위 내에서 임종기의 삶의 질을 최대한 높게 유지하며 죽음을 맞이하는 것이라고 할 수 있다.

현대인은 인류의 조상들이 겪어 보지 못한 새로운 경험, 즉 장기화된 임종기를 살아가야 하는 세대이다. 현대인은 의학의 발전으로 장수의 축복을 누리게 되었지만 그 대가로 장기화된 임종기의 고통을 견뎌야 하는 상황에 처하게 되었다. 전통적으로 의사는 질병과 죽음이라는 적과 싸움을 벌여 환자의 생명을 연장하는 것이 가장 중요한 목표였으며 죽음을 실패이자 패배로 여겼다. 현대인은 급성질병보다는 만성질병에 의해 죽는 경우가 많기 때문에 임종기를 강력한 약물과 생명연장술에 의지하게 되었다. 이처럼 의료기술의 발전은 '죽어감'이라는 새로운 경험, 즉 여러 해 동안 삶과 죽음의 경계를 넘나드는 불확실한 상태를 감당하며 죽어 가야 하는 새로운 경험을 인류에게 제공하게 되었다(Nissim et al., 2012).

제2차 세계대전 직후에 태어난 베이비붐 세대는 교육적 수준과 경제적 측면에서 역사상 가장 잘 준비된 세대로서 연로한 부모의 죽어감을 목격하고 있으며 미래에 다가올 자신의 죽음에 대비하고 있다. 베이비붐 세대는 과거에 비해서 죽음을 덜 터부시하며 죽음에 대해서 덜 회피적이고 더 직면적인 태도를 지니고 있다. 또한 죽음을 종교의 맥락에서 받아들이기보다 좀 더 개인화된 관점에서 직면하려는 경향이 있다(Green, 2008). 현대사회에서 임종기의 삶과 죽음은 종교의 영역을 벗어나 개인적으로 준비하고 감당해야 하는 과제가 된 것이다. 장기화된 임종기의 삶을 어떻게 영위할 것이며 어떻게 죽음을 맞이할 것인지에 대한 문제, 즉 좋은 죽음에 대한 물음은 모든 현대인이 고민해야 할 화두가 되었다.

특히 임종기에는 말기질병으로 인해 통증이 심해질 뿐만 아니라 공격적인 치료를 받게 될 수 있다. 환자의 질병에 대한 진단과 치료는 의사의 권한이다. 의사의 주된 임무는 질병의 치료를 통해서 환자의 생명을 최대한 연장하는 것이다. 환자의 생명을 연장할 수 있는 상황에서 치료를 포기하는 것은 의사의 역할을 포기하는 것일 뿐만 아니라 법적 책임을 져야 하는 범죄 행위가 될 수 있다. 따라서 의사들은 공격적인 치료방법을 동원하여 환자의 생명을 연장하기 위한 최선의 노력을 기울이게 된다. 그러나 생명연장술과 같이 환자의 생명을 연장하기 위한 의학적 개입은 환자가 인간적 품위를 유지하고 평화로운 죽음을 맞이할 권리를 훼손할 수 있다. 흔히 말기환자들은 가족과 격리된 중환자실(ICU)에서 인공호흡기, 영양공급기, 심폐소생장치, 혈액투석기와 같은 다양한 생명연장기계에 연결되어 말도 하지 못하는 상태로 커다란 고통을 받을 뿐만 아니라 대부분의 경우 회복되지 못한 채로 죽음을 맞게 된다. 과연 사람들은 자신이 이러한 기계에 의존하며 생명을 연장하다 죽어 가기를 원하는가? 사랑하는 사람이 이렇게 죽어 가는 것을 원하는가? 특히 치료가 불가능한 말기질병의 경우에 환자 자신과 가족의 의사를 무시한 채 의사의 일방적 결정에 의해 생명연장술을 무기한 시행하는 것이 과연 바람직한 일인지에 대해서 의학, 법학, 생명윤리학, 종교 등의 다양한 분야에서 논의되었다.

좋은 죽음에 대한 논의는 장기화된 임종기나 생명연장술의 적용과 같은 현대사회의 특수성뿐만 아니라 삶과 죽음에 대한 철학적 문제와도 관련되어 있다. 생명윤리학의 관점에서 보면, 생명은 어떤 가치보다 소중하다. 인간의 생명은 어떤 경우에도 포기되어서는 안 된다. 식물인간의 경우처럼 회생 가능성이 낮다 하더라도 1%의 가능성이 존재한다면 결코 생명을 포기해서는 안 된다. 이처럼 생명을 소중하게 여기고 생명연장술의 필요성을 인정하는 태도의 이면에는 죽음에 대한 부정이 존재한다. 죽음은 사악한 것이며 어떤 대가를 치르더라도 죽음으로부터 생명을 보존하는 것이 어떤 가치보다 우선시해야 할 절대적 선이라는 관점이다.

그렇다면 생명을 연장하기 위해서 환자가 겪어야 할 엄청난 고통과 존엄성의 훼손은 무시해도 되는 것일까? 생명연장이라는 선(善)을 위해서 환자의 고통과 존엄성 훼손이라는 악(惡)은 용인될 수 있는 것일까? 생명연장의 가치와 환자의 삶의 질 개선이라는 가치 중에서 무엇이 더 소중한 것일까? 만약 환자 자신이 생명연장술을 거부하고 죽기를 원한다면 어떻게 해야 할까? 환자가 비참한 삶을 연장하기보다 삶을 빨리 마무리하기 위해서 편안하게 죽을 수 있도록 도와 달라고 요청하면 의사는 어떻게 해야 할까? 이처럼 환자가 자신의 생명과 죽음에 대해서 스스로 선택할 수 있는 자기결정권, 즉 죽을 권리(right-to-die)는 얼마나 존중되어야 할까? 이러한 물음들은 현대사회에서 뜨거운 논쟁이 되고 있는 존엄사 또는 안락사의 문제와 연결되어 있으며, 철학적·사회적·종교적 논의와 더불어 법적 소송과 대법원 판결로 이어지는 법적 문제가 되고 있다. 좋은 죽음의 논의는 안락사 논쟁과 죽을 권리 운동, 죽음 자각 운동, 호스피스 및 완화 돌봄 운동과 밀접하게 관련되어 있다.

3) 죽어감과 죽음의 질

임종기는 인생의 최종적 단계로서 죽음에 직면한 상태에서 죽어감의 과정을 겪어 내야 한다. 좋은 죽음은 통증을 최소화하는 것을 넘어서는 더 적극적인 의미를 지닌다. 임종기에는 죽음이라는 실존적 문제에 직면하여 자신의 존재와 인생에 대한 의미감을 느끼며 자신의 죽음을 기꺼이 수용하는 것이 중요하다. 죽어 가는 과정에서 존엄성을 유지하고 삶의 의미를 발견하는 것은 좋은 죽음의 중요한 요소라고 할 수 있다. 이러한 관점에서 좋은 죽음은 통증 감소, 존엄성, 삶의 의미와 같은 다양한 측면을 통합적으로 포함하는 '죽어감과 죽음의 질'로 평가될 수 있다.

패트릭과 동료들(Patrick, Engeberg, & Curtis, 2001; Curtis, Patrick, Engeberg, Norris, Asp, & Byock, 2002)은 죽어감과 죽음의 질(quality of dying and death)이라는 개념을 제시했다. 이들에 따르면, 죽어감과 죽음의 질은 임종기의 삶의 질과 구분되는 개념으로서 좋은 죽음의 핵심이라고 할 수 있다. 임종기의 삶의 질은 말기질환이나 치명적인 질병을 지니고 살아가는 동안의 활동이나 경험을 강조하는 반면,

죽어감과 죽음의 질은 죽음 자체를 준비하고 직면하면서 체험하는 죽어 가는 전 과정의 경험을 강조한다. 이러한 관점에서 죽음과 죽어감의 질은 '죽어 가는 과정 과 죽음의 순간에 대한 개인의 바람이 그가 실제로 어떻게 죽었는지에 대한 다른 사람의 관찰과 일치하는 정도'를 의미한다.

죽음과 죽어감의 질을 판단하는 가장 중요한 주체는 임종기의 환자 자신이다. 임종기의 삶의 질은 죽어 가는 사람이 경험하는 삶의 수준에 초점을 맞춘 개념으 로서 환자 자신뿐만 아니라 제3자에 의해서도 평가될 수 있는 좀 더 객관적인 삶 의 상태를 의미하는 반면, 죽어감과 죽음의 질은 환자가 자신의 죽어감과 죽음을 자신의 바람에 근거하여 평가하는 주관적인 것이라고 할 수 있다. 그러나 임종기 의 환자는 자신의 삶의 질을 다양한 측면에서 명확하게 보고할 수 없는 신체적·심리적 상태에 있는 경우가 흔하다. 따라서 환자의 죽음과 죽어감의 질을 실증적 으로 평가하는 것은 결코 쉬운 일이 아니다. 죽어 가고 있거나 사망한 환자를 대상 으로 그의 체험에 대한 보고를 얻을 수 없기 때문에 가족이나 의료진의 관찰에 근 거하여 평가되고 있다. 패트릭과 동료들(Patrick et al., 2001; Cutis et al., 2002)은 문 헌 분석과 질적 연구를 통해서 죽음과 죽어감의 질에 영향을 미치는 6개의 영역 (증상 및 개인적 돌봄, 죽음의 준비, 죽음의 순간, 가족, 치료 선호, 개인적 관심사)을 도출 했으며 이에 근거하여 죽어감과 죽음의 질을 평가하는 척도(Quality of Dying and Death: QODD)를 개발했다. QODD에 대해서는 다음 절에서 자세하게 설명할 것 이다.

헤일스와 동료들(Hales, Zimmermann, & Rodin, 2008)은 1950년부터 2007년까지 좋은 죽음과 관련된 17개의 연구를 개관하고 좋은 죽음에 관한 세 가지 개념을 구 분하고 있다. 그 첫째는 임종기의 삶의 질(quality of life at the end-of-life)로서 임종 기의 환자가 신체적·심리사회적·영적 또는 실존적 측면에서 어떤 경험을 하느 냐와 관련되어 있다. 둘째, 임종기 돌봄의 질(quality of care at the end-of-life)은 의 료진이 죽어 가는 사람과 가족의 요구를 얼마나 잘 충족시키는지에 초점을 맞추고 있다. 셋째, 죽어감과 죽음의 질(quality of dying and death)은 죽어 가는 사람이 받게 되는 치료의 속성뿐만 아니라 인생의 마무리, 죽음의 준비, 죽음의 상황을 포함한다. 이러한 세 가지 개념은 서로 중복되는 경우가 많지만 각기 다른 것으로서 구분되어야 한다. 죽어감과 죽음의 질은 다차원적이며 7개의 영역, 즉 신체적 경험, 심리적 경험, 사회적 경험, 영적 또는 실존적 경험, 치료의 속성, 삶의 마무리와 죽음 준비, 죽음의 상황을 포함한다.

여러 연구결과에 따르면, 좋은 죽음의 가장 공통적 조건은 '통증과 고통을 느끼지 않는 것'이지만 좋은 죽음의 조건은 개인에 따라 커다란 차이가 있다. 예컨대, 어떤 사람은 익숙한 집에서 죽기를 원하고 어떤 사람은 안전한 병원에서 죽기를 원한다. 어떤 사람은 잠든 상태에서 죽기를 원하는 반면, 어떤 사람은 맑게 깨어 있는 상태에서 죽음을 맞이하고자 한다. 어떤 사람은 사랑하는 사람들에 둘러싸여 죽기를 원하지만 어떤 사람은 혼자서 조용하게 죽음을 맞이하고자 한다. 이처럼 죽어감과 죽음의 질은 매우 주관적인 것으로서 그 판단은 여러 가지 요인(개인의 가치와 신념, 질병의 유형 및 단계, 문화적 배경 등)에 의해서 영향을 받는다.

3. 좋은 죽음의 조건

좋은 죽음은 구체적으로 어떻게 죽는 것일까? 구체적으로 어떤 조건을 갖춘 죽음이 좋은 죽음일까? 좋은 죽음에 관해 논의하는 것은 우리 자신이 좋은 죽음을 맞기 위한 것일 뿐만 아니라 사랑하는 사람들이 좋은 죽음을 맞도록 돕기 위한 것이기도 하다. 좋은 죽음의 일차적 조건은 죽어 가는 사람 자신의 바람과 소망에 따라 죽는 것이다. 죽어 가는 사람들은 어떻게 죽기를 원할까? 죽어 가는 사람들은 어떤 죽음을 좋은 죽음이라고 생각할까? 사람들은 자신이 사랑하는 사람들(가족, 친구 등)이 어떻게 죽음을 맞이하기를 원할까?

1) 좋은 죽음의 조건에 대한 다양한 견해

누구나 좋은 죽음을 원하지만 그 구체적 조건에 대해서 다양한 견해가 존재한다. 좋은 죽음의 조건은 문화와 시대에 따라 현저하게 다를 뿐만 아니라 개인의 가치와 신념 그리고 입장에 따라 커다란 차이가 있다. 좋은 죽음을 연구하는 학자들 역시 자신의 개인적 신념과 경험 그리고 연구결과에 근거하여 좋은 죽음의 조건을 다양하게 제시하고 있다.

철학자이자 생명윤리학자인 캘러핸(1977)은 앞에서 소개했듯이 자연적 죽음 (natural death)을 좋은 죽음으로 간주하면서 네 가지의 조건을 제시한 바 있다. 그는 1993년에 발표한 논문에서 좋은 죽음의 주된 특성을 평화로운 죽음(peaceful death)이라고 주장했다. 그는 평화로운 죽음의 조건을 다음과 같이 제시하면서 자신도 이렇게 죽기를 원한다고 언급했다.

(1) 죽음을 수용할 수 있도록 죽음으로부터 무언가 의미를 발견하는 것
(2) 신체적·영적 존엄성을 지킬 수 있도록 존중과 연민의 태도로 대우받는 것
(3) 자신의 죽음이 다른 사람들에게 슬픔과 손실로 여겨지는 것
(4) 다른 사람들부터 외면되거나 버림받지 않는 것
(5) 다른 사람들에게 신체적으로나 경제적으로 과도한 짐이 되지 않는 것
(6) 삶의 마지막 순간을 온전한 정신적 능력과 의식상태에서 맞이하는 것
(7) 서서히 죽어 가기보다 빠른 죽음에 이르는 것
(8) 고통과 통증 없이 죽는 것

로버트 카스텐바움(Robert Kastenbaum)은 미국의 심리학자로서 1972년에 『죽음의 심리학』을 출간함으로써 죽음학의 발전에 커다란 기여를 한 인물이다. 그는 2004년에 출간한 저서 『우리의 길: 삶과 죽음의 마지막 여정(On Our Way: The Final Passage through Life and Death)』에서 좋은 죽음의 5가지 특성을 제시했다. 그

에 따르면, 우리는 우리가 살아가는 동안에 한 모든 선택에 의해서 우리 자신의 죽음을 선택하게 되는 것이다.

(1) 통증을 비롯한 고통스러운 경험이 최소화되는 죽음

(2) 죽음의 수용을 통해서 죽음을 숭고한 영감의 경험으로 받아들이는 죽음

(3) 심리적 또는 영적인 여행의 목적을 성취하는 죽음

(4) 마지막 순간까지 좋은 삶을 유지하는 죽음

(5) 죽어 가는 사람과 가족 및 친구들이 서로에게 긍정적인 감정을 경험하는 죽음

미국의 임상심리학자인 에드윈 슈나이드만(Edwin Shneidman)은 죽음과 자살에 깊은 학문적 관심을 지녔던 인물이다. 그는 2007년 논문에서 좋은 죽음의 10가지 기준을 다음과 같이 제시했다.

(1) 자연사: 자살, 사고, 살인에 의한 것이 아닌 자연적 죽음

(2) 노년기의 죽음: 70세 이후의 노년기에 맞이하는 죽음

(3) 예측된 죽음: 예측되지 못한 갑작스러운 죽음이 아니라 미리 예상할 수 있었던 죽음

(4) 명예로운 죽음: 긍정적 추도사를 만들어 내는 명예로운 죽음

(5) 준비된 죽음: 죽음과 관련된 법적 문제를 미리 잘 정리하고 맞이하는 죽음

(6) 수용적 죽음: 책임과 의무를 기꺼이 수행하고 피할 수 없는 것을 우아하게 받아들이는 죽음

(7) 품위 있는 죽음: 사랑하는 사람들의 곁에서 예의를 갖추고 고상하게 맞이하는 죽음

(8) 상속적 죽음: 젊은 세대에게 자신의 경험과 지혜를 넘겨 주는 생산적인 죽음

(9) 관조적 죽음: 죽음을 회피하기보다 죽음의 체험을 침착하게 관조하며 맞이하는 죽음

(10) 평화로운 죽음: 육체적 통증이 조절된 상태에서 심리적·영적 평온함 속에
서 맞이하는 죽음

2) 좋은 죽음의 조건에 대한 실증적 연구

좋은 죽음에 대한 일반적인 문화적 기준이 존재하지만 그 구체적 조건에 대해서
는 개인마다 다를 수 있다. 과연 죽어 가는 사람은 자신이 어떻게 죽은 것을 좋은
죽음이라고 생각할까? 그를 지켜보며 보살피는 가족이나 의료진은 그가 어떤 상태
로 죽는 것을 좋은 죽음이라고 여길까? 최근에는 다양한 입장의 사람들이 좋은 죽
음의 조건에 대해서 어떻게 생각하는지를 탐색하는 실증적 연구가 시행되고 있다.

좋은 죽음의 조건에 대한 실증적 연구는 크게 질적 연구와 양적 연구에 의해서
이루어지고 있다. 질적 연구는 소수의 말기환자나 가족 및 의료진을 대상으로 심
층면접을 통해 그들이 생각하는 좋은 죽음의 세부적인 조건을 탐색하고 있다. 질
적 연구는 연구자가 선입견이나 편견 없이 연구대상자의 주관적 생각과 경험을 자
세하고 깊이 있게 분석함으로써 좋은 죽음의 다양한 조건을 구체적으로 탐색하고
발견할 수 있는 장점을 지닌다.

반면에 양적 연구는 연구자가 선행연구에 근거하여 좋은 죽음의 여러 조건들을
설문지 형태로 제시하여 다양한 집단(환자, 가족, 의료진, 일반인 등)의 의견을 조사
한다. 이러한 양적 연구는 특정한 집단의 사람들이 좋은 죽음의 어떤 조건을 더 중
시하는지 그리고 좋은 죽음의 특정한 조건에 대해서 집단 간에 어떤 차이가 있는
지를 평가할 수 있는 장점을 지닌다. 또한 좋은 죽음의 조건에 대한 양적인 자료를
통해서 다른 요인들과의 상관관계나 인과관계를 탐색할 수 있는 이점을 지닌다.

예컨대, 페인과 동료들(Payne, Langley-Evans, & Hillier, 1996)은 영국의 완화의료
병동에 입원한 18명의 말기환자와 20명의 의료진을 대상으로 반구조화된 면접을
통해 좋은 죽음에 대한 질적 연구를 실시했다. 그 결과, 환자와 의료진은 좋은 죽
음에 대해서 견해가 상당히 다른 것으로 나타났다. 환자들은 좋은 죽음을 (1) 자다

가 죽는 것, (2) 조용히 죽은 것, (3) 존엄성을 갖고 죽는 것, (4) 통증 없이 죽는 것, (5) 갑자기 죽는 것으로 여긴 반면, 간호사와 호스피스 요원들은 좋은 죽음의 조건을 (1) 통증과 증상이 잘 조절된 상태에서의 죽음, (2) 가족이 함께 하는 죽음, (3) 정신적 고통이 없이 평화로운 상태에서의 죽음으로 인식했다.

스타인하우저와 동료들(Steinhauser et al., 2000a, 2000b)은 좋은 죽음의 조건에 대한 질적 연구와 양적 연구를 시행했다. 이들은 임종기 환자의 치료나 간호에 참여하는 의료진을 대상으로 심층면접의 질적 연구를 통해서 좋은 죽음에 대한 견해를 조사했다. 그 결과, 의료진은 좋은 죽음의 주된 속성으로 (1) 통증과 증상 조절, (2) 명확한 의사결정, (3) 죽음의 준비, (4) 인생의 완결감, (5) 타인에 대한 기여, (6) 인생의 의미 부여를 꼽았다. 또한 이들은 양적 연구를 통해서 환자, 가족, 의료진이 생각하는 임종기의 중요한 요소에 대해서 조사했다. 연구대상 전체가 가장 중요하게 생각하는 요소로는 (1) 통증과 증상 조절, (2) 죽음의 준비, (3) 인생의 완결감, (4) 선호하는 치료의 결정 등이었다. 그러나 환자 집단에서는 (1) 청결함, (2) 자신을 대신하여 결정해 줄 사람을 정해 놓는 것, (3) 편안하게 느낄 수 있는 간병인이 있는 것, (4) 자신의 이야기를 들어주는 사람이 있는 것을 가장 중요하게 생각했다.

3) 좋은 죽음의 평가척도

최근에는 좋은 죽음의 조건을 연구하기 위한 평가도구들이 개발되고 있다. 양적 연구는 좋은 죽음과 그에 영향을 미치는 다양한 요인들 간의 상관관계나 인과관계를 탐색할 수 있기 때문에 좋은 죽음을 평가하는 도구가 매우 중요하다. 좋은 죽음의 다양한 측면을 평가하는 여러 척도가 있지만 여기에서는 대표적인 세 척도, 즉 임종기의 삶의 질 척도, 죽어감과 죽음의 질 척도, 좋은 죽음 척도를 소개한다.

(1) 임종기의 삶의 질 척도

좋은 죽음은 임종기의 삶의 질을 통해서 평가될 수 있다. 스타인하우저와 동료들(Steinhauser, Bosworth, Clipp et al., 2002)은 임종기의 삶의 질을 평가하기 위한 다차원적 척도를 개발했다. 임종기의 삶의 질을 평가하는 대부분의 척도들은 특정한 장애, 특히 암을 지닌 환자들의 경험을 측정하기 위해 개발되었다. 연구자들은 다양한 유형의 말기질환을 지닌 환자들의 삶의 질을 평가할 수 있는 측정도구를 개발하고자 했다.

연구자들은 환자들의 삶의 질에 관한 질적 연구와 양적 연구를 통해서 추출한 54개 문항으로 구성된 설문지를 작성하고 말기암, 만성심부전(CHF), 만성 폐쇄성 폐질환(COPD), 말기신장질환(ESRD)의 치료를 위해 병원에 입원 중인 234명의 환자들(평균연령 62세)을 대상으로 그들의 삶의 질에 대한 설문조사를 실시했다. 이러한 조사자료를 요인분석한 결과, 임종기 환자의 삶의 질을 결정하는 5개의 요인(인생의 완수감, 의료진과의 관계, 죽음의 준비, 증상의 심각도, 사회적 지지)이 도출되었다. 임종기의 삶의 질 척도는 이러한 5개 요인을 평가하는 24개의 문항으로 구성되어 있으며 각 요인별 문항을 소개하면 다음과 같다.

- 인생의 완수감
  - 질병에도 불구하고 나의 삶이 의미 있는 것이라고 느낀다.
  - 나는 가족과 함께 중요한 것들을 공유할 수 있다.
  - 나 자신에 대해서 만족스러움을 느낀다.
  - 나는 다른 사람들의 삶에 긍정적인 영향을 준다.
  - 나는 가까운 사람들에게 중요한 정보를 전해 줄 수 있다.
  - 나는 시간, 재능, 지혜를 통해서 다른 사람들에게 도움을 줄 수 있다.

- 치료진과의 관계
  - 담당의사는 질병을 넘어서 나를 한 인간으로 존중해 주고 있다.
  - 나의 질병에 관한 필요한 정보를 충분히 지니고 있다.

- 내 질병의 진행과정에서 예상되는 것을 알고 있다.
- 나는 치료의 결정에 대해서 통제감을 지니고 있다.
- 내 질병의 속성에 대해 잘 이해하고 있다.
- 나의 질문에 대답해 줄 수 있는 곳을 알고 있다.
- 나의 치료에 관해서 원하는 만큼 결정에 참여하고 있다.

• 죽음의 준비
  - 가족에게 짐이 되지 않을까 걱정한다.
  - 내 가족이 미래에 대처할 준비가 되어 있지 않을까 봐 걱정한다.
  - 질병으로 야기된 재정적 곤란에 대해서 걱정한다.
  - 내가 삶을 살아온 방식에 대해서 후회하고 있다.
  - 죽어 가고 있다는 생각이 나를 두렵게 만든다.

• 증상의 심각도
  - 증상이 심각한 정도
  - 증상이 즐거움을 방해하는 정도
  - 증상이 체험되는 빈도
  - 증상이 미래에 일어날 것에 대한 걱정

• 사회적 지지
  - 나에게는 가장 깊은 생각을 나눌 수 있는 사람이 있다.
  - 나는 가족과 함께 지내고 싶은 시간을 충분하게 보내고 있다.

(2) 죽어감과 죽음의 질 척도

앞에서 소개한 바 있듯이, 좋은 죽음의 핵심은 죽어감과 죽음의 질이다. 패트릭과 동료들(Patrick et al., 2001)은 좋은 죽음을 평가하기 위해서 죽어감과 죽음의 질 척도(Quality of Dying and Death: QODD)를 개발했다. 이들은 죽음과 죽어감의 질

을 '죽어 가는 과정과 죽음의 순간에 대한 개인의 바람이 실제로 그가 어떻게 죽었
는지에 대한 다른 사람의 관찰과 일치하는 정도'라고 정의하고 치명적 질병을 지
닌 환자들과의 면담자료에 근거한 질적 연구를 통해서 죽어감과 죽음의 질을 평가
할 수 있는 6개 영역(증상과 개인적 돌봄, 죽음의 준비, 죽음의 순간, 가족, 치료 선호, 개
인적 관심사)을 추출했다. QODD는 이러한 6개 영역을 평가하는 31개의 주제로 구
성되어 있으며 그 내용은 다음과 같다.

- 증상과 개인적 돌봄
  - 통증이 조절되고 있음
  - 주변에 일어나는 것에 대한 통제력을 지님
  - 스스로 먹을 수 있음
  - 대소변을 조절할 수 있음
  - 편안하고 숨을 쉴 수 있음
  - 원하는 일들을 할 수 있는 에너지를 지님

- 죽음의 준비
  - 죽어감에 대해서 편안함을 느낌
  - 죽어감에 대해서 두려움을 느끼지 않음
  - 사랑하는 사람들과의 긴장을 피함
  - 치료비를 감당할 수 있음
  - 종교지도자의 방문을 받음
  - 죽기 전에 영적 예배나 의식을 가짐
  - 장례절차가 준비되어 있음
  - 사랑하는 사람들에게 작별인사를 함
  - 중요한 행사에 참여함
  - 나쁜 감정들을 씻어 냄

- 죽음의 순간
  - 자신이 선택한 장소에서 죽어감
  - 자신이 선택한 상태(예: 수면, 의식, 무의식 등)에서 죽어감
  - 죽음의 순간에 원하는 사람들이 곁에 있음

- 가족
  - (있다면) 배우자/연인과 시간을 보냄
  - 자녀와 시간을 보냄
  - 가족이나 친구들과 시간을 보냄
  - 혼자만의 시간을 보냄
  - (있다면) 반려동물과의 시간을 보냄

- 치료 선호
  - 의사와 임종의 바람을 이야기함
  - 인공호흡기나 혈액투석기의 사용을 피함
  - 원할 경우에, 삶을 끝낼 수단을 지님

- 개인적 관심사
  - 웃고 미소 지을 수 있음
  - 접촉을 하거나 포용됨
  - 삶의 의미와 목적을 발견함
  - 자신의 존엄성과 자존감을 유지함

QODD는 다소 복잡한 절차를 통해서 죽어감과 죽음의 질을 평가한다. 먼저, 환자가 사망하기 전에 죽어감과 죽음에 대한 그의 바람을 조사한다. 죽음이 임박하면 환자가 의식을 잃거나 물음에 답할 수 없는 상황에 처하기 때문에 가능하면 환자가 사망하기 일주일 전에 환자로부터 자신의 죽음에 대한 선호를 조사한다. 환

자가 사망하면 가족이나 의료진을 대상으로 환자의 죽어감과 죽음의 질에 대해서 평가한다. 가능하면 환자가 사망하기 전 마지막 주의 환자 상태에 대해서 평가하도록 요청한다. 만약 환자가 오랜 기간 의식이 없거나 소통이 불가능했을 경우에는 좀 더 연장해서 사망하기 전 마지막 한 달의 상태에 대해서 평가하도록 요청한다. 이러한 평가결과를 미리 조사해 두었던 환자의 바람과 비교함으로써 죽어감과 죽음의 질을 평가한다.

(3) 좋은 죽음 척도

좋은 죽음의 조건은 문화에 따라 다를 수 있다. 미야시타와 동료들(Miyashita, Morita, Sato, Hirai, Shima, & Uchitomi, 2008)은 일본인을 대상으로 좋은 죽음의 구성 요소를 조사하고 그에 근거하여 좋은 죽음 척도(Good Death Inventory: GDI)를 개발했다. 연구자들은 63명(암 환자와 그 가족, 의사, 간호사)을 대상으로 한 질적 연구와 4,061명(사별가족과 일반인)을 대상으로 한 양적 연구를 통해서 좋은 죽음을 구성하는 10개의 핵심 영역과 8개의 선택 영역을 도출하였다(Miyashita, Sanjo, Morita, Hirai, & Uchitomi, 2007).

핵심 영역(core domain)은 모든 일본인들이 일관성 있게 중요하다고 여기는 좋은 죽음의 구성요소를 의미하며, 선택 영역(optional domain)은 개인에 따라 중요도가 다르게 여겨지는 구성요소를 뜻한다. 좋은 죽음의 10가지 핵심 영역은 (1) 신체적 및 심리적 안락, (2) 좋아하는 곳에서 죽어감, (3) 희망과 즐거움의 유지, (4) 의료진과의 좋은 관계, (5) 다른 사람의 부담이 되지 않음, (6) 가족과의 좋은 관계, (7) 독립성, (8) 환경적 안락, (9) 한 인간으로서 존중받음, (10) 삶의 완수감이다. 좋은 죽음의 8가지 선택 영역은 (1) 충분한 치료를 받음, (2) 자연적 죽음, (3) 죽음의 준비, (4) 미래에 대한 통제감, (5) 죽음의 무자각, (6) 자부심과 아름다움, (7) 자신의 삶이 가치 있다는 느낌, (8) 종교적 및 영적 위안이다.

미야시타와 동료들은 선행연구의 결과에 근거하여 18개 영역을 평가하는 54개 문항의 좋은 죽음 척도(GDI)를 개발했다. 이 척도는 사별한 가족을 대상으로 환자가 임종기 동안에 어떻게 느꼈는지를 평가하게 한다. 말기질환 환자에게 직접 설문지를 실시하는 것은 부담스러운 일일 뿐만 아니라 응답을 얻어 내기도 어렵기 때문이다. 환자의 가족은 각 문항에 동의하는 정도를 7점 척도로 평정한다. 좋은 죽음 척도는 10개의 핵심 영역만을 측정하는 단축형으로 사용할 수도 있다. 좋은 죽음 척도의 문항을 소개하면 다음과 같다. 1~10번 문항은 좋은 죽음의 10개의 핵심 영역을 측정하고 있으며, 11~18번 문항은 8개의 선택 영역을 측정하고 있다.

❀ 좋은 죽음 척도(Good Death Inventory: GDI)

환자가 임종기 동안에 어떻게 느꼈다고 생각하십니까? 다음 문항의 옆에 적절한 숫자를 적어 넣으십시오(1: 전적으로 동의하지 않는다. 2: 동의하지 않는다. 3: 약간 동의하지 않는다. 4: 잘 모르겠다. 5: 약간 동의한다. 6: 동의한다. 7: 전적으로 동의한다.)

1. 신체적 및 심리적 안락
   – 환자는 통증을 느끼지 않았다. _____
   – 환자는 신체적 고통을 느끼지 않았다. _____
   – 환자는 정서적 고통을 느끼지 않았다. _____
2. 좋아하는 곳에서 죽어감
   – 환자는 그가 좋아하는 곳에서 머물 수 있었다. _____
   – 환자는 그가 좋아하는 곳에서 죽을 수 있었다. _____
   – 죽음의 장소는 환자가 원하는 곳과 일치한다. _____
3. 희망과 즐거움의 유지
   – 환자는 긍정적으로 살았다. _____
   – 환자는 매일의 삶에서 어느 정도 즐거움을 느꼈다. _____
   – 환자는 희망을 지니고 살았다. _____
4. 의료진과의 좋은 관계
   – 환자는 의사를 신뢰했다. _____
   – 환자는 그가 편안하게 느끼는 전문 간호사의 돌봄을 받았다. _____
   – 환자에게는 그의 말을 경청해 주는 사람들이 있었다. _____

5. 다른 사람의 부담이 되지 않음

　– 환자는 다른 사람들에게 부담이 되지 않았다. ＿＿＿＿＿

　– 환자는 가족구성원에서 짐이 되지 않았다. ＿＿＿＿＿

　– 환자는 돈 걱정을 하지 않았다. ＿＿＿＿＿

6. 가족과의 좋은 관계

　– 환자는 가족의 지지를 받았다. ＿＿＿＿＿

　– 환자는 그의 가족과 함께 충분한 시간을 보냈다. ＿＿＿＿＿

　– 환자는 가족에게 자신의 감정을 표현할 수 있었다. ＿＿＿＿＿

7. 독립성

　– 환자는 혼자서 움직이거나 일어날 수 있었다. ＿＿＿＿＿

　– 환자는 일상의 활동을 독립적으로 영위할 수 있었다. ＿＿＿＿＿

　– 환자는 대소변 보는 일에 어려움이 없었다. ＿＿＿＿＿

8. 환경적 안락

　– 환자는 조용한 상황에서 지냈다. ＿＿＿＿＿

　– 환자는 안락한 상황에서 지냈다. ＿＿＿＿＿

　– 환자는 다른 사람들에 의해서 불편을 겪지 않았다. ＿＿＿＿＿

9. 한 인간으로서 존중받음

　– 환자는 물건이나 어린아이처럼 취급받지 않았다. ＿＿＿＿＿

　– 환자는 그가 소중하게 여기는 것에 대해서 존중받았다. ＿＿＿＿＿

　– 환자는 한 인간으로서 소중하게 여겨졌다. ＿＿＿＿＿

10. 삶의 완수감

　– 환자는 아무런 후회를 갖지 않았다. ＿＿＿＿＿

　– 환자는 자신의 삶이 완수되었다고 느꼈다. ＿＿＿＿＿

　– 환자는 자신의 삶이 실현되었다고 느꼈다. ＿＿＿＿＿

11. 충분한 치료를 받음

　– 환자는 충분한 치료를 받았다. ＿＿＿＿＿

　– 환자는 모든 가능한 치료를 받았다고 믿었다. ＿＿＿＿＿

　– 환자는 마지막 순간까지 질병과 싸웠다. ＿＿＿＿＿

12. 자연적 죽음

　– 환자는 의료기구나 튜브에 연결되지 않았다. _____

　– 환자는 과도한 치료를 받지 않았다. _____

　– 환자는 자연사로 죽었다. _____

13. 죽음의 준비

　– 환자는 그가 만나 보기를 원했던 사람들을 만났다. _____

　– 환자는 사람들에게 감사함을 느꼈다. _____

　– 환자는 그가 사랑하는 사람들에게 하고자 했던 말을 할 수 있었다. _____

14. 미래에 대한 통제감

　– 환자는 자신이 얼마나 오랜 기간 살 수 있을지를 알고 있었다. _____

　– 환자는 미래에 그의 건강상태가 어떻게 될 것지를 알고 있었다. _____

　– 환자는 어떤 치료를 받을지에 대한 결정에 참여했다. _____

15. 죽음의 무자각

　– 환자는 그가 죽어 가고 있다는 인식 없이 죽었다. _____

　– 환자는 죽음에 관한 생각 없이 일상처럼 살았다. _____

　– 환자는 나쁜 소식을 접하지 않았다. _____

16. 자부심과 아름다움

　– 환자는 자신의 외모가 변하는 것에 대한 부담을 느꼈다. (–) _____

　– 환자는 다른 사람들로부터 동정을 받는 것에 대한 부담을 느꼈다. (–) _____

　– 환자는 가족에게 자신의 신체적, 정신적 나약함을 보이는 것에 부담을 느꼈다. (–) _____

17. 자신의 삶이 가치 있다는 느낌

　– 환자는 자신이 다른 사람들에게 공헌했다고 느꼈다. _____

　– 환자는 자신의 삶이 살 만한 가치가 있다고 느꼈다. _____

　– 환자는 가족이나 직업에서 자신의 역할을 유지했다. _____

18. 종교적 및 영적 위안

　– 환자는 종교에 의해서 지지를 받았다. _____

　– 환자는 신앙을 지녔다. _____

　– 환자는 더 높은 힘에 의해서 보호된다고 믿었다. _____

일본인들이 어떤 죽음을 좋은 죽음이라고 여기고 있을까? 일본인들은 죽음의 어떤 핵심 영역과 선택 영역들을 좋은 죽음의 가장 중요한 조건으로 여기고 있을까? 미야시타와 동료들(Miyashita et al, 2007, 2015)이 사별가족 513명과 일반인 2,548명을 대상으로 시행한 전국적 조사에서 나타난 18개 영역의 중요도가 〈표 22-1〉에 제시되어 있다. 사별가족들은 좋은 죽음의 조건으로 신체적 및 심리

표 22-1 좋은 죽음의 영역에 대한 일본인의 중요도 평가

	사별가족	일반인
핵심 영역		
1. 신체적 및 심리적 안락	6.21(1)*	5.99(2)
2. 좋아하는 곳에서 죽어감	6.13(3)	6.03(1)
3. 의료진과의 좋은 관계	6.17(2)	5.94(3)
4. 희망과 즐거움의 유지	5.78(7)	5.73(7)
5. 다른 사람의 짐이 되지 않음	5.74(8)	5.82(5)
6. 가족과의 좋은 관계	5.92(4)	5.84(4)
7. 독립성	5.58(10)	5.66(8)
8. 환경적 안락	5.74(8)	5.54(10)
9. 한 인간으로서 존중받음	5.91(5)	5.77(6)
10. 삶의 완수감	5.81(6)	5.64(9)
선택 영역		
11. 자연적 죽음	5.57(11)	5.52(11)
12. 죽음의 준비	4.97(15)	4.91(17)
13. 자신의 삶이 가치 있다는 느낌	5.24(13)	5.25(13)
14. 죽음의 무자각	4.94(16)	4.92(16)
15. 충분한 치료를 받음	5.08(14)	5.10(14)
16. 자부심과 아름다움	4.89(17)	4.95(15)
17. 미래에 대한 통제감	5.49(12)	5.39(12)
18. 종교적 및 영적 위안	4.46(18)	4.31(18)

* 평균점수의 범위는 1~7점이며 괄호 안의 숫자는 순위임.

적 안락을 가장 중요하게 여겼으며 이어서 의료진과의 좋은 관계, 좋아하는 곳에서 죽어감, 가족과의 좋은 관계, 한 인간으로서 존중받음을 중요하게 여겼다. 반면에, 일반인들은 좋은 곳에서 죽어감을 가장 중요하게 여겼으며, 다음으로 신체적 및 심리적 안락, 의료진과의 좋은 관계, 가족과의 좋은 관계, 다른 사람의 짐이 되지 않음의 순서로 중요하다고 평가했다.

4) 좋은 죽음의 11가지 핵심주제

좋은 죽음의 조건에 대해서 다양한 집단을 대상으로 많은 연구가 진행되었다. 최근에 마이어와 동료들(Meier et al., 2016)은 좋은 죽음에 관한 연구들을 수집하여 공통적인 주제들을 추출하고 환자, 가족, 의료진의 관점에서 중요하게 여기는 좋은 죽음의 특성을 조사했다. 이들은 1996년부터 2015년 사이에 여러 나라에서 발표된 36개의 질적·양적 연구(환자의 나이는 14~94세, 미국, 영국, 일본 등 여러 나라이며 한국도 1개 연구가 포함됨)를 대상으로 핵심주제, 하위주제, 각 주제의 중요성에 대한 빈도를 조사했다. 36개의 연구에서 좋은 죽음의 특성이나 조건으로 제시한 38개의 주제를 선정하고, 이러한 38개 주제 중에서 연구자들의 합의과정을 통해서 최종적으로 다음과 같은 좋은 죽음의 11가지 핵심주제를 추출했다.

(1) 좋은 죽음은 개인이 원하는 방식대로 죽는 것이다

좋은 죽음의 가장 중요한 핵심주제는 죽어 가는 과정에 대한 선호(preferences for the dying process)로서 환자가 원하는 특정한 방식으로 죽어 가는 것이다. 예컨대, 환자는 어떤 곳에서 언제 누구와 함께 하면서 어떻게 죽을 것인지에 대한 임종 장면에 대해서 개인적 선호에 지니는데, 이러한 선호에 따라 죽는 것이 좋은 죽음이다. 이 밖에도 죽어 가는 과정에 대한 선호로는 잠들 듯이 죽는 것, 생명연장술의 거부, 특정한 방식의 장례절차 등이 있다. 이러한 주제는 좋은 죽음에 관한 36개 연구의 94%에서 공통적으로 나타났다.

(2) 좋은 죽음은 통증 없이 죽는 것이다

좋은 죽음에 대해서 두 번째로 빈번하게 나타난 핵심주제는 통증 없는 상태 (pain-free status)에서의 죽음으로서 81%의 연구에서 공통적으로 제시되었다. 대부분의 환자들은 통증 속에서 죽는 것을 두려워한다. 가족이나 의료진 역시 환자가 통증 없이 죽는 것을 좋은 죽음의 중요한 조건으로 여겼다. 이를 위해서는 통증 및 증상 관리가 잘 이루어지는 것이 좋은 죽음의 요건이라고 할 수 있다.

(3) 좋은 죽음은 마음이 편안한 상태로 죽는 것이다

정서적 웰빙(emotional well-being)은 죽음에 대한 두려움이나 절망감 없이 심리적으로 편안하고 안락한 상태에서 죽음을 맞이하는 것이다. 이를 위해서는 정서적 지지를 받는 것, 죽음의 의미에 대한 논의할 기회를 갖는 것, 죽기 전에 돌보고자 했던 것들을 충분히 돌보고 평화롭게 죽은 것이 필요하다. 정서적 웰빙은 64%의 연구에서 공통적으로 언급되었으며 세 번째로 빈번한 주제였다.

(4) 좋은 죽음은 가족과 좋은 관계에서 죽는 것이다

좋은 죽음은 가족과 밀접하게 관련되어 있다. 가족으로부터 돌봄과 지지를 받는 것뿐만 아니라 환자의 죽음을 가족이 받아들이며 수용하는 것이 포함된다. 또한 가족에게 과도한 짐이 되지 않는 것이다.

(5) 좋은 죽음은 종교적 또는 영적 믿음 속에서 죽는 것이다

죽어 가는 과정에서 종교적 또는 영적 위안을 받으며 내세에 대한 믿음을 지니는 것이다. 이를 위해서 종교적 신앙을 지니거나 종교인과의 만남을 통해서 죽음의 공포와 허무를 극복하는 것이 중요하다.

(6) 좋은 죽음은 인생의 완수감 속에서 죽는 것이다

좋은 죽음의 핵심 주제 중 하나는 삶의 완성(life completion)으로서 자신의 삶을 성공적인 것으로 여기면서 죽음을 수용하는 것이다. 아울러 사랑하는 사람들과 이별의 인사를 하고 유언과 상속 문제와 같은 일들을 잘 마무리하는 것이다.

(7) 좋은 죽음은 자신이 원하는 모든 치료를 받았다는 믿음 속에서 죽는 것이다

좋은 죽음은 치료에 대한 환자의 선호에 따라서 시행되었다는 믿음이 중요하다. 환자가 모든 가능한 치료를 받았다는 믿음을 지니는 것뿐만 아니라 자신이 원하는 치료방식(예: 생명연장술을 받지 않는 것, 안락사나 의사 조력 자살 등)에 따라 치료를 받으며 죽는 것이다.

(8) 좋은 죽음은 존엄성을 유지한 채로 죽는 것이다

죽어 가는 과정에서 존엄한 인간으로 존중받으면서 최대한의 자율성과 독립성을 유지하는 것이다. 이를 통해서 개인의 자존감과 존엄성이 최대한 보장되는 상태에서 죽는 것이 좋은 죽음의 핵심주제 중 하나이다.

(9) 좋은 죽음은 마지막 순간까지 삶의 질을 유지하면서 죽는 것이다

삶의 질을 유지하는 것은 가능하면 일상생활처럼 사는 것(예: 자신의 집에서 자신의 바람에 따라 자율성을 지니고 사는 것), 희망, 즐거움, 감사함을 유지하는 것, 그리고 삶은 살 가치가 있다는 믿음을 지니며 사는 것이다.

(10) 좋은 죽음은 의료진과의 좋은 관계 속에서 죽는 것이다

질병을 치료하는 과정에서 의사나 간호사로부터의 신뢰, 지지, 위로를 받는 것뿐만 아니라 죽음이나 죽어감에 대해서 편안함을 느끼게 해 주는 의료진과 좋은 관계를 맺는 것은 좋은 죽음의 중요한 조건 중 하나이다. 이를 위해서 환자가 의료진과 죽음의 공포나 영적 믿음에 대해서도 이야기할 수 있는 기회를 갖는 것이 필요하다.

(11) 좋은 죽음은 개인의 다양한 바람과 일치하는 죽음이다

예컨대, 죽어 가는 과정에서 사랑하는 사람과의 피부 접촉을 원하는 사람도 있고 반려동물과 함께 있기를 원하는 사람도 있다. 또한 과도한 치료비를 원하지 않는 경우도 있고, 개인이 속한 문화적 전통에 따라 죽기를 원하는 경우도 있다.

마이어와 동료들(2016)은 36개 연구의 응답자들을 환자, 가족, 의료진으로 분류하여 11개 핵심주제에 대해서 동의한 빈도를 조사했다. 11가지 핵심주제에 대해서 세 응답자 집단별 동의한 빈도는 〈표 22-2〉와 같다. 한 연구에 두 개 이상의 응답자 집단이 있었기 때문에 동의 빈도의 자료가 48개이다.

좋은 죽음을 다룬 연구의 85% 이상에서 세 집단(환자, 가족, 의료진) 모두 '환자가 원하는 방식의 죽음'과 '통증 없는 상태'를 좋은 죽음의 가장 중요한 요소로 평가했다. 좋은 죽음의 핵심은 통증이 없는 상태에서 환자가 원하는 방식으로 죽어 가는 것이다.

표 22-2 좋은 죽음의 11개 핵심주제에 대한 집단 별 동의 빈도(%)

핵심주제	환자 대상 연구 (N=20)	가족 대상 연구 (N=10)	의료진 대상 연구 (N=18)
1. 원하는 방식의 죽음	100	100	94
2. 통증 없는 상태	85	90	83
3. 정서적 웰빙	60	70	67
4. 가족과의 좋은 관계	55	70	61
5. 영적·종교적 믿음	65	50	59
6. 삶의 완수감	55	80	56
7. 존엄성 유지	55	70	67
8. 원하는 치료를 받음	55	70	61
9. 삶의 질 유지	35	70	22
10. 의료진과의 좋은 관계	20	40	39
11. 개인의 다양한 바람	40	40	28

세 응답자 집단은 핵심주제의 우선순위에서 다소의 차이를 나타냈다. 모든 집단이 원하는 방식의 죽음과 통증 없는 상태를 가장 중시했지만 그 다음으로 환자 집단은 영적·종교적 믿음과 정서적 웰빙을 중요하게 여기는 반면, 가족은 삶의 완수감, 정서적 웰빙, 가족과의 좋은 관계, 존엄성 유지 등을 중시했다. 반면에, 의료진은 정서적 웰빙과 존엄성 유지, 원하는 치료를 받음, 가족과의 좋은 관계를 중요하게 평가했다.

4. 한국인이 생각하는 좋은 죽음

우리나라의 경우, 전통적으로 좋은 죽음에 대해서 '호상' 또는 '고종명'이라는 개념이 전해 내려오고 있다. 호상(好喪)은 장수하며 복을 많이 누리다가 죽은 사람의 죽음을 의미한다. 고종명(考終命)은 오복(五福) 중 하나로서 제 명대로 다 살다가 편안하게 죽는 것을 뜻한다. 오복은 『서경(書經)』의 「홍범(洪範)」편에 제시된 행복한 인생의 5가지 조건으로서 수(壽: 장수하는 것), 부(富: 부유한 것), 강녕(康寧: 신체가 건강한 것), 유호덕(攸好德: 좋은 덕을 지니는 것), 고종명(考終命: 일생을 평안하게 살다가 천명을 마치는 것)을 말한다. 이처럼 우리 조상들은 좋은 죽음을 장수하며 오래 살다 죽는 것, 안락한 삶을 충분히 누리고 죽는 것, 덕을 쌓아 주변 사람들에게 좋은 일을 많이 베풀고 죽는 것이라고 여긴 듯하다.

현대의 우리 사회에서는 좋은 죽음에 대한 통속적 표현으로 '9988234'가 있다. 즉, 99세까지 88하게 살다가 2~3일 앓고 4망하는 것을 의미하는 표현이다. 이러한 표현에는 좋은 죽음이 99세가 되도록 오래 사는 것, 죽기 직전까지 88하게 건강한 삶을 사는 것, 그리고 죽어감의 과정이 2~3일 정도로 짧아서 고통을 최소화하는 것이라는 의미가 담겨 있다.

최근에 우리나라에서도 좋은 죽음에 대한 실증적인 연구가 실시되어 그 결과가 보고되고 있다. 예컨대, 한나영 등(2002)은 35명의 노인을 대상으로 질적 연구방법을 통해 좋은 죽음에 대한 견해를 조사한 바 있다. 그 결과, 한국의 노인들은 (1) 적절한 수명을 누리고 죽는 것, (2) 큰 병 없이 죽는 것, (3) 자식이나 부인을 먼저 보내지 않고 죽는 것, (4) 자손들에게 폐를 끼치지 않고 죽는 것, (5) 가족들이 모두 있는 앞에서 죽는 것, (6) 수면 중에 죽는 것, (7) 고통 없이 죽는 것을 좋은 죽음으로 여겼다.

김신미 등(2003)은 우리나라 4개 시·도에 거주하는 노인과 성인 455명(65세 이상 236명, 65세 미만 219명)을 대상으로 '좋은 죽음'과 관련하여 중요하게 생각하는 요인들을 조사했다. 그 결과, 노인과 성인 전체에서 좋은 죽음의 중요한 요인으로 인식된 것은 (1) 노환으로 죽는 것, (2) 70세 이후에 죽는 것, (3) 집에서 죽음을 맞는 것, (4) 임종기가 1개월 미만인 것, (5) 임종기에 가족과 함께하는 것, (6) 임종기에도 독립적인 생활을 하는 것, (7) 자신의 죽음을 미리 알고 죽는 것, (8) 유언을 남기는 것, (9) 임종기의 치료나 죽음 방법에 자신의 의견이 반영되는 것, (10) 임종기의 의료비 부담이 많지 않은 것, (11) 통증 없이 죽는 것, (12) 종교를 지니고 죽는 것, (13) 호스피스의 도움을 받으며 죽는 것, (14) 무의미한 생명연장술을 받지 않는 것으로 나타났다.

김명숙(2010)은 성인 357명(10대 후반~30대 초반의 청년 208명, 40대 중반~60대 초반의 중장년 149명)을 대상으로 죽음에 대한 질적 연구를 시행하였다. 이 연구에서는 "어떤 죽음이 좋은 죽음이라고 생각하시나요?"라는 물음에 대해서 35%의 응답자가 '자다가 고통 없이 죽는 죽음'이라고 응답했으며 다음으로 '노화에 의한 자연사'(18%), '준비하는 시간적 여유가 있는 죽음'(11%), '후회와 집착이 없는 죽음'(11%), '후회 없이 충실하게 살다 죽는 죽음'(9%)의 순서로 나타났다. "어떤 장소에서 죽으면 좋을 것 같으신지요?"라는 물음에 대해서 77%의 응답자가 '내 집 내 방'이라고 응답했으며 다음으로 '사랑하는 이들이 있는 곳'(7%), '병원'(7%), '경치 좋고 공기 맑은 곳'(5%)의 순서로 나타났다. "죽음에 대해 무엇을 준비할 수 있다고 생각하십니까?"라는 물음에 대해서 '죽음 받아들이기, 가족들과의 작별인사, 인연 정리'(23%), '준비할 수 없다'(15%), '후회 없도록 현재를 가치 있게 열심히 살기, 현재 즐기기'(14%), '신변 정리, 하던 일 마무리'(11%), '유언, 유산 및 자신을 위한 배려'(10%)의 순서로 응답률이 높았다. 이러한 연구결과를 종합하면, 우리나라 사람들은 익숙한 집에서 사랑하는 가족에 둘러싸여 심신이 편안한 상태로 죽는 것을 좋은 죽음이라고 여기는 듯하다. 이 밖에도 좋은 죽음의 조건에 대한 여러 연구가 이루어졌으나 여기에서는 최근에 발표된 몇 가지 연구결과를 소개한다.

1) 한국 노인들이 생각하는 좋은 죽음의 조건

이명숙과 김윤정(2013)은 65세 이상 노인 350명을 대상으로 2010년 9월부터 2011년 2월까지 5개월에 걸쳐 "좋은 죽음이 무엇이라고 생각하십니까?"라는 단일 질문에 대해서 인터뷰를 하였다. 인터뷰 자료의 내용을 분석한 결과, 노인들이 인식하는 좋은 죽음의 구성요소는 16개의 범주, 즉 (1) 배우자와 비슷한 시기에 함께 하는 죽음, (2) 어느 누구에게 폐 끼치지 않는 죽음, (3) 다른 사람에게 좋은 사람으로 기억되는 죽음, (4) 적당한 수명을 누리는 죽음, (5) 명을 다하는 죽음, (6) 내 집에서 맞이하는 죽음, (7) 편안한 죽음, (8) 잠자는 듯한 죽음, (9) 아프지 않는 죽음, (10) 임종과정이 길지 않는 죽음, (11) 준비된 죽음, (12) 삶의 최선을 다하고 맞이하는 죽음, (13) 삶을 즐기고 맞이하는 죽음, (14) 베푸는 삶을 살고 가는 죽음, (15) 신앙 속에서의 죽음, (16) 자손이 잘되는 것을 보고 가는 죽음으로 분류되었다.

연구자들은 이러한 16개의 범주를 개념적 유사성에 근거하여 6개의 상위범주, 즉 (1) 편안한 모습으로의 죽음, (2) 주변 사람을 배려하는 죽음, (3) 원하는 삶을 누리다 가는 죽음, (4) 천수를 누리는 죽음, (5) 내 집에서 맞이하는 죽음, (6) 준비된 죽음으로 분류하였다. 노인 응답자들은 좋은 죽음의 특징으로 6개의 범주 중에서 '편안한 모습으로의 죽음'(61.9%)을 가장 많이 꼽았으며 다음으로 '주변 사람을 배려하는 죽음'(15.3%)과 '원하는 삶을 누리다가 가는 죽음'(13.8%)이었다. 한국 노인들이 좋은 죽음으로 여기는 6개 범주의 내용을 좀 더 자세하게 소개하면 다음과 같다.

(1) 편안한 모습으로의 죽음

이 범주는 '평온한 죽음', '잠자는 듯한 죽음', '아프지 않는 죽음', '임종과정이 길지 않는 죽음'의 하위범주를 포함한다. 여기에서 '편안함'은 신체적 측면에서 통증이 없는 편안한 상태를 의미할 뿐만 아니라 심리적인 평안을 포함한다. 이 범주로 포함된 응답자의 반응으로는 아프지 않고 건강하게 살다가 죽는 것, 치매에 걸리기 전에 죽는 것, 마음고생하지 않고 모든 것 신경 안 쓰고 편안하게 가는 것, 고생 않고 편안히 살다 죽는 것, 편안한 마음으로 모든 것을 비우고 죽는 것, 아무런 걱정 없이 평온한 상태에서 맞이하는 죽음, 고요하고 단정한 모습으로 맞이하는 죽음, 평화롭고 행복한 삶을 살다가 맞이하는 죽음, 편안하게 자면서 나도 모르게 가는 것, 자다가 자는 듯이 죽는 것, 3~4일만 아프고 죽는 것, 조용히 나도 모르게 죽음을 맞는 것 등이 있다. 편안한 모습으로의 죽음은 신체적 측면에서의 편안함만이 아니라, 심리적으로 두려움이나 정신적으로 고통 없이 영적으로도 평화롭게 죽음을 맞이하기를 원하는 것을 의미한다.

(2) 주변 사람을 배려하는 죽음

이 범주에는 '어느 누구에게도 폐 끼치지 않는 죽음', '배우자와 비슷한 시기에 함께하는 죽음', '다른 사람에게 좋은 사람으로 기억되는 죽음'의 하위범주가 묶였다. 가족 중심적인 집단주의 문화에서 살아온 우리나라의 노인들은 자식을 포함하여 주변 사람들에게 폐를 끼치지 않는 것을 좋은 죽음으로 여겼고 이를 위해서는 배우자와 비슷한 시기에 함께 죽는 것을 바랐으며 또한 다른 사람들에게 좋은 사람으로 기억되기를 원했다. 이 범주에 속하는 응답자 반응으로는 자식들 피해 주지 않고 죽는 것, 자식들 고생 안 시키고 죽는 것, 남한테 피해 주지 않는 죽음, 다른 사람들이 슬퍼해 주는 죽음, 남들에게 뜻깊은 인물로 생각되는 죽음, 좋은 일 많이 하다가 누가 알아주는 죽음, 남한테 욕먹지 않고 살다가 죽으면 그 사람 죽어서 안됐다는 말 듣는 것, 남에게 폐 끼치지 않고 언제나 주위 사람들에게 베푸는 삶을 산 좋은 사람으로 기억되는 죽음 등이 있다. 우리 사회가 개인주의보다 집단주의 성격이 강한 유교적 문화 속에서 남을 먼저 배려하는 것을 미덕으로 여겼기 때문에 주변 사람을 배려하는 죽음을 좋은 죽음의 중요한 조건으로 인식하는 것으로 보인다.

(3) 원하는 삶을 누리다 가는 죽음

이 범주에는 '삶의 최선을 다하고 맞이하는 죽음', '삶을 즐기고 맞이하는 죽음', '베푸는 삶을 살고 가는 죽음', '신앙 속에서의 죽음', '자손이 잘되는 것 보고 가는 죽음'이 포함되었다. 우리나라의 노인들은 좋은 죽음의 특성으로 삶에 최선을 다하면서 여가를 즐기고 남에게 베풀며 자손이 잘되는 것을 보고 죽는 것을 꼽았다. 이 범주에 속하는 응답자의 구체적 반응으로는 내가 하고 싶은 것을 다하고 할 수 있는 것은 다 해 보고 죽는 것, 후회 없이 열심히 삶을 다하고 죽는 것, 이루고 싶은 일들을 다 이루고 맞이하는 죽음, 가는 날까지 열심히 살다가 죽는 것 등이 있다. 즉, 삶의 마지막까지 여가를 즐기고 남에게 베풀고 신앙생활을 열심히 하며 자신의 자손이 잘되는 것을 보면서 그 자손의 삶 속에서 자신이 영속되는 삶을 보고자 하는 것이다.

(4) 천수를 누리는 죽음

이 범주에는 '적당한 수명을 누리는 죽음'과 '명을 다하는 죽음'이 포함되었다. '적당한 수명을 누리는 죽음'에 묶인 응답자의 반응으로는 적당한 나이에 건강하게 맞이하는 죽음, 100세까지 아프지 않고 건강하게 살다가 죽는 것, 80대 후반에서 90대 초반까지 건강하게 살다가 죽음을 맞이하는 것, 99세까지 팔팔하게 살다 가는 것 등이 있다. '명을 다하는 죽음'의 응답자 반응에는 그냥 사는 날까지 살다가 죽는 것, 명대로 살다가 죽는 것, 갈 때 되면 편안하게 가는 것, 때가 되면 가는 것, 순리대로 가는 것, 천명이 올 때까지 살다가 죽는 것, 자연사 등이 있다. 우리나라의 노인들은 적절한 나이에 살 만큼 살다가 노환으로 자연사하는 것을 좋은 죽음으로 여기며 자신이 태어날 때 타고난 수명을 중시하는 것으로 보인다.

(5) 내 집에서 맞이하는 죽음

이 범주는 '내 집에서 맞이하는 죽음'의 하위범주로만 묶였으며 이에 속하는 응답자 반응으로는 병원에 가지 않고 집에서 자식들 앞에서 죽는 것, 아프지 않고 집에서 맞이하는 죽음, 아랫목에서 편하게 죽는 죽음, 양로원 가지 않고 집에서 죽는 것 등이 있다. 여기에서 '집'은 물리적 환경으로서의 주택의 의미뿐만 아니라 친숙함과 애착을 느끼는 심리적 장소로서의 의미를 함께 가지고 있다. '집'은 물리적 환경으로서의 주택의 의미와 심리적 장소로서의 의미를 함께 가지고 있으며 친밀감, 사회적 관계, 자기정체감, 사생활과 피난의 장소, 계속성, 개인화된 장소, 활동의 근거, 성장하고 부모가 살았던 원초적인 곳이기 때문에 내 집에서 맞이하는 죽음을 좋은 죽음으로 여기는 듯하다.

(6) 준비된 죽음

'준비된 죽음'은 자신의 마지막 삶을 정리하고 맞이하는 죽음을 좋은 죽음이라 여기는 것이다. 이 범주에 속하는 응답자 반응으로는 할 일 다 해 놓고 정리 다 하고 자식들에게 물려줄 것 물려주고 편히 가는 것, 마음을 정리하고 주변 정리 깔끔하게 하고 죽는 것, 죽음을 준비하고 이 세상 삶을 잘 정리할 수 있는 시간이 주어지는 것, 모든 일을 정리하고 맞이하는 죽음 등이 있다. 준비된 죽음은 한 인생을 살고 가는 죽음에서 마무리를 잘하고 죽음을 맞이하고 싶은 것을 의미한다.

2) 임종기 단계별 좋은 죽음의 조건

민들레와 조은희(2017)는 좋은 죽음에 관한 44편의 국내외 논문을 대상으로 개념분석 방법을 통한 문헌연구를 실시했다. 이들에 따르면, '좋은 죽음'을 대신하는 용어로 가장 널리 사용된 것은 '웰다잉', '품위 있는 죽음', '존엄한 죽음'이었으며 살아 있는 동안 잘 사는 것과 더불어 임종을 맞는 순간에 품위를 잃지 않고 존엄성을 유지하는 것을 좋은 죽음으로 여기는 경향이 있었다.

좋은 죽음의 판단에 영향을 미치는 인구학적 요인으로는 죽어 가는 사람의 나이, 가족관계, 질병의 수와 질병 기간이 중요하다. 예컨대, 죽어 가는 또는 죽은 사람의 나이가 너무 젊거나 어린 경우에는 좋은 죽음으로 여기지 않았으며, 임종 시에 함께 있어 줄 자식이 있거나 가족 옆에서 죽음을 맞이하는 것을 좋은 죽음으로 생각하고 있었다. 또한 질병이 시작되어 죽는 순간까지의 투병기간이 너무 길지 않고 잠자는 동안에 죽음을 맞는 것을 좋은 죽음으로 여기는 경향이 있었다.

또한 좋은 죽음에 영향을 미치는 사회문화적 요인으로는 가족이나 친구와 같은 중요한 사람들과의 갈등관계 해소, 사회봉사, 죽음준비 교육, 주어진 임무 완수, 버킷 리스트 실행, 장례식이나 유언 준비, 의료진과의 신뢰관계 등이 있다. 이러한 요인들은 대부분 임종의 순간에 이룰 수 있기보다는 오랜 기간 준비해야 하는 것으로서 좋은 죽음을 위해서는 건강할 때 잘 살아야 한다는 점을 시사한다. 연구자들은 좋은 죽음에 영향을 미치는 요인들을 임종기의 단계별로 나누어 다음과 같이 제시하고 있다.

(1) 임종 준비기

좋은 죽음을 맞이하기 위해서는 임종기에 접어들기 이전부터 준비가 필요하다. 첫째는 '살아 있는 시간 동안 잘 사는 것'으로서 죽음을 누구나 경험하는 삶의 과정으로 받아들이며 건강하게 살아 있는 시간에서 행복하고 보람 있게 잘 사는 것이 중요하다. 운동을 열심히 하고 좋은 환경에서 살도록 노력하면서 버킷 리스트를 실천하고 후회 없는 삶을 사는 것이다. 자신에게 주어진 책임과 의무를 완수하고 사회봉사 등을 통해서 사후에도 좋은 사람으로 기억될 수 있도록 노력한다. 아울러 가족, 친지, 가까운 이들과의 갈등을 만들지 않으며 그들과 즐겁고 의미 있는 시간을 갖도록 노력하는 것이 중요하다.

둘째는 '죽음의 준비를 잘하는 것'으로서 죽음을 삶의 필연적 결과로 인식하면서 좋은 죽음을 맞기 위해 능동적으로 준비하는 것이다. 죽음에 임박하지 않았더라도 미리 죽음에 관한 교육을 통하여 죽음에 대한 부정적인 인식과 태도를 줄이고 죽음의 의미에 대해서 진지하게 생각해 보는 것이 필요하다. 죽음을 수용함으로써 죽음에 대한 불안을 해소하는 것과 더불어 자신이 죽은 이후에 가족이나 주변 사람들이 갈등 없이 편안한 삶을 지속할 수 있도록 유언장이나 장례 등을 잘 준비하는 것이 중요하다.

(2) 임종기

치명적인 질병이나 고령으로 인해 죽음이 임박한 시기에는 좋은 죽음을 맞기 위해서 다음의 네 가지를 고려하는 것이 필요하다. 첫째, '무의미한 삶의 연장을 피하는 것'으로서 회복되기 불가능한 질병상태에서는 생명연장술에 의존하기보다 고통스러운 시기를 단축하는 것이 필요하다. 아울러 무의미한 삶을 연장하면서 가족에게 부담을 주지 않는 것이 좋은 죽음을 위해 중요하다.

둘째, '존엄성을 유지하는 것'으로서 좋은 죽음을 위해서는 죽어 가는 순간에 존엄한 한 인간으로서 대우받으며 개인의 신념과 가치가 존중되는 것이 중요하다. 이를 위해서는 가족이나 의료진과 원만한 관계 속에서 자신의 바람이나 원하는 죽음의 방식을 잘 전달하는 것이 필요하다.

셋째, '고통 없는 편안함'으로서 죽어 가는 사람이 신체적 증상으로 인해서 통증을 느끼지 않을 뿐만 아니라 심리적 또는 영적 편안함을 느끼는 것이 좋은 죽음의 중요한 요소로 평가되고 있다. 임종 시에 평온한 분위기에서 가족과 함께 마지막 시간을 보내며 이별인사를 나누는 시간을 갖는 것도 좋은 죽음의 중요한 조건이다.

넷째, 좋은 죽음을 위해서는 의료진과의 원활한 상호작용이 중요하다. 임종기의 환자와 가족들은 죽음에 대한 불안과 두려움을 지니게 되는데, 의료진에게 그에 대한 정보를 구하며 의지하게 된다. 이처럼 죽음이 임박한 시기에는 의료진들과의 원활한 의사소통과 상호작용이 중요하다.

(3) 임종 후의 시기

좋은 죽음의 판단에는 환자가 사망한 이후에 남겨진 가족의 감정도 중요하다.

환자가 심한 고통 속에서 죽음을 맞이했거나 응급실처럼 사생활 보호가 되지 않는 환경에서 존중받지 못한 채로 가족과 작별의 시간을 갖지 못하고 사망할 경우에는 남겨진 가족이 죄책감이나 분노와 같은 고통스러운 감정을 느끼게 된다. 또는 환자가 사망한 이후에 유산상속이나 장례절차 등에 대한 의견 대립으로 가족구성원 간의 갈등과 불화가 유발된다면 좋은 죽음으로 여겨지기 어렵다. 환자가 편안한 상태로 품위 있는 죽음을 맞이하고 사망 이후에 남겨진 가족이 평온한 감정을 느끼며 안정된 삶을 지속할 수 있을 때 가족이나 주변 사람들은 그러한 죽음을 좋은 죽음으로 여긴다.

3) 한국인이 가장 중요시하는 좋은 죽음의 조건: 전국적 조사

최근에 윤영호와 동료들(Yun, Kim, Sim et al., 2018)은 한국인이 생각하는 좋은 죽음의 조건에 대해서 전국적인 설문조사를 실시했다. 연구자들은 문헌조사를 통해서 좋은 죽음으로 여겨지는 10가지 조건을 추출하고 4,176명(일반인 1,241명, 암환자 1,001명, 환자 가족 1,006명, 의사 928명)에게 '좋은 죽음의 10가지 조건 중에서 가장 중요한 것'이 무엇이냐고 물었다. 이 연구에서 제시한 좋은 죽음의 10가지 조건은 (1) 가족과 함께 하는 것, (2) 가족에게 부담을 주지 않는 것, (3) 끝내지 못한 일들을 마무리하는 것, (4) 삶을 의미 있게 느끼는 것, (5) 통증을 느끼지 않는 것, (6) 신과 함께 평화를 느끼는 것, (7) 치료에 대한 선택권을 갖는 것, (8) 재산정리를 잘하는 것, (9) 맑은 정신을 유지하는 것, (10) 집에서 죽는 것이었다. 연구자들은 조사결과를 2018년에 영문학술지인 『Supportive Care in Cancer』에 발표했으며 그 주요한 결과를 소개하면 〈표 22-3〉과 같다.

일반인, 암환자, 환자 가족, 의사를 포함한 네 집단의 응답자 전체가 좋은 죽음의 가장 중요한 조건이라고 응답한 것은 '가족과 함께 하는 것'(24.7%)이었다. 다음으로 중요한 조건은 '가족에게 부담을 주지 않는 것'(22.3%)이었으며 이어서 '끝내지 못한 일들을 마무리하는 것'(17.7%), '삶을 의미 있게 느끼는 것'(13.8%), '통증을

표 22-3	한국인이 가장 중요시하는 좋은 죽음의 조건(%)				
좋은 죽음의 조건	전체 (n=4,176)	일반인 (n=1,241)	암환자 (n=1,001)	가족 (n=1,006)	의사 (n=928)
가족과 함께하는 것	24.7	21.9(2)*	24.5(2)	25.9(1)	27.1(2)
가족에게 부담을 주지 않는 것	22.3	22.4(1)	27.7(1)	25.5(2)	12.9(3)
끝내지 못한 일들을 마무리하는 것	17.7	19.7(3)	18.8(3)	20.8(3)	10.3(5)
삶을 의미 있게 느끼는 것	13.8	12.1(5)	7.9(5)	8.7(5)	27.8(1)
통증을 느끼지 않는 것	10.3	13.5(4)	11.9(4)	9.5(4)	5.0(6)
신과 함께 평화를 느끼는 것	6.2	4.3(6)	4.8(6)	5.4(6)	11.0(4)
치료에 대한 선택권을 갖는 것	1.6	1.2(9)	1.5(7)	1.2(8)	2.7(7)
재산정리를 잘 하는 것	1.3	2.4(7)	0.7(10)	0.9(9)	0.8(9)
맑은 정신을 유지하는 것	1.2	0.4(10)	1.1(9)	1.3(7)	2.2(8)
집에서 죽는 것	1.1	2.0(8)	1.2(8)	0.9(9)	0.1(10)

* 괄호 안의 숫자는 순위를 의미함.

느끼지 않는 것'(10.3%)의 순서로 나타났다.

　네 집단은 좋은 죽음의 조건에 대해서 약간의 차이를 보였으나 '가족과 함께하는 것'과 '가족에게 부담을 주지 않는 것'을 좋은 죽음의 조건으로 중요하게 여기는 경향이 있었다. 특히 암환자 집단과 일반인 집단은 '가족에게 부담을 주지 않는 것'을 좋은 죽음의 가장 중요한 조건으로 여겼다. 의사 집단은 '삶을 의미 있게 느끼는 것'을 좋은 죽음의 가장 중요한 조건이라고 응답했으나 2위와 3위로 '가족과 함께 하는 것'과 '가족에게 부담을 주지 않는 것'을 중요하게 여겼다.

　이러한 결과는 외국인을 대상으로 한 연구결과와 상당한 차이를 나타내는 것이다. 예컨대, 미국인들은 좋은 죽음의 조건으로 '통증을 느끼지 않는 것'을 가장 중요하게 여겼으며 다음으로 '영적인 웰빙'과 '가족과 함께 있는 것'을 중시했다(Steinhauser et al., 2000). 일본인의 경우에는 좋은 죽음의 조건으로 '신체적 및 심리적 안락'을 가장 중요시했으며 이어서 '좋아하는 곳에서 죽어감'과 '의료진과의 좋은 관계'를 중요하게 여겼다(Miyashita et al., 2015). 그러나 다른 나라에서 이루어

진 연구들은 응답자 표본이나 연구방법이 다르기 때문에 그 결과를 직접적으로 비
교하기는 어렵다. 예컨대, 윤영호 등의 연구에서는 응답자에게 좋은 죽음의 10가
지 조건 중 가장 중요하게 생각하는 한 가지를 선택하게 한 반면, 일본인을 대상으
로 한 연구(Miyashita et al., 2015)에서는 응답자에게 좋은 죽음의 10가지 조건(윤영
호 등의 연구에서 제시한 조건과 다름)을 제시하고 각 조건의 중요도를 7점 척도 상에
서 평정하도록 했다. 그럼에도 불구하고 한국인들이 좋은 죽음의 조건으로 '가족
과 함께 하는 것'과 '가족에게 부담을 주지 않는 것'을 중시한다는 점은 주목할 만한
결과이며 이는 가족 응집력이 강한 한국문화의 특성을 반영하는 것으로 생각된다.

제23장

죽어 가는 사람의 돌봄: 호스피스와 안락사

죽음학의 핵심적 목표 중 하나는 모든 사람이 좋은 죽음을 맞이하도록 돕는 것이다. 좋은 죽음을 맞이하는 것은 결코 쉬운 일이 아니다. 인생의 마지막 단계는 매우 거칠고 험난하기 때문이다. 늙고 병들어 죽어 가는 과정에는 돌봄이 필요하다. 한 인간이 탄생하는 과정도 소중하게 보살펴야 하지만, 한 인간이 인생을 마무리하는 과정도 소중하게 돌보아야 한다. 한 인간이 죽어 가는 과정은 사랑과 자비의 돌봄이 가장 절실하게 필요한 인생의 단계이다.

1. 좋은 죽음을 위한 돌봄

아침에는 네 발로 걷다가, 낮에는 두 발로 걷고, 저녁이 되면 세 발로 걷는 것은 무엇인가? 이 물음은 그리스 신화에 나오는 스핑크스가 사람들에게 내놓은 수수께끼이다. 사자의 몸과 여자의 얼굴을 한 괴물인 스핑크스는 커다란 바위에 앉아 그 앞을 지나가는 사람들에게 이런 수수께끼를 내고 풀지 못하면 그 자리에서 잡아먹었다고 한다.

인간은 어린 시절에는 네 발로 기어 다니다가 성장하면 두 발로 걷고 늙으면 지팡이에 의지하여 살아가야 한다. 인생의 봄과 여름 그리고 가을이 지나 마침내 겨울이 찾아오면, 홀로 설 수 없는 시기가 찾아온다. 늙고 병들어 쇠약해지면, 독립적인 생활이 불가능한 시기가 찾아온다. 이때부터 인간은 아동기와 마찬가지로 다른 사람의 돌봄을 필요로 하는 의존적인 존재가 된다. 특히 죽어 가는 과정은 다른 사람의 돌봄이 절실하게 필요한 시기이다. 좋은 죽음을 맞이하기 위해서는 다른 사람의 따뜻한 돌봄이 필수적이다.

과거의 대가족제도에서는 늙은 부모를 젊은 자녀가 돌보았다. 대부분의 노인들은 자녀와 가족의 돌봄 속에서 노년기를 보내다가 죽음을 맞이했다. 그러나 현대사회로 접어들면서 자녀가 성장하면 분가하여 독립적인 생활을 하는 핵가족제도로 변했다. 또한 자녀들은 바쁜 직장생활과 자녀양육에 전념해야 하기 때문에 늙은 부모를 돌볼 여유가 없다. 게다가 노년기가 장기화되고 있는 고령사회에서는 자녀들이 늙은 부모를 돌보는 일은 거의 불가능한 상태가 되었다. 21세기의 현대사회에서 죽어 가는 사람을 돌보는 일은 개인과 가족의 문제일 뿐만 아니라 국가와 사회가 깊은 관심을 지녀야 할 중요한 문제가 되었다.

1) 현대인의 죽음

인간은 어떻게 죽어 가는가? '고려장'이라는 말이 전해지고 있듯이, 고려시대에는 부모가 늙으면 자녀가 부모를 지게에 짊어지고 산에 버려 굶어 죽게 했다고 한다. 식량이 부족하여 젊은 사람도 먹고 살기 어려운 그 시대에는 늙은 부모를 돌보는 것이 어려웠기 때문에 이러한 풍습이 생겼을 것이다. 과거의 에스키모 사회에서는 노인들이 적절한 시점이 되면 스스로 폭설 속으로 걸어 들어가 인생을 마무리하는 관습이 있었다고 한다. 자녀의 식량을 더 이상 축내지 않고 스스로 삶을 마무리해야 하는 늙은 부모의 헌신적 결단이 필요했던 것이다.

21세기 현대사회에서 한국인들은 어떻게 죽어 가는가? 대중매체에서 '고독사' 가 흔히 보도되듯이, 아무도 돌보지 않는 상태에서 홀로 죽어 가는 사람들이 늘어나고 있다. 이처럼 극단적인 경우는 아니더라도 대부분의 한국인들은 병원에서 치료를 받다가 병실에서 죽음을 맞는다. 우리나라의 경우, 약 75%의 사망자가 병원에서 임종한다. 암환자의 경우는 90%가 병원에서 임종한다. 때로는 중환자실에서 인공호흡기, 영양공급기 등을 주렁주렁 매달고 말도 하지 못한 채 고통스럽게 인생의 마지막을 보내다가 사망한다. 심지어 의식이 없는 상태로 생명연장장치에 의지하며 수년 간 식물인간 상태로 지내다가 사망하는 경우도 있다.

의사들은 환자를 살리기 위해 최선을 다한다. 어떤 치명적인 질병의 경우라도 의사들은 환자에게 가능한 최선의 치료를 권유하고 시술한다. 한국인의 사망원인 1위인 암의 경우, 의사들은 일차적으로 수술을 통해 암을 도려내고 전이 가능성이 있는 경우에는 약물이나 방사선을 이용한 항암치료를 시도한다. 성공적으로 치료되는 경우가 많지만, 암이 재발하거나 전이가 이루어지면 환자는 고통스러운 치료를 반복적으로 받아야 한다. 그러나 다양한 치료적 노력이 성공을 거두지 못해 더 이상 암의 확산을 막을 수 없을 때, 말기질환(terminal disease)으로 진단된다. 말기질환으로 진단되면, 가까이 다가온 죽음을 기다리는 시한부의 삶을 맞이하게 된다.

말기질환 상태에서는 질병이 진행되면서 다양한 신체적 증상과 통증을 감당해야 할 뿐만 아니라 죽음의 불안과 공포를 느끼며 고통스러운 삶을 이어가게 된다. 퀴블러로스(Kübler-Ross)는 말기환자의 심리상태가 부정에서 분노, 흥정, 우울을 통해 수용으로 변화한다는 제시한 바 있다. 말기환자들은 죽음의 수용에 이르기까지 많은 심리적 고통을 겪을 뿐만 아니라 모든 말기환자들이 죽음 수용에 이르는 것도 아니다. 말기환자를 간병하는 가족 역시 많은 고통과 부담을 떠안게 된다. 죽음을 앞두고 고통스러워하는 환자를 바라보는 것 자체가 고통스러울 뿐만 아니라 환자에게 무엇을 어떻게 해 주어야 할지 몰라서 당황하게 된다. 때로는 환자의 과도한 요구와 불평으로 인해서 환자와 가족 간에 갈등이 발생하기도 한다. 대부

◈ 죽어 가는 사람에게는 돌봄의 손길이 필요하다.

분의 의사나 간호사들은 질병의 치료와 간호에는 전문적 능력을 지니고 있지만 말기환자를 돌보는 일에는 무력하다. 회복의 희망을 갖지 못한 채 말기환자와 가족은 고통과 혼란 속에서 시간을 보내다가 환자의 죽음을 맞게 된다. 환자의 죽음 이후에도 가족들은 슬픔, 후회, 죄책감, 원망 등의 심리적 상처를 지닌 채로 오랜 기간 고통을 겪게 된다.

현대사회에는 죽음에 대한 논의를 회피하는 풍토가 만연되어 있기 때문에 대부분의 현대인들은 죽음과 죽어감에 대해서 무지할 뿐만 아니라 죽음에 대한 준비도 부실하다. 죽어감의 과정은 멀리서 보면 완만해 보이지만, 가까이에서 보면 매우 거칠고 험하다. 많은 현대인들이 인생의 마지막 과정을 고통 속에서 보내다가 친밀한 사람들과 따뜻한 이별의 인사도 나누지 못한 채 병실에서 쓸쓸히 죽어 가거나 때로는 중환자실에서 생명연장장치에 연결된 채로 비참한 죽음을 맞이한다. 현대사회에서 좋은 죽음을 통한 아름다운 마무리는 결코 쉽지 않다. 좋은 죽음을 위해서는 죽음준비를 위한 개인적인 노력뿐만 아니라 따뜻하고 세심한 돌봄의 손길이 필수적이다.

2) 좋은 죽음을 위한 12가지 원칙

영국의 노인복지단체인 에이지 컨선(Age Concern)은 노인들의 욕구와 관심사에 대한 연구와 봉사활동을 하는 비영리자선단체들의 통합기구이다. 에이지 컨선은 1996년에 21세기의 인구변화가 사회에 미칠 영향을 연구하고 노인들의 삶과 복지를 지원하는 대책을 마련하기 위해 '노인들의 건강과 돌봄에 관한 연구회(Debate of the Age Health and Care Study Group)'를 결성했다. 여러 분야의 전문가들로 구성된 이 연구회는 1999년에 3년간의 연구결과를 정리한 보고서를 간행하면서 '좋은 죽음을 위한 12가지 원칙'을 제시했다.

이 보고서에 따르면, 노년기에는 다른 인생의 시기와 마찬가지로 자신의 삶에 대한 통제력과 자율성을 지니는 것이 매우 중요하다. 20세기에는 죽음이 사람들로부터 은폐되어야 할 사회적 금기가 되었다. 그 결과, 대부분의 사람은 가족이나 지인과 유리된 상태로 병원에서 죽음을 맞게 되었을 뿐만 아니라 임종기의 중요한 결정이 의료진에 의해서 내려지게 되었다. 21세기에는 죽음이 더 이상 사회적 금기가 되어서는 안 된다. 또한 죽어 가는 사람이 자신의 삶과 죽음을 스스로 결정할 수 있는 자율성과 통제력이 최대한 보장되어야 한다. 이 연구회는 좋은 죽음을 위한 12가지 원칙을 다음과 같이 제시하고 있다.

(1) 자신이 죽음에 이르게 되는 시기를 아는 것, 그리고 미래에 어떤 일이 일어날 수 있는지를 이해하는 것

(2) 미래에 일어날 일들에 대한 통제력을 유지하는 것

(3) 존엄성과 사생활이 보호되는 것

(4) 통증 완화와 다른 증상들에 대한 통제력을 지니는 것

(5) 죽음을 맞이할 곳(집 또는 다른 곳)에 대한 선택과 통제력을 지니는 것

(6) 어떤 내용이든 필요하다면 전문가로부터 정보를 얻는 것

(7) 원하는 영적 또는 정서적 지지를 받는 것

(8) 병원에서 뿐만 아니라 어느 곳에서든지 호스피스 간호를 받는 것

(9) 임종 시에 함께할 사람을 선택할 수 있는 것

(10) 생명연장술 사전 선택을 통해 본인의 바람이 존중되는 것

(11) 주변 사람들과 이별의 인사를 할 시간을 가지며 그 시기 조절에 관한 통제력을 지니는 것

(12) 무의미한 생명연장을 하지 않고 임종의 시기를 자연에 맡기는 것

모든 인간에게 있어서 인생의 마지막 시기, 즉 임종기는 매우 중요하다. 인생의 마지막 몇 주, 며칠 그리고 몇 시간 동안 어떤 삶을 사느냐가 중요하다. 달리 말하면, 다른 사람들로부터 어떤 대우를 받느냐가 중요하다. 좋은 죽음은 죽어 가는 사람의 자율성과 통제력이 최대한 보장되는 것이어야 한다. 좋은 죽음의 12가지 원칙은 모든 말기치료와 완화의료를 비롯하여 죽어 가는 사람을 돌보는 과정에서 적용해야 할 기본적 원칙이 되어야 한다.

2. 호스피스 운동: 죽어 가는 사람에 대한 관심과 돌봄

20세기의 의학은 질병을 치료하여 생명을 살리는 일에 집중했을 뿐 좋은 죽음을 맞이하도록 돌보는 일에는 무관심했다. 그러나 한 인간이 탄생할 때 산파나 산부인과 의사의 돌봄이 필요하듯이, 임종할 때에도 좋은 죽음을 맞이하도록 돕는 전문적 돌봄이 필요하다. 이처럼 죽어 가는 사람에 대한 관심과 돌봄이 필요하다는 사회적 인식이 확산되면서 서구사회에서는 1960년대에 호스피스 운동이 일어났다.

1) 호스피스 운동의 시작

호스피스 운동(hospice movement)은 죽어 가는 사람에 대한 따뜻한 관심과 돌봄이 필요하다는 점을 강조하는 사회적 운동을 말한다. 죽어 가는 사람에 대한 돌봄의 필요성을 사회에 널리 알리고 그러한 돌봄의 실천을 강조하면서 사회적 변화를 촉구하는 다양한 노력을 의미한다. 나아가서 호스피스 운동은 죽어 가는 사람들이 겪는 신체적 통증과 증상을 완화하는 것뿐만 아니라 심리사회적 또는 영적 고통에도 관심을 기울이며 돌봄으로써 좋은 죽음을 맞이하도록 도와야 한다는 돌봄의 철학(philosophy of care)을 확산시키는 일이기도 하다.

호스피스(hospice)라는 말은 라틴어의 '호스페스(hospes)'에서 그 어원을 찾을 수 있다. 호스페스는 긴 여행에 지친 사람들에게 휴식의 공간을 제공하며 접대하는 사람, 즉 주인(host)이라는 의미와 그러한 공간에서 휴식하는 손님(guest)이라는 의미를 모두 포함하고 있는데, 나중에 'hospitalis'와 'hospitium'이라는 단어로 분화되어 발전했다. 호스피탈리스(hospitalis)는 주인의 뜻이 강조되어 병원을 의미하게 되었고, 호스피티움(hospitium)은 주인과 손님이 따뜻한 관계를 맺는 장소라는 의미로 발전하여 오늘날 호스피스라는 용어가 탄생했다.

유럽에서는 11세기에 십자군전쟁이 일어나면서 곳곳에 호스피스가 설립되었다. 이 당시에 호스피스는 순례자들이 음식을 제공받고 질병을 치료하는 곳이었을 뿐 죽어 가는 사람을 돌보는 곳은 아니었다. 1842년에 장 가르니에(Jeanne Garnier)가 프랑스 리옹에서 미망인들을 규합하여 병들어 죽어 가는 사람을 돌보는 자원봉사 조직을 설립하면서 최초로 호스피스라는 용어를 사용하였다. 영국에서는 1905년에 성 요셉 애덕수녀회(Sisters of Charity of St. Joseph)가 죽어 가는 사람을 위한 기관을 설립하면서 최초로 호스피스라는 용어를 사용하였다(Milicevic, 2002).

그러나 현대적 의미에 있어서 호스피스 운동이 본격적으로 시작된 것은 1967년에 영국에서 시슬리 손더스(Cicely Saunders: 1918~2005)가 죽어 가는 환자들을 돌보기 위해 런던 교외에 성 크리스토퍼 호스피스(St. Christopher's Hospice)를 설립하면서부터이다. 본래는 간호사였으나 나중에 사회복지사 자격을 취득한 손더스는 병원에서 일하면서 죽어 가는 사람들이 고립감과 외로움을 느끼며 심리적·영적인 욕구를 지닌다는 것을 깨닫게 되었다. 특히 그녀는 사회복지사로 일하면서 폴란드 유대인인 데이비드 타스마(David Tasma)라는 암환자를 만나게 되었는데, 그와의 깊은 대화를 통해 죽어 가는 환자들이 겪는 다양한 고통을 인식하게 되었다. 그가 암으로 죽어 가며 심한 통증과 구토뿐만 아니라 다양한 증상들로 고통받는 것을 목격하면서, 손더스는 암에 대한 의학적 치료와 더불어 특히 통증관리에 관심을 갖게 되어 이후에 의학적 훈련을 받고 1957년에 의사 자격을 얻게 되었다.

손더스는 자신이 담당한 환자들이 투병하면서 겪는 다양한 고통에 관한 이야기

◈ 호스피스 운동의 선구자인 시슬리 손더스

들을 주의 깊게 경청하였으며 이를 바탕으로 총체적 고통(total pain)이라는 개념을 제시하였다. 또한 그녀는 성 요셉 호스피스에서 자원봉사자로 일하면서 강력한 진통제를 통해 통증을 관리하는 경험을 쌓았다. 1967년에 손더스는 간호사, 사회복지사, 의사로 일한 경험을 통합하여 최초로 현대적 의미의 호스피스 돌봄을 제공하는 성 크리스토퍼 호스피스를 설립하였다. 그녀는 가난한 여행자들이 강을 건너도록 도와주는 일을 했던 성 크리스토퍼(St. Christopher)의 이름을 따서 호스피스 명칭을 지었다. 현대적 의미의 호스피스는 죽어 가는 환자뿐만 아니라 그 가족을 대상으로 그들이 겪는 총체적 고통, 즉 육체적·심리사회적·영적 고통을 완화하기 위해 여러 분야의 전문가들이 사랑의 마음으로 통합적인 노력을 기울이는 기관을 의미하는 동시에 그러한 돌봄의 철학을 의미한다(Milicevic, 2002).

손더스와 더불어 호스피스 운동의 확산에 중요한 역할을 한 사람은 스위스 출신의 정신과의사인 퀴블러로스이다. 그녀는 시카고에 있는 병원에서 죽어 가는 말기환자들과 심층면담을 진행하면서 그들이 겪는 심리적 고통과 변화과정을 구체적으로 이해하게 되었다. 그녀는 말기환자들이 부정-분노-흥정-우울-수용으로 이어지는 5단계의 심리적 변화를 나타낸다는 것을 발견하고 1969년에 이러한 연구결과를 정리하여 『죽음과 죽어감에 대하여』라는 저서를 출간하였다. 이 책은 베스트셀러가 되어 세계의 많은 사람에게 널리 읽혔으며 죽어 가는 사람을 위한 돌봄의 필요성을 알리는 데 크게 기여하였다. 퀴블러로스는 손더스를 비롯하여 여러 죽음학자들과 함께 말기환자를 위한 호스피스 돌봄의 중요성을 널리 알리기 위해 노력하였다. 손더스와 퀴블러로스는 죽어 가는 사람에 대한 돌봄의 중요성을 전 세계에 널리 알린 호스피스 운동의 선구자라고 할 수 있다.

2) 호스피스 운동의 현황

호스피스 운동은 전 세계로 급속히 확산되어 2002년에는 90여 개국에 7,000개 이상의 호스피스가 설립되었다(Milicevic, 2002). 현재 호스피스는 병원 내의 호스피스, 독립형 호스피스, 가정 호스피스, 사별가족 지원센터 등의 다양한 형태로 발전하였으며 영국을 비롯한 일부 국가에서는 건강보험이나 자선단체의 후원을 통해 호스피스 돌봄이 무료로 실시되고 있다. 영국의 경우, 2005년에 1,700여 개의 호스피스 기관이 다양한 형태로 운영되고 있으며 2003~2004년에 25만 명이 호스피스 돌봄을 받았다.

미국의 경우도 1970년대 말부터 정부 차원에서 말기질환의 호스피스 돌봄에 대해 관심을 갖기 시작했으며 1982년에는 모든 국민이 호스피스 돌봄의 혜택을 받을 수 있는 법안이 의회를 통과하였다. 1985년에는 웨인주립대학병원에 최초로 병원 내의 호스피스 센터가 개설되었다. 2017년에 149만 명이 호스피스 돌봄을 받았으며 4,515개의 호스피스 센터가 개설되어 호스피스 돌봄을 제공하고 있다(Elflein, 2019).

우리나라의 호스피스 활동은 가톨릭교회의 성직자들에 의해서 시작되었다. 1963년에 춘천교구장이었던 토머스 퀸란(Thomas Quinlan: 1896~1970) 주교가 한국의 열악한 의료환경을 개선하기 위해 '마리아의작은자매회'를 초청하면서 시작되었다. 마리아의작은자매회(Little Company of Mary)는 임종하는 사람들을 위해 헌신하는 수녀회로서 1877년에 영국에서 메리 포터(Mary Potter)에 의해 설립되었다. 1965년에 강릉에 설립된 갈바리의원은 우리나라 최초의 호스피스 시설로서 지역주민을 위한 외래진료를 병행하는 독립형 호스피스 시설이었다. 한때 14개의 병상을 마련하여 본격적으로 임종자를 돌보기도 했으나 재정상의 문제로 병실 운영을 중단하고 가정방문형 호스피스로 전환하였다. 1987년부터는 서울 후암동에 설립한 '모현 가정방문 호스피스'를 통해 임종을 맞이하는 환자와 가족을 돕고 있으며 2005년에는 경기도 포천에 16개 병상을 지닌 호스피스 병동인 모현의료센터

를 설립하여 운영하고 있다. '모현(母峴)'은 '어미언덕'이라는 뜻으로 갈바리 언덕
으로 십자가를 짊어지고 죽음의 형장으로 가는 예수를 바라보는 성모 마리아, 즉
어머니의 마음을 표현한 것이다(마리아의작은자매회, 2010).

　　1981년에는 가톨릭대학교의 의과대학과 간호대학 학생들이 중심이 되어 호스피
스 활동을 시작했으며 1987년에는 여의도와 강남에 있는 성모병원에 호스피스과
가 창설되었고 1988년에는 강남성모병원에 10개 병상의 호스피스 병동이 개설되
었다. 이후에 세브란스 암센터를 비롯하여 춘천의 성 골롬반 호스피스, 부천 성가
복지병원과 광주 성요한 병원, 이화여대 간호대학에서 호스피스 활동을 시작하였
다. 2018년 7월 기준으로 전국에 83개 호스피스 전문기관(1,318개 병상)이 운영 중
이다. 암 사망자 중 호스피스를 이용하는 환자의 비율은 2008년 7.3%에서 2016년
17.5%로 증가하는 추세를 보이고 있다.

　　1991년에 한국호스피스협회가 창설되고 1992년에는 가톨릭호스피스협회가 결
성되었으며 2009년에는 불교호스피스협회가 설립되었다. 1998년에는 의사, 간호
사, 사회복지사, 성직자 등이 중심이 되어 한국호스피스·완화의료학회를 창립하
여 학술활동과 더불어 호스피스 돌봄의 확산을 위해 노력하고 있으며 현재 2,000여
명의 회원이 참여하고 있다.

　　2017년 8월에는 「호스피스·완화의료 및 임종과정에 있는 환자의 연명의료 결
정에 관한 법률」(이하 「웰다잉법」이라고 칭함)이 공표되었다. 이 법률은 임종과정
에 있는 환자의 호스피스·완화의료뿐만 아니라 연명의료와 관련된 사항을 규정
함으로써 환자의 이익을 보장하고 자기결정권을 존중하여 인간으로서의 존엄과
가치를 보호하기 위한 것이다. 「웰다잉법」에 따르면, 국가와 지방자치단체는 환
자가 최선의 이익을 보장받을 수 있도록 호스피스를 이용할 수 있는 기반 조성에
노력해야 할 의무를 지닌다. 또한 「웰다잉법」은 삶과 죽음의 의미와 가치를 널리
알리고 범국민적 공감대를 형성하며 호스피스를 적극적으로 이용하고 환자의 돌
봄을 중시하는 사회 분위기를 조성하기 위하여 매년 10월 둘째 주 토요일을 '호스
피스의 날'로 정한다는 조항을 포함하고 있다.

3. 호스피스와 완화의료: 죽어 가는 사람을 위한 전문적 돌봄

호스피스라는 용어는 본래 죽어 가는 사람을 돌보는 기관이나 장소를 의미했지만 요즘은 죽어 가는 사람을 돌보는 활동, 즉 호스피스 돌봄(hospice care)을 지칭하는 의미로도 사용되고 있다. 호스피스 돌봄과 유사한 의미로 임종 돌봄(end-of-life care)이라는 용어가 사용되고 있으며 최근에는 'palliative care'라는 용어가 널리 사용되고 있다. 현재 국내에서는 이 용어를 호스피스 활동에 관여하는 전문가의 직종에 따라 '완화의료', '완화간호', '완화돌봄' 등으로 다양하게 번역하여 사용되고 있다. 이 책에서는 혼란을 피하기 위해서 완화의료라는 용어를 사용하고자 한다.

호스피스와 완화의료는 거의 동일한 의미로 혼용되고 있으나 구분하여 사용하는 사람도 있다. 호스피스와 완화의료는 모두 통증과 증상 관리에 초점을 둔다는 점에서 동일하지만, 호스피스는 말기환자를 주된 대상으로 하는 반면, 완화의료는 심각한 질병을 지닌 모든 환자들을 대상으로 한다는 점에서 구분될 수 있다(Hill, 2007).

세계보건기구(WHO)에 따르면, 완화의료는 환자의 질병이 더 이상 치료적 개입에 의해 개선되지 않을 경우에 여러 전문가들이 팀을 이루어 환자와 그 가족을 적극적이고 총체적으로 돌보는 것을 의미한다. 치료적 개입에 의해 더 이상 개선되지 않는 질병을 말기질환이라고 하며, 그러한 질환을 지닌 사람을 말기환자라고 지칭한다. 말기환자는 질환이 악화되는 상황에 따라서 몇 개월 전후의 시한부 삶을 살게 된다. 호스피스와 완화의료는 이처럼 죽음을 앞둔 말기환자와 그 가족을 돌보는 행위를 의미한다.

1) 호스피스와 완화의료의 목적

호스피스의 목적은 환자와 가족 모두의 삶의 질을 가능한 범위 내에서 최대로 높이는 것이다. 호스피스는 삶의 소중함을 인정하지만 죽음을 불가피한 것으로 수용한다. 호스피스는 죽음을 앞당기지도 않고 연장하지도 않으며 환자의 통증과 다른 증상을 완화하는 동시에 심리사회적·영적 측면의 돌봄을 제공함으로써 환자가 좋은 죽음을 맞이하도록 돕는다. 달리 말하면, 호스피스는 말기환자와 가족의 삶의 질을 높이기 위한 다방면의 지지를 제공하는 것이라고 할 수 있다. 호스피스는 여러 분야의 전문가들(의사, 간호사, 사회복지사, 심리상담사, 약사, 성직자, 자원봉사자 등)로 구성된 팀으로 활동하며 각자의 전문분야에 따라 말기환자의 신체적·심리사회적·영적 고통을 돌보며 삶의 질을 향상시키기 위해 노력한다.

　호스피스 돌봄의 대상이 되는 말기질환은 암을 비롯하여 후천성 면역결핍증(AIDS), 만성 폐쇄성 호흡기질환, 만성 간경화 등이다. 예컨대, 암 진단을 받은 환자의 경우, 처음에는 암을 제거하기 위한 치료에 집중하면서 통증 경감을 위한 완화의료가 시행된다. 그러나 암의 치료가 더 이상 불가능한 말기단계로 진단될 경우, 말기환자가 남은 삶의 기간 동안 삶의 질을 최대한 높일 수 있도록 돕기 위해 제공되는 다양한 돌봄이 호스피스이다. 호스피스는 환자의 돌봄뿐만 아니라 환자의 가족에 대한 돌봄을 포함하며 환자가 사망한 이후에도 사별상담을 통해 가족을 돌보게 된다. 암의 진전 상태에 따라 호스피스와 완화의료가 적용되는 과정을 도표로 제시하면 〈그림 23-1〉과 같다(김시영, 2008).

　완화의료는 전통적인 의료와는 기본적인 철학과 접근방법에 있어서 구분된다. 전통적인 의료는 치료(cure)에 초점을 두는 반면, 완화의료는 돌봄(care)에 초점을 맞춘다. 완화의료는 다음과 같은 여러 측면에서 전통적 의료와 다르다(Despelder & Srickland, 2005; Hill, 2007).

　첫째, 전통적 의료에서는 질병에 초점을 맞추고 정상적 건강상태로의 회복을 위한 완치를 목표로 하는 치료적 접근을 지향하는 반면, 완화의료에서는 환자의 삶에 초점을 맞추어 질병의 자연적 진행에 따라 나타나는 환자의 통증과 증상을 완화하여 삶의 질 전반을 개선하는 돌봄을 지향한다. 전통적 의료는 병원에서 질병 치료를 위해 신체적 측면에 초점을 맞추는 반면, 완화의료는 호스피스 기관에서

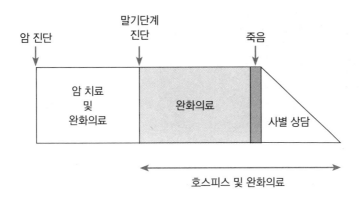

암 진단

말기단계
진단

죽음

| 암 치료 및 완화의료 | 완화의료 | 사별 상담 |

호스피스 및 완화의료

〈그림 23-1〉 호스피스와 완화의료 서비스의 시간표

신체적 측면뿐만 아니라 심리사회적·영적 측면의 돌봄을 중시한다.

둘째, 전통적 의료에서는 적극적인 치료를 통해 환자의 생명을 연장하기 위한 모든 노력을 기울이는 반면, 완화의료는 삶을 단축하거나 연장하기 위한 노력을 기울이지 않으며 죽음을 불가피한 삶의 일부로 받아들이면서 환자와 가족이 남은 삶을 충만하게 살 수 있도록 돕는다.

셋째, 전통적 의료에서는 말기질환의 경우 의사들이 아무런 도움도 줄 수 없는 상태로 생각하여 무력감을 느끼지만, 완화의료에서는 환자의 통증과 증상을 감소시킬 뿐만 아니라 환자가 남은 삶을 충만하게 살 수 있도록 다양한 돌봄을 제공한다. 달리 말하면, 전통적 의료에서는 말기환자로 하여금 아무것도 할 수 없는 상태로 여기게 하여 우울과 실의에 빠지게 하지만, 완화의료에서는 환자가 남은 삶을 위해 무언가 더 할 수 있는 성장의 시기로 여기면서 죽음과 사별을 준비하며 가족과 의미 있는 시간을 보내도록 돕는다.

넷째, 전통적 의료에서는 중독의 문제를 피하기 위해서 진통제의 사용을 최소화하지만, 완화의료에서는 환자의 통증과 증상 관리를 위해서 진통제를 적극적으로 활용한다.

다섯째, 전통적 의료에서는 환자가 치료의 대상이며 환자의 죽음 이후에는 가족과의 모든 접촉이 중단되지만, 완화의료에서는 환자와 가족이 모두 돌봄의 대

◈ 말기환자를 돌보기 위한 호스피스 활동

상이 될 뿐만 아니라 환자의 죽음 이후에도 지속적인 접촉을 통해 가족의 애도과정을 돕는다.

여섯째, 전통적 의료에서는 임종에 직면한 환자를 중환자실에서 특별 관리하면서 가족과의 접촉을 제한하고 가정에서의 치료에 대해 부정적인 태도를 취하는 반면, 완화의료에서는 임종을 앞둔 환자와 가족의 접촉을 적극적으로 장려하며 환자가 원할 경우 가정에서 편안히 임종할 수 있도록 가정호스피스 서비스를 제공한다.

전통적 의료에서는 임종을 앞둔 환자라 하더라도 특별한 주의를 기울이지 못한 채 정해진 의료체계에 따라 대처하는 반면, 완화의료에서는 환자와 의료진 간의 인격적인 관계를 중시하며 가족이 함께 참여하는 자유로운 분위기 속에서 특별한 관심과 돌봄을 제공함으로써 환자가 자존감과 존엄성을 유지한 채 좋은 죽음을 맞이할 수 있도록 돕는다. 요컨대, 전통적 의료는 질병의 제거를 통해 환자의 생명을 연장하기 위한 노력인 반면, 완화의료는 질병의 자연적 진행을 따라가며 환자의 삶의 질을 최대한 높여 좋은 죽음에 이르도록 돕는 노력이라고 할 수 있다.

2) 호스피스의 대상자

호스피스의 운영방식은 국가마다 차이가 있을 뿐만 아니라 호스피스 활동에 대한 국가의 제도적 · 재정적 지원도 다르다. 우리나라의 경우, 2017년 8월부터 시행된 「웰다잉법」에 호스피스의 운영과 제도적 지원에 관한 사항이 규정되어 있다. 국가(보건복지부)는 호스피스 돌봄을 위한 시설과 인력을 갖춘 호스피스 전문기관을 지정하고 있으며 재정적 지원을 하는 대신 호스피스 돌봄을 받을 수 있는 대상자도 제한하고 있다.

「웰다잉법」에 따르면, '호스피스·완화의료'란 말기환자 또는 임종과정에 있는 환자와 그 가족에게 통증과 증상의 완화 등을 포함한 신체적·심리사회적·영적 영역에 대한 종합적인 평가와 치료를 목적으로 하는 의료를 말한다. 여기에서 '말기환자'란 네 종류의 질환(암, 후천성면역결핍증, 만성 폐쇄성 호흡기질환, 만성 간경화)과 그 밖에 보건복지부령으로 정하는 질환에 대하여 적극적인 치료에도 불구하고 근원적인 회복의 가능성이 없고 점차 증상이 악화되어 담당의사와 해당 분야의 전문의 1명으로부터 수개월 이내에 사망할 것으로 예상되는 진단을 받은 환자를 의미한다. 또한 '임종과정'이란 회생의 가능성이 없고, 치료에도 불구하고 회복되지 아니하며, 급속도로 증상이 악화되어 사망이 임박한 상태를 뜻한다.

호스피스 돌봄을 받을 수 있는 대상자의 구체적인 선정기준을 소개하면 다음과 같다. (1) 임종이 6개월 이내로 예견되는 말기환자, (2) 의사의 동의가 있거나 의사로부터 의뢰된 환자, (3) 환자나 가족이 진단을 이해하고 비치료적인 간호를 받기로 결정한 환자, (4) 가족이나 친지가 없어 호스피스의 도움이 필요한 환자, (5) 치료적 처치의 효과를 더 이상 기대하기 어려운 환자, (6) 수술, 항암요법, 방사선 요법을 시행했으나 더 이상의 의료적 치료효과를 기대하기 어려운 환자, (7) 통증완화와 증상관리만을 필요로 하는 환자, (8) 입원 당시 의식이 뚜렷하고 의사소통이 가능한 환자 등이다. 호스피스 대상자로 선정되면, 기본적으로 매일 24시간 통증과 증상 관리를 비롯하여 편안함과 행복감을 느낄 수 있도록 돌보는 다양한 서비스를 받게 된다. 호스피스를 이용할 수 있는 기간은 60일로 제한되어 있으나 대부분의 환자들은 그 기간 내에 생을 마감한다.

3) 호스피스의 활동과 인력

호스피스·완화의료는 말기질환을 지닌 환자와 가족을 대상으로 신체적·심리사회적·영적 고통을 완화하고 그들의 삶의 질을 향상시키기 위해서 여러 분야의 전문가들이 협력하는 다학제적 접근이다. 호스피스 돌봄의 대상자들은 신체적·

심리사회적·영적 문제뿐만 아니라 경제적·법적 문제를 포함한 다양한 어려움을 지닐 수 있으며 그들의 요구 역시 매우 다양하고 복잡하다. 따라서 여러 분야의 전문가들과 자원봉사자들이 팀을 이루어 협력하면서 말기환자와 가족의 요구를 충족시키는 것이 중요하다.

(1) 호스피스 팀의 활동

호스피스 팀은 말기환자의 개인적 요구를 충족시키기 위해 돌봄의 계획을 수립하고 체계적으로 실행한다. 일반적으로 호스피스 팀이 제공하는 주요한 돌봄 활동은 다음과 같다. (1) 환자와 통증과 증상을 관리하는 일, (2) 정서적 지지를 제공하는 일, (3) 필요한 약, 의료보조기구, 장비를 제공하는 일, (4) 가족이나 지인에게 환자 돌보는 방법을 코칭하는 일, (5) 필요할 경우에 물리치료나 미술치료와 같은 특수한 서비스를 제공하는 일, (6) 통증이나 증상이 심해져 가정이나 호스피스기관에서 관리하기 어려울 경우에 단기 입원치료를 하도록 돕는 일, (7) 환자의 사망 이후에 가족이나 친구에게 사별상담을 하는 일 등이다.

호스피스 팀을 이루는 여러 분야의 전문가들(의사, 간호사, 성직자, 사회복지사, 심리상담사, 전문치료사, 약사, 영양사 등)은 각자의 전문적 역량에 따라 환자의 욕구를 충족시키기 위한 다양한 측면의 돌봄을 제공한다. 첫째는 신체적 돌봄으로서 통증을 비롯하여 호흡곤란, 구토, 복수, 부종, 불면과 같은 고통스러운 신체 증상을 조절하여 완화시킨다. 둘째는 심리적 돌봄으로서 환자와 가족의 불안, 우울, 슬픔 등의 심리적 고통을 완화시킨다. 셋째는 사회적 돌봄으로서 경제적·사회적인 어려움을 파악하여 가능한 자원을 총동원하여 지원한다. 넷째는 영적 돌봄으로서 죽음공포와 절망감을 완화하고 삶의 의미와 희망을 발견하도록 돕는다. 다섯째는 임종 돌봄으로서 환자가 임종할 때 신체적·심리적 고통을 완화하고 가족이 임종을 준비할 수 있도록 지원한다. 여섯째는 사별가족 돌봄으로서 사별 후 가족이 겪을 수 있는 불안, 우울 등의 어려움을 극복할 수 있도록 돕는다.

(2) 호스피스 팀의 구성원

호스피스는 다른 의료체계와 달리 여러 분야의 전문가들로 구성된 호스피스 팀이 통합적인 노력을 통해 환자를 돌보는 것이 특징이다. 호스피스 팀에 참여하는 전문가로는 의사, 간호사, 성직자, 사회복지사, 전문치료사(물리치료사, 작업치료사, 음악치료사, 미술치료사 등), 영양사, 약사 등이 있다. 호스피스 활동에 참여하는 전문가들은 말기환자의 돌봄을 위한 특별한 교육이나 경험을 지니고 있어야 한다.

의사는 주로 완화의료에 대한 지식이 있는 의사가 참여하게 되는데 일반내과에 관한 전반적인 지식과 더불어 종양질환 등 난치성 질환에 대한 지식을 갖추어야 한다. 간호사는 환자와 가족에게 가장 밀착하여 돌봄을 제공하는 위치에 있으며 처방에 따른 약물투여, 자세 변경, 입안 청소, 산소 투여, 가래 빼내기, 마사지, 관장, 욕창 치료 등을 제공할 뿐만 아니라 환자와 가족의 정서적 안정을 돕는다. 사회복지사는 질병으로 인해 발생하는 환자와 가족의 개인적·사회적 문제를 해결하도록 도와주며, 특히 질병 치료와 관련된 경제적 어려움을 지원하고 가족의 사별상담을 제공한다. 성직자는 환자가 죽음에 대한 불안과 공포, 죄책감, 후회 등을 잘 극복하고 죽음을 수용할 수 있도록 돕는다. 아울러 호스피스 팀에는 호스피스 교육을 받은 자원봉사자들이 참여하게 되는데, 이들은 환자와 대화를 통해서 정서적 문제를 도와주고 때로는 신체적 요구, 친지방문, 시장보기 등과 같은 사회적 활동을 도울 수 있다. 이 외에도 물리치료사, 미술치료사, 음악치료사, 영양사, 약사 등이 참여할 수 있다.

대부분의 경우, 호스피스 팀에는 여러 전문가들의 돌봄 활동을 조정하고 관리하는 역할을 담당하는 호스피스 조정자가 있어서 호스피스 돌봄의 계획을 수립하고 실행할 뿐만 아니라 자원봉사자를 교육시키고 역할을 분담한다. 호스피스 활동은 여러 분야의 전문가들이 함께 참여하여 유기적인 관계를 맺고 서로 협력해야 환자와 가족에게 효과적인 돌봄을 제공할 수 있다. 미국의 경우, 호스피스 팀은 〈그림 23-2〉와 같이 매우 다양한 분야의 전문가들이 참여하고 있다(Despelder & Srickland, 2005). 미국을 비롯한 서구사회에서는 심리치료사나 심리상담사가 호스

〈그림 23-2〉 다양한 전문가로 구성되는 호스피스 팀

피스 활동에 깊이 관여하고 있다. 환자와 가족이 겪는 다양하고 복잡한 심리적 문제를 좀 더 전문적으로 돌보기 위해서는 우리나라의 경우에도 호스피스 활동에 심리치료사나 심리상담사의 참여가 필요하다.

4) 호스피스의 유형

호스피스 돌봄을 제공하는 기관은 다양한 유형으로 구분될 수 있다. 우리나라의 「웰다잉법」에 따르면, 정부(보건복지부)가 호스피스 돌봄을 제공할 수 있는 호스피스전문기관을 허가하고 감독하는 권한을 지니고 있다. 보건복지부는 호스피스의 질을 향상시키기 위하여 호스피스전문기관의 시설, 인력, 장비뿐만 아니라 호스피스 돌봄의 질을 정기적으로 평가하여 지속적인 운영과 재정적 지원 여부를 결정할 수 있다. 「웰다잉법」에서는 호스피스전문기관을 세 유형, 즉 입원형, 자문형, 가정형으로 구분하고 있다.

(1) 입원형 호스피스

입원형 호스피스는 독립된 호스피스 병동이나 시설에서 호스피스 돌봄을 제공하는 경우이다. 이 경우에 말기진단을 받은 말기환자는 호스피스 병동에 입원하여 24시간 집중적인 호스피스 돌봄을 받을 수 있다. 입원형 호스피스는 병원형과 독립시설형으로 구분할 수 있다. 병원형 호스피스는 병원 내에 호스피스 병동이 존재하는 경우로서 환자의 증상에 따라 여러 전문분야의 진료를 받을 수 있기 때문에 가족과 환자 모두가 안정감을 느낄 수 있는 장점이 있으나 병원환경이기 때문에 집처럼 편안하지 않을 수 있다는 단점이 있다. 반면에 독립시설형 호스피스는 병원 밖이나 자연환경이 좋은 교외에 독립적인 호스피스 입원시설을 갖추고 있는 경우로서 편안한 환경에서 정서적 안정을 취하며 전문적인 서비스를 받을 수 있는 장점이 있지만 대부분의 경우 규모가 작기 때문에 증상관리를 위한 검사장비가 부족하거나 다른 진료분야와의 협진이 어렵다는 단점이 있다.

(2) 자문형 호스피스

자문형 호스피스는 말기질환으로 진단되면 일반병동에 입원한 상태에서 그대로 담당의사의 변경 없이 진료를 받지만 호스피스 전문인력으로부터 자문과 호스피스 돌봄을 받는 경우를 말한다. 병원에 따라 일반병동 내에 한두 병상을 호스피스 병상으로 배정하거나 임종병실을 별도로 운영하기도 한다. 자문형 호스피스는 원래 치료를 받던 익숙한 병동에서 담당의사로부터 지속적인 진료를 받기 때문에 환자가 편안함과 안정감을 느낄 수 있는 장점이 있지만 호스피스 전문인력에 의한 방문 서비스를 받기 때문에 호스피스 돌봄의 한계가 있을 수 있다.

(3) 가정형 호스피스

가정형 호스피스는 호스피스 팀이 환자의 가정으로 직접 방문하여 호스피스 돌봄을 제공하는 경우이다. 말기환자들은 친숙한 집에서 임종하기를 원하는 경우가 많다. 이러한 환자들은 말기질환의 진단을 받게 되면 병원에서 퇴원하여 집에서 호스피스 돌봄을 받기를 원한다. 특히 환자의 증상이 안정적인 경우에는 가정형 호스피스가 가장 이상적이라고 할 수 있다. 이 경우에는 호스피스 전문인력이 주기적으로 방문하여 환자의 통증과 증상을 관리해 줄 뿐만 아니라 가족에게 환자를 돌보는 방법을 코칭해 주고 24시간 전화상담을 통해 문제가 발생했을 경우 언제든지 자문을 할 수 있으며 응급방문에 의한 돌봄도 가능하다. 가정형 호스피스는 환자가 정서적으로 가장 편안함을 느낄 수 있는 집에서 가족과 함께 호스피스 돌봄을 받을 수 있고 서비스 비용도 절감할 수 있는 장점이 있으나 환자의 증상이 악화되거나 새로운 증상이 나타났을 때 입원을 해야 하는 불편함이 있다.

🍀 죽어 가는 사람을 위한 돌봄

말기환자를 대상으로 오랜 기간 심리상담과 봉사활동을 한 미국의 임상심리학자인 찰스 가필드(Charles Garfield, 2014)는 가족이나 의료진이 죽어 가는 사람의 말에 귀를 기울여 주는 것이 가장 중요하다고 조언하고 있다. **죽음의 침대**(death bed)에 누워 있는 사람들이 가장 원하는 것은 주변 사람들이 자신의 말을 잘 경청해 주는 것이다. 그리고 자신의 바람을 소중하게 여기고 실행해 주는 것이다. 말기환자를 돌보는 사람들이 관심을 기울여야 할 주요한 점들을 소개하면 다음과 같다.

- 환자가 가능한 한 고통을 덜 경험하도록 돕는다. 고통이 적다는 것은 신체적 통증뿐만 아니라 심리사회적·영적 고통이 적음을 의미한다. 요즘에는 신체적 통증을 완화하고 마음을 좀 더 편안하게 해 주는 약물이 존재한다. 영적 고통은 삶의 끝자락에서 경험하는 흔한 주제이므로 세심한 주의를 기울여 주어야 한다. 영적 고통을 완화하기 위해서는 영적인 의문에 대답해 줄 수 있는 사람이 필요하다. 또는 종교를 지닌 사람과 함께 이야기를 나누거나 경전을 읽어 주는 것이 도움이 될 수 있다.
- 환자가 대인관계 갈등을 인식하고 해결하도록 돕는다. 완화의료 전문가인 아이라 바이오크(Ira Byock, 2004)의 저서인 『세상에서 가장 중요한 네 가지 말(The Four Things That Matter Most)』에 따르면, 인생의 마지막에 사람들이 소통하고자 하는 네 가지의 기본적인 메시지는 (1) 사랑한다(I love you), (2) 감사해요(Thank you), (3) 용서한다(I forgive you), (4) 용서해 다오(Please forgive me)이다.
- 환자가 남은 시간에 하고 싶어 하는 소망에 귀를 기울인다. 죽음의 침대에서 이루어지는 대화에서는 그가 원하는 것이 무엇인지를 묻는 것이 매우 중요하다. 또한 그러한 소망을

어떻게 이룰 수 있는지, 그리고 그것이 가능한지를 묻는 것도 중요하다. 그가 원하지만 실현이 가능하지 않은 것들이 존재하기 때문이다. 실현 가능한 환자의 소망이 최대한 충족되도록 돕는다. 때로는 환자의 소망이 다른 가족의 바람과 일치하지 않는 경우도 있으므로 잘 확인하여 신중하게 돕는 것이 필요하다.

• 환자가 인생을 회고하며 의미를 발견하도록 돕는다. 죽음의 침대에 누워있는 사람들이 의미를 발견하는 방식은 크게 두 가지이다. 하나는 그들이 사랑했던 사람들이나 사랑을 받았던 모든 사람들을 인식하는 것이고, 다른 하나는 그들이 자신보다 더 큰 가치를 위해서 공헌했던 업적을 인식하는 것이다. 자신의 삶에서 의미를 발견하는 환자들은 죽음을 좀 더 편안하게 받아들일 수 있다.

• 환자가 실질적 혜택 없이 존엄성을 훼손하는 불필요한 절차를 밟지 않도록 돕는다. 심한 통증을 겪는 경우에는 응급치료가 필요하다. 그러나 중환자실(ICU)로 옮겨져 생명연장절차를 밟게 되면 죽어 가는 사람의 고통을 증가시킬 수 있으며 좋은 죽음을 맞이하기 어렵다. 이러한 경우를 대비하여 사전의료의향서를 작성해 두는 것이 필요하다.

• 환자가 어떤 상황에서 죽기를 원하는지 결정하도록 돕는다. 어떤 사람은 혼자 있는 상태에서 죽기를 원하는 반면, 다른 사람들은 가족과 친구가 있는 상태에서 죽기를 원한다. 어떤 사람은 수면상태에서 죽기를 원하지만, 가능한 한 명료한 의식상태에서 죽기를 원하는 사람도 있다. 이러한 소망을 알아야 돌보는 사람들은 환자가 원하는 죽음을 맞이할 있도록 도울 수 있다.

4. 안락사에 관한 윤리적 논란

모든 생명체는 살고자 하는 본능을 지니고 있다. 생명은 이 세상 그 무엇보다도 더 소중하다. "똥밭에 굴러도 이승이 낫다."는 말이 있듯이, 대부분의 사람은 어떤 열악한 상황에서도 죽기보다 살기를 원한다. 그러나 늙고 병들어 죽음이 다가오면 삶이 매우 고통스럽고 힘겹게 느껴질 수 있다. 하루하루의 삶에서 아무런 의미를 느낄 수 없을 뿐만 아니라 삶이 나아질 것이라는 아무런 희망도 지닐 수 없을 때, 차라리 죽기를 원하는 사람들이 있다.

인간은 과연 죽을 권리를 지니고 있는 것일까? 자신의 생명을 스스로 결정할 권리가 있을까? 아니면 죽음이 찾아올 때까지 기다려야만 할까? 또한 죽기를 원한다면 어떻게 죽을 수 있을까? 어떻게 고통 없이 편안하게 죽을 수 있을까? 죽기를 원하는 사람이 편안하게 죽을 수 있도록 돕는 것은 윤리적으로 잘못된 일일까? 비참한 삶을 더 이상 원하지 않는 사람에게 생명연장장치를 연결하여 생명을 연장시키는 것이 윤리적으로 올바른 일일까?

이러한 물음들은 고령화사회로 치닫고 있는 현대사회가 직면하고 있는 중요한 문제들이다. 이러한 문제들은 개인적 가치관과 관련된 윤리적·철학적 문제일 뿐만 아니라 국가와 사회가 관여해야 하는 법적인 문제이기도 하다. 현대사회에서는 죽을 권리와 안락사에 관한 뜨거운 윤리적·법적 논쟁이 진행되고 있다.

1) 안락사와 죽을 권리 운동

안락사(安樂死, euthanasia)는 개인의 통증과 고통을 감소시키기 위해서 의도적으로 생명을 중단시키는 행위를 의미한다. 불치병에 걸린 경우와 같이 회복할 수 없는 상태에서 심한 고통을 겪고 있거나 생명의 유지가 무의미하다고 판단되는 생명체에 대해서 직간접적인 방법으로 고통 없이 죽음에 이르게 만드는 행위를 뜻한다.

안락사를 뜻하는 영어 단어인 euthanasia는 '좋은' 또는 '쉬운'이라는 뜻을 지닌 'eu'와 죽음의 뜻을 지닌 'thanatos'의 결합어로서 '좋은 죽음', '쉬운 죽음' 또는 '편안한 죽음'이라는 의미를 지닌다. 안락사라는 용어는 17세기에 프랜시스 베이컨 (Francis Bacon)에 의해 의료행위와 관련하여 최초로 사용되었다. 그는 안락사를 고통 없는 행복한 죽음으로 여겼으며 육체적 고통을 완화하기 위한 의사의 책임으로 여겼다. 유대-기독교의 종교적 전통에서는 자살에 해당하는 안락사를 강력하게 반대하고 있기 때문에 베이컨은 안락사가 영적인 측면의 개입이 아니라 통증 제거를 위한 육체적 측면의 개입이라는 점을 강조했다.

1800년대에 강력한 진통제인 모르핀(morphine)과 클로로포름(chloroform)이 개발되었다. 그러나 이러한 강력한 진통제는 죽음을 초래할 수 있기 때문에 사용이 금지되었다. 1870년에 영국의 교사인 사무엘 윌리엄스(Samuel Williams)는 말기환자의 죽음을 앞당기기 위해 이러한 진통제 사용이 허용되어야 한다고 주장했다. 1913년에 미국의 사회윤리학자인 펠릭스 아들러(Felix Adler)는 극심한 통증을 겪고 있는 만성질병 환자에게는 자살할 권리가 주어져야 하며 나아가서 의사가 그러한 환자를 돕는 것이 허용되어야 한다고 주장했다. 미국에서는 1935년에 '자발적 안락사의 입법화를 위한 단체'가 결성되었다.

독일의 나치정권은 1939년에 심한 장애를 지닌 신생아들에게 안락사를 시행하여 많은 비난을 받았다. 이러한 사건들은 안락사의 오남용에 대한 경각심을 심어 주는 계기가 되었다. 미국의 경우, 1949년에 안락사 지지단체가 개신교 목사와 의사들의 서명을 받아서 뉴욕주에 안락사를 합법화해 달라는 청원을 제기했다. 그러나 가톨릭교회는 이러한 청원이 자살과 살인을 합법화하는 것이며 '살인하지 말라'는 십계명을 어기는 것이라고 강력하게 반대했다. 이러한 청원은 미국 내에서 안락사지지단체와 가톨릭교회 간의 갈등을 유발하는 계기가 되었다.

안락사를 지지하는 사람과 단체들은 인간에게 살 권리(right to live)가 있듯이 죽을 권리(right to die)도 있다는 것을 강조했다. 특히 말기질환으로 고통 속에서 살아가는 환자들에게는 본인이 원할 경우에 죽을 권리를 존중하여 안락사를 허용해야 한다고 주장했다. 이처럼 안락사를 찬성하고 안락사의 합법화를 주장하는 사회적 움직임을 죽을 권리 운동(right-to-die movement)이라고 부른다. 그러나 가톨릭교회를 비롯하여 안락사의 오남용을 우려하는 사람들은 안락사를 반대했다. 안락사 지지단체들이 죽을 권리 운동을 전개하고 안락사의 합법화를 위한 법안을 여러 차례 상정했으나 별다른 성과를 얻지 못했다.

1975년에 미국에서 발생한 카렌 앤 퀸란 사건은 환자의 자기결정권이 인정되고 소극적 안락사, 즉 존엄사가 법적으로 허용되는 계기가 되었다. 또한 1990년대에는 의사인 잭 케보키언이 말기환자를 대상으로 적극적 안락사를 시행한 사건은 안락사에 대한 뜨거운 찬반 논쟁을 불러 일으켰다. 최근 2004년에는 테리 시아보 사건으로 인해 식물인간 상태에 있는 환자의 존엄사에 관한 커다란 논란이 제기되었다.

(1) 카렌 앤 퀸란 사례

1975년 4월 15일 저녁에 21세의 여대생인 카렌 앤 퀸란(Karen Ann Qwinlan)은 기숙사 파티에서 신경안정제와 술을 섞어 마시고 심장마비를 일으켰다. 응급구조대가 출동하여 심폐소생술을 시행한 후에 그녀를 급히 병원으로 후송하였다. 그러나 카렌은 상당한 시간의 호흡중단으로 인해 뇌가 이미 심각하게 손상된 상태였으며 인공호흡기를 연결하여 겨우 생명을 유지할 수 있는 식물인간이 되고 말았다.

병원에서 영구적 식물인간이라는 진단을 받고 5개월이 지난 후에, 카렌의 부모는 회복될 희망도 없이 심한 합병증에 시달리는 딸의 고통을 덜어 주기 위해 카렌을 편안히 보내 주자는 힘든 결정을 하게 되었다. 독실한 가톨릭 신자인 카렌의 부모는 신부의 조언을 받아 딸의 생명을 인공적으로 연장하고 있는 비정상적인 수단을 제거해 줄 것을 병원에 요청했다. 그러나 카렌의 주치의는 부모의 입장을 이해할 수는 있지만 카렌을 죽음으로 몰고 갈 인공호흡기의 제거를 거부했다. 주치의 역시 카렌이 회생할 가능성이 희박하다고 생각했지만 자신은 생명연장장치를 제거할 법적 권리가 없으며 인공호흡기를 제거하면 살인혐의로 기소될 수 있다고 판단했기 때문이다.

이러한 상태가 지속되자 결국 카렌의 부모는 소송을 제기했으며 법정에서 문제를 놓고 다투게 되었다. 이 소송사건은 생명유지와 죽을 권리에 대한 종교적 입장, 의학적 견해 그리고 사회문화적 가치관이 결부되어 치열한 법적 공방이 이루어졌다. 뉴저지주의 법원은 1심 판결에서 카렌이 회생할 수 있는 일말의 가능성이 있다면 생명연장장치를 제거할 수 없다며 의사의 손을 들어 주었다. 그러나 이에 불복한 카렌의 부모는 항소하였으며 치열한 법적 공방 끝에 결국 1976년에 뉴저지주의 대법원은 만장일치로 카렌 부모의 승소 판결을 내렸다.

대법원의 판결문에서는 카렌의 자기결정권(right of self-determination)을 중시하였으며 부모를 후견인으로 인정했다. 부모를 후견인으로 인정한다 함은 환자가 스스로 결정할 능력이 있다면 어떤 선택을 했을지를 가장 잘 판단할 수 있는 적임자는 가족이라는 뜻이다. 따라서 의사는 의료 조치와 관련한 결정을 내릴 때 환자와 가족의 의견을 존중해야 한다는 것이다. 달리 말하면, 환자는 자신의 생명을 연장하는 치료를 중단하거나 거부할 권리가 있을 뿐만 아니라 환자가 그러한 결정을 내릴 능력이 없을 경우에는 환자의 후견인이 결정을 내릴 수 있으며 그러한 요청에 따른 의사는 어떠한 형사적 책임도 없다는 것이다.

이 판결은 환자의 자기결정권과 죽을 권리를 법적으로 인정한 최초의 사례가 되었다. 카렌의 부모는 주치의와 상의하여 판결 2개월 후부터 생명연장장치를 하나씩 제거했고 카렌은 인공호흡기를 제거한 상태에서도 스스로 호흡을 했으며 요양원에서 9년 동안 간호를 받으며 생존하다가 결국 폐렴으로 사망했다.

카렌 앤 퀸란 사건은 안락사의 윤리적 문제와 관련된 사회적 논쟁을 유발하는 계기가 되었으며 죽을 권리 운동이 확산되는 시발점이 되었다. 특히 이 재판의 영향으로 캘리포니아주를 비롯한 10개 주에서 존엄사를 허용하는 법률이 제정되었으며 1980년에는 교황 요한 바오로 2세가 '안락사 선언'을 통해서 생명을 연장하는 데 필요한 비정상적인 수단을 거부할 권리를 인정했다. 미국의 경우, 2004년에는

◈ 카렌 앤 퀸란의 사진을 들고 있는 어머니 줄리아 퀸란

대부분의 주가 「생명연장장치를 거부하는 법」을 채택했으며 오리건주에서는 「자
살조력법」도 제정되었다. 「자살조력법」은 6개월 이하의 시한부 선고를 받은 말기
환자의 고통을 줄이기 위해서 의사가 치사량의 수면제를 처방할 수 있도록 허용한
법률이다.

(2) 의사조력자살에 관한 케보키언 사건

죽음의 의사로 잘 알려진 잭 케보키언(Jack Kevorkian: 1928~2011)은 1980년대
부터 죽을 권리를 주장하여 화제가 되었을 뿐만 아니라 실제로 말기환자들의 안
락사를 도움으로써 안락사에 관한 커다란 사회적 논란을 유발한 인물이다. 그는
1986년에 네덜란드에서 의사가 말기환자에게 약물을 주사하여 죽음을 돕는다는
소식을 듣고 의사의 도움에 의한 자살의 필요성을 주장하기 시작하였으며 '타나트
론(Thanatron)'이라고 불리는 자살기계를 발명하였다. 타나트론은 3개의 병에 담
긴 액체가 순서에 따라 연속적으로 주입되는 장치로서 가장 먼저 생리식염수, 그
다음에는 진통제 그리고 마지막에는 치사량의 염화칼륨이 주입되어 죽음에 이르
게 하는 기계였다. 이 기계를 사용하여 환자들은 스스로 치사량의 약물을 주입하
여 고통 없이 죽을 수 있었다. 케보키언은 타나트론에 이어 환자들이 산소마스크

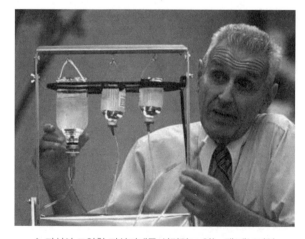

◈ 자신이 고안한 자살기계를 설명하고 있는 잭 케보키언

를 쓰고 일산화탄소를 흡입하여 고통 없이 죽음에 이르게 기계를 고안하고 '머시
트론(Mercitron)', 즉 자비의 기계라고 명명했다.

케보키언은 자살기계를 고안했을 뿐만 아니라 안락사를 원하는 사람들을 공개
적으로 모집하여 그들의 죽음을 도왔다. 1990년에 미시건주에서 알츠하이머 치매
진단을 받은 45세의 여성인 재닛 앳킨스(Janet Atkins)를 대상으로 첫 번째의 의사
조력 안락사를 시행하였다. 그는 회복될 가능성이 없고 고통받는 환자들이 고통
없이 죽을 수 있도록 돕는 것은 윤리적인 행위라고 주장했지만 미국 내 보수 기독
교단체의 공격 대상이 되었으며 여러 번의 소송에 휘말렸다. 그러나 케보키언은
안락사 시술을 멈추지 않았으며 말기환자들의 죽을 권리를 주장하면서 마취주사
와 약물을 이용해 130명의 안락사를 도왔다. 그를 공격하는 사람들은 그가 환자에
게 충분한 상담을 하지 않았으며 불치병이 아닌 환자의 안락사를 도왔다고 주장했
다. 케보키언을 지지하는 사람들은 각 사례마다 환자 자신이 목숨을 끊는 마지막
행동을 취했다고 주장했다. 또한 환자의 고통을 덜어 주기 위해서 자살을 도운 것
은 범죄가 아니라고 변론하였다. 케보키언은 1994년부터 1997년 사이에 미시간주
에서 자살 조력에 관한 사건으로 4번 기소되었으나 3번은 무죄선고를 받고 마지
막에는 무효심리를 선고받았다.

1998년에는 케보키언이 루게릭병을 앓고 있는 52세 남자인 토머스 육(Thomas
Youk)의 안락사를 돕고 그 과정을 비디오로 녹화하여 미국 CBS 방송을 통해 공개
하면서 안락사에 관한 뜨거운 논란이 일어났다. 육은 자신이 충분한 정보를 제공
받았으며 그 내용을 정확히 이해한 상태에서 안락사에 동의한다는 것을 표현하자
케보키언이 독극물을 주입했다. 이 사건이 특별한 이유는 이전의 환자들과 달리
케보키언이 직접 육에게 독극물을 주사하여 죽음에 이르게 했기 때문이다. 이 방
송으로 인해서 케보키언은 살인죄로 기소되었으며 1999년에 오클랜드 카운티의
배심원단에 의해서 2급 살인죄로 10~25년형을 선고받았다. 그는 교도소에서 모
범적인 생활을 하여 2007년에 가석방되기까지 8년 2개월의 수감생활을 했다. 석
방된 이후에도 그는 안락사의 필요성과 죽을 권리에 대한 강연을 계속하였으며

2011년에 83세의 나이로 사망했다.

(3) 테리 시아보 사건

안락사에 관한 논란은 구체적인 사례에 따라 차이가 있다. 최근에 존엄사와 관련하여 커다란 논란이 된 사례는 테리 시아보 사건이다. 1990년 2월에 플로리다에 살고 있던 여성인 테리 시아보(Terri Schiavo)는 심장마비로 쓰러져 심각한 뇌 손상을 입고 식물인간이 되었다. 의식불명 상태에서 영양공급 튜브로 연명을 하던 테리를 놓고 '회생이 불가능하니 튜브를 제거하자.'는 그의 남편 마이클과 '치료를 포기할 수 없다.'는 친부모 사이에 소송이 벌어졌다. 시아보의 적법한 대리인 자격으로 남편은 "평소 아내는 기계장치에 의지해 연명하길 원치 않았다."고 주장했지만, 시아보의 부모는 딸이 회생할지 모른다는 희망을 포기하지 않고 마이클의 주장을 받아들이지 않았다. 의학적인 관점에서 시아보가 회생할 가능성은 매우 희박했지만 100% 확신을 할 수는 없었다. 이러한 상황에서 법원이 할 수 있는 일은 최대한의 증거를 모아 만약 시아보가 살아 있었다면 이러한 상황에서 어떤 결정을 내렸을지를 판단하는 것이다. 마이클이 1998년에 생명연장장치의 제거를 위해 소송을 청구한 지 6년만인 2004년에 법원은 "테리가 의식불명 상태이며 회복이 불가능하다."고 판정하며 생명연장장치의 제거를 허가했다. 이 사건은 미국의 보수단체와 부시 대통령, 플로리다 주의회, 연방의회가 개입하고 교황청까지 가세하면서 세계적인 논쟁거리가 되었다. 그러나 결국 테리의 부모측은 패소했으며 식물인간 상태가 된 지 15년만인 2005년에 영양공급 튜브를 제거함으로써 테리 시아보는 영면에 들게 되었다. 시아보 사건 이후에도 죽을 권리와 생명을 이어 갈 권리를 둘러싼 논쟁은 계속되고 있다.

2) 안락사의 유형

안락사와 관련된 윤리적 문제와 논쟁을 구체적으로 살펴보기 위해서는 안락사의 유형에 대한 이해가 필요하다. 안락사는 죽음에 이르게 하는 방법과 환자의 동의 여부에 따라서 다양한 유형으로 구분된다. 안락사의 방법에 따라 적극적 안락사와 소극적 안락사로 구분되며, 환자의 동의 여부에 따라 자발적 안락사와 비자발적 안락사로 구분된다.

(1) 적극적 안락사와 소극적 안락사

안락사는 생명체를 죽음에 이르게 하는 방법에 따라 적극적 안락사와 소극적 안락사로 구분된다. 적극적 안락사(active euthanasia)는 고통 없이 죽음에 이르게 하는 약물을 직접적으로 투여하거나 주사하는 등의 적극적인 행위를 함으로써 생명체를 죽음에 이르게 하는 것을 말한다. 예를 들면, 적극적 안락사는 불치병을 지니거나 극심한 고통에 시달리는 환자 또는 의식이 없이 식물인간 상태에서 무의미한 삶을 영위하는 환자의 삶을 단축시킬 선한 의도로 안락사를 시행하는 사람이 죽음에 이르는 구체적인 행위를 능동적으로 행하는 경우를 말한다. 달리 말하면, 적극적 안락사는 환자의 고통을 단축하기 위한 선의(善意)의 살인 행위라고 할 수 있다. 네덜란드와 스위스를 비롯한 일부 국가에서는 적극적 안락사(특히 의사조력자살)이 허용되고 있으나 우리나라를 비롯한 대부분의 국가에서 적극적 안락사를 법적으로 금지하고 있다. 그러나 동물의 경우에는 특수한 경우에 적극적 안락사가 허용되고 있다.

반면에, 소극적 안락사(passive euthanasia)는 생명을 연장하는 치료의 중단을 통해서 소극적인 방식으로 환자를 죽음에 이르게 하는 것을 뜻한다. 예를 들면, 말기 질환과 같이 회복이 불가능한 질병상태에서 극심한 고통에 시달리거나 식물인간 상태에서 무의미한 삶을 영위하는 환자의 경우에, 생명을 연장할 수 있는 방법이 있음에도 불구하고 그러한 생명연장수단을 사용하지 않거나 제거함으로써 환자를 죽음에 이르도록 하는 것이다. 달리 말하면, 소극적 안락사는 환자의 고통을 단축하기 위한 선의(善意)의 죽음 방치 행위라고 할 수 있다. 대부분의 생명연장방법(예: 인공호흡기, 심폐소생술, 신장투석, 강력한 항암제)은 환자에게 심한 고통을 줄 뿐

만 아니라 자유로운 행동을 구속하기 때문에 그러한 장치를 제거하여 덜 고통스러
운 상태로 존엄성을 유지하는 삶을 영위하다가 죽음에 이르게 한다는 의미에서 소
극적 안락사를 존엄사(death with dignity)라고 부르기도 한다. 현재 소극적 안락사
는 서구의 여러 나라에서 허용되고 있으며 우리나라의 경우에도 2017년에 제정된
「웰다잉법」에 의해서 특별한 경우에 한하여 허용되고 있다.

(2) 자발적 안락사와 비자발적 안락사

안락사는 개인의 동의 여부에 따라 자발적 안락사와 비자발적 안락사로 구분된
다. 자발적 안락사(voluntary euthanasia)는 환자의 자유로운 동의(free consent)가 있
을 경우에 시행되는 안락사를 의미한다. 여기서 자유로운 동의란 타인으로부터
어떠한 강요도 받지 않은 상태에서 자신의 자유로운 의사에 의한 동의를 말한다.
예컨대, 환자가 명료한 의식상태로 어떠한 외부적 압력이 없는 상황에서 안락사에
대한 의사를 직접적으로 표명하거나 평소에 그와 같은 상황을 예상하여 안락사를
원한다는 사전의향서나 유언을 남긴 경우이다. 개인이 자신의 죽음을 선택할 수
있는 자기결정권을 지지하는 사람들은 자발적 안락사가 허용되어야 한다고 주장
한다. 그러나 생명은 개인이 선택할 수 있는 것이 아니며 안락사를 강요하는 사회
적 분위기를 유도할 수 있기 때문에 자발적 안락사를 허용해서는 안 된다는 주장
도 있다.

비자발적 안락사(nonvoluntary euthanasia)는 환자의 직접적인 동의가 없음에도 불
구하고 가족의 요구에 의해 환자를 죽음에 이르게 하는 행위를 말한다. 예를 들어,
의식이 없는 환자의 경우처럼 개인이 삶과 죽음을 선택할 수 있는 능력이 없는 경
우에 환자의 후견인인 가족의 동의를 얻어 시행하는 안락사를 말한다. 비자발적
안락사는 환자의 자발적 동의 없이 시행된다는 점에서 윤리적 논란이 제기되고 있
다. 물론 환자의 자발적 동의를 위한 장치로 생전유언(living will) 또는 사전의료의향
서(advanced directives)의 방법이 있다. 생전유언이나 사전의료의향서는 환자 자신
이 혼수상태의 질병이나 사고 또는 죽음이 임박했을 경우를 예상하고 미리 안락사

| 표 23-1 | 안락사의 다양한 유형과 그 예 |

유형	적극적 안락사	소극적 안락사
자발적 안락사	환자의 동의나 요청에 의해 의사가 독극물을 주사하는 경우(또는 환자 스스로 독극물을 주입할 수 있도록 의사가 돕는 경우)	환자의 동의나 요청에 의해 의사가 생명연장장치를 제거하거나 사용하지 않는 경우
비자발적 안락사	환자의 의식이 없는 상태에서 가족의 동의나 요청에 의해 의사가 독극물을 주사하는 경우	환자의 의식이 없는 상태에서 가족의 동의나 요청에 의해 의사가 생명연장장치를 제거하거나 사용하지 않는 경우
반자발적 안락사	환자의 의사에 반하여 타인이 강제로 독극물을 주사하는 경우	환자의 의사에 반하여 의사가 생명연장장치를 제거하거나 사용하지 않는 경우

나 연명의료 거부에 대한 자신의 의사를 분명하게 표현하는 방법이다. 의식이 없는 식물인간 상태에 있는 환자에게 가족의 동의만으로 생명연장장치를 제거하는 것은 비자발적 소극적 안락사에 해당한다.

　이 외에도 환자가 원하지 않음에도 불구하고 환자의 의사에 반하여 안락사가 시행되는 경우는 반(反)자발적 안락사(involuntary euthanasia)라고 지칭한다. 반자발적 안락사는 살인에 해당하므로 어떤 형태로든 허용되어서는 안 된다(이종원, 2006). 안락사의 여러 유형과 그 예를 소개하면 〈표 23-1〉과 같다.

(3) 의사조력자살

　자발적 안락사는 자살과 의사조력자살로 구분되어야 한다. 자살(suicide)은 개인이 자발적 의사에 따라 독극물 복용이나 높은 곳에서의 투신 등을 통해서 스스로 죽음을 유도하는 행위를 말한다. 이와 달리, 자발적 안락사는 죽기를 원하는 사람이 타인(의사)에게 고통 없이 죽을 수 있도록 도와 달라는 요청에 의해서 시행되는 안락사의 경우이다. 의사조력자살(Physician-Assisted Suicide: PAS)은 환자의 요청에 의해서 의사가 자살하는 데 필요한 수단이나 정보를 제공하여 환자 스스로 죽음에 이르도록 돕는 행위를 의미한다. 의사조력자살은 환자의 생명을 인위적으로 단축시키는 결과를 적극적으로 야기한다는 점에서 적극적 안락사에 해당되며 현재 윤리적 논란의 중심에 있다. 의사조력자살의 대표적인 경우는 앞서 언급한 케보키언에 의한 안락사와 데이비드 구달의 사례이다.

❀ 의사조력자살로 생을 마감한 데이비드 구달

　최근에 의사조력자살을 통해 스스로 삶을 마감한 대표적인 사례는 104세의 데이비드 구달(David Goodal: 1914~2018)이다. 그는 호주의 식물학자이자 생태학자로서 가장 많은 나이로 활동한 과학자이며 103세에 생태학과 관련된 논문을 편집하기도 했다. 그는 특별한 질환이나 아픈 곳은 없지만 해가 갈수록 삶의 질이 점점 나빠지면서 스스로 삶을 멈추기로 결심했다. 호주 ABC방송과의 인터뷰에서 "난 행복하지 않다. 104세까지 장수한 것을 몹시 후회한다. 지금도 건강상태는 양호하지만, 신체적 기능과 삶의 질은 악화되고 있다. 건강상태가 점점 악화되어 더 이상 불행해지는 것을 원하지 않는다."고 호소하면서 "나는 행복하지 않다. 나는 죽음을 원한다. 나와 같은 노인들은 스스로 생을 마무리할 수 있는 권리를 가져야 한다."고 말했다.

◈ 데이비드 구달의 젊은 시절 모습과 104세의 노쇠한 모습

　호주는 적극적 안락사를 허용하지 않기 때문에 데이비드 구달은 안락사 지지단체인 '엑시트 인터내셔널(Exit International)'의 도움을 받아 안락사를 허용하는 스위스로 가서 2018년 5월 10일에 의사조력에 의한 자발적 안락사로 생을 마감했다. 그 전날 스위스 바젤의 한 호텔에

서 이루어진 취재진과의 인터뷰에서 구달은 "더 이상 삶을 지속하고 싶지 않다. 내일 생을 마칠 기회를 얻게 되어 행복하다. 의료진의 도움에 감사한다."고 말했다. 구달은 인터뷰 도중 노래를 흥얼거리는 등 인생의 마지막을 앞둔 사람답지 않게 불안한 모습을 보이지 않았다. 그에게 시행된 의사조력자살 장치는 안락사를 원하는 사람이 최종적으로 죽음을 결심하고 레버를 누르면 먼저 진정제가 혈관을 통해 투여되어 깊은 수면에 빠져들고 이어서 호흡정지를 유도하는 약물이 주입되어 죽음에 이르게 하는 것이었다. 데이비드 구달은 스위스 바젤의 한 병원에서 가족에 둘러싸인 상태로 베토벤 교향곡 9번을 들으며 의사조력자살을 통해 자신의 삶을 마감했다.

3) 안락사에 대한 찬반논쟁

안락사는 여전히 세계적으로 뜨거운 논쟁거리가 되고 있다. 안락사에 대한 찬성과 반대는 개인의 입장에 따라 다를 수 있을 뿐만 아니라 국가적·문화적·종교적·정치적 입장에 따라 다를 수 있다. 현재 미국을 비롯한 대다수 국가들이 소극적 안락사를 법적으로 허용하고 있으며, 우리나라도 2018년에 소극적 안락사를 허용하는 「웰다잉법」이 제정되었다. 그러나 적극적 안락사와 비자발적 안락사에 대해서는 여전히 많은 논란이 이루어지고 있다. 네덜란드와 스위스를 비롯한 일부 국가들은 적극적 안락사 또는 의사조력자살을 허용하고 있으나 우리나라를 비롯한 대부분의 국가들은 이를 법적으로 금지하고 있다. 안락사에 대한 찬성과 반대 의견과 그 주장의 근거를 살펴보기로 한다.

(1) 안락사에 대한 찬성 의견

안락사를 찬성하는 주된 근거는 자신의 운명을 스스로 결정할 수 있는 개인의 자기결정권이 가장 우선적으로 존중되어야 한다는 것이다. 자기결정권(right of self-determination)은 대부분의 국가에서 「헌법」에 의해 보장된 기본적 권리로서 개인이 국가기관을 비롯한 어떠한 외부 세력에 의해서 간섭받지 않고 자신의 사적인 사항(생명, 신체의 처분, 생활방식 등)에 대해서 스스로 결정할 수 있는 권리를 의미한다. 우리나라의 경우도 「헌법」 제10조에서 보장하는 개인의 인격권과 행복추구권은 개인의 자기결정권에 근거하고 있다. 안락사를 찬성하는 사람들은 생명과 행복을 추구하는 개인의 기본적 권리가 존중되어야 하듯이, 삶을 포기하고 죽음을 선택할 수 있는 권리도 존중되어야 한다는 것이다.

안락사를 찬성하는 다른 주장은 현대의학으로 회복될 수 없는 불치병으로 인해 극심한 고통 속에서 비참한 삶을 영위하고 있는 환자가 차라리 죽음을 통해 고통에서 벗어나기를 원할 경우에 안락사가 허용되어야 한다는 것이다. 이러한 경우에 적극적 안락사는 환자를 고통과 비참함으로부터 구원하는 윤리적이고 자비로운 행위가 될 수 있다는 것이다.

안락사 찬성론자들은 안락사 문제가 환자의 삶의 질의 측면에서 고려되어야 한다고 주장한다. 아무런 의미도 부여할 수 없는 고통스러운 삶을 단지 연장하는 치료는 자연스럽지 못할 뿐만 아니라 비윤리적일 수 있다. 환자의 삶의 질을 고려한다면, 환자 자신과 가족이 안락사를 원할 경우에 한하여 고통을 감소시키는 안락사를 허용하는 것이 오히려 더 인간적이고 윤리적인 것이다. 또한 식물인간 상태에 있는 환자의 삶의 질은 더 이상 가치가 없으며 그러한 환자가 죽음에 이르도록 돕는 것이 오히려 자비로운 행위일 수 있다.

미국의 철학자 제임스 레이철스(James Rachels, 1986)는 소극적 안락사가 죽어 감의 과정을 연장시켜 고통스럽게 천천히 죽게 함으로써 환자에게 불필요한 고통을 준다는 점에서 적극적 안락사보다 더 비인간적인 행위라고 주장했다. 그의 주장에 따르면, 환자를 불필요한 고통에서 벗어나게 하는 것이 바람직하다는 점에서 적극적 안락사가 더 도덕적인 것이다. 삶의 질의 관점에서 보면, 고통을 경감시키는 것이 선(善)이기 때문에 소극적으로 죽게 방치하는 것보다 적극적으로 삶을 종식시키는 것이 바람직하다.

안락사를 반대하는 사람들은 안락사를 법적으로 허용하게 되면 다양한 방식으로 오용되고 남용될 것이라고 주장한다. 이에 대해서 안락사 찬성론자들은 그러한 오·남용을 방지할 수 있는 구체적인 법적·제도적 장치를 잘 갖춘 상태에서 안락사를 시행하는 것은 문제가 없다고 주장한다. 이들은 이미 안락사를 합법화한 네덜란드나 벨기에 그리고 미국의 오리건주에서 안락사가 커다란 문제없이 잘 운영되고 있다는 점을 지적하고 있다. 네덜란드의 안락사 상황을 조사한 연구(Onwuteaka-Philipsen et al., 2003)에 따르면, 초기에는 안락사 수요가 급증하고 의사들도 환자의 충분한 동의를 확인하지 않은 채 안락사를 시행하는 경향이 있었지만 최근에는 안락사 수요가 안정되었으며 안락사의 오·남용을 지지할 만한 실증적 증거가 없다고 결론지었다.

(2) 안락사에 대한 반대 의견

안락사를 반대하는 사람들의 가장 주된 근거는 인간의 생명이 신성한 것이므로 어떠한 경우에도 인위적으로 침해되어서는 안 된다는 것이다. 이들의 주장에 따르면, 인간의 생명은 어떤 상태에 있든지 그 자체로 무한한 가치가 있기 때문에 존엄한 인간의 생명을 침해하는 어떠한 행위도 정당화될 수 없다. 인간은 자신의 생명을 끝까지 소중하게 보존해야 하는 의무와 책임을 지닌다. 생명은 개인이 자신의 것이라고 해서 스스로 포기할 수 있는 것이 아니다. 안락사를 허용하게 되면 생명을 경시하는 사회적 풍조가 생겨날 것이다. 안락사의 반대 의견은 종교적 신념과 밀접하게 관련되어 있다. 특히 가톨릭교회를 비롯한 종교단체들은 생명은 하나님이 주신 고귀한 선물이므로 누구도 자신의 의지로 신성한 생명을 포기해서는 안 된다고 주장한다. 또한 안락사는 '살인하지 말라'는 십계명을 어기는 죄악이며 하나님의 뜻에 반하는 것이기 때문에 허용할 수 없다는 것이다.

안락사를 반대하는 다른 이유는 안락사를 허용하면 생명을 경시하는 사회적 풍조가 생겨날 뿐만 아니라 안락사를 오용하거나 남용하는 일들이 벌어질 것이라는 우려 때문이다. 가장 우려하는 상황은 존엄사, 즉 연명치료의 중단이 허용될 경우에 경제적 부담이나 간병의 어려움과 같은 요인에 의해서 환자들이 죽음으로 내몰리는 사회적 분위기가 형성되는 것이다. 가족의 증언이나 판단 그리고 의료진의 동의만으로 연명치료를 중단하는 것은 환자 본인의 의사와 다를 수 있다. 환자는 살고자 하는 의지가 있지만 가족이나 의료진에 의해 연명치료가 중단될 수 있으며 이는 일종의 살인행위라고 할 수 있다. 어떠한 경우이든 본인이 아닌 타인의 판단으로 생명을 결정하는 것은 옳지 않다. 환자의 의사를 무시한 채 제3자의 이익을 위하여 안락사가 이루어질 수도 있고 안락사를 위장한 다양한 살인범죄가 발생할 수도 있다. 이러한 악용의 가능성을 예방할 수 있는 법적·제도적 장치가 충분히 마련되지 않은 상태에서 안락사를 허용하게 되면 경제적 이해관계 등에 의해서 악용될 가능성이 있다.

안락사 반대론자들은 안락사를 허용하게 될 경우에 미끄러운 경사면 현상이 나타날 수 있다는 점을 우려한다. 미끄러운 경사면(slippery slope) 현상은 어떤 원칙이 무너지면 관련된 다른 원칙들이 순차적으로 무너지는 현상을 의미한다. 이러한 현상의 대표적인 예는 독일의 나치정권하에서 이루어진 안락사의 악용 사례이다(이종원, 2006). 처음에는 인도적인 의도로 안락사와 의료적 실험이 이루어졌으나 점차적으로 안락사 찬성론자들에 의해서 치명적인 질병을 지닌 환자들에게 자발적인 안락사를 허용하게 되었고, 나중에는 기형아, 정신병자, 불구자를 더 이상 가치가 없는 삶이라고 여기며 본인의 의사에 반하는 반(反)자발적 안락사가 시행되었다. 결국에는 유대인과 공산주의자들을 국가의 적으로 규정하면서 대량학살로 이어지게 되었다. 이처럼 안락사가 처음에는 환자의 자발적 의사에 의해서 이루어지지만 나중에는 환자의 의사를 무시하거나 타의에 의해서 생명을 포기해야 하는 상황이 발생할 수 있다. 네덜란드의 경우, 최근에는 안락사 수요가 안정되었지만 안락사가 처음 허용된 1990년부터 1995년 사이에 안락사를 원하는 사람들이 37%나 증가했으며 의사조력자살의 10%가 환자의 동의를 충분히 구하는 절차 없이 의사의 판단에 의해 시행되기도 했다(Onwuteaka-Philipsen et al., 2003).

이 밖에도 안락사 반대론자들은 다양한 이유로 안락사의 허용을 반대하고 있다. 반대론자의 주장에 따르면, 고통을 완화시킬 수 있는 다양한 방법이 존재하므로 고통 감소를 위해서라면 안락사 외에도 다른 대안을 선택해야 한다. 회복 불가능한 불치병이나 식물인간 상태에 대한 현대의학의 진단이 완벽하지 않을 수 있기 때문에 안락사를 통해서 죽음으로 내모는 것은 옳지 않다. 환자의 자기결정권이 중요하지만 일시적인 감정 동요로 판단능력이 결여된 상태에서 내린 결정일 수 있기 때문에 의사가 판단하기에 환자의 이익이 되지 않는 경우에는 안락사를 시행하지 않는 것이 바람직하다(이종원, 2006). 또한 안락사를 허용하게 되면 늙은 부모를 돌보아야 하는 자녀의 책임의식이 약화될 수 있다. 자녀들이 무력한 고령의 부모를 돌보지 않은 채 방치하거나 부모에게 안락사를 종용하는 사태가 발생할 수도 있다. 미국의 일부 주와 프랑스, 독일, 대만과 같은 국가에서는 무능력한 부모를 돌보아야 하는 자녀의 의무(filial responsibility)를 법적으로 규정하고 있다. 고령사회에 접어든 우리나라의 경우에도 앞으로 안락사에 대한 찬반 논쟁이 더 뜨거워질 것으로 예상된다.

4) 안락사에 대한 한국의 현황

현재 대다수의 나라들은 존엄사, 즉 소극적 안락사를 허용하고 있다. 또한 의사 조력에 의한 적극적 안락사는 네덜란드, 스위스, 벨기에와 같은 일부 국가에서 제한적인 경우에 한하여 허용하고 있다. 그러나 대부분의 국가에서는 적극적 안락사를 허용하고 있지 않지만 그에 대한 논의는 이루어지고 있다. 특히 네덜란드는 안락사를 전면적으로 합법화하는 방안을 추진하고 있다.

우리나라에서도 보라매병원 사건과 김 할머니 사건을 계기로 안락사에 대한 논쟁이 제기되었다. 2018년부터 「호스피스 · 완화의료 및 임종과정에 있는 환자의 연명의료 결정에 관한 법률」이 시행되면서 존엄사, 즉 소극적 안락사가 제한적으로 허용되었다.

(1) 보라매병원 사건

우리나라에서 안락사가 사회적 문제로 처음 대두된 것은 1997년에 발생한 보라매병원 사건이다. 보라매병원 사건은 1997년 12월 4일 술에 취해 화장실에 가다 넘어져 머리를 다쳐서 뇌수술을 받고 생명연장장치로 연명하던 남자를 부인이 퇴원시킨 사건이다. 그 남자 환자자는 보라매병원에서 뇌수술을 받아 혈종을 제거했으나 뇌부종으로 자발적 호흡이 돌아오지 않아 인공호흡기를 부착하게 되었다. 그러나 환자의 보호자인 부인은 치료비를 감당할 수 없다는 이유로 환자의 퇴원을 요구했다. 처음에 담당의사는 보호자의 요구를 거부했으나 결국 보호자의 뜻을 꺾지 못하고 "환자의 죽음에 대해 병원은 책임지지 않는다."는 각서를 받은 후 환자를 퇴원시켰다. 의료진은 인공호흡기를 제거한 후 수동으로 인공호흡을 한 상태에서 환자를 구급차로 이송하여 환자의 자택에서 부인에게 인계했으며, 인공호흡을 중단한 지 5분 후에 환자는 사망했다.

환자가 사망한 후에 부인은 장례비의 보조를 받기 위해 관할 파출소에 사망신고를 했으나 병원의 동의 없이 퇴원했기 때문에 사망진단서를 받지 못해 '병사'가 아닌 '변사 사건'으로 처리되었다. 이 사실을 알게 된 환자의 형제가 부인을 신고하여 경찰의 조사를 받게 되었으며 경찰은 부인과 의료진을 살인죄로 고발하였다. 법원은 부인에게 살인죄로 징역 3년에 집행유예 4년을 선고했으며, 의료진에게는 살인죄의 방조범으로 징역 1년 6개월에 집행유예 2년을 선고하였다. 부인과 의료진은 상고했으나 대법원은 상고를 기각했다. 이러한 보라매 병원 사건의 판례 이후부터 병원과 의료진은 소생 가능성이 없는 환자의 퇴원 요구를 거절하게 되었다.

(2) 김 할머니 사건

우리나라에서 최초로 존엄사를 인정하게 된 계기는 김 할머니 사건이다. 김 할머니는 2008년 2월에 세브란스병원에서 폐암조직검사를 받다가 과다출혈로 인한 뇌손상으로 식물인간 상태에 빠졌다. 가족은 무의미한 연명치료를 중단하고 품위 있게 죽을 수 있도록 해 달라고 요청했으나 병원 측이 이를 거부하여 소송을 제기하게 되었다.

1심과 2심을 거쳐 2009년 5월 21일에 대법원은 "식물인간 상태인 고령의 환자를 인공호흡기로 연명하는 것에 대하여 질병의 호전을 포기한 상태에서 현 상태만을 유지하기 위하여 이루어지는 연명치료는 무의미한 신체침해 행위로서 오히려 인간의 존엄과 가치를 해하는 것이며, 회복 불가능한 사망의 단계에 이른 환자가 인간으로서의 존엄과 가치 및 행복추구권에 기초하여 자기결정권을 행사하는 것으로 인정되는 경우에는 연명치료 중단을 허용할 수 있다."고 판결하였다.

이 판례는 연명치료가 무의미하고 환자의 의사를 추정할 수 있는 경우에 한하여 중단을 인정한 것이지만 사실상 존엄사를 인정한 첫 판례라는 점에서 중요하다. 생과 사의 갈림길에서 환자와 가족들이 품위 있는 죽음을 선택할 권리를 법원이 공식적으로 인정한 것이다. 이 판결에 따라 김 할머니는 2009년 6월 23일에 인공호흡기가 제거되었으나 스스로 호흡하며 생존하다가 201일 만인 2010년 1월 10일 사망했다.

(3) 연명의료 결정법

우리나라에서도 보라매병원 사건과 김 할머니 사건을 계기로 안락사에 대한 논의가 활발하게 이루어졌다. 그 논의의 결과로서 회생 가능성이 없는 환자가 자신의 결정이나 가족의 동의에 의해서 더 이상 연명치료를 받지 않을 수 있도록 하는 법이 국회에 상정되어 2016년 1월 8일에 국회 본회의를 통과했다. 이 법률의 정식 명칭은 「호스피스·완화의료 및 임종과정에 있는 환자의 연명의료 결정에 관한 법률」이며 그 기본 원칙은 다음과 같다.

첫째, 호스피스·완화의료나 연명의료에 관해 결정하는 모든 행위는 환자의 존엄과 가치를 침해해서는 안 된다. 둘째, 모든 환자는 최선의 치료를 받으며, 자신이 앓고 있는 질병의 상태와 예후, 그리고 향후에 본인에게 시행될 의료행위에 대해서 분명히 알고 스스로 결정할 권리가 있다. 셋째, 의료인은 환자에게 최선의 치료를 제공하고, 호스피스·완화의료나 연명의료에 관한 결정에 대해 정확하고 자세하게 설명하며, 그에 따른 환자의 결정을 존중해야 한다.

이 법률은 호스피스·완화의료와 연명의료 결정이라는 두 가지의 주제를 포함

하는 법률이며 호스피스·완화의료에 관한 조항은 2017년 8월 4일부터 시행되었
으며, 연명의료에 관한 조항은 2018년 2월 4일부터 시행에 들어갔다. 이 법률은
「웰다잉법」 또는 「연명의료 결정법」이라고 줄여서 불리고 있다. 「웰다잉법」의
골자는 회생 가능성이 없는 환자의 경우에 본인과 가족이 동의하면 생명연장장치
를 제거할 수 있도록 소극적 안락사를 법적으로 허용하는 것이다.

「웰다잉법」은 소극적 안락사가 정당행위로 허용될 수 있는 구체적인 조건을 명
시하고 있다. 소극적 안락사는 다음과 같은 몇 가지 요건을 충족하는 경우에 한하
여 정당행위로 인정된다. 즉, 소극적 안락사는 (1) 환자가 불치의 질병으로 죽음에
임박했고, (2) 고통이 극심하며, (3) 환자가 의식이 명료한 상태에서 진지하게 요구
한 경우, (4) 오로지 환자의 고통 제거 또는 완화를 위해, (5) 의사에 의해서, (6) 윤
리적 타당성이 인정되는 방법으로 시술된 경우에만 허용될 수 있다. 예컨대, 뇌사
자나 식물인간의 경우에 환자가 생존 시에 안락사에 대한 의사를 표명했거나 그러
한 의사를 추정할 만한 충분한 근거가 있어야 하며 식물인간 상태가 불가역적 의
식상실의 상태로 판단되는 경우에만 소극적 안락사가 법적으로 허용된다.

연명의료 중단의 대상은 임종과정에 있는 환자로서 회생 가능성이 없고, 치료에
도 불구하고 회복되지 않으며, 급속도로 증상이 악화되어 사망에 임박한 상태여야
한다. 환자가 임종과정에 있는지의 여부는 담당의사와 해당 분야의 전문의 1명이
의학적으로 판단한다. 연명의료의 유형은 심폐소생술, 혈액투석, 항암제 투여, 인
공호흡기 착용으로 한정하며 치료효과 없이 임종과정의 기간만을 연장한다는 치
료의 무용성이 전제되어야 한다. 연명의료를 중단하더라도 통증 완화를 위한 의
료 행위나 영양분 공급, 물 공급, 산소의 단순 공급은 중단할 수 없다.

「웰다잉법」은 한국사회에서 소극적 안락사가 오용되거나 남용되지 않도록 그
적용 조건을 매우 구체적으로 까다롭게 규정하고 있다. 이 법은 임종과정에 있는
환자가 자신의 의사에 따라 존엄한 죽음을 맞이할 수 있도록 생명연장의료의 중단
을 허용하는 것으로서 존엄사법이라고도 불리고 있다.

제24장

죽음교육: 좋은 죽음을 위한 준비

  행복한 인생은 좋은 죽음을 통해서 완성된다. 아무리 성공적이고 화려한 삶을 살았더라도 그 사람의 마지막 과정, 즉 죽어감과 죽음의 과정이 고통스럽고 비참하다면 진정 행복한 인생을 살았다고 할 수 없기 때문이다. 인생의 아름다운 마무리를 위해서는 죽음과 죽어감에 대한 교육이 필요하다. 행복한 삶을 위한 교육도 중요하지만, 좋은 죽음을 위한 교육 또한 중요하다. 잘 알고 준비한 사람들만이 좋은 죽음을 맞이할 수 있다. 죽음학의 궁극적 목표는 죽음교육을 통해서 모든 사람이 죽음과 죽어감을 잘 이해하고 준비하여 인생의 마지막 순간까지 최선의 삶을 누리고 좋은 죽음을 맞이하도록 돕는 것이다.

1. 죽음교육의 정의와 목적

  죽음은 인생의 마지막 과정으로서 좋은 죽음을 통해서 인생의 아름다운 마무리가 가능하다. 우리 자신이 좋은 죽음을 맞이하고 사랑하는 사람들이 좋은 죽음을 맞이하도록 돕기 위해서는 죽음교육이 필요하다. 필연적으로 다가올 죽음을 어떻게 맞이해야 할까? 죽음이 다가오면 몸과 마음에 어떤 변화가 나타나며 어떻게 대처해야 할까? 좋은 죽음을 위해서 무엇을 어떻게 준비해야 할까? 가족을 비롯하여 사랑하는 사람들이 좋은 죽음을 맞이하도록 돕기 위해서 무엇을 어떻게 해야 할까? 좋은 죽음을 맞이하기 위해서는 인생을 어떻게 살아야 할까?

1) 죽음교육의 정의

죽음교육은 『죽음의 의미』를 저술한 미국의 심리학자 허만 파이펠(Herman Feifel, 1959)에 의해서 시작된 죽음자각운동(death awareness movement)에서 기원하고 있다. 파이펠에 따르면, 유한한 삶과 죽음에 대한 자각을 통해서 현대인이 삶을 더 소중하게 여기며 의미 있는 삶을 영위하도록 촉진할 수 있다. 죽음학의 궁극적 목적은 죽음교육을 통해서 모든 사람들이 삶의 소중함을 깨닫고 충만한 삶을 살아갈 뿐만 아니라 좋은 죽음을 맞이하도록 돕는 것이다. 죽음교육은 심리학뿐만 아니라 의학, 간호학, 종교학, 사회복지학, 교육학을 비롯한 여러 학문분야의 전문가들이 협동적으로 수행해야 하는 다학문적 활동이라고 할 수 있다.

죽음교육(death education)은 죽음과 관련된 다양한 주제에 대한 이해와 체험을 증진하는 활동이다. 죽음교육은 특히 죽음의 의미, 죽음에 대한 불안과 태도, 죽어감과 사별의 과정, 죽음을 앞둔 사람의 돌봄과 같은 주제를 포함한다. 코어와 동료들(Corr et al., 1997)은 죽음교육을 '죽음, 죽어감 및 사별에 대한 논의'라고 정의한 바 있다. 그에 따르면, 죽음교육은 "죽음이란 무엇을 의미하는가?", "죽어감의 과정에서 어떤 일이 발생하며 어떻게 대처해야 하는가?", "사랑하는 사람의 죽음, 즉 사별을 어떻게 받아들이고 대처해야 하는가?" 하는 세 가지 물음에 대한 죽음학의 연구결과를 소개하고 그에 관한 다양한 견해를 나누는 것이다.

죽음교육은 죽음, 죽어감 및 사별에 대한 교육을 의미하며 죽음준비교육이라고 불리기도 한다. 죽음학에서 죽음교육을 중요하게 여기는 이유는 죽음을 부정하고

◈ 죽음교육은 삶의 소중함을 일깨우는 교육이다.

회피하는 태도가 개인과 사회를 위해서 결코 바람직하지 않다는 증거와 믿음 때문이다. 따라서 죽음에 대한 회피적 태도는 변화되어야 할 뿐만 아니라 죽음에 대한 교육을 통해서 개인과 사회는 죽음과 관련된 다양한 활동을 더 잘 수행할 수 있다고 믿기 때문이다.

2) 죽음교육의 필요성

20세기에는 대부분의 사회에서 죽음을 터부시했다. 그 결과, 현대인들은 필연적으로 겪게 될 죽어감과 죽음 그리고 사별에 대해서 배울 기회가 없었다. 이러한 상태에서 죽음이나 사별에 직면하게 되면 당혹감, 공포, 슬픔 속에서 허둥대거나 적절치 못한 대처로 인해서 불필요한 고통을 겪게 된다. 우리가 죽음을 공포스러운 것으로 여기는 이유는 그동안 우리가 죽음을 부정하며 회피해 왔기 때문이다. 죽음을 회피한 결과는 죽음에 대한 끊임없는 불안과 공포이다. 죽음교육을 통해서 죽음에 대한 불필요한 불안과 공포를 극복하고 자신 또는 타인의 죽음에 건강하게 잘 대처할 뿐만 아니라 죽음의 자각을 통해서 삶의 소중함과 의미를 발견할 수 있다.

(1) 죽음의 자각을 통한 삶의 의미 발견

현대의 교육체계는 인간의 가장 근본적인 현실인 죽음에 대해서 가르치지 않는
다. 그 결과, 현대인은 유한한 삶의 현실을 깊이 성찰하지 못한 채 물질주의적이고
쾌락주의적인 삶에 몰두하며 죽음의 주제를 터부시하며 회피하는 태도를 갖게 되
었다. 죽음교육의 부재로 인한 현대인의 죽음 부정은 생명 경시 풍조를 촉진했을
뿐만 아니라 삶의 의미감을 느끼지 못한 채 실존적 공허감 속에서 물질과 쾌락에
탐닉하는 삶의 태도를 초래하고 있다.

죽음교육은 죽음에 대한 자각을 통해서 삶의 소중함을 깨닫게 할 수 있다. 일
본에서 죽음교육에 전념하고 있는 독일인 신부이자 철학자인 알폰스 디켄(Alfons
Deeken, 1992)은 '죽음교육이 바로 삶의 교육'이라고 주장한다. 죽음은 모든 인간의
필연적인 운명이며 죽음을 배경으로 할 때 삶의 가치가 가장 잘 인식될 수 있다.

캐나다의 저명한 의료사회학자인 아서 프랭크(Arthur Frank, 1995)는 『아픈 몸을
살다(At the Will of the Body: Reflections on Illness)』라는 책에서 자신이 직접 심장마
비와 세 번의 암수술을 체험하며 성찰한 내용을 소개하고 있다. "죽음은 결코 삶의
적이 아니다. 죽음은 삶의 소중함을 일깨워 준다. 질병은 우리가 삶을 당연한 것
으로 여길 때 느끼지 못하는 균형감각을 키워 준다. 삶의 가치를 깨닫고 균형감각
을 배우기 위해서, 우리는 질병에 경의를 표하고, 궁극적으로는 죽음에 경의를 표
해야 할 필요가 있다." 프랭크의 말처럼, 죽음교육은 죽어감과 죽음 그리고 사별에
대해 배움으로써 죽음에 경의를 표하는 활동이라고 할 수 있다.

죽음에 대한 자각과 성찰 없이 인간은 결코 성숙해지기 어렵다. 인생의 진정한
의미와 가치는 죽음이라는 가장 중요한 실존적 존재상황에 대한 성찰에 근거하고
있기 때문이다. 죽음교육은 삶의 소중함을 깨닫고 좀 더 의미 있는 삶을 영위하도
록 촉진할 뿐만 아니라 다른 사람의 생명과 삶 역시 소중하게 여김으로써 좀 더 공
감적이며 상호 존중적인 사회를 건설하는 데 기여할 수 있다.

(2) 죽음에 대한 건강한 대처능력 증진

죽음은 우리가 대처해야 할 삶의 현실이다. 우리는 살아가는 과정에서 가까운 사람들의 죽음을 겪을 뿐만 아니라 언젠가 자신의 죽음에 대처해야 한다. 현대의 교육체계는 죽음에 어떻게 대처해야 하는지를 가르치지 않는다. 현대의 교육체계는 마치 인생의 여행에서 지나치게 될 중간 기착지와 그곳에 이르는 과정에 대해서만 가르칠 뿐 여행의 종착역과 목적지에 대해서는 가르치지 않는 셈이다. 따라서 현대인은 인생이라는 여행이 영원히 지속될 것처럼 여기며 살아가다가 어느 시점에서 죽음이라는 예상치 못한 가파른 낭떠러지를 만나 당혹감과 공포감에 허둥대고 있는 것이 현실이다.

죽음교육을 통해서 죽어감의 과정을 이해하고 그에 대처하는 방법을 배움으로써 자신 또는 타인의 죽음에 더 잘 대처할 수 있다. 죽어감과 죽음에 대한 무지는 죽음에 대한 불안과 공포를 증폭시킨다. 죽음불안은 건강염려증, 질병불안, 공포증을 비롯한 다양한 정신장애의 기반을 이룬다(Iverach et al., 2014). 죽음불안은 회피나 부정을 통해서 극복될 수 있는 것이 아니라 직면과 이해를 통해서 극복될 수 있다. 또한 우리가 삶에서 겪게 되는 사랑하는 사람의 죽음, 즉 사별은 깊은 슬픔과 아픔을 유발한다. 죽음을 받아들이는 마음의 준비가 되지 않은 사람들에게 사랑하는 사람의 죽음은 트라우마로 작용하며 커다란 마음의 상처를 오래도록 남길 수 있다. 최근에는 반려동물의 죽음으로 인한 상실의 슬픔에서 오랫동안 벗어나지 못하는 소위 펫로스증후군(pet loss syndrome)이 보고되고 있다.

(3) 자신의 좋은 죽음을 위한 준비

좋은 죽음을 통해서 우리 인생을 아름답게 마무리하기 위해서는 여러 가지 준비가 필요하다. 죽음교육을 통해서 죽어감과 죽음의 과정에서 발생하는 문제들을 잘 이해하고 그에 대처할 수 있는 준비를 함으로써 좋은 죽음을 맞이할 수 있다. 좋은 죽음은 치밀하게 준비한 사람만이 누릴 수 있는 인생의 마지막 결실이다.

로마의 철학자인 세네카(Seneca)는 철학이 죽음을 준비하는 노력이라고 말한 바 있다. 인생의 의미를 깊이 성찰하고 의미 있는 삶을 살아야 좋은 죽음에 이를 수 있다. 알폰스 디켄이 말한 바 있듯이, 죽음교육은 삶의 교육이라고 할 수 있다. 죽음교육은 죽어감의 과정에서 겪게 되는 현실적인 문제들에 대한 준비를 도울 뿐만 아니라 충실하고 의미 있는 삶을 영위하도록 촉진함으로써 죽음을 기꺼이 수용할 수 있도록 돕는다.

죽음을 외면하거나 부정하는 상태에서 경험하는 행복은 사상누각과 같은 것이다. 죽음은 필연적으로 우리 자신과 사랑하는 사람들에게 찾아오기 때문이다. 죽음을 외면했던 사람들은 죽음이 가까이 다가왔을 때 극심한 공포와 혼란 속에서 고통을 겪게 된다. 마치 겨울이 온다는 사실을 외면하고 월동준비를 하지 않은 채로 추운 겨울을 맞게 되는 것과 같다. 죽음교육은 엄동설한의 겨울을 좀 더 안온하게 맞이하기 위한 인생의 월동준비라고 할 수 있다.

(4) 죽어 가는 사람의 돌봄을 위한 교육

한 인간이 태어나는 출생에 대한 돌봄이 필요하듯이, 한 인간이 삶을 마무리하는 죽음에 대한 돌봄도 중요하다. 그러나 현대사회에서 출생은 환영받지만 죽음은 외면당하고 있다. 그 결과, 죽어 가는 사람이 좋은 죽음을 맞이하도록 돌보는 일을 소홀하게 여겨 왔다. 모든 사람들이 좋은 죽음을 맞이하도록 돌보는 일은 우리 사회가 좀 더 많은 관심을 기울여야 할 중요한 의무이다.

죽어 가는 사람을 돌보는 일은 결코 쉬운 일이 아니다. 죽어 가는 사람을 잘 돌보기 위해서는 따뜻한 애정과 노력이 필요할 뿐만 아니라 전문적인 지식과 기술이 필요하다. 죽어 가는 사람의 신체적·심리사회적·영적 욕구를 섬세하게 잘 이해하고 있어야 할 뿐만 아니라 그러한 욕구에 효과적으로 대처하며 돌보는 전문적인 기술과 능력이 필요하다. 죽음교육이 필요한 이유 중 하나는 죽어 가는 사람을 돌보는 사람들(의사, 간호사, 호스피스, 심리상담사, 사회복지사, 성직자, 가족 등)이 좀 더 효과적으로 그들을 돌볼 수 있는 지식과 역량을 증진하는 것이다. 죽어 가는 사람에 대한 연민과 존중 그리고 돌봄은 성숙한 사회의 중요한 조건 중 하나이다.

3) 죽음교육의 목적

죽음교육의 주된 목적은 죽음에 대한 이해와 대처능력을 함양함으로써 모든 사람이 좋은 죽음을 맞이하도록 도울 뿐만 아니라 죽음에 대한 성찰을 통해서 더욱 의미 있는 삶을 영위하도록 돕는 것이다. 죽음교육을 통해서 현대사회에 팽배해 있는 죽음에 대한 회피적 태도를 변화시키고 개인과 사회가 죽음과 관련된 다양한 활동을 더 효과적으로 잘 수행하도록 지원하는 것이 필요하다. 현재 세계적으로 죽음교육의 중심적 역할을 하고 있는 '죽음교육 및 상담협회(Association for Death Education and Counseling: ADEC)'는 현대사회가 '죽음, 죽어감 및 사별'을 인간의 중요한 경험으로 인식하고 깊은 관심을 지니며 적극적으로 대응하는 세상이 되도록 만드는 것을 궁극적 목표로 하고 있다.

(1) 죽음교육의 일반적 목적

1983년에 『죽음교육(Death Education)』을 출간한 에디와 알레스(Eddy & Alles, 1983)는 여러 학자들의 의견을 종합하여 죽음교육의 목적을 다음과 같이 제시하고 있다. 첫째, 사람들이 죽음에 직면했을 때 당면하는 문제들을 잘 인식하고 효과적으로 대처할 수 있는 능력을 함양하는 동시에 죽음에 대한 공포와 충격을 극복할 수 있도록 돕는다. 둘째, 일상생활에서 경험하고 대중매체에서 보도하고 있는 인간의 현실인 죽음을 외면하지 않고 직시하면서 그에 관한 다양한 견해와 입장을 논의할 수 있는 건강한 자세를 육성하도록 돕는다. 셋째, 죽음에 대한 사실과 지식을 전달함으로써 사람들이 자신의 삶을 평가하고 좀 더 행복하고 의미 있는 삶을 영위하도록 돕는다. 넷째, 사회구성원들이 죽어 가는 환자와 그 가족에게 적절한 돌봄과 정서적 지지를 제공할 수 있도록 돕는다. 다섯째, 죽음에 대해 무지한 사람들에게 죽음과 죽어감에 대한 기본적 개념과 지식 그리고 현실을 전달함으로써 죽음에 대한 이해를 증진하도록 돕는다. 여섯째, 죽음을 앞둔 사람들이 자신의 죽음에 대한 준비(예: 유언장, 상장례방법, 사전의료의향서 작성 등)를 열린 마음으로 진행할 수 있도록 돕는다.

대만은 아시아 국가 중에서 죽음교육이 가장 활발하게 이루어지고 있는 나라이다. 대만에서 죽음교육에 헌신하고 있는 증환상(曾煥裳, 2007)은 죽음교육의 목적을 다음과 같이 제시했다. 첫째, 사람들이 죽음에 관한 다양한 현실과 반응을 잘 인식하도록 돕는다. 둘째, 개인이 지닌 종교적 신념이나 철학적 견해를 통해서 죽음에 관한 사색과 성찰을 하도록 촉진한다. 셋째, 죽음에 대한 두려움이나 회피 성향을 최대한 감소시킨다. 넷째, 의연하고 긍정적인 태도로 죽음과 대면할 수 있도록 돕는다. 다섯째, 삶의 의미를 발견하고 음미할 수 있는 계기를 제공한다. 여섯째, 삶을 소중히 여기며 삶의 질을 향상시킬 수 있도록 돕는다. 일곱째, 삶의 마지막 여정을 미리 계획하여 좋은 죽음을 맞이할 수 있도록 돕는다.

죽음교육은 인생에서 겪게 되는 상실에 잘 대처할 수 있는 역량을 함양하는 것이라고 할 수 있다(Eddy & Alles, 1983). 우리의 인생은 죽음을 비롯한 크고 작은 상실사건으로 가득 차 있다. 전 생애를 통해서 겪게 되는 다양한 상실 사건(예: 가족이나 친구의 사망, 반려동물의 죽음, 이혼, 실직, 은퇴 등)은 우리 자신의 죽음을 준비하는 배움의 기회가 될 수 있다. 죽음교육을 통해서 상실사건에 대처하는 삶의 기술을 함양할 수 있다면, 우리 자신의 죽음과 사랑하는 사람의 죽음에 더 잘 대처할 수 있을 것이다.

상실에 잘 대처하기 위해서는 네 가지의 삶의 기술, 즉 의사결정, 대처행동, 정보공유, 가치명료화가 중요하다(Eddy, St. Pierre, Alles, & Monismith, 1983). 의사결정(decision making)은 상실사건에 대처해야 하는 상황에서 여러 가지 대안을 고려하고 신중한 판단을 통해 최선의 대안을 선택하는 과정을 의미하며, 대처행동(coping behavior)은 미래에 발생할 수 있는 유사한 사건에 대처할 수 있는 효과적인 기술을 뜻한다. 정보공유(information sharing)는 상실사건에 잘 대처하기 위해서 정확한 정보를 신속하게 획득하여 현명한 판단에 활용하는 것을 말하며, 가치명료화(value clarification)는 상실사건에 대처하기 위한 선택과 의사결정 과정에서 겪게 되는 도덕적 고통(moral suffering)을 해결하기 위해 가치의 우선순위와 신념체계를 명확히 하는 과정을 의미한다.

예를 들어, 반려동물의 죽음에 직면한 가족의 경우, 부모와 자녀는 우선 반려동물의 시신을 어떻게 처리할 것인지, 장례식을 어떤 형식으로 치를 것인지, 새로운 반려동물을 다시 키울 것인지 등에 대한 의사결정이 필요하다. 아울러 가족구성원은 반려동물의 죽음에 대한 슬픔과 상실감을 표현하고 서로 위로하며 애도하는 대처행동을 통해서 상실사건을 잘 극복하는 것이 중요하다. 반려동물의 죽음은 가족이나 친구의 죽음에 직면했을 경우에 대처해야 하는 과정과 매우 유사하다. 또한 부모는 반려동물의 죽음을 계기로 해서 죽음에 관한 다양한 정보를 자녀와 함께 공유할 수 있다. 미래에 발생할 수 있는 다양한 상실사건과 관련된 정보들(예: 죽음에 대한 다양한 견해, 죽음과 관련된 중요한 선택과 의사결정, 사별의 슬픔과 극복과정)을 가족 전체가 공유하며 논의할 수 있다. 아울러 가족은 반려동물의 양육과 관련된 가치를 함께 논의하는 과정이 필요하다. 부모와 자녀는 다른 반려동물을 입양하는 것이 적절한 일인지, 반려동물을 키우는 것의 장점과 단점은 무엇이며 어떤 것이 더 소중한 가치인지, 입양한다면 언제부터 다시 기를 것인지 등을 논의하면서 가족구성원 개개인의 가치관을 좀 더 명료하게 표현하며 서로를 이해할 필요가 있다.

(2) 죽음교육의 대상별 목적

죽음교육은 그 대상에 따라 교육의 목적과 내용이 다를 수 있다. 죽음교육의 목적은 크게 두 가지, 즉 일반인을 위한 죽음교육과 전문가를 위한 죽음교육으로 구분할 수 있다. 죽음교육의 가장 중요한 첫 번째 대상은 일반인으로서 죽음과 관련된 기본적 지식과 지혜를 제공하는 것이다. 일반인은 죽음교육을 통해서 자신 또는 가족의 좋은 죽음을 위해서 알거나 준비해야 할 지식과 기술을 배울 수 있다. 죽음교육의 중요한 목적은 사회구성원 모두의 삶의 질을 향상시키는 것이며 인생의 마지막 순간까지 삶의 질을 최대한 증진할 수 있는 조건을 창출하고 유지하도록 돕는 것이다.

디켄(2001)은 일반인을 위한 죽음교육의 목표를 다음과 같이 세분하여 제시했다. 즉, (1) 죽음에 이르는 과정 이해하기, (2) 죽음 준비하기, (3) 죽음에 대한 터부 제거하기, (4) 죽음의 공포와 불안 해소하기, (5) 생명의 소중함 깨닫기(자살 방지하기), (6) 말기환자의 알 권리 가르치기, (7) 죽어 가는 사람 돌보기(호스피스 활동 이해하기), (8) 안락사에 대해 이해하기, (9) 장기이식에 대해 고려하기, (10) 장례절차 준비하기, (11) 유머 잃지 않기, (12) 사후생에 대한 관점 이해하기 등이다.

죽음교육의 두 번째 대상은 죽어 가는 사람을 돌보는 전문가들(의사, 간호사, 호스피스, 사별상담사, 성직자 등)이며 그들이 자신의 역할을 효과적으로 수행할 수 있도록 돕는 것이다. 말기환자를 돌보는 의료진들은 죽어 가는 환자들이 경험하는 신체적 통증과 심리사회적 고통을 이해하고 효과적으로 의사소통하면서 그들의 고통을 완화시킬 수 있는 전문적 기술에 대한 이해와 훈련이 필요하다.

2. 죽음교육의 내용과 방법

죽음교육은 우리 사회에서 이루어지고 있는 다양한 교육의 한 유형이라고 할 수 있다. 과연 죽음교육은 무엇을 어떻게 가르치는 것일까? 죽음교육은 그 목적을 달성하기 위해 교육생에게 어떤 내용을 어떤 방식으로 교육하는 것일까? 죽음교육은 그 대상, 목적, 장면, 형식, 내용, 기간 등에 따라서 매우 다양한 유형으로 구분할 수 있다(Corr & Corr, 2013; Howarth & Leaman, 2014). 여기에서는 죽음교육의 일반적 내용과 방법을 살펴보고, 다음 절에서 교육대상에 따른 구체적 내용을 살펴보기로 한다.

1) 죽음교육의 주된 내용

죽음교육은 죽음에 관한 어떤 내용을 가르치는가? 현재 죽음교육은 매우 다양

표 24-1	선행연구에서 나타난 죽음교육 내용

영역	교육내용	해당 연구 편수
인지적 영역	죽음의 이해: 생물학, 의학, 사회문화, 종교, 철학, 법률적 이해	22
	개인적인 죽음 개념 및 철학 정립(삶과 죽음의 관계, 죽음과 임종에 대한 태도 정립)	20
	비탄 반응 과정과 극복과정(비탄의 역동성, 사별가족의 심리 및 극복과정, 발달단계별 이해	15
	죽음 관련 이슈들(법률, 의학, 윤리적 이슈들: 유언 작성 및 유족, 신체 기증과 장기이식, 인공적 생명 연장장치, 소극적·적극적 안락사 등)	14
	죽음의 정의와 판정	13
	죽어 가는 사람의 다양한 문제와 욕구 이해	7
	사후의 삶	7
	세계 각국의 장례 풍습	5
	죽음 관련 산업/시스템의 이해와 평가	5
정서적 영역	죽음불안 및 죽음공포 다루기	20
	자신의 죽음에 대한 인정과 수용	11
	개인적 상실 및 사별 경험 정리	11
	삶에 대한 능동적·긍정적 태도 형성(죽음준비로서의 삶)	9
	전쟁과 대량학살의 심리학	5
행동적 영역	임종자에 대한 돌봄과 조력(의사소통 기술 포함)	11
	자살 사고의 이해와 조력 및 상담(자살 예방 방법 포함)	10
	사별과 비탄에 대한 조력과 돌봄	10
	개인적 상실과 사별에의 대처	9
	말기환자의 알 권리와 의료 결정권	8
	장례의식의 역할과 자신의 장례절차 준비	8
	전문인 혹은 인간으로서의 의사와 의료활동에 대한 이해	5
	죽음 관련 시장 소비자 교육	5
	보험, 유언 등 사후의 법적·실제적 대처	4

한 교육대상에게 다양한 형태로 실시되고 있다. 그러나 대부분의 죽음교육은 죽음과 관련된 세 영역, 즉 인지적·정서적·행동적 측면을 다루고 있다. 달리 말하면, 죽음교육은 죽음과 관련된 지식을 전달하고 죽음과 연관된 정서를 긍정적으로 변화시킬 뿐만 아니라 학습한 것을 실천하여 행동하도록 촉진하는 내용을 공통적으로 포함하고 있다.

이윤주, 조계화 및 이현지(2006)는 현재 국내외에서 시행되고 있는 죽음교육의 내용을 분석하였다. 이들은 국내외에서 발표된 22개의 선행연구에서 제시한 죽음교육의 내용을 질적 연구방법으로 분석하여 23개 교육내용을 추출하고 이들을 세 영역(인지, 정서, 행동)으로 분류하였다. 그 주요한 결과가 〈표 24-1〉에 제시되어 있다.

나아가서 이윤주 등(2006)은 죽음교육의 인지적·정서적·행동적 영역을 각각 2~3개의 범주로 분류하여 교육내용을 모두 7개로 요약하고 있다. 〈표 24-2〉에 제시되어 있듯이, 인지적 측면의 교육내용은 죽음 자체에 대한 이해와 관련된 '죽음 이해'와 죽음을 둘러싼 인적·물적 환경에 대한 이해를 의미하는 '환경 이해'의 두 범주로 구분되었다. 정서적 측면은 죽음을 둘러싼 정서적 문제를 다루는 '정서 작업'과 죽음에 대한 태도 부분을 점검하고 바람직하게 바로잡아가는 '태도 정립'의 두 범주로 분류되었으며, 실천 및 행동적 측면은 '임종자 조력', '사별자 조력', '자살 예방'의 세 범주로 교육내용이 구분되었다.

대부분의 죽음교육 프로그램은 그 대상과 목적에 따라 교육내용의 초점과 교육 방식에 차이가 있다. 일반인과 학생을 위한 죽음교육에서는 죽음에 대한 인지적 측면이 강조되는 반면, 말기환자에게는 죽음을 수용하고 죽음불안을 완화하는 정서적 측면에 초점을 맞추는 교육이 진행되며, 그 가족이나 의료진에게는 실천과 행동적 측면이 강조되는 교육이 이루어지게 된다.

표 24-2 통합된 죽음교육 내용

측면	범주	죽음교육 내용
인지적 측면	죽음 이해	1. 죽음의 정의와 판정
		2. 죽음의 생물학, 의학, 사회문화, 철학, 심리학, 종교적 이해
		3. 다양한 상장 문화
	환경 이해	4. 관련 이슈들: 유언 작성과 유족, 신체 기증과 장기이식, 인공적 생명 연장 장치, 소극적·적극적 안락사 등
		5. 비탄 반응과정과 극복과정: 비탄의 역동성, 사별 가족의 심리 및 극복과정 이해, 발달단계별 이해
		6. 죽어 가는 사람의 다양한 문제와 욕구 이해
		7. 전쟁과 대량학살의 심리학
		8. 개인적인 죽음 개념 및 철학 정립
정서적 측면	태도 정립	9. 자신의 죽음에 대한 수용
		10. 죽음과 삶의 관계 속에서 삶의 태도 정립
	정서 작업	11. 죽음불안·공포 다루기 및 극복하기
		12. 개인적 상실, 사별 경험 정리
실천 및 행동적 측면	임종자 조력	13. 임종자에 대한 돌봄과 조력
		14. 말기환자의 알 권리 및 의료 결정권
	사별자 조력	15. 사별과 비탄에 대한 돌봄과 조력
		16. 개인적 상실과 사별에의 대처
		17. 장례의식의 역할과 장례절차 설계
		18. 보험, 유언 등 사후 법적, 실제적 대처
	자살 예방	19. 자살 이해와 예방

2) 죽음교육의 방법

죽음교육은 매우 다양한 방식으로 진행될 수 있다. 죽음교육의 대상, 목적, 장면, 기간 등에 따라서 교육방식은 현저하게 달라질 수 있다. 현재 죽음교육이 진행되고 있는 방식을 몇 가지 유형으로 나누어 살펴보면 다음과 같다.

(1) 공식적 죽음교육과 비공식적 죽음교육

죽음교육은 교육이 이루어지는 장면에 따라 크게 공식적 교육과 비공식적 교육으로 나눌 수 있다. 공식적 죽음교육(formal death education)은 죽음에 관한 학술적 지식과 임상적 경험을 구조화된 교육프로그램의 형태로 전달하는 경우를 의미한다. 이러한 죽음교육은 초·중·고등학교나 대학교에서 수업의 형태로 이루어지거나 전문가의 보수교육이나 일반인의 교양교육을 위한 세미나나 워크숍의 형태로 진행될 수 있다. 반면에, 비공식적 죽음교육(informal death education)은 가정이나 학교 또는 사회적 모임에서 비구조화된 형태로 이루어지는 경우를 말한다. 예컨대, 가정에서는 반려동물의 죽음을 겪으면서 죽음에 대한 자녀의 물음에 부모가 대답하는 형태로 이루어질 수 있다. 학교에서는 한 학생의 갑작스러운 죽음이 발생한 경우에 다른 학생들을 대상으로 위기상담과 더불어 죽음에 대한 교육을 제공할 수 있다.

(2) 구조화된 죽음교육과 비구조화된 죽음교육

죽음교육은 그 형식과 진행방식에 따라 구조화된 죽음교육과 비구조화된 죽음교육으로 나눌 수 있다. 구조화된 죽음교육(structured death education)은 죽음에 대해서 교육할 내용과 순서가 체계적으로 잘 갖추어진 상태에서 진행되는 반면, 비구조화된 죽음교육(unstructured death education)은 미리 정해진 형식이 없는 상태에서 교육생의 질문이나 교육장면의 특수성에 따라 자유롭게 진행된다. 이 두 가지 유형의 속성을 절충하여 혼합한 반구조화된 죽음교육(semi-structured death education)이 이루어질 수도 있다.

(3) 강의식 죽음교육과 체험적 죽음교육

죽음교육은 교육방식에 따라 강의식 죽음교육과 체험적 죽음교육으로 구분된다. 강의식 죽음교육(didactic death education)은 언어적 설명이나 시청각 자료를 통해서 죽음에 관한 다양한 지식을 제공하는 것이다. 반면에, 체험적 죽음교육(experiential death education)은 참가자로 하여금 죽음과 관련된 감정을 경험하도록 유도함으로써 죽음에 대한 태도를 변화시키는 것이다. 체험적 방법에는 집단토론을 통해 죽음에 관한 개인적 경험 공유하기, 죽음과 유사한 상황 체험하기(예: 입관체험) 또는 역할 연기하기, 죽음의 준비를 위한 실습활동(예: 유언장 쓰기) 등이 포함될 수 있다. 대부분의 경우, 죽음교육은 강의식 방법과 체험적 방법이 혼합된 형태로 이루어진다.

3) 죽음교육의 효과: 증거 기반적 교육

죽음교육의 필요성은 모든 사람들이 공감하고 있으며 죽음교육이 추구하는 목적은 매우 적절하다. 그러나 이러한 필요성과 목적에 부응하기 위한 죽음교육의 내용을 구성하여 적절한 방식으로 실시하는 것은 결코 쉬운 일이 아니다. 현재 국내외에서 다양한 유형의 죽음교육이 다양한 대상에게 다양한 방식으로 실시되고 있다. 과연 이러한 죽음교육은 효과가 있는 것일까? 죽음교육은 그 목적을 잘 달성하고 있을까? 죽음교육을 받은 사람들은 죽음에 대한 인지적·정서적·행동적 측면에서 긍정적인 변화를 나타내고 있을까?

모든 교육은 나름대로의 목적을 지니고 있다. 교육의 핵심은 그 목적을 달성할 수 있는 구체적인 내용과 방법으로 구성된 교육 프로그램을 개발하는 것이다. 그러한 교육 프로그램을 수강생에게 실시하여 그 효과를 실증적으로 검증하는 것이 중요하다. 아무런 효과를 나타내지 못하는 교육은 교사와 학생 모두에게 시간낭

비이기 때문이다. 죽음교육의 경우도 마찬가지이다.

죽음교육 프로그램 개발자와 죽음교육자는 자신이 개발하거나 진행한 죽음교육이 효과적이라는 것을 입증할 필요가 있다. 이런 점에서 죽음교육도 증거 기반적 활동(evidence-based practice)이 되어야 한다(Cupit, 2013). 죽음교육의 효과는 흔히 수강생이 죽음에 대한 인지적·정서적·행동적 측면에서 교육의 전과 후에 나타나는 변화로 평가된다. 그런데 수강생들은 어떤 교육을 받든지 교육을 받은 후에는 그 효과를 긍정적으로 평가하는 관대화 경향(tendency of leniency)이 있다. 따라서 모든 교육은 어떤 내용과 방식으로 진행되든지 교육효과가 있는 것으로 나타날 수 있다. 이러한 관대화 경향을 방지하기 위해서 죽음교육의 효과를 다른 유형의 유사한 교육과 비교하는 것이 필요하다. 즉, 여러 유형의 죽음교육 프로그램 중 어떤 것이 더 효과적인지를 비교하는 것이 중요하다.

현재 죽음교육은 국내외에서 다양한 형태의 교육 프로그램으로 개발되어 실시되고 있다. 듀락(Durlak, 1994; Durlak & Reisenberg, 1991)은 서구문화권에서 이루어진 죽음교육의 효과를 검증하는 연구들을 종합적으로 분석한 바 있다. 그는 학술지에 보고된 46개 연구의 결과를 분석하여 다음과 같이 결론지었다. 대부분의 죽음교육은 인지적 학습목표를 성취하고 있으며 죽음과 관련된 태도와 행동(예: 유서 작성, 죽어 가는 환자와의 대화)을 변화시키는 데에는 매우 성공적이었다. 그러나 죽음과 관련된 정서를 변화시키는 측면(예: 죽음불안과 공포의 감소)에서는 교육방법에 따라 그 효과가 다양하게 나타나고 있다. 일반적으로, 체험적 방법을 위주로 한 교육은 죽음공포를 감소하는 데 약간의 효과가 있는 것으로 나타났으나 강의식 교육방법을 사용한 교육은 정서를 변화시키는 데 거의 효과를 나타내지 못하는 것으로 나타났다.

죽음교육의 효과 검증에 대한 몇 가지의 논쟁거리가 있다. 첫째, 죽음교육의 목표로서 죽음불안의 감소가 적절한 것인가 하는 점이다. 일부의 죽음교육 전문가들은 죽음불안의 감소가 죽음교육의 효과를 평가하는 적절한 기준인가 하는 점에 대해서 부정적인 견해를 나타내고 있다. 왜냐하면 많은 교육생들을 대상으로 하는 한 학기 또는 단기 강좌를 통해서 죽음에 대한 부정적 감정을 완화시킬 수 있다고 기대하는 것은 비현실적이기 때문이다. 죽음교육자는 수업 전에 교육생 개인이 지닌 죽음에 대한 감정이나 개인적 경험에 대한 정보를 갖고 있지 못하다. 죽음교육 수업에서 개인적 경험과 관심을 공유할 시간이 없을 경우에는 교육생의 태도와 정서적 변화를 기대하기 어렵다. 또한 이러한 변화는 매우 미묘한 것이어서 교육 직후에 명확하게 나타나지 않을 수 있으며 몇 달 동안 잠복해 있다가 나중에 현저한 변화로 나타날 수도 있다.

둘째, 아동이나 청소년을 대상으로 죽음에 대해 가르치는 것은 죽음 공포나 불안을 유발하거나 강화할 수 있다는 우려가 존재한다. 아동과 청소년은 죽음이라는 위협적 상황을 인지적으로 이해하고 정서적으로 수용할 수 있는 능력이 부족하기 때문에 죽음교육이 이들의 정서적 안정을 훼손하고 불필요한 걱정과 공포를 유발할 수 있다는 것이다. 이러한 비판에 대해서 죽음교육 전문가들은 죽음교육이 오히려 아동과 청소년의 정서적 안정에 도움이 될 수 있다고 주장한다. 치명적인 질병을 지닌 아동에 대한 연구에서, 아동에게 질병에 대한 상세한 정보(어떤 질병이며 앞으로 어떤 증상이 나타날 것이고 어떤 치료를 할 계획이라는 정보)를 제공하는 것은 아동의 죽음불안을 저하시켰다. 이러한 결과는 지적인 정보가 아동에게도 정서적 조절의 수단이 될 수 있음을 의미하며 건강한 아동에게도 마찬가지이다. 아동이나 청소년에게 주변에서 접하게 되는 죽음의 경험(예: 반려동물, 친척이나 친구, 유명인사의 죽음)과 관련된 정보를 제공하고 이에 관해서 논의하는 것은 이들이 이미 지니고 있는 불안을 감소시킬 수 있다. 또한 죽음에 이를 수 있는 위험한 행동들(예: 과속운전, 폭행, 폭음, 방화, 자해, 자살 등)의 치명적인 결과에 대한 구체적인 정보를 전달하는 것은 이러한 위험행동을 예방하는 데 도움이 될 수 있다.

셋째, 말기환자를 돌보는 전문가를 위한 교육의 효과에 대한 논란이 존재한다. 간호사, 의사, 호스피스 등과 같이 말기환자를 돌보는 전문가를 위한 죽음교육은 대부분의 경우 20시간 이내의 단기워크숍 형태로 이루어지고 있다. 말기환자의 신체적·심리적·사회적 상태를 이해하고 돌보는 일뿐만 아니라 죽음에 대한 전문가 자신의 태도를 변화시키는 일은 매우 복잡하고 어려운 일이다. 과연 단기워크숍 형태의 교육으로 죽음에 대한 태도변화를 이끌어 낼 수 있는지에 대한 우려가 존재한다. 그러나 단기간의 죽음교육이 비록 충분하지는 않지만 말기환자와 가족을 돌보는 전문가나 수련생들에게 죽음과 관련된 감정에 직면할 기회를 제공하고 그러한 감정에 효과적으로 대처하도록 가르치는 것은 매우 중요하다. 자신과 타인의 죽음에 대한 부정적인 감정을 극복하지 못하면, 전문가로서 죽음을 앞둔 말기환자를 효과적으로 돌볼 수 없다는 것이 죽음학자들의 확고한 믿음이다.

또한 죽음교육을 누가 하는가에 대한 논란도 존재한다. 죽음교육은 여러 학문분야와 관련된 활동이기 때문에 다양한 전문가들에 의해서 실시되고 있다. 효과적인 교육이 되기 위해서는 교육자의 역량이 매우 중요하다. 동일한 내용의 교육도 어떤 교육자가 실시하느냐에 따라 그 효과가 크게 달라질 수 있다. 따라서 효과적인 죽음교육을 위해서는 적절한 지식과 교육역량을 습득한 죽음교육 전문가의 양성이 필요하다. 죽음교육 전문가의 양성을 위해서 최소한 어떤 내용의 지식과 경험이 필요한지에 대한 논란이 존재하고 있다. 최근에 죽음교육 및 상담협회(ADEC)는 죽음교육 전문가 양성을 위한 교육과정을 개발하고 자격인증제도를 실시하고 있다.

❀ 죽음대처 유능감

여러 연구에서 죽음교육을 통해 죽음불안이 감소되었다는 일관성 있는 결과가 나타나지 않았다. 또한 죽음불안을 감소시키는 것이 죽음교육의 목표가 되어야 하는지에 대한 의문도 존재한다. 이러한 상황에서 최근에는 죽음교육의 목표가 죽음대처 유능감을 증진하는 것이 되어야 한다는 주장이 제기되고 있다.

죽음대처 유능감(death coping competency)은 죽음의 주제를 친숙하게 여기며 자신 또는 타인의 죽음과 죽어감에 잘 대처할 수 있다는 자신감을 의미한다. 제8장에서 언급한 바 있듯이, 죽음대처 유능감이라는 개념은 호스피스처럼 죽음을 앞둔 환자를 돌보는 사람들에게 필요한 자질을 설명하기 위해 퀴블러로스가 제안한 것이었으나 일반인이 죽음과 관련된 상황에 잘 대처할 수 있는 자신감을 의미하는 것으로 확장되었다. 실증적 연구(Fry, 2001; Fry & Debats, 2002; Robbins, 1994)에 따르면, 죽음대처 유능감이 높을수록 죽음불안이 낮을 뿐만 아니라 유언 작성, 재산 정리, 장례 계획 등의 죽음준비를 잘 하고 자기수용, 친밀감, 실존적 관심도 높았다. 죽음대처 유능감은 심리적 웰빙이나 정신건강과 밀접한 관계를 지니며 특히 노년기에 필요한 심리적 특성으로 여겨지고 있다(김지현, 2008).

죽음대처 유능감은 부겐(Bugen, 1981)이 죽음교육의 효과를 평가하기 위해서 개발한 죽음대처척도(coping with death scale)에 의해서 흔히 평가된다. 이 척도는 30문항으로 구성되어 있으며 각 문항에 대한 동의 정도를 5점 척도에서 응답하도록 되어있다. 죽음대처 유능감에 대한 이해를 돕기 위해서 죽음대처척도의 일부 문항을 살펴보면 다음과 같다.

- 나는 죽음과 죽어감에 대해서 잘 알고 있다.
- 가족이나 친구들과 함께 나의 죽음에 대해서 이야기할 수 있다.
- 나는 죽음을 대면할 준비가 되었다고 느낀다.
- 나는 장례절차에 대해 잘 알고 있다.
- 나와 가까운 사람의 죽음을 견뎌 낼 수 있다고 느낀다.
- 필요하다면 죽어 가는 사람과 함께 시간을 보낼 수 있다.
- 어린아이들에게 죽음에 관해서 어떻게 말해야 할지를 알고 있다.
- 시체를 처리하는 여러 방법에 대해서 잘 알고 있다.
- 가족이나 친구들과 함께 그들의 죽음에 대해서 이야기할 수 있다.
- 나는 주변 사람들이 느끼는 죽음불안을 덜어 줄 수 있다.
- 얼마나 오래 사느냐 하는 것보다 나의 삶의 질이 더 중요하다.
- 나에게 죽음이 다가오면 누구와 만나 무엇을 해야 할지 알고 있다.
- 나는 누구와도 죽어 가는 과정에 대해서 의견을 나눌 수 있다.
- 나 자신이나 다른 사람들이 죽기 전에 그들을 얼마나 사랑하고 있는지 잘 말할 수 있다.

3. 죽음교육의 대상별 교육내용

죽음교육은 그 대상이 누구냐에 따라 그 형식과 내용이 달라진다. 죽음교육의 대상은 일반인, 학생(초등학생부터 대학생까지), 말기환자와 가족, 전문가(의사, 간호사, 호스피스, 상담사, 성직자 등)과 같이 다양하다. 서이종(2016)은 우리나라의 죽음교육을 개관하면서 죽음교육을 죽음교양교육, 죽음준비교육, 죽음실무교육으로 구분한 바 있다.

죽음교양교육은 대학생이나 청년층을 대상으로 죽음에 대한 기본적 이해를 증진하는 교양적 교육을 의미하는 반면, 죽음준비교육은 죽음에 가까이 다가간 고령층이나 말기환자를 대상으로 죽음을 수용하고 죽음에 잘 대처하기 위한 내용으로 구성된 교육을 뜻한다. 반면에, 죽음실무교육은 말기환자나 그 가족을 돌보는 전문가들을 대상으로 그들을 효과적으로 돌볼 수 있는 지식과 방법의 교육을 의미한다.

1) 학생과 일반인을 위한 죽음교양교육

죽음과 죽어감에 대한 기본적인 지식은 교양교육의 일환으로 모든 사람에게 전달될 필요가 있다. 죽음은 삶의 중요한 일부일 뿐만 아니라 죽음의 이해 없이 삶을 이해할 수 없기 때문이다. 하이데거의 말처럼, 인간은 죽음을 향해 나아가는 존재이며 죽음을 고려하지 않고는 삶을 이해할 수 없다. 죽음의 자각을 통해서 인간은 삶을 더 소중하게 영위할 수 있을 뿐만 아니라 인생에서 겪게 되는 사랑하는 사람들의 죽음을 수용하고 그러한 상실에 지혜롭게 대처할 수 있다.

현대사회는 죽음을 터부시하는 동시에 교육의 주제로 여기지 않는다. 그 결과, 배우자, 자녀, 친구 또는 유명인의 죽음에 직면하여 커다란 충격을 받고 슬픔에서 헤어나지 못한 채 부적응행동을 나타내는 사람들이 드물지 않다. 또한 영화, 드라마, 컴퓨터 게임 등에서 폭력적인 죽음을 너무 흔하게 접하면서 생명을 경시하는 풍조가 나타났을 뿐만 아니라 자살을 통해 고통을 회피하려는 사회적 현상마저 초래되고 있다.

　학교는 죽음과 죽어감에 대한 기본적인 사실들을 가르쳐야 한다(Gordon & Klass, 1979). 죽음이 심한 불안을 유발하는 괴이한 주제로 여겨져서는 안 되며 일상적인 대화와 교육에 통합되어야 한다(Pinar, 1992). 인간은 매 순간 죽음을 향해 나아가는 존재이므로 죽음을 공포의 대상으로 여기기보다 친근한 친구처럼 여길 수 있어야 한다. 대부분의 사람은 죽음에 대한 의문과 대화를 지속적으로 미루다가 자신의 죽음에 직면해서야 비로소 공포와 혼란 속에서 죽음을 생각하게 된다. 그러나 학교에서 죽음에 대한 특정한 종교의 믿음을 가르쳐서는 안 되며 그러한 종교적 믿음은 가정에서 부모가 가르치는 것이 바람직하다.

　미국을 비롯한 서구사회에서는 초등학교에서 대학교에 이르기까지 죽음교육이 이루어지고 있다(Deeken, 2001; Wass, 2004). 아동들은 그들의 인지적 한계로 인해서 죽음을 잘못 이해하는 경우가 많다(Cox, Garrett, & Graham, 2005). 대부분의 부모는 자녀에게 죽음에 대해서 가르치지 않는다. 따라서 많은 학생들이 가족이나 친구의 죽음에 직면하게 될 경우 심각한 충격과 혼란 속에서 심리적 상처와 부적응을 경험하게 된다. 죽음교육은 아동과 청소년에게 죽음과 사별에 잘 대처하도록 도울 뿐만 아니라 각종 대중매체 및 인터넷 게임에 범람하고 있는 폭력적인 죽음에 대한 노출의 악영향을 감소시킬 수 있다. 미국의 초·중·고등학교에서는 학생들이 죽음을 삶의 일부로 이해하고, 사별에 대처하는 방법을 습득하며, 자살과 폭력을 예방하고, 대중매체의 영향으로 죽음을 미화하는 왜곡된 생각을 변화시킬 수 있도록 다양한 형태의 죽음교육을 시행하고 있다(Wass, 2004).

　대학교에서도 죽음에 대한 강좌가 개설되고 있다. 미국의 경우는 1970년대부터 대학교에서 죽음에 대한 강좌를 개설하기 시작했다. 죽음에 대한 강좌는 여러 학문분야(심리학, 사회학, 건강과학, 철학, 교육학 등)에서 개설되었다. 대부분의 강좌가 죽음에 대한 역사적·문화적·사회적 관점과 의례, 죽음과 죽어감에 대한 태도와 관련된 요인들, 사별에 대한 대처, 논란이 되고 있는 주제들, 죽음에 대한 개인

적 경험 등을 다루고 있다. 그러나 사회학 강좌에서는 죽음의 문화적·사회적 영
향과 관습에 초점을 두는 반면, 심리학 강좌에서는 죽어감과 사별의 심리적 경험
과 죽음에 대한 태도를 강조한다. 이처럼 대학의 죽음강좌는 죽음학의 다학문적
속성을 반영하고 있다.

국내에서도 대학생을 대상으로 한 죽음교양교육이 간헐적으로 실시되었다. 김
숙남, 최순옥, 이정지 및 신경일(2005)은 대학생들을 대상으로 삶과 죽음의 진정한

표 24-3 대학생을 대상으로 한 죽음교양교육의 주된 내용

주요 주제	구체적 내용
죽음의 의미	• 죽음의 의학적·심리학적 의미에 대한 강의 • 죽음의 철학적·신학적 의미에 대한 강의 • 고통의 의미: 고통의 이론적 내용과 실생활 속에서 고통 다루기 내용에 대한 강의
현대사회와 죽음	• 자살과 안락사의 이론적 내용 강의 • 뇌사와 장기이식에 관한 이론적 내용 강의 • '안락사인가 살인인가?' 비디오 감상 후 토론
생명을 돌보는 사람들	• 현대인이 죽음을 맞는 방식과 호스피스 운동 활성화에 대한 시대적 배경과 철학 강의 • 호스피스 서비스 대상자와 돌보는 이에 대한 강의 • 호스피스 모델과 말기환자의 총체적 고통에 대한 강의 • 말기환자를 돌보는 방법에 대한 강의
상실과 슬픔 다루기	• 슬픔과 상실에 대한 이론적 내용 강의 • 일상생활에서 상실경험과 대처방법에 대한 토의
호스피스자원봉사자 체험소개	• 현재 호스피스 자원봉사자로 활동하고 있는 분의 경험과 호스피스 봉사활동을 통해 임종환자로부터 우리가 배우게 되는 점 강의
바람직한 삶과 죽음	• 삶의 의미 발견과 실현에 대한 이론적 내용을 통하여 바람직한 삶과 죽음을 향한 여정을 논의
비디오 감상 및 토론	• 〈모리와 함께한 화요일〉 감상
나는 이렇게 살고 싶다	• 전체 강의를 통하여 '나는 이렇게 살고 싶다'를 개별 발표

의미를 탐색하여 건강한 죽음관을 형성하고 동시에 삶의 의미 수준을 높이기 위한 30시간의 죽음교육 프로그램을 구성하여 실시하고 그 효과를 검증하였다. 이들이 구성한 죽음교육의 주된 내용은 〈표 24-3〉과 같다. 이들은 14명의 대학생들을 대상으로 5일간 매일 6시간씩 죽음교육을 실시하고 그 효과를 대조군과 비교하였다. 그 결과, 죽음교육에 참여한 학생들은 대조군에 비해서 죽음에 대한 두려움과 회피 정도가 감소했고 죽음에 대한 태도가 더 긍정적으로 변화했으며 삶의 의미 역시 더 긍정적으로 증가했다.

죽음교육은 일반인을 위한 교양교육으로도 시행될 필요가 있다. 연령이 증가함에 따라 자신의 죽음에 대한 관심이 증가할 뿐만 아니라 가족과 친인척의 죽음을 더 빈번하게 경험하기 때문에 그러한 상실경험에 잘 대처하는 것이 중요하다. 최근에 국내에서 일반인을 위한 죽음교육이 어떤 내용들로 구성되어야 하는지를 조사하는 연구(Kim, Ahn et al., 2016)가 이루어졌다. 연구자들은 의학, 인문학, 사회과학을 전공하는 9명의 교수에게 죽음교육에 포함될 수 있는 다양한 주제들을 제시하고 그 중요도와 포함 여부를 평가하게 했다. 그 결과, 일반인을 위한 죽음교육에 포함되어야 할 중요한 주제는 (1) 내가 원하는 의미 있는 인생은 어떤 것인가, (2) 죽음의 공포, (3) 죽음교육의 필요성, (4) 상실과 애도, (5) 죽음과 관련된 의료윤리, (6) 죽음에 대해 소통하기, (7) 인생의 의미, (8) 죽음과 법률, (9) 호스피스와 완화의료 서비스, (10) 이별인사의 준비로 나타났다. 이러한 결과는 인생의 의미를 발견하고 죽음의 공포를 완화하는 것이 일반인을 위한 죽음교육의 가장 중요한 목표임을 시사한다.

2) 노인과 말기환자를 위한 죽음준비교육

죽음준비교육은 죽음이 가까이 다가온 노인이나 말기환자를 대상으로 죽음을 수용하면서 좋은 죽음을 위한 준비 사항을 알리고 실천하도록 교육하는 것을 의미한다. 죽음교양교육이 죽음과 관련된 사실과 지식을 전달함으로써 죽음에 대한 지적 이해의 증진에 초점을 맞추는 반면, 죽음준비교육은 자신의 죽음과 관련된 정서적 문제를 해결하고 신변정리를 위한 행동적 과제를 실천하는 데 초점을 맞춘다. 예컨대, 죽음준비교육에서는 죽음에 대한 불안과 공포를 극복하는 일, 자신의 죽음을 수용하는 일, 좋은 죽음을 위한 구체적인 준비사항(유언, 재산 정리, 사전의료의향서, 장례의향서 작성 등)을 실천하는 일이 주요한 교육내용이 된다.

디켄(1986)은 죽음준비교육의 주된 목적을 다음과 같이 제시하였다. (1) 죽음에 대해 깊이 생각하게 하여 자신의 죽음을 준비하도록 돕는 것, (2) 죽음에 대한 금기를 제거하는 것, (3) 죽음의 공포와 심리적 압박감으로부터 해방시켜 주는 것, (4) 죽음에 관련된 의학적·법적·윤리적 문제를 가르치는 것, (5) 자신의 장례식을 스스로 준비하고 선택하도록 격려하는 것, (6) 생의 중요한 가치를 정립하도록 도와주고 시간의 중요성을 재발견하도록 하는 것 등이다.

아울러 그는 죽음준비교육에 포함되어야 할 주된 교육내용으로 지난 삶에 대한 성찰, 죽음과 삶의 의미에 대한 깨달음, 존엄사와 호스피스, 가치관의 정립, 가족과의 관계 회복, 건강 교육, 장례의식과 법적 문제에 관한 지식 등을 제안하였다 (Deeken, 1996). 와스(Wass, 1980)는 죽음준비교육의 주된 내용으로 죽어감의 과정에서 나타나는 신체적·심리적·사회적 변화, 죽음과 임종을 맞이하는 태도, 자신의 죽음에 대한 수용, 죽어감과 더불어 남은 시간을 의미 있게 활용하는 방법, 죽어

◈ 죽음은 모르면 두렵지만 알면 두렵지 않다.

가는 사람과 사별한 사람을 도와주는 방법, 상실과 사별에 대처하는 법을 꼽았다.

죽음준비교육은 그 깊이에 따라서 네 가지 수준으로 구분할 수 있다(Deenken, 1986). 첫째는 죽음에 관한 지식을 전달하는 수준으로서 죽어감, 죽음, 사별에 관한 다양한 지식과 연구결과를 체계적으로 교육하는 것이다. 둘째는 죽음에 대한 선택과 관련된 가치관을 명료화하는 수준으로서 말기환자의 생명연장, 소극적 또는 적극적 안락사의 문제, 뇌사를 비롯한 죽음의 판정 문제, 장기기증 문제, 자살문제 등의 주제를 제시하고 자신의 입장을 선택하도록 하는 것이다. 셋째는 죽음에 대한 정서적 측면을 다루는 수준으로서 죽음에 대한 불안, 공포, 후회 등의 감정을 자각하고 극복하도록 돕는 것이다. 넷째는 죽음에 대한 대처기술을 습득하는 수준으로서 죽어감의 단계에서 발생하는 신체적 · 심리적 · 사회적 문제에 효과적으로 대처할 수 있는 기술을 가르침으로써 죽음대처 효능감을 증진하도록 돕는 것이다.

(1) 노인을 위한 죽음준비교육

우리나라의 경우, 죽음준비교육은 주로 노인들을 대상으로 노인복지관, 경로당, 지역보건소 등에서 실시되고 있다. 대부분의 죽음준비교육 프로그램은 1회에 2시간, 총 3~4회 정도 실시되는 단기교육으로 진행되지만, 좀 더 장기적이고 알찬 내용으로 구성된 경우도 있다. 임찬란과 이기숙(2006)은 노인을 대상으로 한 죽음준비교육 프로그램을 개발하여 실시하고 그 효과를 검증한 바 있다. 이들은 죽음준비교육을 죽음의 참된 의미를 가르치고 죽음에 대한 바른 태도를 갖게 함으로써 삶을 더욱 가치 있고 건전하게 살아가도록 돕는 교육이라고 정의하고 강의와 활동으로 구성된 6회기의 교육프로그램을 개발하였다. 각 회기별 교육내용은 〈표 24-4〉와 같다.

표 24-4 노인대상 죽음교육 프로그램

회기	주제	진행내용
1	지상에서 영원으로 가는 길 (죽음준비교육으로의 초대)	〈강의〉 • 죽음준비교육의 필요성 〈활동〉 • 비디오 시청: 〈안락한 노년 마음의 평화〉 • 노년의 종교 및 봉사활동, 개인적 친교 등의 활동이 죽음준비에 어떻게 도움이 되는지 의견 나누기
2	영원의 세계 산책 (죽음에 대한 탐색)	〈강의〉 • 죽음이란? • 죽음에 대한 태도 및 관련 요인 • 노인의 죽음과 반응 〈활동〉 • 사람들이 죽음이라는 주제를 피하는 이유 • 자신의 죽음에 대한 태도 및 감정 파악하기: 자신의 태도에 영향을 미친 문화, 경험, 종교, 가치관, 중요한 사람 등의 요인 생각해 보기 • 죽음불안의 행동적 표현방식과 자신의 반응(회피, 도전, 수용 등) 알아보기
3	사랑하는 사람과의 이별과 홀로서기 (사별과 적응)	〈강의〉 • 사별 후 경험하는 애도의 과정 • 사별 후의 정상적/비정상적 비탄 반응 • 대처전략과 적응 〈활동〉 • 비디오 시청: 〈배우자의 사별-배우자와 사별한 사람들의 경험담〉 • 비탄을 경험할 때 스스로 돕는 법 • 비탄에 빠진 사람을 돕는법 • 사별 후의 경험 나누기와 효과적인 대처경험 발표

4	버리고 떠나는 준비 (장례준비)	〈활동〉
		• 우리나라 장례문화에 대해 토론하고 장례준비를 검토해 본다.
		  -장법(매장, 화장, 수목장, 납골 등)에 대해 장단점을 논의하고 자신의 선택에 대한 의견 나누기
		  -수의, 묘지 등 장례절차 점검하기
		• 유언장 작성하기

		• 자신의 묘비에 남기고 싶은 묘비명 직접 지어 보기 −묘비명을 직접 지어 봄으로써 가족과 타인에게 어떤 이미지 로 남고 싶은지 자화상 그려 보기 • 자신의 장례식 준비: 미리 마음속으로 그려 보고 자신이 원하 는 장례식 요구사항 적어 보기 −아끼는 물품, 옷, 남기고 싶은 말이나 글, 원하는 찬송가 또는 음악, 꽃, 시 또는 글 등: 자신의 장례식을 미리 준비하여 가족 과 참석자들에게 하고 싶은 말과 자신의 욕구와 의사를 밝힌 사례 소개
5	품위 있는 죽음 (죽음에 대한 논쟁)	〈강의〉 • 안락사(죽을 권리와 알 권리에 대한 논쟁): 사례 소개 • 노인자살의 현상과 원인 〈활동〉 • 자신이 회생 불가능한 병에 걸렸을 경우 알려 주기를 원하는지 또는 원하지 않는지 이유에 대해 생각해 보기 • 자신이 원하는 임종맞이에 대해 의견 나누기 • 안락사 사례에 대해 의견 나누기 • 리빙 윌(존엄한 죽음을 위한 선언) 작성하기
6	내 삶의 여백 · 멋진 마무리 (삶의 의미 발견하기)	〈강의〉 • 삶의 의미와 죽음불안과의 관계 〈활동〉 • 자신의 인생곡선을 그려 보기 −과거의 경험을 상기하고 의미를 재평가하기 −역경에서 갈등을 느꼈던 문제들을 회상하고 자신의 강점 발 견하기 • 앨범과 사진을 보며 지나온 자신의 모습 되돌아보기 • 앞으로 나에게 의미있는 삶은 무엇인지 적어 보기 • 촛불의식

송양민과 유경(2011)은 '아름다운 하늘소풍이야기'라는 명칭의 죽음준비교육 프로그램을 개발하여 그 효과를 다각적으로 검증한 바 있다. 이들은 노인을 대상으로 죽음에 대한 부정적 인식 개선, 죽음에 대한 간접 체험과 실질적 정보 제

공, 남은 삶에 대한 의지 강화를 위한 17회기의 죽음준비교육 프로그램을 개발하였다. 이 프로그램은 강의와 체험을 병행하도록 구성되었으며 각 회기별 내용은 〈표 24-5〉와 같다. 연구자들은 죽음준비교육 프로그램을 4개 도시의 6개 복지관에서 60세 이상 노인 130명에게 실시하고 그 효과를 분석하였다. 죽음교육 전과 후의 점수 차이를 비교한 결과, 죽음준비교육 이후에 죽음불안은 감소하였으며 생활만족도와 심리적 안녕감은 향상되었다. 죽음준비교육을 통해서 노인들의 삶에 대한 인식이 긍정적인 방향으로 변화되었다. 김성희와 송양민(2013)도 동일한 죽음준비교육 프로그램을 다른 노인집단에게 실시하여 유사한 효과를 확인하였다.

표 24-5   '아름다운 하늘소풍이야기' 죽음준비교육 프로그램의 회기별 교육내용

회기	프로그램	주제	진행내용
1	오리엔테이션 및 특강	마음 열기, 죽음준비의 필요성	• 교육일정표 설명 • 자기소개 • 프로그램 목적 강의
2	자서전 쓰기(1)	나는 누구인가?	• 꽃 그림 그리기 • 의견 나눔을 통한 자기 성찰
3	나눔 특별 프로그램	어르신 봉사활동	• 야외에서 봉사활동 전개 • 특별 프로그램
4	자서전 쓰기(2)	나의 인생 그래프	• 나의 인생 그래프 그려 보기 • 지난 삶에 대한 회고
5	연극관람	웰다잉 연극단 초청 공연	• 연극 관람을 통한 죽음에 대한 이해 확대
6	자서전 쓰기(3)	나의 사랑 나의 가족	• 현재 가족, 과거 가족 소개 • 사진 자서전 꾸미기
7	강의 수업(1)	죽음의 이해	• 죽음의 의미에 대한 교육 • 죽음에 이르는 심리 과정 이해 • 의견 나눔
8	1박2일 캠프(1)	버킷 리스트 및 나의 사망기 작성	• 죽기 전에 꼭 하고 싶은 일 작성 • 객관적인 나의 사망기 작성

9	1박2일 캠프(2)	영사편지 촬영, 묘비명 쓰기 등	• 가족에 대한 영상편지 촬영 • 신체 캐스트(석고주먹 만들기)
10	강의 수업(2)	존엄한 죽음을 위한 준비	• 존엄한 죽음에 대한 이해 • 의견 나눔
11	강의 수업(3)	유언과 상속	• 변호사 법률 특강 실시 • 의견 나눔
12	장수사진 촬영	영정사진 촬영	• 야외에서 장수사진 촬영
13	강의 수업(4)	장기기증과 호스피스	• 장기기준에 대한 이해 • 호스피스에 대한 이해
14	현장 견학	장사 및 장묘시설	• 화장장 등 장묘시설 견학 • 의견 나눔
15	유언장 작성	유언장 작성	• 유언장 작성과 발표 • 의견 나눔
16	건강증진 특별 프로그램	건강관리	• 야외활동을 통한 건강 증진 • 게임을 통한 집중력 향상
17	가족잔치 특별 프로그램 (수료식과 병행)	가족과의 화해	• 가족초청 행사 진행 • 자서전 및 유언장 낭독 • 가족과 함께 다과 나눔

　이 밖에도 오진탁과 김춘길(2009)은 강의 중심의 죽음준비교육을 실시하고 그 효과를 검증하였다. 이들은 주 1회 100분씩 10주간 진행되는 죽음준비교육 프로그램을 60세 이상의 노인 38명에게 실시하고 죽음에 대한 태도와 우울에 미치는 효과를 검증하였다. 강의주제는 '죽음준비교육의 필요성', '존엄한 죽음을 위한 3가지 대안', '죽음 끝이 아니다(I, II)', '호스피스(I, II)', '죽음의 9가지 유형(I, II, III)', '죽음을 알면 자살하지 않는다'였다. 교육의 효과를 검증한 결과, 죽음에 대한 태도가 교육 이후에 유의미하게 긍정적으로 변화하였다. 노인의 우울 정도는 감소했으나 통계적으로 유의미하지는 않았다. 죽음에 대한 태도와 우울 간의 상관을 분석한 결과, 죽음태도가 긍정적일수록 우울 정도가 낮았다. 연구자들은 일정기간 규칙적인 죽음준비교육 프로그램을 통해서 죽음에 대한 노인들의 태도가 긍정

적으로 변화될 수 있다고 결론지었다.

(2) 말기환자와 가족을 위한 죽음준비교육

죽음준비교육이 좀 더 절실하게 필요한 대상은 죽음이 임박한 말기환자와 그 가족이라고 할 수 있다. 일본에서 활동하고 있는 디켄(1992)은 죽음준비교육의 목적을 세 집단, 즉 죽음을 앞둔 말기환자, 말기환자의 가족과 친구, 말기환자를 돌보는 의료진으로 나누어 제시하고 있다.

먼저 말기환자를 위한 죽음준비교육의 목적은 (1) 자신의 시간이 제한되어 있다는 것을 깨닫고 남은 시간의 소중함을 발견하도록 하는 것, 그리고 자신의 죽음에 대해서 깊이 숙고하는 것, (2) 끝내지 못한 과제를 마무리하고, 인생회고를 통해서 인생의 의미와 보람을 발견하는 것, (3) 죽음에 대한 금기를 제거하고 자신의 장례를 준비하며 죽음 이후의 또 다른 삶의 가능성에 대해서 생각해 보도록 돕는 것이다.

말기환자의 가족과 친구를 위한 죽음준비교육의 목적은 (1) 죽어 가는 환자와 마지막 순간까지 따뜻한 의사소통을 지속하는 것, (2) 자신이 겪게 될 사별과 슬픔을 준비하는 것, (3) 자신의 애도과정을 개인적 성장의 기회로 만들도록 노력하는 것을 돕는 것이다. 말기환자를 돌보는 의료진을 위해서는 (1) 죽음을 앞둔 환자들이 겪는 공포와 불안을 이해하고 완화하는 방법을 배우는 것, (2) 말기의료와 관련된 윤리적 쟁점을 잘 이해하는 것, (3) 죽어 가는 환자들과 신뢰에 근거한 따뜻한 관계를 형성하고 죽음의 순간까지 의사소통을 잘 유지하는 것에 대한 교육이 필요하다.

말기환자를 대상으로 한 죽음준비교육은 일부의 병원과 호스피스에서 실시되고 있다. 일본의 의학자인 카와고에와 카와고에(Kawagoe & Kawagoe, 2000)는 가정 호스피스 서비스를 받으며 집에서 죽어 가는 환자와 가족을 대상으로 죽음준비교육을 실시하고 그 효과를 분석했다. 연구대상은 20~86세의 말기암환자(최초의 암 발생 부위는 위나 대장, 간, 췌장, 폐, 자궁, 유방 등) 16명으로서 남자가 9명이고 여자가 7명이었다. 죽음준비교육은 환자와 그 가족을 대상으로 돌봄의 각 단계에서

한 번씩 최소한 4회가 제공되었다.

가정 호스피스에서의 죽음준비교육은 진실을 전달하는 방식으로 이루어졌으며 환자와 가족에게 질병과 관련된 정보(진단, 질병의 치료가 불가능하다는 점, 예상되는 수명 등)를 제공한다. 죽음준비교육은 다음의 네 단계로 나누어 제시되었다.

(1) 도입단계에서의 죽음준비교육은 환자와 가족 모두에게 가정에서 함께 하는 시간의 중요성을 설명하고 병원 치료와 가정에서의 돌봄의 차이점, 현재 필요한 의료적 돌봄, 가정에서 돌봄을 제공하는 방법을 알려 준다.

(2) 안정단계에서의 죽음준비교육은 죽음수용을 위한 지지를 제공함으로써 죽음의 순간까지 희망을 가지고 사는 것을 목표로 한다. 이를 위해서 질병의 상태, 죽음의 예상된 시간, 현재 필요한 의료적 돌봄과 제공 방법, 죽어 가는 사람을 위한 간병 방법(환자 가족에게만)을 알려 주고 가정 호스피스 돌봄에 관한 사례와 책을 소개한다.

(3) 임종단계에서의 죽음준비교육은 환자를 돌보는 가족에게 실시된다. 환자를 돌보면서 유의해야 할 사항, 죽어 가는 과정, 환자의 죽음을 확인하는 방법, 사망 후의 돌봄, 사별의 슬픔에 대한 돌봄 등에 대해서 설명한다.

(4) 사망 후 단계에서의 죽음준비교육은 가족을 대상으로 사별의 슬픔을 완화하는 교육이 제공된다. 의사와 간호사가 가정을 방문하여 환자의 장례를 준비하는 가족을 지원하는 동시에 환자의 질병이 진행된 과정을 설명하고 환자의 시신을 돌보는 방법을 알려 주면서 가족의 슬픔에 관한 대화를 나눈다.

죽음준비교육의 효과는 환자의 죽음수용에 의해서 판단되었다. 환자의 죽음수용은 환자가 삶의 마지막 시간을 어떻게 보냈고 어떤 행동(예: 자신의 장례식 준비, 가족에 대한 감사 표현 등)을 했으며 사후생에 대해서 어떤 태도를 지녔는지에 의해서 평가되었다. 이러한 자료를 수집하여 분석한 결과, 15명의 환자 중 14명은 자신의 죽음을 수용한 것으로 평가되었다. 환자의 가족도 대부분 죽음을 수용했으며 환자가 사망했을 때 편안한 안도감을 표현했다.

3) 말기돌봄 전문가를 위한 죽음직무교육

죽음실무교육은 죽어 가는 사람과 그 가족을 돌보는 전문가들(예: 의사, 간호사, 사회복지사, 심리상담사, 성직자)을 대상으로 효과적인 돌봄을 위한 지식과 기술을 가르치는 것이다. 죽어 가는 환자를 효과적으로 잘 돌보기 위해서는 죽음과 죽어 감의 과정에 대한 이해뿐만 아니라 통증과 증상을 관리하는 전문적 기술이 필요하다. 아울러 죽음에 대한 부정적 태도를 극복하고 죽어 가는 환자나 가족과 효과적으로 대화할 수 있는 의사소통 능력이 필요하다.

죽음직무교육은 간호사를 대상으로 가장 활발하게 실시되고 있다. 간호사는 다른 전문가들보다 환자나 가족과 많은 시간을 보내기 때문에 죽어 가는 환자의 돌봄에 있어서 가장 중요한 역할을 하게 된다. 1971년에 미국의 간호사인 잔 퀸트 베놀리엘(Jeanne Quint Benoliel)은 간호학과 학생을 대상으로 대학원 과정에서 말기환자의 돌봄을 위한 선구자적인 죽음교육을 시작했다. 이 교육의 주제는 죽음과 관련된 태도와 실무에 영향을 미치는 사회적·문화적·심리적 조건들, 애도의 개념, 죽음과 관련된 윤리적·법적·전문가적 쟁점을 포함했다. 미국의 여러 대학교에서는 간호학과에서 죽음교육을 필수 또는 선택 과목으로 개설하여 죽어 가는 사람과 그 가족을 효과적으로 돌보는 데 필요한 완화의료와 돌봄의 기술을 가르치고 있다.

미국간호대학협회(American Association of Colleges of Nursing)는 캘리포니아에 있는 시티오브호프 의료원과 연합하여 임종간호교육협의회(End-of-Life Nursing Education Consortium: 이하 ELNEC)를 구성하고 2000년에 말기환자의 간호를 위한 교육 프로그램(ELNEC Training Program)을 개발하였다. 이 교육 프로그램은 간호학과 교수나 간호교육자들, 특히 종양학과, 응급의학과, 소아과, 노인과에서 근무하는 간호사들이 간호학과 학생이나 실습생에게 말기환자의 돌봄에 관해 가르치는 죽음실무교육 지침서라고 할 수 있다(Ferrell, Dahlin, Campbell, Paice, Malloy, & Virani, 2007). 말기환자의 특성과 질병에 특화된 여러 유형의 교육프로그램이 개발되었으며, 핵심교육내용(ELNEC Core Curriculum)에는 8개의 주제, 즉 (1) 완화돌봄의 소개, (2) 통증관리, (3) 증상관리, (4) 윤리적 쟁점, (5) 문화적 고려, (6) 의사소통, (7) 상실, 슬픔 및 사별, (8) 인생의 마지막 시간에 관한 교육이 포함되어 있다. 이 프로그램은 간호사를 대상으로 한 교육에 활용되었으나 현재는 호스피스·완화의료에 관여하는 여러 분야의 전문가들을 대상으로 하는 교육 프로그램으로 확대되었다.

우리나라에서는 2012년에 노인과 환자용 교육프로그램이 김현숙 등에 의해 『노인호스피스·완화돌봄 교육자 매뉴얼』이라는 제목으로 출간되었다. 이 매뉴얼에는 9가지 주제, 즉 (1) 호스피스와 돌봄의 원칙, (2) 통증 평가와 관리, (3) 말기 증상관리, (4) 말기돌봄의 목표설정과 윤리적 쟁점, (5) 말기돌봄에서 문화적 및 영적 고려, (6) 말기돌봄에서의 의사소통, (7) 상실, 슬픔 및 사별, (8) 말기돌봄에서 질 관리, (9) 임종 시 돌봄에 관한 교육내용이 제시되어 있다.

또한 1990년대부터 간호사를 대상으로 한 죽음실무교육이 실시되었다. 2006년에 가톨릭대학교 호스피스교육연구소가 간호사를 대상으로 한 죽음실무교육의 교과서로서 『호스피스 완화간호』를 출간하였다. 또한 간호학과 학생을 대상으로 하는 죽음실무교육 프로그램을 개발하고 그 효과를 검증하는 연구들이 발표되고 있다. 김순희와 김동희(2015)는 간호대학생을 대상으로 죽음에 대한 이해를 증진하고 삶의 의미를 생각해 보면서 임종환자와 가족을 돌보기 위한 태도를 육성하는 죽음교육 프로그램을 개발하고 그 효과를 검증한 바 있다. 이들은 간호대학생의 죽음경험과 교육요구도, 죽음관련 교과과정 및 문헌 자료 등을 분석하고 매회 120분씩 총 5회기로 구성된 프로그램을 개발했다. 1회기에서는 죽음에 대한 이해(삶의 의미, 학생 자신의 죽음에 대한 태도, 품위 있는 죽음 등에 대한 강의, 집단토론, 개인적 작업), 2회기에서는 임종환자와 사별가족의 돌봄(강의, 사례소개, 영화 시청, 집단토론, 개인적 작업), 3회기에서는 임종환자 돌봄과 의사소통(강의, 사례논의, 역할극, 집단토론), 4회기에서는 임종간호의 전문가적 역할(강의, 다큐멘터리 시청, 집단토론, 개인적 작업), 5회기에서는 임종환자와 관련된 윤리적·법적 문제(강의, 사례논의,

집단토론, 개인적 작업)가 다루어진다. 간호학과 3학년 학생 27명에게 이 프로그램을 실시하고 그 후의 변화를 조사한 결과, 삶의 의미, 죽음에 대한 태도, 임종간호 태도에서 모두 긍정적인 변화가 나타났다. 참여 학생의 85%가 프로그램에 만족하였고, 96%는 죽음교육이 필요하다고 응답하였다.

4. 죽음교육 전문가를 위한 교육

현재 죽음교육을 가장 체계적이고 전문적으로 담당하고 있는 기관은 죽음교육 및 상담협회(Association for Death Education and Counseling: 이하에서 ADEC로 칭함)이다. ADEC는 1970년대에 시작된 죽음자각운동의 영향으로 죽음교육의 중요성이 부각되면서 1976년에 창설된 다학문적인 전문가 단체이다. ADEC의 회원은 죽음학과 관련된 연구나 실무에 참여하고 있는 다양한 분야의 전문가들(대학교수, 심리학자, 성직자, 사회복지사, 간호사, 의사, 전문상담사, 장례전문가 등)이며 미국과 유럽에서 활동하고 있는 많은 전문가들로 구성되어 있다.

ADEC의 궁극적인 목표는 '죽음, 죽어감 및 사별'을 매우 중요하고 필연적인 인간 경험으로 여기는 세상을 만드는 것이다. 이러한 목표를 위해서 ADEC는 죽음학의 지식체계를 발전시킬 뿐만 아니라 그러한 지식의 실천적 적용을 촉진하기 위해서 다양한 배경을 지닌 전문가들의 구심점을 제공하고 있다. ADEC는 죽음학에서 밝혀진 최신의 지식을 전달하기 위한 저술활동, 인터넷을 통한 정보제공, 학술회의 개최, 죽음교육을 위한 프로그램 개발과 전문가 양성과 같은 다양한 활동을 하고 있다.

1) 죽음교육을 위한 윤리강령

ADEC는 회원들이 연구 및 실무 활동을 하면서 준수해야 할 윤리강령을 제시하고 있다. 죽음학 연구자들은 연구대상자의 인격적 존엄성과 안녕을 최대한 존중해야 하며 비밀보장을 위해 노력해야 한다. 특히 죽음교육, 사별상담, 말기환자 돌봄의 실무활동을 하고 있는 전문가들은 자신의 활동이 대상자의 삶과 행복에 중대한 영향을 미칠 수 있음을 고려하여 신중하게 행동해야 한다. ADEC의 윤리강령(Code of Ethics)은 다음과 같은 기본적 원칙에 근거하고 있다.

첫째, 죽음교육과 애도상담은 확인되지 않은 가설이나 고정관념에 근거하기보다 적절한 방법과 이론에 의해 밝혀진 타당한 지식에 근거하여 이루어져야 한다. 따라서 죽음교육과 애도상담은 현대의 죽음학 연구와 문헌에 대한 지식에 기초하여 이루어져야 한다.

둘째, 회원은 죽음에 관한 자신의 감정과 경험을 이해하려고 노력해야 한다. 그러한 감정과 경험이 죽음교육과 애도상담을 진행할 때 자신의 생각과 행동에 어떤 영향을 미치는지를 잘 이해해야 한다.

셋째, 회원은 학생 또는 내담자를 잘 이해하려고 노력해야 한다. 좋은 교육과 상담이 이루어지기 위해서는 학생 또는 내담자의 문화적 배경, 발달단계, 신념체계, 개인차와 욕구를 잘 이해하고 존중하는 것이 중요하다.

넷째, 회원은 결코 다른 사람을 착취하거나 기만해서는 안 되며 개인과 사회의 건강과 행복을 증진하기 위해 노력해야 한다. 만약 비용을 청구해야 할 경우에는 유사한 서비스 활동에서 적용되는 적절한 기준에 따라야 한다. 연구의 경우에는 인간 참여자를 위한 생명윤리연구지침을 준수해야 한다.

다섯째, 회원은 개인 또는 사회가 죽음과 관련된 문제에 잘 대처하도록 지지적인 역할을 수행해야 한다. 회원은 학생이나 내담자에 대한 착취를 막기 위해서 노력해야 하며 학생이나 내담자가 원할 경우에는 언제든 그들의 권리와 의무 그리고 선택에 대해서 알려 주거나 자문해 주어야 한다.

여섯째, 회원은 죽음과 관련된 물음에 대해서 다양한 견해를 제시하도록 노력해야 한다. 적절한 경우에는 회원 자신의 견해를 제시할 수 있지만, 여러 대안적 견해 중에서 학생이나 내담자가 선택한 것을 존중해야 한다.

일곱째, 회원은 여러 주체(개인, 가족, 조직, 공동체 또는 사회)의 요구가 다름으로 인해 갈등이 유발될 수 있음을 잘 인식하고 이러한 주체들과 신중하게 관계를 맺어야 한다. 적절한 경우에는 각 주체들에 대한 비밀보장과 중요한 책임에 대해 논의할 수 있다.

여덟째, 회원은 개인적 요구를 충족함에 있어서 자신의 한계를 잘 인식하고 적절한 자문을 구하거나 의뢰할 곳을 알고 있어야 한다. 회원은 자신이 의뢰한 내담자, 의뢰기관, 관련된 자문자로부터 피드백을 얻음으로써 자신이 의뢰한 기관의 신뢰도를 평가해야 한다.

아홉째, 회원은 일반인과 전문가들이 죽어감과 죽음에 대해서 더 잘 이해하도록 촉진함으로써 모든 사람들이 더 만족스러운 삶을 영위하고 죽음을 더 잘 수용할 수 있도록 노력해야 한다.

2) 죽음교육을 위한 자격과 필수적 지식

ADEC는 죽음학에서 축적한 타당한 지식에 근거하여 죽음교육을 효과적으로 실시할 수 있는 전문가를 양성하고 자격을 부여하고 있다. 두 종류의 자격증 제도를 운영하고 있는데, **죽음학 수료증**(Certification in Thanatology: CT)과 **죽음학 전문가 자격증**(Fellow in Thanatology: FT)이다. 죽음학 수료증(CT)은 죽음교육자로 나아가기 위한 기본적인 자격을 인정하는 것으로서 죽음, 죽어감 및 사별에 대한 기초적 교육과 경험을 인정하는 것이다. 죽음학 전문가 자격증(FT)은 좀 더 높은 수준의 전문가 자격으로서 죽음, 죽어감 및 사별의 분야에서 실무자와 교육자로서의 자격을 인정하는 것이다. 이 자격증은 죽음학 분야의 전문적 지식을 습득하여 소정의 시험을 통과했을 뿐만 아니라 교육, 연구 및 임상적 실무활동에서 높은 수준의 유능성을 지닌 사람들에게 부여한다. 이러한 자격 인증제도는 죽음교육와 애도상담을 비롯한 죽음학 분야의 실무활동을 하는 사람들이 필수적으로 갖추어야 할 지식, 경험, 역량에 대한 기준을 제시함으로써 대중을 보호하기 위한 것이다.

ADEC는 이러한 자격증을 획득하기 위해 필수적으로 습득해야 할 죽음학 분야의 지식을 소개하는 『죽음학 핸드북(Handbook of Thanatology)』을 2007년에 발간했으며 2013년에는 2판을 출간하였다. 이 책은 자격증 시험 준비를 위한 기본 교재라고 할 수 있으며, 5가지 주제, 즉 (1) 죽어감의 과정, (2) 임종기의 의사결정, (3) 상실, 애도 및 사별, (4) 실무활동을 위한 평가와 개입, (5) 외상적 죽음에 대해서 과거 및 현대의 관점, 문화 및 종교와의 관계, 개인의 발달단계에 따른 문제,

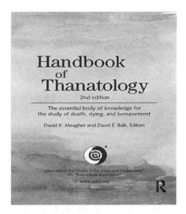

◈ ADEC에서 출간한
『죽음학 핸드북』의 표지

가족 및 공동체와의 관계, 윤리적·법적 쟁점을 소개하고 있다. 달리 말하면, 죽음교육과 애도상담을 효과적으로 진행하기 위해서는 다음과 같은 5가지 주제에 대해서 신뢰할 수 있고 타당한 지식을 다각적 측면에서 잘 이해하고 있어야 한다.

첫째는 죽어감의 과정을 이해하는 것이다. 생명을 위협하는 질병이나 시한부의 말기질환을 지니고 살아가는 사람들이 경험하는 신체적·행동적·인지적·정서적 측면을 깊이 있게 이해할 뿐만 아니라 말기환자를 돌보는 일, 죽어감의 궤도와 단계, 죽음의 경험 등을 이해하는 것이다. 죽어감의 과정과 밀접히 관련되어 있는 개인의 연령, 그가 속한 문화와 종교, 사회체계(의료제도, 요양시설, 호스피스 등)의 영향을 이해하는 것이 필요하다.

둘째는 임종기의 의사결정을 이해하는 것이다. 말기질환의 경우처럼 죽음이 임박하면 환자 자신이나 가족 또는 전문가들은 치료에 관한 의료적 문제뿐만 아니라 법적·윤리적·대인관계적 측면에 대한 선택과 의사결정이 필요하다. 사전의료의향서, 유언, 재산상속, 시신기증, 장례의향서 등에 관한 의사결정과 실천적 행동이 필요하며 이러한 의사결정에 영향을 미칠 수 있는 다양한 요인들을 잘 이해하고 있어야 한다.

셋째는 상실, 애도 및 사별을 이해하는 것이다. 사랑하는 사람의 죽음으로 인한

사별의 상실에 직면한 사람들이 나타내는 신체적·행동적·인지적·사회적 반응과 경험을 이해하는 것이다. 상실의 아픔을 극복하는 애도과정, 애도와 관련된 의례와 추도활동, 사별로 인해 발생하는 부적응 문제 등에 대한 체계적 이해가 필요하다.

넷째는 죽어 가는 사람이나 사별한 사람을 돕기 위한 평가 및 개입 방법을 이해하는 것이다. 말기환자나 사별자를 효과적으로 돕기 위해서 개인적 특성과 환경적 요인에 대한 정보를 수집하여 체계적인 평가와 통합적인 이해를 하는 것이 필요하다. 이러한 평가와 이해에 근거하여 효과적으로 개입하는 방법과 실무적 기법을 심도 있게 잘 이해하고 있어야 한다.

다섯째는 외상적 죽음과 관련된 문제를 이해하는 것이다. 외상적 죽음이란 예상하지 못한 갑작스럽고 충격적이며 폭력적인 사건(예: 자살, 살인, 사고, 테러, 전쟁, 전염병, 대량학살, 자연재해 등)으로 인한 죽음을 의미하며 가족을 비롯하여 많은 사람에게 강력한 심리적 충격과 상처를 남긴다는 점에서 다른 유형의 죽음과는 다르다. 이러한 외상적 죽음과 관련된 신체적·심리적·사회적 문제뿐만 아니라 법적·윤리적 문제를 잘 이해하는 것이 필요하다. 또한 외상적 죽음의 유형에 따라 그 가족과 사회 전반에 미치는 충격과 후유증을 잘 이해하고 있어야 한다.

5. 죽음교육의 역사와 현황

죽음교육은 인간이 자신의 유한성을 인식한 이래로 시작되었다고 할 수 있다. 종교를 비롯하여 전설, 민담, 문학, 철학, 예술을 포함하는 인류문화는 죽음교육의 일환이라고 할 수 있다. 20세기 이전에 사람들은 가족이나 주변 사람들이 죽어 가는 과정을 가까이 지켜보면서 자연스럽게 죽음교육이 이루어졌다. 죽음이 다가오면 어떤 문제가 발생하고 어떻게 대처해야 하는지를 배울 수 있었고 죽음의 의미, 상장례의 절차, 사후생 등에 대해서는 개인이 속한 종교나 문화체계에 따라 나름대로의 이해를 지닐 수 있었다.

20세기에 의료기술의 발달로 인해서 사람들이 병원에서 치료를 받다가 죽음을 맞이하게 되었다. 이러한 죽음의 의료화와 더불어 죽음을 은폐하고 회피하려는 사회적 풍토가 만연하면서 사람들은 죽음을 자연스럽게 접하며 배우고 이야기할 수 있는 기회가 급격히 감소했다. 이러한 현실 속에서 현대인들은 죽음에 대한 무지 속에서 갑작스럽게 다가온 자신 또는 가족의 죽음에 커다란 충격과 고통을 받으며 아무런 준비도 없는 상태로 나쁜 죽음을 맞이하게 되었다. 이러한 20세기의 시대적 상황 속에서 죽음학이 태동되어 죽음, 죽어감 및 사별에 관한 실증적 연구가 이루어지게 되었다. 죽음교육은 죽음학에서 연구된 지식과 성과를 현대인에게 전달함으로써 죽음에 대한 이해를 증진하고 자신과 타인의 죽음에 잘 대처할 수 있도록 돕기 위한 전문적 활동으로 발전하였다.

1) 미국의 죽음교육

서양에서의 죽음교육은 1950년대 중반에 일어난 죽음에 대한 학문적 관심과 함께 시작되었다. 앞서 언급하였듯이, 1959년에 미국의 심리학자인 허만 파이펠의 저서 『죽음의 의미』가 출간되면서 죽음에 대한 사회적 관심이 증가하게 되었다. 이와 더불어 1967년에 영국의 간호사인 시슬리 손더스가 런던의 성 크리스토퍼 병원에 최초로 호스피스를 개설하면서 죽어 가는 사람에 대한 돌봄이 필요하다는 사회적 인식이 확산되었다. 또한 1969년에 스위스 정신과의사인 엘리자베스 퀴블러로스가 말기질환으로 죽어 가는 사람들의 심리적 변화과정을 소개한 저서 『죽음과 죽어감에 대하여』가 출간되면서 죽음교육의 필요성이 사회적으로 널리 확산되었다.

이러한 사회적 분위기 속에서 미국의 사회학자인 로버트 풀턴(Robert Fulton)은 1963년에 미네소타 대학교에서 최초로 공식적인 죽음교육 강좌를 개설하였다. 이어서 심리학자인 로버트 카스텐바움(Robert Kastenbaum)과 종교학자인 제임스 카스(James Carse) 등이 대학교에서 죽음에 대한 강좌를 개설하였으며 심리학, 사회

학, 건강과학, 철학, 교육학을 비롯한 여러 학문분야에서 다양한 죽음교육 강좌가
개설되었다. 미국의 경우, 1970년대 중반에는 160여 개의 대학교에 죽음교육 과
정이 개설되었으며 많은 1,000개 이상의 초·중등학교에서도 죽음교육이 실시되
었다. 이러한 죽음교육을 지원하기 위한 각종 도서, 가이드북, 영화를 포함한 시청
각 교재도 활발하게 개발되었다.

　　미국에서는 1970년대에 죽음교육을 체계적으로 연구하고 실시하기 위한 전문
가단체와 기관이 결성되기 시작했다. 1974년에 '죽음, 죽어감 및 사별에 관한 국제
워크그룹(International Work Group for Death, Dying, and Bereavement: IWGDDDB)'
이 결성되어 정기적으로 죽음학과 죽음교육에 관한 학술적인 논의를 시작하였
다. 1976년에는 죽음교육과 사별상담 분야의 실무자들이 '죽음교육 및 상담 포럼
(Forum for Death Education and Counseling)'을 결성했으며 이후에 죽음교육의 대
표적인 학술단체인 '죽음교육 및 상담협회(ADEC)'로 발전하였다. 죽음학과 죽음
교육에 관한 연구를 공유하기 위한 학술지로서 『Omega: Journal of Death and
Dying』과 『Death Studies』가 창간되었다. 또한 위스콘신 대학교에 죽음교육 및
연구센터(Center for Death Education and Research)이 설립되고 마운트 아이다 대학
(Mount Ida College)에 국립죽음교육센터(The National Center for Death Education)
가 설치되었다.

　　1980년대에는 ADEC에서 죽음교육 전문가 양성을 자격증 제도가 수립되었으며
이후에 죽음교육 전문가 과정은 기초과정, 중급과정, 고급과정으로 세분되었다.
1981년에는 전국호스피스·완화의료협의체(National Hospice and Palliative Care
Organization)이 설립되어 호스피스의 선구자적 역할을 하고 있다. 1986년에는 브
루클린 대학교가 죽어 가는 사람과 사별한 사람의 돌봄을 전공하는 석사학위과정
을 개설하였으며 이후에 뉴욕 대학교, 플로리다 대학교, 위스콘신 대학교를 비롯
한 여러 대학에서 완화의료, 사별상담, 자살예방, 윤리적·종교적·문화적 쟁점에
초점을 맞추는 석사학위 프로그램이 개설되었다. 1996년에 미국호스피스·완화
의학회(American Academy of Hospice and Palliative Medicine)가 결성되어 의사를 위

한 죽음교육 프로그램을 개발하기 시작했다.

2) 대만의 죽음교육

대만은 아시아에서 가장 죽음교육이 활발하게 이루어지는 국가이다. 전병술 (2013)에 따르면, 대만에서의 죽음교육은 미국의 템플대학교 종교학과에 재직하고 있는 푸웨이쉰(傅偉勳) 교수가 10여 년간 실시해 온 죽음교육 내용을 바탕으로 저술한 『생명의 존엄과 사망의 존엄』을 1993년에 출판하면서 시작되었다. 그는 대만에 죽음학을 도입하면서 Thanatology를 '생사학(生死學)'이라고 번역하고 '죽음교육'을 '생사교육'이라고 지칭했다. 1997년에는 난화(南華)대학교에 '생사학 연구소'가 개설되었고 2001년도부터는 학부과정에 생사학과를 개설되었으며 최근에는 철학의 기반 위에서 생명교육을 담당하는 '철학 및 생명교육학과'가 개설되었다. 대만에는 1990년대 중반부터 학교폭력과 청소년 자살이 심각한 사회적 문제로 부각되면서 중등학교에서 생명교육이 이루어져야 한다는 주장이 제기되었다. 학생들에게 올바른 생사관과 가치관을 정립하고 생명의 고귀함을 인식할 수 있도록 해야 한다는 문제의식에서 출발하여 2000년에는 교육부가 '생명교육 추진 위원회'를 구성하고 공청회를 거쳐 2001년을 '생명교육의 해'로 선포하였다. 수년간의 연구와 예비시행 끝에 2008년부터 생명교육이 초·중·고등학교의 정식 교과목으로 채택되었다.

3) 한국의 죽음교육

우리나라에서의 죽음교육은 1991년 4월에 각당복지재단의 후원하에 '삶과죽음을생각하는회'가 창립되어 1991년 10월에 알폰스 디켄 박사를 초청하여 죽음학 강연회를 개최한 것이 그 효시라고 할 수 있다. '삶과죽음을생각하는회'는 2002년에 죽음준비교육 지도자과정을 우리나라에서 최초로 개설하였으며 2010년부터는 호스피스 자원봉사자 교육도 진행하고 있다. 현재까지 '죽음의 철학'과 '죽음준비교육의 필요성'에 대한 공개강연회, 죽음준비교육 세미나, 죽음준비교육지도자 양성 및 활동, 웰다잉 전문지도 강사 양성 교육 등을 실시하고 있다.

학교장면에서 죽음교육이 시작된 것은 1997년에 한림대학교 철학과의 오진탁 교수가 '죽음준비교육' 과목을 개설하면서부터이다. 2004년에는 한림대학교에 생사학연구소를 설립되었으며 2006년에는 '웰다잉체험교실'을 개최하고 '소극적 안락사 논란, 어떻게 해야 하는가'와 '자살충동, 어떻게 예방할 수 있을까'의 주제로 학술행사를 개최했다. 2012년에는 '한국적 생사학 정립과 자살예방 지역 네트워크 구축'을 위한 정부지원을 계기로 생명교육융합 대학원과정을 신설하고 생명과 죽음에 대한 교육을 본격화하였다. 동국대학교를 비롯한 일부 대학교에서 죽음에 관한 교양강좌를 개설하여 좋은 반응을 얻고 있지만 널리 확산되고 있는 상황은 아니다. 초·중·고등학교에서의 죽음교육은 거의 전무하다고 할 수 있다.

2005년 6월에는 '당하는 죽음에서 맞이하는 죽음으로'라는 기치를 내걸고 한국 죽음학회가 창립되었다. 한국죽음학회는 철학, 종교학, 심리학, 사회학, 의학 등 각 분야의 전문가들이 모여 학술포럼 활동 등을 펼치며 죽음학과 죽음교육에 대한 사회적 관심을 환기시키는 노력을 하고 있다. 한국죽음학회는 2010년에 『한국인의 웰다잉 가이드라인』을 출간하였다. 이 책의 주요 내용은 '죽음의 준비, 병의 말기 진단 전에 해야 할 일', '말기질환 사실을 알리는 바람직한 방법', '말기질환 판정을 받은 환자에게 도움이 되는 글', '말기 환자를 돌보는 가족에게 도움이 되는 글', '임종 직전, 죽음이 가까웠을 때의 증상', '떠나는 것 받아들이기와 작별인사', '망자 보내기, 장례', '고인을 보낸 이의 슬픔을 치유하는 데 도움이 되는 글'로 구성되어 있다.

말기환자의 돌봄을 위한 죽음실무교육은 가톨릭성모병원을 중심으로 시작되었으며 1995년에 가톨릭대학교 간호대학 부설 호스피스교육연구소가 발족되었다. 호스피스교육연구소는 호스피스 및 완화간호를 위한 교육과정을 운영하면서 이를 위한 국내최초의 교과서인 『호스피스 완화간호』를 2006년에 출간하였다.

1998년에 의사, 간호사, 사회복지사, 성직자들이 중심이 되어 한국호스피스·완화
의료학회가 창립되면서 본격적으로 시작되었다. 이 학회는 말기환자와 가족의 존
엄성을 유지시키고 생애 말기돌봄의 질 향상에 기여하는 것을 미션으로 하고 있
으며 호스피스·완화의료 관련 연구와 더불어 전문가 양성을 위한 교육을 위해 노
력하고 있다. 현재 다양한 분야의 전문가들과 자원봉사자 등 2,000여 명의 다학제
적 회원들이 참여하고 있다. 2018년에 학회 차원에서 죽음실무교육의 교과서가
될 수 있는 『호스피스·완화의료』를 출간했으며 2019년부터 체계적인 전문인력
의 양성을 위한 호스피스·완화의료 인증 제도를 시행할 예정이다. 일부 대학교에
서 의과대학생이나 간호대학생을 위한 죽음교육이 일종의 직무교육으로 실시되
고 있으나 죽음 관련 지식과 기술을 공식적인 교육과정에 포함시키는 데에는 실패
해 왔다(전병술, 2013).

　2013년에는 '죽음의 질 향상을 위한 한국임종치유협회'가 창립되었고 2013년에
는 단체 명칭이 '한국싸나톨로지협회'로 변경되었다. 한국싸나톨로지협회의 홈페
이지(http://sdlfoundation.org/24)에 제시된 자료에 따르면, 한국싸나톨로지협회는
ADEC의 자매결연 기관으로서 ADEC에서 공인한 죽음교육 전문기관이자 ADEC
의 인증시험 대행기관이다. 2018년 3월에는 고려대학교 교육연구소 내에 국내 대
학 최초로 죽음교육연구센터가 개소되었다. 죽음교육연구센터는 죽음학에 대한
교육과 연구뿐만 아니라 우리 사회의 사회적 과제로 등장한 자살 문제에 대한 교
육, 연구, 예방을 위해 설립되었으며 2019년에 죽음교육 전문가 양성을 위한 '죽음
학 아카데미' 교육과정을 개설하였다.

　우리나라의 죽음학과 죽음교육은 초기의 발전단계에 있다고 할 수 있다. 노인
인구의 급속한 증가로 인해 제대로 준비할 여유도 없이 고령사회로 접어든 우리
사회에서 죽음교육은 매우 중요한 과제일 뿐만 아니라 시급한 과제이기도 하다.
우리 사회는 2026년에 65세 노인인구가 20%를 넘는 초고령사회에 진입할 것으로
예상되고 있다. 많은 사람들이 준비되지 않은 상태로 노년기와 죽어감의 궤도에
진입하면서 혼란과 고통을 겪고 있다. 인생의 아름다운 마무리를 위해서는 죽음

의 운명을 회피하지 않고 직면하면서 죽어감과 죽음에 잘 대처할 수 있는 준비가 필요하다. 다양한 교육대상의 요구를 충족시킬 수 있는 체계적이고 수준 높은 죽음교육이 이루어져야 한다. 죽음교육은 삶을 위한 교육이다. 죽음의 자각은 성숙한 삶으로 나아가는 초석이다. 1인당 국민소득 3만 불 시대에 걸맞은 우리 한국 사회와 한국인의 성숙을 위해서 죽음의 주제를 깊이 있게 논의하는 죽음교육의 장이 확산될 필요가 있다. 이제 우리 사회도 죽음과 죽어감에 대해서 진지한 관심을 기울여야 할 때가 되었다.

하늘이여, 눈을 내리려거든 내리소서

죽음에 대해서 사색하고 공부하는 것은 우리의 삶을 위한 것이다. 우리에게 주어진 삶을 매 순간 후회 없이 충만하게 살기 위한 것이다. 한 사람이 평생 살아온 삶의 진정한 가치는 인생의 마지막 단계에서 드러나게 된다. 한 해의 농사는 가을의 결실을 통해 겨울을 안온하게 보내면서 알 수 있기 때문이다.

한국인에게도 인생의 겨울이 길어지고 있다. 눈 내리는 겨울은 멀리서 보면 아름답게 느껴지지만, 가까이서 직접 겪으면 매우 고통스럽다. 죽음의 고개는 멀리서 보면 평탄하지만, 가까이 가 보면 매우 가파르고 험난하다. 준비되지 않은 채로 인생의 긴 겨울을 맞이하게 된 많은 사람들이 고통스러운 삶을 살고 있다. 인생의 겨울이 길어지면서 노부모를 봉양하는 자녀들의 부담이 증가하고 그 과정에서 부모-자녀 관계가 무너질 뿐만 아니라 부모의 부양문제로 형제자매 관계마저 해체되고 있다.

죽음의 준비는 늙고 병들어 죽어 가는 과정을 잘 인식하고 수용하여 주변 사람들의 부담을 최소화하면서 좋은 죽음에 이르기 위한 것이다. 인간의 성숙은 죽음을 맞이하는 자세에 달려 있다. 죽음에 대해서 사색하고 공부하면서 죽음을 친숙하게 여기는 노력이 필요하다. 죽음에 대한 문헌을 살펴보면서 가슴에 와 닿는 많은 명구를 만나게 되었다. 이 책을 마지막까지 읽어 주신 독자 여러분을 위하여 죽음에 관한 명구들을 조금 다듬고 엮어서 전해 드린다.

죽음에 대한 연구는 의미에 관심을 갖는 모든 문화에서 중심적인 것이 되어야 한다. 왜냐하면 죽음을 이해하는 것은 삶의 해방을 위한 열쇠이기 때문이다. (스타니슬라프 그로프) 인간이 진정한 자기를 알게 되는 것은 오직 죽음과 대면할 때뿐이다. (성 오거스틴) 초인은 항상 죽음을 인식하면서 살아간다. (프레드리히 니체) 매일 우리 안에서 탄생과 죽음이 일어나고 있다. (라이너 마리아 릴케) 인생은 멀리서 보면 희극이고 가까이서 보면 비극이다. (찰리 채플린) 한 아버지는 열 아들을 양육할 수 있지만, 열 아들은 한 아버지를 부양하지 못한다. (독일 속담) 나이가 든다는 것은 허영심과 자만심 그리고 명예욕을 내려놓는 용기를 배우는 여정이다. 나이 듦의 옹색함, 추레함, 궁상맞음을 유쾌하게 수용하면서 늙음 자체를 긍정하는 여유로움과 넉넉함이야말로 늙어갈 용기이다. (기시미 이치로)

죽음의 공포는 삶의 공포로부터 나온다. 삶을 충만하게 산 사람은 언제라도 죽을 준비가 되어 있다. (마크 트웨인) 죽음을 두려워하는 것은 죽음 자체에 대한 두려움이 아니라 삶을 잘 살지 못한 것에 대한 두려움이다. (레프 톨스토이) 충만한 낮의 생활은 수면의 기쁨을 주지만 훌륭하게 지낸 인생은 죽음의 기쁨을 준다. (레오나르도 다빈치) 인생이 그저 안전하게 도착하기 위한 의도를 지니고 무덤으로 향하는 여행이 되어서는 안 된다. 그보다 인생은 안개 자욱한 구름 속에 뛰어들기도 하면서 충만하게 체험하며 완전히 탈진한 상태로 "와우, 멋진 인생이었어!"라고 큰 소리로 감탄할 수 있는 것이어야 한다. (헌터 톰슨)

스스로를 없어서는 안 될 인물로 여기지 말라. 전 세계 묘지에는 없어서는 안 될 사람들로 가득 차 있다. (샤를 드골) 지나가는 자여, 나를 불쌍히 여기지 말라. 나 또한 한때는 그대와 같았고, 그대 또한 언젠가는 나와 같으리니, 죽음을 준비하고 순순히 나를 따르라. (18세기에 조성된 한 묘지의 비문) 세속의 부귀영화가 활활 타오르는 화로 위에 떨어지는 눈송이로다. (성철 스님) 잘 수양된 마음을 지닌 사람에게 있어서, 죽음은 단지 새롭고 흥미로운 커다란 모험일 뿐이다. (조앤 롤링) 나는 아무것도 원하지 않는다. 나는 아무것도 두렵지 않다. 나는 자유다. (니코스 카잔차키스의 묘비명) 죽기 전에 죽는 사람은 죽을 때 죽지 않는다. (성 오거스틴파에 속했던 17세기의 독일 신부).

　당신에게 죽음이 다가왔을 때에야 비로소 당신의 삶이 눈앞에서 빛나기 시작한다. 그것이 바로 '진정한 삶'이다. (테리 프라체트) 죽음을 앞둔 사람들이 우리에게 가르쳐 주는 가장 중요한 교훈은 모든 날들을 최선을 다해 살라는 것입니다. 삶의 마지막 순간에 바다와 하늘과 별 그리고 사랑하는 사람들을 마지막으로 한 번만 더 볼 수 있게 해 달라고 기도하지 마십시오. 지금 그들을 보러 가십시오. (엘리자베스 퀴블러로스)

　불교의 초기 경전인 『숫타니파타』에 나오는 문구이다. 소 치는 사람 다니야(Dhaniya)가 말했다. "나는 밥도 이미 지었고 우유도 짜 놓았다. 나는 큰 강변 언덕에서 가족과 함께 살고 있다. 내 움막은 지붕도 이었고, 불도 지펴 놓았다. 하늘이여, 비를 내리려거든 내리소서." 그의 말을 듣고 스승이 말했다. "나는 집착을 내려놓고 분노에서 해방되었다. 나는 큰 강변 언덕에서 하룻밤을 쉴 것이다. 내 움막은 지붕도 드러나고, 욕망의 불도 꺼졌다. 하늘이여, 비를 내리려거든 내리소서."

　우리의 삶은 영원한 시간과 무한한 공간 속에서 우리에게 주어진 기적 같은 선물이다. 의식의 마지막 불꽃이 꺼지는 순간까지 우리의 삶을 소중하게 여기며 충만하게 살아야 한다. 한국의 베이비붐 세대는 전쟁의 폐허 위에서 태어나 가난과 궁핍 속에서 성장하며 피나는 노력을 통해 대한민국의 경제적 발전과 민주화를 이룬 위대한 세대이다. 이제 후속세대에게 대한민국의 미래를 넘겨 주고 아름다운 퇴장을 준비하는 품격 있는 세대가 되어야 할 것이다. 아름다운 마무리를 위해서 죽음을 똑바로 바라보아야 할 때가 되었다. 이제 그런 시대가 되었고 그런 나이가 되었다.

　하늘이여, 눈을 내리려거든 내리소서.

참고
문헌

가톨릭대학교 호스피스교육연구소 (2006). 호스피스 완화간호. 서울: 군자출판사.

고병철 (2019). 2018년 한국의 종교현황. 문화체육관광부.

고효진, 최지욱, 이홍표 (2006). Templer 죽음불안 척도의 요인구조와 신뢰도. 한국심리학회지: 건강, 11(2), 315-328.

권석만 (2008). 긍정심리학: 행복의 과학적 탐구. 서울: 학지사.

권석만 (2011). 인간의 긍정적 성품: 긍정심리학의 관점. 서울: 학지사.

권석만 (2012). 현대 심리치료와 상담 이론. 서울: 학지사.

권석만 (2013). 현대 이상심리학(2판). 서울: 학지사.

권석만 (2015). 현대 성격심리학. 서울: 학지사.

김명숙 (2010). 한국인의 죽음에 대한 인식과 태도에 관한 철학적 고찰. 유학연구(儒學研究), 22, 73-108.

김성희, 송양민 (2013). 노인죽음교육의 효과분석: 생활만족도 및 심리적 안녕감에 미치는 영향과 죽음불안의 매개역할. 보건사회연구, 33(1), 190-219.

김숙남, 최순옥, 이정지, 신경일 (2005). 죽음교육이 대학생의 죽음에 대한 태도와 생의 의미에 미치는 효과. 보건교육 · 건강증진학회지, 22(2), 141-153.

김순희, 김동희 (2015). 간호대학생을 위한 죽음교육 프로그램의 개발 및 효과. 기본간호학회지, 22(3), 277-286.

김시영 (2008). 호스피스 완화치료. 대한의사협회지, 51(6), 505-508.

김신미, 이윤정, 김순이 (2003). 노인과 성인이 인식하는 '좋은 죽음'에 대한 연구. 한국노년학, 23(3), 95-110.

김지현 (2008). 죽음에 대한 공포와 수용 및 죽음 대처 유능감에 영향을 주는 변인. 서울대학교 대학원 박사학위 논문.

다치바나 다카시 (2015). 死はこわくない. (전화윤 역, 죽음은 두렵지 않다. 서울: 청어람미디어, 2015).

두산동아 백과사전연구소 (1996). 두산세계대백과사전. 서울: 두산동아.

마리아의작은자매회 (2010). 죽이는 수녀들 이야기. 서울: 한겨레출판.

민들레, 조은희 (2017). 한국 사회에서 좋은 죽음에 대한 개념분석. 노인간호학회지, 19(1), 28-38.

서이종 (2016). 고령사회와 죽음교육의 사회학: 한국 죽음교육의 비판적 고찰. 사회와 이론, 28, 69-103.

서정형(2003). 밀란다팡하. 철학사상. 16(별책 2권 제2호), 1-130.

송양민, 유경 (2011). 죽음준비교육이 노인의 죽음불안과 생활만족도, 심리적 안녕감에 미치는 효과 연구. 노인복지연구, 54, 111-134.

안귀덕 (2015). 한국민족대백과사전. 서울: 웅진출판주식회사.

안성두 (2011). 인도-티벳 불교의 생사관: 죽음 앞에서 참된 자신을 발견하기. 한자경 (편). 죽음, 삶의 끝인가 새로운 시작인가(pp. 97-147). 서울: 운주사.

양복순 (2002). 중년여성의 배우자 사별경험에 관한 연구. 질적연구학회지, 3(1), 56-64.

오진탁, 김춘길 (2009). 죽음준비교육이 노인의 죽음에 대한 태도와 우울에 미치는 효과. 한국노년학, 29(1), 51-69.

오츠 슈이치 (2009). 死ぬときに後悔すること25. (황소연 역, 죽을 때 후회하는 스물다섯 가지. 서울: 아르테, 2105).

유권종 (2004). 유교의 상례와 죽음의 의미. 철학탐구, 16, 5-32.

윤 진 (1985). 노인심리학. 서울: 중앙적성출판사.

이명숙, 김윤정 (2013). 노인이 인식하는 좋은 죽음. 한국콘텐츠학회논문지, 13(6), 283-299.

이미숙 (2012). 노인인구의 결혼관계와 우울증세: 결혼지위와 결혼만족도를 중심으로. 한국사회학, 46(4), 176-204.

이민아 (2010). 결혼상태에 따른 노인의 우울도와 성차. 한국사회학, 44(4), 32-62.

이민아 (2014). 사별과 우울에 대한 종단분석: 성차와 배우자와의 관계만족도를 중심으로. 한국인구학, 37(1), 109-130.

이윤주, 조계화, 이현지 (2006). 죽음 교육 모형 탐색. 아시아교육연구, 7(3), 121-140.

이종원 (2007). 안락사의 윤리적 문제: 의사조력자살을 중심으로. 철학탐구, 21, 155-187.

이홍표, 이홍석, 고효진, 김교헌 (2005). 다차원적 죽음불안의 타당화 및 비교문화적 검증. 한국심리학회지: 건강, 10(4), 395-413.

임선영 (2013). 역경후 성장에 이르는 의미재구성 과정: 관계상실을 중심으로. 서울대학교 대학원 박사학위논문.

임선영, 권석만 (2012). 관계상실을 통한 성장이 성격적 성숙과 정신건강에 미치는 영향. 한국심리학회지: 임상, 31(2), 427-447.

임찬란, 이기숙 (2006). 노인대상 죽음교육 프로그램. 한국가족관계학회지, 11(2), 123-150.

장철수 (1984). 한국전통사회의 관혼상제. 정신문화연구원.

전병술 (2013). 왜 죽음교육이 필요한가. 한국죽음학회 웰다잉 가이드라인 제정위원회 편. 죽음맞이(pp. 129-142). 서울: 모시는 사람들.

정지현 (2000). 걱정이 많은 사람들의 파국적 사고경향. 서울대학교 석사학위논문.

종교학사전 편찬위원회 (1998). 종교학대사전. 서울: 한국사전연구사.

증상환 (曾煥裳, 2007/2012). 죽음교육. 林綺雲 編 (전병술 역). 죽음학: 죽음에서 삶을 만나다 (pp. 47-76). 서울: 모시는 사람들.

차용구(2009). 필립 아리에스의 죽음관에 대한 연구; 죽음에 대한 중세인의 태도를 중심으로. 서양중세사연구, 23, 149-174.

최수빈 (2012). 도교의 생사관(生死觀)– 전진교 (全眞敎) 문헌을 중심으로. 道敎文化硏究, 37, 239-284.

통계청 (2018a). 2018 고령자 통계. 서울: 통계청.

통계청 (2018b). 2017년 사망원인통계. 서울: 통계청.

통계청 (2019). 2018년 인구동향조사 출생 · 사망통계 잠정 결과. 통계청 보도자료.

한국죽음학회 (2011). 한국인의 웰다잉 가이드라인. 서울: 대화문화아카데미.

한국호스피스 · 완화의료학회 (2018). 호스피스 · 완화의료. 서울: 군자출판사.

한나영, 윤홍주, 박일환, 정유석, 유선미 (2002). 좋은 죽음에 대한 노인들의 인식. 가정의학회지, 23(6), 769-777.

한성열 (1990). 노년기 회상에 관한 성차 연구: 시간적 투자와 회상의 기능 및 내용을 중심으로. 고려대 교육 논총, 20, 57-76.

허대석 (2017). 한국인의 임종 장소. https://blog.naver.com/dsheokr/ 221056603618.

황금연 (2011). 선불교의 생사관: 생사가 일여하니, 죽음이란 낡은 옷 벗는 것일뿐. 한자경 편, 죽음, 삶의 끝인가 새로운 시작인가(pp. 149-202). 서울: 운주사.

Abdollahi, A., Pyszczynski, T., Maxfield, M., & Lusyszczynska, A. (2011). Posttraumatic stress reactions as a disruption in anxiety-buffer functioning: Dissociation and responses to mortality salience as predictors of severity of post-traumatic symptoms. Psychological Trauma: Theory, Research, Practice, and Policy, 3, 329-341.

Aday, R. H. (1984). Belief in afterlife and death anxiety: Correlates and comparison. Omega, 15, 67-75.

Agid, O., Shapira, B., Zilin, J., Ritsner, M., Hanin, B., Murad, H., Troudart, T., Bloch, M., Heresco-Levy, U., & Lerer, B. (1999). Environment and vulnerability to major psychiatric illness: A case control study of early parental loss in major depression, bipolar disorder, and schizophrenia. Molecular Psychiatry, 4, 163-172.

Agras, S., Sylvester, D., & Oliveau, D. (1969). The epidemiology of common fears and phobia. Comprehensive Psychiatry, 19(2), 151-156.

Agrillo, C. (2011). Near-death experience: Out-of-body and out-of-brain? Review of General Psychology, 15(1), 1-10.

Aguirre, M. (2008). An examination of the role of meaning in post-traumatic growth following bereavement. Retrieved from ProQuest Dissertations and Theses. (Order No. AAI3333103)

Ainsworth, M. D. S., Blehar, M., Waters, E., & Wall, S. (1978). Patterns of attachment. Hillsdale, NJ: Erlbaum.

Akinson, Q, D., & Bourrat, P. (2011). Beliefs about God, the afterlife and morality support the role of supernatural policing in human cooperation. *Evolution and Human Behavior, 32*(1), 41-49.

Alexander, I. E., & Adlerstein, A. M. (1958). Affective responses to the concept of death in a population of children and early adolescents. *Journal of Genetic Psychology, 93*, 167-177.

Alexander, I. E., & Adlerstein, A. M. (1959). Death and religion. In H. Feifel (Ed.), *The meaning of death*. New York: McGraw-Hill.

Allport, G. W. (1963). Behavioral science, religion, and mental health. *Journal of Religion and Health, 2*, 187-197.

Allport, G. W., & Ross, J. M. (1967). Personal religious orientation and prejudice. *Journal of Personality and Social Psychology, 5*, 432-443.

American Psychiatric Association. (2013). *Diagnostic and statistical manual of mental disorders* (5th ed.). Washington, DC: Author.

Ando, M., Morita, T., Akechi, T., & Okamoto, T. (2010). Efficacy of short-term life-review interviews on the spiritual well-being of terminally ill cancer patients. *Journal of Pain and Symptom Management, 39*(6), 993-1002.

Ando, M., Tsuda, A., & Morita, T. (2006). A preliminary study of life review interviews on the spiritual well-being of terminally ill cancer patients. *Support Care in Cancer, 15*, 225-231.

Anthony, S. (1971). *The discovery of death in childhood and after*. Harmondsworth, UK: Penguin Education.

Archer J. (1999). *The nature of grief: The evolution and psychology of reactions to loss*. London, UK: Routledge Press.

Ariès, P. (1975). *Western attitudes toward death from the middle ages to the present*. (유선자 역, 죽음 앞에 선 인간. 서울: 동문선, 2006).

Arndt, J., Routledge, C., Cox, C. R., & Goldenberg, J. L. (2005). The worm at the core: A terror management perspective on the roots of psychological dysfunction. *Applied and Preventive Psychology, 11*, 191-213.

Arndt, J., Solomon, S., Kasser, T., & Sheldon, K. M. (2004). The urge to splurge: A terror management account of materialism and consumer behavior. *Journal of Consumer Psychology, 14*(3), 1980212.

Baker, R. (1996). *Hidden memories: Voices and visions from within*. New York: Prometheus Books.

Baltes, P. B. (1987). Theoretical propositions of life-span developmental psychology: On the dynamics between growth and decline. *Developmental Psychology, 23*(5), 611-626.

Bandura, A. (1993). Perceived self-efficacy in cognitive development and functioning. *Educational Psychologist, 28*(2), 117-148.

Bandura, A. (1997). *Self-efficacy: The exercise of control*. New York: Freeman.

Barlow, C. A., & Coleman, H. (2003). The healing alliance: How families use social support after a suicide. *Omega, 47*(30), 187-201.

Barnett, M. D., Anderson, E. A., & Marsden, A. D. (2018). Is death anxiety more closely linked with optimism or pessimism among older adults. *Archive of Gerontology and Geriatrics, 77,* 169-173.

Barrera, M. Jr. (1981). Social support in the adjustment of pregnant adolescents: Assessment issues. In B. H. Gottlieb (Ed.), *Social networks and social support* (pp. 69-96). Beverly Hills, CA: Sage.

Barrett, C. (2013). Death anxiety. In M. D. Gellman & J. R. Turner (Eds.), *Encyclopedia of behavioral medicine* (pp. 541-542). New York, NY: Springer.

Barrett, W. (1926). *Death-bed visions.* Methuen & Company Limited.

Barsky, A. J., Coeytaux, R. R., Sarnie, M. K., et al. (1993). Hypochondriacal patients' beliefs about good health. *American Journal of Psychiatry, 150,* 1085-1089.

Barsky, A. J., Geringer, E., & Wool, C. A. (1988). A cognitive-educational treatment for hypochondriasis. *General Hospital Psychiatry, 10,* 322-327.

Baumeister, R. F. (1998). The self. In D. T. Gilbert, S. T. Fiske, & G. Lindzey (Eds.), *The handbook of social psychology* (pp. 680-740). London: Oxford University Press.

Baumeister, R. F., Smart, L., & Boden, J. M. (1996). Relation of threatened egotism to violence and aggression: The dark side of high self-esteem. *Psychological Review, 103,* 5-33.

Beck, A. T. (1976). *Cognitive therapy and the emotional disorders.* New York: International University Press.

Beck, A. T., & Emery, G. (1985). *Anxiety disorders and phobias: A cognitive perspective.* New York: Basic Books.

Becker, E. (1973). *The denial of death.* (김재영 역, 죽음의 부정: 프로이트의 인간 이해를 넘어서. 서울: 인간사랑, 2008).

Beg, M. A., & Zilli, A. S. (1982). A study of the relationship of death anxiety and religious faith to age differentials. *Psychologia, 25,* 121-125.

Bem, D. J. (2011). Feeling the future: experimental evidence for anomalous retroactive influences on cognition and affect. *Journal of Personality and Social Psychology, 100*(3), 407-425.

Benore, E. R., & Park, C. L. (2004). Death specific religious beliefs and bereavement: Belief in an afterlife and continued attachment. *The International Journal for the Psychology of Religion, 14,* 1-32.

Benton, J. P., Christopher, A. N., & Walter, M. I. (2007). Death anxiety as a function of aging anxiety. *Death Studies, 31*(4), 337-350.

Bibby, R. W. (2016). Life after Death: Data and Reflections on the Last Information Gap: A Research Note. *Studies in Religion, 47*(1), 130-141.

Blackmore, S. (1993). *Dying to live: Near-death experience.* London, UK: Prometheus Books.

Blackmore, S. (1996). *In search of the light: The adventures of a parapsychologist.* New York:

Prometheus Books.

Blackmore, S. (2000). First person into the unknown. *New Scientist. 4*, 55.

Blackmore, S. J., & Chamberlain, F. (1993). ESP and thought concordance in twins: A method of comparison. *Journal of the Society of Psychical Research, 59*, 89-96.

Boelen, P. A., van den Hout, M. A., & van den Bout. J. (2006). A cognitive-behavioral conceptualization of complicated grief. *Clinical Psychology: Science and Practice, 13*, 109-128.

Bonanno, G., Wortman, C. B., & Nesse, R. M. (2004). Prospective patternsof resilience and maladjustment during widowhood. *Psychology and Aging, 19*, 260-271.

Bonnano, G. (2009). *The other side of sadness: What the new science of bereavement tells us about life after loss.* New York: Basic Books.

Borjigin, J., Lee, U., Liu, T., Pal, D., & Mashour, G. A. (2013). Surge of neurophysiological coherence and connectivity in the dying brain. *Proceedings of the National Academy of Sciences of the United States of America, 110*(35), 14432-14437.

Borkovec, T. D. (1994). The nature, functions, and origins of worry. In G. C. Davey & F. Tallis (Eds.), *Worrying: Perspectives on theory, assessment and treatment* (pp. 29-50). Chichester: Wiley.

Bowlby, J. (1969). *Attachment and loss: Vol. 1. Attachment.* New York: Basic Books.

Bowlby, J. (1973). *Attachment and loss: Vol. 2. Separation: Anxiety and anger.* New York: Basic Books.

Bowlby, J. (1980). *Attachment and loss: Vol. 3. Loss: Sadness and depression.* New York: Basic Books.

Boyar, J. I. (1964). *The construction and partial validation of a scale for the measurement of the fear of death.* Unpublished doctoral dissertation, University of Rochester.

Bradbury, M. (1999). *Representations of death: A social psychological perspective.* New York: Routledge.

Bradshaw, M., & Ellison, C. G. (2010). Financial hardship and psychological distress: Exploring the buffering effects of religion. *Social Science and Medicine, 71*(1), 196-204.

Brandstadter, J., Wentura, D., & Greve, W. (1993). Adaptive resources of the aging self: Outlines of an emergent perspective. *International Journal of Behaivoral Development, 16*, 323-350.

Brean, J. (2018). Millennials are more likely to believe to in an afterlife than are older generations. *National Post*, March 29, 2018.

Bregman, L. (1989). Dying: A universal human experience? *Journal of Religion and Health, 28*(1), 58-69.

Breitbart, W., Rosenfeld, B., Gibson, C., et al. (2010). Meaning-centered group psychotherapy for patients with advanced cancer: A pilot randomized controlled trial. *Psychooncology, 19*(1), 21-28.

Brewin, C. R., & Holmes, E. A. (2003).

Psychological theories of posttraumatic stress disorder. *Clinical Psychology Review, 23*, 339-376.

Brubeck, D., & Beer, J. (1992). Depression, self-esteem, suicide ideation, death anxiety, and GPA in high school students of divorced and non-divorced parents. *Psychological Reports, 71*, 755-763.

Bugen, L. A. (1981). Coping: Effects of death education. *Omega, 11*, 175-183.

Bugental, J. F. T. (1987). *The art of the psychotherapist*. New York: Plume.

Burke, B. L., Martens, A., & Faucher, E. H. (2010). Two decades of Terror Manangement Theory: A meta-analysis of mortality salience research, *Personality and Social Psychology, 14*(2), 155-195.

Burke, M., Marlow, C., & Lento, T. (2010). *Social network activity and social well-being*. In proceedings of ACM CHI 2010: Conference on human factors in computing systems(pp. 1909-1912). New York: ACM.

Bushman, B. J., & Baumeister, R. F. (1998). Threatened egotism, narcissism, self-esteem, and direct and displaced aggression: Does self-love or self-hate lead to violence? *Journal of Personality and Social Psychology, 75*(1), 219-229.

Butler, G., & Mathews, A. (1987). Anticipatory anxiety and risk perception. *Cognitive Therapy and Research, 11*, 551-565.

Butler, R. N. (1975). *Why survive? Being old in America*. New York: Harper & Row.

Byock, I. (2004). *The four things that matter most: A book about living*. New York: Free Press.

Cai, W., Tang, Y. L., Wu, S., & Li, H. (2017). Scale of Death Anxiety (DSA): Development and validation. *Frontiers in Psychology, 31*(8), 858.

Calhoun, L. G., Cann, A., Tedeschi, R. G., & McMillan, J. (2000). A correlational test of the relationship between posttraumatic growth, religion, and cognitive processing. *Journal of Traumatic Stress, 13*, 521-527.

Calhoun, L. G., Tedeschi, R. G., Cann, A., & Hanks, E. A. (2010). Positive outcomes following bereavement: Paths to posttraumatic growth. *Psychologica Belgica, 50*(1-2), 125-143.

Callahan, D. (1977). On defining a 'natual death'. *The Hastings Center Report, 7*(3), 32-37.

Canine, J. D. (1996). *The psychosocial aspects of death and dying*. Stamford, CN: Appleton & Lange.

Carr D. (2009). Who's to blame? Perceived responsibility for spouse's death and psychological distress among older widowed persons. *Journal of Health and Social Behavior, 59*, 359-375.

Carr, D., & Sharp, S. (2014). Do afterlife beliefs affect psychological adjustment to late-life spousal loss? *Journals of Gerontology Series, B: Psychological Sciences and Social Sciences, 69B*(1), 103-112.

Carr, D., House, J. S., Kessler, R. C., Nesse, R., Sonnega, J., & Wortman, C. B. (2000). Marital quality and psychological adjustment to widowhood among older adults: A longitudinal analysis. *Journal of Gerontology: Social Sciences. 55*(4), 197-207.

Carstensen, L. L. (1992). Social and emotional patterns in adulthood: Support for socioemotional selectivity theory. *Psychology and Aging, 7*, 331-338.

Carstensen, L. L., Fung, H, H., & Charles, S. T. (2003). Socioemotional selectivity theory and the regulation of emotion in the second half of life. *Motivation and Emotion, 27*(2), 103-123.

Castano, E., Yzerbyt, V., & Paladino, M. P. (2004). Transcending Oneself through Social Identification. In J. Greenberg, S. L. Koole, & T. Pyszczynski (Eds.), *Handbook of Experimental Existential Psychology* (pp. 305-321). New York: Guilford Press.

Castano, E., Yzerbyt, V., Paladino, M., & Sacchi, S. (2002). I belong, therefore, I exist: Ingroup identification, ingroup entitativity, and ingroup bias. *Personality and Social Psychology Bulletin, 28*, 135-143.

Cave, S. (2012). *Immortality.* (박세연 역, 불멸에 대하여. 서울: 엘도라도, 2015).

Chatard, A., Pyszczynski, T., Arndt, J., Selimbegovic, L., Konan, P. N., & Van der Linden, M. (2012). Extent of trauma exposure and PTSD symptom severity as predictors of anxiety-buffer functioning. *Psychological Trauma: Theory, Research, Practice, and Policy, 4*, 47-55.

Chochinov, H. M. (2002). Dignity-conserving care – A new model for palliative care: Helping the patient feel valued. *Journal of American Medical Association, 287*(17), 2253-2260.

Chochinov, H. M., Hack, T., Hassard, T., et al. (2005). Dignity therapy: A novel psychotherapeutic intervention for patients near the end of life. *Journal of Clinical Oncology, 23*(24), 5520-5525.

Choron, J. (1974). *Death and modern man.* New York: Macmillan.

Cicirelli, V. G. (2002). *Older adults' views on death.* New York: Springer.

Clark, D. M. (1986). A cognitive approach to panic. *Behaviour Research and Therapy, 24*, 461-470.

Clark, T. W. (1995). Death, nothingness, and subjectivity. In D. Kolak & R. Martin (Eds.), *The Experience of Philosophy* (pp. 15-20). Wadsworth Publishing.

Cohen, G. D. (1988). *The brain in human aging.* New York: Springer.

Collett, L. J., & Lester, D. (1969). The fear of death and the fear of dying. *Journal of Psychology, 72*, 179-181.

Connelly, R. (2003). Living with death: The meaning of acceptance. *Journal of Humanistic Psychology, 43*(1), 45-63.

Cooley, C. H. (1902). *Human nature and the social order.* New York: Scribners.

Corr, C. A. (1992). A task-based approach to coping with dying. *Omega, 24*, 81-94.

Corr, C. A., & Corr, D. M. (2013). *Death & dying, life & living* (7th ed.). Belmont, CA:

Wadsworth.

Corr, C. A., Nabe, C. M., & Corr, D. M. (1997). *Death and dying, life and living*. (2nd ed.). Pacific Grove, CA: Brooks/Cole.

Costa, P. T. Jr., & McCrae, R. R. (1992). *Revised NEO Personality Inventory (NEO-PI-R) and NEO Five Factor Inventory (NEO-FFI) professional manual*. Odessa, FL: Psychological Assessment Resources.

Coward, D. D. (1998). Facilitation of self-transcendence in a breast cancer support group. *Oncology Nursing Forum, 25*, 75-84.

Coward, D. D. (2003). Facilitation of self-transcendence in a breast cancer support group: Part II. *Oncology Nursing Forum, 30*(2), 291-300.

Cox, M., Garrett, E., & Graham, J. A. (2005). Death in Disney film. An implication for children's understanding for death. *Omega, 50*(4), 267-280.

Cozzolino, P. J., Staples, A. D., Meyers, L. S., & Samboceti, J. (2004). Greed, death, and values: From terror management to transcendence management theory. *Personality and Social Psychology Bulletin, 30*(3), 278-292.

Cozzolino, P. J. (2006). Death contemplation, growth, and defense: Converging evidence of dual-existential systems? *Psychological Inquiry, 17*, 278-287.

Crocker, J., & Park, L. E. (2004). The costly pursuit of self-esteem. *Psychological Bulletin, 130*, 392-414.

Cully, J. A., LaVoie, D., & Gfeller, J. D. (2001). Reminiscence, personality, and psychological functioning in older adults. *The Gerontologist, 41*(1), 89-95.

Cupit, I. N. (2013). Historical and contemporary perspectives on death education. In D. K. Meagher & D. E. Balk (Eds.), *Handbook of Thanatology* (pp. 347-355). New York: Routledge.

Curtis, J. R., Patrick, D. L., Engeberg, R. A., Norris, K., Asp, C., & Byock, I. (2002). A measure of the quality of dying and death: Initial validation using after-death interviews with family members. *Journal of Pain and Symptom Management, 24*(1), 17-31.

Damasio, A. (1999). *The feeling of what happens: Body and emotion in the making of consciousness*. New York: Harcourt Brace.

Dattel, A. R., & Neimeyer, R. A. (1990). Sex differences in death anxiety: Testing the emotional expressive hypothesis. *Death Studies, 14*(1), 1-11.

Davey, G. C. L., & Levy, S. (1998). Catastrophic worrying: Personal inadequacy and a perseverate iterative styles as features of the catastrophising process. *Journal of Abnormal Psychology, 107*, 576-586.

Davis, C. G., Lehman, D. R., Silver, R. C. Wortman, C. B., & Ellard, J. H. (1996). Self-blame following a traumatic event: The role of perceived avoidability. *Personality and Social Psychology Bulletin, 22*(6), 557-567.

Davis, C. G., Wortman, C. B., Lehman, D. R., &

Silver, R. C. (2000). Searching for meaning in loss: Are clinical assumptions correct? *Death Studies, 24*(6), 497-540.

Debate of the Age Health and Care Study Group (1999). *The future of health and care of older people: The best is yet to come.* London: Age Concern.

Deeken, A. (1986). *Growing old and how to cope with it.* San Francisco, CA: Ignatius Press.

Deeken, A. (1992). The need for death education. *Gan To Kagaku Ryoho. 19*(9), 1247-1252.

Deeken, A. (2001). *Sei To Shi No Kyoiku.* (전성곤 역, 인문학으로서의 죽음교육. 서울: 인간사랑, 2008).

Despelder, L. A., & Srickland, A. L. (2005). *The last dance: Encountering death and dying* (7th ed.). Boston: McGraw-Hill.

Dickstein, L. S. (1977). Attitudes toward death, anxiety, and social desirability. *Omega, 8,* 369-378.

Dittman-Kohli, F., & Baltes, P. B. (1990). Toward a neofunctionalist conception of adult intellectual development: Wisdom as a prototypical case of intellectual growth. In C. Alexander & E. Langer (Eds.), *Beyond formal operations: Alternative endpoints to human development* (pp. 54-78). New York: Oxford University Press.

Doka, K. J. (1993). The spiritual needs of the dying. In K. J. Doka & J. D. Morgan (Eds.), *Death and spirituality* (pp. 143-150). Amityville, NY: Baywood.

Doka, K. J., & Neimeyer, R. A. (2012).

Orchestrating social support. In R. A. Neimeyer (Ed.), *Techniques of grief therapy: Creative practices for counseling the bereaved* (pp. 152-154). New York: Routledge.

Donahue, M. J. (1985). Intrinsic and extrinsic religiousness: Review and meta-analysis. *Journal of Personality and Social Psychology, 48,* 400-419.

Dozier, M., & Kobak, R. (1992). Psychophysiology in attachment interviews: Converging evidence for deactivating strategies. *Child Development, 63,* 1473-1480.

Drolet, J. L. (1990). Transcending death during early adulthood: Symbolic immortality, death anxiety, and purpose in life. *Journal of Clinical Psychology, 46,* 148-160.

Druckman, D., & Swets, J. A. (1988). *Enhancing human performance: Issues, theories and techniques.* Washington, DC: National Academy Press.

Dunning, D. (2005). *Self-insight: Roadblocks and detours on the path to knowing thyself.* New York: Psychology Press.

Durlak, J. A. (1972). Relationship between individual attitudes toward life and death. *Journal of Consulting and Clinical Psychology, 38,* 463.

Durlak, J. A. (1994). Changing death attitudes through death education. In R. A. Neimeyer (Ed.), *Death Anxiety Handbook: Research, Instrumentation, and Application* (pp. 243-260). Washington, DC: Taylor & Francis.

Durlak, J. A., & Reisenberg, L. A. (1991). The

impact of death education. *Death Studies, 15,* 39-58.

Ebersole, P., & Persi, R. (1992). The short index of self-actualization and death anxiety. *The Journal of Psychology, 127*(3), 359-360.

Eddy, J. M., & Alles, W. F. (1983). *Death education.* St. Louis, MO: Mosby.

Eddy, J. M., St Pierre, R. W., Alles, W. F., & Monismith, S. W. (1983). Death education: enhancing competence across the life span. *Health Values, 7*(1), 29-32.

Ehrenreich, J. T., Santucci, L. C., & Weiner, C. L. (2008). Separation anxiety disorder in youth: Phenomenology, assessment, and treatment. *Psicologia Conductual, 16*(3), 389-412.

Elflein, J. (2019). Total number of hospice patients served in the U. S. in 2009 to 2017. *Statista*(August 2, 2019). (https://statista.com/ statistics/339851).

Elizur, E., & Kaffman, M. (1983). Factors influencing the severity of childhood bereavement reactions. *American Journal of Orthopsychiatry, 53*(4), 668-676.

Ellermann, C. R., & Reed, P. G. (2001). Self-transcendence and depression in middle-aged adults. *Western Journal of Nursing Research, 23,* 698-713.

Ellis, L., & Wahab, E. (2013). Religiosity and fear of death: A theory-oriented review of the empirical literature. *Review of Religious Research, 55*(1), 149-189.

Ellison, C. G., Burdette, A. M., & Hill, T. D. (2009). Blessed assurance: Religion, anxiety, and tranquility among US adults. *Social Science Research, 38*(3), 656-667.

Emmons, R. A. (1999). *The psychological of ultimate concerns: Motivation and spirituality in personality.* New York: Guilford Press.

Engel, G. L. (1954). Selection of clinical material in psychosomatic medicine: The need for a new physiology. *Psychosomatic Medicine, 16*(5), 368-373.

Engel, G. L. (1961). Is grief a disease? *Psychosomatic Medicine, 23,* 18-22.

Engelkemeyer, S. M., & Marwit, S. J. (2008). Posttraumatic growth in bereaved parents. *Journal of Traumatic Stress, 21,* 344-346.

Epstein, S. (1973). The self-concept revisited: Or a theory of a theory. *American Psychologist, May,* 404-416.

Erhrsson, H. H. (2007). The experimental induction of out-of-body experiences. *Science, 317,* 1048.

Erikson, E. (1963). *Childhood and society.* New York: Norton.

Erickson, E. (1968). *Identity: Youth and crisis.* New York: Norton.

Erickson, E. (1982). *The life cycle completed.* New York: Norton.

Evans-Wentz, W. Y. (1965/1927). *The Tibetan book of the dead.* (류시화 역, 티벳 死者의 書. 서울: 정신세계사, 1995).

Exline, J. J. (2008). Taming the wild ego: The challenge of humility. In H. A. Wayment & J. J. Bauer (Eds.), *Decade of behavior. Transcending self-interest: Psychological* explorations of the quiet ego (pp. 53-62). Washington, DC: American Psychological Association.

Falkenhain, M., & Handal, P. J. (2003). Religion, death attitudes, and belief in afterlife in the elderly: Untangling the relationships. *Journal of Religion and Health, 42*(1), 67-76.

Feifel, H. (1959). *The Meaning of death*. New York: McGraw-Hill.

Feifel, H. (1974). Religious conviction and fear of death among the healthy and terminally ill. *Journal for the Scientific Study of Religion, 13*, 353-360.

Feifel, H. (1977). *New meaning of death*. New York: McGraw-Hill.

Feifel, H., & Nagy, V. T. (1981). Another look at fear of death. *Journal of Consulting and Clinical Psychology, 49*(2), 278-286.

Felitti, V. J., Anda, R. F., Nordenberg, D. Williamson, D. F., Spitz, A. M., Edwards, V. Koss, M. P., & Marks, J. S. (1998). Relationship of childhood abuse and household dysfunction to many of the leading causes of death in adults. The Adverse Childhood Experiences (ACE) Study. *American Journal of Preventive Medicine, 14*(4), 245-258.

Fenwick, P, Lovelace, H., & Brayne, S. (2010). Comfort for the dying: five year retrospective and one year prospective studies of end of life experiences. *Archives of Gerontology & Geriatrics, 51*, 173-179.

Fenwick, P., & Brayne, S. (2011). End-of-life experiences: Reaching out for compassion, communication, and connection-Meaning of death visions and coincidences. *American Journal of Hospice and Palliative Medicine, 28*(1), 7-15.

Fenwick, P., Lovelace, H., & Brayne, S. (2007). End of life experiences and their implication for palliative care. *International Journal of Envionmental Studies, 64*(3), 315-323.

Ferrell, B. R., Dahlin, C., Campbell, M. L., Paice, J. A., Malloy, P., & Virani, R. (2007). End-of-life Nursing Education Consortium(ELNEC) Training Program: improving palliative care in critical care. *Critical Care Nursing Quarterly, 30*, 206-12.

Festinger, L. (1957). *A theory of cognitive dissonance*. Stanford, CA: Stanford University Press.

Field, M. J., Cassell, C, K., et al. (1997). *Approaching death: Improving care at the end of life*. Washington, DC: National Academy Press.

Firestone, R. W. (1994). Psychological defenses against death anxiety. In R. A. Neimeyer (Ed.), *Death anxiety handbook: Research, instrumentation, and application* (pp. 217-241). Washington, DC: Taylor & Francis.

Firestone, R. W. (2018). Factors that increase or suppress death anxiety: What arouses death anxiety? *Psychology Today* (June 19, 2018) (https://www.psychalive.org/death-anxiety/).

Flannelly, K. J. (2017). *Religious beliefs,*

evolutionary psychiatry, and mental health in America: Evolutionary Threat Assessment Systems Theory. New York: Springer.

Flannelly, K. J., & Galek, K. (2010). Religion, evolution, and mental health: attachment theory and ETAS theory. Journal of Religion and Health, 49(3), 337-350.

Flavell, M. J., Green, F. L., Flavell, E., & Grossman, J. B. (1997). The development of children's knowledge about inner speech. Child Development, 68, 39-47.

Fleischer-Mann, J. (1995). Exploration of attachment-separation, fear of death and separation anxiety in agoraphobia. Dissertation Abstracts International, Section B: The Sciences and Engineering, 56, 2370.

Florian, V., & Mikulincer, M. (2004). A multifaceted perspective on the existential meanings, manifestations, and consequences of the fear of personal death. In J. Greenberg, S. L. Koole, & T. Pyszczynski (Eds.), Handbook of experimental existential psychology (pp. 54-70). New York: Guilford.

Florian, V., Kravetz, S., & Frankel, J. (1983). Aspects of fear of personal death, levels of awareness, and religious commitment. Journal of Research in Personality, 18, 289-304.

Florian, V., Mikulincer, M., & Hirschberger, G. (2002). The anxiety-buffering function of close relationships: Evidence that relationship commitment acts as a terror management mechanism. Journal of Personality and Social Psychology, 82(4), 527-542.

Foa, E. B., Steketee, G., & Young, M. C. (1984). Agoraphobia: Phenomenological aspects, associated characteristics, and theoretical considerations. Clinical Psychology Review, 4, 431-457.

Foley, K. M., & Gelband, H. (2001). Improving palliative care for cancer. Washington, DC: National Academic Press.

Forer, B. R. (1948). A diagnostic interest blank. Rorschach Research Exchange and Journal of Projective Techniques, 12, 119-129.

Fraley, R. C., & Bonnano, G. (2004). Attachment and loss: A test of three competing models on the association between attachment-related avoidance and adaptation to bereavement. Personality and Social Psychology Bulletin, 30, 878-890.

Frank, A. W. (1995). At the will of the body: Reflections on illness. Boston: Houghton Mifflin.

Frankl, V. (1963). Man's search for meaning. (이시형 역, 죽음의 수용소에서. 서울: 청아출판사, 2012).

Frankl, V. E. (1965). The doctor and the soul: From psychotherapy to logotherapy. Oxford, England: Knopf.

Frazier, P. H., & Foss-Goodman, D. (1988-1989). Death anxiety and personality: Are they truly related? Omega, 19(3), 265-274.

Freud, A. (1936). The ego and mechanisms of defense. New York: International Universities

Press.

Freud, S. (1917). *Mourning and melancholia.* (Standard Edition, Vol. 14).

Freud, S. (1926). *Inhibitions, symptoms and anxiety.* (Standard Edition, Vol. 20).

Friedlander, M. W. (1998). *At the fringes of science.* Westview Press.

Friedman, H. L. (1981). *The construction and validation of a transpersonal measure of self concept: The Self-Expansiveness Level Form.* Unpublished doctoral dissertation, Georgia State University, Atlanta.

Friedman, H. L. (1983). The Self-Expensiveness Level Form: A conceptualization and measurement of a transpersonal construct. *The Journal of Transpersonal Psychology, 15*(1), 37-50.

Friedman, H. L. (2006). The renewal of psychedelic research: Implications for humanistic and transpersonal psychology. *The Humanistic Psychologist, 34,* 39-58.

Friedman, H. L. (2013). Transpersonal self-expensiveness as a scientific construct. In H. L. Friedman & G. Hartelius (Eds.), *The Wiley-Blackwell handbook of transpersonal psychology* (pp. 203-222). New York: John Wiley & Sons.

Friedman, M., & Rholes, W. S. (2007). Successfully challenging fundamentalist beliefs results in increased death awareness. *Journal of Experimental Social Psychology, 43,* 794-801.

Fristad, M. A., Jedel, R., Weller, R. A., & Weller, E. B. (1993). Psychosocial functioning in children after the death of a parent. *American Journal of Psychiatry, 150*(3), 511-513.

Fromm, E. (1964). *The heart of man: Its genius for good and evil.* New York: Harper & Row.

Fry, P. S. (2003). Perceived self-efficacy domains as predictors of fear of the unknown and fear of dying among older adults. *Psychology and Aging, 18,* 474-486.

Fry, P. S., & Debats, D. L. (2002). Self-efficacy beliefs as predictors of loneliness and psychological distress in older adults. *International Journal of Aging & Human Development, 55,* 233-269.

Furer, P., & Walker, J. R. (2008). Death anxiety: A cognitive-behavioral approach. *Journal of Cognitive Psychotherapy: An International Quarterly, 22*(2), 167-182.

Furer, P., Walker, J. R., & Stein, M. B. (2007). *Treating health anxiety and fear of death: A practitioner's guide.* New York: Springer.

Furer, P., Walker, J. R., Chartier, M. J., & Stein, M. B. (1997). Hypochondriacal concerns and somatization in panic disorder. *Depression and Anxiety, 6*(2), 78-85.

Furman, W. (1984). Enhancing children's peer relations and friendships. In S. Duck (Ed.), *Personal relationships: V. Repairing personal relationships* (pp. 103-126). London: Academic Press.

Galak, J., LeBoeuf, R. A., Nelson, L. D., & Simmons, J. P. (2012). Correcting the past: Failures to replicate psi. *Journal of Personality and Social Psychology, 103*(6), 933-948.

Gallup, G. G., Jr. (1977). Self-recognition in primates: A comparative approach to the bidirectional properties of consciousness. *American Psychologist, 32*(5), 329-338.

Garfield, C. (2014). *Seven keys to a good death.* Greater Good Megazine: Science-Based Insights for A Meaningful Life. April 30.

Gawande, A. (2014). *Being mortal.* (김희정 역, 어떻게 죽을 것인가. 서울: 부키, 2015).

George, C., Kaplan, N., & Main, M. (1985). *The Adult Attachment Interview.* Unpublished manuscript, University of California at Berkeley.

Gesser, G., Wong, P. T. P., & Reker, G. T. (1988). Death attitudes across thelife-span: The development and validation of the Death Attitude Profile. *Omega, 18,* 113-128.

Ghaemi, S. N. (2007). Feeling and time: The phenomenology of mood disorders, depressive realism, and existential psychotherapy. *Schizophrenia Bulletin, 33,* 122-130.

Giles, A. H. (1995). *Death anxiety toward self and mother in clients with anorexia nervosa.* Dissertation Abstracts International, Section B: The Sciences and Engineering, 56, 0522.

Gillies, J., & Neimeyer, R. A. (2006). Loss, grief, and the search for significance: Toward a model of meaning reconstruction in bereavement. *Journal of Constructivist Psychology, 19*(1), 31-65.

Glaser, B. G., & Strauss, A. L. (1965). *Awareness of dying.* Chicago, IL: Aldine Publishing.

Glaser, B. G., & Strauss, A. L. (1968). *Time for dying.* Chicago, IL: Aldine Publishing.

Glick, I, D., Weiss, R. S., & Parkes, C. M. (1974). *The first year of bereavement.* Canada: John Wiley & Sons.

Goldenberg, J. L., Arndt, J., Hart, J., & Brown, M. (2005). Dying to be thin: The effects of mortality salience and Body Mass Index on restricted eating among women. *Personality and Social Psychology Bulletin, 31*(10), 1400-1412.

Goldenberg, J. L., Heflick, N. A., & Cooper, D. (2008). The thrust of the problem: Bodily inhibitions and guilt as a function of mortality salience and neuroticism. *Journal of Personality, 76*(5), 1055-1080.

Gordon, A. K., & Klass, D. (1979). *They need to know: How to teach children about death.* Englewood Cliffs, NJ: Prentice-Hall.

Gorer, G. (1955). The pornography of death. In G. Gorer (Ed.), *Death, grief, and mourning* (pp. 192-199). New York: Doubleday.

Govender, S., Drummond, L. M., & Menzies, R. G. (2006). Danger ideation reduction therapy for treatment of severe, chronic and resistant obsessive-compulsive disorder. *Behavioral and Cognitive Psychotherapy, 34,* 477-480.

Granqvist, P. (2002). Attachment and religiosity in adolescence: Cross-sectional and longitudinal evaluations. *Personality and Social Psychology Bulletin, 28,* 260-270.

Granqvist, P., & Kirkpatrick, L. A. (2004). Religious conversion and perceived childhood attachment: A meta-analysis. *International Journal of for the Psychology of Religion, 14*(4), 223-250.

Granqvist, P., Mikulincer, M., & Shaver, P. R. (2010). Religion as attachment: Normative processes and individual differences. *Personality and Social Psychology Review, 14,* 49-59.

Gray, J. A. (1982). *The neuropsychology of anxiety: An enquiry into the functions of the septo-hippocampal system.* New York: Oxford University Press.

Graziano, M. S. (2016). Consciousness Engineered. *Journal of Consciousness Studies, 23*(11-12), 98-115.

Green, B. L. (1990). Defining trauma: Terminology and generic stressor dimensions. *Journal of Applied Social Psychology, 20,* 1632-1642.

Green, C. E., & McCreery, C. (1975). *Apparitions.* London: Hamish Hamilton.

Green, J. W. (2008). *Beyond the good death.* Philadelphia: University of Pennsylvania Press.

Greenberg, J., Arndt, J., Simon, L., Pyszczynski, T., & Solomon, S. (2000). Proximal an distal defenses in response to reminders of one's mortality. *Personality and Social Psychology Bulletin, 26*(1), 91-99.

Greenberg, J., Pyszczynski, T., Veeder, M., Kirkland, S., & Solomon, S. (1990). Evidence for terror management theory II: Effects of mortality salience on reactions to those who explicitly and implicitly threaten the cultural worldview. *Journal of Personality and Social Psychology, 58,* 308-318.

Greenberg, J., Solomon, S., Pyszczynski, T., Rosenblatt, A., Burling, J., Lyon, D., Simon, L., & Pinel, E. (1992). Why do people need self-esteem? Converging evidence that self-esteem serves an anxiety-buffering function. *Journal of Personality and Social Psychology, 63*(6), 913-922.

Greyson, B. (1992). Reduced death threat in near-death experiencers. *Death Studies, 16*(6), 533-546.

Greyson, B. (2000). Dissociation in people who have near-death experiences: out of their bodies or out of their minds? *Lancet, 355*(9202), 460-463.

Grof, S., & Halifax, J. (1977). *The human encounter with death.* New York: E. P. Dutton.

Grossman, C. H., Brooker, J., Michael, N., & Kissane, D. (2018). Death anxiety intervention in patients with advanced cancer: A systematic review. *Palliative Medicine, 32*(1), 172-184.

Gündel, H., O'Connor, M., Littrell, L., Fort, C., & Lane, R. D. (2003). Functional neuroanatomy of grief: An fMRI study. *American Journal of Psychiatry, 160*(11), 1946-1953.

Habenstein, R. W., & Lamars, W. M. (1968). *Funeral customs the world over.* Milwaukee: Bulfin Printers.

Hales, S., Zimmermann, C., & Rodin, G. (2008).

The quality of dying and death. *Archives of Internal Medicine, 168*(9), 912-918.

Haraldsson, E. (2000). Birthmarks and claims of previous life memories I. The case of Purnima Ekanayake. *Journal of the Society for Psychical Research, 64*(858), 16-25.

Harding, S. R., Flannelly, K. J., Weaver, A. J., & Costa, K. G. (2005). The influence of religion on death anxiety and death acceptance. *Mental Health, Religion & Culture, 8*(4), 253-261.

Hardwig, J. (1997a). Is there a duty to die? *Hastings Centre Report, 27,* 34-42.

Hardwig, J. (1997b). Dying at the right time: Reflections on assisted and unassisted suicide. In H. LaFollette (Ed.), *Ethics in practice* (pp. 48-59). New York: Blackwell.

Hart, J., & Shaver, P. R., & Goldenberg, J. L. (2005). Attachment, self esteem, worldviews, and terror management: Evidence for a tripartie security system. *Journal of Personality and Social Psychology, 88,* 999-1013.

Harter, S. (1985). Competence as a dimension of self-evaluation: Toward a comprehensive model of self-worth. In R. L. Leahy (Ed.). *The development of self.* Orlando, FL: Academic press.

Hayes, J., Schimel, J., Arndt, J., & Faucher, E. H. (2010). A theoretical and empirical review of the death-thought accessibility concept in terror management research. *Psychological Bulletin, 136,* 699-739.

Hayes, J., Schimel, J., Faucher, E. H., & Williams, T. J. (2008). Evidence for the DTA hypothesis II: Threatening self-esteem increase death-thought accessibility. *Journal of Experimental Social Psychology, 44,* 600-613.

Heaps, C., & Nash, M. (1999). Individual differences in imagination inflation. *Psychonomic Bulletin & Review, 6,* 313-318.

Heidegger, M. (1927/1962). *Being and time.* New York: Harper & Row.

Helmrath, T.A., & Steinitz, E. M. (1978). Death of an infant: Parental grieving and the failure of social support. *Journal of Family Practice, 6,* 785-790.

Henry, M., Cohen, S. R., Lee, V., et al. (2010). The meaning-making intervention(MMi) appears to increase meaning in life in advanced ovarian cancer: A randomized controlled pilot study. *Psychooncology, 19*(12), 1340-1347.

Hiebert, C., Furer, P., McPhail, C., & Walker, J. R. (2005). Death anxiety: A central feature of hypochondriasis. *Depression and Anxiety, 22,* 215-216.

Higgins, E. T. (1987). Self-descrepancy: A theory relating self to affect. *Psychological Review, 94,* 319-340.

Hill, R. R. (2007). Clinical pharmacy services in a home-based palliative care program. *American Journal of Health System and Pharmacy, 64*(8), 806-810.

Hines, T. (2003). *Pseudoscience and the paranormal.* Essex: Prometheus Books.

Hoelter, J. W. (1979). Multidimensional treatment

of fear of death. *Journal of Clinical and Consulting Psychology, 47,* 996-999.

Holcomb, L. E., Neimeyer, R. A., & Moore, M. K. (1993). Personal meanings of death: A content analysis of free-response narratives. *Death Studies, 17*(4), 299-318.

Holmes, J. A., & Rahe, R. H. (1967). The social readjustment rating scale. *Journal of Psychosomatic Research, 11,* 213-218.

Howarth, G., & Leaman, O. (2014). *Encyclopedia of death and dying.* New York: Routledge.

Hurvich, M. (1989). Traumatic moment, basic dangers, and annihilation anxiety. *Psychoanalytic Psychology, 6,* 309-323.

Hyman, I. E., & Billings, F. J. (1999). Individual differences and the creation of false childhood memory. *Memory, 6,* 1-20.

Inhelder, B., & Piaget, J. (1958). *The Growth of Logical Thinking from Childhood to Adolescence.* New York: Basic Books.

Iverach, L., Menzies, R. G., & Menzies, R. E. (2014). Death anxiety and its role in psychopathology: Reviewing the status of a transdiagnostic construct. *Clinical Psychology Review, 34,* 580-593.

Jacobs, T. (2017). *Death anxiety shapes views on evolution.* Pacific Standard, June 14, 2017.

James, R. K., & Gilliland, B. E. (2001). *Crisis intervention strategies.* Belmont, CA: Thomson Learning.

James, W. (1890/1907). *Principles of psychology.* New York: Holt.

James, W. (1902). *The varieties of religious experience: A study in human nature.* London: Longmans, Greens & Co.

Janoff-Bulman, R. (1989). Assumptive worlds and the stress of traumatic events:Applications of the schema construct. *Social Cognition, 7,* 113-136.

Janoff-Bulman, R. (1992). *Shattered assumptions: Toward a new psychology of trauma.* New York: The Free Press.

Jastrzębski, J. & Slaski, S. (2011). Death anxiety, locus of control and Big Five personality traits in emerging adulthood in Poland. *Psychology and education An Interdisciplinary Journal. 48*(4), 1-15.

Jeffers, F. C., Nichols, C. R., & Eisdorfer, C. (1961). Attitudes of older persons toward death: A preliminary study. *Journal of Gerontology, 16,* 53-56.

Johnson, D. D. P. (2005). God's punishment and public goods: A test of the supernatural punishment hypothesis in 186 world cultures. *Human Nature, 16,* 410-446.

Johnson, D. D. P., & Krüger, O. (2004). The good of wrath: supernatural punishment. *Political Theology, 5,* 159-176.

Johnson, J. C. (1980). Death anxiety of rehabilitation counselors and clients. *Psychological Reports, 46,* 325-326.

Jonas, E., Schimel, J., Greenberg, J., & Pyszczynski, T. (2002). The Scrooge effect: Evidence that mortality salience increases prosocial attitudes and behavior. *Personality and Social Psychology Bulletin, 28*(1), 1342-

1353.

Jones, M. K., & Menzies, R. G. (1997a). The cognitive mediation of obsessive-compulsive handwashing. *Behaviour Research and Therapy, 35*(9), 843-850.

Jones, M. K., & Menzies, R. G. (1997b). Danger ideation reduction therapy. In G. Zimmer, M. Hersen, & W. Sledge (Eds.), *Encyclopedia of psychotherapy* (pp. 615-619). New York: Academic Press.

Jones, M. K., & Menzies, R. G. (2002). Danger ideation reduction therapy (DIRT): Preliminary findings with three obsessive-compulsive washers. *Behaviour Research and Therapy, 35*(9), 955-960.

Kagan, S. (2012). *Death.* (박세연 역, 죽음이란 무엇인가. 서울: 엘도라도, 2012).

Kain, K., & Nelson, L. J. (2001). Cigarette Smoking and Fear of Death: Explaining Conflicting Results in Death Anxiety Research. *Omega, 43*(1), 43-61.

Kalish, R. A. (1963). An approach to the study of death attitudes. *American Behavioral Scientist, 6*(9), 68-70.

Kalish, R. A. (1968). Life and death: Dividing the indivisible. *Social Science and Medicine, 2,* 249-259.

Kalish, R. A. (1981). Coping with death. In P. Ahmed (Ed.), *Living and dying with cancer* (pp. 223-237). New York: Elsevier.

Kamath, M. V. (1993). *Philosophy of life and death.* (이옥순 역, 위인들의 마지막 하루. 경기: 사과나무, 2005).

Kaniasty, K., & Norris, F. (2000). Help-seeking comfort and receiving social support: The role of ethnicity and context of need. *American Journal of Community Psychology, 28,* 545-582.

Kaplan, H. I., & Sadock, B. J. (1985). *Comprehensive textbook of psychiatry.* Baltimore: Williams & Wilkins.

Kashdan, T. B., Afram, A., Brown, K. W., Birnbeck, M., & Drvoshanov, M. (2011). Curiosity enhance the role of mindfulness in reducing defensive responses to existential threat. *Personality and Individual Differences, 50,* 1227-1232.

Kasser, T., & Sheldon, K. M. (2000). Of wealth and death: Materialism, mortality salience, and consumption behavior. *Psychological Science, 11,* 348-351.

Kastenbaum, M. (2004). *On our way: The final passage through life and death.* Los Angeles: University of California Press.

Kastenbaum, R. (1986). *Death, society, and Human experience.* Columbus, OH: Charles E. Merrill.

Kastenbaum, R. (2000). *The psychology of death* (3rd ed.). New York: Springer.

Kastenbaum, R., & Aisenberg, R. (1972). *The psychology of death.* New York: Springer.

Kawagoe, H., & Kawagoe, K. (2000). Death education in home hospice in Japan. *Journal of Palliative Care, 16*(3), 37-45.

Kearl, M. C. (1989). *Endings: A sociology of death and dying.* New York: Oxford University

Press.

Kellner, R., Abbott, P., Winslow, W. W., & Pathak, D. (1987). Fears, beliefs, and attitudes in DSM-III hypochondriasis. *Journal of Nervous and Menal Diseases, 175*(1), 20-25.

Kelly, G. A. (1955). *The psychology of personal constructs.* New York: Norton.

Kennell, J. H., Slyter, H., & Klaus, M. H. (1970). The mourning response of parents to the death of a newborn infant. *The New England Journal of Medicine, 283*(1), 344-349.

Kesebir, P. (2014). A quiet ego quiets death anxiety: Humility as an existential anxiety buffer. *Personality Processes and Individual Differences, 106*(4), 610-623.

Kesebir, P., Luszczynska, A., Pyszczynski, T., & Benight, C. (2011). Posttraumatic stress disorder involves disrupted anxiety-buffer mechanisms. *Journal of Social and Clinical Psychology, 30,* 819-841.

Kihlstrom, J. F. (1987). The cognitive unconscious. *Science, 237,* 1445-1452.

Kim, Y-H., Ahn, S-Y., et al. (2016). Development of a death education curriculum model for the general public using DACUM method. *Technology and Health Care, 24,* 439-446.

Kirk, J., & Rouf, R. (2004). Specific Phobias. In J. Bennet-Levy, G. Butler, M. Fennell, A. Hackmann, M. Mueller, & D. Westbrook (Eds.), *Oxford Guide to Behavioural Experiments in Cognitive Therapy.* Oxford: Oxford University Press.

Kissane, D. W., & Block, S. (2002). *Family focused grief therapy: A model of family-centered care during palliative care and bereavement.* Buckingham: Open University Press.

Kissane, D. W., Lichtenthal, W. G., & Zaider, T. (2008). Family care before and after bereavement. *Omega, 56*(1), 21-32.

Kissane, D. W., Love, A., Hatton, A., et al. (2004). Effect of cognitive-existential group therapy on survival in early-stage breast cancer. *Journal of Clinical Oncology, 22*(21), 4255-4260.

Klass, D. (1987). The Nature of Grief: The Evolution and Psychology of Reactions to Loss. *American Journal of Psychiatry 153,* 659-666.

Klemmack, D. L., & Roff, L. L. (1984). Fear of personal aging and subjective well-being in later life. *Journal of Gerontology, 39*(6), 756-758.

Klenow, D. J., & Bolin, R. C. (1990). Belief in an afterlife: A national survey. *Omega, 20*(12), 63-74.

Klug, L., & Sinha, A. (1987). Death acceptance: A two-component formulation and scale. *Omega, 18,* 229-235.

Kobas, S. C., & Maddi, S. R. (1977). Existential personlaity theory. In R. J. Corsini (Ed.), *Current personality theories* (pp. 243-276). Itasca, IL: Peacock.

Kranzler, E. M., Shaffer, D., Wasserman, G., & Davies, M. (1990). Early childhood bereavement. *Journal of the American Academy of Child and Adolescent Psychiatry, 29*, 513-520.

Krause, N. (1998). Neighborhood deterioration, religious coping, and changes in health during late life. *The Gerontologist, 38*, 653-664.

Krueger, M. J. J., & Hanna, F. (1997). Why adoptees search: An existential treatment perspective. *Journal of Counseling and Development, 75*, 195-202.

Kruger, A. (1994). The midlife transition: Crisis or chimera? *Psychological Reports, 75*, 1299-1305.

Kübler-Ross, E. (1969). *On death and dying.* New York: Simon & Schuster Inc.

Kübler-Ross, E. (1975). *Death: The final stage of growth.* New Jersey: Prentice-Hall, Inc.

Kübler-Ross, E., & Kessler, D. (2005). *On Grief and Grieving: Finding the Meaning of Grief Through the Five stages of loss.* (김소향 역, 상실수업. 서울: 인빅투스, 2014).

Labourvie-Vief, G. (1982). Dynamic development and mature autonomy. A theoretical prologue. *Human Development, 25*, 161-191.

Lama Zopa Rinpoche, & McDonal, K. (2010). *Wholesome fear: Transforming your anxiety about impermanence and death.* New York: Simon & Schuster.

Landau, M. J., & Greenberg, J. (2006). Play it safe or go for the gold? A terror management perspective on self-enhancement and self-protective motives in risky decision making. *Personality and Social Psychology Bulletin, 32*(12), 1633-1645.

Langrock, A. M., Compas, B. E., Keller, G., Merchant, M. J., & Copeland, M. E. (2002). Coping with the stress of parental depression: Parents' reports of children's coping, emotional, and behavioral problems. *Journal of Clinical Child and Adolescent Psychology, 31*(3), 312-324.

Langs, R. (2004). Death anxiety and the emotion-processing mind. *Psychoanalytic Psychology, 21*(1), 31-53.

Lasher, K. P., & Faulkender, P. J. (1993). Measurement of aging anxiety: development of the Anxiety about Aging Scale. *International Journal of Aging and Human Development, 37*(4), 247-259.

Lasher, K. P., & Faulkender, P. J. (1993). Measurement of aging anxiety: Development of the Anxiety About Aging Scale. *The International Journal of Aging &Human Development, 37*(4), 247-259.

Lazare, A. (1979). Unresolved grief. In A. Lazare (Ed.), *Outpatient psychiatry: Diagnostic and treatment* (pp. 498-512). Baltimore: Williams & Wilkens.

Lazarus, R. S. (1966). *Psychological stress and the coping process.* New York: McGraw-Hill.

Lazarus, R. S. (1981). The stress and coping paradigm. In C. E. Eisdorfer, D. Cohen, A. Kleinman, & P. Maxim (Eds.), *Models for clinical psychopathology* (pp. 177-214). New

York: S. P. Medical & Scientific Books.

Lazarus, R. S. (1991). *Emotion and adaptation*. New York: Oxford University Press.

Lazarus, R. S., & Folkman, S. (1984). *Stress, appraisal, and coping*. New York: Springer.

Leary, M. R. (2004). *The curse of the self: Self-awareness, egotism, and the quality of human life*. New York: Oxford University Press.

Leary, M. R., Adams, C. E., & Tate, E. B. (2006). Hypo-egoistic self-regulation: Exercising self-control by diminishing the influence of the Self. *Journal of Personality, 74*(6), 1803–1831.

LeDoux, J. E. (2008). Emotional colouration of consciousness: how feelings come about. In L. Weiskrantz, & M. Davies (Eds.), *Frontiers of consciousness: Chichele lectures* (pp. 69–130). Oxford: Oxford University Press.

Lee, G. R., DeMaris, A., Bavin, S., & Sullivan, R. (2001). Gender differences in the depressive effect of widowhood in later life. *Journal of Gerontology: Social Sciences 56B*, S56-S61.

Lehto, R. H., & Stein, K. F. (2009). Death anxiety: An analysis of an evolving concept. *Research and Theory for Nursing Practice: An International Journal, 23*(1), 23–41.

Lester, D. (1990). The Collett-Lester Fear of Death Scale: The original version and a revision. *Death Studies, 14*, 451–468.

Levinson, D. J. (1978). *The seasons of a man's life*. New York: Knopf.

Lewis, M., & Brooks-Gunn, J. (1979). *Social cognition and the acquisition of self*. New York: Plenum.

Li, J., Precht, D. H., Mortensen, P. B., & Osen, J. (2003). Mortality in parents after death of a child in Denmark: A national wide follow-up study. *Lancet, 362*(9355), 363–367.

Lichtenthal, W. G., & Cruess, D. G. (2010). Effects of directed written disclosure on grief and distress symptoms among bereaved individuals. *Death Studies, 34*, 475–499.

Lifton, R. (1979). *The broken connection: On death and the continuity of life*. New York: Simon and Schuster.

Lifton, R. J. (1968). *Death in life: Survivors of hiroshima*. New York: Random House.

Lindemann, E. (1944). Symptomatology and management of acute grief. *American Journal of Psychiatry, 101*, 141–148.

Linley, P. A., & Joseph, S. (2004). Positive change following trauma and adversity: A review. *Journal of Traumatic Stress, 17*(1), 11–21.

Little, G. (2014). *The origin of consciousness: Scientific understanding of ourselves as a spirit within a mind within a brain within a body*. Northcote, New Zealand; Institute of Theoretical Applied Social Sciences.

Little, M. (1960). On basic unity. *International Journal of Psychoanalysis, 41*, 377–384.

Lofland, L. (1978). *The craft of dying*. Beverly Hills, CA: Sage Publication.

Lokker, M. E., Van Zuylen, L., Veerbeek, L., et al. (2012). Awareness of dying: It needs words. *Supportive Care in Cancer, 20*, 1227–1233.

Lopata, H. Z. (1996). *Current Widowhood: Myths*

and Realities. Thousand Oaks, CA: Sage.

Luechen, L. J. (2008). Long-term consequences of parental death in childhood: Psychological and physiological manifestations. In M. Stroebe, R. Hansson, H. Schut, & W. Stroebe (Eds.), Handbook of Bereavement Research and Practice (pp. 397-416). Washington, DC: American Psychological Association.

Lundh, L., & Radon, V. (1998). Death anxiety as a function of belief in an afterlife: A comparison between a questionnaire measure and a Stroop measure of death anxiety. Personality and Individual Differences, 25, 487-494.

Lynch, S. M. (2000). Measurement and prediction of aging anxiety. Research on Aging, 22(5), 533-558.

Mack, K. Y. (2001). Childhood family disruptions and adult well-being: The differential effects of divorce and parental death. Death Studies, 25(5), 419-443.

MacLean, P. D. (1952). Some psychiatric implications of physiological studies on frontotemporal portion of limbic system (visceral brain). Electroencephalography & Clinical Neurophysiology, 4, 407-418.

MacLean, P. D. (1990). The triune brain in evolution: Role in paleocerebral functions. New York: Plenum Press.

Maddi, S. R. (1967). The existential neurosis. Journal of Abnormal Psychology, 72(4), 311-325.

Marks, D. (1981). Sensory cues invalidate remote viewing experiments. Nature, 292(5819), 177.

Marks, D., & Kammann, R. (1978). Information transmission in remote viewing experiments. Nature, 274(5672), 680-681.

Markus, H. R., & Nurius, P. (1986). Possible selves. American Psychologist, 41(9), 954-969.

Markus, H. (1990). Unsolved issues of self-representation. Cognitive Therapy and Research, 14, 241-253.

Marsh, H. W., Relich, J. D., & Smith, I. D. (1983). Self-concept: The construct validity of interpretations based upon the SDQ. Journal of Personality and Social Psychology, 45, 173-187.

Martikainen, P. T., & Valkonen, T. (1996). Excess mortality of unemployed men and women during a period of rapidly increasing unemployment. Lancet, 348(9032), 909-912.

Martinez, M., Arantzamendi, M., Belar, A., et al. (2017). 'Dignity therapy', a promising intervention in palliative care: A comprehensive systematic literature review. Palliative Medicine, 31(6), 492-509.

Martinson, I. M., Guang-Qi, C., & Yi-Hua, L. (1993). Chinese families after the death of a child from cancer. European Journal of Cancer Care, 2, 169-173.

Martinson, I. M., Lee, H., & Kim, S. (2000). Culturally based interventions for families whose child dies. Illness, Crisis, & Loss, 8, 17-31.

Maslow, A. H. (1963) The Need to know and the Fear of Knowing. The Journal of General

Psychology, 68(1), 111–125.

Maslow, A. H. (1968). *Toward a psychology of being*(2nd). New York: Van Nostrand Reinhold.

Maslow, A. H. (1970). *Motivation and personality*(2nd). New York: Harper & Row.

Maslow, A. H. (1971). *The farther reaches of human nature.* New York: Arkana/Penguin Books.

Masson, J. D. (2002). Non-professional perceptions of 'good death': A study of the views of hospice care patients and relatives of deceased hospice care patients. *Promoting the interdisciplinary study of death and dying, 7*(2), 191–209.

Masten, A. S., Burt, K. B., Roisman, G. I., Obradovic, J., Long, J. D., & Tellegen, A. (2004). Resources and resilience in the transition to adulthood: Continuity and change. *Development and Psychopathology, 16,* 1071–1094.

Maxfield, M., John, S., & Pyszczynski, T. (2014). A terror management perspective on the role of death-related anxiety in psychological dysfunction. *The Humanistic Psychologist, 42,* 35–53.

McCarthy, V. L. (2011). A new look at successful aging: Exploring a mid-range nursing theory among older adults in a low-income retirement community. *The Journal of Theory Construction and Testing, 15*(1), 17–23.

McClain-Jacobson, C., Rosenfeld, B., Kosinski, A., Pessin, H., Cimino, J. E., & Breitbart, W. (2004). Belief in an afterlife, spiritual well-being and end-of-life despair in patients with advanced cancer. *General Hospital Psychiatry, 26*(6), 484–486.

McCrae, R. R., & Costa, P. T. Jr. (1986). Personality, coping, and coping effectiveness in an adult sample. *Journal of Personality, 54,* 385–405.

McGregor, H. A., Lieberman, J. D., Greenberg, J., Solomon, S., Arndt, J., Simon, L., et al. (1998). Terror management and aggression: Evidence that mortality salience motivates aggression against worldview–threatening others. *Journal of Personality and Social Psychology, 74*(3), 590–605.

McMordie, W. R. (1981). Religiosity and fear of death: Strength of belief system. *Psychological Reports, 49,* 921–922.

Mead, G. H. (1934). *Mind, self, and society.* Chicago, IL: University of Chicago Press.

Meier, E. A., Gallegos, J. V., Lori, M. A., et al. (2016). Defining a good death(successful dying): Literature review and a call for research and public dialogue. *American Journal of Geriatric Psychiatry, 24*(4), 261–271.

Menzies, R. E., & Dar-Nimrod, I. (2017). Death anxiety and its relationship with obsessive-compulsive disorder. *Journal of Abnormal Psychology, 126*(4), 367–377.

Menzies, R. E., & Menzies, R. G. (2018). Death anxiety: The worm at the core of mental heath. Australian Psychological Association:

InPsych2018, Vol 40, December, Issue 6.

Menzies, R. E., Menzies, R. G., & Iverach, L. (2018). *Curing the dread of death: Theory, research and practice*. Australian Academic Press.

Meyer, J. E. (1975). *Death and neurosis*. New York: International Universities Press.

Michael, C., & Cooper, M. (2013). Post-traumatic growth following bereavement: A systematic review of the literature. *Counseling Psychology Review, 28*(4), 18-33.

Mikulincer, M., & Florian, V. (2000). Exploring individual differences in reactions to mortality salience: Does attachment style regulate terror management mechanisms? *Journal of Personality and Social Psychology, 79,* 260-273.

Mikulincer, M., & Florian, V. (2007). The complex and multifaceted nature of the Fear of Personal Death: The Multidimensional Model of Victor Florian. In A. Tomer, G. T. Eliason, & P. T. P. Wong (Eds.), *Existential and spiritual issues in death attitudes* (pp. 39-64). New York: Lawrence Erlbaum.

Mikulincer, M., Florian, V., & Hirschberger, G. (2003). The existential function of close relationships: Introducing death into the science of love. *Personality and social psychology review, 7*(1), 20-40.

Mikulincerk, M., Florian, V., & Tolmacz, R. (1990). Attachment styles and fear of personal death: A case study of affect regulation. *Journal of Personality and Social psychology, 58,* 273-

280.

Milicevic, N. (2002). The hospice movement: History and current worldwide situation. *Archive of Oncology, 19*(1), 29-32.

Miller, A., Lee, B. L., & Henderson, C. E. (2013). Death anxiety in persons with HIV/AIDS: A systematic review and meta-analysis. *Death Studies, 36,* 640-663.

Miller, R. L., & Mulligan, R. D. (2002). Terror management: The effects of mortality salience and locus of control on risk-taking behaviors. *Personality and Individual Differences, 33*(7), 1203-1214.

Mineau, G. P., Smith, K. R., & Bean, L. L. (2002). Historical trends of survival among widows and widowers. *Social Science & Medicine, 54,* 245-254.

Miyashita, M., Kawakami, S., Kato, D., Yamashita, H., Igaki, H., Nakano, K., Kuroda, Y., & Nakagawa, K. (2015). The importance of good death components among cancerpatients, the general population, oncologists, and oncology nursesin Japan: patients prefer "fighting against cancer". *Supportive Care in Cancer, 23*(1), 103-110.

Miyashita, M., Morita, T., Sato, K., Hirai, K., Shima, Y., & Uchitomi, Y. (2008). Good Death Inventory: A measure for evaluating good death from the bereaved family member's perspective. *Journal of Pain and Symptom Management, 35*(5), 486-498.

Miyashita, M., Sanjo, M., Morita, T., Hirai, K., & Uchitomi, Y. (2007). Good death in cancer care: a nationwide quantitative study. *Annuals of Oncology, 18*(6), 1090-1097.

Molleson, T. (1981). The archaeology and anthropology of death: what the bones tell us (pp. 15-32). In S. C. Humphreys & H. King (Eds.). *Mortality and immortality: the anthropology and archeology of death.* London: Academic Press.

Montemayor, R., & Eisen, M. (1977). The development of self-conceptions from childhood to adolescence. *Developmental Psychology, 13*, 314-319.

Moody, R. (1975). *Life after life.* Covington, GA: Mockingbird Books.

Morin, E. (1951/1970). *Man and death.* Paris: Seuil.

Mount, E. (1983). Individualism and fears of death. *Death Education, 7*, 25-31.

Murphy, M. (1993). *The future of the body: Explorations into the further evolution of human nature.* New York: Jeremy P. Tarcher/ Perigeee.

Murphy, S. A. (2008). The loss of a child: Sudden death and extended illness perspectives. In M. Stroebe, R. Hansson, H. Schut, & W. Stroebe (Eds.), *Handbook of Bereavement Research and Practice* (pp. 375-395). Washington, DC: American Psychological Association.

Musella, D. P. (2005). Gallup poll shows that Americans' belief in the paranormal persists. *Skeptical Inquirer, 29*(5), 5.

Nagy, M. (1948) The child's theories concerning death. *Journal of Genetic Psychology, 73,* 3-27.

Nagy, M. (1959). The child's view of death. In H. Feifel (Ed.), *The Meaning of Death.* New York: McGraw-Hill.

Nassar, S. L. (2010). A measure of interest to logotherapy researchers: The Death Depression Scale-Revised. *International Forum for Logotherapy, 33,* 56-57.

Neff, K. D. (2003). The development and validation of a scale to measure self-compassion. *Self and Identity, 2*(3), 223-250.

Nehrke, M. (1973). *Perceived generational differences in attitudes toward death.* Paper presented at the 26th annual scientific meeting of the Gerontological Society, Miami Beach, Florida.

Neimeyer, R. A., & Moore, M. K. (1994). Validity and reliability of the multidimensional fear of death scale. In R. A. Neimeyer (Ed.), *Death anxiety handbook: Research, instrumentation, and application* (pp. 103-119). Philadelphia: Taylor & Francis.

Neimeyer, R. A., & Sands, D. C. (2011). Meaning reconstruction in bereavement: From principles to practice. In R. A. Neimeyer, H. Winokuer, D. Harris, & G. Thornton (Eds.), *Grief and bereavement in contemporary society: Bridging research and practice.* New York: Routledge.

Neimeyer, R. A. (1985). Actualization, integration, and fear of death: A test of the additive model. *Death Studies, 9,* 235-244.

Neimeyer, R. A. (1988). Death anxiety. In H. Wass, F. Berardo, & R. A. Neimeyer (Eds.), *Dying: Facing the facts* (pp. 97-136). New York: Hemisphere.

Neimeyer, R. A. (2000). Searching for the meaning of meaning: Grief therapy and the process of reconstruction. *Death Studies, 24*, 541-558.

Neimeyer, R. A., & Anderson, A. (2002). Meaning reconstruction theory. In N. Tompson (Ed.), *Loss and grief.* New York: Palgrave.

Neimeyer, R. A., & Van Brunt, D. (1995). Death anxiety. In H. Wass & R. A. Neimeyer (Eds.), *Series in death education, aging, and health care. Dying: Facing the facts* (pp. 49-88). Philadelphia: Taylor & Francis.

Neimeyer, R. A., Prigerson, H. G., & Davies, B. (2002). Mourning and meaning. *American Behavioral Scientist, 46*, 235-251.

Neimeyer, R. A., Wittkowski, J., & Moser, R. P. (2004). Psychological research on death attitudes: An overview and evaluation. *Death Studies, 28*, 309-340.

Neimeyer, R. A.. & Chapman, K. M. (1980). Self/ideal discrepancy and fear of death: The test of an existential hypothesis. *Omega, 11*, 233-239.

Niebuhr, R. (1938). *Faith and history: A comparison of Christian and modern views of history.* London: Nisbet.

Nissim, R., Rennie, D., Fleming, S., & Hales, S. (2012). Goals Set in the Land of the Living/Dying: A Longitudinal Study of Patients Living with Advanced Cancer. *Death Studies, 36*(4), 360-390.

Noyes, R. (1980). Attitude change following near-death experiences. *Psychiatry, 43*, 234-242.

Noyes, R., Kletti, R. (1977). Depersonalization in the face of life-threatening danger: A description. *Comprehensive Psychiatry, 18*, 375-383.

Noyes, R., Stuart, S., Longley, S. L., Langbehn, D. R., & Happel, R. L. (2002). Hypochondriasis and fear of death. *The Journal of Nervous and Mental Disease, 190*, 503-509.

Nuland, S. B. (1993). *How we die.* (명희진 역, 사람은 어떻게 죽음을 맞이하는가. 서울: 세종서적, 2003).

O'Malley, P. M., & Bachman, J. G. (1983). Self-esteem: Change and stability between ages 13 and 23. *Developmental Psychology, 19*, 257-268.

Ohkado, M. (2013). One the term "Peak in Darien" experience. *Journal of Near-Death Studies, 31*(4), 203-211.

Ongider, N., & Eyuboglu, S. O. (2013). Investigation of death anxiety among depressive patients. *Journal of Clinical Psychiatry, 16*, 34-46.

Onwuteaka-Philipsen, B. D., van der Heide, A., et al. (2003). Euthanasia and other end-of-life decisions in the Netherlands in 1990, 1995, and 2001. *Lancet, 362*, 395-399.

Osarchuk, M., & Tatz, S. J. (1973). Effect of induced fear of death on belief in afterlife. *Journal of Personality and Social Psychology, 27*(2), 256-260.

Osis, K. (1961). *Deathbed observation by physicians and nurses*. New York: Parapsychology Foundation.

Osis, K., & Haraldsson, E. (1977). *At the hour of death*. New York: Avon.

Parappully, J., Rosenbaum, R., van den Daele, L., & Nzewi, E. (2002). Thriving after trauma: The experience of parents of murdered children. *Journal of Humanistic Psychology, 42*(1), 33-70.

Pargament, K. I. (1997). *The psychology of religion and coping: Theory, research, practice*. New York: Guilford Press.

Park, C. L., Cohen, L. H., & Murch, R. L. (1996). Assessment and prediction of stress-related growth. *Journal of Personality, 64*, 71-105.

Park, R. L. (2000). *Voodoo science: The road from foolishness to fraud*. New York: Oxford University Press.

Parker, A. (2000). A review of the Ganzfeld work at Gothenburg University. *Journal of the Society for Psychical Research, 64*, 1-15.

Parkes, C. M. (1998). *Coping with loss: Bereavement in adult life* (3rd ed.). Harmondsworth: Pelican.

Parkes, C. M. (2006). *Love and Loss: the roots of Grief and its Complications*. New York: Routledge.

Parnia, S., Spearpoint, K., de Vos, G., Fenwick, P., Goldberg, D., Yang, J, Zhu, J., Baker, K., & Killingback, H. (2014). AWARE-AWAreness during REsuscitation-a prospective study. *Resuscitation, 85*(12), 1799-1805.

Parnia, S., Waller, D. G., Yeates, R., & Fenwick, P. (2001). A qualitative and quantitative study of the incidence, features and aetiology of near death experiences in cardiac arrest survivors. *Resuscitation, 48*(2), 149-156.

Patrick, D. L., Engeberg, R. A., & Curtis, J. R. (2001). Evaluating the quality of dying and death. *Journal of Pain and Symptom Management, 22*(3), 717-726.

Pattison, E. M. (1977). Psychosocial interpretations of exorcism. *Journal of Operational Psychiatry, 8*, 5-21.

Pattison, E. M. (1978). *Psychosocial care of the dying patient*. New York: McGraw-Hill.

Payne, S. A., Langley-Evans, A., & Hillier, R. (1996). Perceptions of a 'good' death: A comparative study of the views of hospice staff and patients. *Palliative Medicine, 10*(4), 307-312.

Persons, J. B. (1986). Generalization of the effects of exposure treatments for phobias: A single case study. *Psychotherapy, 23*, 161-166.

Peterson C., & Seligman, M. E. P. (2004). *Character strengths and virtues: A handbook and classification*. New York: Oxford University Press.

Piaget, J. (1936). *Origins of intelligence in the child*. London: Routledge & Kegan Paul.

Piedmont, R. L. (1999). Does spirituality represent the sixth factor of personality? Spiritual transcendence and the five-factor model. *Journal of Personality, 67*, 985-1013.

Piedmont, R. L. (2001). Spiritual transcendence

and the scientific study of spirituality. *Journal of Rehabilitation, 67*(1), 4-14.

Pierce, J., Cohen, A., Chambers, J. A., & Meade, R. M. (2007), Gender differences in death anxiety and religious orientation among US high school and college students. *Mental Health, Religion & Culture, 10*(2), 143-150.

Pinar, W. F. & Reynolds, W. M. (1992) *Understanding curriculum as a phenomenological and deconstructed text.* New York: Teachers College Press.

Piotrowski, J., Skrzypinska, K., & Zemojtet-Piotrowska, M. (2013). The scale of spiritual transcendence: Construction and validation. *Annuals of Psychology, 16*(3), 469-485.

Piotrowski, J., Zemojtet-Piotrowska, M., & Clinton, A. (2018). Spiritual transcendence as a buffer against anxiety. *Current Psychology, 27*, 1-7.

Pollark, J. M. (1980). Correlates of death anxiety. A review of empirical studies. *Omega, 10*, 97-121.

Pollock, G. H. (1961). Mourning and adaptation. *International Journal of Psychoanalysis, 42*, 341-361.

Ponlop, D. (2006). *Mind beyond death.* Ithaca: Snow Lion.

Prigerson, H. G., & Jacobs, S. C. (2001). Traumatic grief as a distinct disorder: A rationale, consensus criteria, and a preliminary empirical test. In H. Schut (Ed.), *Handbook of bereavement research.* Washington, DC: American Psychological Association.

Prigerson, H. G., Horowitz, M. J., Jacobs, S. C., Parkes, C. M., et al. (2009). *Prolonged grief disorder: Psychometric validation of criteria proposed for DSM-V and ICD-11.* PLoS Medicine, 6, e1000121.

Pyszczynski, T., Greenberg, J., & Solomon, S. (2005). The machine in the ghost: A dual process model of defense against conscious and unconscious death-related thought. In J. P. Forgas, K. D. Williams, & S. M. Jaham (Eds.), *Social motivation: Conscious and unconscious processes* (pp. 40-54). New York: Cambridge University Press.

Pyszczynski, T., & Kesebir, P. (2011). Anxiety buffer disruption theory: A terror management account of posttraumatic stress disorder. *Anxiety, Stress, & Coping, 24*, 3-26.

Pyszczynski, T., Solomon, S., & Greenberg, J. (2003). *In the wake of 9/11: The psychology of terror.* New York: American Psychological Association.

Rachels, J. (1986). *The end of life: Euthanasia and morality.* New York: Oxford University Press.

Radanovic-Grguric, L., Filakovic, P., Laufer, D., Vuksic-Mihaljevic, Z., Koic, O., & Barkic, J. (2004). Panic disorder and depression. *Socijalna Psihijatrija, 32*, 155-159.

Randall, E. (2001). Existential therapy of panic disorder: A single system study. *Clinical Social Work Journal, 29*, 259-267.

Rando, T. A. (1983). An investigation of grief and adaptation in parents whose children have died from cancer. *Journal of Pediatric*

Psychology, 8(1), 3-20.

Rando, T. A. (1993). *Treatment of complicated mourning.* Champaign, IL: Research Press.

Rando, T. A. (1999). Grief and mourning: Accommodation to loss. In H. Wass & R. A. Neimeyer (Eds.), *Dying: Facing the facts* (3rd ed.) (pp. 211-241). Washington, DC: Taylor & Francis.

Rasmussen Reports. (2017). *Most Americans believe in the afterlife.* June 08. (http://www.rasmussenreports.com/public_content/lifestyle/general_lifestyle/ june_2017/most_americans_believe_in_the_afterlife).

Reed, P. G. (1989). Mental health of older adults. *Western Journal of Nursing Research, 11*(2), 143-163.

Reed, P. G. (1991). Toward a nursing theory of self-transcendence: Deductive reformulation using developmental theories. *Advances in Nursing Science, 13*(4), 64-77.

Reed, P. G. (2009). Demystifying self-transcendence for mental health nursing practice and research. *Archives of Psychiatric Nursing, 23*(5), 397-400.

Reed, P. G. (2014). The theory of self-transcendence. In M. J. Smith & P. R. Liehr (Eds.), *Middle Range Theory for Nursing* (3rd ed.) (pp. 10-140). New York: Springer Publishing Company.

Renz, M. (2015). Hinübergehen: Was beim sterben geschieht. (전진만 역, 어떻게 죽음을 마주할 것인가. 서울: 책세상, 2017).

Repetti, R. L., Taylor, S. E., & Seeman, T. E. (2002). Risky families: Family social environments and the mental and physical health of offspring. *Psychological Bulletin, 128,* 330-366.

Rhine, J. B. (1937). *New frontier of the mind.* New York: Farrar & Rinehart.

Richard, R. L., & Jex, S. M. (1991). Further evidence for the validity of the ShortIndex of Self-Actualization. *Journal of Social Behavior and Personality, 6,* 331-338.

Riley, J. C. (2005). Estimates of regional and global life expectancy, 1800-2001. *Population and Development Review, 31*(3), 537-543.

Ring, K. (1980). *Life at death: A scientific investigation of the near-death experience.* New York: Coward, McCann & Geoghegan.

Ring, K. (1984). *Heading toward Omega: In search of the meaning of the near-death experience.* New York: Morrow.

Ring, K., & Valarino, E. E. (1998). *Lessons from the light: What we can learn from the near-death experience.* New York: Plenum/Insight.

Rizzuto, A. (1979). *The birth of the living god.* Chicago: University of Chicago Press.

Robbins, R. A. (1991). Bugen's Coping with Death Scale: Reliability and further validation. *Omega, 22*(4), 287-299.

Robbins, R. A. (1992). Death competency: A study of hospice volunteers. *Death Studies, 16,* 557-569.

Robbins, R. A. (1994). Death competency: Bugen's Coping with Death Scale and Death Self-

Efficacy. In R. A. Neimeyer (Ed.), *Death anxiety handbook: Research, instrumentation, and adaptation* (pp. 149-165). Washington, DC: Taylor & Francis.

Robinson, P. J., & Wood, K. I. (1984). Fear of death and physical illness: A personal construct approach. In F. Epting & R. A. Neimeyer (Eds.), *Personal meanings of death*. Washington, DC: Hemisphere.

Rochlin, G. (1967). How younger children view death and themselves. In E. A. Grollman (Ed.), *Explaining death to children* (pp. 51-85). Boston: Beacon Press.

Rodin, J., & Langer, E. J. (1977). Long-term effects of a control-relevant intervention with the institutionalized aged. *Journal of Personality and Social Psychology, 35*(12), 897-902.

Rogers, C. R. (1951). *Client-centered therapy*. Boston: Houghton Mifflin.

Rogers, C. R. (1959). A theory of therapy, personality, and interpersonal relationships, as developed in the client-centered framework. In S. Koch (Ed.), *Psychology: A study of a science* (Vol. 3, pp. 184-256). New York: McGraw-Hill.

Rogers, C. R. (1961). *On Becoming A Person*. (주은선 역, 진정한 사람되기: 칼 로저스 상담의 원리와 실제. 서울: 학지사, 2009).

Rogers, C. R. (1970). *Carl Rogers on encounter groups*. New York: Harper & Row.

Rogers, C. R. (1980). *A way of being*. Boston: Houghton Mifflin.

Roiphe, K. (2016). *The violet hour*. (강주헌 역, 바이올렛 아워. 서울: 웅진씽크빅, 2016).

Russac, R. J., Gatliff, C., Reece, M., & Spottswood, D. (2007). Death anxiety across the adult years: An examination of age and gender effects. *Death Studies, 31*, 549-561.

Sabom, M. (1981). *Recollections of death: A medical investigation*. Harper Collins.

Sadowski, C. J., Davis, S. F., & Loftus-Vergar, M. C. (1979). Locus of control and death anxiety: A reexamination. *Omega, 10*, 203-209.

Sanders, C. M. (1979). A comparison of adult bereavement in the death of a spouse, child, and parent. *Omega, 10*, 303-322.

Sartori, P. (2008). *The near-death experiences of hospitalized intensive care patients: A five year clinical study*. New York: Edwin Mellen.

Scheffold, K., Philipp, R., Kornyi, S., et al. (2018). Insecure attachment predicts depression and death anxiety in advanced cancer patients. *Palliative Support Care, 16*(3), 308-316.

Schimel, J., Hayes, J., Williams, T., & Jahrig, J. (2007). Is death really the worm at the core? Converging evidence that worldview threat increases death-thought accessibility. *Journal of Personality and Social Psychology, 92*(5), 789-803.

Schimel, J., Simon, L., Greenberg, J. L., Solomon, S., Pyszczynski, T., Waxmonsky, J., & Arndt, J. (1999). Stereotypes and terror management: Evidence that mortality salience enhances stereotypic thinking and preferences. *Journal of Personality and Social Psychology, 77*(5), 905-926.

Schmeidler, G. R. (1943). Predicting good and bad scores in a clairvoyance experiment: A preliminary report. *Journal of the American Society for Psychical Research, 37*, 103-110.

Schmeidler, G. R. (1945). Separating the sheep from the goats. *Journal of the American Society for Psychical Research, 39*, 47-49.

Schulz, R., & Aderman, D. (1979). Physician's death anxiety and patient outcome. *Omega, 9*(4), 327-332.

Seale, C. F., Addington-Hall, J., & McCarthy, M. (1997). Awareness of dying: Prevalence, causes and consequences. *Social Science and Medicine, 45*, 477-484.

Selimbeyoglu, A., & Parvizi, J. (2010). *Electrical stimulation of the human brain: perceptual and behavioral phenomena reported in the old and new literature.* Frontiers in Human Neuroscience. 31, May.

Seymour, J. E. (1999). Revisiting medicalisation and 'natural' death. *Social Science and Medicine, 49*, 691-704.

Shariff, A. F., & Norenzayan, A. (2011). Mean Gods Make Good People. *International Journal for Psychology and Religion, 21*, 85-96.

Shariff, A. F., & Rhemtulla, M. (2012). *Divergent effects of beliefs in heaven and hell on national crime rates.* PLoS One. 9(6), e39048.

Shear, K., Frank, E. Houck, P. R., & Reynolds, C. F. (2005). Treatment of complicated grief: A randomized controlled trial. *Journal of the American Medical Association, 293*, 2601-2608.

Shear, M. K., Simon, N., Wall, M., Zisook, S., et al. (2011). Complicated grief and related bereavement issues for DSM-5. *Depression and Anxiety, 28*(2), 103-117.

Shneidman, E. (1973). *Deaths of man.* New York: Quadrangle.

Shneidman, E. (2007). Criteria for a good death. *Suicide and Life Threatening Behavior, 37*(3), 245-247.

Siegel, D. J. (2003). Foreword. In R. Firestone, L. A. Firestone, & J. Cartlett (Eds.), *Creating a life of meaning and compassion: The wisdom of psychotherapy* (pp. 4-10). Washington, DC: American Psychological Association.

Siegel, D. J. (2010). *Mindsight: The new science of personal transformation.* New York: Bantam.

Siegel, R. (1980). The psychology of life after death. *American Psychologist. 35*(10), 911-931.

Siggins, L. D. (1966). Mourning: A critical survey of the literature. *The International Journal of Psychoanalysis, 47*(1), 14-25.

Silton, N. R., Flannelly, K. J., et al. (2011). The association between religious beliefs and practices and end-of-life fears among members of the Presbyterian Church (USA), *Review of Religious Research, 53*, 357-370.

Silver, A., Sanders, D., Morrison, N., & Cowey, C. (2004). Health anxiety. In J. Bennet-Levy, G. Butler, M. Fennell, A. Hackmann, M. Mueller, & D. Westbrook (Eds.), *Oxford Guide to Behavioural Experiments in Cognitive*

Therapy. Oxford: Oxford University Press.

Silverman, P. R., Nickman, S., & Worden, J. (1992). Detachment revisited: The child's reconstruction of a dead parent. *American Journal of Orthopsychiatry, 62*(4), 494-503.

Silverman, P., & Worden, J. (1992). Children's reactions in the early months after the death of a parent. *American Journal of Orthopsychiatry, 62*, 93-104.

Slavoutski, S. (2012). Is the reincarnation hypothesis advanced by Stevenson for spontaneous past-life experiences relevant for the understanding of the ontology of past-life phenomena? *International Journal of Transpersonal Studies, 31*(1), 83-96.

Smart, N. (1998). *The world religions.* (윤원철 역, 세계의 종교. 서울: 도서출판 예경, 2004).

Smith, P. C., Range, L. M., & Ulmer, A. (1992). Belief in afterlife as a buffer in suicidal and other bereavement. *Omega, 24*, 217-225.

Solomon, S., Greenberg, J., & Pyszczynski, T. (1991). A terror management theory of social behavior: The psychological functions of self-esteem and cultural worldview. In M. P. Zanna (Ed.), *Advances in experimental social psychology* (Vol. 24., pp. 93-159). New York: Academic Press.

Solomon, S., Greenberg, J., & Pyszczynski, T. (2015). *The worm in the core.* (이은경 역, 슬픈 불멸주의자. 서울: 흐름출판, 2016).

St. Clair, M. (1994). *Human relationships and the experience of God: Object relations and religion.* New York: Paulist Press.

St. Clare, T., Menzies, R. G., & Jones, M. K. (2008). *Danger Ideation Reduction Therapy (DIRT) for obsessive-compulsive washers: A comprehensive guide to treatment.* Australia: Australian Academic Press.

Stalsett, G., Gude, T., Ronnestad, M. H., & Monsen, J. T. (2012). Existential dynamic therapy ("VITA") for treatment-resistant depression with Cluster C disorder: Matched comparison to treatment as usual. *Psychotherapy Research, 22*, 579-591.

Stanovich, K. E. (1989). Implicit philosophies of mind: The dualism scale and its relation to religiosity and belief in extrasensory perception. *The Journal of Psychology, 123*(1), 5-23.

Steinhauser, K. E., Bosworth, H. B., Clipp, E. C., et al. (2002). Initial assessment of a new instrument to measure quality of life at the end of life. *Journal of Palliative Medicine, 5*(6), 829-841.

Steinhauser, K. E., Christakis, N. A., Clipp, E. C., McNeilly, M., McIntyre, L., Tulsky, J. A. (2000a). Factors considered important at the end of lifeby patients, family, physicians, and other care providers. *The Journal of the American Medical Association, 284*(19), 2476-2482.

Steinhauser, K. E., Clipp, E. C., McNeilly, M., Mcintyre, L., & Tulsky, J. A. (2000b). In search of a good death: Observations of patients, families, and providers. *Annals of Internal Medicine, 132*, 825-832.

Steinitz, L. Y. (1980). Religiosity, well-being, and weltanschauung among the early. *Journal of the Scientific Study of Religion, 19*, 60-87.

Stenger, V. (1992). The myth of quantum consciousness. *The Humanist, 53*(3), 13-15.

Stevens-Guille, M. E. (1999). Intersections of grief and trauma: family members' reactions to homicide. In C. R. Figley (Ed.), *Traumatology of grieving: conceptual, theoretical, and treatment foundations* (pp. 53-70). Philadelphia, PA: Brunner-Mazel.

Stevenson, I. (1997). *Reincarnation and biology: A contribution to the etiology of birthmarks and birth defects*. Westport, CT: Praeger.

Stevenson, I. (2000). The phenomenon of claimed memories of previous lives: Possible interpretations and importance. *Medical Hypotheses, 54*(4), 652-659.

Stewart, D. W. (1975). Religious correlates of the fear of death. *Journal of Thanatology, 3*, 161-164.

Stillion, J. M. (1985). *Death and the sexes*. Washington, DC: Hemisphere.

Stone, G. (2004). *Under the tree*. Westlake Village, CA: Pink Unicorn Publishing.

Strachan, E., Pyszczynski, E., Greenberg, J., & Solomon, S. (2001). Coping with the inevitability of death: Terror management and mismanagement. In C. R. Snyer (Ed.), *Coping with stress: Effective people and processes* (pp. 114-136). Oxford, UK: Oxford University Press.

Strachan, E., Schimel, J., Arndt, J., Williams, E.,

Solomon, S., Pyszczynski, T. et al. (2007). Terror mismanagement: Evidence that mortality salience exacerbates phobic and compulsive behaviors. *Personality and Social Psychology Bulletin, 33*, 1137-1151.

Stroebe, M. (2004). Religion in coping with bereavement: Confidence of convictions or scientific scrutiny? *The International Journal for the Psychology of Religion, 14*, 23-36.

Stroebe, M., Hansson, R., Schut, H., & Stroebe, W. (2008). Bereavement research: Contemporary perspective. In M. Stroebe, R. Hansson, H. Schut, & W. Stroebe (Eds.), *Handbook of Bereavement Research and Practice* (pp. 3-26). Washington, DC: American Psychological Association.

Stroebe, M., & Schut, H. (1999). The dual process model of coping with bereavement: Rationale and description. *Death Studies, 23*, 197-224.

Stroebe, M., & Schut, H. (2001). Meaning making in the dual process model of coping with bereavement. In R. A. Neimeyer (Ed.), *Meaning reconstruction and the experience of loss*. Washington, DC: American Psychological Association.

Stroebe, M., Schut, H., & Boerner, K. (2006). Continuing bonds in adaptation to bereavement: Toward theoretical integration. *Clinical Psychology Review, 30*, 259-268.

Stroebe, M., & Stroebe, W. (1987). *Bereavement and health: The psychological and physical consequences of partner loss*. Cambridge, UK: Cambridge University Press.

Stroebe, W., Zeck, E., Stroebe, M. S., & Abakoumkin, G. (2005). Does social support help in bereavement? *Journal of Social and Clinical Psychology, 24*(7), 1030-1050.

Stuart-Hamilton, I. (2012). *The psychology of ageing* (5th ed.). (이동영, 서은현, 우종인 역, 노화의 심리학. 서울: 서울대학교출판문화원, 2017).

Sudnow, D. (1967). *Passing on*. Englewood Cliffs, NJ: Prentice Hall.

Susser, M. (1981). Widowhood: a situational life stress or a stressful life event? *American Journal of Public Health, 71*(8), 793-795.

Sutich, A. J. (1980). Transpersonal psychotherapy: History and definition. In S. Boorstein (Ed.), *Transpersonal psychotherapy* (pp. 8-11), Palo Alto, CA: Science and Behavior Books.

Sweeting, H., & Gilhooly, M. (1997). Dementia and the phenomenon of social death. *Sociology of Health & Illness, 19*, 93-117.

Taku, K., Calhoun, L. G., Cann, A., & Tedeschi, R. G. (2008). The role of rumination in the coexistence of distress and posttraumatic growth among bereaved Japanese university students. *Death Studies, 32*, 428-444.

Talbot, M. (1991). *The holographic universe*. (이균형 역, 홀로그램 우주. 서울: 정신세계사, 1999).

Tallis, F., Eysenck, M., & Mathews, A. (1992). A questionnaire for the measurement of nonpathological worry. *Personality and Individual Differences, 13*(2), 161-168.

Tangney, J. P. (2002). Humility. In C. R. Snyder & S. J. Lopez (Eds.), *Handbook of positive psychology* (pp. 411-419). New York: Oxford University Press.

Targ, R., & Puthoff, H. (1974). Information transmission under conditions of sensory shielding. *Nature, 251*(5476), 602-607.

Tedeschi, R. G., & Calhoun, L. G. (1996). The posttraumatic growth inventory: Measuring the positive legacy of trauma. *Journal of Traumatic Stress, 9*, 455-471.

Tedeschi, R. G., & Calhoun, L. G. (2004). The posttraumatic growth: Conceptual foundation and empirical evidence. *Psychological Inquiry, 15*, 93-102.

Templer, D. I. (1970). The construction and validation of a death anxiety scale. *Journal of General Psychology, 82*, 165-177.

Templer, D. I. (1972). Death anxiety in religiously very involved persons. *Psychological Reports, 31*(2), 361-362.

Templer, D. I., & Dotson, E. (1970). Religious correlates of death anxiety. *Psychological Reports, 26*(3), 895-897.

Templer, D. I., & Ruff, C. F. (1975). The relationship between death anxiety and religion in psychiatric patients. *Journal of Thanatology, 3*(3-4), 165-168.

Templer, D. I., Awadalla, A., & Al-Fayes, G. (2006). Construction of a Death Anxiety Scale-Extended. *Omega, 53*(3), 209-226.

Templer, D. I., Harville, M., Hutton, S., Underwood, R., et al. *(2001)*. Death Depression Scale-Revised. *Omega, 44*, 105-

112.

Templer, D. I., Lavoie, M., Chalgujian, H., & Thomas-Dobson, S. (1990). The measurement of death depression. *Journal of Clinical Psychology, 46*(6), 834-839.

Tennant, C. (1988). Parent loss in childhood: Its effect in adult life. *Archives of General Psychiatry, 45,* 1045-1050.

Tesser, A. (2001). On the plasticity of self-defense. *Current Directions in Psychological Science, 10,* 66-69.

Thalbourne, M. (1996). Belief in life after death: Psychological origins and influences. *Personality and Individual Differences, 21*(6), 1043-1045.

The Telegraph (2009). *Most people believe in life after death, study finds* (April 13, 2009). (https://www.telegraph.co.kr/news/religion/5144766).

Thoits, P. A. (2011). Mechanisms linking social ties and support to physical and mental health. *Journal of Health and Social Behavior, 52*(2), 145-161.

Thomas, L. P. M., Meier, E. A., & Irwin, S. A. (2014). Meaning-centered psychotherapy: A form of psychotherapy for patients with cancer. *Current Psychiatry Reports, 16*(10), 488-493.

Thompson,S. C., & Janigian, A. S. (1988). Life schemes: A framework for understanding the search for meaning. *Journal of Social and Clinical Psychology, 7,* 260-280.

Thorson, J. A., & Powell, F. C. (1984). *Revision and factor analysis of a death anxiety scale.* Paper presented at the 37th annual scientific meeting of the Gerontological Society, San Antonio.

Thorson, J. A., & Powell, F. C. (1988). Elements of death anxiety and meanings of death. *Journal of Clinical Psychology, 44,* 691-701.

Thorson, J. A., & Powell, F. C. (1990). Meanings of death and intrinsic religiosity. *Journal of Clinical Psychology, 46,* 379-391.

Thorson, J. A., & Powell, F. C. (1994). Epidemiology of gambling and depression in an adult sample. *Psychological Reports, 74*(3), 987-994.

Thorson, J. A., & Powell, F. C. (2000). Death anxiety in younger and older adults. In A. Tomer (Ed.), *Death attitudes and the older adult: Theories, concepts, and applications* (pp. 123-136). New York: Brunner-Routledge.

Tomer, A. (1994). Death anxiety in adult life – Theoretical perspectives. In R. A. Neimeyer (Ed.), *Death anxiety handbook: Research, instrumentation, and application* (pp. 3-28). Washington, DC: Taylor & Francis.

Tomer, A., & Eliason, G. (1996). Toward a comprehensive model of death anxiety. *Death Studies, 20*(4), 343-365.

Tononi, G. (2008). Consciousness as integrated information: A provisional manifesto. *The Biological Bulletin, 215*(3), 216-242.

Tornstam, L. (1994). Gerotranscendence - A theoretical and empirical exploration. In L. E.

Thomas & S. A. Eisenhandler (Eds.), *Aging and the religious dimension* (pp. 203-225). Westport, CT: Greenwood Publishing Group.

Tornstam, L. (2005). *Gerotranscendence - A developmental theory of positive aging.* New York: Springer.

Tornstam, L. (2011). Maturing into gerotranscendence. *Journal of Transpersonal Psychology, 43*(2), 166-180.

Toynbee, A. (1969). *Man's concern with death.* New York: McGraw-Hill.

Tracy, J. L., Hart, H., & Martens, J. P. (2011). *Death and science: The existential underpinnings of belief in intelligent design and discomfort with evolution.* PLoS ONE, 6(3), 1-13.

Umberson, D., Wortman, C. B., & Kessler, R. C. (1992). Widowhood and depression: Explaining long-term gender differences in vulnerability. *Journal of Health and Social Behavior, 33,* 10-24.

Vaccaro, L. D., Jones, M. K., Menzies, R. G., & Wootton, B. M. (2010). Danger ideation reduction therapy for obsessive-compulsive checking: preliminary findings. *Cognitive Behaviour Therapy, 39*(4), 293-301.

Vail, K. E., Rothschild, Z. K., Weise, D., Solomon, S., Pyszczynski, T., & Greenberg, J. (2010). A terror management analysis of the psychological functions of religion. *Personality and Social Psychology Review, 14,* 84-94.

Valikhani, A., & Yarmohammadi-Vasel, M. (2014). The relationship between attachment styles and death anxiety among cardiovacular patients. *Journal of Kerman University of Medical Sciences, 21*(4), 355-367.

van Lommel, P. (2010). *Consciousness beyond life: The science of the near-death experience.* New York: HarperCollins.

van Lommel, P. (2011). Near-death experience: The experience of the self as real and not as an illusion. *Annals of the New York Academy of Sciences, 1234,* 19-28.

van Lommel, P., van Wees, R., Meyers, V., & Elfferich, I. (2001). Near-death experience in survivors of cardiac arrest: A prospective study in the Netherlands. *Lancet, 358*(9298), 2039-2045.

Vance, L. M. (2014). Death anxiety and the relational. *Journal of Humanistic Psychology, 54*(4), 414-433.

Varki, A. (2006). Human uniqueness and the denial of death. *Nature, 460,* 684.

Vernon, G. (1972). Death control. *Omega, 3,* 131-138.

Vygotsky, L. S. (1932). *Thought and language.* Cambridge, MA: MIT Press.

Walsh, R. N. (2000). Asian psychotherapies. In R. J. Corsini & D. Wedding (Eds.), *Current psychotherapies* (6th ed.). New York: Peacock Publishers.

Warwick, H. M. C., & Salkovskis, P. M. (1987). Hypochondriasis. In J. Scott, J. M. G. Williams, & A. T. Beck (Eds.), *Cognitive therapy: A clinical casebook.* London:

Routledge.

Warwick, H. M. C., & Salkovskis, P. M. (1990). Hypochondriasis. *Behaviour Research and Therapy, 28*, 105-117.

Wass, H. (2004). A perspective on the current state of death education. *Death Studies, 28*, 289-308.

Wass, H. (1995). Death in the lives of children and adolescents. In H. Wass & R. A. Neimeyer (Eds.). *Dying: Facing the facts* (3rd ed.) (pp. 269-301). Washington DC: Taylor & Francis.

Wass, H., & Myers, J. E. (1982). Psychological aspects of death among the elderly: A review of the literature. *Personnel and Guidance Journal, 61*(3), 131-137.

Watt, N. F., & Nicholi, A. (1979). Early death of a parent as an etiological factor in schizophrenia. *American Journal of Orthopsychiatry, 49*, 465-473.

Wayment, H. A., & Vierthaler, J. (2002). Attachment style and bereavement reaction. *Journal of Loss and Trauma, 7*(2), 129-149.

Webster, R. J., & Saucier, D. A. (2013). Angels and demons are among us: Assessing individual differences in belief in pure evil and beliefs in pure good. *Personality and Social Psychology Bulletin, 39*(11), 1455-1470.

Weisman, A. D. (1972). *On dying and denying: A psychiatric study of terminality*. Pasadena, CA: Behavioral Publications.

Weisman, A. D. (1984). Appropriate death and the hospice program. *The Hospice Journal: Theory and Practice, 4*(1), 65-77.

Weiss, R. S. (2008). The nature and causes of grief. In M. S. Stroebe, R. O. Hansson, H. Schut, & W. Stroebe (Eds.), *Handbook of bereavement research and practice: Advances in theory and intervention* (pp. 29-44). Washington, DC: American Psychological Association.

Westman, A. S., & Canter, F. M. (1985). Fear of death and the concept of extended self. *Psychological Reports, 56*, 419-425.

Wice, S. (2009). *The influence of adult attachment styles on coping with bereavement*. Master's Thesis of Eastern Michigan University.

Wilber, K. (1977). *The spectrum of consciousness*. (박정숙 역, 의식의 스펙트럼. 서울: 범양사, 2006).

Wilber, K. (1980). *The Atman project: A transpersonal view of human development*. New York: Quest.

Wilber, K. (1981). *Up from Eden: A transpersonal view of human evolution*. New York: Quest.

Wilber, K. (1995). *Sex, ecology, spirituality: The spirit of evolution*. Boston: Shambhala.

Wilber, K. (2000). *Integral Psychology: Consciousness, Spirit, Psychology, Therapy*. (조옥경 역, 켄 윌버의 통합심리학: 의식 · 영 · 심리학 · 심리치료의 통합. 서울: 학지사, 2008).

Wilber, K., Patten, T., Leonard, A., & Morelli, M. (2008). *Integral life practice: How to design your training program for body, mind, and spirit*. Boston: Integral Books.

Wink, P., & Scott, J. (2005). Does religiousness

buffer against the fear of death and dying in late adulthood? Findings from a longitudinal study. *Journal of Gerontology: Series B. 60*(4), 207-214.

Wiseman, R., C. (2011). The haunted brain. *Skeptical Inquirer, 35*(5), 46-50.

Wisman, A., & Koole, S. L. (2003). Hiding in the crowd: Can mortality salience promote affiliation with others who oppose one's worldviews? *Journal of Personality and Social Psychology, 84*(3), 511-526.

Wong, P. T. P. (1997). Meaning-centered counseling: A cognitive-behavioral approach to logotherapy. *The International Forum for Logotherapy, 20*, 85-94.

Wong, P. T. P. (2000). Meaning of life and meaning of death in successful aging. In A. Tomer (Ed.), *Death attitudes and older adults: Theories, concepts, and application* (pp. 23-35). Philadelphia: Taylor and Francis.

Wong, P. T. P. (2008). Meaning management theory and death acceptance. In A. Tomer, E. Grafton, & P. T. P. Wong (Eds.), *Existential and spiritual issues in death attitudes* (pp. 65-87). New York: Erlbaum.

Wong, P. T. P. (2010). Meaning therapy: An integrative and positive existential psychotherapy. *Journal of Comtemporary Psychotherapy, 40*, 85-93.

Wong, P. T. P., & Tomer, A. (2011). Beyond terror and denial: The positive psychology of death acceptance. *Death Studies, 35*(2), 99-106.

Wong, P. T. P., & Watt, L. M. (1991). What types of reminiscence are associated with successful aging? *Psychology and Aging, 6*(2), 272-279.

Wong, P. T. P., Reker, G. T., & Gesser, G. (1994). Death Attitude Profile-Revised: A multidimensional measure of attitudes toward death. In R. A. Neimeyer, (Ed.), *Death anxiety handbook: Research, instrumentation, and application* (pp. 121-148). Washington, DC: Taylor & Francis.

Worden, J. W. (2002). *Grief counseling and grief therapy: A handbook for the mental health practitioner* (3rd ed.). New York: Springer.

Worden, J. W. (2008). *Grief counseling and grief therapy: A handbook for the mental health* (4th ed.). (이범수 역, 유족의 사별 슬픔 상담과 치료. 서울: 해조음, 2016).

World Health Organization (1990). *Cancer pain relief and palliative care.* WHO Technical Report Series 804: Geneva: WHO.

World Health Organization (2012). *International guidelines for determination of death: Montreal forum report.* Ottawa, Canada: Canadian Blood Services.

World Health Organization (2018). The top 10 causes of death. (https://www.who.int/news-room/fact-sheets/detail/the-top-10-causes-of-death).

Worthington, E. L. (2003). *Forgiving and reconciling: Bridges to wholeness and hope.* Downers Grove, IL: InterVarsity Press.

Wortman, C. B., Silver, R. C., & Kessler, R. C. (1993). The meaning of loss and adjustment to bereavement. In M. S. Stroebe, W. Stroebe, & R. O. Hansson (Eds.), *Handbook of bereavement: Theory, research, and intervention* (pp. 349-366). New York: Cambridge University Press.

Wright, A. A., Zang, B., Ray, A., et al. (2008). Associations between end-of-life discussions, patient mental health, medical care near death, and caregiver bereavement adjustment. *Journal of American Medical Association, 300*(14), 1665-1673.

Wuthnow, R., Christiano, K., & Kuzlowski, J. (1980). Religion and bereavement: Aconceptual framework. *Journal for the Scientific Study of Religion, 19*, 408-422.

Yalom, I. D. (1980). *Existential psychotherapy*. (임경수 역, 실존주의 심리치료. 서울: 학지사, 2007).

Yalom, I. D. (2008). *Staring at the Sun: Overcoming the Terror of Death*. San Francisco, CA: Jossey-Bass.

Yoder, L. (1986). The funeral meal: A significant funerary ritual. *Journal of Religion and Health, 25*(2), 149-160.

Young, M. W., & Daniels, S. (1981). Religious correlates of death anxiety among high school students in the rural South. *Death Education, 5*(3), 223-233.

Yun, Y. H., Kim, K. N., Sim, J. A., et al. (2018). Priorities of a "good death" according to cancer patients, their family caregivers, physicians, and the general population: a nationwide survey. *Supportive Care in Cancer, 26*(10), 3479-3488.

Yun-Hsuan, L. (2008). *Effects of gerotranscendence support group on gerotranscendence perception, depression, and life satisfaction of institutionalized elders*. Unpublished master's thesis.

Zilboorg, G. (1943). Fear of death. *Psychoanalytic Quarterly, 12*, 465-475.

Zisook, S., & Shuchter, S. R. (1991). Depression through the first year after the death of a spouse. *American Journal of Psychiatry, 148*, 1346-1352.

Zusne, I., & Jones, W. H. (1989). *Anomalistic psychology: A study of magical thinking*. Hillsdale, NJ: Lawrence Erlbaum Associates.

찾아
보기

국내 인명

외국 인명

내용

저자
소개

권석만(權錫萬, Kwon, Seok-Man)

〈경력〉

서울대학교 심리학과 학사 및 석사(임상심리학 전공)

서울대학교병원 신경정신과 임상심리연수원 과정 수료

호주 퀸즐랜드대학교 철학박사(임상심리학 전공)

서울대학교 심리학과 교수(1993~현재)

서울대학교 학생생활연구소 상담부장 역임

서울대학교 대학생활문화원장 역임

사단법인 서울대학교출판문화원장 역임

한국임상심리학회장 역임

임상심리전문가(한국심리학회)

정신건강임상심리사 1급(보건복지부)

〈저서〉

『현대 이상심리학』(대한민국학술원 선정 우수도서)

『현대 심리치료와 상담 이론』(대한민국학술원 선정 우수도서)

『긍정심리학: 행복의 과학적 탐구』(대한민국학술원 선정 우수도서)

『인간의 긍정적 성품』(대한민국학술원 선정 우수도서)

『현대 성격심리학』

『인간 이해를 위한 성격심리학』

『젊은이를 위한 인간관계의 심리학』

『이상심리학 총론』(2판)

『우울증』(2판)

『인생의 2막 대학생활』

『성격강점검사(CST)-대학생 및 성인용』(공저)

『성격강점검사(CST)-청소년용』(공저)

〈역서〉

『인지치료의 창시자 아론 벡』

『마음읽기: 공감과 이해의 심리학』

『정신분석적 사례이해』(공역)

『정신분석적 심리치료』(공역)

『심리도식치료』(공역)

『단기심리치료』(공역)

『인생을 향유하기』(공역)

『인간의 강점 발견하기』(공역)

『역경을 통해 성장하기』(공역)

『정서적 경험 활용하기』(공역)

『인간의 번영 추구하기』(공역)

삶을 위한 죽음의 심리학
-죽음을 바라보는 인간의 마음-
The Psychology of Death for Life
-Human Mind Looking to Death-

2019년 10월 30일 1판 1쇄 발행
2022년   9월 20일 1판 3쇄 발행

지은이 • 권석만

펴낸이 • 김진환

펴낸곳 • ㈜ 학지사

　　　　04031 서울특별시 마포구 양화로 15길 20 마인드월드빌딩

대표전화 • 02-330-5114　　팩스 • 02-324-2345

등록번호 • 제313-2006-000265호

홈페이지 • http://www.hakjisa.co.kr

페이스북 • https://www.facebook.com/hakjisabook

ISBN 978-89-997-1952-3 93180

정가 33,000원

이 도서의 국립중앙도서관 출판시도서목록(CIP)은 서지정보유통지
원시스템 홈페이지(http://seoji.nl.go.kr)와 국가자료공동목록시스템
(http://www.nl.go.kr/kolisnet)에서 이용하실 수 있습니다.
(CIP 제어번호: CIP2019037544)

출판미디어기업 학지사

간호보건의학출판 학지사메디컬 www.hakjisamd.co.kr
심리검사연구소 인싸이트 www.inpsyt.co.kr
학술논문서비스 뉴논문 www.newnonmun.com
교육연수원 카운피아 www.counpia.com